Droit pénal général de la RDC

Collection « Études africaines »

dirigée par Denis Pryen et son équipe

Forte de plus de mille titres publiés à ce jour, la collection « Études africaines » fait peau neuve. Elle présentera toujours les essais généraux qui ont fait son succès, mais se déclinera désormais également par séries thématiques : droit, économie, politique, sociologie, etc.

Dernières parutions

Joseph-Éric NNOMENKO'O, *Problématique foncière et trajectoires de développement en Afrique subsaharienne, L'exemple du Cameroun,* 2020.
Brice POREAU, *Rwanda : une ère nouvelle. Comprendre le travail de reconnaissance (nouvelle édition)*, 2020.
Holy HOLENU MANGENDA, *Kinshasa. Urbanisation et enjeux écologiques durables*, 2020.
Jean-Claude ELOUNDOU, *Afrique : ton développement en question*, 2020.
Boureïma Nikiema OUÉDRAOGO, *Sociologie des violences contre l'État au Burkina Faso. Question nationale et identités*, 2020.
Jean-Fernand BÉDIA, *Lumières postcoloniales, Pour un nouvel esprit critique littéraire en Afrique francophone*, 2020
Simon NGONO (dir.), *La communication de l'État en Afrique. Discours, ressorts et positionnements*, 2020.
Martin Fortuné MUKENDJI MBANDAKULU, *L'éthique de l'enseignant. Le contexte de la République démocratique du Congo,* 2020.
Jean-Célestin EDJANGUÉ, *Urgence climatique et développement en Afrique. Les médias en première ligne*, 2020.
Jean-Célestin EDJANGUÉ, *Jeunes d'Afrique, jeunes du monde. Les combats de tous les espoirs*, 2020.
Cyrille MBIAGA, *Diaspora et système diasporique. Moteur de développement du Cameroun*, 2019.
Nakpane LABANTE, *La Compagnie togolaise des mines du Bénin (CTMB) et l'exploitation des phosphates du Togo (1954-1974)*, 2019.
Pierre MOUKOKO MBONJO, *Le Ghana : La marche vers la démocratie*, 2019.
Pierre MOUKOKO MBONJO, *Armée, pouvoir et démocratie en Afrique : l'exemple du Nigéria*, 2019.
Odilon OBAMI, *Le contentieux électoral au Congo*, 2019.
Joseph KOKOLO ZASSI, *La démocratie en Afrique noire : les contours de son enracinement, Le cas du Congo-Brazzaville*, 2019.
Kayamba TSHITSHI NDOUBA, *Le néoconstitutionnalisme africain. Tendances et trajectoires*, 2019.

Jean-Pierre FOFÉ DJOFIA MALEWA

Droit pénal général de la RDC

L'Harmattan

Ouvrages du même auteur

L'administration de la preuve devant la Cour pénale internationale. Règles procédurales et méthodologiques, L'Harmattan, Paris, 2015, 530 pages.

Justice pénale et réalités sociétales. De l'analyse du modèle R.D. Congo à la formulation d'une politique criminelle participative, L'Harmattan, Paris, 2007, 500 pages.

La Cour pénale internationale : Institution nécessaire aux pays des Grands Lacs africains. La justice pour la paix et la stabilité en R.D. Congo, en Ouganda, au Rwanda et au Burundi, L'Harmattan, Paris, 2006, 232 pages.

La question de la preuve devant le Tribunal pénal international pour le Rwanda. Le cas Cyangugu, L'Harmattan, Paris, 2006, 292 pages.

Quelques-uns de ses articles en matière De droit international pénal

« Article 51 - Règlement de procédure et de preuve », in *Statut de Rome de la Cour pénale internationale, Commentaire article par article*, Ouvrage collectif, 2e éd., Pédone, Paris, 2019, pp 1399-1418.

« La preuve des faits similaires devant la Cour pénale internationale : mécanisme sous surveillance », in *Revue de science criminelle et de droit pénal comparé (RSC)*, n° 2, avril-juin 2011, Dalloz, Paris, pp 343-370.

« Des déficiences de la justice de paix aux crimes contre l'humanité: cas de la République démocratique du Congo », in *Cahiers d'anthropologie du droit 2009, Dire le droit, rendre la justice,* Laboratoire d'anthropologie juridique de Paris, UMR de droit comparé-Paris 1, Éditions Karthala, Paris, 2010, pp 149-176.

« La justice pénale internationale face à la complexité du phénomène criminel sévissant dans la région des grands lacs africains », in *Problèmes actuels de science criminelle*, Volume XX, ISPEC-CRMP, Presses universitaires d'Aix-Marseille, 2007, pp 39-77.

5-7, rue de l'Ecole-Polytechnique, 75005 Paris

http://www.editions-harmattan.fr

ISBN : 978-2-343-19475-2
EAN : 9782343194752

À la jeunesse de notre pays,
la République Démocratique du Congo ;

À nos enfants ;

Pour un avenir d'effectivité du droit, de paix durable,
de justice et de prospérité.

Mes remerciements

Au Docteur Godefroid Bokolombe Bompondo tara Apanda pour le temps qu'il a consacré à lire attentivement, en avant première, le prêt-à-clicher de cet ouvrage, et les avis pertinents qu'il a émis ;

À mon épouse Clémentine Fofé Owendiongo Lowa et à mes enfants Solange, Laetitia, Boris, Ange et David Jean-Pierre, pour leur amour et leur indéfectible soutien.

ABRÉVIATIONS

Al.	Alinéa
APC	Archives de politique criminelle
Art.	Article
B.A	Bulletin administratif
BACSJ	Bulletin des arrêts de la Cour suprême de justice
B.O	Bulletin officiel
C.A	Cour d'appel
CADHP	Commission Africaine des Droits de l'Homme et des Peuples
CEJA	Centre d'études juridiques appliquées
CC	Code civil
CCC	Code civil congolais
CEDH	Cour européenne des Droits de l'Homme
CJM	Code judiciaire militaire
COCJ	Code de l'organisation et de la compétence judiciaires
Const.	Constitution
CP	Code pénal
CPC	Code pénal congolais
CPF	Code pénal français
CPI	Cour pénale internationale
CPM	Code pénal militaire
CPO	Code pénal ordinaire
CPP	Code de procédure pénale
CPRDZ	Commission permanente de réforme du droit zaïrois
CSJ	Cour suprême de justice
CSM	Conseil supérieur de la magistrature
D.	Décret
D-L	Décret-Loi
Éd.	Édition
EIC	État indépendant du Congo
Elis.	Elisabethville ou Cour d'appel d'Elisabethville
FARDC	Forces armées de la RDC
Gaz. Pal.	Gazette du Palais
JCP	Jurisclasseur périodique ou Semaine juridique
J.O	Journal officiel
JTO	Journal des tribunaux d'outre-mer
Jur. col	Revue de jurisprudence coloniale
Jur. Congo	Jurisprudence et droit du Congo
Jur. EIC	Jurisprudence de l'État indépendant du Congo
Kin	Kinshasa
Kis	Kisangani

Léo	Léopoldville ou Cour d'appel de Léopoldville
LGDJ	Librairie générale de droit et de jurisprudence
L.O	Loi organique
L'shi	Lubumbashi ou Cour d'appel de Lubumbashi
MC	Moniteur congolais
NBP	Note de bas de page
OIPC	Organisation internationale de police criminelle
O-L	Ordonnance-loi
OMP	Officier du ministère public
Op. cit.	Œuvre déjà citée
OPJ	Officier de police judiciaire
Ord.	Ordonnance
PAF	Présence africaine
Pas.	Pasicrisie
PCPDV	Politique criminelle participative à dominante victimocentrée
p. ex.	par exemple
PGD	Principe général du droit
PUF	Presses universitaires de France
PUM	Presses universitaires de Montréal
PUZ	Presses universitaires du Zaïre
RC	Rôle civil
RDC	République Démocratique du Congo
RDPC	Revue de droit pénal et de criminologie
Rev. pénit.	Revue pénitentiaire et de droit pénal
RICPT	Revue internationale de criminologie et de police technique
RIDC	Revue internationale de droit comparé
RIDP	Revue internationale de droit pénal
RIPC	Revue internationale de police criminelle
RJC	Revue juridique du Congo
RJCB	Revue juridique du Congo-Belge
RJZ	Revue juridique du Zaïre
RP	Rôle pénal
RPA	Rôle pénal en appel
RPP	Règlement de procédure et de preuve
RSC	Revue de science criminelle et de droit pénal comparé
Spéc.	Spécialement
Stan.	Stanleyville
T.	Tome
TGI	Tribunal de grande instance
TPIR	Tribunal pénal international pour le Rwanda
TPIY	Tribunal pénal international pour l'ex-Yougoslavie
TSSL	Tribunal spécial pour la Sierra Leone
V.	Voir

PROPOS LIMINAIRE

Depuis que les humains ont convenu de vivre en société, ils ont perçu la nécessité de fixer et d'observer des règles indispensables à l'harmonie du groupe. Ils ont fait évoluer intelligemment cette organisation jusqu'à mettre sur pied des États tels que nous les connaissons aujourd'hui. La plupart de ces États, parmi lesquels la RDC, le Cameroun, l'Ouganda, la Côte d'Ivoire, le Sénégal, le Brésil, les USA, l'Allemagne, la France etc., se définissent comme des Républiques[1], c'est-à-dire, en substance, des États ayant opté pour un régime politique ouvert à tous les citoyens dans lequel le pouvoir est partagé entre le législatif, l'exécutif, le judiciaire, voire la société civile. Ces Républiques sont bâties sur des fondations constituées, notamment, des principes et des règles de droit permettant à la collectivité nationale et à ses habitants de vivre en accord, de prospérer, de se développer.

I- LA RDC : UN ÉTAT DE DROIT

L'instauration d'un État de droit et la lutte contre l'impunité figurent parmi les préoccupations majeures présidant à l'organisation et au fonctionnement des institutions de la RDC. L'exposé des motifs de sa Const. l'exprime expressément dans son point 3 consacré précisément à l'organisation et à l'exercice du pouvoir. Il dit :

> « Les nouvelles Institutions de la République Démocratique du Congo sont : le Président de la République ; le Parlement ; le Gouvernement ; les Cours et Tribunaux. Les préoccupations majeures qui président à l'organisation de ces Institutions sont les suivantes : 1. assurer le fonctionnement harmonieux des Institutions de l'État ; 2. éviter les conflits ; 3. *instaurer un État de droit* ; 4.contrer toute tentative de dérive dictatoriale ; 5. garantir la bonne gouvernance ; 6. *lutter contre l'impunité*; 7. assurer l'alternance démocratique. »[2]

---

[1] V. notamment : - Const. de la RDC du 18 février 2006, art. 1er cité dans le texte ; - Const. de la Côte d'Ivoire (1er août 2000), art. 29 : « L'État de Côte d'Ivoire est une République indépendante et souveraine... » ; art. 30 : « La République de Côte d'Ivoire est une et indivisible, laïque, démocratique et sociale... » - Const. of the Republic of Uganda (Commencement: 8 October 1995; As at 15th February 2006 : « 5. The Republic of Uganda. (1) Uganda is one Sovereign State and a Republic... »

[2] Const. de la RDC, Exposé des motifs. Points 3 et 6 relevés en italique par nous. V. aussi l'art. 68 de la Const. mentionnant les cours et tribunaux parmi les institutions de la République. Signalons que le Premier président de la CSJ de la RDC, M. Benoît Lwamba Bindu, a consacré son discours, à l'audience solennelle de rentrée de la Cour 2007, au thème « L'État de droit et l'exécution des décisions de justice ». Il

Et l'art. 1er d'affirmer que « La République Démocratique du Congo est, dans ses frontières du 30 juin 1960, un État de droit, indépendant, souverain, uni et indivisible, social, démocratique et laïc. »[3] Pour asseoir cet État de droit et lutter contre l'impunité, est proclamée l'indépendance du pouvoir judiciaire[4], dévolu aux cours et tribunaux qui rendent la justice sur le territoire national au nom du peuple,[5] qui garantissent ou doivent garantir le respect des libertés

---

y relève, entre autres, qu'au sens classique, « l'État de droit est un système juridique présentant les propriétés ci-après : 1. formulations des normes suffisamment précises pour que leur application permette une orientation claire aux destinataires, ne laisse que la plus faible place possible à l'arbitraire et que l'on puisse vérifier la conformité de l'application aux normes de référence ; 2. procédures permettant de contrôler effectivement la conformité des normes d'application aux normes de rang supérieur selon le rapport de production. » In *BACSJ*, 2004-2009, T. I, Kinshasa, Éd. du Service de Documentation et d'Études du Ministère de la Justice et Droits humains 2010, pp. 333-358, spéc. p. 346.

[3] V. aussi l'art. 2 de la L.O n° 08-016 du 07 octobre 2008 portant composition, organisation et fonctionnement des Entités Territoriales Décentralisées et leurs rapports avec l'État et les Provinces, lequel reprend exactement le même libellé. L'art. 3 de cette L.O précise ainsi la composition du pays : « La République Démocratique du Congo est composée de la ville de Kinshasa et de 25 provinces dotées de la personnalité juridique. Ces provinces sont : Bas-Uele, Equateur, Haut-Lomami, Haut-Katanga, Haut-Uele, Ituri, Kasaï, Kasaï Central, Kasaï Oriental, Kongo Central, Kwango, Kwilu, Lomami, Lualaba, Maï-Ndombe, Maniema, Mongala, Nord-Kivu, Nord-Ubangi, Sankuru, Sud-Kivu, Sud-Ubangi, Tanganyika, Tshopo et Tshuapa. Kinshasa est la capitale du pays et le siège des institutions nationales. Elle a le statut de province. La capitale ne peut être transférée dans un autre lieu du pays que par voie de référendum. »

[4] Const., Exposé des motifs, 3. De l'organisation et de l'exercice du pouvoir : « La présente Constitution réaffirme l'indépendance du pouvoir judiciaire dont les membres sont gérés par le Conseil supérieur de la magistrature désormais composé des seuls magistrats. Pour plus d'efficacité, de spécialité et de célérité dans le traitement des dossiers, les Cours et Tribunaux ont été éclatés en trois ordres juridictionnels : - les juridictions de l'ordre judiciaire placées sous le contrôle de la Cour de cassation; - celles de l'ordre administratif coiffées par le Conseil d'État et - la Cour constitutionnelle. »

[5] Art.149 tel que modifié par la loi n° 11-002 du 20 janvier 2011 portant révision de certains art. de la Const. de la RDC du 18 février 2006 : « Le pouvoir judiciaire est indépendant du pouvoir législatif et du pouvoir exécutif. Il est dévolu aux cours et tribunaux qui sont : la Cour constitutionnelle, la Cour de cassation, le Conseil d'État, la Haute Cour militaire ainsi que les cours et tribunaux civils et militaires. La justice est rendue sur l'ensemble du territoire national au nom du peuple. Les arrêts et les jugements ainsi que les ordonnances des cours et tribunaux sont exécutés au nom du Président de la République. Il ne peut être créé des tribunaux extraordinaires ou d'exception sous quelque dénomination que ce soit. La loi peut créer des juridictions spécialisées. Le pouvoir judiciaire dispose d'un budget élaboré par le Conseil

individuelles et des droits humains fondamentaux en ne se soumettant qu'à une seule autorité : la loi.[6]

État de droit signifie donc une société organisée et fonctionnant selon des règles préétablies, impersonnelles, égales pour tous, coulées et gravées dans la loi. Certaines d'entre elles forment le droit pénal général et sont consacrées dans la plupart des États du monde ainsi que dans nombre des textes internationaux.

II- LE DROIT PÉNAL DE LA RDC : MEMBRE DE LA FAMILLE JURIDIQUE ROMANO-GERMANIQUE

Le droit pénal moderne de la RDC[7] a été introduit dans ce pays par le biais de la conquête coloniale qui a débuté en 1885 avec la création de l'État Indépendant du Congo et s'est poursuivie de 1908 à 1960 sous le régime du Congo-Belge. Le code pénal congolais, datant de 1886 et plus tard porté par le D. du 30 janvier 1940, est donc une émanation du code pénal belge qui, comme de nombreux codes pénaux européens, est inspiré du code Napoléon. Appartenant à la famille romano-germanique, il partage une certaine parenté philosophique et technico-juridique avec ses ascendants belge et français. Cela étant, son étude se nourrit des enseignements de droit comparé, de la doctrine et de la jurisprudence françaises et belges, essentiellement.

---

supérieur de la magistrature et transmis au Gouvernement pour être inscrit dans le budget général de l'État. Le Président de la Cour de cassation en est l'ordonnateur. Il est assisté par le Secrétariat permanent du conseil supérieur de la magistrature. » In *J.O*, 52e année, n° 3, 1ère partie, Kinshasa, 1er février 2011, p. 3.

[6] V. Const. : Art. 150 : « Le pouvoir judiciaire est le garant des libertés individuelles et des droits fondamentaux des citoyens. Les juges ne sont soumis dans l'exercice de leur fonction qu'à l'autorité de la loi. Une loi organique fixe le statut des magistrats. Le magistrat du siège est inamovible. Il ne peut être déplacé que par une nomination nouvelle ou à sa demande ou par rotation motivée décidée par le Conseil supérieur de la magistrature. » Art. 151 : « Le pouvoir exécutif ne peut donner d'injonction au juge dans l'exercice de sa juridiction, ni statuer sur les différends, ni entraver le cours de la justice, ni s'opposer à l'exécution d'une décision de justice. Le pouvoir législatif ne peut ni statuer sur des différends juridictionnels, ni modifier une décision de justice, ni s'opposer à son exécution. Toute loi dont l'objectif est manifestement de fournir une solution à un procès en cours est nulle et de nul effet. »

[7] Par opposition au droit traditionnel qui régissait nos sociétés avant la colonisation.

III- L'OBJET DE L'OUVRAGE ET LA MÉTHODE D'APPROCHE

De retour de notre formation doctorale à Aix-en-Provence, en France, fin 1990, nous avons eu, entre autres charges académiques, celle d'assurer l'enseignement de droit pénal général aux étudiants des Facultés de Droit de l'Université de Kinshasa (UNIKIN), de l'Université Protestante au Congo (UPC), et de l'Université Libre des Pays des Grands Lacs (ULPGL), notamment. À cette fin, nous avons élaboré tout au long de nos trois premières années d'exercice, et publié durant l'année académique 1994-1995, un syllabus de 426 pages ayant servi de support didactique à ces derniers. Après environ trois décennies d'enseignement enrichi de recherches scientifiques et de pratiques judiciaires tant au niveau national qu'international, le temps est venu de livrer à la collectivité, aux étudiants en droit, aux magistrats, avocats, autres professionnels du droit et intellectuels assidus, un instrument de travail plus achevé.

Cet ouvrage se consacre à l'étude des règles prévues dans la législation de la RDC définissant les infractions, déterminant leurs protagonistes, régissant les sanctions, etc. Il est construit sur la base d'une analyse approfondie des textes légaux nationaux et des instruments internationaux ratifiés par la RDC, regroupés respectivement dans les points I et II des indications bibliographiques. Aux fins d'édification sur la manière dont sont mises en œuvre ces dispositions ainsi que sur les diverses questions pertinentes qu'elles soulèvent, le travail réalisé a également consisté en l'examen de la jurisprudence des cours et tribunaux, de la doctrine nationale et étrangère, des travaux et rapports des commissions et colloques, en ouvrant suffisamment le faisceau du phare pour prendre en ligne de compte l'appartenance du droit pénal congolais à la famille romano-germanique. Les sources analysées à cet égard sont regroupées respectivement dans les points bibliographiques III à V.

IV- L'ENONCÉ DU PLAN

Pour faciliter l'intelligence des principes et règles étudiés, l'ouvrage est structuré en trois grands ensembles. L'introduction générale est érigée en « partie » pour souligner l'importance de son contenu en tant qu'entité intégrante de la matière. Elle ne se limitera pas, en effet, à l'exposé des notions générales, mais abordera des questions fondamentales du droit pénal qu'il importe d'éclairer au préalable, comme, par exemple, la place pertinemment prééminente de la loi parmi les sources de cette discipline, place qui fonde le principe de la légalité des délits et des peines et qui explique l'attention portée aux conditions et mécanismes de mise en œuvre de la loi pénale, son interprétation, sa sphère d'application spatio-temporelle, etc. Ayant acquis ces connaissances éclairantes, il convient de passer à l'examen de l'acte qui justifie l'intervention pénale, acte prohibé, qualifié d'infraction. Son étude est abordée dans le deuxième ensemble constituant alors la première partie de la substance des développements qui exposera non seulement l'acte dans ses diverses facettes, mais aussi les différents protagonistes en présence. La perpétration de cet acte, défini et prohibé par la loi, appelle la réaction de la société qui se traduit par l'intervention de la sanction après qu'ont été établies la réalité de celui-ci et son imputabilité à tel individu déterminé. C'est de cette sanction que traite le troisième ensemble formant la deuxième partie de l'ouvrage. Cette organisation se présente donc schématiquement ainsi :

- Partie introductive ;
- Première partie : L'acte prohibé : l'infraction ;
- Deuxième partie : La réaction sociale contre l'infraction : la sanction.

Ce cheminement débouche tout naturellement sur quelques propos conclusifs résumant les constats et émettant une exhortation pour l'avenir.

PARTIE INTRODUCTIVE

La première tâche à accomplir lorsqu'est abordé l'examen d'une matière, c'est de la définir, c'est-à-dire en fixer le sens et en déterminer les limites. Le droit pénal, encore appelé droit criminel, a d'abord été défini comme « l'ensemble des lois qui réglementent dans un pays l'exercice de la répression par l'État ». Cette définition, proposée par Donnedieu de Vabres[8], était valable à l'époque où le phénomène criminel recevait une réponse essentiellement répressive. Elle s'avère aujourd'hui trop étroite car le domaine du droit pénal s'est élargi par l'apparition d'une législation, dite de défense sociale, qui recherche plus la rééducation que la punition du délinquant. Tenant compte de cette dimension, il s'avère plus exact de définir le droit pénal comme étant « l'ensemble des règles juridiques qui organisent la réaction de l'État vis-à-vis des infractions et des délinquants »[9]. Le terme « réaction » inclut ainsi non seulement la répression, mais aussi la prévention et l'éducation, la sanction pénale devant être saisie comme une action de régulation et non pas de vengeance ou de méchanceté sociale. En mettant l'accent sur les valeurs protégées, le droit pénal est perçu comme une science juridique développant « une approche fondée sur l'observation du phénomène criminel auquel il entend apporter des réponses à travers l'édiction de normes et de sanctions, en passant des unes aux autres par un processus judiciaire… » Il « pose donc des interdits reconnus dans une société donnée et veille à leur respect : à cet égard, il constitue un miroir particulièrement éclairant de l'échelle des valeurs acceptées à un moment donné par la collectivité… »[10]

Pour mieux comprendre cette importante branche du droit, il importe d'abord d'approfondir la notion qu'elle recouvre (chapitre premier) ; ensuite d'évoquer son évolution historique (chapitre deux) ; enfin d'examiner ses sources (chapitre trois).

---

[8] Donnedieu de Vabres, *Traité élémentaire de droit pénal et de législation pénale comparée*, 3e éd., Sirey, Paris, 1947, n° 1.

[9] R. Merle et A. Vitu, *Traité de droit criminel*, T. I, 6e éd., Cujas, Paris, 1989, n° 146.

[10] F. Debove et F. Falletti, en collaboration avec I. Pons, *Précis de droit pénal et de procédure pénale*, PUF, Paris, 2018, p. 3.

CHAPITRE PREMIER

L'APPRÉHENSION DU DROIT PÉNAL DANS SA COMPLEXITÉ

Le droit pénal est constitué de plusieurs branches qui, bien que variées, conservent un dénominateur commun qui les unit (section 1ère). Il entretient, par ailleurs, des relations avec d'autres disciplines qui lui sont voisines, voire très proches (section 2).

SECTION 1ère : LES DIFFÉRENTES BRANCHES DU DROIT PÉNAL : LEUR VARIÉTÉ ET LEUR DÉNOMINATEUR COMMUN

*PARAGRAPHE 1er : **LEUR VARIÉTÉ***

En effet, au cours de l'évolution du droit pénal, certaines matières se sont détachées du tronc pour réclamer une certaine autonomie. D'où la naissance de deux catégories des disciplines : les traditionnelles, d'une part (A) ; les nouvelles, de l'autre (B).

A- LES DISCIPLINES TRADITIONNELLES DU DROIT PÉNAL

Elles sont au nombre de trois, à savoir : le droit pénal spécial, le droit pénal général et la procédure pénale.

a) Le droit pénal spécial

Historiquement, le droit pénal spécial précède le droit pénal général. Le premier souci du législateur a, en effet, été de circonscrire la nature et fixer la liste des agissements jugés dangereux pour l'ordre public. Il a ainsi arrêté un catalogue des incriminations et des sanctions à appliquer dans chaque cas. Dès lors, le droit pénal spécial peut se définir comme « une discipline des sciences criminelles consacrée à l'étude concrète et particulière de chaque incrimination précisant ses éléments constitutifs spéciaux, les modalités de sa répression ainsi que son régime juridique propre. »[11] Il est « la branche des sciences criminelles qui traite de la spécificité de chacune des infractions incriminées dans un ordre juridique donné. Il en étudie les conditions préalables et les éléments constitutifs, les sanctions et les particularités

[11] Likulia Bolongo, *Droit pénal spécial zaïrois*, T. I, 2e éd, LGDJ, Paris, 1985, p. 11.

procédurales éventuelles, les règles définies dans chaque cas n'étant valables que pour l'infraction précise qu'elles concernent à l'exclusion de toutes les autres. »[12]

Le droit pénal spécial est la branche du droit pénal la plus utilisée concrètement. Aussi est-il proposé de l'appeler « droit pénal concret » ou « droit pénal appliqué ».[13] C'est qu'en effet, dans la pratique, l'officier du ministère public ou le juge répressif est régulièrement appelé à vérifier si les comportements antisociaux dont il est saisi constituent bien des infractions et lesquelles. Il accomplit ainsi fréquemment l'opération dite de qualification des faits en droit qui consiste à découvrir le texte incriminateur et l'appellation légale exacte en vérifiant si tous les éléments constitutifs requis par le législateur se trouvent réunis dans l'espèce examinée. Le droit pénal spécial est, en effet, « la terre d'élection du principe de la textualité. Un comportement n'est punissable que s'il a été incriminé. Chaque infraction n'existe qu'autant qu'elle a été prévue par un texte précis. »[14]

b) Le droit pénal général

Relativement moins ancien que le droit pénal spécial du point de vue historique, le droit pénal général étudie les règles communes à toutes les infractions et les grands principes de l'intervention de la réaction sociale. Il en est ainsi, entre autres, des principes régissant :
- la responsabilité pénale et l'imputabilité résultant des éléments constitutifs généraux des infractions ;
- la coactivité ou la participation criminelle ;
- la tentative ;
- la fixation et l'exécution de la sanction ;
- les conditions générales de la non intervention de la peine, en l'occurrence les causes justificatives et de non-imputabilité ou d'irresponsabilité subjective, les excuses légales absolutoires, etc.

c) La procédure pénale

Elle est autrement appelée droit pénal de forme par opposition au droit pénal de fond, spécial et général. Elle a pour objet la définition ou l'étude des règles qui doivent guider l'intervention de l'autorité judiciaire et le

---

[12] M-L. Rassat, *Droit pénal spécial. Infractions du code pénal*, 7e éd., Dalloz, Paris, 2014, p. 1 ; 8e éd., 2018, p. 1.
[13] Likulia Bolongo, *idem*. V. aussi J. Larguier, Ph. Conte, S. Fournier, *Droit pénal spécial*, 15e éd., Dalloz, Paris, 2013, p. 3.
[14] M-L. Rassat, *idem*, p. 5.

déroulement du procès dans le but de faciliter la découverte de la vérité, de permettre l'intervention efficiente de la sanction tout en respectant les droits et en faisant respecter les obligations de chacun des protagonistes du drame pénal que sont la société, le délinquant et la victime directe de l'infraction.

B- LES DISCIPLINES NOUVELLES DU DROIT PÉNAL

Ces branches nouvelles peuvent être regroupées en deux grandes catégories: d'une part, celles qui consistent dans l'affinement d'une branche traditionnelle du droit pénal (a); d'autre part, celles qui procèdent du développement d'une idée commune aux trois branches traditionnelles (b).

a) Les disciplines nouvelles nées de l'affinement d'une branche traditionnelle

Dans cette catégorie peuvent être rangées la science pénitentiaire et quelques parties du droit pénal spécial.

1°- La science pénitentiaire

La science pénitentiaire ou pénologie a pour objet l'étude des problèmes posés par l'exécution des sanctions définitivement prononcées par les juridictions répressives. Jadis intégrée au droit pénal général, elle constitue aujourd'hui, pour beaucoup, une discipline distincte, aussi appelée « droit de l'exécution des peines ».[15]

La science pénitentiaire se distingue du droit pénitentiaire. Les deux disciplines ont chacune un contenu propre : scientifique et juridique. Le droit pénitentiaire est l'ensemble des règles qui fixent le régime juridique et administratif des sanctions prévues par le droit pénal régissant ainsi la vie carcérale des détenus. La science pénitentiaire, quant à elle, étudie les moyens et les méthodes susceptibles de faire produire aux peines leur maximum d'efficacité thérapeutique tout en assurant la prévention aussi bien générale qu'individuelle. En d'autres termes, le droit pénitentiaire forme l'aspect institutionnel du traitement, tandis que la science pénitentiaire en constitue l'aspect spéculatif, prospectif et proprement scientifique. Autrement dit encore, le premier fixe le cadre juridique dans lequel la seconde vient opérer ses méthodes et traitements, ses expérimentations et prospections.[16] On voit

[15] J. Pradel, *Droit pénal général*, 8e éd., Cujas, Paris, 1992, n° 47, p. 64 ; 21e éd., 2016, n° 50, p. 51.

[16] Likulia Bolongo, *Droit et science pénitentiaires. Vers un traitement scientifique de la délinquance au Zaïre*, PUZ, Kinshasa, 1981, p. 9 ; B. Bouloc, *Pénologie*,

dès lors que malgré leurs contenus propres, les deux disciplines sont complémentaires et convergent vers un but unique, savoir le traitement pénitentiaire.

2°- Quelques parties du droit pénal spécial

Au cours de l'évolution du droit pénal spécial et probablement à cause de la prolifération des textes légaux, certaines parties de cette branche s'en sont détachées pour prétendre à une autonomie. On peut citer, en guise d'exemples, le droit pénal rural, le droit pénal de la construction, le droit pénal du travail, le droit pénal économique et le droit pénal des affaires.

Pour nous limiter à ces deux dernières disciplines, il importe de reconnaître la grande difficulté à en cerner le domaine respectif. Le concept qu'on peut retenir comme étant général est celui de droit pénal des affaires, lequel étudie les infractions qui se commettent dans le cadre d'une entreprise économique. Selon cette optique, le droit pénal des affaires se démembre à son tour en plusieurs sous-branches que sont notamment : le droit pénal économique ou du marché qui intervient, p. ex., dans le domaine de la concurrence, des prix, de la consommation, etc. ; le droit pénal financier qui régit les domaines du fisc, de douane, banque, bourse ; le droit pénal des sociétés ; le droit pénal social comprenant le droit pénal du travail et de la sécurité sociale ; le droit pénal de l'environnement régissant le domaine de l'urbanisme, de la pollution, etc.[17]

b) Les disciplines nouvelles procédant du « développement d'une idée commune aux trois branches traditionnelles du droit pénal »[18]

Ces disciplines sont notamment : le droit pénal de l'enfance, le droit pénal international et le droit pénal comparé.

1°- Le droit pénal de l'enfance

Il s'est élaboré à la suite de la montée de la délinquance juvénile au XIXe siècle. Il venait répondre au souci d'adapter à la fois au plan du fond et de la forme, la réaction sociale contre les infractions à la situation particulière des mineurs délinquants.

Précis Dalloz, Paris 1991.

[17] V. J. Pradel, *Droit pénal général*, 21e éd., n° 51, pp. 51-52 ; E. Monteiro, « Les orientations de la politique criminelle actuelle en matière d'atteintes à l'environnement, in *RSC*, n° 1, janvier-mars 2014, pp. 49-57.

[18] À ce sujet, v. J. Pradel, *op.cit.*, n°s 52-54, pp. 52-55.

En RDC, on peut considérer que le texte initial fondamental est le D. du 6 décembre 1950 sur l'enfance délinquante[19], D. modifié notamment par l'O-L n° 78-016 du 4 juillet 1978.[20] Il faut signaler l'existence d'un avant-projet de loi portant protection de la jeunesse, adopté par la CPRDZ[21]. Un des points spécifiant ce projet, c'est la consécration d'un modèle de justice conciliatoire. Une des idées fondamentales retenues est, en effet, de ne pas considérer d'emblée comme délinquant un jeune qui commet un acte isolé de peu de gravité. Ne peut être étiqueté comme tel que celui dont la mentalité habituelle ou l'état d'esprit habituel pousse à commettre des actes antisociaux. En conséquence, selon ce droit projeté, le jeune qui commet un mauvais acte isolé ne doit pas être traduit devant le tribunal de la jeunesse. Sont mises à contribution les structures traditionnelles de la parenté dans les villes et centres urbains afin de leur faire jouer un rôle éducateur et de surveillance. En résumé, les objectifs poursuivis par ce droit spécifique sont de trois ordres : la réconciliation entre la famille de l'enfant, auteur de l'acte déviant ou infractionnel et la victime ou sa famille ; la réparation du dommage subi par celle-ci ; l'éducation de l'enfant en vue de sa récupération et de sa réinsertion sociale.

Cette philosophie se retrouve dans la loi n° 09-001 du 10 janvier 2009 portant protection de l'enfance[22], examinée plus en profondeur dans les développements consacrés à la minorité comme cause présumée de non-imputabilité.[23] Cette loi a le mérite de distinguer, d'un côté, les enfants en conflit avec la loi, ayant posé des actes pénalement qualifiables d'infractions, qui bénéficient de la protection judiciaire dans le cadre de la délinquance juvénile ; et de l'autre, les enfants en situations sociales problématiques mais non délinquantes, à qui on applique la protection sociale. Aussi, allant au-delà des prévisions du D. du 6 décembre 1950, organise-t-elle, successivement et respectivement dans ses titres I à IV, la protection générale, la protection sociale, la protection judiciaire, et la protection pénale. Elle reprend, néanmoins, en son sein les idées forces de

---

[19] *B.O* 1951, p. 91, in Piron et Dévos, pp. 99-105.

[20] In *J.O* n° 14 du 15 juillet 1978, p. 31.

[21] Actuelle Commission permanente de réforme du droit congolais. V. notamment les Documents n° 07/S.C./007/80 ter et 08/C.P.R.D.Z/001/82.

[22] V. J. Idzumbuir Assop, *La justice pour mineurs au Zaïre, Réalités et perspectives*, Kinshasa, EUA, 1994 ; *La loi de protection de l'enfant en RD Congo. Analyse critique et perspectives*, Kinshasa, CEDESURK, 2013 ; R. Kienge-Kienge Intudi, *Droit de la protection de l'enfant*, Notes de cours à l'intention des étudiants de troisième graduat - Option Droit privé et judiciaire, Faculté de Droit de l'Université de Kinshasa, Département de Droit pénal et de Criminologie, année académique 2016-2017.

[23] *Infra*, pp. 408-413.

ce décret, à savoir : la consécration de la présomption irréfragable d'irresponsabilité pénale des personnes âgées de moins de 18 ans convaincues d'avoir commis des actes infractionnels ; l'institution des tribunaux spécifiques les enfants ; la non application à ces derniers des peines et leur remplacement par des mesures de garde, d'éducation et de préservation. Elle met judicieusement en œuvre les principes fondamentaux relatifs à la protection et à la promotion des droits de l'enfant, notamment : le principe de l'intérêt supérieur de l'enfant[24] ; le principe de l'interdiction de la torture et des peines ou traitements cruels, inhumains ou dégradants, de la peine capitale et de l'internement à vie d'un enfant[25] ; le principe d'humanité et de proportionnalité[26], etc.

Cette loi du 10 janvier 2009 retient également la médiation parmi les mécanismes de résolution des conflits mêmes pénaux impliquant les enfants.[27] Celle-ci poursuit comme objectifs essentiels d'éviter à l'enfant de subir les inconvénients d'une procédure judiciaire, d'assurer à la victime la réparation du dommage causé par le fait infractionnel commis par l'enfant, de mettre fin au trouble résultant de ce fait, et de contribuer à la réinsertion sociale de l'enfant en conflit avec la loi.[28]

2°- Le droit pénal international

La lutte contre le crime n'intéresse pas seulement les États pris isolément, mais aussi le concert des nations. D'où l'existence d'un droit pénal international qui s'attache, entre autres, aux conflits de lois pénales et aux conflits d'autorité. Il règle ainsi les questions de compétence internationale,

---

[24] Ce principe est posé dans l'art. 6 de cette loi du 10 janvier 2009 qui dispose : « L'intérêt supérieur de l'enfant doit être une préoccupation primordiale dans toutes les décisions et mesures prises à son égard. Par intérêt supérieur de l'enfant, il faut entendre le souci de sauvegarder et de privilégier à tout prix ses droits. Sont pris en considération, avec les besoins moraux, affectifs et physiques de l'enfant, son âge, son état de santé, son milieu familial et les différents aspects relatifs à sa situation. »

[25] Art. 9, *idem* : « Aucun enfant ne peut être soumis à la torture ni à des peines ou traitements cruels, inhumains ou dégradants. La peine de mort et la servitude pénale à perpétuité ne peuvent être prononcées pour les infractions commises par un enfant. »

[26] Art. 11, *idem* : « Tout enfant privé de liberté est traité avec humanité en tenant compte des besoins des personnes de son âge. Il est séparé des adultes, à moins que l'on estime préférable de ne pas le faire dans son meilleur intérêt. Il a le droit de rester en contact avec sa famille par la correspondance et par des visites, sauf circonstances exceptionnelles. »

[27] Art. 8, *idem*.

[28] Art. 133, *idem*. V. aussi *Infra*, pp. 649-652.

d'extradition, d'effets internationaux des jugements répressifs, etc. Le développement accéléré de la vie internationale depuis le début du XXe siècle, générant ce qu'on appelle pertinemment « le village planétaire », a fortement contribué à marquer l'autonomie du droit pénal international. Cette autonomie a été affirmée avec justesse en 1928 dans les principes modernes du droit pénal international de H. Donnedieu de Vabres.

Il importe cependant de ne pas confondre le droit pénal international, dont l'objet vient d'être brièvement rappelé, et le droit international pénal. En effet, le droit international pénal, considéré comme voisin du droit international public, « traite de la répression des infractions imputables aux États ou à leurs dirigeants et agents »[29], et des crimes identifiés comme portant atteinte aux valeurs essentielles de la communauté internationale envisagée dans sa globalité. Eric David distingue comme suit ces deux expressions : « Le droit pénal international recouvre les règles organisant la répression des infractions de droit interne (c-à-d les comportements érigés en infractions par le droit d'un État) présentant un élément d'extranéité, tandis que le droit international pénal régit la répression des infractions de droit international (c-à-d les comportements érigés en infractions par les États agissant collectivement). »[30] Ainsi, p. ex., fait partie du droit international pénal, le Statut de Rome de la CPI, car il contient des principes et règles arrêtés par les États-parties pour régir la répression des crimes les plus graves touchant l'ensemble de l'humanité, en l'occurrence les crimes de génocide, les crimes de guerre, les crimes contre l'humanité et le crime d'agression.[31] En font également partie, les autres textes fondamentaux auxquels renvoient ce Statut, notamment le RPP, les Éléments des crimes, le Règlement de la Cour et le Règlement du Greffe. Il en est de même des textes régissant les Tribunaux pénaux internationaux *ad hoc*,[32] etc.

3°- Le droit pénal comparé

Cette discipline a pour objet la confrontation des divers systèmes répressifs ou des divers droits de fond ou de forme en vue d'en tirer des enseignements ou des emprunts à des fins législatives ou scientifiques. De toutes les branches nouvelles du droit pénal, elle est la plus ancienne. Déjà en 1838, Ortolan inaugurait à Paris un cours de législation pénale comparée. Grâce au

---

[29] J. Pradel, *Droit pénal général*, 21e éd., n° 52, p. 53.

[30] E. David, *Éléments de droit pénal international et européen*, Bruylant, Bruxelles, 209, p. 2.

[31] V. Statut de Rome de la CPI, adopté le 17 juillet 1998, entré en vigueur le 1er juillet 2002.

[32] V. Statut et RPP du TPIY, du TPIR, du TSSL, etc.

développement des relations internationales, le droit pénal comparé a connu un progrès rapide. Ainsi est née en 1889 l'Union internationale de droit pénal à laquelle succéda l'Association internationale de droit pénal, après la première guerre mondiale. Ensuite, fut créée, en 1936, la revue de science criminelle et de droit pénal comparé. Aujourd'hui, on dénombre plusieurs centres ou instituts de droit pénal comparé. On peut citer à titre indicatif : la section de science criminelle de l'Institut de droit comparé de Paris ; l'Institut Max Planck de droit pénal étranger et international en Allemagne ; l'Institut supérieur international des sciences criminelles de Syracuse en Italie ; le Comité européen pour les problèmes criminels du Conseil de l'Europe ; les instituts affiliés à l'ONU comme, p. ex., l'Institut d'Helsinki pour la prévention du crime, fondé en 1982 et ayant pour activités principales les échanges d'informations ; le Centre d'études sociologiques sur le droit et les institutions pénales (CESDIP) qui est un organisme français rattaché au CNRS et créé en 1984 en remplacement de l'ancien Service d'études pénales et criminologiques.[33] En plus de ces cadres institutionnels, le droit pénal comparé est utilisé dans de nombreuses chancelleries ou ministères de la Justice comme source d'enseignements sur les droits étrangers ou les réformes opérées à l'étranger et pouvant inspirer l'élaboration des projets de réforme en droit interne.

L'existence avérée des diverses branches qui viennent d'être indiquées n'annule pas le caractère unitaire du droit pénal.

PARAGRAPHE 2 : ***LEUR DÉNOMINATEUR COMMUN***

En effet, il est des facteurs qui forment le dénominateur commun des différentes branches du droit pénal, assurant ainsi leur unité.

Il y a d'abord leur objet commun qui est le crime, *lato sensu*,[34] ou plus exactement la lutte contre le crime. Toutes ces branches ont pour finalité la lutte contre la criminalité dans ses diverses manifestations.

Il y a aussi la conception générale que le législateur se fait du phénomène criminel et de la réaction sociale. Si, p. ex., il opte pour une politique très répressive, il se souciera plus de la protection de la société, ou de ce qui est présentée comme telle, que des intérêts individuels du délinquant. Cette option se concrétisera dans les différentes branches du droit, notamment par la consécration des infractions très larges, infractions « fourre-tout » aux éléments constitutifs aussi imprécis que peu nombreux, permettant d'englober

---

[33] V. J. Pradel, *op. cit*, n° 53, pp. 54-55.

[34] Crime entendu dans le sens générique d'infraction.

un plus grand nombre possible d'agissements antisociaux. Sera réduit le domaine d'application de certaines techniques d'individualisation ou d'adoucissement de la répression comme le sursis ou les circonstances atténuantes.

Il y a enfin l'existence des principes fondamentaux qui gouvernent le droit pénal dans son ensemble et auxquels sont donc soumises ses différentes branches, les traditionnelles comme les nouvelles ; principes consacrés notamment dans la Const. et dans certains traités internationaux, et qui sont énumérés *infra* dans le chapitre consacré à l'étude des sources du droit pénal. Ainsi en est-il, p. ex., des principes de légalité, d'équité, d'égalité, de culpabilité et d'humanité que Jean Pradel retient comme les cinq piliers du droit pénal au sens large, réalisant l'unité de celui-ci.[35]

SECTION 2 : **LES DISCIPLINES VOISINES DU DROIT PÉNAL**

Elles sont nombreuses. Parmi elles figurent des disciplines philosophiques, les sciences criminelles, bien sûr les autres disciplines juridiques et celle qu'on a convenu d'appeler la politique criminelle.

PARAGRAPHE 1er : ***LES DISCIPLINES PHILOSOPHIQUES***

Des disciplines philosophiques entretenant des relations avec le droit pénal, nous relevons particulièrement la morale et la métaphysique.

A- LA MORALE

a) Définition

Étymologiquement, le vocable « morale » descend du latin *mores* (pluriel de *mos*) qui signifie mœurs, manière d'agir, conduite, habitude, genre de vie.

---

[35] V. J. Pradel, *op. cit.*, n° 56, pp. 56-57. Il cite également Y. Jeanclos, *Les sept principes du droit pénal*, Hachette 2015. Le principe de culpabilité signifie, écrit-il, «qu'une personne ne peut être punie que sur la base d'un reproche pouvant lui être fait. » Il « comporte deux aspects. Premièrement, celui que l'on ne peut punir quiconque n'a pas commis de faute : c'est ce que l'on appelle le principe de personnalité, exclusif de toute responsabilité collective. Deuxièmement, celui que l'on ne peut punir un coupable que dans la mesure de sa faute : apparaît ici le principe de l'individualisation qui conduit à adapter la peine à chaque délinquant en fonction de ses caractères propres et notamment de son degré de culpabilité, qu'il s'agisse du prononcé ou de l'exécution de la peine, voire de la poursuite… » (p. 56)

La morale peut donc être définie comme « un ensemble de principes de jugement, de règles de conduite relatives au bien et au mal, de devoirs, de valeurs, parfois érigés en doctrine, qu'une société se donne et qui s'imposent autant à la conscience individuelle qu'à la conscience collective. Ces principes varient selon la culture, les croyances, les conditions de vie et les besoins de la société. Ils ont souvent pour origine ce qui est positif pour la survie de l'ethnie, du peuple, de la société. Si de tels principes sont en outre positifs pour l'ensemble des ethnies, des peuples ou des sociétés de la Terre, on peut les considérer comme faisant partie de la morale universelle. »[36]

La morale, ainsi entendue, et le droit pénal entretiennent des relations fort complexes. À lire l'histoire du droit pénal, on observe que les comportements qui ont été les premiers à être réprimés sont ceux qui heurtent la morale du groupe ou de l'individu. Il en est ainsi, p. ex., des atteintes à la vie, au patrimoine, aux conceptions religieuses, etc. Au fil du temps, ces rapports se sont relâchés sous le double effet de la contamination du droit par les sciences et du recul concomitant des valeurs éthiques.[37] Dès lors, le droit pénal et la morale ne coïncident pas exactement, car chacun a sa finalité propre : le droit pénal poursuit, en effet, un but utilitaire, à savoir la réalisation et le maintien de la paix sociale ; tandis que la morale poursuit plutôt un but éthique, à savoir le perfectionnement de l'individu.

En les comparant dans la pratique, on peut observer que l'aire du droit pénal est tantôt plus restreinte, tantôt plus large que celle de la morale. Plus restreinte d'abord, puisque la règle morale, *lato sensu*, a un champ d'application fort vaste, ignoré, dans une large mesure, du droit pénal. Les comportements comme le mensonge dans la vie courante, la jalousie, la paresse, l'indolence, l'onanisme, etc. violent les règles morales déterminant les obligations de l'homme vis-à-vis de lui-même, mais ne relèvent pas du droit pénal. N'est pénalement sanctionnée qu'une partie de la morale sociale, c'est-à-dire celle qui définit les devoirs de l'homme envers ses semblables. Ainsi en est-il, p. ex., de l'obligation de porter secours à une personne en péril, de l'interdiction de tuer, de voler, de violer, de calomnier, etc.

Mais, il n'y a pas que ces actes moralement répréhensibles qui soient sanctionnés par le droit pénal. Celui-ci va au-delà. L'aire du droit pénal apparaît donc comme étant plus vaste que celle de la morale. En effet, le droit pénal réprime certains comportements qui, dangereux pour l'ordre public

---

[36] Source : *http://www.toupie.org/Dictionnaire/Morale.htm*, consulté le samedi 06.10.2018 à 15H, heure de Paris.
[37] V. J. Pradel, *op. cit.*, n° 65, p. 62.

réellement ou prétendument, sont néanmoins dépourvus de coloration morale. On peut citer, en guise d'illustration, le fait de conduire une voiture sans permis, de rouler sur la partie gauche d'une chaussée à double sens de circulation ; de chasser pendant la période prohibée ; autant d'incriminations purement sociales et non morales. Il arrive d'ailleurs souvent que certaines personnes commettent sciemment ce type d'infractions sans se cacher. Tel est le cas du prêtre catholique et des membres du Réseau Éducation sans frontières (RESF) qui ont accueilli et hébergé des immigrés sans papiers en violant volontairement et publiquement une loi interdisant et sanctionnant l'hébergement des « sans papiers ».[38] Cette loi ne rentre pas dans la catégorie des règles morales.

En définitive, comme l'a si bien suggéré E. Garçon, les deux disciplines peuvent être graphiquement représentées par deux cercles qui, se coupant, dessinent à la fois une surface commune, l'intersection des deux, et des aires ou des champs d'actions propres, situés respectivement de part et d'autre de celle-ci.[39]

b) Du rapprochement droit-morale au distinguo droit-loi

Considérant le droit comme « *ars boni et aequi* », « l'art du bien, l'art du bon, l'art du juste, l'art de ce qui est nécessaire pour la reproduction de la vie en société »,[40] l'art et la science du maintien de la paix, de la stabilité, de la vie dans la société, de la protection des valeurs humaines et sociétales essentielles, nous soutenons que le droit, en l'occurrence le droit pénal, ne peut pas ou ne doit pas aller à l'encontre de la morale. Ce qui est contraire à la morale ne peut pas s'appeler droit ou se réclamer du droit. Il s'inscrit dans l'abus : abus de soi-même dans un cadre personnel ou abus des autres dans un ensemble sociétal. On pourrait inscrire dans cette dernière catégorie certaines lois édictées par des régimes tyranniques, généralement issus des coups d'État ou des rébellions armées. Pareilles lois amorales, si elles peuvent exister, ne rentrent certainement pas dans le droit. Leur existence est fatalement éphémère, car elles disparaissent en même temps que leur force génitrice luciférienne autant d'ailleurs que les décisions pseudo-

---

[38] Télévisionon française TF 1, Informations de 20 heures, samedi 03 mai 2008, Claire Chazal.

[39] E. Garçon, *Le droit pénal*, 1922, p. 131, cité par J. Pradel, *Droit pénal général*, 8e éd., Cujas, Paris, 1992, n° 60, p. 76 ; 21e éd., 2016, n° 65, p. 62.

[40] E. Le Roy, « L'apport de l'anthropologie du droit à une recherche sur la justice des mineurs », Communication à l'Assemblée générale annuelle de l'Association française des éducateurs de la protection judiciaire de la jeunesse, Chambéry, 1993, Texte dactylographié de 15 pages, p. 11.

judiciaires ou administratives découlant de leur mise en œuvre complice ou imposée. Aussi faut-il souligner que toute loi n'est pas forcément du droit, celle-ci étant envisagée dans son acception large incluant la loi *stricto sensu* et certains actes de l'exécutif comme les décrets, décrets-lois, ordonnances, ordonnances-lois, arrêtés, etc.

La morale exige que « quand on prend, on doit rendre ». À analyser certaines lois, surtout dans les domaines économiques, on se rend compte de leur éloignement du droit, du juste. Ainsi en est-il, p. ex., de certaines dispositions des codes miniers ou forestiers. Il semble que quelques multinationales font faire des codes miniers en leur faveur, en corrompant des dirigeants de certains pays. Elles initient certaines dispositions de ces codes, voire les élaborent elles-mêmes, à leur profit. De telles dispositions sont des lois en apparence, mais pas du droit. Elles sont des lois amorales, car elles permettent à leurs instigateurs, les multinationales, de puiser à volonté, de piller des ressources minières, des matières précieuses nationales sans rien rendre aux populations locales, propriétaires légitimes de ces richesses. Ces mastodontes abandonnent ces populations dans le dénuement le plus total, dans un environnement détruit, marqué par des érosions béantes, des pollutions homicides, faunicides et floricides.[41] Agissant dans la maudite logique de l'économie extractive, elles n'ont pour objectif que d'assouvir leur gourmandise illimitée, leur cupidité, leur soif de puissance, sans aucun égard à la nature. Elles ignorent que l'homme et la nature doivent vivre en symbiose, comme le dit si bien Isabelle Delannoy dans son œuvre au titre éloquent : *L'économie symbiotique*.[42] Celle-ci est capable de faire vivre harmonieusement les êtres humains et les écosystèmes, car elle associe l'intelligence humaine, la puissance des écosystèmes naturels et la technosphère ou les outils, dans une symbiose réalisant le juste équilibre entre les trois, produisant les richesses en régénérant les ressources sans les épuiser ni détruire la nature, ni paupériser les populations locales.

C'est la morale qui devra faire évoluer le droit dans ce domaine. On ne peut pas prendre, sans rendre. Si non, c'est du vol. Lorsqu'on vient puiser

---

[41] Pollutions qui tuent les humains, la faune et la flore.

[42] I. Delannoy, *L'économie symbiotique*, Actes Sud, octobre 2017, 352 p. Lire aussi A. Deneault, *Le totalitarisme pervers*, Ecosociété, 2017, 128 p. ; *The Carter Center*, « République Démocratique du Congo, Les laissés-pour-compte de l'exploitation minière industrielle, Rapport-synthèse des études d'impacts des activités minières sur les droits des communautés locales », Avril 2018, 46 p., *http://congomines.org/system/attachments/assets/000/001/469/original/Rapport_Synth%C3%A8se_des_Etudes_HRIA_VF_20180418-4.pdf?1524238855,* consulté le lundi 08.10.2018 à 11h15, heure de Paris.

les richesses d'une population sans rien lui rendre en retour, on commet un vol ou une extorsion. En l'espèce, ce vol ou extorsion est d'une telle ampleur que l'acte doit être juridiquement qualifié de pillage et sanctionné comme tel. Ce pillage, entraînant des milliers de morts parmi la population civile, doit être regardé comme un crime contre l'humanité et réprimé en tant que tel. Il doit rentrer dans la catégorie de crimes les plus graves touchant l'ensemble de la communauté internationale et relever de la compétence non seulement des tribunaux nationaux, mais aussi de la CPI en respect du principe de la complémentarité qui la régit.

C'est la morale qui permettra de remettre en cause tous les faux contrats d'exploitation minière ou forestière signés sur la base de ces *pseudo* lois, qui ne rentrent pas dans le droit, vu leur iniquité. Étant donné que les initiateurs, voire rédacteurs de ces codes, et bénéficiaires de ces contrats sont puissants militairement, politiquement et économiquement, seule la morale et son évolution au plan mondial, donc la morale universelle, permettra de les remettre en cause sans recours à la violence.

On pourra s'inspirer de la loi sur la moralisation de la vie politique en France, nom ô combien évocateur ! Cette loi est née, en effet, d'un choc entre loi et morale. Certains députés, agissant dans le cadre de la loi, se sont permis d'embaucher et de rémunérer, par des deniers publics, des membres de leurs familles (épouses, enfants). Sauf dans le cas où ceux-ci ont été payés sans qu'ils n'aient réellement travaillé, hypothèse de l'emploi fictif, cette pratique était, semble-t-il, conforme à la loi en vigueur. Mais elle est moralement choquante. La loi a donc dû être modifiée sous la pression de la morale. Et c'est bien ainsi. Pour qu'une loi rentre dans le droit et y demeure, il faut qu'elle coïncide avec la morale. Une loi amorale n'est pas du droit.

Un autre exemple éloquent nous est offert dans le domaine du droit fiscal. En effet, il a été constaté que des grosses entreprises, sachant jongler avec la loi actuelle, française en l'occurrence, font des montages d'optimisation fiscale et arrivent à payer moins d'impôt que des petites entreprises.[43] Ces montages sont, dit-on, conformes à la loi. Mais ils

[43] V. Le Monde 05.11.2017, « Les "Paradise Papers", nouvelles révélations sur les 350 milliards cachés de l'évasion fiscale. 13,5 millions de documents, dont une bonne part issus d'un cabinet d'avocats spécialisé dans la finance offshore, ont été analysés par "Le Monde", associé au Consortium international des journalistes d'investigation et à 95 médias partenaires », in *https://www.lemonde.fr/paradise-papers/article/2017/11/05/les-paradise-papers-nouvelles-revelations-sur-les-milliards-caches-de-l-evasion-fiscale_5210518_5209585.html,* consulté le lundi 08.10.2018 à 12h20, heure de Paris.

heurtent la morale, ils choquent, à telle enseigne que des actions sont menées pour modifier la loi, afin de la rendre plus juste, plus conforme à l'équité.

L'humanité se portera mieux lorsque le droit renforcera ses rapports avec la morale, et lorsque chaque homme, du plus petit au plus grand sera soumis au droit. Cette soumission, si elle n'est pas volontairement consentie, doit être imposée par les forces du bien que peuvent constituer tous les hommes de bien. Elle doit être une des préoccupations majeures de ce qu'on a convenu d'appeler les sociétés civiles, ou tout simplement de l'ensemble des populations du monde, averties et éclairées. Elle doit constituer un des piliers de la démocratie réelle, les autres piliers étant l'éducation et l'information des populations dans tous les domaines de la vie, en ce compris celui du droit.

En tout cas, pour assurer avec efficacité la paix et la cohésion dans la société, il importe que dans le graphique proposé par Garçon, la surface centrale d'intersection de la morale et du droit soit de loin plus grande que les deux champs latéraux propres à l'une et l'autre. Aussi peut-on espérer voir l'élargissement de cette aire d'intersection ou de coïncidence dans certains pays influents comme la France où l'on aperçoit « ce côté moralisant de certaines lois récentes », selon les termes du professeur Jean Pradel. Parlant de la politique législative de ce pays, qui se caractérise, non seulement par la sévérité de la répression et la protection de la victime, mais aussi par la prise en considération du délinquant au moyen, notamment, des dispositions du droit pénal de fond inspirées par la défense sociale, cet auteur écrit :

> « Le législateur ne se contente plus de sanctionner des agissements portant atteinte aux valeurs fondamentales de la société, il se fait éducateur, pédagogue, prescripteur d'un mode de vie conforme à une bonne morale. Tous les délits de provocation faite à un mineur de consommer drogue et alcool sont des prescriptions à l'usage des parents, pour qu'ils soient de « bons parents » (art. 227-18, 227-18-1, 227-19, 227-21, C.P.). Est réprimé aussi le fait de solliciter des services sexuels d'une personne se livrant à la prostitution avec une loi du 13 avril 2016 (contravention de l'article 611-1, C.P. ; délit de l'article 225-12-1, C.P. pour le cas de récidive). Le législateur en vient à créer des peines de stage de citoyenneté (art. 131-5-1, C.P.), de responsabilité parentale, de sensibilisation à la sécurité routière, ou aux dangers de la drogue (art.131-35-1, C.P.). »[44]

[44] J. Pradel, *Droit pénal général*, 21e éd., n°s 113-120, pp. 94-104, spéc. n° 118, pp. 102-103.

Les règles que s'efforce de diffuser le présent ouvrage et qui forment le cadre général de l'intervention pénale en RDC, relèvent heureusement du droit. Elles participent même de l'architecture normative fondamentale universellement reconnue, car elles se retrouvent dans la plupart des textes pénaux nationaux et internationaux, comme nous aurons l'occasion de le signaler au fil des développements.

B- LA MÉTAPHYSIQUE

Ce terme procède du grec « *meta ta phusika* » qui veut dire « après la physique » car, dans les œuvres d'Aristote, cette connaissance était exposée après la physique. La métaphysique, comme discipline, a plusieurs acceptions:
- Elle est une science de l'être en tant que tel et des vérités générales. Elle est ainsi synonyme d'ontologie (du grec *ôn*, *ontos* = être et *logos* = science).
- Elle a pour objet la connaissance des causes premières et des premiers principes. Elle est alors synonyme de philosophie.
- Elle est enfin entendue comme toute spéculation sur le sens du monde et la place de l'homme dans le monde.[45]

Sa relation avec le droit pénal consiste dans le fait qu'elle fournit des données expliquant le fondement philosophique de la sanction. En effet, la répression pénale étant, dans une large mesure, un acte de contrainte sinon de violence, n'est acceptée par les uns et les autres et n'est légitimée que parce qu'elle trouve son fondement dans la métaphysique. Celle-ci énonce des explications raisonnées sur le bien fondé de la répression en se mettant aussi bien du côté de la société qui la fait subir que du côté du délinquant qui la subit. À la société, elle reconnaît ce que les philosophes appellent le *jus puniendi* ou le droit social de punir, c'est-à-dire le droit pour la société ou la collectivité de punir les individus qui en troublent l'ordre. Ce *jus puniendi* n'est pas fondé sur la vengeance mais plutôt sur l'idée de justice et surtout d'utilité sociale. Le droit de punir est ainsi considéré, pour la société, tantôt comme une nécessité (E. Ferri), tantôt comme un devoir (A. Prins), tantôt comme une légitime défense (R. Vouin et J. Léauté). Du côté du délinquant, la répression pénale trouve son fondement dans l'idée de responsabilité individuelle qui, liée à l'idée de faute, suppose à la fois liberté et discernement. Après un vif débat doctrinal ayant opposé au XIXe siècle les philosophes classiques, défenseurs du libre arbitre, et les positivistes, soutenant le déterminisme, des travaux pluridisciplinaires ont pu établir que tout homme bénéficie de certaines zones de liberté où, pourrait-on dire, il

[45] V. Toupictionnaire, in *http://www.toupie.org/Dictionnaire/Metaphysique.htm*; Larousse,*https://www.larousse.fr/dictionnaires/francais/m%C3%A9taphysique/50896;* Wikipedia, *https://fr.wikipedia.org/wiki/M%C3%A9taphysique*

exerce sa propre souveraineté et dont il doit répondre. Parmi ces travaux peuvent être cités, à titre indicatif : les écrits des philosophes H. Bergson[46] et G. Gusdorf [47]; les travaux du criminologue de Greeff sur le sentiment de responsabilité ;[48] et les travaux des psychiatres de l'école de Lannemezan.[49]

PARAGRAPHE 2 : ***LES SCIENCES CRIMINELLES***

Les sciences criminelles jouent un rôle déterminant dans l'élaboration du droit pénal. Elles apportent à celui-ci des données scientifiques nécessaires à un meilleur accomplissement de sa mission. Elles englobent, notamment : la criminologie, la criminalistique et la sociologie du droit pénal.

A- LA CRIMINOLOGIE

D'une manière sommaire, la criminologie peut être définie comme étant « l'étude scientifique du phénomène criminel »,[50] « la science du phénomène criminel ».[51] Elle a pour objet l'observation, dans la réalité, de la conduite des hommes, contrairement à l'objet du droit criminel qui consiste plutôt à imposer une conduite précise aux citoyens ou à leur interdire certains actes. « La criminologie cherche à comprendre et à expliquer le phénomène criminel, à découvrir les causes, les origines du crime et la personnalité de l'auteur en s'efforçant d'appréhender ses mobiles... Elle va même au-delà de ces préoccupations en cherchant à prévenir et à tarir les sources de la criminalité. »[52]

Le droit pénal tire beaucoup d'avantages de la criminologie :

- Celle-ci oriente en effet la politique criminelle du législateur. Peut être citée, en guise d'exemple, l'incrimination de certains agissements peu dangereux en eux-mêmes sans doute, mais repérés par la criminologie comme une étape vers la délinquance. Il en est ainsi du vagabondage, de la mendicité, de l'interdiction des ports d'armes, bref de tous les délits qualifiés

---

[46] H. Bergson, *Essai sur les données immédiates de la conscience*, 1889.

[47] G. Gusdorf, « Une interprétation existentielle de la responsabilité pénale », in *La responsabilité pénale*, Travaux du Colloque de philosophie pénale de Strasbourg, 1959, p. 387.

[48] In *R.I.D.S.*, 1956, pp. 1 et s. Ces trois auteurs, Bergson, Gusdorf et de Greeff, sont cités par J. Pradel, *Droit pénal général*, 21e éd., n° 64, p. 62.

[49] R. Merle et A. Vitu, I, n° 549.

[50] Sur la diversité des définitions de la criminologie, lire R. Gassin, S. Cimamonti, Ph. Bonfils, *Criminologie*, 7e éd., Dalloz, Paris, 2011, pp. 4-12.

[51] G. Kellens, *Eléments de criminologie*, Bruylant, Bruxelles, 1998, p.5.

[52] Likulia Bolongo, *Droit et science pénitentiaires*, p. 11.

significativement de « délits-obstacles ». On peut évoquer également la matière d'exécution des peines qui, à la suite des travaux criminologiques, a été mieux adaptée à la personnalité des condamnés.
- Dans le choix de la peine ou dans sa mesure, le juge s'appuie avec intérêt sur les enseignements de la criminologie. Ceux-ci lui permettent, p. ex., de tenir compte de la personnalité du condamné, en établissant ce qui est convenu d'appeler le dossier de personnalité.
- Au niveau de l'exécution des condamnations, l'apport de la criminologie est également déterminant. C'est d'elle, p. ex., que procède l'érection d'établissements carcéraux spéciaux pour mineurs afin d'éviter la cohabitation criminogène de ceux-ci avec les délinquants majeurs.

B- LA CRIMINALISTIQUE

Elle a pour objet la recherche des infractions et des coupables par des voies scientifiques. Elle se subdivise en plusieurs branches, à savoir : la médecine légale, la toxicologie, la police scientifique, l'anthropométrie, la dactyloscopie, la chimie, la psychométrie, et la génétique.

a) La médecine légale recherche les causes d'une agression ou d'un décès à travers l'examen du corps de la victime.

b) La toxicologie ou science des poisons s'attache à établir si la substance administrée à la victime était ou non de nature à donner la mort.

c) La police scientifique a pour objet l'étude approfondie de certaines circonstances ayant entouré ou accompagné la commission de l'infraction. Elle s'intéresse ainsi aux marques laissées par le délinquant, à l'identification des tissus, des cheveux, des empreintes digitales, des empreintes olfactives, des traces de sang, de sperme, etc.

d) L'anthropométrie a pour objet tout ce qui, dans l'organisme humain, peut être mesuré : taille, poids, empreintes des pieds, des mains…, autant des mensurations pouvant faciliter l'identification des criminels.

e) La dactyloscopie étudie plus précisément les empreintes digitales, permettant ainsi de confondre un inculpé en comparant les siennes avec celles trouvées sur l'objet ou sur le lieu du crime.

f) La chimie étudie la constitution atomique et moléculaire de certains corps, ainsi que leurs interactions. Elle utilise des procédés d'identification de la matière pour donner des renseignements pertinents sur certains faits infractionnels comme le faux et usage des faux, la tromperie sur la qualité de certaines marchandises, en l'occurrence de certains aliments, etc.

g) La psychométrie est l'ensemble des méthodes de mesure des phénomènes psychologiques permettant de discerner des réactions physiologiques révélatrices, p. ex., de l'état de mensonge ou de sincérité.

h) La génétique ou science de l'hérédité étudie la transmission des caractères anatomiques et fonctionnels entre les générations. Par la technique de fixation des empreintes génétiques à partir des prélèvements cellulaires (salive, goutte de sang ou de sperme, morceau de chair, de peau ou de cheveu…), elle permet d'identifier les spécificités génétiques d'une personne constituant son code-barres ou son ADN caractéristique, la distinguant de tout autre individu. Mise en œuvre en médecine légale, cette technique des empreintes génétiques contribue efficacement à démasquer un criminel ou à disculper un innocent.[53]

On le voit, l'apport de la criminalistique, appelée parfois science du procès, est appréciable en matière de la preuve de l'existence de l'infraction et de l'identification de son auteur. Son concours efficient permet de diminuer le nombre des infractions inconnues et impunies. Elle facilite également le choix de la qualification exacte à retenir dans chaque cas d'espèce : homicide ou coups et blessures mortels ? empoisonnement ou administration des substances nuisibles ?

C- LA SOCIOLOGIE DU DROIT PÉNAL

Elle a comme préoccupation essentielle la détermination des causes et des conditions de l'élaboration des lois pénales. Elle explique les conditions qui ont amené l'État à incriminer certains agissements et à fixer les modalités de poursuite, en faisant apparaître l'incidence des structures politiques, des mouvements de l'opinion publique ou des nécessités du moment sur la création, la vie ou l'abrogation des lois pénales. Elle contribue ainsi à une meilleure interprétation de la loi pénale, à l'exacte compréhension de son fondement, de sa signification et de sa portée.

---

[53] Lire J. Pradel, *op. cit.*, n° 70, pp. 64-65 ; Nyabirungu mwene Songa, *Traité de droit pénal général congolais*, éd. DES, 2001, pp. 39-40.

*PARAGRAPHE 3 : **LES DISCIPLINES JURIDIQUES***

A- LEUR MULTIPLICITÉ

Les disciplines juridiques sont tellement nombreuses que l'on ne pourrait les énumérer toutes, le droit régissant pratiquement tous les domaines de la vie. Pour nous en tenir au tronc commun des enseignements dispensés à la Faculté de Droit de l'UNIKIN, dans un programme s'étalant sur cinq années d'études, on peut citer, entre autres : le droit constitutionnel, le droit civil-personnes, le droit civil-biens, le droit civil-obligations, le droit civil-sûretés, le droit coutumier, le droit administratif, le droit de la protection de l'enfant, le droit économique, le droit commercial, le droit des sociétés, le droit financier, le droit des transports, le droit fiscal, le droit des assurances, le droit du travail, le droit de la sécurité sociale, le droit international public, le droit international privé, etc. À ces matières s'en ajoutent d'autres suivies comme cours à option dans les différents départements[54] constituant cette Faculté, notamment : le droit de la fonction publique, le droit de la propriété intellectuelle, le droit agricole et forestier, le droit de l'environnement, le droit minier, le droit aérien, le droit international humanitaire, le droit international des espaces, le droit de la coopération internationale, le droit de la sécurité internationale, etc.

B- LES SPÉCIFICITÉS DU DROIT PÉNAL AU REGARD DES AUTRES DISCIPLINES JURIDIQUES

La fonction de défense de l'ordre social exercée par le droit pénal lui confère quelques caractéristiques spécifiques au sein de la famille des disciplines juridiques (a). Ces spécificités entraînent une certaine conséquence qu'il sera utile d'examiner (b).

a) Les caractéristiques spécifiques du droit pénal

Pour assurer la défense de l'ordre public ainsi que le respect des droits et libertés humains fondamentaux, le droit pénal revêt deux caractères essentiels : sanctionnateur et normatif.

---

[54] Ils sont au nombre de cinq : le Département de Droit économique et social, le Département de Droit international public et Relations internationales, le Département de Droit pénal et Criminologie, le Département de Droit privé et judiciaire, le Département de Droit public interne.

1°- Le caractère sanctionnateur

Le droit pénal est considéré par certains auteurs[55] comme le prolongement nécessaire des autres branches du droit, incapables d'assurer elles-mêmes efficacement la protection des règles qu'elles édictent. Son caractère sanctionnateur veut dire qu'il doit garantir, par le déploiement des sanctions qui lui sont propres, le respect des règles posées par les autres disciplines juridiques. Il joue, en quelque sorte, le rôle de gendarme de celles-ci. Ainsi, p. ex., les infractions d'homicide et coups et blessures par imprudence ne viennent que renforcer la sanction de l'obligation civile de ne pas causer de dommage à autrui, posée dans les articles 258 et 259 du CCC livre III.[56] De même, les infractions d'abandon de famille, de refus de cohabitation, d'abandon matériel ou moral de la femme ou des enfants, de bigamie, ont été instituées pour faire respecter les obligations alimentaires, le droit de garde ou le caractère monogamique du mariage.[57]

Pour bien appréhender l'exacte portée de ce caractère sanctionnateur du droit pénal, quelques explications s'imposent. Il faut d'abord souligner que chaque discipline juridique prévoit des sanctions propres. Le droit pénal n'est donc pas le seul à en fixer. Ainsi, le droit civil prévoit comme sanctions, des nullités, des déchéances, des dommages-intérêts ; le droit administratif applique les retraits de concession ou d'autorisation ; et le droit fiscal, la majoration des droits, les nullités et les déchéances. Les sanctions du droit pénal ne sont déployées qu'à l'encontre des transgressions des valeurs estimées essentielles, comme les atteintes à la vie, à l'intégrité physique, à la propriété, etc. Aussi faut-il d'ailleurs noter, à l'heure actuelle, un certain recul des sanctions pénales consécutif au mouvement de dépénalisation de plus en plus accru.

Il faut ensuite relever l'existence, aux côtés du droit pénal, d'un autre droit sanctionnateur, à savoir le droit disciplinaire. En effet, quoique plusieurs fautes disciplinaires constituent également des fautes pénales, le droit disciplinaire se distingue nettement du droit pénal. Le premier, « parfois fondé sur un accord implicite des individus qui y sont soumis, tend à assurer l'ordre

---

[55] V. J. Pradel, *op. cit.*, n° 72, pp. 66-67. L'auteur cite : J-J Rousseau et sa fameuse phrase : « Le droit pénal est moins une espèce particulière de lois que la sanction de toutes les autres », *Le contrat social*, C 762, Livre II, chapitre XII ; J.A. Roux, I, p. 13 + Note sous Crim., 14 juin 1915, S. 1918.I.225 : « Le droit pénal est chargé de faire respecter les obligations posées par les autres branches de droit » ; L. Jimenez de Asua, *Derecho penal*, T. I, n° 8, § 13, *in fine*.
[56] V. les libellés de ces art. *infra*, p. 63, NBP 129.
[57] J. Pradel, *ibidem*, n° 72, pp. 66-67.

dans un groupement déterminé » qui peut être une profession libérale, une administration publique ou une association. Le second, à caractère général, « vise au contraire à défendre l'ordre social » dans son ensemble. Cette différence d'objet entraîne également une différence des techniques de ces deux droits sanctionnateurs. Les sanctions disciplinaires comme l'avertissement, la suspension, l'interdiction professionnelle, p. ex., ont une nature et un régime propres. Cependant, les grands principes du droit pénal - en ce compris le principe « *nullum crimen, nulla poena sine lege* » (principe de la légalité), le principe de l'autorité de la chose jugée, les principes de la prescription de l'action publique et du respect des droits de la défense - s'appliquent également en matière disciplinaire.[58]

2°- Le caractère normatif

Contrairement à ce qu'affirmait Durkheim[59], le droit pénal ne se limite pas à « éditer » ou édicter des sanctions. Il définit également certaines obligations ignorées d'autres lois positives et pour le respect desquelles il intervient. On peut citer, à titre d'exemple, l'obligation imposée à toute personne de secourir son prochain se trouvant en danger, laquelle est contenue et soutenue par l'incrimination de non assistance à personne en danger.[60] Il convient toutefois de reconnaître que, contrairement aux règles civiles, administratives, commerciales ou fiscales qui sont exprimées de façon directe, le droit criminel ne crée des obligations que de manière indirecte. Pour revenir à l'exemple retenu ci-dessus, c'est de la répression de l'abstention ou de la non-assistance que se déduit l'obligation positive de secourir une personne en danger.

En percevant ce caractère normatif, on mesure avec netteté l'importance du droit pénal dans l'ensemble sociétal. En effet, la communauté nationale doit être perçue comme une globalité, un tout dont l'équilibre et la survie dépendent du respect de certaines normes fondamentales. Celles-ci doivent être respectées par tous, gouvernants comme gouvernés. Si quelques individus se placent au-dessus de ces normes, la société ne peut ni fonctionner de façon efficiente, ni se développer de manière harmonieuse. Le retard accusé dans le processus de développement de nos pays est dû, pour une large part, à la non

---

[58] *Idem*, n° 73, p. 67.

[59] Durkheim, *De la division du travail social*, 1893 pp. 78-79, cité par J. Pradel, *idem*, n° 74, p. 68 où il écrit : « Durkheim n'assignait qu'une fonction sanctionnatrice au droit criminel qui "n'édite que des sanctions, ne dit rien des obligations auxquelles elles se rapportent, ne commande pas de respecter la vie d'autrui, mais de frapper de mort l'assassin"».

[60] V. l'art. 66 ter du CPC, introduit par l'O-L n° 78-015 du 4 juillet 1978.

observance de ces règles de base. Par développement, il ne faut pas seulement entendre l'augmentation de ce qu'on appelle la croissance, mais aussi et surtout l'amélioration du bien-être de la population. Une foultitude de colloques se sont tenus tant au niveau interne qu'international ; un nombre impressionnant d'études et de plans ont été élaborés pour le développement de nos pays, sans résultat significatif à ce jour. Avant d'aller à la recherche de recettes sophistiquées, il importe d'abord de mettre résolument en œuvre la solution première et simple dont ci-dessous les composantes :
- Il faut d'abord que toutes les ressources de l'État, celles provenant de l'exploitation des matières premières, des taxes et impôts, de l'exploitation minière, agricole, forestière, maritime, fluviale, lacustre, bref toutes les recettes de l'État, rentrent dans la caisse publique.
- Ensuite, ces ressources doivent être utilisées pour l'amélioration du bien-être collectif ; elles doivent être équitablement réparties entre tous les membres de la population, en payant régulièrement à chacun un juste salaire récompensant son travail.
- Enfin, il importe que chacun respecte ses obligations et voie ses droits respectés par tous.

Le droit pénal est précisément conçu pour garantir l'application de cette recette basique, assurant le respect des droits et obligations de tout un chacun et de la société :
- À travers l'incrimination et la sanction des détournements des deniers publics, p. ex., il faut voir l'expression d'une règle, à savoir l'obligation faite à tous de respecter la chose publique, chose appartenant à tous, devant assurer le bien-être de tous et le développement du pays.
- À travers la définition et la punition des crimes d'assassinat, empoisonnement, meurtre, avortement…, il faut percevoir la règle de la sacralité de la vie et l'obligation s'imposant à tous de la respecter.
- À travers l'incrimination et la sanction de vol, escroquerie, abus de confiance, stellionat, il faut voir l'obligation du respect de la propriété privée et du patrimoine d'autrui, etc.
Les gouvernants doivent donner l'exemple d'obéissance aux normes pénales et non pas s'affairer à les contourner ou les fustiger, ni cultiver la peur de ceux qui sont chargés de les appliquer. À cet égard faut-il rappeler qu'un bon chef est celui qui inspire non pas la peur des gouvernés mais leur respect. Alors que la peur ou la crainte du chef est suscitée par sa tyrannie, le respect qui lui est voué procède de son modèle de conduite, de sa sagesse, de la conformité de ses actes aux normes. L'état de sous-développement dont souffrent nos pays est dû, en grande partie, à l'inobservance de ces normes dont certaines sont même constitutionnellement consacrées. Il en est ainsi du principe de la légalité, de l'égalité, et de l'indépendance de la justice. Nous y reviendrons.

b) La conséquence majeure des spécificités du droit pénal : sa nature inclassable dans la « summa divisio »

Les caractéristiques qui viennent d'être exposées circonscrivent la particularité du droit pénal. Elles induisent la conséquence que le droit pénal ne s'inclut entièrement ni dans le droit public, ni dans le droit privé. Cette question a longtemps été discutée en doctrine. Certains auteurs soutiennent le classement du droit pénal dans le droit public, pendant que d'autres le considèrent comme une branche du droit privé, et d'autres encore comme une discipline autonome.

1°- La thèse du classement du droit pénal dans le droit public

Cette thèse est appuyée par un certain nombre d'arguments que l'on peut ainsi résumer. Le droit pénal fait partie du droit public parce que :
- il traite des relations entre l'État et les individus ou les citoyens ;
- la répression de la criminalité est une fonction de l'État, un attribut de sa souveraineté ; seul l'État a qualité pour définir les infractions, indiquer la personne punissable et déterminer les peines qui lui sont applicables ;[61]
- après la commission d'une infraction, la poursuite est engagée et le procès conduit par les agents de l'État, à savoir les OPJ, les magistrats du parquet ou OMP, les juges, etc. ; ceci, même dans l'hypothèse de la plainte déposée par la victime ou de la mise en mouvement de l'action publique par cette dernière ;
- la personne poursuivie est jugée au nom de l'État ou du peuple dans son ensemble ;
- la sanction pénale est prononcée aussi bien dans l'intérêt général que dans celui du condamné, si elle n'est pas éliminatrice.

2°- La thèse du classement du droit pénal dans le droit privé

Une autre partie de la doctrine soutient l'inclusion du droit pénal dans le droit privé parce que, à maints égards, celui-là emprunte ses buts et ses techniques à celui-ci.[62] Quatre éléments d'appui sont, à cet effet, avancés :
- Une des préoccupations essentielles du droit pénal consiste à assurer la défense des droits subjectifs de l'individu, à savoir la vie, l'intégrité physique, la liberté, l'honneur, le patrimoine ; à telle enseigne que certaines règles pénales sont expressément conçues pour protéger l'individu contre l'arbitraire de l'État ou de ses préposés.
- Le souci de protection de la victime d'infraction constitue également un des objectifs principaux visés par le droit pénal.

---

[61] Nyabirungu Mwene Songa, *op. cit.*, pp. 41-42.
[62] V. J. Pradel, *op. cit.*, n° 77, p. 69.

- En application du principe de l'unité des justices civile et pénale, ce sont souvent les mêmes magistrats qui composent les juridictions civiles et répressives.
- Dans Plusieurs cas de figure, le droit pénal met en œuvre des concepts de droit privé. L'incrimination d'abus de confiance constitue, à cet égard, une illustration éloquente. Cette infraction, définie et sanctionnée par l'art. 95 du CPC, consiste en effet, *grosso modo*, dans la violation des contrats civils que sont : le gage ou le nantissement, le mandat, le prêt à usage, le transport, le louage, le dépôt et le travail. Pour leur définition en tant que conditions préalables de l'abus de confiance et pour l'administration de la preuve de leur existence, le droit pénal est tenu de s'en référer au droit civil.

3°- La thèse autonomiste

Ces deux faisceaux d'arguments qui viennent d'être exposés, quoique pertinents en eux-mêmes, ne permettent pas de résoudre le problème d'appartenance du droit pénal au droit public ou au droit privé. D'abord, il faut constater que les deux séries d'arguments s'annulent, la première constituant la réponse à la seconde et inversement. Ensuite, il s'avère vrai que la mission du droit pénal est d'assurer la sanction des règles posées par des disciplines de deux grandes familles juridiques que sont le droit public et le droit privé ; cela étant, il ne peut appartenir exclusivement ni à l'un ni à l'autre. Ainsi, du fait de son caractère sanctionnateur et de sa qualité à la fois de gendarme d'autres disciplines juridiques et d'émetteur de certaines normes spécifiques, le droit pénal est un droit autonome. Il ne peut être classé totalement ni dans les matières de droit privé, ni dans celles de droit public.[63] Les applications de l'autonomie du droit pénal seront d'ailleurs indiquées dans la suite de l'ouvrage, notamment à l'occasion de l'examen de la question d'interprétation.

Mais, ce débat est loin d'être clos. Des réflexions affinées rangent la problématique d'appartenance du droit pénal au droit privé ou au droit public dans la typologie des questions indécidables car la raison spéculative, si subtile soit-elle, est incapable de leur apporter une réponse cohérente. Ce raisonnement aboutit à la conclusion « que la question de savoir si une discipline appartient au droit public ou au droit privé est peut-être une mauvaise question et que la "*summa divisio*" du droit elle-même n'est peut-être pas aussi suprême qu'on le dit généralement. Sans doute est-on souvent tenté de sauver cette distinction en soutenant qu'elle demeure pertinente à

---

[63] J. Pradel, *idem*, n° 78, p. 69. L'auteur cite aussi P. Roubier, *Théorie générale du droit*, 3e éd., 1951, pp. 313-314. V. également R. Merle et A. Vitu, *Traité de droit criminel*, 6e éd., 1988, n° 151 ; H. Renout, *Droit pénal général*, 18e éd., Larcier, Bruxelles, 2013, pp. 11-12.

condition de l'assouplir, en substituant à la dichotomie traditionnelle une sorte de continuum allant d'un droit public dur jusqu'à un droit privé dur et passant par toute une série de stades intermédiaires qui relèveraient tantôt d'un droit public mou mais teinté de droit privé, tantôt d'un droit privé mou mâtiné de droit public. Mais le cas du droit pénal montre qu'il existe au moins une branche du droit qui se situe ailleurs que sur ce vecteur. Cette situation hors norme pourrait peut-être alors inciter la théorie juridique à tenter de renouveler la typologie du droit à partir d'une observation concrète de la réalité juridique contemporaine sous ses aspects les plus divers. »[64]

PARAGRAPHE 4 : ***LA POLITIQUE CRIMINELLE***

La politique criminelle est si voisine du droit pénal que l'on peut succomber à la tentation de confondre les deux. Elle a été inventée en 1803 par l'Allemand Feuerbach et adoptée en 1938 par H. Donnedieu de Vabres dans la « politique criminelle des États autoritaires ». L'expression étant actuellement d'usage courant, des organes de recherche et publications sont dédiés à cette matière, comme, p. ex., le centre de recherches de politique criminelle, créé en France en 1972 et la revue « Archives de politique criminelle » lancée en 1975.[65] Pour déceler le rapport existant entre cette discipline et le droit pénal, il convient d'abord de la définir (A), ensuite d'en présenter quelques modèles en guise d'exemplification (B).

A- DÉFINITION

La notion de politique criminelle a suffisamment été précisée par la doctrine.[66] Des interrogations pertinentes ont été soulevées pour en préciser le

---

[64] R. Gassin, « Le droit pénal : droit public ou droit privé ? », in *Problèmes actuels de science criminelle*, Vol. IV , Presses Universitaires d'Aix-Marseille, 1991, pp. 51-64.

[65] V. J. Pradel, *op. cit.*, n° 58, p. 57.

[66] V. notamment : Givanovitch, « Objet et notion de la politique criminelle », in *Les principaux aspects de la politique criminelle moderne*, Études en l'honneur de Donnedieu de Vabres, éd. Cujas, Paris, 1960, p. 15 ; G. Levasseur, « La politique criminelle », in *Archives de philosophie du droit*, XVI, 1971, p. 131 ; Lodge, « La recherche scientifique et la politique criminelle », in *RSC,* 1973, p. 499 ; M. Ancel, « Contribution de la recherche à la définition d'une politique criminelle », in *RICPT,* n° 1, 1975, p. 225 ; J. Bernat de Celis, « La politique criminelle à la recherche d'elle-même », in *APC,* n° 1, 1977, p. 3 ; G. Levasseur, « Réflexion sur la prévention générale », in *APC,* n° 3, 1978, p. 3 ; « Politique criminelle et droit pénal », Colloque régional organisé par l'Ass. Int. Droit Pénal, Madrid et Plasencia, 1977, *RIDP,* 1978, T. I ; Colloque international de politique criminelle sur « La crise de la politique criminelle », in *APC,* n° 4, pp. 11 à 83 ; D. Szabo, *Criminologie et politique criminelle*, éd. Vrin et PUM, 1978, pp. 108-112 notamment ; M. Delmas-Marty, *Modèles et*

champ, l'objet et même la nature : est-ce un art, est-ce une science, pourquoi pas les deux à la fois ? À consulter l'histoire, on décèle aisément l'évolution qu'a connue cette expression. À son apparition à la fin du XVIIIe et début du XIXe siècle, elle était essentiellement considérée comme un art législatif. Ainsi Kleinschrod la définit comme étant « la connaissance des moyens que peut trouver le législateur, selon la disposition spéciale de chaque État, pour empêcher les délits et protéger le droit naturel de ses sujets. » Et Feuerbach d'affirmer que « la politique criminelle c'est la sagesse de l'État légiférant »,[67] ou « l'ensemble des procédés répressifs par lesquels l'État réagit contre le crime ».[68]Au début du XXè siècle, point de départ du mouvement moderne de la politique criminelle, cette notion subit une évolution fondamentale avec notamment les écrits de Von Lizt qui voit en elle « l'ensemble systématique des principes au moyen desquels l'État et la société doivent organiser la lutte contre le crime ».[69] Mais d'autres auteurs comme Henri Donnedieu de Vabres réduiront la politique criminelle en une réaction punitive et répressive de l'État contre le crime.[70] Heureusement, l'acception pleine du concept sera rétablie notamment par le mouvement de la défense sociale nouvelle de Marc Ancel qui définit la politique criminelle comme « la réaction, organisée et délibérée, de la collectivité contre les activités délictueuses, déviantes et antisociales »[71]; par d'autres auteurs dont Grispini qui voit dans la politique criminelle la science étudiant l'activité que doit exercer l'État pour prévenir et réprimer les délits[72]; par Andeanaes qui la définit comme l'élaboration consciente et

---

mouvements de la politique criminelle, éd. Economica, 1983 ; « L'analyse systémale et la politique criminelle », in *APC*, n° 8, 1985, pp 27 et s. ; *Les grands systèmes de politique criminelle*, Coll. Thémis, 1992 ; Couvrat, « La politique criminelle pénitentiaire à l'image de l'expérience française depuis 1945 », in *RSC*, 1985, p. 231 ; Ch. Lazerges, *La politique criminelle*, PUF, « Que sais-je ? », 1987, 122 p. et *Introduction à la politique criminelle*, L'harmattan, Paris, 2000, 141 p ; G. Stefani, G. Levasseur, B. Bouloc, *Droit Pénal Général*, 13e éd., Dalloz, 1987, p. 23 ; M. Ancel, « Pour une étude systématique des problèmes de politique criminelle », in *APC*, n° 1, 1975, p. 15.

[67] Cités par Ch. Lazerges, in *La politique criminelle*, PUF, 1987, p. 6.

[68] Cité par L. Nouwynck, « Politique criminelle et institutionnalisation du collège des procureurs généraux », in *RDPC*, 1997, p. 832.

[69] Cité par Ch. Lazerges, *ibidem*.

[70] Cité par M. Van Bemmelen, « Rapports de la criminologie et de la politique criminelle », in *RSC*, 1963, p. 470.

[71] Cité par M. Delmas-Marty, *Les grands systèmes de politique criminelle*, Coll. Thémis, 1992, p. 13. V. aussi, M. Ancel, *La défense sociale nouvelle (Un mouvement de politique criminelle humaniste)*, éd. Cujas, Paris, 1954 ; 2e éd. 1966; 3e éd. 1981 ; *La défense sociale*, PUF, Coll. « Que sais-je ? », Paris, 1985.

[72] Grispini, cité par Bemmelen, *op. cit.*, p. 471.

méthodique des moyens adoptés par la société pour combattre la criminalité ;[73] ainsi que par le Comité européen pour les problèmes criminels qui la définit comme « l'ensemble des mesures, à caractère pénal ou non, tendant à assurer la protection de la société contre la criminalité, à aménager le sort des délinquants et à garantir les droits des victimes ».[74]

Dès lors, ni le droit pénal, ni les sciences criminelles ne peuvent ni ne doivent s'approprier la politique criminelle qui déborde chacun de leurs champs propres. Certes, le droit pénal est un élément essentiel de la politique criminelle, mais il n'est pas toute la politique criminelle. Celle-ci le dépasse car elle englobe, en sus, d'autres règles juridiques, entre autres celles relatives à la prévention de la délinquance. Elle va même au-delà des règles juridiques pour inclure les pratiques des institutions ci-après, ayant à leur charge l'application de ces règles : police, parquets, tribunaux, administration pénitentiaire, éducation surveillée, organisme de prévention, services sociaux.[75]

Ainsi, la politique criminelle est à la fois art et science, explicative, préventive et répressive. Elle est « une réflexion épistémologique sur le phénomène criminel, un décryptage du phénomène criminel et des moyens mis en œuvre pour lutter contre ces comportements de déviance ou de délinquance ; elle est également une stratégie juridique et sociale, fondée sur des choix idéologiques pour répondre avec pragmatisme aux problèmes posés par la prévention et la répression du phénomène criminel... »[76] Plus simplement, la politique criminelle est l'action organisée de l'État dans le domaine de la lutte contre la criminalité. Elle ne se limite pas seulement à l'action punitive et coercitive. Elle comprend plutôt d'une part tout un arsenal de mesures préventives, collectives par action sur le milieu social, individuelles par action sur l'éventuel prédélinquant ; d'autre part, un ensemble de mesures sanctionnatrices et éducatives beaucoup plus riches que

---

[73] Andeanaes, « Droit pénal, criminologie et politique criminelle », in *RDPC*, 1962, p. 6.

[74] Conseil de l'Europe, Rapport relatif à la recommandation n° R (83) 7 sur la participation du public à la politique criminelle.

[75] R. Gassin, « La crise des politiques criminelles occidentales », in *Problèmes actuels de science criminelle*, Presses Universitaires d'Aix-Marseille, 1985, pp. 21-56. V. aussi R. Gassin, S. Cimamonti, Ph. Bonfils, *Criminologie*, 7e éd., pp. 4-12.

[76] Ch. Lazerges, *La politique criminelle*, p. 7. V. aussi R. Merle et A. Vitu, *Traité de droit criminel*, T. I, 6e éd. Cujas, Paris, 1988, p. 97 : « La politique criminelle est un art autant qu'une science qui consiste à découvrir et à organiser rationnellement les meilleures solutions possibles aux divers problèmes de fond et de forme que pose le phénomène criminel ».

les vieilles peines et mesures de sûreté.[77] Autant il existe une multiplicité de politiques sociales, autant on dénombre une variété de politiques criminelles.

B- MODÈLES DE POLITIQUE CRIMINELLE

a) Lorsqu'on prend comme critère de différentiation les idéologies qui les sous-tendent, on peut distinguer la politique criminelle des démocraties libérales ou des socio-démocraties, de la politique criminelle des États marxistes.

La première est élaborée à partir des courants de pensée qui se sont succédés dans le temps, depuis l'école de la justice absolue de Kant jusqu'au mouvement de la défense sociale nouvelle de Prins et de Marc Ancel, en passant par la pensée classique parfaitement résumée dans le traité des délits et des peines de Beccaria, l'école néo-classique et l'école positiviste. Elle se caractérise aujourd'hui par une sorte de conflit latent entre deux idéologies : d'une part, l'idéologie sécuritaire née de la montée de la petite et moyenne délinquance doublée ou issue de la crise économique et de la crise des valeurs sociales ; d'autre part, l'idéologie de l'insertion privilégiant la défense des libertés et l'adaptation de la solution préventive ou répressive à la situation de l'auteur de l'acte délinquant ou déviant.

La seconde regroupe les expériences conduites notamment en ancienne U.R.S.S. et en République populaire de Chine, et caractérisées, entre autres, par l'interprétation très souple du principe de la légalité et des textes procéduraux garantissant la protection des droits de l'homme, par l'admission du raisonnement par analogie, et par une grande rigueur dans la sanction.[78]

b) Lorsqu'en revanche, on retient comme critère de sériation le champ des réponses de l'État ou du corps social au phénomène criminel et leur degré d'intensité, on peut distinguer deux modèles de politique criminelle : d'un côté les modèles étatiques, de l'autre les modèles sociétaux.

Les premiers se caractérisent fondamentalement par la réponse étatique à l'infraction sous la forme d'une relation forte s'exprimant, la plupart du temps, par référence au droit pénal et à la procédure pénale. Les seconds, par contre, s'identifient par la prédominance de la réponse sociétale à l'infraction et à la déviance.[79]

---

[77] V. Stefani, Levasseur, Jambu-Merlin, *Criminologie et science pénitentiaire*, Dalloz, Paris, 1968, n° 13.
[78] V. Ch. Lazerges, *op. cit.*, pp. 11-24.
[79] V. J-P. Fofé Djofia Malewa, *Justice pénale et réalités sociétales. De l'analyse du*

On peut évidemment imaginer d'autres classifications en changeant de critères de distinction. Ce qu'il importe de souligner avec insistance, c'est qu'« aucune politique criminelle, aussi cohérente apparaît-elle, dans un État donné, à un moment donné, ne renvoie à un unique modèle de politique criminelle. Pour chaque politique criminelle, l'un ou l'autre des modèles n'est qu'une référence principale. »[80]

Il est fort difficile de qualifier avec exactitude la politique criminelle adoptée par la RDC. D'aucuns ont même affirmé qu'« il n'existe pas au Zaïre de politique criminelle cohérente ».[81] Cependant, l'embryon qu'on y repère a comme dominante la référence au modèle État-société libérale avec cependant quelques renvois au modèle État autoritaire, comme cela a été constaté aussi en France.[82] Ainsi décèle-t-on, à côté du développement des idées libérales et humanistes,[83] un retour vers le durcissement de la répression.[84] Certes, la

---

modèle R.D.Congo à la formulation d'une politique criminelle participative, L'Harmattan, Paris, 2007, pp. 207-210 : Tableaux synthétiques sur les modèles étatiques et sociétaux que nous avons élaborés à partir de l'œuvre de Ch. Lazerges, *La politique criminelle*, citée ci-dessus, spécialement de la p. 25 à la p. 54 où elle présente les modèles de politique criminelle proposés par M. Delmas-Marty dans « L'analyse systémale et la politique criminelle », in *APC*, N° 8, 1985, pp. 27 et s.

[80] Ch. Lazerges, *op. cit.*, p. 54.

[81] V. Rapport au Commissaire d'État à la Justice : « La protection de la jeunesse et la formation du personnel », Août 1973, UNAZA/C.C.P.S., 1475/72-73 GH-K KIMF, Doc. de la C.P.R.D.Z. n° 05/CMS/006/79, p. 15.

[82] Ch. Lazerges, *ibidem.*

[83] - Développement du droit pénal des mineurs avec le remplacement, à leur égard, de la sanction pénale par des mesures de garde, d'éducation, de reclassement social et de préservation contre la délinquance (D. du 6 décembre 1950 et L. n° 09-001 du 10 janvier 2009 portant protection de l'enfance). - En matière de régime des peines, suppression en 1959 de la peine de fouet, prohibition des peines coutumières barbares, institution de mesures de sûreté contre le vagabondage et la mendicité (D. du 6 juin 1958 et du 8 août 1959). - Répression de la traite des esclaves (D. du 1er juillet 1891), des actes d'anthropophagie, de mutilations de cadavres, des épreuves de poison (ordalies). - Dispositions relatives au sursis, à la libération conditionnelle, aux circonstances atténuantes, aux excuses absolutoires, à l'assistance judiciaire, à la protection pénale des personnes en péril (O-L n° 78-015 du 14 juillet 1978).

[84] - Renforcement de la répression à l'égard des infractions portant atteinte aux intérêts économiques (fraudes commerciales et fiscales, trafic illicite des matières précieuses...), à la sûreté de l'État, aux intérêts de la défense militaire, à une certaine conception de la solidarité sociale (omission de porter secours). - Renforcement de la sévérité de la répression en matière d'infractions de violence (le meurtre p. ex. est puni de mort, de même que l'association des malfaiteurs) ou d'infractions considérées comme actes de sabotage économique. - Pour cette double caractéristique (humaniste et autoritaire), v. notamment Likulia Bolongo, « Cent ans de droit pénal », pp. 40-43. -

prévention demeure une indication fondamentale, mais l'activité législative paraît plutôt orientée vers la répression.[85] Il convient d'espérer une amélioration dans ce domaine et d'appeler une plus grande harmonisation de pensée et d'actions, la politique criminelle devant être indissolublement liée à la politique tout court.

V. aussi « La protection de la jeunesse et la formation du personnel », Doc. 05/CMS/006/79, p. 24 : « Trop de mesures traduisent encore la conviction que la violence est effectivement jugulée par la contre-violence ».

[85] Même document que dessus, p. 24.

CHAPITRE DEUX

LES ÉTAPES ESSENTIELLES DE L'ÉVOLUTION DU DROIT PÉNAL

Comme dit dans le propos liminaire, le droit pénal congolais moderne appartient à la famille juridique romano-germanique, dite *Civil Law* par opposition à la *Common Law* des pays anglo-saxons. À plusieurs égards, il partage avec ses ascendants français et belge la même histoire.[86] Pour ne pas entrer dans les détails qui constituent la matière du cours d'évolution du droit pénal[87] et que plusieurs auteurs ont suffisamment exposés[88], nous allons brièvement rappeler les deux étapes essentielles de cette histoire commune, à savoir les origines du droit pénal, d'une part (section 1ère), et d'autre part, l'évolution des idées depuis le 18è siècle, siècle de la lumière (section 2). Nous clôturerons ce chapitre par une présentation succincte des temps marquants de l'évolution de la législation pénale en RDC (Section 3).

SECTION 1ère : **LES ORIGINES**[89]

Les origines du droit pénal se répartissent généralement en trois temps successifs : le temps de la vengeance privée, le temps de la justice privée et le temps de la justice publique.

*PARAGRAPHE 1er : **LE TEMPS DE LA VENGEANCE PRIVÉE***

Le temps de la vengeance privée ou de la guerre privée a été marqué par une justice rendue par le chef de famille ou du clan, doté d'une compétence générale. Il pouvait prononcer toute peine jusqu'à la peine capitale. Lorsque

---

86 Notons, en passant, que le CPF de 1810, dit « code pénal napoléonien », entré en vigueur le 1er juillet 1811, a inspiré plusieurs législations étrangères. Il a été adopté en Belgique et au Luxembourg. V. J. Pradel, *Droit pénal général*, 21e éd., n° 94, p. 81 ; n° 123, p. 106.

87 Dispensé à la Faculté de Droit de l'Université de Kinshasa comme une des matières spécifiques proposées aux étudiants du Département de droit pénal et criminologie.

88 V. notamment : P. Bouzat et J. Pinatel, *Traité de droit pénal et de criminologie*, T. 1, *Droit pénal général*, Dalloz, Paris, 1970 ; R. Charles, *Histoire du droit pénal*, PUF, Paris 1955 ; J. Pradel, *op. cit.*, n°s 80-127, pp. 71-111.

89 V. notamment : J. Thonisen, *Études sur le droit criminel des peuples anciens*, 2 Vol., Paris, 1869 ; J. Gaudemet, « Le problème de la responsabilité pénale dans l'Antiquité », *Colloque de philosophie pénale*, Strasbourg, 1959, Dalloz, 1961, p. 51et s.

l'infraction était commise en dehors de la famille, elle était vengée par la famille de la victime et cette vengeance pouvait aller jusqu'à l'anéantissement de l'auteur de l'infraction. Parfois la guerre privée aboutissait au paiement d'une composition qui était une indemnité versée au groupe offensé par le groupe auquel appartenait l'auteur du crime. À l'origine, la responsabilité pénale était donc collective.

PARAGRAPHE 2 : ***LE TEMPS DE LA JUSTICE PRIVÉE***

Parler de la justice suppose que l'on sort de l'arbitraire et de l'exercice illimité de la force brutale. Ce qui distingue la vengeance ou la guerre privée de la justice privée, c'est que précisément la première, comme le disait Ihering, « ne connaît d'autres limites que le degré de surexcitation purement accidentel ou arbitraire de l'individu lésé »[90]; alors que dans la justice privée, il y a déjà des limites, des règles, un embryon d'organisme juridictionnel. Cette justice demeure néanmoins encore privée car la victime ou sa famille « reste l'instigatrice de la répression, souvent l'exécutrice de celle-ci, et toujours le bénéficiaire principal de son accomplissement. »[91] Le rôle des pouvoirs publics est accessoire et la plupart du temps limité à l'imposition du versement d'une composition. Petit à petit, cette place modeste s'élargira pour donner lieu à la justice publique.

PARAGRAPHE 3 : ***LE TEMPS DE LA JUSTICE PUBLIQUE***

Cette troisième phase se caractérise par la prise en mains des poursuites et de l'administration de la sanction par l'État. Celui-ci organise la répression de telle sorte que la réparation du préjudice social devient l'objectif essentiel et que la partie lésée se trouve reléguée à l'arrière-plan. Aussi le procès pénal peut-il se dérouler normalement sans que l'intervention de cette dernière soit indispensable. L'État se donne le pouvoir de fixer lui-même le montant de la composition et son partage avec la victime. Ce qui, on le voit, préfigure la distinction entre la peine d'amende, infligée au nom et au profit de la société, et l'indemnité versée à la victime de l'infraction en guise de réparation du préjudice subi. D'autre part, les infractions estimées graves pour l'ordre social sont réprimées même si leur victime directe ne dépose pas une plainte. En effet, contrairement à la situation ayant prévalu dans le système de la justice privée où toutes les infractions étaient « privées », plusieurs d'entre elles sont devenues « publiques » avec l'avènement de la justice publique.[92]

---

[90] Cité par G. Stefani, G. Levasseur, B. Bouloc, *Droit pénal général*, 13e éd., Paris, 1987, p. 65.
[91] G. Stefani, G. Levasseur, B. Bouloc, *Ibidem*.
[92] Voir J. Pradel, *op. cit.*, n° 80, pp. 71-72.

On peut ainsi retenir trois caractéristiques essentielles de celle-ci :
- La première, c'est que toute infraction avérée entraîne obligatoirement, pour sa sanction pénale, une intervention judiciaire. Sauf certaines circonstances exceptionnelles, en cas de légitime défense p. ex., la victime n'est plus autorisée à se faire justice à elle-même ; elle doit saisir les représentants du pouvoir public pour demander justice.
- La deuxième, découlant d'ailleurs de la première, c'est que l'action répressive appartient ici à la société entière. Elle cesse donc d'être une action privée pour devenir publique. Car c'est toute la société qui est atteinte par l'infraction et qui réagit par des sanctions prévues par la loi.
- La troisième, c'est que la peine est infligée au nom et au bénéfice de la société. Elle est en effet une sanction sociale distincte de la sanction du dommage privé.

SECTION 2 : LES IDÉES DÉVELOPPÉES DEPUIS LE 18e SIÈCLE

Ce développement a connu plusieurs étapes qui peuvent cependant être regroupées en deux : l'étape ancienne et l'étape contemporaine ou actuelle.

*PARAGRAPHE 1er : **DANS L'ÉTAPE ANCIENNE***

Deux courants de doctrine s'y sont inscrits : le classicisme et le positivisme.

A- LE CLASSICISME

Ce premier mouvement d'idées a été nourri par les écrits féconds de grands criminologues et philosophes que sont, notamment, l'italien Beccaria dont le traité a été traduit dans plusieurs langues européennes,[93] l'allemand Feuerbach, les anglais Bentham et Locke, les français Montesquieu, Rousseau et Voltaire. Cette doctrine considère que la meilleure réaction sociale contre le crime consiste dans la répression. Elle se fonde sur un certain nombre de principes parmi lesquels :

---

[93] Cesare Beccaria, *Traité des délits et des peines,* nombreuses éditions dont celle de 1966, Éd. Cujas, avec une introduction de M. Ancel et G. Stefani ; M. Delmas Marty, « Le rayonnement international de la pensée de Cesare Beccaria », in *Cesare Beccaria and modern criminal policy*, Milan 1989, p. 135 ; O. Décima, « Les "droits du genre humain" dans l'enquête pénale. De la vitalité du Traité des délits et des peines », in « Autour de la pensée de Cesare Beccaria », *RSC*, n° 2, 2015, pp. 287-296 ; Haus, *Principes généraux du droit penal belge*, T. 1, Gand, 1879, n° 21.

- la légalité des délits et des peines[94] ;
- l'utilité sociale de la peine : « ni plus qu'il n'est utile, ni plus qu'il n'est nécessaire » : la peine ne se justifie que pour autant qu'elle soit utile à la défense de la société.[95]
- le libre arbitre et la responsabilité morale du délinquant.

B- LE POSITIVISME

Ce deuxième mouvement, soutenu notamment par Ferri et Lombroso,[96] considère que priorité doit être accordée à la défense de la société, si nécessaire, par l'élimination du délinquant. Le libre arbitre est rejeté au profit de la notion du déterminisme, car, selon eux, la criminalité est déterminée par certains facteurs positifs comme l'hérédité et le milieu. On est tenu de répondre de l'infraction non pas tant parce que l'on est en faute, mais simplement parce que la société doit se défendre. Le délinquant est condamné parce qu'il est dangereux pour celle-ci. Aussi, en plus de la peine qui ne suffit pas, faut-il lui appliquer des mesures de sûreté.[97]

PARAGRAPHE 2 : ***DANS L'ÉTAPE ACTUELLE***

L'étape actuelle ou contemporaine est nourrie de plusieurs courants doctrinaux, notamment de ces trois : la défense sociale, la non-intervention et le néoclacisissme. Partant de la confrontation du fonctionnement de la justice pénale avec les réalités sociétales congolaises, nous avons proposé une voie que nous appelons la politique criminelle participative à dominante victimocentrée, la PCPDV ou le victimocentrisme.[98]

A- LA DÉFENSE SOCIALE

Cette doctrine rejette l'idée qui consiste à assurer la défense de la société contre les délinquants par l'élimination de ces derniers. Elle entend plutôt atteindre l'objectif de la défense de la société par la défense des délinquants

---

[94] V. J-Ch. Saint-Pau, « L'interprétation des lois. Beccaria et la jurisprudence moderne », in « Autour de la pensée de Cesare Beccaria », *RSC*, n° 2, avril-juin 2015, pp 273-285.

[95] V. J. Pradel, *op. cit.*, n° 82, p. 75 ; F. Rousseau, « Le principe de nécessité. Aux frontières du droit de punir », in « Autour de la pensée de Cesare Beccaria », *RSC*, n° 2, avril-juin 2015, pp 257-271.

[96] E. Ferri, *Sociologie criminelle*, Paris, 1905, traduction française ; G. Lombroso, *L'homme criminel*, 1876 ; J. Pradel, *Histoire des doctrines pénales*, P.U.F., « Que sais-je ? », 1989.

[97] Voir J. Pradel, *Droit pénal général*, 21e éd., n°s 103-105, pp. 87-88.

[98] J-P. Fofé Djofia Malewa, *Justice pénale et réalités sociétales...*

qu'il faut resocialiser, et souligne l'importance du respect dû à la personne humaine. Elle est divisée en deux grandes tendances : celle de Gramatica et celle de Marc Ancel.[99]

a) La tendance gramaticienne

La doctrine de défense sociale originelle a été élaborée par l'italien Gramatica, dès 1934, et synthétisée dans ses « Principes de défense sociale » publiés en 1960. Les idées exprimées par cet auteur peuvent être résumées en trois points :
- Il répudie l'ensemble du droit pénal.
- Il propose la suppression de la notion d'infraction puisque celle-ci est fondée sur l'appréciation objective d'un dommage alors que seule importe l'appréciation subjective de la personne, auteur de l'acte.
- Il entend remplacer le concept, dit-il, artificiel de délinquant par la distinction entre individus sociaux et individus antisociaux. À ceux-ci, on infligerait des « mesures de défense sociale » très individualisées, à durée indéterminée, devant être mises en œuvre « partout sauf en prison » et pouvant être déployées soit *ante factum,* soit *post factum.*

b) La tendance ancellienne

Elle est historiquement postérieure à la précédente. D'où son appellation de « Défense sociale nouvelle ». Elle est élaborée par le français Marc Ancel qui l'illustre dans son ouvrage intitulé « La défense sociale nouvelle », publié en 1954 et réédité successivement en 1966 et en 1981. Marc Ancel vient en quelque sorte corriger les excès de la première tendance :
- Il ne rejette pas le droit pénal traditionnel dans son ensemble.
- Il pense qu'une définition légale de l'infraction demeure nécessaire.
- Il est contre la poursuite *ante delictum* et les sentences indéterminées.
- Il se limite à réagir contre les excès du juridisme.
- Il préconise la réduction du domaine et de la portée de la présomption de connaissance de la loi, présomption difficilement admissible pour certaines infractions « artificielles ».
- Il rejette les principes de la criminalité d'emprunt du complice et de l'indifférence du mobile.
- Il rejette les subtiles distinctions doctrinales, voire jurisprudentielles, entre la tentative et le délit impossible.
- Il propose que le droit pénal assure à chaque condamné une « pédagogie de la responsabilité ». Le traitement pénal doit en effet redonner au condamné le

---

[99] M. Ancel, *La défense sociale nouvelle*, Cujas, 3e éd., 1981 ; *La défense sociale*, PUF,1985.

sens de sa liberté et de sa responsabilité. Le libre arbitre, qui reste retenu, ne va plus servir de point de départ de la condamnation comme il en était dans le système classique, mais de point d'arrivée. Afin d'aboutir à ce résultat, le juge pénal doit d'abord prendre en considération la personnalité du délinquant et les facteurs ayant conduit ce dernier à commettre le crime ; ensuite prononcer des sanctions individualisées, exemptes d'idée de blâme et de responsabilité morale. Celles-ci peuvent être à la fois des peines et des mesures de sûreté. Car, en droit positif, le classement des sanctions dans l'une ou l'autre de ces deux catégories est souvent incertain et même arbitraire, les mesures retenues pouvant revêtir tour à tour un caractère préventif et punitif, et être ainsi classées tantôt comme mesures de sûreté, tantôt comme peines. L'essentiel pour la défense sociale nouvelle, c'est que la réaction sociale doit avant tout tendre à la resocialisation du délinquant. D'où l'importance accordée aux sanctions autres que la privation de liberté.
- En 1984, la doctrine de défense sociale nouvelle a été enrichie de deux apports. Le premier a consisté en une meilleure attention accordée à la victime d'infraction. Le second a consisté en une sorte de recul du droit pénal soit par un moindre recours à l'emprisonnement, soit par un recours plus fréquent aux sanctions administratives ou civiles et à un recours aux voies extrajudiciaires, consacrant ce qui est convenu d'appeler la « déjudiciarisation ».

La doctrine de défense sociale nouvelle présente ainsi des idées enrichissantes qui ont eu une réelle influence sur l'évolution du droit pénal. Une critique fondamentale lui est cependant adressée, celle de l'irréalisme de la prétention d'élimination de la rétribution. C'est qu'en effet, « la condamnation pénale n'est pas seulement une recette thérapeutique, un remède pour l'avenir, mais… aussi un blâme de la société à l'égard d'un acte passé », légalement prohibé. Les sondages réalisés par des sociologues et criminologues montrent d'ailleurs que l'opinion publique, dont il faut tenir compte, souhaite que « le jugement pénal reste un jugement de valeur, fondé largement sur le libre arbitre, une appréciation morale sur un comportement qui a blessé les convictions ou les intérêts de la société, un rappel des valeurs fondatrices de notre société. En outre, l'individualisation telle qu'elle est prônée par ce courant se heurte à deux obstacles : un risque d'inégalité grave entre justiciables et une trop grande confiance dans la criminologie qui est encore loin d'être une science exacte. »[100]

Un autre auteur, s'interrogeant sur l'héritage contemporain de la défense sociale nouvelle et ses appels à la modération et à l'humanisation de la répression, est d'avis que l'influence de ce courant sur le système répressif est contrastée. « Certes, l'héritage humaniste » du modèle pénal français « est

---

[100] J. Pradel, *Droit pénal général*, 21e éd., n°s 107-110, pp. 89-91, spéc., n° 110, p. 91.

indéniablement mis en cause par la logique répressive sécuritaire. Mais, parce qu'ils ont acquis une force juridique supra-légale, ses principes en ressortent paradoxalement confortés comme piliers de l'ordre pénal démocratique. »[101]

B- LA NON-INTERVENTION

La doctrine de non-intervention prône la réduction drastique du déploiement du droit pénal pour laisser davantage de place à des mesures non répressives, en l'occurrence civiles ou administratives, voire même supprimer toute intervention. Bien sûr, les crimes importants doivent continuer à être punis comme en droit classique. En revanche, s'agissant de petits délits pour lesquels la répression n'est pas nécessaire, il importe d'appliquer une politique de dépénalisation systématique. Il convient de ne pas recourir au droit pénal pour des « délits sans victimes », ou commis avec la complicité ou la volonté des victimes (relations sexuelles, drogue, avortement...), ou qui n'entraînent pas de préjudice pour la collectivité. Somme toute, selon cette école, la machine pénale est un système irrationnel qu'on peut même abolir.

On le voit, ces idées sont fort révolutionnaires et apparaissent comme un mouvement de contestation du système établi. Elles sont défendues, avec intensité ou vigueur diverse, notamment par Schur[102], A. Baratta[103], L. Hulsman et J.B. de Célis.[104] Cette doctrine présente, certes, l'avantage de faire ressortir, en le condamnant justement, l'excès de pénalisation dans lequel est tombé le législateur contemporain.[105] Néanmoins, elle souffre de trois faiblesses :
- d'abord, elle est fondée sur « un postulat discutable », à savoir la bonté naturelle de l'homme ;
- ensuite, les idées qu'elle défend sont difficilement applicables et même carrément inapplicables puisqu'il existe un nombre important d'actes ou de comportements qui ne peuvent pas être dépénalisés, à moins d'accepter que se brise la cohésion sociale ;

---

[101] V. Sizaire, « Que reste-t-il de la défense sociale nouvelle ? », in *RSC*, n° 2, avril-juin 2017, p. 261.
[102] E. M. Schur, *Radical non intervention, Rethinking the delinquency problem,* Prentice-Hall, Englewood, New-Jersey, p. 18.
[103] A. Baratta , « Criminologie critique et politique pénale alternative », in *RIDP,* 1978, n° 1, pp. 43 et s.
[104] L. Hulsman et J.B. de Celis, *Peines perdues. Le système pénal en question*, Le Centurion, 1982 ; J.B. de Celis, « Les grandes options de la politique criminelle, la perspective de L. Hulsman », in *APC,* n° 5, 1982, pp. 13-60.
[105] Lire à ce sujet, Conseil de l'Europe, *Rapport sur la décriminalisation*, 1980 ; Commission J.M. Coulon, *Rapport sur la dépénalisation de la vie des affaires*, La Documentation française, janvier 2008.

- enfin, ces idées peuvent être regardées comme dangereuses pour le délinquant qui ne peut plus bénéficier des garanties essentielles que procure la procédure pénale.[106]

C- LE NÉO-CLASSICISME CONTEMPORAIN

Parler d'une école néoclassique contemporaine serait peut-être excessif. Il est plus exact de relever un certain retour des idées classiques du XIXe siècle dans les écrits de certains auteurs. Parmi ces derniers, on peut citer, à titre indicatif, Levasseur, Merle[107] et une école dite d'Utrecht présentée par J. Léauté en 1959.[108] Ces auteurs jugent toujours utiles et actuelles les idées de blâme, de responsabilité morale et de rétribution qu'ils opposent à la décision purement thérapeutique, sans coloration morale, préconisée par Gramatica et Ancel. Néanmoins, tout en remettant en selle l'idée de responsabilité, les néoclassiques ne rejettent pas complètement les idées de la défense sociale nouvelle. Comme l'a si bien écrit R. Saleilles, « la peine est fondée sur l'idée de liberté et de responsabilité, principe de l'école classique, mais appliquée en tenant compte surtout de la valeur psychologique de l'individu ».[109] « La peine doit être fixée et exécutée non en fonction du degré de responsabilité, mais en fonction de l'aptitude du condamné à supporter le châtiment et à en tirer profit. Si la responsabilité est le fondement de la répression (doctrine classique traditionnelle), l'aptitude du condamné à la subir est le critère de la sanction ».[110]

En réaction à la forte augmentation de la délinquance depuis quelques années, est née dans cette école néoclassique une aile dure, soutenue par des professeurs de droit et des magistrats. Celle-ci soutient la restauration de l'idée d'expiation et le rabaissement des idées de prévention, d'individualisation et de réinsertion, appelées ironiquement « les trois sœurs abusives ».[111] Elle est d'avis que seule la punition fait peur au candidat à la délinquance et rassure les honnêtes gens. « La prison ne peut servir à rééduquer, elle ne peut que neutraliser le délinquant et intimider les autres citoyens. Il faut une police forte. Cette tendance n'est pourtant pas extrémiste. Le principe même du

---

[106] Voir J. Pradel, *op. cit.*, n° 111, pp. 91-92.

[107] Merle, « La confrontation doctrinale du droit pénal classique et de la défense sociale », in *R.S.C.*, 1964, p. 725.

[108] J. Léauté, *Une nouvelle école de science criminelle : L'école d'Utrecht*, Cujas, 1959.

[109] R. Saleilles, *De l'individualisation de la peine*, 2e éd., 1909, p. 155, cité par J. Pradel, *op. cit.*, n° 112, pp. 92-93, précisément à la p. 93.

[110] J. Pradel, *ibidem.*

[111] J.C. Soyer, *Justice en perdition*, Plon, 1982, cité par J. Pradel, *ibidem.*

traitement n'est pas exclu, l'existence de peines autres que la privation de liberté est une nécessité, une opposition doit être faite entre délinquants professionnels qu'il faut neutraliser et "paumés de la correctionnelle" que l'on doit essayer de réinsérer ».[112]

Ce mouvement de durcissement de la répression est allé *crescendo* avec l'apparition du phénomène du terrorisme qui a contribué au renforcement de l'idée de dangerosité de certains délinquants et à la naissance de la théorie du droit pénal de l'ennemi. Celle-ci soutient le principe de la division des humains en deux catégories regroupant, d'un côté, les citoyens ordinaires qui sont suffisamment dissuadés par les normes du droit pénal classique ; de l'autre, les grands malfaiteurs, dont les terroristes, auxquels il faut appliquer un droit d'exception sévère, incluant, par exemple, la pénalisation des actes préparatoires, la rétention de sûreté, etc.[113]

D- LA POLITIQUE CRIMINELLE PARTICIPATIVE À DOMINANTE VICTIMOCENTRÉE, PCPDV OU LE VICTIMOCENTRISME

Cette politique est assise sur un constat : le système congolais de justice pénale souffre de quelques insuffisances qui font gripper ses relations avec les justiciables auxquels pourtant il se destine. Parmi ces insuffisances, les plus importantes, au regard des rapports entre la justice et les justiciables, circonscrivent ce que nous appelons l'irréalisme de la norme pénale. Cet irréalisme se manifeste notamment par la distorsion existant entre certaines règles pénales et les réalités socioculturelles caractérisées, entre autres, par un bas niveau d'instruction de la majorité de justiciables et par une mentalité à trois traits constituant les marques de la vision juridique de l'homme africain « du terroir », à savoir : une mentalité « a-formaliste » et « photosynthétique » ou d'immédiateté dans l'action ; un esprit profond de dialogue ; une vision monolithique des affaires judiciaires.

Cette distorsion entraîne un grippage des relations justice-justiciables, lequel génère entre autres conséquences : l'incompréhension de la justice pénale par un grand nombre de justiciables ; le règne dans la population d'un

---

[112] M. L. Rassat, *Pour une politique criminelle de bon sens,* La Table Ronde, 1983, note pp. 162 et s, cité par J. Pradel, *ibidem.*

[113] Lire : G. Jakobs, « Aux limites de l'orientation par le droit : le droit pénal de l'ennemi », in *RSC*, 2009, pp. 7 et s ; G. Giudicelli-Delage, « Droit pénal de la dangerosité : Droit pénal de l'ennemi », in *RSC*, 2010, pp. 69 et s ; J-P Céré, *Procédures pénales et droits de l'homme*, L'harmattan, 2011 ; G. Bernard, « Les doctrines de la dangerosité (XVIIIe-XXe siècle) », in *Rev.pénit.*, 2013, pp. 63 et s ; cités par J. Pradel, *idem*, p. 94.

sentiment de méfiance sinon de rejet du système pénal ; le discrédit de celui-ci risquant de faire ressurgir le phénomène de la vengeance privée ou de la justice parallèle difficilement contrôlable.

La PCPDV vient précisément contribuer sinon à l'éradication, du moins à l'endiguement de cette déficience. Par politique criminelle participative à dominante victimocentrée ou le victimocentrisme, il faut entendre la politique de lutte contre la criminalité qui axe la réaction sociale contre l'infraction sur la réparation du dommage subi par la victime et organise la prévention contre la criminalité essentiellement autour de la protection et de l'information des victimes potentielles. Nous l'avons construite sur la base des données patiemment recueillies de l'analyse comparative des caractéristiques significatives du droit pénal traditionnel congolais et des résultats de recherches criminologiques modernes ou plus exactement victimologiques. Elle prône l'adoption, pour le traitement des infractions les plus courantes, des mécanismes de conciliation et de réparation, ainsi que la participation active de toutes les parties au procès. Nous l'avons qualifiée de *victimocentrée* précisément parce qu'elle place au centre des préoccupations du système de justice pénale la réparation du préjudice enduré par la victime de l'infraction et enrichit les mesures de prévention par la protection et l'information des victimes potentielles. Elle n'est pas pour autant aveuglément *victimophile.* Elle n'est pas non plus *délinquophobe.* Tout en attribuant à la victime un certain nombre de prérogatives, elle reconnaît parfaitement les droits acquis par l'auteur de l'infraction. De plus, elle n'a pas la prétention de se substituer à toutes les stratégies de lutte contre la criminalité existantes ; elle s'y ajoute. Elle encourage le plus possible la résolution des conflits directement entre l'auteur et la victime, en respectant les droits de l'un comme de l'autre, assurant ainsi l'équilibre, symbole de la justice. Par cette voie, elle permet en même temps le désengorgement de l'appareil judiciaire, étant donné l'effet de filtrage qu'elle produit, ainsi que l'adoucissement des méfaits des distances géographiques et du formalisme procédural. Cette politique, qui apporte des remèdes aux déficiences de la justice pénale et qui bénéficie de l'appui des données des recherches criminologiques récentes, est donc efficiente pour la RDC, comme d'ailleurs pour d'autres pays africains, car elle trouve un fondement dans la conception authentique de la justice pénale et s'adapte harmonieusement aux réalités locales. Elle réalise une heureuse symbiose entre la tradition congolaise et la modernité universelle.[114]

---

[114] Pour d'amples détails sur la PCPDV ou le victimocentrisme, lire les œuvres de l'auteur J-P. Fofé Djofia Malewa : - *Justice pénale et réalités sociétales. De l'analyse du modèle R.D.Congo à la formulation d'une politique criminelle participative*, L'Harmattan, Paris, 2007, 500 pages ; - *Contribution à la recherche d'un système de*

Pour clore ces développements relatifs à l'évolution du droit pénal, on peut affirmer que celui-ci a connu, à travers l'histoire, de réels progrès dans chacune de ses composantes essentielles :
- D'abord, en ce qui concerne la loi pénale, il convient de saluer la conception et la consécration du principe de la légalité des délits et des peines, ainsi que l'extension de son champ d'application dans le domaine de la procédure. Nous en reparlerons *infra.*
- Ensuite, dans l'appréhension du concept d'infraction, celle-ci a cessé de n'être considérée que comme un acte portant préjudice à des personnes privées pour acquérir la dimension d'atteinte à l'ordre social victimisant toute la collectivité.
- Puis, au sujet du délinquant, sont consacrés le principe de responsabilité et l'idée d'amendement. En effet, ne peut être pénalement poursuivie qu'une personne responsable, ouvrant quelque chance à l'amendement. La responsabilité pénale des animaux, des cadavres, des choses inanimées, acceptée dans l'antiquité, n'est plus aujourd'hui qu'« une curiosité historique »[115]. Cette responsabilité pénale, un moment donné collective, devient individuelle. À la personne poursuivie sont reconnus des droits, notamment : le droit d'être rapidement informée, dans la langue qu'elle comprend, des accusations portées contre elle ; le droit d'être jugée sans retard injustifié ; le droit à un procès équitable ; le droit à la présomption d'innocence ; le droit de se défendre soi-même ou de se faire assister d'un défenseur de son choix ; le droit de récuser un juge, etc.
- Aussi, à propos de la victime, l'équilibre du système pénal tend à se rétablir par la reconnaissance à cette dernière d'un certain nombre de prérogatives, en l'occurrence : le droit à l'aide (matérielle ou psychologique) ; le droit à la participation active au règlement judiciaire du conflit né de l'infraction ou droit à la participation au procès pénal ; le droit à la réparation du préjudice subi, droit garanti, dans certains pays, comme en France ou en Finlande, par ce qui est convenu d'appeler le droit à l'indemnisation par l'État ou par un fonds public.
- Enfin, en matière de la sanction, celle-ci ne se limite plus à la simple vengeance, à la neutralisation ou à l'élimination, mais aussi doit-elle favoriser l'amendement, ouvrir la voie à l'amélioration et à la réinsertion sociale du délinquant. D'où nécessité de son individualisation.

---

justice pénale plus efficient au Zaïre, T. I : *Les déficiences de la justice pénale* ; T. II : *Un remède aux déficiences de la justice pénale, la mise en œuvre d'une politique criminelle victimocentrique* , Thèse de doctorat, Droit, Aix-Marseille, 1990, 613 p ; - « Le victimocentrisme : voie de démocratisation du système de justice pénale », in *Annales de la Faculté de Droit* de l'Université de Kinshasa, Vol. XXV, Août 1996, pp. 234 à 275.

[115] G. Stefani et G. Levasseur, *Droit pénal général*, Précis Dalloz, Paris, 1978, n° 14.

SECTION 3 : LES TEMPS MARQUANTS DE L'ÉVOLUTION DE LA LÉGISLATION PÉNALE EN RDC

La législation pénale et l'organisation de la justice subséquente au Congo ont longtemps été marquées par un certain dualisme dû au maintien du droit coutumier aux côtés du droit écrit construit depuis le temps précolonial (§ 1er), progressant durant la période coloniale (§ 2), et se développant après l'indépendance jusqu'à nos jours (§ 3).

*PARAGRAPHE 1er : **LE TEMPS PRÉ-COLONIAL***

Il se répartit en deux étapes successives : celle d'avant et celle d'après l'État indépendant du Congo (EIC).

A- LA PÉRIODE D'AVANT L'EIC

L'EIC est né plusieurs années après l'appropriation du Congo par le roi des Belges, Léopold II, en 1876. Avant cette aventure, le territoire, qui constituera plus tard cet État, était composé de plusieurs royaumes ou empires ancestraux qui appliquaient les coutumes locales pour trancher les contestations tant civiles que pénales. Parmi ceux-ci, on peut citer : l'Empire Kongo, datant du IVe siècle et occupant, à son apogée, un territoire s'étendant sur l'Ouest de la RDC, la République du Congo, une partie du Sud du Gabon et l'Angola ; le Royaume Kuba, installé dans le Kasaï occidental et la Luluwa, dont les origines remonteraient au XVe siècle ; l'empire Luba, formé par les Baluba, peuple venu du Katanga, né de la sécession d'un clan Songhoy et migré vers le nord entre la rivière Kasaï et le lac Tanganyika ; l'Empire Lunda, établi sur l'extrême sud du Katanga, etc.[116]

Le droit traditionnel, appliquant les coutumes locales, était notamment caractérisé par la position centrale qu'occupait la victime d'infraction dans le procès pénal. Cette position était la conséquence logique de la vision africaine selon laquelle, la justice est intrinsèquement une institution de paix, visant la restauration de l'entente dans la société par l'adhésion de tous les membres à ses sentences.[117] Les sanctions pénales existaient, certes, mais le but poursuivi par la justice était surtout de régler le différend en

---

[116] Source : Wikipedia, « Histoire du Congo précolonial (RDC) », in *https://fr.wikipedia.org/wiki/Histoire_du_Congo_pr%C3%A9colonial_(RDC),* Consulté le vendredi 21-09-2018 à 12h35, heure de Paris.

[117] V. R. Dekkers, « Géométrie et conciliation », in *RJC*, n° 1, 1966, pp. 181-182.

restaurant l'harmonie des rapports sociaux.[118] Dans cette quête du règlement du conflit, la victime jouait un rôle actif, comme l'auteur de l'infraction, et leurs familles respectives. Car, la paix qu'il fallait rétablir n'était pas seulement la paix sociale, s'obtenant par le rétablissement de l'équilibre dans la société, mais aussi la paix morale, celle qui tranquillise véritablement la conscience de l'infracteur tout en procurant entière satisfaction à la victime.[119] De là sa qualification de justice conciliatoire et de justice réparatrice que nous exposerons plus en détail dans la seconde partie de l'ouvrage consacrée à l'étude de la réaction sociale contre l'infraction.

B- L'ÉTAPE DE L'EIC : 1885-1908

Le roi Léopold II s'est proclamé souverain de l'EIC en exécution de l'Acte général de la conférence de Berlin du 26 février 1885. En l'absence d'une constitution ou d'une loi fondamentale, les tribunaux de l'EIC appliquèrent cet Acte comme la première des lois. L'art. 9 de celui-ci constituait le fondement du droit pénal, car il disposait que chacune des puissances signataires de cet Acte s'engageait à punir les personnes s'adonnant à la traite des esclaves dans le but d'assurer la protection des libertés de commerce et d'exploration scientifique garanties sur l'espace territorial constituant le bassin conventionnel du Congo.[120] De manière progressive, l'administration de l'EIC importa au Congo l'ordre juridique belge pour assurer la réglementation des rapports sociaux dans ce nouvel État, évinçant ainsi progressivement le système juridique local avec comme prétexte la nécessité de civilisation et de modernisation du territoire conquis.

En effet, au début de l'existence de cet EIC, pratiquement tous les conflits entre Congolais étaient réglés en application de la coutume. Les

---

[118] V. notamment P. F. Gonidec, *Les droits africains. Evolution et sources*, 2e éd., LGDJ, Paris, 1976, p. 199.

[119] V. J-P. Fofé Djofia Malewa, *Justice pénale et réalités sociétales...*, pp. 317-350.

[120] Acte général de la conférence africaine signé à Berlin le 26 février 1885, in *http://www.congoforum.be/upldocs/Acte%20de%20Berlin%201885.pdf.* Cet article 9 était ainsi libellé : « Conformément aux principes du droit des gens tels qu'ils sont reconnus par les Puissances signataires, la traite des esclaves étant interdite, et les opérations qui, sur terre ou sur mer, fournissent des esclaves à la traite devant être également considérées comme interdites, les Puissances qui exercent ou qui exerceront les droits de souveraineté ou une influence dans les territoires formant le bassin conventionnel du Congo, déclarent que ces territoires ne pourront servir ni de marché ni de voie de transit pour la traite des esclaves de quelque race que ce soit. Chacune de ces Puissances s'engage à employer tous les moyens en son pouvoir pour mettre fin à ce commerce et pour punir ceux qui s'en occupent. »

autochtones n'étaient pas soumis à la loi de l'État. Car, aux termes de l'art. 22 du D. du 7 janvier 1886, qui constituait le premier code pénal définissant les infractions et leurs sanctions, le tribunal de première instance n'était compétent que pour connaître des infractions perpétrées sur le territoire de l'EIC par des non indigènes. L'objectif de ce D. était de contrôler tous les résidents, non autochtones, pour qu'ils ne crussent pas pouvoir échapper à la répression pour les crimes qu'ils auraient commis sur le territoire de ce nouvel État. Et l'art. 23 dudit D. de préciser que les indigènes demeuraient soumis à la juridiction de leurs chefs, appliquant les coutumes locales. Aussi a-t-il été considéré que ceux-là étaient objets et non sujets de droit. Cet art. 23 disposait cependant que l'indigène pouvait être poursuivi et jugé devant le tribunal de première instance, en application de la loi pénale de l'État, dans trois cas de figure : 1) s'il avait commis une infraction au préjudice d'un non-indigène ou de l'État ; 2) s'il avait commis une infraction dans l'établissement de l'État ou dans la maison ou l'établissement d'un non-indigène ou dans un rayon d'un kilomètre de tels établissements ; 3) s'il avait commis une infraction en connexité avec une autre, perpétrée et imputable à un non-indigène.[121]

Un autre texte juridique de base est l'ord. du 14 mai 1886 de l'administrateur général du Congo, approuvée par le D. du roi-souverain du 12 novembre 1886, encore en vigueur aujourd'hui, avec des corrections terminologiques évidentes. Ce texte indique les sources du droit applicable au Congo que sont : les décrets, les arrêtés, les ordonnances, les coutumes locales, les principes généraux du droit et l'équité. Son art. 1er dispose, en effet : « Quand la matière n'est pas prévue par un décret, un arrêté ou une ordonnance déjà promulgués, les contestations qui sont de la compétence des tribunaux du Congo seront jugées d'après les coutumes locales, les principes généraux du droit et l'équité. » Et l'art. 2 d'ajouter, usant de certains vocables de l'époque, aujourd'hui surannés, que « lorsque la décision du litige entraîne l'application d'une coutume locale, le juge pourra prendre l'avis d'un ou plusieurs indigènes ou non-indigènes, choisis parmi les notables les plus capables. »[122] Car, il fallait s'assurer de la bonne compréhension, interprétation et mise en œuvre de la coutume devant former la base de la résolution du litige, qu'il soit civil ou pénal.

---

[121] V. R. Kienge-Kienge Intudi, *Droit de la protection de l'enfant*, Notes de cours… p. 70, NBP 125.

[122] Ord. de l'administrateur général du 14 mai 1886, in *B.O*,1886, pp. 188-189 ; aussi dans *Les Codes Larcier, République démocratique du Congo, T. I, Droit civil et judiciaire*, Afrique Editions, De Boeck & Larcier s.a, Bruxelles, 2003, p. 261.

S'agissant de l'application du droit privé, des tribunaux ne furent créés que pour régler les conflits entre les personnes de statut du droit écrit, ce, conformément au D. du roi-souverain du 27 février 1887 sur les sociétés commerciales.[123] En ce qui concerne le règlement des litiges pénaux, l'occupant institua rapidement des tribunaux répressifs, des structures judiciaires légales se substituant aux structures judiciaires régies exclusivement par les coutumes locales, en même temps qu'il introduisait progressivement un droit pénal écrit applicable aussi bien aux Congolais qu'aux étrangers. C'est ainsi que le 27 avril 1889 fut promulgué un D. qui faisait relever les indigènes de la loi pénale de l'État. Son art. 84 disposait, en effet, que l'infraction commise sur le territoire de l'État était jugée conformément à la loi de l'État, s'appliquant à tous. Le principe de la territorialité de la loi pénale était ainsi clairement consacré.

D'autres textes promulgués à l'époque méritent d'être signalés, notamment : le D. du 12 avril 1886 sur l'extradition[124], l'arrêté de l'administrateur général du 8 novembre 1886 sur l'enregistrement et le mesurage des propriétés privées[125], le D. du roi-souverain du 30 avril 1887 sur le bornage des propriétés privées, l'occupation de terres et les coupes de bois sur les terres domaniales[126], l'ord. du 12 novembre 1886 sur la saisie immobilière[127]. Remarquables également sont le D. du 30 juillet 1888 relatif aux contrats ou obligations conventionnelles[128], texte fondamental, toujours en vigueur, dont les art. 258 à 262 régissent les délits et les quasi-délits[129];

---

[123] V. Tshimanga Mukeba, Procureur général de la République, « L'indépendance du pouvoir judiciaire », Mercuriale prononcée lors de l'audience solennelle de la rentrée judiciaire de la CSJ, Kisangani, 26 novembre 2005, in *BACSJ*, Années 2004 à 2009, T. I, Éd. du Service de documentation et d'études du Ministère de la Justice et Droits Humains, Kinshasa, 2010, pp. 359-390, spéc. p. 374.

[124] In *B.O*,1886, p. 46 ; *Les Codes Larcier,* T. I, p. 386.

[125] In *B.O*, 1886, p. 204 ; *Les Codes Larcier,* T. I, p. 144.

[126] In *B.O*, 1887, p. 70 ; *Les Codes Larcier,* T. I, p. 144.

[127] In *B.O*, 1887, p. 2 ; *Les Codes Larcier,* T. I, p. 466.

[128] In *B.O*, 1888, p. 109 ; *Les Codes Larcier,* T. I, p. 149.

[129] Art. 258 : « Tout fait quelconque de l'homme, qui cause à autrui un dommage, oblige celui par la faute duquel il est arrivé à le réparer. » Art. 259 : « Chacun est responsable du dommage qu'il a causé, non seulement par son fait, mais encore par sa négligence ou par son imprudence. » Art. 260 : « On est responsable non seulement du dommage que l'on cause par son propre fait, mais encore de celui qui est causé par le fait des personnes dont on doit répondre, ou des choses que l'on a sous sa garde. Le père, et la mère après le décès du mari, sont responsables du dommage causé par leurs enfants, habitant avec eux. Les maîtres et les commettants, du dommage causé par leurs domestiques et préposés dans les fonctions auxquelles ils les ont employés. Les instituteurs et les artisans, du dommage causé par leurs

ainsi que le D. du 4 mai 1895 portant code civil-personnes, expressément abrogé par la loi n° 87-010 du 1er août 1987 portant code de la famille, à l'exception du titre II traitant des étrangers, issu du D. du 20 février 1891[130]. Méritent également d'être relevés :

- le D. du roi-souverain du 23 mai 1896 sur le vagabondage et la mendicité, plus tard modifié par le D. du 6 juin 1958, dont l'art. 3 ordonnait au tribunal de mettre à la disposition du gouvernement pendant sept ans au plus, les individus valides, exploitant la charité comme mendiants de profession, ou vivant, par fainéantise, ivrognerie ou dérèglement de mœurs, en état habituel de vagabondage[131] ;
- l'arrêté du gouverneur général du 9 avril 1898 sur les exécutions capitales[132], prescrivant, entre autres, que celles-ci devront s'opérer par la pendaison pour les civils, par les armes pour les militaires[133] ; que s'il est vérifié qu'une femme condamnée à mort est enceinte, il ne sera procédé à son exécution qu'après sa délivrance[134] ; que le condamné sera assisté, au lieu du supplice, du ministre du culte, présent dans la localité où a lieu l'exécution, dont il aura réclamé ou admis le ministère[135] ;
- le D. du 26 janvier 1899 sanctionnant l'infraction d'usurpation de fonctions publiques, incrimination reprise dans l'art. 123 du CP[136] ;
- l'arrêté du gouverneur général du 19 janvier 1901 sur les jeux de hasard[137],

---

élèves et apprentis pendant le temps qu'ils sont sous leur surveillance. La responsabilité ci-dessus a lieu, à moins que les père et mère, instituteurs et artisans ne prouvent qu'ils n'ont pu empêcher le fait qui donne lieu à cette responsabilité. » Art. 261 : « Le propriétaire d'un animal, ou celui qui s'en sert, pendant qu'il est à son usage, est responsable du dommage que l'animal a causé, soit que l'animal fût sous sa garde, soit qu'il fût égaré ou échappé. » Art. 262 : « Le propriétaire d'un bâtiment est responsable du dommage causé par sa ruine lorsqu'elle est arrivée par une suite du défaut d'entretien ou par le vice de sa construction. »

[130] In *B.O*, 1895, p. 138 ; *Les Codes Larcier,* T. I, p.73.

[131] In *B.O*, 1896, p. 160 ; *Les Codes Larcier,* T. I, p. 473.

[132] *R.M.*, 1898, p. 59 ; *Rec. Us.*, III, p. 46; *Les Codes Larcier,* Tome I, p. 385.

[133] Art. 1er dudit arrêté.

[134] Art. 3, *idem.*

[135] Art. 4, *idem.*

[136] « Quiconque se sera attribué faussement la qualité de fonctionnaire public ou aura porté publiquement tout insigne ou emblème destiné à faire croire à l'existence d'un mandat public sera puni d'une servitude pénale d'un mois à deux ans et d'une amende de cinquante à cinq cents francs, ou d'une de ces peines seulement. Si l'insigne ou l'emblème n'est pas destiné, mais est simplement de nature à faire croire à l'existence d'un mandat public, celui qui publiquement l'aura porté ou l'aura laissé ou fait porter par une personne à son service ou sous son autorité sera puni d'une servitude pénale de sept jours au maximum et d'une amende qui ne dépassera pas deux cents francs ou d'une de ces peines seulement. »

[137] *R.M.*, 1901, p. 7; *Rec. Us.*, IV., p. 4; *Les Codes Larcier, République démocratique*

complété plus tard par le D. du 17 août 1927 sur les loteries[138] et par l'O-L n° 11-141 du 16 mai 1951 portant interdiction des concours de pronostics sportifs ou autres[139] ;
- l'O-L du 22 janvier 1903, approuvée par le D. du 1er mars 1903, portant mesures contre l'usage de fumer le chanvre.[140]

PARAGRAPHE 2 : ***LE TEMPS COLONIAL : 1908-1960***

Le 18 octobre 1908 fut promulguée la Charte coloniale, acte solennel par lequel l'EIC devint Congo-belge, le roi Léopold II ayant cédé sa « propriété privée » à la Belgique. Cette charte contenait, entre autres, les bases d'une organisation judiciaire qui trouvèrent pleinement leur application par la promulgation successive des décrets du 9 juillet 1923 portant code d'organisation et de compétence judiciaires, du 11 juillet 1923 régissant la procédure pénale, du 15 avril 1924 accordant à la cour de cassation de Belgique la compétence en matières civile et commerciale, du 7 juillet 1924 relatif au statut des magistrats, et du 15 avril 1926 régissant les juridictions indigènes. Cette organisation judiciaire était caractérisée par l'installation des tribunaux à tous les échelons administratifs du pays, avec pour ambition de rapprocher la justice du justiciable, en dépit de l'immensité du territoire. Le D. du 15 avril 1926 créant les tribunaux dits « indigènes », conforta la reconnaissance aux autorités coutumières du pouvoir judiciaire que leur attribuait la coutume. Il étendit leur compétence, fixa certaines règles procédurales et reconnut à leurs décisions la qualité de jugements soumis aux règles de l'exécution. Ce D. est un texte fondamental dans l'évolution du droit congolais, car il a amorcé la rencontre des deux droits, écrit et coutumier, ouvrant ainsi la voie à leur future intégration.

Cependant, en ce qui concerne les juridictions de droit écrit, s'instaure une dichotomie entre, d'une part, les tribunaux exclusivement répressifs, qu'étaient les tribunaux de police, les tribunaux de district, les conseils de guerre et les conseils de guerre d'appel ; d'autre part, les tribunaux à la fois répressifs, civils et commerciaux, qu'étaient les tribunaux de parquet, les tribunaux de première instance et les cours d'appel. Les règles de compétence reposaient sur des critères discriminatoires, caractéristiques de l'époque. Ainsi, en matière répressive, p. ex., le premier critère de

---

du Congo, T. II, Droit pénal, Afrique Editions, De Boeck & Larcier s.a, Bruxelles, 2003, p. 40.

[138] In *B.O*, 1927, p. 1487 ; *Les Codes Larcier,* T. II, p. 40.

[139] In *B.A*, 1951, p. 1154 ; *Les Codes Larcier,* T. II, p. 40.

[140] In *B.O*, 1903, p. 36 ; *Les Codes Larcier,* T. II, p. 255.

détermination de la compétence était la race de la personne poursuivie. Si celle-ci était un Congolais de statut du droit coutumier ou un étranger assimilé des colonies voisines, elle était, selon la gravité des faits commis, justiciable, au premier degré, des tribunaux de police ou de district. En revanche, si elle était un Belge ou un étranger qui n'était pas de contrées voisines, elle était justiciable, au premier degré, du tribunal de première instance, quelle que soit la gravité des faits commis. Si deux personnes de statut du droit écrit et de statut du droit coutumier avaient commis ensemble des faits infractionnels, seul était compétent pour les juger, au premier degré, le tribunal de première instance.[141] Cette période était donc caractérisée par l'existence de deux ordres de juridictions de droit écrit :

- un ordre spécifique pour les personnes de statut du droit coutumier, à savoir les Congolais et les étrangers assimilés des colonies voisines, ordre composé de tribunaux exclusivement répressifs de police, de district, de conseils de guerre et de conseils de guerre d'appel ;
- et un ordre spécifique pour les personnes de statut du droit écrit qu'étaient les Belges et les étrangers qui n'étaient pas de contrées voisines, ordre constitué de tribunaux à la fois répressifs, civils et commerciaux, qu'étaient les tribunaux de parquet, les tribunaux de première instance et les cours d'appel.

Dans le domaine du droit pénal de fond, plusieurs textes d'incrimination ont été promulgués dans les premières années du régime colonial, notamment :

- le D. du 8 février 1906 sanctionnant la dénonciation et les imputations calomnieuses, formant plus tard l'art. 76 du CP ;
- l'ord. du 4 juillet 1910 sur la violation du domicile, qui constituera plus tard l'art. 70 du CP ;
- dans le domaine de l'ordre public et de bonnes mœurs : l'ord. du 10 octobre 1910 sanctionnant le jet de débris le long des voies ferrées[142] ; l'ord. du 27 mars 1911 réprimant le jet de bouteilles et fragments de verre sur la voie publique[143] ; l'ord. 64/Cont. du 16 septembre 1925 punissant le tapage nocturne[144], infraction qui pouvait être jugée par les juridictions indigènes dans les limites de leur compétence[145] ; l'ord. 57/APAJ du 10 juin 1939

---

[141] V. Tshimanga Mukeba, « L'indépendance du pouvoir judiciaire », *op. cit.*, pp. 375-376.

[142] In *B.O*, 1911, p. 545 ; *Les Codes Larcier,* T. II, p.155.

[143] In *B.O*, 1911, p. 546 ; *Les Codes Larcier,* T. II, p.155.

[144] In *BAC*, 1925, p. 552 ; *Les Codes Larcier,* T. II, p.155 ; *Le Code pénal zaïrois* (mis à jour au 31 mai 1982), Département de la Justice, Service de documentation et d'études, p. 116.

[145] V. l'art. 2bis de l'ord. 64/Cont. du 16 septembre 1925 introduit par l'ord. du 28

réprimant l'ivresse publique[146], infraction pouvant également être jugée par les juridictions indigènes dans les limites de leur compétence[147], c'est-à-dire, *ratione personae*, lorsque cette infraction avait été perpétrée par un individu relevant du statut du droit coutumier : un Congolais ou un étranger assimilé de colonies voisines.

On peut citer également l'ord. du 28 février 1913 sanctionnant la destruction ou la dégradation, sans titre ni droit, des arbres, des récoltes, des instruments d'agriculture ou d'autres biens, meubles ou immeubles, incrimination reprise dans l'art. 113 du CP ; le D. du 3 juin 1913 portant législation relative aux poudres ordinaires, aux substances explosives et aux engins meurtriers agissant par explosion[148] ; le D. du 25 juin 1913 sur les circonstances atténuantes, qui constituera plus tard l'art. 18 du CP ; l'O-L du 22 novembre 1915 sur le vol aggravé, répression reprise dans l'art. 81 du CP ; le D. du 11 juin 1917 sanctionnant les injures, devenu plus tard l'art. 77 du CP ; le D. du 6 août 1922 relatif aux infractions à l'égard desquelles la loi ne détermine pas de peines particulières, dont l'art. 1er dispose que « les contraventions aux décrets, ordonnances, arrêtés, règlements d'administration intérieure et de police, à l'égard desquelles la loi ne détermine pas de peines particulières seront punies d'une servitude pénale de deux mois au maximum et d'une amende n'excédant pas deux mille francs, ou d'une de ces peines seulement »[149] ; le D. du 24 décembre 1923 sanctionnant l'imputation des faits par abus des croyances superstitieuses de la population, incrimination plus tard reprise dans l'art. 78 du CP ; le D. du 4 septembre 1928 réprimant la tromperie sur la qualité de la marchandise, incrimination reprise dans l'art. 99 du CP ; le D. du 24 décembre 1929 punissant le recel frauduleux, repris dans l'art. 102 du CP ; le D. du 18 décembre 1930 sanctionnant l'attentat à la pudeur et le viol, et repris dans les art. 167 à 171 du CP ; le D. du 17 juillet 1931 sur le concours d'infractions, qui formera l'art. 20 du CP ; le D. du 1er avril 1933 sanctionnant les outrages publics aux bonnes mœurs, formant actuellement les art. 175 à 178 du CP ; le D. du 4 janvier 1934 fixant les conditions de l'octroi du sursis, devenu plus tard l'art. 42 du CP ; le D. du 20 avril 1935 dont les dispositions décrivent et sanctionnent la banqueroute et les cas assimilés à la banqueroute, et sont devenues les art. 86 à 94 du CP ; l'ord. 86/Cont. du 3 août 1936 interdisant de procéder, au moyen d'appareils photographiques quelconques, à la prise de vues d'une exécution

---

mars 1942.

[146] In *B.A*, 1939, p. 491 ; *Les Codes Larcier,* T. II, p.155.

[147] V. l'art. 3 de cette ord. 57/APAJ du 10 juin 1939.

[148] In *B.O*, 1913, p. 596 ; *Les Codes Larcier,* T. II, p. 30.

[149] In *B.O*, 1922, p. 817 ; *Les Codes Larcier,* T. II, p. 25.

capitale[150] ; le D. du 25 mai 1938 sur la révélation du secret professionnel qui formera plus tard l'art. 73 du CP, etc.

À bien analyser cette évolution, on observe que la période de 1937 à 1960 a été marquée par la publication des textes importants ayant consolidé la législation pénale congolaise et demeurant d'application à ce jour. On peut relever, en guise d'illustration :
- Le D. du 21 juin 1937 sur la réhabilitation des condamnés[151], examiné dans la seconde partie de l'ouvrage, car toujours d'application, avec les modifications apportées par les décrets du 29 novembre 1946, du 17 mai 1952 et du 22 août 1959.[152]
- L'arrêté royal du 13 mai 1938 coordonnant les décrets des 15 avril 1926 (*B.O.* p. 448), 22 février 1932 (*B.O.* p. 169), 14 décembre 1933 (*B.O.* 1934, p. 59), 17 mars 1938 (*B.O.* p. 243) sur les juridictions indigènes.[153] L'appellation à connotation colonialiste « juridictions indigènes » ou « tribunaux indigènes » a plus tard été remplacée respectivement par « juridictions coutumières » ou « tribunaux coutumiers ». Ce texte a été enrichi par des modifications apportées successivement par l'O-L n° 291/AIMO du 25 juin 1941 (*B.A.* p. 1173), l'O-L n° 341/AIMO du 29 octobre 1947 (*B.A.* p. 2422), le D. du 11 janvier 1951 (*B.O.* p. 181), le D. du 18 décembre 1951 (*B.O.*, 1952, p. 376), le D. du 8 décembre 1953 (*B.O.*, 1954, p. 142), l'O-L n° 21/423 du 23 décembre 1957 (*B.A.* p. 2487), le D. du 13 juin 1958 (B.O. p. 1088), l'O-L n° 21/274 du 20 juin 1958 (*B.A.* p. 1253), et le D. du 16 septembre 1959 (*B.O.* p. 2326). Aux termes de l'art. 18 de cet arrêté royal, « les tribunaux coutumiers appliquent les coutumes, pour autant qu'elles ne soient pas contraires à l'ordre public universel. Toutefois, lorsque des dispositions légales ou réglementaires ont eu pour but de substituer d'autres règles à la coutume, les tribunaux coutumiers appliquent ces dispositions. »
- Le D. du 30 janvier 1940 portant code pénal[154], œuvre charnière en matière de droit pénal de fond structurée en deux grands livres : le livre premier traitant des infractions et de la répression en général (articles 1er à 42) ; et le livre deuxième traitant des infractions et de leur répression en particulier (articles 43 à 220). Il a été nourri de plusieurs modifications,

---

[150] In *B.A*, 1936, p. 329 ; *Les Codes Larcier,* T. I, p. 385.
[151] In *B.O*, 1937, p. 629 ; *Les Codes Larcier,* T. I, p. 465.
[152] Respectivement in *B.A*, 1947, p. 3 ; *B.O* 1952, p. 1228 ; *B.A* 1959, p. 2186 ; et in *Le Code judiciaire zaïrois*, mis à jour 31 janvier 1986, Département de la Justice, Service de documentation et d'études, Kinshasa 1986, pp. 261-263.
[153] In *B.O*, 1938, p. 471 ; *Les Codes Larcier,* T. I, p. 353 ; *Le Code judiciaire zaïrois*, mis à jour 31 janvier 1986, pp. 341-353.
[154] In *B.O*, 1940, p. 193 ; *Les Codes Larcier,* T. II, pp. 1-23.

apportées notamment, pendant la période du Congo-Belge, par le D. du 12 mai 1944 ayant introduit dans le CP un art. 171bis aggravant la répression de l'attentat à la pudeur et du viol commis par certaines catégories des personnes ou selon un certain mode opératoire ou en fonction de conséquences subies par la victime[155] ; le D. du 20 avril 1950 ayant inséré dans le CP un art. 123bis sanctionnant le port illégal de décorations ; le D. du 17 mai 1952 fixant les modalités d'application de la peine de servitude pénale et donnant au tribunal le pouvoir de fixer le montant des dommages-intérêts dus aux parties en sus de toute condamnation pénale (art. 8 et 15 du CP) ; le D. du 4 août 1953 ayant ajouté dans le CP un art. 102bis décrivant et réprimant l'infraction de grivèlerie ; le « second décret » du 24 juin 1953 ayant introduit dans le titre III du livre II du CP consacré aux infractions contre la foi publique, une section I décrivant et sanctionnant la contrefaçon, la falsification et l'imitation des signes monétaires (art. 116 à 120 du CP) ; le D. du 6 juin 1958 attribuant aux cours et tribunaux le pouvoir d'octroyer le sursis à l'exécution de l'arrêt ou du jugement de condamnation à la servitude pénale pendant le délai qu'ils fixent mais qui ne peut excéder 5 ans (art. 42 du CP) ; le D. du 8 août 1959 réglementant l'obligation de s'éloigner de certains lieux ou d'une certaine région ou d'habiter dans un lieu déterminé, et la mise à la disposition du gouvernement (art. 14-a à 14-k du CP) ; le D. du 26 août 1959 ayant inséré dans le paragraphe du CP consacré aux abus de confiance, un art. 96bis décrivant et sanctionnant l'infraction d'usure ; le D. du 27 juin 1960 fixant le principe de la territorialité de la loi pénale (art. 1er), réduisant la durée de l'incarcération prescrite pour l'obtention de la libération conditionnelle s'il est établi qu'une incarcération prolongée pourrait mettre en péril la vie du condamné (art. 2), et sanctionnant le détournement de main-d'œuvre (art. 3)[156].

Pour compléter ce pilier formé par le CP, plusieurs autres textes pénaux importants ont été publiés durant la période coloniale, constituant ce qui a été convenu d'appeler « dispositions complémentaires ». Y figurent, notamment, le D. du 25 juin 1948 (*B.O.*, p. 818) décrivant et réprimant

---

[155] Art. 171bis. [D. du 12 mai 1944.] : « Le minimum des peines portées par les articles 167, 168 et 170, alinéa 1, du Code pénal sera doublé : 1° si les coupables sont les ascendants de la personne sur laquelle ou à l'aide de laquelle l'attentat a été commis; 2° s'ils sont de la classe de ceux qui ont autorité sur elle; 3° s'ils sont ses instituteurs ou ses serviteurs à gages ou les serviteurs des personnes ci-dessus indiquées; 4° si l'attentat a été commis, soit par des fonctionnaires publics ou des ministres d'un culte qui ont abusé de leur position pour le commettre, soit par des médecins, chirurgiens, accoucheurs envers les personnes confiées à leurs soins; 5° si le coupable a été aidé dans l'exécution de l'infraction par une ou plusieurs personnes; 6° si l'infraction a causé à la victime une altération grave de sa santé. »

[156] V. *MC*, 1ère partie, 1960, p. 2242 ; art. 3, 35 et 97 du CP.

l'adultère et la bigamie commis dans le cadre du mariage de droit civil ou assimilé ; le D. du 5 juillet 1948 (*B.O.*, p. 969) définissant et sanctionnant l'adultère, la bigamie et l'abandon de famille commis dans le cadre du mariage monogamique coutumier ; le D. du 15 juillet 1949 (*B.O.*, p. 1439) réprimant l'abandon de famille commis dans le cadre du mariage de droit civil ou assimilé ; le D. du 21 février 1950 portant régime des armes à feu et de leurs munitions (*B.O.*, 1950, p. 275 ; 1955, p. 1694) ; le D. du 6 décembre 1950 (*B.O.* 1951, p. 91) sur l'enfance délinquante ; l'O-L n° 11-141 du 16 mai 1951 interdisant et sanctionnant les concours de pronostics sportifs ou autres (*B.A.* p. 1154) ; l'ord. n° 3-140 du 23 avril 1954 portant régime des établissements de garde et d'éducation de l'État[157] ; le D. du 19 mars 1952 (*B.O.* p. 882) modifié par les décrets du 2 juin 1954 (*B.O.* p. 1325) et du 21 janvier 1957 (*B.O.* p. 396) réglementant l'exercice de l'art de guérir[158] ; l'ord. n° 23-216 du 4 mai 1959 sur la protection de l'enfance en matière de projections cinématographiques publiques[159] ; l'O-L n° 11-130 du 25 mars 1960 interdisant et sanctionnant toutes milices privées ou toute autre organisation de particuliers dont l'objet est de recourir à la force, ou de suppléer l'armée ou la police, de s'immiscer dans leur action ou de se substituer à elles, ainsi que les exhibitions en public de particuliers en groupe qui, soit par les exercices auxquels ils se livrent, soit par l'uniforme ou les pièces d'équipement qu'ils portent, ont l'apparence de forces militaires[160] ; l'O-L n° 25-131 du 25 mars 1960 réprimant les manifestations de racisme ou d'intolérance religieuse[161] ; le D. du 13 juin 1960 sanctionnant la discrimination dans les magasins et autres lieux publics et approuvant l'O-L n° 25-491 du 1er octobre 1959[162].

Au plan procédural, deux textes majeurs ont été publiés quelques mois avant la proclamation de l'indépendance du pays. Il s'agit du D. du 6 août 1959 portant CPP[163]; et du D. du 7 mars 1960 portant Code de procédure civile[164]. Ces textes sont le résultat du travail de la commission instituée par l'arrêté royal du 24 juin 1955, chargée d'examiner et de proposer des

---

157 In *B.A*, 1954, p. 743 ; *Les Codes Larcier,* T. I, p. 381.

158 L'art. 15 de ce D. du 19 mars 1952 dit : « Les dispositions du présent décret ne s'appliquent pas à ceux qui, dans les milieux coutumiers, donnent des soins ou administrent des remèdes conformément aux us et coutumes et sans troubler l'ordre public ».

159 In *B.A*, 1959, p. 1157 ; *Les Codes Larcier,* T. II, p. 156.

160 In *MC*, 1960, p. 944 ; *Les Codes Larcier,* T. II, p. 157-158.

161 In *MC*, 1960, p. 946 ; *Les Codes Larcier,* T. II, p. 38.

162 In *MC*, n° 26ter, 1960, p. 101 et n° 30, 1960, p. 2219 ; *Les Codes Larcier,* T. II, p. 38.

163 In *B.O*, 1959, p. 1934) ; *Les Codes Larcier,*T. I, p. 288.

164 In *MC*, 1960, p. 961; erratum, p. 1351 ; *Les Codes Larcier,* T. I, p. 274.

réformes à apporter à la législation congolaise notamment dans le domaine d'organisation et de compétence judiciaires. En plus de ces deux codes proceduraux, est sorti également du travail de cette commission le D. du 8 mai 1958 portant, précisément, COCJ. Il se dégage de ces textes une certaine volonté d'essayer d'adoucir la dualité ayant marqué les structures judiciaires pendant la période coloniale, et donc de faire se rencontrer un peu plus les domaines du droit écrit et du droit coutumier. Cette volonté sera naturellement raffermie après l'accession du Congo à l'indépendance.

PARAGRAPHE 3 : ***LE TEMPS POSTÉRIEUR À L'INDÉPENDANCE : DE 1960 À CE JOUR***

Le texte constitutionnel du nouvel État indépendant est la Loi fondamentale du 19 mai 1960 qui a abrogé, en son art. 258, tous les textes légaux et réglementaires qui étaient contraires, identiques ou semblables à ses dispositions, parmi lesquels la Charte coloniale du 18 octobre 1908 relatif au gouvernement du Congo-belge. Cette Loi fondamentale organisait l'exercice des pouvoirs de l'État, dont le pouvoir judiciaire qui était dévolu aux seuls cours et tribunaux[165], organisation qui a été reprise, avec des variantes caractéristiques des régimes politiques successifs, dans toutes les Constitutions ayant régi le Congo, puis le Zaïre[166], redevenu RDC[167], lesquelles contenaient et contiennent des principes fondamentaux relatifs au droit pénal de fond et de forme.

Durant plus d'un demi-siècle de l'existence du Congo indépendant, le législateur s'est employé à consolider le droit pénal en édictant des textes affirmant des valeurs sociétales, considérées comme fondamentales, devant être protégées, et des intérêts vitaux de l'État, devant être sauvegardés. Dans les différents textes hérités de l'EIC et du Congo-belge, sont expurgées des expressions périmées comme, nous l'avons dit, le terme « juridictions indigènes », remplacé par « juridictions coutumières » ; l'autorité « gouverneur général du Congo », logiquement remplacée par le « ministre de l'intérieur ou ministre de l'administration du territoire et de la décentralisation », etc.

---

[165] Art. 185 de cette Loi fondamentale.

[166] Const. du 1er août 1964, dite Constitution de Luluabourg ; Const. de 1967 qui a connu plusieurs modifications ou révisions dont celle du 15 février 1978 ; Projet de Const. élaboré par la Conférence nationale souveraine ; Const. dite harmonisée du 24 avril 1993 ; Acte constitutionnel de la transition du 9 avril 1994.

[167] D-L constitutionnel du 27 mai 1997 ; Const. de la transition issue du dialogue inter-congolais ; Const. de la RDC du 18 février 2006.

Le travail législatif est bien fourni. Pour nous limiter au domaine pénal, le législateur a enrichi le CP de 1940 de plusieurs modifications, issues notamment de :
- l'O-L n° 299 du 16 décembre 1963 ayant incorporé dans le CP les art. 135bis et 135ter sanctionnant la provocation et l'incitation à des manquements envers l'autorité publique ; une disposition devenue l'art. 138sexies réprimant les outrages envers l'emblème national ; les art. 155bis et 155ter punissant respectivement le port public d'uniforme, d'insigne ou d'emblème d'une association ou d'un groupement de fait dissous par l'autorité publique compétente, et la contribution volontaire à la publication, par tous moyens, de photographies, gravures, dessins, portraits ayant pour objet la reproduction de tout ou partie des circonstances d'un meurtre, d'un assassinat ou d'un attentat aux mœurs ; les art. 181 à 220 décrivant et sanctionnant les atteintes à la sûreté extérieure et intérieure de l'État[168] ;
- l'O-L n° 68-193 du 3 mai 1968, punissant de mort aussi bien le meurtre que l'assassinat ainsi que le vol à mains armées et l'association formée dans le but d'attenter aux personnes et aux propriétés, et prescrivant que ces infractions doivent être poursuivies par priorité et jugées dans un délai d'un mois maximum[169] ;
- l'O-L n° 70-031 du 30 avril 1970 sanctionnant l'avortement pratiqué sur autrui ou sur soi-même[170] ;
- la loi n° 71-001 du 12 juin 1971 introduisant dans le CP les dispositions réprimant les outrages et violences envers les membres du bureau politique [du M.P.R], les membres du conseil législatif, les membres du conseil exécutif, les dépositaires de l'autorité ou de la force publique[171] ;
- la loi n° 73-017 du 5 janvier 1973 ayant inclu dans l'arsenal répressif la peine des travaux forcés s'appliquant notamment à l'encontre des auteurs des détournements des deniers publics ou privés[172] ;
- l'O-L n° 73-010 du 14 février 1973 apportant des innovations dans l'incrimination et la répression des infractions des rémunérations illicites accordées aux employés des personnes privées, du trafic d'influence, des abstentions coupables des fonctionnaires, et de la publication et la

---

[168] In *MC* 1964, p. 2.

[169] In *MC* n° 14 du 15 juillet 1968, p. 1324, art. 44-45, 81bis, 156 à 158 du CP.

[170] In *MC* n° 19 du 1er octobre 1970, p. 629, art. 165 et 166 du CP.

[171] In *J.O* éd. prov. du 15 décembre 1971, p. 5, art. 136 à 138quinquies du CP. Selon les structures politiques actuelles, il faut entendre par membres du conseil législatif, les membres du parlement (assemblée nationale et sénat) ; par membres du conseil exécutif, les membres du gouvernement ; l'institution « Bureau politique », tel qu'il était conçu du temps du M.P.R parti-État, n'existe plus.

[172] In *J.O* n° 5 du 1er mars 1973 p. 323, *J.O* n° 7 du 1er avril 1973 p. 619, art. 5, 6bis, 145, 145bis, 145ter, 146 à 150 du CP.

distribution des écrits[173] ;
- l'O-L n° 73-012 du 14 février 1973 sanctionnant l'évasion des détenus dans ses multiples facettes[174] ;
- la loi n° 76-025 du 23 décembre 1976 accordant au ministre de la justice le pouvoir de décision de la libération conditionnelle des personnes condamnées par les juridictions civiles[175] ;
- l'O-L n° 78-015 du 4 juillet 1978 ayant inséré dans le CP une section IVbis traitant de la non-assistance à personne en danger et ayant apporté une modification à l'art. 167 sanctionnant l'attentat à la pudeur[176] ;
- l'O-L n° 79-007 du 6 juillet 1979 modifiant l'O-L n° 70-080 du 30 novembre 1970 fixant l'expression monétaire et le taux de majoration des amendes pénales[177] ;
- l'O-L n° 85-007 du 14 février 1985 sanctionnant la contrefaçon ou la falsification des sceaux, timbres, poinçons, marques, etc.[178] ;
- la loi n° 86-030 du 5 avril 1986 ayant abrogé la peine de confiscation générale des biens[179].

D'autres textes importants se sont intégrés dans les « dispositions complémentaires », parmi lesquels on peut citer :
- L'O-L n° 66-98 du 14 mars 1966 portant code de la navigation maritime[180] dont les art. 338 à 401 punissent notamment : l'ivresse avec désordre à bord ou en service ; le fait d'avoir, à bord, allumé des feux ou circulé dans les lieux où cela est interdit, avec du feu ou des objets ou matières pouvant causer un incendie ; la destruction, la mise hors d'usage ou l'abandon de matériel du bord ; le fait pour un capitaine, hors le cas de force majeure, de rompre son contrat et d'abandonner son navire ; la désobéissance à un ordre donné pour le service du navire ; la rébellion contre le capitaine ou contre un officier de bord ; le complot contre la sûreté, la liberté ou l'autorité du capitaine ; le fait de s'emparer du navire par fraude, violences ou menaces envers le capitaine ; le meurtre commis pour faciliter cette dernière infraction ; les actes de piraterie commis par des personnes embarquées ; le fait pour tout capitaine, pouvant le faire sans danger sérieux pour son navire ni pour les personnes embarquées, de refuser de prêter assistance à toute

[173] In *J.O* n° 7 du 1er avril 1973 p. 620, art. 150-a à 150-i du CP.
[174] In *J.O* n° 8 du 15 avril 1973 p. 745, art. 161 à 164 du CP.
[175] In *J.O* n° 3 du 1er février 1977, p. 37, art. 38 du CP.
[176] In *J.O* n° 14 du 15 juillet 1978, pp. 29-31, art. 66bis à 66quinquies, et 167 du CP.
[177] Art. 10 du CP.
[178] Art. 121 du CP.
[179] Art. 145 du CP.
[180] In *M.C* 1968, p. 762. Cette O-L a été modifiée par les O-L n° 67-471 du 30 novembre 1967 et n° 68-485 du 20 décembre 1968, in *Le Code pénal zaïrois* (mis à jour au 31 mai 1982), pp. 168-177.

personne, même ennemie, trouvée en mer ou dans les eaux maritimes, en danger de se perdre ; de n'avoir pas, après un abordage, mis en œuvre tous les moyens dont il disposait pour sauver l'autre navire, son équipage ou ses passagers ; le fait pour tout capitaine d'abandonner sans nécessité son navire en danger, pendant le voyage ; de détourner à son profit, dans une intention frauduleuse, le navire qu'il a la charge de conduire ; de commettre un acte de piraterie ; de livrer son navire aux pirates, etc.

- L'O-L n° 66-96 du 14 mars 1966 portant code de la navigation fluviale et lacustre[181] qui sanctionne des infractions similaires, *mutatis mutandis*, dans ses art. 122 à 148.
- L'O-L n° 66-342 du 7 juin 1966 relative à la répression du racisme et du tribalisme, et abrogeant l'art. 75bis du CP. Elle punit toute personne qui « soit par paroles, gestes, écrits, images ou emblèmes, soit par tout autre moyen, aura manifesté de l'aversion ou de la haine raciale, ethnique, tribale ou régionale, ou aura commis un acte de nature à provoquer cette aversion ou cette haine ». Elle prévoit l'expulsion du territoire national du délinquant définitivement condamné, s'il est un étranger ; la dissolution, par ordonnance du président de la République des cercles, clubs, associations ou groupements dont les buts réels, l'activité ou les agissements seraient inspirés par une volonté de discrimination raciale, ethnique, tribale ou régionale ; ainsi que la dissolution de plein droit des associations tribales à caractère politique.[182] Cette O-L vise donc à effacer les vestiges discriminatoires de la colonisation et les velléités tribalo-régionalistes pouvant mettre en danger l'unité du nouvel État indépendant.
- L'O-L n° 67-272 du 23 juin 1967 relative aux pouvoirs réglementaires de la Banque du Congo en matière de réglementation du change[183] qui punit toute infraction à cette réglementation d'un mois à cinq ans de servitude pénale et d'une amende de cent à cent mille francs ou d'une de ces peines seulement.[184]
- L'O-L n° 67-302 du 2 août 1967 relative à la police des étrangers[185], modifiée par l'O-L n° 67-479 du 29 novembre 1967.[186] Elle sanctionne pénalement notamment les étrangers qui auront pénétré dans le pays sans documents requis ni visas ; ou qui, entrés régulièrement pour une durée déterminée, y auront séjourné au-delà, sans carte de séjour ; ou qui se seront soustraits à l'exécution d'une ordonnance d'expulsion ou qui, expulsés du

---

[181] In *M.C* 1968, p. 765 ; *Le Code pénal zaïrois…*, pp. 177-182.

[182] In *MC*, 1966, p. 559, art. 1 à 4 ; *Le Code pénal zaïrois*, pp. 77-78 ; *Les Codes Larcier,* T. II, pp. 38-39.

[183] In *Le Code pénal zaïrois*, pp. 147-152.

[184] Art. 13 de ladite O-L.

[185] In *MC* 1967, p. 891.

[186] In *MC* 1967, p. 928.

pays, y auront pénétré de nouveau sans l'autorisation spéciale du président de la République[187].
- L'O-L n° 68-194 du 3 mai 1968 portant prohibition du port d'armes de guerre et punissant de dix à vingt ans de servitude pénale toute personne détenant, sans autorisation, une arme de guerre, en l'occurrence un revolver, un pistolet, une mitraillette, un fusil « Mauser », un fusil « Fall » ou toute autre arme automatique tirant en rafales.[188]
- La loi n° 71-012 du 31 décembre 1971 réglementant l'exercice des cultes[189] dont l'art. 1er rappelle le principe constitutionnel selon lequel « dans la République, il n'y a pas de religion d'État. Toute personne a droit à la liberté de pensée, de conscience et de religion... » Elle fixe notamment les conditions pour être fondateur d'une église ou d'une secte en République du Zaïre, ou pour être représentant d'une église ou d'une secte étrangère en République du Zaïre. Elle a été modifiée par l'O-L n° 79-002 du 3 janvier 1979[190] qui y a introduit un art. 10bis sanctionnant pénalement quiconque aura prêché publiquement ou en privé la religion au nom d'une église ou d'une secte religieuse n'ayant pas la personnalité civile.
- La loi n° 73-022 du 20 juillet 1973 relative au nom des personnes physiques dont l'art. 4 prescrit, notamment, que « le nom doit être trouvé exclusivement dans le patrimoine culturel zaïrois. Il ne peut en aucun cas être contraire aux bonnes mœurs, ni revêtir un caractère injurieux ou provocateur ». Et l'art. 16 d'ajouter : « Tout Zaïrois qui, avant l'entrée en vigueur de la présente loi, porte un nom d'origine étrangère doit y renoncer. Il est tenu aussi de renoncer à l'usage de son (ses) prénom (s) ».[191] On voit, à travers cette loi, la mise en œuvre de la politique dite du « recours à l'authenticité » prônée par le régime de l'époque.
- L'Ord. n° 75-153 du 31 mai 1975 réglementant les heures d'ouverture des débits de boisson et portant interdiction des night-clubs, des maisons de passe et de tolérance sur toute l'étendue de la République.[192] Elle punit d'une servitude pénale de 6 mois à 5 ans et d'une amende de 100 à 500 zaïres ou d'une de ces peines les gérants ou débitants de boisson contrevenant à ses dispositions.[193]
- L'Ord. n° 82-061 du 15 mai 1982 portant certaines mesures d'exécution de la loi n° 81-002 du 29 juin 1981 relative à la nationalité zaïroise et

---

[187] V. les art. 21 à 24 de cette O-L.
[188] In *MC* n° 14 du 15 juillet 1968, p. 1325 ; *Le Code pénal zaïrois*, pp. 79-81.
[189] In *J.O* 1972, p. 40 ; *Le Code pénal zaïrois*, pp. 94-97.
[190] In *J.O* n° 4 du 15 février 1979, p. 10 ; *Le Code pénal zaïrois*, pp. 94-97.
[191] In *MC*, 1975, p. 1405 ; *Le Code pénal zaïrois*, pp. 75-77.
[192] In *J.O*, n°16, 15 août 1975, p. 927; *Le Code pénal zaïrois*, pp. 97-98 ; *Les Codes Larcier,* T. II, pp. 159-160.
[193] V. les art. 6 et 8 de cette ord.

sanctionnant la détention ou l'usage des certificats de la nationalité zaïroise ou tout autre document d'identité délivrés en application de l'art. 15 de la loi n° 72-002 du 5 janvier 1972 qui devaient être restitués auprès des administrations compétentes.[194]

- La loi n° 82-002 du 28 mai 1982 portant réglementation de la chasse[195] qui sanctionne d'une servitude pénale de 5 ans au maximum et d'une amende de 5 à 50.000 zaïres ou d'une de ces peines seulement toute infraction à ses prescriptions.[196]
- La loi n° 87-010 du 1er août 1987 portant code de la famille[197], etc.

Cette œuvre législative en matière pénale se poursuit jusqu'à ce jour, car elle s'efforce de s'adapter à l'évolution de la criminalité pour mieux la combattre et atteindre ses manifestations cruelles, internationalement reprouvées, tout en assurant une meilleure protection de certaines catégories des victimes dont les femmes et les enfants. Aussi l'arsenal répressif a-t-il été enrichi des textes essentiels, parmi lesquels : la loi n° 007-2002 du 11 juillet 2002 portant code minier ; la loi n° 023-2002 du 18 novembre 2002 portant code judiciaire militaire (CJM) ; la loi n° 024-2002 du 18 novembre 2002 portant code pénal militaire (CPM); la loi n° 06-018 du 20 juillet 2006 modifiant et complétant le D. du 30 janvier 1940 portant CPC, en matière des violences sexuelles ; la L.O n° 06-020 du 10 octobre 2006 portant statut des magistrats ; la L.O n° 08-013 du 05 août 2008 portant organisation et fonctionnement du conseil supérieur de la magistrature ; la loi n° 09-001 du 10 janvier 2009 portant protection de l'enfant ; la loi n° 11-008 du 9 juillet 2011 portant criminalisation de la torture ; la loi n° 11-009 du 9 juillet 2011 portant principes fondamentaux relatifs à la protection de l'environnement ; la L.O n° 13-010 du 19 février 2013 relative à la procédure devant la Cour de cassation ; la L.O n° 13/011-B du 11 avril 2013 portant organisation, fonctionnement et compétence des juridictions de l'ordre judiciaire ; la L.O n° 13-026 du 15 octobre 2013 portant organisation et fonctionnement de la Cour constitutionnelle ; la loi n° 014-006 du 11 février 2014 portant amnistie pour faits insurrectionnels, faits de guerre et infractions politiques ; la loi n° 15-001 du 12 février 2015 modifiant et complétant la loi n ° 06-006 du 09 mars 2006 portant organisation des élections présidentielle, législatives, provinciales, urbaines, municipales et locales telle que modifiée par la loi n ° 11-003 du 25 juin 2011 ; la loi n° 15-022 du 31 décembre 2015 modifiant et complétant le D. du 30 janvier 1940 portant CP,[198] y

---

[194] V. les art. 21 et 22 de ladite ord., in *Le Code pénal zaïrois*, p. 75.

[195] In *Le Code pénal zaïrois*, pp. 117-134.

[196] Art. 85 de ladite loi.

[197] In *J.O*, n° spécial, 1er août 1987 ; *Les Codes Larcier,* T. I, p. 33

[198] In *J.O*, 1ère partie, n° spécial, 29 février 2016, pp 1-17.

introduisant, notamment, le crime de génocide, les crimes contre l'humanité, et les crimes de guerre ; la loi n° 15-023 du 31 décembre 2015 modifiant la loi n° 024-2002 du 18 novembre 2002 portant CPM ;[199] la loi n° 15-024 du 31 décembre 2015 modifiant et complétant le D. du 06 août 1959 portant CPP ;[200] la loi n° 16-008 du 15 juillet 2016 modifiant et complétant la loi n° 87-010 du 1er août 1987 portant code de la Famille ; la loi n° 16-010 du 15 juillet 2016 modifiant et complétant la loi n° 015-2002 portant code du travail, etc.

Ce sont tous ces textes qui constituent la source principale du droit pénal en RDC.

---

[199] *Ibidem,* pp. 17-19.
[200] *Ibidem*, pp. 19-31.

CHAPITRE TROIS

LES SOURCES DU DROIT PÉNAL

Le mot « sources » a au moins trois acceptions :
- Lorsqu'on parle de sources instrumentaires ou documentaires, on désigne les recueils d'où est tirée une règle de droit.
- Lorsqu'on parle de sources réelles du droit, ou de « forces créatrices du droit » selon l'expression de Georges Ripert, on désigne les courants d'opinion politique, économique ou morale ayant généré une règle de droit.
- Lorsqu'on parle de sources formelles, on vise les différentes manifestations des règles de droit ou les diverses formes dans lesquelles elles s'expriment. C'est précisément dans cette dernière acception qu'est entendu le terme « sources » dans le présent contexte.

Si en matière civile et commerciale il existe nettement deux sources formelles, à savoir la loi et la coutume, en matière pénale la loi occupe une telle place que quelques auteurs classiques la considéraient comme étant la source unique de cette discipline juridique. D'où l'importance accordée au principe de la légalité qui exprime un peu cette idée.[201] Cependant, en réalité, en plus de la loi, existent d'autres sources non négligeables du droit pénal qu'il importera également d'étudier. Cette coexistence explique la division de ce chapitre en deux sections consacrées respectivement à la loi et aux autres sources du droit pénal.

SECTION 1ère : LA LOI, SOURCE PRINCIPALE DU DROIT PÉNAL

La primauté de la loi s'exprime par la consécration du principe de la légalité qui sera expliqué au § 1er avant l'examen de différentes formes que peut revêtir la loi pénale, objet du § 2, et les problèmes que pose son application par l'autorité judiciaire, examinés au § 3.

*PARAGRAPHE 1er : **LE PRINCIPE DE LA LÉGALITÉ***

Clé de voûte ou colonne de soutènement du système répressif, le principe de la légalité signifie que les règles de droit pénal sont contenues dans la loi. La formule élaborée par le criminaliste bavarois Feuerbach au début du XIXe siècle est assez expressive à cet égard : *Nullum crimen, nulla poena sine lege* :

---

[201] Sur cette notion de sources, v. J. Pradel, *Droit pénal général*, 21e éd., n° 128, p. 113.

il n'y a pas de crime, il n'y a pas de peine sans loi. Précise et savante, cette formule s'avère cependant insuffisante, car elle ne vise que le droit pénal de fond (crimes et peines) alors que le principe s'applique également en procédure pénale. L'art. 7 de la Déclaration de 1789 circonscrit cette portée exacte en proclamant que « nul homme ne peut être arrêté ni détenu que dans les cas déterminés par la loi et dans les formes qu'elle a prescrites. » Et l'art. 8 de poursuivre : « La loi ne doit établir que des peines strictement et évidemment nécessaires, et nul ne peut être puni qu'en vertu d'une loi établie et promulguée antérieurement au délit, et légalement appliquée. »

Des auteurs juristes pénalistes s'accordent sur cette compréhension du principe de la légalité.[202] Pour bien la restituer, Merle et Vitu ont complété ainsi son expression latine : *Nullum crimen, nulla poena, nullum judicium, sine lege.*[203] (Nul crime, nulle peine, nulle procédure, sans loi.) Entendue dans son sens plein ainsi rétabli, cette règle fondamentale ne devrait donc pas être étudiée uniquement en droit pénal général, mais devrait l'être plutôt « dans le cadre plus vaste des questions communes à toutes les branches du droit pénal, dans une sorte d'introduction générale au droit pénal ».[204] Elle est consacrée dans l'art. 17 de la Const. de la RDC qui forme une disposition charnière en matière pénale ainsi libellée :

> « La liberté individuelle est garantie. Elle est la règle, la détention l'exception.
> Nul ne peut être poursuivi, arrêté, détenu ou condamné qu'en vertu de la loi et dans les formes qu'elle prescrit.
> Nul ne peut être poursuivi pour une action ou une omission qui ne constitue pas une infraction au moment où elle est commise et au moment des poursuites.
> Nul ne peut être condamné pour une action ou une omission qui ne constitue pas une infraction à la fois au moment où elle est commise et au moment de la condamnation.
> Il ne peut être infligé de peine plus forte que celle applicable au moment où l'infraction est commise.
> La peine cesse d'être exécutée lorsqu'en vertu d'une loi postérieure au jugement :
> 1. elle est supprimée;
> 2. le fait pour lequel elle était prononcée, n'a plus le caractère infractionnel.

---

[202] F. Desportes et F. Le Gunehec, *Droit pénal général*, 10e éd., Corpus Droit privé dirigé par Nicolas Molfessis, Economica, Paris 2003, p. 152 ; Th. Garé et C. Ginestet, *Droit pénal, Procédure pénale*, 3e éd., Dalloz, Paris 2004, pp. 13-16 ; A. Giudicelli, « Le principe de la légalité en droit pénal français. Aspects légalistes et jurisprudentiels », in *RSC*, 2007, pp. 509 et s. ; S. Pelle, « Le contrôle de la légalité criminelle par le Conseil constitutionnel », in *Rev. pénit.*, 2013, p. 265 et s.

[203] R. Merle et A. Vitu, *Traité de droit criminel*, T. 1, *Problèmes généraux de la Science criminelle, Droit pénal général*, 6e éd., Cujas, Paris 1988, n° 155.

[204] J. Pradel, *Droit pénal général*, 21e éd., 2016, n° 130, p. 114.

> En cas de réduction de la peine en vertu d'une loi postérieure au jugement, la peine est exécutée conformément à la nouvelle loi.
> La responsabilité pénale est individuelle. Nul ne peut être poursuivi, arrêté, détenu ou condamné pour fait d'autrui.
> Toute personne accusée d'une infraction est présumée innocente jusqu'à ce que sa culpabilité ait été établie par un jugement définitif. »

Cet article consacre donc six principes :

(1)- Le principe du respect de la liberté individuelle, la détention étant l'exception. Ainsi, même s'il a commis une infraction, l'individu peut être poursuivi et répondre de son acte devant la juridiction compétente en comparaissant libre. Sa mise en détention ne peut être ordonnée que de façon exceptionnelle, p. ex. lorsque sa fuite est à craindre ou lorsqu'on peut redouter qu'il fasse obstruction à l'instruction, en faisant disparaître les preuves de l'infraction ou en intimidant les témoins.

(2)- Le principe de la légalité dans toutes ses dimensions :
- *la légalité de la procédure* : « Nul ne peut être poursuivi, arrêté, détenu ou condamné qu'en vertu de la loi et dans les formes qu'elle prescrit » ;
- *la légalité des incriminations* : « Nul ne peut être poursuivi pour une action ou une omission qui ne constitue pas une infraction au moment où elle est commise et au moment des poursuites » ;
- *la légalité des peines* : « Nul ne peut être condamné pour une action ou une omission qui ne constitue pas une infraction à la fois au moment où elle est commise et au moment de la condamnation. Il ne peut être infligé de peine plus forte que celle applicable au moment où l'infraction est commise. »

(3)- Le principe de la non rétroactivité de la loi pénale plus sévère : « Il ne peut être infligé de peine plus forte que celle applicable au moment où l'infraction est commise. » Autrement dit, si une loi nouvelle prévoit une peine plus sévère, c'est la loi du moment de la commission de l'infraction qui sera appliquée.

(4)- Le principe de la rétroactivité de la loi pénale plus douce ou la rétroactivité *in mitius* :
« La peine cesse d'être exécutée lorsqu'en vertu d'une loi postérieure au jugement : 1. elle est supprimée ; 2. le fait pour lequel elle était prononcée, n'a plus le caractère infractionnel. En cas de réduction de la peine en vertu d'une loi postérieure au jugement, la peine est exécutée conformément à la nouvelle loi. »

(5)- Le principe de la responsabilité pénale individuelle qui interdit de poursuivre, d'arrêter, de détenir ou de condamner un individu pour fait d'autrui : « La responsabilité pénale est individuelle. Nul ne peut être poursuivi, arrêté, détenu ou condamné pour fait d'autrui. » On ne peut donc pas, p. ex., procéder à l'arrestation d'une femme pour contraindre son mari ayant fui avec la caisse d'un service public à se présenter devant la justice.

(6)- Le principe de la présomption d'innocence : « Toute personne accusée d'une infraction est présumée innocente jusqu'à ce que sa culpabilité ait été établie par un jugement définitif. »

Le principe de la légalité des incriminations, des peines et de la procédure ressort également des art. 122 et 123 de la Const. qui disposent :

> « Article 122 : Sans préjudice des autres dispositions de la présente Constitution, la loi fixe les règles concernant : … 6. la détermination des infractions et des peines qui leur sont applicables, la procédure pénale, l'organisation et le fonctionnement du pouvoir judiciaire, la création de nouveaux ordres de juridictions, le statut des magistrats, le régime juridique du Conseil supérieur de la magistrature ; 7. l'organisation du Barreau, l'assistance judiciaire et la représentation en justice… »
> « Article 123 : Sans préjudice des autres dispositions de la présente Constitution, la loi détermine les principes fondamentaux concernant : … 6. le régime pénitentiaire … »

Nous aurons l'occasion de revenir sur les autres principes dans les développements ultérieurs. S'agissant de la légalité, ici examinée, l'art. 17 ci-dessus permet de percevoir l'étendue de ce principe qui s'applique à la fois aux incriminations, aux poursuites et aux sanctions, ayant précisément comme soubassement le souci du respect de la liberté individuelle. Le CPC fait ressortir sa primauté en l'énonçant dans son art. 1er : « *Nulle infraction ne peut être punie des peines qui n'étaient pas portées par la loi avant que l'infraction fût commise.* » Le législateur reprend les mêmes termes dans l'art. 2, al. 1er du CPM.

À sa valeur constitutionnelle et législative s'ajoute une dimension universelle, car ce principe est consacré non seulement dans la plupart des pays du monde mais aussi dans nombreux textes internationaux. « Il est apparu à ce point nécessaire à la protection des libertés qu'il a été inscrit dans la Déclaration universelle des doits de l'homme de 1948, dans la Convention européenne de sauvegarde des droits de l'homme de 1950 (art. 7) et dans le Pacte international pour les droits civils et politiques de 1966 (art. 15)… En réalité, seules les législations des pays totalitaires en écartent l'application. »[205] Il est également prévu dans la Charte africaine des droits de l'homme et des peuples[206], et dans le Statut de Rome de la CPI auxquels la RDC est partie prenante.[207] Une telle consécration montre que ce principe repose sur des raisons fondamentales qu'il importe d'exposer (A) avant de voir comment il est mis en œuvre par le législateur et par le juge (B).

A- LA *RATIO LEGIS* DU PRINCIPE DE LA LÉGALITÉ

Elle s'établit aussi bien en matière de procédure que de droit pénal de fond.

a) Dans le domaine de la procédure

Le principe de la légalité permet d'assurer l'équilibre entre les droits de l'accusation et ceux de la défense. Cet équilibre ne peut être efficacement réalisé que par la loi, acte impersonnel, antérieur, expression de la volonté commune s'imposant à tous, aussi bien aux parties et participants au procès qu'aux juges.

b) Dans le domaine du droit pénal de fond

Le principe de la légalité a un soubassement à la fois politique et psychologique.

1°- Au plan politique, la légalité des infractions et des peines est une garantie de sécurité et de protection des libertés individuelles. Elle constitue un rempart contre l'arbitraire de l'autorité. Même dans les pays anglo-saxons où la jurisprudence peut être considérée comme une source importante du droit,

---

[205] V. : F. Desportes et F. Le Gunehec, *op. cit.*, p.155, n° 214 ; art. 9, 10 et 11 de la Déclaration Universelle des droits de l'homme de 1948 ; art. 9 et 15 du Pacte International relatif aux droits civils et politiques adopté le 16 décembre 1966 et entré en vigueur le 23 mars 1976.

[206] Charte Africaine des droits de l'homme et des peuples adoptée le 27 juin 1981 et entrée en vigueur le 21 octobre 1986, art. 6.

[207] Art. 22 [du Statut de la CPI] *Nullum crimen sine lege* : « 1. Une personne n'est responsable pénalement en vertu du présent Statut que si son comportement constitue, au moment où il se produit, un crime relevant de la compétence de la Cour. 2. La définition d'un crime est d'interprétation stricte et ne peut être étendue par analogie. En cas d'ambiguïté, elle est interprétée en faveur de la personne qui fait l'objet d'une enquête, de poursuites ou d'une condamnation. 3. Le présent article n'empêche pas qu'un comportement soit qualifié de crime au regard du droit international, indépendamment du présent Statut. » Art. 23 *Nulla poena sine lege* : « Une personne qui a été condamnée par la Cour ne peut être punie que conformément aux dispositions du présent Statut. »

le respect du principe de la légalité doit être assuré par l'antériorité de la norme établie, significativement appelée le précédent. En effet, « dans les pays anglo-saxons, l'exigence de légalité est satisfaite dès lors qu'existe une règle de droit préalable, fût-elle d'origine jurisprudentielle. La Cour européenne des droits de l'homme, naturellement conduite à opérer la synthèse des divers systèmes de droit en vigueur dans les pays membres du Conseil de l'Europe, a dégagé une conception de la légalité qui n'est pas non plus réduite à l'exigence d'un texte écrit de nature législative. Pour la Cour de Strasbourg, la notion de droit ("law") utilisée par l'article 7 CESDH correspond à celle de "loi" qui figure dans d'autres articles de la Convention, notion qui englobe le droit écrit et non écrit et implique des conditions qualitatives, entre autres celles d'accessibilité et de prévisibilité. »[208] En matière procédurale comme *a fortiori* en matière de droit pénal de fond, les exigences d'accessibilité et de prévisibilité imposent l'antériorité de la norme pénale, quelle qu'en soit la forme, législative, réglementaire ou jurisprudentielle. Cette antériorité nécessaire de la norme pénale permet l'accomplissement de la fonction de pédagogie, d'information préalable, d'avertissement (*Lex moneat priusquam feriat*) autant qu'elle assure la neutralité de la loi, son caractère impersonnel et l'égalité de tous devant celle-ci.

2°- Au plan psychologique précisément, ce principe trouve une justification dans le rôle éducatif et intimidant de la loi. En effet, se présentant comme un code des valeurs sociales essentielles, la loi joue véritablement le rôle « d'institutrice morale de la nation ».[209] Elle remplit ainsi dans la société une fonction éducative ou pédagogique qui réalise ce qu'on appelle la prévention générale. En outre, par la préexistence de ses prescriptions, la loi exerce une certaine pression sur l'individu. C'est cette fonction intimidante qui accomplit ce qui est convenu d'appeler la prévention individuelle.

On peut inférer que la valeur constitutionnelle accordée au principe de la légalité procède de la force des idées qui lui servent de fondement et qui viennent d'être résumées ci-dessus. Cette dimension a indubitablement des incidences sur l'application de ce principe.

---

[208] F. Desportes et F. Le Gunehec, *op. cit.*, p. 155, n° 214. Ces auteurs citent CEDH, Tolstoy Miloslavsky, 13 juill. 1995, série A, n° 316-B-S.W. et C.R. c. Royaume-Uni, 22 nov. 1995. S'agissant des rapports entre légalité et sécurité, lire G. Beaussonie, « Principe de légalité et/ou principe de sécurité juridique », in *Faut-il regénéraliser le droit pénal ?*, Colloque Tours, novembre 2014, LGDJ, Paris 2015, pp. 99 et s.
[209] J. Pradel, *Droit pénal général*, 21e éd., n° 132, p. 117.

B- LA MISE EN ŒUVRE DU PRINCIPE DE LA LÉGALITÉ

La conséquence majeure de la valeur constitutionnelle du principe de la légalité c'est que celui-ci s'impose non seulement au juge, mais aussi au législateur.

a) La mise en œuvre par le législateur

Le principe de la légalité fait peser sur l'auteur de la loi des obligations en matière des incriminations, des sanctions et de la procédure.

1°- Dans le domaine des incriminations, ce principe impose au législateur trois devoirs essentiels :
1) Celui-ci doit établir avec précision la liste ou le catalogue des incriminations retenues. Il doit rédiger des textes aussi clairs que possible pour éviter que les juges ne les étendent au-delà de leur esprit et de ses intentions. Il doit déterminer avec précision les éléments constitutifs des infractions.
2) Le législateur ne doit pas prendre ou édicter des dispositions rétroactives. Nous y reviendrons à l'occasion de l'étude de l'empire de la loi pénale dans le temps. Déjà, il y a lieu de préciser que le législateur peut prévoir la rétroactivité d'une loi nouvelle plus douce, mais jamais celle d'une loi nouvelle plus sévère.
3) Le législateur doit assumer lui-même ses charges et réduire les délégations au profit du pouvoir exécutif.

2°- Dans le domaine des sanctions, le principe légaliste exige que le législateur fixe celles-ci de manière précise, en en déterminant la nature et le taux dans le texte même des incriminations. Il importe, en effet, que le citoyen sache, au moment où il pose un acte socialement prohibé, à quelle sanction il s'expose, et précisément quels sont le minimum et le maximum de la peine prévue par le législateur.

3°- Dans le domaine de la procédure, le législateur est tenu de préciser les organes compétents et les formes du procès. Car il convient que le citoyen sache à l'avance non seulement les actes prohibés et les sanctions encourues en cas de leur commission, mais aussi les juges qui seront appelés à appliquer la loi et les procédures qu'ils devront suivre à cet effet. Cette obligation a été accomplie notamment par l'élaboration et la promulgation du COCJ[210], du

---

[210] L.O n° 13/011-B du 11 avril 2013 portant organisation, fonctionnement et compétences des juridictions de l'ordre judiciaire, qui, en son art. 156, et sous réserve des dispositions de ses art. 154 et 155, a abrogé, notamment, l'O-L n° 82-020 du 31 mars 1982 portant COCJ.

CPP et ses dispositions complémentaires[211], du code de procédure devant la Cour de cassation[212] et du CJM[213].

b) La mise en œuvre par le juge

Le principe légaliste implique celui de la subordination du juge à la loi aussi bien en matière des incriminations que des sanctions et de la procédure.

1°- S'agissant des incriminations, le principe de la légalité impose plusieurs obligations au juge : 1) Celui-ci ne doit considérer comme infraction qu'un fait défini et qualifié par la loi comme telle. Autrement dit, un fait, même moralement choquant, comme le mensonge ordinaire sans imputation dommageable p. ex., ne doit pas être retenu comme infraction, tant que le législateur ne l'a pas ainsi qualifié. 2) Il doit rechercher la qualification exacte des faits poursuivis, c'est-à-dire confronter les faits de l'espèce avec le texte incriminateur pour vérifier et établir que les éléments constitutifs de l'infraction retenue se trouvent bien réunis dans le cas d'espèce. 3) Il ne doit pas appliquer la loi de manière rétroactive. 4) Il doit l'appliquer de façon stricte et ne pas recourir au raisonnement par analogie, car nullement il ne doit se substituer au législateur.

---

[211] D. du 6 août 1959 portant CPP, in *B.O,* p.1934. Ce texte a été plusieurs fois modifié et complété, notamment par : le D. du 19 octobre 1959, in *B.O* 1959, p. 2403 ; l'O-L n° 67-146 du 4 avril 1967, in *MC,* n° 5, 1967, p. 162 ; l'O-L n° 70-080 du 30 novembre 1970, in *MC,* n° 2, 1971, pp. 57-59 ; l'O-L n° 73-006 du 14 février 1973, in *J.O*, n° 7, 1973, p. 616 ; l'O-L n° 79-005 du 6 juillet 1979, in *J.O* n° 14, 15 juillet 1979, p. 11 ; l'O-L n° 82-016 du 31 mars 1982, in *J.O* n° 7 du 1er avril 1982, p. 9 ; Loi n° 15-024 du 31 décembre 2015, in *J.O*, 57e année, 1ère partie, n° spécial, 29 février 2016, pp. 19-31.

[212] L.O n° 13-010 du 19 février 2013 relative à la procédure devant la Cour de cassation qui, en son art. 91, a abrogé les titres II et IV de l'O-L n° 82-017 du 31 mars 1982 relative à la procédure devant la CSJ.

[213] Loi n° 023-2002 du 18 novembre 2002 portant code judiciaire militaire, in *J.O* n° spécial, 20 mars 2003, pp 1-81. Les art. 1er, 2 et 129 de cette loi disposent : Art. 1er : « La justice militaire est rendue en République Démocratique du Congo par les juridictions militaires ci-après : les Tribunaux Militaires de Police ; les Tribunaux Militaires de Garnison ; les Cours Militaires et les Cours Militaires Opérationnelles ; la Haute Cour Militaire. » Art. 2 : « L'organisation et le fonctionnement des juridictions militaires sont régis par le présent Code. Sous réserve des dispositions de ce Code, le Code de l'Organisation et de la Compétence Judiciaires de droit commun est applicable aux Cours et Tribunaux Militaires. » Art. 129 : « Sous réserve des dispositions du présent Code, la procédure applicable devant les juridictions militaires est celle du droit commun. »

2°- Quant aux peines, le principe légaliste interdit au juge : 1) de condamner le prévenu à une peine alors que le législateur a omis d'en fixer une ; il existe en effet des lois imparfaites qui définissent des incriminations sans en prévoir des sanctions[214] ; 2) de prononcer une peine non prévue par la loi en raisonnant par induction ou par analogie ; 3) d'inventer une peine ; 4) de dépasser le maximum de la peine fixé par le texte légal ; 5) d'appliquer une peine complémentaire non prévue pour l'infraction retenue.[215]

3°- Au plan de la forme, le principe de la légalité oblige le juge à connaître des cas dont il est saisi en respectant toutes les dispositions préalablement déterminées par le législateur en matières de l'organisation judiciaire, de la compétence de chaque instance, des formalités procédurales, des délais, de la conduite des enquêtes, de la conduite des débats, du respect des droits de différents protagonistes, de l'exercice des voies de recours, etc.

Selon certains auteurs, le principe de la légalité criminelle, longtemps admis sans discussion, aurait sérieusement décliné, son déclin s'observant aussi bien au profit de l'exécutif à qui le législateur « abandonne » la création de certaines incriminations et sanctions ; au profit du juge « nanti des pouvoirs d'appréciation dans la fixation des peines » ; et au profit des sources supranationales issues du mouvement croissant d'harmonisation des droits aux niveaux régional et international faisant « apparaître des conventions internationales qui ont une autorité supérieure à celle des lois nationales ».[216] L'approfondissement de l'analyse permet de se rendre compte qu'en réalité le principe de la légalité criminelle ne décline pas. Il importe plutôt d'avoir de la loi pénale une perception large, incluant non seulement la loi *stricto sensu*, œuvre du législateur national, mais aussi les actes de l'exécutif pris sur délégation de la loi, et les conventions internationales auxquelles la Constitution, loi suprême nationale, accorde une force supérieure aux lois, sous réserve de leur application par l'autre partie.[217] Les actes de l'exécutif créant certaines incriminations et sanctions

---

[214] Sauf application du D. du 6 août 1922 relatif aux infractions à l'égard desquelles la loi ne détermine pas de peines particulières, cité *supra*, p. 67.

[215] À propos des contraintes du principe légaliste sur le législateur et le juge, v. J. Pradel, *op. cit.*, n°s 154-166, pp. 135-142.

[216] V. Ngoto Ngoie Ngalingi, *L'essentiel du Droit pénal congolais*, Presses Universitaires du Congo, 2018, p. 11. L'auteur cite également : J. Borricand et A-M Simon, *Droit pénal, Procédure pénale*, 8e éd., Dalloz, Paris, 2013, pp. 36-37 ; P. Kolb et L. Leturmy, *L'essentiel du droit pénal général*, 12e éd., Gualino-Lextenso Ed., Issy-les-Moulineaux, 2015-2016, p. 19.

[217] Art. 215 de la Const. : « Les traités et accords internationaux régulièrement conclus ont, dès leur publication, une autorité supérieure à celle des lois, sous réserve pour chaque traité ou accord, de son application par l'autre partie. » Art.

ont pour fondement la loi qui opère cette délégation du pouvoir. À telle enseigne que si ces actes de l'exécutif enfreignent la loi, s'ils outrepassent les limites fixées par la loi, ils peuvent être judiciairement censurés et frappés d'annulation. L'existence de ces actes ne fait donc pas reculer le principe de la légalité criminelle. De même, s'agissant des « sources supranationales », celles-ci, ayant certes une légitimité internationale basée sur la volonté concertée des États, tiennent néanmoins leur force, dans l'ordonnancement juridique interne, de la Constitution, loi suprême du pays. En ce qui concerne le pouvoir du juge, celui-ci consiste non pas à créer des éléments constitutifs de l'infraction ou des peines, mais à interpréter la loi de manière à en assurer une pleine application. Son œuvre ne fait pas reculer le principe de la légalité. Dans chaque cas d'espèce, il vérifie si les éléments constitutifs de l'infraction pour laquelle l'accusé est poursuivi se trouvent réunis, et apprécie, en fonction des circonstances légales et factuelles, et en fonction du dossier de personnalité de l'accusé, la peine la plus appropriée à lui infliger, en agissant dans le cadre fixé par la loi.[218] Le juge doit donc se limiter à appliquer la loi qui peut se présenter sous plusieurs formes.

---

216 : « Si la Cour constitutionnelle consultée par le Président de la République, par le Premier ministre, le Président de l'Assemblée nationale ou le Président du Sénat, par un dixième des députés ou un dixième des sénateurs, déclare qu'un traité ou accord international comporte une clause contraire à la Constitution, la ratification ou l'approbation ne peut intervenir qu'après la révision de la Constitution. »

[218] Sur ce débat relatif au prétendu déclin du principe de la légalité, lire A. Giudicelli, « Le principe de la légalité en droit pénal français. Aspects légistiques et jurisprudentiels », in *RSC*, n° 3, juillet-septembre 2007, pp. 509-525. « S'écartant de la thématique du déclin, cette étude s'attache à rappeler la fonction substantielle du principe de la légalité qui est de soumettre l'exercice du pouvoir de punir à une prédétermination textuelle des infractions, des peines et de la procédure pénale. Si traditionnellement, l'objectif était ce faisant de limiter le rôle du juge, l'enjeu est davantage aujourd'hui celui de la qualité de la norme pénale. Intelligibilité, clarté, précision en sont les caractères attendus… Si le principe de la légalité lui impose bien sûr des obligations, le juge s'est mué, avec la diffusion des droits fondamentaux dans toutes les branches du droit pénal, en vérificateur de la qualité des textes répressifs. » (v. Résumé, p. 509)

PARAGRAPHE 2 : ***LA FORME DE LA LOI PÉNALE***

Les lois pénales nationales se regroupent en deux grands ensembles : d'une part la Constitution (A), d'autre part les lois dites ordinaires (C) justement pour les distinguer de la plus haute loi qu'est précisément la Constitution. Entre les deux s'intercalent les traités et accords internationaux régulièrement conclus et publiés auxquels cette dernière attribue une autorité supérieure à celle des lois dès lors qu'ils sont appliqués par l'autre partie, nous l'avons dit[219] (B).

A- LA CONSTITUTION

Elle est, répétons-le, le texte suprême dans l'ordre juridique de l'État, se situant au-dessus des lois. « Placée au sommet de l'ordonnancement juridique », elle « est une source par excellence de la légalité »[220], devant être respectée par tous, aussi bien par les communs des mortels que par les autorités administratives et politiques dont les actes peuvent être attaqués et censurés par les juges pour cause de non-conformité à la constitution.[221] Elle est une source importante du droit criminel car elle fixe des principes généraux gouvernant le droit pénal de fond et de forme.

a) Les principes constitutionnels régissant le droit pénal de fond

Comme nous l'avons dit plus haut, le droit pénal a pour finalité la protection des valeurs considérées par la collectivité comme étant essentielles. Certaines d'entre elles, relatives à l'Homme, - en majuscule pour désigner l'humain, homme et femme -, et à l'organisation de la vie sociétale, sont heureusement portées par la Constitution.

---

[219] Art. 215 de la Const.

[220] C. Kabange Ntabala, *Droit administratif*, T. 1, p. 71, publication des Facultés de Droit des Universités du Congo (RDC), B.P.167 Kin/Campus novembre 2005, cité par Bemwizi Kienga, Premier président de la Cour suprême de justice, « La force majeure en droit constitutionnel », discours prononcé à l'audience solennelle de rentrée de la CSJ 2009, in *BACSJ*, Années 2004 à 2009, T. II (2007-2009), Kinshasa, Éd. 2010, pp. 305-318, spéc. p. 309.

[221] L'art. 162 de la Const. dispose, en effet : « La Cour constitutionnelle est juge de l'exception d'inconstitutionnalité soulevée devant ou par une juridiction. Toute personne peut saisir la Cour constitutionnelle pour inconstitutionnalité de tout acte législatif ou réglementaire. Elle peut, en outre, saisir la Cour constitutionnelle, par la procédure de l'exception de l'inconstitutionnalité invoquée dans une affaire qui la concerne devant une juridiction. Celle-ci sursoit à statuer et saisit, toutes affaires cessantes, la Cour constitutionnelle. »

1°- Les principes assurant la protection des droits humains fondamentaux

Ils sont conçus pour garantir le strict respect des valeurs se rapportant à l'Homme dans son être et dans son avoir, et qu'on a convenu d'appeler pertinemment les droits fondamentaux de l'Homme. À leurs consécrations constitutionnelles correspondent une série des dispositions pénales aménagées pour sanctionner les auteurs de leurs violations.

1) Au premier rang figure *le caractère sacré de la personne humaine* qui est solennellement exprimé en ces termes dans les art. 16 et 17 de la Const. :

> « La personne humaine est sacrée. L'État a l'obligation de la respecter et de la protéger. Toute personne a droit à la vie, à l'intégrité physique ainsi qu'au libre développement de sa personnalité dans le respect de la loi, de l'ordre public, du droit d'autrui et des bonnes mœurs. Nul ne peut être tenu en esclavage ni dans une condition analogue. Nul ne peut être soumis à un traitement cruel, inhumain ou dégradant. Nul ne peut être astreint à un travail forcé ou obligatoire. »[222]
> « La liberté individuelle est garantie. Elle est la règle, la détention l'exception… »[223]

Pour assurer le respect de ces intérêts humains vitaux, le législateur prévoit dans le CP toute une série d'incriminations, en l'occurrence les homicides (meurtres, assassinats, empoisonnements), les lésions corporelles (coups et blessures), les tortures, la non assistance à personne en danger, etc.[224]

---

[222] Art. 16 de la Const. de la RDC du 18 févier 2006, lequel reprend, en le modifiant quelque peu, le contenu de l'art. 15 de la Const. de la transition qui était ainsi rédigé : « La personne humaine est sacrée. L'État a l'obligation de la respecter et de la protéger. Toute personne a droit à la vie et à l'intégrité physique. Nul ne peut être soumis à la torture ni à des traitements inhumains, cruels ou dégradants. Nul ne peut être privé de la vie ou de la liberté, si ce n'est dans les cas prévus par la loi et dans les formes qu'elle prescrit. »

[223] Art. 17. Ce principe doit être appliqué par tous les cours, tribunaux et parquets, y compris par les juridictions militaires. L'art. 205 du CJM le rappelle pertinemment dans son al. 1er : « La mise en détention des personnes constitue une exception, la liberté étant la règle. »

[224] V. notamment les art. 43 à 67 du CP, ainsi que certaines dispositions complémentaires comme, p. ex., la loi n° 09-001 du 10 janvier 2009 portant protection de l'enfant dont l'art. 13 dispose : « Tout enfant a droit à la vie. Le père et la mère ou l'un d'eux ou la personne exerçant l'autorité parentale, ainsi que l'État, ont l'obligation d'assurer sa survie, son éducation, sa protection et son épanouissement. Le père et la mère ou l'un d'eux ainsi que celui qui exerce l'autorité parentale ont le devoir d'élever leur enfant. »

2) La protection de l'individu dans son être est également assurée par *l'inviolabilité de sa liberté d'aller et venir* proclamée dans la même disposition constitutionnelle que le principe de la légalité ainsi que dans l'art. 30 :

> « La liberté individuelle est garantie. Elle est la règle, la détention l'exception. Nul ne peut être poursuivi, arrêté, détenu ou condamné qu'en vertu de la loi et dans les formes qu'elle prescrit… » [225]
> « Toute personne qui se trouve sur le territoire national a le droit d'y circuler librement, d'y fixer sa résidence, de le quitter et d'y revenir, dans les conditions fixées par la loi. Aucun Congolais ne peut être ni expulsé du territoire de la République, ni être contraint à l'exil, ni être forcé à habiter hors de sa résidence habituelle. »[226]

C'est pour assurer le respect de cette importante prescription que la loi pénale sanctionne les attentats à la liberté individuelle dont les enlèvements, les arrestations arbitraires, les détentions illégales, les séquestrations, les prises d'otages, l'esclavage.[227]

3) La personne humaine est également protégée dans son avoir qui contribue au développement harmonieux de son être. Ainsi, p. ex., sont constitutionnellement consacrés *les principes de l'inviolabilité du domicile et de la sacralité de la propriété privée.* « Le domicile est inviolable », dit l'art. 29 de la Const. « Il ne peut y être effectué de visite ou de perquisition que dans les formes et conditions prévues par la loi. » Le caractère sacré de la propriété privée est souligné dans l'art. 34, en tête « des droits économiques, sociaux et culturels » reconnus à la personne humaine, lequel ponctue :

> « La propriété privée est sacrée. L'État garantit le droit à la propriété individuelle ou collective, acquise conformément à la loi ou à la coutume. Il encourage et veille à la sécurité des investissements privés, nationaux et étrangers. Nul ne peut être privé de sa propriété que pour cause d'utilité publique et moyennant une juste et préalable indemnité octroyée dans les conditions fixées par la loi. Nul ne peut être saisi en ses biens qu'en vertu d'une décision prise par une autorité judiciaire compétente. »

---

[225] Art. 17 de la Const. (V. le texte intégral de cet article, *supra* pp. 80-81). Il a repris, en l'étoffant, l'art. 19 de la Const. de la Transition qui disposait : « La liberté individuelle est inviolable et garantie par la loi. Nul ne peut être poursuivi, arrêté ni détenu qu'en vertu de la loi et dans la forme qu'elle prescrit… ».
[226] Art. 30 de la Const.
[227] V. les art. 67 et 68 du CP.

Ce caractère sacré de la propriété est réaffirmé dans l'art. 67 qui impose à tout Congolais « le devoir de protéger la propriété, les biens et intérêts publics et de respecter la propriété d'autrui ». Des dispositifs pénaux viennent appuyer ces consécrations constitutionnelles par les incriminations de violation du domicile, de vol, extorsion, abus de confiance, stellionat, escroquerie, grivèlerie, destruction méchante, incendie des propriétés, etc.[228]

4) Peut également être cité *le principe du respect de la vie privée et de l'inviolabilité du secret de correspondance*, consacré dans l'art. 31 de la const. et formant la base des incriminations d'attentats à l'inviolabilité du secret des lettres, prévues et réprimées par les art. 71 et 72 du CP. En effet, aux termes de cet art. 31, « Toute personne a droit au respect de sa vie privée et au secret de la correspondance, de la télécommunication ou de toute autre forme de communication. Il ne peut être porté atteinte à ce droit que dans les cas prévus par la loi. »

2°- Les principes garantissant la vie sociétale

Ils visent la protection des valeurs assurant la vie dans la société et l'existence de l'État comme puissance collective. Ils incluent notamment : le caractère inviolable de l'intégrité du territoire, de l'unité nationale et de la souveraineté de l'État ;[229] l'appartenance au peuple de la souveraineté nationale, c'est-à-dire la reconnaissance de celui-ci comme unique source du pouvoir ;[230] le devoir incombant à tout citoyen de remplir loyalement ses obligations vis-à-vis de la collectivité nationale,[231] etc. La loi pénale assure le respect de ces valeurs par la définition et la sanction d'un certain nombre d'incriminations dont les infractions contre l'ordre public (la rébellion, les outrages envers l'emblème national, le détournement, la corruption, la concussion) ; les infractions contre la foi publique, notamment les contrefaçons, les falsifications et imitations des signes monétaires, l'usurpation des fonctions publiques, les faux en écriture, etc.[232]

Peuvent également être cités : le principe de la laïcité de l'État, ainsi que celui de la liberté de pensée, de conscience et de religion, proclamés dans les art. 1er et 22 de la Const., et formant le soubassement des infractions d'atteintes à la liberté de culte, prévues et sanctionnées par l'art. 179 du CP ; le principe de la protection de la famille comme cellule de base de la

---

[228] V. les art. 79 à 115 du CP.

[229] Art. 1er de la Const.

[230] Art. 5, *idem*.

[231] Art. 65, *idem*.

[232] V. notamment les art. 116 à 135, 145 à 150 du CP.

communauté humaine, proclamé dans l'art. 40 de la Const., et formant le soubassement des atteintes à la famille pénalement sanctionnées comme l'abandon de famille, le refus de cohabitation, la bigamie, l'adultère.[233]

b) Les principes constitutionnels gouvernant le droit pénal de forme

En effet, la matière de procédure est dominée par les règles fondamentales ci-après : le principe de la présomption d'innocence, consacré dans l'art. 17 de la Const.[234] ; le principe de la publicité de la justice, contenu dans les art. 20 et 21 de la Const.[235] ; le principe du respect des droits de la défense, défini dans les art. 18 et 19 du même texte[236] ; l'obligation de motivation de tout jugement, requise par l'art. 21 du même texte.[237] Aussi, les caractéristiques essentielles de l'organisation et de la compétence judiciaires s'expriment à travers des règles qui en forment la base et qui garantissent l'égalité de tous devant la justice, l'indépendance du pouvoir judiciaire et le monopole de l'exercice des fonctions judiciaires par les seuls tribunaux étatiques.

---

[233] V. notamment les art. 408, 467, 926 du code de la famille.

[234] Art. 17 : « ... Toute personne accusée d'une infraction est présumée innocente jusqu'à ce que sa culpabilité ait été établie par un jugement définitif. »

[235] Art. 20 : « Les audiences des cours et tribunaux sont publiques, à moins que cette publicité ne soit jugée dangereuse pour l'ordre public ou les bonnes mœurs. Dans ce cas, le tribunal ordonne le huis clos. » Art. 21, cité ci-dessous.

[236] Art. 18 : « Toute personne arrêtée doit être immédiatement informée des motifs de son arrestation et de toute accusation portée contre elle et ce, dans la langue qu'elle comprend. Elle doit être immédiatement informée de ses droits. La personne gardée à vue a le droit d'entrer immédiatement en contact avec sa famille ou avec son conseil. La garde à vue ne peut excéder quarante huit heures. À l'expiration de ce délai, la personne gardée à vue doit être relâchée ou mise à la disposition de l'autorité judiciaire compétente. Tout détenu doit bénéficier d'un traitement qui préserve sa vie, sa santé physique et mentale ainsi que sa dignité. » Art. 19 : « Nul ne peut être ni soustrait ni distrait contre son gré du juge que la loi lui assigne. Toute personne a droit à ce que sa cause soit entendue dans un délai raisonnable par le juge compétent. Le droit de la défense est organisé et garanti. Toute personne a le droit de se défendre elle-même ou de se faire assister d'un défenseur de son choix et ce, à tous les niveaux de la procédure pénale, y compris l'enquête policière et l'instruction préjuridictionnelle. Elle peut se faire assister également devant les services de sécurité. »

[237] Art. 21 : « Tout jugement est écrit et motivé. Il est prononcé en audience publique. Le droit de former un recours contre un jugement est garanti à tous. Il est exercé dans les conditions fixées par la loi. »

Le principe de l'égalité de tous devant la loi est proclamé en ces termes dans la Const. de la RDC :

> « Article 11 : Tous les êtres humains naissent libres et égaux en dignité et en droits. Toutefois, la jouissance des droits politiques est reconnue aux seuls Congolais, sauf exceptions établies par la loi.
>
> Article 12 : Tous les Congolais sont égaux devant la loi et ont droit à une égale protection des lois. »[238]

L'art. 140 de la Const. de l'Algérie est également si bien écrit que nous n'avons pas résisté à l'envie de le citer : « La justice est fondée sur les principes de légalité et d'égalité. Elle est égale pour tous, accessible à tous et s'exprime par le respect du droit. » La formule de la Déclaration de 1789 est aussi expressive : La loi « doit être la même pour tous soit qu'elle protège soit qu'elle punisse. »[239] L'application de ce principe en matière criminelle veut que la loi pénale, qui est antérieure, impersonnelle et neutre, s'impose à tous sans considération du rang social, des fonctions exercées, de l'ethnie, de la tribu, de la nationalité, du genre, de la race, de la religion, de l'appartenance familiale… Ce principe d'égalité de tous les citoyens devant la loi est à la base de certaines incriminations comme, p. ex., celles prévues par l'O-L n° 25-131 du 25 mars 1960 relative à la répression des manifestations de racisme et d'intolérance religieuse et par l'O-L n° 66-342 du 7 juin 1966 relative à la répression du racisme et tribalisme.[240]

Le principe de l'indépendance du pouvoir judiciaire veut que revienne aux juges la fonction de dire le droit et d'assurer le respect du principe de la légalité qui implique l'antériorité, la neutralité, le caractère impersonnel de la loi pénale et l'égalité de tous devant elle. Depuis son indépendance en 1960, toutes les Constitutions de la RDC affirment le principe de l'existence et de la séparation des trois pouvoirs distincts : le pouvoir législatif, le pouvoir exécutif et le pouvoir judiciaire dont elles ont, toutes, solennellement proclamé l'indépendance. La Const. dite de la transition, de même que la Const. actuellement en vigueur,[241] n'ont pas dérogé à cette coutume. L'art. 147 de la Const. de la transition proclamait que « le pouvoir judiciaire est indépendant du pouvoir législatif et du pouvoir judiciaire. »[242]

---

[238] V. aussi l'art. 62 du même texte qui dispose : « Nul n'est censé ignorer la loi. Toute personne est tenue de respecter la Constitution et de se conformer aux lois de la République. »

[239] Art. 6 de Déclaration des droits de l'Homme et du Citoyen de 1789.

[240] V. *MC* 1960, p. 946 ; *MC* 1966, p. 599 ; Art. 1er de l'O-L n° 66-342 du 7 juin 1966 relative à la répression du racisme et du tribalisme, in *Le code pénal zaïrois…* , p. 77.

[241] Const. de la RDC promulguée le 18 févier 2006, art. 149 et s.

[242] Art. 147 al. 1er de la Const. de Transition, in *J.O*, 44e année, n° spécial, 5 avril

La même formule est reprise dans l'art. 149 de la Const. actuelle qui attribue ce pouvoir judiciaire aux cours et tribunaux qui sont : la Cour constitutionnelle, la Cour de cassation, le Conseil d'État, la Haute cour militaire ainsi que les cours et tribunaux civils et militaires. Ce pouvoir judiciaire est le garant des libertés individuelles et des droits fondamentaux des citoyens, le juge n'étant soumis dans l'accomplissement de ses fonctions qu'à l'autorité de la loi.[243] Le pouvoir exécutif ne peut pas donner des injonctions à celui-ci dans l'exercice de sa juridiction, ni statuer sur les différends, ni entraver le cours de la justice, ni s'opposer à l'exécution d'une décision de justice. De même, le pouvoir législatif ne peut ni statuer sur des différends juridictionnels, ni modifier une décision de justice, ni s'opposer à son exécution.[244] L'exposé des motifs de la L.O n° 06-020 du 10 octobre 2006 portant statut des magistrats rappelle opportunément la proclamation, à travers les temps, de l'indépendance du pouvoir judiciaire et exprime la volonté du législateur de mettre, enfin, en application ce principe fondamental. Il dit :

> « Le statut actuel des magistrats fixé par l'Ordonnance-loi n° 88-056 du 29 septembre 1988 ne cadre plus avec l'esprit et l'ordre constitutionnels nouveaux qui proclament l'indépendance du Pouvoir judiciaire vis-à-vis des pouvoirs législatif et exécutif. Conformément à l'article 150 de la Constitution, il s'est avéré indispensable d'élaborer un nouveau texte de loi organique aux fins de rencontrer le vœu du constituant. Cette indépendance édictée dans toutes les Constitutions que notre pays a connues jusqu'à ce jour, mais jamais suivie d'effets, doit, en cette période où la bonne gouvernance constitue le soubassement de toute action étatique, être comprise dans toutes ses implications conséquentes et traduite effectivement dans les actes. Dans cet ordre d'idées, il devient impératif que le Pouvoir judiciaire, à la faveur du processus de démocratisation en cours, puisse réellement sortir du carcan dans lequel il a été confiné pour retrouver ses lettres de noblesse. Ainsi, ses animateurs que sont les magistrats pourront accomplir en toute indépendance, en toute conscience et en toute dignité, leur noble mission de rendre une bonne justice sans laquelle il n'y a pas de véritable paix civile dans la société, facteur indispensable à la stabilité

2003, p. 38 : « Le pouvoir judiciaire est indépendant du pouvoir législatif et du pouvoir exécutif… Le pouvoir judiciaire est le garant des libertés individuelles et des droits fondamentaux des citoyens. Les juges ne sont soumis dans l'exercice de leurs fonctions qu'à l'autorité de la loi… »

[243] Const. de la RDC du 18 févier 2006, art. 150. L'art. 3 de la L.O n° 08-013 du 05 août 2008 portant organisation et fonctionnement du CSM le réaffirme ainsi : « Le pouvoir judiciaire est dévolu aux cours et tribunaux civils et militaires ainsi qu'aux parquets près ces juridictions. Il est indépendant du pouvoir législatif et du pouvoir exécutif. Dans l'exercice de sa mission de dire le droit, le juge n'est soumis qu'à l'autorité de la loi. »

[244] *Idem*, art. 151.

politique ainsi qu'au développement économique et social. C'est pourquoi, cette préoccupation apparaît clairement à travers les dispositions de la présente loi portant statut des magistrats de manière à : 1. affirmer la volonté politique du constituant de concrétiser, sans atermoiements, l'indépendance du Pouvoir judiciaire et de garantir la bonne administration de la justice ; 2. réaffirmer les principes de séparation et d'équilibre entre les trois pouvoirs classiques d'Etat ; 3. reconnaître au seul Président de la République ses prérogatives constitutionnelles en tant qu'unique autorité de nomination, de promotion et de révocation de tous les magistrats sur proposition du Conseil supérieur de la magistrature ; 4. revaloriser ledit Conseil, désormais composé exclusivement des magistrats, devant jouer un rôle prépondérant dans la gestion administrative, disciplinaire et financière du corps ; 5. revaloriser le statut social et professionnel du magistrat qui devra être considéré effectivement comme membre d'un pouvoir constitutionnel. Dans cette optique, le principe de l'inamovibilité du juge, édicté à l'article 150 alinéa 3 de la Constitution, a été réaffirmé et consacré, tout en tenant compte des nécessités objectives de service… S'agissant de la rémunération, elle doit conforter l'indépendance des magistrats ; elle est fixée par le Conseil supérieur de la magistrature en ayant égard aux principes fondamentaux édictés par l'Assemblée générale de l'Organisation des Nations Unies, ONU en sigle, au point 7 de ses résolutions pertinentes n° 40/32 du 29 novembre 1985 et 40/16 du 13 décembre 1985, relatifs à l'indépendance de la magistrature et aux engagements pris par les Ministres de la justice de la francophonie lors de la 3ème conférence du Caire, en Egypte, tenue du 30 octobre au 1er novembre 1995. Telle est la substance de la présente loi. »[245]

Et la L.O n° 08-013 du 05 août 2008 portant organisation et fonctionnement du Conseil supérieur de la magistrature de préciser que « l'indépendance du pouvoir judiciaire est moins un droit des magistrats qu'un droit fondamental des justiciables. »[246]

---

[245] L.O n° 06-020 du 10 octobre 2006 portant statut des magistrats, Exposé des motifs, in *J.O*, 47e année, n° spécial, 25 octobre 2006. Au sujet de rémunération, v. l'art. 25 : « Les magistrats bénéficient d'une rémunération suffisante à même de conforter leur indépendance. Les avantages sociaux suivants sont accordés aux magistrats : 1. les allocations familiales pour le conjoint du magistrat et les enfants à charge ; 2. les soins de santé pour lui-même, son conjoint et les enfants à charge ; 3. l'indemnité de logement, à défaut d'être logé par l'État ; 4. les allocations d'invalidité ; 5. les frais funéraires pour lui-même, son conjoint et ses enfants à charge ; 6. les frais de transport, à défaut d'un moyen de transport de l'État ; 7. les frais de rapatriement ; 8. le pécule des vacances… Les avantages sociaux à caractère pécuniaire prévus ci-dessous [sic !] sont exemptés de toute imposition. »

[246] Exposé des motifs de cette L.O n° 08-013 du 05 août 2008. Lire aussi l'art. 27 de la L.O n° 06-020 du 10 octobre 2006 portant statut des magistrats : « Le magistrat sert l'État avec fidélité, dévouement, dignité, loyauté et intégrité. Il témoigne de son esprit civique par un effort soutenu en vue de s'améliorer, en se soumettant à une formation et à un perfectionnement permanents. Il veille, dans l'accomplissement de

Ces différents principes constitutionnels sont également consacrés par des instruments internationaux et régionaux relatifs aux droits de l'Homme auxquels la RDC est partie prenante.

B- LES TRAITÉS INTERNATIONAUX

Le constituant a expressément réaffirmé « l'attachement de la République Démocratique du Congo aux Droits humains et aux libertés fondamentales tels que proclamés par les instruments juridiques internationaux auxquels elle a adhéré. Aussi, a-t-il intégré ces droits et libertés dans le corps même de la Constitution ».[247] De même, dans le préambule, le Peuple congolais a réaffirmé son adhésion et son attachement « à la Déclaration Universelle des Droits de l'Homme, à la Charte Africaine des Droits de l'Homme et des Peuples, aux Conventions des Nations Unies sur les Droits de l'Enfant et sur les Droits de la Femme, particulièrement à l'objectif de la parité de représentation homme-femme au sein des institutions du pays, ainsi qu'aux instruments internationaux relatifs à la protection et à la promotion des droits humains ».[248] C'est le président de la République qui exerce les prérogatives de garant, entre autres, de la Constitution et du respect des accords et traités internationaux, avec évidemment l'implication du gouvernement et des cours et tribunaux.[249] L'art. 69 de la Const. le dit ainsi :

> « Le Président de la République est le Chef de l'État. Il représente la nation et le symbole de l'unité nationale. Il veille au respect de la Constitution. Il assure, par son arbitrage, le fonctionnement régulier des pouvoirs publics et des Institutions ainsi que la continuité de l'État. Il est le garant de l'indépendance nationale, de l'intégrité du territoire, de la souveraineté nationale et du respect des traités et accords internationaux. »

« Les Cours et Tribunaux, civils et militaires, appliquent les traités internationaux dûment ratifiés, les lois, les actes réglementaires pour autant qu'ils soient conformes aux lois ainsi que la coutume pour autant que celle-ci ne soit pas contraire à l'ordre public ou aux bonnes mœurs. »[250] Cette disposition constitutionnelle est importante car, d'une part elle place les traités internationaux dûment ratifiés au-dessus des lois dans la hiérarchie

---

sa tâche, à sauvegarder l'intérêt général et à accomplir personnellement et consciencieusement toutes les obligations qui, en raison de ses fonctions, lui sont imposées par les lois et les règlements. »

[247] Const., Exposé des motifs, 2. Des droits humains, des libertés fondamentales et des devoirs du citoyen et de l'État.

[248] Const., Préambule.

[249] Const., Exposé des motifs, 3. De l'organisation et de l'exercice du pouvoir.

[250] Art. 153 de la Const.

des textes juridiques, d'autre part elle donne compétence aux cours et tribunaux d'appliquer ces traités. Cette position est encore clairement exprimée dans l'art. 215 de la Const.[251] Aussi est-il heureux de constater que le *Journal Officiel* de la RDC a consacré un numéro spécial à la publication des « instruments universels » et « régionaux » relatifs aux droits de l'Homme afin d'en assurer la vulgarisation et de permettre à « tout Congolais, quel que soit son niveau de responsabilité » d'« en faire œuvre utile dans le cadre de l'émergence d'une véritable culture des Droits de l'Homme ».[252] Nous en retenons ici ceux qui consacrent des principes directeurs en matière du droit pénal.

a) La Déclaration universelle des droits de l'Homme

Elle a été adoptée et proclamée par l'Assemblée Générale des Nations Unies dans sa Résolution 217A (III) du 10 décembre 1948, et publiée au Bulletin officiel 1949.[253] Elle consacre solennellement :

1°- Les principes de liberté et d'égalité

En effet, aux termes de son art. 1er, « tous les êtres humains naissent libres et égaux en dignité et en droits. Ils sont doués de raison et de conscience et doivent agir les uns envers les autres dans un esprit de fraternité. » Aucune considération d'ordre racial, sexiste, linguistique, religieux, politique, national, social, économique... ne doit jouer un rôle discriminatoire dans l'exercice des droits et libertés reconnus également à tous.[254] Devant la loi, tous sont égaux et bénéficient de la protection de celle-ci sans distinction ni discrimination aucune. Toute personne victime de violation de ses droits fondamentaux constitutionnellement et légalement reconnus a droit à un recours effectif devant les juridictions nationales compétentes.[255]

---

[251] V. cet art. *supra*, p. 88, NBP 217.

[252] *J.O*, 43e Année, n° spécial, 5 décembre 2002, Instruments internationaux et régionaux relatifs aux droits de l'Homme ratifiés par la RDC, 294 p., spéc. la p. 1, Avant-propos.

[253] *B.O* 1949, p. 1206 ; *J.O*, 43e Année, n° spécial, 5 décembre 2002, pp 7-12.

[254] C'est ce que prescrit l'art. 2 : « 1. Chacun peut se prévaloir de tous les droits et de toutes les libertés proclamés dans la présente Déclaration, sans distinction aucune, notamment de race, de couleur, de sexe, de langue, de religion, d'opinion politique ou de toute autre opinion, d'origine nationale ou sociale, de fortune, de naissance ou de toute autre situation. 2. De plus, il ne sera fait aucune distinction fondée sur le statut politique, juridique ou international du pays ou du territoire dont une personne est ressortissante, que ce pays ou territoire soit indépendant, sous tutelle, non autonome ou soumis à une limitation quelconque de souveraineté. »

[255] V. les art. 7 et 8 de la Déclaration : Art. 7 : « Tous sont égaux devant la loi et ont

2°- Les principes de la sacralité de la vie, de l'intégrité physique et de la dignité de la personne humaine

Ils sont proclamés dans des phrases fortes qui prescrivent que :
- « Tout individu a droit à la vie, à la liberté et à la sûreté de sa personne. »
- « Nul ne sera tenu en esclavage ni en servitude ; l'esclavage et la traite des esclaves sont interdits sous toutes leurs formes. »
- « Nul ne sera soumis à la torture, ni à des peines ou traitements cruels, inhumains ou dégradants. »
- « Chacun a le droit à la reconnaissance en tous lieux de sa personnalité juridique. »[256]

3°- Le principe de la liberté d'aller et venir, et de résider dans le lieu de son choix

Il reconnaît à toute personne le droit de circuler librement et de choisir sa résidence à l'intérieur d'un État, ainsi que le droit de quitter tout pays, y compris le sien, et de revenir dans son pays. [257] Il proscrit tout arrestation, détention ou exil arbitraire.[258]

4°- Les principes de la publicité, de l'équité et de l'indépendance de la justice :

Aux termes de l'art. 10 de la Déclaration, « toute personne a droit, en pleine égalité, à ce que sa cause soit entendue équitablement et publiquement par un tribunal indépendant et impartial, qui décidera, soit de ses droits et obligations, soit du bien-fondé de toute accusation en matière pénale dirigée contre elle. »

---

droit sans distinction à une égale protection de la loi. Tous ont droit à une protection égale contre toute discrimination qui violerait la présente Déclaration et contre toute provocation à une telle discrimination. » Art. 8 : « Toute personne a droit à un recours effectif devant les juridictions nationales compétentes contre les actes violant les droits fondamentaux qui lui sont reconnus par la constitution ou par la loi. »

[256] V. respectivement les art. 3, 4, 5 et 6 de la Déclaration.

[257] V. l'art. 13 de la Déclaration.

[258] Art. 9, *idem* : « Nul ne peut être arbitrairement arrêté, détenu ou exilé. »

5°- Les principes de la présomption d'innocence et du respect des droits de la défense

Ils sont consacrés dans l'al. 1er de l'art. 11 qui porte que « toute personne accusée d'un acte délictueux est présumée innocente jusqu'à ce que sa culpabilité ait été légalement établie au cours d'un procès public où toutes les garanties nécessaires à sa défense lui auront été assurées. »

6°- Le principe de la légalité des délits et des peines

Il a son siège dans ce même art. 11 dont l'al. 2 dispose que « nul ne sera condamné pour des actions ou omissions qui, au moment où elles ont été commises, ne constituaient pas un acte délictueux d'après le droit national ou international. De même, il ne sera infligé aucune peine plus forte que celle qui était applicable au moment où l'acte délictueux a été commis. »

7°- Les principes de la sacralité de la vie privée, du domicile, de la correspondance et de l'honneur de la personne humaine

Ils prohibent les immixtions arbitraires dans la vie privée de toute personne, sa famille, son domicile ou sa correspondance, ainsi que les atteintes à son honneur et à sa réputation. Ils reconnaissent à toute personne le droit d'être légalement protégée contre ce type d'immixtions ou atteintes.[259]

8°- Le principe de la sacralité de la propriété

Il est contenu dans l'art. 17 de la Déclaration qui prescrit que « toute personne, aussi bien seule qu'en collectivité, a droit à la propriété » et que « nul ne peut être arbitrairement privé de sa propriété. »

b) Le Pacte international relatif aux droits civils et politiques

Adopté et ouvert à la signature, à la ratification et à l'adhésion par l'Assemblée générale des Nations Unies dans sa résolution 2200 A (XXI) du 16 décembre 1966, il est entré en vigueur le 23 mars 1976, conformément au prescrit de l'article 49. Il a été ratifié par la RDC le 1er novembre 1976 et

---

[259] Art. 12, *idem* : « Nul ne sera l'objet d'immixtions arbitraires dans sa vie privée, sa famille, son domicile ou sa correspondance, ni d'atteintes à son honneur et à sa réputation. Toute personne a droit à la protection de la loi contre de telles immixtions ou de telles atteintes. »

publié au Journal officiel en 2002.[260] Dans le préambule de ce Pacte sont soulignées les valeurs supérieures qui le fondent et qui sont conformes aux principes énoncés dans la Charte des Nations Unies. Parmi celles-ci, on peut relever « la reconnaissance de la dignité inhérente à tous les membres de la famille humaine et de leurs droits égaux et inaliénables » comme fondement de la liberté, de la justice et de la paix dans le monde. Pour assurer le respect absolu de ces valeurs, sont consacrés dans ce Pacte, notamment :

1°- Le caractère sacré de la vie au sujet duquel, l'art. 6 dispose :

> « 1. Le droit à la vie est inhérent à la personne humaine. Ce droit doit être protégé par la loi. Nul ne peut être arbitrairement privé de la vie.
> 2. Dans les pays où la peine de mort n'a pas été abolie, une sentence de mort ne peut être prononcée que pour les crimes les plus graves, conformément à la législation en vigueur au moment où le crime a été commis et qui ne doit pas être en contradiction avec les dispositions du présent Pacte ni avec la Convention pour la prévention et la répression du crime de génocide. Cette peine ne peut être appliquée qu'en vertu d'un jugement définitif rendu par un tribunal compétent.
> 3. Lorsque la privation de la vie constitue le crime de génocide, il est entendu qu'aucune disposition du présent article n'autorise un État partie au présent Pacte à déroger d'aucune manière à une obligation quelconque assumée en vertu des dispositions de la Convention pour la prévention et la répression du crime de génocide.
> 4. Tout condamné à mort a le droit de solliciter la grâce ou la commutation de la peine. L'amnistie, la grâce ou la commutation de la peine de mort peuvent dans tous les cas être accordées.
> 5. Une sentence de mort ne peut être imposée pour des crimes commis par des personnes âgées de moins de 18 ans et ne peut être exécutée contre des femmes enceintes.
> 6. Aucune disposition du présent article ne peut être invoquée pour retarder ou empêcher l'abolition de la peine capitale par un État partie au présent Pacte. »

Notons au passage que dans les points 2 et 3, cet art. met en œuvre le principe de la légalité des incriminations et des peines, et sous-entend que le Pacte ainsi que la Convention pour la prévention et la répression du crime de génocide se situent au-dessus des lois nationales. Celles-ci ne doivent donc pas être contraires à ces textes internationaux.

2°- Le caractère sacré de la personne humaine dont l'intégrité, la dignité, la liberté et la sécurité sont assurées notamment par les prescriptions des art. 7 et 8. Le premier interdit la soumission de toute personne humaine à la torture, à des peines ou traitements cruels, inhumains ou dégradants, et à des

---

[260] V. *J.O*, 43e Année, n° spécial, 5 décembre 2002, pp 24-42.

expériences médicales ou scientifiques[261] ; le second proscrit toute forme d'esclavage, de traite, de servitude, ou d'astreinte aux travaux forcés.[262]

3°- Le principe de la légalité qui se trouve réaffirmé, dans toutes ses dimensions (incriminations, sanctions et procédures) dans l'art. 9, consacrant aussi le droit à la liberté et à la sécurité de toute personne humaine et l'interdiction des arrestations et détentions arbitraires ; l'obligation du respect des droits de la personne poursuivie, notamment à l'information, à un jugement dans un court délai, à la mise en liberté provisoire, la détention étant l'exception, au recours pour l'examen de la légalité de sa détention et la possibilité de sa remise en liberté, et à la réparation du dommage subi à la suite d'une arrestation ou détention illégale.[263]

---

[261] Art. 7 : « Nul ne sera soumis à la torture ni à des peines ou traitements cruels, inhumains ou dégradants. En particulier, il est interdit de soumettre une personne sans son libre consentement à une expérience médicale ou scientifique. »

[262] Art. 8 : « 1. Nul ne sera tenu en esclavage ; l'esclavage et la traite des esclaves, sous toutes leurs formes, sont interdits. 2. Nul ne sera tenu en servitude. 3. a) Nul ne sera astreint à accomplir un travail forcé ou obligatoire ; b) L'alinéa a du présent paragraphe ne saurait être interprété comme interdisant, dans les pays où certains crimes peuvent être punis de détention accompagnée de travaux forcés, l'accomplissement d'une peine de travaux forcés, infligée par un tribunal compétent ; c) N'est pas considéré comme "travail forcé ou obligatoire" au sens du présent paragraphe : i) Tout travail ou service, non visé à l'alinéa b, normalement requis d'un individu qui est détenu en vertu d'une décision de justice régulière ou qui, ayant fait l'objet d'une telle décision, est libéré conditionnellement ; ii) Tout service de caractère militaire et, dans les pays où l'objection de conscience est admise, tout service national exigé des objecteurs de conscience en vertu de la loi ; iii) Tout service exigé dans les cas de force majeure ou de sinistres qui menacent la vie ou le bien-être de la communauté ; iv) Tout travail ou tout service formant partie des obligations civiques normales. »

[263] Cet art. 9 est ainsi libellé : « 1. Tout individu a droit à la liberté et à la sécurité de sa personne. Nul ne peut faire l'objet d'une arrestation ou d'une détention arbitraires. Nul ne peut être privé de sa liberté, si ce n'est pour des motifs et conformément à la procédure prévus par la loi. 2. Tout individu arrêté sera informé, au moment de son arrestation, des raisons de cette arrestation et recevra notification, dans le plus court délai, de toute accusation portée contre lui. 3. Tout individu arrêté ou détenu du chef d'une infraction pénale sera traduit dans le plus court délai devant un juge ou une autre autorité habilitée par la loi à exercer des fonctions judiciaires, et devra être jugé dans un délai raisonnable ou libéré. La détention de personnes qui attendent de passer en jugement ne doit pas être de règle, mais la mise en liberté peut être subordonnée à des garanties assurant la comparution de l'intéressé à l'audience, à tous les autres actes de la procédure et, le cas échéant, pour l'exécution du jugement. 4. Quiconque se trouve privé de sa liberté par arrestation ou détention a le droit

4°- Le principe de la dignité de la personne humaine s'appliquant même aux détenus, en respect des prescriptions des art. 10 et 11 qui commandent notamment la séparation des condamnés des prévenus, la séparation des jeunes prévenus des adultes et la soumission des jeunes délinquants à un régime adapté à leur âge, le traitement de la délinquance axé sur la recherche de l'amendement et du reclassement social, l'interdiction de l'emprisonnement pour non exécution d'une obligation contractuelle.[264]

5°- Le principe de la liberté de circulation et de fixation de sa résidence à l'endroit de son choix

Le Pacte reconnaît à toute personne se trouvant légalement sur le territoire d'un État, le droit d'y circuler librement et d'y choisir librement sa résidence. Elle a la liberté de quitter n'importe quel pays, y compris le sien. Ces droits ne peuvent être l'objet de restrictions que si celles-ci sont prévues par la loi, et s'avèrent nécessaires pour protéger la sécurité nationale, l'ordre public, la santé ou la moralité publiques, ou les droits et libertés d'autrui, et sont compatibles avec les autres droits consacrés par le Pacte. Celui-ci reconnaît à toute personne le droit d'entrer dans son propre pays, droit dont elle ne peut être arbitrairement privée.[265]

6°- Les principes de l'égalité de tous devant les cours et tribunaux, de l'indépendance de la justice, de l'équité et de la publicité de la justice, le huis clos étant une exception motivée. Ils sont proclamés dans le § 1er de l'art. 14 qui est ainsi libellé :

> « Tous sont égaux devant les tribunaux et les cours de justice. Toute personne a droit à ce que sa cause soit entendue équitablement et publiquement par un tribunal compétent, indépendant et impartial, établi par la loi, qui décidera soit du

---

d'introduire un recours devant un tribunal afin que celui-ci statue sans délai sur la légalité de sa détention et ordonne sa libération si la détention est illégale. 5. Tout individu victime d'arrestation ou de détention illégales a droit à réparation. »

[264] Art. 10 : « 1. Toute personne privée de sa liberté est traitée avec humanité et avec le respect de la dignité inhérente à la personne humaine. 2. a) Les prévenus sont, sauf dans des circonstances exceptionnelles, séparés des condamnés et sont soumis à un régime distinct, approprié à leur condition de personnes non condamnées ; b) Les jeunes prévenus sont séparés des adultes et il est décidé de leur cas aussi rapidement que possible. 3. Le régime pénitentiaire comporte un traitement des condamnés dont le but essentiel est leur amendement et leur reclassement social. Les jeunes délinquants sont séparés des adultes et soumis à un régime approprié à leur âge et à leur statut légal. » Art. 11 : « Nul ne peut être emprisonné pour la seule raison qu'il n'est pas en mesure d'exécuter une obligation contractuelle. »

[265] V. l'art. 12 du Pacte.

bien-fondé de toute accusation en matière pénale dirigée contre elle, soit des contestations sur ses droits et obligations de caractère civil. Le huis clos peut être prononcé pendant la totalité ou une partie du procès soit dans l'intérêt des bonnes mœurs, de l'ordre public ou de la sécurité nationale dans une société démocratique, soit lorsque l'intérêt de la vie privée des parties en cause l'exige, soit encore dans la mesure où le tribunal l'estimera absolument nécessaire, lorsqu'en raison des circonstances particulières de l'affaire la publicité nuirait aux intérêts de la justice ; cependant, tout jugement rendu en matière pénale ou civile sera public, sauf si l'intérêt de mineurs exige qu'il en soit autrement ou si le procès porte sur des différends matrimoniaux ou sur la tutelle des enfants. »

7°- Les principes de la présomption d'innocence, du respect des droits de la défense et du double degré de juridiction sont énoncés dans les paragraphes 2 à 6 de ce même art. 14.[266]

8°- Le principe *non bis in idem* y gît également, car, en respect du § 7 de cet art. 14, « nul ne peut être poursuivi ou puni en raison d'une infraction pour laquelle il a déjà été acquitté ou condamné par un jugement définitif conformément à la loi et à la procédure pénale de chaque pays. »

---

[266] Art. 14 : « … 2. Toute personne accusée d'une infraction pénale est présumée innocente jusqu'à ce que sa culpabilité ait été légalement établie. 3. Toute personne accusée d'une infraction pénale a droit, en pleine égalité, au moins aux garanties suivantes : a) À être informée, dans le plus court délai, dans une langue qu'elle comprend et de façon détaillée, de la nature et des motifs de l'accusation portée contre elle ; b) À disposer du temps et des facilités nécessaires à la préparation de sa défense et à communiquer avec le conseil de son choix ; c) À être jugée sans retard excessif; d) À être présente au procès et à se défendre elle-même ou à avoir l'assistance d'un défenseur de son choix ; si elle n'a pas de défenseur, à être informée de son droit d'en avoir un, et, chaque fois que l'intérêt de la justice l'exige, à se voir attribuer d'office un défenseur, sans frais, si elle n'a pas les moyens de le rémunérer ; e) À interroger ou faire interroger les témoins à charge et à obtenir la comparution et l'interrogatoire des témoins à décharge dans les mêmes conditions que les témoins à charge ; f) À se faire assister gratuitement d'un interprète si elle ne comprend pas ou ne parle pas la langue employée à l'audience ; g) À ne pas être forcée de témoigner contre elle-même ou de s'avouer coupable. 4. La procédure applicable aux jeunes gens qui ne sont pas encore majeurs au regard de la loi pénale tiendra compte de leur âge et de l'intérêt que présente leur rééducation. 5. Toute personne déclarée coupable d'une infraction a le droit de faire examiner par une juridiction supérieure la déclaration de culpabilité et la condamnation, conformément à la loi. 6. Lorsqu'une condamnation pénale définitive est ultérieurement annulée ou lorsque la grâce est accordée parce qu'un fait nouveau ou nouvellement révélé prouve qu'il s'est produit une erreur judiciaire, la personne qui a subi une peine en raison de cette condamnation sera indemnisée, conformément à la loi, à moins qu'il ne soit prouvé que la non-révélation en temps utile du fait inconnu lui est imputable en tout ou partie. »

9°- Les principes de la légalité des délits et des peines, et de la rétroactivité *in mitius* sont proclamés dans l'art. 15 qui dispose :

> « 1. Nul ne sera condamné pour des actions ou omissions qui ne constituaient pas un acte délictueux d'après le droit national ou international au moment où elles ont été commises. De même, il ne sera infligé aucune peine plus forte que celle qui était applicable au moment où l'infraction a été commise. Si, postérieurement à cette infraction, la loi prévoit l'application d'une peine plus légère, le délinquant doit en bénéficier.
> 2. Rien dans le présent article ne s'oppose au jugement ou à la condamnation de tout individu en raison d'actes ou omissions qui, au moment où ils ont été commis, étaient tenus pour criminels, d'après les principes généraux de droit reconnus par l'ensemble des nations. »

10°- Le Pacte consacre également **les principes de la sacralité de la vie privée, de l'inviolabilité du domicile et de la correspondance, ainsi que du respect du droit à l'honneur et à la réputation**. Il attribue, en effet, à toute personne le « droit à la reconnaissance en tous lieux de sa personnalité juridique. »[267] Il proscrit toute immixtion arbitraire ou illégale dans la vie privée de toute personne, sa famille, son domicile ou sa correspondance, et toute atteinte illégale à son honneur et à sa réputation.[268] Il lui reconnaît le « droit à la protection de la loi contre de telles immixtions ou de telles atteintes. »[269]

11°- Il proclame, enfin, **le principe de l'égalité de tous devant la loi** en disposant que « toutes les personnes sont égales devant la loi et ont droit sans discrimination à une égale protection de la loi. À cet égard, la loi doit interdire toute discrimination et garantir à toutes les personnes une protection égale et efficace contre toute discrimination, notamment de race, de couleur, de sexe, de langue, de religion, d'opinion politique et de toute autre opinion, d'origine nationale ou sociale, de fortune, de naissance ou de toute autre situation. »[270]

c) La Convention internationale sur l'élimination de toutes les formes de discrimination raciale

Adoptée et ouverte à la signature et à la ratification par l'Assemblée générale des Nations Unies dans sa résolution 2106 A(XX) du 21 décembre 1965, elle est entrée en vigueur le 4 janvier 1969, conformément aux

---

[267] Art. 16.
[268] Art. 17-1.
[269] Art. 17-2.
[270] Art. 26.

dispositions de l'art. 19. La RDC, qui y a adhéré le 21 août 1976, l'a publiée dans son J.O, numéro spécial du 5 décembre 2002.[271]

1°- Dans les trois premiers paragraphes de son préambule, cette Convention rappelle le socle sur lequel elle est assise, formant également le fondement de la Charte des Nations Unies et constitué des **principes de la dignité, de la liberté, de l'égalité de tous les êtres humains devant la loi**. Écoutons ce qu'ils disent :

> « Les États parties à la présente convention,
> Considérant que la Charte des Nations Unies est fondée sur les principes de la dignité et de l'égalité de tous les êtres humains, et que tous les États Membres se sont engagés à agir, tant conjointement que séparément, en coopération avec l'Organisation, en vue d'atteindre l'un des buts des Nations Unies, à savoir : développer et encourager le respect universel et effectif des droits de l'homme et des libertés fondamentales pour tous, sans distinction de race, de sexe, de langue ou de religion,
> Considérant que la Déclaration universelle des droits de l'homme proclame que tous les êtres humains naissent libres et égaux en dignité et en droit et que chacun peut se prévaloir de tous les droits et de toutes les libertés qui y sont énoncés, sans distinction aucune notamment de race, de couleur ou d'origine nationale,
> Considérant que tous les hommes sont égaux devant la loi et ont droit à une égale protection de la loi contre toute discrimination et contre toute incitation à la discrimination,… »

Tous les États membres se doivent donc de coopérer pour assurer le respect de ces principes fondamentaux, figurant parmi les objectifs essentiels des Nations Unies.[272]

2°- L'art. 5 énumère les droits fondamentaux que les États parties s'engagent à garantir à toute personne, sans discrimination, entre autres, **les droits à la sûreté, à la liberté de circulation, à la propriété, à la liberté de pensée, à l'éducation, à l'égalité de tous devant la loi**… Il dispose, en effet :

> « Conformément aux obligations fondamentales énoncées à l'article 2 de la présente Convention, les États parties s'engagent à interdire et à éliminer la discrimination raciale sous toutes ses formes et à garantir le droit de chacun à l'égalité devant la loi sans distinction de race, de couleur ou d'origine nationale ou ethnique, notamment dans la jouissance des droits suivants :
> a) Droit à un traitement égal devant les tribunaux et tout autre organe administrant la justice ;

---

[271] *J.O*, 43e Année, n° spécial, 5 décembre 2002, pp 47-59.

[272] V. aussi le préambule de la Convention contre la torture et autres peines ou traitements cruels, inhumains ou dégradants du 10 décembre 1984, in *idem*, p. 72.

b) Droit à la sûreté de la personne et à la protection de l'État contre les voies de fait ou les sévices de la part soit de fonctionnaires du gouvernement, soit de tout individu, groupe ou institution ;
c) Droits politiques, notamment droit de participer aux élections - de voter et d'être candidat - selon le système du suffrage universel et égal, droit de prendre part au gouvernement ainsi qu'à la direction des affaires publiques, à tous les échelons, et droit d'accéder, dans des conditions d'égalité, aux fonctions publiques ;
d) Autres droits civils, notamment : i) Droit de circuler librement et de choisir sa résidence à l'intérieur d'un État ; ii) Droit de quitter tout pays, y compris le sien, et de revenir dans son pays ; iii) Droit à une nationalité ; iv) Droit de se marier et de choisir son conjoint ; v) Droit de toute personne, aussi bien seule qu'en association, à la propriété ; vi) Droit d'hériter ; vii) Droit à la liberté de pensée, de conscience et de religion ; viii) Droit à la liberté d'opinion et d'expression ; ix) Droit à la liberté de réunion et d'association pacifiques ;
e) Droits économiques, sociaux et culturels, notamment : i) Droits au travail, au libre choix de son travail, à des conditions équitables et satisfaisantes de travail, à la protection contre le chômage, à un salaire égal pour un travail égal, à une rémunération équitable et satisfaisante ; ii) Droit de fonder des syndicats et de s'affilier à des syndicats ; iii) Droit au logement ; iv) Droit à la santé, aux soins médicaux, à la sécurité sociale et aux services sociaux ; v) Droit à l'éducation et à la formation professionnelle ; vi) Droit de prendre part, dans des conditions d'égalité, aux activités culturelles ;
f) Droit d'accès à tous lieux et services destinés à l'usage du public, tels que moyens de transport, hôtels, restaurants, cafés, spectacles et parcs. »

d) La Convention contre la torture et autres peines ou traitements cruels, inhumains ou dégradants

Elle a été adoptée et ouverte à la signature, à la ratification et à l'adhésion par l'Assemblée générale des Nations Unies dans sa résolution 39/46 du 10 décembre 1984. En application de l'art. 27 (1), elle est entrée en vigueur le 26 juin 1987. La RDC, alors Zaïre, y a adhéré le 17 février 1989[273] et l'a publiée dans son J.O du 5 décembre 2002.[274] Elle tend à assurer **la sacralité de la personne humaine**, dont les droits fondamentaux inaliénables doivent être scrupuleusement respectés : les droits à la liberté, à la justice, à la dignité, à l'intégrité physique… Elle proscrit tout usage de torture qu'elle définit comme étant

« tout acte par lequel une douleur ou des souffrances aiguës, physiques ou mentales, sont intentionnellement infligées à une personne aux fins notamment d'obtenir d'elle ou d'une tierce personne des renseignements ou des aveux, de la

[273] V. O-L n° 89-014 du 17 février 1989, in *J.O* n° 5 du 1er mars 1989, p. 8.
[274] *J.O*, 43e Année, n° spécial, 5 décembre 2002, pp 72-84.

punir d'un acte qu'elle ou une tierce personne a commis ou est soupçonnée d'avoir commis, de l'intimider ou de faire pression sur elle ou d'intimider ou de faire pression sur une tierce personne, ou pour tout autre motif fondé sur une forme de discrimination quelle qu'elle soit, lorsqu'une telle douleur ou de telles souffrances sont infligées par un agent de la fonction publique ou toute autre personne agissant à titre officiel ou à son instigation ou avec son consentement exprès ou tacite. Ce terme ne s'étend pas à la douleur ou aux souffrances résultant uniquement de sanctions légitimes, inhérentes à ces sanctions ou occasionnées par elles. »[275]

Et l'art. 10 de ladite Convention de ponctuer :

> « 1. Tout État partie veille à ce que l'enseignement et l'information concernant l'interdiction de la torture fassent partie intégrante de la formation du personnel civil ou militaire chargé de l'application des lois, du personnel médical, des agents de la fonction publique et des autres personnes qui peuvent intervenir dans la garde, l'interrogatoire ou le traitement de tout individu arrêté, détenu ou emprisonné de quelque façon que ce soit.
> 2. Tout État partie incorpore ladite interdiction aux règles ou instructions édictées en ce qui concerne les obligations et les attributions de telles personnes.»

e) La Convention relative aux droits de l'enfant

Adoptée et ouverte à la signature, ratification et adhésion par l'Assemblée générale dans sa résolution 44/25 du 20 novembre 1989, elle est entrée en vigueur le 2 septembre 1990, conformément à l'art. 49. La RDC y a adhéré le 21 août 1990[276] et l'a publiée dans son J.O du 5 décembre 2002.[277] Dans son préambule, elle réaffirme les principes proclamés dans la Charte des Nations Unies, consacrant la reconnaissance de la dignité inhérente à toute personne humaine et le caractère inaliénable de ses droits fondamentaux. Elle trouve également une assise sur l'idée « que la famille, unité fondamentale de la société et milieu naturel pour la croissance et le bien-être de tous ses membres, et en particulier des enfants, doit recevoir la protection et l'assistance dont elle a besoin pour pouvoir jouer pleinement son rôle dans la communauté », autant que sur la nécessité d'accorder une protection spéciale à ces derniers afin d'assurer leur bien-être.

Dans son art. 1er, elle définit l'enfant comme « tout être humain âgé de moins de dix-huit ans, sauf si la majorité est atteinte plus tôt en vertu de la

---

275 Art. 1er de la Convention contre la torture et autres peines ou traitements cruels, inhumains ou dégradants.
276 V. O-L n° 90-048 du 21 août 1990, in *J.O* n° 18 du 15 septembre 1990.
277 *J.O*, 43e Année, n° spécial, 5 décembre 2002, pp 130-150.

législation qui lui est applicable. » Elle reconnaît à celui-ci un certain nombre de droits, dont les suivants :

1°- Le droit à la vie et au développement de sa personne, énoncé dans l'art.6 ;[278]
2°- Le droit à l'identité, consacré par les art. 7 et 8 ;[279]
3°- Le caractère sacré de la vie de l'enfant dont la violation est proscrite par l'art. 16 ;[280]
4°- Le respect de l'intégrité physique de l'enfant assuré notamment par des mesures de protection contre l'exploitation et les violences sexuelles, contre les enlèvements, les arrestations et détentions illégales, les emprisonnements irréfléchis, la torture, les traitements inhumains et dégradants, la peine capitale…, autant des prescriptions contenues dans les art. 34 à 37 et 39 ;[281]

---

[278] Art. 6 : « 1. Les États parties reconnaissent que tout enfant a un droit inhérent à la vie. 2. Les États parties assurent dans toute la mesure possible la survie et le développement de l'enfant. »

[279] Art. 7 : « 1. L'enfant est enregistré aussitôt sa naissance et a dès celle-ci le droit à un nom, le droit d'acquérir une nationalité et, dans la mesure du possible, le droit de connaître ses parents et d'être élevé par eux. 2. Les États parties veillent à mettre ces droits en œuvre conformément à leur législation nationale et aux obligations que leur imposent les instruments internationaux applicables en la matière, en particulier dans les cas où faute de cela l'enfant se trouverait apatride. » Art. 8 : « 1. Les États parties s'engagent à respecter le droit de l'enfant de préserver son identité, y compris sa nationalité, son nom et ses relations familiales, tels qu'ils sont reconnus par loi, sans ingérence illégale. 2. Si un enfant est illégalement privé des éléments constitutifs de son identité ou de certains d'entre eux, les États parties doivent lui accorder une assistance et une protection appropriées, pour que son identité soit rétablie aussi rapidement que possible. »

[280] Art. 16 : « 1. Nul enfant ne fera l'objet d'immixtions arbitraires ou illégales dans sa vie privée, sa famille, son domicile ou sa correspondance, ni d'atteintes illégales à son honneur et à sa réputation. 2. L'enfant a droit à la protection de la loi contre de telles immixtions ou de telles atteintes. »

[281] Art. 34 : « Les États parties s'engagent à protéger l'enfant contre toutes les formes d'exploitation sexuelle et de violence sexuelle. À cette fin, les États prennent en particulier toutes les mesures appropriées sur les plans national, bilatéral et multilatéral pour empêcher : a) Que des enfants ne soient incités ou contraints à se livrer à une activité sexuelle illégale ; b) Que des enfants ne soient exploités à des fins de prostitution ou autres pratiques sexuelles illégales ; c) Que des enfants ne soient exploités aux fins de la production de spectacles ou de matériel de caractère pornographique. » Art. 35 : « Les États parties prennent toutes les mesures appropriées sur les plans national, bilatéral et multilatéral pour empêcher l'enlèvement, la vente ou la traite d'enfants à quelque fin que ce soit et sous quelque forme que ce soit. » Art. 36 : « Les États parties protègent l'enfant contre toutes autres formes d'exploitation préjudiciables à tout aspect de son bien-être. » Art. 37 :

5°- La protection des enfants contre leur enrôlement dans les forces armées et leur participation à des hostilités, prescrite par l'art. 38 ;[282]

« Les États parties veillent à ce que : a) Nul enfant ne soit soumis à la torture ni à des peines ou traitements cruels, inhumains ou dégradants. Ni la peine capitale ni l'emprisonnement à vie sans possibilité de libération ne doivent être prononcés pour les infractions commises par des personnes âgées de moins de dix-huit ans ; b) Nul enfant ne soit privé de liberté de façon illégale ou arbitraire. L'arrestation, la détention ou l'emprisonnement d'un enfant doit être en conformité avec la loi, n'être qu'une mesure de dernier ressort, et être d'une durée aussi brève que possible ; c) Tout enfant privé de liberté soit traité avec humanité et avec le respect dû à la dignité de la personne humaine, et d'une manière tenant compte des besoins des personnes de son âge. En particulier, tout enfant privé de liberté sera séparé des adultes, à moins que l'on n'estime préférable de ne pas le faire dans l'intérêt supérieur de l'enfant, et il a le droit de rester en contact avec sa famille par la correspondance et par des visites, sauf circonstances exceptionnelles ; d) Les enfants privés de liberté aient le droit d'avoir rapidement accès à l'assistance juridique ou à toute autre assistance appropriée, ainsi que le droit de contester la légalité de leur privation de liberté devant un tribunal ou une autre autorité compétente, indépendante et impartiale, et à ce qu'une décision rapide soit prise en la matière… » Art. 39 : « Les États parties prennent toutes les mesures appropriées pour faciliter la réadaptation physique et psychologique et la réinsertion sociale de tout enfant victime de toute forme de négligence, d'exploitation ou de sévices, de torture ou de toute autre forme de peines ou traitements cruels, inhumains ou dégradants, ou de conflit armé. Cette réadaptation et cette réinsertion se déroulent dans des conditions qui favorisent la santé, le respect de soi et la dignité de l'enfant. »

[282] Art. 38 : « 1. Les États parties s'engagent à respecter et à faire respecter les règles du droit humanitaire international qui leur sont applicables en cas de conflit armé et dont la protection s'étend aux enfants. 2. Les États parties prennent toutes les mesures possibles dans la pratique pour veiller à ce que les personnes n'ayant pas atteint l'âge de quinze ans ne participent pas directement aux hostilités. 3. Les États parties s'abstiennent d'enrôler dans leurs forces armées toute personne n'ayant pas atteint l'âge de quinze ans. Lorsqu'ils incorporent des personnes de plus de quinze ans mais de moins de dix-huit ans, les États parties s'efforcent d'enrôler en priorité les plus âgées. 4. Conformément à l'obligation qui leur incombe en vertu du droit humanitaire international de protéger la population civile en cas de conflit armé, les États parties prennent toutes les mesures possibles dans la pratique pour que les enfants qui sont touchés par un conflit armé bénéficient d'une protection et de soins. » Notons que l'art. 187 de la loi n° 09-001 du 10 janvier 2009 portant protection de l'enfant sanctionne pénalement les pires formes de travail de l'enfant, et plus sévèrement, l'enrôlement ou l'utilisation des enfants âgés de moins de dix-huit ans dans les forces et groupes armés et la police. Il dispose, en effet : « Quiconque contrevient aux dispositions de la présente loi sur les pires formes du travail de l'enfant, est puni d'une peine de un à trois ans de servitude pénale principale et d'une amende de cent mille à deux cents mille francs congolais. Toutefois, l'enrôlement ou l'utilisation des enfants âgés de moins de dix-huit ans

6°- Le droit à l'éducation, précisé par les art. 28 et 29 ;[283]

7°- Le respect du principe de la légalité et des droits de la défense, en l'occurrence le droit à la présomption d'innocence, le droit à l'information, le droit à l'assistance juridique, le droit d'être jugé sans retard excessif par une instance judiciaire compétente, indépendante et impartiale appliquant une procédure équitable, le droit de ne pas s'auto-incriminer, le droit à l'exercice

---

dans les forces et groupes armés et la police sont punis de dix à vingt ans de servitude pénale principale. »

[283] Art. 28 : « 1. Les États parties reconnaissent le droit de l'enfant à l'éducation, et en particulier, en vue d'assurer l'exercice de ce droit progressivement et sur la base de l'égalité des chances : a) Ils rendent l'enseignement primaire obligatoire et gratuit pour tous ; b) Ils encouragent l'organisation de différentes formes d'enseignement secondaire, tant général que professionnel, les rendent ouvertes et accessibles à tout enfant, et prennent des mesures appropriées, telles que l'instauration de la gratuité de l'enseignement et l'offre d'une aide financière en cas de besoin ; c) Ils assurent à tous l'accès à l'enseignement supérieur, en fonction des capacités de chacun, par tous les moyens appropriés ; d) Ils rendent ouvertes et accessibles à tout enfant l'information et l'orientation scolaires et professionnelles ; e) Ils prennent des mesures pour encourager la régularité de la fréquentation scolaire et la réduction des taux d'abandon scolaire. 2. Les États parties prennent toutes les mesures appropriées pour veiller à ce que la discipline scolaire soit appliquée d'une manière compatible avec la dignité de l'enfant en tant qu'être humain et conformément à la présente Convention. 3. Les États parties favorisent et encouragent la coopération internationale dans le domaine de l'éducation, en vue notamment de contribuer à éliminer l'ignorance et l'analphabétisme dans le monde et de faciliter l'accès aux connaissances scientifiques et techniques et aux méthodes d'enseignement modernes. À cet égard, il est tenu particulièrement compte des besoins des pays en développement. » Art. 29 : « 1. Les États parties conviennent que l'éducation de l'enfant doit viser à : a) Favoriser l'épanouissement de la personnalité de l'enfant et le développement de ses dons et de ses aptitudes mentales et physiques, dans toute la mesure de leurs potentialités ; b) Inculquer à l'enfant le respect des droits de l'homme et des libertés fondamentales, et des principes consacrés dans la Charte des Nations Unies ; c) Inculquer à l'enfant le respect de ses parents, de son identité, de sa langue et de ses valeurs culturelles, ainsi que le respect des valeurs nationales du pays dans lequel il vit, du pays duquel il peut être originaire et des civilisations différentes de la sienne ; d) Préparer l'enfant à assumer les responsabilités de la vie dans une société libre, dans un esprit de compréhension, de paix, de tolérance, d'égalité entre les sexes et d'amitié entre tous les peuples et groupes ethniques, nationaux et religieux, et avec les personnes d'origine autochtone ; e) Inculquer à l'enfant le respect du milieu naturel. 2. Aucune disposition du présent article ou de l'article 28 ne sera interprétée d'une manière qui porte atteinte à la liberté des personnes physiques ou morales de créer et de diriger des établissements d'enseignement, à condition que les principes énoncés au paragraphe 1 du présent article soient respectés et que l'éducation dispensée dans ces établissements soit conforme aux normes minimales que l'État aura prescrites. »

des voies de recours, conformément à l'art. 40 qui dispose :

« 1. Les États parties reconnaissent à tout enfant suspecté, accusé ou convaincu d'infraction à la loi pénale le droit à un traitement qui soit de nature à favoriser son sens de la dignité et de la valeur personnelle, qui renforce son respect pour les droits de l'homme et les libertés fondamentales d'autrui, et qui tienne compte de son âge ainsi que de la nécessité de faciliter sa réintégration dans la société et de lui faire assumer un rôle constructif au sein de celle-ci.

2. À cette fin, et compte tenu des dispositions pertinentes des instruments internationaux, les États parties veillent en particulier : a) À ce qu'aucun enfant ne soit suspecté, accusé ou convaincu d'infraction à la loi pénale en raison d'actions ou d'omissions qui n'étaient pas interdites par le droit national ou international au moment où elles ont été commises; b) À ce que tout enfant suspecté ou accusé d'infraction à la loi pénale ait au moins le droit aux garanties suivantes : i) Etre présumé innocent jusqu'à ce que sa culpabilité ait été légalement établie ; ii) Etre informé dans le plus court délai et directement des accusations portées contre lui, ou, le cas échéant, par l'intermédiaire de ses parents ou représentants légaux, et bénéficier d'une assistance juridique ou de toute autre assistance appropriée pour la préparation et la présentation de sa défense ; iii) Que sa cause soit entendue sans retard par une autorité ou une instance judiciaire compétentes, indépendantes et impartiales, selon une procédure équitable aux termes de la loi, en présence de son conseil juridique ou autre et, à moins que cela ne soit jugé contraire à l'intérêt supérieur de l'enfant en raison notamment de son âge ou de sa situation, en présence de ses parents ou représentants légaux ; iv) Ne pas être contraint de témoigner ou de s'avouer coupable ; interroger ou faire interroger les témoins à charge, et obtenir la comparution et l'interrogatoire des témoins à décharge dans des conditions d'égalité ; v) S'il est reconnu avoir enfreint la loi pénale, faire appel de cette décision et de toute mesure arrêtée en conséquence devant une autorité ou une instance judiciaire supérieure compétentes, indépendantes et impartiales, conformément à la loi ; vi) Se faire assister gratuitement d'un interprète s'il ne comprend ou ne parle pas la langue utilisée ; vii) Que sa vie privée soit pleinement respectée à tous les stades de la procédure.

3. Les États parties s'efforcent de promouvoir l'adoption de lois, de procédures, la mise en place d'autorités et d'institutions spécialement conçues pour les enfants suspectés, accusés ou convaincus d'infraction à la loi pénale, et en particulier : a) D'établir un âge minimum au-dessous duquel les enfants seront présumés n'avoir pas la capacité d'enfreindre la loi pénale ; b) De prendre des mesures, chaque fois que cela est possible et souhaitable, pour traiter ces enfants sans recourir à la procédure judiciaire, étant cependant entendu que les droits de l'homme et les garanties légales doivent être pleinement respectés.

4. Toute une gamme de dispositions, relatives notamment aux soins, à l'orientation et à la supervision, aux conseils, à la probation, au placement familial, aux programmes d'éducation générale et professionnelle et aux solutions autres qu'institutionnelles seront prévues en vue d'assurer aux enfants un traitement conforme à leur bien-être et proportionné à leur situation et à l'infraction. »

Notons au passage que cette disposition fait bien d'encourager le traitement de la délinquance juvénile par des voies extrajudiciaires, néanmoins respectueuses des droits de l'homme et des garanties légales.

f) Le Protocole facultatif à la Convention relative aux droits de l'enfant, concernant la vente d'enfants, la prostitution des enfants et la pornographie mettant en scène des enfants

Il a été élaboré pour amener les États à « aller de l'avant dans la réalisation des buts de la Convention relative aux droits de l'enfant et l'application de ses dispositions. »[284] La RDC l'a ratifié par son D-L n° 003/01 du 28 mars 2001[285] et l'a publié dans son J.O du 5 décembre 2002.[286] Aux termes de son art. 1er, « les États Parties interdisent la vente d'enfants, la prostitution des enfants et la pornographie mettant en scène des enfants… » Dans ses art. 8 et 9, plusieurs droits sont reconnus à ces derniers, en tant que victimes de ces actes prohibés, en l'occurrence le droit à l'information, le droit à la protection, le droit à l'assistance, le droit à la participation au procès les concernant et le droit à la réparation du préjudice subi.

g) Le Protocole facultatif à la Convention relative aux droits de l'enfant, concernant l'implication d'enfants dans les conflits armés

Conclu à New York le 25 mai 2000, il a été ratifié par le D-L n° 002/01 du 28 mars 2001[287] et publié au J.O du 5 décembre 2002.[288] Le préambule de ce protocole met en lumière les idées-forces qui ont déterminé les États à l'adopter, notamment : la prise en compte des effets troublants, préjudiciables et étendus des conflits armés sur les enfants et leurs répercussions à long terme sur le maintien d'une paix, d'une sécurité et d'un développement durables, effets qu'il convient donc de stopper ; la nécessité d'accroître la protection des enfants contre toute implication dans les conflits armés afin de renforcer davantage les droits reconnus dans la Convention relative aux droits de l'enfant ; la conviction que le relèvement de « l'âge minimum de l'enrôlement éventuel dans les forces armées et de la participation aux hostilités contribuera effectivement à la mise en œuvre du principe selon lequel l'intérêt supérieur de l'enfant doit être une considération primordiale dans toutes les décisions le concernant »[289], etc.

---

[284] Préambule.

[285] In *J.O,* n° spécial septembre 2001, p. 23.

[286] *J.O*, 43e Année, n° spécial, 5 décembre 2002, pp 151-161.

[287] In *J.O,* n° spécial septembre 2001, p. 14.

[288] *J.O*, 43e Année, n° spécial, 5 décembre 2002, pp 162-168.

[289] Protocole facultatif à la Convention relative aux droits de l'enfant, concernant

Pour garantir à ce dernier une protection efficace et atteindre les objectifs visés, le protocole fixe à 18 ans l'âge de l'enrôlement dans les forces armées et de la participation directe dans les hostilités. Il le fait dans les art. 1 à 4.[290]

h) Le Statut de Rome de la Cour pénale internationale

Signé à Rome le 17 juillet 1998, il est entré en vigueur le 1er juillet 2002. Sa ratification en RDC a été autorisée par le D-L n° 013-2002 du 30 mars 2002 aux termes duquel le gouvernement congolais « s'engage à en exécuter fidèlement toutes les clauses ».[291] Il est publié au J.O du 5 décembre 2002.[292] Ce Statut se trouve être un texte important du droit international pénal. Il contient des règles clés aussi bien du droit pénal de fond que de procédure dont nous relevons quelques unes en guise d'exemplification.

1°- Les règles fondamentales

1) La première série est constituée des dispositions qui définissent les crimes rentrant dans la compétence de la CPI : le génocide, les crimes contre l'humanité, les crimes de guerre, et le crime d'agression.[293] Elles offrent une belle illustration d'interprétation authentique contextuelle dont nous allons parler *infra*. Elles méritent d'être saluées pour leur justesse, car elles ont pour finalité la protection des valeurs reconnues comme essentielles par l'ensemble de la communauté internationale et qui, en réalité, se résument dans le respect de la vie, de l'intégrité physique, des libertés fondamentales, du développement harmonieux de la personne humaine dans la société, etc. Il faut, en effet, rappeler que le crime de génocide s'entend de l'un

---

l'implication d'enfants dans les conflits armés, préambule.

[290] Art. 1 : « Les États Parties prennent toutes les mesures possibles dans la pratique pour veiller à ce que les membres de leurs forces armées qui n'ont pas atteint l'âge de 18 ans ne participent pas directement aux hostilités. » Art. 2 : « Les États Parties veillent à ce que les personnes n'ayant pas atteint l'âge de 18 ans ne fassent pas l'objet d'un enrôlement obligatoire dans leurs forces armées. » Art. 3 : « 1. Les États Parties relèvent en années l'âge minimum de l'engagement volontaire dans leurs forces armées nationales par rapport à celui fixé au paragraphe 3 de l'article 38 de la Convention relative aux droits de l'enfant, en tenant compte des principes inscrits dans ledit article et en reconnaissant qu'en vertu de la Convention les personnes âgées de moins de 18 ans ont droit à une protection spéciale… » Art. 4 : « 1. Les groupes armés qui sont distincts des forces armées d'un État ne devraient en aucune circonstance enrôler ni utiliser dans les hostilités des personnes âgées de moins de 18 ans… »

[291] In *J.O*, 43e Année, n° spécial, 5 décembre 2002, pp 5-6.

[292] *J.O*, 43e Année, n° spécial, 5 décembre 2002, pp 169-243.

[293] V. les art. 6, 7, 8 et 8bis du Statut.

quelconque des actes ci-après commis dans l'intention de détruire, en tout ou en partie, un groupe national, ethnique, racial ou religieux, comme tel : meurtre de membres du groupe ; atteinte grave à l'intégrité physique ou mentale de membres du groupe ; soumission intentionnelle du groupe à des conditions d'existence devant entraîner sa destruction physique totale ou partielle ; mesures visant à entraver les naissances au sein du groupe ; transfert forcé d'enfants du groupe à un autre groupe.[294] De leur côté, les crimes contre l'humanité sont constitués des agissements ci-après, réalisés dans le cadre d'une attaque généralisée ou systématique lancée contre toute population civile et en connaissance de cette attaque : meurtre ; extermination ; réduction en esclavage ; déportation ou transfert forcé de population ; emprisonnement ou autre forme de privation grave de liberté physique en violation des dispositions fondamentales du droit international ; torture ; viol, esclavage sexuel, prostitution forcée, grossesse forcée, stérilisation forcée ou toute autre forme de violence sexuelle de gravité comparable ; persécution de tout groupe ou de toute collectivité identifiable pour des motifs d'ordre politique, racial, national, ethnique, culturel, religieux ou sexiste, ou en fonction d'autres critères universellement reconnus comme inadmissibles en droit international… ; disparitions forcées de personnes ; crime d'apartheid ; autres actes inhumains de caractère analogue causant intentionnellement de grandes souffrances ou des atteintes graves à l'intégrité physique ou à la santé physique ou mentale.[295]

Ces actes abominables doivent être sanctionnés.[296] Même en cas de conflit armé interne ou international, de tels actes ne peuvent rester impunis. Aussi, le Statut de la CPI vise-t-il justement et sanctionne-t-il, comme crimes de guerre, toute une série de comportements dont, entre autres : l'homicide intentionnel, la torture, les traitements inhumains et dégradants, la destruction des biens, la déportation, la détention illégale, la prise d'otages, les attaques délibérées contre la population civile, les attaques délibérées contre les biens civils, les mutilations des populations, les pillages, l'utilisation du poison ou des armes empoisonnées, des gaz asphyxiants ou toxiques pour tuer massivement, le viol, l'esclavage sexuel, la prostitution forcée, la grossesse forcée, la stérilisation forcée, l'utilisation des civils comme bouclier humain, le fait d'affamer délibérément des civils, la conscription ou l'enrôlement d'enfants de moins de quinze ans dans des forces armées, les condamnations et exécutions sans jugement etc., autant d'actes énumérés par l'art. 8 du Statut de Rome.

---

[294] Art. 6 du Statut de la CPI.

[295] Art. 7-1 du Statut de la CPI.

[296] Sur les peines, v. notamment les art. 5, 77 à 80 du Statut.

2) La deuxième série des dispositions à souligner est formée des règles qui fixent la responsabilité pénale individuelle au regard de la violation de ces valeurs essentielles, et qui se caractérisent par l'égalité de tous devant la loi. En effet, « quiconque commet un crime relevant de la compétence de la Cour est individuellement responsable et peut être puni conformément au [présent] Statut ».[297] Le terme « *quiconque* » est pertinent. Il désigne tout individu, quels que soient son rang, sa nationalité, son genre, ses fonctions, son état civil ou militaire…, qui commet un crime rentrant dans la compétence de la Cour. Autrement dit, nul n'est au-dessus de la loi. Les seules personnes différemment traitées sont les mineurs de moins de 18 ans au moment de la commission des faits[298], et les individus bénéficiant d'un des motifs d'exonération visés dans l'art. 31 qui en fixe les conditions, à savoir la déficience mentale, l'état d'intoxication involontaire, la légitime défense, la contrainte et l'état de nécessité.[299]

Doivent répondre de ces crimes, non seulement les auteurs matériels, mais aussi les auteurs intellectuels, les commanditaires, les incitateurs, les donneurs d'ordre, les complices par aide, assistance, encouragement, fourniture des moyens, etc. Tel est le commandement de l'art. 25-3.[300] En ce

---

[297] Art. 25-2 du Statut.

[298] Art. 26 du Statut: « La Cour n'a pas compétence à l'égard d'une personne qui était âgée de moins de 18 ans au moment de la commission prétendue d'un crime. »

[299] Art. 31 du Statut.

[300] Cet art. 25-3 dispose : « Aux termes du présent Statut, une personne est pénalement responsable et peut être punie pour un crime relevant de la compétence de la Cour si : a) Elle commet un tel crime, que ce soit individuellement, conjointement avec une autre personne ou par l'intermédiaire d'une autre personne, que cette personne soit ou non pénalement responsable ; b) Elle ordonne, sollicite ou encourage la commission d'un tel crime, dès lors qu'il y a commission ou tentative de commission de ce crime ; c) En vue de faciliter la commission d'un tel crime, elle apporte son aide, son concours ou toute autre forme d'assistance à la commission ou à la tentative de commission de ce crime, y compris en fournissant les moyens de cette commission ; d) Elle contribue de toute autre manière à la commission ou à la tentative de commission d'un tel crime par un groupe de personnes agissant de concert. Cette contribution doit être intentionnelle et, selon le cas : i) viser à faciliter l'activité criminelle ou le dessein criminel du groupe, si cette activité ou ce dessein comporte l'exécution d'un crime relevant de la compétence de la Cour ; ou ii) être faite en pleine connaissance de l'intention du groupe de commettre ce crime ; e)S'agissant du crime de génocide, elle incite directement et publiquement autrui à le commettre ; f) Elle tente de commettre un tel crime par des actes qui, par leur caractère substantiel, constituent un commencement d'exécution mais sans que le crime soit accompli en raison de circonstances indépendantes de sa volonté. Toutefois, la personne qui abandonne l'effort tendant à commettre le crime ou en empêche de quelque autre façon l'achèvement ne peut être punie en vertu du présent

qui concerne les chefs militaires et autres supérieurs hiérarchiques, leur responsabilité peut être engagée non seulement pour des crimes qu'ils auraient personnellement commis, mais aussi pour ceux perpétrés par leurs subordonnés s'ils savaient ou auraient dû savoir que ces derniers allaient commettre ces crimes ou les avaient commis, et n'ont rien entrepris pour empêcher cette commission ou en punir les auteurs. C'est ce que prévoit l'art. 28.[301] Les membres des forcées armées, autorisées à porter des armes pour assurer la sécurité collective, doivent, en effet, être soumis à une réglementation et à un encadrement appropriés devant servir de garde-fous contre des crimes et abus.

Sans conteste, la règle phare en matière d'égalité de tous devant la loi gît dans l'art. 27 qui, consacrant le défaut de pertinence de la qualité officielle, porte que le Statut de la Cour « s'applique à tous de manière égale, sans aucune distinction fondée sur la qualité officielle. En particulier, la qualité officielle de chef d'État ou de gouvernement, de membre d'un gouvernement ou d'un parlement, de représentant élu ou d'agent d'un État, n'exonère en aucun cas de la responsabilité pénale au regard du présent Statut, pas plus qu'elle ne constitue en tant que telle un motif de réduction

---

Statut pour sa tentative si elle a complètement et volontairement renoncé au dessein criminel. »

301 En voici le libellé : « Outre les autres motifs de responsabilité pénale au regard du présent Statut pour des crimes relevant de la compétence de la Cour : a) Un chef militaire ou une personne faisant effectivement fonction de chef militaire est pénalement responsable des crimes relevant de la compétence de la Cour commis par des forces placées sous son commandement et son contrôle effectifs, ou son autorité et son contrôle effectifs, selon le cas, lorsqu'il ou elle n'a pas exercé le contrôle qui convenait sur ces forces dans les cas où : i) Ce chef militaire ou cette personne savait, ou, en raison des circonstances, aurait dû savoir, que ces forces commettaient ou allaient commettre ces crimes ; et ii) Ce chef militaire ou cette personne n'a pas pris toutes les mesures nécessaires et raisonnables qui étaient en son pouvoir pour en empêcher ou en réprimer l'exécution ou pour en référer aux autorités compétentes aux fins d'enquêtes et des poursuites. b) En ce qui concerne les relations entre supérieur hiérarchique et subordonnés non décrites au paragraphe a), le supérieur hiérarchique est pénalement responsable des crimes relevant de la compétence de la Cour commis par des subordonnés placés sous son autorité et son contrôle effectifs, lorsqu'il ou elle n'a pas exercé le contrôle qui convenait sur ces subordonnés dans les cas où : i) Le supérieur hiérarchique savait que ces subordonnés commettaient ou allaient commettre ces crimes ou a délibérément négligé de tenir compte d'informations qui l'indiquaient clairement ; ii) Ces crimes étaient liés à des activités relevant de sa responsabilité et de son contrôle effectifs ; et iii) Le supérieur hiérarchique n'a pas pris toutes les mesures nécessaires et raisonnables qui étaient en son pouvoir pour en empêcher ou en réprimer l'exécution ou pour en référer aux autorités compétentes aux fins d'enquêtes et de poursuites. »

de la peine. Les immunités ou règles de procédure spéciale qui peuvent s'attacher à la qualité officielle d'une personne, en vertu du droit interne ou du droit international, n'empêchent pas la Cour d'exercer sa compétence à l'égard de cette personne ».[302] Cet art. constitue une grande avancée du droit. Encore faut-il en assurer une application effective.

3) La troisième série des dispositions à relever est constituée des règles consacrant les principes fondamentaux du droit pénal admis dans tous les pays civilisés du monde, parmi lesquels : le principe de la légalité[303], le principe de l'interprétation stricte de la loi pénale[304], le principe de la non rétroactivité de la loi pénale[305], le principe *ne bis in idem*,[306] l'imprescriptibilité des crimes relevant de la compétence de la Cour[307], le principe de la présomption d'innocence,[308] le principe *in dubio pro reo*[309], etc. Autant des règles fondamentales qui s'imposent de par leur justesse, leur quintessence.

---

[302] Art. 27-1 et 27-2 du Statut.

[303] Art. 22 : *Nullum crimen sine lege* : « 1. Une personne n'est responsable pénalement en vertu du présent Statut que si son comportement constitue, au moment où il se produit, un crime relevant de la compétence de la Cour… » Art. 23 : *Nulla poena sine lege* : « Une personne qui a été condamnée par la Cour ne peut être punie que conformément aux dispositions du présent Statut. »

[304] Art. 22 : « 2. La définition d'un crime est d'interprétation stricte et ne peut être étendue par analogie. En cas d'ambiguïté, elle est interprétée en faveur de la personne qui fait l'objet d'une enquête, de poursuites ou d'une condamnation. »

[305] Art. 24 : Non-rétroactivité *ratione personae* : « 1. Nul n'est pénalement responsable, en vertu du présent Statut, pour un comportement antérieur à l'entrée en vigueur du Statut. 2. Si le droit applicable à une affaire est modifié avant le jugement définitif, c'est le droit le plus favorable à la personne faisant l'objet d'une enquête, de poursuites ou d'une condamnation qui s'applique. »

[306] Art. 20 : *Ne bis in idem* : « 1. Sauf disposition contraire du présent Statut, nul ne peut être jugé par la Cour pour des actes constitutifs de crimes pour lesquels il a déjà été condamné ou acquitté par elle. 2. Nul ne peut être jugé par une autre juridiction pour un crime visé à l'article 5 pour lequel il a déjà été condamné ou acquitté par la Cour. 3. Quiconque a été jugé par une autre juridiction pour un comportement tombant aussi sous le coup des articles 6, 7, 8 ou 8 *bis* ne peut être jugé par la Cour que si la procédure devant l'autre juridiction : a) Avait pour but de soustraire la personne concernée à sa responsabilité pénale pour des crimes relevant de la compétence de la Cour ; ou b) N'a pas été au demeurant menée de manière indépendante ou impartiale, dans le respect des garanties d'un procès équitable prévues par le droit international, mais d'une manière qui, dans les circonstances, était incompatible avec l'intention de traduire l'intéressé en justice. »

[307] Art. 29.

[308] Art. 66 *Présomption d'innocence,* cité plus bas, à la p. 698.

[309] Art. 66-3 du Statut. Lorsqu'il y a doute, celui-ci profite à l'accusé.

2°- Les règles procédurales

Nombreuses sont également des dispositions du Statut qui permettent l'administration d'une vraie justice, équitable et impartiale. À titre indicatif, relevons-en une qui joue un rôle moteur déjà au stade d'enquêtes. Il s'agit de l'art. 54 qui impose au procureur, entre autres devoirs, celui d'établir la vérité en étendant l'enquête à tous les faits et éléments de preuve qui peuvent être utiles pour déterminer s'il y a responsabilité pénale au regard du statut de la Cour et, pour ce faire, d'enquêter tant à charge qu'à décharge.[310] Cette disposition requiert donc du procureur une attitude d'objectivité, d'indépendance, d'impartialité et de neutralité dans la conduite des enquêtes, son seul *leitmotiv* devant être la recherche de la vérité.

Cette indépendance est évidemment requise également des juges.[311] À eux reviennent le pouvoir et la charge d'assurer la conduite du procès « de façon équitable et avec diligence, dans le plein respect des droits de l'accusé et en ayant pleinement égard d'assurer la protection des victimes et des témoins ».[312] Toute la procédure se déroulant devant la Cour est régie par les principes de loyauté des débats, d'équité, d'impartialité et de publicité du procès, bien exposés dans l'art. 64 du Statut.[313] La personne poursuivie doit, certes, répondre de ses crimes et être condamnée si sa culpabilité est établie au-delà de tout doute raisonnable.[314] Cependant, durant son jugement, elle jouit des droits qui lui sont reconnus et qui garantissent précisément l'équité, l'impartialité, la diligence et la publicité du procès.[315] De même,

---

[310] Art. 54-1-a), cité à la p. 679.
[311] Art. 40.
[312] Art. 64-2.
[313] V. *infra*, à la p. 700, en NBP 1904, les extraits pertinents de cet art. 64.
[314] Art. 66-2 et 66-3, *infra* p. 698.
[315] Art. 67 *Droits de l'accusé* : « 1. Lors de l'examen des charges portées contre lui, l'accusé a droit à ce que sa cause soit entendue publiquement, compte tenu des dispositions du présent Statut, équitablement et de façon impartiale. Il a droit, en pleine égalité, au moins aux garanties suivantes : a) Être informé dans le plus court délai et de façon détaillée de la nature, de la cause et de la teneur des charges dans une langue qu'il comprend et parle parfaitement ; b) Disposer du temps et des facilités nécessaires à la préparation de sa défense et communiquer librement et confidentiellement avec le conseil de son choix ; c) Être jugé sans retard excessif ; d) Sous réserve des dispositions du paragraphe 2 de l'article 63, être présent à son procès, se défendre lui-même ou se faire assister par le défenseur de son choix ; s'il n'a pas de défenseur, être informé de son droit d'en avoir un et, chaque fois que l'intérêt de la justice l'exige, se voir attribuer d'office un défenseur par la Cour, sans frais s'il n'a pas les moyens de le rémunérer ; e) Interroger ou faire interroger les

assurant l'équilibre de la balance, en bon droit, le Statut accorde également des prérogatives aux victimes leur permettant de participer activement au procès et d'obtenir réparation.[316]

---

témoins à charge et obtenir la comparution et l'interrogatoire des témoins à décharge dans les mêmes conditions que les témoins à charge. L'accusé a également le droit de faire valoir des moyens de défense et de présenter d'autres éléments de preuve admissibles en vertu du présent Statut. f) Se faire assister gratuitement d'un interprète compétent et bénéficier des traductions nécessaires pour satisfaire aux exigences de l'équité, si la langue employée dans toute procédure suivie devant la Cour ou dans tout document présenté à la Cour n'est pas une langue qu'il comprend et parle parfaitement ; g) Ne pas être forcé de témoigner contre lui-même ou de s'avouer coupable, et garder le silence sans que ce silence soit pris en considération pour déterminer sa culpabilité ou son innocence ; h) Faire, sans prêter serment, une déclaration écrite ou orale pour sa défense ; et i) Ne pas se voir imposer le renversement du fardeau de la preuve ni la charge de la réfutation. 2. Outre toute autre communication prévue par le présent Statut, le Procureur communique à la défense, dès que cela est possible, les éléments de preuve en sa possession ou à sa disposition dont il estime qu'ils disculpent l'accusé ou tendent à le disculper ou à atténuer sa culpabilité, ou sont de nature à entamer la crédibilité des éléments de preuve à charge. En cas de doute quant à l'application du présent paragraphe, la Cour tranche. »

[316] Art. 68 *Protection et participation au procès des victimes et des témoins* : « 1. La Cour prend les mesures propres à protéger la sécurité, le bien-être physique et psychologique, la dignité et le respect de la vie privée des victimes et des témoins. Ce faisant, elle tient compte de tous les facteurs pertinents, notamment l'âge, le sexe tel que défini dans l'article 7, paragraphe 3, et l'état de santé, ainsi que la nature du crime, en particulier, mais sans s'y limiter, lorsque celui-ci s'accompagne de violences à caractère sexuel, de violences à caractère sexiste ou de violences contre des enfants. Le Procureur prend ces mesures en particulier au stade de l'enquête et des poursuites. Ces mesures ne doivent être ni préjudiciables ni contraires aux droits de la défense et aux exigences d'un procès équitable et impartial. 2. Par exception au principe de la publicité des débats énoncé à l'article 67, les Chambres de la Cour peuvent, pour protéger les victimes et les témoins ou un accusé, ordonner le huis clos pour une partie quelconque de la procédure ou permettre que les dépositions soient recueillies par des moyens électroniques ou autres moyens spéciaux. Ces mesures sont appliquées en particulier à l'égard d'une victime de violences sexuelles ou d'un enfant qui est victime ou témoin, à moins que le Cour n'en décide autrement compte tenu de toutes les circonstances, en particulier des vues de la victime ou du témoin. 3. Lorsque les intérêts personnels des victimes sont concernés, la Cour permet que leurs vues et préoccupations soient exposées et examinées, à des stades de la procédure qu'elle estime appropriés et d'une manière qui n'est ni préjudiciable ni contraire aux droits de la défense et aux exigences d'un procès équitable et impartial. Ces vues et préoccupations peuvent être exposées par les représentants légaux des victimes lorsque la Cour l'estime approprié, conformément au Règlement de procédure et de preuve. 4. La Division d'aide aux victimes et aux témoins peut

À travers ces quelques illustrations retenues à titre indicatif, on se rend bien compte que les règles constituant le Statut de la CPI sont des règles justes, permettant l'avènement d'une vraie justice si elles sont réellement et courageusement mises en œuvre.

i) La Charte africaine des droits de l'homme et des peuples

Adoptée par la dix-huitième Conférence des chefs d'État et de gouvernement tenue à Nairobi au Kenya en juin 1981, elle a été ratifiée par la RDC le 20 juillet 1987 par l'O-L n° 87-020,[317] et publiée au J.O du 5 décembre 2002.[318] Elle est assise sur des idées-forces mises en relief dans le préambule, en l'occurrence :
- l'attachement à « la Charte de l'Organisation de l'Unité Africaine, aux termes de laquelle, "la liberté, l'égalité, la justice et la dignité sont des objectifs essentiels à la réalisation des aspirations légitimes des peuples africains" » ;
- la conviction que « les droits fondamentaux de l'être humain sont fondés sur les attributs de la personne humaine, ce qui justifie leur protection internationale » et que « la réalité et le respect des droits du peuple doivent nécessairement garantir les droits de l'homme » ;
- l' « attachement aux libertés et aux droits de l'homme et des peuples contenus dans les déclarations, conventions et autres instruments adoptés dans le cadre de l'Organisation de l'Unité Africaine, du Mouvement des Pays Non-Alignés et de l'Organisation des Nations-Unies » ;
- la ferme volonté des États africains de s'acquitter de « leur devoir d'assurer la promotion et la protection des droits et libertés de l'homme et des peuples, compte dûment tenu de l'importance primordiale traditionnellement attachée en Afrique à ces droits et libertés. »[319]

---

conseiller le Procureur et la Cour sur les mesures de protection, les dispositions de sécurité et les activités de conseil et d'aide visées à l'article 43, paragraphe 6. 5.Lorsque la divulgation d'éléments de preuve et de renseignements en vertu du présent Statut risque de mettre gravement en danger un témoin ou les membres de sa famille, le Procureur peut, dans toute procédure engagée avant l'ouverture du procès, s'abstenir de divulguer ces éléments de preuve ou renseignements et en présenter un résumé. De telles mesures doivent être appliquées d'une manière qui n'est ni préjudiciable ni contraire aux droits de la défense et aux exigences d'un procès équitable et impartial. 6. Un Etat peut demander que soient prises les mesures nécessaires pour assurer la protection de ses fonctionnaires ou agents et la protection d'informations confidentielles ou sensibles. »

[317] O-L n° 87-020 du 20 juillet 1987, in *J.O,* n° spécial septembre 1987.

[318] *J.O*, 43e Année, n° spécial, 5 décembre 2002, pp 244-259.

[319] Charte africaine des droits de l'homme et des peuples, Préambule.

Mûs par ces convictions, ces États se sont engagés « à adopter des mesures législatives ou autres » pour appliquer les droits, devoirs et libertés énoncés dans cette Charte.[320] Parmi ces droits et libertés figurent notamment :

1°- Le droit à l'égalité de tous devant la loi et à une égale protection de celle-ci ;[321]

2°- Le caractère inviolable de la personne humaine ;[322]

3°- Le droit au respect de la dignité inhérente à la personne humaine et à la reconnaissance de sa personnalité juridique, lequel interdit « toutes formes d'exploitation et d'avilissement de l'homme, notamment l'esclavage, la traite des personnes, la torture physique ou morale, et les peines ou les traitements cruels inhumains ou dégradants » ;[323]

4°- Le droit à la liberté et à la sécurité de toute personne humaine qui ne peut en être privée que « pour des motifs et dans des conditions préalablement déterminés par la loi »[324] et qui ne doit pas être arrêtée ou détenue arbitrairement ;[325]

5°- Le droit à l'information et à l'éducation ;[326]

---

[320] Art. 1er de la Charte Africaine des Droits de l'Homme et des Peuples.

[321] Art. 3 : « 1. Toutes les personnes bénéficient d'une totale égalité devant la loi. 2.Toutes les personnes ont droit à une égale protection de la loi. »

[322] Art. 4 : « La personne humaine est inviolable. Tout être humain a droit au respect de sa vie et à l'intégrité physique et morale de sa personne : Nul ne peut être privé arbitrairement de ce droit. »

[323] Art. 5.

[324] Principe de la légalité.

[325] Art. 6. V. aussi l'art. 12 : « 1. Toute personne a le droit de circuler librement et de choisir sa résidence à l'intérieur d'un État, sous réserve de se conformer aux règles édictées par la loi. 2. Toute personne a le droit de quitter tout pays, y compris le sien, et de revenir dans son pays. Ce droit ne peut faire l'objet de restrictions que si celles-ci sont prévues par la loi, nécessaires pour protéger la sécurité nationale, l'ordre public, la santé ou la moralité publiques. 3. Toute personne a le droit, en cas de persécution, de rechercher et de recevoir asile en territoire étranger, conformément à la loi de chaque pays et aux conventions internationales. 4. L'étranger légalement admis sur le territoire d'un État partie à la présente Charte ne pourra en être expulsé qu'en vertu d'une décision conforme à la loi. 5. L'expulsion collective d'étrangers est interdite. L'expulsion collective est celle qui vise globalement des groupes nationaux, raciaux, ethniques ou religieux. »

[326] Art. 9 : « 1. Toute personne a droit à l'information. 2. Toute personne a le droit d'exprimer et de diffuser ses opinions dans le cadre des lois et règlements. » Art. 17 : « 1. Toute personne a droit à l'éducation... » Art. 25 : « Les États parties à la présente Charte ont le devoir de promouvoir et d'assurer, par l'enseignement, l'éducation et la diffusion, le respect des droits et des libertés contenus dans la présente Charte, et de prendre des mesures en vue de veiller à ce que ces libertés et droits soient compris de même que les obligations et devoirs correspondants. »

6°- Le droit à la propriété privée ;[327]
7°- La reconnaissance de la famille comme « l'élément naturel et la base de la société » devant être protégée par l'État.[328]

Les art. 7 et 26 consacrent respectivement les principes de la légalité, du libre accès à la justice, de la présomption d'innocence, du respect des droits de la défense,[329] et de l'indépendance des tribunaux.[330] Méritent également d'être relevées les dispositions pertinentes de l'art. 21 qui fondent la sanction des détournements et pillages des richesses et ressources naturelles et reconnaissent à la population spoliée le droit à la réparation consistant en la récupération de ses biens et à une indemnisation adéquate.[331]

---

[327] Art. 14 : « Le droit de propriété est garanti. Il ne peut y être porté atteinte que par nécessité publique ou dans l'intérêt général de la collectivité, ce, conformément aux dispositions des lois appropriées. »

[328] Art. 18 : « 1. La famille est l'élément naturel et la base de la société. Elle doit être protégée par l'État qui doit veiller à sa santé physique et morale. 2. L'État a l'obligation d'assister la famille dans sa mission de gardienne de la morale et des valeurs traditionnelles reconnues par la Communauté. 3. L'État a le devoir de veiller à l'élimination de toute discrimination contre la femme et d'assurer la protection des droits de la femme et de l'enfant tels que stipulés dans les déclarations et conventions internationales. 4. Les personnes âgées ou handicapées ont également droit à des mesures spécifiques de protection en rapport avec leurs besoins physiques ou moraux. » Art. 29 : « L'individu a en outre le devoir : 1. De préserver le développement harmonieux de la famille et d'œuvrer en faveur de la cohésion et du respect de cette famille ; de respecter à tout moment ses parents, de les nourrir, et de les assister en cas de nécessité; … »

[329] Art. 7 : « 1. Toute personne a droit à ce que sa cause soit entendue. Ce droit comprend : a. le droit de saisir les juridictions nationales compétentes de tout acte violant les droits fondamentaux qui lui sont reconnus et garantis par les conventions, les lois, règlements et coutumes en vigueur; b. le droit à la présomption d'innocence, jusqu'à ce que sa culpabilité soit établie par une juridiction compétente; c. le droit à la défense, y compris celui de se faire assister par un défenseur de son choix; d. le droit d'être jugé dans un délai raisonnable par une juridiction impartiale. 2. Nul ne peut être condamné pour une action ou une omission qui ne constituait pas, au moment où elle a eu lieu, une infraction légalement punissable. Aucune peine ne peut être infligée si elle n'a pas été prévue au moment où l'infraction a été commise. La peine est personnelle et ne peut frapper que le délinquant. »

[330] Art. 26 : « Les États parties à la présente Charte ont le devoir de garantir l'indépendance des Tribunaux et de permettre l'établissement et le perfectionnement d'institutions nationales appropriées chargées de la promotion et de la protection des droits et libertés garantis par la présente Charte. »

[331] Art. 21 : « 1. Les peuples ont la libre disposition de leurs richesses et de leurs ressources naturelles. Ce droit s'exerce dans l'intérêt exclusif des populations. En aucun cas, un peuple ne peut en être privé. 2. En cas de spoliation, le peuple spolié a droit à la légitime récupération de ses biens ainsi qu'à une indemnisation adéquate.

Afin de promouvoir ces différents droits et en assurer l'observance, a été mise sur pied une Commission Africaine des Droits de l'Homme et des Peuples, couramment dénommée « la Commission ».[332] Pour compléter et renforcer la mission de celle-ci, une Cour Africaine des Droits de l'Homme et des Peuples a été créée par le Protocole de Ouagadougou de juin 1998.[333] Elle a la compétence de « connaître de toutes les affaires et de tous les différends dont elle est saisie concernant l'interprétation et l'application de la Charte, du présent Protocole, et de tout autre instrument pertinent relatif aux droits de l'homme et ratifié par les États concernés. »[334]

j) La Charte africaine des droits et du bien-être de l'enfant

Elle est fondée sur la nécessité d'assurer à l'enfant une protection et des soins spéciaux « en raison de son immaturité physique et mentale », et d'apporter une réponse appropriée à la situation critique « de nombreux enfants africains due aux seuls facteurs socio-économiques, culturels, traditionnels, de catastrophes naturelles, de poids démographiques, de conflits armés, ainsi qu'aux circonstances de développement, d'exploitation, de la faim, de handicaps ».[335] Elle a été adoptée en juillet 1990, à Addis-Abeba en Ethiopie, par la vingt-sixième Conférence des chefs d'État et de gouvernement de l'OUA qui, « réaffirmant leur adhésion aux principes des droits et de la protection de l'enfant consacrés dans les déclarations, conventions et autres instruments adoptés par l'Organisation de l'unité africaine et par l'Organisation des Nations unies, notamment la Convention des Nations unies sur les droits de l'enfant et la Déclaration des chefs d'État

---

3. La libre disposition des richesses et des ressources naturelles s'exerce sans préjudice de l'obligation de promouvoir une coopération économique internationale fondée sur le respect mutuel, l'échange équitable, et les principes du droit international. 4. Les États parties à la présente Charte s'engagent, tant individuellement que collectivement, à exercer le droit de libre disposition de leurs richesses et de leurs ressources naturelles, en vue de renforcer l'unité et la solidarité africaines. 5. Les États parties à la présente Charte, s'engagent à éliminer toutes les formes d'exploitation économique étrangère, notamment celle qui est pratiquée par des monopoles internationaux, afin de permettre à la population de chaque pays de bénéficier pleinement des avantages provenant de ses ressources nationales. »

[332] Art. 30 et s. de la Charte.

[333] Protocole de Ouagadougou de juin 1998 relatif à la création d'une Cour africaine des droits de l'homme et des peuples, ratifié par la RDC le 28 mars 2001 (v. D-L n° 008-01 du 28 mars 2001, in *J.O,* n° spécial septembre 2001, p. 61), et publié au *J.O,* n° spécial 5 décembre 2002, pp. 260-268.

[334] V. art. 1, 2 et 3 dudit Protocole.

[335] Charte africaine des droits et du bien-être de l'enfant, préambule.

et de gouvernement sur les droits et le bien-être de l'enfant africain », ont solennellement reconnu :
- « que l'enfant occupe une place unique et privilégiée dans la société africaine et que, pour assurer l'épanouissement intégral et harmonieux de sa personnalité, l'enfant devrait grandir dans un milieu familial, dans une atmosphère de bonheur, d'amour et de compréhension » ;
- « que l'enfant, compte tenu des besoins liés à son développement physique et mental, a besoin de soins particuliers pour son développement corporel, physique, mental, moral et social, et qu'il a besoin d'une protection légale dans des conditions de liberté, de dignité et de sécurité » ;
- que « les vertus de leur héritage culturel, leur passé historique et les valeurs de la civilisation africaine... devraient inspirer et guider leur réflexion en matière de droits et de protection de l'enfant »[336]...

Par le D-L n° 007-01 du 28 mars 2001[337], la RDC a ratifié cette Charte, publiée au J.O du 5 décembre 2002[338]. Celle-ci définit l'enfant comme étant « tout être humain âgé de moins de 18 ans ».[339] Elle reconnaît à celui-ci des droits fondamentaux et édicte des prescriptions qui fondent certaines règles pénales d'incrimination, de procédure, de fixation, d'application et de finalité de la sanction.

1°- Les droits et libertés fondamentaux reconnus à l'enfant, parmi lesquels peuvent être relevés :
- le droit à la vie, imprescriptible et garanti par la loi ; le droit à la protection, au développement et à la dignité de l'enfant, avec mesures particulières pour les enfants handicapés ;[340]
- le droit à l'identité et à la nationalité ;[341]

---

[336] *Idem.*
[337] In *J.O*, n° spécial, septembre 2001, p. 38.
[338] *J.O*, 43e Année, n° spécial, 5 décembre 2002, pp 277-294.
[339] Art. 2 de la Charte africaine des droits et du bien-être de l'enfant.
[340] Art. 5 *Survie et développement* : « 1. Tout enfant a droit à la vie. Ce droit est imprescriptible. Ce droit est protégé par la loi. 2. Les États parties à la présente Charte assurent, dans toute la mesure du possible, la survie, la protection et le développement de l'enfant. 3. La peine de mort n'est pas prononcée pour les crimes commis par des enfants. » Art. 13 *Enfants handicapés* : « 1. tout enfant qui est mentalement ou physiquement handicapé a droit à des mesures spéciales de protection correspondant à ses besoins physiques et moraux et dans les conditions qui garantissent sa dignité et qui favorisent son autonomie et sa participation active à la vie communautaire... »
[341] Art. 6 *Nom et nationalité* : « 1. Tout enfant a droit à un nom dès sa naissance ; 2. Tout enfant est enregistré immédiatement après sa naissance ; 3. Tout enfant a le droit d'acquérir une nationalité ; 4. Les États parties à la présente Charte s'engagent

- le droit à la protection de la vie privée prohibant toute ingérence arbitraire ou illégale dans la vie privée, la famille, le foyer ou la correspondance de l'enfant et toute atteinte à son honneur ou à sa réputation, sauf droit de contrôle raisonnable des parents sur sa conduite ;[342]
- le droit à la liberté d'expression, d'association, de pensée, de conscience et de religion ;[343]
- le droit à l'éducation ;[344]
- le droit d'être entretenu par sa famille, reconnue comme cellule de base de la société devant bénéficier du soutien de l'État pour son installation et son développement, et celui d'être protégé en cas de dissolution du mariage.[345]

à veiller à ce que leurs législations reconnaissent le principe selon lequel un enfant a droit d'acquérir la nationalité de l'État sur le territoire duquel il/elle est né(e) si, au moment de sa naissance, il/elle ne peut prétendre à la nationalité d'aucun autre État conformément à ses lois. »

342 Art. 10 *Protection de la vie privée* : « Aucun enfant ne peut être soumis à une ingérence arbitraire ou illégale dans sa vie privée, sa famille, son foyer ou sa correspondance, ni à des atteintes à son honneur ou à sa réputation, étant entendu toutefois que les parents gardent le droit d'exercer un contrôle raisonnable sur la conduite de leur enfant. L'enfant a le droit à la protection de la loi contre de telles ingérences ou atteintes. »

343 Art. 7 *Liberté d'expression* : « Tout enfant qui est capable de communiquer se verra garantir le droit d'exprimer ses opinions librement dans tous les domaines et de faire connaître ses opinions, sous réserve des restrictions prévues par la loi. » Art. 8 *Liberté d'association* : « Tout enfant a droit à la libre association et à la liberté de rassemblement pacifique, conformément à la loi. » Art. 9 *Liberté de pensée, de conscience et de religion* : « 1. Tout enfant a droit à la liberté de pensée, de conscience et de religion. 2. Les parents et, le cas échéant, le tuteur légal, devront fournir conseils et orientations dans l'exercice de ces droits d'une façon et dans la mesure compatibles avec l'évolution des capacités et l'intérêt supérieur de l'enfant. 3. Les États parties à la présente Charte devront respecter l'obligation des parents et, le cas échéant, du tuteur, de fournir conseils et orientations dans la jouissance de ces droits, conformément aux lois et politiques nationales applicables en la matière. »

344 Art. 11 *Éducation* : « 1. Tout enfant a droit à l'éducation… 3. Les États parties à la présente Charte prennent toutes les mesures appropriées en vue de parvenir à la pleine réalisation de ce droit et, en particulier, ils s'engagent à : a) fournir un enseignement de base gratuit et obligatoire ; b) encourager le développement de l'enseignement secondaire sous différentes formes et le rendre progressivement gratuit et accessible à tous ; c) rendre l'enseignement supérieur accessible à tous, compte tenu des capacités et des aptitudes de chacun, par tous les moyens appropriés ; d) prendre des mesures pour encourager la fréquentation régulière des établissements scolaires et réduire le taux d'abandons scolaires ; e) prendre des mesures spéciales pour veiller à ce que les enfants féminins doués et défavorisés aient un accès égal à l'éducation dans toutes les couches sociales… »

345 Art. 18 *Protection de la famille* : « 1. La famille est la cellule de base naturelle de la société. Elle doit être protégée et soutenue par l'État pour son installation et son

2°- Les fondements pertinents de certains textes d'incrimination, fondements contenus dans la deuxième série des dispositions retenues. Il en est ainsi, p. ex., de :

- l'art. 21 de la Charte qui assure la protection des enfants « contre les pratiques négatives sociales et culturelles » et interdit, notamment, les mariages de ces derniers et la promesse de jeunes filles et garçons en mariage, tout en engageant les États parties à prendre des mesures effectives, y compris des lois, « pour spécifier que l'âge minimal requis pour le mariage est de 18 ans et pour rendre obligatoire l'enregistrement de tous les mariages dans un registre officiel » ;[346]
- l'art. 15 qui régit le travail des enfants, leur garantissant la protection contre toute forme d'exploitation économique et l'exercice de tout travail comportant des dangers ou risquant de perturber leur éducation ou de compromettre leur santé ou leur développement physique, mental, spirituel, moral et social ;[347]
- l'art. 16 qui oblige les États parties à prendre « des mesures législatives, administratives, sociales et éducatives spécifiques pour protéger l'enfant contre toute forme de tortures, traitements inhumains et dégradants, et en particulier toute forme d'atteinte ou d'abus physique ou mental, de négligence ou de mauvais traitements, y compris les sévices sexuels, lorsqu'il est confié à la garde d'un parent, d'un tuteur légal, de l'autorité scolaire ou de toute autre personne ayant la garde de l'enfant » ;[348]
- l'art. 27 aux termes duquel les États parties « s'engagent à protéger l'enfant contre toute forme d'exploitation ou de mauvais traitements sexuels et… à prendre des mesures pour empêcher : a) l'incitation, la coercition ou l'encouragement d'un enfant à s'engager dans toute activité sexuelle ; b) l'utilisation d'enfants à des fins de prostitution ou toute autre pratique sexuelle ; c) l'utilisation d'enfants dans des activités et des scènes ou publications pornographiques » ;
- l'art. 29 obligeant les États parties à prendre « les mesures appropriées pour empêcher : a) l'enlèvement, la vente ou le trafic d'enfants à quelque fin que ce soit ou sous toute forme que ce soit, par toute personne que ce soit, y compris leurs parents ou leur tuteur légal ; b) l'utilisation des enfants dans la mendicité » ;

---

développement. 2. Les États [parties] à la présente Charte prennent des mesures appropriées pour assurer l'égalité de droits et de responsabilités des époux à l'égard des enfants durant le mariage et pendant sa dissolution. En cas de dissolution, des dispositions sont prises pour assurer la protection des enfants ; 3. Aucun enfant ne peut être privé de son entretien en raison du statut marital de ses parents. »

[346] Art. 21-2. de la Charte.

[347] Art. 15-1.

[348] Art. 16-1.

- l'art. 22 exposant les engagements des États en vue d'assurer la protection des enfants contre leur implication dans des conflits armés.[349]

3°- L'assiette à des règles applicables dans le domaine de la procédure, et fixée par la troisième série des prescriptions identifiées dont :
- l'art. 4 qui pose le principe de la primauté de l'intérêt supérieur de l'enfant en toute action ou procédure le concernant[350] ;
- l'art. 17 qui fixe ainsi les règles devant régir l'administration de la justice pour mineurs :

> « 1. Tout enfant accusé ou déclaré coupable d'avoir enfreint la loi pénale a droit à un traitement spécial compatible avec le sens qu'a l'enfant de sa dignité et de sa valeur, et propre à renforcer le respect de l'enfant pour les droits de l'homme et les libertés fondamentales des autres.
> 2. Les États parties à la présente Charte doivent en particulier : a) veiller à ce qu'aucun enfant qui est détenu ou emprisonné, ou qui est autrement dépourvu de sa liberté ne soit soumis à la torture ou à des traitements ou châtiments inhumains ou dégradants ; b) veiller à ce que les enfants soient séparés des adultes sur les lieux de détention ou d'emprisonnement ; c) veiller à ce que tout enfant accusé d'avoir enfreint la loi pénale : i. soit présumé innocent jusqu'à ce qu'il ait été dûment reconnu coupable, ii. soit informé promptement et en détail des accusations portées contre lui et bénéficie des services d'un interprète s'il ne peut comprendre la langue utilisée, iii. reçoive une assistance légale ou autre appropriée pour préparer et présenter sa défense, iv. voie son cas tranché aussi rapidement que possible par un tribunal impartial et, s'il est reconnu coupable, ait

---

[349] Il est ainsi libellé : « 1. Les États parties à la présente Charte s'engagent à respecter, et à faire respecter les règles du Droit international humanitaire applicables en cas de conflits armés qui affectent particulièrement les enfants. 2. Les États parties à la présente Charte prennent toutes les mesures nécessaires pour veiller à ce qu'aucun enfant ne prenne directement part aux hostilités et en particulier, à ce qu'aucun enfant ne soit enrôlé sous les drapeaux. 3. Les États parties à la présente Charte doivent, conformément aux obligations qui leur incombent en vertu du Droit International Humanitaire, protéger la population civile en cas de conflit armé et prendre toutes les mesures possibles pour assurer la protection et le soin des enfants qui sont affectés par un conflit armé. Ces dispositions s'appliquent aussi aux enfants dans des situations de conflits armés internes, de tensions ou de troubles civils. »

[350] Il dispose en effet : « 1. Dans toute action concernant un enfant, entreprise par une quelconque personne ou autorité, l'intérêt supérieur de l'enfant sera la considération primordiale. 2. Dans toute procédure judiciaire ou administrative affectant un enfant qui est capable de communiquer, on fera en sorte que les vues de l'enfant puissent être entendues soit directement, soit par le truchement d'un représentant impartial qui prendra part à la procédure, et ses vues seront prises en considération par l'autorité compétente, conformément aux dispositions des lois applicables en la matière. »

la possibilité de faire appel auprès d'un tribunal de plus haute instance ; d) interdire à la presse et au public d'assister au procès.
3. Le but essentiel du traitement de l'enfant durant le procès, et aussi s'il est déclaré coupable d'avoir enfreint la loi pénale, est son amendement, sa réintégration au sein de sa famille et sa réhabilitation sociale.
4. Un âge minimal doit être fixé, en deçà duquel les enfants sont présumés ne pas avoir la capacité d'enfreindre la loi pénale. »

4°- Le fondement des règles relatives à la fixation, à l'application et à la finalité de certaines sanctions, constitué de la quatrième série des dispositions relevées. Celles-ci incluent notamment l'art. 5-3 qui pose le principe selon lequel « la peine de mort n'est pas prononcée pour les crimes commis par des enfants », et l'art. 30 qui fixe les engagements des États en matière de protection des enfants des mères emprisonnées.[351]

Les différents principes qui viennent d'être énumérés, qui sont gravés dans la Constitution et dans les instruments internationaux et régionaux régulièrement ratifiés par la RDC, doivent être respectés et mis en œuvre par des lois ordinaires.

C- LES LOIS

Par lois, il faut entendre celles qui ont été votées par le parlement, promulguées par le président de la République et publiées au journal officiel. Les plus importantes d'entre elles, en matière du droit pénal de fond, sont celles qui forment le code pénal congolais, issu du décret du 30 janvier 1940 et plusieurs fois modifiés. Ce code est organisé en en deux livres :

---

[351] Art. 30 *Enfants des mères emprisonnées* : « Les États parties à la présente Charte s'engagent à prévoir un traitement spécial pour les femmes enceintes et les mères de nourrissons et de jeunes enfants qui ont été accusées ou jugées coupables d'infraction à la loi pénale et s'engagent en particulier à : a) veiller à ce qu'une peine autre qu'une peine d'emprisonnement soit envisagée d'abord dans tous les cas lorsqu'une sentence est rendue contre ces mères ; b) établir et promouvoir des mesures changeant l'emprisonnement en institution pour le traitement de ces mères ; c) créer des institutions spéciales pour assurer la détention de ces mères ; d) veiller à interdire qu'une mère soit emprisonnée avec son enfant ; e) veiller à interdire qu'une sentence de mort soit rendue contre ces mères ; f) veiller à ce que le système pénitencier ait essentiellement pour but la réforme, la réintégration de la mère au sein de sa famille et la réhabilitation sociale. »

Le livre 1er traite *des infractions et de la répression en général*. Il pose les principes communs à toutes les infractions. Car il contient notamment des dispositions sur les principes légaliste et d'interprétation stricte (art. 1er et 1bis), la tentative (art. 4), les peines et leur régime d'exécution (art. 5 à 14), les circonstances atténuantes (art. 18 et 19), le concours de plusieurs infractions (art. 20), la participation criminelle (art. 21 à 23), la responsabilité des supérieurs hiérarchiques (art. 22 bis), les causes d'exonération de la responsabilité pénale et l'erreur (art. 23bis et ter), la prescription des infractions et des peines (art. 24 à 34 et 34bis), la libération conditionnelle (art. 35-41), et la condamnation conditionnelle (art. 42). Ainsi donc, c'est le livre 1er qui constitue réellement le principal siège légal du droit pénal général, alors que le livre II l'est pour le droit pénal spécial.

En effet, le livre II traite des infractions et de leur répression en particulier. Il est structuré en 9 titres assurant chacun la protection des valeurs fondamentales : le titre 1er définit et sanctionne les infractions contre les personnes ; le titre 2 traite des infractions contre les propriétés ; le titre 3 parle des infractions contre la foi publique ; le titre 4, des infractions contre l'ordre public ; le titre 5, des infractions contre la sécurité publique ; le titre 6, des infractions contre l'ordre des familles ; le titre 7, des atteintes aux droits garantis aux particuliers ; le titre 8, des atteintes à la sûreté de l'Etat ; le titre IX des crimes contre la paix et la sécurité de l'humanité.[352]

À ce texte de base s'ajoutent des dispositions pénales complémentaires comme p. ex. : l'ord. n° 57/APAJ du 10 juin 1939 sur l'ivresse publique ; le D. du 21 février 1950 portant régime des armes à feu et de leurs munitions ; la loi n° 71-012 du 31 décembre 1971 réglementant l'exercice des cultes ; la loi n° 87-010 du 1er août 1987 portant code de la famille, telle que modifiée par la loi n° 16-008 du 15 juillet 2016 ; la loi n° 007-2002 du 11 juillet 2002 portant code minier ; la loi n° 09-001 du 10 janvier 2009 portant protection de l'enfant ; la loi n° 11-008 du 9 juillet 2011 portant criminalisation de la torture ; la loi n° 11-009 du 9 juillet 2011 portant principes fondamentaux relatifs à la protection de l'environnement, etc. Il importe de mentionner également des recueils de lois qui régissent certaines situations ou certains domaines particuliers. Il en est ainsi, p. ex., du code de la route[353] qui réglemente, définit et sanctionne les contraventions en matière de circulation

---

[352] V. art. 4 de la loi n° 15-022 du 31 décembre 2015 modifiant et complétant le D. du 30 janvier 1940 portant CP, in *J.O*, 57e année, n° spécial, 29 février 2016, pp 1-17, spéc. pp. 8-17.

[353] Loi n° 78-022 du 30 août 1978 portant Nouveau Code de la route, in *J.O.*, 45e année, n° spécial, 30 juillet 2004.

routière ; et du CPM[354] qui fixe les infractions et les peines applicables par les juridictions des forces armées. Comme le CPO, dont nous venons de parler et qui constitue avec les dispositions pénales complémentaires ce que l'on pourrait appeler le droit pénal commun, le CPM est également structuré en deux livres : le livre 1er traite des infractions et de la répression en général[355] ; le livre 2 fixe les infractions prévues et punies par ledit code.[356] De l'analyse du livre 1er de ce texte, il s'établit clairement que les principes de droit pénal général consacrés par le CPO trouvent application dans la définition et la sanction des infractions prévues dans le CPM. Aussi, son art. 1er dispose-t-il :

> « *Sous réserve de la présente loi, les dispositions du Livre premier et du Titre IX du Livre II du Décret du 30 janvier 1940 portant Code pénal sont applicables devant les juridictions militaires.*
>
> Outre les autres motifs de responsabilité pénale au regard du Décret du 30 janvier 1940 portant Code pénal et de la présente loi pour le crime de génocide, les crimes contre l'humanité et les crimes de guerre, un chef militaire ou une personne faisant effectivement fonction de chef militaire est pénalement responsable de ces crimes commis par des forces placées sous son commandement et son contrôle effectifs, ou son autorité et son contrôle effectifs, selon le cas, lorsqu'il ou elle n'a pas exercé le contrôle qui convenait sur ces forces dans les cas où : a. ce chef militaire ou cette personne savait ou, en raison des circonstances, aurait dû savoir, que ces forces commettaient ou allaient commettre ces crimes ; et b. ce chef militaire ou cette personne n'a pas pris toutes les mesures nécessaires et raisonnables qui étaient en son pouvoir pour en empêcher ou en réprimer l'exécution ou pour en référer aux autorités compétentes aux fins d'enquête et de poursuites ».[357]

Et les art. 2 à 7 de rappeler successivement le principe de la légalité des incriminations et des peines (art. 2); le principe de la rétroactivité *in mitius* (art. 2) ; le principe de la responsabilité pénale individuelle (art. 3) ; la définition et la sanction de la tentative punissable (art. 4) ; la détermination de l'auteur de l'infraction (art. 5)[358] ; la définition du complice d'une infraction (art. 6) ; le principe applicable en cas de concours d'infractions (art. 7).

---

[354] Loi n° 24-2002 du 18 novembre 2002 portant CPM, in *J.O*, n° spécial, 20 mars 2003, telle que modifiée par la loi n° 15-023 du 31 décembre 2015, in *J.O*, n° spécial, 29 février 2016, pp. 17-19.

[355] CPM, art. 1 à 38.

[356] CPM, art. 39 à 208.

[357] V. l'art. 1er de la loi n° 15-023 du 31 décembre 2015 modifiant les art. 1er et 5 du Chapitre 1er du Livre premier de la loi n° 024-2002 du 18 novembre 2002 portant CPM, in *J.O*, 57e année, n° spécial, 29 février 2016, pp 18-19. Le premier alinéa est relevé en italique par l'auteur.

[358] Tel que modifié par l'art. 1er de la loi n° 15-023 du 31 décembre 2015 cité ci-dessus.

*PARAGRAPHE 3 : **LA MISE EN ŒUVRE DE LA LOI PÉNALE***

Elle pose deux problèmes essentiels : le premier, celui de savoir à quelles conditions une loi pénale peut être appliquée (A) ; le second, relatif à la recherche de la solution à adopter en cas de conflit entre deux lois en présence (B).

A- LES CONDITIONS D'APPLICATION DE LA LOI PÉNALE

Il y a d'abord une évidence : c'est qu'une loi pénale ne peut s'appliquer que si, au préalable, elle existe. En effet, on ne peut pas mettre en œuvre une disposition qui n'existe pas ! (a). Ensuite, l'autorité chargée de dire le droit, en l'occurrence le juge, doit s'employer à connaître et à fixer le vrai sens de la loi, autrement dit à l'interpréter avec exactitude pour en assurer l'application avec efficience et efficacité (b).

a) La condition sine que non : l'existence de la loi pénale

Toute loi[359] ne peut être mise en vigueur que si elle a été votée, promulguée, puis publiée au journal officiel.

1°- Le vote des lois est l'œuvre du parlement, agissant conformément à l'art. 100 de la Const. qui dispose :

> « Le pouvoir législatif est exercé par un Parlement composé de deux Chambres : l'Assemblée nationale et le Sénat. Sans préjudice des autres dispositions de la présente Constitution, le Parlement vote les lois. Il contrôle le Gouvernement, les entreprises publiques ainsi que les établissements et les services publics. Chacune des Chambres jouit de l'autonomie administrative et financière et dispose d'une dotation propre. »

2°- La promulgation est accomplie par le président de la République. En effet, dans les six jours de son adoption par le parlement, la loi est transmise

---

[359] Citons, au passage, l'art. 130 de la Const. qui parle de l'initiative des lois : « L'initiative des lois appartient concurremment au Gouvernement, à chaque député et à chaque sénateur. Les projets de loi adoptés par le Gouvernement en Conseil des ministres sont déposés sur le Bureau de l'une des Chambres. Toutefois, s'agissant de la loi de finances, le projet est impérativement déposé dans les délais prévus à l'article 126 sur le Bureau de l'Assemblée nationale. Les propositions de loi sont, avant délibération et adoption, notifiées pour information au Gouvernement qui adresse, dans les quinze jours suivant leur transmission, ses observations éventuelles au Bureau de l'une ou l'autre Chambre. Passé ce délai, ces propositions de loi sont mises en délibération. »

au président de la République pour sa promulgation, le premier ministre en recevant une ampliation.[360] Avant cette promulgation, une loi peut subir le contrôle de sa conformité à la Const. par la Cour constitutionnelle, en application de l'art. 139 de la Const. ainsi libellé :

> « La Cour constitutionnelle peut être saisie d'un recours visant à faire déclarer une loi à promulguer non conforme à la Constitution par : 1. le Président de la République dans les quinze jours qui suivent la transmission à lui faite de la loi définitivement adoptée ; 2. le Premier ministre dans les quinze jours qui suivent la transmission à lui faite de la loi définitivement adoptée ; 3. le Président de l'Assemblée nationale ou le Président du Sénat dans les quinze jours qui suivent son adoption définitive ; 4. un nombre de députés ou de sénateurs au moins égal au dixième des membres de chacune des Chambres, dans les quinze jours qui suivent son adoption définitive.
>
> La loi ne peut être promulguée que si elle a été déclarée conforme à la Constitution par la Cour constitutionnelle qui se prononce dans les trente jours de sa saisine. Toutefois, à la demande du Gouvernement, s'il y a urgence, ce délai est ramené à huit jours. Passé ces délais, la loi est réputée conforme à la Constitution. »

Le président de la République promulgue la loi dans un délai de quinze jours à compter de sa transmission comme le prescrit l'art. 140 de la Constitution. À défaut de promulgation dans les délais constitutionnels, celle-ci est de droit.[361]

Il faut souligner que la promulgation est l'acte de naissance d'une loi. Elle est à la fois l'authentification, par le chef de l'exécutif, de l'origine du texte qu'il certifie conforme aux préceptes constitutionnels, et le commandement de l'autorité à tous les destinataires de la loi pour les ordonner de s'y conformer.

---

[360] Art. 79 al. 2 et 3 de la Const. : « … Le Président de la République promulgue les lois dans les conditions prévues par la présente Constitution. Il statue par voie d'ordonnance… » Art. 136 : « Dans les six jours de son adoption, la loi est transmise au Président de la République pour sa promulgation. Le Premier ministre en reçoit ampliation. »

[361] Art. 140 : « Le Président de la République promulgue la loi dans les quinze jours de sa transmission après l'expiration des délais prévus par les articles 136 et 137 de la Constitution. À défaut de promulgation de la loi par le Président de la République dans les délais constitutionnels, la promulgation est de droit. » Art. 136, voir *supra*, NBP 360. Art. 137 : « Dans un délai de quinze jours de la transmission, le Président de la République peut demander à l'Assemblée nationale ou au Sénat une nouvelle délibération de la loi ou de certains de ses articles. Cette nouvelle délibération ne peut être refusée. Le texte soumis à une seconde délibération est adopté par l'Assemblée nationale et le Sénat soit sous la forme initiale, soit après modification à la majorité absolue des membres qui les composent. »

La promulgation confère donc à la loi la force exécutoire, en rendant son existence aussi authentique qu'incontestable.

3°- La publication, quant à elle, est l'acte par lequel le législateur accomplit ou prétend accomplir son devoir d'informer les justiciables. En effet, si la loi votée, sanctionnée et promulguée est parfaite ; si, à dater de sa promulgation, elle est, comme nous l'avons dit, exécutoire ; elle ne devient obligatoire ou opposable à tous qu'à compter de sa publication. Et cette publication est réalisée par l'insertion de la loi au J.O de la République et sa diffusion conformément aux dispositions des art. 141 et 142 de la Const. Le premier prescrit que « les lois sont revêtues du sceau de l'État et publiées au Journal officiel. »[362] Le second dispose que « la loi entre en vigueur trente jours après sa publication au journal officiel à moins qu'elle n'en dispose autrement. Dans tous les cas, le Gouvernement assure la diffusion en français et dans chacune des quatre langues nationales dans le délai de soixante jours à dater de la promulgation. »[363] Reste à vérifier si le gouvernement s'acquitte effectivement de cette obligation dans la pratique.

Une loi votée, promulguée et publiée s'applique jusqu'à son expiration ou sa « mort ». Cette expiration peut intervenir de deux manières :
- Elle peut intervenir par l'abrogation de la loi qui peut être expresse, lorsque la loi nouvelle contient une disposition spéciale portant disparition du texte ancien[364] ; tacite ou implicite lorsque le texte nouveau est incompatible avec l'ancien texte qui par conséquent disparaît.
- L'expiration ou la mort de la loi peut intervenir aussi par la désuétude. Une loi est dite désuète lorsqu'elle a cessé depuis longtemps d'être appliquée.[365]

Notons qu'à côté des lois, sont prévues des ordonnances-lois définies par l'art. 129 de la Const. qui en fixe à la fois les conditions d'existence et d'extinction en ces termes :

---

[362] Art. 141.

[363] Art. 142.

[364] On peut citer, p. ex., l'art. 2 de la loi n° 15-023 du 31 décembre 2015 modifiant la loi n° 024-2002 du 18 novembre 2002 portant CPM. Cet art. dispose : « Le Titre V et l'article 207 du Titre VIII de la loi n° 024-2002 du 18 novembre 2002 portant Code pénal militaire sont abrogés » ; in *J.O*, 1ère partie, n° spécial, 29 février 2016, pp. 17-19. V. *infra*, pp. 249-250.

[365] Il importe de noter en passant que certaines jurisprudences, comme p. ex. la jurisprudence française, n'admettent pas la désuétude en matière pénale. V. notamment J. Pradel, *Droit pénal général,* 21e éd., n° 170, p. 145. V. aussi *infra* pp. 250-252.

« Le Gouvernement peut, pour l'exécution urgente de son programme d'action, demander à l'Assemblée nationale ou au Sénat l'autorisation de prendre, par ordonnances-lois, pendant un délai limité et sur des matières déterminées, des mesures qui sont normalement du domaine de la loi.

Ces ordonnances-lois sont délibérées en Conseil des ministres. Elles entrent en vigueur dès leur publication et deviennent caduques si le projet de loi de ratification n'est pas déposé devant le Parlement au plus tard à la date limite fixée par la loi d'habilitation.

À l'expiration du délai visé à l'alinéa premier du présent article, si le Parlement ne ratifie pas ces ordonnances-lois, celles-ci cessent de plein droit de produire leurs effets.

Les ordonnances-lois délibérées en Conseil des ministres et ratifiées ne peuvent être modifiées dans leurs dispositions que par la loi.

Les ordonnances-lois cessent de plein droit de produire leurs effets en cas de rejet du projet de loi de ratification. »

b) La condition d'efficience et d'efficacité : L'interprétation de la loi pénale

L'interprétation est une opération intellectuelle qui consiste à rechercher l'exacte signification, la réelle portée d'une loi dans le but d'en assurer une correcte application. La meilleure description de cette importante opération nous conduit, d'une part, à distinguer successivement les sources d'interprétation (1°), les principes gouvernant l'interprétation (2°), les méthodes mises en œuvre pour interpréter une loi pénale (3°) ; d'autre part, à souligner l'autonomie du droit pénal en cette matière (4°).

1°- Les sources d'interprétation

Lorsqu'on tient compte de la qualité de l'organe qui interprète, on distingue trois sortes d'interprétation : l'interprétation authentique, l'interprétation judiciaire et l'interprétation doctrinale.

1) L'interprétation authentique

Elle est accomplie par le législateur lui-même qui fixe la portée ou le sens exact d'une loi. Elle revêt une force obligatoire pour les juges, car elle émane de l'auteur même de la loi. Encore appelée *interprétation législative*, elle peut revêtir deux formes : contextuelle ou postérieure.

1-1) Elle est contextuelle lorsqu'elle est insérée dans le corps même du texte interprété. Les illustrations d'interprétation contextuelle sont nombreuses dans la législation congolaise. On peut citer, à titre indicatif :

- Les art. 212 à 214 du CP consacrés à la définition de certains termes utilisés par le législateur dans la section traitant des atteintes à la sûreté de l'État. [366] Ils précisent ainsi que « l'attentat existe dès qu'il y a tentative punissable » (art. 212) ; qu'« il y a complot dès que la résolution d'agir a été arrêtée entre deux ou plusieurs personnes » (art. 213) ; que « sont compris dans le mot "armes", toutes machines, tous instruments, ustensiles ou autres objets tranchants, perçants ou contondants dont on se sera saisi pour tuer, blesser ou frapper, même si on n'en a pas fait usage » (art. 214).
- L'art. 170 dernier al. du CP qui dispose : « Est réputé viol à l'aide de violences, le seul fait du rapprochement charnel des sexes commis sur des personnes désignées à l'article 167 alinéa 2 », c'est-à-dire sur des enfants âgés de moins de 18 ans.[367]
- L'art. 174-b-3 qui définit le souteneur comme étant « celui qui vit, en tout ou en partie, aux dépens d'une personne dont il exploite la prostitution. »
- L'art. 40 du CPM qui précise le contenu des deux catégories d'infractions qu'il prévoit et réprime, à savoir les infractions d'ordre militaire et les infractions mixtes. « Les infractions d'ordre militaire, [dit-il], sont celles qui ne sont commises que par des militaires ou assimilés. Elles consistent en un manquement au devoir de leur état. Les infractions mixtes sont des infractions de droit commun aggravées en raison des circonstances de leur perpétration et réprimées à la fois par le Code Pénal ordinaire et le présent Code. »[368]
- L'art. 57 du CPM qui, punissant de mort tout militaire ou assimilé coupable de lâcheté, la définit ainsi : « Par lâcheté, il faut entendre la fuite devant les forces ennemies ou bandes insurrectionnelles, ou l'emploi de moyens irréguliers pour se soustraire à un danger. »

Une belle disposition offrant une interprétation authentique pertinente est l'art. 126 du même code qui circonscrit comme suit le concept « intérêts fondamentaux de la Nation » : « Au sens du présent Titre, [dit-il], il faut entendre par intérêts fondamentaux de la Nation : son indépendance ; l'intégrité de son territoire ; sa sécurité ; la forme républicaine de ses Institutions ; les moyens de sa défense et de sa diplomatie ; la sauvegarde de sa population, même à l'étranger ; l'équilibre de son milieu naturel et de son

[366] Cette section réprime les attentats et complots contre le Chef de l'État, les attentats, complots et autres infractions contre l'autorité de l'État et l'intégrité du territoire, les attentats et complots tendant à porter le massacre, la dévastation ou le pillage, la participation à un mouvement insurrectionnel, et d'autres atteintes à la sûreté intérieure de l'État.

[367] V. les art. 170 et 167 du CP tels que modifiés par la loi n° 06-018 du 20 juillet 2006 modifiant et complétant le D. du 30 janvier 1940 portant CP.

[368] Art. 40 du CPM.

environnement ; les éléments essentiels de son potentiel scientifique, économique et de son patrimoine culturel. » On peut citer également l'ord. n° 75-153 du 31 mai 1975 réglementant les heures d'ouverture des débits de boissons et portant interdiction des night-clubs sur toute l'étendue de la République.[369] Elle porte, en son art. 6, interdiction, sur tout le territoire de la République des night-clubs (boîtes de nuit) et des maisons de passe et de tolérance, concepts dont elle fixe elle-même l'entendement.[370] Peut aussi servir d'illustration pertinente l'art. 165 de la Const. qui définit ainsi les crimes de haute trahison, d'atteinte à l'honneur ou à la probité, le délit d'initié et l'outrage au parlement :

> « Sans préjudice des autres dispositions de la présente Constitution, il y a haute trahison lorsque le Président de la République a violé intentionnellement la Constitution ou lorsque lui ou le Premier ministre sont reconnus auteurs, co-auteurs ou complices de violations graves et caractérisées des Droits de l'Homme, de cession d'une partie du territoire national.
>
> Il y a atteinte à l'honneur ou à la probité notamment lorsque le comportement personnel du Président de la République ou du Premier ministre est contraire aux bonnes mœurs ou qu'ils sont reconnus auteurs, co-auteurs ou complices de malversations, de corruption ou d'enrichissement illicite.
>
> Il y a délit d'initié dans le chef du Président de la République ou du Premier ministre lorsqu'il effectue des opérations sur valeurs immobilières ou sur marchandises à l'égard desquelles il possède des informations privilégiées et dont il tire profit avant que ces informations soient connues du public. Le délit d'initié englobe l'achat ou la vente d'actions fondés sur des renseignements qui ne seraient jamais divulgués aux actionnaires.
>
> Il y a outrage au Parlement lorsque, sur des questions posées par l'une ou l'autre Chambre du Parlement sur l'activité gouvernementale, le Premier ministre ne fournit aucune réponse dans un délai de trente jours. »

On peut évoquer également les concepts d'*enfant déplacé*, d'*enfant réfugié* et d'*enfant en conflit avec la loi* que le législateur lui-même définit dans la loi n° 09-001 du 10 janvier 2009 portant protection de l'enfant.[371] Au sens de cette loi, dit-il,

---

[369] In *J.O.*, n° 16 du 15 août 1975, p. 927 ; *Les Codes Larcier*, Tome II, Droit pénal, pp 159-160 ; *Le Code pénal zaïrois* (mis à jour au 31 mai 1982), pp.97-98.

[370] Art. 6 : « Les night-clubs (boîtes de nuit) et les maisons de passe et de tolérance sont interdits sur tout le territoire de la République. Au sens de la présente ordonnance, on entend par : 1) night-clubs (boîtes de nuit) : tous les établissements de plaisir ouverts la nuit où l'on débite et consomme les boissons alcooliques et où l'on danse et assiste à des spectacles de tous genres ; 2) maisons de passe ou de tolérance : tous les établissements aménagés pour la prostitution. »

[371] In *J.O*, 50e année, n° spécial, 12 janvier 2009, pp 14 à 48.

« il faut entendre par : …
2. enfant déplacé : l'enfant non accompagné de ses parents ou tuteur qui a été contraint de quitter son milieu de vie par suite de la guerre, de catastrophes naturelles ou d'autres événements graves et s'est installé dans un autre endroit à l'intérieur du pays où il réside ;
3. enfant réfugié: l'enfant qui a été contraint de fuir son pays en franchissant une frontière internationale et qui demande le statut de réfugié ou toute autre forme de protection internationale ; …
9. enfant en conflit avec la loi : l'enfant âgé de quatorze à moins de dix huit ans, qui commet un manquement qualifié d'infraction à la loi pénale. »[372]

La même loi définit également les concepts de torture[373], de traite et vente d'enfant[374], et de proxénétisme à l'égard d'un enfant.[375]

---

[372] Art. 2-2, 2-3 et 2-9 de ladite loi.

[373] Art. 151 : « Le fait de soumettre un enfant à la torture est puni de un à cinq ans de servitude pénale principale et d'une amende de cinq cent mille à un million de francs congolais. Il faut entendre par torture, tout acte par lequel une douleur ou des souffrances aiguës, physiques ou mentales, sont intentionnellement infligées à une personne aux fins notamment de : 1. obtenir d'elle ou d'une tierce personne des renseignements ou des aveux ; 2. la punir d'un acte qu'elle ou une tierce personne a commis ou est soupçonnée d'avoir commis ; 3. l'intimider ou faire pression sur elle, intimider, faire pression sur une tierce personne, ou pour tout autre motif fondé sur une forme de discrimination quelle qu'elle soit, lorsqu'une telle douleur ou de telles souffrances sont infligées par un agent de la fonction publique ou toute autre personne agissant à titre officiel ou à son instigation ou avec son consentement exprès ou tacite. »

[374] Art. 162 : « La traite ou la vente d'enfants est punie de dix à vingt ans de servitude pénale principale, et d'une amende de cinq cents mille à un million de francs congolais. Il faut entendre par : 1. traite d'enfants : le recrutement, le transport, le transfert, l'hébergement ou l'accueil des enfants, par la menace de recours à la force ou à d'autres formes de contrainte, par l'enlèvement, la fraude, la tromperie, l'abus d'autorité ou d'une situation de vulnérabilité, ou par l'offre ou l'acceptation de paiements ou d'avantages pour obtenir le consentement d'une personne ayant autorité sur l'enfant aux fins d'exploitation ; 2. vente d'enfants : tout acte ou toute transaction faisant intervenir le transfert d'enfants de toute personne ou de tout groupe de personnes à un autre groupe contre rémunération ou tout autre avantage. »

[375] Art. 182 : « Le proxénétisme à l'égard d'un enfant est puni de cinq à vingt ans de servitude pénale principale. La peine encourue est portée de dix à vingt-cinq ans si le proxénétisme à l'égard d'un enfant est le fait du père, de la mère, du parâtre, de la marâtre, du tuteur ou de toute personne exerçant l'autorité parentale. Le proxénétisme à l'égard d'un enfant est le fait d'offrir, d'obtenir, de fournir, de se procurer ou d'utiliser un enfant à des fins sexuelles contre rémunération ou toute autre forme d'avantages. »

Des illustrations d'interprétation authentique contextuelle peuvent également être trouvées dans des instruments internationaux auxquels la RDC est État partie. Ainsi en est-il, p. ex., de l'art. 1er de la Convention internationale sur l'élimination de toutes les formes de discrimination raciale[376] qui précise ce qu'il faut entendre par *discrimination raciale* :

> « 1. Dans la présente Convention, l'expression «discrimination raciale» vise toute distinction, exclusion, restriction ou préférence fondée sur la race, la couleur, l'ascendance ou l'origine nationale ou ethnique, qui a pour but ou pour effet de détruire ou de compromettre la reconnaissance, la jouissance ou l'exercice, dans des conditions d'égalité, des droits de l'homme et des libertés fondamentales dans les domaines politique, économique, social et culturel ou dans tout autre domaine de la vie publique.
> 2. La présente Convention ne s'applique pas aux distinctions, exclusions, restrictions ou préférences établies par un État partie à la Convention selon qu'il s'agit de ses ressortissants ou de non-ressortissants.
> 3. Aucune disposition de la présente Convention ne peut être interprétée comme affectant de quelque manière que ce soit les dispositions législatives des États parties à la Convention concernant la nationalité, la citoyenneté ou la naturalisation, à condition que ces dispositions ne soient pas discriminatoires à l'égard d'une nationalité particulière.
> 4. Les mesures spéciales prises à seule fin d'assurer comme il convient le progrès de certains groupes raciaux ou ethniques ou d'individus ayant besoin de la protection qui peut être nécessaire pour leur garantir la jouissance et l'exercice des droits de l'homme et des libertés fondamentales dans des conditions d'égalité ne sont pas considérées comme des mesures de discrimination raciale, à condition toutefois qu'elles n'aient pas pour effet le maintien de droits distincts pour des groupes raciaux différents et qu'elles ne soient pas maintenues en vigueur une fois atteints les objectifs auxquels elles répondaient. »

1-2) L'interprétation authentique peut être aussi postérieure. En effet, lorsque l'application d'une loi suscite des difficultés d'interprétation, le législateur peut, soit sur saisine de l'autorité judiciaire, soit de sa propre initiative,

---

[376] *J.O*, 43e Année, n° spécial, 5 décembre 2002, pp 48-49. V. aussi : la Convention internationale sur l'élimination et la répression du crime *d'apartheid,* adoptée par l'Assemblée générale des Nations Unies le 30 novembre 1973 ; l'art. II de cet instrument fixe ce qu'il faut entendre par l'expression « crime *d'apartheid* », in *idem*, p. 61 ; la Convention pour la prévention et la répression du crime de génocide dont l'art. II définit le génocide, in *idem*, p. 67 ; la Convention sur l'élimination de toutes les formes de discrimination à l'égard des femmes dont l'art. 1er précise justement la portée de l'expression « discrimination à l'égard des femmes », in *idem*, p. 116 ; le Protocole facultatif à la Convention relative aux droits de l'enfant, concernant la vente d'enfants, la prostitution des enfants et la pornographie mettant en scène des enfants dont l'art. 2 définit les termes « vente d'enfants », « prostitution des enfants », « pornographie mettant en scène des enfants ».

intervenir, après la promulgation de la *loi interprétée*, en édictant une loi nouvelle, dite *loi interprétative*, dans laquelle il détermine ou précise le sens qu'il a entendu donner au premier texte, et qui est regardée comme faisant partie intégrante de ce dernier et, à ce titre, s'impose au juge.

L'exemple qui peut être retenu est celui de la loi n° 75-011 du 5 mai 1975 venue interpréter la loi n° 74-023 du 27 novembre 1974 portant amnistie en faveur des ministres, gouverneurs et ambassadeurs. Cette loi n° 74-023 du 27 novembre 1974 avait soulevé quelques difficultés au niveau de sa mise en application, car elle ne précisait pas quels ministres, gouverneurs ou quels ambassadeurs devaient bénéficier de cette amnistie. Pour résoudre cette difficulté de compréhension, le législateur est intervenu à nouveau en publiant la loi interprétative du 5 mai 1975. Dans ce second texte, le législateur précisa que l'amnistie accordée par la loi du 27 novembre 1974 n'était applicable qu'aux seules personnes condamnées ou faisant l'objet des poursuites judiciaires pour l'infraction de détournement prévue et sanctionnée par l'art. 145 du C.P. au moment de l'entrée en vigueur de cette loi.

2) L'interprétation judiciaire

Appelée également *jurisprudence*, l'interprétation judiciaire est accomplie par les cours et tribunaux dont l'organisation a été significativement restructurée par la Const. du 18 février 2006. En effet, celle-ci a institué des juridictions de l'ordre judiciaire comprenant les cours et tribunaux civils et militaires placés sous le contrôle de la Cour de cassation.[377] Elle a, en réalité, réorganisé la Cour suprême de justice d'alors, qui était à la fois une juridiction de fond, de cassation, d'annulation, d'avis et d'interprétation des textes et une juridiction constitutionnelle, en la faisant éclater en trois organes distincts, à savoir : la Cour de cassation, le Conseil d'État et la Cour

[377] La Const. du 18 février 2006 institue trois ordres de juridictions : la Cour constitutionnelle ; les juridictions de l'ordre judiciaire placées sous le contrôle de la Cour de cassation ; et les juridictions de l'ordre administratif coiffées par le Conseil d'État. V. l'exposé des motifs de la L.O n° 13-011-B du 11 avril 2013 portant organisation, fonctionnement et compétences des juridictions de l'ordre judiciaire. Aux termes de l'art. 6 de cette L.O, « les juridictions de l'ordre judiciaire sont : les tribunaux de paix, les tribunaux militaires de police, les tribunaux de grande instance, les tribunaux de commerce, les tribunaux du travail, les tribunaux militaires de garnison, les cours militaires, les cours militaires opérationnelles, les cours d'appel, la Haute cour militaire et la Cour de cassation… » Et l'art. 24, al. 2, de préciser : « Le ressort de la Cour de cassation s'étend sur l'ensemble du territoire national. Les cours et tribunaux civils et militaires de l'ordre judiciaire sont placés sous son contrôle. »

constitutionnelle.[378] Elle a ainsi procédé à la répartition et à la spécification des compétences et procédures à suivre devant chacune de ces nouvelles juridictions.

Depuis cette réforme, la Cour de cassation a, *grosso modo*, repris les compétences de la section judiciaire de l'ancienne Cour suprême de justice. En principe, elle est juge du droit et non du fond. Elle juge de la bonne application du droit. Elle ne connaît pas du fond des affaires. Elle examine en droit, mais non en fait, les décisions prononcées en dernier ressort, frappées d'un pourvoi en cassation. Cependant, elle a le pouvoir de statuer comme juge du fond à l'égard des personnes jouissant du privilège de juridiction[379] et lorsqu'elle connaît de l'appel interjeté contre les décisions rendues au premier degré, en matière répressive, par les cours d'appel.[380]

C'est à elle que revient le pouvoir d'assurer le contrôle de la légalité, « dès lors qu'il lui est reconnu le droit de casser toutes les décisions de

---

[378] Art. 43 de la L.O n° 13-026 du 15 octobre 2013 portant organisation et fonctionnement de la Cour Constitutionnelle : « La Cour connaît de la constitutionnalité des traités et accords internationaux, des lois, des actes ayant force de loi, des édits, des règlements intérieurs des chambres parlementaires, du congrès et des institutions d'appui à la démocratie ainsi que des actes règlementaires des autorités administratives. » Elle est la juridiction pénale du président de la République et du premier ministre. V. exposé des motifs et art. 72 à 80 de ladite L.O.

[379] Art. 153 de la Const. : « Il est institué un ordre de juridictions judiciaires, composé des cours et tribunaux civils et militaires placés sous le contrôle de la Cour de cassation. Sans préjudice des autres compétences qui lui sont reconnues par la présente Constitution ou par les lois de la République, la Cour de cassation connaît des pourvois en cassation formés contre les arrêts et jugements rendus en dernier ressort par les cours et tribunaux civils et militaires. Dans les conditions fixées par la Constitution et les lois de la République, la Cour de cassation connaît en premier et dernier ressort des infractions commises par : 1. les membres de l'Assemblée nationale et du Sénat ; 2. les membres du Gouvernement autres que le Premier ministre ; 3. les membres de la Cour constitutionnelle ; 4. les magistrats de la Cour de cassation ainsi que du parquet près cette Cour ; 5. les membres du Conseil d'État et les membres du Parquet près ce Conseil ; 6. les membres de la Cour des Comptes et les membres du parquet près cette Cour ; 7. les Premiers Présidents des Cours d'appel ainsi que les Procureurs généraux près ces cours ; 8. les Premiers Présidents des Cours administratives d'appel et les Procureurs près ces cours ; 9. les Gouverneurs, les Vice-gouverneurs de province et les ministres provinciaux ; 10. les Présidents des Assemblées provinciales. » … V. aussi l'art. 93 de la L.O n° 13-011-B du 11 avril 2013 portant organisation, fonctionnement et compétences des juridictions de l'ordre judiciaire.

[380] Art. 94 de la L.O n° 13-011-B du 11 avril 2013 : « La Cour de cassation connaît aussi de l'appel des arrêts rendus au 1er degré par les Cours d'appel. »

dernier ressort prises en violation de la loi ou de la coutume »[381], ainsi que des traités internationaux dûment ratifiés.[382] La violation de la loi ou de la coutume inclut notamment : l'incompétence, l'excès de pouvoirs, la fausse application ou la fausse interprétation de la loi, l'application d'une coutume non-conforme aux lois ou à l'ordre public, la violation des formes substantielles ou prescrites à peine de nullité.[383]

Ce que nous aimerions souligner ici, c'est que le droit pénal est largement alimenté par le travail concrètement réalisé par les juges, aux différents niveaux de la pyramide judiciaire, et constituant ce qui est convenu d'appeler la jurisprudence. C'est, p. ex., la jurisprudence qui, en l'absence d'une définition légale, a précisé la notion de préméditation : par préméditation, dit-elle, il faut entendre le dessein formé avant l'action, de façon réfléchie, délibérée et de sang froid.[384] C'est elle aussi qui définit la notion de guet-apens qu'elle assimile à la préméditation.[385] C'est elle également qui a décidé que doivent être considérés comme « maisons habitées » un bateau[386] ou une tente[387]. C'est encore elle qui, dans la mise en œuvre du mécanisme d'extradition qui sera examiné *infra*, a fixé ce qu'il faut entendre par « juge d'appel ». En effet, aux termes de l'art. 4 al. 1er du D. du 12 avril 1886 portant dispositions organiques sur l'extradition, « le jugement, mandat ou autre acte équivalent produit à l'appui de la demande d'extradition sera rendu exécutoire par le juge d'appel. » Se pose alors la question de savoir ce qu'il faut entendre par *juge d'appel* : s'agit-il de toute juridiction intervenant au second degré, en tant que juge d'appel, ou s'agit-il plutôt de cette instance spécifique qu'on appelle aujourd'hui la cour d'appel. Rappelons que selon les dispositions pertinentes du COCJ, les jugements rendus au premier degré par les tribunaux de paix, les tribunaux de grande instance et les cours d'appel peuvent être entrepris en appel respectivement devant les tribunaux de grande instance, les cours d'appel et la Cour suprême de justice,[388] actuelle Cour de cassation. Dès

---

381 V. Exposé des motifs de la L.O n° 13-010 du 19 février 2013 relative à la procédure devant la Cour de cassation.

382 Art. 95 de la L.O n° 13-011-B du 11 avril 2013 : « La Cour de cassation connaît des pourvois pour violation des traités internationaux dûment ratifiés, de la loi ou de la coutume formés contre les arrêts et jugements rendus en dernier ressort par les Cours et tribunaux civils et militaires de l'ordre judiciaire. »

383 Art. 96, *idem.*

384 Kin 4 février 1974, *RJZ*, 1979, p. 102 avec note Emile Lamy.

385 1ère Inst. Léo. 2 novembre 1951, *RJCB*, 1952, p. 119.

386 1ère Inst. Equateur, 22 juin 1955, *JTO*, 1957, p. 91.

387 G.G. App. Stan. 28 juin 1955, *RJCB*, 1956, p. 56.

388 Au moment où est intervenu l'arrêt du 5 septembre 1984 cité, cette compétence des juridictions répressives au second degré était fixée par les articles 89, 92, 94 et 95 de l'O-L n° 82-020 du 31 mars 1982 portant COCJ : Art. 89 : « Les jugements

lors, peut être considéré comme juge d'appel, un tribunal de grande instance connaissant de l'appel interjeté contre un jugement d'un tribunal de paix, une cour d'appel examinant un recours en appel porté contre un jugement d'un tribunal de grande instance, et la Cour de cassation connaissant de l'appel introduit contre un arrêt d'une cour d'appel. Est-ce dans ce sens large qu'il faut entendre le concept « juge d'appel » utilisé dans le décret sur l'extradition ? À cette question, il faut répondre par la négative, car la Cour suprême de justice a fixé l'interprétation de cette expression dans son arrêt du 5 septembre 1984 qu'elle a bien motivé. En effet,

> « Par déclaration actée le 10 juillet 1984 au greffe de la Cour d'appel de Kinshasa, le sieur Trevi Bruno Giuseppe, de nationalité italienne, a relevé appel de l'arrêt contradictoire du 5 juillet 1984 rendu par cette Cour. Celle-ci, à la requête du Conseil Exécutif[[389]], a fait droit à la demande d'exequatur d'un mandat d'arrêt décerné contre l'appelant [par] M. Jean-Pierre Collin, juge d'instruction près le Tribunal de première instance de l'arrondissement de Bruxelles ; elle a, en outre, chargé le Procureur Général près la Cour d'appel de Kinshasa de mettre ce mandat à exécution et de faire détenir l'appelant à la Prison Centrale de Makala jusqu'à ce qu'il soit statué sur la demande d'extradition par voie diplomatique.
>
> Bien que régulièrement cité, l'appelant n'a pas comparu à l'audience du 4 septembre 1984 ni personne pour lui. Il sera donc statué à son égard par décision réputée contradictoire.
>
> Il ressort du dossier que le mandat d'arrêt susvisé a été établi à la suite des infractions de faux et usage de faux, banqueroute simple, banqueroute frauduleuse, abus de confiance, émission des chèques sans provision et d'escroquerie dont l'appelant, en sa qualité d'associé et gérant des S.P.R.L ALCA-LUX et CHIPSCO, s'est rendu coupable en Belgique à la veille du prononcé de la faillite de ces deux sociétés et ce, avant de venir s'établir au Zaïre au début du mois de juillet 1982.
>
> Mais, la Cour suprême de justice considère qu'elle n'est pas compétente pour connaître de cet appel. En effet, aux termes de l'article 4, al. 1 du décret du 12 avril 1886 portant dispositions organiques relatives à l'extradition, tel que modifié à ce

---

rendus par les tribunaux de paix sont susceptibles d'opposition et d'appel. L'appel est porté devant le tribunal de grande instance. » Art. 92 : « Ils [les tribunaux de grande instance] connaissent également de l'appel des jugements rendus en premier ressort par les tribunaux de paix et des décisions prises en vertu de l'article 90. »
Art. 94 : « Les cours d'appel connaissent de l'appel des jugements rendus au premier ressort par les tribunaux de grande instance… » Art. 95 : « Les arrêts rendus au premier degré par les cours d'appel sont susceptibles d'opposition et d'appel. L'appel est porté devant la section judiciaire de la Cour suprême de justice. », in *J.O* n° 7, 1er avril 1982, p. 39. La matière est actuellement régie par la L.O n° 13-011-B du 11 avril 2013 portant organisation, fonctionnement et compétences des juridictions de l'ordre judiciaire, spéc. les articles 88, 89, 90, 91, 92 et 94, in *http://leganet.cd/Legislation/Droit%20Judiciaire/LOI.13.011.11.04.2013.htm*, consulté le vendredi 5août 2016 à 11h30, heure de Paris.

[389] Conseil Exécutif = Gouvernement.

jour, le jugement, mandat ou autre acte équivalent produit à l'appui de la demande d'extradition est rendu exécutoire par le juge d'appel.

« *Il résulte de l'économie même et du contexte de ce décret [du 12 avril 1886] ainsi que de ses mesures d'application que par juge d'appel, il faut entendre le tribunal d'appel, actuellement Cour d'appel, dont les décisions, en l'espèce, sont rendues en premier et dernier ressorts.*

En attribuant, par une disposition particulière, au juge d'appel ainsi défini, la connaissance exclusive des demandes d'exequatur aux fins d'extradition, le législateur a donc entendu déroger en cette matière au principe du double degré de juridiction. »[390]

C'est encore la Cour suprême qui a précisé la qualité à prendre en compte dans la mise en œuvre du privilège de juridiction. Pour rester au niveau des cours d'appel, nous venons de relever que celles-ci ont compétence pour connaître de l'appel des jugements rendus en premier ressort par les tribunaux de grande instance. Elles connaissent également, au premier degré, « des infractions commises par les membres de l'Assemblée provinciale, les magistrats, les Maires, les Maires adjoints, les Présidents des Conseils urbains et les fonctionnaires des services publics de l'État et les dirigeants des établissements ou entreprise publique revêtus au moins du grade de directeur ou du grade équivalent. »[391] Les personnes énumérées dans cette disposition jouissent donc du privilège de juridiction devant la cour d'appel. Mais la loi ne précise pas quelle qualité il faut prendre en compte pour déterminer la juridiction compétente : est-ce la qualité revêtue par l'agent au moment de la commission de l'infraction ou plutôt celle qu'il revêt au moment des poursuites ? La Cour suprême a précisément répondu à cette question dans son arrêt du 23 décembre 1986 rendu dans l'affaire opposant Kitaba wa Lukinga et Edungu Osembe au ministère public et à la succession Mwiny. En l'espèce, le ministère public avait soulevé dans ses réquisitions, l'exception d'incompétence de la Cour d'appel de Kinshasa, motif pris du fait que le prévenu Kitaba était revêtu du grade de chef de division au moment de la commission des faits et qu'il n'est devenu directeur que par la suite. Par conséquent, selon lui, ce dernier n'était pas bénéficiaire du privilège de juridiction. Et la Cour de statuer :

« Le but du privilège étant d'éviter que le juge saisi ne soit influencé par les fonctions du prévenu, la Cour suprême de justice considère que c'est la qualité au

---

[390] CSJ, Arrêt du 5 septembre 1984 (RPA 99), *En cause Ministère public c/Trevi Bruno Giuseppe*, in *BACSJ*, Années 1980 à 1984, Kinshasa, Éd. du Service de Documentation et d'Études du Ministère de la Justice et des Affaires Parlementaires 2001, pp. 518-519. Partie de la motivation relevée en italique par nous.

[391] Art. 91-2 de la L.O n°13-011-B du 11 avril 2013 portant organisation, fonctionnement et compétences des juridictions de l'ordre judiciaire.

moment des poursuites qui détermine le juge compétent. L'exception n'est, dès lors, pas fondée. Dans le cas sous examen, c'est le grade de directeur dont était revêtu le prévenu au moment des poursuites qui a déterminé la juridiction compétente. »[392]

On voit ainsi que la haute instance s'est appuyée sur la *ratio legis*, « le but du privilège », pour arrêter et asseoir sa décision. C'est elle aussi qui, dans une autre espèce, a précisé que le droit d'ester en justice n'est pas un droit civique mais un pur droit civil ; [393] c'est encore elle qui a fixé la notion de trouble au libre exercice du culte puni par l'art. 179 du C.P.[394] Par trouble au libre exercice du culte, il faut entendre, en effet, « tout fait quelconque ayant pour effet d'empêcher, de retarder ou d'interrompre l'exercice d'un culte ».[395]

Il importe de souligner qu'à la différence de la loi interprétative, la jurisprudence n'a pas une autorité de droit. Elle ne s'impose pas, *de jure*, sur tous les autres juges ; en ce sens qu'une décision rendue par une juridiction donnée ne s'impose pas sur d'autres juridictions, celles-ci gardant leur indépendance dans l'examen des faits qui leur sont déférés et dans

---

[392] CSJ, Arrêt du 23 décembre 1986 (RPA 121), *En cause Kitaba wa Lukinga et Edungu Osembe c/ Ministère public et La succession Mwiny,*in *BACSJ*, Années 1985 à 1989, Kinshasa, Éd. 2002, pp. 238-246, spéc. p. 241.

[393] CSJ, Arrêt du 30 août 1988 (RPA 140/142), *En cause Ministère public, Nsiku Makaya ne Mpanzu et Baku Kinkela c/ Lutete Tunga Mpezo,*in *idem*, pp. 440-447, spéc. p. 441 : « N'est pas fondée, l'exception d'incapacité d'agir en justice ou de nullité de la constitution de partie civile tirée de ce que celle-ci ayant été déchue de ses droits civiques et politiques par décision du Comité central du Mouvement populaire de la révolution ne peut exercer une action en justice, car le droit d'ester en justice n'est pas un droit civique, mais un pur droit civil » ; p. 444 : « Concernant la nature de l'action civile, la Cour suprême de justice considère qu'en République du Zaïre, même si elle est introduite à la suite d'une plainte ou d'une dénonciation par civisme, l'action en justice n'est pas un droit civique. En effet, contrairement aux droits civiques, le législateur zaïrois reconnaît aux étrangers le droit d'agir en justice lorsqu'il déclare à l'article 7 alinéa 2 du décret du 20 février 1891 que "l'étranger... est protégé dans sa personne et dans ses biens au même titre que les nationaux". Il s'ensuit que le droit d'ester en justice n'est pas un droit civique mais un pur droit civil. »

[394] Art. 179 du CP : « Seront punies d'une servitude pénale de huit jours à deux ans et d'une amende de vingt-cinq à cinq cents francs, ou d'une de ces peines seulement, toutes personnes qui, par des violences, outrages ou menaces, par des troubles ou des désordres, auront porté atteinte à la liberté des cultes ou à leur libre exercice public, et à la liberté de conscience. »

[395] CSJ, Arrêt du 23 février 2000 (RP 2060), *En cause Eglise évangélique libre d'Afrique « EELDA » A.S.B.L c/ Ministère public et Senga Bululu*, in *BACSJ*, Années 2000 à 2003, Kinshasa, Éd. 2004, pp. 7-13, spéc. p.13.

l'appréciation souveraine des moyens de preuve qui leur sont soumis. Elle a cependant une grande autorité de fait, autorité confortée par sa constance et sa conformité au droit. Voilà pourquoi elle constitue un précédent souvent invoqué comme argument de référence. S'agissant spécifiquement de la jurisprudence de la Cour de cassation, c'est-à-dire des arrêts rendus par cette haute instance judiciaire, deux hypothèses doivent être distinguées :

- Première hypothèse : En cas de renvoi après cassation, les cours et tribunaux inférieurs sont tenus de se conformer à l'arrêt de la CSJ sur le point de droit jugé par cette dernière. Cette prescription était formellement libellée dans l'art. 102 al. 3 de la Const. de 1978. Elle était reprise dans l'al. 5 de l'art. 37 du Code de procédure devant la CSJ qui disposait : « La juridiction de renvoi ne peut décliner sa compétence. Elle est tenue de se conformer à la décision de la Cour sur le point de droit jugé par elle. » La même formule est reprise dans l'al. 5 de l'art. 37, de la L.O n° 13-010 du 19 février 2013 relative à la procédure devant la Cour de cassation, article intégralement cité ci-dessous pour bien replacer cette prescription dans son contexte :

> « *Sous réserve de ce qui est dit au dernier alinéa du présent article, la Cour de Cassation ne connaît pas du fond des affaires.*
>
> Si un pourvoi introduit pour tout autre motif que l'incompétence est rejeté, le demandeur ne peut plus se pourvoir en cassation dans la même cause sous quelque prétexte et pour quelque motif que ce soit.
>
> *Sous réserve des dispositions des alinéas 4 et 5 suivants, si après cassation il reste quelque litige à juger, la Cour renvoie la cause pour examen au fond à la même juridiction autrement composée ou à une juridiction de même rang et de même ordre qu'elle désigne.*
>
> Dans le cas où la décision entreprise est cassée pour incompétence, la cause est renvoyée à la juridiction compétente qu'elle désigne.
>
> *La juridiction de renvoi ne peut décliner sa compétence. Elle est tenue de se conformer à la décision de la Cour sur le point de droit jugé par elle.*
>
> Lorsque la cause lui est renvoyée par les chambres réunies, dans une affaire qui a déjà fait l'objet d'un premier pourvoi, ou dans une affaire qui a fait l'objet d'un pourvoi formé par le Procureur Général sur injonction du Ministre de la Justice, la Cour statue sur le fond. »[396]

En guise d'exemplification, nous pouvons citer l'arrêt de la CSJ qui a jugé que « viole l'article 124 du code pénal[[397]], livre II, le juge d'appel qui ne constate pas l'existence dans le chef du demandeur de l'un des éléments

---

[396] Art. 37 de la L.O n° 13-010 du 19 février 2013 relative à la procédure devant la Cour de cassation, al. 1, 3 et 5 relevés en italique par l'auteur.

[397] Art. 124 du CP : « Le faux commis en écritures avec une intention frauduleuse ou à dessein de nuire sera puni d'une servitude pénale de six mois à cinq ans et d'une amende de vingt-cinq à deux mille francs, ou d'une de ces peines seulement. »

constitutifs de l'infraction de faux en écritures pourtant retenue à sa charge, à savoir, l'altération de la vérité. »[398] En l'espèce, la Cour se prononçait sur le pourvoi introduit par le citoyen Kaniki Mudimba qui sollicitait la cassation de l'arrêt rendu contradictoirement le 29 mai 1987 par la cour d'appel de Kinshasa qui avait dit non fondé son appel et l'avait condamné pour faux et usage de faux au préjudice de la société « Zaïre Hellas ». Au soutien de son pourvoi, Kaniki Mudimba avait invoqué la violation de l'art. 124 du CP, en ce que l'arrêt entrepris n'avait pas relevé l'élément d'altération de la vérité dans son chef. Et la Cour suprême de trancher :

> « Ce moyen est fondé. Il ressort, en effet, de la décision attaquée que nulle part le juge d'appel ne constate l'existence dans le chef du demandeur de l'un des éléments constitutifs de l'infraction de faux en écritures pourtant retenue à sa charge, à savoir l'altération de la vérité. Cette violation entraîne cassation totale de l'arrêt entrepris.
> C'est pourquoi :
> La Cour suprême de justice, section judiciaire, siégeant en cassation, en matière répressive ;
> Le Ministère public entendu ;
> Casse l'arrêt entrepris ;
> Renvoie la cause devant la Cour d'appel de Kinshasa, autrement composée ;
> Dit pour droit que la juridiction de renvoi, si elle estime retenir les faits de faux reprochés au demandeur, devra relever dans son chef l'existence de tous les éléments constitutifs de faux, notamment l'élément matériel relatif à l'altération de la vérité… »[399]

---

[398] CSJ, Arrêt du 25 juillet 1989 (RP 1.211), *En cause Kaniki Mudimba c/ Ministère public et Société industrielle de biscuiterie, patisserie et panification au Zaïre, en abrégé « ZAÏRE HELLAS »*, in *BACSJ*, Années 1985 à 1989, Éd. 2002, pp. 501-502, spéc. p. 501.

[399] *Idem*, p. 502. V. aussi, CSJ, Arrêt du 5 avril 2000 (RP 1895), *En cause Nduenga Thomas c/ Ministère public et Mabungu Nkondi*, in *BACSJ*, Années 2000 à 2003, Éd. 2004, pp. 18-23, spéc. p. 22 ; Arrêt du 23 août 2000 (RP 1746), *En cause Ehetshe Mpala Pikabel c/ Ministère public, Shako Ehadi et consorts*, in *idem*, pp. 37-40, spéc. p. 40 ; CSJ, Arrêt du 23 février 2000 (RP 2060), *En cause Eglise évangélique libre d'Afrique « EELDA » A.S.B.L c/ Ministère public et Senga Bululu*, in *idem*, pp. 7-13, spéc. pp. 12-13 : « La Cour suprême de justice, section judiciaire, siégeant en cassation en matière répressive ; … Casse la décision entreprise en ce qu'elle a déclaré non établies les préventions d'atteinte à la liberté de culte mises à charge du défendeur Nsenga au motif que le comportement de ce dernier ne constituait pas un trouble au libre exercice du culte de la demanderesse ; Renvoie la cause devant le tribunal de grande instance de Mbuji-Mayi autrement composé ; Dit pour droit que la juridiction de renvoi devra considérer comme trouble visé à l'article 179 du code pénal, livre II, tout fait quelconque ayant pour effet d'empêcher, de retarder ou d'interrompre l'exercice d'un culte… »

Cette décision s'impose à la juridiction de renvoi qui a l'obligation de s'y conformer sur le point de droit tranché. La haute instance l'a clairement affirmé dans son arrêt du 13 juin 2001 où elle a jugé qu' « est fondé et entraîne la cassation totale avec renvoi de la décision attaquée, le moyen tiré de la violation de l'article 37 alinéa 5 du code de procédure devant la Cour suprême de justice, en ce qu'alors que cette Cour avait dit pour droit que la juridiction de renvoi devait connaître du fond de l'affaire et vider sa saisine, pour n'avoir pas vidé sa saisine, cette juridiction ne s'est pas inclinée sur le point de droit jugé par l'arrêt de cassation susévoqué. »[400] En l'espèce, monsieur Jean Stalakis et madame Nelly Stalakis poursuivaient la cassation du jugement RPA 15.994 contradictoirement rendu le 18 novembre 1997 par le TGI de Kinshasa-Gombe, siégeant comme juridiction de renvoi. Ils ont invoqué comme moyen la violation de l'art. 37 du code de procédure devant la CSJ, car ce tribunal s'est limité à annuler le jugement du premier degré en déclarant matériellement incompétent le tribunal de paix de Kinshasa-Gombé qui l'avait rendu, mais s'est abstenu de connaître du fond de l'affaire et de vider la saisine en fixant le taux de la peine et la hauteur des dommages-intérêts alors que l'arrêt de renvoi après cassation RPA 1502 lui avait prescrit de le faire.[401] La Cour a déclaré ce moyen fondé. En effet, a-t-elle argumenté,

> « aux termes de l'article 37 alinéa 5 de la procédure devant la Cour suprême de justice, "la juridiction de renvoi ne peut décliner sa compétence ; elle est tenue de se conformer à la décision de la Cour sur le point de droit jugé par elle". Il ressort de ces énonciations que la disposition légale susinvoquée est impérative et la juridiction de renvoi est liée par le dit pour droit. En l'espèce, le jugement RPA 15.191 rendu par le tribunal de grande instance de Kinshasa-Gombe le 27 août 1990 avait reçu et dit fondé l'appel du Ministère public, et l'arrêt de la Cour suprême de justice RP. 1502 du 8 août 1997 ayant cassé le jugement précité avait dit pour droit que la juridiction de renvoi devrait vider sa saisine relative à l'action publique conformément aux réquisitions du Ministère public, mais, en annulant le jugement du premier degré et en déclarant le tribunal de paix de Kinshasa-Gombé matériellement incompétent, le juge de renvoi n'a pas vidé sa saisine relativement à l'appel du Ministère public. Il ne s'est donc pas incliné sur le point de droit jugé par l'arrêt de cassation susévoqué et de ce fait, il a violé la disposition légale invoquée au moyen. Il s'ensuit que la Cour cassera totalement le jugement déféré et renverra la cause devant sa section judiciaire pour statuer au fond… »[402]

---

[400] CSJ, Arrêt du 13 juin 2001 (RP 36/TSR), *En cause Jean Stalakis et Nelly Stalakis c/ Ministère public, Tumba Matamba et Société SOGEMA*, in *idem*, pp. 77-81, spéc. pp. 77-78.

[401] V. CSJ, Arrêt du 8 août 1997 (RP 1502), *En cause Jean Stalakis et Karine Stalakis c/ Tumba Matamba et Société générale de marketing S.P.R.L.*, in *BACSJ*, Années 1990 à 1999, *idem* Éd. 2003, pp. 229-232, spéc. p. 231.

[402] CSJ, Arrêt du 13 juin 2001 (RP 36/TSR), *En cause Jean Stalakis et Nelly Stalakis c/ Ministère public, Tumba Matamba et Société SOGEMA*, in *BACSJ*, Années 2000

Ainsi, la Cour de cassation a reçu du législateur le pouvoir de contrôler la légalité et de casser toutes les décisions de dernier ressort prises en violation de la loi ou de la coutume. Exerçant cette compétence, *elle assure l'unité de la jurisprudence par ses décisions qui s'imposent aux juridictions de renvoi.*[403] C'est donc bien en cas de renvoi après cassation que les cours et tribunaux inférieurs sont tenus de se conformer à l'arrêt de la Cour de cassation sur le point de droit jugé par elle.

- Deuxième hypothèse : Dans tous les autres cas, les arrêts de cette Cour ne s'imposent pas, *de jure*, aux juridictions inférieures. Car le juge, dans l'administration de la justice, est indépendant. Néanmoins, la pratique judiciaire montre que ces arrêts jouissent d'une réelle autorité de fait ou intellectuelle. Aussi, l'évocation d'une jurisprudence de la Cour de cassation lors des débats à l'audience est-elle considérée comme un argument d'appui majeur pouvant influer sur la décision du juge.[404]

3) L'interprétation doctrinale

Elle est l'œuvre des auteurs de doctrine qui, dans leurs écrits, donnent leurs points de vue sur la signification à donner à telle disposition légale. Elle n'a, évidemment, aucune autorité de droit. Son poids repose sur la compétence reconnue de son bâtisseur, sur la logique intrinsèque de l'argumentation présentée et l'autorité des sources lui servant de fondement intellectuel. C'est ainsi que les explications ou les théories développées par des savants du droit sont souvent évoquées par des plaideurs lorsqu'ils s'emploient à convaincre les juges de l'exactitude de leurs thèses.

2°- Les principes gouvernant l'interprétation de la loi pénale

Trois principes cardinaux sont à retenir : le principe de l'interprétation stricte de la loi pénale, le principe *in dubio pro reo*, et l'interdiction de l'analogie.

1) Le principe de l'interprétation stricte de la loi pénale

Ce principe repose sur le fondement philosophique selon lequel les dispositions créant les charges pour les particuliers doivent être strictement interprétées, à l'inverse de celles qui leur sont favorables et qui, elles,

---

à 2003, *idem* Éd. 2004, pp. 79-80.

[403] V. Exposé des motifs de la L.O n° 13-010 du 19 février 2013 relative à la procédure devant la Cour de cassation, passage relevé en italique par l'auteur.

[404] V. Nyabirungu M.S., *Traité de Droit pénal général congolais*, Éd. 2001, pp 71-78.

doivent être largement interprétées. C'est ce qu'exprime l'adage latin : *Favores ampliandi, odiosa sunt restrigenda.* Longtemps appliqué en droit positif congolais comme principe général du droit, le principe de l'interprétation stricte de la loi pénale y a été formellement introduit par la loi n° 15-022 du 31 décembre 2015 modifiant et complétant le D. du 30 janvier 1940 portant CP[405], laquelle a inséré dans celui-ci un art. 1erbis dont l'al. 1er dispose : « La loi pénale est de stricte interprétation. » Pour la petite histoire, cette loi du 31 décembre 2015 avait pour objet l'harmonisation du droit pénal congolais avec les dispositions du Statut de Rome de la CPI. Elle a, entre autres, expressément énoncé « certains principes et définitions laissées jadis à la doctrine », dont, justement, celui de l'interprétation stricte de la loi pénale, celui de l'imprescriptibilité des crimes de génocide, des crimes contre l'humanité et des crimes de guerre qu'elle a introduits dans le CPC en y ajoutant les art. 221, 222, 223 et 224, ainsi que le principe de « la non pertinence de la qualité officielle, en vertu de laquelle certaines catégories de personnes sont bénéficiaires des immunités au regard du droit interne ».[406]

Le principe de l'interprétation stricte de la loi pénale est un corollaire du principe de la légalité des infractions et des peines.[407] Celles-ci étant décrites et fixées par la loi, ce principe interdit de se lancer dans une œuvre vaine d'interprétation lorsque la loi est claire et ne demande qu'à être appliquée. En effet, *Interpretatio cessat in claris.* « Quand une loi est claire, il ne faut point en éluder la lettre sous prétexte d'en pénétrer l'esprit. Autrement dit, quand le sens d'un texte est manifeste, il ne faut pas recourir aux méthodes systématique, historique, téléologique ou sociologique d'interprétation, ni aux travaux préparatoires, sinon pour le confirmer, mais en tout cas pas pour le dénaturer. "Quand la loi est claire, il faut la suivre ; [ce n'est que] quand elle est obscure, [qu']il faut en approfondir les dispositions". »[408] Ce principe interdit également d'élargir la loi en l'étendant au-delà des cas

---

405 in *J.O*, 1ère partie, n° spécial, 29 février 2016, pp 1-17.

406 Loi n° 15-022 du 31 décembre 2015 modifiant et complétant le D. du 30 janvier 1940 portant CP, Exposé des motifs.

407 V. J-Ch. Saint-Pau, « L'interprétation des lois. Beccaria et la jurisprudence moderne », in « Autour de la pensée de Cesare Beccaria », *RSC*, n° 2, avril-juin 2015, pp 273-285. V. aussi l'art. 111-4 du CPF : « La loi pénale est d'interprétation stricte. »

408 R. Kienge Kienge, *Droit de la protection de l'enfant*, Notes de cours, p. 41. Il cite en NBP 79, P. Delnoy, *Éléments de méthodologie juridique. 1. Méthodologie de l'interprétation juridique. 2. Méthodologie de l'application du droit*, Bruxelles, Larcier, 2005, p. 189. P. Delnoy, lui-même, cite Portalis, « Discours préliminaire », *in* P. A. FENET, *Recueil complet des travaux préparatoires du Code civil*, Paris, 1827, p. 474.

qu'elle a expressément prévus. « *Ubi lex voluit dixit, ubi lex noluit tacuit* » : « Quand la loi a voulu quelque chose, elle l'a dit ; quand elle ne l'a pas voulu, elle s'est tue ». De même, « *Ubi lex non distinguit, nec nos dinstinguere debemus* » : « Quand la loi n'opère pas de distinction, nous ne devons pas, nous non plus, distinguer. » Il n'appartient donc pas à l'interprétateur, juge ou auteur de doctrine, de faire dire à la loi ce qu'elle n'a pas dit, ni d'opérer des distinctions là où elle ne l'a pas fait. Cependant, en cas d'ambiguïté ou d'obscurité, celui-ci peut, comme nous le verrons plus bas, aller au-delà du texte de la loi pour en rechercher la raison d'être et en établir la vraie signification, l'exacte portée.

2) In dubio pro reo

Le nouvel art. 1^er^bis du CP, en son al. 2, consacre ce principe en prescrivant qu'en cas d'ambiguïté, la loi pénale est interprétée en faveur de la personne qui fait l'objet d'une enquête, de poursuites ou de condamnation.

3) L'interdiction de l'analogie

L'analogie ou la *méthode analogique* « consiste à résoudre une espèce pénale, non prévue par la loi, en se réclamant de son esprit latent et en prenant pour point de départ la similitude de l'espèce donnée avec une autre que la loi a définie ou prévue dans son texte et, dans les cas extrêmes, en recourant aux fondements de l'ordre juridique, pris dans leur ensemble. »[409] Cette définition fait apparaître deux modalités ou deux formes d'analogie : d'une part l'analogie légale, d'autre part l'analogie juridique.

3-1)L'analogie légale est encore appelée analogie *intra-legem*. Elle consiste à « étendre l'application de la loi des cas qu'elle a expressément prévus, à d'autres qu'elle n'a pas prévus mais qui présentent une ressemblance avec les cas prévus. »[410] L'exemple le plus souvent évoqué est celui de l'art. 16 du CP de l'URSS de 1926 qui disposait : « Si un acte socialement dangereux n'est pas expressément prévu par le présent code, le fondement et les limites de la responsabilité encourue à son sujet sont déterminés conformément aux articles du code qui prévoient les délits dont la nature s'en rapprochent le plus. » Ce principe n'a plus que valeur d'une référence historique, car il a disparu en 1958.[411]

---

[409] Jimenez de Asua, « L'analogie en droit pénal », in *RSC*, 1949, pp. 187 et s. spéc. p. 189 ; cité par J. Pradel, *Droit pénal général*, 21e éd., n° 247, p. 219.
[410] Bouzat, *Traité de droit penal et de criminologie*, T. 1, *Droit pénal général*, Dalloz, Paris, 1963, n° 88.
[411] V. J. Pradel, *op. cit.*, n° 247, p. 219.

3-2) L'analogie juridique, aussi nommée analogie *extra-legem*, consiste pour le juge, à résoudre une espèce pénale non prévue par la loi en se fondant « non plus sur le voisinage complaisant d'un texte, mais sur l'esprit général du droit pénal » dans son ensemble. Ici, le juge crée véritablement le droit. L'exemple d'analogie juridique est donné par le § 2 du CP de l'Allemagne nazie, abrogé en 1946, qui disposait : « Sera puni quiconque commettra un délit que la loi déclare punissable ou qui méritera une peine en vertu des principes fondamentaux de la loi pénale et d'après le sain instinct du peuple. »[412]

Ce qu'il importe de retenir, c'est qu'en droit pénal l'analogie est rejetée. Le Statut de Rome de la CPI le dit clairement dans le § 2 de l'art. 22 exposant le principe *Nullum crimen sine lege* et ayant inspiré l'art. 1[er]bis du CPC : « La définition d'un crime est d'interprétation stricte et *ne peut être étendue par analogie*. En cas d'ambiguïté, elle est interprétée en faveur de la personne qui fait l'objet d'une enquête, de poursuites ou de condamnation… »[413] La CEDH proscrit également l'interprétation par analogie. Ainsi a-t-elle rappelé, dans l'arrêt Coëme et autres c. Belgique, que « le principe de la légalité des délits et des peines, contenu dans l'article 7 de la Convention [européenne de sauvegarde des droits de l'Homme], interdit que le droit pénal soit interprété extensivement au détriment de l'accusé, par exemple par analogie »[414]. De même, dans l'arrêt Kokkinakis c. Grèce du 25 mars 1993, elle a jugé que « l'article 7-1 de la Convention ne se borne pas à prohiber l'application rétroactive du droit pénal au détriment de l'accusé. Il consacre aussi, de manière plus générale, le principe de la légalité des délits et des peines (nullum crimen, nulla poena sine lege) et celui qui commande de ne pas appliquer la loi pénale de manière extensive au détriment de l'accusé, notamment par analogie[415] ». Il faut noter, cependant, que l'interdiction de l'analogie est tempérée par une exception, à savoir l'acceptation de l'interprétation *in favorem* ou *in bonam partem*, c'est-à-dire l'interprétation favorable à la personne poursuivie[416].

Gouverné par les trois principes cardinaux ci-dessus, le travail de recherche du sens véritable d'un texte de loi, ne se réalise pas de n'importe quelle

---

[412] Cité par J. Pradel, *idem*, p. 220.

[413] Passage relevé en italique par nous.

[414] CEDH, 22 juin 2000, *Coeme et autres c. Belgique*, Req n° Requêtes nos 32492/96, 32547/96, 32548/96, 33209/96 et 33210/96.

[415] CEDH, 25 mars 1993, *Kokkinakis c. Grèce*, Requête n° 14307/88.

[416] V. Cl. Ghica-Lemarchand, « L'interprétation de la loi pénale par le juge », *in L'office du Juge*, cité par G. Bokolombe Bompondo tara Apanda, *La subornation de témoin et la corruption : identité concevable ou distinction absolue à l'épreuve du principe de la légalité du droit pénal ?*, p. 4.

manière. Pour qu'il aboutisse au résultat efficient, il suit certaines méthodes qu'il convient d'examiner.

3°- Les méthodes d'interprétation

Les auteurs sont unanimes pour reconnaître l'existence de trois méthodes d'interprétation : la méthode littérale, la méthode téléologique et l'analogie.

1) La méthode littérale

La méthode littérale, encore appelée *méthode traditionnelle*, *judaïque*, ou *restrictive*, est celle qui consiste à rechercher le sens et la portée de la loi en s'attachant à la lettre de la loi, c'est-à-dire en se limitant aux termes mêmes du texte de la loi. Cette méthode, soutenue notamment par Montesquieu et Beccaria, est assise sur la logique abstraite du texte et recourt abondamment à « l'arsenal classique des exégètes : syllogisme, raisonnement *a contrario, a fortiori, a priori*, interdiction de distinguer là où le texte ne distingue pas, exclusion de toute chose non mentionnée par le texte... S'il y a contradiction entre la volonté du législateur et la lettre du texte, c'est cette dernière qui doit l'emporter. »[417] Il s'agit donc d'une interprétation très étroite qui fait du juge une simple « bouche qui prononce les paroles de la loi », selon l'expression de Montesquieu. Car, martèle Beccaria, « il n'est pas de chose plus dangereuse que l'axiome commun selon lequel il faut consulter l'esprit de la loi, c'est une brèche ouverte au torrent des opinions. »[418] Lorsque le texte de la loi est ambigu ou obscur, le juge doit retenir l'hypothèse la plus favorable au prévenu en application de l'adage *in dubio pro reo*.

Cette méthode littérale est née et s'est développée en même temps que le principe de la légalité des délits et des peines. Comme ce principe, elle trouve son fondement dans le souci d'assurer la protection de la liberté individuelle en combattant l'arbitraire du juge. Elle se justifie également par l'argument selon lequel les textes sévères doivent être interprétés restrictivement. Ce qu'exprime l'adage *odiosa sunt restrigenda*. Malgré ces différentes justifications, cette méthode paraît à la fois inexacte et stérilisante[419] dans certains cas de figure :
- Elle est inexacte, car elle suppose la perfection du texte de la loi. Or, cette perfection n'existe pas toujours, la loi comportant souvent des lacunes, des ambiguïtés, des erreurs ou des contradictions. Il n'est donc pas de bonne

---

[417] V. J. Pradel, *op. cit.*, n° 245, p. 218.
[418] Beccaria, *Traité des délits et des peines*, Cujas, Paris, 1966, p. 69, cité par J. Pradel, *ibidem*.
[419] V. Merle et Vitu, *Traité de droit criminel*, 7e éd., Cujas, Paris, 1997, p. 310.

politique d'exagérer le rôle du législateur au détriment de celui du juge. Aussi, la CEDH a-t-elle raison de juger qu'« *aussi clairement que soit rédigée une disposition juridique, il y a inévitablement une part d'interprétation des tribunaux.* »[420]

- Cette méthode apparaît aussi comme stérilisante ou paralysante, car non seulement elle limite l'action du juge mais elle fige également le droit alors que celui-ci doit évoluer et s'adapter au mouvement des faits sociaux qu'il régit.

Il importe en conséquence d'accorder un peu plus de liberté au juge en lui laissant la possibilité de toujours intelligemment adapter la loi aux données nouvelles ou aux besoins de son époque tout en lui recommandant, bien sûr, l'exigence intellectuelle qui est un des mots d'ordre de la démarche de tout juriste, particulièrement du juriste pénaliste. C'est précisément dans le but de lui assurer cette liberté d'action et de pensée que lui sont ouvertes d'autres méthodes d'interprétation, en l'occurrence la méthode téléologique.

2) La méthode téléologique

2-1) Définition

En grec, *telos* signifie « loin ». La méthode téléologique permet d'atténuer la rigueur de la méthode littérale en recherchant non seulement l'esprit de la loi, mais bien plus, l'intention du législateur, le pourquoi de la règle édictée, la raison de l'intervention du législateur. Elle est précisément dite *déclarative de volonté*, car elle s'attache à rechercher l'intention, la volonté déclarée ou présumée du législateur sans rien y ajouter ni en retrancher. Elle fait prédominer l'esprit de la loi sur la lettre de la loi lorsque celle-ci a trahi celui-là. La méthode téléologique reconnaît ainsi au juge un pouvoir plus large que la méthode littérale. Avec la consécration de cette méthode téléologique, lorsque le juge se trouve devant un texte non clair, laissant subsister un doute sur sa signification, il ne doit pas se complaire à pencher systématiquement en faveur du prévenu pour purement et simplement l'acquitter. Il doit réaliser un travail intellectuel, aller au-delà du texte afin de rechercher et d'établir l'intention de son auteur. Pour lui permettre d'y parvenir, cette méthode met justement à sa disposition plusieurs techniques comme bien sûr l'étude grammaticale, mais aussi la recherche de la *ratio legis*, la consultation des

[420] V. notamment : CEDH, 20 oct. 2011, *Nedjet Sahin et Perihan Sahin c. Turquie*, aff. n° 13279/05; CEDH, 25 janvier 2005, *Karademirci et autres c. Turquie*, aff. n° 37096/97; 37101/97; CEDH, 7 février 2002, *E.K. c. Turquie*, aff. n° 28496/95, cités par G. Bokolombe Bompondo tara Apanda, *op. cit*, p. 2, NBP 4.

travaux préparatoires, la prise en compte du contexte général du texte, le recours au droit comparé, etc. Si, à l'issue de la mise en œuvre de ces différents outils, le doute persiste, alors celui-ci devra profiter au prévenu en application du principe : *in dubio, pro reo.*

2-2) Les techniques d'interprétation téléologique

2-2-1) L'étude grammaticale

Elle consiste à dégager le sens de la loi à partir de l'analyse grammaticale du texte lui-même. Dans cette étude grammaticale, les mots sont pris dans leur sens normal, courant ou usuel. Ils ne sont entendus dans un sens technique qu'en cas de volonté précise du législateur. Tel est le cas, p. ex., du terme « excuse ». Dans son sens courant, le mot « excuse » signifie une raison que l'on donne pour se disculper ou disculper autrui. En droit pénal, par « excuses » il faut entendre des circonstances ou qualités strictement déterminées par la loi, qui obligent le juge à atténuer ou à ne pas prononcer la peine, selon qu'il s'agit d'une excuse atténuante ou absolutoire. De même, le terme « complicité » dans son sens ordinaire signifie connivence ou entente profonde ; en droit pénal, il indique la situation de celui qui aide ou incite autrui à commettre une infraction sans en réaliser lui-même les éléments constitutifs.[421]

Lorsque l'étude grammaticale ne permet pas d'établir le plein sens et la portée réelle du texte, le juge doit continuer ses recherches en ayant recours à d'autres techniques.

2-2-2) L'établissement et la prise en compte de la *ratio legis*

Le sens de la loi peut être dégagé de sa *ratio legis* ou de sa raison d'être. Celle-ci peut aisément être mise en évidence lorsqu'on replace la loi dans son contexte et lorsqu'on en tire l'idée centrale ou la finalité profonde. Le cas rapporté par Bouzat dans son traité de droit pénal et de criminologie[422], peut nous servir d'illustration à cet égard. En effet, un règlement (français) sur la police des chemins de fer interdisait aux voyageurs de « descendre ailleurs que dans les gares et lorsque le train est complètement arrêté ». Un voyageur « grincheux », poursuivi pour avoir sauté pendant que le train était encore en

---

[421] V. l'art. 21ter du CP issu de la loi n° 15-022 du 31 décembre 2015 modifiant et complétant le D. du 30 janvier 1940 portant CP, in *J.O*, 57e année, 1ère partie, n° spécial, 29 février 2016, p. 5.

[422] Bouzat, *Traité de droit penal et de criminologie*, T. 1, *Droit pénal général*, Dalloz, Paris, 1963, n° 89.

marche, soutint devant le juge que d'après ce règlement, il fallait descendre avant que le train ne fût complètement arrêté, c'est-à-dire lorsqu'il était encore en marche. Le juge rejeta cette interprétation littérale qui trahissait la volonté du législateur ou la *ratio legis* du texte réglementaire, lequel consistait en la protection de la vie humaine et en la réduction des risques d'accident.

2-2-3) Le recours aux travaux préparatoires

Par travaux préparatoires, il faut entendre les discussions ou débats qui précèdent la fixation du texte de la loi. Ils englobent les rapports des commissions et sous-commissions, les interventions des rapporteurs ou d'autres orateurs proposant des amendements, l'exposé des motifs, etc. Ces différents documents permettent d'établir le sens et la portée réelle d'un texte légal. On peut citer, en guise d'exemple, deux dispositions du CP qui posent un réel problème d'interprétation : il s'agit des art. 61 et 112.

L'art. 61 punit la mutilation de cadavre. Si on interprète littéralement le texte, on sera amené à donner au mot « mutiler » son sens courant, à savoir « retrancher ». Cette interprétation conduirait à limiter l'application de cet article aux seuls cas de retranchement d'un membre d'un cadavre. Ce qui serait une erreur regrettable. On ne peut éviter de tomber dans cette erreur qu'en recourant aux travaux préparatoires. Ceux-ci renseignent, en effet, que le texte initial de cet art. parlait de « celui qui aura frappé, meurtri ou mutilé un cadavre... » Le conseil colonial avait supprimé les mots « frappé » et « meurtri » parce que, à son avis, ces mots étaient compris dans le terme « mutilé ». Il convient dès lors d'entendre le concept mutiler ou mutilation dans un sens large. La C.A d'Elisabethville[423] a donc eu raison de juger que « l'incinération d'un cadavre humain, sauf si l'auteur a obéi à une intention ou un but licite, est constitutive de l'infraction de mutilation de cadavre. Par l'emploi du terme "mutiler", le législateur a voulu atteindre tout outrage aux cadavres, par une atteinte matérielle contraire au respect dû aux morts. »

Le second exemple retenu est tiré de l'art. 112 qui dispose :

> « *Seront punis des peines portées à l'article précédent*, ceux qui, dans des endroits clôturés ou non clôturés, auront méchamment détruit ou dégradé des arbres, des récoltes, des instruments d'agriculture ou d'autres biens, meubles ou immeubles appartenant à autrui. »[424]

---

[423] Elis. 16 mars 1943, *RJCB*, p. 98.
[424] Passage relevé en italique par nous.

En se limitant à l'étude grammaticale, on croirait que les peines à appliquer dans ce cas sont celles prévues dans l'art. 111. Ce serait une erreur, car les peines à appliquer sont plutôt celles de l'art. 110. En effet, comme l'expliquent Piron et Devos, « l'article 112 du code pénal constituait dans l'ancien code l'article 32 qui renvoyait aux peines prévues par l'article précédent, c'est-à-dire l'article 31. Lors de l'élaboration du nouveau code pénal, le législateur a intercalé entre les articles 31 et 32 devenus respectivement 110 et 112, l'ancien article 31bis devenu l'article 111. Comme il apparaît des travaux préparatoires qu'il n'est pas entré dans l'intention du législateur de modifier les peines comminées par l'ancien article 32 (actuel 112), c'est sur la base de l'article 110 et non 111 qu'il faut apprécier la peine à appliquer en cas d'infraction à l'article 112 du code pénal. »[425] Le service de documentation et d'études du Département de la justice, qui a mis le code pénal à jour au 31 mai 1982, a pris la précaution d'intercaler la même observation dans l'art. 112 qu'il libelle ainsi :

> « Seront punis des peines portées à l'article précédent (l'article auquel on renvoie ici n'est pas l'article 111, mais plutôt l'article 110 qui le précédait immédiatement dans l'ancien code en vigueur avant le décret du 30 janvier 1940, cfr R.J.C.B., 1945, pp. 35 et 163), ceux qui, dans des endroits clôturés ou non-clôturés, auront méchamment détruit ou dégradé des arbres, des récoltes, des instruments d'agriculture ou d'autres biens, meubles ou immeubles appartenant à autrui.»[426]

Cette incohérence, qui a trop duré, devra être levée lorsque sera accompli le travail nécessaire de refonte et de mise à jour véritable du CPC. Car, il est toujours préférable d'avoir un texte clair. On peut d'ailleurs regretter que cette tâche n'ait pas été accomplie en 2004 à l'occasion de la publication du *Code pénal congolais mis à jour au 30 novembre 2004*.[427] Au contraire, dans ce texte, l'art. 112 a été reproduit dans son ancienne formulation[428], sans même que soit reprise la précaution mentionnée dans la version du 31 mai 1982.

---

[425] Piron et Devos, *Code pénal congolais*, note sous l'art. 112 ; réf. à Léo, 30 janvier 1945, *RJCB*, p. 35 ; Elis., 15 mai 1945, *RJCB*, p. 163.

[426] *Le Code pénal zaïrois*, mis à jour au 31 mai 1982, p. 36, art. 112.

[427] In *J.O*, 45ᵉ année, n° spécial, 30 novembre 2004, 64 p.

[428] « Article 112 : Seront punis des peines portées à l'article précédent ceux qui, dans des endroits clôturés ou non-clôturés, auront méchamment détruit ou dégradé des arbres, des récoltes, des instruments d'agriculture ou d'autres biens, meubles ou immeubles appartenant à autrui. »

2-2-4) La prise en compte de l'évolution historique

Cette technique est appelée très justement « *interprétation évolutive* ». Elle permet au juge de sanctionner des faits nouveaux, apparus après la mise en vigueur de la loi et rentrant dans son champ d'action, mais non expressément visés par le législateur qui était dans l'impossibilité de se les représenter au moment de l'élaboration de ladite loi. Deux exemples peuvent aider à la compréhension de cette technique :

Le premier est tiré de l'art. 79 du C.P. réprimant le vol. La doctrine classique a toujours soutenu que seuls les biens matériels sont susceptibles de vol, car eux, seuls, peuvent être appréhendés et frauduleusement soustraits. Tenant compte de l'évolution de la vie moderne, l'opinion unanime reconnaît que même les choses immatérielles peuvent être frauduleusement soustraites. Il en est ainsi notamment de l'électricité.

Le second exemple est fourni par la jurisprudence française. En effet, l'art. 138 du code (français) des voies navigables sanctionne pénalement les propriétaires des bateaux à vapeur circulant sans permis de navigation. Le propriétaire d'un bateau à moteur diesel qui naviguait sur la Seine à Paris avec, à bord, des touristes et musiciens chargés d'agrémenter le voyage, fut poursuivi et condamné en application de cet art. 138, car il circulait sans permis de navigation. Le condamné interjeta un pourvoi devant la chambre criminelle de la Cour de cassation. Pour soutenir son pourvoi, il invoqua la violation de l'art. 4 du CPF[429] consacrant le principe *nullum crimen, nulla poena sine lege*. En effet, arguait-il, le texte prétendument violé ne visait que les bateaux mûs par moteurs à vapeur ; il ne pouvait pas s'appliquer à son bateau (du nom de l'hirondelle), car celui-ci était propulsé par un moteur diesel. Et la cour de lui répondre : « ... La découverte ultérieure de nouveaux procédés de propulsion mécanique ne saurait avoir pour effet de dispenser les bateaux qui en sont pourvus d'une obligation aussi essentielle ; ... ainsi, sans porter atteinte au principe d'interprétation (stricte) de la loi pénale, l'extension de l'article 138 à tous les modes de propulsion mécanique correspond à la seule interprétation raisonnable dudit article... »[430]

---

[429] Art. 4 de l'ancien CPF : « Nulle contravention, nul délit, nul crime ne peuvent être punis de peines qui n'étaient pas prononcées par la loi avant qu'ils fussent commis. »

[430] V. R. Combaldieu , « À propos d'un conflit entre la raison et l'interprétation restrictive en droit pénal », in *RSC*, 1965, p. 833.

2-2-5) La prise en compte du contexte général du texte

Cette technique est appelée *argument a rubrica*. Elle consiste à rechercher le sens ou la portée d'une disposition en prenant en compte la place qu'elle occupe dans l'ensemble du texte. La compréhension de l'art. 85 du CP, p. ex., appelle l'application de cette méthode d'interprétation. Cet art. porte en effet : « Le meurtre commis soit pour faciliter le vol ou l'extorsion, soit pour en assurer l'impunité, est puni de mort. » La question que l'on peut se poser est celle de savoir quelle est la qualification exacte à retenir en l'espèce. Est-ce principalement le meurtre ? Est-ce au contraire le vol ou l'extorsion ? Autrement dit, est-ce le meurtre qui aggrave le vol ou l'extorsion, ou est-ce l'inverse ? Pour répondre à cette interrogation, il suffit de considérer le contexte dans lequel s'insère cet art. 85. Celui-ci fait, en effet, partie de la section I intitulée : « Des vols et des extorsions », section elle-même contenue dans le titre II du CP traitant : « Des infractions contre les propriétés ». Cette démarche intellectuelle permet de conclure que l'art. 85 incrimine principalement le vol ou l'extorsion, mais ce vol ou extorsion est aggravé par le meurtre de la victime. Le meurtre doit donc être regardé comme étant une circonstance aggravante du vol ou de l'extorsion.

2-2-6) Le recours au droit comparé.

Il constitue une autre technique d'interprétation utilisée. Compte tenu du fait que la législation pénale congolaise moderne est essentiellement inspirée des codes pénaux belge et français, les solutions adoptées dans ces deux textes ou pour l'application de ceux-ci peuvent contribuer à résoudre des problèmes se posant dans la mise en œuvre du droit criminel de la RDC. Cependant, il doit s'agir d'une inspiration prudente et intelligente et non d'une copie conforme des solutions étrangères, fussent-elles belges ou françaises. Car les textes ne sont pas toujours identiques. Même s'ils l'étaient, ils ne régissent pas les mêmes pays, les mêmes peuples, les mêmes situations, les mêmes mentalités. Leur application peut appeler des adaptations nécessaires en fonction des besoins et des caractéristiques spécifiques de nos populations.

2-2-7) La prise en compte des données historiques et sociopolitiques.

En effet, et ceci est lié à ce qui vient d'être dit, les données historiques et sociopolitiques peuvent fournir des explications ou éclairages significatifs sur le sens, la portée ou la finalité d'une loi. La notion de l'ordre public ou de l'ordre social, p. ex., n'a pas le même contenu dans un pays démocratique que dans un État totalitaire.

4°- L'autonomie du droit pénal en matière d'interprétation

En effet, en cette matière, le droit pénal exprime son autonomie vis-à-vis d'autres disciplines juridiques. Il emprunte à celles-ci certains termes mais sans pour autant leur conserver le sens qu'ils ont dans leur discipline d'origine. On peut citer, en guise d'illustration : le concept domicile, le vocable fonctionnaire, la distinction biens meubles - biens immeubles, et la conséquence des actes nuls en droit civil. Ainsi, les art. 69-70 du CP répriment la violation du domicile. Ce terme *domicile* ne doit pas s'entendre uniquement comme le « principal établissement » selon la définition du droit civil. En droit pénal, par domicile, il faut entendre tout lieu qui sert d'habitation. Il peut s'agir d'une maison, d'une chambre d'étudiant, d'un appartement, d'une case, d'une cabane, d'un nganda des pêcheurs, etc.

De même, l'art. 145 du CP n'utilise pas le mot *fonctionnaire* uniquement dans le sens que lui accorde le droit administratif. Le droit pénal entend par fonctionnaires non seulement « les agents publics de carrière nommés à un grade de la hiérarchie pour occuper un emploi permanent »[431], mais aussi toutes les personnes qui sont investies d'un mandat public, permanent ou temporaire, salarié ou gratuit. Dès lors, en droit pénal, un ministre, un vice-ministre, un secrétaire d'État… sont des fonctionnaires et peuvent être poursuivis pour détournement, concussion ou corruption sur la base des art. 145 et s. du CP. Alors qu'au regard du droit administratif, le ministre, le vice-ministre ou le secrétaire d'État sont plutôt des hommes politiques et non des fonctionnaires. Le D-L n° 017-2002 du 3 octobre 2002 est venu conforter cette vision pénaliste du fonctionnaire en énumérant, de façon non exhaustive, les agents publics de l'État, parmi lesquels il cite notamment : le président de la République, les membres du parlement, les membres du gouvernement, les magistrats des cours et tribunaux, les ambassadeurs et envoyés extraordinaires, les autorités chargées de l'administration des circonscriptions territoriales, les membres des assemblées des entités administratives décentralisées, le personnel politique et administratif des services de la présidence de la République, le personnel politique et administratif de l'administration du parlement, le personnel politique et administratif des cabinets des ministres, les agents de l'administration de tous les ministères, les magistrats et le personnel administratif de la cour de compte, le personnel de l'administration des services de sécurité, le personnel civil et militaire œuvrant au sein des forces armées congolaises, les agents de la police nationale congolaise, les mandataires actifs et non actifs dans les institutions de droit public, les entreprises et organismes publics ainsi que les entreprises d'économie mixte ;

[431] C'est la définition du terme *fonctionnaire* en droit administratif. V. notamment, A. De Laubadère, *Traité de droit administratif*, II, LGDJ, Paris, 1970, pp. 17-19.

le personnel des institutions de droit public, des entreprises publiques et des organismes publics personnalisés ; les employés des entreprises privées ou d'économie mixte exerçant une activité publique pour le compte de l'État. Et la CSJ d'arrêter qu'« est fonctionnaire, toute personne chargée d'un service public ».[432]

S'agissant des termes *meubles* et *immeubles*, ceux-ci ont, en droit pénal, un sens usuel, différent de ce qu'ils ont en droit civil. Car, sont considérés comme meubles en droit pénal, les immeubles par nature, par destination ou par incorporation qui restent susceptibles d'être frauduleusement enlevés, soustraits ou déplacés. Il en est ainsi du sable, des caillasses, des moellons d'une carrière privée, des mines (immeubles par nature en droit civil)[433] ; des lustres fixées, des glaces encastrées, des installations sanitaires incorporées dans une maison, des fils électriques, des tuyaux de conduite des eaux, de la vapeur, du gaz, des fruits et légumes sur pied... (immeubles par incorporation en droit civil)[434] ; des objets mobiliers placés par leur propriétaire dans un immeuble tels que les glaces, les tableaux et autres ornements, ou encore les animaux, machines, ustensiles et autres objets nécessaires à l'exploitation agricole, industrielle ou commerciale (immeubles par destination en droit civil)[435]. Tous ces biens sont meubles au regard du droit pénal, et donc

[432] CSJ, 31 août 1984, R.P 94, affaire Kashintwale et consorts, cité par F. Kabange Numbi, Procureur général de la République, in « L'infraction de détournement des deniers publics et privés en droit positif congolais », Mercuriale prononcée lors de l'audience solennelle de la rentrée judiciaire de la CSJ 2009, in *BACSJ*, Années 2004 à 2009, T. II (2007-2009), Éd. 2010, pp. 319-348, spéc. pp. 333-335.

[433] V. l'art. 6 de la loi n° 73-021 du 20 juillet 1973 portant régime général des biens, régime foncier et immobilier et régime des sûretés, telle que modifiée et complétée par la loi n° 80-008 du 18 juillet 1980, dite Loi Foncière, in *J.O*, n° Spécial, 1er décembre 2004 : « Le sol et les mines sont immeubles par leur nature. »

[434] Art. 7, *idem* : « Sont immeubles par incorporation : 1° les bâtiments et leurs accessoires nécessaires, tels que les tuyaux servant à la conduite des eaux, de la vapeur ou du gaz et des fils conducteurs de l'électricité ; 2° toutes constructions inhérentes au sol ; 3° les arbres et plantes quelconques, tant qu'ils ne sont pas détachés du sol ; 4° les fruits et récoltes, tant qu'ils n'ont pas d'existence séparée. »

[435] Art. 8, *idem* : « Sont immeubles par destination, les objets mobiliers placés par leur propriétaire dans un immeuble qui lui appartient ou sur lequel il exerce un droit réel immobilier qui est de nature à lui permettre d'user ou de jouir de l'immeuble, soit pour les nécessités de l'exploitation dudit immeuble, soit à perpétuelle demeure pour son utilité ou son agrément. Tels sont : 1°. les animaux attachés à la culture ou à l'exploitation agricole, les instruments et ustensiles aratoires, les animaux, machines, ustensiles et autres objets nécessaires à l'exploitation industrielle ou commerciale ; 2°. les objets attachés par un travail de maçonnerie quelconque ; ceux qui ne peuvent être détachés sans être fracturés ou détériorés, ou sans briser ou détériorer la partie de l'immeuble à laquelle ils sont attachés ; les glaces, tableaux et autres ornements

susceptibles de vol. Enfin, les *actes nuls* en vertu de la loi civile ou commerciale ne sont pas nécessairement nuls aux yeux du droit pénal. Ainsi, p. ex., l'émission d'un chèque sans provision est punie même si celui-ci est nul au regard du droit commercial. Selon la loi uniforme sur le chèque (le D. du 10 décembre 1951, art. 1er), un chèque non daté est nul, c'est-à-dire ne vaut pas comme chèque. Le droit pénal ne tient pas compte de cette nullité. Il punit l'émission d'un chèque sans provision même si ce chèque n'est pas daté.

Le droit pénal exprime ainsi son autonomie vis-à-vis d'autres disciplines juridiques.

L'exposé explicatif des techniques d'interprétation vient de clore l'étude des conditions d'application de la loi pénale. Mais, en plus de questions d'existence et d'interprétation conditionnant la mise en œuvre de cette loi, celle-ci soulève un autre problème fondamental, celui de sa sphère de déploiement.

B- LE CHAMP DE DÉPLOIEMENT DE LA LOI PÉNALE

Examiner le champ de déploiement de la loi pénale conduit à déterminer le périmètre de son application dans le temps et dans l'espace.

a) Le champ temporel

Pour des raisons de sécurité juridique, une loi nouvelle ne s'applique pas, en principe, aux infractions perpétrées et définitivement jugées avant son entrée en vigueur. Le problème se pose dans l'hypothèse où l'accomplissement d'un acte infractionnel, la poursuite et le jugement de son auteur ne s'opèrent pas sous le régime d'une même loi. En effet, lorsque, entre le jour de la perpétration de l'infraction et celui de son jugement définitif, intervient une loi nouvelle modifiant une incrimination, une peine ou une norme procédurale, quelle est la loi que doit appliquer le juge ? Est-ce la loi ancienne ou plutôt la loi nouvelle ? Cette question constitue ce qu'on appelle le *conflit des lois pénales dans le temps*. Pour y répondre, il faut opérer une distinction entre d'une part les lois de fond, et d'autre part les lois de forme.

---

lorsque l'intention du propriétaire de les laisser à perpétuelle demeure résulte clairement de leurs dimensions et de leur agencement dans l'immeuble. L'immobilisation par destination qui est l'œuvre du titulaire d'un droit réel s'effectue dans les limites de ce droit et prend fin lorsque celui-ci vient à l'expiration. »

1°- L'application dans le temps des lois pénales de fond

Elle est régie par deux règles fondamentales dont la seconde se conçoit comme une exception par rapport à la première.

1) En effet, *le principe en cette matière est celui de la* ***non-rétroactivité de la loi pénale***. La loi pénale ne rétroagit pas. Elle ne dispose que pour l'avenir. Ce principe est un corollaire du principe de la légalité des incriminations et des sanctions. L'un et l'autre visent à sauvegarder les libertés individuelles. Ils sont consacrés dans les mêmes dispositions, à savoir les articles 17 de la Constitution[436], 1er du CP[437], 2 al. 1er du CPM[438] ; 8 de la Déclaration des droits de l'Homme et du citoyen de 1789 ; 11 de la Déclaration universelle des droits de l'Homme de 1948 ; 22, 23 et 24 du Statut de la CPI.[439]

2) La loi pénale nouvelle ne rétroagit que si elle est plus douce pour le prévenu. C'est *la* ***rétroactivité in mitius*** ou la rétroactivité de la *lex mitior*. Le législateur fixe bien le rapport entre le principe de la non-rétroactivité et la rétroactivité *in mitius* dans l'art. 2 du CPM où il dispose :

> « Nulle infraction ne peut être punie des peines qui n'étaient pas prévues par la loi avant que l'infraction fût commise. Toutefois, les dispositions nouvelles, moins sévères que celles de la loi ancienne, s'appliquent aux infractions commises avant leur entrée en vigueur et n'ayant pas donné lieu à une condamnation passée en force de la chose jugée.
>
> Toutefois, l'application de la loi nouvelle est sans effet sur la validité des actes accomplis conformément à la loi ancienne. La peine cesse néanmoins de recevoir exécution quand elle a été prononcée pour un fait qui, en vertu d'une loi postérieure au jugement, n'a plus le caractère d'une infraction. »

Cette disposition montre bien que le principe de la rétroactivité *in mitius* est en réalité une exception au principe de la non-rétroactivité de la loi pénale.[440] En effet, il ressort de la première phrase de cet art. qu'en principe, un acte ne peut être qualifié d'infraction et puni des peines que si, avant sa commission, une loi l'avait qualifié d'infraction et avait prévu des peines pour sanctionner son auteur. *A contrario*, une loi intervenue après la commission d'un acte ne peut pas rétroagir et sanctionner de peines son

---

[436] L'art. 17 de la Const. est cité *supra* pp. 80-81.

[437] Art. 1er du CP : « Nulle infraction ne peut être punie des peines qui n'étaient pas portées par la loi avant que l'infraction fût commise. »

[438] Art. 2, al. 1er, 1ère phrase, de la loi n° 024-2002 du 18 novembre 2002 portant CPM, in *J.O*, 44e Année, n° spécial, 20 mars 2003.

[439] Les art. 22, 23 et 24 du Statut de la CPI sont cités *supra*, p. 118 NBP 303 à 305.

[440] V. aussi l'art. 17 al. 6 de la Const.

auteur : c'est le principe de la non-rétroactivité de la loi pénale, corollaire du principe de la légalité des infractions et des sanctions. Cependant, si cet acte a été commis sous l'empire d'une ancienne loi et qu'une loi nouvelle vient adoucir celle-ci, alors la loi nouvelle rétroagira, car elle est plus douce et donc plus favorable au délinquant. C'est ce que dit le législateur dans la deuxième phrase de cet art. 2 du CPM : « *Toutefois*, les dispositions nouvelles, moins sévères que celles de la loi ancienne, s'appliquent aux infractions commises avant leur entrée en vigueur et n'ayant pas donné lieu à une condamnation passée en force de la chose jugée. » Deux précisions méritent donc d'être soulignées :

- La première, c'est qu'en application de ce principe, la loi nouvelle plus douce s'applique autant aux faits infractionnels perpétrés avant son entrée en vigueur et non encore jugés, qu'à ceux déjà jugés au premier degré mais pouvant encore être examinés au stade d'appel ou de cassation. En revanche, si la condamnation est devenue irrévocable, la loi nouvelle même plus douce ne saurait plus s'appliquer, au niveau de la caractérisation des faits. Une condamnation est dite irrévocable lorsqu'elle est coulée en force de chose jugée, c'est-à-dire lorsque la situation du condamné est définitivement scellée, lorsque tous les recours ouverts ont été épuisés ou lorsque tous les délais de recours sont forclos. Cependant, conformément à l'art. 17 de la Const., « en cas de réduction de la peine en vertu d'une loi postérieure au jugement, la peine est exécutée conformément à la nouvelle loi. »
- La deuxième, c'est que la loi nouvelle ne peut pas remettre en cause les actes procéduraux accomplis sous l'empire de l'ancienne loi. La troisième phrase de cet art. 2 précise ainsi cette limitation : « *Toutefois*, l'application de la loi nouvelle est sans effet sur la validité des actes accomplis conformément à la loi ancienne. » Néanmoins, la peine cesse de recevoir exécution quand elle a été prononcée pour un fait qui, en vertu d'une loi postérieure au jugement, n'a plus le caractère d'une infraction.[441]

Une autre question essentielle qui se pose est celle de savoir sur quelle base apprécier la douceur d'une loi nouvelle par rapport à la loi ancienne. Pour résoudre ce problème, il faut d'abord comparer les incriminations prévues dans les deux lois :

- Une loi est plus douce : lorsqu'elle supprime une incrimination ou abroge une infraction ; lorsqu'elle supprime une circonstance aggravante ; lorsqu'elle admet un fait justificatif nouveau ; ou lorsqu'elle augmente le nombre des éléments constitutifs d'une infraction, rendant ainsi difficile sa caractérisation.
- En revanche, une loi nouvelle est plus sévère : lorsqu'elle crée une incrimination ; lorsqu'elle supprime une circonstance atténuante ; lorsqu'elle crée une circonstance aggravante ; lorsqu'elle supprime certaines conditions

[441] Art. 2, dernière phrase, du CPM.

de l'infraction ou certains de ses éléments constitutifs.
Dans le cas où les deux lois sont égales au point de vue de l'incrimination, c'est-à-dire lorsqu'elles incriminent le même fait mais diffèrent l'une de l'autre au plan de pénalités, la loi la plus douce est celle qui prévoit la peine la moins sévère. On tiendra compte de la hiérarchie des peines telle que fixée par l'énumération de l'art. 5 du CP :
- Le châtiment suprême est la peine de mort. C'est la plus grave de toutes les sanctions pénales.
- Suit en gravité la peine des travaux forcés.
- Vient ensuite la servitude pénale. La servitude pénale même la plus faible[442] est considérée comme étant plus grave que toute peine d'amende quel qu'en soit le montant.
- En cas de conflit entre deux peines de servitude pénale, la plus grave est celle dont le maximum est le plus élevé.
- À égalité des maxima, la plus grave est celle dont le minimum est le plus élevé.
- À égalité des maxima et des minima, la plus grave est celle dont le maximum de l'amende est le plus élevé.
- À égalité des maxima et des minima de servitude pénale, et à égalité des maxima de l'amende, la peine la plus sévère est celle dont le minimum de l'amende est le plus élevé.
- Lorsque persiste l'égalité parfaite, le conflit sera départagé en tenant compte de la présence ou non des peines complémentaires ou accessoires. Sera ainsi considérée comme plus sévère, la loi qui, en plus de la servitude pénale et de l'amende, prévoit des peines complémentaires ou accessoires.
Mais le conflit peut continuer jusqu'à ce point. Alors là il y aurait véritablement une situation « crisique » car la loi n'établit pas une hiérarchie des peines complémentaires ou accessoires. Si les deux lois prévoient des peines complémentaires et accessoires, le juge ne pourra résoudre le conflit qu'en appréciant leur gravité respective dans le concret. Il procédera donc à la comparaison *in concreto* des deux peines.[443]

3) ***D'autres assouplissements*** *du principe de la non-rétroactivité des lois pénales plus sévères* sont admis.

Le premier concerne les *lois interprétatives*. En effet, les lois nouvelles interprétatives, qu'elles soient plus sévères ou plus douces pour le prévenu, rétroagissent toujours, car elles sont regardées comme faisant partie intégrante de la loi interprétée. Et cette loi interprétée (la loi ancienne donc) est réputée

---

[442] Un jour d'une durée de 24 heures (v. l'art. 7 du CP : « La servitude pénale est au minimum d'un jour d'une durée de vingt-quatre heures. »)
[443] Dans ce sens, Merle et Vitu, *op. cit.*, n° 168.

avoir eu, dès l'origine, le sens que lui accorde et que précise la loi nouvelle interprétative.

Le second, qui est plus discuté, concerne les *lois portant mesures de sûreté*. Par mesure de sûreté, il faut entendre des mesures restrictives de liberté destinées à défendre la société par la prévention. Ces mesures sont notamment éducatives, thérapeutiques, d'assistance, de surveillance, de neutralisation (suspension ou annulation du permis de conduire, immobilisation du véhicule, retrait du véhicule de la circulation) ou d'élimination (expulsion définitive des étrangers, confiscation d'objets illicites ou jugés dangereux), etc. Nous y reviendrons. Selon une partie de la doctrine, les mesures de sûreté, qui sont prises essentiellement dans l'intérêt des délinquants, doivent recevoir application même s'il s'agit des faits commis antérieurement à la promulgation de la loi nouvelle. Une autre opinion suggère qu'une distinction soit opérée entre mesures favorables et celles non favorables au prévenu. Ne peuvent ainsi s'appliquer rétroactivement que des mesures d'aide, de rééducation ou de protection du délinquant. En revanche, les mesures plutôt sévères comme celles privatives de liberté ou éliminatrices, ou encore celles atteignant le délinquant dans son corps (la castration ou la stérilisation p. ex.) ne peuvent recevoir d'application rétroactive.[444] Cette seconde thèse emporte notre agrément.

2°- L'application dans le temps des lois pénales de forme

Lorsqu'une loi nouvelle est promulguée alors que la procédure, déjà engagée sous l'ancienne loi, n'est pas encore terminée, que doit faire le juge ? Doit-il continuer à appliquer l'ancienne loi ou doit-il plutôt immédiatement mettre en œuvre la loi nouvelle ?

1) En matière de procédure, le principe est celui de ***l'application immédiate de la loi nouvelle***. Ce principe signifie que les instances antérieures à la promulgation de la loi nouvelle sont régies par la loi ancienne ; mais dès la promulgation de la loi nouvelle, celle-ci s'applique immédiatement aux procédures en cours et à toutes les procédures qui naîtront par la suite.

L'application immédiate des lois de procédure se justifie par le fait que les lois nouvelles de procédure sont supposées être promulguées pour une meilleure administration de la justice, pour améliorer l'ancienne loi, pour combler ses lacunes ou corriger ses faiblesses. Voilà pourquoi ces lois nouvelles ne peuvent attendre ; elles doivent immédiatement entrer en application. Cependant, elles ne rétroagissent pas. L'application immédiate ne

---

[444] V. notamment, Merle et Vitu, *idem*, n° 178.

signifie pas rétroactivité. La loi nouvelle n'anéantit pas tous les actes procéduraux accomplis sous l'empire de l'ancienne loi ; elle n'abolit pas pour le passé les effets de la loi ancienne, elle ne régit pas les procédures *ab origine*, depuis qu'elles ont commencé. Elle ne régit les procédures en cours qu'à partir de sa promulgation ou plus exactement dès son entrée en vigueur.

2) Ce principe d'application immédiate des lois de procédure accepte quelques ***dérogations*** :

- La première a trait aux *lois de compétence*. La loi nouvelle de compétence ne peut pas recevoir application immédiate lorsque l'affaire a déjà été jugée sur le fond au premier degré. Ainsi, p. ex., lorsqu'un prévenu a été jugé en grande instance, qu'il interjette appel et qu'entre-temps une loi nouvelle vient changer la juridiction d'appel, cette loi nouvelle ne s'appliquera pas à ce prévenu.
- La deuxième dérogation vise les *voies de recours*. Il ne s'agit pas en réalité d'une dérogation mais plutôt d'une nuance. En effet, lorsqu'une loi nouvelle supprime une voie de recours ou en réduit le délai d'exercice, la loi ancienne survit, car la loi nouvelle porte atteinte à un droit acquis. « Le texte antérieur ne s'applique… qu'au droit de recours lui-même, qui doit être maintenu tel qu'il existait au jour où a été prononcé le jugement intéressé. Mais l'exercice même du droit [c'est-à-dire la procédure] subit l'action de la nouvelle loi…»[445] Prenons, en guise d'exemple, le recours en appel. En vertu de l'art. 97 du CPP, ce recours doit être interjeté dans les 10 jours qui suivent le prononcé du jugement contradictoire ou la signification du jugement par défaut. Cette faculté d'interjeter appel est reconnue au prévenu, à la personne déclarée civilement responsable, à la partie civile, et au ministère public. C'est ce que prévoit l'art. 96 du CPP. Une loi nouvelle qui réduirait ce délai de 10 jours ou retirerait à l'une ou l'autre partie cette liberté d'interjeter appel (avant l'expiration du délai de 10 jours), ne peut pas être d'application immédiate, car elle porte atteinte aux droits acquis. En revanche, si cette loi nouvelle ne vient que modifier la forme d'exercice de ce droit, elle doit s'appliquer immédiatement. La forme d'exercice du recours en appel est fixée par l'art. 100 du CPP. Cet art. dispose en effet : « L'appel peut être fait soit par déclaration en réponse au bas de l'original de l'acte de signification, soit par déclaration au greffe de la juridiction qui a rendu le jugement ou de la juridiction qui doit connaître de l'appel, soit par lettre missive adressée au greffier de l'une ou l'autre de ces juridictions… » Une loi nouvelle peut modifier cet art. et décider, p. ex., que l'appel ne peut être interjeté que par une simple lettre missive adressée au greffe du tribunal… Une telle loi nouvelle, qui ne porterait que sur la forme, serait d'application immédiate.

---

[445] Merle et Vitu, *op. cit.*, n° 187.

- La troisième dérogation concerne les *lois relatives à l'exercice des poursuites* ou de la mise en œuvre de l'action publique. Celles-ci sont considérées comme des lois de fond et se voient donc appliquer le principe de la non-rétroactivité de la loi nouvelle plus sévère, lorsque, p. ex., cette dernière rend plus aisé le déclenchement de l'action publique ou plus nombreuses les possibilités de l'intervention de la répression ; ou le principe de la rétroactivité *in mitius* lorsque la loi nouvelle pose plus de conditions pour l'exercice des poursuites.[446]

- La quatrième dérogation se rapporte aux *lois de prescription*. Lorsque le délai de prescription est déjà écoulé au moment où survient la loi nouvelle, celle-ci n'aura aucune incidence sur cette situation définitivement acquise. Le problème se pose lorsqu'intervient une loi nouvelle modifiant le délai d'une prescription encore en cours. La tendance dominante considère les lois relatives à la prescription comme des lois de fond. Ainsi, toute loi nouvelle intervenue en cette matière ne s'applique que si elle est favorable au prévenu. C'est dans ce sens que se prononce G. Mineur qui, commentant le CPC, soutient « qu'en cas de changement de la durée de la prescription, le texte le plus favorable au prévenu doit être appliqué. »[447] La prescription, consistant en un délai au terme duquel s'éteint l'action publique ou la peine, se trouve être, en effet, une matière essentielle faisant échapper le délinquant aux poursuites ou à la peine. La loi nouvelle ne peut rétroagir que si elle réduit le délai de la prescription, c'est-à-dire si elle est favorable à la personne poursuivie. En revanche, elle ne doit pas rétroagir si elle prolonge le délai de la prescription ou si, *a fortiori*, elle rend imprescriptible l'infraction commise et la peine encourue, car en pareille occurrence, elle est plus sévère que l'ancienne loi.

- La cinquième dérogation concerne les *lois relatives aux modes de preuve*. Certains auteurs, dont nous partageons l'opinion, estiment que les dispositions relatives à la preuve doivent être assimilées à des lois de fond et être dès lors soumises à la distinction des lois plus sévères et plus douces. Ainsi, p. ex., la loi nouvelle sera considérée comme plus favorable au prévenu si elle rend plus difficile l'établissement de la preuve par le ministère public. Elle sera défavorable dans l'hypothèse inverse.[448] D'autres rejettent cette thèse et considèrent que ces lois sont de forme et donc soumises au principe d'application immédiate.[449]

---

[446] J. Pradel, *Droit pénal général*, 21e éd., p. 170, n° 196, 1°.

[447] G. Mineur, *Commentaire du code pénal congolais*, Larcier, Bruxelles, 1953, p. 15.

[448] V. notamment Bouzat et Pinatel, *op. cit.*, II, n° 1693 ; G. Levasseur, « Un problème d'application de la loi pénale dans le temps », in *RSC*, 1966, pp. 1 et s ; E. Verny, O. Decima et S. Detraz, *Droit pénal général*, Litec, 2014, n° 124, cités par J. Pradel, *op. cit.*, p. 171, n° 196, 2°.

[449] R. Merle et A. Vitu, I, n° 262.

b) Le champ spatial

La problématique du champ spatial de la loi pénale peut être formulée en trois séries d'interrogations :

- Quelle loi doit-on appliquer lorsqu'un agent (l'auteur d'une infraction) est appréhendé au moment des poursuites dans un pays autre que celui dans lequel l'infraction a été commise ? Faut-il appliquer la loi du pays où l'infraction a été perpétrée ou plutôt celle du pays où le délinquant est trouvé au moment des poursuites ? Tel est le premier terme de la problématique.
- Deuxième terme : Quelle loi doit-on appliquer lorsqu'un crime ou une infraction est réalisée dans plusieurs pays différents ?
- Troisième interrogation : Quelle loi doit-on appliquer lorsqu'un crime commis à l'étranger porte atteinte aux intérêts d'un État déterminé ?

Cette question triplement formulée, constitue ce qu'on appelle le *conflit des lois pénales dans l'espace*. Pour résoudre ce conflit, la doctrine consacre un certain nombre de principes qui seront examinés dans un premier point, avant de voir quel est le système de solution appliqué en RDC et comment se sont organisés les États pour s'entraider en matière de lutte contre la criminalité, notamment par la mise en œuvre du mécanisme d'extradition.

1°- Les principes de solution consacrés en doctrine

Pour départager le conflit des lois pénales dans l'espace, la doctrine a élaboré trois principes : ceux de la territorialité, de la personnalité, et de l'universalité.

1) Le principe de la territorialité de la loi pénale

Ce principe commande que la loi pénale d'un pays s'applique à toutes les infractions perpétrées sur son territoire, sans égard pour la nationalité de leurs auteurs ou de la victime. À l'inverse, cette loi ne peut pas s'appliquer aux infractions commises en dehors du pays, même si celles-ci ont été l'œuvre des nationaux. On reconnaît à ce principe quelques avantages mais aussi une imperfection de taille.

1-1) Quatre avantages sont relevés :

- Ce principe permet une meilleure administration de la justice. En effet, le juge national ou local connaît mieux la loi de son pays et se trouve en mesure d'en faire bon usage alors qu'il peut lui être difficile de recourir à des lois étrangères peu ou mal connues. De plus, la procédure est plus aisée à conduire et relativement moins coûteuse lorsqu'elle se déroule sur le territoire même où l'infraction a été commise. Le juge peut facilement mener des enquêtes, opérer

des descentes sur le lieu, rechercher des indices, réunir et entendre des témoins, réunir toute autre preuve, etc.
- Ce principe permettrait aussi un meilleur respect du principe de la légalité. On argue, en effet, que l'agent, auteur de l'infraction, connaît mieux la loi en vigueur dans le pays où il a délinqué alors qu'il peut ignorer sa propre loi nationale. Cette affirmation paraît évidemment discutable. Car un étranger qui, de passage en RDC, commettrait une infraction, ne peut pas être supposé mieux connaître la loi congolaise que sa propre loi nationale. L'argument vaudrait peut-être pour les étrangers ayant résidé pendant longtemps dans le pays de la commission de l'infraction.
- Ce principe assure également une meilleure sauvegarde de l'intérêt social. Car, il est utile que le crime soit jugé et sanctionné le plus près possible du lieu de sa commission afin que le trouble social qu'il y a causé soit apaisé et que se produise l'effet intimidant de la peine sur les autres membres de la communauté.
- Ce principe garantit enfin un exercice aisé de la souveraineté. En effet, un des attributs essentiels de la souveraineté d'un État, c'est le maintien de l'ordre et de la sécurité à l'intérieur de ses frontières. Les violations des lois qu'il édicte constituant des atteintes à son autorité et à sa souveraineté, il a non seulement le devoir mais aussi le droit de les sanctionner.

1-2) Une imperfection est épinglée, c'est que le principe de territorialité peut conduire à l'impunité d'un certain nombre de délinquants. Il en est ainsi p. ex., lorsque l'infraction est commise dans un lieu inconnu ou indéterminé ; ou lorsque le lieu de la commission de l'infraction ne relève d'aucun territoire souverain ; ou encore lorsqu'un délinquant, après avoir perpétré un crime à l'étranger, se réfugie dans son pays. Celui-ci ne peut pas le punir car l'infraction n'a pas été commise sur son territoire. Comme il ne peut pas, en principe, extrader ses propres nationaux, le pays où l'infraction a été commise ne pourra pas non plus faire intervenir ses organes pénaux. Pour corriger cet inconvénient de taille, la doctrine a imaginé d'autres systèmes dont celui de la personnalité de la loi pénale.

2) Le principe de la personnalité de la loi pénale

Ce principe veut que la loi d'un pays trouve application à l'égard de tous ses nationaux, lors même que ces derniers auraient perpétré des infractions hors de son territoire, et ne s'applique qu'à ses nationaux à l'intérieur de son territoire. Il se déploie, en réalité, de deux manières : sous la forme de la personnalité active ou passive.

2-1) Le principe de la personnalité active commande que la loi pénale d'un État déterminé s'applique à toutes les infractions que commettent ses nationaux en quelque lieu que ce soit. Monopole est donc accordé à la loi nationale de l'auteur de l'infraction. Aussi, sous cette forme, ce principe est-il également appelé *principe de la compétence personnelle active,* car le délinquant n'est jugé que par les tribunaux de son pays appliquant la loi de ce dernier. L'idée évoquée à l'appui de ce système, c'est que la loi nationale est mieux adaptée à la personne de l'auteur de l'acte et qu'on peut supposer que le juge national sera plus juste à son égard que le juge étranger. Ce système, qui était en vigueur dans le droit dit barbare, dans le droit ecclésiastique et dans celui du moyen-âge européen, n'est plus utilisé aujourd'hui que dans des cas très particuliers pour corriger la rigueur du principe de la territorialité. Il est appliqué, p. ex., lorsque les troupes militaires congolaises stationnent ou opèrent à l'étranger. Dans ce cas, elles continuent à être régies par le CPM congolais et non par la législation étrangère. Il en a été ainsi des troupes des Forces armées zaïroises (FAZ, à l'époque) en campagne au Tchad en 1983, auxquelles était rattaché un conseil de guerre opérationnel constitué de magistrats militaires appliquant le Code de justice militaire. De même, à la suite des accusations, notamment de viols, portées contre certains soldats des Forces armées de la RDC (FARDC) participant à l'opération du maintien de la paix de l'ONU en RCA, une mission constituée de quatre magistrats de l'auditorat militaire (parquet militaire), a été dépêchée à Bangui le 26 août 2015 pour mener des enquêtes sur ces accusations, en appliquant le CPM et le Code judiciaire militaire de la RDC.[450]

2-2) Le principe de la personnalité passive veut que la loi pénale d'un État déterminé s'applique à toutes les infractions victimisant ses nationaux où qu'ils se trouvent. Ne doit donc trouver application que la loi de la victime de l'infraction, quel que soit le lieu de la commission de l'infraction et sans considération de la nationalité de son auteur. Lorsque cette victime est l'État lui-même, le principe de la personnalité passive est appelé *principe de réalité.*
L'idée évoquée pour soutenir le principe de la personnalité passive est que la loi pénale de la victime est la plus en mesure d'assurer la protection de cette dernière. Mais il encourt deux critiques : la première, c'est le risque de partialité de la part du juge de la nationalité de la victime ; la seconde, c'est le coût élevé que ce système entraîne, le délinquant, les moyens de preuve et autres devant être recherchés ailleurs, en l'occurrence au lieu de la commission de l'infraction.

---

[450] V. notamment, « Le contingent militaire congolais renvoyé de la MINUSCA ! », publié le 12 janvier 2016 par Cité africaine, in *http://citaf.over-blog.com/2016/01/le-contingent-militaire-congolais-renvoye-de-la-minusca.html*, consulté le lundi 22.10.2018 à 15H, heure de Paris.

3) Le principe de l'universalité du droit de punir

Il est autrement appelé *système de la compétence universelle de la loi pénale*. En vertu de ce principe, c'est le tribunal du lieu d'arrestation du délinquant qui est compétent. Ne sont plus pris en ligne de compte ni le lieu de la perpétration de l'infraction, ni la nationalité de son auteur ou de la victime. Ce principe se révèle comme un moyen efficace pour combattre les crimes troublant gravement l'ordre public international ou blessant les intérêts communs à tous les États, à condition qu'existe entre ceux-ci une vraie communauté juridique. Aussi est-il mis en œuvre dans le cadre des conventions internationales obligeant ces derniers soit à poursuivre, soit à extrader certains délinquants définis. Il en est ainsi, p. ex., de la convention de: 1923 et 1990 sur les publications obscènes ; 1929 sur le faux monnayage ; 1948 sur le génocide ; 1966 sur les stupéfiants ; 1970 sur la répression de la capture illicite d'aéronefs ; 1971 sur la répression d'actes illicites dirigés contre la sécurité de l'aviation civile ; 1973 sur l'élimination et la répression du crime d'apartheid. Pour nous limiter à ce dernier texte, ses art. IV et V disposent, en effet :

> « *Article IV.* Les États parties à la présente Convention s'engagent : a) À prendre toutes les mesures, législatives ou autres, nécessaires pour empêcher que le crime *d'apartheid* et autres politiques ségrégationnistes semblables ou leurs manifestations ne soient encouragés de quelque manière que ce soit ainsi que pour éliminer tout encouragement de cette nature et pour punir les personnes coupables de ce crime ; b) À prendre des mesures législatives, judiciaires et administratives pour poursuivre, faire juger et punir conformément à leur juridiction, les personnes responsables ou accusées des actes définis à l'article II de la présente Convention, qu'elles résident ou non sur le territoire de l'État dans lequel ces actes ont été perpétrés, et qu'il s'agisse de ressortissants de cet État ou d'un autre État ou de personnes apatrides. *Article V.* Les personnes accusées des actes énumérés à l'article II de la présente Convention peuvent être jugées par un tribunal compétent de tout État partie à la Convention qui pourrait avoir juridiction sur lesdites personnes, ou par un tribunal pénal international qui serait compétent à l'égard de ceux des États parties qui auront accepté sa compétence. »[451]

---

[451] Convention internationale sur l'élimination et la répression du crime *d'apartheid,* adoptée par l'Assemblée générale des Nations Unies le 30 novembre 1973, in *J.O*, 43e Année, n° spécial, 5 décembre 2002, pp 60-66. Ses art. I, II et III définissent ainsi le « crime *d'apartheid* » et les personnes pénalement responsables : Art. Ier : « 1. Les États parties à la présente Convention déclarent que *l'apartheid* est un crime contre l'humanité et que les actes inhumains résultant des politiques et pratiques *d'apartheid* et autres politiques et pratiques semblables de ségrégation et de discrimination raciales, définis à l'article II de la Convention, sont des crimes qui vont à l'encontre des normes du droit international, en particulier des buts et des principes de la Charte des Nations Unies, et qu'ils constituent une menace sérieuse

Ces principes doctrinaux étant exposés, il importe maintenant de voir quelle est la solution que consacre le législateur congolais.

---

pour la paix et la sécurité internationales. 2. Les États parties à la présente Convention déclarent criminels les organisations, les institutions et les individus qui commettent le crime *d'apartheid.* » Art. II : « Aux fins de la présente Convention, l'expression «crime *d'apartheid*», qui englobe les politiques et pratiques semblables de ségrégation et de discrimination raciales, telles qu'elles sont pratiquées en Afrique australe, désigne les actes inhumains indiqués ci-après, commis en vue d'instituer ou d'entretenir la domination d'un groupe racial d'êtres humains sur n'importe quel autre groupe racial d'êtres humains et d'opprimer systématiquement celui-ci : a) Refuser à un membre ou à des membres d'un groupe racial ou de plusieurs groupes raciaux le droit à la vie et à la liberté de la personne : i) En ôtant la vie à des membres d'un groupe racial ou de plusieurs groupes raciaux ; ii) En portant gravement atteinte à l'intégrité physique ou mentale, à la liberté ou à la dignité des membres d'un groupe racial ou de plusieurs groupes raciaux, ou en les soumettant à la torture ou à des peines ou des traitements cruels, inhumains ou dégradants ; iii) En arrêtant arbitrairement et en emprisonnant illégalement les membres d'un groupe racial ou de plusieurs groupes raciaux ; b) Imposer délibérément à un groupe racial ou à plusieurs groupes raciaux des conditions de vie destinées à entraîner leur destruction physique totale ou partielle ; c) Prendre des mesures, législatives ou autres, destinées à empêcher un groupe racial ou plusieurs groupes raciaux de participer à la vie politique, sociale, économique et culturelle du pays et créer délibérément des conditions faisant obstacle au plein développement du groupe ou des groupes considérés, en particulier en privant les membres d'un groupe racial ou de plusieurs groupes raciaux des libertés et droits fondamentaux de l'homme, notamment le droit au travail, le droit de former des syndicats reconnus, le droit à l'éducation, le droit de quitter son pays et d'y revenir, le droit à une nationalité, le droit de circuler librement et de choisir sa résidence, le droit à la liberté d'opinion et d'expression et le droit à la liberté de réunion et d'association pacifiques ; d) Prendre des mesures, y compris des mesures législatives, visant à diviser la population selon des critères raciaux en créant des réserves et des ghettos séparés pour les membres d'un groupe racial ou de plusieurs groupes raciaux, en interdisant les mariages entre personnes appartenant à des groupes raciaux différents, et en expropriant les biens-fonds appartenant à un groupe racial ou à plusieurs groupes raciaux ou à des membres de ces groupes ; e) Exploiter le travail des membres d'un groupe racial ou de plusieurs groupes raciaux, en particulier en les soumettant au travail forcé ; f) Persécuter des organisations ou des personnes, en les privant des libertés et droits fondamentaux, parce qu'elles s'opposent à l'*apartheid.*» Art. III : « Sont tenus pour pénalement responsables sur le plan international, et quel que soit le mobile, les personnes, les membres d'organisations et d'institutions et les représentants de l'État, qu'ils résident sur le territoire de l'État dans lequel les actes sont perpétrés ou dans un autre État, qui : a) Commettent les actes mentionnés à l'article II de la présente Convention, participent à ces actes, les inspirent directement ou conspirent à leur perpétration ; b) Favorisent ou encouragent directement la perpétration du crime d'*apartheid* ou y coopèrent directement. »

2°- Le principe consacré en droit positif de la RDC

Le droit positif congolais consacre comme principe de solution, celui de la territorialité. Mais ce principe est corrigé par quelques emprunts respectivement aux systèmes de la personnalité et de l'universalité.

1) Le principe de solution : la territorialité

Trois dispositions générales consacrent le principe de la territorialité en droit congolais. Il s'agit de l'art. 2 du CP, de l'art. 67 de la L. O n° 13/011-B du 11 avril 2013 portant organisation, fonctionnement et compétences des juridictions de l'ordre judiciaire, et de l'art. 44 du CC :
- L'art. 2 du CP prescrit que « l'infraction commise sur le territoire de la République est punie conformément à la loi », sous-entendue « loi congolaise ».
- Cette règle de territorialité est reprise dans l'art. 67 de la L.O n° 13/011-B qui dispose : « En matière répressive, le ministère public recherche les infractions aux actes législatifs et réglementaires qui sont commises sur le territoire de la République… »
- Le même principe est consacré dans l'art. 14 du CC, Livre 1er qui porte que « les lois pénales ainsi que les lois de police et de sûreté publique obligent tous ceux qui se trouvent sur le territoire de l'État. »

Le législateur rappelle ce principe dans certains textes légaux spécifiques. Ainsi le fait-il dans l'art. 3 de la loi n° 09-001 du 10 janvier 2009 portant protection de l'enfant qui dit : « Les dispositions de la présente loi sont applicables à tout enfant vivant sur le territoire national, sans aucune discrimination. » De même, les art. 96 à 99 du CJM, traitant de l'application de la loi pénale congolaise dans l'espace, consacrent ce principe de la territorialité.[452]

La notion de territoire doit être entendue dans son acceptation large. Elle inclut :
- le territoire terrestre, c'est-à-dire cette surface de 2.345.409 km^2 au périmètre frontalier mesurant 9.165 km, bornée par les neuf pays limitrophes et l'océan atlantique ;
- la mer territoriale qui s'étend sur 12 miles du rivage[453] ;

---

[452] V. les art. 96 à 99 de la loi n° 023-2002 du 18 novembre 2002 portant CJM, in *J.O,* n° spécial, 44e année, 20 mars 2003, pp 5-70, spéc. p. 26.

[453] Loi n° 74-009 du 10 juillet 1974 portant délimitation de la mer territoriale de la RDC, in *J.O* n° 16 du 15 août 1974, p. 689. 1 mile est une mesure anglaise valant environ 1.609 m.

- l'espace aérien que constitue la partie de l'atmosphère dont la RDC contrôle la circulation aérienne ;
- les ambassades congolaises à l'étranger ;
- les navires de guerre congolais ;
- les navires de commerce ou de plaisance en eaux internationales battant pavillon congolais.

L'article 96 du CJM consacre cette vision large en disposant que « pour l'application de la loi pénale congolaise dans l'espace, le territoire de la République inclut les espaces maritime et aérien qui lui sont liés. » Et, l'article 99 de souligner que « la loi pénale congolaise est applicable aux infractions commises à bord des navires battant pavillon congolais, ou à l'encontre de tels navires, en quelque lieu qu'ils se trouvent. Elle est également applicable aux infractions commises à bord des aéronefs immatriculés en République Démocratique du Congo, ou à l'encontre de tels aéronefs en quelque lieu qu'ils se trouvent. » On voit bien que cette disposition comporte une autre dimension. Nous y reviendrons *infra*.

Le principe de la territorialité veut donc que toutes les infractions commises sur ces espaces soient jugées en vertu de la loi congolaise. Un problème peut se poser lorsque quelques éléments constitutifs de l'infraction ont été commis en RDC alors que d'autres l'ont été à l'étranger. L'art. 97 du CJM y répond en précisant qu'« est réputée commise sur le territoire de la République, toute infraction dont un acte caractérisant l'un des éléments constitutifs a été accompli en République Démocratique du Congo ».[454] Ainsi donc, dans ce cas de figure, la loi congolaise reste applicable dès lors qu'un seul élément constitutif de l'infraction a été réalisé au Congo et qu'aucun jugement définitif n'a été rendu à l'étranger au sujet de mêmes faits et à l'encontre du même agent infracteur. La RDC respecte en effet le principe *non bis in idem*.

Quelques précisions méritent également d'être données au sujet des aéronefs et des navires.
- S'agissant des aéronefs, il convient de noter que la loi du pavillon n'est applicable qu'aux actes infractionnels commis en vol. Pour les infractions

[454] Et l'art. 98 du CJM de spécifier : « Sont compétentes la juridiction militaire du lieu où l'une des infractions a été commise et celle du lieu où le prévenu aura été trouvé. Le prévenu qui est poursuivi du chef d'infractions commises en deux ou plusieurs lieux différents est renvoyé devant une seule juridiction. Si l'une d'elles est saisie, l'autre ne peut plus juger cette affaire. Lorsque deux ou plusieurs juridictions de même rang, compétentes territorialement, se trouvent saisies des mêmes faits, celle saisie la première est préférée aux autres. »

commises dans l'aéronef en stationnement au tarmac, c'est la loi du territoire de stationnement qui s'applique. De même, le commandant de bord peut solliciter l'intervention de l'autorité du lieu d'atterrissage pour les infractions commises à bord, et livrer leurs auteurs à cette autorité. Dans ce cas, c'est évidemment la loi du lieu d'atterrissage qui entre en application. En revanche, la loi du pavillon demeure applicable si l'atterrissage a été forcé, l'avion étant considéré comme toujours en vol jusqu'au moment où l'autorité compétente locale aura pris en charge les personnes à bord et leurs biens.
- Une solution similaire est adoptée pour les navires. La loi du pavillon s'applique aux infractions perpétrées à bord du navire se trouvant en pleine mer. C'est ce qui ressort de l'art. 3, al. 1er du code congolais de la navigation maritime qui dispose : « Les infractions commises à bord des navires congolais sont réputées commises au Congo et peuvent y être poursuivies même si l'inculpé n'est pas trouvé sur le territoire du Congo. » Cependant, la loi du pavillon, en l'occurrence la loi congolaise, cédera son champ à la loi du lieu d'accostage si l'infraction a été commise au port, troublant ainsi son ordre et sa tranquillité ; ou si les autorités du navire ont demandé l'intervention des autorités locales pour les infractions pourtant réalisées à bord.

Le principe de la territorialité consacré en droit positif congolais n'est pas d'application exclusive ou absolue. Il s'accommode, en effet, de quelques correctifs empruntés à d'autres systèmes de solution.

2) Les emprunts de correction

Ces emprunts sont opérés d'une part auprès du système de la personnalité, active et passive ; d'autre part auprès du système de l'universalité.

2-1) L'adoption du système de la personnalité active et passive. En effet, le système de la personnalité active est mis en œuvre pour permettre à la loi congolaise, en l'occurrence le CPM, de continuer à régir les unités des FARDC en stationnement dans un pays étranger non ennemi, nous l'avons vu. L'art. 100 du CJM dispose que « les juridictions militaires sont compétentes *à l'égard de quiconque s'est rendu auteur, co-auteur ou complice des faits de leur compétence commis à l'étranger.* »[455] Tandis que le système de la personnalité passive est retenu dans les al. 4 et 5 de l'art. 3 du CP. Il découle de l'al. 4 de cet art. que le juge congolais est compétent pour connaître des infractions commises à l'étranger et portant atteinte à la sûreté de l'État (Titre VIII) et à la foi publique (T. III, sections 1 et 2), même si ces infractions ont été jugées à l'étranger. Le législateur considère en effet que les intérêts en jeu sont si essentiels à la vie, au crédit et à la sûreté de l'État que seul ce dernier

[455] Passage relevé en italique par l'auteur.

est en mesure d'en assurer une meilleure protection. Le principe *non bis in idem* est mis à l'écart dans ces cas de figure. Et l'al. 5 de ce même art. 3 de laisser aux juges congolais le pouvoir d'engager des poursuites pour sanctionner ces atteintes à la sûreté de l'État et à la foi publique, en application de la loi congolaise, quels que soient la nationalité du coupable et l'endroit où il est trouvé, en RDC ou à l'étranger. L'art. 99 du CJM, auquel nous avons promis de revenir, consacre aussi ce principe, car il dispose que la loi pénale congolaise est également applicable aux infractions commises *à l'encontre des navires battant pavillon congolais, en quelque lieu qu'ils se trouvent* ainsi qu'aux infractions commises *à l'encontre* des aéronefs immatriculés en RDC, *en quelque lieu qu'ils se trouvent.*

2-2) Le correctif tiré du système de l'universalité, en vertu de l'al. 1er du même art. 3 du CP. Celui-ci porte en effet :

> « Toute personne qui, hors du territoire de la République démocratique du Congo, s'est rendue coupable d'une infraction pour laquelle la loi congolaise prévoit une peine de servitude pénale de plus de deux mois, peut être poursuivie et jugée en République démocratique du Congo, *sauf application des dispositions légales sur l'extradition…* »

Le juge congolais ne peut poursuivre et condamner un délinquant ayant commis à l'étranger une infraction à la loi nationale que si les cinq conditions ci-dessous se trouvent réunies :
- L'infraction doit être d'une certaine gravité. Elle doit être punissable d'une peine de servitude pénale de plus de deux mois (art. 3 al. 1er du CP).
- La poursuite ne peut être intentée qu'à la requête du ministère public (art. 3, al. 2 du même code).
- Lorsque ladite infraction porte atteinte aux intérêts d'un particulier et que la peine maximum prévue par la loi congolaise est de 5 ans de servitude pénale au moins, cette requête (du ministère public) doit être précédée d'une plainte de la victime ou d'une dénonciation officielle de l'autorité du pays où l'infraction a été commise (art. 3, al. 3).
- L'inculpé ne doit pas avoir déjà été jugé définitivement à l'étranger. Ou, en cas de condamnation, il faut qu'il n'ait pas déjà subi ou prescrit sa peine ni bénéficié d'une grâce. Ainsi donc, sauf pour les infractions d'atteintes à la sûreté de l'État ou à la foi publique, le législateur congolais s'en tient au respect du principe *non bis in idem* (art. 3 al. 4)[456].
- Enfin, il importe que l'inculpé soit trouvé au Congo au cours de l'instruction. Cette condition ne vaut pas, nous l'avons dit ci-haut, pour les infractions

---

[456] Signalons au passage que ce principe est reconnu par la plupart des États du monde. Il est consacré par l'art. 20 du Statut de la CPI cité *supra*, p. 118, NBP 306.

d'atteintes à la sûreté de l'État ou à la foi publique (art. 3 al. 5). Pour ces dernières infractions, le juge peut poursuivre et condamner le prévenu, même en son absence, en appliquant la procédure par défaut. Il peut aussi solliciter son extradition.

3°- L'extradition comme mécanisme international de coopération en matière de répression.

L'art. 3 du CP, qui permet l'application en RDC du système de l'universalité de la loi pénale, renvoie *expressis verbis* au mécanisme d'extradition, dans la partie finale de son al. 1er que nous avons relevée en italique ci-dessus. La Constitution confie à la loi la compétence de fixer les règles organisant cette institution.[457] Aussi, la meilleure compréhension de celle-ci passe-t-elle par sa définition et l'étude de ses conditions d'exercice.

1) Qu'entendre par extradition ?

L'extradition est une « procédure internationale par laquelle un État, dit requis, accepte de livrer un individu réfugié sur son territoire à un autre État, dit requérant, qui entend soit le juger, soit, l'ayant déjà jugé et condamné, le soumettre à l'exécution de la peine. »[458] Il s'agit donc d'une procédure permettant la collaboration entre États pour combattre la criminalité qui, au fil de l'histoire, a acquis une dimension internationale. Elle est d'une grande utilité, car elle « permet à l'État requis de se débarrasser d'un malfaiteur et à l'État requérant d'apaiser le trouble causé sur son territoire. »[459] Elle est née depuis le moyen-âge. Sa source première réside dans les traités internationaux conclus entre États. Son cadre légal congolais est fixé par le D. du 12 avril 1886 portant dispositions organiques sur l'extradition et plusieurs fois modifié, lequel attribue au juge d'appel, c'est-à-dire à la Cour d'appel, la connaissance exclusive des demandes d'exequatur aux fins d'extradition. La CSJ l'a dit dans son arrêt du 5 septembre 1984 dans lequel elle s'est déclarée incompétente « à connaître de l'appel d'une décision de la Cour d'appel suite à une demande d'extradition, étant donné qu'en attribuant la compétence exclusive à la Cour d'appel en 1er et dernier ressorts, le législateur a, par son ordonnance du 12 avril 1886, spécialement son article 4 alinéa 1er, entendu déroger en cette matière au principe du double degré de juridiction. »[460] Ce

[457] Art. 122 : « Sans préjudice des autres dispositions de la présente Constitution, la loi fixe les règles concernant :… 9. l'amnistie et l'extradition… »
[458] J. Pradel, *Droit pénal général*, 21e éd., n° 217, p. 186.
[459] J. Pradel, *ibidem.*
[460] CSJ, Arrêt du 5 septembre 1984, in *BACSJ*, Années 1980-1984, Éd. 2001, p. 518. V. extrait de cet arrêt cité *supra*, pp. 143-144.

cadre légal est complété par la résolution 45/16 de l'Assemblée Générale des Nations Unies ayant adopté le Traité type d'extradition.[461] Cela ressort clairement de l'art. 57, al. 3 de la loi n° 04-016 du 19 juillet 2004 portant lutte contre le blanchiment des capitaux et le financement du terrorisme, qui commande qu'« en l'absence de traité d'extradition ou de dispositions législatives, l'extradition sera exécutée selon la procédure et dans le respect des principes définis par le traité type d'extradition adopté par l'Assemblée Générale des Nations Unies dans sa résolution 45/116. »[462]

2) Les conditions d'exercice de l'extradition

Sans entrer dans les détails de la procédure, relevons que ces conditions se rapportent respectivement à l'État requérant, à l'État requis, à l'individu recherché et à la nature de l'infraction.

2-1) Peut se présenter en requérant : soit l'État sur le territoire duquel l'infraction a été commise (principe de la territorialité) ; soit l'État dont est ressortissant l'auteur de l'infraction (principe de la personnalité active) ; soit l'État dont les intérêts essentiels ont été violés par l'infraction (principe de la réalité) ; soit encore l'État qui s'est engagé dans la lutte contre l'impunité des auteurs de violations graves des droits humains internationalement reconnus et qui applique le principe de la compétence universelle pour assurer la poursuite et le jugement de ce type de criminels. L'un ou l'autre de ces États ne peut requérir l'extradition que si ses juridictions ont déjà amorcé des poursuites ou prononcé des condamnations contre l'auteur de l'infraction. Les Tribunaux pénaux internationaux *ad hoc*[463] et la CPI, saisis et instruisant les affaires relevant de leur compétence, peuvent également demander et obtenir l'extradition des personnes poursuivies pour des crimes de génocide, crimes contre l'humanité, crimes de guerre…

Notons que la Convention contre la torture et autres peines ou traitements cruels, inhumains ou dégradants exclut du bénéfice de l'extradition, les États qui pratiquent la torture. Son art. 3 porte, en effet :

> « 1. Aucun État partie n'expulsera, ne refoulera, ni n'extradera une personne vers un autre État où il y a des motifs sérieux de croire qu'elle risque d'être soumise à la torture.

---

[461] Traité type d'extradition, adopté par l'Assemblée générale dans sa résolution A/RES/45/116, puis modifié par elle dans sa résolution 52/88, 68e séance plénière 14 décembre 1990.

[462] In *J.O*, 45e année, n° spécial, 5 août 2004.

[463] Le TPIR et le TPIY, p. ex.

2. Pour déterminer s'il y a de tels motifs, les autorités compétentes tiendront compte de toutes les considérations pertinentes, y compris, le cas échéant, de l'existence, dans l'État intéressé, d'un ensemble de violations systématiques des droits de l'Homme, graves, flagrantes ou massives. »

De même, l'art. 59-5° de la loi n° 04-016 du 19 juillet 2004 portant lutte contre le blanchiment des capitaux et le financement du terrorisme, dispose que l'extradition des personnes recherchées aux fins de procédure ne sera pas accordée « si l'individu dont l'extradition est demandée a été ou serait soumis dans l'État requérant à des tortures et autres peines ou traitements cruels, inhumains ou dégradants, ou s'il n'a pas bénéficié ou ne bénéficierait pas de garanties minimales prévues au cours des procédures pénales, par l'article 14 du Pacte International relatif aux Droits civils et politiques ».[464]

2-2) Quant à l'État requis, celui-ci est bien entendu le pays où se trouve actuellement l'individu recherché. Cet État peut ne pas accorder l'extradition si ses tribunaux ont déjà prononcé un jugement définitif à l'encontre de l'auteur de l'infraction pour laquelle l'extradition est demandée, ceci en application du principe général du droit universellement admis : *Non bis in idem*. La loi n° 04-016 du 19 juillet 2004 le dit clairement : « L'extradition ne sera pas accordée… si un jugement définitif a été prononcé en République Démocratique du Congo en raison de l'infraction pour laquelle l'extradition est demandée ».[465]

2-3) En ce qui concerne l'individu recherché, ce dernier est soit l'auteur, soit le coauteur, soit le complice d'une infraction consommée ou tentée que l'État requérant a le pouvoir de réprimer. Il est un principe selon lequel un État ne peut pas extrader ses propres nationaux. La RDC le met en œuvre dans l'art. 60-7° de la même loi n° 04-016 du 19 juillet 2004 aux termes duquel l'extradition peut être refusée si l'individu réclamé « est ressortissant de la République Démocratique du Congo ».[466] Notons que l'Institut du droit international, au cours de sa session d'Oxford (Angleterre) en 1880, et la conférence internationale pour l'unification du droit pénal tenue à Copenhague (Danemark) en 1935, avaient exprimé le souhait de voir disparaître ce principe.

2-4) S'agissant de l'infraction commise, celle-ci doit être d'une certaine gravité généralement bien définie dans le texte du traité. Ainsi, p. ex., la

---

[464] In *J.O*, 45e année, n° spécial, 5 août 2004.

[465] Art. 59-3° de la loi n° 04-016 du 19 juillet 2004 portant lutte contre le blanchiment des capitaux et le financement du terrorisme, in *J.O*, 45e année, n° spécial, 5 août 2004.

[466] Art. 60-7°, *idem*.

convention judiciaire signée le 4 mars 1966 entre la RDC et le Rwanda dispose, en son art. 2, que pour qu'elle fasse l'objet d'extradition, l'infraction commise doit être punissable d'au moins 6 mois de servitude pénale.

Lorsqu'on prend en compte leur nature, certaines infractions sont exclues de l'extradition. Tel est le cas des infractions purement militaires et des infractions politiques, notions qui seront précisées *infra*. Pour prendre un exemple, dans le cas Trevi Bruno Giuseppe tranché par l'arrêt de la CSJ du 5 septembre 1984, toutes les infractions visées dans le mandat d'arrêt objet de la demande d'exequatur étaient des infractions de droit commun : faux et usage de faux, banqueroute simple, banqueroute frauduleuse, abus de confiance, émission des chèques sans provision et escroquerie.[467] Dans la législation, l'illustration de l'exclusion du champ d'extradition des infractions politiques est donnée par l'art. 59-1° de la loi n° 04-016 du 19 juillet 2004 précitée qui porte précisément que l'extradition ne sera pas accordée si l'infraction pour laquelle elle est demandée « est considérée en République Démocratique du Congo comme une infraction de caractère politique, ou si la demande est motivée par des considérations politiques »[468]

C'est le lieu de citer l'important art. 3 du Traité type d'extradition, adopté par l'Assemblée générale des Nations Unies dans sa résolution A/RES/45/116, qui énumère comme suit les « *motifs obligatoires de refus* » d'extrader :

> « L'extradition ne sera pas accordée : a) Si l'infraction pour laquelle l'extradition est demandée est considérée par l'État requis comme une infraction de caractère politique. Ne seront pas considérées comme des infractions politiques les infractions au sujet desquelles les Parties sont tenues, aux termes d'une convention multilatérale, d'engager des poursuites lorsqu'elles n'accordent pas l'extradition, pas plus que les infractions dont les Parties seront convenues qu'elles ne sont pas des infractions politiques aux fins d'extradition ; b) Si l'État requis a de sérieux motifs de croire que la demande d'extradition a été présentée en vue de poursuivre ou de punir une personne en raison de sa race, de sa religion, de sa nationalité, de son origine ethnique, de ses opinions politiques, de son sexe ou de son statut, ou qu'il pourrait être porté atteinte à la situation de cette personne pour l'une de ces raisons ; c) Si l'infraction pour laquelle l'extradition est demandée est une infraction au regard de la loi militaire mais non au regard de la loi pénale ordinaire ; d) Si un jugement définitif a été prononcé dans l'État requis à raison de l'infraction pour laquelle l'extradition est demandée ; e) Si l'individu dont l'extradition est demandée ne peut plus, en vertu de la législation de l'une ou l'autre des Parties, être poursuivi ou puni, en raison

---

[467] V. extrait de cet arrêt cité *supra*, pp. 143-144.
[468] In *idem supra*.

du temps qui s'est écoulé ou d'une amnistie ou de toute autre raison ; f) Si l'individu dont l'extradition est demandée a été ou serait soumis dans l'État requérant à des tortures et autres peines ou traitements cruels, inhumains ou dégradants ou s'il n'a pas bénéficié ou ne bénéficierait pas des garanties minimales prévues, au cours des procédures pénales, par l'article 14 du Pacte international relatif aux droits civils et politiques ; g) Si le jugement de l'État requérant a été rendu en l'absence de l'intéressé et si celui-ci n'a pas été prévenu suffisamment tôt du jugement et n'a pas eu la possibilité de prendre des dispositions pour assurer sa défense, et n'a pas pu ou ne pourra pas faire juger à nouveau l'affaire en sa présence. »

Tandis que les refus d'extrader ses propres nationaux et les personnes qui risquent de subir la peine de mort figurent parmi les « *motifs facultatifs de refus* » énumérés dans l'art. 4 du même traité type.[469]

Au sujet des infractions politiques qui donc, en principe, ne peuvent pas faire l'objet d'extradition[470], il convient de noter que certains actes inhérents à une action politique (insurrection, guerre civile…) donneraient lieu à extradition s'ils constituaient « des actes de barbarie odieuse et de vandalisme défendus » par les lois de la guerre et seulement lorsque la guerre a pris fin.[471] De même, sont extradables tous les actes de génocide[472] ainsi que ceux qui sont visés dans la Convention internationale sur l'élimination et la répression du crime d'apartheid dont l'art. XI dispose :

---

[469] Art. 4 *Motifs facultatifs de refus* : « L'extradition peut être refusée : a) Si l'individu dont l'extradition est demandée est un ressortissant de l'État requis. Lorsque l'État requis refuse l'extradition pour ce motif, il devra, si l'autre État le demande, soumettre l'affaire aux autorités compétentes afin que des poursuites puissent être engagées contre l'intéressé pour l'infraction ayant motivé la demande d'extradition ;… d) Si l'infraction pour laquelle l'extradition est demandée est punie de mort dans l'État requérant, sauf si celui-ci donne à l'État requis des assurances suffisantes à l'effet que la peine de mort ne sera pas prononcée ou, si elle l'est, ne sera pas appliquée. S'il refuse l'extradition pour ce motif, l'État requis, si l'autre État le demande, soumettra l'affaire aux autorités compétentes afin que des poursuites puissent être engagées contre l'intéressé pour l'infraction ayant motivé la demande d'extradition… »

[470] V. notamment Glaser, *Droit international pénal conventionnel*, Vol. II, Éd. Bruylant, Bruxelles, 1978, pp. 52-53.

[471] Institut de droit diplomatique, Oxford, 1880, cité par Nyabirungu mwene Songa, *op. cit.*, Éd. 2001, p. 140.

[472] Art. VII de la Convention sur la prévention et la répression du crime de génocide : « Le génocide et les autres actes énumérés à l'article III ne seront pas considérés comme des crimes politiques pour ce qui est de l'extradition. Les Parties contractantes s'engagent en pareil cas à accorder l'extradition conformément à leur législation et aux traités en vigueur. »

« 1. Les actes énumérés à l'article II de la présente Convention ne seront pas considérés comme crimes politiques aux fins de l'extradition.

2. Les États parties à la présente Convention s'engagent à accorder en pareil cas l'extradition conformément à leur législation et aux traités en vigueur. »

Il importe de souligner que des conventions particulières fixent de façon précise les conditions d'extradition entre États. Il en est ainsi, p. ex., de la Convention générale de coopération en matière de justice signée le 12 avril 1978 entre la République du Zaïre [RDC] et la République populaire du Congo [Congo-Brazzaville][473] dont le titre VII, consacré à l'extradition, fixe, notamment, les règles et les conditions suivantes :
- Les deux États signataires s'engagent à se livrer réciproquement les individus poursuivis ou condamnés par leurs juridictions respectives.[474]
- Ils n'extraderont pas leurs nationaux respectifs, la qualité de national devant s'apprécier à l'époque de la commission de l'infraction pour laquelle l'extradition est requise.[475]
- l'État requis, saisi d'une demande accompagnée d'un dossier et de pièces à conviction relatifs à la commission d'une infraction sur le territoire de l'État requérant, exercera des poursuites sur son territoire, contre ses nationaux qui en seront les auteurs, si lesdites infractions sont punies par sa législation comme crimes ou délits, et tiendra pleinement informé l'État requérant de la suite donnée à sa demande.[476]

Sont également déterminées, les personnes extradables. Il s'agit :
- des individus poursuivis par l'État requérant pour les crimes ou délits punis par les lois de l'État requis d'une peine d'au moins six mois d'emprisonnement ;
- ou des individus qui, pour des crimes ou délits punis par la loi de l'État requis, sont condamnés contradictoirement ou par défaut par les tribunaux de l'État requérant à une peine d'au moins deux mois d'emprisonnement.[477]

Cette convention énumère également les hypothèses où l'extradition sera refusée, et les cas de figure où elle pourra être refusée.

Elle sera refusée : 1. si les infractions à raison desquelles elle est demandée ont été commises dans l'État requis ; on peut comprendre que dans cette hypothèse, celui-ci se réserve le droit d'engager des poursuites

[473] In *J.O* n° 18 du 15 septembre 1985, p. 35 ; *Les codes Larcier*, T. I, Droit civil et judiciaire, pp. 300-305.
[474] Art. 33 de ladite convention.
[475] Art. 34 al. 1er, *idem*.
[476] Art. 34 al. 2, *idem*.
[477] Art. 35, *idem*.

contre leurs auteurs ; 2. si les infractions invoquées par l'État requérant ont été jugées définitivement dans l'État requis ; il convient, en effet, de respecter le principe *non bis in idem* ; 3. si, lors de la réception de la demande d'extradition, la prescription de l'action publique ou de la peine est acquise conformément à la législation de l'État requérant ou de l'État requis ; cette prescription ayant, en effet, pour conséquence l'extinction de l'action publique ou de la peine ; 4. si les infractions invoquées ont été commises hors du territoire de l'État requérant par un étranger à cet État et si la législation de l'État requis ne permet pas de les poursuivre ; 5. si une amnistie est intervenue dans l'État requérant ou dans l'État requis, dans ce dernier cas, à la condition que l'infraction soit au nombre de celles qui peuvent être poursuivies dans cet État, lorsqu'elles ont été commises hors de son territoire par un étranger. [478]

Dans deux cas de figure, l'extradition pourra être refusée : 1. si les infractions invoquées par l'État requérant sont l'objet de poursuites dans l'État requis ou ont déjà été jugées dans un État tiers ; 2. si lesdites infractions sont considérées par l'État requis comme des infractions politiques ou connexes.[479] L'expression « l'extradition pourra être refusée », utilisée par opposition à la précédente « l'extradition sera refusée », laisse entendre qu'ici l'État requis a la liberté de refuser ou d'accorder l'extradition. Cette convention fait bien de préciser ce qu'il faut entendre par infractions politiques dans son contexte.[480]

Au plan procédural, la demande d'extradition sera adressée directement au procureur général compétent de l'État requis, accompagnée de l'original ou de l'expédition authentique soit d'une décision de condamnation exécutoire, soit d'un mandat d'arrêt ou de toute note ayant la même force et portant l'indication précise de l'autorité judiciaire qui en est l'auteur, des dispositions légales applicables, du temps, du lieu, des circonstances de la commission des faits ainsi que de leur qualification en droit. À cette demande seront joints, dans la mesure du possible, le signalement de l'individu réclamé et toute indication de nature à déterminer son identité et sa nationalité.[481]

L'État requis fera connaître immédiatement sa décision sur l'extradition à l'État requérant. Il motivera tout rejet partiel ou total. S'il l'accepte, il

---

[478] Art. 37 al. 1er, *idem*.
[479] Art. 37 al. 2, *idem*.
[480] V. les 3 derniers al. de l'art. 37, *idem*, cité *infra*, p. 226, dans le cadre de la définition des infractions politiques.
[481] Art. 38, *idem*.

donnera toutes informations utiles sur le lieu et la date de la remise de l'individu réclamé, à moins que l'État requérant ne désigne lui-même un lieu et une date de sa convenance...[482] Lorsque plusieurs États demandent concurremment l'extradition, pour les mêmes faits ou pour des faits différents, l'État requis statue librement en tenant compte de toutes circonstances, notamment de la possibilité d'une extradition ultérieure entre les États requérants, des dates respectives des demandes, de la gravité relative et du lieu des infractions.[483]

Cette convention fixe aussi les règles suivantes, organisant la coopération des deux États contractants dans le domaine de l'exécution des peines :
- Ceux-ci s'engagent à faire exécuter dans leurs établissements pénitentiaires, à la demande de l'État requérant, les peines privatives de liberté, quelle qu'en soit la durée, prononcées par les juridictions dudit État contre tout individu de toute nationalité, trouvé sur le territoire de l'autre.[484]
- Le gouvernement de l'un des deux États contractants peut demander, au gouvernement de l'autre, que son ressortissant, condamné à une peine d'emprisonnement sur le territoire de ce dernier lui soit transféré, à condition que ce condamné y consente expressément, lui qui peut d'ailleurs aussi formuler la demande de son transfèrement.[485] La décision en matière de libération conditionnelle appartient à l'État où la peine est exécutée, sur l'avis de l'État dont relève la juridiction de condamnation.[486]
- La grâce et l'amnistie sont de la compétence de l'État dont relève la juridiction de condamnation.[487]
- Chaque fois que la peine capitale sera prononcée par une juridiction d'un des deux États contre un national de l'autre État, un recours en grâce sera toujours introduit d'office et la représentation diplomatique de cet État en sera immédiatement avisée.[488]
- S'agissant des condamnations à des peines pécuniaires, celles-ci seront exécutées sur demande des services financiers de l'État requérant, demande appuyée d'expédition des décisions et reproduisant les textes appliqués ainsi que ceux relatifs à la prescription.[489] Quant aux frais résultant de l'application des dispositions de la convention relative à l'extradition, ceux-ci demeureront à la charge de l'État requérant, à l'exclusion des frais de

[482] Art. 43, *idem.*
[483] Art. 44, *idem.*
[484] Art. 49, *idem.*
[485] Art. 50, *idem.*
[486] Art. 51, *idem.*
[487] Art. 52, *idem.*
[488] Art. 53, *idem.*
[489] Art. 54, *idem.*

procédure et de détention ; de même seront à la charge de l'État requérant les frais résultant de l'application des dispositions relatives à l'exécution des peines.[490]

Signalons qu'en plus de l'extradition, il existe d'autres formes de collaboration internationale en matière pénale. Tel est le cas, p. ex., de la collaboration policière internationale contre les criminels internationaux spécialisés dans les domaines de proxénétisme, d'escroquerie, de trafic de drogues, de faux-monnayage, de lutte contre le blanchiment des capitaux et le financement du terrorisme[491], etc. Cette collaboration policière internationale est réalisée avec bonheur dans le cadre de l'Organisation internationale de police criminelle (OIPC) encore appelée « Interpol », selon son adresse télégraphique. Elle compte 194 pays membres, dont la RDC, et se trouve être la plus grande organisation policière au monde. Ces pays collaborent entre eux et avec le Secrétariat général en partageant des données sur les enquêtes policières. Elle a son siège à Paris. Elle comprend, dans sa structure, des Bureaux centraux nationaux (BCN), un dans chaque pays membre. Ceux-ci assurent la liaison entre le siège de l'organisation et les polices nationales, et relient les autorités de police nationales au réseau mondial d'Interpol. Ils peuvent communiquer entre eux. Les pays membres se réunissent chaque année à l'occasion de l'Assemblée générale afin d'échanger sur la politique, les méthodes de travail, le financement et les activités de l'organisation. De plus, une conférence annuelle rassemble les chefs de BCN pour qu'ils partagent leurs expériences.[492] La collaboration assurée dans le cadre de l'Interpol est l'une des plus efficaces, car cette organisation tient des fichiers bien détaillés sur les délinquants internationaux. Elle diffuse de manière rapide à tous ses membres des renseignements utiles qu'elle détient. Ainsi contribue-t-elle à la pleine mise en œuvre de la première source du droit pénal, à savoir la loi.

SECTION 2 : **LES SOURCES SECONDAIRES DU DROIT PÉNAL**

Nous avons vu qu'en raison du principe de la légalité, clé de voûte du système répressif, la source principale du droit pénal est la loi. Cette notion de loi doit être entendue dans un sens large incluant les lois *stricto sensu*, les ordonnances-lois, les décrets-lois, les ordonnances, les décrets, les arrêtés ministériels et les circulaires de la hiérarchie, pour autant que ces actes de

[490] Art. 55, *idem*.

[491] V., en guise d'exemplification, les art. 51 à 56 de la loi n° 04-016 du 19 juillet 2004 portant lutte contre le blanchiment des capitaux et le financement du terrorisme.

[492] V. *https://www.interpol.int/fr/Qui-nous-sommes/Les-pays-membres*, consulté le mardi 21 mai 2019 à 12H, heure de Paris.

l'exécutif soient pris en exécution des lois et soient, eux-mêmes, conformes à la Constitution et aux lois au sens strict. À côté de la loi, existent d'autres sources du droit pénal, qualifiées de secondaires, parmi lesquelles figurent la jurisprudence, la coutume, les principes généraux du droit, et la doctrine.

*PARAGRAPHE 1er : **LA JURISPRUDENCE***

L'étude de la loi pénale a montré que celle-ci pose souvent un problème d'interprétation découlant de l'absence de définition ou de précision de certains éléments qu'elle contient. Ce problème est résolu en recourant parfois à la doctrine mais surtout à la jurisprudence. Par jurisprudence, il faut entendre, rappelons-le, l'ensemble des décisions rendues par les cours et tribunaux sur une même question ou sur des questions analogues. En effet, la loi se bornant souvent à poser des règles générales, il incombe au juge de donner à chaque cas particulier la solution qu'il estime la plus conforme à celles-ci. La jurisprudence ne peut dès lors avoir d'autorité ou revêtir la qualité de source de droit que si elle est conforme à la loi. À ce sujet, on ne peut manquer de se rappeler la phrase de Portalis : « En matière criminelle, où il n'y a qu'un texte formel et préexistant qui puisse fonder l'action du juge, il faut des lois précises et point de jurisprudence. »[493] Il s'avère cependant que dans la pratique la loi pose fréquemment de problèmes de compréhension. D'où l'importance de l'œuvre d'interprétation réalisée notamment par les juges. Cette importance s'accroît à une allure telle qu'un auteur a conclu à l'indissociabilité de la loi et de la jurisprudence.[494] Celle-là étant une norme générale et abstraite, elle « ne devient effective que par son interprétation : c'est la loi telle qu'interprétée qui est la norme, dans la droite ligne du "droit vivant". »[495] Aussi Montesquieu est-il aujourd'hui tempéré, car le juge n'est plus regardé simplement comme « la bouche de la loi », mais bien comme « une bouche "éclairée", "créatrice dans l'idée d'un droit vivant" ».[496]

L'arrêt de la CSJ du 19 juin 1987, p. ex., montre comment, concrètement, les juges précisent le sens à donner à une disposition légale, en l'occurrence l'art. 180 du CP.[497] En l'espèce, le citoyen Lufuma Lubutu, commissaire de

---

[493] Cité par J. Pradel, *Droit pénal général*, 21e éd., n° 229, p. 19.

[494] J. Pradel, *op.cit.*, n° 229, p. 198 : « En conclusion, la loi et la jurisprudence sont vraiment indissociables. »

[495] P. Deumier, « L'interprétation de la loi. Quel statut ? », *RTD* civ. 2011, p. 90 et s., cité par J. Pradel, *ibidem*.

[496] J.-C. Marin, « Le juge est-il toujours la bouche de la loi ? », conférence débat, Club de Châtelet, *J.C.P. éd. G.*, 11 décembre 2011, p. 2533 et s., cité par J. Pradel, *idem*, p. 199.

[497] Art. 180 du CP, livre II : « Tout acte arbitraire et attentatoire aux libertés et aux

zone de Kasa-Vubu, avait été condamné, sur citation directe du citoyen Kumwini Ndolumingu, pour avoir porté atteinte aux droits garantis aux particuliers et ordonné la destruction méchante d'un mur de clôture érigé sur la parcelle de terre n° 2386 du plan cadastral, condamnation prononcée au premier degré par le tribunal de paix de Kinshasa-Pont Kasa Vubu et confirmée au second degré par le tribunal de grande instance de Kinshasa. Non content, Lufuma saisit la Cour suprême d'un pourvoi en cassation, en invoquant, entre autres moyens, la violation par le juge d'appel de l'art. 180 du CP, livre II, et de l'art. 16 al. 3 de la Const., en ce que ce juge n'avait pas, selon lui, rencontré les éléments constitutifs de l'infraction prévue et sanctionnée par cette disposition pénale, spécialement en ce qui concerne l'élément moral. Dans son argumentation, il soutint que les droits garantis aux particuliers par l'art. 21 de la Const. étant des droits réels, à l'exclusion du droit de location que Kumwini Ndolumingu possédait sur la parcelle litigieuse, la décision attaquée avait eu tort de le condamner sur la base de l'art. 180 du CP. En réponse, la CSJ déclara non fondé et rejeta ce moyen basé sur une interprétation restrictive de cet art. En effet, précisa-t-elle, « cette disposition protège tous les droits garantis par les lois, décrets, ordonnances et arrêts, en ce compris le droit de jouissance découlant d'un contrat de location. Par ailleurs, le mur de clôture, construction érigée sur le terrain litigieux faisant l'objet de ce contrat, est une propriété appartenant au second défendeur en cassation [Kumwini Ndolumingu] et, à ce titre, garantie par la Constitution. »[498]

La jurisprudence est publiée au Congo dans plusieurs recueils dont la Revue juridique du Congo-Belge, devenue successivement Revue juridique du Congo, Revue juridique du Zaïre, puis à nouveau Revue juridique du Congo ; la Revue juridique d'Afrique centrale ; la Revue de jurisprudence coloniale ; Jurisprudence et droit du Congo ; Jurisprudence de l'État indépendant du Congo ; Jurisprudence du Katanga ; le Journal des tribunaux d'Outre-Mer (JTO) ; la Revue zaïroise de droit ; la Revue juridique des Forces armées ; le Bulletin interne du parquet général de la République ; le Bulletin des arrêts de la CSJ. Compte tenu du rôle d'harmonisation de la jurisprudence dévolu à la

---

droits garantis aux particuliers par les lois, décrets, ordonnances et arrêtés, ordonné ou exécuté par un fonctionnaire ou officier public, par un dépositaire ou agent de l'autorité ou de la force publique, sera puni d'une servitude pénale de quinze jours à un an et d'une amende de deux cents à mille francs ou d'une de ces peines seulement. S'il est constitutif d'une infraction punie de peines plus fortes, son auteur sera condamné à ces peines. »

[498] CSJ, Arrêt du 19 juin 1987 (RP 604), *En cause Lufuma Lubutu c/ Ministère public et Kumwini Ndolumingo,* in *BACSJ*, Années 1985 à 1989, Éd. 2002, pp. 344-351, spéc. p. 349.

CSJ, ce dernier bulletin, publié par le Service de documentation et d'études du ministère de la Justice et des Droits humains, revêt une importance particulière. En effet, « l'essentiel n'est pas que le droit soit dit mais qu'il soit bien dit et que tout le monde sache qu'il a été dit. Pour ce faire, il faut que les décisions judiciaires soient publiées. C'est dans cet ordre d'idées que les arrêts rendus par la Cour suprême de justice sont publiés chaque année, car, appelée à interpréter la loi et à jouer son rôle de régulateur du droit, cette Cour doit avoir une jurisprudence constante quant au sens et à la portée de la règle de droit applicable. »[499] Elle contrôle, en effet, la légalité des décisions judiciaires rendues en dernier ressort par les juridictions inférieures et assure l'unité de la jurisprudence.[500]

*PARAGRAPHE 2 : **LA COUTUME***

Comme relevé dans le propos liminaire, le droit pénal congolais appartient à la famille romano-germanique et partage une certaine parenté philosophique et technico-juridique avec notamment ses ascendants belge et français. Cependant, une caractéristique le marque encore assez fortement : c'est son dualisme dû à la coexistence d'un droit écrit d'inspiration occidentale et d'un droit coutumier d'inspiration locale. En effet, à côté du droit pénal écrit subsiste, dans une mesure délimitée par la loi, le droit pénal coutumier qui, autrefois, n'intéressait que les congolais et les africains des pays voisins incorporés dans une société « indigène » nationale, à l'exclusion de tous les autres étrangers, à savoir les européens, les asiatiques et les africains des régions éloignées.

Le recours à la coutume trouve son fondement dans l'art. 1er de l'ord. du 14 mai 1886 qui dispose : « Quand la matière n'est pas prévue par un décret, un arrêté ou une ordonnance déjà promulgués, les contestations qui sont de la compétence des tribunaux du Congo seront jugées d'après les coutumes locales, les principes généraux du droit et l'équité. »[501] Dès lors, parmi les sources du droit pénal congolais s'inscrit, aux côtés de la loi, de la

[499] *BACSJ*, Années 2004 à 2009, T. I, Éd. 2010, Éditorial du Directeur général du Service de Documentation et d'Études du Ministère de la Justice et Droits humains, M-L Ndala Musuamba, Conseiller à la CSJ, p. 1.

[500] Rappelons que la nouvelle Const. a fait éclater l'ancienne CSJ en trois juridictions distinctes : la Cour Constitutionnelle, la Cour de cassation et le Conseil d'État. C'est la Cour de cassation qui chapeaute et assure le contrôle des juridictions de l'ordre judiciaire que sont les cours et tribunaux civils et militaires (V. art. 153 de la Const. ; art. 6 et 24 de la L.O n° 13-011-B du 11 avril 2013 portant organisation, fonctionnement et compétences des juridictions de l'ordre judiciaire, cités *supra*, p. 140, NBP 377).

[501] In *B.O*, 1886, pp. 188 et 189 ; *Les Codes Larcier*, T. I, p. 261.

jurisprudence et des principes généraux du droit, la coutume qui, toutefois, ne sera appliquée que pour autant qu'elle soit conforme aux lois et à l'ordre public. Par coutume, il faut entendre « les habitudes collectives d'agir fondées sur la tradition, c'est-à-dire consenties et observées à l'origine par un groupe d'individus donné et transmises oralement de génération en génération. »[502] En d'autres termes, il s'agit d'une « règle qui n'est pas édictée en forme de commandement par les pouvoirs publics, mais qui est issue d'un usage général et prolongé (*repetitio*) et de la croyance en l'existence d'une sanction à l'observation de cet usage (*opinio necessitatis*). »[503] Ainsi, p. ex., en matière civile, le code de la famille consacre le principe selon lequel la forme des fiançailles est réglée par la coutume des fiancés. En cas de conflit des coutumes, celle de la fiancée est d'application.[504] Il accorde aux fiancés ou aux membres de leurs familles le pouvoir de faire valoir le droit au dédommagement en vertu de la loi ou de la coutume, eu égard aux circonstances particulières qui se seraient produites lors des fiançailles.[505] Toujours en matière civile, la Cour suprême reconnaît également la coutume selon laquelle la dot constitue le titre d'appartenance des enfants au groupe du père et celle qui veut que, même en l'absence du mariage, le père se voit attribuer les enfants après versement d'une indemnité de légitimation.[506]

---

[502] Likulia Bolongo, *Droit pénal spécial zaïrois*, p. 18.

[503] Lexique de termes juridiques, 8e éd., Dalloz, Paris, 1990, p. 152.

[504] Art. 340 de la loi n° 16-008 du 15 juillet 2016 modifiant et complétant la loi n° 87-010 du 1er août 1987 portant Code de la Famille : « La forme des fiançailles est réglée par la coutume des fiancés. En cas de conflit des coutumes, la coutume de la fiancée est d'application. Les fiançailles ne donnent lieu à aucune inscription dans les registres de l'état civil. »

[505] Art. 347, *idem* : « Sans préjudice des dispositions de l'article 346 ci-dessus, la fiancée, le fiancé ou les membres de leurs familles peuvent faire valoir le droit au dédommagement en vertu de la loi ou de la coutume, en considération des circonstances particulières qui se seraient produites lors des fiançailles. »

[506] CSJ, Arrêt du 18 mai 1995 (RC 1377), *En cause Mbaya Kayibabo c/ Kasita Kaneni*, in *BACSJ*, Années 1990 à 1999, Éd. 2003, pp. 115-118, spéc. pp. 115-116 où la Cour dit pour droit : « Viole la coutume qui veut que la dote constitue le titre d'appartenance des enfants au groupe du père et qu'en l'absence du mariage, le père se voit attribuer les enfants, le juge d'appel qui a méconnu au demandeur un droit quelconque sur les enfants, alors qu'il a été établi que l'ayant droit coutumier avait reconnu par écrit avoir reçu un montant qualifié de dot à lui versée par le demandeur après le décès de sa concubine. » V. aussi CSJ, Arrêt du 24 décembre 1986 (RC 636), *En cause Bekombe Nkole c/ Kemba Wenga,* in *BACSJ*, Années 1985 à 1989, Éd. 2002, pp. 249-253, spéc. p. 252 : « … L'immeuble querellé étant situé à Kinshasa, la dévolution successorale est soumise aux règles de la coutume évoluée de cette ville qui reconnaît à la veuve, à défaut d'enfant issu du mariage, le droit à la moitié de l'usufruit des biens laissé par son mari et aux ayants droit coutumiers directs de ce dernier, la nue propriété avec l'autre moitié de l'usufruit. » Sur la dot, v. notamment,

La condition de conformité de la coutume aux lois et à l'ordre public était imposée par l'art. 102 de la Const. du Zaïre, mise à jour au 25 novembre 1990, qui disposait : « Les cours et tribunaux appliquent la loi et la coutume pour autant que celle-ci soit conforme aux lois et à l'ordre public... » La formulation de ce principe constitutionnel a subi une modification dans l'Acte constitutionnel de la transition dont l'art. 98 était ainsi libellé : « Les cours, tribunaux et conseils de guerre appliquent la loi et la coutume pour autant que celle-ci soit conforme à l'ordre public et aux bonnes sources. » « Ils n'appliquent les actes réglementaires que pour autant qu'ils soient conformes aux lois. » La Const. actuelle, celle du 18 février 2006, adopte la même expression, s'agissant de la coutume, en disposant : « Les Cours et Tribunaux, civils et militaires, appliquent les traités internationaux dûment ratifiés, les lois, les actes réglementaires pour autant qu'ils soient conformes aux lois ainsi que la coutume pour autant que celle-ci ne soit pas contraire à l'ordre public ou aux bonnes mœurs. »[507] Ce texte ne reprend donc pas clairement le principe de la nécessaire conformité de la coutume aux lois. Est-ce une erreur matérielle ou une omission volontaire ? Peut-on comprendre la notion de la conformité à l'ordre public comme incluant nécessairement la conformité à la loi, celle-ci faisant partie de l'ordre public ? Pour éviter tout malentendu, il a fallu que cet art. 153 mentionnât *expressis verbis* que la coutume ne peut s'appliquer que « pour autant que celle-ci ne soit pas contraire aux lois, à l'ordre public et aux bonnes mœurs ». Cette condition est, heureusement, clairement énoncée dans l'art. 207 qui dispose que « l'autorité coutumière est reconnue. Elle est dévolue conformément à la coutume locale, *pour autant que celle-ci ne soit pas contraire à la Constitution, à la loi, à l'ordre public et aux bonnes mœurs...* »[508] Le code de la famille est également clair sur ce point lorsqu'il reconnaît à la coutume le statut de source de droit en matière de mariage. Son art. 369 dispose, en effet :

> « La célébration du mariage en famille se déroule conformément aux coutumes des parties, pour autant que ces coutumes soient conformes à la loi, à l'ordre public et aux bonnes mœurs.
>
> En cas de conflit des coutumes, la coutume de la femme est d'application. »[509]

---

les art. 361 et 363 de la loi n° 16-008 du 15 juillet 2016 modifiant et complétant la loi n° 87-010 du 1er août 1987 portant Code de la Famille : Art. 361 : « Le futur époux et sa famille doivent convenir avec les parents de la future épouse d'une remise de biens et/ou d'argent qui constituent la dot au bénéfice des parents de la future épouse. Le mariage ne peut être célébré que si la dot a été effectivement versée au moins en partie. Nonobstant toute coutume contraire, la dot peut être symbolique. » Art. 363 : « La dot est déterminée suivant les us et coutumes des futurs conjoints. »

[507] Art. 153, al. 3 de la Const. de la RDC du 18 février 2006.

[508] Art. 207 de la Const. Expression relevée en italique par l'auteur.

[509] Art. 369 de la loi n° 16-008 du 15 juillet 2016 modifiant et complétant la loi n°

Ce code interdit certaines coutumes considérées précisément comme contraires à la loi. Il en est ainsi, p. ex., de celles qui prescrivent le payement d'une indemnité de décès à l'occasion de la mort de l'un des époux, et qui sont pénalement sanctionnées par l'art. 545.[510] La CSJ a bien fait de préciser qu'un juge qui déclare faire application d'une coutume doit l'énoncer clairement dans la motivation de sa décision pour permettre au juge supérieur, à l'occasion de l'examen d'un recours en appel ou d'un pourvoi en cassation, d'effectuer son contrôle, de vérifier si la pratique évoquée réunit bien les caractéristiques d'une coutume ou répond bien à la définition de ce qu'est une coutume. À cet égard, on ne devra pas se méprendre en confondant coutume et proverbe. En effet, « une coutume juridique au sens de la loi est une manière d'agir, une pratique consacrée par l'usage qui se transmet de génération en génération, par exemple, le lévirat, le sororat, le lusalo ou mariage monogamique par échange du sang chez certaines tribus de la République Démocratique du Congo, alors que le proverbe est une formule figée, en général métaphorique, exprimant une vérité d'expérience, un conseil, et connue de tout un groupe social, par exemple une hirondelle ne fait pas le printemps, à bon vin point d'enseigne, pierre qui roule n'amasse pas mousse »[511], "ôinela sumi ose ya aliya !"[512], "ôkende ambale ach'ôwanga"[513], "mai ya ebale soki eleki, ezongaka sima lisusu te"[514], "pole pole ndjo mwendo"[515], "mupenda yote akosa yote"[516], "haraka haraka, akuna

---

87-010 du 1er août 1987 portant Code de la Famille. Et l'art. 379 d'ajouter : « Sans préjudice des dispositions de l'article 330 de la présente loi, le mariage célébré en famille sort tous ses effets à la date de sa célébration, même en l'absence d'enregistrement. » Le mariage conclu selon la coutume est donc juridiquement valide.

[510] Art. 545, *idem* : « Sont proscrites les coutumes prescrivant le payement d'une indemnité de décès à l'occasion de la mort de l'un des époux. Est puni d'une servitude pénale principale ne dépassant pas un mois et d'une amende de 125.000 à 600.000 francs congolais ou de l'une de ces peines seulement, quiconque aura exigé ou perçu une indemnité de décès. »

[511] CSJ, Arrêt du 21 juillet 2006 (RC 2244), *En cause Monge Nkele c/ Mbaka Mabaki*, in *BACSJ*, Années 2004 à 2009, T. I, Éd. 2010, pp. 281-284, spéc. p. 283.

[512] Proverbe Lokele, se traduisant ainsi littéralement : « Danser pour un grand silure encore sous l'eau ! » ; et signifiant qu'il ne faut pas danser (fêter, se réjouir) avant l'accomplissement d'un évènement potentiellement heureux.

[513] Proverbe Lokele, se traduisant comme suit en mot à mot : « Marcher à deux, n'est pas craindre » (« ne veut pas dire qu'on a peur ») ; signifiant qu'il est sage (prudent) de se promener, de se déplacer, de voyager, d'aller à la pêche à deux.

[514] Proverbe Lingala : « L'eau du fleuve, une fois coulée, ne fait plus marche arrière » = Lorsque le mal est fait, il est fait ; lorsqu'un acte est posé, il est posé.

[515] Proverbe Swahili : « Doucement, doucement, on avance » = Rien ne sert de courir, il faut partir à point.

[516] Proverbe Swahili : « Qui veut tout, perd tout ».

baraka"[517]... Bien plus, « la coutume au sens de la loi contient une portée juridique et des sanctions en cas de son inobservance. »[518] Dès lors, encourrait cassation pour défaut de motivation une décision judiciaire qui se limiterait à évoquer une coutume sans l'énoncer expressément. C'est précisément ce qu'a jugé la CSJ dans son arrêt du 21 juillet 2006 où elle dit pour droit qu'

> « Est fondé et entraîne cassation sans renvoi de l'arrêt critiqué, pour violation des articles 14 de l'Acte constitutionnel de la transition et 23 du code de procédure civile, le moyen pris du défaut de motivation et de l'absence de réponse au chef de demande du ministère public, lorsque le juge d'appel, faisant application d'une coutume, entendue comme une manière d'agir, une pratique consacrée par l'usage se transmettant de génération en génération et contenant une portée juridique et une sanction, ne l'a pas énoncée et a fait usage d'un proverbe qui n'est qu'une formule figée en général métaphorique, exprimant une vérité d'expérience, un conseil ; ce faisant, il n'a pas départagé les parties, obligation à lui imposée par les dispositions susvisées. »[519]

En l'espèce, le juge d'appel a confirmé le jugement du premier degré qui était basé sur le proverbe Kiboma « Basula okola », signifiant que lorsque « deux personnes se disputent, il faut les séparer ». Il s'est limité à rappeler cette vérité populaire sans démontrer comment il a séparé les parties en querelle. Bien pis encore, il n'a pas énoncé la coutume sur laquelle il a fondé sa conviction pour départager lesdites parties, faillant ainsi à l'obligation que lui imposaient les articles 14 de l'Acte constitutionnel de la transition et 23 du code de procédure civile,[520] étant entendu que « Basula okola » est un proverbe et non une coutume.

---

[517] Proverbe Swahili : Quand on agit dans la précipitation, on a pas la chance de réussir.

[518] CSJ, Arrêt du 21 juillet 2006 (RC 2244), in *idem*, p. 283.

[519] *Idem*, p. 281.

[520] *Idem*, p. 283. L'art. 14 de l'Acte constitutionnel de la transition dispose : « Toute personne privée de sa liberté par arrestation ou détention a le droit d'introduire un recours devant un tribunal qui statue à bref délai sur la légalité de sa détention et ordonne sa libération si la détention est illégale. Toute personne a le droit d'être jugée dans un délai raisonnable par une juridiction impartiale et légalement instituée. Tout jugement doit être écrit et motivé. Il est prononcé en audience publique. »
L'art. 23 du code de procédure civile est ainsi libellé : « Les jugements contiennent le nom des juges qui les ont rendus, celui de l'officier du Ministère public s'il a été entendu et du greffier qui a assisté au prononcé ; les noms, professions et demeures des parties et de leurs fondés de pouvoir si elles ont été représentées ; les motifs, le dispositif et la date à laquelle ils sont rendus. » D. du 7 mars 1960 portant Code de procédure civile, in *MC*, 1960, p. 961; erratum, p. 1351 ; aussi in *Les Codes Larcier,* T. I, p. 276.

PARAGRAPHE 3 : ***LES PRINCIPES GÉNÉRAUX DU DROIT***

Ils constituent « la traduction juridique d'une exigence supérieure considérée comme préexistante à la norme juridique. »[521] Il s'agit d'un ensemble de principes reconnus comme supérieurs et gouvernant aussi bien le droit pénal de fond que de forme. Comme mentionné *supra*, leur application en droit congolais trouve également sa base dans l'art. 1er de l'ord. du 14 mai 1886 qui prévoit que lorsqu'une matière n'est pas prévue par un décret, un arrêté ou une ordonnance déjà promulgués, « les contestations qui sont de la compétence des tribunaux du Congo seront jugées d'après les coutumes locales, les principes généraux du droit et l'équité. »[522] Parmi les principes généraux du droit mis en œuvre sur le fondement de cette disposition, on peut citer, en guise d'exemplification :

A- Le principe selon lequel *une décision judiciaire ne peut être valablement prononcée que par des juges qui ont participé à toute l'instruction de l'affaire*, ce, pour une bonne administration de la justice et dans l'intérêt des parties. En application de ce principe, la CSJ a, p. ex., cassé l'arrêt contradictoire rendu par la C.A de Matadi le 8 janvier 1980, motif pris du fait que le siège de celle-ci avait été modifié après l'audition d'un témoin, et qu'il est établi qu'après cette modification, l'instruction de l'affaire n'avait pas été reprise, ni le témoin réentendu, ni les procès-verbaux des audiences antérieures relus ou résumés à l'attention du nouveau siège.[523] Dans une autre espèce, la même Cour a dit pour droit qu'

> « Est fondé et entraîne cassation totale de la décision attaquée le moyen tiré de la violation du principe général du droit applicable en vertu de l'article 1er de l'ordonnance du 14 mai 1886 qui veut qu'une décision judiciaire soit rendue par les juges qui ont pris part à toute l'instruction de la cause en ce que les parties ont confirmé leurs déclarations antérieures devant un nouveau siège dont la composition a changé mais qui a rendu la décision sans que la lecture des procès-verbaux antérieurs ait été donnée ni que le résumé de la procédure antérieure, acté au plumitif d'audience, ait été fait. »[524]

---

[521] H. Motulsky, « Le droit naturel dans la pratique jurisprudentielle : le respect des droits de la défense en procédure civile », in *Mélanges Roubier*, 1961, pp. 175 et s., cité par J. Pradel, *Droit pénal général*, 21e éd., n° 268, pp. 232-233.

[522] In *B.O*, 1886, pp. 188 et 189 ; *Les Codes Larcier*, T. I, p. 261.

[523] CSJ, Arrêt du 15 février 1983 (RP 501), *En cause Luwawu Pembele c/Ministère public et Mavakala Ndandilu a Mambu*, in *BACSJ*, Années 1980 à 1984, Éd. 2001, pp. 357-359. V. aussi, CSJ, Arrêt du 30 octobre 1990 (RP 1.121), *En cause Mwanza Mande c/Ministère public et Succession Bossekota Likala Ntangea*, in *BACSJ*, Années 1990 à 1999, Éd. 2003, pp. 37-40.

[524] CSJ, Arrêt du 7 octobre 1980 (RP 338), *En cause Bibi Kabong-A-Aling*

Ainsi donc, lorsqu'il y a modification du siège au cours du procès, en cas, p. ex., du déport d'un membre de la composition et son remplacement par un autre juge, il doit être procédé à la lecture de tous les procès-verbaux des audiences antérieures et un résumé des débats antérieurs doit être fait au plumitif afin que le nouveau juge en soit pleinement informé. Une partie qui évoque ce PGD en appui de son pourvoi en cassation doit démontrer que ces devoirs d'édification du juge remplaçant n'ont pas été accomplis. À défaut de cette démonstration, son recours sera rejeté. Tel est le sort subi par les demandeurs en cassation dans l'arrêt du 11 novembre 2009 où la CSJ a jugé qu'

> « Est non fondé, le moyen pris de la violation de l'article 1er de l'ordonnance du 14 mai 1886 consacrant l'application des principes généraux de droit dont celui voulant que toute décision judiciaire soit rendue par le magistrat ayant pris part à toute l'instruction de la cause, en ce que, après le départ d'un membre de la composition et son remplacement par un autre, il n'a pas été procédé à la lecture de tous les procès-verbaux d'audiences antérieures et aucun résumé des débats antérieurs n'a pas été fait au plumitif par le greffier, alors qu'il est établi par le procès-verbal de l'audience du jour que le greffier a procédé à l'accomplissement de ces devoirs avant que ladite cause soit prise en délibéré. »[525]

B- Le principe d'après lequel *tout tribunal saisi doit vider sa saisine* à l'égard de toutes les parties au procès, en se prononçant sur tous les chefs des demandes. Il interdit donc au juge de statuer *infra petita*, en ne répondant pas à d'autres sollicitations formulées par les parties. En vertu de ce principe, une décision peut être cassée si, p. ex., « le juge s'est borné à l'examen de l'action publique sans rien dire de l'action civile comprise dans la citation originaire qui a donné lieu à la condamnation du prévenu aux

---

c/Ministère public et Kivuvu Makabi, in *BACSJ*, Années 1980 à 1984, *op. cit.*, pp. 87-91, spéc. p. 88. V. aussi, CSJ, Arrêt du 30 décembre 1997 (RP 1390), *En cause Misakabo Tshintu et Mwamba Misakabo c/Ministère public, Ilunga Kadila et Ngoie Kiayila*, in *BACSJ*, Années 1990 à 1999, *op. cit.*, pp. 301-304. Ce principe général du droit s'applique également en matière civile : v., en guise d'illustration, CSJ, Arrêt du 6 octobre 1983 (RC 582), *En cause Madeleine Humblet c/Pierre Jonniaux*, in *idem,* pp. 420-422 ; CSJ, Arrêt du 12 mars 1986 (RC 420), *En cause La Société Europe-Afrique « EURAFRIMEX » c/ Frans Houthoufd et Joseph Houthoufd,* in *BACSJ*, Années 1985 à 1989, Éd. 2002, pp. 142-145 ; CSJ, Arrêt du 24 juillet 1998 (RC 1681), *En cause Ministère public c/ Kialanda Kiakana et Dizenza Vodiluaki*, in *BACSJ*, Années 1990 à 1999, *op. cit.*, pp. 422-425 ; CSJ, Arrêt du 11 septembre 1998 (RC 1733), *En cause Bembo Kapitau c/ Mushiya Omoya,Konzo Dontoni et Conservateurs des titres immobiliers*, in *idem*, pp. 433- 436.

[525] CSJ, Arrêt du 11 novembre 2009 (RP 2484), *En cause Jean Mulop et Charlotte Mbamba c/ Ministère public et Kapanga Ndaka*, in *BACSJ*, Années 2004 à 2009, T. II (2007-2009), Éd. 2010, pp. 276-281, spéc. p. 276.

dommages-intérêts. »[526] De même, un juge saisi d'une affaire de violation de domicile, de vol et coups et blessures volontaires doit non seulement se prononcer sur l'existence des éléments constitutifs de chaque infraction mise en charge du prévenu, mais aussi statuer sur l'action civile en réparation pouvant comprendre la restitution et le paiement des dommages-intérêts.

L'obligation pour une juridiction de vider sa saisine est un moyen d'ordre public que la Cour peut soulever d'office. Elle le relève dans plusieurs de ses arrêts, dont, p. ex., celui du 8 janvier 1985 où elle dit, pour droit, qu'

> « Est fondé, le moyen d'ordre public soulevé d'office et tiré de la violation du principe général du droit selon lequel le tribunal a l'obligation de statuer sur toutes les demandes dont il est saisi lorsque la Cour suprême de justice a relevé qu'en ne statuant que sur l'appel du prévenu sans dire un mot sur ceux des parties civiles dont il était pourtant aussi saisi, le juge d'appel n'a pas vidé sa saisine. Sa décision encourt cassation sur ce point. »[527]

---

[526] V. notamment, CSJ, Arrêt du 14 août 1984 (RP 742), *En cause Muduila c/Ministère public et Simba Panzu*, in *BACSJ*, Années 1980 à 1984, Éd. 2001, pp. 504-507 ; CSJ, Arrêt du 30 décembre 1997 (RP 26/TSR), *En cause Ministère public c/ Mboyo Mpela, Kasilembo Wa Nduma et Yeya Mbwa Boili*, in *BACSJ*, Années 1990 à 1999, Éd. 2003, pp. 297-300. V. aussi application dudit principe en matière civile in CSJ, Arrêt du 25 mai 1983 (RC 402), *En cause Kayembe Ngandu c/Binene Kamudia Mulenga Mulanda*, in *idem*, pp. 382-386.

[527] CSJ, Arrêt du 8 janvier 1985 (RP 381), *En cause Mpanda Zandu c/Ministère public, Kieselo Meso et Société nationale d'assurances (SONAS)*, in *BACSJ*, Années 1985 à 1989, Éd. 2002, pp. 7-11, spéc. pp. 7 et 10. V. aussi, CSJ, Arrêt du 25 août 1987 (RP 769), *En cause Mutelo Izanswe c/Ministère public et Lunga Okenge*, in *idem*, pp 362-365, spéc. p. 362 où la Cour dit : « Fait une correcte application de l'article 1er de l'ordonnance du 14 mai 1886 et du principe général du droit obligeant le juge saisi à vider sa saisine à l'égard de toutes les parties, le juge d'appel qui omet de statuer sur la prévention libellée à charge du prévenu, car, le prévenu n'ayant pas été cité à comparaître devant le premier juge, il n'a pas été saisi de ces faits par l'effet dévolutif de l'appel » ; CSJ, Arrêt du 8 août 1997 (RP 1502), *En cause Jean Stalakis et Karine Stalakis c/ Tumba Matamba et Société générale de marketing S.P.R.L.*, in *BACSJ*, Années 1990 à 1999, *op. cit.*, pp. 229-232, spéc. p. 229 : « Viole l'article 1er de l'ordonnance du 14 mai 1886 consacrant notamment l'application des principes généraux du droit, dont celui prescrivant au juge de vider sa saisine, le juge d'appel qui a omis de donner suite aux réquisitions du ministère public, après avoir dit son appel recevable et fondé, étant donné que, en omettant de prononcer la condamnation du prévenu tel que l'avait requis le ministère public, le juge d'appel n'a pas définitivement statué sur celui-ci. »

C- *Le criminel tient le civil en état.* Ce PGD est également appliqué en droit congolais. Il commande à toute juridiction civile saisie d'un litige qui est également pendant devant un juge répressif de surseoir à statuer et d'attendre l'intervention du jugement au pénal. Une décision judiciaire rendue en violation de ce principe encourt la cassation. Tel est le sort subi par l'arrêt de la C.A de Kisangani du 4 juillet 1984, suite au pourvoi interjeté par la citoyenne Odiatshi. En effet,

> « À la suite d'une convention de prêt de 3.086.000 francs intervenue le 14 avril 1996 [sic !] entre la Caisse Nationale d'Epargne du Congo, en abrégé CADECO, et messieurs De Munter, Charles Gruslin, Lekeux Louis et leurs épouses respectives, ceux-ci acquirent en copropriété indivise l'immeuble à usage commercial et résidentiel inscrit au plan cadastral sous le n° S.U. 752 et enregistré sous le vol. C. 51 folio 53. Cette convention confia la gestion dudit immeuble à la CADECO qui fut en même temps autorisée d'en percevoir directement les loyers jusqu'à l'apurement intégral du prêt hypothécaire. Profitant de l'ordre à lui donné par la Direction Générale de la CADECO à Kinshasa de radier entièrement et définitivement l'hypothèque susvisée, les bénéficiaires ayant complètement remboursé le prêt, l'agence de CADECO de Kisangani passa, le 27 novembre 1974, "un acte de cession de créance hypothécaire avec la citoyenne Odiatshi en garantie de remboursement et de paiement des intérêts à la place et lieu de messieurs De Munter, Charles Gruslin et Lekeux Louis". Cet acte fut présenté le 28 octobre 1975 au notaire de Kisangani qui avait reçu auparavant, soit le 13 janvier 1975, l'acte de main levée hypothécaire.
>
> Par son arrêté du 13 novembre 1975, le Commissaire d'État [[528]] aux affaires Foncières déclara cet immeuble abandonné et l'attribua à la citoyenne Odiatshi. Porteur d'un compromis de vente intervenu le 14 novembre 1974 entre lui et les propriétaires, le citoyen Lola Di Olua se fit délivrer le 16 octobre 1976, un certificat d'enregistrement sur présentation, au Conservateur des Titres Fonciers, d'une lettre attribuée au Commissaire d'État aux affaires Foncières. Cette lettre, déterminante pour l'établissement dudit certificat, fut déclarée fausse tant au premier degré par le tribunal de sous-région de Kisangani qu'au degré d'appel par le tribunal de grande instance de la même ville et le citoyen Lola, reconnu coupable de ce faux et d'usage de faux, fut condamné définitivement à 12 mois de SPP avec sursis de 3 ans et à 100 Z d'amende. Par exploit d'huissier du 24 octobre 1975, monsieur De Munter assigna la citoyenne Odiatshi en déguerpissement devant le tribunal de première instance de Kisangani, lequel tribunal, par jugement rendu par défaut le 7 février 1976, dit l'action non fondée. À son tour, le citoyen Lola intenta une action en déguerpissement contre la citoyenne Odiatshi devant le même tribunal, action qui fut déclarée fondée aux termes d'un jugement rendu par défaut le 15 juin 1977.
>
> Sur appel de la partie succombante, la Cour d'appel de Kisangani, par son arrêt contradictoire du 4 juillet 1978, condamna Odiatshi à déguerpir de l'immeuble litigieux et à payer à Lola la somme de 500 Z par mois depuis le 12 octobre 1976 à titre de dommages-intérêts ainsi que celle de 500 Z pour trouble de jouissance.

[528] Commissaire d'État = Ministre.

Par son pourvoi du 9 novembre 1978, la citoyenne Odiatshi sollicite la cassation de cet arrêt à elle signifié le 11 août 1978…

Sans qu'il soit nécessaire d'examiner tous les moyens du pourvoi, la Cour statue sur le deuxième grief du deuxième moyen puisé de la *violation d'un principe général de droit applicable au Zaïre suivant les dispositions de l'article 1er de l'ordonnance du 14 mai 1886, en ce que le juge d'appel a écarté sa demande de surseoir à statuer au motif qu'aucune disposition légale ne fait obligation à une juridiction saisie de surseoir sur le fond d'un litige du genre du cas sous examen.*

Ce grief est fondé. En effet, il ressort des conclusions de la demanderesse en cassation que celle-ci avait sollicité qu'il soit sursis à statuer sur le litige en attendant que le juge du premier degré se prononce sur l'action qu'elle avait introduite ensuite de l'action pénale. La Cour d'appel a donné la réponse que rapporte le moyen. Ce faisant, [elle] a violé les dispositions légales invoquées à l'appui du grief, ce qui emporte cassation totale avec renvoi.

C'est pourquoi ;

La Cour suprême de justice, section judiciaire, siégeant en cassation en matières civile et commerciale ;… Casse l'arrêt entrepris ;

Dit pour droit que la juridiction de renvoi devra recevoir la demande de surséance au cas où celle-ci lui aurait été faite et tenir compte dans la solution du litige de l'issue du procès au pénal… »[529]

D- *L'autorité de la chose jugée au pénal sur le civil.* Ce principe peut être considéré comme le corollaire du précédent. Il veut que la décision rendue par le juge pénal s'impose au juge civil saisie de la même demande, fondée sur la même cause, mue entre les mêmes parties, formée par elles et contre elles et en la même qualité. On voit donc que les conditions de sa mise en œuvre sont strictement délimitées. Si celles-ci ne sont pas réunies, ce principe n'opère pas. C'est dans ce sens que s'est prononcée la CSJ dans son arrêt du 26 mai 1993 rendue dans l'affaire opposant monsieur Kingu Mikanda à la BRALIMA. En effet, par son pourvoi du 10 novembre 1989, celui-ci sollicitait la cassation de l'arrêt contradictoire rendu par la C.A de Kinshasa le 16 février 1989. Cette dernière, statuant sur renvoi après cassation, avait annulé le jugement du TGI de Kinshasa-Gombe ayant condamné la société BRALIMA à payer à Kingu Mikanda la somme de 1.250.000 Zaïres au titre de dommages-intérêts et à lui livrer 3.419 casiers de « Primus » dûment remplis de bière. Elle a, en sus, dit qu'il y avait autorité de la chose jugée du pénal sur le civil et a condamné Kingu Mikanda à restituer à la BRALIMA les 3.419 casiers de « Primus »

---

[529] CSJ, Arrêt du 30 mai 1984 (RC 364), *En cause Odiatshi Kadiata Nzemba c/ Lola Di Olua*, in *BACSJ*, Années 1980 à 1984, *op. cit.*, pp. 471-474. Passages relevés en italique par l'auteur. V. aussi CSJ, Arrêt du 29 avril 1981 (RC 298), *En cause L.A. Franco c/ Selehe Baruani*, in *idem,* pp. 208-214 ; CSJ, Arrêt du 28 décembre 1995 (RC 1594), *En cause Satuga Shita c/Ndala Mukeba et Misengabo*, in *BACSJ*, Années 1990 à 1999, *op. cit.*, pp. 143-145.

reçus et aux frais de l'instance.[530] Ayant examiné le pourvoi interjeté par Kingu Mikanda, la Cour suprême lui a donné raison, motivant ainsi sa décision :

> « Sans qu'il soit nécessaire d'examiner tous les moyens de cassation, la Cour suprême de justice statue sur la deuxième branche du premier moyen pris de la fausse application du principe de l'autorité de la chose jugée et de la violation de l'article 227 du code civil, livre III, en ce que la Cour d'appel de Kinshasa, siégeant comme juridiction de renvoi après cassation, a décidé qu'il y a autorité de la chose jugée, alors que les demandes formulées devant le juge pénal et le juge civil ne sont pas les mêmes. En effet, au pénal, l'action publique tendait à l'établissement de l'infraction de faux en écritures commise par le prévenu Reckinger, secrétaire général de la BRALIMA, et à la condamnation de cette dernière, en tant que civilement responsable de ce prévenu, au paiement des dommages-intérêts pour préjudice causé par ce faux, alors que l'action civile visait la restitution des casiers de bières et l'actualisation des sommes exigées à titre de dommages-intérêts pour manque à gagner du fait de la rétention et de l'immobilisation desdits casiers et de son argent.
>
> En cette branche, le moyen est fondé, puisque c'est à tort que le juge de renvoi a appliqué à la cause lui renvoyée pour examen, l'exception de l'autorité de la chose jugée, et n'a pas de ce fait vider sa saisine. Les dispositions de l'article 227 du code civil, livre III, invoqué au moyen, édictent que l'autorité de la chose jugée n'a lieu qu'à l'égard de ce qui fait l'objet du jugement ; il faut que : - la chose demandée soit la même ; - la demande soit fondée sur la même cause ; - la demande soit entre les mêmes parties et formée par elles ; - et contre elles en la même qualité.
>
> Dans le cas sous examen, toutes ces conditions ne sont pas réunies, notamment celle relative à l'objet de la demande… Ainsi, en décidant que par application du principe de l'autorité de la chose jugée, le jugement pénal a mis définitivement fin au litige civil entre parties, la Cour d'appel a mal appliqué le principe précité et violé la disposition légale visée au moyen.
>
> Sa décision encourt dès lors cassation totale avec renvoi devant la section judiciaire de la Cour suprême de justice… »[531]

Comme on le voit, le principe de l'autorité de la chose jugée est bel et bien prévu dans la loi écrite congolaise, en l'occurrence, dans les articles 226 et 227 du code civil, livre III. [532]

---

[530] CSJ, Arrêt du 26 mai 1993 (RC 01/TSR), *En cause Kingu Mikanda c/ Société des Brasseries, Limonaderie et Malteries, en sigle « BRALIMA »*, in *BACSJ*, Années 1990 à 1999, *op. cit.*, pp. 88-91, spéc., p. 89.

[531] *Idem*, pp. 89-91.

[532] Art. 226 : « La présomption légale est celle qui est attachée par une loi spéciale à certains cas ou à certains faits; tels sont : 1° les cas dans lesquels la loi déclare la propriété ou la libération résulter de certaines circonstances déterminées ; 2°l'autorité que la loi attribue à la chose jugée ; 3° la force que la loi attache à l'aveu de la partie ou à son serment. » Art. 227 : « L'autorité de la chose jugée n'a lieu qu'à

E- *Ne ultra petita judicatur.* La saisine d'une juridiction étant circonscrite par l'exploit introductif d'instance conformément aux art. 54 et 57 du CPP[533], ce principe interdit au juge de statuer *ultra petita*, c'est-à-dire au-delà de ce qui est demandé par les parties. C'est ainsi que, p. ex., la CSJ a cassé le jugement rendu contradictoirement, au degré d'appel, par le TGI de Kinshasa-Gombe le 16 janvier 1976, motif pris du fait que celui-ci avait condamné le demandeur en cassation au paiement des intérêts judiciaires au profit de la partie civile qui ne l'avait postulé ni dans sa citation directe, ni dans ses conclusions, s'étant limité à demander le remboursement du montant qu'elle réclamait. Ce faisant, ce jugement avait violé le principe général du droit « non ultra petita ».[534] Ceci souligne l'importance de l'acte d'accusation, du libellé des préventions, de la précision des citations qui doivent bien décrire et délimiter les faits mis à charge du prévenu. Aussi la Cour a-t-elle raison de rappeler

> « que l'action publique est déterminée par les seuls faits repris en citation. En effet, contrairement à l'officier du ministère [public] qui, au cours de [l'instruction] préjuridictionnelle, peut rechercher sans limitation les indices de tout comportement de l'inculpé, susceptibles de donner ouverture à poursuites, suivant une procédure

---

l'égard de ce qui a fait l'objet du jugement. Il faut que la chose demandée soit la même ; que la demande soit fondée sur la même cause ; que la demande soit entre les mêmes parties, et formée par elles et contre elles en la même qualité. » D. du 30 juillet 1888, Des contrats ou des obligations conventionnelles, in *B.O*, 1888, p. 109 ; aussi in *Les Codes Larcier*, T. I, Droit civil et judiciaire, pp. 149-179, spéc. p. 161.

[533] Art. 54 du CPP : « La juridiction de jugement est saisie par la citation donnée au prévenu, et éventuellement à la personne civilement responsable, à la requête de l'officier du Ministère public ou de la partie lésée. Toutefois, lorsqu'il y a lieu de poursuivre une personne jouissant d'un privilège de juridiction, cette citation ne sera donnée qu'à la requête d'un officier du Ministère public. » Art. 57 : « La citation doit indiquer à la requête de qui elle est faite. Elle énonce les nom, prénoms et demeure du cité, l'objet de la citation, le tribunal devant lequel la personne citée doit comparaître, le lieu et le moment de la comparution. Elle indique la qualité de celui qui l'effectue et la façon dont elle est effectuée. La citation à prévenu contient, en outre, l'indication de la nature, de la date et du lieu des faits dont il aura à répondre. »

[534] CSJ, Arrêt du 27 février 1987 (RP 244), *En cause Baye Mukendi c/ Ministère public et Kabamba Tshintu,*in *BACSJ*, Années 1985 à 1989, *op. cit.*, pp. 274-276, spéc. p. 276. V. aussi, CSJ, Arrêt du 25 août 1987 (RP 813), *En cause Shindani Moyo c/ Ministère public et FONAMES (Fonds national pour l'assurance sociale au Zaïre),* in *idem*, pp. 365-368, spéc. pp. 366-367 ; CSJ, Arrêt du 26 juin 1998 (RC 1944), *En cause Wawa André Junior et Wawa Alphonse c/ Wawa Mbo, Wawa Mpia Jean-Pierre, Wawa Bernard et Wawa Léonard*, in *BACSJ*, Années 1990 à 1999, *op. cit.*, pp. 419-421 ; CSJ, Arrêt du 18 août 2006 (RC 1965), *En cause Kiamfu Diasisua c/ Mankembi Diamona Beni et Mukoko Mue*, in *BACSJ*, Années 2004 à 2009, T. I, pp. 304-307.

> secrète et unilatérale dite inquisitoriale, le caractère accusatoire de l'instruction à l'audience veut que le tribunal répressif ne puisse recevoir et rechercher les preuves que des seuls faits libellés à la citation, et que tous les éléments à charge du prévenu doivent lui être communiqués pour lui permettre de les contredire et d'en apporter la preuve contraire. Dès lors, interpeller le prévenu sur d'autres faits que ceux dont il a reçu notification et dont il aura à répondre serait le surprendre sans défense, encore que le juge ne saurait être saisi de pareils faits. »[535]

Dans cette pertinente argumentation, la Cour rappelle ainsi non seulement la nécessité du respect du principe *ne ultra petita*, mais aussi l'obligation de l'observance des principes du contradictoire, de la loyauté dans les débats et du respect des droits de la défense.

F- *Electa una via non datur recursus ad alteram.* Ce principe veut qu'une personne qui a saisi un juge civil d'un litige ne peut plus quitter la voie civile pour saisir un juge pénal de la même cause. Le citoyen Mbula Mosi avait donné à la CSJ l'occasion de bien préciser la portée de ce principe. En effet, par son pourvoi du 18 juillet 1983, il avait sollicité de la Cour la cassation d'un jugement contradictoire rendu le 21 janvier 1983 par le TGI de Matete qui avait confirmé le jugement du tribunal de paix de Matete du 25 février [1982] ayant décidé de surseoir à statuer sur le fond en attendant la décision sur l'appel interjeté contre sa décision avant faire droit. Au soutien de son pourvoi, il invoqua, comme premier moyen, la violation du PGD *electa una via non datur recursus ad alteram*, « en ce qu'ayant opté pour la voie civile pour tenter de récupérer la parcelle querellée, le défendeur Lunkoka n'était plus autorisé à utiliser la voie pénale pour essayer d'obtenir par ce moyen la parcelle dont la propriété fut reconnue à son adversaire, par jugement définitif sur le fond et passé en force de chose jugée. »[536] La Cour déclara ce moyen non fondé, motivant ainsi sa conclusion :

> « En effet, la maxime « *electa una via* » pose comme règle que la partie lésée qui a formé sa demande devant le tribunal civil ne peut plus la porter devant le tribunal répressif. Mais, dans cette espèce, la maxime « *electa una via* » ne peut s'appliquer, car ce n'est pas le défendeur, partie lésée, qui avait porté son action civile devant la juridiction répressive après avoir saisi la juridiction civile. En effet, il ressort du dossier soumis à l'examen de la Cour suprême de justice que c'est le demandeur en cassation lui-même qui avait saisi les juges civils du fond de l'action en

---

[535] CSJ, Arrêt du 10 avril 2009 (RPA 352), *En cause Ministère public et Maurice Michaux c/ Lukumbe Ngenda*, in *BACSJ*, Années 2004 à 2009, T. II, pp. 153-162, spéc. pp. 158-159.

[536] CSJ, Arrêt du 28 avril 1987 (RP 843), *En cause Mbula Mosi c/ Ministère public et Lunkoka Lwa Mambu,*in *BACSJ*, Années 1985 à 1989, *op. cit.*, pp. 313-317, spéc. p. 315.

reconnaissance du droit de propriété sur la parcelle querellée, ainsi l'action du défendeur en cassation devant la juridiction répressive n'avait ni la même cause, ni le même objet car elle était fondée sur des infractions de destruction méchante, de faux et usage de faux et tendait à la condamnation de son adversaire aux dommages-intérêts. »[537]

Il faut donc retenir que le principe « *electa una via* » ne s'applique que lorsque l'on est en présence de la même cause, ayant le même objet, les mêmes parties poursuivant les mêmes objectifs. Dès lors que ces conditions se trouvent réunies, ce principe s'applique. Il n'est pas requis que le tribunal civil, saisi le premier, ait rendu un jugement sur le fond. En d'autres termes, ledit principe opère même si la juridiction civile saisie n'a pas encore rendu sa décision sur le fond. C'est ce qu'a précisé la CSJ en jugeant qu'

> « Est fondé, pour violation de l'article 87 du code de procédure pénale et le jugement entrepris encourt cassation totale avec renvoi, le moyen reprochant au juge d'appel d'avoir vicié la motivation de la décision en subordonnant l'application de l'adage ou du principe général de droit "Electa una via non datur recursus ad alteram" à l'existence préalable et exclusive d'une décision définitive du juge civil saisi le premier alors que ledit adage ou principe s'applique également lorsque ledit juge régulièrement saisi n'a pas encore statué au fond du litige porté devant les juges civil et pénal et concernant le même objet et les mêmes parties. »[538]

G- *Non bis in idem.* Ce principe interdit de juger une personne deux fois pour les mêmes faits. Comme les autres principes, il s'applique aussi bien en matière pénale que civile. La CSJ l'a mis en œuvre, p. ex., dans son arrêt du 31 octobre 1997 où il dit pour droit :

> « Viole l'article 1er de l'ordonnance du 14 mai 1886 sur l'application des principes généraux du droit, en l'espèce l'adage *non bis in idem,* et sa décision encourt cassation totale avec renvoi devant la section judiciaire, le juge d'appel qui, sous le prétexte d'une interprétation ou d'une rectification d'erreur matérielle, a porté atteinte à l'autorité de la chose jugée en changeant le fond de la décision interprétée en attribuant à un clan le droit de jouissance des terres, lequel avait été reconnu à un autre clan par un jugement ayant acquis l'autorité de la chose jugée. »[539]

---

537 *Idem*, pp. 315-316. V. aussi, CSJ, Arrêt du 28 avril 1981 (RP 382), *En cause Baku Yanga c/ Ministère public et Kanda Mukebayi,* in *BACSJ*, Années 1980 à 1984, *op. cit.*, pp. 198-205, spéc. pp. 199, 202- 203. Sur « l'irrévocabilité relative du choix de la voie civile », voir S. Guinchard, J. Buisson, *Procédure pénale*, 11e éd., LexisNexis, Paris, 2018, pp. 934-935, n°s 1693-1694. V. aussi, J. Leroy, *Procédure pénale*, 5e éd., LGDJ, Paris, 2017, pp. 275-278, n°s 438-442.

538 CSJ, Arrêt du 20 octobre 2004 (RP 2076), *En cause Alain Kamba, Paul Kabamba et Tshibantu Mukendi c/ Ministère public, Mundadi Kalala, Roger Mulumba Bantu et Société TABACONGO*, in *BACSJ*, Années 2004 à 2009, T. I, *op. cit.*, pp. 49-54, spéc. p. 50.

539 CSJ, Arrêt du 31 octobre 1997 (RC 020/TSR), *En cause Ministère public c/*

Cette règle fondamentale repose donc sur l'autorité de la chose jugée définie comme étant une autorité attachée à un acte de juridiction servant de base à l'exécution du droit établi judiciairement, et interdisant que la même affaire, opposant les mêmes parties, agissant dans les mêmes qualités, et portant sur le même objet, ne soit à nouveau déférée devant un juge. Signalons que ce principe est contenu dans l'art. 268 du CJM qui prescrit qu'« aucune personne acquittée légalement ne peut être reprise ou inculpée pour les mêmes faits, même sous une qualification différente. » Il est aussi expressément consacré dans le Statut de Rome de la CPI en son article 20.[540]

H- *Ne pejorare* ou le principe de l'interdiction de la réformation *in pejus*. Il impose au juge du second degré l'obligation de ne pas aggraver pénalement la situation du prévenu lorsque ce dernier est seul appelant. Il a été mis en œuvre, p. ex., dans l'arrêt du 5 avril 2000 où la CSJ a jugé qu' « est fondé, le moyen de cassation pris de la violation par le juge d'appel des principes généraux du droit applicables en vertu de l'article 1er de l'ordonnance du 14 mai 1886, en ce qu'il a condamné à une peine d'amende et aggravé la situation du prévenu, seul en appel, alors qu'il était acquitté au premier degré et que le Ministère public n'était pas en appel. »[541]

Dans un autre arrêt rendu le 26 juillet 1983, la même Cour a précisé que le principe *Ne pejorare* n'interdit pas au juge d'appel de prononcer l'arrestation immédiate du condamné, seul appelant, alors que cette mesure n'avait pas été prononcée par le premier juge. Elle considère, en effet, que l'arrestation immédiate n'est qu'une mesure d'exécution de la peine à laquelle le prévenu était condamné. En l'espèce, motivant le rejet du pourvoi interjeté par le citoyen Kambanza Nguayila contre le jugement rendu contradictoirement, au degré d'appel, par le tribunal de première instance de Kinshasa l'ayant condamné à 6 mois de servitude pénale principale avec arrestation immédiate, elle dit :

> « La deuxième branche de ce moyen attaque la décision entreprise parce qu'en prononçant l'arrestation immédiate alors que le Ministère public n'était pas en appel, cette décision a aggravé la situation du prévenu. Cette branche n'est pas non plus fondée. En effet, l'arrestation immédiate prononcée par le juge d'appel même si le Ministère public n'est pas en appel est une simple mesure d'exécution de la peine à laquelle le prévenu est condamné. »[542]

Lutonto Diakuluka et Minambua Mutala, in *BACSJ*, Années 1990 à 1999, *op. cit.*, pp. 263-265, spéc. p. 263.

[540] Cité *supra*, p. 118, NBP 306.

[541] CSJ, Arrêt du 5 avril 2000 (RP 1895), *En cause Nduenga Thomas c/ Ministère public et Mabungu Nkondi*, in *BACSJ*, Années 2000 à 2003, Éd. 2004, pp. 18-23, spéc. p. 19.

[542] CSJ, Arrêt du 26 juillet 1983 (RP 369), *En cause Kambanza Nguayila c/*

I- *Nemo auditur suam turpitudinem allegans.* Selon ce principe, nul ne peut être entendu s'il allègue sa propre turpitude. La CSJ l'a évoqué dans son arrêt du 28 avril 1987 dans l'affaire opposant Mbula Mosi au Ministère public et à Lunkoka Lwa Mambu.[543]

J- *Pas d'intérêt, pas d'action.* En application de ce principe, la Cour suprême a déclaré irrecevable le pourvoi introduit par le citoyen Baeba contre l'arrêt de la C.A de Kinshasa rendu contradictoirement le 22 juillet 1969, motif pris du fait que ce dernier avait, notamment par sa déclaration faite devant le notaire de Kinshasa le 19 octobre 1971, acquiescé à l'arrêt entrepris dont il reconnaissait le bien-fondé et que, par conséquent, il n'avait plus intérêt à se pourvoir en cassation contre ledit arrêt.[544] Ce principe s'applique même à l'égard du Ministère public en matière pénale. Ainsi, la Cour a-t-elle jugé qu'

> « Est fondé et la décision critiquée encourt cassation sans renvoi, pour violation de l'article 1er de l'ordonnance du 14 mai 1886 approuvée par le décret du 12 novembre 1886 consacrant l'application des principes généraux du droit notamment celui édictant "sans intérêt, pas d'action", le moyen pris de ce que le juge d'appel a reçu les appels du Ministère public manifestement dépourvu d'intérêt et qui, après l'acquiescement du second défendeur au jugement incriminé, ne pouvait pas former appel contre une décicision déclarant irrecevable la citation directe et ne prononçant pas de peine, son appel visant l'augmentation ou la diminution des condamnations prononcées à moins que son intervention se soit appuyée sur l'article 8 du code d'organisation et de compétence judiciaires. »[545]

---

*Ministère public et Yanga Looka,*in *BACSJ*, Années 1980 à 1984, *op. cit.*, pp. 406-409, spéc. p. 409.

[543] CSJ, Arrêt du 28 avril 1987 (RP 843), *En cause Mbula Mosi c/ Ministère public et Lunkoka Lwa Mambu,*in *BACSJ*, Années 1985 à 1989, *op. cit.*, pp. 314 et 316.

[544] CSJ, Arrêt du 28 février 1990 (RC 1258), *En cause Baeba Nkali Lualaba c/* Jean Demoulin, in *BACSJ*, Années 1990 à 1999, *op. cit.*, pp. 9-11, spéc. p. 10.

[545] CSJ, Arrêt du 15 septembre 2004 (RP 2297), *En cause Tshiyombo Jean-Pierre c/ Ministère public et Vueza Ngindu Joseph*, in *BACSJ*, Années 2004 à 2009, T. I, *op. cit.*, pp. 46-49, spéc. p. 46. L'art. 8 du COCJ, cité dans cet arrêt, dispose : « En matière de droit privé, les officiers du Ministère public peuvent agir par voie d'action principale dans l'intérêt de toute personne physique lésée qui serait inapte à ester en justice, à assurer sa défense et à y pourvoir. Devant le tribunal de paix, cette action peut être introduite par un officier du Ministère public ou par un officier de police judiciaire à compétence générale, spécialement désigné par le procureur de la République du ressort du tribunal de paix compétent. Les officiers du Ministère public pourront, par voie de requête écrite, demander au président de la juridiction, la désignation d'un conseil ou d'un défenseur chargé d'assister les personnes visées à l'alinéa 1. De même, le juge de paix qui préside le tribunal peut désigner d'office un conseil ou un défenseur chargé d'assister les personnes visées à l'alinéa 1. » V. O-L n° 82-020 du 31 mars 1982 portant COCJ, in *J.O*, n° 7, 1er avril 1982, p. 39 ; aussi in

Dans cet arrêt, la Cour a donc souligné qu'en matière répressive, l'appel du Ministère public vise l'augmentation ou la diminution des condamnations prononcées. Or, il ressort du dispositif du jugement attaqué devant l'instance d'appel que le juge du premier degré n'avait prononcé aucune peine. Dès lors, l'appel du Ministère public visait, en réalité, les intérêts privés alors qu'en l'espèce son intervention ne trouvait pas appui sur l'art. 8 du COCJ. Le Ministère public n'ayant ainsi pas d'intérêt pour agir, le juge du second degré aurait dû prononcer l'irrecevabilité de son appel.

K- *L'interdiction d'enrichissement sans cause.* Ce principe commande que nul ne doive s'enrichir sans cause aux dépens d'autrui. L'illustration de sa mise en œuvre est offerte par l'arrêt de la CSJ du 29 décembre 1993 qui a dit pour droit que

> « Viole les articles 1er de l'ordonnance du 14 mai 1886 consacrant les principes généraux du droit, notamment celui qui veut que nul ne puisse s'enrichir sans cause au détriment d'autrui et 252 du code civil congolais, livre III,[[546]] et son œuvre encourt cassation partielle avec renvoi, le juge d'appel auquel il est reproché d'avoir déclaré les versements faits par le demandeur acquis à la défenderesse, alors que cette dernière devait les restituer au demandeur, car effectués après la résolution du compromis de vente, étant donné que pour le juge ces versements furent effectués sur base d'un contrat inexistant au moment du paiement. »[547]

L- *Tantum devolutum quantum appelatum.* Ce principe impose que la saisine de la juridiction d'appel ne doive pas être plus étendue que celle du tribunal de premier degré. Autrement dit, le juge d'appel ne doit pas statuer sur des faits ou des prétentions qui n'étaient pas traités par le premier juge. Il a été évoqué dans l'arrêt du 28 novembre 2008 où la CSJ a ainsi argumenté :

> « Le quatrième moyen est pris de la violation du principe général du droit exprimé par l'adage latin "Tantum devolutum quantum appelatum" et par conséquent, de l'article 1er de l'ordonnance du 14 mai 1886 relative aux principes à suivre dans les décisions judiciaires, dans la mesure où cette ordonnance exige l'application des principes généraux du droit, en ce que les juges d'appel ont statué sur une prétendue évasion du demandeur en refusant à ce dernier le bénéfice de la force majeure pour être relevé de la déchéance encourue pour recevabilité de son appel, faits dont le premier juge n'était pas saisi et qui, par conséquent, n'étaient pas portés devant eux par l'effet dévolutif de l'appel, alors

---

Les Codes Larcier, T. I, Droit civil et judiciaire, p. 262.

546 Art. 252 du CCC, L. III : « Celui qui reçoit par erreur ou sciemment ce qui ne lui est pas dû, s'oblige à le restituer à celui de qui il l'a indûment reçu. »

547 CSJ, Arrêt du 29 décembre 1993 (RC 014/TSR), *En cause Ntumba Kabeya Mulumba c/* Putela Bashingo, in *BACSJ*, Années 1990 à 1999, *op. cit.*, pp. 97-100, spéc. p. 97.

qu'il résulte du principe général du droit susvisé que [sic !], sachant par ailleurs qu' "une règle absolue veut que la saisine de la juridiction d'appel ne puisse être plus étendue que celle du tribunal de premier degré".

Ce moyen manque en fait et partant est irrecevable. En effet, contrairement aux allégations du demandeur, les juges d'appel n'ont nullement statué sur l'évasion de celui-ci… »[548]

*PARAGRAPHE 4 : **LA DOCTRINE***

L'ensemble des études juridiques exposant, interprétant le droit ou commentant les lois et les décisions judiciaires, forme cette autre source secondaire du droit appelée doctrine. Celle-ci donne l'orientation, prépare de loin des changements de législation et de jurisprudence par l'influence de l'enseignement.[549] Elle joue ainsi un rôle proche de la jurisprudence. Les plaideurs l'invoquent souvent en appui de leurs thèses, et le juge ne manque pas d'y recourir pour y puiser des arguments lui permettant de motiver sa décision.[550] Ainsi, p. ex., dans l'arrêt de la CSJ du 28 avril 1987, la doctrine, en l'occurrence l'ouvrage du professeur Likulia Bolongo, est invoquée en soutien de la motivation du jugement qui retenait, en l'espèce, la complicité de l'avortement par aide ou assistance. La Cour se prononçait sur un pourvoi en cassation interjeté par le citoyen Kabuya Kalonji contre l'arrêt contradictoire de la C.A de Kinshasa qui l'avait reconnu coupable et condamné pour complicité d'avortement. Dans son premier moyen, le demandeur reprochait à cet arrêt d'avoir violé les art. 165 du CP, livre II, 16 al. 3 de la Const. et 87 du CPP en ce que le juge d'appel avait retenu l'infraction d'avortement à sa charge, sans démontrer la réunion des éléments constitutifs de cette infraction ni rencontrer, par une motivation suffisante, sérieuse, logique et cohérente, ses conclusions écrites. Dans son examen, la CSJ constata que pour établir l'infraction de complicité d'avortement dans le chef du demandeur, le juge d'appel avait considéré que le premier juge avait bien dit le droit et avait décidé, en conséquence, de confirmer le jugement entrepris dans toutes ses dispositions ; que, précisément, celui-ci avait dégagé tous les éléments constitutifs de la complicité d'avortement dans le chef du demandeur et avait répondu ainsi à ses conclusions :

> « Attendu qu'il est versé au dossier un rapport médical dressé en date du 20 août 1981, qu'il y a été constaté que la victime Tshilanda a effectivement été soumise à un avortement provoqué ; et que la fiche de consultation n°03549 en a fait état ;

---

548 CSJ, Arrêt du 28 novembre 2008 (RP 2966), *En cause Paluku Wa Muthethi c/ La Banque internationale de crédit « B.I.C »*, in *BACSJ*, Années 2004 à 2009, T. II, *op. cit.*, pp. 103-108, spéc. p. 107.

549 Planiol, *Droit Civil*, T. 1, p. 52.

550 Lesueur, *Précis de Droit Pénal Congolais*, p. 7.

Attendu que le prévenu Kabuya ne nie pas avoir conduit la citoyenne Thilanda dans un dispensaire où elle a reçu 2 injections pour évacuer la grossesse, qu'il l'a ensuite amené chez le docteur Boteko aux mêmes fins, et qu'il en a supporté les frais d'honoraires et le coût des médicaments ;

Attendu que le Général Likulia, dans son ouvrage intitulé : "Droit pénal spécial zaïrois", page 183, enseigne que la complicité peut résulter de l'aide ou de l'assistance : le fait d'accepter et de supporter les frais d'honoraires pour l'avorteur ; qu'en outre, est considéré comme complice de l'avortement l'amant qui accompagne sa maîtresse chez le médecin en vue de se faire avorter et qui assiste à l'opération même si, au préalable, il a tenté de dissuader sa maîtresse de son projet ;

Que cela étant, il y a lieu de dire l'infraction d'avortement établie à charge de Boteko comme auteur et à charge de Kabuya, comme complice, ce conformément aux articles 21 et 22 du code pénal, livre I, et 165 du code pénal, livre II ».[551]

De même, le *Droit judiciaire congolais* de A. Rubbens a servi d'argument d'appui à l'arrêt du 30 août 1988 qui précisait qu'il n'y a pas de dénonciation calomnieuse en l'absence d'imputations non fondées.[552]

---

[551] CSJ, Arrêt du 28 avril 1987 (RP 787), *En cause Kabuya Kalonji c/ Ministère public et Tshimanga Mbwebwe,*in *BACSJ*, Années 1985 à 1989, *op. cit.*, pp. 307-310, spéc. pp. 308-309.

[552] CSJ, Arrêt du 30 août 1988 (RPA 140/142), *En cause Ministère public, Nsiku Makaya ne Mpanzu et Baku Kinkela c/ Lutete Tunga Mpezo,*in *idem*, pp. 440-447, spéc. p. 445 : « Ces faits sont établis tant par les documents versés au dossier par le prévenu que par les aveux de la partie civile Nsiku à tous les stades de l'instruction. Il n'est pas nécessaire d'examiner le bien fondé des imputations que le prévenu a déduites de ces faits car il ne peut pas être poursuivi pour en avoir erronément déduit des imputations non fondées. (Dans ce sens, A. Rubbens, Droit judiciaire congolais, T.3, n°37, p. 61, qui cite Léo 07/03/29, Jur. Col., 1930-1931, p. 101 ; Stan, 28/03/1947, RJCB, p. 198). Pour cette raison, la prévention mise à charge du prévenu n'est pas établie ; il devient donc superfétatoire de rechercher si le prévenu était muni ou non d'une intention méchante lorsqu'il a dénoncé ces faits. » Sur les éléments constitutifs de la dénonciation calomnieuse, v. aussi, Arrêt du 28 mars 1989 (RP 1.178), *En cause Mulamba Mudijike Matumbi c/ Ministère public et Kabasele Ngindu Yobo,* in *idem*, pp. 473-476, spéc. pp. 475-476 : « La Cour suprême de justice relève que, pour déclarer non établie la prévention de dénonciation calomnieuse mise à la charge du deuxième défendeur Kabasele, le juge d'appel a suffisamment motivé sa décision, ainsi qu'il ressort du 4e feuillet de celle-ci, spécialement du 6e au 9e attendu : "Attendu qu'en droit, la dénonciation calomnieuse est constituée généralement par deux éléments intrinsèques, le premier objectif et le second subjectif, à savoir la fausseté des faits dénoncés et la pensée chez le dénonciateur de l'innocence de celui qu'il a inculpé… Attendu que tel qu'on le voit, il n'est plus possible, en l'espèce, d'établir à charge du prévenu, les éléments constitutifs de dénonciation calomnieuse ; qu'en effet, l'élément important de cette infraction réside dans la connaissance par le dénonciateur de la fausseté totale ou partielle des faits allégués ; …" Aucun moyen n'étant retenu, le pourvoi est

En France, « les écrits de Garraud et de Garçon furent le fondement de nombre de décisions de la Chambre criminelle, leurs ouvrages se posant alors comme un complément nécessaire… au Code pénal de 1810. Des pans immenses du droit pénal spécial portent leur marque. »[553]

Il est évident qu'en raison du principe de la légalité, une doctrine ne peut être évoquée que pour autant qu'elle soit conforme à la loi. Elle peut inspirer le législateur et le juge, sans pour autant les obliger. En d'autres termes, elle ne s'impose ni à l'un, ni à l'autre mais leur montre des voies dont l'autorité procède de leur justesse, de leur exactitude. En effet, comme l'écrit Bertrand de Lamy, « La doctrine - *doxa* signifie "opinion" - est un point de vue, non une vérité. Elle est alors plurielle, mais au-delà de la diversité, c'est son autorité morale, sa force de conviction qui lui permet d'inspirer parfois le législateur ou le juge et de passer, par une alchimie dont elle n'est pas maître, du monde de l'idée à celui du droit positif. »[554] Dit autrement encore, elle « n'a d'autre autorité que celle que lui assure son art de convaincre et son aptitude à orienter le droit positif ».[555] « La mission de la doctrine est, tout d'abord, de faire comprendre une discipline en la rendant plus intelligible et en proposant une étude systématique ; ensuite, de critiquer les lois et les solutions des juges ; enfin d'ouvrir de nouveaux horizons en mettant en garde mais aussi en proposant, en faisant œuvre d'imagination. »[556] Ce qui n'est pas rien, pour conclure comme Jean Pradel.[557]

Avec ces développements s'achève la partie introductive de l'ouvrage. L'on aura évalué l'importance de son contenu qui justifie précisément son titre de « partie » préféré à l'appellation « introduction générale ». Il s'agit, en effet, d'une partie à part entière traitant de matières fondamentales, à savoir : la notion du droit pénal, l'évolution du droit pénal, les sources du droit pénal dont la loi avec tout ce qu'elle pose comme problèmes : la forme de la loi, les conditions d'application de la loi, l'existence et l'interprétation de la loi, la sphère d'application de la loi pénale dans le temps, puis dans l'espace, matière gouvernée par toute une série de principes, en l'occurrence, la non-

---

rejeté… »

[553] G. Beaussonie, *Le rôle de la doctrine en droit pénal*, L'Harmattan, Paris 2006, p. 35.

[554] B. de Lamy, Préface à l'ouvrage de G. Beaussonie, *Le rôle de la doctrine en droit pénal*, p. 7. Et l'auteur, G. Beaussonie, de souligner, à la p. 35 : « La doctrine est une autorité morale. Son pouvoir est de fait, purement persuasif. Ses écrits ne s'imposent que par leur valeur scientifique… »

[555] R. Vouin et J. Léauté, *Droit pénal et criminologie*, PUF, Paris 1956, p. 16.

[556] B. de Lamy, *ibidem*, pp. 8-9.

[557] J. Pradel, *Droit pénal général*, 21e éd., n° 285, pp. 249-251, spéc. p. 251.

rétroactivité des lois pénales de fond plus sévères, la rétroactivité *in mitius*, l'application immédiate des lois de procédure, le principe de la territorialité, de la personnalité active et passive ou de la réalité, le principe de l'universalité de la loi pénale, etc. Malgré l'importance de son contenu, cette partie a néanmoins été qualifiée d'*introductive*, car elle a notamment permis de définir d'autres branches du droit pour les comparer au droit pénal dans ce qu'on peut nommer *l'environnement* du droit pénal. Elle a permis aussi d'aborder des notions ou des règles qui intéressent d'autres branches du droit pénal, en l'occurrence la procédure pénale, l'organisation et la compétence judiciaires.

La maîtrise de ces notions étant acquise, il importe maintenant d'entrer dans la profondeur de la matière en suivant un cheminement qui s'impose par sa logique. En effet, lorsqu'on observe les faits dans leur réalité, tout conflit pénal comporte trois éléments essentiels intervenant en trois moments successifs :
- *l'infraction* qui peut se commettre dans un temps parfois court, parfois long ;
- *le procès* qui part de la dénonciation ou de la constatation des faits jusqu'au prononcé du jugement, en passant par l'enquête préliminaire, l'instruction préparatoire et les débats au prétoire ;
- enfin *la sanction.*

Le deuxième élément, à savoir le procès, constitue la substance de l'enseignement de procédure pénale. Il ne pourra donc pas être abordé dans le cadre de cet ouvrage qui se limitera à l'étude de l'infraction (première partie) et de la sanction (deuxième partie), conformément au plan adopté et annoncé au point IV du propos liminaire.

PREMIÈRE PARTIE

L'ACTE PROHIBÉ : L'INFRACTION

L'étude de l'infraction s'organise autour d'un certain nombre de questions qu'il importe d'examiner. La première, toute naturelle, est celle de l'appréhension de ce concept, de prime abord, assez large. Aussi, eu égard au nombre impressionnant d'infractions légalement énumérées et décrites, se pose, en deuxième lieu, la question de leur possible regroupement par catégories cohérentes permettant de résoudre aisément quelques problèmes spécifiques. Bien plus, en dépit de cette pluralité, la troisième préoccupation consiste à s'interroger sur les éléments génériques qui structurent toute infraction, en forment la charpente. Enfin, le quatrième sujet à examiner, qui, comme on le verra, est évidemment intimement lié au précédent (à la troisième préoccupation), a trait aux personnes impliquées dans l'avènement de l'infraction, soit comme auteur, soit comme victime. Ces questions constituent précisément les quatre têtes de chapitres composant cette première partie de l'ouvrage.

CHAPITRE PREMIER

LA NOTION D'INFRACTION

L'infraction n'est définie par aucun texte de loi au Congo. On pouvait logiquement s'attendre à ce que l'art. 1er du CP soit consacré à la définition de ce concept. Il n'en est rien. Cet art. entre directement dans le vif du principe de la légalité en disposant : « Nulle infraction ne peut être punie des peines qui n'étaient pas portées par la loi avant que l'infraction fût commise. » Il importe donc de s'adresser à la doctrine pour rechercher cette définition (section 1ère). Afin de bien la circonscrire, il est utile de la distinguer de certaines notions qui lui sont voisines (Section 2).

SECTION 1ère : LA DÉFINITION PROPOSÉE PAR LA DOCTRINE

Pour les juristes pénalistes, commettre l'infraction consiste à accomplir un acte prohibé ou à s'abstenir de poser un acte ordonné par la loi à l'avance, sous la menace d'une peine. Ils entendent donc par infraction, « toute action ou omission que la société interdit sous la menace d'une sanction pénale. »[558] Ce terme ne doit pas être confondu avec d'autres notions qui lui sont voisines comme celles d'incriminations, de délit civil et de faute disciplinaire.

SECTION 2: LA DISTINCTION DE L'INFRACTION DE SES NOTIONS VOISINES

*PARAGRAPHE 1er : **L'INFRACTION ET L'INCRIMINATION***

Certains auteurs utilisent souvent indifféremment les mots infraction et *incrimination* qui ne sont pourtant pas synonymes. Car « l'incrimination est le fait pour le législateur de rendre un comportement criminel » ; alors que « l'infraction est l'attitude du citoyen qui transgresse les interdits du législateur ». Ainsi donc, « le législateur établit des incriminations » et « l'individu commet des infractions ».[559]

---

[558] J. Pradel, *Droit pénal général*, 21e éd., n° 290, p. 257. V. aussi, F. Debove et F. Falletti, en collaboration avec I. Pons, *Précis de droit pénal et de procédure pénale*, PUF, Paris, 2018, p. 120 : « L'infraction peut être définie comme le comportement interdit par la loi sous peine de sanction pénale. »

[559] J. Pradel, *ibidem.*

PARAGRAPHE 2 : ***L'INFRACTION ET LE DÉLIT CIVIL***

Le délit civil, à l'inverse de l'infraction, a une définition légale. Il s'agit de « tout fait quelconque de l'homme qui cause à autrui un dommage » et qui oblige celui par la faute duquel le dommage est arrivé à le réparer.[560] De cette définition se dégagent deux éléments de distinction entre l'infraction et le délit civil :

- Le premier, c'est que les délits civils peuvent consister en n'importe quelle faute, à telle enseigne qu'ils sont numériquement illimités. En revanche, en raison du principe de la légalité, les infractions sont strictement limitées. Le droit pénal ne connaît que des infractions nommées, limitativement énumérées et légalement bien définies. D'où la doctrine parle du *principe de discontinuité* du droit pénal qui est donc un corollaire du principe de la légalité. Il convient néanmoins de noter que certains agissements réalisent à la fois une infraction pénale et un délit civil. Tel est le cas de coups et blessures par imprudence. Compte tenu de la double nature de ce comportement, la victime a le libre choix d'introduire son action soit devant le juge civil, soit devant le juge répressif, sous réserve du respect du principe *electa una via.*

- Le second élément de distinction, c'est que le délit civil n'entraîne qu'une sanction civile, à savoir la réparation du dommage causé, par la restitution ou le versement des dommages-intérêts ; alors que l'infraction appelle une sanction pénale à but punitif, rétributif ou rééducatif, sans pour autant exclure la possibilité d'allocation des dommages-intérêts à la victime, s'il y en a une. Ainsi, le délit civil n'est sanctionné que s'il y a dommage ou préjudice causé à autrui, alors qu'une sanction pénale peut être administrée même en l'absence d'un dommage. Il en est ainsi, p. ex., en cas de tentative.

PARAGRAPHE 3 : ***L'INFRACTION ET LA FAUTE DISCIPLINAIRE***

Il importe enfin de distinguer l'infraction de *la faute disciplinaire.*
- Au plan de leur définition d'abord, la faute disciplinaire, qui consiste dans la transgression des règles propres à un ordre, une corporation ou un groupement, n'est pas toujours définie avec rigueur et précision par les textes. Des comportements aussi vastes et vagues comme, p. ex., le manquement grave à l'honneur professionnel, peuvent constituer des fautes disciplinaires. En revanche, l'infraction fait l'objet d'une définition précise par le texte légal. Non seulement il y a une énumération légale limitative des infractions, mais aussi chacune d'elles est visée dans une disposition descriptive stricte, déterminant avec précision ses éléments constitutifs.

---

[560] Art. 258 et s. CC, L. III.

- Distinction au point de vue de leur définition, mais également en ce qui concerne leurs sanctions. En effet, alors que l'infraction est punie de peines prévues par la loi et prononcées par les tribunaux répressifs, la faute disciplinaire donne plutôt lieu à des mesures disciplinaires comme le blâme, la suspension temporaire, l'interdiction définitive d'exercice de la profession, etc. ; et ces mesures disciplinaires sont prononcées non pas par des tribunaux répressifs mais par des instances spéciales représentant les professions ou les corps concernés. Ainsi en est-il de l'ordre des médecins pour les médecins, de l'ordre des avocats pour les avocats, du Conseil supérieur de la magistrature pour les magistrats.[561]

La loi pénale congolaise prévoit plusieurs infractions qui peuvent être regroupées en plusieurs catégories

---

[561] Sur cette distinction infraction, délit civil et faute disciplinaire, v. J. Pradel, *op. cit.*, n° 290, pp. 257-258.

CHAPITRE DEUX

LES REGROUPEMENTS DES INFRACTIONS PAR CATÉGORIES

Les infractions sont susceptibles de plusieurs regroupements variant en fonction du critère retenu. Quatre critères peuvent, en effet, gouverner ces catégorisations :
- Le premier est celui de la gravité de l'infraction. En fonction de ce critère, on peut classer les infractions en crimes, délits et contraventions.
- Le deuxième est celui de l'élément moral de l'infraction. En prenant en considération ce facteur, les infractions peuvent être sériées en infractions intentionnelles d'une part, et non intentionnelles de l'autre.
- Le troisième est celui de la matérialité ou de l'élément matériel de l'infraction. Selon ce critère, les infractions peuvent être triplement catégorisées pour distinguer : les infractions simples des infractions d'habitude; les infractions instantanées des infractions successives ou continues ; les infractions flagrantes de celles non flagrantes.
- Le quatrième est celui de la nature de l'infraction. Ce critère permet de différencier les infractions de droit commun respectivement des infractions politiques et des infractions militaires.

Les distributions opérées en fonction de l'élément moral et de l'élément matériel seront approfondies dans le chapitre trois consacré à la structure de l'infraction, précisément à l'occasion de l'étude des éléments constitutifs de l'infraction. Ce double report explique la division du présent chapitre en deux sections exposant tour à tour la catégorisation fondée sur la gravité et sur la nature de l'infraction.

SECTION 1ère : LA CATÉGORISATION FONDÉE SUR LA GRAVITÉ DE L'INFRACTION

Prenant en compte le degré de gravité de l'acte, certaines législations consacrent la division tripartite des infractions en crimes, délits et contraventions. Il en est ainsi du CPF dont l'art. 111-1 dispose : « Les infractions pénales sont classées, suivant leur gravité, en crimes, délits et contraventions. » Et l'art. 111-2 de répartir ainsi la compétence à leur sujet : « La loi détermine les crimes et délits et fixe les peines applicables à leurs auteurs. Le règlement détermine les contraventions et fixe, dans les limites et selon les distinctions établies par la loi, les peines applicables aux contrevenants. »

De ces dispositions, il ressort que :
- le crime est l'infraction que la loi détermine et punit de peines criminelles ;
- le délit est l'infraction que la loi détermine et punit de peines correctionnelles ;
- la contravention est l'infraction que le règlement détermine et sanctionne de peines contraventionnelles.
Les art. 131-1, 131-3 et 131-12 énumèrent respectivement les peines criminelles, correctionnelles et contraventionnelles applicables aux personnes physiques. Tandis que les art. 131-37 à 131-49 traitent des peines criminelles, correctionnelles et contraventionnelles applicables aux personnes morales.[562]

Cette division tripartite des infractions présente des intérêts pratiques réels (§ 1er). Elle n'échappe pas, néanmoins, à certaines critiques (§ 2).

PARAGRAPHE 1er : ***LES INTÉRÊTS DE CE REGROUPEMENT***

Ces intérêts ressortent aisément du modèle français retenu en guise d'illustration. Il importe d'emblée de rappeler que depuis la Const. de 1958, c'est au pouvoir législatif que revient la compétence de déterminer les crimes et délits, tandis que l'établissement des contraventions rentre dans le domaine du pouvoir exécutif. Cette distinction permet ainsi un partage de compétence entre le pouvoir législatif et le pouvoir exécutif, clairement mis en œuvre dans l'art. 111-2 du CP. Précisément, dans le cadre interne du droit pénal, elle revêt une importance considérable, car elle a des implications sur le double plan du fond et de la forme.

A- LES IMPLICATIONS EN MATIÈRE DE DROIT PÉNAL DE FOND

La classification tripartite présente des intérêts dans au moins trois matières du droit pénal de fond : celle de la théorie générale de l'infraction, celle de certaines infractions particulières et celle de la théorie de la sanction.

a) Dans le domaine de la théorie générale de l'infraction,[563] on peut noter quatre implications :
1°- En ce qui concerne la tentative : celle-ci est toujours punissable en matière criminelle ; elle n'est punissable en matière délictuelle que dans les cas expressément prévus par la loi, alors qu'en matière contraventionnelle, elle ne l'est jamais.[564]

---

[562] V. notamment, G. Levasseur, A. Chavanne, J. Montreuil, B. Bouloc, *Droit pénal général et procédure pénale*, 12e éd., Sirey, Paris, 1996, n°s 49 à 63.
[563] V. J. Pradel, *op. cit.*, n° 293, pp. 262-263.
[564] V. l'art. 121-4 du CPF : « Est auteur de l'infraction la personne qui : 1° Commet

2°- Pour ce qui est de la complicité : elle est punissable en matière de crime et de délit ; elle ne l'est pas, en principe, en matière de contravention, sauf dans l'hypothèse où elle est accomplie par provocation ou instigation.[565]
3°- Dans le domaine de la preuve de la faute, le ministère public est tenu de prouver la faute de l'auteur d'un crime ou d'un délit. S'agissant de contraventions, cette faute est présumée.
4°- En ce qui concerne les infractions commises par des français à l'étranger, leur poursuite en France est soumise à des conditions plus ou moins strictes selon qu'il s'agit des délits ou des crimes. En revanche, si ces infractions sont des contraventions, leur poursuite en France n'est pas possible.[566]

b) Au regard de certaines infractions particulières, la classification tripartite présente également de l'intérêt. Il en est ainsi de l'infraction de non-assistance contre une infraction ou de non-obstacle à la commission d'une infraction, et de l'infraction de non-dénonciation ou de non-révélation d'une infraction.
1°- Seul est punissable le non-obstacle à la commission d'un crime ou de certains délits qui portent atteinte à l'intégrité corporelle.[567]
2°- Seule est punissable la non-révélation d'un crime « dont il est encore possible de prévenir ou de limiter les effets ».[568]
On ne peut donc pas être poursuivi pour non-obstacle à une contravention ou pour non-révélation d'une contravention ou d'un délit.

c) Dans le domaine de la théorie de la peine, la division tripartite a aussi des implications.
1°- Lorsqu'on considère la nature de la peine, les auteurs des crimes encourent la réclusion criminelle, tandis que ceux des délits sont punis d'emprisonnement.
2°- Seuls les auteurs des crimes et délits peuvent bénéficier de la règle de non-cumul des peines. Celle-ci ne joue pas pour les contraventions car les amendes se cumulent entre elles.[569]

---

les faits incriminés ; 2° Tente de commettre un crime ou, dans les cas prévus par la loi, un délit. »

[565] V. notamment J-C Soyer, *Droit pénal et procédure pénale*, 12e éd., LGDJ, Paris,1996, n° 167. Art. 121-7 du CPF : « Est complice d'un crime ou d'un délit la personne qui sciemment, par aide ou assistance, en a facilité la préparation ou la consommation. Est également complice la personne qui par don, promesse, menace, ordre, abus d'autorité ou de pouvoir aura provoqué à une infraction ou donné des instructions pour la commettre. » V. aussi l'art. R. 610-2, *idem.*

[566] V. les art. 113-6 à 113-11 du CPF.

[567] Art. 223-6, *idem.*

[568] Art. 434-1 et s., *idem* ; J. Pradel, *op.cit*, p. 263.

[569] Art. 132-7 du CPF : « Par dérogation aux dispositions qui précèdent, les peines d'amende pour contraventions se cumulent entre elles et avec celles encourues ou

3°- Les dispositions relatives à la récidive et au sursis diffèrent selon que l'on a affaire à un crime, un délit ou une contravention.[570]
4°- La prescription de la peine s'acquiert, en principe, après 20 ans pour les crimes, 6 ans pour les délits et 3 ans pour les contraventions.[571]

B- LES IMPLICATIONS EN MATIÈRE DE DROIT PÉNAL DE FORME

Celles-ci sont perceptibles dans le domaine de la compétence, de la procédure et de la prescription.

a) En matière de compétence, il convient, en effet, de noter que les crimes relèvent de la compétence des cours d'assises ; les délits sont jugés par les tribunaux correctionnels ; les contraventions par les tribunaux de police. Toutefois, dans la pratique, cette règle de compétence est adoucie ou tempérée par le mécanisme de correctionnalisation judiciaire, lequel permet de déférer au tribunal correctionnel un crime en le regardant comme un délit.[572]

b) Dans le domaine de la procédure, des implications importantes sont également notées.
1°- En matière de saisine d'abord, il faut relever que la citation directe n'est possible que pour les délits et les contraventions ; elle est impossible pour les crimes. De son côté, la comparution immédiate, en cas de flagrant délit p. ex., n'est possible que s'agissant de délits. Elle est donc exclue en matière criminelle et contraventionnelle.
2°- L'ouverture d'une instruction préalable est :
- obligatoire et à deux degrés (juge d'instruction et chambre d'accusation) pour les crimes ;
- facultative et à un degré (juge d'instruction) pour les délits ;
- exceptionnelle pour les contraventions, avec nécessairement réquisitions du procureur de la République.[573]
3°- La détention provisoire, qui est liée à l'existence d'une instruction

---

prononcées pour des crimes ou délits en concours. » V. aussi, G. Levasseur, A. Chavanne, J. Montreuil, B. Bouloc, *op. cit.*, n° 63.

[570] Art. 132-8 et s. (récidive), et 132-30 et s. (sursis) du CPF.

[571] Art. 133-2, 133-3 et 133-4, *idem*. Nous disons bien *en principe*, car les al. 2 et 3 de l'art. 133-2 prévoient respectivement le délai de prescription de trente années pour les peines prononcées pour certains crimes et l'imprescriptibilité pour d'autres. De même, l'al. 2 de l'art. 133-3 prévoit le délai de prescription de vingt années pour les peines prononcées pour certains délits.

[572] J. Pradel, *op. cit.*, n° 294, p. 264 ; *Procédure pénale*, 18e éd., Cujas, Paris 2015, n°s 118 et s.

[573] G. Levasseur, A. Chavanne, J. Montreuil, B. Bouloc, *ibidem* ; art.79 du CPPF.

préalable, ne peut être ordonnée que pour les crimes et les délits punissables d'au moins trois ans d'emprisonnement.[574] Dans l'hypothèse d'une comparution immédiate qui ne peut s'opérer qu'en cas de commission d'un délit, la détention provisoire ne peut être ordonnée que si le maximum de l'emprisonnement encouru est au moins égal à deux ans, ou à six mois en cas de flagrant délit.[575]
4°- La procédure spéciale de l'extradition n'est applicable, en principe, qu'en matière de crimes ; elle l'est parfois en matière de délits, mais jamais pour les contraventions.[576]

c) Enfin dans le domaine de la prescription de l'action publique. Le délai de cette prescription est, en effet, en principe, de vingt ans pour les crimes ; six ans pour les délits ; un an pour les contraventions.[577]

Malgré ces intérêts pratiques indéniables, cette classification tripartite n'échappe pas cependant aux critiques.

PARAGRAPHE 2 : ***LES CRITIQUES DE CETTE CATÉGORISATION***

Elles sont au nombre de deux dont l'une peut être qualifiée de mineure et discutable alors que l'autre majeure, s'impose par sa pertinence.

A- LA CRITIQUE MINEURE ET DISCUTABLE

D'aucuns reprochent à la division tripartite un certain illogisme dû au fait qu'elle fait dépendre la qualification de l'infraction à celle de la peine alors que l'inverse serait plus rationnel. Ce grief ne saurait convaincre, car avant de déterminer la peine, le législateur a apprécié la gravité de l'infraction. Autrement dit, la peine a été fixée en fonction de la gravité intrinsèque de l'infraction.

B- LA CRITIQUE MAJEURE

Celle-ci porte sur le tripartisme de la distinction qualifiée d'artificielle au point de vue criminologique. Il lui est reproché la méconnaissance de la proximité psychologique entre le crime et le délit qui requièrent, l'un comme l'autre, une intention criminelle ou une faute. C'est cette proximité psychologique qui justifie que le législateur criminalise parfois un délit ou

---

[574] Art. 144 du CPPF (Code de procédure pénale français).
[575] Art. 395 du CPPF.
[576] Art. 696-3 du CPPF.
[577] V. les art. 7, 8 et 9 du CPPF.

correctionnalise parfois un crime. Tenant compte de ce grief, une partie de la doctrine suggère que soit substituée à la classification tripartite, une distinction bipartite avec d'un côté, les crimes et délits consistant en un comportement antisocial, et de l'autre, les contraventions qui constituent de simples manquements de police ne supposant aucune perversité dans le chef de leur auteur. Certaines législations ont retenu cette sériation bipartite. Il en est ainsi du code pénal norvégien de 1902, du code pénal italien de 1930 et de la quasi totalité des codes pénaux des pays anciennement dits de l'Est. La particularité du droit pénal allemand (ancienne Allemagne Fédérale) est intéressante à noter. En effet, ce droit se rattache au système dualiste, car les infractions qu'il définit sont catégorisées en crimes et délits selon que la peine prévue est supérieure ou non à un an d'emprisonnement. Depuis 1952, les contraventions (Ordnungswidrigkeiten) ont été sorties du code pénal pour faire l'objet d'un régime administratif. Depuis cette année, les sanctions contre les contraventions sont prononcées par un organe administratif et ne sont pas inscrites au casier judiciaire. Elles peuvent faire l'objet d'un recours devant le juge, mais ce recours ne modifie pas la nature administrative de la contravention.[578]

La question que l'on peut naturellement se poser est celle de savoir quelle est la division consacrée en RDC. La position adoptée par le droit pénal congolais est l'une des plus simples, car celui-ci consacre ce qu'on pourrait appeler une unicité conceptuelle découlant de l'utilisation d'un terme unique globalisant : l'infraction. Le CPC n'a donc pas adopté la division tripartite des infractions en crimes, délits et contraventions.

SECTION 2 : **LA CATÉGORISATION FONDÉE SUR LA NATURE DE L'INFRACTION**

En prenant en considération la nature de l'infraction, on peut distinguer les infractions de droit commun des infractions militaires et politiques.

*PARAGRAPHE 1er : **LES INFRACTIONS DE DROIT COMMUN***

Ce sont des infractions ordinaires que toute personne peut commettre et qui sont définies et sanctionnées notamment par le CP livre II et les lois pénales complémentaires.

[578] V. J. Pradel, *Droit pénal général*, 21e éd., n° 296, p. 265.

PARAGRAPHE 2 : ***LES INFRACTIONS MILITAIRES***

Le CPM, porté par la loi n° 024-2002 du 18 novembre 2002, prévoit et réprime deux catégories d'infractions : les infractions d'ordre militaire et les infractions mixtes.[579] Tandis que les secondes sont des infractions de droit commun aggravées en raison des circonstances de leur perpétration et réprimées à la fois par le CPO et par le CPM[580], les premières « sont celles qui ne sont commises que par des militaires ou assimilés. Elles consistent en un manquement au devoir de leur état. »[581] C'est d'elles qu'il s'agit lorsque nous parlons ici d'infractions militaires. Elles étaient qualifiées également d'« infractions purement militaires » dans l'ancien code de justice militaire.[582]

Ces infractions d'ordre militaire sont classées en quatre rubriques : les infractions tendant à soustraire leur auteur de ses obligations militaires ; les infractions contre l'honneur ou le devoir ; les infractions contre la discipline ; et les infractions aux consignes. Rentrent dans la catégorie des infractions tendant à soustraire leur auteur de ses obligations militaires : l'insoumission, l'absence irrégulière, les désertions, la provocation à la désertion et le recel de déserteur, la mutilation volontaire et la lâcheté.[583] Les infractions contre l'honneur ou le devoir comportent : la capitulation ou le défaitisme, le complot militaire, les pillages, les destructions, les faux, falsifications, détournements, concussions et corruptions ; l'usurpation d'uniformes, décorations, signes distinctifs et emblèmes ; l'outrage au drapeau ou à l'armée, l'incitation à commettre des actes contraires au devoir ou à la discipline.[584] Les infractions contre la discipline comprennent deux séries d'actes répréhensibles regroupés respectivement dans l'insubordination (révolte militaire, rébellion, refus d'obéissance, voies de fait et outrages envers les supérieurs, violences ou insultes à sentinelle, violences envers les populations civiles, refus d'un service dû légalement)[585] ; et dans les abus d'autorité (voies de fait et outrages à subordonné, abus du droit de réquisition, détournement des objets saisis, constitution illégale d'une juridiction répressive).[586] Enfin, les infractions aux

---

[579] Art. 39 de la loi n° 024-2002 du 18 novembre 2002 portant CPM.
[580] Art. 40, al. 2 du même code.
[581] Art. 40, al. 1er, *idem.*
[582] Aux termes de l'art. 405 al. 2 de l'ancien code de justice militaire, « les infractions purement militaires sont celles qui ne peuvent être commises que par des militaires parce qu'elles consistent en un manquement au devoir militaire. »
[583] Art. 41 à 57 du CPM.
[584] Art. 58 à 88, *idem.*
[585] Art. 89 à 106, *idem.*
[586] Art.107 à 112, *idem.*

consignes regroupent notamment la violation des consignes, la non-exécution de la mission reçue, l'abandon de poste, le refus de porter assistance à un navire en détresse, etc.[587] « À l'égard de ces infractions, la compétence des juridictions des forces armées est totale car les auteurs et les complices sont déférés à ces tribunaux qu'ils soient militaires ou non et quel que soit l'endroit de perpétration de l'infraction. »[588] Ces infractions purement militaires ne peuvent pas faire l'objet d'extraction.

*PARAGRAPHE 3 : **LES INFRACTIONS POLITIQUES***

Le concept d'*infractions politiques* est composite car il comprend les infractions politiques pures, les infractions politiques complexes ou mixtes, et les infractions connexes à des délits politiques.

Les *infractions politiques pures* sont des crimes et délits portant uniquement atteinte à l'ordre politique. Il en est ainsi, p. ex., du complot et de la haute trahison. Cette opinion, défendue notamment par Haus[589], est qualifiée de doctrine objective car le caractère politique de l'infraction est déterminé par la nature de l'intérêt auquel cette infraction porte atteinte. Ortolan l'exprimait bien à travers l'approche à triple interrogation qu'il suggérait :

> « Répondez à ces trois questions : quelle est la personne directement lésée par ce délit ? L'État. Dans quelle sorte de droit l'État se trouve-t-il lésé ? Dans un droit

---

587 Art. 113 à 125, *idem.*

588 Likulia Bolongo, *Droit pénal militaire Zaïrois*, T.1, 1977, p. 112 ; Art. 109 et 540 de l'ancien Code de justice militaire. Art. 207 du CPM : « Sous réserve des dispositions des articles 117 et 119 du Code Judiciaire Militaire, seules les juridictions militaires connaissent des infractions prévues par le présent Code. » Art. 117 de la loi n° 023-2002 du 18 novembre 2002 portant CJM : « Lorsque la juridiction ordinaire est appelée à juger une personne justiciable de la juridiction militaire, elle lui applique le Code Pénal Militaire. Le président de la juridiction civile compétente peut requérir les services d'un juge militaire, magistrat de carrière, pour faire partie du siège. De même, lorsque les Cours et Tribunaux Militaires sont appelés à juger des personnes qui ne sont pas justiciables des juridictions militaires, conformément au présent Code, le président de la juridiction militaire compétente peut requérir les services d'un juge civil pour faire partie du siège. » Art. 119 : « En cas d'infraction continue s'étendant d'une part sur une période où le justiciable relevait de la juridiction de droit commun et, d'autre part, sur une période pendant laquelle il relève de la juridiction militaire ou vice-versa, la juridiction militaire est compétente. » In, *J.O,* n° spécial, 20 mars 2003.

589 J.J. Hauss, *Principes généraux de droit pénal belge*, 3e éd., 2 T. Gand, 1879, réimprimé à Bruxelles en 1979, I, n° 345.

> touchant à son organisation sociale et politique ; quel genre d'intérêt a-t-il à la répression ? Un intérêt touchant à cette organisation sociale ou politique. Le délit est politique. »[590]

Les *infractions politiques complexes ou mixtes* sont celles qui portent atteinte aussi bien au droit commun qu'au droit politique. Le fait matériel qui réalise cette infraction a un double caractère, car il touche à la fois aux intérêts protégés par le droit commun qu'aux intérêts politiques. Tel est le cas des attentats contre les particuliers (pillages des magasins, vandalisme…) commis pour déstabiliser un régime politique. Cette infraction politique complexe ou mixte est aussi appelée *infraction politique par mobile*. Il s'agit d'une doctrine subjective, puisque, par opposition à la précédente, le caractère politique de l'infraction est ici déterminé par la volonté de l'agent ou le but visé par l'auteur de l'infraction.

Les *infractions connexes à des délits politiques* sont des infractions de droit commun inhérentes à une action politique, infractions qui se commettent souvent à l'occasion de l'insurrection et des guerres civiles. Il en est ainsi des destructions des propriétés publiques (ou privées) comme les monuments des adversaires politiques, les tueries des adversaires politiques, l'enlèvement ou le vol des armes d'un arsenal pour s'en servir dans le combat politique, etc. Bref, « tous les actes de lutte, autorisés par les usages de la guerre, doivent être considérés comme des crimes politiques… Car ils sont les éléments constitutifs de l'insurrection qui a un caractère essentiellement politique. »[591] Ces infractions, rappelons-le, ne peuvent pas donner lieu à extradition.

Le législateur lui-même définit le concept d'infraction politique dans certains textes particuliers. Il le fait, p. ex., dans la loi n° 014-006 du 11 février 2014 portant amnistie pour faits insurrectionnels, faits de guerre et infractions politiques. Aux termes de cette loi, par infractions politiques, il faut entendre :

> « - les agissements qui portent atteinte à l'existence, à l'organisation et au fonctionnement des pouvoirs publics ; - les actes illégaux d'administration ou de gestion du territoire dont le mobile et/ou les circonstances revêtent un caractère politique ; - les écrits, images et déclarations appelant à la révolte contre l'autorité publique ou réputés tels. »[592]

---

[590] Ortolan, *Éléments de droit pénal*, 1886, I, n° 718, cité par J. Pradel, *Droit pénal général*, 21e éd., n° 306, p. 270.
[591] J.J. Hauss, *op. cit.*, I, n° 355.
[592] Art. 3, point 3 de la loi n° 014-006 du 11 février 2014 portant amnistie pour faits insurrectionnels, faits de guerre et infractions politiques.

Certaines conventions bilatérales ou multilatérales définissent aussi le concept d'infractions politiques en les circonscrivant de la manière voulue par les États parties. Tel est le cas de la Convention générale de coopération en matière de justice signée le 12 avril 1978 entre la République du Zaïre [RDC] et la République populaire du Congo [Congo-Brazzaville][593], examinée *supra* dans le cadre de l'étude du mécanisme d'extradition, dont les trois derniers al. de l'art. 37 stipulent :

> « Sont considérées comme infractions politiques par nature, au sens de la présente Convention, les infractions uniquement attentatoires à l'ordre public, c'est-à-dire dirigées uniquement contre l'existence, la forme ou la sécurité intérieure ou extérieure de l'État envisagé en sa qualité de puissance politique.
>
> Ne sont pas des infractions politiques exclusives de l'extradition : les infractions de droit commun par nature qui ne revêtent de caractère politique qu'en raison de leur connexité ou de leur concours idéal ou matériel, telles que l'assassinat, le meurtre, l'empoisonnement, les mutilations et les blessures graves volontaires et préméditées, les tentatives d'infractions de ce genre et les attentats aux propriétés par incendie, explosion, inondation, ainsi que les vols graves, notamment ceux qui sont commis à main armée ou avec violence.
>
> Une particulière diligence sera apportée à l'extradition de tout individu qui aura attenté à la personne du chef de l'État de l'une des parties contractantes ou des membres de leurs familles. »

Ainsi donc, restent extradables, ces infractions qui ne sont pas politiques, selon cette convention. On peut citer également la convention du 9 décembre 1948 pour la prévention et la répression du crime de génocide[594], approuvée par la loi du 26 juin 1951.[595] Aux termes des articles III et VII de cette convention, le génocide, l'entente en vue de commettre le génocide, l'incitation directe et publique à commettre le génocide, la tentative de génocide, la complicité dans le génocide ne seront pas considérés comme des crimes politiques pour ce qui est de l'extradition. Les parties contractantes s'engagent, en cas de commission de ces crimes, à accorder l'extradition conformément à leur législation et aux traités en vigueur.

---

[593] In *J.O*, n°18 du 15 septembre 1985, p. 35 ; *Les codes Larcier*, T. I, pp. 300-305.

[594] in *J.O*, n° spécial, avril 1999, p. 55 ; *J.O*, 43e Année, n° spécial, 5 décembre 2002, p. 61 ; *Les codes Larcier*, T. I, pp. 61-62.

[595] In *B.O*, 1952, p. 2348.

CHAPITRE TROIS

LA STRUCTURE DE L'INFRACTION

L'existence d'une infraction est subordonnée à la réunion de certaines conditions dont les unes sont générales alors que les autres sont particulières. Ces dernières ne sauraient être abordées dans cet ouvrage, car elles forment l'objet du droit pénal spécial. Elles spécifient ou caractérisent, en effet, concrètement chaque infraction. C'est le cas, p. ex., de l'administration des substances mortelles dans l'empoisonnement[596], des coups dans l'infraction de coups et blessures[597], de la soustraction frauduleuse dans le vol[598], de l'agrément des offres dans la corruption[599], etc. Pour certaines infractions, la doctrine en est arrivée à isoler parmi les conditions particulières, d'une part les conditions préalables ; d'autre part les éléments constitutifs proprement dits. Les conditions préalables définissent « le domaine dans lequel l'infraction peut se commettre »[600] ; elles n'ont pas, en elles-mêmes, un caractère illicite. Les éléments constitutifs spécifiques, par contre, sont les divers aspects du fait prohibé et sanctionné. L'infraction d'abus de confiance[601] peut servir d'illustration explicative à cet égard. En effet, l'existence de cette infraction nécessite, comme condition préalable, la remise de la chose en exécution d'un contrat de louage, de dépôt, de mandat, de nantissement, de prêt à usage, de louage de service ou d'ouvrage. Cette condition préalable définit ainsi le cadre dans lequel doivent se réaliser les éléments proprement constitutifs de l'infraction, parmi lesquels l'acte de détournement ou de dissipation de la chose remise en vertu de l'un ou l'autre de ces contrats.

Alors que, comme il vient d'être dit, les conditions particulières forment la matière du droit pénal spécial, les conditions générales ou génériques de l'infraction, en revanche, rentrent dans l'objet du droit pénal général. Elles se retrouvent, en effet, dans toutes les infractions, en constituant la structure ou l'ossature. Elles regroupent, d'une part, la prévision légale préalable (section 1ère) ; d'autre part, les éléments constitutifs proprement dits (section 2).

---

596 Art. 49 du CP.
597 Art. 46, *idem.*
598 Art. 79, *idem.*
599 Art. 147, *idem.*
600 R. Vouin, *Droit pénal spécial*, 4e éd., par M-L. Rassat, T. 1, Dalloz, Paris, 1976, n° 2 ; B. Thellier de Poncheville, *La condition préalable de l'infraction*, PUAM, 2010, cité par J. Pradel, *Droit pénal général*, 21e éd., n° 329, p. 285.
601 Art. 95 du CP.

SECTION 1ère : LA PRÉVISION LÉGALE PRÉALABLE

Partons d'une des infractions les plus couramment commises, les plus connues, les moins complexes, néanmoins entières et claires : le vol. Il est prévu dans l'art. 79 du CP qui dispose : « Quiconque a soustrait frauduleusement une chose qui ne lui appartient pas est coupable de vol. » Cette disposition nous servira de fil conducteur dans l'explication des éléments constitutifs et des protagonistes de l'infraction. Elle offre ici l'illustration de ce que nous appelons *la prévision légale préalable*. Elle est le siège légal, la description légale antérieure et impersonnelle du comportement qualifié de vol par le législateur, socialement réprouvé et pénalement sanctionné. Tous les actes caractérisés comme infractions, font l'objet de pareille prévision légale préalable.

Dès lors, lorsqu'une affaire pénale est déférée devant l'officier du ministère public ou le juge, celui-ci commence son travail par se poser une première question : les faits qui lui sont soumis rentrent-ils dans une prévision légale préalable ? Autrement dit, réalisent-ils une infraction ? Si la réponse est non, le dossier est classé sans suite, car il n'y a aucun litige pénal. Si oui, alors se pose une seconde question : de quelle infraction s'agit-il ? C'est cette approche intellectuelle que l'on appelle l'opération de qualification des faits en droit. Elle consiste pour l'autorité judiciaire d'identifier le texte légal préalable, contenant une incrimination générale et abstraite, et de le confronter aux faits particuliers et concrets dont elle est saisie pour s'assurer qu'il peut trouver application en l'espèce.

Il importe, en effet, de distinguer la qualification légale de la qualification judiciaire. « La qualification légale est celle qui est définie d'une manière abstraite par la loi ou mieux celle qui se cristallise en un texte de loi et qui constitue ce que l'on appelle classiquement *l'élément légal de l'infraction* »[602], qu'il faut plus proprement appelé *la prévision légale préalable*, ou, comme le propose Jean Pradel, *le préalable légal de l'infraction*, car la loi n'est pas un élément constitutif de l'infraction mais comporte plutôt la détermination préalable, la description antérieure et impersonnelle de l'infraction, présumée connue de tous, nul n'étant censé l'ignorer. « La prévision du fait par la loi ne saurait être appelée "élément légal" puisque "une norme ne peut s'intégrer à un fait, au surplus illicite" de sorte qu'il vaudrait mieux parler de préalable légal ».[603] « La qualification judiciaire, elle, est une opération par laquelle l'autorité judiciaire fait correspondre les faits qui paraissent antisociaux à la

---

[602] Likulia Bolongo, *Droit pénal spécial zaïrois*, p. 18, mots relevés en italique par nous.

[603] J. Pradel, *op. cit.*, n° 329, p. 286.

qualification légale de telle sorte que l'intervention de la sanction pénale suppose l'existence préalable d'un texte de loi. » [604] Il s'agit donc d'une confrontation entre les faits et le droit pour découvrir l'exacte qualification légale à retenir.

Cette opération se réalise grâce à la mise en œuvre d'un certain nombre de règles et principes mis en lumière par la doctrine (§ 1er). Par ailleurs, sont repérées dans la loi elle-même et mises en évidence, des circonstances qui enlèvent le caractère infractionnel à un fait, entravant ainsi sa qualification, en dépit de sa coïncidence avec la prévision légale préalable et abstraite (§ 2).

PARAGRAPHE 1er : ***LA RECHERCHE DE LA PRÉVISION LÉGALE PAR LA MISE EN ŒUVRE DES PRINCIPES GOUVERNANT LA QUALIFICATION DES FAITS***

Pour arriver à isoler le texte incriminateur et la qualification légale exacte pouvant être retenue pour les faits dont il est saisi, le magistrat doit mettre en œuvre des principes et méthodes dont certains s'appliquent à toutes les qualifications (A) alors que d'autres n'opèrent qu'en cas de qualifications multiples (B). Le professeur Likulia Bolongo les expose parfaitement dans un opuscule publié aux Presses universitaires du Zaïre en 1982[605] et dans la seconde édition de son ouvrage de référence : *Droit pénal spécial zaïrois.*[606]

A- LES MÉTHODES ET PRINCIPES GOUVERNANT TOUTES LES QUALIFICATIONS

Trois méthodes et principes permettent d'accomplir de façon efficiente toute opération de qualification. Il s'agit : de la méthode de qualifications successives ; du principe permettant la modification de la qualification au cours du procès pénal ; et du principe de la cristallisation de la qualification.

a) La « méthode de qualifications successives »[607]

Cette méthode « veut que toute qualification soit susceptible de substitution successive par l'autorité saisie des faits ».[608] Concrètement, lorsque des actes infractionnels sont portés à la connaissance de l'autorité judiciaire, celle-ci

---

[604] Likulia Bolongo, *ibidem.*
[605] Likulia Bolongo, *Méthodes d'approche de la qualification des faits en droit pénal*, PUZ, Kinshasa, 1982, 42 p.
[606] Likulia Bolongo, *Droit pénal spécial zaïrois*, pp. 18-29.
[607] V. Likulia Bolongo, *idem*, pp. 19-20.
[608] V. Likulia Bolongo, *idem*, p. 19.

peut adopter, ne serait-ce que provisoirement, une qualification légale lui paraissant au premier abord approprié et lui permettant d'orienter l'enquête, de réunir les éléments de preuve et d'enclencher les poursuites. Au vu des éléments nouveaux fournis par l'évolution de l'enquête ou de l'instruction, cette autorité peut laisser de côté la première qualification pour en choisir une autre. Avec l'évolution continue de l'enquête, elle peut en venir à abandonner cette nouvelle qualification pour re-adopter la première qui était écartée, si elle estime finalement que celle-ci colle mieux aux faits.

Cette démarche continuera jusqu'à ce que, après confrontations approfondies des faits avec les différentes infractions susceptibles d'être retenues, cette autorité aura isolé la qualification légale exacte excluant toutes les autres.

b) « Le principe permettant la modification de la qualification au cours du procès pénal »[609]

Tant que le jugement rendu en l'espèce n'est pas devenu irrévocable, toute qualification peut subir de modification à chaque échelon du procès. Le magistrat du parquet peut modifier la qualification retenue par l'OPJ dans son procès-verbal d'audition ou par la victime dans sa plainte. De même, le juge, qui est saisi des faits, n'est pas lié par la qualification suggérée par le ministère public, ou par la partie civile en cas de citation directe.[610] Il peut donc déqualifier les faits, les disqualifier ou les requalifier, ce, à la lumière des moyens de preuve ou des éléments nouveaux révélés par les débats, ou tout simplement s'il estime que la qualification qui lui était proposée est incorrecte ou entachée d'une erreur de droit. Le juge d'appel et le juge de cassation ont le même pouvoir au regard de la qualification retenue par le premier juge. C'est ainsi que, p. ex., dans son arrêt du 20 janvier 1984, la CSJ a disqualifié l'infraction de recel mise à la charge de Kapembe en celle de participation au détournement.[611]

Trois remarques importantes doivent être ici formulées :
- La première, c'est que, en matière de cassation, la Cour de cassation peut procéder à la rectification de la qualification retenue par le juge du fond sans pour autant casser la décision rendue par ce dernier, en application de

---

[609] V. Likulia Bolongo, *idem*, pp. 20-22.
[610] V. notamment, CSJ, 11 juillet 1977, *BACSJ*, 1978, p.76.
[611] CSJ, Arrêt du 20 janvier 1984 (RPA 89), *En cause Ministère public c/ Kapembe Nkorin et consorts*, in *BACSJ*, Années 1980 à 1984, Éd. 2001, pp. 436-442, spéc. p 441. V. aussi, L'shi, 3 avril 1969, *RJC*, 1969, p. 278 ; CSJ, 12 mai 1972, *BACSJ*, 1973, pp.64 et s.

la théorie de la peine justifiée.[612] « En effet, lorsqu'elle constate que le juge du fond a commis une erreur de qualification, par exemple en retenant l'escroquerie au lieu de stellionat, et que la peine prononcée est comprise entre les limites prévues par la loi ou si elle aurait pu l'être tout aussi bien avec l'adoption de la qualification exacte, la Cour suprême [actuelle Cour de cassation] rectifie l'erreur dans ses motifs ou dispositifs mais n'annule pas la décision car elle estime que, la peine prononcée étant justifiée, il est sans intérêt pratique de procéder à la cassation de la décision entreprise. »[613]

- La deuxième, c'est que lorsque la requalification des faits s'effectue au stade du jugement, des délais doivent être accordés à la défense pour ne pas l'égarer et pour lui permettre de préparer ses réponses à la nouvelle qualification.[614] Celle-ci doit être notifiée au prévenu par voie de citation directe, ou s'il renonce expressément au bénéfice de la citation directe, par comparution volontaire.[615] Cette exigence n'est pas absolument requise en cas de disqualification favorable au prévenu, considérée comme ne portant pas atteinte aux droits de la défense, car le juge retient une qualification moins grave que l'ancienne. Il en est de même en cas d'adoption d'une qualification de gravité égale à l'ancienne. C'est ainsi que, p. ex., la C.A de Lubumbashi avait disqualifié en meurtre simple, les faits précédemment qualifiés de meurtre pour faciliter le vol, étant donné l'absence de preuve de l'élément caractérisant le vol. Comme ces deux infractions sont punies de la même peine, elle a retenu la qualification de meurtre simple sans accorder un nouveau délai au prévenu pour organiser sa défense.[616]

À notre avis, même dans ces deux cas de figure, il est nécessaire de donner à la partie poursuivie le temps de mieux préparer sa défense ou de l'adapter à la nouvelle prévention. Pour que cette adaptation soit pleine, il est souhaitable que la même procédure de notification soit adoptée en cas de toute modification de la qualification, même si celle-ci va dans le sens de

---

[612] CSJ, 2 juin 1971, *BACSJ*, 1971, p. 44 ; Arrêt Vumbi wa Tshala c/MP et Kalonji Mutambayi, CSJ, 15 avril 1975, *BACSJ*, 1976, p.119 ; Arrêt Tshibidi Kabuta c/MP, Kazadi Tshipamba et Lusamba Mbuyi, 20 décembre 1978, *BACSJ*, 1979, p. 150.

[613] Likulia Bolongo, *Droit pénal spécial zaïrois*, p. 21 ; CSJ, 15 avril 1975, *BACSJ*, 1976, p. 125 ; CSJ, 2 juin 1971, *BACSJ*, 1971, n° 2, p. 44.

[614] Léo 20 décembre 1946, *RJCB*, 1947, p. 271; Elis. 9 mai 1964, *RJC*, 1964, p. 256 ; Kin 19 décembre 1966, *RJC*, 1967, p. 247 ; CSJ, 18 mars 1975, *BACSJ*, 1976, p. 98 ; 2 avril 1977, *BACSJ*, 1978, p. 30 ; CSJ, 2 décembre 1983, cité par Dibunda, *Répertoire général de jurisprudence de la Cour suprême de justice*, 1969-1985, Éd. CPDZ, Kinshasa, 1990, p. 89 .

[615] Kin 16 juin 1966, *RJC*, 1967, p. 31; 30 octobre 1966, *RJC*, 1967, p. 47 ; CSJ, 18 mars 1975, *BACSJ*, 1976, p. 98.

[616] L'shi, 26 juin 1969, *RJC*, 1969, p. 289.

l'atténuation, car la défense doit être officiellement notifiée de toutes les informations en temps pour ajuster sa démarche. Elle peut affiner ses arguments au regard de la nouvelle qualification et espérer obtenir, p. ex., l'acquittement du prévenu. Le législateur va dans ce sens dans l'art. 256 du CJM où il étend le champ d'application du principe permettant la modification de la qualification au cours du procès pénal même au stade du délibéré. Dans ce cas de figure, le tribunal devra rouvrir les débats pour permettre aux parties de discuter contradictoirement de la nouvelle qualification retenue. Cet art. dispose en effet :

> « Le président peut, d'office, poser d'autres questions subsidiaires, s'il résulte des débats que le fait principal peut être considéré, soit comme un fait puni d'une autre peine, soit comme une infraction de droit commun.
>
> Dans ce cas, il doit avoir fait connaître ses intentions en séance publique avant la clôture des débats, afin de mettre le ministère public, la partie civile, le prévenu et la défense à même de présenter, en temps utile, leurs observations. *Il en fera autant en cas de disqualification ou de requalification des faits au cours des débats ou même pendant le délibéré. Dans cette dernière hypothèse, le président procède à la réouverture des débats.* »[617]

Aussi bien la Cour de cassation française que la Cour européenne des droits de l'homme reconnaissent aux juges répressifs le pouvoir de restituer aux faits dont ils sont saisis leur véritable qualification, à condition que « le prévenu (ou accusé) ait été mis en œuvre de présenter ses explications sur la nouvelle qualification envisagée. En d'autres termes, la requalification d'office n'est possible que dans le strict respect des droits de la défense et le respect du contradictoire s'impose également à l'égard de la partie civile. »[618]

- La troisième, c'est que le juge du fond ne doit pas profiter de cette possibilité qui lui est offerte de modifier la qualification pour introduire dans le dossier des faits nouveaux, non visés dans le libellé de la prévention, c'est-à-dire dans l'acte d'accusation. Le juge doit opérer, tout en restant dans le cadre de sa saisine. Etant, en effet, saisi *in rem*, il doit s'en tenir aux faits décrits dans l'acte d'accusation, faits cristallisés au temps de l'action. Son pouvoir consiste à rectifier la qualification des faits et non point à en introduire de nouveaux.

Nous avons dit que le principe permettant la modification de la qualification au cours du procès pénal s'applique aussi au niveau d'appel. Il

---

[617] Art. 256 du CJM. Partie finale relevée en italique par l'auteur.

[618] F. Debove et F. Falletti, en collaboration avec I. Pons, *op. cit.*, pp. 103-104. Ils citent, notamment, CEDH, 25 mars 1999, *Pélissier et Sassi c/ France* ; Crim., 4 juin 2009, AJ pénal n°9/2009, obs. M.-E. Charbonnier ; Crim., 27 janvier 2015, pourvoi n° 14-81.723, AJ pénal 2015, p. 255, note G. Pitti.

faut, ici aussi, souligner que le juge saisi au stade d'appel ne peut pas modifier la qualification retenue par le premier juge sans en informer au préalable les parties, encore moins introduire des faits nouveaux qui n'étaient pas discutés au premier degré. Le juge d'appel qui transgresserait cette interdiction commettrait une faute grave devant entraîner l'annulation de sa décision, voire sa poursuite pour prise à partie. Tel est le sort que la CSJ a fait subir justement à trois juges du TGI de la Gombé dans son arrêt du 13 mars 2009. En l'espèce, Mme Tuluka Nlambi Kongo, demanderesse en prise à partie, occupait le terrain inscrit sous le n° 4897 du plan cadastral de la Commune de Mont-Ngafula en vertu du contrat de location n° 76056 signé avec la RDC. Par citation directe de M. Mpanda Kasongo, elle fut traduite devant le Tribunal de paix de Ngaliema pour occupation illégale, usage de faux, destruction méchante et dénonciation calomnieuse. Après examen de la cause, ce tribunal l'acquitta de toutes ces charges et, sur son action reconventionnelle, condamna la partie citante, M. Mpanda, à lui payer l'équivalent en francs congolais de la somme de 5.000 euros. Celui-ci, mécontent, forma appel contre ce jugement devant le TGI de Kinshasa/Gombé qui, tout en disant avoir confirmé le jugement du Tribunal de paix de Ngaliema attaqué, prononça la condamnation de Mme Tuluka pour arrestation et détention arbitraire mais sans fixer aucune peine, et rejeta son action reconventionnelle.[619]

Or, les faits et la qualification d'arrestation et détention arbitraire n'avaient pas été contradictoirement débattus par les parties aux procès ni devant le Tribunal de paix de Ngaliema, siégeant au premier degré, ni devant le TGI de la Gombé, saisi comme instance d'appel. Pour favoriser la partie adverse, les juges du TGI de la Gombé ont commis un dol en condamnant Mme Tuluka pour cette infraction, agissant ainsi par surprise et violant gravement les droits de la défense, cette dame n'ayant pas pu se défendre contre cette incrimination. Bien plus, ces juges ont transgressé le principe selon lequel, en l'absence de l'appel du ministère public, la situation pénale du prévenu ne peut pas être aggravée au second degré [*Ne pejorare*]. En effet, alors qu'ils ont confirmé l'œuvre du premier juge et reconnu l'absence de l'acte d'appel de l'organe de la loi, ils se sont évertués à condamner Mme Tuluka pour une infraction qui n'avait pas fait l'objet des débats contradictoires. Leur jugement péchait donc, de façon flagrante, par une contradiction entre les motifs et le dispositif, car d'un côté il confirmait le jugement du Tribunal de paix de Ngaliema ; de l'autre il condamnait cette dame pour une infraction non débattue par les parties.

---

[619] CSJ, Arrêt du 13 mars 2009 (RPP 434), *En cause Tuluka Nlambi Kongo c/ Nganda Fumabo, Kishima Muzinga, Ndaye Makenga*, in *BACSJ*, Années 2004 à 2009, T. II, Éd. 2010, pp. 143-147, spéc. p. 144.

Vu l'ordonnance du président de la CSJ rendue le 07 décembre 2007 ayant autorisé la prise à partie des magistrats mis en cause, la Cour a constaté

> « qu'après avoir confirmé le jugement entrepris, les juges précités ont par surprise, aggravé le sort de la demanderesse alors prévenue acquittée au premier degré et en l'absence de l'appel de l'organe de la loi. En la reconnaissant coupable de l'infraction d'arrestation et de détention arbitraire laquelle n'avait pas fait l'objet des débats contradictoires entre le ministère public, la partie civile et la requérante, ce tant devant le premier juge que devant eux-mêmes, les magistrats incriminés ont statué par préférence à la partie civile au détriment de la demanderesse, commettant ainsi le dol. En effet, des erreurs et fautes professionnelles aussi graves, grossières et inexplicables par eux commises ne sont pas le fruit du hasard, mais elles procèdent de leur mauvaise volonté manifeste d'avoir voulu favoriser la partie Mpanda Kasongo au préjudice de la requérante. Etant entaché de dol, le jugement par eux rendu sera annulé à titre de réparation en nature. Leur responsabilité civile étant établie, la Cour allouera à la demanderesse la somme équivalente en francs congolais de cinq cents dollars américains.
> C'est pourquoi, La Cour suprême de justice, section judiciaire, siégeant en matière de prise à partie ;... Met à néant le jugement RPA 17487 du 15 mars 2007 du Tribunal de grande instance de Kinshasa/Gombé ; Condamne solidairement les juges précités avec la République Démocratique du Congo, leur civilement responsable, à payer à la demanderesse l'équivalent en francs congolais de la somme de cinq cents dollars américains à titre de dommages-intérêts ; Met les frais de l'instance à leur charge, taxés en totalité à la somme de 62.250 FC.... »[620]

c) « Le principe de la cristallisation de la qualification »[621]

Le principe de *la cristallisation ou de l'intangibilité de la qualification au moment des faits* veut que la qualification s'apprécie et se cristallise au temps de l'action.[622] Elle est « indifférente aux modifications qui peuvent intervenir ultérieurement en faveur du prévenu, même en cas de repentir actif. »[623] Cinq exemples peuvent aider à comprendre le sens et la portée de ce principe.

- Premier exemple : La qualification d'escroquerie ou de vol reste intangible lors même que le bien escroqué ou volé est restitué à la victime avant le déclenchement de toute poursuite ; il s'agirait là précisément d'un repentir actif mais tardif et donc inopérant.
- Deuxième exemple : Le fait que le délinquant rembourse au trésor l'argent détourné n'efface pas l'infraction de détournement commis, celui-ci s'étant cristallisé au temps de sa perpétration.
- Troisième exemple : Le fait de payer ultérieurement le montant inscrit sur un

---

[620] CSJ, Arrêt du 13 mars 2009 (RPP. 434), in *idem*, pp. 145-146.

[621] V. Likulia Bolongo, *Droit pénal spécial zaïrois*, pp. 22-23

[622] V. Likulia Bolongo, *Méthodes d'approche de la qualification des faits*..., p. 14.

[623] Likulia Bolongo, *Droit pénal spécial zaïrois*, p. 22.

chèque sans provision n'annule pas la qualification de l'émission de chèque sans provision retenue lors de la constatation de l'infraction.[624]

- Quatrième exemple : Un individu « qui fait bâtir une maison sans avoir obtenu d'autorisation administrative demeure punissable pénalement quand bien même il obtiendrait par la suite un permis de construire. Inversement, le fait d'édifier une construction après avoir recueilli les autorisations nécessaires échappe à toute répression, quand bien même lesdites autorisations seraient ensuite annulées. »[625]
- Cinquième exemple : Un individu qui a commis le viol sur une fille reste pénalement poursuivable quand bien même il l'aurait postérieurement épousée. À moins que la coutume ne parvienne à convaincre le ministère public à abandonner les poursuites pour privilégier la construction d'un nouveau foyer conjugal, les deux protagonistes, auteur et victime de l'acte infractionnel, affichant leur amour réciproque appuyé par l'accord de leurs familles respectives ! Cette réserve n'est que de fait, point un argument de droit.

Le principe de la cristallisation de la qualification revêt un double caractère : intellectualiste et autonomiste. Il est intellectualiste, car il repose uniquement sur le facteur psychologique en laissant de côté toutes les suites favorables ou défavorables de l'infraction. Il est aussi autonomiste, car il rejette les règles fixées par d'autres disciplines juridiques pour ne retenir que des solutions propres au droit pénal.[626] Cependant, il n'a pas une portée absolue puisqu'il ne s'applique pas dans certaines hypothèses, comme « lorsque le préalable légal de l'infraction est effacé... [p. ex. par la prescription...] ou n'existe pas [p. ex. à défaut d'une plainte préalable lorsque celle-ci est une condition de la poursuite] » ; ou « lorsqu'un élément de l'infraction n'est pas établi ou vient à être supprimé par le fait justificatif ou par l'effet de l'amnistie » ; ou encore « lorsque d'autres faits susceptibles de modifier la qualification apparaissent [p. ex. lorsque la préméditation n'est pas établie pour retenir l'assassinat...] »[627]

---

[624] Trib. 1ère Inst. Bukavu, 2 mai 1972, *RJZ,* 1973, p. 72 ; CSJ, 10 juillet 1976, *BACSJ*, 1977, p. 149.

[625] F. Debove et F. Falletti, en collaboration avec I. Pons, *op. cit.*, pp. 102-103.

[626] V. Likulia Bolongo, *Droit pénal spécial zaïrois*, p. 23 ; l'auteur cite CSJ, 15 avril 1975, *BACSJ*, 1975, p. 118 ; E. Lamy, « L'autonomie du droit pénal congolais », in *RJCB,* 1964, p. 5.

[627] Likulia Bolongo, *Droit pénal spécial zaïrois*, p. 23.

B- LES PRINCIPES S'APPLIQUANT AUX SEULES QUALIFICATIONS MULTIPLES.

Il peut arriver que l'autorité judiciaire se retrouve devant des qualifications multiples pouvant toutes être retenues. Le choix des principes à mettre en œuvre varie selon que ces qualifications sont incompatibles, alternatives ou concurrentes.

a) En cas de qualifications incompatibles ou inconciliables

Les qualifications sont incompatibles si elles s'excluent, c'est-à-dire lorsque le fait de retenir l'une oblige absolument que l'on abandonne l'autre. Trois principes sont consacrés pour résoudre cette sorte de conflit : le principe de la finalité d'une incrimination ; le principe de la plus haute expression pénale ; et le principe de la spécialité d'une incrimination.

1°- Le principe de la finalité d'une incrimination

Ce principe permet à l'autorité saisie des faits de retenir l'infraction-fin au détriment de l'infraction-conséquence ou de l'infraction-moyen. Ce principe de solution vise donc deux hypothèses :

1) La 1ère hypothèse est celle de l'existence de deux infractions dont l'une est la suite logique de l'autre. Dans ce cas de figure, doit être retenue l'infraction-fin au détriment de l'infraction-conséquence. En guise d'illustrations, deux applications concrètes :

- Lorsqu'un délinquant poignarde mortellement une dame avec l'intention de la tuer et s'abstient de lui porter secours avant la survenance de la mort, seul sera retenu contre l'agent le crime de meurtre qui est l'infraction-fin et non l'omission de porter secours à personne en danger qui est l'infraction-conséquence, car elle est la suite logique et naturelle de l'autre.
- Il en est de même de celui qui soustrait frauduleusement un bien appartenant à autrui et le garde. Ne sera retenu contre lui que le vol, infraction-fin, et non le recel qui est la conséquence ou la suite naturelle du vol. On ne peut, en effet, voler quelque chose que pour le garder, pour se l'approprier.[628]

2) La deuxième hypothèse est celle de l'existence de deux infractions dont l'une est le moyen de perpétration de l'autre. Dans cette hypothèse également, ne sera retenue que l'infraction-fin au détriment de l'infraction-moyen. Tel est le cas, p. ex., du détournement de deniers publics accompli au moyen d'un faux en écriture. En application du principe de la finalité, seule

[628] V. Likulia Bolongo, *idem*, p. 24.

sera retenue la qualification de détournement de deniers publics qui est l'infraction-fin aux dépends du faux et usage de faux qui est l'infraction-moyen. C'est dans ce sens que s'est prononcée la CSJ dans son arrêt du 29 juillet 2009 qui a validé la motivation présentée par les juges d'appel dans leur décision relevant que l'infraction de faux en écriture et celle d'usage de faux venaient en concours avec l'infraction d'escroquerie car, en commettant l'infraction de faux en écriture et d'usage de faux, l'escroc poursuivait une seule et même intention criminelle et ne se rendait coupable que d'une seule infraction.[629] En pareilles circonstances, il nous semble utile que la motivation du juge soit précise et exhaustive. Celui-ci doit patiemment établir, dans son jugement, que tous les éléments constitutifs des infractions de faux et usage de faux sont caractérisés et réunis dans le chef de l'agent ; que, cependant, il y a un lien logique entre les deux infractions, car le faux et l'usage de faux ont été perpétrés pour réaliser l'escroquerie. Le faux et l'usage de faux sont donc des infractions-moyens ayant servi à l'accomplissement de l'infraction-fin qu'est l'escroquerie. En sanctionnant l'escroquerie, le juge sanctionne toute l'antisocialité du comportement du délinquant, les trois infractions étant unies par une intention unique : déposséder la victime de son bien par des manœuvres frauduleuses, machinations et artifices coupables.

Le même principe opère lorsqu'un empoisonnement est consommé par l'administration des substances mortelles : seule doit être finalement retenue pour la fixation de la sanction l'infraction-fin, à savoir l'empoisonnement, en laissant de côté l'infraction-moyen qu'est l'administration de substances nuisibles.[630]

Ce principe de la finalité s'applique sans problème lorsque l'infraction-fin est la qualification la plus grave ou si elle est d'égale gravité que l'infraction-conséquence ou l'infraction-moyen. Dans la situation inverse, c'est le principe de la plus haute expression pénale qui est mise en œuvre.

2°- Le principe de la plus haute expression pénale

Si la qualification découlant de l'infraction-moyen ou de l'infraction-conséquence est la plus grave, c'est bien elle qui sera retenue. Il en est ainsi, p. ex., en cas de meurtre commis pour faciliter le vol ou l'extorsion. En l'espèce, l'infraction-fin c'est le vol ou l'extorsion, le meurtre ne servant que de moyen.

---

[629] CSJ, Arrêt du 29 juillet 2009 (RP 2434), *En cause Andreas Phasoulis c/ Ministère public, André Argyrou, La Société Le Délice SPRL et La Société Alimpex*, in *BACSJ*, Années 2004 à 2009, *op. cit.*, pp. 222-228, spéc. p. 227.

[630] V. Likulia Bolongo, *idem*, pp. 24-25.

Cependant, celui-ci sera retenu parce qu'il est plus sévèrement sanctionné.[631] De même, dans l'hypothèse de coups et blessures volontaires ayant entraîné la mort sans intention de la donner, ce n'est pas la qualification de coups et blessures volontaires, infraction-fin, qui sera retenue, mais bien celle d'homicide préterintentionnel, infraction-conséquence, spécifiquement visée dans l'art. 48 du CP.[632] On considère, en effet, que la qualification la plus sévèrement réprimée sanctionne au mieux « toute l'anti-socialité du comportement ».[633]

3°- Le principe de la spécialité d'une incrimination

Ce principe veut que lorsque l'on se trouve en présence de deux qualifications dont l'une est spéciale et l'autre générale, on ne retienne que la qualification spéciale au détriment de la qualification générale. C'est ainsi que, p. ex., sera retenu le meurtre commis au moyen du poison, juridiquement qualifié d'empoisonnement (infraction spéciale), aux dépends du meurtre simple (infraction générale). De même, sera retenu le vol d'effets militaires ou de chambrée, infraction spéciale, à l'exclusion du vol simple, infraction générale.[634]

Cette primauté de la qualification spéciale sur la qualification générale relève de la pure logique. « Il est évident en effet que la rencontre de deux textes sur un même fait n'est pas fortuite car si la loi spéciale n'existait pas, le fait qu'elle réprime tomberait toujours sous le coup de la loi générale ; cette rencontre pose donc un problème purement législatif que le législateur n'a pas pu ne pas apercevoir. Et il est de bon sens de penser qu'il a voulu le résoudre par l'application d'une seule loi, la loi spéciale, à l'exclusion de la loi générale. Personne ne le conteste d'ailleurs ».[635]

Lorsqu'il n'existe aucun lien entre les différentes qualifications en présence, elles peuvent être retenues soit alternativement, soit cumulativement.

---

[631] Art. 85 du CP.

[632] V. Likulia Bolongo, *idem*, p. 25.

[633] J. Pradel, *Droit pénal général*, 21e éd., p. 296, n° 340.

[634] Likulia Bolongo, *ibidem*.

[635] Y. Chalaron, « Le concours idéal d'infraction », *JCP* 1967.I.2088, § 6, cité par P. Cazalbou, « Retour critique sur le principe d'unicité de qualification des faits en droit pénal », in *RSC*, n° 2, avril-juin 2018, p. 388, NBP 7.

b) En cas de qualifications alternatives ou optionnelles

Les qualifications sont dites alternatives lorsqu'elles résultent toutes d'un même fait et ne peuvent être retenues qu'alternativement.[636] L'option faite pour l'une exclue la rétention de l'autre. Ainsi, le fait de blesser ou de frapper mortellement une personne peut être qualifié :

- soit d'homicide par imprudence, lorsque le coup porté l'a été involontairement et sans que l'agent n'ait recherché la mort de la victime ;
- soit d'homicide préterintentionnel, lorsque le coup a été porté volontairement mais sans intention homicide, c'est-à-dire sans que l'auteur de l'acte n'ait eu l'intention de tuer ;
- soit de meurtre, lorsque le coup a été volontaire et que l'agent a voulu la mort de la victime ;
- soit d'assassinat, si l'auteur des coups a agi non seulement avec l'*animus necandi* (l'intention de tuer), mais aussi avec préméditation ;
- soit, enfin, d'empoisonnement, lorsque le moyen utilisé est un poison.

Ces différentes qualifications sont alternatives ou optionnelles, car le juge ne peut retenir que l'une d'elles et non deux ou trois à la fois. Il examinera attentivement les faits, les confrontera avec les différentes définitions légales et ne retiendra que la seule qualification dont les éléments constitutifs légaux se trouvent réunis.

c) En cas de qualifications concurrentes

Il peut arriver que les différentes qualifications en présence concordent toutes parfaitement aux faits soumis au juge. Elles sont alors dites concurrentes, cumulatives ou en conflit.[637] Pour les départager, le juge doit appliquer la théorie du concours de qualifications qui consacre deux principes de solution : celui du cumul formel ou idéal et celui du cumul réel ou matériel de peines.

1°- L'hypothèse du concours idéal de qualifications réglée par le principe du cumul formel ou idéal de peines

Elle est prévue par l'art. 20 al. 1er du CP qui dispose : « Lorsque le même fait constitue plusieurs infractions, la peine la plus forte sera seule prononcée. » Tel est le cas d'un automobiliste qui, par excès de vitesse, écrase et tue une personne traversant la route au niveau d'un passage pour piétons. Il sera poursuivi pour la contravention d'excès de vitesse prévue par les art. 16, 18, 32 et 106 du code de la route et pour homicide par imprudence visé dans

---

[636] V. Likulia Bolongo, *idem*, p. 26.
[637] *Idem*.

les art. 52 et 53 du CP si l'intention de donner la mort n'est pas établie. Le juge ne prononcera cependant contre lui que la peine la plus forte, en l'occurrence celle prévue pour l'homicide involontaire.[638]

Le législateur consacre aussi le principe de la plus haute expression pénale dans l'art. 180 du CP. Il faut avouer que l'al. 1er de cet article est une disposition fourre tout, car il punit de quinze jours à un an de servitude pénale et de deux cents à mille zaïres d'amende ou d'une de ces peines seulement, « tout acte arbitraire et attentatoire aux libertés et aux droits garantis aux particuliers par les lois, décrets, ordonnances et arrêtés, ordonné ou exécuté par un fonctionnaire ou officier public, par un dépositaire ou agent de l'autorité ou de la force publique ». Peuvent ainsi rentrer dans cette description, des actes d'arrestation arbitraire, de détention illégale, de violation de domicile, d'extorsion des propriétés... qui constituent eux-mêmes des infractions spécifiques. Conscient de la possibilité que certains actes rentrent à la fois dans cette vaste prévision et dans des incriminations plus précises, le législateur a doté cet art. 180 d'un al. 2 prescrivant que si l'acte visé au premier alinéa est constitutif d'une infraction punie de peines plus fortes, son auteur sera condamné à ces peines.[639]

Ce principe est applicable même en cas de pluralité d'actions liées entre elles par une unité d'intention, de conception et de but. Dans l'un ou l'autre cas, le juge doit qualifier tous les faits dont il est saisi mais ne prononcera que la peine la plus forte attachée à la qualification la plus grave. En d'autres termes, il doit constater l'existence de plusieurs infractions, mais ne prononcera que la peine la plus forte, considérée comme suffisante pour sanctionner l'entièreté du comportement antisocial du délinquant. Il y a donc bien plusieurs infractions, mais une peine unique est prononcée,

---

[638] En effet, aux termes de l'art. 53 du CP, « quiconque aura involontairement causé la mort d'une personne sera puni d'une servitude pénale de trois mois à deux ans et d'une amende de cinquante à mille zaïres. » Tandis que l'art. 106 du code de la route punit « d'une amende de 5 zaïres à 50 zaïres tout conducteur qui aura contrevenu aux dispositions du Livre 1er concernant : 1. les sens opposés à la circulation ; 2. la vitesse et la distance entre véhicules à moteur ;... En cas de récidive, l'amende sera doublée. »

[639] Art. 180 : « Tout acte arbitraire et attentatoire aux libertés et aux droits garantis aux particuliers par les lois, décrets, ordonnances et arrêtés, ordonné ou exécuté par un fonctionnaire ou officier public, par un dépositaire ou agent de l'autorité ou de la force publique, sera puni d'une servitude pénale de quinze jours à un an et d'une amende de deux cents à mille zaïres ou d'une de ces peines seulement. S'il est constitutif d'une infraction punie de peines plus fortes, son auteur sera condamné à ces peines.»

conformément à la volonté du législateur. Le professeur Likulia Bolongo le dit si bien : « La loi elle-même n'exclut pas les autres infractions, elle se borne tout simplement à disposer que le juge prononce, dans le cas du concours formel ou idéal, seule la peine la plus forte sanctionnant toute l'anti-socialité de l'entreprise criminelle. »[640]

De même, Paul Cazalbou, exposant l'intérêt pratique de la pluralité de qualifications, relève que « la meilleure manière de restituer juridiquement le comportement d'un individu réside dans le fait d'autoriser le juge à retenir autant de qualifications que de textes ont été violés. On peine en effet à comprendre, tout risque de cumul de peines étant évité, pourquoi une juridiction devrait limiter les qualifications retenues contre un individu lorsqu'il est établi que son comportement les vérifie parfaitement. »[641] Il avance plusieurs arguments au soutien de sa thèse, entre autres la nécessité de distinguer un délinquant auteur d'un fait infractionnel unique de celui qui commettrait la même infraction en accomplissant d'autres actes répréhensibles. Ainsi, p. ex., tous les escrocs ne sont pas faussaires « et ne retenir à l'égard de ceux qui le sont que l'infraction d'escroquerie au motif qu'elle absorberait l'infraction de faux pourtant parfaitement caractérisée revient à placer ces individus particuliers, qui ont montré leur capacité à violer une pluralité d'interdits pénaux, dans la même situation que ceux qui n'ont pas usé de faux pour commettre une escroquerie peut-être moins élaborée. »[642] L'auteur soutient donc que même dans l'hypothèse de l'existence de deux infractions dont l'une est le moyen de perpétration de l'autre, l'on doive dire les deux qualifications établies, si elles le sont, lors même qu'on ne prononcera qu'une peine à l'encontre du délinquant. Un autre argument qu'il avance a trait à une meilleure détermination du champ de la récidive. En effet, dit-il, « recourir à la pluralité de qualifications permettra… de s'assurer que l'individu pourra être tenu en état de récidive légale au regard de tous les textes qu'il aura violés tandis que recourir à l'unicité de qualification viendra restreindre le champ de cette récidive aux hypothèses de réitération de la même infraction ou d'une infraction assimilée. »[643] En définitive, il conclut que « dès lors que le comportement en cause vérifie parfaitement les éléments constitutifs des qualifications envisagées, que la pertinence de ces qualifications a été librement débattue par les parties et, qu'en tout état de cause, la pluralité de qualifications n'induit pas d'aggravation illégitime de la

[640] Likulia Bolongo, *Méthodes d'approche de la qualification des faits en droit pénal*, pp. 21-22 ; *Droit pénal spécial zaïrois*, p. 27.
[641] P. Cazalbou, « Retour critique sur le principe d'unicité de qualification des faits en droit pénal », in *RSC*, n° 2, avril-juin 2018, pp. 402-403.
[642] P. Cazalbou, *idem*, pp. 403-404.
[643] P. Cazalbou, *idem*, p. 405.

répression, il n'y a aucune raison d'écarter certaines de ces qualifications au profit d'une seule d'entre-elles arbitrairement choisie. »[644]

Les cours et tribunaux appliquent régulièrement la règle du concours idéal fixée dans l'art. 20 al. 1er du CP. Ainsi, p. ex., dans l'affaire opposant le Ministère public et partie civile aux citoyens Molongya et consorts,[645] le prévenu Mohila était poursuivi pour avoir, étant une personne chargée d'un service parastatal, détourné respectivement les sommes de 1.578.292 FB et de 129.225 F.B. La première somme était constituée par divers prélèvements effectués par le prévenu, tandis que la seconde était relative aux paiements de ses factures personnelles. Le premier juge avait dit ces deux détournements établis en concours idéal et avait condamné le prévenu à six ans des travaux forcés assortis des peines accessoires. Au niveau d'appel, la CSJ confirma que les deux préventions de détournement étaient établies et qu'elles étaient en concours idéal, car les deux infractions étaient liées par l'unité d'intention, l'uniformité des procédés utilisés ainsi que par le rapprochement des dates auxquelles elles avaient été perpétrées.[646] De même, la Cour a retenu deux préventions de détournement à l'encontre du prévenu Bongo qui avait accordé 500 zaïres et 3.000 zaïres à une personne qui n'en avait pas le droit, en l'occurrence Sapu Kalimasi. Elle a considéré que les deux remises, faites à des périodes différentes, constituaient « deux préventions distinctes liées néanmoins par une intention unique, celle de procurer à Sapu un avantage illicite. »[647]

Plusieurs qualifications de nature différente peuvent également coexister en concours idéal et entraîner l'application du cumul formel de peines. L'arrêt de la CSJ du 24 février 1981 en offre une illustration. En l'espèce, les prévenus Ngunza Kianza alias Alidja, Ngampoko Ngamo alias Djento, Babi Mpeli, Manzo Kapasi et Bolekia étaient poursuivis pour association des malfaiteurs, vol à mains armées perpétré à la résidence de la citoyenne Kabedi Kita, et tentative de meurtre commise le même jour, sur la personne du citoyen Kabundi, sentinelle de Kabedi. Ils furent condamnés à mort par le TGI de Kinshasa, siège principal de la Gombe. Saisie des appels de Ngunza et Ngampoko, « la Cour d'appel de Kinshasa, par arrêt contradictoire du dix-sept avril mil neuf cent quatre-vingt, après avoir annulé le jugement entrepris "pour mauvaise application de la loi" déclara établies à charge du prévenu Ngunza

---

644 P. Cazalbou, *idem*, p. 407.
645 Voir *infra*, pp 354-355, 471-472.
646 CSJ, Arrêt du 5 décembre 1980 (RPA 66), *En cause Ministère public et Partie civile c/Molongya Mayikusa Moi Bongenye et consorts*, in *BACSJ*, Années 1980 à 1984, *op.cit*, pp. 123-159, spéc. pp. 152-153.
647 *Idem*, p. 148.

notamment les infractions d'association de malfaiteurs et de vol à main armée. Elle dit établies dans le chef du prévenu Ngampoko la prévention d'association de malfaiteurs et dit ce dernier complice de vol à main armée. Elle disqualifia la prévention de tentative de meurtre… en celle de vol à l'aide de violences, en condamna Ngunza comme auteur et Ngampoko comme complice. Ayant déclaré ces infractions établies en concours idéal, le juge d'appel prononça la peine de mort contre eux… »[648] Non contents, les deux condamnés se pourvurent en cassation. Examinant les arguments de Ngampoko, la CSJ relève :

> « Dans son premier moyen, basé sur la violation des articles 21 et 23 du code pénal livre premier, des articles 81 bis, 82, 156 et 158 du code pénal livre II et de l'ordonnance-loi n°68/193 du 3 mai 1968, le demandeur Ngampoko reproche au juge d'appel de l'avoir considéré comme membre du groupe qui a commis le vol chez Kabedi alors que c'est de façon accidentelle qu'il a participé à ce vol. Développant son moyen, il soutient que c'est à tort qu'il a été condamné à la peine de mort puisque le juge d'appel l'avait reconnu complice d'association des malfaiteurs, de vol à mains armées et de vol à l'aide des violences, les peines prévues pour l'auteur, le coauteur et le complice étant différentes.
>
> En effet, *l'arrêt entrepris a reconnu le second demandeur complice de vol à main armée et de vol à l'aide de violences mais membre à part entière de l'association de malfaiteurs et non complice de cette dernière infraction. Et comme il a dit ces trois infractions établies en concours idéal, c'est à bon droit qu'il a prononcé la peine de mort prévue pour l'infraction d'association de malfaiteurs, car cette peine est, en l'espèce, la plus forte de toutes celles combinées* [sic !] *pour les trois infractions.* »[649]

---

[648] CSJ, Arrêt du 24 février 1981 (RP 543), *En cause* Ngunza Kianza alias Alidja et Ngampoko Ngamo alias Djento *c/Ministère public et Parties civiles*, in *BACSJ*, Années 1980 à 1984, *op.cit*, pp. 171-177, spéc. p.173.

[649] *Idem*, pp. 175-176. Paragraphe relevé en italique par l'auteur. L'expression « celles *combinées* » renferme probablement une erreur matérielle. Il faut peut-être lire « celles cominées », car en droit congolais on utilise parfois ces termes pour dire « peines prévues ». V. aussi, CSJ, Arrêt du 15 novembre 1985 (RPA 111), *En cause Ministère public et Régie des voies aériennes (RVA) c/Mawete Konko Ntoya et consorts,*in *idem*, Années 1985 à 1989, Éd. 2002, pp. 70-82, spéc. pp. 70 et 76 : « … Compte tenu de l'unicité d'intention, à savoir détourner les deniers publics, les infractions de faux en écritures entrent en concours idéal avec celle de détournement, ce qui appelle l'application de la peine unique, celle la plus forte » ; CSJ, Arrêt du 20 novembre 1985 (RPA 112), *En cause Ministère public c/Iyeli Mpela Iseki et consorts,*in *idem*, pp. 84-100, spéc. p. 97 : « … Les deux infractions d'usage de faux en écritures ainsi que celle de destruction des constructions appartenant à autrui retenues à la charge du prévenu Nzita sont en concours idéal et doivent être punies d'une peine unique, compte tenu de l'unité d'intention criminelle dans son chef. Par ailleurs,… ces infractions sont en concours matériel avec celle d'arrestation arbitraire. »

Nous sommes bien en présence d'un cas de pluralité d'actions liées entre elles par une unité d'intention, de conception et de but. Les différentes infractions commises sont donc en concours idéal justifiant l'application du cumul formel de peines : seule doit être prononcée la peine la plus forte attachée à la qualification la plus grave.

2°- L'hypothèse du concours matériel de qualifications résolue par le principe du cumul réel ou matériel de peines

Il y a concours matériel de qualifications lorsqu'on se trouve devant une pluralité d'actions procédant d'une pluralité d'éléments moraux[650], c'est-à-dire n'étant réunis par aucune unité d'intention ni de but. Dans ce cas de figure, le juge décrira, dans sa motivation, tous les faits établissant toutes les infractions ; prononcera une peine pour chaque fait infractionnel caractérisé et cumulera les différentes peines. Cette solution est prévue par l'al. 2 de l'art. 20 du CP qui dit : « Lorsqu'il y a concours de plusieurs faits constituant chacun une ou plusieurs infractions, le juge prononcera une peine pour chaque fait et cumulera les peines prononcées… »

En application de cette disposition, la CSJ a considéré comme étant en concours matériel les infractions retenues à charge du prévenu lorsqu'aucun élément du dossier n'établit à suffisance que celles-ci sont reliées entre elles par une seule intention délictueuse pour constituer une infraction collective.[651] De même, dans son arrêt du 31 août 1984 en l'affaire opposant le Ministère public à Kashwantale et Nzunzumuna[652], elle a retenu contre ce dernier plusieurs escroqueries distinctes commises à des moments et lieux différents, et à l'encontre de plusieurs victimes distinctes. Elle a ainsi motivé sa décision :

> « Sur les infractions d'escroquerie reprochées à Nzunzumuna et commises au préjudice de Kashwantale, Kimpoto et Tshikuya :
>
> Le Ministère public poursuit également le prévenu Nzunzumuna des chefs de trois infractions d'escroquerie perpétrées au préjudice de Kashwantale, de Kimpoto et de Tshikuya et sollicite la peine de 3 ans pour chaque infraction soit un cumul de 9 ans.
>
> En ce qui concerne Kashwantale :
>
> Des éléments du dossier, il ressort des déclarations du prévenu Kashwantale que les Esprits avaient pris l'habitude d'utiliser la nuit, sa voiture Mercedes qu'il laissait souvent ouverte, clef de contact à bord devant la cathédrale, mais étant donné que

[650] V. Likulia Bolongo, *Droit pénal spécial zaïrois*, p. 28.

[651] V. CSJ, 4 mai 1974, *BACSJ*, 1975, p. 74.

[652] CSJ, Arrêt du 31 août 1984 (RPA 94), *En cause Ministère public c/Kashwantale ka Ruhangamugabo Balemba et Nzunzumuna Dijiba Mbaki*, in *BACSJ*, Années 1980 à 1984, *op. cit*, pp. 507-517. V. présentation de cette affaire, *infra* pp 375-377.

cette voiture était connue et que les Esprits étaient souvent dérangés, il fallait établir un acte de vente en faveur de Ibrahim Nzunzumuna dont ils allaient prendre la forme humaine dans tous les déplacements. Il ajoute que le prévenu Nzunzumuna lui amena un message dans ce sens et un projet d'acte de vente dont Kashwantale ne voyait aucune opportunité et leur envoya en lieu et place une procuration. Il finit par établir, le 5 août 1983, un acte de vente qu'il légalisait le lendemain et devant se rendre à Kinshasa pour 7 jours, il fut forcé par les Esprits de leur laisser la voiture pour cette durée.

Par ailleurs, Kashwantale soutient que les soixante feuilles vierges portant sa signature et saisies dans la chambre de Nzunzumuna lui furent demandées pour les études spirituelles à mener sur lui et que sur demande des Esprits, il signa vers le 12 juillet 1983 deux chèques l'un de 625.000 Z et l'autre de 375.000 Z pour parachever l'opération de magnétisation de 40.000.000 zaïres. Et dans le même ordre il signa une reconnaissance de dette pour 1.000.000 zaïres, somme qu'il prélèverait sur 40.000.000 zaïres pour remettre au Professeur Ibrahim et à Luzingu.

En ce qui concerne Kimpoto :

Comme Kashwantale, Kimpoto fut initié dans la Sainte Maison en 1982 par le prévenu Nzunzumuna et pour une somme de 1.000.000 Z à lui apportée aussi dans une malle, il a dû lui remettre à Kalemie dans le cadre de magnétisation de 100.000 Z, un téléviseur en couleur, une vidéo, deux appareils photo, un petit poste radio très perfectionné, une balance pèse-lettre, une chaîne en or, 83 gr, un chèque et la signature d'un certain nombre de documents.

Pour Tshikuya :

C'est pour la magnétisation de la somme de 500.000 Z à lui aussi miroitée que Tshikuya affirma avoir remis à Nzunzumuna une somme de 400 Z et une reconnaissance de dette pour 52.000 Z parce qu'il ne pouvait réunir la somme exigée par ce prévenu…

La Cour révèle que dans tous ces cas les infractions d'escroquerie sont établies, le prévenu Nzunzumuna ayant usé des manœuvres frauduleuses qui ont eu pour but de persuader de l'existence d'un pouvoir ou d'un crédit imaginaire, en l'occurrence les fabuleuses sommes d'argent contenues dans des malles qu'on n'ouvrait jamais. Ces faits constituant des infractions distinctes, sont en concours matériel et une peine de servitude pénale principale sera prononcée pour chaque infraction… »[653]

Dans le dispositif, la Cour a confirmé l'arrêt entrepris, à savoir l'arrêt contradictoire rendu dans cette affaire le 23 mars 1984 par la C.A de Lubumbashi et ayant condamné notamment Nzunzumuna, entre autres, pour trois infractions d'escroquerie, à une peine cumulée de 9 ans de servitude pénale principale.[654]

---

[653] CSJ, Arrêt du 31 août 1984 (RPA 94), in *idem*, pp 515-516.

[654] *Idem*, pp 509 et 517. V. aussi, Arrêt du 5 décembre 1980 (RPA 66), *En cause Ministère public et Partie civile c/Molongya Mayikusa Moi Bongenye et consorts*, in *idem*, pp. 156-157.

Ce principe de cumul matériel de peines obéit cependant à un certain nombre de règles que voici :
- la peine de mort et la servitude pénale à perpétuité absorbent toute peine privative de liberté ;
- la somme des peines de servitude pénale à temps et des amendes cumulées ne pourra dépasser le double du maximum de la peine la plus forte prévue par la loi, ni être supérieure, en ce qui concerne la servitude pénale principale à vingt ans, en ce qui concerne l'amende, à vingt mille zaïres, en ce qui concerne la servitude pénale subsidiaire, à six mois ;
- le juge ramènera à ce maximum, s'il échet, la somme des peines prononcées ;
- les peines de confiscation spéciale seront cumulées intégralement ;
- la somme des peines d'obligation de s'éloigner de certains lieux ou d'une certaine région ou d'habiter dans un lieu déterminé, ne pourra dépasser un an ; la somme des peines de mise à la disposition du gouvernement ne pourra être supérieure à dix ans ;
- toute peine de mise à la disposition du gouvernement absorbera les peines d'obligation de s'éloigner de certains lieux ou d'une certaine région ou d'habiter dans un lieu déterminé.[655]

Il convient de souligner que, pour l'application de ces règles, doivent être prises en compte non pas les peines littéralement prévues dans la loi, mais bien celles effectivement prononcées par le juge.[656]

Sur cette question de concours d'infractions, signalons que dans le CPM, le législateur ne prévoit que le cumul formel de peines, appliquant le principe de la plus haute expression pénale. Il le fait dans l'art. 7, al. 1er qui dispose : « En cas de concours de plusieurs infractions, la peine la plus forte est seule prononcée. » Et l'al. 2 de viser l'hypothèse où la peine principale en venait à être commuée par une mesure de grâce, auquel cas il conviendrait de prendre en considération la peine résultant de la commutation pour la mise en œuvre de la confusion des peines. Cet al. 2 porte, en effet, que « lorsqu'une peine principale fait l'objet d'une remise gracieuse, il y a lieu de tenir compte, pour l'application de la confusion des peines, de la peine résultant de la commutation et non de la peine initialement prononcée. »

Cet art. 7 du CPM diffère ainsi de l'art. 20 du CPO en ce que celui-ci prévoit à la fois, dans son al. 1er, le cas de concours idéal d'infractions qui se

---

655 V. l'art. 20 al. 3 du CP.

656 Dans ce sens, v. notamment : J. Larguier, Chronique de jurisprudence, in *RSC,* 1975, p. 1002 ; E. Lamy, *Cours de Droit pénal général*, UNAZA, 1971-1972, p. 272.

résout par le cumul formel de peines ; et dans son al. 2, l'hypothèse du concours matériel d'infractions qui entraîne le cumul matériel des peines prononcées pour chaque fait, sous réserve des dispositions qu'il énumère. Dès lors, faut-il en déduire que les juridictions militaires ne peuvent pas appliquer le cumul matériel de peines, même lorsqu'il y a concours matériel de plusieurs infractions prévues et punies par le CPM ? On est tenté de répondre ainsi à cette question : non, elles ne peuvent pas appliquer le concours matériel des peines. En effet, nous l'avons vu, le concours matériel consiste pour le juge à prononcer une peine pour chaque infraction caractérisée et à additionner les différentes peines prononcées. Or, cette solution n'est pas consacrée dans l'art. 7 du CPM qui prévoit seulement que la peine la plus forte sera seule prononcée en cas de concours de plusieurs infractions. Cette disposition spéciale déroge donc à la disposition générale qu'est l'art. 20 du CPO : *Specialia generalibus derogant.* Cette interprétation concorde avec l'art. 1er du CPM qui dispose : « Sous réserve du présent Code, les dispositions du livre premier du Code pénal ordinaire sont applicables devant les juridictions militaires. »[657] Dit autrement, les dispositions du livre premier du CPO ne sont pas applicables devant les juridictions militaires si elles diffèrent des dispositions prévues dans le CPM. Tel est le cas, précisément, du cumul matériel des peines qui diffère du cumul formel, seul prévu dans l'art. 7 du CPM.

La dérogation portée par cet art. 7 peut s'expliquer par la sévérité des peines prévues dans le CPM. Le législateur a sans doute cru juste de consacrer le principe de la plus haute expression pénale, la peine la plus forte attachée à l'infraction la plus grave étant suffisante pour sanctionner l'entièreté de la nocivité du comportement du délinquant.

De manière générale, les peines prévues par le CPM sont plus sévères que celles fixées par le CPO pour réprimer des infractions similaires. La concussion peut servir d'illustration à cet égard. En effet, l'art. 146 du CPO punit d'une servitude pénale de six mois à cinq ans tous fonctionnaires ou officiers publics, toutes personnes chargées d'un service public ou

---

[657] L'art. 8 du CPM souligne davantage le caractère spécial des dispositions de ce code par rapport aux dispositions générales contenues dans le CPO. Visant précisément la prescription des infractions et des peines, il autorise l'application des articles 24 à 26 (prescription de l'action publique), et 27 à 34 (prescription des peines et des condamnations civiles) devant les juridictions militaires, sous réserve des dispositions particulières contenues dans le CPM. En voici le libellé : « Les dispositions des articles 24 et suivants du code pénal ordinaire, livre premier, sont applicables devant les juridictions militaires, sous réserve des dispositions particulières du présent Code. »

parastatal, toutes personnes représentant les intérêts de l'État ou d'une société étatique au sein d'une société privée, parastatale ou d'économie mixte en qualité d'administrateurs, de gérants, de commissaires aux comptes ou à tout autre titre, tous mandataires ou préposés des personnes énumérées ci-dessus qui se sont rendus coupables de concussion en ordonnant de percevoir, en exigeant ou en recevant ce qu'ils savaient n'être pas dû ou excéder ce qui était dû pour droits, taxes, contributions, revenus ou intérêts, pour salaires ou traitements, pour indemnités, primes ou tout autre avantage. De son côté, l'art. 77 du CPM, sanctionnant le même comportement infractionnel, à savoir la concussion, porte le minimum de la servitude pénale encouru à cinq ans et le maximum à 10 ans, soit le double du maximum prévu par l'art. 146 du CPO. Cet art. 77 dispose, en effet :

> « Tout militaire ou assimilé, ou tout individu au service du ministère de la Défense, qui aura reçu, exigé ou ordonné de percevoir, même avec l'autorisation d'une autorité, ce qu'il savait n'être pas légalement dû ou excéder ce qui était dû, sera puni de cinq à dix ans de servitude pénale et d'une amende de 5.000 à 10.000 francs congolais constants.
>
> Les mêmes peines seront applicables aux détenteurs de l'autorité publique qui, sous une forme quelconque et pour quelque motif que ce soit, auront, sans autorisation de la loi, accordé une perception indue. »

Cette consécration, par le législateur, du principe de la plus haute expression pénale comme solution en cas de concours d'infractions commises par les justiciables des juridictions militaires, s'observe dans certains articles du CPM comme p. ex. dans l'art. 104 qui dispose :

> « Tout militaire ou assimilé qui se rend coupable d'acte arbitraire ou attentatoire aux droits et libertés garantis aux particuliers par la loi à l'encontre d'une personne civile sera puni de quatre ans de servitude pénale.
>
> Si le fait est constitutif d'une infraction punie de peines plus fortes, le coupable sera puni à ces peines. »

*PARAGRAPHE 2 : **LES ENTRAVES À LA QUALIFICATION DES FAITS EN DÉPIT DE LEUR COÏNCIDENCE AVEC LA PRÉVISION LÉGALE PRÉALABLE***

La commission des faits, apparemment infractionnels, appelle normalement l'intervention de la réaction sociale. Pour en arriver au stade de leur qualification en droit, il y a tout un processus qui prend source depuis le déclenchement de l'action publique. Il est, précisément, certaines entraves qui agissent déjà à ce niveau, *ab ovo*, et que nous allons nous limiter à brièvement rappeler ici (A), car elles forment des matières approfondies en procédure pénale. D'autres circonstances annulent le caractère infractionnel d'un acte ou effacent le préalable légal, constituant ainsi véritablement des obstacles à la qualification et devant faire l'objet d'un examen détaillé dans le cadre de cet ouvrage : il s'agit des faits justificatifs (B) et de l'amnistie (C).

A- BREF RAPPEL D'OBSTACLES AU DÉCLENCHEMENT DES POURSUITES

Ils sont nombreux, certains s'imposant de par leur logique intrinsèque. On peut citer : l'abrogation de la loi pénale, la désuétude, la prescription de l'action publique et les immunités.

a) L'abrogation de la loi pénale

En vertu du principe de la légalité, les poursuites ne peuvent être engagées que contre des personnes accusées d'avoir commis un acte décrit et qualifié d'infraction par le législateur. Si, à un moment donné, celui-ci décide d'abroger, c'est-à-dire d'annuler ou de supprimer la loi ayant défini et sanctionné un fait comme étant infractionnel, l'auteur de celui-ci ne pourra plus être poursuivi pour ce fait.

L'abrogation est la cessation de vie de la loi. Elle peut être tacite lorsqu'une nouvelle loi a été promulguée qui ne peut pas logiquement coexister avec une ancienne. Elle peut être expresse et l'est souvent lorsque, dans la loi nouvelle, le législateur déclare *verbatim* que telle ancienne loi est abrogée. Peut servir d'illustration, la loi n° 023-2002 du 18 novembre 2002 portant CJM.[658] Dans l'art. 379 de cette loi, le législateur décide : « Sont abrogés : 1. l'Ordonnance-Loi n° 72-060 du 25 septembre 1972 portant institution d'un Code de Justice Militaire, telle que modifiée et complétée à ce jour ; 2. le Décret-Loi n° 019 du 23 août 1997 portant création de la Cour d'ordre militaire. » Ainsi met-il fin à l'existence du Code de justice militaire qu'il fait éclater en deux codes : le Code judiciaire militaire (CJM) et le Code pénal militaire (CPM), tous les deux entrés en vigueur le 25 mars 2003.[659] Certaines dispositions de ce CJM ont été ultérieurement abrogées par la L.O n° 13/011-B du 11 avril 2013 portant organisation, fonctionnement et compétences des juridictions de l'ordre judiciaire. Il s'agit des art. 123, 125, 127, 280 à 301.[660] En ce qui concerne la Cour

---

[658] In *J.O,* n° spécial, 44e année, 20 mars 2003, pp. 5-70.

[659] Conformément à l'art. 1er du D. n° 032-2003 et à l'art. 1er du D. n° 033-2003 du 18 mars 2003, in *idem*, pp. 109-111.

[660] L'art. 156 de la L.O n° 13/011-B du 11 avril 2013 portant organisation, fonctionnement et compétences des juridictions de l'ordre judiciaire dispose, en effet : « Sont abrogés : 1. l'ordonnance-loi n° 82-020 du 31 mars 1982 portant Code

d'ordre militaire, le législateur apporte cette précision dans l'art. 376 faisant partie également des dispositions transitoires et abrogatoires : « Trente jours après la date d'entrée en vigueur de la présente loi, la Cour d'ordre militaire et le parquet près cette juridiction cesseront définitivement de fonctionner. »

L'abrogation peut être tacite ou expresse, nous l'avons expliqué. Lorsqu'elle est expresse, elle peut être totale ou partielle. Elle est totale si le texte nouveau abroge l'ensemble du texte ancien. Ainsi en est-il précisément du Code judiciaire militaire qui abroge tout l'ancien Code de justice militaire. On peut citer également la L.O n° 06-020 du 10 octobre 2006 portant statut des magistrats qui abroge l'O-L n° 88/056 du 29 septembre 1988 traitant du même objet.[661]

Par contraste, l'abrogation est partielle lorsque le texte nouveau abroge certaines dispositions du texte ancien, en laissant subsister d'autres. Tel est le cas de la loi n° 87-010 du 1er août 1987 portant code de la famille, qui avait expressément abrogé le D. du 4 mai 1895 portant code civil-personnes, à l'exception du titre II traitant des étrangers, issu du D. du 20 février 1891.[662] C'est aussi le cas de la L.O n° 13-010 du 19 février 2013 relative à la procédure devant la Cour de cassation qui se limite à abroger les titres II et IV de l'O-L n° 82-017 du 31 mars 1982 relative à la procédure devant la CSJ.[663] On peut citer également l'art. 2 de la loi n° 15-023 du 31 décembre 2015 modifiant la loi n° 024-2002 du 18 novembre 2002 portant CPM. Cet art. dispose : « Le Titre V et l'article 207 du Titre VIII de la loi n° 024-2002 du 18 novembre 2002 portant Code pénal militaire sont abrogés ».[664]

---

de l'organisation et de la compétence judiciaires, telle que modifiée à ce jour ; sous réserve des dispositions des articles 154 et 155 de la présente loi organique ; 2. l'ordonnance-loi n° 84-023 du 30 mars 1984 relative aux privilèges de juridiction et aux immunités des poursuites des membres des assemblées régionales, des conseillers urbains, des conseillers des zones urbaines et rurales et des conseillers de collectivité ; 3. Les articles 123, 125, 127, 280 à 301 de la loi n° 023-2002 du 18 novembre 2002 portant code judiciaire militaire. »

[661] V. l'art. 91 de cette L.O, in *J.O*, 47e année, n° spécial, 25 octobre 2006.

[662] D. du 4 mai 1895 portant code civil-personnes, in *B.O*, 1895, p. 138 ; *Les Codes Larcier,* T. I, Droit civil et judiciaire, p.73 ; Art. 915 de la loi n° 87-010 du 1er août 1987 portant code de la famille, in *Les Codes Larcier,* T. I, p. 65.

[663] V. l'art. 91 de cette L.O n° 13-010 du 19 février 2013.

[664] In *J.O,* 1ère partie, n° spécial, 29 février 2016, pp. 17-19.

b) La désuétude

La désuétude est l'état d'une loi qui, alors qu'elle n'a pas été expressément abrogée par le législateur, n'a plus trouvé application depuis un temps assez long, car elle est dépassée par l'évolution sociopolitique et est regardée par tout esprit lucide comme une curiosité archaïque. Dit à l'inverse, la loi cesse de s'appliquer lorsqu'elle est tombée en désuétude. Tel est, p. ex., le sort subi par l'art. 155quater du CP qui punit « d'une servitude pénale de six mois à cinq ans, tout officiant qui, lors du baptême d'un adepte congolais, lui conférera une appellation aux consonances étrangères. » Cet art. avait été introduit dans le CP par l'O-L n° 72-039 du 30 août 1972,[665] lorsque le régime politique de l'époque était entré en conflit ouvert avec l'Église catholique et avait interdit à tous les Zaïrois de porter des prénoms chrétiens. Ceux-ci étaient alors remplacés par des noms authentiquement zaïrois, en exécution de la politique dite du recours à l'authenticité. Curieusement, lorsqu'on consulte le Code pénal congolais, publié en 2003 dans *Les Codes Larcier*, de même que la version mise à jour au 30 novembre 2004 et publiée au *J.O.*, 45ième année, numéro spécial du 30 novembre 2004, on retrouve intact cet art. 155quater. Or, depuis le début des années quatre-vingt-dix, avec le lancement du processus de démocratisation et l'organisation de la Conférence nationale souveraine (CNS), les Zaïrois, redevenus Congolais en 1997, ont retrouvé leurs prénoms chrétiens et les nouveaux baptisés le sont avec des prénoms chrétiens, sans que ce fameux art. 155quater ne soit déployé. Celui-ci est donc tombé en désuétude.

Une autre curiosité est l'ord. n° 75-153 du 31 mai 1975 réglementant les heures d'ouverture des débits de boissons et portant interdiction des night-clubs sur toute l'étendue de la République.[666] Cette ord. fixe comme suit les heures d'ouverture des débits de boissons sur tout le territoire de la République : « 1) de 18 heures à 23 heures, du lundi au vendredi, la vente de boissons devant cependant prendre fin dès 22 heures ; 2) le samedi et veille des jours fériés légaux à partir de 18 heures jusqu'au lendemain à 6 heures du matin ; 3) le dimanche et jours fériés légaux à partir de 11 heures du matin jusqu'à 24 heures, la vente de boisson devant cependant prendre fin dès 23 heures. »[667] Elle punit les gérants ou débitants contrevenant à ses dispositions d'une peine de servitude pénale de 6 mois à 5 ans et d'une amende de 100 à 500 zaïres ou d'une de ces peines seulement, l'autorité

---

[665] In *J.O*, 1973, p. 329.

[666] In *J.O*, n°16 du 15 août 1975, p. 927, ; v. aussi *Les Codes Larcier*, T. II, Droit pénal, pp. 159-160.

[667] Art. 1er de cette ord. tel que modifié par l'art. 1er de l'ord. n° 75-154 du 23 juin 1975.

territoriale pouvant, en sus, procéder au retrait de la licence d'exploitation.[668] Il suffit de faire un tour à Matonge à Kinshasa, à toute heure de jour ou de nuit, la semaine ou les week-end et jours fériés, pour constater que cette ord. est allègrement violée. Elle est tombée en désuétude. À moins qu'un jour un OMP courageux daigne la remettre en selle et la faire respecter !

c) La prescription de l'action publique

1°- Définition

Pour bien circonscrire ce mécanisme, il est utile de rappeler brièvement l'entendement du concept *prescription* en droit. Ce mot désigne un laps de temps au terme duquel une situation de fait prolongée génère ou fait perdre un droit. Ainsi parle-t-on, en droit civil, de la prescription acquisitive, lorsqu'une possession continue de la chose crée un droit de propriété sur celle-ci ; ou, à l'inverse, de la prescription extinctive, générant la perte d'un droit resté longtemps non exercé. L'art. 613 du D. du 30 juillet 1888 sur les contrats et les obligations conventionnelles définit précisément la prescription comme étant « un moyen d'acquérir ou de se libérer par un certain laps de temps et sous les conditions déterminées par la loi. »[669]

En droit pénal, il existe deux formes de prescription : la prescription de l'action publique et la prescription de la peine. Cette dernière empêche l'exécution d'une peine qui n'a pas trouvé application après l'écoulement d'un certain délai depuis le prononcé de la sentence. Elle sera examinée plus en profondeur dans la seconde partie de l'ouvrage consacrée à la sanction, au chapitre étudiant les causes de suspension ou d'extinction de la peine. Seule la prescription de l'action publique est analysée ici en tant qu'obstacle au déclenchement des poursuites. Elle consiste, en effet, en ce que, après l'écoulement d'un certain délai défini par la loi sans que ne soient engagées des poursuites pénales contre l'auteur d'une infraction, l'action publique ne peut plus être exercée ; elle s'éteint.

2°- Fondement

La prescription de l'action publique trouve son fondement dans l'idée de l'oubli générant des difficultés de la preuve et le risque d'erreur judiciaire. En effet, après l'écoulement d'un certain temps, la mémoire des témoins de

---

[668] Art. 8, *idem*.

[669] In *B.O*, 1888, p. 109 ; *Les Codes Larcier*, T. I, pp. 149-179, spéc. p. 177.

l'infraction peut s'émousser, voire s'évanouir et les traces matérielles de celle-ci peuvent disparaître. Les difficultés de la preuve qui en découlent entraînent l'augmentation du risque d'erreur judiciaire. La société n'aurait pas d'intérêt à engager des poursuites en pareilles circonstances.

3°- Caractère

La prescription de l'action publique est d'ordre public, en ce sens qu'elle s'impose à tous, non seulement aux juges et aux magistrats du parquet, mais aussi au tiers et au délinquant lui-même qui ne peut pas y renoncer. Elle doit être instruite d'office. Elle peut être soulevée devant toutes les juridictions, à toutes les étapes du procès et même pour la première fois en instance d'appel ou au stade de cassation.

4°- Délais

Ils sont fixés par l'art. 24 du CP qui dispose :

> « L'action publique résultant d'une infraction sera prescrite :
> 1°. après un an révolu, si l'infraction n'est punie que d'une peine d'amende, ou si le maximum de la servitude pénale applicable ne dépasse pas une année ;
> 2°. après trois ans révolus, si le maximum de la servitude pénale applicable ne dépasse pas cinq années ;
> 3°. après dix ans révolus, si l'infraction peut entraîner plus de cinq ans de servitude pénale ou la peine de mort. »

Observons que cet art. 24 fixant ces trois délais de prescription, ne vise que les trois peines principales : la mort, la servitude pénale et l'amende. Il reste silencieux en ce qui concerne l'action publique devant être déclenchée à l'encontre de l'auteur d'une infraction punissable des travaux forcés, comme, p. ex., le détournement des deniers publics.[670] La CSJ a suppléé à cette lacune en argumentant raisonnablement. En effet, elle a relevé que l'action publique est prescrite après dix ans, si l'infraction est punie de la peine la plus grave, à savoir la peine de mort. Partant de ce constat, elle conclut que le détournement, qui est punissable de un à vingt ans de travaux forcés, peine moins grave que la peine de mort, doit logiquement être prescrit après dix ans.[671] Ce raisonnement est tout à fait pertinent, dix ans constituant le délai de prescription le plus long prévu pour les infractions les

---

[670] Art. 145 du CP.

[671] V. CSJ, 12 juin 2000, R.P.44/CR, en cause MP c/Kamitatu Massamba Cléophas, inédit, cité par Nyabirungu, *op. cit.*, p. 445.

plus graves, punissables d'une servitude pénale supérieure à cinq ans ou de la peine de mort.

Ces délais respectifs d'un an, trois ans et dix ans commencent à courir du jour où l'infraction a été commise,[672] ce jour étant compris dans ces délais.[673] Sa détermination dépend du moment précis où l'infraction a été accomplie :

- c'est le jour de sa commission, lorsqu'il s'agit d'une infraction instantanée ;
- c'est le jour où cesse la situation délictueuse, s'il s'agit d'une infraction continue ;
- c'est le jour de l'accomplissement du dernier acte constituant l'habitude, dans le cas d'une infraction d'habitude.[674]

Enfin, il importe de relever une particularité en matière d'infractions douanières où les délais de prescription sont fixés non plus en fonction de la gravité de l'acte infractionnel perpétré, mais bien eu égard à l'accomplissement ou non de certaines formalités douanières requises. Dans ce domaine, le code des douanes prévoit deux délais : trois ans et six ans. En effet, « L'action en recouvrement total ou partiel des droits et taxes est prescrite dans un délai de 3 ans à compter de la date d'enregistrement de la déclaration de marchandises. »[675] Est également prescrite dans ce délai de 3 ans, l'action en répression des infractions douanières « lorsque les marchandises en cause sont couvertes par une déclaration de marchandises dûment enregistrée par le bureau de douane compétent ».[676] En revanche, « lorsque les marchandises en cause n'ont pas fait l'objet d'une déclaration de marchandises dûment enregistrée par le bureau de douane compétent, les actions en recouvrement des droits et taxes et en répression des infractions douanières liées aux dites marchandises sont prescrites dans un délai de 6 ans ».[677]

5°- Interruption

La prescription qui court se trouve interrompue par des actes d'instruction ou de poursuite posés dans les délais légaux. L'art. 26 du CP le prescrit en ces termes :

---

[672] Art. 25 du CP.
[673] Art. 26, al. 2 du CP.
[674] Voir *infra* pp 300, 304-305.
[675] Art. 369-1 de l'O-L n° 10-002 du 20 août 2010 portant code des douanes.
[676] Art. 369-2, *idem*.
[677] Art. 370, *idem*.

« La prescription sera interrompue par des actes d'instruction ou de poursuite faits dans les délais de un, ou trois, ou dix ans, à compter du jour où l'infraction a été commise.

Le jour où l'infraction a été commise est compris dans le délai de la prescription. »

Cette interruption produit, en réalité, deux effets : le premier, tout naturel, consiste à arrêter le cours de la prescription ; le second consiste à effacer le temps passé et à faire démarrer un nouveau délai de prescription, entier, et prenant cours le jour où s'arrêtent les actes d'instruction ou de poursuite interruptifs. Il convient de souligner que ces derniers ne peuvent pas jouer de façon indéfinie. Ils doivent intervenir dans les délais légaux respectifs de un an, trois ans et dix ans, mais ne doivent pas se répéter indéfiniment. Autrement dit, avec cette interruption, le temps de la prescription peut être porté au double, mais ne doit pas dépasser cette limite. Ainsi a-t-il été pertinemment jugé que les interruptions de la prescription ne peuvent jamais avoir pour effet de proroger l'action publique au-delà du double de terme primitif.[678]

L'art. 26 parle bien des actes d'instruction ou de poursuite. Les actes d'instruction sont ceux qui sont accomplis par le magistrat pour mettre l'affaire en état d'être jugé. Ils regroupent la recherche des éléments de preuve de l'existence de l'infraction, la recherche de l'identification de son auteur, la découverte des modes opératoires, l'établissement des modes de participation criminelle, etc. Tandis que les actes de poursuite sont ceux qui tendent à s'assurer de la personne de l'auteur présumé de l'infraction, de la traduire devant les juges en vue de lui faire subir la sanction prévue par la loi. Ont ainsi été considérés comme actes interruptifs de la prescription de l'action publique : l'interrogatoire du prévenu par l'OMP ; l'audition, par ce dernier, d'un témoin ; les mandats de comparution, d'arrêt ou d'amener décernés contre le prévenu ; la réquisition d'information du ministère public ; la demande de ce dernier lancée pour obtenir un extrait du casier judiciaire du prévenu ; la visite domiciliaire ; le dépôt du rapport d'expertise ; l'assignation du prévenu, sur requête du ministère public, en vue de statuer sur l'appel du prévenu ; l'appel régulier du ministère public ; le jugement de condamnation non encore coulé en force de chose jugée.[679]

---

[678] Boma, 2 mars 1909, *Jur. Et.*, II, p. 307 ; Ière Inst. Coq. 30 décembre 1931, *RJCB*, 1932, p. 258, cités par Nyabirungu, *op. cit.*, p. 447.

[679] V. E. Lamy, *Cours de droit pénal général*, UNAZA, 1971-1972, p. 494, cité par Nyabirungu, *op. cit.*, p. 447.

Le code des douanes prévoit également l'interruption de la prescription « par des actes écrits d'instruction ou de poursuite communiqués en bonne et due forme à l'auteur présumé de l'infraction avant l'expiration du délai ».[680] Cependant, si l'action ainsi entamée est interrompue pendant une année, sans introduction d'instance devant les cours et tribunaux, la prescription est acquise irrévocablement, quand bien même le délai initial de 3 ans ou 6 ans, selon le cas, ne serait pas expiré.[681]

6°- Suspension

Un débat a lieu autour de la question de l'existence ou non de la suspension de la prescription de l'action publique en droit congolais. Partant du constat que le CP n'y consacre aucune disposition, certains auteurs ont conclu que la suspension de la prescription n'existe pas en droit congolais.[682] D'autres, par contre, ont soutenu que celle-ci est un principe général du droit qui doit trouver application en droit congolais, p. ex., dans des cas de figure ci-après, donnés en guise d'illustration :

- Lorsqu'on se trouve devant un cas possible de banqueroute, la question préjudicielle d'établir si oui ou non le commerçant est en état de faillite, est suspensive de la prescription tant que le tribunal civil compétent saisi ne l'a pas tranchée.
- Lorsqu'un parlementaire commet une infraction et que l'autorisation de la chambre à laquelle il appartient est requise pour engager des poursuites à son encontre, le fait que celle-ci n'ait pas encore donné cette autorisation est suspensif de la prescription.[683]

Il est vrai que le CP ne contient aucune disposition expresse prévoyant la suspension de la prescription. Mais la Const. de la RDC du 18 février 2006 vient en appui de cette seconde thèse, précisément dans son art. 167, al. 2 qui dispose : « Pour les infractions commises en dehors de l'exercice de leurs fonctions, les poursuites contre le président de la République et le premier ministre sont suspendues jusqu'à l'expiration de leurs mandats. *Pendant ce temps, la prescription est suspendue.* »[684]

---

680 Art. 371-1 de l'O-L n° 10-002 du 20 août 2010 portant code des douanes.
681 Art. 371-2, *idem*.
682 J. Verhaegen, *Cours de droit pénal*, Université Lovanium, 1969-1970, p. 68, cité par Nyabirungu, *op. cit.*, p. 450 ; v. opinion de ce dernier auteur, *idem*, pp. 450-451.
683 G. Mineur, *Commentaire du code pénal congolais*, Larcier, Bruxelles, 1953, p. 105 ; E. Lamy, *idem*, p. 49 ; cités par Nyabirungu, *op. cit.*, p. 450.
684 Phrase relevée en italique par l'auteur.

Cette solution nous semble de bon sens, car ne pas accepter la suspension de la prescription de l'action publique en pareille occurrence équivaudrait à consacrer l'impunité de certains individus, en les plaçant au-dessus de la loi, et en les faisant pratiquement échapper aux poursuites pour des infractions dont la durée de la prescription serait inférieure à la durée de leur mandat. Les immunités dont nous parlons brièvement *infra*, sont conçues et doivent être mises en œuvre pour permettre aux bénéficiaires d'accomplir leurs charges publiques, sans interruption mais honorablement, ce, au profit de la collectivité entière. Elles ne doivent pas être détournées de cette finalité pour consacrer l'impunité de ces derniers ni leur omnipotence.

Dans tous les cas, dans la pratique, les magistrats du parquet, qui sont chargés de rechercher les auteurs des infractions, d'instruire les dossiers judiciaires et d'engager des poursuites, doivent assumer pleinement leur rôle dans la société. Lorsque la commission d'une infraction est portée à leur connaissance, ils doivent poser des actes d'instruction et des poursuites qui, indiscutablement, interrompent le cours de la prescription de l'action publique, et faire diligence afin que, lorsque toutes les conditions sont réunies, la sanction pénale intervienne dans les meilleurs délais, conformément à la loi.

Pour terminer, soulignons que les différentes dispositions contenues dans les art. 24 et s. du CP cités *supra*, sont également applicables devant les juridictions militaires, sous réserve des particularités prévues dans le CPM et le CJM.[685] Parmi ces particularités figurent :
- la prescription de l'action publique résultant de l'insoumission ou de la désertion, laquelle ne commencera à courir qu'à partir du jour où l'insoumis ou le déserteur aura atteint l'âge de cinquante ans ;[686]
- l'imprescriptibilité de l'action publique dans les cas de crimes de génocide, crimes contre l'humanité et crimes de guerre ; de désertion à bande armée, désertion à l'ennemi ou en présence de l'ennemi ; lorsqu'un insoumis ou un déserteur s'est réfugié ou est resté à l'étranger pour se soustraire à ses obligations militaires.[687]

[685] V. l'art. 8 du CPM.
[686] Art. 9 du CPM.
[687] Art. 10 du CPM et 204 du CJM.

d) Les immunités

De manière générale, les immunités sont des privilèges légaux qui mettent certaines personnes, en raison de leur qualité ou de leurs fonctions, à l'abri des poursuites judiciaires. Nous en retenons trois, en guise d'illustration : les immunités politiques, parlementaires et diplomatiques.

1°- Les immunités politiques

Elles sont prévues dans la Const. au profit du chef de l'État, du premier ministre et des membres du gouvernement. En effet, compte tenu de l'importance des fonctions qu'ils exercent, le chef de l'État et le premier ministre ne peuvent pas être poursuivis comme tout autre citoyen et devant n'importe quel tribunal.

D'abord, ils jouissent du privilège de juridiction. Ils ne peuvent être pénalement poursuivis que devant la Cour constitutionnelle.[688] Comme l'explicite l'art. 164 de la Const., « la Cour constitutionnelle est le juge pénal du président de la République et du premier ministre pour des infractions politiques de haute trahison, d'outrage au parlement, d'atteinte à l'honneur ou à la probité ainsi que pour les délits d'initié et pour les autres infractions de droit commun commises dans l'exercice ou à l'occasion de l'exercice de leurs fonctions. Elle est également compétente pour juger leurs co-auteurs et complices. »

Ensuite, le président de la République et le premier ministre jouissent du privilège des poursuites. Ils ne peuvent être poursuivis ni mis en accusation qu'après une décision votée à la majorité des deux tiers des membres du parlement composant le congrès.[689] Ainsi, s'agissant de ces infractions politiques énumérées et définies respectivement dans les art. 164 et 165 de la Const.[690], il est plus exact de parler de l'inviolabilité, plutôt que de

---

[688] Art. 163 de la Const. : « La Cour constitutionnelle est la juridiction pénale du Chef de l'État et du Premier ministre dans les cas et conditions prévus par la Constitution. »

[689] Art. 166 al. 1er de la Const. : « La décision de poursuites ainsi que la mise en accusation du président de la République et du premier ministre sont votées à la majorité des deux tiers des membres du parlement composant le Congrès suivant la procédure prévue par le règlement intérieur. » Art. 167 al. 1er : « En cas de condamnation, le président de la République et le premier ministre sont déchus de leurs charges. La déchéance est prononcée par la Cour constitutionnelle. »

[690] L'art. 165 définissant ces infractions politiques a été cité *supra*, à la p. 137, comme une illustration d'interprétation authentique contextuelle.

l'immunité de ces hautes autorités de l'État. Car, elles demeurent poursuivables, dans les conditions fixées par l'art. 166 al. 1er, et s'il est établi qu'elles ont commis ces crimes, la Cour constitutionnelle les condamne et prononce leur déchéance en application de l'art. 167 al. 1er de la Const.

Il n'y a, en réalité, « immunité » qu'en ce qui concerne les infractions de droit commun commises en dehors de l'exercice de leurs fonctions. En effet, pour ce type d'infractions, les poursuites contre ces deux autorités de l'Exécutif sont suspendues jusqu'à l'expiration de leurs mandats. Pendant ce temps, la prescription de l'action publique est suspendue.[691]

Le même distinguo doit être opéré en ce qui concerne les autres membres du gouvernement. Ceux-ci ne jouissent pas, à proprement parler, d'une immunité pendant l'exercice de leurs fonctions, mais bien d'un privilège de juridiction assorti d'une inviolabilité. Car, lorsqu'ils commettent des infractions, ils peuvent être jugés, en premier et dernier ressort, par la Cour de cassation.[692] Ils jouissent donc du privilège de juridiction devant cette haute instance, privilège qui n'en est d'ailleurs pas un, étant donné que celle-ci les juge en premier et dernier ressort et qu'ainsi, ils perdent le droit à un double degré de juridiction. Cependant, ils bénéficient d'une certaine inviolabilité, puisqu'ils ne peuvent être poursuivis ni mis en accusation que sur décision votée à la majorité absolue des membres composant l'assemblée nationale. S'ils sont mis en accusation, ils présentent leur démission.[693]

2°- Les immunités parlementaires

L'art. 107 de la Const. organise les poursuites contre les parlementaires en distinguant trois cas de figure dont le premier vise véritablement l'immunité, alors que les deux derniers décrivent plutôt l'inviolabilité de ces dignitaires :
1) Le parlementaire jouit d'une immunité totale relativement aux opinions et votes qu'il exprime dans l'exercice de ses fonctions. En clair, il ne peut être poursuivi, recherché, arrêté, détenu ou jugé en raison des opinions ou votes

---

[691] Art. 167 al. 2 de la Const.
[692] V. art. 153, *idem*.
[693] Art. 166 al. 2 et 3 *idem* : « La décision de poursuites ainsi que la mise en accusation des membres du Gouvernement sont votées à la majorité absolue des membres composant l'assemblée nationale suivant la procédure prévue par le règlement intérieur. Les membres du Gouvernement mis en accusation, présentent leur démission. »

émis par lui dans l'exercice de ses fonctions.[694]

2) Lorsqu'un parlementaire commet une infraction alors que les sessions du parlement sont en cours, il ne peut être poursuivi ou arrêté qu'avec l'autorisation de l'assemblée nationale ou du sénat, selon le cas, sauf en cas de flagrant délit. Si donc il est surpris en flagrant délit, il sera poursuivi ou arrêté sans l'autorisation préalable de l'assemblée nationale ou du sénat.

3) Lorsqu'il perpètre une infraction en dehors de sessions parlementaires, il ne pourra être arrêté qu'avec l'autorisation du bureau de l'assemblée nationale ou du Sénat, sauf en cas de flagrant délit, de poursuites autorisées ou de condamnation définitive.[695]

Dans tous les cas, la détention ou la poursuite d'un parlementaire est suspendue si la chambre dont il est membre le requiert. Ainsi, même dans l'hypothèse où les faits seraient flagrants ou réputés tels, si la chambre dont il relève décide, en cours d'instruction de la cause, de suspendre les

---

[694] V. aussi en ce qui concerne : - les députés provinciaux, l'art. 9 de la loi n° 08-012 du 31 juillet 2008 portant principes fondamentaux relatifs à la libre administration des provinces ; - les membres de l'organe délibérant des entités territoriales décentralisées, en l'occurrence les conseillers urbains, communaux, de secteur ou de chefferie, l'art. 120 de la L-O n° 08-016 du 7 octobre 2008 portant composition, organisation et fonctionnement des entités territoriales décentralisées et leurs rapports avec l'État et les provinces ; - les gouverneurs et vice-gouverneurs de province, l'art. 153 de la Const. et l'art. 68 de la loi n° 08-012 du 31 juillet 2008 portant principes fondamentaux relatifs à la libre administration des provinces, in *J.O*, 49e année, 1ère partie, n° spécial, 31 juillet 2008 ; - les autorités coutumières, les art. 10 et 13 du CPP, et l'art. 28 de la loi n° 15-015 du 25 août 2015 fixant le statut des chefs coutumiers ; - les cadres de commandement de l'administration publique, des entreprises publiques, des établissements et services publics, les art. 10 et 13 du CPP, et la circulaire du procureur général de la République n° 3/008/IM/PGR/2011 du 9 mai 2011 relative à l'organisation intérieure des parquets ; - les autorités religieuses, la circulaire du procureur général de la République n° 3/008/IM/PGR/2011 du 9 mai 2011 relative à l'organisation intérieure des parquets ; - les avocats et les médecins, v. notamment la même circulaire.

[695] Art. 107 de la Const. : « Aucun parlementaire ne peut être poursuivi, recherché, arrêté, détenu ou jugé en raison des opinions ou votes émis par lui dans l'exercice de ses fonctions. Aucun parlementaire ne peut, en cours de sessions, être poursuivi ou arrêté, sauf en cas de flagrant délit, qu'avec l'autorisation de l'Assemblée nationale ou du Sénat, selon le cas. En dehors de sessions, aucun parlementaire ne peut être arrêté qu'avec l'autorisation du Bureau de l'Assemblée nationale ou du Bureau du Sénat, sauf en cas de flagrant délit, de poursuites autorisées ou de condamnation définitive. La détention ou la poursuite d'un parlementaire est suspendue si la Chambre dont il est membre le requiert. La suspension ne peut excéder la durée de la session en cours. » V. aussi l'art. 73 de la L.O n° 13-010 du 19 février 2013 relative à la procédure devant la Cour de cassation.

poursuites engagées contre lui et sa détention, cette décision est immédiatement exécutoire. Elle cesse cependant de produire ses effets dès la clôture de la session, ladite suspension ne pouvant excéder la durée de la session en cours.[696]

Dans la pratique, lorsque le procureur général estime devoir traduire un parlementaire, ayant délinqué, devant la Cour, il adresse au préalable un réquisitoire au bureau de la chambre dont fait partie l'inculpé aux fins d'obtenir la levée des immunités et l'autorisation des poursuites. Une fois celle-ci obtenue, il transmet le dossier au premier président pour fixation d'audience. Il fait alors citer le prévenu devant la Cour en même temps que les personnes poursuivies conjointement avec lui, en raison de leur participation à l'infraction commise par le parlementaire ou en raison d'infractions connexes.[697]

Le parlementaire (député national ou sénateur) jouit du même privilège de juridiction que le membre du gouvernement autre que le premier ministre. Il est jugé en premier et dernier ressort par la Cour de cassation, en application de l'art. 153 de la Const.

3°- Les immunités diplomatiques

Elles sont prévues dans la Convention de Vienne sur les relations diplomatiques datée du 18 avril 1961, entrée en vigueur le 24 avril 1964,[698] et ratifiée par la RDC par le D-L du 7 juillet 1965. Elles reposent sur l'idée « qu'une convention internationale sur les relations, privilèges et immunités diplomatiques contribuerait à favoriser les relations d'amitié entre les pays, quelle que soit la diversité de leurs régimes constitutionnels et sociaux », et sur la conviction « que le but desdits privilèges et immunités est non pas d'avantager des individus mais d'assurer l'accomplissement efficace des

---

[696] V. l'art. 107 dernier al. de la Const. ; l'art. 73 dernier al. de la L.O n° 13-010 du 19 février 2013 relative à la procédure devant la Cour de cassation.

[697] Art. 77 de la L.O n° 13-010 du 19 février 2013 relative à la procédure devant la Cour de cassation. V. aussi, O-L n° 84-023 du 30 mars 1984 relative au privilège de juridiction et aux immunités des poursuites des membres des assemblées régionales, des conseillers urbains, des conseillers des zones urbaines et rurales et des conseillers de collectivité, in *J.O*, n° 8 du 15 avril 1984, p. 8, et in *Les Codes Larcier*, T. I, p. 358 ; cette O-L n° 84-023 du 30 mars 1984 a été abrogée par l'art. 156 de la L.O n° 13-011-B du 11 avril 2013 portant organisation, fonctionnement et compétences des juridictions de l'ordre judiciaire.

[698] V. Nations Unies, *Recueil des Traités,* vol. 500, p. 95 ; également accessible sur le lien *http://legal.un.org/ilc/texts/instruments/french/conventions/9_1_1961.pdf,* que nous avons consulté le mercredi 20.03.2019 à 10h50, heure de Paris.

fonctions des missions diplomatiques en tant que représentants des États ».[699] À cette fin, cette Convention contient des dispositions relatives à l'inviolabilité et à l'immunité des agents diplomatiques ainsi que des membres de leurs familles.

Consacrant précisément l'inviolabilité de l'agent diplomatique, l'art. 29 prescrit que celui-ci « ne peut être soumis à aucune forme d'arrestation ou de détention. L'État accréditaire le traite avec le respect qui lui est dû, et prend toutes mesures appropriées pour empêcher toute atteinte à sa personne, sa liberté et sa dignité. » Sa demeure privée jouit de la même inviolabilité et de la même protection que les locaux de la mission. Ses documents, sa correspondance et, sous réserve du § 3 de l'art. 31, ses biens jouissent également de l'inviolabilité.[700] C'est justement cet art. 31 qui prévoit son immunité le soustrayant de la compétence de juridictions pénales de l'État accréditaire. Il dispose, en effet :

> « 1. L'agent diplomatique jouit de l'immunité de la juridiction pénale de l'État accréditaire. Il jouit également de l'immunité de sa juridiction civile et administrative, sauf s'il s'agit :
> a) D'une action réelle concernant un immeuble privé situé sur le territoire de l'État accréditaire, à moins que l'agent diplomatique ne le possède pour le compte de l'État accréditant aux fins de la mission ;
> b) D'une action concernant une succession, dans laquelle l'agent diplomatique figure comme exécuteur testamentaire, administrateur, héritier ou légataire, à titre privé et non pas au nom de l'État accréditant ;
> c) D'une action concernant une activité professionnelle ou commerciale, quelle qu'elle soit, exercée par l'agent diplomatique dans l'État accréditaire en dehors de ses fonctions officielles. »[701]

En vertu de cette immunité, l'agent diplomatique ne peut pas être obligé de donner son témoignage devant les juridictions de l'État accréditaire.[702] Ne peuvent donc pas lui être appliquées, les dispositions contraignantes et punitives des art. 19 et 78 du CPP.[703] Bien plus, aucune mesure d'exécution

---

[699] V. Préambule de cette Convention.
[700] Art. 30 de ladite Convention.
[701] Art. 31-1, *idem*.
[702] Art. 31-2, *idem*.
[703] Ces dispositions étant similaires, limitons-nous à citer ici l'art. 78 du CPP dont voici le libellé : « Le témoin qui, sans justifier d'un motif légitime d'excuse, ne comparaît pas, bien que cité régulièrement, ou qui refuse de prêter serment ou de déposer quand il en a l'obligation, peut, sans autre formalité ni délai et sans appel, être condamné à une peine d'un mois de servitude pénale au maximum et à une amende qui n'excédera pas mille francs, ou à l'une de ces peines seulement. Dans tous les cas, le tribunal peut, en outre, ordonner que les témoins seront contraints à

ne peut être prise à son égard, sauf dans les cas prévus aux alinéas a), b) et c) du paragraphe 1 ci-dessus, et pourvu que cette exécution puisse se faire sans qu'il soit porté atteinte à l'inviolabilité de sa personne ou de sa demeure.[704] Cependant, l'immunité de juridiction dont il jouit dans l'État accréditaire n'a pas pour vocation de faire échapper l'agent diplomatique à toutes poursuites judiciaires. Elle ne l'exempte pas de la juridiction de l'État accréditant[705] qui peut même décider d'y renoncer de façon expresse.[706]

Il convient aussi de relever que l'agent diplomatique qui a la nationalité de l'État accréditaire ou y a sa résidence permanente ne bénéficie de l'immunité de juridiction et de l'inviolabilité que pour les actes officiels accomplis dans l'exercice de ses fonctions, à moins que ce dernier ne lui ait accordé des privilèges et immunités supplémentaires.[707]

Cette convention de Vienne reconnaît les mêmes privilèges et immunités aux membres de la famille de l'agent diplomatique faisant partie de son ménage et n'étant pas ressortissants de l'État accréditaire ;[708] ainsi qu'aux membres du personnel administratif et technique de la mission, pour les actes accomplis dans l'exercice de leurs fonctions, et aux membres de leurs familles faisant partie de leurs ménages respectifs, à condition qu'ils ne soient pas ressortissants de l'État accréditaire ou n'y aient pas leur résidence permanente, et avec cette réserve que l'immunité de la juridiction civile et administrative de l'État accréditaire mentionnée au § 1 de l'art. 31 ne

---

venir donner leur témoignage. La servitude pénale subsidiaire à l'amende, ainsi que la contrainte par corps pour le recouvrement des frais, ne peuvent excéder quatorze jours. Le témoin condamné pour défaut de comparution qui, sur une seconde citation ou sur mandat d'amener, produira des excuses légitimes, pourra être déchargé de la peine. »

[704] Art. 31-3, de ladite Convention.

[705] Art. 31-4, *idem* : « L'immunité de juridiction d'un agent diplomatique dans l'État accréditaire ne saurait exempter cet agent de la juridiction de l'État accréditant. »

[706] Art. 32, *idem* : « 1. L'État accréditant peut renoncer à l'immunité de juridiction des agents diplomatiques et des personnes qui bénéficient de l'immunité en vertu de l'article 37. 2. La renonciation doit toujours être expresse. 3. Si un agent diplomatique ou une personne bénéficiant de l'immunité de juridiction en vertu de l'article 37 engage une procédure, il n'est plus recevable à invoquer l'immunité de juridiction à l'égard de toute demande reconventionnelle directement liée à la demande principale. 4. La renonciation à l'immunité de juridiction pour une action civile ou administrative n'est pas censée impliquer la renonciation à l'immunité quant aux mesures d'exécution du jugement, pour lesquelles une renonciation distincte est nécessaire. »

[707] Art. 38-1, *idem.*

[708] Art. 37-1, *idem.*

s'applique pas aux actes accomplis en dehors de l'exercice de leurs fonctions.[709] S'agissant des autres membres du personnel de la mission et des domestiques privés qui sont ressortissants de l'État accréditaire ou qui y ont leur résidence permanente, ils ne bénéficient des privilèges et immunités que dans la mesure où cet État les leur reconnaît. Toutefois, l'État accréditaire doit exercer sa juridiction sur ces personnes de façon à ne pas entraver d'une manière excessive l'accomplissement des fonctions de la mission.[710]

B- LES FAITS JUSTIFICATIFS

Les faits justificatifs ou les causes de justification sont des circonstances objectives, indépendantes de la volonté de l'agent, qui rendent licite ou conforme au droit et donc non punissable un acte normalement infractionnel, parce que son auteur a agi sur injonction ou sur permission de la loi. Ils sont objectifs car ils opèrent *in rem*, en ce sens qu'ils font disparaître l'infraction elle-même et justifient donc non seulement son auteur mais aussi tous les coauteurs et complices. C'est cette caractéristique qui distingue les faits justificatifs des causes de non-responsabilité que sont notamment l'erreur invincible, la démence et la contrainte. En effet, celles-ci ont un caractère subjectif, puisqu'elles ne suppriment pas l'infraction, mais uniquement la possibilité de l'imputer à celui qu'elle concerne, de sorte que, p. ex., les complices d'un dément peuvent être poursuivis et sanctionnés. Nous y reviendrons lorsque nous étudierons les protagonistes de l'infraction, plus précisément l'un d'entre eux, à savoir l'auteur de l'acte.

Le droit pénal congolais reconnaît l'existence de trois causes de justification : l'ordre de la loi ou le commandement de l'autorité légitime, la légitime défense, et l'état de nécessité.

a) L'ordre de la loi ou le commandement de l'autorité légitime.

1°- Approche explicative

1) Certains agissements infractionnels peuvent être justifiés et cessent donc d'être des infractions lorsque leur auteur a reçu de la loi l'ordre, l'injonction ou l'autorisation de les accomplir ; ou encore lorsque leur auteur n'a fait qu'exécuter un ordre reçu de son supérieur légitime et donné conformément à la loi. Ainsi, un OPJ qui procède à une perquisition domiciliaire en exécution d'un mandat de justice ne peut pas être poursuivi pour violation de

---

[709] Art. 37-2 et 3, *idem.*

[710] Art. 38-2, *idem.*

domicile[711] ; un bourreau qui exécute un condamné à mort sur ordre des autorités judiciaires ne peut pas être poursuivi pour meurtre[712] ; un OPJ qui procède à une saisie légale ne peut pas être poursuivi pour vol ; de même ne répondra pas de l'infraction d'arrestation arbitraire ou de détention illégale un agent de l'autorité qui arrête ou détient un délinquant en cas de flagrant délit ou en exécution d'un mandat de justice[713], etc.

2) Dans l'expression « ordre de la loi », le mot loi doit être entendu dans son sens formel. Il s'agit de la loi formelle, c'est-à-dire de l'acte du pouvoir législatif ayant pour objet une disposition pénale. Exceptionnellement, un règlement peut être assimilé à la loi à condition que celui-ci ne fasse qu'aménager la portée d'une loi par délégation de cette dernière. Il doit donc s'agir d'un règlement pris en exécution d'une loi. À part les règlements pris par délégation légale, tous les autres règlements et toutes les circulaires de l'Administration n'ont aucune valeur justificative. Autrement dit, tout règlement autre que celui pris par délégation de la loi et toute circulaire administrative qui ordonnent un agissement réprimé par la loi sont eux-mêmes illégaux et ne sauraient donc être invoqués comme faits justificatifs.

L'expression « commandement de l'autorité légitime » mérite aussi d'être expliquée. Par autorité légitime, il faut, en effet, entendre une autorité publique, civile ou militaire. Ainsi, une infraction commandée par un chef de famille ne peut pas être justifiée, car celui-ci est une autorité privée. C'est le cas, p. ex., d'un père qui ordonne à son fils de blesser son condisciple ou d'un mari qui donne un ordre semblable à sa femme ; ou encore d'un patron d'une entreprise privée qui commande tel fait à son préposé. Cette autorité légitime, qui doit être publique, doit en outre être compétente. On voit ainsi que ce fait justificatif sous examen est soumis à certaines conditions qu'il importe de systématiser.

---

[711] V. notamment l'art. 114 de l'Ord. n° 78-289 du 3 juillet 1978 relative à l'exercice des attributions d'officier et agent de police judiciaire près les juridictions de droit commun, in *J.O,* n° 15 du 1er août 1978, p. 7, in *Code judiciaire zaïrois*, p. 202; v. aussi l'art. 5 du CPP.

[712] V. l'arrêté du gouverneur général du 9 avril 1898 sur les exécutions capitales modifié par l'ord. n° II/37 du 24 janvier 1948, in *B.A*, p. 423.

[713] Art. 3 de l'O-L n° 78-001 du 24 février 1978 relative à la répression des infractions flagrantes, in *J.O,* n° 6 du 15 mars 1978, p. 15.

2° Les conditions de validité de l'ordre de la loi ou du commandement de l'autorité légitime

Pour que les actes commis soient justifiés par la loi ou le commandement de l'autorité légitime, ils doivent répondre aux conditions de la légalité élémentaire et de la régularité formelle.

1) La « légalité élémentaire » existe « lorsque les actes demeurent dans les limites de l'utile, du strict nécessaire et du proportionné. »[714] *A contrario*, ne peut pas être justifié, p. ex., un bourreau qui, avant d'exécuter un condamné à mort, prend un malin plaisir à le soumettre à la torture ; ou un serrurier réquisitionné qui, au lieu de se limiter à forcer la porte, détruit un mur de la maison ; ou encore un OPJ muni d'un mandat de perquisition qui, au lieu de se limiter à perquisitionner le domicile, se livre à d'autres activités criminelles (viol, destruction…)

2) La « régularité formelle » est réunie « lorsque les actes sont le fait d'une personne ayant qualité pour agir, et sont posés selon la forme prescrite et dans le cas prévu par la loi. »[715]

3°- La question de l'illégalité de l'ordre du supérieur hiérarchique

Le commandement de l'autorité légitime soulève un problème fondamental, celui de son illégalité. Quelle solution adopter, en effet, lorsque l'agent a reçu de son supérieur hiérarchique un ordre illégal ? Si l'on se place du côté de celui qui a donné l'ordre illégal, c'est-à-dire de l'autorité, la solution est aisée à trouver. Car aucune autorité, quel que soit son niveau dans la hiérarchie, ne peut ordonner impunément ce qui est prohibé par la loi. Elle devra répondre à la fois pénalement et civilement des conséquences découlant de l'exécution de son ordre illégal. Elle sera considérée et traitée comme l'auteur intellectuel de l'infraction. Le problème est plus complexe lorsqu'on se situe du côté de l'agent qui exécute l'ordre illégal. Doit-il refuser de l'appliquer ? Doit-il au contraire en assurer l'exécution quitte à se réfugier derrière le fait justificatif que constitue précisément l'ordre reçu de l'autorité ? Pour répondre à ces interrogations, trois systèmes de solution ont été proposés par la doctrine : le système de l'obéissance passive, le système de l'obéissance raisonnée et le système intermédiaire.[716]

---

[714] J. Verhaegen, cité par Nyabirungu mwene Songa, *op.cit.*, p. 198. Mots mis en gras et en italique par nous.

[715] Nyabirungu mwene Songa, *idem*, p. 199. Mots mis en gras et en italique par nous.

[716] V. J. Pradel, *Droit pénal général*, 21e éd., n° 350, p. 309.

1) Le système de l'obéissance passive veut que l'agent obéisse toujours aux ordres du supérieur. S'il n'exécute pas l'ordre reçu, il est poursuivi et sanctionné pour refus d'obéissance. Si, en exécutant l'ordre reçu, il commet une infraction, il ne peut pas être puni, car son acte est justifié par le commandement de l'autorité. Ce système a été jugé dangereux puisqu'il consacre l'irresponsabilité des agents sous les ordres et peut conduire à des abus les plus monstrueux. Il est aujourd'hui rejeté.

2) Le système de l'obéissance raisonnée ou des « baïonnettes intelligentes » est venu corriger le précédent mais tout en tombant lui-même dans l'abus inverse. Il impose, en effet, au subordonné l'obligation d'apprécier le caractère légal ou illégal de l'ordre reçu. Le subordonné ne peut exécuter qu'un ordre légal. S'il exécute un ordre illégal, il ne peut pas être justifié. S'il refuse d'exécuter un ordre illégal, il ne peut pas être poursuivi pour refus d'obéissance. Ce système, en apparence satisfaisant, est en réalité également dangereux, car il n'est pas intelligent d'exiger de tout subordonné l'appréciation de la légalité de tout ordre donné par son supérieur ; ce serait compromettre la discipline et favoriser l'anarchie. D'où également sa mise à l'écart.

3) Le système intermédiaire, comme l'indique son nom, propose une solution médiane, celle qui consiste à distinguer l'illégalité manifeste de l'illégalité non manifeste. Lorsque l'illégalité de l'ordre n'est pas manifeste, l'agent qui l'exécute sera justifié et ne pourra pas être pénalement sanctionné. En revanche, si l'illégalité de l'ordre est manifeste, c'est-à-dire évidente ou éclatante, le subordonné n'est pas tenu de l'exécuter. Autrement dit, l'ordre manifestement illégal n'est pas une cause de justification. L'agent qui reçoit un ordre manifestement illégal n'est pas obligé d'obtempérer. S'il l'exécute, il engage sa responsabilité, aussi bien au plan pénal que civil. C'est cette solution qui est consacrée dans l'art. 28 de la Const. de la RDC qui dispose :

> « Nul n'est tenu d'exécuter un ordre manifestement illégal. Tout individu, tout agent de l'État est délié du devoir d'obéissance, lorsque l'ordre reçu constitue une atteinte manifeste au respect des droits de l'homme et des libertés publiques et des bonnes mœurs.
>
> La preuve de l'illégalité manifeste de l'ordre incombe à la personne qui refuse de l'exécuter. »[717]

[717] Art. 28 de la Const. V. aussi l'art. 122-4, al. 2 du CPF : « N'est pas pénalement responsable la personne qui accomplit un acte commandé par l'autorité légitime, *sauf si cet acte est manifestement illégal.* »

Cette prescription est claire. La personne qui prouve que l'ordre qui lui a été donné est manifestement illégal, et qui refuse de l'exécuter pour cette raison, ne doit pas être poursuivie ni condamnée pour désobéissance ou insubordination. Si elle exécute cet ordre manifestement illégal, elle engage sa responsabilité. Elle ne pourra donc pas invoquer cet ordre comme fait justificatif. Elle sera poursuivie et sanctionnée pour des actes infractionnels commis en exécution de cet ordre manifestement illégal, sauf si elle prouve qu'elle a agi sous l'empire de la contrainte morale. Il y a contrainte morale si l'autorité hiérarchique accompagne son ordre manifestement illégal d'une menace de sanction (pendaison ou mise à mort par balle, révocation, retenue salariale, arrestation…). Dans cette hypothèse, l'agent exécutant invoquera et pourra bénéficier de cette circonstance qui, nous le verrons, est une cause d'irresponsabilité ou de non-imputabilité. S'il est poursuivi et arrive à prouver cet élément, il ne pourra pas être condamné, non pas parce qu'il est justifié, mais parce que l'acte qu'il a posé ne peut pas lui être imputé : il a agi sous la contrainte.

Le principe énoncé dans l'art. 28 de la Const. est mis en œuvre par le législateur dans la loi n° 06-018 du 20 juillet 2006 qui consacre le principe du défaut de pertinence de la qualité officielle et de l'ordre hiérarchique en matière d'infractions relatives aux violences sexuelles. L'art. 1er de cette loi introduit, en effet, dans le CP deux dispositions nouvelles ainsi libellées :

> « La qualité officielle de l'auteur d'une infraction relative aux violences sexuelles ne peut en aucun cas l'exonérer de la responsabilité pénale ni constituer une cause de diminution de la peine. »[718]
> « L'ordre hiérarchique ou le commandement d'une autorité légitime civile ou militaire n'exonère nullement l'auteur d'une infraction relative aux violences sexuelles de sa responsabilité ».[719]

Il faut donc comprendre que tout ordre hiérarchique ou tout commandement de l'autorité civile ou militaire incitant à la commission d'une infraction relative aux violences sexuelles est manifestement illégal. Le subordonné recevant un tel ordre ne doit pas l'exécuter. S'il l'exécute, il engage sa responsabilité pénale, car son acte n'est pas justifié. S'il ne l'exécute pas, il ne doit pas être poursuivi pour insubordination ou refus d'obéissance, car l'ordre en cause est manifestement illégal. Le donneur d'ordre lui-même est également pénalement et civilement responsable. Il sera sanctionné quelle que soit sa qualité officielle.

---

[718] Art. 42bis du CP introduit par l'art. 1er de la loi n° 06-018 du 20 juillet 2006 modifiant et complétant le D. du 30 janvier 1940 portant CPC.
[719] Art. 42ter du CP introduit par le même art. 1er de la loi du 20 juillet 2006.

Cette solution concorde avec les prescriptions contenues dans certaines conventions internationales qui rendent inopérant l'ordre qu'un supérieur donne à son subordonné pour commettre des actes qualifiés de crimes contre l'humanité. Il en est ainsi, p. ex., de la Convention contre la torture et autres peines ou traitements cruels, inhumains ou dégradants dont l'art. 2 dispose :

> « 1. Tout État partie prend des mesures législatives, administratives, judiciaires et autres mesures efficaces pour empêcher que des actes de torture soient commis dans tout territoire sous sa juridiction.
> 2. Aucune circonstance exceptionnelle, quelle qu'elle soit, qu'il s'agisse de l'état de guerre ou de menace de guerre, d'instabilité politique intérieure ou de tout autre état d'exception, ne peut être invoquée pour justifier la torture.
> 3. L'ordre d'un supérieur ou d'une autorité publique ne peut être invoqué pour justifier la torture. »

De même, l'art. 33 du Statut de Rome de la CPI traitant de l'« ordre hiérarchique » et de l'« ordre de la loi », explicite :

> « 1. Le fait qu'un crime relevant de la compétence de la Cour a été commis sur ordre d'un gouvernement ou d'un supérieur, militaire ou civil, n'exonère pas la personne qui l'a commis de sa responsabilité pénale, à moins que : a) Cette personne n'ait eu l'obligation légale d'obéir aux ordres du gouvernement ou du supérieur en question ; b) Cette personne n'ait pas su que l'ordre était illégal ; et c) L'ordre n'ait pas été manifestement illégal.
> 2. Aux fins du présent article, l'ordre de commettre un génocide ou un crime contre l'humanité est manifestement illégal. »

La loi n° 15-022 du 31 décembre 2015, ayant harmonisé le droit pénal congolais avec le Statut de la CPI, [720] a introduit dans le CP congolais les articles 23*quater* et *quinquies* reprenant ainsi la substance de ces dispositions statutaires :

> « Article 23*quater*
> Le fait qu'une des infractions visées par le titre IX relatif aux crimes contre la paix et la sécurité de l'humanité a été commise sur ordre d'un gouvernement ou d'un supérieur, militaire ou civil, n'exonère pas son auteur de sa responsabilité pénale.
> Article 23*quinquies*
> L'ordre de commettre un génocide, un crime contre l'humanité ou un crime de guerre est manifestement illégal ».

[720] Loi n° 15-022 du 31 décembre 2015 modifiant et complétant le D. du 30 janvier 1940 portant CP, in *J.O*, 1ère partie, n° spécial, 29 février 2016, pp 1-17.

4°- L'incidence de l'ordre de la loi ou du commandement de l'autorité légitime sur la responsabilité civile de l'agent

L'ordre de la loi ou le commandement de l'autorité légitime, non manifestement illégal, répondant aux conditions de la légalité élémentaire et de la régularité formelle, effacent à la fois la responsabilité pénale et la responsabilité civile. Comme l'écrivent Merle et Vitu, « l'ordre de la loi et le commandement de l'autorité sont inconciliables avec la notion de faute civile : aucune faute ne peut être logiquement imputée à celui qui exécute sans excès son devoir d'obéissance. »[721] Il est bien évident que l'autorité qui a donné un ordre illégal doit répondre pénalement et civilement de toutes les conséquences découlant de l'exécution de son ordre.

Le jugement rendu au premier degré par le TGI du Nord-Kivu, siège secondaire de Butembo, le 26 octobre 2005, soulève quelques questions relativement à ce fait justificatif. Ce tribunal se prononçait sur trois affaires jointes référencées RP 741/742/743 opposant le ministère public et les parties civiles madame Kavugho Sikuyote (RP 741), monsieur Balitenge Wangahemuka (RP 742) et monsieur Sikuyote Ngovi (RP 743), à monsieur Ntabashwa Ghislain, Greffier au TGI, SS de Butembo, Kakule Sikuliwahali Clautienne, cultivateur à Vwuimbi, et Kambale Raïs Sikuliwahali, résidant à Vwuimbi.

Ces trois prévenus étaient poursuivis, pour des faits infractionnels d'arrestation arbitraire, de violation de domicile, de vol, d'extorsion et de destruction méchante prévus et punis respectivement par les art. 67, 69, 79, 84 et 110 du CP livre II. En effet, en date du 16 septembre 2004 vers 3h00' du matin, les trois cités, accompagnés d'une troupe de 20 militaires et des civils, avaient assiégé la parcelle des requérants, s'étaient introduits dans la maison où ils avaient procédé à l'arrestation de madame Kavugho Sikuyote après lui avoir infligé des soufflets, lui avaient extorqué une importante somme d'argent, avaient volé de l'argent et des biens de valeur appartenant à monsieur Balitenge Wangahemuka. Le lendemain matin, ils avaient détruit la maison des requérants en cassant portes, fenêtres, tôles, mur, cuisine et lieu d'aisance. Par la suite, ils avaient détenu madame Kavugho Sikuyote et monsieur Sikuyote Ngovi pendant plusieurs jours dans l'amigo de la commune Kimemi à Butembo, puis dans la prison de Kakwangura où ils n'avaient été libérés qu'après paiement d'une caution.

---

[721] Merle et Vitu, *op. cit.*, 1997, n° 441. V. aussi, Boma, 19 mars 1901, *Jur. Et.*, I, p. 117.

Pour tous ces faits, les victimes ont sollicité du tribunal de condamner les prévenus *in solidum* à la réparation intégrale des préjudices qu'elles avaient subis, en l'occurrence à la restitution en nature ou par équivalent de tous les biens extorqués, volés ou détruits, et au paiement des dommages-intérêts.

Dans leur défense, les prévenus ont prétendu que l'infraction de destruction méchante des maisons ne pouvait pas être retenue à leur encontre car ils avaient agi sur ordre de la loi. En effet, arguaient-ils, ils n'avaient fait que procéder à l'exécution du jugement RC 9562 rendu par le TGI du Nord Kivu à Goma au bénéfice de Kambale Rahisi, lequel jugement ordonnait la démolition des maisons des adversaires de ce dernier et de quiconque se trouvant sur les lieux. En réponse à cette prétention, les citants ont souligné qu'ils n'étaient pas parties à ce jugement et que leurs maisons étaient bâties sur une colline dénommée Kikole, autre que celle concernée par le jugement vanté, située, elle, sur la colline Kalungu/Kitssombiro, à 2 kilomètres de Kikole.

En ce qui concerne les infractions d'extorsion, de vol, d'arrestation arbitraire et de violation de domicile, les prévenus ont également plaidé non coupables, car, ont-ils soutenu, ces infractions auraient été commises lors de l'arrestation des citants par l'agent de police judiciaire Mweze, porteur des mandats d'amener du 9 et 10 juillet 2004 émis par le RMP 1214/CP/GIM Route, et qu'aucune preuve n'avait été administrée à leur charge durant l'instruction juridictionnelle.[722]

Après analyse, l'instance saisie se prononça ainsi :

« Le Tribunal, examinant les faits, admet avec les cités que lorsque les citants reprochent aux prévenus Ntabashwa, Kakule Sikuliwahali et Kambale Rahisi, le fait que leurs habitations aient été violées et détruites ou qu'ils aient été arrêtés arbitrairement ou enfin que leurs biens aient été extorqués, ils méconnaissent, en réalité, l'effet d'un jugement ayant ordonné la démolition des maisons de la partie succombante au procès et de ceux qui se trouvent de ce fait sur le terrain querellé ;

Le tribunal est d'avis avec le prévenu Ntabashwa que celui-ci n'a pas commis de violation de domicile dès l'instant qu'il est prouvé qu'il était porteur d'un jugement RC 9562 constitutif d'un ordre de la loi pour pénétrer contre la volonté de

---

[722] TGI du Nord-Kivu, SS de Butembo, Jugement du 26 octobre 2005, RP 741/742/743, *En cause Ministère public et parties citantes madame Kavugho Sikuyote (RP 741), monsieur Balitenge Wangahemuka (RP 742) et monsieur Sikuyote Ngovi (RP 743) C/ Ntabashwa Ghislain, Kakule Sikuliwahali Clautienne et Kambale Raïs Sikuliwahali*, in *Horizons*, Revue de Droit et de Science politique de l'Université catholique de Graben, CEJA (Centre d'études juridiques appliquées), n° 1, Butembo (RDC), décembre 2005, pp. 86-100.

l'occupant dans une maison surtout que les témoignages concordent que c'est pendant la journée que les demeures des citants ont été détruits, c'est-à-dire à une heure autorisée par la loi de procédure d'exécution des jugements ;

Le tribunal relève également que le nommé Simisi, présenté par les citants comme leur vendeur des parcelles est parent au sieur Syauswa Kitahangwa Médard, partie succombante dans le RC 9562 exécuté par l'agent Ntabashwa Ghislain en date du 16 septembre 2004 ;

Le tribunal relève ensuite que les arrestations des citants sont l'œuvre de l'agent Mweze du parquet, lui-même porteur et exécutant des mandats d'amener du 09 et 10 juillet 2004 émis dans le RMP 1214/CP/GIM/Rte par l'officier du Ministère Public ;

De plus, il demeure non moins évident que les destructions des maisons des citants devaient arriver car réclamées dans le dispositif du jugement RC 9562… ;

Le tribunal constate que les extorsions, si extorsions il y a eu, sont l'œuvre des militaires ayant accompagné l'agent de police judiciaire Mweze lors de l'exécution des mandats d'amener prérappelés ; D'où les cités sont innocents ;

Quant au vol des biens des citants, ce qui vient d'être dit pour l'extorsion vaut autant pour le vol ;

Au demeurant, il y a lieu de constater qu'en cette date du 16 septembre 2004, deux missions de justice ont été remplies par, d'un côté, Ntabashwa Ghislain, en ce qui concerne la démolition des maisons des citants suivant le jugement RC9562 et, de l'autre, l'arrestation des citants conformément aux mandats d'amener du 09 et 10 juillet 2004 émis dans le RMP 1214/CP/GIM/Rte.

De ce qui précède, la culpabilité ou même l'imputabilité des cités n'étant pas prouvée, ceux-ci seront purement et simplement acquittés… »[723]

La motivation de ce jugement laisse des zones d'ombre qui n'établissent pas suffisamment la régularité formelle de l'exécution du jugement RC 9562 constitutif d'un ordre de la loi. Elle ne rencontre pas clairement deux arguments majeurs des parties citantes selon lesquels : 1°) elles n'étaient pas parties à ce jugement ; et 2°) leurs maisons détruites, étaient bâties sur la colline Kakule, située à 2 kilomètres de la colline Kalungu/Kitssombiro, visée dans ce jugement.

La motivation ne rencontre pas non plus la prétention des citants affirmant que les prévenus étaient arrivés sur les lieux des faits à 3 heures du matin, même si la destruction avait eu lieu pendant la journée. De même, elle se limite à constater qu'à la même date ont été accomplies deux missions judiciaires, l'une d'exécution d'un jugement, l'autre d'exécution des mandats d'amener concernant les mêmes personnes, sans s'interroger sur la régularité de ces exécutions ; sans se poser des questions ni clarifier sa religion sur la présence des militaires lors de ces opérations judiciaires. Dans sa Note d'observation sur ce jugement, maître Pascal Kambale écrit :

---

723 *Idem*, pp. 98-99.

« Comment a-t-il échappé au tribunal de remarquer l'heure à laquelle le jugement civil a été prétendument exécuté par le greffier Ntabashwa, élément qui aurait pu suffire à sceller le sort de cette affaire ? Les trois personnes poursuivies dans cette affaire n'ont pas contesté s'être présentées vers 3 heures du matin pour prétendument exécuter le jugement civil RC 9562. Elles n'ont pas non plus contesté avoir fait procéder à l'arrestation de Mme Sikuyote et du préfet d'école Ngovi à cette même heure. Une exécution de jugement qui se fait à des heures aussi tardives de la nuit est forcément illégale. Toute arrestation, même en vertu d'un mandat régulier, opérée à pareilles heures de la nuit est forcément illégale.

En l'occurrence, il n'était même pas certain que les personnes arrêtées étaient parties au jugement civil qu'il s'agissait d'exécuter. Les allégations non contestées des parties citantes tendent à faire croire qu'elles n'étaient ni parties au procès civil RC 9562, ni au courant de l'existence du jugement à exécuter contre elles. Il ne semble donc pas que ce jugement ait été régulièrement signifié, étape préalable à toute exécution forcée. Dans ces circonstances, il n'y avait aucune possibilité d'échapper à la conclusion que ce 16 septembre 2004 à 3 heures du matin, un greffier du tribunal de grande instance de Butembo s'est rendu coupable de violation de domicile, d'arrestations arbitraires et qu'un agent de parquet a fait procéder à des destructions méchantes. »[724]

Il faut donc retenir que pour être justifié, il ne suffit pas que l'acte ait été posé sur ordre de la loi ou le commandement de l'autorité légitime, encore faut-il qu'il l'ait été conformément aux formes prévues par la loi. S'agissant, en l'occurrence, des visites domiciliaires, conformément à l'art. 22 du CPP, celles-ci ne peuvent pas commencer avant cinq heures du matin ni après vingt et une heure, sauf autorisation du président du tribunal de grande instance.

b) La légitime défense

1°- Définition

La légitime défense peut être définie comme « l'emploi direct et nécessaire de la violence pour repousser une agression injuste qui se commet ou qui va se commettre contre sa propre personne ou la personne d'autrui »[725], ou contre ses biens. Elle est considérée comme un cas particulier de l'état de nécessité qui sera examiné dans le point c), puisque l'agent se trouve devant une alternative : soit il subit ou laisse subir une agression, soit il la repousse en infligeant un coup ou une lésion à l'agresseur. Cependant, pour que la légitime défense soit retenue, quelques conditions doivent être réunies.

---

[724] Pascal Kambale, « Note d'observation », in *idem*, p. 102.

[725] Nyabirungu mwene Songa, *op. cit.*, p. 189.

2°- Les conditions d'existence de la légitime défense

Elles peuvent être regroupées en deux séries : d'un côté les conditions relatives à l'acte d'agression, de l'autre les conditions relatives à la riposte ou à l'acte de défense.

1) Les conditions relatives à l'acte d'agression

Elles sont au nombre de trois :

1-1) L'agression doit être actuelle ou imminente. En effet, il importe que la défense soit simultanée à l'agression. Si l'attaque est déjà passée, il n'y a plus légitime défense mais vengeance ou règlement privé des comptes. Ainsi, p. ex., dépasse les limites de la légitime défense et ne sera pas justifié, celui qui frappe mortellement un voleur au moment où celui-ci prend la fuite et ne manifeste aucune intention agressive.[726] La légitime défense ne se ramène donc pas à la vengeance privée, car celle-ci est interdite par le principe selon lequel nul ne peut se faire justice à soi-même. La victime d'une attaque passée ne doit pas se venger. Il doit s'en référer aux organes judiciaires compétents pour réclamer justice.

Si l'agression est lointaine ou future ou encore éventuelle - résultant d'une menace, p. ex.-, l'agent ne peut pas recourir à la violence parce qu'il dispose, ici aussi, du temps matériel pour saisir les autorités publiques compétentes et requérir leur protection.

1-2) L'agression doit être injuste. On ne peut pas se défendre contre un acte juste, de force, autorisé par la loi ; ça serait de la rébellion. Un monsieur, appréhendé par un policier exécutant un mandat de justice, qui opposerait à cet agent une résistance violente, ne serait pas justifié mais se rendrait coupable du délit de rébellion. On ne peut pas non plus évoquer la légitime défense contre un acte juste et légal d'un OPJ se saisissant de la personne d'un délinquant dans le cadre de l'art. 4 du CPP.[727] De même, ne serait pas justifié un délinquant qui agresserait un particulier qui a procédé à son arrestation en application de l'art. 3 de l'O-L n° 78-001 du 24 février 1978 qui

---

[726] 1ère Inst. (appel) Bukavu, 17 avril 1946, *RJCB*, p. 147.

[727] Art. 4 du CPP : « Lorsque l'infraction est punissable de six mois de servitude pénale au moins ou lorsqu'il existe des raisons sérieuses de craindre la fuite de l'auteur présumé de l'infraction ou lorsque l'identité de ce dernier est inconnue ou douteuse, les officiers de police judiciaire peuvent, après avoir interpellé l'intéressé, se saisir de sa personne et le conduire immédiatement devant l'autorité judiciaire compétente, s'il existe des indices sérieux de culpabilité. »

reconnaît à toute personne le pouvoir d'appréhender l'auteur d'une infraction intentionnelle flagrante ou réputée telle.[728] Cependant, la résistance aux actes manifestement illégaux de l'autorité est admise ;[729] car l'acte posé en exécution d'un ordre manifestement illégal est considéré comme injuste. À ce sujet, il importe de relever l'art. 64 de la Const. de la RDC qui dispose :

> « Tout Congolais a le devoir de faire échec à tout individu ou groupe d'individus qui prend le pouvoir par la force ou qui l'exerce en violation des dispositions de la présente Constitution.
>
> Toute tentative de renversement du régime constitutionnel constitue une infraction imprescriptible contre la nation et l'État. Elle est punie conformément à la loi. »

Eu égard à ce commandement de la const., doit donc être considérée comme légitime, la résistance des citoyens contre des actes prétendument d'autorité émanant d'individus qui auraient pris le pouvoir par la force ou l'exerceraient en violation des dispositions constitutionnelles. De tels actes seraient, en effet, inconstitutionnels, manifestement illégaux et conséquemment injustes. Le citoyen qui s'inscrirait dans une action tendant à faire échec à l'entreprise criminelle de ces individus ne doit pas être poursuivi pour rébellion, car il agit sur ordre de la loi, en l'occurrence de la loi suprême qu'est la const. Soutenant l'opinion émise par d'autres auteurs relativement à la question de la disproportionalité de la résistance au regard de l'illégalité manifeste des actes de l'autorité, nous sommes d'avis que l'infraction de rébellion ne peut pas être retenue à l'encontre d'un tel citoyen même en cas de « résistances excessivement violentes ».[730] Si les atteintes commises sont disproportionnées, ce dernier pourrait, à la rigueur, être inculpé « d'un délit contre les personnes et non d'un délit contre l'autorité »[731], celle-ci étant, en l'espèce, illégitime et inconstitutionnelle.

Il faut souligner que si l'agression est injuste, elle le demeure en dépit du fait que son auteur est un individu pénalement irresponsable comme, p. ex., un fou ou un enfant mineur. On considère, en effet, que la cause d'irresponsabilité, en l'occurrence la démence ou la minorité, n'enlève pas à

---

[728] Cet art. dispose : « En cas d'infraction intentionnelle flagrante ou réputée telle, toute personne peut, en l'absence de l'autorité judiciaire chargée de poursuivre et de tout officier de police judiciaire, saisir l'auteur présumé et le conduire immédiatement devant celle de ces autorités qui est la plus proche. »

[729] V. notamment, 1ère Inst. (appel) Eq., 28 février 1952, *RJCB*, p. 243.

[730] J. Verhaegen, *La protection pénale contre les excès de pouvoir et la résistance légitime à l'autorité*, Bruylant, Bruxelles, 1969, p. 350.

[731] R. Garraud, *Traité théorique et pratique du droit pénal français*, T. II, éd. 1994, p. 38.

l'acte d'agression son caractère infractionnel. Ainsi, on peut invoquer la légitime défense lorsqu'on oppose une juste riposte à une agression injuste provenant d'un enfant mineur ou d'un dément.[732]

En revanche, légitime défense sur légitime défense ne vaut. C'est-à-dire qu'il n'y a pas de légitime défense contre une légitime défense, puisque celle-ci est un droit. Quelqu'un qui, par une agression injuste place un autre dans la nécessité de se défendre, ne peut pas lui-même prétendre repousser la force juste par la force.

1-3) L'agression doit être dirigée contre les personnes ou les biens. En effet, la légitime défense au profit d'un tiers est consacrée par l'art. 66bis du CP qui rend obligatoire la défense d'autrui lorsque celle-ci ne comporte aucun risque pour soi-même ou pour les tiers. Il punit, en effet, « d'une servitude pénale de trois mois à un an et d'une amende de cinq à cinquante zaïres, ou de l'une de ces peines seulement, quiconque, pouvant empêcher par son action immédiate, sans risque pour lui ni pour les tiers, une infraction contre l'intégrité corporelle de la personne, s'abstient volontairement de le faire. »[733]

La légitime défense ainsi consacrée vise la protection physique de la personne humaine (la sienne propre ou celle d'autrui), c'est-à-dire la protection contre les atteintes à la vie (meurtre, assassinat, empoisonnement…), contre les atteintes à l'intégrité corporelle (coups et blessures…), contre les atteintes à l'intégrité sexuelle (viol, attentat à la pudeur…), contre les atteintes à la liberté d'aller et venir (arrestation arbitraire, enlèvement, détention illégale…). N'est pas retenue la légitime défense contre les attentats à l'honneur comme la diffamation, la calomnie ou l'injure. On considère, en effet, que la victime de ces attentats n'est pas menacée par un danger grave et difficilement corporellement réparable qui, seul, justifie une riposte. Elle (la victime) peut toujours s'en référer à l'autorité compétente pour solliciter et obtenir réparation.[734]

Comme on l'a vu, l'art. 66bis du CP sanctionne bien la non-assistance à personne contre une infraction dirigée contre son intégrité corporelle. Il est complété par l'art. 66ter qui, lui, vise et sanctionne la non assistance à personne en danger, en disposant :

> « Sera puni d'une servitude pénale de trois mois à deux ans et d'une amende de cinq à cinquante zaïres ou de l'une de ces peines seulement, quiconque s'abstient

---

[732] V. dans ce sens J. Pradel, *Droit pénal général*, 21e éd., n° 364, p. 322.
[733] Art. 66bis du CP.
[734] Merle et Vitu, *Traité de droit criminel*, 7e éd., 1997, n° 330

volontairement de porter à une personne en péril l'assistance que, sans risque pour lui ni pour les tiers, il pouvait lui prêter, soit par son action personnelle, soit en provoquant un secours. »

Si ces infractions de non assistance à personne contre une atteinte à son intégrité corporelle (art. 66bis) et de non assistance à personne en péril (art. 66ter) sont perpétrées par un agent chargé par état ou par profession d'assister les autres en danger, celui-ci encourra la peine de servitude pénale d'un à trois ans et une amende de cinq à cent zaïres.[735]

La légitime défense est également retenue lorsque l'attaque est dirigée contre les biens ou les propriétés.[736] La C.A d'Elisabethville, p. ex., a jugé que se trouvent justifiés par la légitime défense, les individus qui, pouvant éviter le combat en prenant la fuite, ne l'ont pas fait pour ne pas abandonner entre les mains des assaillants leurs biens, leurs cases, et leurs plantations.[737] Nombreux codes pénaux modernes consacrent la légitime défense des biens en ayant recours à une formule souple que voici : « La légitime défense s'applique à tout bien juridiquement protégé. »[738]

2) Les conditions relatives à la riposte ou à l'acte de défense.

L'acte de défense doit réunir trois conditions : de nécessité, de proportionnalité, et de simultanéité.

2-1) La défense doit d'abord être nécessaire. Ainsi, le fait justificatif ne peut pas être admis si l'agent pouvait assurer sa protection ou la protection d'autrui en faisant appel à l'autorité publique. Une question a été posée en doctrine, celle de savoir si l'agent cesse d'être justifié s'il est établi qu'il pouvait « trouver le salut dans la fuite ». La majorité d'auteurs répondent par la

---

735 Art. 66quater du CP.

736 R. Legeaix, « Légitime défense et protection des biens, Aperçus de droit comparé », in *RSC*, 1980, pp. 325-336, spéc. p. 331.

737 Elis, 30 nov. 1915, *Jur. Col.,* 1926, p. 225.

738 V. notamment les art. 13 du CP russe, 52 du CP italien, 41 du CP hollandais, 74 du CP éthiopien, cités par R. Legeaix, *ibidem*. V. aussi l'art. 122-5 du CPF qui dispose : « N'est pas pénalement responsable la personne qui, devant une atteinte injustifiée envers elle-même ou autrui, accomplit, dans le même temps, un acte commandé par la nécessité de la légitime défense d'elle-même ou d'autrui, sauf s'il y a disproportion entre les moyens de défense employés et la gravité de l'atteinte. N'est pas pénalement responsable la personne qui, pour interrompre l'exécution d'un crime ou d'un délit contre un bien, accomplit un acte de défense, autre qu'un homicide volontaire, lorsque cet acte est strictement nécessaire au but poursuivi dès lors que les moyens employés sont proportionnés à la gravité de l'infraction. »

négative, car ils considèrent que la légitime défense est un droit et même un devoir. E. Garçon écrit à cet effet : « Le droit n'est pas tenu de céder devant l'injustice, et la fuite, souvent honteuse, ne peut être une obligation légale. »[739] Il tempère cependant ce principe en admettant que dans certains cas particuliers, la fuite ne peut pas être perçue comme une option honteuse ou un signe de lâcheté. Ainsi, p. ex., « un fils qui frapperait ou tuerait son père, un agent qui frapperait ou tuerait un fou ou un infirme ne seraient pas justifiés s'ils pouvaient se soustraire au danger par la fuite. »[740] En pareilles occurrences, le recours à la force ne s'avère pas être le seul moyen à la disposition de la personne agressée pour se protéger, la fuite étant une alternative raisonnable.

2-2) La défense doit ensuite être mesurée, c'est-à-dire proportionnée à l'attaque. Un individu qui, p. ex., riposte à une simple gifle par un coup de kalachnikov ne peut pas être justifié par la légitime défense. De même, il n'y a pas légitime défense lorsque, pour défendre les fruits ou les légumes de son champ, un agriculteur tue un enfant maraudeur ;[741] ni lorsqu'un individu tire deux coups de feu dans la cuisse d'un agresseur sans arme, resté insensible au premier tir d'avertissement…[742] Dans ces cas, la défense ou la riposte est démesurée par rapport à l'attaque.

L'art. 31 du Statut de Rome de la CPI auquel la RDC est État-partie, retenant la légitime défense parmi « les motifs d'exonération de la responsabilité pénale », requiert également, pour sa caractérisation, que l'agent qui l'invoque ait agi raisonnablement, d'une manière proportionnée à l'ampleur du danger. Il dispose, en effet :

> « 1. Outre les autres motifs d'exonération de la responsabilité pénale prévus par le présent Statut, une personne n'est pas responsable pénalement si, au moment du comportement en cause :…
> c) *Elle a agi raisonnablement* pour se défendre, pour défendre autrui ou, dans le cas des crimes de guerre, pour défendre des biens essentiels à sa survie ou à celle d'autrui ou essentiels à l'accomplissement d'une mission militaire, contre un recours imminent et illicite à la force, *d'une manière proportionnée à l'ampleur du danger* qu'elle courait ou que couraient l'autre personne ou les biens protégés.

---

[739] E. Garçon, *Code pénal annoté*, nouvelle édition refondue et mise à jour par M. Rousselet, M. Patin et M. Ancel, trois tomes, Sirey, Paris, 1952 à 1959, art. 328, n° 26, cité par J. Pradel, *op. cit.*, n° 367, p. 324.
[740] V. E. Garçon, *op. cit.*, art. 328, n° 26, cité par Nyabirungu, *op. cit.*, p. 192.
[741] Maraudage = vol de récoltes, fruits ou légumes encore sur pied.
[742] V. dans ce sens, France, Crim. 26 juin 2012, n° 11-86.809, *Dr. pénal* 2012, n° 139, obs. Véron ; *Gaz. Pal.*, 26-27 octobre 2012, 32, obs. Détraz ; *Rev. pénit*, 2013, p. 117, obs. J.-Y. Chevallier, cités par J. Pradel, *op. cit.*, n° 367, p. 324, NBP 8.

Le fait qu'une personne ait participé à une opération défensive menée par des forces armées ne constitue pas en soi un motif d'exonération de la responsabilité pénale au titre du présent alinéa ;... »[743]

L'appréciation du caractère proportionné ou démesuré de la défense est une question de fait laissé à la discrétion du juge. En d'autres termes, il appartient aux juges du fond d'apprécier, dans chaque espèce, en motivant sa décision, si la défense est ou non disproportionnée par rapport à l'attaque.[744]

2-3) La défense doit enfin être simultanée ou concomitante à l'attaque. En effet, si la riposte intervient alors que l'assaillant s'était déjà lancé dans la fuite, on sera dans un cas de vengeance ou de justice privée et non plus de légitime défense. C'est dans ce scénario que s'est retrouvé un bijoutier de Nice, condamné avec sursis pour avoir abattu à coup de fusil un des cambrioleurs de sa bijouterie alors que ceux-ci s'enfuyaient avec les butins volés. Les faits se sont produits le 11 septembre 2013. Pascale Robert-Diard nous fait ce résumé vivant de la vidéo ayant permis aux juges de voir toutes les facettes de la scène, toutes les questions se posant en l'espèce, et de se déterminer en parfaite connaissance de cause :

« Trois minutes de vidéo et deux vies qui basculent. D'abord, il y a ces gestes routiniers effectués ce matin du 11 septembre 2013, à 8 h 45, comme chaque matin depuis des années. Stephan Turk actionne l'ouverture du rideau métallique de sa bijouterie, La Turquoise, à Nice. Il entre, appuie aussitôt sur le bouton situé à sa droite pour désactiver l'alarme, vérifie machinalement que la porte en verre est fermée, rabaisse à moitié le rideau métallique et marche jusqu'au comptoir. Soudain, le fracas. La porte vole en éclats sous les coups de pied d'un premier homme casqué, un autre pénètre à sa suite, casqué lui aussi et armé d'un fusil à pompe, dont l'étui tombe sur le sol... Le premier braqueur se précipite sur le bijoutier et le frappe violemment en criant, puis lui assène un autre coup, en exigeant l'ouverture du coffre. Stephan Turk disparaît de l'écran de la caméra. Le premier braqueur saisit l'arme de son complice et tient en joue le bijoutier pendant que le second s'agenouille pour vider le coffre et remplit de son contenu un grand sac de sport. Deux kilos d'or, 12 000 euros en espèces. Le braqueur armé ramasse encore quelques bijoux dans les vitrines, qu'il fourre dans ses poches, puis donne le signal du départ à son complice. Tous deux se précipitent au dehors pour enfourcher leur scooter Tmax. La scène dure deux minutes et quarante-trois secondes. Sept secondes passent. Stephan Turk réapparaît à l'écran. Il marche vite, une arme dans le dos, s'approche du rideau métallique, s'agenouille. Trois autres secondes passent. La caméra saisit la roue du scooter qui avance. Stephan Turk tire, une fois, deux fois, trois fois, puis sort de sa

[743] Art. 31-1-c) du Statut de la CPI. Mots relevés en italique par nous.

[744] V. dans ce sens, France, Crim. 7 décembre 1971, *Bull. Crim.* n° 338, p. 848 ; 5 juin 1984, *ibidem*, n° 209, P. 55, cités par J. Pradel, *ibidem*, p. 324, NBP 8.

boutique. Fin de la vidéo. Quelques mètres plus loin, Anthony Asli, 19 ans, est affaissé sur le trottoir, atteint mortellement d'une balle dans le dos…
Deux minutes et quarante-trois secondes d'un braquage violent, traumatisant, qui font de Stephan Turk une victime. Puis ces dix toutes petites secondes, dix de trop, qui lui valent de répondre d'homicide volontaire devant la cour d'assises des Alpes-Maritimes, à Nice, depuis lundi 28 mai. La vidéo passe et repasse sur l'écran de la salle d'audience. En entier, puis image après image. De part et d'autre du prétoire, chacun ne retient que sa partie du film. Pour l'accusé, celle qui fige un vieux monsieur tranquille dans l'ordinaire d'une vie de labeur et qui, à 67 ans, subit une agression terrible, dont les conséquences ont échappé à sa volonté. Et pour les parties civiles, celle qui montre les dernières secondes de vie d'un frère et compagnon avant qu'il ne soit abattu dans un geste d'apparence déterminé. Entre les deux, il y a la cour et le jury, qui emmèneront la vidéo en entier dans leur délibéré. Me Franck de Vita, l'avocat de Stephan Turk, qui plaide la légitime défense et espère l'acquittement, semble plus confiant dans le jugement des citoyens que des citoyennes. Il a récusé trois femmes que le tirage au sort avait désignées. La présence de la seule jurée féminine sur six est due à la riposte de l'avocate générale, Caroline Chassain, qui a récusé un homme… Le président, Patrick Veron, pose à l'accusé les questions nécessaires : pourquoi n'a-t-il pas baissé son rideau métallique et appelé la police, au lieu de prendre son arme ? Stephan Turk raconte le cambriolage de sa boutique, un an plus tôt. *« La police n'a rien fait »,* dit-il. Pourquoi, s'il ne voulait pas tuer, s'est-il emparé de ce pistolet semi-automatique de calibre 7.65, caché derrière le coffre, alors qu'un Gomm-Cogne - un pistolet à balles en caoutchouc - se trouvait juste sous le comptoir ? *« Par instinct »*, répond-il. Et pourquoi avoir tiré ? *« Je visais le scooter »*. Et pourquoi trois fois ? *« Parce que le passager du scooter* [Anthony Asli] *s'est retourné et m'a menacé avec son arme. »* L'avocate générale prend le relais. Elle s'avance dans le prétoire, se place sous les regards de la cour et des jurés. *« Mais s'il se retourne pour vous menacer, il prend une balle là* - elle montre son buste - *ou là* - elle désigne ses côtes - *mais pas là »*, tranche-t-elle en plaçant sa main dans son dos, sous l'omoplate droite. *« Moi, j'ai perdu ma vie ! Je suis un mort-vivant ! »* s'écrie le vieux monsieur.*« Nous, on a un mort »*, réplique Me Philippe Soussi en montrant les jeunes femmes parties civiles.»[745]

Après avoir pris l'affaire en délibéré, la Cour d'assises des Alpes-Maritimes n'a pas retenu la légitime défense, précisément parce que l'une des trois conditions cumulatives requises par l'art. 122-5 du CPF, à savoir la simultanéité de la riposte, n'était pas réunie, le braqueur tué ayant été touché dans le dos alors qu'il s'enfuyait avec son complice. Pour le ministère

[745] V. Pascale Robert-Diard, « Au procès du bijoutier de Nice, trois minutes de vidéo qui font basculer deux vies », in *https://www.lemonde.fr/police-justice/article/2018/05/28/juge-pour-homicide-volontaire-le-bijoutier-nicois-stephane-turk-plaide-la-legitime defense_5306087_1653578.html*, Le Monde, 28.05.2018 à 22h14, mis à jour le 29.05.2018 à 06h45, consulté par nous le vendredi 31.08.2018 à 14h10, heure de Paris.

public, il existait un faisceau d'indices établissant l'intention homicide dans le chef du bijoutier, en l'occurrence, le choix d'une arme à feu létale, utilisée à bout portant par un agent connaissant parfaitement son maniement, se positionnant genou à terre afin de bien ajuster son tir pour éviter toute balle perdue tout en ayant une visibilité suffisante de la scène... La Cour d'assises n'a pas été convaincue par cette argumentation. Dans son jugement rendu le jeudi 31 mai 2018, elle a condamné le bijoutier à 5 ans de prison avec sursis pour violences volontaires ayant entraîné la mort sans intention de la donner. L'intéressé a accepté cette condamnation et a décidé de ne pas faire appel.[746]

3°- L'incidence de la légitime défense sur la responsabilité civile de l'agent.

Lorsqu'une riposte remplit les trois conditions de nécessité, de proportionnalité et de simultanéité, elle est retenue comme légitime défense, c'est-à-dire comme l'exercice d'un droit. Elle fait donc disparaître l'infraction et, avec elle, la responsabilité civile. Autrement dit, l'agent justifié par la légitime défense ne peut pas se voir imputer une faute civile. Si sa réponse, nécessaire, simultanée et proportionnée à l'attaque, cause un dommage à l'agresseur, c'est exclusivement à ce dernier que doit être imputé ce dommage, étant donné que c'est lui qui a créé injustement la situation déplorée.

Par contre, si la défense est démesurée ou disproportionnée par rapport à l'offense, elle cesse d'être légitime, laisse subsister l'infraction commise et, avec elle, la responsabilité civile de l'agent, au moins pour partie. En effet, le juge sera souvent amené à accorder à celui-ci le bénéfice de circonstance atténuante issue de la provocation ou de la délinquance de l'agresseur initial devenu victime. Dans certains cas de violation flagrante de l'ordre public, le juge peut rejeter la demande de réparation introduite par le premier agresseur, même si la défense a été excessive. L'affaire jugée par le tribunal correctionnel de Liège en est une illustration éclairante. En l'espèce, le garagiste P., surpris par la présence chez lui, la nuit, d'un voleur récidiviste, prit son arme. Alors que ledit voleur était déjà en train de s'enfuir, le garagiste

[746] À la sortie de l'audience, il a déclaré au *Figaro* : « C'est la décision de la justice, je l'accepte, je la respecte. Je ne ferai pas appel», voir Vincent-Xavier Morvan, « Le bijoutier de Nice condamné à 5 ans avec sursis- VIDÉO - La thèse de la légitime défense a définitivement été écartée, mais pas de prison ferme pour Stéphane Turk », *http://www.lefigaro.fr/actualite-france/2018/05/31/01016-20180531ARTFIG00316-pas-de-detention-requise-pour-le-bijoutier.php*, Publié le 31/05/2018 à 19:18, mis à jour le 01/06/2018 à 10:03, consulté par nous le vendredi 31.08.2018 à 14h10, heure de Paris.

tira sur lui et lui creva un œil. Poursuivi pour coups et blessures volontaires, le garagiste invoqua la légitime défense pour se disculper. Le juge rejeta cet argument, en considérant que cette riposte était excessive et que le fait de tirer sur une personne en fuite ne peut pas constituer une légitime défense. De son côté, le voleur, nommé L. D., demanda au même juge de condamner le garagiste à lui verser la somme de 750.000 FB en guise de dommages-intérêts pour l'œil perdu. Le tribunal rejeta cette demande, motivant ainsi sa décision :

> «... Attendu qu'un partage de responsabilité en cette affaire serait considéré par tout citoyen honnête et de bon sens comme heurtant profondément le sens de la justice ; qu'il entraînerait quasiment la ruine d'un brave homme agressé la nuit par un voleur récidiviste notoire... ;
> Attendu qu'il est temps de conserver une notion saine des choses ; que si l'on met en garde les victimes contre une réaction de leur part qui dépasserait une certaine norme, ce n'est pas une raison pour permettre aux bandits, aux voyous et aux voleurs de se retourner contre leurs victimes lorsqu'ils ont encouru des dommages à la suite des réactions qu'ils ont eux-mêmes provoquées au mépris de l'ordre public et des bonnes mœurs ; qu'au principe de la provocation doit se superposer avant tout celui de l'immoralité de la demande si l'on veut protéger les honnêtes gens, que le contraire conduirait au "*summum jus, summa injuria*" ;
> Attendu que L. D., dès qu'il eut atteint sa majorité pénale, a été condamné du chef de vols et autres délits...
> Attendu, dans ces conditions, qu'il y a lieu de considérer que la réclamation des dommages qu'il a subis lors de son dernier vol est profondément immorale, contraire à l'ordre public et aux bonnes mœurs ; et que, pour ces raisons, son action n'est pas recevable... »[747]

c) L'état de nécessite

Suivant la même démarche que celle de l'étude de la légitime défense, il importe d'abord de définir ce qu'on entend par état de nécessité, pour ensuite en examiner les conditions de validité et enfin préciser ses effets au regard de la responsabilité civile de l'agent.

1°- Définition

Par *état de nécessité*, il faut entendre la situation de crise ou de détresse dans laquelle se trouve un individu qui, pour se soustraire d'un péril dont il est menacé ou sauver un tiers ou un bien d'un danger actuel ou imminent, n'a d'autre choix que de perpétrer une infraction. Telle est, p. ex., la situation d'un médecin qui, pour sauver la mère en train d'accoucher, n'a d'autre possibilité

---

[747] Trib. Corr. Liège, 21 mars 1980, Jur. Liège, 1981, 37, cité par Nyabirungu mwene Songa, *op. cit.*, pp. 197-198.

que de laisser mourir ou de sacrifier le bébé à naître ; ou celle d'un conducteur d'automobile qui gagne brusquement la partie gauche de la chaussée et percute un véhicule en stationnement pour éviter d'écraser un piéton ; ou encore celle d'une mère qui, pour ne pas laisser mourir d'inanition son enfant, dérobe un pain dans un rayon de supermarché[748] ; ou enfin celle d'un pompier qui, pour sauver les habitants d'un immeuble en plein incendie, détruit la clôture du voisin pour y accéder... Le CP congolais ne contient pas une disposition expresse consacrant l'état de nécessité, à l'inverse d'autres législations dont, p. ex., le CP français qui le vise, en ces termes, dans son art. 122-7 :

> « N'est pas pénalement responsable la personne qui, face à un danger actuel ou imminent qui menace elle-même, autrui ou un bien, accomplit un acte nécessaire à la sauvegarde de la personne ou du bien sauf s'il y a disproportion entre les moyens employés et la gravité de la menace. »

Cette disposition légale montre bien que l'admission de ce fait justificatif est soumise à certaines conditions.

2°- Les conditions d'existence ou de validité de l'état de nécessité.

Elles sont regroupées en deux séries : d'une part les conditions relatives au péril ; d'autre part les conditions relatives à l'acte justifié.

1) Les conditions relatives au péril

1-1) Sa nature physique ou morale. En effet, il convient dès l'abord de noter que le concept péril ou danger doit être entendu dans son acception large. Il peut menacer soit l'agent lui-même, soit un tiers. Il peut être physique ou moral. Ainsi, p. ex., se trouve justifié par l'état de nécessité, « un individu qui, logeant dans un local insalubre au point que la santé de son enfant avait été compromise, avait entrepris la construction d'une maison sans avoir obtenu le permis de construire et avait continué les travaux malgré un arrêté municipal d'interdiction. »[749] Il y avait, dans cette espèce, un péril physique à redouter. De même est justifié, « un mari qui, après ordonnance de non-conciliation, pénètre dans l'appartement de sa femme pour soustraire sa fille mineure à une scène de débauche. »[750] Il y a ici un danger moral menaçant la fille.

---

[748] V. J. Pradel, *op. cit.*, n° 376, p. 330.

[749] Trib. Corr. Colmar, 27 avril 1956, et 6 décembre 1957, cité par J. Pradel, *Droit pénal général,* 7e éd., Cujas, Paris, 1990, n° 315 ; 21e éd., n° 379, p. 331, NBP 6.

[750] J. Pradel, *Droit pénal général,* 7e éd., n° 315.

1-2) Sa dimension temporelle et le degré de sa certitude. Ce danger (qui peut être physique ou moral) *doit être actuel ou imminent.* Il doit être *réel et certain* et non pas simplement supposé.

1-3)Son origine. Selon certaines législations, le danger dont est menacé l'agent *ne doit pas provenir de sa propre faute.* Cette condition est expressément consacrée par certains codes pénaux européens, notamment le CP italien en son art. 54, lequel opère une distinction entre l'absence de faute qui vaut justification, et l'existence d'une faute qui entraîne une condamnation mais atténuée. Cette solution est critiquée par une partie de la doctrine qui soutient qu'il importe d'opérer une distinction entre une faute constitutive d'une infraction et une faute non constitutive d'infraction. Si toutes les conditions de l'état de nécessité sont réunies, l'agent doit en bénéficier même s'il se retrouve dans cette situation de nécessité par sa faute ; car, il importe de ne pas décourager toute initiative tendant à sacrifier les intérêts secondaires et à sauvegarder les intérêts supérieurs de la société, même si l'agent a préalablement commis une faute. Néanmoins, si sa faute antérieure constitue une infraction, il pourra être pénalement sanctionné pour cette faute et non pour le fait accompli sous l'empire de la nécessité.[751]

2) Les conditions relatives à l'acte justifié

2-1) L'acte posé par l'agent ne sera justifié que *s'il était nécessaire* à la sauvegarde de la personne ou du bien en péril. Ne seront pas justifiés « les actes inefficaces, inaptes à sauvegarder le bien menacé. Du moment qu'ils ne peuvent produire l'effet recherché, ils deviennent inutiles et gratuits et l'infraction devra être constatée ». Ne seront pas non plus justifiés, « les actes délictueux superflus, [c'est-à-dire] ceux qui excèdent le strict nécessaire pour la sauvegarde du bien menacé. »[752] C'est ainsi que n'a pas été considéré comme acte nécessaire, le vol de viande commis par une mère prétendument pour « améliorer l'ordinaire de ses enfants », car elle avait suffisamment d'argent dans son compte bancaire et que la quantité de viande qu'elle avait subtilisée était évaluée à plus de 1000 F.[753]

---

[751] V. J. Pradel, *Droit pénal général*, 21e éd., n° 385, p. 334 ; Merle et Vitu, op. cit., n° 346. V. aussi, H. Rouidi, « Une notion pénale à l'épreuve de la responsabilité civile : les faits justificatifs », in *RSC*, n° 1, janvier-mars 2016, pp. 17-36.

[752] Nyabirungu mwene Songa, *op. cit.*, p. 185.

[753] V. Poitiers, 11 avril 1997, *D.*, 1997.512, note A. Waxin ; *J.C.P.*, 1997.II.22933, note A. Olive ; F. Debove, « La faim ne justifie pas les moyens », *Dr. pénal*, 1998, chron. 4, cités par J. Pradel, *Droit pénal général*, 21e éd., n° 386, p. 334, NBP 6.

2-2) La perpétration de l'infraction *doit être le seul moyen d'écarter le péril.* Si l'agent avait la possibilité de recourir à d'autres voies non infractionnelles, il ne sera pas justifié. Cependant, une partie de la doctrine et de la jurisprudence admet que l'infraction est justifiée si elle constituait le meilleur moyen d'échapper au danger.[754]

2-3) L'acte posé doit enfin *être proportionné au danger à éviter.* Cet acte doit avoir pour but de sauvegarder un intérêt ayant une valeur supérieure ou au moins égale à l'intérêt à sacrifier. Ainsi, p. ex., dans le cas de l'avortement thérapeutique, on peut considérer que la vie de la mère a une valeur supérieure à celle du fœtus lorsque ce dernier n'est pas viable, et que dès lors, l'acte abortif est justifié. *A contrario*, ne peut pas être justifié, le fait de sacrifier la vie d'un tiers pour sauvegarder un droit de propriété.

3°- L'incidence de l'état de nécessité sur la responsabilité civile de l'agent.

L'état de nécessité ne supprime pas la responsabilité civile de l'agent. Celui-ci doit réparer le préjudice causé à la victime, soit par la restitution en nature, soit par le versement d'une indemnisation. C'est cette solution qui marque la différence entre l'état de nécessité et la légitime défense, lors même que la légitime défense peut être considérée comme un cas particulier de l'état de nécessité. Nous avons vu, en effet, qu'en cas de légitime défense, l'auteur de la riposte cesse d'être responsable aussi bien pénalement que civilement. Cette différence au point de vue des effets de ces deux causes de justification découle du fait que l'agent qui invoque la légitime défense est une victime qui a subi une agression, tandis que l'individu qui excipe de l'état de nécessité est un agresseur qui victimise autrui. Ce dernier n'a pris aucune part à la survenance du préjudice qu'il endure. Il est donc juste et équitable qu'il en obtienne réparation.

À ce sujet, il importe de noter que l'obligation de réparer ou d'indemniser ne pèse pas forcément sur l'auteur de l'acte nécessaire, mais bien sur son bénéficiaire. Ainsi, c'est le tiers que l'agent pompier a sauvé du feu en détruisant la clôture du voisin, qui sera tenu d'indemniser ce dernier. Il est bien évident que si le bénéficiaire de l'acte nécessaire est l'auteur lui-même, c'est à lui qu'incombera naturellement la charge de la réparation. Tel est le cas de l'agent qui a volé du pain ou des fruits pour ne pas mourir de faim qui devra indemniser sa victime s'il revient à meilleure fortune.

---

[754] V., p. ex., Foriers, *L'état de nécessité en droit pénal*, Bruxelles-Paris, 1951, p. 335.

Alors que les faits justificatifs qui viennent d'être étudiés sont des circonstances objectives faisant obstacle à l'établissement même de la qualification, l'amnistie, elle, constitue une entrave au maintien ou à la conservation de la qualification.

C- L'AMNISTIE

Sa bonne compréhension passe par sa définition, l'identification de différentes formes qu'elle peut revêtir, la détermination des autorités compétentes pour l'octroyer et des effets qu'elle produit.

a) Définition

L'amnistie est une mesure législative exceptionnelle qui enlève rétroactivement à certains actes leur caractère infractionnel. Ceux-ci ne peuvent plus être considérés comme des infractions et sont réputés n'avoir jamais été incriminés par la loi.[755] Comme l'indique son étymologie, l'amnistie est une loi de l'oubli. Elle a, la plupart du temps, mais pas toujours, pour finalité d'apaiser les esprits et les passions après une crise politique. C'est ainsi que, p. ex., la loi n° 014-006 du 11 février 2014 portant amnistie pour faits insurrectionnels, faits de guerre et infractions politiques, a été adoptée par le parlement et promulguée par le président de la République à la suite des concertations nationales tenues en vue de consolider l'unité et la cohésion nationale, et de faire aboutir le processus de paix de Kampala,[756] après que le pays, particulièrement dans sa partie Est, a été secoué par la guerre entre des mouvements armés et les FARDC.

b) Les formes d'amnistie

L'amnistie peut revêtir deux formes : réelle ou personnelle.

1°- L'amnistie réelle

Elle est celle qui est accordée en considération de l'infraction commise et de la période pendant laquelle elle a été commise.

1) Le législateur peut s'attacher à la nature de l'infraction, en énumérant limitativement celles qu'il amnistie et parfois en excluant de façon explicite celles qu'il estime dangereuses pour l'ordre public ou la paix sociale. Telle a

---

[755] V. J. Pradel, *op. cit.*, n° 389, p. 337.

[756] Loi n° 014-006 du 11 février 2014 portant amnistie pour faits insurrectionnels, faits de guerre et infractions politiques, Exposé des motifs.

été précisément la démarche suivie dans la loi n° 014-006 du 11 février 2014. Car, dans son art. 1er, le législateur énumère et amnistie des faits précis, perpétrés dans un espace-temps bien délimité. Il décide, en effet, que « sont amnistiés les faits insurrectionnels, les faits de guerre et les infractions politiques commis sur le territoire de la République Démocratique du Congo au cours de la période allant du 18 février 2006 au 20 décembre 2013. » Pour plus de clarté, il définit lui-même les faits visés, en donnant ainsi une interprétation authentique dans l'art. 3. Il y dit qu'aux termes de cette loi, on entend par :

> « 1. faits insurrectionnels, tous actes de violence collective, commis à l'aide de menaces ou avec des armes, dans le but de se révolter contre l'autorité établie en vue d'exprimer une revendication ou un mécontentement ;
> 2. faits de guerre, les actes inhérents aux opérations militaires conformes aux lois et coutumes de la guerre qui, à l'occasion d'un conflit armé, ont causé un dommage à autrui ;
> 3. infractions politiques :
> - les agissements qui portent atteinte à l'existence, à l'organisation et au fonctionnement des pouvoirs publics ;
> - les actes illégaux d'administration ou de gestion du territoire dont le mobile et/ou les circonstances revêtent un caractère politique ;
> - les écrits, images et déclarations appelant à la révolte contre l'autorité publique ou réputés tels. »

Tous ces faits sont amnistiés pour autant qu'ils aient été commis sur le territoire de la RDC durant la période s'étalant du 18 février 2006, date de la promulgation de la nouvelle Const., au 20 décembre 2013, date d'expiration de l'ultimatum lancé à tous les groupes armés à déposer les armes.[757] Cette mesure bénéficie aux auteurs, co-auteurs ou complices de ces faits à condition qu'ils s'engagent, chacun personnellement par écrit, à ne plus commettre ces actes, la violation de cet engagement rendant automatiquement nulle et non avenue l'amnistie accordée.[758]

---

[757] V. Exposé des motifs de la loi n° 014-006 du 11 février 2014 portant amnistie…

[758] Art. 5 de la loi n° 014-006 du 11 février 2014 : « Pour bénéficier de l'amnistie, les auteurs, co-auteurs ou complices des faits insurrectionnels et des faits de guerre visés par la présente loi sont tenus préalablement de s'engager personnellement, par écrit, sur l'honneur, à ne plus commettre les actes qui font l'objet de la présente amnistie. L'engagement est pris par tout prétendant à l'amnistie, fugitifs et latitants compris, dans un délai de six mois, auprès du Ministre de la justice, à dater de la publication de la présente loi au Journal officiel. Toute violation de cet engagement rendra automatiquement nulle et non avenue l'amnistie ainsi accordée et disqualifierait l'auteur de cette violation du bénéfice de toute amnistie ultérieure. »

Le législateur a expressément exclu du bénéfice de l'amnistie, certains crimes capitaux, réprimés non seulement par les textes internes, mais aussi internationaux. C'est l'objet de l'art. 4 qui dispose :

> « Sont exclus du champ d'application de la présente loi, le crime de génocide, les crimes contre l'humanité, les crimes de guerre, le terrorisme, les infractions de torture, de traitements cruels, inhumains ou dégradants, les infractions de viol et autres violences sexuelles, l'utilisation, la conscription ou l'enrôlement d'enfants et toutes autres violations graves, massives et caractérisées des droits humains.
>
> Sont également exclus, les infractions de détournement des deniers publics et de pillage, de même que les infractions à la réglementation de change et le trafic des stupéfiants. »

2) L'auteur de la loi peut également prendre en considération plutôt la gravité de l'infraction en n'accordant l'amnistie qu'aux seules infractions sanctionnées d'une peine d'une certaine nature ou inférieure à un certain taux qu'il détermine. À l'instar de la pratique française, il peut, p. ex., amnistier les infractions pour lesquelles seule une peine d'amende a été encourue[759] ; ou pour lesquelles « seule une peine d'emprisonnement inférieure ou égale à trois mois sans sursis a été ou sera prononcée ».[760]

2°- L'amnistie personnelle

L'amnistie est personnelle lorsqu'elle est accordée en tenant compte de la qualité propre de certains délinquants, comme, p. ex., la qualité d'anciens combattants, de victimes d'une guerre, d'anciens rebelles, de femmes, de mineurs d'âge, etc. L'amnistie personnelle ne bénéficie qu'à la seule ou aux seules personnes désignées par le législateur, alors que l'amnistie réelle profite à tous les participants, auteurs, co-auteurs et complices de l'infraction ainsi effacée.

c) Les autorités compétentes pour amnistier

En vertu du principe du parallélisme de forme et de compétence, seul le législateur, qui est compétent pour créer les incriminations ou les qualifications pénales, a le pouvoir de les abolir à titre exceptionnel. C'est dire que l'amnistie ne peut être décidée que par le législateur au moyen d'une loi. La Const. en dispose ainsi en son art. 122 : « Sans préjudice des autres dispositions de la présente Constitution, la loi fixe les règles concernant :… 9. l'amnistie et l'extradition… » En application de cette prévision

---

[759] V. l'art. 2 de la loi française du 20 juillet 1988.

[760] Art. 6 de la loi (française) du 6 août 2002, cité par J. Pradel, *Droit pénal général*, 21e éd., n° 391, p. 339.

constitutionnelle, la loi n° 014-006 du 11 février 2014 portant amnistie pour faits insurrectionnels, faits de guerre et infractions politiques a été adoptée par l'assemblée nationale et le sénat, formant le parlement, et promulguée par le président de la République, nous l'avons dit. Il faut noter cependant qu'à part l'amnistie purement législative, en existent d'autres qui s'opèrent par l'association du pouvoir législatif tantôt avec l'exécutif, tantôt avec le judiciaire.

L'amnistie à laquelle prend part le pouvoir exécutif est appelée *la grâce amnistiante*. Il s'agit d'une amnistie par mesure individuelle que le législateur accorde exclusivement à des personnes qui auront bénéficié d'un D. de grâce ou d'une ord. de grâce prise par le pouvoir exécutif, en l'occurrence le président de la République. La grâce amnistiante a ceci de particulier, c'est qu'elle combine « les avantages de la grâce, qui permet une grande individualisation, mais dont les effets sont limités, avec ceux de l'amnistie qui ne permet guère d'individualisation, mais dont les effets sont énergiques. »[761]

L'amnistie à laquelle participe le pouvoir judiciaire est appelée *l'amnistie judiciaire*. Le législateur fait dépendre le bénéfice de l'amnistie de la peine prononcée concrètement par le juge. Dès lors, l'action publique peut être déclenchée et l'affaire instruite, mais la disparition de la qualification par l'effet de l'amnistie sera tributaire de la mansuétude du juge. Ainsi, p. ex., l'art. 7 de la loi française du 3 août 1995 déclare « amnistiées les infractions commises avant le 18 mai 1995 qui sont ou seront punies, à titre définitif, de peines d'emprisonnement inférieures ou égales à trois mois sans sursis... »[762] On voit donc que le sort des délinquants était tributaire de la bonté ou de la sévérité du juge. Ont bénéficié de l'amnistie, ceux contre lesquels le juge a prononcé une peine égale ou inférieure à trois mois sans sursis, c'est-à-dire ceux à l'égard desquels le juge a été clément. En revanche, n'ont pas bénéficié de l'amnistie ceux contre lesquels le juge a été sévère soit eu égard à la gravité intrinsèque des faits commis, soit en considération d'autres circonstances subjectives. Bref, le législateur se réfère à la peine effectivement prononcée par le juge.

d) Les effets de l'amnistie

Ils sont puissants :

- Si l'infraction amnistiée ne fait pas encore l'objet des poursuites au moment de la promulgation de la loi d'amnistie, ces poursuites ne seront plus déclenchées, car « au regard de l'action publique, le fait doit être considéré

[761] J. Pradel, *op. cit.*, n° 396, p. 340.

[762] Cité par J. Pradel, *idem,* n° 397, p. 340

comme n'ayant jamais été commis. »[763]
- Si une information judiciaire ou une instruction préparatoire est déjà en cours au moment où paraît la loi d'amnistie, le parquet doit classer le dossier sans suite, car l'action publique s'éteint par l'effet de l'amnistie. Dans les pays où, comme en France, existe une juridiction d'instruction, le juge d'instruction doit rendre une décision de non-lieu.
- Si la juridiction de jugement est déjà saisie, elle doit prendre une décision d'acquittement, d'élargissement ou de relaxation.
- Si l'agent bénéficiaire de l'amnistie avait déjà été condamné, cette condamnation s'efface et s'il est entrain d'exécuter la peine, celle-ci s'éteint immédiatement. Cette condamnation ne peut plus figurer dans le casier judiciaire, ni constituer un empêchement pour l'octroi du sursis, ni être prise en considération pour la récidive ou la délinquance d'habitude, ni justifier une prétention en justice ou devant l'administration. Ces effets sont parfaitement résumés dans l'exposé des motifs de la loi du 11 février 2014 qui précise :

> « Cette mesure de clémence emporte les effets suivants :
> - pour les faits infractionnels qui ne font par encore l'objet des poursuites, l'action publique s'éteint ;
> - si les poursuites sont en cours, elles cessent immédiatement ;
> - les condamnations non encore revêtues de l'autorité de la chose jugée sont anéanties et celles devenues irrévocables sont considérées comme n'ayant jamais été prononcées. »[764]

Quelle que soit la puissance de ses effets, l'amnistie connaît cependant quelques limites. Ainsi :
- L'amnistie n'efface pas la responsabilité civile de l'agent ; elle ne porte pas atteinte aux droits des tiers. L'auteur de l'infraction amnistiée est tenu de réparer les dommages subis par la victime et résultant de son acte. Dit autrement, « en tout état de cause, bien qu'ayant perdu leur caractère infractionnel, les faits amnistiés laissent subsister la responsabilité civile de leurs auteurs. »[765]
- L'amnistie concerne les peines principales, complémentaires et accessoires. Elle ne s'applique pas aux mesures de sûreté.[766]
- L'amnistie ne donne pas droit aux dommages-intérêts en faveur de l'agent

---

[763] France, crim. 22 octobre 1928 : S.1929, I, 97, cité par J. Pradel, *Droit pénal général,* 7e éd., p. 350.
[764] Loi n° 014-006 du 11 février 2014 portant amnistie…, Exposé des motifs.
[765]*Idem.* Et l'art. 6 de clarifier : « La présente loi ne porte pas atteinte aux réparations civiles, aux restitutions des biens meubles et immeubles ainsi qu'aux autres droits et frais dus aux victimes des faits infractionnels amnistiés. »
[766] Les notions de peines principales, complémentaires et accessoires et de mesures de sûreté sont expliquées *infra* dans la partie consacrée à la sanction.

amnistié qui a exécuté une partie ou la totalité de la peine avant la promulgation de la loi d'amnistie.

Lorsqu'il n'existe aucun obstacle à l'établissement ou au maintien de la qualification, l'infraction est retenue, à charge pour l'autorité judiciaire de prouver que ses éléments constitutifs se trouvent réunis dans le comportement de l'agent.

SECTION 2 : **LES ÉLÉMENTS CONSTITUTIFS DE L'INFRACTION**

Un fait, si préjudiciable à l'ordre social soit-il, ne peut être pénalement sanctionné que si le législateur l'a visé dans un texte et l'interdit sous la menace d'une peine. C'est le principe de la légalité qui fixe le préalable légal de l'infraction que certains auteurs qualifient d'élément légal.[767] Il n'y a donc pas d'infraction sans loi : *Nullum crimen, nulla poena sine lege*. Dans ce préalable, c'est-à-dire au sein même de la loi, sont décrits les deux éléments qui structurent toute infraction, à savoir l'élément matériel et l'élément immatériel ou intellectuel.

*PARAGRAPHE 1er : **L'ÉLÉMENT MATÉRIEL***

Alors que la morale peut scruter les consciences et réprouver les mauvaises idées et les mauvaises intentions, le droit pénal ne sanctionne pas les simples pensées criminelles. Il ne réprime les pensées que si celles-ci sont manifestées extérieurement par un fait ou par un acte. C'est cet acte qui est appelé l'élément matériel de l'infraction. « C'est le fait extérieur par lequel l'infraction se révèle et, pour ainsi dire, prend corps. »[768] Il peut être positif lorsqu'il s'accomplit par une action ; ou négatif lorsqu'il consiste en une omission. En envisageant les infractions au point de vue de cet élément matériel, on peut les distinguer ou les caractériser soit d'après leur mode d'exécution, soit selon l'époque de leur constatation, soit encore en fonction de leur résultat.

---

767 Ces auteurs considèrent la loi comme étant un élément constitutif de l'infraction.V. notamment G. Stefani, G. Levasseur, B. Bouloc, *Droit pénal général*,13e éd., Dalloz, Paris, 1987, pp. 159-225.

768 P. Bouzat et J. Pinatel, *Traité de droit pénal et de criminologie*, T. I, Dalloz, Paris, 1970, n° 11.

A- LA CATÉGORISATION DES INFRACTIONS FONDÉE SUR LEUR MODE D'EXÉCUTION MATÉRIELLE

Selon ce critère, on peut distinguer : les infractions de commission des infractions d'omission ; les infractions instantanées des infractions continues ou successives, et des infractions continuées ; les infractions simples des infractions complexes.

a) Les infractions de commission, les infractions d'omission et les infractions de commission par omission

1°- L'infraction de commission ou d'action est celle dont la réalisation requiert un acte positif qui consiste à faire ce que la loi prohibe. Il peut s'agir d'un geste, d'un coup, d'une parole, d'un écrit, etc. La plupart des infractions prévues et sanctionnées par le CP sont des infractions de commission. Il en est ainsi du meurtre, de l'empoisonnement, du vol, de l'extorsion, de l'escroquerie, du détournement, des coups et blessures, du duel, du viol, de l'avortement, de l'arrestation arbitraire, de la violation du domicile, etc.

2°- L'infraction d'omission ou d'inaction, à l'inverse, est celle dont la réalisation exige un acte négatif, une inaction ou une abstention. L'élément matériel réside non plus dans un acte positif, mais dans une inaction qui consiste à ne pas accomplir ce que la loi commande de faire dans l'intérêt général. En guise d'exemples des délits d'omission, on peut citer : la non-assistance à personne en péril (art. 66ter du même code) ; l'omission de porter témoignage en faveur d'un innocent (art. 66quinquies et 128bis[769]) ; l'omission d'empêcher une infraction contre l'intégrité corporelle d'une personne (art. 66bis) ; les abstentions coupables des fonctionnaires (art.150 f et 150 g du même code) ; la non-dénonciation aux autorités militaires, administratives ou judiciaires de projets ou d'actes de trahison, d'espionnage ou d'autres activités de nature à nuire à la défense nationale, d'attentats ou de complots contre la sûreté intérieure de l'État, dont on a connaissance (article 215 *idem*).[770]

---

[769] Art. 128bis introduit dans le CP par la loi n° 15-022 du 31 décembre 2015 : « Le fait, pour quiconque connaissant la preuve de l'innocence d'une personne poursuivie ou condamnée du chef des crimes contre la paix et la sécurité de l'humanité, de s'abstenir volontairement d'en apporter aussitôt le témoignage aux autorités judiciaires ou administratives est puni de six mois à trois ans de servitude pénale et de cent mille francs congolais d'amende. Toutefois, n'encourt pas de peine celui qui apporte son témoignage tardivement, mais spontanément. »

[770] Art. 215 du CP : « Sera puni d'une servitude pénale de trois mois à deux ans et d'une amende de mille à cinquante mille zaïres, ou d'une de ces peines seulement,

Rentre aussi dans cette catégorie, l'infraction de non déclaration des projets ou d'actes tendant à la commission du financement du terrorisme prévue par l'art. 45 al. 1er de la loi n° 04-016 du 19 juillet 2004 qui dispose :

> « Est punie d'une servitude pénale de cinq à dix ans, toute personne qui, ayant connaissance des projets ou d'actes tendant à la perpétration des faits constitutifs du financement du terrorisme, n'en fait pas, dès le moment où elle les a connus, la déclaration aux autorités compétentes. »[771]

La loi n° 09-001 du 10 janvier 2009 portant protection de l'enfant prévoit également les infractions d'omission suivantes : non-assistance à une femme en instance d'accouchement[772] ; non-dénonciation des violences commises sur un enfant[773] ; abstention d'accomplir un acte de sa fonction[774] ; abstention des soins médicaux.[775] De même, la loi n° 16-008 du 15 juillet 2016 modifiant et complétant la loi n° 87-010 du 1er août 1987 portant Code de la Famille sanctionne les omissions commises par les officiers de l'état civil[776] et la non déclaration de naissance ou de décès.[777] On peut mentionner

---

celui qui, ayant connaissance de projets ou d'actes de trahison, d'espionnage ou d'autres activités de nature à nuire à la défense nationale, d'attentats ou de complots contre la sûreté intérieure de l'État, n'en fera pas la déclaration aux autorités militaires, administratives ou judiciaires, dès le moment où il les aura connus. »

[771] Art. 45 al. 1er de la loi n° 04-016 du 19 juillet 2004 portant lutte contre le blanchiment des capitaux et le financement du terrorisme, in *J.O*, 45e année, n° spécial, 5 août 2004.

[772] Art. 146 : « Est puni des peines prévues pour non-assistance à personne en danger, le personnel soignant qui s'abstient de porter assistance à une femme en instance d'accouchement. »

[773] Art. 192 : « Toute personne a l'obligation de dénoncer toute forme de violence physique ou morale infligée à l'enfant ainsi que toute menace à sa santé et à son développement dont elle a connaissance. La non-dénonciation des violences commises sur un enfant est puni d'une amende de cent mille à deux cent cinquante mille francs congolais. »

[774] Art. 193 : « Tout fonctionnaire ou officier public, toute personne chargée d'un service public qui prend connaissance d'abus ou de mise en danger d'un enfant et qui s'abstient volontairement d'accomplir un acte de sa fonction ou de son emploi requis pour la circonstance est puni d'une amende de cent mille à deux cent cinquante mille francs congolais.

[775] Art. 196 : « Tout parent, tuteur ou responsable légal qui refuse délibérément d'assurer à son enfant les soins médicaux préventifs et particulièrement les vaccinations, est puni d'une servitude pénale principale ne dépassant pas cinq jours et d'une amende de cinquante mille francs congolais ou d'une de ces peines seulement. »

[776] Art. 112 : « Les officiers de l'état civil sont punies de peines prévues à l'article 150F du Code pénal relatives notamment aux abstentions coupables des

également l'art. 72 de la loi n° 11-009 du 9 juillet 2011 portant principes fondamentaux relatifs à la protection de l'environnement qui sanctionne pénalement l'omission de réalisation d'étude d'impact environnemental et social d'un projet soumis légalement à ce préalable.[778] En voici le libellé :

> « Est punie d'une amende égale au quintuple des frais qu'elle aurait déboursés pour l'évaluation et la validation de l'étude, toute personne qui réalise ou contribue à réaliser un projet ou une activité sans étude d'impact environnemental et social alors qu'il y était soumis en vertu des dispositions de la présente loi. Le tribunal saisi peut en outre ordonner la destruction de l'ouvrage sans préjudice des dispositions de l'article 86 de la présente loi. »[779]

Le CPM prévoit également des infractions d'omission dont les suivantes :
- *le refus*, sans motifs légitimes, *de porter assistance à un autre navire en détresse* commis par tout commandant de navire, d'unité ou formation militaire ou assimilée[780] ;
- *le refus de porter assistance à un navire militaire ou assimilé en détresse*, commis par tout capitaine d'un navire de commerce national[781] ;

---

fonctionnaires lorsque, tenus de rédiger un acte de l'état civil, ils ne l'ont pas rédigé dans les délais prévus par la loi alors qu'ils pouvaient le faire, et lorsque, tenus de déclarer un événement au ministère public, ils ne l'ont pas fait dans les délais prévus par la loi. » Art. 113 : « Les officiers de l'état civil sont punis des peines prévues à l'article précédent lorsqu'ils refusent, sans motif valable, de rédiger un acte de l'état civil ou de déclarer un événement au Ministère public. Il en est de même lorsqu'ils inscrivent un acte de l'état civil sur simple feuille volante. »

[777] Art. 114 : « Sont punies d'une amende de 10.000 à 50.000 francs congolais les personnes qui, obligées de faire des déclarations de naissance ou de décès, ne l'auront pas fait dans le délai légal et celles qui, convoquées par l'officier de l'état civil pour faire une déclaration de décès, refusent de comparaître ou de témoigner. »

[778] In *J.O*, n° spécial, 16 juillet 2011.

[779] Cet art. 86 prescrit : « Toute personne physique ou morale dont les projets ou activités sont soumis à une étude d'impact environnemental et social sous les lois et règlements en vigueur avant la promulgation de la présente loi se conforme aux dispositions de celle-ci en transmettant dans un délai ne dépassant pas douze mois aux services compétents du ministère en charge de l'environnement une copie de son permis, sa licence ou son autorisation faisant mention de ses obligations environnementales et le cas échéant d'une copie de son plan de gestion environnementale. »

[780] Art. 123 : « Est puni de six mois à cinq ans de servitude pénale, pour abstention coupable, tout commandant de navire, d'unité ou formation militaire ou assimilée qui, sans motifs légitimes, refuse de porter assistance à un autre navire en détresse. »

[781] Art. 124 : « Est puni de six mois à cinq ans de servitude pénale, tout capitaine d'un navire de commerce national qui refuse de porter assistance à un navire

- *l'omission*, en temps d'appel à la mobilisation générale ou de guerre, *de prévenir ou d'avertir son chef*, le supérieur ou le commandement militaire, d'un événement ou d'un fait connu de soi, exigeant manifestement la prise des mesures militaires ;
- *le défaut d'avertissement* d'un danger militaire ou d'un projet de trahison, d'espionnage, de mutinerie ou de désertion[782] ;
- *l'omission* d'informer immédiatement les autorités compétentes des infractions contre le secret de la défense militaire dont on est au courant[783] ;
- *l'omission* d'informer immédiatement les autorités compétentes de la préparation d'un acte de terrorisme dont on est au courant[784] ;
- *l'abstention volontaire*, par tout militaire ou tout individu embarqué ou au service des Forces Armées, de dénoncer une infraction commise par un individu justiciable des juridictions militaires[785] ;
- *la non-assistance à personne en danger*, commis par tout militaire ou tout individu embarqué ou au service des Forces Armées[786] ;

3°- Les infractions de commission par omission. Une question a été posée, celle de savoir si, compte tenu de circonstances particulières, certaines infractions de commission ne peuvent pas se réaliser par omission. On a alors pensé à l'existence d'une catégorie intermédiaire d'infractions appelées justement *infractions de commission par omission*. Ce sont des infractions qui, selon leur définition légale, sont de commission, mais qui, concrètement, s'accomplissent par omission. Un débat a été engagé en doctrine pour savoir si

militaire ou assimilé en détresse. »

[782] Art. 125 : « Quiconque, en temps d'appel à la mobilisation générale ou de guerre, aura omis de prévenir ou d'avertir son chef, le supérieur ou le commandement militaire d'un événement ou d'un fait connu de lui exigeant manifestement que des mesures militaires soient prises, sera puni de deux à cinq ans de servitude pénale. Les mêmes peines sont applicables en cas de défaut d'avertissement d'un danger militaire ou d'un projet de trahison, d'espionnage, de mutinerie ou de désertion. »

[783] Art. 154 : « Quiconque est au courant d'une des infractions contre le secret de la défense militaire et n'en informe pas immédiatement les autorités compétentes, sera puni des mêmes peines que les auteurs ou coauteurs desdites infractions. »

[784] Art. 160 : « Quiconque est au courant de la préparation d'un acte de terrorisme et n'en informe pas immédiatement les autorités compétentes, sera puni de cinq à dix ans de servitude pénale principale. »

[785] Art. 187 : « Tout militaire ou tout individu embarqué ou au service des Forces Armées, qui refuse ou s'abstient volontairement de dénoncer une infraction commise par un individu justiciable des juridictions militaires est puni de dix ans au maximum de servitude pénale. »

[786] Art. 188 : « Tout militaire ou tout individu embarqué ou au service des Forces Armées, qui se rend coupable de non-assistance à personne en danger est puni de dix ans au maximum de servitude pénale. »

les infractions de commission par omission sont punissables. Est-il concevable, p. ex., qu'un meurtre, qui exige un acte matériel positif (un coup de poing, de revolver, de machette...), soit consommé par omission ? La solution proposée en droit congolais est la suivante : « Le délit de commission par omission est pénalement punissable si la personne coupable a omis de faire ce qui constitue pour elle une obligation légale, réglementaire ou contractuelle, mais il n'est pas punissable si elle a omis simplement de satisfaire à une obligation morale. »[787] Ainsi, peut être déclaré coupable d'homicide volontaire, un gardien de prison qui prive volontairement de nourriture un détenu et laisse celui-ci mourir d'inanition.[788] Il en est de même d'un père de famille qui victimiserait de cette façon son enfant mineur. En l'absence d'une obligation légale, réglementaire ou contractuelle, l'agent ne sera pas poursuivi du chef de meurtre par omission. Il pourra néanmoins l'être pour non-assistance à personne en péril (art. 66ter du CP). Cette infraction de non-assistance à personne en danger est spécifique ; elle est une infraction d'omission, nous l'avons dit.

Il faut, enfin, noter qu'une même infraction peut se réaliser de deux manières distinctes : par omission ou par commission. Il en est ainsi, p. ex., de la haute trahison, prévue et punie par les art. 7, 56, 63, 165, 188, 190 de la Const. et 75 de la L-O n° 13-026 du 15 octobre 2013 portant organisation et fonctionnement de la Cour constitutionnelle.

En effet, l'infraction de haute trahison peut consister dans le fait, pour une autorité nationale, provinciale, locale ou coutumière, d'omettre ou de s'abstenir de sauvegarder l'unité de la République et l'intégrité du territoire (Art. 63 al. 2 de la Const). Elle s'accomplit ainsi par une attitude d'omission. En revanche, dans d'autres cas de figure, elle se réalise par action, comme : « dans le fait, pour quiconque d'instituer un parti unique (Art. 7 al. 2 de la Constitution); dans le fait, pour toute personne investie d'autorité publique, de conclure (ou de tenter de conclure) tout accord, toute convention ou tout arrangement de nature à priver la nation, les personnes physiques ou morales de tout ou partie de leurs moyens d'existence tirés de leurs richesses naturelles (*idem*, art. 56 et 57) ; dans le fait, pour toute personne investie d'autorité publique, de commettre tout acte de nature à priver la nation, les personnes physiques ou morales de tout ou partie de leurs moyens d'existence tirés de leurs richesses naturelles (idem, art. 56 et 57) ; dans le fait, pour le président de la République et le premier

---

[787] V. notamment Likulia Bolongo, *Droit pénal spécial zaïrois*, pp. 28-29 ; E. Lamy, *Cours de droit pénal général*, UNAZA, 1971-1972, p. 206 ; G. Mineur, *Commentaire du code pénal congolais*, Larcier, Bruxelles, 1953, p. 124.
[788] Likulia Bolongo, *idem*, p. 51.

ministre d'être auteur, co-auteur ou complice des violations graves et caractérisées des droits de l'Homme ou d'être auteur, co-auteur ou complice de cession d'une partie du territoire national (*idem*, art. 165 al. 1) ; dans le fait, pour quiconque, de détourner les forces armées à des fins propres (*idem*, art. 188) ; dans le fait, pour quiconque, d'organiser des formations militaires, paramilitaires ou des milices privées ou d'entretenir une jeunesse armée (*idem*, art. 190) »[789], autant des dispositions essentielles pour la stabilité des institutions de la RDC, la garantie de l'exercice démocratique du pouvoir, l'assurance de l'alternance apaisée au pouvoir, la garantie du respect des droits humains fondamentaux dont il convient d'assurer le strict respect. Le crime de haute trahison est puni de la servitude pénale à perpétuité.[790]

b) Les infractions instantanées, continues et continuées

Cette distinction tripartite présente plusieurs intérêts pratiques qui en forment le soubassement. Avant de les exposer, il convient d'abord de préciser ce que recouvre chacune de ces catégories.

1°- Données explicatives

1) Les infractions instantanées sont celles qui se réalisent par une action ou une omission s'exécutant en un instant ou en un trait de temps. Rentrent dans cette catégorie, p. ex. : les coups et blessures, car ils sont caractérisés dès que les coups sont portés ou les blessures faites ; le vol, parce qu'il est consommé dès que s'accomplit la soustraction frauduleuse d'un bien appartenant à autrui ; l'arrestation arbitraire, puisqu'elle se réalise dès l'instant où l'agent prive la victime de sa liberté de mouvements, etc.

Pour déterminer le caractère instantané d'une infraction, il importe de se situer au moment où l'acte a été posé ou l'omission faite, sans se préoccuper de la durée du mal causé ou de la prolongation de ses effets dans le temps. En guise d'illustration :

- La non-déclaration de naissance ou de décès dans le délai légal est une infraction instantanée qui s'accomplit dès que ce délai expire. L'écoulement du délai légal n'enlève donc pas à cette infraction son caractère instantané.
- De même, l'escroquerie reste une infraction instantanée même si la réalisation d'un de ses éléments constitutifs, à savoir les manœuvres frauduleuses, dure dans le temps. En effet, pour surprendre la bonne foi de la

---

[789] Ngoto Ngoie Ngalingi, *L'essentiel du Droit pénal congolais*, pp. 365-366.

[790] Art. 75 de la L.O n° 13-026 du 15 octobre 2013 portant organisation et fonctionnement de la Cour Constitutionnelle.

victime, l'escroc met souvent sur pied un plan, un scénario ou une mise en scène dont l'exécution requiert l'écoulement d'un certain temps. Pour autant, l'infraction d'escroquerie reste instantanée puisqu'elle se consomme dès que la chose convoitée est remise à l'agent. Le temps consacré à l'exécution du stratagème ou des manœuvres pour obtenir cette remise n'a aucune incidence sur le caractère instantané de l'infraction.

Enfin, nous l'avons dit, une infraction reste instantanée même si ses effets se prolongent dans le temps. Le délit de bigamie peut servir d'illustration à cet égard. En effet, la bigamie est le fait pour un individu, engagé dans les liens d'un mariage enregistré ou célébré devant l'officier de l'état civil, d'en faire enregistrer ou célébrer un autre avant la dissolution ou l'annulation du précédent.[791] Dès lors, l'élément qui consomme instantanément l'infraction de bigamie est la célébration ou l'enregistrement du second mariage. Dès que cet acte est posé, la bigamie est réalisée. Tout ce qui suit l'accomplissement de cet acte est à considérer comme une conséquence ou une suite de l'infraction ne modifiant en rien le caractère instantané de celle-ci.

Certains auteurs rangent dans une catégorie particulière les délits dont les effets se prolongent dans le temps, comme précisément la bigamie. Ils nomment ces délits : *les infractions permanentes*.[792] En réalité, celles-ci sont des infractions instantanées, car il importe de se situer au moment de la réalisation de l'acte matériel. Dès lors que l'infraction se consomme en un trait, elle est instantanée, peu importe que ses effets ou ses conséquences durent dans le temps.[793] À bien réfléchir, « la notion d'infraction permanente est inutile car toute infraction instantanée a des effets durables comme… le meurtre ! »[794]

2) Les infractions continues ou successives

L'infraction continue est celle qui est consommée par une action ou une omission qui se prolonge dans le temps de par la volonté réitérée et constante

---

[791] V. Likulia Bolongo, *Droit pénal spécial zaïrois*, pp. 267 et s ; Art. 408 de la loi n° 16-008 du 15 juillet 2016 modifiant et complétant la loi n° 87-010 du 1er août 1987 portant Code de la Famille : « Quiconque, étant engagé dans les liens d'un mariage enregistré ou célébré devant l'officier de l'état civil, en aura fait enregistrer ou célébrer un autre avant la dissolution ou l'annulation du précédent, sera puni, du chef de bigamie, d'une servitude pénale de un à trois mois et d'une amende de 125.000 à 500.000 francs congolais ou de l'une de ces peines seulement. L'action publique et l'action civile peuvent être intentées tout le temps que subsiste l'état de bigamie. »

[792] V. notamment, J. Pradel, *Droit pénal général*, 21e éd., p. 348, n° 404.

[793] V. G. Stefani, G. Levasseur, B. Bouloc, *Droit pénal général*, 13e éd., pp. 231-232.

[794] J. Pradel, *ibidem*.

de son auteur. L'élément caractéristique réside donc dans la volonté réitérée et persistante de l'agent de commettre un acte prohibé par la loi et de se maintenir dans une situation contraire à la loi.

Peuvent être rangées dans cette catégorie : la tenue d'une maison de débauche ou de prostitution, ou le fait de vivre en tout ou en partie, aux dépens d'une personne dont on exploite la prostitution (délit du souteneur) (art. 174bis du CP) ; l'association des malfaiteurs, c'est-à-dire toute association formée dans le but d'attenter aux personnes ou aux propriétés (art. 156 *idem*) ; la détention illégale qui consiste à maintenir la victime dans l'impossibilité de jouir de sa liberté de mouvement (art. 67 *idem*) ; le recel d'objets volés consistant à conserver des biens dont on connaît l'origine délictueuse (article 101 *idem*), etc. Dans ces infractions, l'activité délictueuse dure dans le temps et l'agent est animé d'une volonté persistante de demeurer dans une situation contraire à la loi. Les actions publique et civile peuvent être exercées contre ce dernier aussi longtemps qu'il sera dans cet état de délinquance.

À partir de l'expression utilisée par le législateur, on peut déceler le caractère instantané ou continu d'une infraction. Ainsi, pour réprimer l'occupation illégale d'un terrain dans les milieux urbains, le législateur peut avoir recours à deux expressions différentes. Il peut disposer, p. ex., que « celui qui, sans titre légal, *aura pris possession d'une parcelle*... sera puni... » Avec cette expression, le législateur accorde à l'infraction d'occupation illégale d'un terrain, une nature instantanée. Il peut aussi disposer autrement et dire, p. ex. : « Celui, qui, sans titre, *occupera* une parcelle..., sera puni... » Cette formule accorde à l'infraction ainsi définie, un caractère continu.[795]

3) Les infractions continuées

Dans la pratique, la distinction des infractions instantanées et continues soulève parfois des difficultés. En effet, une infraction instantanée par nature peut parfois présenter les caractères d'une infraction continue. Il en est ainsi, p. ex., du vol d'eau ou d'électricité réalisé au moyen d'un branchement frauduleux sur les canalisations de la REGIDESO[796] ou les réseaux de la SNEL[797]. On peut également citer le cas d'un « boy » (un serviteur de maison) qui, chaque jour, subtilise une certaine somme d'argent appartenant à son patron. Ces vols sont instantanés car le premier acte commis constitue, en lui seul, l'infraction sanctionnable. Néanmoins, comme tous les actes qui se sont

---

795 Dans ce sens, v. Nyabirungu mwene Songa, *op. cit.*, p. 221.
796 REGIDESO : Régie de distribution d'eau.
797 SNEL : Société nationale d'électricité.

succédés forment une unité aussi bien par le dessein ou la volonté délictueuse de l'agent que par le droit violé, on considère qu'ils constituent, malgré la pluralité d'actes, un délit unique, un vol unique, qui ne peut être sanctionné que d'une seule peine. Ce délit est appelé *délit continué ou répété*. Ainsi donc, par délit continué, il faut entendre un délit qui, par nature, est instantané, mais qui, dans le concret, se rapproche du délit continu car il se réalise par plusieurs actes successifs étalés dans le temps, constituant chacun une infraction mais unis par une unité d'intention et de but. Il est utile de rappeler, en passant, que le législateur congolais ne consacre pas la division tripartite des infractions en crimes, délits et contraventions. Le concept *délit* n'est donc pas entendu ici dans son sens technique, tel que défini en droit français, p. ex., où cette division tripartite est cardinale. Ce terme est utilisé, dans ce contexte, tout simplement comme synonyme d'infraction.

2°- Les intérêts pratiques de la distinction

La distinction entre les infractions instantanées et les infractions continues présente de nombreux intérêts pratiques, notamment en ce qui concerne la prescription de l'action publique, l'application de la loi pénale dans le temps, l'application de la loi pénale dans l'espace ou plus généralement la compétence *ratione loci* du tribunal, l'application du principe *non bis in idem* et enfin en matière d'amnistie.

1) Dans le domaine de la prescription de l'action publique

Comme nous l'avons vu *supra*,[798] le délai de prescription de l'action publique commence à courir à des moments différents selon que l'on se trouve devant une infraction instantanée ou continue. En cas d'infraction instantanée, ce délai commence à courir dès l'instant où l'acte prohibé par la loi a été commis. L'arrêt de la CSJ du 10 avril 2009 offre une illustration pertinente à cet égard. En l'espèce, la Cour s'est prononcée sur un recours en appel interjeté par la partie civile Maurice Michaux et l'OMP contre l'arrêt RP 563 rendu contradictoirement par la C.A de Kinshasa/Gombé le 14 mars 2008, ayant constaté l'extinction de l'action publique née de l'infraction d'usage de faux mise à la charge du prévenu Lukombe Nghenda. Pour nous limiter au motif pertinent au regard du présent contexte, la partie civile reprochait à cette C.A « d'avoir conclu à l'extinction de l'action publique née de l'infraction d'usage de faux mise à la charge du prévenu, en situant les faits au 10 octobre 2000, alors que les faits d'usage des photocopies de chèques incriminés par ce dernier se situaient entre 1995 et 2005, année du dernier acte d'usage, ainsi que cela se dégage tant de sa plainte du 30 novembre 2005 adressée au

[798] V. p. 254.

Procureur général de la République que des actes d'instruction consécutifs. Doutant du caractère instantané de l'infraction d'usage de faux qu'elle dit être une infraction continue, elle soutient en effet que ni la plainte susvisée, ni les procès-verbaux de l'inspecteur de police judiciaire Nkonde qui l'avait instruite, ni, moins encore, la certification en date du 05 décembre 2000 de la photocopie de l'un des chèques litigieux, ne pouvaient conduire à la détermination du dernier acte d'usage à la date du 10 octobre 2000, date du dépôt par le prévenu des photocopies certifiées conformes des susdits chèques jointes à sa requête en cassation dans le dossier RC 2671/2672 ayant opposé les parties devant la Cour suprême de justice. »[799] Pour trancher le litige qui lui était soumis, la Cour a, dans sa motivation, épinglé le manque de précision de la date des faits incriminés que le ministère public avait vaguement situés entre 1995 et 2005 dans la prévention[800] ; imprécision qui était à l'origine de la difficulté de la détermination du *dies a quo* de la prescription de l'action publique en l'espèce. Elle a observé que c'est durant les trois pourvois en cassation exercés devant elle le 13 septembre 2000, le 11 et le 26 octobre 2000 contre l'arrêt RCA 16.611/16.643/RCA 68/16.611/16.643 rendu par la C.A de Kinshasa/Gombé le 09 novembre 1995, et dans les mémoires en réponse aux pourvois de la partie civile et du ministère public déposés par le prévenu le 16 janvier 2001, que celui-ci a usé des photocopies de chèques prétendues fausses, déposées en même temps que sa requête et ses mémoires en réponse aux parties adverses. Elle a par ailleurs constaté que même si les arrêts RC 2671/2672 et RC 077/TSR n'avaient été rendu que le 06 mai 2005, « aucun autre usage de faux n'a pu être opéré après le 16 janvier 2000, date du dernier acte d'usage, dans la période retenue par le ministère public comme étant celle de la commission de l'infraction, soit entre 1995 et 2005. »[801] Ayant ainsi situé le dernier acte d'usage de faux au 16 janvier 2000, la Cour a jugé que

> « l'usage de faux est une infraction instantanée relativement à laquelle les délais de prescription commencent à courir du jour où l'infraction a été commise, conformément à l'article 25 du code pénal livre I. Dès lors, étant donné que le prévenu n'a pas commis les faits qui lui sont reprochés dans l'exercice de ses

---

[799] CSJ, Arrêt du 10 avril 2009 (RPA 352), *En cause Ministère public et Maurice Michaux c/ Lukombe Ngenda*, in *BACSJ*, Années 2004 à 2009, T. II (2007-2009), pp. 153-162, spéc. pp. 154-156.

[800] Le prévenu était en effet poursuivi pour « avoir à Kinshasa, ville province de ce nom et capitale de la République Démocratique du Congo, dans la commune de la Gombé, sans préjudice de date plus précise, mais entre 1995 et 2005, période non encore couverte par la prescription de l'action publique, fait usage, dans la procédure judiciaire devant la Cour suprême de justice sous RAC 038, des photocopies des chèques sur lesquelles étaient apposée la mention fausse "pour photocopie certifiée conforme", fait prévu et puni par l'article 126 du CPL.II ». In *idem*, p. 159.

[801] CSJ, Arrêt du 10 avril 2009 (RPA 352), in *idem*, p. 160.

fonctions de professeur d'université, agent de l'État, et que c'est sur pied de l'article 126 du code pénal livre II qu'il est poursuivi, la Cour considère, par application de l'article 24, 2° du même code, livre 1er, que l'action publique résultant de l'infraction d'usage de faux était prescrite depuis le 16 janvier 2004, faute d'acte interruptif entre le 16 janvier 2001 et le 16 janvier 2004, soit plus d'une année avant la première plainte de la partie civile adressée au Procureur Général de la République et l'enquête préliminaire qui s'en est suivie… »[802]

L'usage de faux est donc une infraction instantanée qui se consomme dès l'accomplissement de l'acte d'usage. Peu importe que les effets de cet usage durent dans le temps. D'où l'importance de bien préciser la date de la commission de l'acte d'usage qui fixe le *dies a quo* pour le calcul du délai de la prescription de l'action publique. En l'espèce, il apparaît que l'usage du faux, en l'occurrence des photocopies de chèques prétendues fausses, avait été accompli à plusieurs reprises, durant les différentes procédures mues devant la CSJ. On peut donc considérer que l'on se trouve devant l'hypothèse d'un délit continué ou répété qui, comme nous l'avons dit, reste un délit instantané par nature, chacun des actes d'usage consommant instantanément l'infraction d'usage de faux, et les différents actes d'usage successivement réalisés formant une unité tant par le dessein ou la volonté délictueuse du prévenu que par le droit violé.

La CSJ est restée constante sur cette question. Elle a réaffirmé dans son arrêt du 12 novembre 2012 que « l'usage de faux est une infraction instantanée, qui se commet en un trait et ne nécessite nullement une succession, une continuation d'actes d'usage dans le temps, chacun de ceux-ci étant en réalité constitutif d'une infraction à part entière. »[803] Aussi, « le point de départ du délai de prescription de l'action publique concernant l'infraction d'usage de faux n'est pas le jour de la confection de l'acte ou du document faux, mais bien la date de l'usage qu'en fait l'agent. »[804]

Lorsque l'acte posé par le délinquant constitue une infraction continue, le délai de prescription commence à courir le jour où la situation délictueuse a pris fin. Il en est ainsi, p. ex., en matière de recel d'objets volés, qui est une infraction continue, car elle existe durant tout le temps que l'agent détient le bien volé alors même qu'il en connaît l'origine frauduleuse.[805] Le délai de

---

[802] CSJ, Arrêt du 10 avril 2009 (RPA 352), in *idem*, pp. 160-161.

[803] CSJ, Arrêt du 12 novembre 2012 (RPA 437), *En cause Monsieur Nkieri Kite Léonard c/ Ministère public et la partie civile Monsieur N'sa Mputu Elima*, in *BACSJ*, Années 2010-2013, Éd. 2014, pp. 215-222, spéc. p. 217.

[804] *Idem*, p. 216.

[805] Art. 101 du CP : « Celui qui a recélé en tout ou partie les choses enlevées, détournées ou obtenues à l'aide d'une infraction est puni d'une servitude pénale de

prescription de l'action publique ne commencera donc à courir qu'à partir du moment où le receleur ne sera plus en possession de l'objet volé qu'il détenait.

2) En matière d'application de la loi pénale dans le temps

L'infraction instantanée est régie par la loi en vigueur au moment de sa réalisation. La loi nouvelle plus douce rétroagira (rétroactivité *in mitius*). La loi nouvelle plus sévère ne rétroagira pas (principe de la non-rétroactivité de la loi pénale). En revanche, l'infraction continue, qui suppose une durée dans sa réalisation, est soumise à la loi nouvelle, même plus sévère que la loi ancienne, si l'activité délictueuse a commencé sous l'empire de la loi ancienne et s'est prolongée sous le régime de la loi nouvelle. Il importe, en effet, de sanctionner la témérité d'un délinquant qui, malgré l'aggravation des pénalités par le législateur, s'obstine à demeurer dans une situation infractionnelle ou à continuer son activité criminelle.

3) Dans le domaine de l'application de la loi pénale dans l'espace ou de la compétence ratione loci

En cas d'infraction instantanée, un seul tribunal est compétent, celui du lieu où l'infraction a été commise ou celui du lieu de l'arrestation du délinquant ou de sa résidence.[806] Par contraste, dans l'hypothèse d'une infraction continue réalisée successivement en plusieurs endroits, les tribunaux de ces différents lieux peuvent être tous compétents pour en connaître. Lorsque l'infraction a commencé à l'étranger et a continué en RDC, elle est considérée comme commise en RDC et ses tribunaux sont compétents pour en juger le ou les auteurs.

4) En ce qui concerne l'application du principe non bis in idem

Une infraction instantanée ne peut être punie qu'une fois ; le dossier des poursuites est définitivement clos par le jugement coulé en force de chose jugée. *A contrario*, une infraction continue, qui se caractérise par une persistance de la volonté coupable, peut, malgré une première condamnation (chose jugée), être à nouveau jugée et condamnée, si l'activité délictueuse subsiste après la première condamnation.

---

cinq ans au maximum et d'une amende qui ne dépasse pas mille zaïres ou d'une de ces peines seulement. » V. aussi CSJ, 6 mai 1997, RPA 214, *Affaire MP et Comité internationale de la Croix Rouge c/ Bukasa Kanguvu*.

[806] Art. 104 du COCJ.

5) Enfin en matière d'amnistie

Une infraction instantanée visée par la loi d'amnistie en bénéficie entièrement, sans aucune difficulté. En revanche, une infraction continue, visée par une loi d'amnistie, peut être réprimée si elle se prolonge après la promulgation de cette loi. En d'autres termes, une loi d'amnistie cesse de s'appliquer à l'infraction continue qui perdure après sa promulgation. Bien que n'étant pas continue par sa nature, le délit continué est soumis, en cette matière, aux règles du délit continu ou successif.[807]

c) Les infractions simples et les infractions complexes

1°- Définitions

1) ***L'infraction simple***, encore appelée *infraction d'occasion*, est celle qui est constituée d'une action ou d'une omission unique et isolée.

2) ***L'infraction complexe*** est celle dont l'élément matériel est constitué de plusieurs actes. Si ces actes matériels, qui forment une seule et même infraction, sont différents, on est en présence d'une infraction complexe proprement dite. Tel est le cas de l'infraction d'escroquerie qui consiste à se faire remettre une chose par le moyen de manœuvres frauduleuses (art. 98 CP). Pour que cette infraction se réalise, il faut donc un acte matériel de manœuvres frauduleuses et un acte d'acceptation de la remise de la chose convoitée. Si, par contre, ces actes matériels constituant une seule et même infraction sont les mêmes, on est en présence d'une infraction d'habitude. Il y a donc deux sortes d'infractions complexes : les *infractions complexes proprement dites* et les *infractions d'habitude.*

Cette dernière catégorie mérite une plus ample explication, vu son intérêt pratique spécifique. En effet, comment reconnaît-on une *infraction d'habitude* ? Elle se reconnaît par le fait qu'elle s'accomplit par plusieurs actes matériels semblables dont chacun, pris isolément, n'est pas punissable, mais dont la répétition constitue une infraction. Si plusieurs actes matériels constituent chacun une infraction, on se trouve devant un cas de concours matériel d'infractions. Ainsi, dans l'infraction d'habitude, c'est la répétition qui est réprimée et non l'acte isolé. Il suffit que l'acte en question soit commis deux fois pour que l'habitude soit caractérisée. Tel est le cas, p. ex., de l'exploitation habituelle de la débauche ou de la prostitution d'autrui, visé dans l'art. 174bis du CP qui dispose : [al.1er] « Sera puni d'une servitude pénale de trois mois à cinq ans et d'une amende de cinquante à mille zaïres…

[807] V. G. Stefani, G. Levasseur, B. Bouloc, *op. cit.*, p. 234.

[al.4] quiconque aura *habituellement exploité* de quelque autre façon la débauche ou la prostitution d'autrui. » Dès lors, pour que l'infraction prévue par cette disposition soit caractérisée, l'agent doit avoir exploité habituellement la débauche ou la prostitution d'autrui. Un seul acte isolé ne suffit pas à constituer l'infraction. Conséquemment, celui qui reçoit occasionnellement, en une fois et de façon isolée, le produit de la prostitution ou de la débauche d'autrui ne sera pas puni du chef de cette infraction.

2°- Quels sont **les intérêts pratiques de cette distinction** ? Nous en dénombrons cinq.

1) D'abord en matière de prescription. Lorsqu'on se trouve devant une infraction d'habitude, la prescription de l'action publique a pour point de départ le jour où a été accompli le dernier acte constitutif de l'habitude.

2) Ensuite dans la détermination de la sphère temporelle de la loi pénale. Une loi pénale nouvelle, même plus sévère que l'ancienne, s'applique à l'infraction d'habitude, si le dernier acte constitutif de cette infraction a été commis après l'entrée en vigueur de la nouvelle loi.

3) Dans le domaine de la sphère spatiale de la loi pénale. Une infraction d'habitude dont le premier acte a été commis à l'étranger et le second en RDC, sera considéré comme entièrement commis en RDC.

4) En matière d'amnistie. La loi d'amnistie ne peut pas s'appliquer à une infraction d'habitude constituée après sa promulgation. Autrement dit, si le dernier acte constitutif de l'habitude intervient après la promulgation de la loi d'amnistie, cette infraction ne sera pas amnistiée.

5) Enfin dans le domaine d'exercice de l'action civile. Aussi longtemps que l'infraction d'habitude n'est pas réalisée, que l'élément répétition n'est pas réuni, la victime de cet acte ne peut pas exercer l'action civile devant le tribunal répressif. Néanmoins, si l'acte unique posé lui a causé un dommage, elle peut en réclamer réparation devant le tribunal civil en invoquant l'art. 258 du CC aux termes duquel « tout fait quelconque de l'homme, qui cause à autrui un dommage, oblige celui par la faute duquel il est arrivé à le réparer ».

B- LA CATÉGORISATION DES INFRACTIONS FONDÉE SUR LE MOMENT DE LEUR CONSTATATION MATÉRIELLE

Lorsqu'on prend en considération le moment de leur constatation matérielle, on peut classer les infractions en deux catégories : d'une part les infractions flagrantes, d'autre part les infractions non flagrantes. Il convient d'abord de définir brièvement ces deux types (a) avant de présenter les intérêts pratiques de leur distinction (b).

a) Définitions

1°- « L'infraction flagrante est celle qui se commet actuellement ou qui vient de se commettre. L'infraction est réputée flagrante lorsqu'une personne est poursuivie par la clameur publique, ou lorsqu'elle est trouvée porteuse d'effets, d'armes, d'instruments ou papiers faisant présumer qu'elle est l'auteur ou complice, pourvu que ce soit dans un temps voisin de l'infraction. »[808]

2°- À l'inverse, l'infraction non flagrante est celle qui a été commise depuis un certain temps.

b) Les intérêts de la distinction

Celle-ci présente de l'intérêt surtout dans le domaine de la procédure. Les preuves de l'infraction flagrante ou réputée telle étant relativement plus faciles à réunir, sa poursuite, son instruction et son jugement sont plus rapides qu'en cas d'infraction non flagrante.[809] L'O-L n° 78-001 du 24 février 1978 est venue justement consacrer une procédure spéciale et rapide en cas d'infraction flagrante.[810] Elle a été mise en œuvre, p. ex., dans l'arrêt de la CSJ du 30 juillet 1985 dans l'affaire opposant le ministère public au citoyen Buunda Birere Shamwami, Commissaire du peuple[811], poursuivi et condamné pour le crime de meurtre commis à Kise, dans le Nord-Kivu, sur la personne du citoyen Katembo Kabwaro.[812]

Cette distinction joue également précisément en matière d'inviolabilité parlementaire. En effet, un député ne peut être poursuivi pour les infractions qu'il a commises que sur l'autorisation du Parlement, pendant la session, ou du bureau du parlement, en dehors des sessions. Mais cette inviolabilité disparaît en cas d'infractions flagrantes.[813]

---

[808] Art. 7 du CPP.

[809] V. notamment les art. 5, 6 et 7 du CPP, in *Code judiciaire zaïrois*, pp. 148-149.

[810] V. O-L n° 78-001 du 24 janvier 1978 relative à la répression des infractions flagrantes, in *J.O* n° 6 du 15 mars 1978, p. 15 ; aussi in *Code judiciaire zaïrois*, pp. 197 à 201.

[811] Commissaire du peuple = Député.

[812] V. CSJ, Arrêt du 30 juillet 1985 (RP 27/CR), *En cause Ministère public c/Buunda Birere Shamwami,* in *BACSJ*, Années 1985 à 1989, *op. cit*, pp. 39-44.

[813] Art. 71 de l'Acte constitutionnel de la transition ; article 107 de la Const. actuelle,

C- LA CATÉGORISATION DES INFRACTIONS FONDÉE SUR LE RÉSULTAT

En considérant l'élément matériel de l'infraction au point de vue de son résultat, on aboutit à distinguer l'infraction matérielle de l'infraction formelle, distinction dont il importe d'expliquer le principe (a) avant d'en démontrer l'intérêt (b) qui nous introduira dans une matière importante : celle de la tentative (c).

a) Le principe de la distinction

En quoi l'infraction matérielle diffère-t-elle de l'infraction formelle ?

1°- L'infraction matérielle est celle qui n'est consommée que par la réalisation du résultat nuisible. Autrement dit, dans ce type, le résultat est un élément constitutif de l'infraction. Il en est ainsi de la plupart des infractions prévues dans le CP, comme p. ex., le meurtre, l'assassinat, les coups et blessures, le vol, l'empoisonnement, etc.

2°- L'infraction formelle, en revanche, est celle qui existe indépendamment du résultat. Le législateur incrimine ici le procédé, peu importe que le résultat voulu par l'agent ne soit pas réalisé. On peut citer l'exemple de l'administration des substances nuisibles définie et sanctionnée par l'art. 50 du CP. Cet art. porte en effet :

> « Sera puni d'une servitude pénale de un à vingt ans et d'une amende de cent à deux mille zaïres, quiconque aura administré volontairement des substances qui peuvent donner la mort ou des substances qui, sans être de nature à donner la mort, peuvent cependant gravement altérer la santé. »

Cette infraction est formelle, car elle est qualifiée par le seul fait de l'administration des substances capables de donner la mort sans que nécessairement celle-ci s'ensuive, ou encore d'altérer gravement la santé.[814]

On peut également retenir l'incendie volontaire prévu par les art. 103 et 104 du CP, lesquels sanctionnent tous ceux qui auront mis le feu à des édifices, navires, magasins ou tout lieu d'habitation… Cette infraction est réalisée dès que l'agent a mis le feu à l'un de ces lieux, indépendamment du degré des dégâts occasionnés qui peuvent être minimes ou même inexistants. De même, selon le prescrit de l'art. 156 du même code, toute association

---

cité *supra* in p. 260, NBP 695.

[814] V. notamment Likulia Bolongo, *op. cit.*, p. 84.

formée dans le but d'attenter aux personnes ou aux propriétés est une infraction qui existe par le seul fait de l'organisation de la bande. Autrement dit, cette infraction est caractérisée et sanctionnée même si l'association formée n'a pas atteint son but ; même si les malfaiteurs associés n'ont pas accompli l'attentat aux personnes ou aux biens qu'ils ont planifié et projeté.

Rentrent aussi dans cette catégorie d'infractions formelles, l'offre ou la proposition de commettre les actes de trahison ou d'espionnage visés aux art. 181 à 185 du CP, ainsi que l'acceptation de cette offre ou de cette proposition. En d'autres termes, la sanction intervient dès que l'offre ou la proposition est faite, ou que l'acceptation est formulée, sans attendre que les actes de trahison ou d'espionnage aient été effectivement perpétrés. Si ces actes de trahison ou d'espionnage sont accomplis, on peut à la fois actionner les art. 21 du même code relatif à la coactivité, et 22 relatif à la complicité en prenant en considération le mode de participation criminelle mis en œuvre par le délinquant, ce, en application de l'art. 186 du CP qui dispose :

> « Sans préjudice de l'application des articles 21 et 22 du présent code, seront punies d'une servitude pénale de un à cinq ans : 1°. l'offre ou la proposition de commettre l'une des infractions prévues aux articles 181 à 185 ; 2°. l'acceptation de cette offre ou de cette proposition. »

Si l'on retient la coactivité par provocation, p. ex., celui qui fait l'offre ou la proposition de commettre les crimes de trahison ou d'espionnage sera puni de la même peine que l'auteur matériel de ces crimes, à savoir de la peine de mort,[815] conformément au prescrit de l'art. 23, 1er tiret, du CP. Si, au contraire, c'est la complicité qui est caractérisée, l'agent encourra une servitude pénale de dix à vingt ans, en application du même art. 23, 3e tiret.

Le complot contre la vie ou contre la personne du chef de l'État s'insère aussi dans la catégorie d'infractions formelles. En effet, ce complot est caractérisé et sévèrement sanctionné par le seul fait de son existence. Même en l'absence de tout acte préparatoire de l'exécution de ce complot, celui-ci, dès qu'il existe, est puni d'une servitude pénale de cinq à dix ans.[816] Le seul fait de proposer de comploter contre la vie ou contre la personne du chef de l'État constitue une infraction autonome qui est pénalement sanctionnée même si cette proposition n'a pas été agréée. L'auteur de la proposition

---

[815] C'est la peine prévue pour les actes de trahison et d'espionnage décrits aux art. 181 à 185 du CP.

[816] Art. 194, al. 1er : « Le complot contre la vie ou contre la personne du Chef de l'État sera puni d'une servitude pénale de dix à quinze ans si quelque acte a été commis pour en préparer l'exécution, et d'une servitude pénale de cinq à dix ans dans le cas contraire. »

encourt une servitude pénale de un à cinq ans.[817] La même conception formelle est appliquée en ce qui concerne le complot formé soit dans le but de détruire ou de changer le régime constitutionnel, soit d'inciter les citoyens ou habitants à s'armer contre l'autorité de l'État ou à s'armer les uns contre les autres, soit de porter atteinte à l'intégrité du territoire national. De par sa seule existence, ce complot est puni de cinq à dix ans de servitude pénale.[818] La proposition faite et non agréée de former un tel complot est punie d'une servitude pénale de un à cinq ans.[819] La même règle s'applique à l'encontre des attentats et complots tendant à porter le massacre, la dévastation ou le pillage.[820]

Peut aussi servir d'illustration, l'incrimination de l'art. 62 du CPM qui, en son al. 1er, punit de cinq à dix ans de servitude pénale, tout militaire ou assimilé, coupable de complot ayant pour but de porter atteinte à l'autorité du commandant d'une formation militaire, d'un navire ou d'un aéronef militaire, ou à la discipline ou à la sécurité de la formation, du navire ou de l'aéronef. Et son al. 2 de préciser qu' « il y a complot dès que la résolution d'agir est concertée et arrêtée entre deux ou plusieurs individus. » Autrement dit, même si le résultat n'a pas été atteint, le complot est caractérisé et sanctionné dès que deux ou plusieurs individus prennent, de façon concertée, la résolution d'agir.[821]

---

[817] Art. 194, al. 2 : « S'il y a eu proposition faite et non agréée de former un complot contre la vie ou contre la personne du Chef de l'État, celui qui aura fait une telle proposition sera puni d'une servitude pénale de un à cinq ans. »

[818] Art. 196, al. 1er du CP : « Le complot formé dans l'un des buts mentionnés à l'article 195 sera puni d'une servitude pénale de dix à quinze ans si quelque acte a été commis ou commencé pour en préparer l'exécution, et d'une servitude pénale de cinq à dix ans dans le cas contraire. » L'art. 195 dispose : « L'attentat dont le but aura été soit de détruire ou de changer le régime constitutionnel, soit d'inciter les citoyens ou habitants à s'armer contre l'autorité de l'État ou à s'armer les uns contre les autres, soit de porter atteinte à l'intégrité du territoire national, sera puni de la servitude pénale à perpétuité. »

[819] Art. 196, al. 2 : « S'il y a eu proposition faite et non agréée de former un complot pour arriver à l'une des fins mentionnées à l'article 195, celui qui aura fait une telle proposition sera puni d'une servitude pénale de un à cinq ans. »

[820] Art. 200 : « L'attentat dont le but aura été de porter le massacre, la dévastation ou le pillage sera puni de mort. » Art. 201 : « Le complot formé dans l'un des buts mentionnés à l'article 200 sera puni d'une servitude pénale de quinze à vingt ans si quelque acte a été commis ou commencé pour en préparer l'exécution, et d'une servitude pénale de dix à quinze ans dans le cas contraire. S'il y a eu proposition faite et non agréée de former un complot pour arriver à l'une des fins mentionnées à l'article 200, celui qui aura fait une telle proposition sera puni d'une servitude pénale de cinq à dix ans. »

[821] Art. 62 : « Tout militaire ou assimilé, coupable de complot ayant pour but de

b) L'intérêt de la distinction

La distinction des infractions matérielles et formelles présente un intérêt important dans le domaine de la tentative. En effet, en matière d'infractions matérielles, il est assez aisé de distinguer l'infraction consommée de l'infraction tentée ou manquée. Inversement, en ce qui concerne les infractions formelles, cette distinction est difficile à établir, parce que, précisément, celles-ci sont consommées, c'est-à-dire entièrement réalisées, par leur seule commission, sans égard à leur résultat, et lors même que leur auteur serait intervenu pour empêcher l'avènement de ce résultat : le cas, p. ex., d'un incendiaire qui s'emploie à éteindre le feu qu'il a mis volontairement et coupablement.

Ainsi, la catégorisation des infractions au point de vue de leur résultat nous amène à aborder les concepts spécifiques d'infractions consommées, tentées ou manquées dont l'explication s'inscrit dans le cadre de l'examen d'une question plus globale : celle de la tentative.

c) Le problème de la tentative

L'activité criminelle se présente comme un processus qui part de la simple pensée délictueuse jusqu'à la réalisation du résultat, en passant par la résolution de commettre l'infraction, la préparation de celle-ci, son commencement d'exécution et l'exécution elle-même. C'est ce cheminement que les criminologues et pénalistes appellent *iter criminis* ou le chemin du crime. Lorsque le résultat recherché par l'agent et prohibé par la loi se produit, l'infraction est consommée et, dès lors, elle est punissable. Lorsqu'au contraire, l'agent ne s'est limité qu'à une simple pensée délictueuse, aucune sanction ne lui sera appliquée, car, à la différence de la morale, le droit pénal ne punit pas une simple représentation psychologique de l'infraction. Entre ces deux moments extrêmes de l'*iter criminis* s'insèrent plusieurs actes dont les uns sont préparatoires alors que d'autres approchent déjà l'exécution de l'infraction et même l'achèvent, sans nécessairement atteindre le résultat

---

porter atteinte à l'autorité du commandant d'une formation militaire, d'un navire ou d'un aéronef militaire, ou à la discipline ou à la sécurité de la formation, du navire ou de l'aéronef, est puni de cinq à dix ans de servitude pénale. Il y a complot dès que la résolution d'agir est concertée et arrêtée entre deux ou plusieurs individus. Le maximum de la peine est appliqué aux militaires les plus élevés en grade et aux instigateurs de l'infraction. Si le complot a lieu en temps de guerre, en périodes exceptionnelles ou en toutes circonstances pouvant mettre en péril la sécurité de la formation, de l'aéronef ou du navire, ou a pour but de peser sur la décision du chef militaire responsable, le coupable est puni de mort. »

recherché. Dès lors, la question fondamentale qui se pose est celle de savoir à partir de quel instant l'activité infractionnelle tombe sous le coup de la loi pénale. Ne faut-il déployer la sanction pénale qu'à l'encontre de l'agent qui est allé jusqu'au bout de son projet ou est-ce que l'accomplissement de certains actes suffisent pour justifier l'application de cette sanction ? C'est tout le problème de la tentative. Le législateur congolais répond à cette interrogation dans l'art. 4 du CP qui dispose :

> Al. 1er : « Il y a tentative punissable lorsque la résolution de commettre l'infraction a été manifestée par des actes extérieurs qui forment un commencement d'exécution de cette infraction et qui n'ont été suspendus ou qui n'ont manqué leur effet que par des circonstances indépendantes de la volonté de l'auteur. »
>
> Al. 2 : « La tentative est punie de la même peine que l'infraction consommée. »

Les mêmes termes sont repris dans l'art. 4 du CPM. L'analyse de cette définition légale laisse entrevoir les deux formes de la tentative punissable, à savoir, d'une part, celle dont l'exécution a été suspendue ou interrompue par une cause extérieure à l'agent : c'est l'infraction tentée ; d'autre part, celle qui a manqué son effet alors que tous les actes d'exécution ont été accomplis : c'est l'infraction manquée. La doctrine a ajouté une autre variante qu'il importera également d'étudier : celle de l'infraction impossible.

1°- L'infraction tentée

Il y a infraction tentée lorsque l'exécution des actes matériels a été interrompue par la survenance d'une circonstance indépendante de la volonté de l'auteur. Elle se caractérise donc par la réunion de trois éléments dans le chef de ce dernier, à savoir : la résolution de commettre telle infraction déterminée ; l'accomplissement des actes extérieurs constituant un commencement d'exécution de celle-ci ; et l'absence du désistement volontaire.

1) L'existence d'une résolution criminelle

Par résolution criminelle, il faut entendre la ferme volonté de l'agent d'accomplir un acte déterminé, prohibé par la loi. Il peut s'agir d'un meurtre, d'un vol, d'un empoisonnement, d'un incendie, etc. L'agent prend la décision d'atteindre un objectif déterminé en dépit de l'interdiction légale. « Si l'on ne peut rattacher [le fait commis par l'agent] à un projet déterminé, si l'on ne parvient pas à prouver qu'en exécutant ce fait, l'agent a eu le dessein d'accomplir tel crime, il est impossible de considérer l'acte comme une tentative de ce crime. »[822] On rencontre, en effet, des situations complexes où

---

[822] J.J. Haus, *Principes généraux du droit pénal belge*, 3e éd., Bruxelles 1979, cité

les actes commis par le délinquant peuvent à la fois constituer en eux-mêmes une infraction déterminée et former la tentative d'une autre infraction beaucoup plus grave. Tel est le cas des coups et blessures volontaires qui, en eux-mêmes, consomment l'infraction de l'art. 46 du CP, mais qui peuvent aussi constituer une tentative du crime de meurtre prévu et puni par l'art. 44 du même code. Tant qu'on n'a pas la certitude qu'en donnant des coups l'agent visait la mort de la victime, on ne retiendra que l'infraction de coups et blessures volontaires et non la tentative de meurtre.

On peut également se retrouver devant l'hypothèse d'un fait matériel pouvant constituer un début d'exécution de plusieurs infractions à la fois. Ainsi, p. ex.,

> « l'individu qui, pendant la nuit, s'introduit, à l'aide d'effraction, d'escalade ou de fausses clés, dans une maison habitée, peut avoir l'intention de voler, d'enlever une femme ou un enfant, d'arrêter illégalement un homme, d'attenter à la vie d'une personne. Quoique le dessein de l'agent d'exécuter un de ces crimes soit évident, cependant le fait ne peut être qualifié de tentative, tant que l'on ne parvient pas à découvrir dans quelle intention il a été commis, quel est le crime que l'auteur avait en vue. Si le projet qu'il a voulu réaliser par ces moyens demeure incertain, le prévenu ne peut être puni que pour violation de domicile. »[823]

Pour découvrir la volonté réelle de l'agent, le juge questionnera celui-ci afin de faire ressortir le mobile de son acte ; il entendra attentivement les témoins et analysera minutieusement les actes posés, tous les indices et toutes les circonstances de l'espèce auxquelles peuvent venir éventuellement s'ajouter les aveux ou confessions du délinquant qu'il faut toujours contrôler pour ne pas tomber dans le piège d'aveux fantaisistes ou mensongers.

2) L'accomplissement des actes formant commencement d'exécution

La résolution criminelle, qui est purement psychologique, ne suffit pas à rendre punissable la tentative, car la loi ne punit pas le seul dessein de commettre une infraction. Pour que la tentative soit caractérisée, il faut que cette résolution criminelle soit manifestée par des actes extérieurs constituant un commencement d'exécution de l'infraction projetée. Mais la loi ne définit pas ce qu'il faut entendre par commencement d'exécution ; elle n'en fixe pas les critères. Comment, p. ex., distinguer les actes formant commencement d'exécution des actes préparatoires qui, eux aussi, sont matériels ? En l'absence d'un critère légal, la doctrine a proposé deux conceptions permettant

---

par Nyabirungu mwene Songa, *op. cit.*, pp. 226-227.
[823] *Idem*, p. 227.

d'identifier les actes formant commencement d'exécution : une conception objective et une conception subjective de ces derniers.

2-1) Selon *la conception objective*, l'acte formant commencement d'exécution est un acte qui entre dans la définition légale de l'infraction soit comme élément constitutif, soit comme circonstance aggravante. Si l'acte posé par l'agent n'est ni un élément constitutif, ni une circonstance aggravante de l'infraction, il n'est pas un acte de commencement d'exécution mais bien un acte préparatoire qui n'est pas punissable. Considérons, en guise d'illustration, l'infraction de vol. Celui-ci est défini par l'art. 79 du CP comme étant une soustraction frauduleuse d'un bien appartenant à autrui. D'après cette conception objective, l'agent qui pose la main sur le bien d'autrui convoité et s'apprête à se l'approprier, réalise un acte de commencement d'exécution punissable, car l'appréhension rentre dans la définition légale de l'infraction de vol : c'est un acte constitutif de l'infraction, un début matériel de soustraction. Pour soustraire une chose, il faut, en effet, au préalable, l'appréhender, la toucher. Tandis que si l'agent est simplement surpris la main dans la poche de la victime, il ne peut pas être puni, selon cette conception, puisque l'introduction de la main dans la poche de la victime n'est pas un élément constitutif de l'infraction de vol. Il s'agit-là d'un acte préparatoire non punissable.

Cette conception objective est très critiquée, car elle laisse impunis des actes qui pourtant révèlent une intention délictueuse bien arrêtée de leurs auteurs, comme justement ce voleur surpris la main dans la poche de la victime ou le bras tendu vers l'étalage.

2-2) *La conception subjective* vient précisément corriger cette faille puisque, selon elle, « il y a commencement d'exécution lorsque l'acte accompli révèle la volonté définitive et arrêtée de commettre telle infraction… »[824] Il s'agit donc d'un acte univoque qui dévoile la volonté de l'auteur de commettre telle infraction déterminée. Cet acte univoque s'oppose à l'acte préparatoire qui, lui, est un acte équivoque, parce qu'il ne révèle pas cette volonté définitive de commettre telle infraction déterminée. L'acte univoque est lié au but ; il est tout proche de l'objectif poursuivi par le délinquant. La distance morale entre le fait commis et le but recherché est très faible. On peut l'illustrer par le cas d'un cambrioleur surpris en pleine séance de destruction d'un coffre-fort : on considère qu'il y a commencement d'exécution de l'infraction de vol même si l'agent n'a pas encore appréhendé les bijoux ou l'argent contenus dans ce coffre-fort. Cette conception subjective est bien exprimée dans cette formule de Donnedieu de Vabres qui dit qu'il y a

[824] G. Stefani, G. Levasseur, B. Bouloc, *op. cit.*, n° 196.

commencement d'exécution « quand les actes accomplis par l'agent lors de son arrestation attestent chez lui une volonté criminelle irrévocable, quand il existe entre le mal qu'il a commis et le but qu'il se proposait une distance morale si faible que, laissé à lui-même, il l'aurait presque certainement franchie. »[825]

La solution qui paraît cependant la meilleure est celle qui consiste à prendre en compte autant l'activité matérielle que la résolution criminelle. Lorsqu'on se limite, en effet, à ne considérer que la distance morale entre l'acte commis et le but recherché, on risque de retenir la tentative alors qu'aucun acte d'exécution n'a encore été posé, pourvu que la résolution criminelle soit déterminée et constatée. L'acte de commencement d'exécution doit donc être déterminé à la fois par une distance matérielle et morale très courte entre l'agissement du délinquant et le but poursuivi. Deux exemples permettront de démontrer la pertinence de cette solution médiane :
- Premier exemple : Lorsqu'un individu mélange du poison mortel avec de la bière, il pose là un acte préparatoire, non punissable en lui-même. Mais si, après ce premier acte, il se met à rechercher sa victime, l'invite à son domicile pour lui offrir cette bière, il accomplit un acte de commencement d'exécution qui manifeste sa volonté criminelle certaine et irrévocable. La distance matérielle et morale entre son agissement et le résultat recherché est très courte.
- Deuxième exemple : Lorsqu'un voleur est surpris la main dans la poche de sa victime contenant son téléphone portable, il y a commencement d'exécution, car la distance matérielle entre l'acte posé et le résultat poursuivi est minime. La distance morale l'est aussi, puisque le but poursuivi n'a été empêché que parce que ce truand a été surpris.

À propos des actes préparatoires, il convient de souligner qu'en principe ils ne sont pas punissables, exceptés dans deux cas de figure :
- Lorsqu'ils constituent eux-mêmes une infraction *sui generis*. Il en est ainsi, p. ex., de l'association des malfaiteurs formée en vue d'attenter aux personnes et aux propriétés (art. 156 du CP). En effet, l'association, en elle-même, est un acte préparatoire, mais elle est érigée en infraction autonome par le législateur. En tant que telle, elle est donc punissable. Il en va autant également de tout acte préparatoire de l'exécution d'un complot contre la vie ou contre la personne du chef de l'État qui fait encourir à son auteur une peine de servitude pénale de dix à quinze ans.[826] De même, tout acte commis ou commencé pour préparer l'exécution d'un complot formé soit dans le but de

---

[825] Donnedieu de Vabres, *Traité élémentaire de droit criminel et de législation pénale comparée*, 3e éd., Paris, 1947, n° 231.
[826] Art. 194, al. 1er du CP.

détruire ou de changer le régime constitutionnel, soit d'inciter les citoyens ou habitants à s'armer contre l'autorité de l'État ou à s'armer les uns contre les autres, soit de porter atteinte à l'intégrité du territoire national, sera puni d'une servitude pénale de dix à quinze ans.[827] La même règle s'applique en ce qui concerne les attentats et complots tendant à porter le massacre, la dévastation ou le pillage.[828]
- Lorsqu'ils sont le fait d'un complice. L'art. 22 du CP considère en effet comme complices, entre autres, « ceux qui... auront, avec connaissance, aidé ou assisté l'auteur ou les auteurs de l'infraction dans les faits qui l'ont préparée... »

Au sujet des actes formant commencement d'exécution, il faut noter que dans certains textes d'incrimination, le législateur considère que l'infraction est caractérisée dès qu'il y a *commencement d'exécution.* Ainsi en est-il, p. ex., de l'attentat à la pudeur. En effet, aux termes de l'art. 169 du CP, celui-ci existe dès qu'il y a commencement d'exécution.

3) L'absence de désistement volontaire de l'agent

3-1) Définition

Il y a désistement volontaire ou spontané lorsque l'agent renonce *proprio motu* à son projet criminel. Il est pris, p. ex., de pitié, de remords, de peur physique ou de crainte de châtiment, et décide souverainement d'abandonner son projet. Dans ce cas, il ne sera pas puni pour tentative d'infraction. Cette solution est de bonne politique criminelle puisqu'elle encourage le délinquant à renoncer à tout instant à son projet, quels que soient les actes déjà posés. Disposer autrement l'obligerait à aller jusqu'au bout, n'ayant en effet plus rien à gagner avec le désistement.

Il est bien évident que si les actes déjà posés sont eux-mêmes constitutifs d'une autre infraction, l'auteur sera poursuivi pour cette dernière. Tel est le cas d'un voleur qui, par effraction, s'est introduit dans une maison d'autrui, mais qui, pris de peur ou bourrelé de remords, se désiste et s'enfuit sans rien subtiliser. Comme le désistement est volontaire, il ne sera pas puni pour tentative de vol. Mais, étant donné que son acte de commencement d'exécution réalise d'autres infractions, en l'occurrence la violation du domicile d'autrui et la destruction méchante (effraction), il sera poursuivi pour celles-ci.

---

[827] Art. 196, al. 1er du CP.
[828] Art. 200 et 201 *idem.*

Si le désistement est involontaire, il y a infraction tentée. Le désistement est involontaire lorsque l'agent met fin à son activité criminelle à la suite de la survenance d'un événement extérieur comme la réaction de la victime, l'arrivée inopinée d'une patrouille de police, le surgissement d'un tiers accroissant le danger d'être surpris en flagrant délit, etc. Bref, seul le désistement volontaire entraîne l'impunité de l'agent.

3-2) Distinction entre désistement volontaire et repentir actif mais tardif

Pour être opérant, le désistement volontaire doit intervenir avant que l'infraction n'ait été consommée. Une fois l'infraction consommée, si l'auteur s'emploie à en réparer les conséquences, il y a repentir actif et non désistement. Le repentir actif qui, à la différence du désistement, est postérieur à l'accomplissement de l'infraction, n'en efface pas le caractère délictueux. L'infraction subsiste et l'auteur sera poursuivi et condamné. Le repentir actif mais tardif est donc inopérant. C'est ainsi que dans l'affaire Mbelo Saula Likunde, la CSJ a dit pour droit que

> « L'infraction de recel est établie lorsque le prévenu connaissait l'origine délictuelle de la somme d'argent par lui utilisée et que la preuve de son intention frauduleuse se dégage du fait par lui d'utiliser cette somme d'argent pour son propre intérêt.
>
> Le recel ne requérant pas comme élément constitutif la volonté du receleur de cacher ou de soustraire la chose obtenue illicitement mais celle de la soustraire aux recherches de son propriétaire, le fait pour le prévenu d'offrir de la restituer n'est pas élusif de son imputabilité. »[829]

Il convient de noter que le juge a le pouvoir, tenant compte des spécificités de chaque espèce, de retenir le repentir actif mais tardif comme une circonstance atténuante au bénéfice de l'agent.

2°- L'infraction manquée

Elle se caractérise par le fait que le délinquant a exécuté complètement tous les actes matériels de l'infraction, mais n'a pas pu obtenir le résultat poursuivi à cause de la survenance d'une circonstance indépendante de sa volonté. Les actes matériels incriminés par la loi et complètement exécutés par l'agent « n'ont manqué leur effet que par des circonstances indépendantes de la volonté de l'auteur ».[830] En guise d'illustration, il y a infraction manquée lorsqu'un meurtrier blesse sa victime avec l'intention de la tuer mais que cette

---

[829] CSJ, Arrêt du 14 décembre 1984 (RPA 102), *En cause Ministère public c/ Mbelo Saula Likunde*, in *BACSJ*, Années 1980 à 1984, p. 532.

[830] Art. 4 du CP.

dernière n'a pu être sauvée que grâce à l'intervention d'un médecin. De même, il y a crime manqué lorsque l'agent a placé la bombe à l'endroit où la victime devait passer mais que ladite bombe n'explose pas à l'heure fixée.

Les actes posés doivent manquer leur effet à la suite d'une circonstance extérieure à l'auteur. Si celui-ci neutralise volontairement les effets de l'infraction, il y a désistement volontaire qui le fait échapper à la sanction. Tel est le cas d'un agent qui, après avoir noyé sa victime, se jette lui-même dans l'eau, se précipite et réussit à l'en sortir avant tout dégât.

Il importe de ne pas confondre le cas de désistement volontaire de l'hypothèse de l'erreur sur la personne (*error personae*), visée d'ailleurs dans l'art. 43 du CP. Aux termes de cet art., « sont qualifiés volontaires, l'homicide commis et les lésions causées avec le dessein d'attenter à la personne d'un individu déterminé ou de celui qui sera trouvé ou rencontré, quand même ce dessein serait dépendant de quelque circonstance ou de quelque condition et lors même que l'auteur se serait trompé dans la personne de celui qui a été victime de l'attentat ». L'analyse de cette disposition conduit à opérer une distinction entre deux types d'erreur : d'une part, l'erreur intellectuelle ou psychologique qui consiste pour l'agent à se méprendre sur l'identité de la victime ; il tue Paul qu'il prend, par erreur, pour son ennemi Pierre ; d'autre part, l'erreur matérielle ou l'*aberratio ictus* qui, elle, consiste dans une maladresse physique, une déviation malencontreuse du coup qui atteint mortellement une autre personne que la victime visée par l'agent.

L'hypothèse de l'erreur sur la personne ne constitue pas une infraction manquée. Il y a meurtre consommé, peu importe que l'auteur ait visé ou non une personne déterminée ; peu importe qu'il ait commis une erreur sur l'identité de la victime ou que, par maladresse, il ait atteint une personne autre que la victime visée. En effet, la société n'a pas d'intérêt à préférer tel être déterminé à tel autre. En plus du meurtre consommé sur la personne atteinte, le juge peut même retenir, en cas d'*aberratio ictus*, l'homicide volontaire manqué sur la personne que l'agent visait.[831]

Bref, pour qu'il y ait infraction manquée, deux conditions sont requises :
1) il faut que l'agent ait accompli tous les actes d'exécution de l'infraction ;
2) ces actes doivent avoir manqué leur effet à la suite d'une circonstance indépendante de sa volonté. En conséquence, l'infraction manquée n'est concevable que pour les infractions matérielles, c'est-à-dire celles qui requièrent la réalisation d'un résultat déterminé. Elle ne l'est pas en matière d'infractions formelles.

[831] Dans ce sens, v. Likulia Bolongo, *op.cit.*, pp. 58-59.

Comme l'infraction tentée, l'infraction manquée est punie de la même peine que l'infraction consommée. Les opinions divergent sur l'infraction impossible.

3°- L'infraction impossible

L'infraction est impossible lorsque le résultat recherché par l'agent ne peut pas être atteint soit par manque d'objet, soit par inefficacité de moyens utilisés. Tel est le cas d'un meurtrier qui frappe mortellement sa victime qu'il croit en vie alors que celle-ci était déjà décédée ; ou d'un agent qui administre des substances abortives à une femme qu'il croit enceinte alors qu'en réalité elle ne l'est pas. La question fondamentale qui se pose est celle de savoir si une infraction impossible est punissable ou pas. À ce sujet, deux théories s'affrontent : la théorie objective à laquelle s'oppose la théorie subjective. Entre les deux se développent des thèses transactionnelles ou intermédiaires.[832] Celles-ci ne réglant pas non plus totalement le problème, une quatrième voie s'est ajoutée qui n'exclut la répression qu'en cas de délit absurde et de délit putatif.

1) La théorie objective

Elle est développée depuis 1808 par le juriste allemand Feuerbach à qui on en attribue la paternité. Elle soutient que le délit impossible doit rester impuni pour trois raisons. La première, c'est qu'il n'a causé aucun trouble social ou en tout cas le trouble causé est moindre que celui découlant d'un délit consommé ou tenté. La deuxième, c'est qu'il ne peut pas être commencé dans son exécution parce que celle-ci est impossible. Or, pour qu'elle soit punissable, la tentative requiert un commencement d'exécution. La troisième raison est tirée de l'art. 301 du CPF de 1810[833] qui ne punit l'empoisonnement que s'il a été réalisé à l'aide de substances susceptibles de donner la mort. Dès lors, n'entraîne pas de sanction, l'administration des substances qui ne peuvent pas donner la mort. Cette théorie objective est jugée dangereuse parce qu'elle préconise la non- répression de toutes les infractions impossibles alors que dans certains cas, l'immoralité du délinquant ou sa dangerosité est manifeste.

2) La théorie subjective

À l'opposé de la théorie objective, la théorie subjective soutient la répression systématique de l'infraction impossible et ce, pour cette raison majeure que cette infraction révèle la volonté coupable et l'état socialement

---

[832] V. J. Pradel, *op. cit.*, n°s 430-437, pp. 365-369.
[833] Actuel art. 221-5 du CPF.

dangereux de son auteur. De plus, au plan matériel, alors que dans la tentative, qui est punie de la même peine que l'infraction consommée,[834] il n'y a qu'un commencement d'exécution, dans l'infraction impossible l'exécution est complète. Celle-ci doit donc être sanctionnée.

3) Les théories transactionnelles ou intermédiaires

Deux théories intermédiaires ont été proposées : celle qui repose sur une distinction entre l'impossibilité absolue et l'impossibilité relative ; et celle qui consacre la distinction entre l'impossibilité de droit et l'impossibilité de fait.

3-1) La distinction entre l'impossibilité absolue et l'impossibilité relative.

Sa paternité est attribuée à Mittermaier. D'après cette théorie, l'impossibilité absolue entraîne l'impunité alors que l'impossibilité relative n'exclut pas la répression.[835]

L'impossibilité est absolue dans deux cas de figure :
- Lorsque l'objet n'existe pas ou n'a pas la qualité qui est essentielle pour l'existence de l'infraction. En guise d'illustrations, on peut citer : le fait pour l'agent de tuer une personne déjà morte ; le fait pour un délinquant d'étrangler un enfant mort-né ; le fait pour un médecin incompétent d'administrer des substances abortives à une femme qu'il croit enceinte alors qu'elle ne l'est pas en réalité.
- Lorsque les moyens employés sont inefficaces et ne peuvent nullement produire l'effet recherché. Il en est ainsi, p. ex., du fait pour un délinquant de tirer sur sa victime en se servant d'une arme à feu déchargée ; du fait pour un agent, voulant empoisonner son ennemi, d'administrer à celui-ci des substances non toxiques (jus de citron ou de pamplemousse p. ex.) ; du fait pour une mère d'administrer à sa fille des anodins croyant que ce sont des abortifs.

L'impossibilité est en revanche relative :
- lorsque l'objet existe mais ne se trouve pas ou plus à l'endroit où l'agent croyait le trouver ;
- ou lorsque les moyens employés, en eux-mêmes efficaces, n'ont pas produit le résultat recherché par suite de leur utilisation maladroite.
Pour prendre quelques exemples concrets, il y a impossibilité relative quant à

---

[834] Art. 4, al. 2 du CP.

[835] V. notamment : J.J. Haus, *Principes généraux du droit pénal belge*, 3e éd., n°s 461 et 462, cité par Nyabirungu mwene Songa, *op. cit.*, pp. 241-242 ; Bouzat et Pinatel, *op. cit.*, n° 217.

l'objet : lorsque des pillards s'emploient à vider de son contenu une boutique dégarnie d'avance à leur insu ; ou lorsque ceux-ci s'époumonent à faire démarrer une voiture alors que le propriétaire avait enlevé le moteur par précaution ; ou encore lorsque des gangsters pourchassent et arrêtent une fourgonnette d'une banque pour s'emparer des sacs d'argent alors que ceux-ci avaient été chargés dans une voiture banale d'un client… Tandis qu'il y a impossibilité relative quant au moyen : lorsqu'un mauvais tireur, se servant d'une arme pourtant bien chargée, rate sa victime par maladresse ; ou lorsqu'un voleur, utilisant maladroitement ses instruments, en eux-mêmes appropriés, n'arrive pas à défoncer une malle d'argent, etc.

3-2) La distinction entre l'impossibilité de droit et l'impossibilité de fait.

D'après cette deuxième théorie intermédiaire, seule l'impossibilité de droit entraîne l'impunité, tandis que l'impossibilité de fait n'influe nullement sur la sanction.[836]

Il y a impossibilité de droit lorsqu'un élément constitutif de l'infraction fait défaut. Le meurtre, p. ex., est impossible sur un cadavre, car ce crime ne peut se commettre que sur une personne humaine, née et vivante. La personnalité humaine de la victime est un des éléments constitutifs du meurtre. Si cet élément fait défaut, ce crime ne peut pas être retenu. Ceci n'est qu'une conséquence ou une application du principe de la légalité.

Quand l'impossibilité n'est pas de droit, elle est de fait. Elle est liée à des circonstances qui ne sont pas essentielles, qui ne constituent pas un élément de l'infraction. Ainsi peut-on parler d'impossibilité de fait lorsqu'un assassin, muni de son arme bien chargée pour éliminer son ennemi, fait le guet dans un coin de rue où celui-ci passe habituellement, mais en vain, car la victime potentielle a emprunté une autre voie.

4) Le délit absurde et le délit putatif

Il faut dire que dans la pratique, il est souvent difficile d'opérer toutes les distinctions entre impossibilité absolue et impossibilité relative, ou impossibilité de droit et impossibilité de fait. La jurisprudence apprécie restrictivement les cas d'exonération pour ne retenir l'impunité qu'en cas de *délit absurde* et de *délit putatif.* Même dans les pays avancés comme la France, « les tribunaux se prononcent en faveur de l'assimilation du délit impossible au délit tenté et de la répression du délit impossible. À leurs yeux,

---

[836] Sur cette distinction, lire Garraud, *Traité théorique et pratique du droit pénal*, 3e éd., 6 tomes, Paris 1913 à 1935, T. 3, p. 515 ; Merle et Vitu, *op. cit.*, n° 308.

tous les éléments du délit tenté se retrouvent dans le délit impossible où tous les actes d'exécution ont été accomplis mais le résultat n'a pas été atteint par suite de circonstances absolument indépendantes de la volonté de leur auteur. »[837] On n'écarte généralement la sanction qu'en cas de délit absurde ou putatif.

« Il y a délit absurde -[encore appelé délit surnaturel]- lorsque le moyen mis en œuvre est chimérique et ne présente… aucun rapport de convenance, d'après l'expérience de vie, avec le résultat recherché. »[838] Est absurde, p. ex., le fait pour un agriculteur d'effectuer un pèlerinage pour tuer son ennemi ; ou encore le fait pour une femme d'utiliser une incantation pour obtenir la mort de sa rivale. « Il y a délit putatif lorsque l'illégalité des faits tels que l'agent les a commis n'existe que dans son imagination. »[839] Ainsi, peut être considéré comme auteur d'un délit putatif, un Congolais qui croit commettre une infraction en vendant du diamant, tout simplement parce qu'il ignore les dispositions qui en libéralisent l'exploitation, la détention, le transport et la vente[840] ; ou une étudiante qui se cache, se croyant en infraction parce qu'elle porte un pantalon ! Tous ces comportements retenus en guise d'exemplification des délits absurdes ou putatifs ne peuvent pas être sanctionnés, car ils ne sont pas infractionnels au regard de la loi.

*PARAGRAPHE 2 : **L'ÉLÉMENT INTELLECTUEL***

Les deux éléments constitutifs de l'infraction, matériel et intellectuel, sont tellement liés que l'on peut choisir de les examiner sous une même section des développements. L'infraction de vol, retenu comme notre fil rouge, sert à exemplifier ce lien intime. Son texte incriminateur, l'art. 79 du CP, rend, en effet, coupable de vol, toute personne qui « a soustrait frauduleusement une chose qui ne lui appartient pas ». Ainsi, le verbe conjugué « soustrait », accompagné de l'adverbe « frauduleusement », se traduit par une action à laquelle est accolée une épithète, c'est-à-dire un adjectif qualificatif. L'acte prohibé et sanctionné consiste donc non point en une simple soustraction, mais bien en une soustraction frauduleuse. Autrement dit, l'acte matériel est caractérisé, qualifié, doté d'un adjectif qui, au plan pénal, renvoie précisément à ce que l'on appelle l'élément moral, intellectuel, psychologique.

[837] G. Stefani, G. Levasseur, B. Bouloc, *op. cit.*, p. 256.
[838] Nyabirungu mwene Songa, *op. cit.*, p. 244.
[839] *Idem*, p. 246.
[840] O-L n° 82-039 du 5 novembre 1982 modifiant et complétant l'O-L n° 81-013 du 2 avril 1981 portant législation générale sur les mines et hydrocarbures.

Dans la plupart des infractions comme le vol, les coups et blessures volontaires, le faux et usage de faux, etc., cet élément est, répétons-le, si attaché à l'acte matériel que l'on peut aisément comprendre que les deux soient étudiés en même temps. Cependant, en mûrissant la réflexion, on en arrive à cette conviction que cet élément intellectuel se vérifie dans le chef de l'auteur de l'acte matériel ; il s'accomplit dans le chef de l'auteur, le délinquant, dans sa psychologie. D'où d'ailleurs son appellation d'élément psychologique, moral, liant le délinquant à l'acte prohibé et déterminant le degré de sa responsabilité pénale. Pour rester dans l'illustration éclairante du vol, c'est par rapport à l'agent que s'apprécie le caractère frauduleux de la soustraction. Ce délinquant s'approprie une chose qu'il sait ne pas lui appartenir. **Cet élément psychologique est donc une composante de sa responsabilité, un trait d'union entre l'acte matériel et son auteur.** Aussi, pour mieux en faciliter la compréhension tout en évitant des redites, choisissons-nous de l'approfondir dans le chapitre suivant, précisément à la section consacrée à l'étude de l'auteur de l'infraction.

CHAPITRE QUATRE

L'AUTEUR ET LA VICTIME DE L'INFRACTION

L'observation du drame pénal permet de percevoir la présence sur scène de deux séries d'acteurs : d'une part, le ou les auteurs de l'infraction, qualifiés en terme générique, de délinquant (section première) ; d'autre part, la victime qui, généralement, subit l'infraction (section 2). Alors que le premier, sujet de l'action, est toujours clairement visé dans le texte, la présence de la seconde est souvent sous-entendue. Si nous reprenons la disposition qui nous sert de phare, à savoir l'art. 79 du CP décrivant le vol, nous le saisissons aisément. Celui-ci porte, en effet, que « quiconque a soustrait frauduleusement une chose qui ne lui appartient pas est coupable de vol. » « *Quiconque* », désigne l'auteur du vol ; tandis que la victime est sous-entendue mais évidente : c'est le propriétaire de la chose frauduleusement soustraite. Celui-ci est la victime directe de l'infraction, par opposition à la victime indirecte qu'est la société, dont l'ordre a été perturbé par l'accomplissement de l'acte interdit et sanctionné dans la loi.

SECTION 1ère : **L'AUTEUR DE L'INFRACTION : LE DÉLINQUANT**

Quand bien même, en apparence, cette notion est claire, elle mérite néanmoins d'être bien circonscrite pour en appréhender toutes les dimensions (§ 1er). Cette précision faite, il conviendra ensuite d'examiner les conditions qui doivent être réunies pour que l'auteur de l'acte infractionnel en réponde pénalement (§ 2). Enfin, il faudra se demander si tout auteur de l'acte infractionnel subit impérativement la peine prévue par la loi. N'existe-t-il pas des circonstances qui peuvent exonérer celui-ci de sa responsabilité pénale ? (§ 3).

*PARAGRAPHE 1er : **LA NOTION DE DÉLINQUANT***

A - DÉFINITION

Par délinquant, il faut entendre l'individu qui a accompli l'acte infractionnel et à qui incombe la responsabilité pénale de l'infraction. Nous le désignons souvent également par le terme *agent*.

B- LES DEUX GRANDES CATÉGORIES DE DÉLINQUANTS

Pendant longtemps, on avait pensé que seules les personnes physiques pouvaient être déclarées pénalement responsables (a). Avec l'évolution de la société, des activités économiques, des préoccupations écologiques, de la mentalité et de la législation, le champ de la responsabilité pénale s'est étendu aux personnes morales dans la perspective d'une meilleure prise en charge répressive et réparatrice (b).

a) Les délinquants personnes physiques

Le texte incriminateur définissant l'acte punissable indique également l'agent, auteur de l'infraction. Il peut s'agir de toute personne, de quiconque, sans égard à une quelconque autre considération. Le législateur utilise alors des termes généraux comme : « celui qui... » (art. 52, 64, 65, 66, 74, etc. du CP) ; « quiconque... » (art. 46, 50, 53, 75, 78, 79, etc. *idem*) ; « toute personne qui... » (art. 71, *idem*) ; « tout individu qui... » (art. 70, *idem*), etc.

Il arrive aussi que le législateur vise, comme sujets de certaines infractions, des personnes physiques revêtues d'une qualité particulière. Ainsi en est-il de l'art. 72 du CP qui sanctionne « tout agent des postes ou toute personne officiellement commissionnée pour assurer le service postal qui... aura révélé l'existence ou le contenu d'une lettre... » De même, l'art. 73 réprimant la violation du secret professionnel vise « les personnes dépositaires par état ou par profession des secrets qu'on leur confie... », tels, les médecins, les magistrats, les avocats, les fonctionnaires de l'État, les officiers des Forces armées, etc.[841] On peut citer également les art. 145 et suivants prévoyant des infractions qui ne peuvent être commises que par des fonctionnaires, et l'art. 180 sanctionnant les atteintes portées par des fonctionnaires publics aux droits garantis aux particuliers.

b) Les délinquants personnes morales

Durant longtemps, un débat s'est déroulé autour de la question de la responsabilité pénale des personnes morales (1°). Aujourd'hui, celle-ci est admise et son régime se précise de plus en plus nettement (2°).

---

[841] V. Likulia Bolongo, *op. cit.*, pp. 216 et S.

1°- L'évolution du débat relatif à la responsabilité pénale des personnes morales

Questionnement : Lorsqu'un individu, agissant pour le compte d'une personne morale, en qualité de gérant ou d'organe de celle-ci, commet une infraction, il doit répondre de sa faute personnelle. Cela s'entend aisément. Mais peut-on également, à côté de la responsabilité pénale personnelle de l'organe qui a matériellement commis l'infraction dans l'exercice de ses fonctions, retenir la responsabilité pénale de la personne morale elle-même dont l'organe a exécuté la volonté ? Sur cette question, deux thèses se sont affrontées au cours de l'histoire : celle qui rejette la responsabilité pénale de la personne morale et celle qui la préconise.

1) La thèse de rejet de la responsabilité pénale des personnes morales

Elle était développée durant tout le XIXe siècle. Le principe consacré à l'époque était alors le suivant : « *Societas delinquere non potest* ».[842] Les défenseurs de cette thèse, s'appuyant sur le principe de la légalité, soutenaient que le législateur napoléonien, auteur du CPF de 1810 ayant inspiré le CP belge et congolais, par ricochet, n'avait pas prévu dans son texte la responsabilité pénale des personnes morales. À cet argument, ils en ont ajouté quatre autres, extra-textuels :

1-1) La personne morale est une fiction dépourvue de toute capacité de se déterminer librement, de toute volonté personnelle. La volonté personnelle, condition de la responsabilité pénale, est l'attribut des seules personnes physiques.

1-2) La personne morale n'est créée et n'accède à la vie juridique que pour réaliser un objet social déterminé : c'est le principe de la spécialité de la personne morale. Cet objet social ne saurait naturellement pas consister en la commission des infractions.

1-3) Il y a une incompatibilité entre sanction pénale et personne morale, car le concept de peine ne concorde qu'avec des personnes physiques.[843]

---

[842] Une société ne peut pas délinquer.

[843] Sur ces arguments, v. notamment J. Vidal, *Cours de droit criminel et de science pénitentiaire*, 2e éd., 1901, n° 65 bis ; R. Merle et A. Vitu, *Traité de droit criminel*, Paris, Cujas, 1967, pp. 489 et s. ; 1997, pp. 804 et s. ; J. Pradel, *Droit pénal général,* 21e éd., n° 586, p. 484.

1-4) Admettre la responsabilité pénale des personnes morales conduirait à des injustices choquantes. En effet, « en punissant la personne morale… on frappe indistinctement et indifféremment tous les membres, ceux qui ont voulu le délit et ceux qui ne l'ont pas voulu… En établissant cette responsabilité, ce n'est pas faire preuve de progrès, mais reculer de plusieurs siècles en arrière ».[844]

2) La thèse d'admission de la responsabilité pénale des personnes morales

Depuis la fin du XIXe siècle et au cours du XXè, on a assisté au développement des affaires et simultanément à la multiplication des textes sur les prix, la consommation, les relations du travail, l'environnement, etc. Il s'est avéré que la plupart d'infractions à ce type de législations formant le droit pénal des affaires, se commettent dans le cadre des personnes morales, en l'occurrence des entreprises, groupements industriels ou commerciaux. Pour donner plein effet à la répression, il a fallu donc, en plus de la sanction des individus qui peut s'avérer insuffisante ou illusoire, atteindre également la personne morale elle-même. C'est pour répondre à cette nécessité qu'a été élaborée la thèse d'admission de la responsabilité de celle-ci en forme de réplique à la précédente.

2-1) On a d'abord réfuté l'idée de fiction de la personne morale en démontrant que celle-ci est une réalité vivante, pour au moins deux raisons :
- La première, c'est que la personne morale peut réaliser l'élément matériel de certaines infractions. Il en est ainsi, p. ex., des faux, escroqueries, abus de confiance, délits fiscaux (fraude fiscale), concurrence déloyale, banqueroute, contrefaçon des marques de fabrique, et de manière générale, toutes les infractions dont la réalisation ne requiert pas une activité corporelle directe.
- La seconde, c'est que la personne morale a une volonté propre qui s'exprime à travers son assemblée générale, son conseil d'administration ou son comité de gestion. L'élément psychologique de l'infraction est donc bien présent.

2-2) On a ensuite renversé l'argument basé sur le principe de la spécialité de la personne morale en lui opposant un argument de bon sens. En effet, quand bien même l'objet social n'inclut pas ou ne consiste pas en la commission des infractions, il est néanmoins vérifié que dans la pratique, certaines sociétés débordent leur objet social et versent dans la délinquance. C'est le cas, p. ex., d'une entreprise créée pour fabriquer du papier ou de la bière, mais qui en

---

[844] J.A. Roux, « Rapport au Congrès de l'Association Internationale de Droit Pénal » tenu à Bucarest en 1929, in *RIDP*, 1930.60, cité par J. Pradel, *op. cit.,* n° 586, p. 484, NBP 3.

pratique pollue les eaux d'un cours d'eau ou d'un fleuve voisin. Dès lors, pourquoi ne pas retenir la responsabilité de cette entreprise ?

2-3) On a enfin réfuté l'assertion de l'incompatibilité de la notion de la peine avec celle de la personne morale et ceci sous trois aspects :
- D'abord, s'agissant de la nature des peines, si la peine capitale ou les peines privatives de liberté sont, de par leur nature, inapplicables aux personnes morales, d'autres sanctions peuvent parfaitement s'appliquer à celles-ci. C'est le cas de l'amende, la confiscation, la dissolution (comparable à la peine de mort), la fermeture temporaire de l'établissement, l'interdiction d'exercer telle activité, l'exclusion des marchés publics, l'interdiction d'émettre des chèques, la publication de la condamnation, etc.
- Ensuite, s'agissant des buts de la peine dont on a dit qu'ils cadraient mal avec la responsabilité des personnes morales, la fonction d'amendement n'étant pas concevable, il a été relevé que la peine exerce aussi les fonctions d'intimidation et de prévention qui, elles, sont parfaitement compatibles avec la nature spécifique de la personne morale.
- Enfin, à l'argument de l'injustice qu'entraînerait la sanction pénale de la personne morale, on a répondu que la peine infligée à cette dernière n'atteint pas indifféremment les innocents et les coupables. Car, il existe des procédés pour désintéresser les membres de l'entreprise dignes de protection - les salariés p. ex. - tout en frappant la personne morale elle-même.

2-4) À cette réplique convaincante, les praticiens du droit ajoutent un autre argument : c'est qu'en effet, dans la réalité, lorsque le patron ou un organe de l'entreprise est condamné à payer une amende pour une infraction commise dans l'exercice de ses fonctions, c'est souvent la personne morale qui la paye. Dès lors, en admettant la responsabilité pénale de la personne morale, on ne fait que consacrer en droit ce qui existe déjà en fait. Cette solution est heureuse, car la personne morale est souvent plus solvable que la personne physique ayant accompli l'acte infractionnel au nom de celle-là.

Au jour d'aujourd'hui, la responsabilité pénale de la personne morale est admise par la majorité de la doctrine. Elle a été affirmée à l'occasion de plusieurs congrès internationaux comme celui de Bucarest en 1929, de Rome en 1953, de Budapest en 1978, de Hambourg en 1979 ;[845] ainsi que par les recommandations (81) 12 et (88) 18 du comité des ministres du Conseil de l'Europe sur la criminalité d'affaires, et la résolution adoptée au Caire au cours du XIIIe congrès de l'Association internationale de droit pénal.[846] Elle est admise dans certains droits étrangers notamment en Angleterre, au Canada,

---

[845] V. Nyabirungu, *op. cit.*, p. 207.
[846] V. J. Pradel, *op.cit.*, n° 587, p. 486.

aux Etats-Unis d'Amérique, au Pays-Bas et dans le CP français.[847] Pour nous limiter à cette dernière législation qui nous est proche et souvent nous inspire, cette admission est consacrée dans l'art. 121-2 du CP, tel que modifié par la loi n° 2004-204 du 9 mars 2004, qui dispose :

> « Les personnes morales, à l'exclusion de l'État, sont responsables pénalement, selon les distinctions des articles 121-4 à 121-7, des infractions commises, pour leur compte, par leurs organes ou représentants.
> Toutefois, les collectivités territoriales et leurs groupements ne sont responsables pénalement que des infractions commises dans l'exercice d'activités susceptibles de faire l'objet de conventions de délégation de service public.
> La responsabilité pénale des personnes morales n'exclut pas celle des personnes physiques auteurs ou complices des mêmes faits, sous réserve des dispositions du quatrième alinéa de l'article 121-3. »

Il ressort de cette disposition que toutes les personnes morales peuvent être pénalement responsables. Parmi elles, on peut citer les sociétés commerciales, les sociétés civiles, les établissements de santé, les universités, les syndicats, les associations à but non lucratif…, bref tous les groupements dotés de la personnalité juridique. Seuls sont exceptés l'État, totalement, et les collectivités locales, partiellement. En effet, de façon absolue, l'État ne peut pas être déclaré pénalement responsable. C'est lui qui a le monopole du droit de punir. Il ne peut pas se punir lui-même. En ce qui concerne les collectivités locales, celles-ci ne peuvent être pénalement responsables que des infractions perpétrées dans le cadre des activités qu'elles ont exercées elles-mêmes en régie, alors qu'elles pouvaient les confier à des organismes relevant du secteur privé sous la forme d'une délégation de service public. Ainsi, en est-il, p. ex., des cantines scolaires, des transports en commun, du ramassage des ordures, de la distribution d'eau. En revanche, elles échappent à la répression pénale lorsqu'elles exercent une activité qui leur est légalement propre, comme l'activité de police, de maintien de l'ordre et de la sécurité publics, etc.[848]

2°-Le régime de la responsabilité pénale des personnes morales

L'art. 121-2 du CPF, ci-dessus cité en exemplification, illustre bien les contours de ce régime qui se caractérise d'un côté par la dimension

---

[847] V. H.D. Bosly, *Responsabilité et sanctions en matière de criminalité des affaires*, Syracuse, novembre 1980, p. 10 ; P. Delatte, « La question de la responsabilité pénale des personnes morales en droit belge », in *RDPC*, 1980, pp. 198-200 ; J.C. Soyer, *op. cit*, n°s 271 à 304 ; H. Renout, *Droit pénal général*, 18e éd., Larcier, Bruxelles, 2013, pp. 179-190 ; J. Leroy, *Droit pénal général*, 7e éd., LGDJ, Paris, 2018, pp. 268-281, n°s 467-484.

[848] V. J. Pradel, *op. cit.*, n° 589, pp. 488-490.

personnelle de cette responsabilité, de l'autre par l'implication de la personne physique agissant en tant que représentant de la personne morale. Il va donc nous servir de guide pour exposer ce régime.

1) La responsabilité pénale propre de la personne morale

Elle se dégage aisément de ces termes : « Les personnes morales, à l'exclusion de l'État, sont responsables pénalement… ». Elles le sont donc comme le sont les personnes physiques. Et cet art. 121-2 de renvoyer pertinemment aux art. 121-4 à 121-7 qui définissent respectivement l'auteur de l'infraction, la tentative punissable, le complice et la sanction du complice.[849] C'est dire qu'une personne morale peut être poursuivie et pénalement sanctionnée comme auteur de l'infraction consommée ou tentée, ou comme complice par aide ou assistance, don, menace, promesse, ordre, abus d'autorité ou de pouvoir. Bref, tout ce qui est dit au sujet des infractions consommées, de la tentative et des modes de réalisation de l'infraction s'applique autant à l'agent infractionnel personne physique qu'au délinquant personne morale.

Cette implication personnelle de la personne morale est heureuse et justifiée. En effet, il suffit de suivre aujourd'hui l'actualité dans le monde des affaires, particulièrement dans le domaine d'exploitations minières et pétrolières, pour confirmer le constat déjà fait par Robert Badinter, présentant le projet du nouveau CPF, selon lequel les personnes morales « sont souvent, par l'ampleur des moyens dont elles disposent, à l'origine d'atteintes graves à la santé publique, à l'environnement, à l'ordre économique. De surcroît, la décision qui est à l'origine de l'infraction est prise par les organismes sociaux eux-mêmes. »[850] La puissance des personnes morales est démultipliée lorsqu'elles atteignent la dimension des multinationales.

---

[849] En voici les libellés : Art. 121-4 : « Est auteur de l'infraction la personne qui : 1° commet les faits incriminés ; 2° tente de commettre un crime ou, dans les cas prévus par la loi, un délit. » Art. 121-5 : « La tentative est constituée dès lors que, manifestée par un commencement d'exécution, elle n'a été suspendue ou n'a manqué son effet qu'en raison de circonstances indépendantes de la volonté de son auteur. » Art. 121-6: « Sera puni comme auteur le complice de l'infraction, au sens de l'article 121-7. » Art. 121-7 : « Est complice d'un crime ou d'un délit la personne qui sciemment, par aide ou assistance, en a facilité la préparation ou la consommation. Est également complice la personne qui par don, promesse, menace, ordre, abus d'autorité ou de pouvoir aura provoqué à une infraction ou donné des instructions pour la commettre. »

[850] R. Badinter, Présentation du Projet du nouveau CPF, Dalloz, 1998, p. 16, cité par J. Pradel, op. cit., n° 591, p. 492, NBP 2.

Cette participation de plus en plus visible et dénoncée des entreprises dans la criminalité justifie l'idée de reconnaître la responsabilité pénale propre des personnes morales, et d'admettre clairement que celles-ci peuvent commettre des faits infractionnels. La Cour de cassation française s'est prononcée dans ce sens dans des affaires d'escroquerie, de recel et d'association des malfaiteurs[851], alors même qu'on peut aisément comprendre que de tels faits ne peuvent être matériellement accomplis que par des personnes physiques agissant comme organes ou comme représentants des personnes morales.

2) L'implication d'une personne physique agissant comme représentant de la personne morale

L'art. 121-2 du CPF, qui nous sert d'illustration éclairante, fait bien ressortir cette implication nécessaire d'un être de chair. Il dit : « Les personnes morales, à l'exclusion de l'État, sont responsables pénalement, selon les distinctions des articles 121-4 à 121-7, *des infractions commises, pour leur compte, par leurs organes ou représentants…* » Les termes relevés en italique par nous établissent que la responsabilité pénale personnelle de la personne morale est engagée par un substratum humain agissant au nom de celle-ci, pour son compte et conformément à son statut.

2-1) La responsabilité de la personne morale suppose l'existence d'un substratum humain.[852] Ceci veut dire que pour qu'il y ait responsabilité pénale de la personne morale, il faut qu'une infraction ait été commise par son organe, administrateur, représentant ou son préposé. « Point de responsabilité d'un groupement sans responsabilité persistante d'un être de chair. »[853] Cette exigence repose sur deux raisons fondamentales : l'une juridico-criminologique, l'autre de politique criminelle.

Au plan juridique et criminologique, il importe de reconnaître que quelle que soit sa « réalité », une personne morale ne peut pas accomplir directement une infraction. Celle-ci ne peut être commise que par des personnes physiques qui la représentent et agissent en son nom et pour son compte. Ainsi, la responsabilité pénale de la personne morale prend naissance dans les actes posés par certains individus et cette responsabilité s'ajoute à la responsabilité propre de ces derniers.

---

[851] Crim. 24 avril 2013, n° 12-81.955, escroquerie et recel ; 10 avril 2013, n° 12-82.088, association de malfaiteurs ; 23 mai 2013, n° 12-83.760, *Rev. pénit.*, 2013, p. 350, obs. X. Pin, escroquerie au jugement ; cités par J. Pradel, op. cit., n° 591, p. 492, NBP 5.

[852] H. Donnedieu de Vabres, note sous Paris, 21 décembre 1949, D. 1950, 434.

[853] J. Pradel, *Droit pénal général,* 7e éd., 1990, n° 500 ; 21e éd., 2016, n° 592, p. 492.

Au plan de politique criminelle, si les gérants ou les administrateurs ne sont pas tenus personnellement pour responsables des actes qu'ils ont perpétrés, ils risquent de verser dans la négligence ou la légèreté et de ne pas faire attention au respect scrupuleux des dispositions légales. Il faut éviter que la responsabilité des personnes morales ne « constitue un écran pour masquer les responsabilités personnelles ».[854] Ainsi donc, la responsabilité de la personne morale n'exclut pas celle des personnes physiques pour les mêmes faits. Aussi faut-il saluer la justesse de l'option retenue par l'art. 121-2 du CPF qui, pertinemment, d'une part, décide que « les personnes morales… sont responsables pénalement… des infractions commises pour leur compte par leurs organes ou représentants » (al. 1er) ; d'autre part, précise que cette « responsabilité pénale des personnes morales n'exclut pas celle des personnes physiques auteurs ou complices des mêmes faits » (al. 3). L'art. 5 du CP belge est également fort intéressant. En effet, dans son al. 1er il affirme en ces termes la responsabilité directe de la personne morale :

> « Toute personne morale est pénalement responsable des infractions qui sont intrinsèquement liées à la réalisation de son objet ou à la défense de ses intérêts, ou de celles dont les faits concrets démontrent qu'elles ont été commises pour son compte. »

Dans son al. 2, il prévoit également la responsabilité pénale des personnes physiques qui ont commis une faute en agissant au nom de la personne morale. Il dispose :

> « Lorsque la responsabilité de la personne morale est engagée exclusivement en raison de l'intervention d'une personne physique identifiée, seule la personne qui a commis la faute la plus grave peut être condamnée. Si la personne physique identifiée a commis la faute sciemment et volontairement, elle peut être condamnée en même temps que la personne morale responsable. »

À cet égard, les art. 87 à 92 du CP congolais sont aussi instructifs. Ils montrent, p. ex., comment le législateur sanctionne les organes d'une société pour la banqueroute de celle-ci. En effet, la banqueroute consiste, pour un commerçant déclaré en faillite, à commettre des actes irréguliers ou frauduleux, en l'occurrence le détournement ou la dissimulation d'une partie de son actif, la fausse reconnaissance d'être débiteur de sommes qu'il ne doit à personne, la soustraction de ses livres ou l'enlèvement, l'effacement, l'altération de son contenu. Le commerçant, personne physique auteur de cette infraction, encourt trois mois à cinq ans de servitude pénale et cent à mille zaïres d'amende.[855]

---

[854] Avant projet définitif du CPF, 1978, p. 42.
[855] Art. 86 du CP : « Sera puni d'une servitude pénale de trois mois à cinq ans et

Ce comportement peut aussi être reproché à des personnes morales. Pour le réprimer, le législateur vise directement leurs organes, personnes physiques, dont la responsabilité est engagée. Ainsi, punit-il de ces mêmes peines, « les administrateurs directeurs ou gérants des sociétés à responsabilité limitée, déclarées en faillite, qui, frauduleusement : 1°. auront détourné ou dissimulé une partie de l'actif de la société ou reconnu la société débitrice des sommes qu'elle ne devait pas ; 2°. auront soustrait les livres de la société ou en auront enlevé, effacé ou altéré le contenu ; 3°. auront omis de publier l'acte de société ou les actes modificatifs de celui-ci dans les formes et délais prévus par la loi ; 4°. auront, dans ces actes, fait des indications contraires à la vérité ; 5°. auront provoqué la faillite de la société. »[856]

2-2) La personne morale ne peut être responsable que si l'agent, personne physique, a agi en respect des dispositions statutaires qui la régissent. Cette exigence revêt deux significations : formelle et fondamentale.

Au plan formel, elle signifie que l'organe ayant posé l'acte doit avoir agi en suivant les règles procédurales gouvernant les actions de la personne morale. Si, p. ex., pour poser tel acte, il fallait réunir et requérir l'avis de l'assemblée générale et que le gérant a agi sans au préalable convoquer cette instance et prendre son avis, seul ce gérant, qui a ourdi l'infraction, en sera rendu responsable, et non pas la personne morale. Celle-ci peut même être regardée comme victime de l'agissement de son gérant.

Au plan fondamental, l'auteur de l'acte doit l'avoir posé dans le cadre de ses attributions statutaires. L'agent qui viole les dispositions statutaires et outrepasse les limites de sa compétence n'engage que lui-même.

Revenant à l'art. 121-2 du CPF, relevons qu'il reconnaît les personnes morales pénalement responsables « des infractions commises, *pour leur compte*, par leurs organes ou représentants. » « *Pour leur compte* » signifie que les organes ou représentants ayant commis une infraction doivent avoir agi au nom de la personne morale, pour son intérêt, en concordance avec son objet social, sans rechercher un quelconque profit matériel, financier, moral ou éventuel pour eux-mêmes. C'est dire, *a contrario*, qu'une personne morale ne peut pas répondre pénalement des infractions que ses organes ou

---

d'une amende de cent à mille zaïres le commerçant déclaré en faillite qui frauduleusement : 1°. aura détourné ou dissimulé une partie de son actif ou sera reconnu débiteur de sommes qu'il ne devait pas ; 2°. aura soustrait ses livres ou en aura enlevé, effacé ou altéré le contenu. »

[856] Art. 89 du CP. V. aussi les art. 87, 90 à 92 du même code.

représentants auraient commises dans leur propre intérêt, dans l'intérêt d'un tiers ou contre l'intérêt de la personne morale qu'ils sont censés représenter.[857]

Il faut noter que l'art. 22 de la loi n° 2016-1691 du 9 décembre 2016, dite « Loi Sapin II », a introduit dans l'art. 41-1-2 du CPP français le mécanisme de convention judiciaire d'intérêt public (CJIP). « Il s'agit d'une procédure transactionnelle conclue entre le procureur de la République et les personnes morales mises en cause pour certaines infractions d'atteinte à la probité, pour délit de blanchiment de fraude fiscale ainsi que pour des infractions connexes à celles précitées (à l'exception de l'infraction de fraude fiscale) ».[858] Cette CJIP « est susceptible d'imposer trois sortes d'obligations à la personne morale, à savoir le versement d'une amende "d'intérêt public" [dont le montant doit être proportionné aux avantages tirés des manquements et ne peut excéder 30% du chiffre d'affaires moyen annuel de la société, calculé sur les trois derniers chiffres d'affaires annuels connus à la date du constat des manquements], la mise en place d'un programme de mise en conformité sous le contrôle de l'Agence française anticorruption (AFA), la réparation des dommages subis par les éventuelles victimes. »[859] Réfléchissant sur cette CJIP, Martina Galli constate que ce mécanisme « ouvre la voie à une justice pénale "propre" aux personnes morales ». Il s'agit, affirme-t-elle, « d'une justice pénale tournée vers les coûts et les conséquences du jugement (c'est là qu'intervient la notion d'intérêt public qui qualifie la nouvelle procédure), silencieuse, en tant qu'elle est privée de sa capacité à "dire" la culpabilité de l'entreprise, et enfin d'une justice pénale orientée vers l'avenir… Alors que la justice pénale s'appliquant aux personnes physiques continue à envisager une peine "pour le passé", la justice pénale des personnes morales cède le pas à la compliance "pour le futur". »[860]

On ne peut terminer l'examen d'une question aussi débattue sans rechercher la solution consacrée en droit positif congolais.

---

[857] V. J. Pradel, *Droit pénal général,* 21e éd., n°s 585-600, pp. 483-500, spéc. n° 600, p. 500.

[858] M. Galli, « Une justice pénale propre aux personnes morales. Réflexions sur la convention judiciaire d'intérêt public », in *RSC*, n° 2, avril-juin 2018, p. 360.

[859] M. Galli, *idem*, p. 360 et NBP 5.

[860] M. Galli, *idem*, p. 359 (résumé) ; Lire aussi, J. Tricot, « Le droit pénal à l'épreuve de la responsabilité des personnes morales : l'exemple français », in *RSC*, n° 1, janvier-mars 2012, pp. 19-46 ; G. Nt. Tsimi, « Le devenir de la responsabilité pénale des personnes morales en droit camerounais. Des dispositions spéciales vers un énoncé général ? », in *APC*, n° 33, 2011, pp. 223-244 ; M-L. Rassat, *Droit pénal spécial. Infractions du code pénal*, 7e éd., Dalloz, Paris, 2014, pp. 43-49.

3°- La responsabilité pénale des personnes morales en droit congolais

Le code pénal congolais ne consacre pas *expressis verbis* le principe de la responsabilité pénale des personnes morales. En règle générale, en cas de commission d'infractions, seules les administrateurs, les directeurs ou les gérants qui ont commis matériellement les faits, en répondront pénalement. C'est ce qui ressort notamment de l'analyse des art. 89 et 92 définissant et sanctionnant « des cas assimilés à la banqueroute ». Cependant, certains textes légaux ouvrent la voie à la reconnaissance de la responsabilité pénale des personnes morales.

On peut relever d'abord les dispositions légales qui déclarent la personne morale civilement mais aussi solidairement responsable des amendes prononcées contre ses organes et préposés. Tel est le cas de la loi n° 11-009 du 9 juillet 2011 portant principes fondamentaux relatifs à la protection de l'environnement[861]. Cette loi consacre la responsabilité civile de toute personne physique ou morale pour des infractions commises par ses préposés dans l'exercice de leurs fonctions, tout en la rendant également solidairement responsable du paiement des amendes et frais prononcés. Son art. 69 dispose, en effet :

> « Toute personne physique ou morale est, non seulement civilement responsable des condamnations pour les infractions commises en violation de la présente loi et de ses mesures d'exécution par ses préposés dans les limites de ses activités, mais aussi solidairement responsable du paiement des amendes et frais résultant des mêmes condamnations, à moins de prouver qu'elle était dans l'impossibilité d'empêcher la commission de l'infraction. »

D'autres dispositions particulières reconnaissent la responsabilité pénale des personnes morales mais affirment aussitôt que la peine sera subie par tel organe, personne physique. C'est ce que fait, p. ex., l'art. 8 de l'O-L n° 68-71 du 1er mars 1968 portant réquisition des médecins dont l'al. 1er punit toute personne qui aura engagé un médecin requis ou qui l'aura effectivement maintenu dans son emploi, et dont l'al. 2 ajoute : « Si le coupable est une personne morale, les peines seront appliquées aux personnes chargées de sa direction ou de son administration. »

---

[861] In *J.O*, n° spécial, 16 juillet 2011. V. aussi, J. Consigli, « La responsabilité pénale des personnes morales pour les infractions involontaires : critères d'imputation », in *RSC*, n° 2, avril-juin 2014, pp. 297-310.

D'autres dispositions déclarent pénalement responsable la personne morale sans faire allusion à ses représentants personnes physiques. Illustre cette démarche, l'art. 11 de l'O-L n° 67-272 du 23 juin 1967 relative au change qui dispose : « L'infraction à la réglementation du change est réputée existante dans le chef de toutes les personnes physiques et morales intervenant directement ou indirectement dans le fait qui la caractérise. » Et l'art. 16 d'ajouter que « les personnes physiques et morales désignées à l'article 11 sont solidairement responsables du règlement de la transaction ».[862]

Enfin, il est des textes spécifiques qui prévoient des sanctions applicables aux personnes morales. On peut citer, en guise d'exemplification : l'O-L n° 69-009 du 10 février 1969 relative aux contributions cédulaires sur les revenus qui dispose qu'une personne morale peut se voir infliger les sanctions pécuniaires prévues aux art. 147 et 148 ; l'O-L n° 66-98 du 14 mars 1966 portant code de la navigation maritime qui prévoit une peine d'amende à l'encontre de la personne morale qui, de façon intentionnelle, laisse naviguer un navire dont elle sait qu'il ne répond pas aux conditions de sécurité exigées, etc. La loi n° 04-016 du 19 juillet 2004 sanctionne pénalement les personnes morales bénéficiaires de l'infraction de blanchiment des capitaux. Son art. 36 porte, en effet :

> « Les personnes morales autres que l'État, pour le compte ou au bénéfice desquelles une infraction subséquente a été commise par l'un de leurs organes ou représentants, seront punies d'une amende d'un taux égal au quintuple des amendes spécifiées pour les personnes physiques, sans préjudice de la condamnation de ces dernières comme co-auteurs ou complices de l'infraction.
> Les personnes morales peuvent, en outre, être condamnées : 1°. à l'interdiction à titre définitif ou pour une durée de cinq ans au plus, d'exercer directement ou indirectement certaines activités professionnelles ; 2°. à la fermeture définitive ou pour une durée de cinq ans au maximum, de leurs établissements ayant servi à commettre l'infraction ; 3°. à la dissolution lorsqu'elles ont été créées pour commettre les faits incriminés ; 4°. au paiement des frais de publication de la décision par la presse écrite ou par tout autre moyen de communication audiovisuelle. »[863]

Elles encourent aussi une amende pénale en cas d'implication dans le financement d'activités terroristes, conformément à l'art. 42 de la même loi qui dispose :

---

[862] V. l'intégralité de cet art. 16, *infra* p. 473.

[863] Art. 36 de la loi n° 04-016 du 19 juillet 2004 portant lutte contre le blanchiment des capitaux et le financement du terrorisme.

> « Est punie d'une amende en francs congolais pouvant aller de l'équivalent de 100.000 à 500.000 dollars américains, toute personne morale impliquée, de quelque manière que ce soit dans le financement d'activités terroristes, sans préjudice de la responsabilité pénale individuelle des dirigeants ou agents éventuellement impliqués. »

De même, l'art. 42 de la loi n° 08-011 du 14 juillet 2008[864] punit d'amende une personne morale coupable de stigmatisation ou de discrimination à l'endroit d'une personne vivant avec le VIH/SIDA et des personnes affectées. En voici le libellé :

> « Est punie d'une peine de servitude pénale principale de un à six mois et d'une amende de cinquante à cent mille francs congolais ou de l'une de ces peines seulement, toute personne coupable de stigmatisation ou de discrimination à l'endroit d'une personne vivant avec le VIH/SIDA et des personnes affectées.
> Lorsque le coupable est une personne morale, elle est punie d'une amende minimale égale au triple du montant prévu à l'alinéa précédent. »

Se trouve ainsi clairement reconnue, la responsabilité pénale d'une personne morale. Vu que celle-ci ne peut pas, par nature, être punie d'emprisonnement, le législateur aggrave la peine d'amende à lui infliger, laquelle doit être, au minimum, le triple du montant prévu pour une personne physique. Une question se pose, cependant, sur le montant à prendre en compte pour ce triplement. En effet, l'amende prévue pour la personne physique étant « de cinquante à cent mille francs congolais », quel montant doit-il servir de base pour le calcul du minimum à infliger à la personne morale ? Deux solutions peuvent être envisagées.

- On peut penser que le législateur, prenant justement en considération le fait que la personne morale échappe à la peine d'emprisonnement, a voulu lui faire encourir une amende plus lourde. Dès lors, le montant à porter au triple, serait bien cent mille francs congolais. Autrement dit, l'amende minimale à infliger à la personne morale serait de trois cent mille francs congolais. L'al. 2 de cet art. 42 aurait donc dû être plus simplement et clairement rédigé comme suit : « Lorsque le coupable est une personne morale, elle est punie d'une amende minimale de trois cent mille francs congolais. » Seul le plancher étant fixé, le juge aurait ainsi la liberté de prononcer une amende supérieure à trois cent mille francs congolais ! Jusqu'à quel montant ?

---

[864] Loi n° 08-011 du 14 juillet 2008 portant protection des droits des personnes vivant avec le VIH/SIDA et des personnes affectées, in *J.O*, n° 14, 1ère partie, 15 juillet 2008, pp. 9-16, spéc. pp. 15-16 ; aussi in *http://www.leganet.cd/Legislation/Droit%20Public/SANTE/L.08.011.14.07.2008.htm,* que nous avons consulté le mardi 26.06.2018 à 10H25, heure de Paris.

- On peut aussi raisonner autrement et soutenir que cet al. 2 parlant de « l'amende minimale » renvoie au montant minimum « prévu à l'alinéa précédent », c'est-à-dire cinquante mille francs congolais. Ainsi, « l'amende minimale » encourue par la personne morale serait le triple de cinquante mille, soit cent cinquante mille francs congolais. Cet al. 2 aurait donc dû être plus clairement écrit ainsi : « Lorsque le coupable est une personne morale, elle est punie d'une amende de cent cinquante mille à trois cent mille francs congolais. » Cette formule, plus favorable à la personne morale poursuivie, présente l'avantage de fixer à la fois le minimum et le maximum de cette peine pour ne pas laisser au juge la liberté de l'augmenter à l'infini ! C'est le lieu de rappeler que la rédaction de la loi pénale doit être claire pour faciliter sa compréhension, son application, et éviter une diversité d'interprétations.

Peuvent également servir d'illustration, les art. 69, 70, 73 et 74 de la L.O n°11-001 du 10 janvier 2011 portant composition, attribution et fonctionnement du Conseil supérieur de l'audiovisuel et de la communication qui visent expressément les personnes morales, en l'occurrence les entreprises de médias. En effet, toute entreprise de médias est punie d'amende lorsqu'elle commet les infractions suivantes : prêt de sa raison sociale ou de sa dénomination en violation de la loi ; usage illicite de la raison sociale ou de la dénomination d'une autre entreprise[865], non fourniture au conseil des informations et/ou des documents auxquels elle est tenue en vertu des dispositions de ladite loi[866], émission ou diffusion en violation d'une décision de suspension, sur une fréquence autre que celle qui lui a été attribuée[867]… Elle peut être poursuivie devant les instances

---

[865] Art. 69 de la L.O n° 11-001 du 10 janvier 2011 portant composition, attribution et fonctionnement du Conseil supérieur de l'audiovisuel et de la communication : « Sans préjudice de la législation en matière des sociétés commerciales, toute entreprise de médias qui prête sa raison sociale ou sa dénomination, en violation de la loi, est punie d'une amende de un à deux millions de francs congolais. Est passible de la même peine, l'entreprise de médias qui fait usage illicite de la raison sociale ou de la dénomination d'une autre, ou toute personne qui tire un avantage quelconque d'une telle opération. »

[866] Art. 70, *idem* : « Est punie d'une amende de cinq cents mille francs congolais, toute entreprise de médias qui ne fournit pas au Conseil, les informations et/ou les documents auxquels elle est tenue en vertu des dispositions de la présente loi. »

[867] Art. 73, *idem* : « Est punie d'une amende de deux à cinq millions de francs congolais, l'entreprise de presse ou de communication audiovisuelle qui émet ou diffuse, fait émettre ou fait diffuser : 1. sans l'obtention du récépissé en violation d'une décision de suspension prononcée à son encontre par le Conseil ; 2. sur une fréquence autre que celle qui lui a été attribuée ; 3. en violation des dispositions concernant la puissance des équipements ou le lieu d'implantation de l'émetteur. En cas de récidive, l'auteur de la violation est puni d'une amende de cinq à dix millions

judiciaires compétentes pour tout fait constitutif d'infraction à la loi pénale.[868]

Par ailleurs, il convient de relever que certains instruments internationaux, auxquels la RDC est État-partie, consacrent la responsabilité pénale des personnes morales. Il en est ainsi, p. ex., du « Protocole facultatif à la Convention relative aux droits de l'enfant, concernant la vente d'enfants, la prostitution des enfants et la pornographie mettant en scène des enfants », ratifié par la RDC le 28 mars 2001[869] et publié au journal officiel du 5 décembre 2002.[870] L'art. 3 de ce protocole dispose :

> « 1. Chaque État Partie veille à ce que, au minimum, les actes et activités suivants soient pleinement couverts par son droit pénal, que ces infractions soient commises au plan interne ou transnational, par un individu ou de façon organisée :
> a) Dans le cadre de la vente d'enfants telle que définie à l'article 2 :
> i) Le fait d'offrir, de remettre, ou d'accepter un enfant, quel que soit le moyen utilisé, aux fins : a. D'exploitation sexuelle de l'enfant ; b. De transfert d'organe de l'enfant à titre onéreux ; c. De soumettre l'enfant au travail forcé ;
> ii) Le fait d'obtenir indûment, en tant qu'intermédiaire, le consentement à l'adoption d'un enfant, en violation des instruments juridiques internationaux relatifs à l'adoption ;
> b) Le fait d'offrir, d'obtenir, de procurer ou de fournir un enfant à des fins de prostitution, telle que définie à l'article 2 ;
> c) Le fait de produire, de distribuer, de diffuser, d'importer, d'exporter, d'offrir, de vendre ou de détenir aux fins susmentionnées, des matériels pornographiques mettant en scène des enfants, tels que définis à l'article 2.
> 2. Sous réserve du droit interne d'un État Partie, les mêmes dispositions valent en cas de tentative de commission de l'un quelconque de ces actes, de complicité dans sa commission ou de participation à celle-ci.
> 3. Tout État Partie rend ces infractions passibles de peines appropriées tenant compte de leur gravité.
> 4. *Sous réserve des dispositions de son droit interne, tout État Partie prend, s'il y a lieu, les mesures qui s'imposent, afin d'établir la responsabilité des personnes morales pour les infractions visées au paragraphe 1 du présent article. Selon les principes juridiques de l'État Partie, cette responsabilité peut être pénale, civile ou administrative.* [871]

---

de francs congolais. »

[868] Art. 74, *idem* : « Lorsque les faits reprochés à l'entreprise de presse et/ou au professionnel des médias sont également constitutifs d'infraction à la loi pénale, le Conseil saisit les instances judiciaires compétentes. »

[869] V. D-L n° 003-01 du 28 mars 2001, in *J.O*, n° spécial septembre 2001, p. 23.

[870] *J.O*, 43e Année, n° spécial, 5 décembre 2002, pp 151-161.

[871] Paragraphe 4 relevé en italique par nous.

5. Les États Parties prennent toutes les mesures juridiques et administratives appropriées pour s'assurer que toutes les personnes intervenant dans l'adoption d'un enfant agissent conformément aux dispositions des instruments juridiques internationaux applicables. »

On peut donc conclure que le droit congolais consacre bel et bien la responsabilité pénale des personnes morales. Cette option est heureuse, vu l'implication de plus en plus accrue et directe des personnes morales dans des actes de criminalité plusieurs fois dénoncés et perpétrés à l'encontre de la RDC et de sa population, comme la destruction de l'environnement, l'empoisonnement des eaux des rivières, les pillages des ressources naturelles..., autant d'actes susceptibles d'être qualifiés de crimes contre l'humanité ou de crimes de guerre, selon le contexte de leur perpétration. La chaîne de télévision publique France 2, nous en a donné une illustration aussi édifiante que choquante dans son émission *Cash investigations* diffusée le mardi 7 novembre 2017 de 21 heures à 23 heures, heures de Paris. On a pu voir comment une multinationale suisse puissante exploite des minerais au Katanga, en détruisant de façon scandaleuse l'environnement dans la réserve de la Basse Kando, en polluant l'eau utilisée par les habitants du village local. Le reportage diffusé a montré cette pollution et présenté une dame, habitante locale, brûlée par l'acide sulfurique déversée dans la rivière servant de source d'eau aux villageois. La puissance de cette multinationale est telle qu'elle a, elle-même, ses gardes armés qui empêchent l'Officier de l'État congolais, Responsable du service de Garde du Parc chargé de la protection de l'environnement, une dame congolaise revêtue du grade de Major dans l'armée nationale, d'accéder à ce parc, pourtant son champ de compétence ![872]

Les mêmes données se retrouvent dans un document publié par *Initiative multinationales responsables* où elle expose les crimes perpétrés par les multinationales et indique les actions de lutte qu'elle se destine à mener. Elle écrit, notamment :

« Le géant suisse de matières premières Glencore pollue des rivières dans le cadre des activités de ses usines en République Démocratique du Congo. L'analyse des échantillons provenant du canal Albert et de la rivière Pingiri a montré que ces cours d'eau ont des concentrations de cuivre et de cobalt élevées. Ces concentrations sont nettement plus élevées que les limites admissibles établies par la loi et l'Organisation mondiale de la santé. En effet, la concentration en cuivre y est jusqu'à six fois supérieure aux limites et celle en cobalt même jusqu'à 53 fois. Les mesures insatisfaisantes prises par Glencore laissent place à des conséquences désastreuses. Dans la rivière Luilu, il n'y a plus

---

[872] V. *Cash investigations*, France 2, mardi 7 novembre 2017, 21H-23 H, heures de Paris.

de poissons et les anciennes zones de pâturage le long de la rivière ressemblent à de la «terre brûlée». Les résidents en aval ne peuvent plus utiliser l'eau pour leurs besoins quotidiens ni pour l'arrosage des champs. En outre, une mine de Glencore (Mutanda Mining en Basse-Kando) est située dans une réserve de chasse, où la loi interdit expressément toute activité minière. Néanmoins, Mutanda Mining a reçu une concession et exploite le projet sans clarifier cette contradiction. Les eaux usées de la mine ont par ailleurs contaminé plusieurs champs de petits agriculteurs dans la réserve naturelle et pollué la rivière Kando, qui sert d'habitat à des hippopotames.»[873]

Les rapports des Nations Unies sur les pillages des ressources naturelles de la RDC établissent également la participation des entreprises multinationales dans cette œuvre de pillages des ressources naturelles, de « destruction massive » de l'environnement et de paupérisation éhontée des populations locales congolaises. Leur implication dans les activités des groupes armés qui sévissent dans l'Est de la RDC est également avérée, à telle enseigne que l'on devrait envisager de les poursuivre pénalement pour coactivité ou complicité des crimes contre l'humanité ou de crimes de guerre qui y sont commis.[874]

Aussi soutenons-nous la nécessité de faire évoluer l'art. 20bis introduit dans le CPC par l'art. 2 de la loi n° 15-022 du 31 décembre 2015 modifiant et complétant le D. du 30 janvier 1940 portant CP[875], et ayant pour objet l'harmonisation du droit pénal congolais avec les dispositions du Statut de Rome de la CPI. Cet art. 20bis dispose que « seules les personnes physiques peuvent engager leur responsabilité pénale devant les cours et tribunaux pour les crimes relevant de la compétence de la Cour pénale internationale. » Il reprend ainsi la substance de l'art. 25-1 du Statut de la CPI qui porte que celle-ci « est compétente à l'égard des personnes physiques » en vertu dudit Statut.

---

[873] Initiative multinationales responsables, « Pourquoi l'initiative pour des multinationales responsables est-elle nécessaire ? », in *https://corporatejustice.ch/wp-content/uploads//2018/05/KVI_Factsheet_4_F_Lay_M%C3%A4rz2018.pdf),* consulté le mardi 28 mai 2019, à 18H, heure de Paris. Comme source, elle cite notamment Menno T. Kamminga, Utrecht University, *Company Responses to Human Rights Reports: An Empirical Analysis,* 2015.

[874] V. notamment, ONU, « Rapport du Projet Mapping concernant les violations les plus graves des droits de l'homme et du droit international humanitaire commises entre mars 1993 et juin 2003 sur le territoire de la République démocratique du Congo », août 2010, 581 p. ; sur la question de la responsabilité pénale des multinationales en matière des dommages causés à l'environnement, v. aussi Adan Nieto Martin, « Eléments pour un droit international pénal de l'environnement », in *RSC*, n° 1, janvier-mars 2012, pp. 69-88.

[875] in *J.O*, 1ère partie, n° spécial, 29 février 2016, pp 1-17.

À notre avis, ce principe d'exclusion de la responsabilité pénale des personnes morales au regard des crimes relevant de la compétence de la CPI doit être supprimé. Il convient de modifier l'art. 25-1 du Statut de cette Cour, et l'art. 20bis du CPC qui en descend, pour rendre pénalement responsables aussi bien les personnes physiques que les personnes morales. Alors qu'on reconnaît la possibilité que les personnes morales puissent être pénalement responsables de certaines infractions ordinaires, c'est une incongruité, une irrationalité, une absurdité que d'exclure, par principe, cette possibilité en ce qui concerne les crimes capitaux comme les crimes de guerre et les crimes contre l'humanité. En effet, en examinant les différents modes de réalisation de ces crimes décrits aussi bien dans l'art. 25-3 du Statut de la CPI que dans l'art. 21bis du CPC, on s'aperçoit que certains d'entre eux peuvent être accomplis par des personnes morales. Dit autrement, celles-ci peuvent participer à la réalisation de ces crimes par un des modes énumérés dans l'art. 25-3 du Statut de la CPI et dans l'art. 21bis du CPC. Elles peuvent :

- agir par l'intermédiaire d'une autre personne, que celle-ci soit ou non pénalement responsable, comme, p. ex., un enfant âgé de moins de 18 ans ;
- ordonner, solliciter ou encourager la commission de l'un de ces crimes ;
- en vue de faciliter l'accomplissement de celui-ci, apporter leur aide, concours ou toute autre forme d'assistance à sa commission ou à la tentative de sa commission, y compris, p. ex., en fournissant les moyens de sa réalisation (armes, munitions, véhicules, avions…) ;
- contribuer de toute autre manière, et de façon intentionnelle, à la commission ou à la tentative de commission d'un tel crime par un groupe de personnes agissant de concert, etc.[876]

Une entreprise qui agirait ainsi devrait répondre pénalement de ces crimes. L'affaire Lafarge mérite d'être attentivement suivie à cet égard. Selon la presse,

> « Le groupe français Lafarge, qui a fusionné en 2015 avec le suisse Holcim, est mis en cause pour avoir financé des factions armées en Syrie - dont le groupe État islamique - afin de continuer à faire tourner sa cimenterie malgré la guerre, mettant en péril la sécurité de ses employés syriens. Ces derniers étaient restés seuls au départ de la direction de l'usine, à l'été 2012. De juillet 2012 à septembre 2014, la filiale syrienne du groupe a versé environ 5,6 millions de dollars à diverses factions armées via un intermédiaire, dont plus de 500.000 dollars aux djihadistes de l'EI, d'après un rapport du cabinet américain Baker McKenzie missionné par Lafarge. »[877]

---

[876] V. l'art. 25-3-a), b), c), d) du Statut de la CPI et l'art. 21*bis*-1 à 4 du CPC. V. l'intégralité de cet art. 21bis du CPC *infra*, pp. 390-391.

[877] Lire « Activités de Lafarge en Syrie: Quatre questions pour comprendre l'affaire », in

« L'ancien chef de la diplomatie française, Laurent Fabius, a été entendu comme témoin dans l'enquête sur des soupçons de financement du terrorisme visant Lafarge en Syrie et a affirmé ne pas avoir été informé des activités du cimentier franco-suisse... ... Le cimentier franco-suisse Lafarge a été inculpé fin juin notamment sous l'accusation rarissime de "complicité de crimes contre l'humanité" dans ce dossier explosif du financement présumé du terrorisme en Syrie. Les magistrats ont estimé avoir réuni des "indices graves et concordants" contre le cimentier pour ordonner son inculpation pour "complicité de crimes contre l'humanité", "financement d'une entreprise terroriste", "mise en danger de la vie" d'anciens salariés de sa cimenterie de Jalabiya, dans le nord de la Syrie, et "violation d'un embargo". »[878]

La suite judiciaire de cette affaire sera édifiante. En tout cas, compte tenu de l'implication de certaines personnes morales, en l'occurrence certaines multinationales dans la commission de certains crimes graves (crimes de guerre et crimes contre l'humanité notamment), il est inacceptable de consacrer le principe d'irresponsabilité pénale des personnes morales au regard de ces crimes. En cas de commission de ceux-ci par les organes de ces personnes morales, il appartient à la justice de mener des enquêtes pour établir éventuellement la responsabilité pénale et des personnes physiques, agissant comme organes, et des personnes morales elles-mêmes. Il ne faut pas consacrer comme principe, l'irresponsabilité pénale de celles-ci. Il convient d'ailleurs de rappeler que lors des travaux préparatoires du Statut de la CPI, la question d'exclusion des personnes morales de la compétence *ratione personae* de la Cour avait suscité des débats nourris. La délégation française, p. ex., avait plaidé pour la reconnaissance de la responsabilité pénale de celles-ci, et donc pour leur inclusion dans la compétence de la Cour, les sanctions à infliger à ces dernières pouvant répondre adéquatement aux exigences de la compensation ou de la réparation pour les victimes.[879]

---

*https://www.20minutes.fr/justice/2260911-20180424-activites-lafarge-syrie-quatre-questions-comprendre-affaire,*T.C. avec AFP, publié le 24/04/18 à 18h27, mis à jour le 11/05/18 à 10h16, consulté par nous le lundi 06.08.2018 à 11h05. Lire aussi, « Comment le cimentier Lafarge a travaillé avec l'Etat islamique en Syrie », *https://www.lemonde.fr/proche-orient/article/2016/06/21/comment-le-cimentier-lafarge-a-travaille-avec-l-etat-islamique-en-syrie_4955039_3218.html,*
Le Monde, 21.06.2016 à 12h45, mis à jour le 21.06.2016 à 13h46, consulté par nous le lundi 06.08.2018 à 11h15, heure de Paris.

[878] V. « Affaire Lafarge : Laurent Fabius ne savait rien de la situation du cimentier en Syrie », in
http://www.lefigaro.fr/societes/2018/07/30/20005-20180730ARTFIG00250-affaire-lafarge-laurent-fabius-ne-savait-rien-de-la-situation-du-cimentier-en-syrie.php, publié par Le figaro.fr - AFP agence, le 30/07/2018 à 21:03, consulté par nous le lundi 06.08.2018 à 11h40, heure de Paris.

[879] V. Travaux préparatoires du Statut de Rome, A/CONF.183/C.1/L.3, 16 juin 1998,

PARAGRAPHE 2 : ***LES CONDITIONS REQUISES POUR QUE LE DÉLINQUANT RÉPONDE DE SES ACTES***

La recherche de l'identification de ces conditions est intimement liée à la question essentielle de la responsabilité pénale, notion qui sera précisée au paragraphe 3. Disons d'emblée que celle-ci s'entend de l'obligation, pour une personne impliquée dans une infraction, d'en assumer les conséquences pénales, c'est-à-dire de subir la sanction attachée à cette dernière.[880] « Elle se distingue de la responsabilité civile qui est l'obligation, mise par la loi à la charge d'une personne, de réparer un dommage subi par une autre »[881], les deux pouvant, évidemment, coexister dans certains cas de figure. Pour qu'un individu réponde d'une infraction, il faut d'abord prouver l'existence d'un lien entre les deux, le premier devant être établi comme étant l'auteur de la seconde (A). Il convient, ensuite, de démontrer par quel moyen, selon quelle modalité, celui-là a accompli l'acte prohibé (B)

A - L'EXISTENCE D'UN LIEN ENTRE LE DÉLINQUANT ET L'ACTE PROHIBÉ : L'ÉLÉMENT PSYCHOLOGIQUE DE L'INFRACTION

Pour que l'infraction existe juridiquement et que son auteur en réponde pénalement, il ne suffit pas que celui-ci ait accompli un acte matériel (élément matériel), antérieurement défini et sanctionné par le législateur (préalable légal), encore faut-il que cet acte matériel ait été l'œuvre de la volonté de son auteur ou de son imprudence ou négligence. C'est ce lien entre l'acte matériel et l'auteur qui constitue l'élément intellectuel, encore appelé élément moral, psychologique, ou, en droit anglais, la *mens rea*, par opposition à l'*actus reus*. Ainsi, toute infraction n'est constituée et n'est punissable que si son auteur a eu la volonté ou la conscience de violer la loi pénale, ou a commis une faute d'imprudence, de négligence ou d'inattention.

L'élément *volonté* ne joue pas le même rôle ou n'a pas la même étendue ou la même portée dans toutes les infractions. Dans certaines d'entre elles, la

---

http://moss.icc.int/iccSearch/legal Tools/Pages/Legal Tools.aspx ; Travaux préparatoires du Statut de Rome, A/CONF.183/C.1/WGGP/L.5, 19 juin 1998 ; Fatoumata D. Diarra et Pierre D'Huart, « Article 25 : Responsabilité pénale individuelle », in *Statut de Rome de la Cour pénale internationale, Commentaire article par article*, sous la direction de J. Fernandez, X. Pacreau et la coordination éditoriale de L. MAZE, Éd. Pedone, Paris, 2012, pp. 809-833 ; Kai Ambos, « Article 25 International Criminal Responsability », in Otto Triffterer (ed.). *Commentary on the Rome Statute of the International Criminal Court, Observer's notes Article by Article,* Munich, C.H. Beck, Hart, Nomos, 2nd ed., 2008, 1954, pp 743-770.

[880] J. Pradel, *Droit pénal général,* 7e éd., 1990, n° 370, p. 391.

[881] J. Flour et J. L. Aubert, *Les obligations*, II, 1981, p. 566.

volonté ne porte que sur l'acte lui-même. Dans d'autres, elle porte à la fois sur l'acte et sur ses conséquences. Lorsque l'auteur a voulu l'acte et ses conséquences, et qu'il a accompli l'acte pour produire celles-ci, on dit qu'il a agi avec intention criminelle ou dol pénal. Ainsi opère, p. ex., le meurtrier, le voleur, l'escroc, le violeur, etc. L'art. 30 du Statut de la CPI définit bien cet « élément psychologique » constitué de deux composantes : intention et connaissance. Il porte, en effet :

> « 1. Sauf disposition contraire, nul n'est pénalement responsable et ne peut être puni à raison d'un crime relevant de la compétence de la Cour que si l'élément matériel du crime est commis avec intention et connaissance.
> 2. Il y a intention au sens du présent article lorsque : a) Relativement à un comportement, une personne entend adopter ce comportement ; b) Relativement à une conséquence, une personne entend causer cette conséquence ou est consciente que celle-ci adviendra dans le cours normal des événements.
> 3. Il y a connaissance, au sens du présent article, lorsqu'une personne est consciente qu'une circonstance existe ou qu'une conséquence adviendra dans le cours normal des événements. « Connaître » et « en connaissance de cause » s'interprètent en conséquence. »

Dès lors, pour être caractérisés et entraîner la responsabilité pénale de leurs auteurs, les crimes relevant de la compétence de la CPI doivent avoir été commis intentionnellement et en connaissance de cause. Ils rentrent donc dans la catégorie d'infractions intentionnelles.

Quand l'auteur n'a pas voulu les conséquences advenues qu'il aurait pu éviter, on dit qu'il y a faute pénale, élément qui spécifie, p.ex., les homicides et coups et blessures par imprudence, ainsi que la plupart des contraventions.

Il suit de là que sur la base de l'élément psychologique, les infractions se regroupent en deux grandes catégories : d'une part, celles qui requièrent une intention criminelle ou un dol pénal : ce sont les infractions intentionnelles (a); d'autre part, celles qui ne requièrent qu'une simple faute pénale : ce sont les infractions non-intentionnelles (b).

a) Le dol pénal, caractéristique des infractions intentionnelles

Comme dit ci-dessus, le *dol criminel ou pénal*, encore appelé *l'intention criminelle*, c'est la volonté qui anime l'agent d'accomplir un acte défendu par la loi ou de s'abstenir d'un acte ordonné par elle. Il comporte plusieurs degrés et s'extériorise sous plusieurs formes. On distingue, en effet, le dol général, le dol spécial et le dol plus spécial (1°), le dol simple et le dol aggravé (2°), le dol déterminé et le dol indéterminé (3°), le dol direct et le dol indirect (4°).

1°- Le dol général, le dol spécial et le dol plus spécial.

1) La définition donnée *supra* vise ***le dol général***. Celui-ci consiste, en effet, dans « la volonté d'accomplir un acte que l'on sait défendu par la loi. »[882] Ainsi, « le dol [général] est à la fois connaissance de ce qui est interdit et volonté de transgresser l'interdit malgré tout (sciens et volens). »[883]

Sauf lorsque la loi en dispose autrement, le dol général est une condition souvent tacite des infractions. Aussi, a-t-il été jugé que « le dol est un élément essentiel pour l'existence de toute infraction prévue par les différentes dispositions qui forment le code congolais, sauf dans le cas où le texte lui-même prévoit expressément la simple faute, la simple négligence ».[884] Mais il arrive que le législateur le vise expressément en ayant recours à certains termes comme : à dessein[885], volontairement, sciemment, sachant, connaissant, avec connaissance, etc.[886]

2) En matière d'infractions intentionnelles, le dol général n'est pas toujours suffisant. La loi requiert souvent l'existence d'une volonté criminelle plus précise appelée ***dol spécial* ou *dol spécifique.*** Il en est ainsi, p. ex., dans les infractions de meurtre, de vol, de faux en écriture, d'arrestation arbitraire, etc.

Dans le crime de meurtre, la volonté consciente de violer la loi ne suffit pas ; il faut en outre que l'agent ait eu l'intention de donner la mort (l'*animus necandi*). Cet *animus necandi* constitue l'élément intellectuel spécial ou le dol spécifique du crime de meurtre.[887] Dès que l'agent a accompli l'acte matériel

---

[882] G. Stefani, G. Levasseur, B. Bouloc, *Droit pénal général*, 16e éd., Dalloz, Paris, 1997, p. 255.
[883] J. Pradel, *Droit pénal général,* 21e éd., 2016, n° 554, p. 458.
[884] Tribunal d'Appel de Boma, 15 juillet 1902, *Jur. E. I*, p. 202, Affaire Procureur Schmitz.
[885] L'expression « à dessein » est, p. ex., utilisée dans l'art. 140 du CP sanctionnant le bris des scellés : « Ceux qui auront à dessein brisé des scellés seront punis d'une servitude pénale de six mois à deux ans et d'une amende de cinquante à mille zaïres, ou d'une de ces peines seulement ; et si c'est le gardien lui-même ou le fonctionnaire qui a opéré l'apposition, la servitude pénale pourra être portée à trois ans et l'amende à deux mille zaïres. »
[886] V., p. ex., l'art. 46 du CP ; l'art. 143 de la loi n° 09-001 du 10 janvier 2009 portant protection de l'enfant : « Quiconque porte *volontairement* des coups ou fait des blessures à une femme enceinte est passible de six mois à un an de servitude pénale principale et d'une amende de cent mille à deux cent cinquante mille francs congolais. »
[887] Art. 44 al. 1er du CP : « L'homicide commis avec l'intention de donner la mort est qualifié meurtre. »

proscrit et que se trouve établie dans son chef l'intention de tuer, le meurtre est caractérisé, peu importe qu'il ait visé ou pas la victime atteinte. C'est ainsi qu'il a été jugé qu'« est commise en violation de l'article 44 du code pénal livre II, et est établie, l'infraction perpétrée par un agent dont le dol spécial découle de la commission délibérée d'un acte prohibé, en l'espèce du meurtre, lorsqu'il résulté des éléments du dossier et en dépit de ses dénégations, qu'il avait tiré dans la foule même sans avoir visé la victime dont le décès est, selon le rapport médical et la déposition du médecin légiste, dû à la perforation de l'intestin par la balle qu'il a tirée. »[888]

L'agent dont il s'agit, en l'occurrence, était le commissaire du peuple (député) Buunda Birere Shamwami, poursuivi, en application de l'O-L n° 78-001 du 24 janvier 1978 relative à la répression des infractions flagrantes, pour avoir commis un meurtre sur la personne du citoyen Katembo Kabwero, dans la localité de Kise, zone de Rutshuru dans le Nord-Kivu. En effet, le 5 mai 1985, les éléments de la JMPR[889], réclamant les acquis des taxes sur les vélos, se heurtèrent au public et aux footballeurs dans la localité de Kabanda. Suite à l'assaut de la population qui ne fut pas maîtrisé par ces éléments de la JMPR ni par les gardes du parc national de Virunga, les émeutes progressèrent jusqu'à Kibirizi, à 10 Km de Kise, lieu de la commission des faits où Buunda Birere a une résidence privée. Après la tentative infructueuse de ce dernier de lancer un dialogue avec les représentants de la population, celle-ci, constituée d'une mase d'environ 200 personnes, résolut de se rendre, le 6 mai 1985, à Kise où elle s'arrêta à environ 300 m de la résidence de Buundu. Celui-ci, averti des intentions de la foule, paniqua, décida de quitter Kise pour gagner Goma avec ses trois véhicules, s'installa dans l'un, et ordonna à ses chauffeurs de foncer à vive allure, de se frayer de force le passage, même s'il fallait écraser quelqu'un. Au passage de la jeep Niva où il était installé, un coup de feu retentit et le citoyen Katembo Katwaro fut atteint par deux balles respectivement à la hanche et au bas-ventre. Transporté au dispensaire d'État de Kibirizi, Katembo reçut des soins de l'assistant médical Mureganshoro qui réussit à extraire la balle logée à la hanche, la seconde étant difficile à trouver. Le lendemain, Katembo succomba. Buunda fut poursuivi pour meurtre par le ministère public, en procédure de flagrance. Se fondant sur les dépositions des témoins oculaires des faits, des officiers des FAZ[890] spécialistes en balles et en tir, et sur celles du médecin légiste, le ministère public conclut à la culpabilité du prévenu et, ayant démontré la réunion dans son chef de tous les éléments

---

[888] CSJ, Arrêt du 30 juillet 1985 (RP 27/CR), *En cause Ministère public c/Buunda Birere Shamwami,*in *BACSJ*, Années 1985 à 1989, pp. 39-44, spéc. pp. 39-40.

[889] JMPR = Jeunesse du Mouvement populaire de la révolution, parti politique créé par le président Mobutu.

[890] FAZ = Forces armées zaïroises.

constitutifs du crime de meurtre, requit sa condamnation à la peine capitale. Dans sa défense, Buunda Birere, niant la matérialité des faits à lui imputés, soutint, entre autres, que l'élément moral faisait défaut, en l'espèce, car le tireur n'avait pas visé une personne déterminée, mais avait plutôt tiré dans la foule. Il ajouta que si, par impossible, la Cour estimait qu'il était l'auteur de ce crime, elle devrait considérer qu'il avait agi dans le cas de légitime défense étant donné qu'il était agressé, menacé et n'avait pas une autre issue.[891] Ayant apprécié souverainement les circonstances des faits et les éléments de preuve débattus au cours du procès et versés au dossier, la Cour n'a pas été convaincue par l'argumentation de la défense.

> « La Cour suprême de justice relève que le dol spécial, la volonté de commettre un acte prohibé est réalisée dans le cas d'espèce par le fait que le prévenu a tiré sciemment un coup de feu à travers la foule, *sachant que ce coup pouvait donner la mort, peu importe le fait qu'il n'a pas visé une personne déterminée.* La Cour constate que la partie atteinte, c'est-à-dire le bas-ventre, est bien délicate et ne peut résister à une balle. Du reste, le rapport médical appuyé par la déposition du médecin légiste conclut à la mort par perforation de l'intestin.
>
> De tout ce qui précède, il faut dire que les éléments constitutifs de l'infraction de meurtre sont réunis dans le chef du prévenu Buunda. La Cour dit que l'espèce sous examen ne constitue pas un cas de légitime défense. En effet, le prévenu qui s'est cru à tort être dans ce cas, alors que ses conditions d'existence n'étaient pas réunies, a utilisé *un moyen disproportionnel par rapport à ceux utilisés par la foule…* »[892]

Si dans une espèce, l'intention homicide n'est pas établie alors même que l'acte posé par l'agent a causé la mort de la victime, il faut retenir contre ce dernier non pas le crime de meurtre, mais l'infraction de coups et blessures volontaires ayant entraîné la mort sans intention de la donner, prévue par l'art. 48 du CP.[893]

De même, dans l'infraction de vol, et généralement dans les infractions contre les propriétés (abus de confiance, escroquerie…), la volonté consciente de violer la loi ne suffit pas ; il faut en plus que l'agent ait eu l'intention de s'approprier injustement ou frauduleusement la chose d'autrui.[894] La CSJ l'a

[891] CSJ, Arrêt du 30 juillet 1985 (RP 27/CR), *idem*, pp. 40-41.
[892] *Idem*, p. 43.
[893] Cité *infra*, p. 361. V. aussi, Boma, 30 juillet 1912, Jur. Congo, 1914-1919, p. 156.
[894] Art. 79 du CP/vol : « Quiconque a *soustrait frauduleusement* une chose qui ne lui appartient pas est coupable de vol. » Art. 95 du CP/abus de confiance : « Quiconque a *frauduleusement* soit détourné, soit dissipé au préjudice d'autrui des effets, deniers, marchandises, billets, quittances, écrits de toute nature contenant ou opérant obligation ou décharge et qui lui avaient été remis à la condition de les rendre ou d'en faire un usage ou un emploi déterminé, est puni… » Art. 98 du

souligné à l'occasion de l'examen d'un cas d'abus de confiance dont elle avait été saisie. En effet, dans l'affaire opposant le ministère public à Molongya Mayikusa Moi Bongenye et autres, le prévenu Mitwana Adwang'Honkok, Président de la LIFKIN[895], était poursuivi pour avoir utilisé à ses propres fins la somme de 10.000 Z que le PDG[896] d'Air Zaïre, le citoyen Molongya Mayikusa Moi Bongenye, lui avait remise le 6 mars 1979 pour le compte de la LIFKIN. Ayant déclaré établie l'infraction d'abus de confiance dans le chef du prévenu Mitwana, le premier juge l'avait condamné à 100 Z d'amende. Devant la Cour, le citoyen Mitwana déniant à son comportement tout caractère infractionnel, sollicita son acquittement. Et celle-ci d'argumenter :

> « Il appert des éléments du dossier que, dans le souci de voir son équipe[[897]] accéder en première division, le prévenu Molongya, sur le conseil de Bongo, reçut le 6 mars 1979 en audience au cours de laquelle il a été souvent question de sport, le citoyen Mitwana à qui il remit, par l'entremise du prévenu Bourmanne, la somme de 10.000 Z. Si pour Molongya, cette somme était destinée à la LIFKIN en guise de contribution d'Air Zaïre au sport national, le prévenu Mitwana soutient avoir cru comprendre qu'il s'est agi d'un cadeau personnel, faute de précision de la part du donateur.
>
> La Cour constate que le reçu signé par le prévenu porte la mention "participation au sport national de la société Air Zaïre". Le prévenu Bourmanne qui a remis cette somme à Mitwana a déclaré que cette mention y figurait au moment de la remise. La Cour considère comme non fondée la prétention du prévenu selon laquelle ladite mention a été ajoutée après coup. Cependant, la Cour relève que, dès sa première audition par l'Officier du Ministère public le 14 mai 1980, audition au cours de laquelle l'intention du donateur a été clairement spécifiée, le prévenu Mitwana s'est empressé de remettre ladite somme à son destinataire.
>
> *En droit, le retard à remettre l'objet confié n'est pas constitutif d'abus de confiance mais bien la disposition par l'agent de la chose remise avec la volonté de se l'approprier entraînant ainsi la violation de l'engagement de remettre.*[898]
>
> Ainsi, le prévenu Mitwana qui n'avait jamais été auparavant mis en demeure par Air Zaïre ou par la LIFKIN, ayant remis le montant litigieux à la première

---

CP/escroquerie : « Quiconque, *dans le but de s'approprier une chose appartenant à autrui*, s'est fait remettre ou délivrer des fonds, meubles, obligations, quittances, décharges, soit en faisant usage de faux noms ou de fausses qualités, soit en employant des manœuvres frauduleuses pour persuader l'existence de fausses entreprises, d'un pouvoir ou d'un crédit imaginaire, pour faire naître l'espérance ou la crainte d'un succès, d'un accident ou de tout autre événement chimérique, pour abuser autrement de la confiance ou de la crédibilité, est puni… » Mots relevés en italique par nous. V. aussi, CSJ, 4 avril 1997, RPA 217, *Affaire MP et Sociétés RECODI c/ Rugenda Banga*.

895 LIFKIN = Ligue de football de Kinshasa.

896 PDG = Président délégué général.

897 L'équipe de football d'Air Zaïre.

898 Passage relevé en italique par l'auteur.

réquisition, doit être mis hors des liens de la prévention d'abus de confiance mise à sa charge et renvoyé des fins des poursuites. En effet, la preuve de l'intention frauduleuse et de l'existence même du contrat translatif de base fait défaut… »[899]

Ainsi donc, en l'absence de l'élément moral caractéristique de l'abus de confiance, cette infraction ne peut être retenue.

Dans le faux en écriture,[900] le dol spécial consiste également dans l'intention frauduleuse ou dans la volonté de nuire (*animus nocendi*), c'est-à-dire de causer un préjudice individuel ou social.[901] En l'absence de cet élément spécifique, cette infraction n'est pas caractérisée. La Cour suprême de justice l'a dit dans son arrêt du 11 novembre 2009 où elle a jugé qu'

> « Est fondé et entraîne cassation, le moyen tiré de la fausse application et de la fausse interprétation des articles 124 et 126 du code pénal livre II faites par le juge d'appel, en ce qu'il a qualifié de faux le certificat d'enregistrement, dès lors que le demandeur n'a usé au moment de son établissement d'aucune intention frauduleuse ou de nuire requise pour la constitution de l'infraction de faux en écriture. »[902]

De même, dans l'infraction de dénonciation calomnieuse prévue par l'art. 76 du CP,[903] le dol spécial réside dans l'intention de nuire. Dès lors, un juge qui condamne une personne pour dénonciation calomnieuse doit établir dans les motifs de sa décision l'existence, dans le chef de cette personne, de l'intention de nuire à la victime. À défaut, le jugement rendu encourt la

---

[899] CSJ, Arrêt du 5 décembre 1980 (RPA 66), *En cause Ministère public et Partie civile c/Molongya Mayikusa Moi Bongenye et consorts*, in *BACSJ*, Années 1980 à 1984, pp. 123-159, spéc. pp. 151-152.

[900] Art. 124 du CP : « Le faux commis en écriture avec une intention frauduleuse ou à dessein de nuire sera puni… »

[901] V. aussi les art. 74 (imputations dommageables), 97 (détournement de main-d'œuvre), 106 (incendie volontaire de sa propre chose protégée par les art. 104 et 105), 112 (destruction et dégradation d'arbres, récoltes ou autres propriétés), 114 (destruction d'animaux) où sont utilisés les concepts « méchamment, frauduleusement ».

[902] CSJ, Arrêt du 11 novembre 2009 (RP 2783), *En cause Devos Joseph c/ Ministère public et Mbambali Gbosagbo*, in *BACSJ*, Années 2004 à 2009, T. II, pp. 270-273, spéc. pp. 270-271.

[903] Art. 76 du CP : « Sera puni d'une servitude pénale de cinq ans au maximum et d'une amende de vingt-cinq à mille francs ou d'une de ces peines seulement :

- celui qui aura fait par écrit ou verbalement à une autorité judiciaire ou à un fonctionnaire public, qui a le devoir d'en saisir ladite autorité, une dénonciation calomnieuse ;
- celui qui aura fait par écrit ou verbalement à une personne des imputations calomnieuses contre son subordonné. »

cassation. C'est le sort subi par l'arrêt de la C.A de Kinshasa du 15 avril 1974. En l'espèce, le citoyen Nzazi avait lancé une citation directe à l'encontre des nommés Bola pour faux en écriture, et Kayoka et Tshibangu pour usage de faux et imputations dommageables. Le tribunal de première instance de Kinshasa, saisi de l'affaire, rendit le 7 février 1973 un jugement contradictoire ayant condamné Bola et acquitté Kayoka et Tshibangu. Nzazi et Bola interjetèrent appel contre ce jugement respectivement les 9 février et 9 juillet 1973. La C.A de Kinshasa, ayant instruit la cause, rendit, le 5 mars 1974, un arrêt contradictoire par lequel elle déclara irrecevable pour tardiveté l'appel de Bola, et reçut celui de Nzazi. Y faisant partiellement droit, elle condamna Kayoka et Tshibangu à payer *in solidum* 3.000 Z de dommages-intérêts à l'appelant. Non contents, Kayoka et Tshibangu introduisirent, le 15 avril 1974, un pourvoi pour solliciter la cassation de cet arrêt. Après examen, la CSJ rendit son arrêt ainsi motivé :

> « Sans qu'il soit nécessaire d'examiner les autres moyens, la Cour statue sur le deuxième tiré de la violation des articles 9 de la Constitution et 87 du code de procédure pénale, en ce que l'arrêt attaqué ne motive pas, ou du moins de façon insuffisante, l'existence de l'infraction de dénonciation calomnieuse prévue par l'article 76 du code pénal. Concernant ladite infraction, la Cour d'appel déclare :
>
> > " Attendu que les prévenus Tshibangu et Kayoka ont écrit une lettre calomnieuse, envoyée à plusieurs autorités judiciaires, dont le libellé, au paragraphe b est ainsi conçu : « Maître Nzazi devait nous faire signer en blanc, les conventions et procurations dites spéciales dans l'unique but de nous rouler alors qu'il était désigné par le Tribunal et non choisi par nous-mêmes ».
> > Que cette lettre a déclenché une action disciplinaire à charge de Nzazi et a entraîné sa suspension pour une période de 12 mois ;
> > Attendu que le caractère mensonger de cette lettre est patent, les documents que les prévenus ont signé au cabinet du défenseur Nzazi étaient des formulaires ; qu'en outre la preuve n'est pas rapportée de ce que Nzazi ait été désigné par le Tribunal ; du reste s'il l'était les prévenus ne l'auraient pas mandaté ainsi qu'ils l'ont fait en signant les procurations dont les termes ne laissent aucun doute sur leurs intentions ".
>
> *Il ne résulte pas de cette motivation que le juge d'appel ait dégagé l'élément moral de l'infraction, à savoir que les demandeurs auraient agi dans le but de nuire. Ainsi, ce moyen est fondé et entraîne cassation totale de la décision entreprise.*[904]
> C'est pourquoi : La Cour suprême de justice, section judiciaire, siégeant en cassation, en matière répressive ; Le Ministère public entendu ; Casse l'arrêt attaqué ; Renvoie la cause devant la Cour d'appel de Kinshasa autrement composée ; Dit pour droit que la juridiction de renvoi, au cas où elle estime établis les faits constitutifs de l'infraction de dénonciation calomnieuse, devra démontrer l'existence de l'intention méchante dans le chef des demandeurs… »[905]

---

[904] Paragraphe relevé en italique par l'auteur.

[905] CSJ, Arrêt du 23 février 1982 (RP 210), *En cause Kayoya Ilunga et Tshibangu*

Il ne suffit donc pas au juge du fond d'établir l'existence de l'élément matériel de l'infraction. Il doit aussi, dans sa motivation, présenter des éléments du dossier qui prouvent l'existence de l'élément moral, en l'occurrence l'intention de nuire. Notons au passage que cet arrêt est une belle illustration de l'autorité attachée aux décisions de renvoi après cassation. La C.A de Kinshasa, autrement composée, chargée de réexaminer cette cause, est tenue de respecter la décision de la CSJ sur le point de droit tranché. Elle est tenue, si elle estime établie l'infraction de dénonciation calomnieuse, - la CSJ siégeant en cassation ne rentrant pas dans les faits -, de démontrer dans la motivation de son arrêt l'existence de l'intention méchante dans les chefs des demandeurs. Cette jurisprudence relative à l'obligation de l'établissement de l'élément moral dans la motivation des jugements est constante et vaut pour toutes les infractions.[906]

Dans l'infraction d'arrestation arbitraire, le dol spécial consiste dans l'intention de l'auteur de porter atteinte à la liberté individuelle d'aller et venir en ayant conscience du caractère illégal et arbitraire de l'acte posé. Relevant cet élément, la CSJ avait, p. ex., retenu cette infraction à l'encontre du prévenu Nzita Puati, ancien vice-gouverneur de la ville de Kinshasa chargé des services techniques, dans son arrêt du 20 novembre 1985 ainsi motivé :

> « La Cour suprême de justice constate, à la lumière des éléments du dossier, qu'il est demeuré constant que le prévenu Nzita Puati, alors vice-gouverneur urbain, après avoir convoqué à son bureau le nommé Mayanganga, chef de la cellule CPA pour l'entendre dans le cadre d'une enquête purement administrative, a remis ce dernier au chef de poste de la gendarmerie de l'Hôtel de ville, sous prétexte d'y attendre sa confrontation avec les autres personnes qui allaient être interpellées dans la même affaire. Or, entendu à titre de renseignements par la Cour de céans à

(ex-Pierre) c/Ministère public et N'Zazi Mulenda Nkuba, in *BACSJ*, Années 1980 à 1984, pp. 280-282, spéc. pp. 281-282. V. aussi l'*animus nocendi* dans l'infraction de destruction méchante : CSJ, Arrêt du 19 juin 1987 (RP 604), *En cause Lufuma Lubutu c/ Ministère public et Kumwini Ndolumingo,* in *BACSJ*, Années 1985 à 1989, pp. 344-351, spéc. pp. 345, 348-349 ; CSJ, Arrêt du 7 octobre 2009 (RPA 373), *En cause Ministère public et partie civile Mokako Nzeke Jacques c/ Bumba Monga Ngoy Antoine Roger*, in *BACSJ*, Années 2004 à 2009, T. II, pp. 242-252, spéc. p. 242 : « L'infraction de dénonciation calomnieuse est établie lorsque la déclaration est faite spontanément devant l'autorité judiciaire et que l'intention méchante à savoir, le dessein de nuire qui en constitue l'élément essentiel, est manifeste. »

[906] V., p. ex., Arrêt du 8 juin 1982 où la CSJ dit pour droit qu'« Est fondé et entraîne cassation totale avec renvoi, le moyen qui reproche au juge d'appel d'avoir insuffisamment motivé la condamnation du demandeur en cassation du chef de détournement dès lors que le juge d'appel n'a pas relevé l'élément moral de cette infraction. » Il s'agit de l'Arrêt (RP 395), *En cause Nyengele Kamunga Kantudi Ntudi c/ Ministère public*, in *BACSJ*, Années 1980 à 1984, pp. 295-299.

l'audience du 27 septembre 1985, le citoyen Mukuna, alors conseiller au cabinet du gouverneur de la ville de Kinshasa, chargé par ailleurs d'instruire le dossier de l'intéressé, a déclaré avoir attiré l'attention du prévenu qu'en envoyant Mayanganga au corps de garde, il était à craindre qu'il soit considéré par les gendarmes comme étant en état d'arrestation. La Cour relève que, malgré cet avertissement, au lieu de demander à l'intéressé de rester dans une salle d'attente ou dans un autre bureau de l'Hôtel de ville, le prévenu Nzita a ordonné que Mayanganga soit plutôt gardé à cet endroit, en le privant ainsi de sa liberté de mouvement. L'acte matériel est donc établi, peu importe la durée de cette détention.

Concernant l'élément moral requis, la Cour suprême de justice relève qu'en droit, l'arrestation arbitraire suppose dans le chef de son auteur l'intention de porter atteinte à la liberté individuelle ainsi que la conscience effective de l'illégalité de l'acte posé. Dans le cas d'espèce, le prévenu Nzita a agi avec intention délictuelle, puisqu'en sa qualité de haut fonctionnaire, il devait savoir qu'en confiant Mayanganga au chef de poste de la gendarmerie de l'Hôtel de ville, l'intéressé allait être privé de sa liberté, alors que dans le cadre de l'enquête administrative entreprise, la loi ne lui permettait de procéder ni à son arrestation ni à sa détention, même pour une durée limitée. Connaissant ainsi le caractère illégal et arbitraire de son acte, il a néanmoins agi. C'est donc à bon droit que le premier juge a déclaré établie l'infraction reprochée à ce prévenu… »[907]

Il importe de noter que la loi ne mentionne pas toujours *expressis verbis* le dol spécial. Le juriste dégagera souvent l'exigence de celui-ci à partir de la nature même de l'infraction. Ainsi, p. ex., l'outrage à un fonctionnaire, défini par l'art. 136 du CP, ne peut pas se réaliser sans *animus injuriandi*. L'auteur de l'acte doit être animé de l'esprit de nuire, d'injurier, de faire souffrir le fonctionnaire.

Il faut, enfin, souligner qu'un même acte peut entraîner deux qualifications différentes en fonction du degré de l'intention criminelle de l'agent. En guise d'illustration, le fait d'entretenir des intelligences avec une puissance étrangère peut être qualifié d'atteinte au secret de la défense et puni de 2 à 10 ans d'emprisonnement si l'auteur de cet acte n'a agi qu'avec l'intention coupable, avec dol général consistant à violer le secret de la défense (art. 187 du CP). Il sera qualifié de trahison ou d'espionnage, selon qu'il est commis par un Congolais ou un étranger, et puni de mort, si l'agent a agi avec l'intention caractérisée de trahir ou d'espionner, c'est-à-dire avec dol spécial consistant à attenter à la sécurité extérieure de la RDC (art. 181 à 185 du CP).

---

[907] CSJ, Arrêt du 20 novembre 1985 (RPA 112), *En cause Ministère public c/Iyeli Mpela Iseki et consorts,*in *BACSJ*, Années 1985 à 1989, pp. 84-100, spéc. pp. 96-97.

3) Le dol spécial n'est pas à confondre avec ***le mobile***. En effet, le mobile, c'est l'intérêt ou le sentiment personnel qui a déterminé l'agent à perpétrer l'infraction. C'est « en somme l'arrière-plan psychologique de l'intention. »[908] Il peut s'agir d'un sentiment de haine, de vengeance, de jalousie, d'amour, de pitié, de cupidité, de convoitise, etc. En règle générale, le mobile est indifférent en droit pénal. Autrement dit, celui-ci ne tient pas compte du mobile ni en ce qui concerne l'existence de l'infraction, ni en ce qui concerne la sanction. Ainsi, sera puni conformément aux art. 44 et 45 du CP, tout meurtrier ou assassin, quel qu'ait été le sentiment ou le mobile qui ait commandé son crime : qu'il ait tué par pitié (comme dans l'euthanasie), par amour, par jalousie (crime passionnel), par vengeance ou par haine. De même, tout auteur de vol simple se verra appliquer les peines de l'art. 80 du CP, peu importe qu'il ait volé par convoitise, par cupidité ou par manie (cas du kleptomane), etc. Tous ces sentiments sont indifférents.

La CSJ a également retenu l'infraction d'évasion à charge d'un prévenu qui, détenu à la prison de Kasapa à Lubumbashi, a été arrêté à Kamina et a soutenu s'être évadé pour échapper aux menaces d'attentat à sa vie. Il s'agissait, en l'espèce, du « magicien » Nzunzumuna qui, par des machinations et artifices coupables, avait poussé Kashwantale, un fonctionnaire de la Banque du Zaïre, à commettre un détournement des fonds publics dont il s'était approprié. Pour ces faits, il avait été condamné, avec ce dernier, pour détournement en participation criminelle. S'étant pourvu en appel devant la Cour, le ministère public a demandé à celle-ci de dire également établie dans le chef de Nzunzumuna l'infraction d'évasion et de le sanctionner pour cela à un an de servitude pénale principale. Nzunzumuna a reconnu les faits et a soutenu, pour se disculper, qu'il s'était évadé pour échapper aux menaces de Kashwantale qui voulait attenter à sa vie. La Cour n'a pas exaucé son argument, avec raison, car il s'agissait là d'un mobile, inopérant. La Cour l'a même retenu comme un aveu et a dit établie l'infraction d'évasion.[909]

Elle a également jugé que « viole l'article 145 du code pénal livre II et commet le détournement de deniers publics, le prévenu PDG d'une entreprise publique qui, pour des raisons humanitaires et autres liées aux bonnes relations avec un syndicat, affecte les fonds de celle-ci aux soins de santé d'un syndicaliste sans aucune obligation contractuelle avec son entreprise. »[910] En

[908] J. Pradel, *op. cit.*, n° 555, p. 459.
[909] V. CSJ, Arrêt du 31 août 1984 (RPA 94), *En cause Ministère public c/Kashwantale ka Ruhangamugabo Balemba et Nzunzumuna Dijiba Mbaki*, in *BACSJ*, Années 1980 à 1984, pp. 507-517, spéc. p. 516. V. présentation de cette affaire, *infra* pp 375-377.
[910] CSJ, Arrêt du 5 décembre 1980 (RPA 66), *En cause Ministère public et Partie*

l'espèce, il était reproché au prévenu Molongya « d'avoir, à Kinshasa, le 14 novembre 1977, étant Délégué Général d'Air Zaïre, détourné une somme de 2.000 zaïres au préjudice de cette compagnie ».[911] Pour asseoir sa conclusion, la Cour a pris en compte des éléments du dossier qu'elle a analysés ainsi dans sa motivation :

> « Il résulte tant de l'instruction préparatoire que des débats tenus devant le premier juge et devant la Cour des céans que le prévenu Molongya et le nommé Luyeye, syndicaliste de l'UNTZA, se sont rencontrés à bord d'un avion qui les ramenait de Lubumbashi à Kinshasa. À cette occasion, le citoyen Luyeye qui connaissait depuis assez bien longtemps le prévenu Molongya, après lui avoir fait part de ses difficultés matérielles et de ses soucis concernant son état de santé, s'adressa à lui en lingala en disant : "Bino bokotika nga kaka boye, bokosalisa nga te !" Ce qui signifie à peu près ceci en français : "Vous autres, vous m'abandonnez ainsi, sans pouvoir m'aider !" C'est alors que le prévenu Molongya, qui reconnaîtra plus tard devant le magistrat instructeur que son interlocuteur était très malade et s'était même rendu en Europe pour soins médicaux, lui fixa rendez-vous à son bureau. Après avoir pris l'avis de ses collaborateurs qui connaissaient bien Luyeye pour l'avoir vu bénéficier plusieurs fois auparavant de l'aide d'Air Zaïre, situation qualifiée d'usage dont ils ne manquèrent pas de l'informer, le prévenu Molongya donna l'ordre pour qu'une somme de 2.000 Z lui fut remise. Ce qui fut fait, ainsi qu'en témoigne le reçu de caisse n° 556768 (cote 108) du 14 novembre 1977 signé par le prévenu lui-même et portant la mention "Frais médicaux du citoyen Luyeye UNTZA".
>
> Dans ses moyens de défense, le prévenu a toujours soutenu que son comportement a été déterminé principalement par les assurances données par ses collaborateurs, en l'occurrence Bongo et Bourmanne qui n'ont du reste pas hésité de confirmer cette déclaration, ainsi que par son *souci profond d'entretenir, dans l'intérêt de la société, de bonnes relations avec les syndicalistes dont l'influence sur le personnel n'est pas à sous-estimer.* Mais la Cour trouve que Luyeye étant au service de l'UNTZA et bénéficiant à ce titre de tous les avantages sociaux prévus par la législation sociale nationale, il n'incombait pas au prévenu de faire supporter par Air Zaïre les frais médicaux d'une personne envers laquelle elle n'avait aucune obligation contractuelle ou autre. Ayant ainsi, par cet acte, octroyé à autrui un avantage illicite, le prévenu sera maintenu dans les liens de cette quatrième prévention… En disposant, comme s'ils lui appartenaient, des fonds de la société pour des raisons qu'il savait étrangères aux besoins de celle-ci, le prévenu s'est rendu coupable de détournement puni par l'article 145 du code pénal livre II, tel que modifié à ce jour… »[912]

Le « *souci profond d'entretenir, dans l'intérêt de la société, de bonnes relations avec les syndicalistes* » est un mobile, inopérant, comme l'est le

---

civile c/Molongya Mayikusa Moi ... et consorts, in *idem,* pp. 123-159, spéc. p. 123.

[911] *Idem*, p. 131.

[912] *Idem*, pp. 131-133.

sentiment de pitié à l'égard de Luyeye. Ce principe de l'indifférence du mobile s'explique notamment par les difficultés de preuve et par le risque que son admission conduirait certaines personnes à se faire justice à elles-mêmes : pensons, p. ex., à un mari trompé qui, par passion d'amour, en venait à tuer son rival ; ou à une victime de vol qui se croirait en droit de violer le domicile d'un tiers, supposé receleur, pour récupérer son bien. L'admission du mobile comme cause d'exonération de la responsabilité pénale risquerait de générer des actes de vengeance ou de règlement de compte.

Il convient cependant de souligner qu'au point de vue criminologique, le mobile présente un intérêt certain, car le juge en tient souvent compte pour opérer le choix de la peine la plus adaptée à la personnalité et à la situation spécifique du délinquant.[913] C'est ainsi que, p. ex., dans son arrêt du 30 janvier 1987, la CSJ avait tenu compte de la qualité de délinquant primaire du prévenu Nkaba et du fait qu'il avait agi *sous le coup de l'émotion provoquée par la perte de ses biens* pour atténuer sa peine. En l'espèce Nkaba, directeur chef du corps de police de l'Office national des transports, ONATRA, ayant soupçonné Muamba d'avoir commis un vol la nuit dans sa résidence, avait donné l'ordre à l'OPJ chef de l'Unité de la police d'intervention de « serrer » Muamba jusqu'à ce qu'il avouât, ordre matériellement exécuté par deux policiers qui administrèrent des coups et tortures à ce dernier jusqu'à ce qu'il expirât, accomplissant ainsi l'infraction de coups et blessures volontaires ayant entraîné la mort sans intention de la donner.[914]

Il arrive que le législateur érige le mobile en élément constitutif de certaines infractions. Un tel mobile est alors qualifié de ***dol plus spécial***. On peut citer l'exemple de l'art. 68 du CP qui dispose : « Est puni... celui qui a enlevé ou fait enlever, arrêté ou fait arrêter, détenu ou fait détenir des personnes quelconques pour les vendre comme esclaves... » « *Pour les vendre comme esclaves* » est un intérêt particulier, un mobile érigé en élément constitutif de l'infraction, un dol plus spécial. Peut également être cité, l'art. 200 du même code qui dit : « L'attentat dont le but aura été de porter le massacre, la dévastation ou le pillage sera puni de mort. » Le crime visé dans cet art. requiert donc un dol plus spécial qui consiste dans le but poursuivi par l'agent : porter le massacre, la dévastation ou le pillage. Ce but constitue un intérêt personnel, un mobile, érigé en élément constitutif de l'infraction par le législateur lui-même.

---

[913] V. à ce sujet l'excellente réflexion du professeur Likulia Bolongo, in *Droit pénal spécial zaïrois*, pp. 54-58.
[914] CSJ, Arrêt du 30 janvier 1987 (RPA 123), *En cause Ministère public et parties civiles c/ Nkaba Nkassiokubikaba et consorts,* in *BACSJ*, Années 1985 à 1989, pp. 254-264, spéc. p. 260.

Le même type de dol est requis dans l'incrimination de la propagation de faux bruits, introduite dans le CP par la loi n° 75-013 du 14 mai 1975[915]. En effet, aux termes de l'art. 199bis, « quiconque, en répandant *sciemment* de faux bruits de nature à alarmer les populations, à les inquiéter ou les exciter contre les pouvoirs établis, *aura porté ou aura cherché à porter le trouble dans l'État*, sera puni d'une servitude pénale de deux mois à trois ans et d'une amende de cent à cinq cents zaïres, ou d'une de ces peines seulement. » Pour être caractérisée, cette infraction requiert que l'agent ait agi non seulement *sciemment* (dol général), mais avec pour objectif de *porter le trouble dans l'État* (dol plus spécial). Si ce dernier élément n'est pas réuni, la propagation volontaire de faux bruit n'est punie que de un mois à un an de servitude pénale et d'une amende de vingt à cent zaïres ou de l'une de ces peines seulement.[916]

Peuvent également être cités :
- l'art. 202 du CP qui, dans le cadre de la répression de la participation à des bandes armées, punit de mort « quiconque, *en vue de troubler l'État* par l'un des attentats prévus aux articles 195 et 200, ou par l'envahissement, le pillage ou le partage des propriétés publiques ou privées, ou encore en faisant attaque ou résistance envers la force publique agissant contre les auteurs de ces infractions, se sera mis à la tête de bandes armées ou y aura exercé une fonction ou un commandement quelconque… » ;
- l'art. 209 du même code qui, visant des atteintes à la sûreté intérieure de l'État, sanctionne « d'une servitude pénale de deux mois à trois ans et d'une amende de mille à dix mille zaïres ou d'une de ces peines seulement, celui qui, *dans un but de propagande*, aura distribué, mis en circulation ou exposé aux regards du public, des tracts, bulletins ou papillons d'origine ou d'inspiration étrangère de nature à nuire à l'intérêt national » ou « aura détenu de tels tracts, bulletins ou papillons en vue de la distribution, de la circulation ou de l'exposition *dans un but de propagande* » ;
- l'art. 211 qui, dans le cadre de la lutte contre les mêmes atteintes, punit d'une servitude pénale de deux mois à trois ans et d'une amende de mille à dix mille zaïres, ou d'une de ces peines seulement, « celui qui, *en vue de troubler la paix publique*, aura sciemment contribué à la publication, à la diffusion ou à la reproduction, par quelque moyen que ce soit, de nouvelles fausses ou de pièces fabriquées, falsifiées ou mensongèrement attribuées à

---

[915] In *J.O* 1975, p. 577.

[916] Art. 199 ter : « Sera puni de un mois à un an de servitude pénale et d'une amende de vingt à cent zaïres ou de l'une de ces peines seulement, celui qui, *sans intention de porter le trouble dans l'État*, aura néanmoins *sciemment* répandu de faux bruits de nature à alarmer les populations, à les inquiéter ou à les exciter contre les pouvoirs établis. »

des tiers » ou « celui qui aura exposé ou fait exposer, dans les lieux publics ou ouverts au public, des dessins, affiches, gravures, peintures, photographies, tous objets ou images de nature à troubler la paix publique. »

« En vue de troubler l'État », « dans un but de propagande », « en vue de troubler la paix publique » sont des objectifs poursuivis par les agents, des mobiles ici érigés en éléments constitutifs de ces infractions et formant ce que l'on appelle le dol plus spécial.

2°- Le dol simple et le dol aggravé

Le dol est susceptible de degrés dont la prise en compte peut influer sur la qualification et la sanction. On oppose ainsi le dol simple qui entraîne la peine ordinaire, au dol aggravé ou réfléchi ou prémédité, qui entraîne une peine plus sévère. L'art. 46 du CP donne une excellente illustration de cette distinction. L'al. 1er de cet art. contient le dol simple et l'al. 2 le dol aggravé. En voici le libellé :

> al. 1er : « Quiconque a *volontairement* fait des blessures ou porté des coups est puni d'une servitude pénale de huit jours à six mois et d'une amende de vingt-cinq à deux cents zaïres ou d'une de ces peines seulement. »
> al. 2 : « En cas de *préméditation*, le coupable sera condamné à une servitude pénale d'un mois à deux ans et à une amende de cinquante à cinq cents zaïres. »

Ainsi, la préméditation est une circonstance aggravante des coups volontaires.

Une deuxième illustration est offerte par les anciens art. 44 et 45 du CP. En effet, avant l'O-L n° 68-193 du 3 mai 1968, le meurtre était puni différemment selon qu'il s'agissait du meurtre simple ou du meurtre aggravé.[917] L'ancien art. 44 définissait le meurtre comme « l'homicide commis avec l'*intention de donner la mort* »; il le punissait de la servitude pénale à perpétuité. Tandis que l'ancien art. 45 définissait l'assassinat comme « tout meurtre commis avec *préméditation* » ; il le punissait de la peine de mort. Ainsi étaient bien présentés les deux degrés du dol qui caractérisent distinctement cette double criminalité : le dol simple, consistant dans l'intention de donner la mort, suffit pour qualifier le meurtre ; le dol aggravé, consistant dans la préméditation, spécifie le crime d'assassinat. L'assassinat comprend donc tous les éléments du meurtre simple plus la préméditation. Depuis le 3 mai 1968, l'O-L n° 68-193 est venue renforcer la peine du meurtre simple en prévoyant également la mort contre le meurtrier. Depuis cette O-L, l'établissement de la préméditation ne présente plus d'intérêt qu'en matière de qualification et non plus dans le

[917] O-L n° 68-193 du 3 mai 1968, art. 1er , in *MC* n° 14 du 15 juillet 1968, p. 1324.

domaine de pénalité, les deux formes de meurtre étant sanctionnées de la même peine : la peine capitale. Dans la pratique, le juge conserve néanmoins le pouvoir de moduler la sanction en fonction des circonstances spécifiques de chaque espèce. Nous souhaitons qu'au moment où sera accompli véritablement le travail de refonte et de mise à jour du CP congolais, soient rétablies la séparation de ces deux articles et la nette distinction entre ces deux crimes qui, à notre avis, doivent être sanctionnés différemment, l'assassinat, caractérisé par l'élément préméditation, devant être puni plus sévèrement que le meurtre.

Une question se pose en doctrine et en jurisprudence, celle de savoir si la préméditation est une circonstance aggravante réelle ou personnelle. Certains considèrent que la préméditation est une circonstance réelle qui, de ce fait, s'applique non seulement à l'auteur mais aussi aux complices. C'est dans ce sens que se prononce la jurisprudence française.[918] D'autres soutiennent, au contraire, que la préméditation est une circonstance personnelle qui ne peut aggraver que le sort de la personne chez qui elle est établie.[919] Ce dernier point de vue emporte notre agrément, car la préméditation est un élément psychologique qui doit être constaté *in personam*, dans le sujet pensant, dans la personne qui projette, délibère et organise l'accomplissement de l'infraction.

3°- Le dol déterminé et le dol indéterminé

Dans cette distinction, ce qui est pris en compte, ce n'est plus le degré ou l'intensité de la volonté (comme dans les distinctions précédentes), mais plutôt les résultats de cette volonté. En effet, le dol est déterminé lorsque l'agent a voulu, d'une façon précise, commettre telle infraction (meurtre, vol ou viol…) et à l'encontre d'une telle personne déterminée. Le dol est, en revanche, indéterminé lorsque l'agent n'a pas voulu commettre telle infraction de façon précise ou lorsqu'il ne vise pas telle personne de façon particulière. Il veut, p. ex., simplement tuer, quelle que soit la victime ; ou encore, il veut simplement voler, quelle que soit la personne qui sera prise dans son filet.

En règle générale, la sanction à infliger au délinquant sera proportionnée au résultat obtenu, c'est-à-dire à la gravité du dommage éprouvé par la victime. L'art. 43 du CP apporte une heureuse solution à la question du dol indéterminé en matière d'homicide et de lésions corporelles volontaires. Nous l'avons évoqué *supra* pour illustrer la différence entre l'erreur intellectuelle ou l'erreur sur la personne, et l'erreur matérielle ou l'*aberratio ictus*. Pour des raisons de

---

[918] V. Crim., 27 décembre 1960, *Bull.*, n° 621 ; Crim., 12 mai 1970, D. 515.
[919] V. notamment, E. Lamy, *op.cit.*, p. 464.

clarté, rappelons-en les termes :

> « Sont qualifiés volontaires, [dit-il,] l'homicide commis et les lésions causées avec le dessein d'attenter à la personne d'un individu déterminé ou de celui qui sera trouvé ou rencontré, quand même ce dessein serait dépendant de quelque circonstance ou de quelque condition et lors même que l'auteur se serait trompé dans la personne de celui qui a été victime de l'attentat. »

De cette disposition, il ressort donc que l'identité de la victime est indifférente dès lors que l'intention de tuer est établie. Ce principe de l'indifférence de l'identité de la victime s'étend à toutes les infractions (vol, viol, arrestation arbitraire, détention illégale, etc.). Cependant, il admet une exception, car il ne joue pas dans l'hypothèse où la qualité de la victime est un élément constitutif de l'infraction. Tel est le cas, p. ex., de l'incrimination de l'art. 136 du CP qui ne peut être retenue que si la victime est revêtue de la qualité de fonctionnaire, au sens large du terme.[920] Si la victime n'a pas cette qualité, l'agent ne pourra être condamné que pour des coups ou des injures simples.

4°- Le dol direct, le dol indirect et le dol dépassé ou l'infraction praeterintentionnelle

1) Le dol est direct lorsque l'agent recherche et veut atteindre le résultat proscrit par la loi et pénalement sanctionné. Dans le cas contraire, il est indirect.

2) Le dol indirect se présente sous deux formes distinctes : sous la forme du dol nécessaire et sous la forme du dol éventuel.

2-1) Le dol indirect est nécessaire lorsque l'agent accepte un résultat comme nécessairement lié au but réel qu'il recherche. Il en est ainsi, p. ex., d'un délinquant A, qui décide l'élimination physique d'un homme politique B lors de son passage à telle heure et à tel endroit déterminé, à bord de sa voiture. À cet effet, il prépare des explosifs et se poste à l'endroit choisi. A, le délinquant, sait très bien que sa victime visée, B, est toujours conduite par son chauffeur C, et qu'avec l'arme qu'il a décidé d'utiliser, il ne peut pas atteindre B sans tuer le chauffeur C. Il s'obstine néanmoins à commettre son crime et tue non seulement B mais aussi C. Ainsi, à l'encontre de l'homme politique B, ce délinquant a commis un homicide avec dol direct. Tandis que vis-à-vis du chauffeur C, il a réalisé un homicide avec dol nécessaire.[921]

---

[920] Art. 136-3 du CP : « Sera puni… celui qui, par paroles, faits, gestes ou menaces, aura outragé les autres dépositaires de l'autorité ou de la force publique dans l'exercice ou à l'occasion de l'exercice de leurs fonctions. »

[921] V. Jimenez de Asua, « La faute consciente et le dolus eventualis », in *RDPC*, 1959-1960, pp. 603 et s, cité par Nyabirungu, *op. cit.*, p. 339.

2-2) La deuxième forme du dol indirect est *le dol éventuel.* Il y a dol éventuel « lorsque l'agent, sans vouloir en aucune façon le résultat dommageable qui s'est produit, ou même aucun résultat, l'a simplement prévu comme possible ».[922] Tel est le cas, p. ex., d'un directeur d'une compagnie de transport aérien qui, poussé par l'appât du gain, fait voler un avion qu'il sait ne pas être en parfait état de navigabilité. Si un accident survient et que des passagers sont tués au cours de ce transport, ce directeur répondra de ces homicides volontaires. De même, « l'employeur qui remet à son chauffeur un véhicule dont il connaît l'état défectueux de marche pourra répondre d'un homicide ou des lésions volontaires (dol éventuel) si, p. ex., mû par l'intérêt, il se résignait à l'éventualité d'un accident que, par ailleurs, son chauffeur lui avait préalablement rappelée. »[923]

Plusieurs codes pénaux modernes intègrent expressément le dol éventuel dans la notion d'intention. Ils le font généralement en ces termes : « Agit aussi intentionnellement celui qui, se représentant la possibilité des conséquences dommageables de son action, agit néanmoins, en les acceptant dans l'éventualité où elles se produiraient. »[924]

3) Le dol éventuel qui vient d'être expliqué se rapproche, tout en se distinguant, du ***dol dépassé, caractérisant l'infraction praeterintentionnelle***. Celle-ci est une espèce qui comporte plusieurs conséquences dont les unes ont été voulues par l'auteur, tandis que d'autres ont dépassé son intention. Le qualificatif *praeterintentionnel* procède, en effet, de deux termes latins *praeter intentionem* signifiant *au-delà de l'intention.*[925] L'art. 48 du CP est une illustration de ce type d'infraction. Il porte en effet :

> « Lorsque les coups portés ou les blessures faites volontairement mais sans intention de donner la mort l'ont pourtant causée, le coupable sera puni d'une servitude pénale de cinq ans à vingt ans et d'une amende qui ne pourra excéder deux mille zaïres. »

On peut citer également l'art. 150 de la loi n° 09-001 du 10 janvier 2009 portant protection de l'enfant qui punit de cinq à vingt ans de servitude pénale principale et d'une amende de cinq cents mille à un million de francs congolais, les coups et blessures volontaires ayant entraîné la mort d'un enfant sans intention de la donner. De même, l'art. 145 de cette loi

---

[922] G. Stefani, G. Levasseur, B. Bouloc, *op. cit*, p. 276.

[923] V. Nyabirungu, *op. cit*, p. 340.

[924] *Idem*, pp. 340 et 341. L'auteur cite, entre autres, l'art. 58, 1 du CP éthiopien, l'art. 12, 1 du CP hongrois, l'art. 17 § 1er du CP grec, l'art. 14 § 1er du CP polonais.

[925] V. J. Pradel, *op. cit.*, n° 563, p. 463, NBP 1.

sanctionne l'avortement praeterintentionnel commis sur une femme enceinte en disposant :

> « Si les coups portés et les blessures faites volontairement, mais sans intention de provoquer l'avortement, l'ont pourtant causé, l'auteur est passible de deux à cinq ans de servitude pénale principale et d'une amende de trois cent cinquante mille à cinq cent mille francs congolais. »

On voit ainsi que « dans le délit praeterintentionnel, comme dans le dol éventuel, le résultat, tel qu'il s'est réalisé, n'a pas été voulu ; dans les deux cas, l'intention n'a pas porté sur le résultat effectivement produit. Mais - et c'est là la différence - tandis que dans le dol éventuel, le résultat qui n'a pas été prévu ou l'a été simplement comme possible, n'a été voulu ni sous la forme dans laquelle il s'est réalisé, ni sous une forme moins grave ; dans le délit praeterintentionnel, au contraire, le résultat a été partiellement voulu. Par là, le délit praeterintentionnel se rapproche du délit intentionnel, où le résultat qui s'est produit a été voulu ; il s'en distingue cependant en ce que l'intention n'a porté que sur un résultat moins grave que le résultat réalisé ».[926]

Du point de vue psychologique, le dol éventuel et l'infraction praeterintentionnelle forment une catégorie intermédiaire entre l'intention criminelle et la faute. La plupart des auteurs considèrent même le dol éventuel comme une simple faute.[927] De même, Haus soutient que dans l'infraction praeterintentionnelle, il y a concours de dol et de faute, le dol portant sur les coups et blessures et la faute sur la mort de la victime.[928] Bref, avec le dol éventuel et l'infraction praeterintentionnelle, on se situe à la limite de l'intention et très proche de la faute pénale.

b) La faute pénale, caractéristique des infractions non intentionnelles

L'élément moral dans les infractions non intentionnelles consiste en une simple faute : la faute pénale. Celle-ci connaît deux degrés : au degré supérieur, la faute d'imprudence ou de négligence ; au degré inférieur, la faute contraventionnelle.

---

[926] G. Stefani, G. Levasseur, B. Bouloc, *op. cit*, p. 277.

[927] G. Stefani, G. Levasseur, B. Bouloc, *idem*, pp. 276-277.

[928] Hauss, *Principes généraux du droit pénal belge*,T.1, n° 329, cité par Nyabirungu, *op.cit*, p. 342.

1°- La faute d'imprudence, de négligence ou d'inattention

Elle caractérise ce qu'on appelle couramment les délits d'imprudence ou les délits involontaires que certains auteurs appellent aussi les « délits culpeux ».[929]

1) Définition

Le CPC ne définit pas la faute d'imprudence ou de négligence. Cependant, toutes les fois qu'il en fait un élément constitutif de l'infraction, il utilise les concepts : involontairement (art. 52, 53, 55 du CP)[930] ; défaut de prévoyance ou de précaution (art. 52, 109 *idem*)[931] ; imprudemment (art. 56 *idem*)[932], etc. Dans l'art. 139 visant le bris des scellés, p. ex., le législateur sanctionne la simple négligence de l'agent. En effet, « lorsque des scellés apposés par l'autorité publique auront été brisés, les gardiens seront punis, *pour simple négligence*, d'une servitude pénale de huit jours et d'une amende de vingt-cinq à cent zaïres, ou d'une de ces peines seulement. »[933]

Cette imprudence ou négligence forme ce que Jean Pradel nomme *faute ordinaire*, par opposition à la faute contraventionnelle. La faute ordinaire est constituée par « le fait pour l'agent de relâcher son attention. » Elle peut être définie « plus techniquement comme la violation d'un devoir (élément

---

[929] Nyabirungu, *op. cit.*, p. 348.

[930] Art. 52 : « Est coupable d'homicide ou de lésions involontaires celui qui a causé le mal par défaut de prévoyance ou de précaution, mais sans intention d'attenter à la personne d'autrui. » Art. 53 : « Quiconque aura involontairement causé la mort d'une personne sera puni d'une servitude pénale de trois mois à deux ans et d'une amende de cinquante à mille zaïres. » Art. 55 : « Sera puni des mêmes peines ou de l'une d'elles seulement celui qui aura involontairement causé à autrui une maladie ou une incapacité de travail personnel en lui administrant des substances qui sont de nature à donner la mort ou à altérer gravement la santé. » V. *Code pénal congolais*, Décret du 30 janvier 1940 tel que modifié et complété à ce jour, Mis à jour au 30 novembre 2004, in *J.O*, n° spécial 30 novembre 2004. Notons, au passage, que dans cette mise à jour du 30 novembre 2004, les amendes continuent à être libellées en zaïres, et non en francs congolais !

[931] Art. 109 : « Sera puni d'une servitude pénale de sept jours à trois mois et d'une amende de vingt-cinq à cinq cents zaïres ou d'une de ces peines seulement, l'incendie de propriétés mobilières ou immobilières d'autrui qui aura été causée par défaut de prévoyance ou de précaution. »

[932] Art. 56 : « Sont punissables au maximum d'une servitude pénale de deux jours ou d'une amende de vingt-cinq zaïres ceux qui, imprudemment, auront jeté sur une personne une chose quelconque pouvant l'incommoder ou la souiller. »

[933] Art. 139 du CP. Mots relevés en italique par l'auteur.

d'illicité), réalisée par un acte positif ou par une abstention (élément matériel) et de façon plus ou moins consciente, mais sans volonté des conséquences (élément psychologique). »[934]

L'art. 319 de l'ancien CPF donnait une énumération assez fournie des formes de faute. D'après cet art., la faute pénale consiste « en une maladresse, imprudence, inattention, négligence ou inobservation des règlements… » L'art. 121-3 et l'art. 221-6 (sur l'homicide involontaire) du CPF actuel reprennent la même énumération en remplaçant néanmoins « l'inobservation des règlements » par le « manquement à une obligation de sécurité ou de prudence imposée par la loi ou les règlements ».

Commet ainsi une faute d'imprudence, l'automobiliste qui, par manque d'adresse ou par violation du code de la route (excès de vitesse, violation du feu rouge, etc.) tue ou blesse un piéton (art. 52 à 54 du CPC).[935] « Bien que le résultat n'en ait pas été voulu ni même prévu, cette faute n'engage pas seulement la responsabilité civile de son auteur (obligation de réparer le dommage), mais aussi sa responsabilité pénale, car elle entraîne, pour la sécurité publique, des dangers qu'il faut réprimer et prévenir par la menace d'une peine. »[936]

Si le ministère public n'a pas réussi à prouver l'existence de la faute dans le chef de l'agent, l'infraction ne peut pas être retenue. C'est dans ce sens que s'est prononcée la CSJ dans son arrêt rendu le 25 mars 1983 dans la cause opposant le ministère public aux citoyens Kasongo Muidinge Maluilo et N'kombe Monkundato. Dans cette affaire,

> « Les prévenus Kasongo Muidinge Maluilo, Secrétaire général au Département de la Justice et N'kombe Monkundato, Gardien de prison de Mbanza-Ngungu au moment des faits de la cause et revêtu du grade de chef de bureau de l'Administration publique, furent poursuivis ensemble devant la Cour d'appel de Kinshasa comme auteurs ou coauteurs du chef de l'infraction de non-assistance à personne en danger et, chacun pris individuellement, pour homicide involontaire à la suite de la mort des 7 détenus de la prison de Mbanza-Ngungu survenue à l'hôpital de Sonankulu entre le 9 mai et le 20 août 1982.
>
> Par son arrêt rendu contradictoirement le 30 décembre 1982, la Cour d'appel déclara non établies toutes les infractions mises à charge de ces deux prévenus et les

---

[934] J. Pradel, *op. cit.*, n° 567, p. 466.

[935] Art. 54 : « S'il n'est résulté du défaut de prévoyance ou de précaution que des coups ou des blessures, le coupable sera puni d'une servitude pénale de huit jours à un an et d'une amende de cinquante à cinq cents zaïres, ou d'une de ces peines seulement. »

[936] G. Stefani, G. Levasseur, B. Bouloc, *op.cit.*, p. 281.

acquitta en les renvoyant des fins des poursuites. Non content de cette décision, le Ministère public près la Cour d'appel de Kinshasa… releva appel à toutes fins utiles suivant déclaration faite au greffe de ladite Cour le jour même du prononcé de l'arrêt précité.

Il ressort tant de l'instruction préjuridictionnelle que juridictionnelle à tous les degrés ainsi que des pièces versées au dossier que 7 des 30 détenus de la prison sous-régionale de Mbanza-Ngungu admis à l'hôpital de Sonankulu sont décédés pour la plupart après quelques jours seulement d'hospitalisation… Sur injonction donnée par le Commissaire d'État à la Justice[[937]] aux termes de sa lettre n° Just/BDE/2348/D.21/00/272/sec du 8 septembre 1982, le Ministère public ouvrit une information judiciaire qui aboutit à l'inculpation des citoyens Kasongo Muidinge Maluilo, Secrétaire général au Département de la Justice et N'kombe Monkundato, Gardien de la prison éprouvée, auxquels il était reproché… d'avoir :

1- Pendant la période allant du 7 juillet au 20 août 1982, soit comme auteurs soit comme coauteurs, étant personnes chargées par profession de l'entretien des détenus, volontairement omis de provoquer l'assistance en denrées alimentaires et en produits pharmaceutiques en faveur des détenus précités, alors que ces derniers se trouvaient en péril. Faits prévus et punis par les articles 21 et 23 du code pénal livre I et les articles 66ter, 66quater du code pénal livre II tel que modifié et complété par l'ordonnance-loi n° 78/015 du 4 juillet 1978.

2- Entre la période allant du 9 mai au 20 août 1982, par défaut de prévoyance ou de précaution ou par inobservation de règlement mais sans l'intention d'attenter à la personne d'autrui, involontairement causé la mort des détenus susnommés. Faits prévus et sanctionnés par les articles 52 et 53 du code pénal livre II… »[938]

Nous focalisons notre attention ici sur la seconde prévention : homicide involontaire. Ayant examiné attentivement les faits de la cause, la Cour a constaté que le prévenu Kasongo n'avait commis aucune faute et que l'infraction d'homicide involontaire n'était pas établie. Dans sa motivation, elle a présenté suffisamment d'arguments fondant cette conclusion et justifiant l'acquittement du prévenu. Écoutons-la :

« Quant à l'infraction d'homicide involontaire reprochée individuellement à Kasongo et à N'kombe :

- En ce qui concerne Kasongo :

Estimant qu'en violation d'une pratique administrative bien établie, le prévenu Kasongo, imprévoyant et imprudent, a pris une série de décisions verbales suivies d'une circulaire interdisant l'assistance matérielle aux prisons du Bas-Zaïre et ayant été à la base des décès litigieux dus à la malnutrition, le Ministère public le poursuit sur pied des articles 52 et 55 du code pénal livre II pour homicide involontaire de

[937] Commissaire d'État à la Justice = Ministre de la Justice.

[938] CSJ, Arrêt du 25 mars 1983 (RPA 77), *En cause Ministère public c/ Kasongo Muidinge Maluilo et N'kombe Monkundato*, in *BACSJ*, Années 1980 à 1984, pp. 367-376, spéc. pp. 368-369.

détenus regrettés. En effet, relève le Ministère public, qui se fait fort des témoignages des citoyens Ypanga Sakayombo et Kote-Bate, respectivement ancien Directeur chef des services pénitentiaires et gardien de la prison de Luozi dans le Bas-Zaïre, le prévenu Kasongo avait déjà en avril 1982, formellement interdit à Ypanga, lorsqu'il était encore responsable des services pénitentiaires, de continuer à ravitailler les prisons de la région du Bas-Zaïre.

Le Ministère public fait ensuite état des cas d'annulation sur instruction du prévenu Kasongo des bons de fourniture de vivres et d'un état d'envoi de fonds établis en faveur des prisons du Bas-Zaïre dont celle de Mbanza-Ngungu. Par ailleurs, l'accusation a produit la lettre n° Just.42/S.G/761/916 du 15 juin 1982 adressée aux gardiens des prisons de Kasangulu, Madimba, Mbanza-Ngungu, Luozi, Matadi, Boma et au Directeur de l'établissement de garde et d'éducation de l'enfant, en abrégé EGEE de Madimba par le prévenu Kasongo. Il ne fait pas l'ombre d'un doute que par cette lettre qui constitue le principal cheval de bataille de l'accusation dans la poursuite de l'infraction sous examen, le prévenu Kasongo, non seulement réglementait de manière stricte les déplacements vers la capitale des gardiens concernés mais interdisait formellement à ces derniers de solliciter de la Direction des Services Pénitentiaires un supplément de fonds et de vivres ou d'adresser à cette Direction des doléances relatives à cette matière.

Mais, la Cour a eu à constater avec le prévenu dans sa défense, que la lettre incriminée n'innovait quoi que ce soit ni ne prenait aucune initiative en la matière puisqu'il existait bien avant elle des instructions prises dans le même sens et pour les mêmes motifs inspirés par le souci d'une saine et correcte gestion budgétaire. En effet, par sa lettre n° Just.30/S.G/2595 du 2 décembre 1980, le Secrétaire d'État à la Justice faisait, mutatis mutandis, la même interdiction tandis que dans le bon de sortie des vivres n° Just.30/082/2 du 26 janvier 1982 établi en faveur de l'EGEE-Madimba par le Directeur Général, le gardien de cet établissement était informé de ce que : "Désormais, il est mis fin à l'assistance vivrière aux prisons de la région du Bas-Zaïre suivant prévision budgétaire 1982". Il importe donc de préciser que toutes ces restrictions étaient conformes à l'esprit et à la lettre de la loi budgétaire et que l'instruction a relevé que les interventions matérielles qui avaient déjà eu lieu dans le passé en faveur des prisons en difficulté n'ont pu se faire que de manière tout à fait ponctuelle et ce, à la demande expresse et au vu d'un état de besoins des établissements intéressés. *Il s'en suit que le prévenu Kasongo n'a légalement ou en fait commis aucune faute qui lui soit imputable. Ainsi, l'infraction d'homicide involontaire à lui reprochée n'est pas établie et il y a lieu de l'en acquitter purement et simplement.* »[939]

Statuant toujours au sujet de l'infraction d'homicide involontaire, cette fois-ci reprochée à N'kombe, la Cour a abouti à la même conclusion du défaut de la preuve de la faute et par conséquent de l'inexistence de l'infraction dictant l'acquittement du prévenu. Ainsi a-t-elle motivé sa décision :

---

[939] CSJ, Arrêt du 25 mars 1983 (RPA 77), in *idem,* pp. 369-370. Conclusion relevée en italique par l'auteur.

« - En ce qui concerne le prévenu N'Kombe :

Pour retenir l'infraction d'homicide involontaire à l'encontre du prévenu N'Kombe, le Ministère public soutient que ce dernier a brillé par une mauvaise gestion, caractérisée par un défaut de prévoyance et de précaution qui a été à la base de la rupture du stock des vivres, de la malnutrition et des décès qui s'en suivirent. À l'appui de cette inculpation, le Ministère public présente un relevé de diverses sommes d'argent perçues par le prévenu et d'un certain nombre de bons de fournitures de vivres réceptionnés par lui en vue de pourvoir à l'alimentation et à l'entretien de ses détenus *sans pour autant montrer comment et en quoi précisément le prévenu, soit par un détournement quelconque, soit par gabegie aurait failli à ses obligations professionnelles en ce domaine.* Or, bien au contraire, il a été acquis au cours des débats que pour éviter toute rupture de stock des denrées alimentaires, eu égard à l'insuffisance des crédits mis à sa disposition, le prévenu s'adressait aux fournisseurs de la place qui lui vendaient tout le nécessaire à crédit pour le compte de la prison.

Il découle qu'à défaut de preuve de faute de gestion reprochée au prévenu N'kombe, l'infraction d'homicide involontaire mise à sa charge n'est établie ni en fait ni en droit ; qu'il y a donc lieu de l'en acquitter. »[940]

Il faut noter que la Cour a néanmoins, pour d'autres motifs, retenu à charge de N'kombe, seul, l'infraction de non-assistance à personne en péril, qui rentre dans la catégorie d'infractions intentionnelles, et l'a condamné de ce chef à un an de servitude pénale principale avec sursis de deux ans.[941]

Revenant à la faute d'imprudence, de négligence ou d'inattention, bref à ce qu'on peut appeler globalement, la faute ordinaire, pour reprendre le terme de Jean Pradel, soulignons que celle-ci doit être prouvée par l'accusation, en tant qu'un des éléments constitutifs de l'infraction. Elle n'est pas présumée. Pour que l'auteur de l'infraction réponde pénalement de son acte, sa faute d'imprudence, de négligence, d'inattention, de maladresse, de défaut de précaution ou de prévoyance, doit être prouvée par le ministère public. La CSJ l'a bien dit dans son arrêt qui vient d'être cité. Cette exigence de la preuve de la faute découle aussi clairement de l'art. 121-3, al. 3 du CPF qui dispose qu'« il y a également délit, lorsque la loi le prévoit, en cas de faute d'imprudence, de négligence ou de manquement à une obligation de prudence ou de sécurité prévue par la loi ou le règlement, *s'il est établi que* l'auteur des faits n'a pas accompli les diligences normales compte tenu, le cas échéant, de la nature de ses missions ou de ses fonctions, de ses compétences ainsi que du pouvoir et des moyens dont il disposait. » C'est à l'accusation d'établir, c'est-à-dire de prouver que l'agent n'a pas accompli

[940] *Idem*, pp. 370-371. Passages relevés en italique par l'auteur.
[941] *Idem*, pp. 375-376.

ces « diligences normales ».[942] En droit congolais, la faute pénale d'imprudence s'apparente à la faute civile.

2) Identité de la faute pénale et de la faute civile d'imprudence

Entre les art. 52 à 56 du CP définissant et réprimant l'homicide et les lésions corporelles involontaires, et l'art. 259 du code civil livre III rendant responsable toute personne qui cause à autrui un dommage par son imprudence ou sa négligence, il existe des similitudes dont voici les principales :

- dans les deux cas, pour que la responsabilité de l'agent soit engagée, il est nécessaire qu'existe un dommage ;
- dans les deux cas, le dommage doit être la conséquence de la faute de l'agent ; il faut donc qu'il y ait un lien de causalité entre la faute commise et le préjudice subi par la victime ;
- dans les deux cas, la sanction est fixée en fonction de l'étendue du préjudice causé ; en effet, en cas du quasi-délit de l'art. 259 du CC livre III, la réparation est fixée en considération du dommage causé ; de même, en matière de délit d'imprudence, la répression est modulée en considération de la gravité du préjudice subi par la victime.[943]

C'est compte tenu de ces similitudes que sont proclamées l'unité et l'identité de la faute pénale et de la faute civile d'imprudence. L'autorité de la chose jugée au pénal sur le civil vient en quelque sorte confirmer ce principe d'identité. C'est qu'en effet, la condamnation pénale pour délit d'imprudence implique nécessairement que l'auteur est aussi responsable d'une faute civile et doit donc aussi être condamné à la réparation (restitution ou paiement des dommages-intérêts) au profit de la victime. Mais toute faute civile ne constitue pas forcément une faute pénale. Certaines fautes civiles légères peuvent entraîner, dans le chef de l'auteur, l'obligation de réparation du dommage causé à la victime, sans nécessairement atteindre le niveau requis pour constituer une infraction pénale. Le législateur français a clairement évolué dans ce sens, notamment par les lois du 8 juillet 1983 et du 10 juillet 2000.

La première, ayant introduit l'art. 470-1 dans le CPP français, modifié par la loi n° 2011-939 du 10 août 2011, donne à la victime, malgré la relaxe de l'auteur de l'acte, la possibilité d'obtenir du juge pénal une réparation du dommage qu'elle a subi, sur la base des art. 1384 et s. du code civil, ou sur le fondement des art. 1147 et 1148 du même code, relatifs à la faute

[942] Dans ce sens, v. J. Pradel, *op. cit.*, n° 577, p. 474 ; Y. Mayaud, *Violences involontaires et responsabilité pénale*, Dalloz, Paris 2003, pp. 130 et s.
[943] V. les art. 258 et 259 du CC LIII, cités *supra*, p. 63 NBP 129.

contraventionnelle.[944] Cet art. 470-1 du CPP dispose :

> « Le tribunal saisi, à l'initiative du ministère public ou sur renvoi d'une juridiction d'instruction, de poursuites exercées pour une infraction non intentionnelle au sens des deuxième, troisième et quatrième alinéas de l'article121-3 du code pénal, et qui prononce une relaxe demeure compétent, sur la demande de la partie civile ou de son assureur formulée avant la clôture des débats, pour accorder, en application des règles du droit civil, réparation de tous les dommages résultant des faits qui ont fondé la poursuite.
>
> Toutefois, lorsqu'il apparaît que des tiers responsables doivent être mis en cause, le tribunal renvoie l'affaire, par une décision non susceptible de recours, devant la juridiction civile compétente qui l'examine d'urgence selon une procédure simplifiée déterminée par décret en Conseil d'État. »

Sauf hypothèse visée au second alinéa, cette disposition allège ainsi le fardeau de la victime qui n'aura plus à devoir intenter un nouveau procès au civil après achèvement du procès pénal par la relaxe du prévenu, mais pourra entrer dans l'instance pénale afin de solliciter et d'obtenir une indemnisation du juge répressif dans le cadre de la prorogation de sa compétence.

La seconde loi, celle du 10 juillet 2000, a introduit l'art. 4-1 du CPP qui semble plus clair sur la possibilité d'existence d'une faute civile, et la nécessité d'accorder à la victime des dommages-intérêts, en l'absence de faute pénale. Il est, en effet, ainsi libellé :

> « L'absence de faute pénale non intentionnelle au sens de l'article 121-3 du code pénal ne fait pas obstacle à l'exercice d'une action devant les juridictions civiles afin d'obtenir la réparation d'un dommage sur le fondement de l'article 1241 du code civil si l'existence de la faute civile prévue par cet article est établie ou en application de l'article L. 452-1 du code de la sécurité sociale si l'existence de la faute inexcusable prévue par cet article est établie. »

En application de cette disposition, il a été jugé que « la déclaration par le juge répressif de l'absence de faute pénale non intentionnelle ne fait pas obstacle à ce que le juge civil retienne une faute civile d'imprudence ou de négligence. »[945]

---

[944] V. J. Pradel, in *op.cit*, n° 580, p. 477.

[945] Civ. 1°, 30 janvier 2001, affaire *Beauchêne, B. Civ. I*, n° 19, *D.*, 2001, Somm. 2232, obs. P. Jourdain, *J.C.P.*, 2001.I.338, n° 4, obs. G. Viney ; *RTD civ.*, 2001.376, obs. P. Jourdain ; *RSC*, 2001, 613, obs. A. Giudicelli ; J. Pradel et A. Varinard, n° 41, cités par J. Pradel, *op. cit,* n° 581, p. 478, NBP 2.

2°- La faute contraventionnelle

La faute contraventionnelle est l'élément moral caractéristique de ce qu'on appelle *infraction matérielle.*[946] Par infraction matérielle il faut entendre, dans le présent contexte, l'infraction qui est consommée dès que l'agent viole un règlement et qui ne requiert pas que soient recherchées ni l'intention, ni la faute de ce dernier. *Res in se culpam habet.*[947] Le seul fait matériel posé, la seule inobservation de règlement, constitue la faute.

L'arrêt de la CSJ du 25 novembre 1986 offre une illustration vivante de cette notion. Il a rejeté, en le déclarant non fondé, le pourvoi interjeté par monsieur Imad Toufic Azzam contre un jugement rendu contradictoirement par le TGI de Lubumbashi le 11 décembre 1980. En effet, cette juridiction avait confirmé, au degré d'appel, un jugement du tribunal de paix de Kamalondo qui avait déclaré établie à charge de monsieur Imad Toufic Azzam l'infraction de mauvais dépassement et l'avait condamné ainsi que son civilement responsable Zouein à payer *in solidum* les sommes de 30.000 Z au titre de frais de réparation du véhicule du citoyen Lokula Iyombola et 70 Z par jour en guise de dommages-intérêts depuis le 14 janvier 1980, jour de la survenance de l'accident jusqu'à total paiement. Entre autres moyens développés à l'appui de son pourvoi, monsieur Imad Toufic Azzam invoqua la violation des art. 258, 259 et 260 du CCC, livre III, en faisant grief au jugement attaqué de n'avoir pas relevé ni *a fortiori* établi sa faute ni sa négligence, ni son imprudence, ni le vice dont serait atteint le véhicule qu'il conduisait.[948] La Cour déclara non fondé ce moyen en soulignant :

> « Dans son huitième attendu du quatrième feuillet, la décision critiquée s'exprime comme suit : "Attendu que dans le cas d'espèce, les présomptions de faute ne s'annulent pas, l'inobservation de l'article 14 du code de la route sur le mauvais dépassement constitue ipso facto une faute pour celui qui y contrevient, en l'occurrence le prévenu Imad Toufic."
> Il appert de cet extrait que le moyen n'est pas fondé… »[949]

On peut donc dire qu'en instruisant une affaire et en poursuivant un agent pour ce type d'infraction, le ministère public n'a pas à prouver l'existence de la faute caractérisant l'élément moral. En prouvant le fait, il prouve par là-

---

946 À ne pas confondre avec les infractions matérielles s'opposant aux infractions formelles.

947 *La chose a, en elle-même, la faute* = Le comportement est, en lui-même, une faute.

948 CSJ, Arrêt du 25 novembre 1986 (RP 614), *En cause Imad Toufic Azzam c/Ministère public, Lokula Iyombola et Kabulo Nyongolo,* in *BACSJ*, Années 1985 à 1989, pp. 185-190, spéc. pp. 187-188.

949 *Idem*, pp. 188-189.

même la faute. « L'existence d'un dommage n'est pas nécessaire à la répression. La faute contraventionnelle est punie pour elle-même, indépendamment de tout résultat dommageable. Cela tient à ce que la contravention consiste le plus souvent dans une désobéissance à une mesure de police, à une règle jugée nécessaire au maintien de l'ordre et destinée à prévenir des atteintes à la sécurité ou à éviter des dommages… »[950] C'est ainsi que, p. ex., un conducteur qui viole un feu rouge ou qui se gare dans un emplacement interdit au stationnement est sanctionné, même si l'acte posé n'a causé aucun dommage à autrui.

Il importe de noter pour terminer qu'une tendance doctrinale pense que les infractions dites matérielles « postulent le même élément moral que les délits d'imprudence, la *culpa* (négligence ou imprudence). La seule différence se situe au niveau de la preuve : alors que pour les délits "culpeux" le ministère public doit établir positivement tous les éléments constitutifs de l'infraction, en matière d'infractions dites matérielles, il se contente de rapporter les faits. Il revient alors au prévenu de prouver ou d'alléguer de manière vraisemblable qu'il n'a pas commis de faute. Il y a pratiquement un renversement de la charge de la preuve. »[951] En effet, toute infraction, même matérielle, supposant une volonté libre dans le chef de son auteur, la personne poursuivie peut échapper à la répression s'il démontre que le fait qui lui est reproché ne lui est pas imputable ou qu'il s'est trouvé dans une situation de force majeure. Le dernier alinéa de l'art. 121-3 du CPF le dit expressément : « Il n'y a point de contravention en cas de force majeure. »

B- L'ACCOMPLISSEMENT PAR LE DÉLINQUANT D'UN DES MODES DE RÉALISATION DE L'INFRACTION : LA PARTICIPATION CRIMINELLE

L'infraction peut être accomplie par un seul ou plusieurs acteurs. Dans le premier cas de figure, c'est naturellement ce seul individu, auteur, qui en assumera la responsabilité pénale. Dans le second, on demandera des comptes à toutes les personnes impliquées qui auront alors à assumer, chacune, sa part de responsabilité selon le degré de sa participation à l'œuvre infractionnelle : on se trouve en présence de ce qu'on appelle la participation criminelle. En clair, il y a participation criminelle lorsque plusieurs agents ont contribué à la commission d'une infraction. Cette matière est visée dans les art. 21 à 23 du CP qui décrivent les deux formes de participation criminelle existantes : la coactivité ou la corréité, lorsque la contribution à l'accomplissement de l'infraction a été directe ou indispensable ; la complicité, lorsque l'aide

[950] G. Stefani, G. Levasseur, B. Bouloc, *op.cit.*, p. 285.
[951] Nyabirungu mwene Songa, *op. cit.*, pp. 363-364.

apportée, sans être nécessaire, était cependant utile pour la réalisation de l'infraction. Chacune de ses deux formes requièrent des modalités d'exécution spécifiques qui les caractérisent, qui sont limitativement énumérées par la loi (b) et qui en conditionnent la sanction (c). Elles ont cependant, en commun, une série des conditions générales qu'il importe d'exposer en liminaire (a).

a) Les conditions générales de la participation criminelle

Pour qu'il y ait corréité ou complicité, il est nécessaire que soient réunies trois conditions : il faut qu'existe une infraction principale ; que soit posé un acte de participation selon une des modalités définies par la loi ; et qu'il y ait un élément moral.

1°- La nécessité d'une infraction principale

La participation n'est punissable que si elle consiste à favoriser la réalisation d'une infraction. On ne peut pas, p. ex., parler de participation criminelle lorsqu'un individu apporte son aide à une femme qui se suicide, car le suicide ne constitue pas une infraction en droit congolais. Pourrait être retenue contre ce personnage, l'infraction de non-assistance à personne en danger, si tous ses éléments constitutifs sont réunis. Il convient de noter que certaines lois étrangères ont érigé en infraction *sui generis* la provocation suivie d'un suicide ou de sa tentative.[952] Ainsi en est-il, p. ex., de l'art. 223-13 du CPF qui dispose :

> « Le fait de provoquer au suicide d'autrui est puni de trois ans d'emprisonnement et de 45.000 euros d'amende lorsque la provocation a été suivie du suicide ou d'une tentative de suicide.
>
> Les peines sont portées à cinq ans d'emprisonnement et à 75.000 euros d'amende lorsque la victime de l'infraction définie à l'alinéa précédent est un mineur de quinze ans.
>
> Les personnes physiques ou morales coupables du délit prévu à la présente section encourent également la peine complémentaire suivante : interdiction de l'activité de prestataire de formation professionnelle continue au sens de l'article L. 6313-1 du code du travail pour une durée de cinq ans. »

On peut souhaiter que le législateur congolais s'inspire de cette heureuse évolution qui assure une meilleure protection de la vie humaine. Mise à part cette voie de consécration de l'acte en infraction *sui generis*, la participation n'est caractérisée que s'il existe une infraction principale qui peut être soit consommée, soit simplement tentée. Peu importe que celle-ci soit ou non

---

[952] V. G. Levasseur, A. Chavanne, J. Montreuil, B. Bouloc, *op. cit.*, p. 99.

imputable à l'auteur principal. En effet, il peut arriver qu'un participant soit condamné pour une infraction dont l'auteur principal a été relaxé parce qu'ayant bénéficié d'une cause de non-imputabilité ou d'irresponsabilité subjective (la démence, la minorité, etc.). En revanche, les faits justificatifs objectifs (ordre de la loi ou commandement de l'autorité légitime, légitime défense, état de nécessité) qui font disparaître le caractère infractionnel de l'acte, de même que la prescription et l'amnistie réelle qui suppriment l'infraction principale, profitent également au participant.[953] Par contraste, l'amnistie personnelle ne produit ses effets bénéfiques qu'au profit de la personne amnistiée, et non point à ses complices ni à ses coauteurs.[954]

2°- La nécessité de la commission d'un acte de participation

La participation ne peut être punissable que si elle se réalise suivant un des modes limitativement énumérés dans les articles 21 du CP parlant de la corréité, 21bis visant les « crimes contre la paix et la sécurité de l'humanité », 21ter reprenant les termes de l'art. 22 traitant de la complicité. Ces différents modes seront examinés *infra*. La participation criminelle obéit donc au principe de la légalité. Un acte qui n'est pas contenu dans l'énumération de ces articles ne peut pas être retenu comme acte de participation.

À l'analyse de ces dispositions, on observe que tous les actes de participation décrits par le législateur sont des actes de commission ou des actes positifs. Une corréité ou une complicité par abstention ou par inaction n'est donc pas, en principe, concevable. Néanmoins, la jurisprudence retient comme actes de participation certaines abstentions circonstanciées ou qualifiées qui, à l'examen, se révèlent comme ayant un caractère positif. Ainsi, la Cour de cassation française a-t-elle condamné, en qualité de complice, un amant qui avait simplement assisté à l'avortement de sa maîtresse car, a estimé la cour, par sa présence et par son attitude, il avait apporté un appui moral à l'auteur de l'avortement.[955] A également été regardée comme acte de participation, l'omission par un agent d'accomplir un devoir légal ou contractuel. C'est ainsi qu'a été jugée et condamnée comme co-auteur, une sentinelle d'un magasin qui s'est abstenue de réveiller son patron et de le prévenir de l'action d'un voleur, laissant celui-ci briser la porte du magasin et

---

[953] V. notamment J-C Soyer, *Droit pénal et procédure pénale*, 12e éd., LGDJ, Paris, 1996, p. 258.

[954] Crim. 10 février 1949, *JCP*, II, 4857, note Coste.

[955] Crim. 5 novembre 1941, *S*. 1942.1. 89, note Bouzat ; crim. 27 octobre 1971, *Bull.* n° 284, obs. Légal, *RSC*, 1972, p. 375 ; Crim. 20 janvier 1992, *Dr. pénal*, 1992, comm. 194, cité par J. Pradel, *op. cit.*, n° 483, p. 409, NBP 2.

emporter des marchandises ; cette sentinelle a, en effet, failli à son devoir positif d'agir, découlant de ses fonctions.[956]

Il est à noter que le législateur peut viser dans une disposition particulière une abstention et la sanctionner comme une infraction *sui generis*. Tel est le cas des art. 66bis et s. du CP qui sanctionnent la non-assistance à personne en danger.

Enfin, deux remarques importantes méritent d'être faites. La première, c'est que l'acte de participation, pour être punissable, doit être consommé. On peut être complice d'une tentative d'infraction ; mais une tentative de complicité est inconcevable.[957] La deuxième, c'est que l'acte de participation doit être antérieur ou concomitant à la commission de l'infraction. Les actes postérieurs à la consommation de l'infraction sont exclus. Certains peuvent constituer des infractions spécifiques. Ainsi, p. ex., un individu qui accepte de cacher dans son matelas, l'argent que son ami vient de voler dans une boutique du quartier, et connaissant bien l'origine délictueuse de cette somme, peut être poursuivi pour recel en application de l'art. 101 du CP.

3°- La nécessité d'un élément moral

En posant son acte, le participant doit être animé d'une intention criminelle. Il doit savoir qu'il favorise par son fait la consommation d'une infraction déterminée. L'élément moral de la participation réside précisément dans cette résolution que prend l'agent de contribuer à la réalisation d'une telle infraction déterminée. Cette contribution est volontaire. La simple simultanéité ou juxtaposition des actions ne suffit pas à caractériser la participation. Il faut qu'il y ait chez les différents acteurs un concours de volontés pour atteindre un projet commun. Autrement dit, l'auteur principal et les participants doivent avoir agi « ensemble et de concert pour commettre l'infraction. »[958]

La CSJ s'est prononcée plusieurs fois sur cet élément moral de la participation criminelle, notamment dans ses arrêts du 25 mars 1983 et du 31 août 1984.

Dans le premier arrêt qui tranchait la cause opposant le ministère public aux citoyens Kasongo Muidinge Maluilo et N'kombe Monkundato, la Cour a jugé que la participation criminelle n'était pas établie en l'espèce, car le

---

[956] 1ère Inst. Stan. (Appel) 28 octobre 1952, *RJCB*, 1953, 139 ; Elis. 27 juin 1915, *Jur. Col*, 1926, 4.
[957] G. Stefani et G. Levasseur, *op. cit.*, n° 258.
[958] Stefani et Levasseur, *op. cit.*, n° 267.

ministère public n'avait pas prouvé l'existence du concert préalable dans le chef des prévenus. Rappelons que ces citoyens, respectivement Secrétaire général au Département de la Justice et Gardien de la prison de Mbanza-Ngungu au moment des faits, étaient poursuivis ensemble devant la C.A de Kinshasa comme auteurs ou coauteurs de l'infraction de non-assistance à personne en danger et, chacun pris individuellement, pour homicide involontaire à la suite de la mort des sept détenus de la prison de Mbanza-Ngungu survenue à l'hôpital de Sonankulu entre le 9 mai et le 20 août 1982. Contestant l'arrêt de la C.A qui avait déclaré non établies toutes les infractions mises à charge de ces deux prévenus et les en avait acquittés, le ministère public avait saisi la CSJ de son pourvoi et avait requis, entre autres, que ces deux accusés soient reconnus coupables et condamnés pour non-assistance à personne en danger. [959]

Pour soutenir la participation de ces derniers à l'accomplissement de cette infraction, l'organe de la loi a argué qu'ils avaient agi de concert pour priver volontairement les détenus de la prison de Mbanza-Ngungu de l'aide que réclamait pourtant urgemment leur situation désastreuse. Il tirait cette insouciance concertée du fait que « le prévenu Kasongo a délibérément retenu N'kombe en le désignant par sa commission n° 191/82 du 14 juillet 1982 en qualité de gardien de la prison centrale de Makala et que ce dernier a accepté ce nouveau poste sans que l'un ou l'autre ne se souciât du triste sort réservé aux prisonniers malades. »[960] Cet argument n'a pas convaincu la Cour qui a jugé que

> « ... l'instruction n'a [pas] pu établir de manière indubitable que les deux prévenus se sont rencontrés au moment des faits incriminés. Par ailleurs, le fait qu'Ypanga aurait pleuré en apprenant la nouvelle de la désignation de N'kombe à la tête de la prison centrale de Makala ne suffit pas à lui seul pour détruire la thèse du prévenu Kasongo selon lequel N'kombe était l'un des deux agents proposés sur base des critères objectifs par les services compétents de la Direction des services pénitentiaires dont Ypanga était le responsable, si l'on se souvient que le commissionnement de N'kombe comme Directeur de la prison centrale de Makala est intervenu bien avant que Kasongo ait été mis au courant de la situation de la prison de Mbanza-Ngungu telle que décrite par la lettre du commissaire sous-régional Baramoto. Il s'ensuit que le concert préalable n'est pas établi et que par conséquent la participation de Kasongo à l'infraction sous rubrique n'est établie ni en fait ni en droit ; qu'il échet en conséquence de l'en acquitter, N'kombe ayant délinqué tout seul... »[961]

---

[959] V. présentation de cette affaire, *supra* pp. 363-364.
[960] CSJ, Arrêt du 25 mars 1983 (RPA 77), *En cause Ministère public c/ Kasongo Muidinge Maluilo et N'kombe Monkundato*, in *BACSJ*, Années 1980 à 1984, pp. 367-376, spéc. p. 374.
[961] *Idem*, pp. 374-375.

Par contre, la Cour a confirmé l'existence de l'élément moral caractéristique de la participation criminelle dans son arrêt du 31 août 1984 rendu dans l'affaire opposant le ministère public, demandeur en cassation, aux citoyens Kashwantale ka Ruhangamugabo Balemba, fonctionnaire de la Banque du Zaïre, et Nzunzumuna Dijiba Mbaki, un « magicien », tous deux défendeurs en cassation. Ainsi se présente la cause :

> « Le ministère public, les prévenus Kashwantale et Nzunzumuna ont régulièrement relevé appel d'un arrêt contradictoire rendu le 23 mars 1984 par la Cour d'appel de Lubumbashi qui avait condamné chacun des deux prévenus du chef de détournement des deniers publics à 5 ans de travaux forcés ainsi qu'aux peines accessoires et le prévenu Nzunzumuna seul pour trois infractions d'escroquerie et une infraction d'évasion à une peine cumulée de 10 ans de servitude pénale principale...
>
> Sur le détournement de 1.400.000 Z reproché à Kashwantale et à Nzunzumuna :
>
> Il ressort du dossier qu'au cours du mois de février 1983, le prévenu Kashwantale fit connaissance du prévenu Nzunzumuna, "le magicien". Kashwantale fut entraîné dans un ordre mystique, "la Sainte maison" et fut choisi par les Esprits Supérieurs pour être le représentant à Lubumbashi. Les rites se pratiquaient soit au sanctuaire installé chez lui soit sur une colline L Rap-117 ou jardin d'Adam à la proximité du camp des travailleurs de la Gécamines. Parfumés et enduits d'une poudre blanche, ils priaient les têtes voilées, les yeux fermés et les oreilles bouchées.
>
> Par divers procédés astucieux, le prévenu Nzunzumuna fit croire à Kashwantale, déclare ce dernier, que les Esprits Supérieurs avaient jugé bon de le placer dans un cadre d'abondance pour faciliter l'extension de l'ordre sur cette partie de la planète. Pour cela, ajoute-t-il, il fallait recourir au moyen humain que constitue l'argent lequel proviendrait de la substance universelle et ne pourrait influer sur la masse monétaire en circulation. Il lui demanda, le principe étant "l'argent appelle l'argent", de placer dans chaque coin de son bureau une malle contenant des billets de banque qui serviraient de purification. Dans la suite, dit Kashwantale, les maîtres cosmiques l'obligèrent à retirer 1.400.000 Z en coupure de 50 Z de la chambre forte pour les loger dans le coffre-fort de son bureau et que de cette somme, 50.000 Z emballés dans une enveloppe kaki devaient être bénis et placés dans le tiroir de son bureau où il ne devait y avoir rien d'autre ; cette somme allait communiquer la bénédiction au contenu du coffre et, par magnétisme qui pénétrait Kashwantale, elle attirerait sur lui l'abondance matérielle. Les éléments du dossier révèlent qu'ouvert plus tard, ce pli contenait des livres et un message "Pourquoi ouvres-tu ceci ? Referme vite". Selon Kashwantale, au cours des rites à L Rap, 117, les Esprits lui annoncèrent qu'ils ont décidé de lui octroyer 40.000.000 Z à tirer de la substance universelle et que pour le meilleur équilibre de l'opération, il devait amener le lendemain soir une somme de 300.000 Z devant être bénie pour les mêmes raisons, au même endroit et dans les mêmes conditions que la précédente. N'en pouvant plus, Kashwantale protesta et écrivit une lettre par laquelle il déclina l'offre. Sur ces entrefaites, dit-il, le prévenu Nzunzumuna est venu avec une caisse noire envoyée par les Esprits et qu'il déposa au sanctuaire tout en gardant les clefs. Il dit que les Esprits décidèrent de lui envoyer par les soins du prévenu Nzunzumuna un acompte

de 2.000.000 Z que celui-ci obtiendrait par la prière de précipitation et qu'effectivement le 9 juin 1983, Nzunzumuna lui apporta dans son bureau, à 18 heures, deux malles, l'une grande cadenassée contenant cette somme, et l'autre petite mais vide. Après conjuration, Kashwantale ouvrit la grande malle et y vit une somme d'environ deux millions de zaïres en nouvelles coupures de 50 Z avec les bandelettes de la BCZ et puis il referma la malle. Intervint une phase de transvasement de 1.350.000 Z du coffre dans la petite malle, y compris les spécimens de devises et cette malle sera cadenassée et superposée sur la grande pour une opération de magnétisation qui ne devait durer que cinq minutes et pendant ce temps, le prévenu Kashwantale reçut l'ordre des Esprits Supérieurs de faire des cérémonies de purification enveloppé d'un tissu blanc, les yeux fermés et les oreilles bouchées, puis il lui fut demandé de laisser la petite malle au bureau et d'amener la grande au sanctuaire où devait se poursuivre le processus de magnétisation. L'une et l'autre malle, conformément aux instructions des Esprits, ne pouvaient être ouvertes que plus tard à une date qui serait communiquée par les maîtres cosmiques. Le dimanche 12 juin 1983, affirme-t-il, Nzunzumuna et Luzingu déposèrent dans le sanctuaire un sac de voyage contenant des livres devant être bénis avant d'être distribués aux membres et pendant le temps de conjuration, le prévenu Nzunzumuna sortit et sur la demande des Esprits, Kashwantale et Luzingu devaient aller chercher à la grande poste un pigeon blanc qui servirait de messager ; faute de l'avoir trouvé sur place, après 15 minutes d'attente, ils rentrèrent au sanctuaire et furent de nouveau renvoyés à la cathédrale d'où ils rentrèrent enfin bredouilles ; arrivés au sanctuaire et pendant qu'ils conjuraient, la voix de l'Invisible leur annonça le retour du Professeur Ibrahim qui venait de s'installer devant l'entrée du sanctuaire et leur ordonna de lui remettre le sac des livres à bénir.

Kashwantale allègue également que le premier juillet 1983, au cours d'une séance au sanctuaire, Nzunzumuna sortit pour le jardin d'Adam et la voix de l'Invisible demanda à Kashwantale et à Luzingu d'aller chercher à l'Hôtel Wagenia, le citoyen Kimpoto, "Docteur Antoine" venu de Kalemie ; celui-ci devait y subir une purification avant de remettre 37 livres contenus dans une malle précédemment précipitée dans le sanctuaire par les Esprits Supérieurs. Le prévenu Nzunzumuna porta plainte contre Kashwantale des chefs d'émission de chèques sans provision à lui remis. Enfin Kashwantale réalisa qu'il fut escroqué et déposa plainte à son tour contre Nzunzumuna de ce chef. C'est ainsi que la Banque du Zaïre, victime de l'opération, déposa plainte contre Kashwantale.

Il convient de relever que jusqu'au mois d'août 1983, les malles sous plusieurs prétextes fallacieux, ne furent pas ouvertes. Mais ouverte plus tard, la malle qui était au sanctuaire était vide et celle du bureau censée contenir l'argent de la Banque, ne contenait plus que du sable. Le Ministère public poursuivit le prévenu Kashwantale de détournement de deniers publics, Nzunzumuna pour participation à ce détournement et pour escroquerie. Dans ses réquisitions, le Ministère public soutient que les faits tels qu'ils sont libellés à la prévention sont constitutifs de l'infraction de détournement pour le prévenu Kashwantale et de participation à ce détournement dans le chef de Nzunzumuna et demande à la Cour de condamner chacun des prévenus à 10 ans des travaux forcés… »[962]

---

[962] CSJ, Arrêt du 31 août 1984 (RPA 94), *En cause Ministère public c/Kashwantale*

L'appel interjeté par le ministère public ayant été général, la Cour a examiné l'ensemble de la cause à elle déférée.[963] C'est ainsi qu'elle s'est prononcée sur différentes questions de droit soulevées en l'espèce, notamment celle de l'existence ou non de la contrainte morale susceptible d'exonérer Kashwantale, celle de la nature du concours de plusieurs escroqueries dans le chef de Nzunzumuna, et celle de la participation criminelle des deux prévenus dans l'accomplissement du détournement des deniers publics. Les deux premières questions devant être abordées dans les paragraphes de l'ouvrage qui leur sont consacrés, seule la dernière sera ici exposée. En effet, la Cour a conclu à l'existence de la participation criminelle, Nzunzumuna ayant, par machinations et artifices coupables, amené Kashwantale à accomplir le détournement déploré. Dans son argumentation, elle a souligné :

> « Le législateur a fixé entre autres modes de participation les offres, les dons, les promesses, les machinations ou les artifices. Il résulte des éléments du dossier que par ses machinations et artifices notamment la promesse de l'abondance matérielle, le prévenu Nzunzumuna a amené Kashwantale à sortir frauduleusement de la chambre forte la somme de 1.400.000 Z qu'il s'est approprié ensuite. C'est ce qu'a démontré l'analyse graphologique du message trouvé dans le colis devant contenir 50.000 Z affirmant que cette écriture est celle du prévenu Nzunzumuna ainsi que les éléments du dossier répressif R.P. 6584/NTA du Tribunal de paix de Lemba ouvert à la charge de Mbumba Ntina, Mbumba Ngambili…, Mbumba Diakese…, sœurs et mère du prévenu Nzunzumuna. Il faut noter que Mbumba Diakese a séjourné à l'époque des faits, soit du 9 au 12 juin 1983 à Lubumbashi, et que dès son retour à Kinshasa les comptes de ses sœurs ont été crédités de fortes sommes d'argent en coupures neuves de 50 zaïres, billets rares en circulation au moment des faits et qui se trouvaient dans l'emballage de la Banque du Zaïre. En outre, les spécimens des devises mis dans la petite malle ensemble avec la somme de 1.350.000 Z ainsi que les enveloppes de la Banque du Zaïre ont été saisis dans sa chambre en même temps que les autres objets et les messages prétendument émanant des Esprits supérieurs. Ainsi, les accusations de son co-prévenu Kashwantale peuvent être retenues comme moyen de preuve lorsqu'elles apparaissent comme sincères et confirmées par d'autres présomptions de culpabilité. De ces considérations, il se dégage la volonté de Nzunzumuna qui a poussé Kashwantale à commettre ce détournement. Il ne faut pas une volonté convergente mais il suffit, comme en l'espèce, une conscience de provoquer une infraction. Nzunzumuna sera donc retenu dans les liens de l'infraction de participation à ce détournement. »[964]

Il convient de souligner que dans ce cas retenu en guise d'exemplification, la provocation, qui est un des modes de réalisation de la coactivité, a bien été

---

ka Ruhangamugabo Balemba et Nzunzumuna Dijiba Mbaki, in *BACSJ*, Années 1980 à 1984, pp. 507-517, spéc. pp 509-512.

[963] *Idem*, p. 509.

[964] *Idem*, p. 514.

suivie de l'accomplissement de l'infraction. Aussi faut-il noter que dans certains textes d'incrimination, le législateur subordonne *expressis verbis* la sanction pénale de la provocation, comme mode de coactivité, à la condition que l'infraction provoquée ait été effectivement perpétrée. Il le fait, p. ex., dans l'art. 155 du CP qui ne réprime la mission de commettre la supposition d'enfant que si celle-ci a été exécutée. Il y dispose, en effet : « Seront punies d'une servitude pénale d'un à cinq ans les personnes qui se rendront coupables de supposition d'enfant. La même peine sera appliquée à ceux qui auront donné la mission de commettre l'infraction, si cette mission a reçu son exécution. » À l'inverse, le législateur peut aussi sanctionner pénalement l'agent provocateur de certaines infractions, même si ladite provocation n'a pas été suivie d'effet, ce, conformément aux prescrits des articles 21, 4e tiret du CPO et 5, 4e tiret du CPM, auxquels nous allons revenir plus bas.

b) Les modes légaux de la participation criminelle

Chacune des deux formes de la participation a ses modes spécifiques d'exécution.

1°- Les modes légaux de la corréité ou de la coactivité.

La loi énumère trois modes par lesquels se réalise la corréité ou la co-activité : l'exécution matérielle ou la coopération directe, l'aide indispensable, la provocation.

1) L'exécution matérielle ou la coopération directe

Le premier mode de corréité ou de coactivité est contenu dans l'art. 21, 1er tiret, du CP qui dispose : « Sont considérés comme auteurs d'une infraction : ceux qui l'auront exécutée ou qui auront coopéré directement à son exécution... »[965] L'exécution matérielle consiste à poser les actes qui constituent une infraction ou une partie de sa consommation. Exécute ainsi le meurtre celui qui tue. Accomplit les coups et blessures celui qui frappe. Exécute le vol celui qui soustrait frauduleusement un bien appartenant à autrui.

Par coopération directe, il faut entendre l'intervention directe de l'agent dans la commission de l'infraction, même s'il n'a pas personnellement posé les actes matériels constitutifs de ladite infraction. Ainsi, coopère directement à la réalisation de l'infraction, celui qui, par la menace d'une arme, tient en respect les occupants d'une maison pendant que ses compères la pillent ; ou

---

[965] V. aussi l'art. 5, 1er tiret du CPM qui reprend le même libellé.

encore celui qui maîtrise physiquement la victime pendant qu'un autre la viole, l'égorge ou lui administre des coups… C'est dans ce sens que s'est prononcée la CSJ dans son arrêt du 14 janvier 1986 dans l'affaire opposant Bitumasala père, Bitumasala fils et Muzinga Mba, demandeurs en cassation, au ministère public et à la citoyenne Mambu Ngwete, défendeurs. En effet, à la suite d'une rixe survenue le 7 octobre 1977, Dingi-Dingi, le mari de Mambu Ngwete, décéda aux Cliniques universitaires de Kinshasa le 15 octobre 1977 consécutivement aux coups et blessures reçus de Bitumasala père et fils et de Muzinga Mba, et aux troubles respiratoires dus au tétanos. Saisie d'une citation directe de la citoyenne Mambu, le TGI de Kinshasa-Gombe, par son jugement contradictoire rendu le 7 septembre 1978, déclara ces derniers coupables, en tant que coauteurs, de l'infraction de coups et blessures volontaires ayant entraîné la mort sans intention de la donner, et les condamna chacun à un an de servitude pénale principale et à une amende de 10 Z, ainsi qu'au paiement solidaire à la partie civile de la somme de 8.000 Z au titre des dommages-intérêts. Ce jugement fut entrepris en appel devant la C.A de Kinshasa qui le confirma par son arrêt contradictoire du 16 novembre 1979, portant cependant le montant des dommages-intérêts à 25.000 Z. Non satisfaits, Bitumasala père et fils et Muzinga Mba interjetèrent un pourvoi contre cet arrêt, en arguant, parmi d'autres moyens, que celui-ci affirmait à tort que l'infraction avait été commise par un groupe animé d'une même intention, sans déterminer l'auteur du coup mortel.[966] L'instance de cassation déclara cet argument non fondé, motivant ainsi sa décision :

> « La Cour suprême de justice relève que dans son analyse des éléments de la cause, la Cour d'appel retient la participation criminelle de tous les demandeurs sur base de l'article 21 du code pénal, livre I, dans la commission de l'infraction mise à leur charge. Elle considère qu' "en l'espèce, le fait pour les cités (les demandeurs actuels) d'avoir neutralisé la victime Dingi-Dingi pour permettre à Muzinga d'asséner un coup fatal sur la tête de sa victime, coup qui l'a fait écrouler, démontre que les cités y ont pris une part active et sont auteurs dans la mesure où ils ont coopéré directement dans la commission des faits."
>
> En raisonnant de cette manière, la décision entreprise a bien précisé l'auteur du coup mortel, lequel a agi en participation avec les deux autres demandeurs… »[967]

2) L'aide ou l'assistance indispensable

Sont également considérés comme coauteurs, « ceux qui, par un fait quelconque, auront prêté pour l'exécution une aide telle que, sans leur

---

[966] CSJ, Arrêt du 14 janvier 1986 (RP 479), *En cause Bitumasala père, Bitumasala fils et Muzinga Mba c/Ministère public et Mambu Ngwete,*in *BACSJ*, Années 1985 à 1989, pp. 114-118, spéc. pp. 116-117.

[967] *Idem*, p. 117.

assistance, l'infraction n'eût pu être commise ».[968] Tel est le cas d'un délinquant qui, pendant que son ami enlève la victime, attend celui-ci dehors, au volant de sa voiture, moteur en marche, prêt à filer ; ou d'un ouvrier d'une entreprise qui ouvre le portail de celle-ci aux voleurs venus vider le contenu des entrepôts. Si l'aide ou l'assistance apportée n'a pas été indispensable, c'est-à-dire si l'infraction pouvait être commise même en l'absence de cette aide, celui qui l'a accordée ne sera poursuivi et sanctionné que comme complice. Nous le verrons.

Cette notion de l'aide nécessaire ou indispensable est relative. Le juge appréciera dans chaque cas d'espèce le caractère indispensable ou non de l'aide en tenant compte des circonstances concrètes de la réalisation de l'infraction. L'aide ou l'assistance sera considérée comme indispensable si l'infraction ne pouvait pas être commise exactement de la façon dont elle a été commise, c'est-à-dire aussi facilement, aussi aisément, aussi rapidement, avec la même sécurité, ce jour-là, à cette heure-là et à cet endroit précis.

3) La provocation

La compréhension de ce troisième mode de réalisation de la corréité exige d'abord qu'on le définisse, ensuite qu'on en examine les différentes formes légales, et enfin qu'on fixe l'étendue de la responsabilité pénale de l'agent provocateur.

3-1) Définition

Provoquer c'est inciter, exciter, pousser quelqu'un à commettre un acte. Dans le contexte de la coactivité, agit par provocation celui qui incite l'auteur à commettre l'infraction en faisant naître en lui la résolution criminelle ou en renforçant celle-ci. C'est à juste titre que le provocateur est également appelé auteur intellectuel ou moral de l'infraction. Car, s'il n'a pas accompli lui-même l'acte matériel constitutif de l'infraction, il en a cependant été la cause intellectuelle ou le cerveau moteur.[969]

Il arrive que le législateur vise, dans certaines dispositions légales, des auteurs intellectuels. Ainsi le fait-il, p. ex., dans l'art. 67 du CP qui punit « ... celui qui, par violences, ruses ou menaces, a enlevé ou fait enlever, arrêté ou fait arrêter arbitrairement, détenu ou fait détenir une personne quelconque... » Celui qui fait enlever, fait arrêter ou fait détenir est considéré comme auteur

---

[968] Art. 21, 2e tiret, du CPO et art. 5, 2e tiret, du CPM.

[969] V. notamment Fillion, *La responsabilité pénale de l'instigateur*, Thèse, Paris II, 1979.

intellectuel de l'enlèvement, de l'arrestation ou de la détention, puni de la même peine que l'auteur matériel.

3-2) Les formes de la provocation

De l'analyse des art. 21 du CPO et 5 du CPM, il découle que la provocation revêt deux formes : privée ou publique.

3-2-1)La provocation privée se réalise par les quatre moyens ci-après, limitativement énumérés par le législateur dans l'art. 21, 3e tiret du CPO et dans l'art. 5, 3e tiret du CPM : des offres, dons ou promesses ; des menaces ; l'abus d'autorité ou de pouvoir ; des machinations ou artifices coupables. Pour être retenus, ces moyens, qui seront brièvement expliqués, doivent avoir déterminé l'auteur matériel à commettre l'infraction.

- La loi parle d'abord des *offres, dons ou promesses*. En effet, celui qui propose à autrui de commettre une infraction en accompagnant sa proposition des dons, offres ou promesses est considéré comme auteur de cette infraction. Tel est le cas d'un propriétaire d'un restaurant qui promet de remettre 35 francs à une femme si elle acceptait de jouer au ping-pong en « monokini ».[970] Peu importe que les promesses faites aient été ou pas tenues. Elles seront retenues dès lors qu'elles auront déterminé l'agent à réaliser l'infraction. Il est bien évident que pour qu'existent le lien de solidarité et le concours des volontés du provocateur et de l'agent, la proposition faite par le premier doit être acceptée par le second. Aussi, la provocation par dons, offres ou promesses est-elle très justement qualifiée de *mandat criminel*.

- Le deuxième moyen retenu par le législateur, ce sont les *menaces*. Est en effet considéré comme co-auteur, celui qui, par des menaces, détermine une personne à commettre une infraction. Peu importe la gravité, la nature, l'actualité ou l'imminence du danger encouru par l'agent menacé. L'essentiel est que cette menace ait déterminé ce dernier à commettre l'infraction.

Il arrive que l'agent provocateur utilise à la fois des promesses et des menaces pour déterminer l'auteur matériel à agir. Tel est, p. ex., « le cas de l'amant qui incite sa maîtresse à se faire avorter en lui promettant de l'argent si elle y consent et en la menaçant de l'abandonner dans le cas contraire. »[971]

---

[970] Trib. corr. Grasse, 23 septembre 1964, *JCP*, 1965.II.13974, note A. Rieg, cité par J. Pradel, *op. cit.*, n° 487, p. 412, NBP 3.

[971] Crim. 25 février 1942, *D.A.*, 1942.91, cité par J. Pradel comme exemple, en droit français, de la complicité par instigation accomplie par provocation, réalisée à la fois par promesse et menace, *ibidem*,p. 412, NBP 6. En droit congolais, la provocation est

- Le troisième moyen cité est *l'abus d'autorité ou de pouvoir*. Il y a abus d'autorité lorsqu'un individu, exerçant une certaine puissance sur l'autre, l'incite à commettre une infraction. Cette puissance peut être légale, comme celle des maris sur leurs épouses ou celle des pères et mères sur leurs enfants. Elle peut être aussi de fait, comme celle qu'exercent les instituteurs sur les élèves ou les maîtres sur les domestiques. Tandis que par le terme pouvoir, le législateur vise l'autorité hiérarchique qui s'exerce sur les subordonnés dans un cadre non plus privé mais officiel. Ainsi, il y a provocation par abus de pouvoir lorsque, p. ex., un magistrat du parquet incite un OPJ affecté à son office, à commettre une arrestation arbitraire suivie d'une concussion. La provocation par abus d'autorité ou de pouvoir s'apparente à un ordre de commettre l'infraction, différent du mandat criminel réalisé par dons, promesses ou offres. Dans le mandat, les deux partenaires agissent d'égal à égal ; le mandataire ne doit pas obéissance au mandant. En cas d'abus d'autorité ou de pouvoir, les rapports entre les deux participants sont différents, car précisément l'agent matériel doit obéissance à l'autre, le provocateur. Le premier est socialement ou légalement inférieur ou subordonné au second.

On peut citer ici l'arrêt rendu le 25 novembre 1986 par la CSJ qui a considéré comme auteur intellectuel de l'infraction de destruction des arbres ou récoltes, le prévenu qui n'avait commis personnellement aucun acte matériel de destruction mais qui avait donné des instructions formelles à ses serviteurs d'agir dans ce sens. En l'espèce, le citoyen Kiniunga Nlandu avait été poursuivi devant le TGI de Boma pour infraction de destruction méchante des récoltes, fruit du travail du citoyen Pongi Mbumba, partie civile. Par son jugement contradictoire du 29 octobre 1979, ce tribunal acquitta Kiniunga. Pongi interjeta appel devant la C.A de Matadi qui, par son arrêt rendu contradictoirement le 3 novembre 1980, infirma, en toutes ses dispositions, le jugement attaqué et condamna Kiniunga à payer à Pongi la somme de 5.000 zaïres à titre de dommages-intérêts pour destruction méchante de ses récoltes. Contestant cet arrêt, Kiniunga introduisit un pourvoi en cassation devant la CSJ en invoquant, entre autres moyens, la violation par la C.A de l'art. 112 du CP, livre II, en ce que celle-ci n'avait pas analysé tous les éléments constitutifs de l'infraction de destruction méchante, notamment l'intention coupable.[972] La Cour déclara ce moyen non fondé, motivant ainsi sa décision :

---

plutôt un mode de réalisation de la coactivité, conformément à l'art. 21 du CP.

[972] CSJ, Arrêt du 25 novembre 1986 (RP 593), *En cause Kiniunga Nlandu c/ Ministère public et Pongi Mbumba,*in *BACSJ*, Années 1985 à 1989, pp. 182-185, spéc. pp. 183-184.

« En effet, le juge d'appel a, dans les 3è et 4è paragraphes du cinquième feuillet de la décision entreprise ci-dessous extraits, considéré le demandeur comme étant l'auteur moral ou intellectuel pour avoir donné des instructions formelles à ses travailleurs de détruire les récoltes du second défendeur en cassation [Pongi Mbumba].

"En droit, vainement le prévenu se prévaut de son droit coutumier de propriété de terre, rendu inopérant par la loi portant régime général des biens, régime foncier et régime des sûretés en vertu de laquelle seul l'État est propriétaire des droits fonciers ;

Du reste, il est admis que l'article 113[[973]] du code pénal n'exige pas l'intention méchante mais uniquement la volonté de détruire ou de dégrader des arbres ou des récoltes appartenant à autrui ;

Il s'ensuit en l'espèce que le premier juge aurait dû donner aux faits infractionnels une qualification adéquate en poursuivant le cité sur [la] base légale sus-décrite ;

En pareil cas, contrairement à l'opinion du premier juge, s'il est vrai que le prévenu n'a commis personnellement aucun acte matériel de destruction dans l'exécution de l'infraction, il n'en demeure pas moins qu'en donnant des instructions formelles à ses serviteurs d'agir comme ils l'ont fait, il en est l'auteur moral ou intellectuel"...

C'est pourquoi : La Cour suprême de justice... dit le pourvoi non fondé... »[974]

Dans cette espèce, les instructions formelles données par le patron à ses travailleurs s'entendent bien des ordres donnés pour commettre l'infraction déplorée. Notons, au passage, que la C.A avait donné aux faits la qualification légale jugée appropriée, n'étant pas liée par celle retenue par le TGI. Elle a donc pertinemment fait application du principe permettant la modification de la qualification au cours du procès pénal. Dans son arrêt du 30 janvier 1987, la CSJ a également jugé « établie l'infraction des coups et blessures volontaires ayant entraîné la mort reprochée au prévenu qui, pour ce faire, a agi avec lucidité et par calcul, par abus d'autorité, caractérisé par la transmission des instructions et ordre illégal et qui a fourni les menottes pour l'arrestation de la victime dont le décès est attesté par un certificat médical. »[975]

---

[973] Art. 113 du CP : « Quiconque aura, même sans intention méchante, détruit ou dégradé, sans titre ni droit, des arbres, des récoltes, des instruments d'agriculture ou d'autres biens, meubles ou immeubles, sera puni d'une servitude pénale de sept jours au maximum et d'une amende qui n'excédera pas deux cents zaïres, ou d'une de ces peines seulement. » Rappelons qu'aujourd'hui, l'unité monétaire est le franc congolais.

[974] CSJ, Arrêt du 25 novembre 1986 (RP 593), in *idem*, pp. 184-185.

[975] CSJ, Arrêt du 30 janvier 1987 (RPA 123), *En cause Ministère public et parties civiles c/ Nkaba Nkassiokubikaba et consorts,* in *idem*, pp. 254-264, spéc. pp. 254 et 258.

- Le quatrième mode de consommation de la provocation privée consiste en des *machinations ou artifices coupables*. Par machinations ou artifices coupables, il faut entendre des intrigues, des montages, des cabales, des manœuvres frauduleuses, tromperies, ruses, déguisements... utilisés par le provocateur pour déterminer l'agent matériel à commettre une infraction. Le cas Nzunzumuna exposé *supra* en est une illustration éloquente. De même, réalise un acte de corréité par provocation celui ou celle qui, pour se venger d'une femme, monte une cabale et parvient à persuader faussement son mari que celle-ci a commis un adultère, et réussit à exciter et à déterminer ce mari, soi-disant trompé, à administrer des coups ou à tuer sa femme sous l'empire de la colère.[976]

3-2-2) La provocation publique est celle qui s'adresse, par des moyens de communication des masses, à un nombre indéterminé d'agents. La loi, en l'occurrence l'art. 21, 4e tiret du CPO et l'art. 5, 4e tiret du CPM, cite quatre moyens :

- La provocation publique peut se réaliser par des *discours tenus dans des réunions ou dans des lieux publics*. Par discours, il faut entendre ici, tout propos, toute parole, toute allocution poussant à l'infraction, peu importe la durée ou le développement fait par l'orateur. Un seul cri peut constituer un discours au regard de la loi pénale.[977]

- La provocation publique peut aussi s'accomplir par des *placards affichés*. Ainsi, l'élément publicité est réalisé par l'affichage qui peut être fixe, lorsque le placard est, p. ex., collé à un mur ou à un poteau électrique ; ou mobile, lorsque le placard est promené dans le public.

- La provocation publique peut également être réalisée par des *écrits imprimés ou non, vendus ou distribués*.

- Elle peut enfin être consommée par des *dessins ou des emblèmes*, c'est-à-dire des images, des caricatures, des figures symboliques quel que soit leur mode de reproduction. Ils peuvent être imprimés, photocopiés, polycopiés, faits à la main, etc. L'essentiel est qu'ils soient publiés.

Il importe de rappeler, avant de poursuivre, que la coactivité par provocation ne peut être retenue et pénalement sanctionnée que si elle a été suivie d'effet, c'est-à-dire si l'infraction provoquée a été consommée ou au moins tentée. Cependant, comme nous l'avons annoncé plus haut, il faut

---

[976] Pandectes belges, V° co-auteur, n° 529.
[977] Dans ce sens, 1ère Inst. Eq., 22 mars 1951, *RJCB*, p. 152.

prendre en compte la possibilité qu'une loi prévoie des peines à infliger à l'agent provocateur de certaines infractions, même si ladite provocation n'a pas été suivie d'effet. Le législateur expose cette possibilité dans les articles 21, 4e tiret du CPO et 5, 4e tiret du CPM, *in fine*. Pour plus de clarté, reprenons le libellé de ces deux textes, lequel est identique, en relevant en italique la mention terminale :

> « Sont considérés comme auteurs d'une infraction : ...
> - ceux qui, soit par des discours tenus dans des réunions ou dans des lieux publics, soit par des placards affichés, soit par des écrits, imprimés ou non et vendus ou distribués, soit par des dessins ou des emblèmes, auront provoqué directement à la commettre, *sans préjudice des peines qui pourraient être portées par des décrets ou arrêtés contre les auteurs de provocations à des infractions, même dans le cas où ces provocations ne seraient pas suivies d'effet.* »

Cette portion finale de la disposition devrait logiquement être actualisée pour viser les peines portées par toute loi *sensu stricto* et *sensu lato* : lois, ordonnances-lois, décrets, ordonnances, arrêtés... Elle montre l'intérêt qu'il y a à préciser l'étendue de la responsabilité de l'agent provocateur. L'art. 42 du CPM peut servir d'illustration de l'incrimination de la provocation comme infraction autonome, pouvant être caractérisée même en l'absence du but recherché. Il dispose, en effet :

> « Tout individu qui, par quelques moyens que ce soit, *qu'ils aient été ou non suivis d'effets*, *provoque* ou favorise l'insoumission, est puni, en temps de paix, de deux mois à cinq ans de servitude pénale. En temps de guerre, la peine prévue est de vingt ans au maximum de servitude pénale. Les individus non militaires ou non assimilés aux militaires sont en outre punis d'une peine d'amende de 5.000 à 10.000 Francs Congolais constants. »

Il ressort de cette disposition que la provocation y est incriminée comme une infraction à part entière, réalisée par n'importe quel moyen, et sanctionnée même si elle n'a pas été suivie d'effet, c'est-à-dire même si la personne provoquée n'a pas commis l'insoumission recherchée. D'autres dispositions sanctionnent également la provocation en tant que telle. Il en est ainsi, p. ex., de :
- l'art. 63 du CPO qui punit d'une amende de cinquante à trois cents zaïres la provocation en duel ;
- l'art. 135bis du même code qui sanctionne d'une servitude pénale de deux mois à trois ans et d'une amende de mille à dix mille zaïres, ou d'une de ces peines seulement, quiconque aura provoqué directement à la désobéissance aux lois ;

- l'art. 135ter qui réprime de deux mois à trois ans de servitude pénale et de mille à dix mille zaïres d'amende, ou d'une de ces peines seulement, quiconque aura, d'une manière quelconque, provoqué des militaires à se détourner de leurs devoirs militaires et de l'obéissance qu'ils doivent à leurs chefs dans tout ce qu'ils leur commandent pour l'exécution des lois et des règlements militaires ;
- l'art. 157 qui punit de mort les provocateurs de toute association formée dans le but d'attenter aux personnes ou aux propriétés ;
- les art. 183, 1° et 185 qui prévoient également la peine de mort à l'encontre de tout congolais coupable de trahison, ou de tout étranger convaincu d'espionnage qui, en temps de guerre, aura provoqué des militaires ou des marins à passer au service d'une puissance étrangère, leur en aura facilité les moyens ou aura effectué des enrôlements pour une puissance en guerre avec la RDC.

3-3) L'étendue de la responsabilité de l'agent provocateur

3-3-1) Lorsque l'agent provoqué, *l'auteur matériel, a exécuté l'infraction conformément et dans les limites du mandat* ou de l'ordre reçu du provocateur, la responsabilité de celui-ci sera entière et identique à celle de l'auteur matériel. Autrement dit, le provocateur, qui est donc coauteur, sera puni de la même manière que l'auteur matériel.

3-3-2) Mais, il arrive que *l'auteur matériel s'éloigne du mandat* ou des instructions données par le provocateur. On peut se trouver devant deux hypothèses :

Première hypothèse : le provocateur a donné des ordres précis au provoqué. Dans ce cas de figure, trois situations peuvent se présenter :

- L'auteur matériel peut avoir recours à un autre mode d'exécution ou à d'autres moyens que ceux précisés par l'instigateur. Il peut, p. ex., réaliser un vol avec effraction ou fausse clé alors que le provocateur n'a ordonné qu'un vol simple. Une partie de la doctrine pense que dans ce cas, le provocateur ne répondra que du vol simple, c'est-à-dire de l'infraction qu'il a ordonnée.[978] Cette solution pose un réel problème, car d'une part il faut tenir compte de la nécessité de l'élément moral de la participation criminelle, à savoir le concours de volontés du provocateur et du provoqué sur la commission d'une infraction déterminée ; d'autre part, il importe de respecter le principe selon lequel les circonstances aggravantes réelles sont attachées à l'infraction et agissent sur le sort de tous les participants à ladite infraction (auteur, co-

[978] V. notamment Hauss, *op. cit.*, n° 322, cité par Nyabirungu, *op. cit.*, p. 296.

auteurs et complices). Aussi longtemps que l'agent matériel reste dans le cadre du mandat criminel en commettant l'infraction commandée par le provocateur, toutes les circonstances aggravantes réelles durciront le sort de ces deux acteurs. C'est précisément le cas en l'espèce, le procédé d'effraction ou l'usage d'une fausse clé étant des circonstances aggravantes réelles liées au *modus operandi* de l'infraction de vol. La même solution doit être adoptée si un agent incite autrui à commettre un viol et que ce viol entraîne la mort de la victime. Le provocateur comme l'auteur matériel répondront du viol aggravé. Il n'en va autrement que si la circonstance aggravante constatée est subjective ou personnelle, comme, p. ex., la qualité spécifique de l'auteur de l'infraction. Dans cette hypothèse, seul sera aggravé le sort de l'agent dans le chef duquel est constatée ladite circonstance.

- L'auteur matériel peut aussi, de manière flagrante, aller à l'encontre de l'ordre précis reçu du provocateur, en commettant, p. ex., une toute autre infraction que celle commandée par ce dernier. Considérons, pour une meilleure intelligence, un scénario concret : Le provocateur ordonne à l'auteur matériel de lui subtiliser la batterie d'une voiture garée dans le hangar d'une station d'essence. Au lieu de voler la batterie de la voiture indiquée, l'agent incendie la station d'essence. Dans ce cas de figure, on ne peut pas déclarer le provocateur punissable pour incendie, car il n'a pas concouru à l'infraction d'incendie réalisée par l'agent. En effet, la provocation, qui est un acte de participation criminelle, n'existe que s'il y a concours de volontés du provocateur et de l'auteur matériel pour la commission d'une infraction déterminée. Dans l'espèce envisagée, ce concours fait défaut parce que l'agent réalise une infraction à laquelle n'a pas pensé le provocateur.

- Il peut arriver enfin que l'auteur matériel n'exécute que partiellement le commandement ou le mandat du provocateur. P. ex., au lieu de tuer la victime conformément à l'ordre du provocateur, l'agent se limite à la frapper. Dans cette hypothèse, la participation du provocateur se limitera à l'infraction effectivement réalisée ou tentée. En l'espèce, le provocateur sera sanctionné comme co-auteur des coups et blessures réalisés par l'agent. Mais on pourrait objecter que le concours de volontés de deux agents n'a pas porté sur les coups! Peu importe ; même si ce concours a plutôt porté sur le meurtre de la victime, le provocateur ne pourra pas être sanctionné pour meurtre, car celui-ci n'a pas été réalisé (ni consommé, ni tenté). Cette infraction n'existe pas. Pour autant, faut-il le laisser impuni ? Non, ça serait choquant, car si l'agent matériel en est venu à donner des coups (simples) à la victime, c'est parce qu'il avait été provoqué, il avait été poussé par le provocateur. Retenir contre ce dernier l'infraction de coups et blessures est un moindre mal pour lui, un traitement qui lui est favorable. La solution sera différente s'il est prouvé que les coups et blessures administrés étaient donnés pour obtenir la mort de la victime. Dans ce cas, les deux agents seront poursuivis et sanctionnés pour tentative de meurtre.

Seconde hypothèse : l'ordre donné par le provocateur était indéterminé ou imprécis.

- Dans ce cas, le juge devra apprécier, selon les circonstances des faits, si l'auteur matériel provoqué avait ou pas des raisons de croire que son activité s'inscrivait dans le cadre de l'ordre reçu. Lorsque, p. ex., le provocateur a donné l'ordre à l'agent d'opérer un vol dans une maison habitée, sans d'autres précisions ; si, en exécution de cet ordre, l'agent commet le vol la nuit, par effraction, escalade ou au moyen de fausses clés, le provocateur sera punissable comme co-auteur de ce vol qualifié. Il ne pourra pas alléguer qu'il n'avait commandé qu'un vol simple et non un vol qualifié. Car, en l'absence de précisions de sa part, l'auteur matériel a cru qu'il agissait en exécution de l'ordre reçu. Ce qui rejoint d'ailleurs la solution logique qu'impose le caractère objectif des circonstances aggravantes réelles.

Quelle solution retenir si, pour faciliter le vol commis ou en assurer l'impunité, l'auteur matériel provoqué tue la victime ou l'occupant de la maison ? Peut-on considérer que ce meurtre rentre dans le cadre normal de l'exécution de l'ordre reçu ? Ce meurtre n'outrepasse-t-il pas le mandat donné par le provocateur ? Pour répondre à cette interrogation, deux options sont possibles.

On peut soutenir qu'en l'espèce, l'auteur matériel provoqué n'avait pas de raison de croire qu'en tuant l'occupant de la maison, il agissait conformément à l'ordre du provocateur qui consistait simplement à voler dans une maison. Car, en tuant pour faciliter le vol ou en assurer l'impunité, l'agent a dépassé les limites du mandat reçu du provocateur. En conséquence, le provocateur ne doit pas être rendu responsable de ce meurtre qui ne rentrait pas dans ses intentions.

On peut, *a contrario*, en s'appuyant sur la jurisprudence, argué qu'en application de la théorie de l'emprunt de criminalité, les circonstances aggravantes réelles établies dans le chef de l'auteur principal - en l'occurrence l'auteur matériel -, doivent s'étendre à tous les participants.[979] Ainsi, dans l'exemple envisagé, la responsabilité du provocateur doit être retenue même si le meurtre commis pour faciliter le vol commandé l'a été à son insu, contre toute prévisibilité, car « le meurtre est une circonstance aggravante réelle qui

[979] V. notamment E. Lamy, cité par Nyabirungu, *op. cit*, p. 297.

pèse en tant que telle sur tous ceux qui ont participé au vol ».[980] Telle est l'opinion que nous défendons et qui s'harmonise avec le point de vue exprimé *supra* au sujet de l'utilisation de fausse clé ou l'introduction par effraction dans le théâtre du vol.[981] Levasseur, Chavanne, Montreuil et Bouloc soutiennent le même point de vue lorsqu'ils affirment que « les causes d'aggravation de la peine nées en la personne de l'auteur principal rejailliront sur le complice dans la mesure où elles ont un caractère objectif (circonstances réelles) et modifient la matérialité de l'infraction… »[982] « C'est seulement lorsque l'acte commis par l'auteur principal est d'une nature entièrement différente de celui auquel le complice avait voulu s'associer, que l'aggravation de la peine de l'auteur principal ne s'étend pas au complice. »[983] Il est à noter qu'en France, le complice de l'infraction est puni comme l'auteur de celle-ci.[984] En comparant l'art. 121-7 du CP français, spécialement son alinéa 2, avec l'art. 21, 3e tiret du CP congolais[985], on se rend compte que le législateur français désigne comme complice, l'agent qui est regardé comme coauteur par son homologue congolais. Cet art. 121-7 porte en effet :

> Al. 1er « Est complice d'un crime ou d'un délit la personne qui sciemment, par aide ou assistance, en a facilité la préparation ou la consommation. »
> Al. 2 « Est également complice la personne qui par don, promesse, menace, ordre, abus d'autorité ou de pouvoir aura provoqué à une infraction ou donné des instructions pour la commettre. »

Le complice par provocation en droit français équivaut donc au coauteur par provocation en droit congolais. Les deux se voient d'ailleurs appliquer le même principe au plan des pénalités, car ils encourent ici et là la même peine que l'auteur de l'infraction.

Cette deuxième thèse s'appuie, avons-nous dit, sur le principe de l'emprunt de criminalité selon lequel l'acte du complice ou du co-auteur n'a pas de criminalité propre. Il emprunte la criminalité de l'acte de l'auteur principal.

---

[980] V. Cass. (belge), 18 avril 1978, Pas, I. 931 ; article 85 du CP.
[981] V. *supra,* pp. 386-387.
[982] G. Levasseur, A. Chavanne, J. Montreuil, B. Bouloc, *op. cit*, n° 263 ; Cass. crim. 9 juin 1982, Bull. crim. n° 155.
[983] G. Stefani, G. Levasseur, B. Bouloc, cités par G. Levasseur et autres, *op. cit*, n° 263 ; Cass. crim. 13 janvier 1955 ; D. 1955, 291, note Chavanne.
[984] L'art.121-6 du CPF dispose en effet : « Sera puni comme auteur le complice de l'infraction au sens de l'article 121-7. »
[985]L'art. 21, 3e tiret, du CPC dispose : « Sont considérés comme auteurs d'une infraction : … ceux qui par offres, dons, promesses, menaces, abus d'autorité ou de pouvoir, machinations ou artifices coupables, auront directement provoqué cette infraction… »

C'est en considération de l'auteur principal que s'apprécient les éléments constitutifs et les circonstances aggravantes de l'infraction.

Au sujet de la provocation, une autre question se pose, celle du *désistement du provocateur*. Ce désistement produit-il d'effet sur sa responsabilité ? La réponse à cette question est affirmative si ce désistement intervient avant tout acte de commencement d'exécution de l'infraction et si le provocateur a signifié expressément son désistement à l'agent provoqué. Dans ce cas, l'interruption de l'activité délictueuse profitera aussi bien à l'auteur matériel qu'au provocateur. Cependant, si les actes déjà posés constituent en eux-mêmes des infractions, ils seront punis pour ces actes. Si l'agent n'a pas reçu du provocateur notification expresse de son désistement, celui-ci reste co-auteur de l'infraction commandée. Si, en dépit du désistement exprimé par le provocateur, l'agent poursuit néanmoins la réalisation de l'infraction, il en assumera seul la responsabilité car, après la révocation du mandat du provocateur, l'agent agit exclusivement pour son propre compte.[986]

Il peut aussi arriver que le désistement provienne plutôt de l'auteur matériel provoqué, à l'insu voire contre le gré du provocateur. Dans cette hypothèse, le provocateur profitera de l'impunité de l'agent, car le provocateur ne peut pas être co-auteur d'une infraction qui n'existe pas.

Ces différents moyens de réalisation de la coactivité sont également repris dans l'art. 21bis introduit dans le CPC par la loi n° 15-022 du 31 décembre 2015[987] ayant pour objet l'harmonisation du droit pénal congolais avec les dispositions du Statut de Rome de la CPI. Reprenant les termes de l'art. 25-3 de celui-ci[988], cet article 21bis dispose :

> « Lorsqu'il s'agit des crimes prévus au titre IX relatif aux crimes contre la paix et la sécurité de l'humanité, une personne est pénalement responsable si : 1. elle commet un tel crime, que ce soit individuellement, conjointement avec une autre personne ou par l'intermédiaire d'une autre personne, que cette autre personne soit ou non pénalement responsable ; 2. elle ordonne, sollicite ou encourage la commission d'un tel crime, dès lors qu'il y a commission ou tentative de commission de ce crime ; 3. en vue de faciliter la commission d'un tel crime, elle apporte son aide, son concours ou toute autre forme d'assistance à la commission ou à la tentative de commission de ce crime, y compris en fournissant les moyens de cette commission ; 4. elle contribue de toute autre manière à la commission ou à la tentative de commission d'un tel crime par un groupe de personnes agissant de concert. Cette contribution doit être intentionnelle et, selon le cas : a) viser à

[986] Haus, *op. cit.*, n°s 525 et 526, cité par Nyabirungu, *op. cit.*, pp 299-300.
[987] in *J.O,* 1ère partie, n° spécial, 29 février 2016, pp 1-17.
[988] Cité *supra*, p. 116 NBP 300.

faciliter l'activité criminelle ou le dessein criminel du groupe, si cette activité ou ce dessein comporte l'exécution d'un crime relevant de la compétence de la Cour pénale internationale ; b) être faite en pleine connaissance de l'intention du groupe de commettre ce crime ; 5. s'agissant du crime de génocide, elle incite directement et publiquement autrui à le commettre ; 6. elle tente de commettre un tel crime par des actes qui, par leur caractère substantiel, constituent un commencement d'exécution mais sans que le crime soit accompli en raison de circonstances indépendantes de sa volonté. Toutefois, la personne qui abandonne l'effort tendant à commettre le crime ou en empêche de quelque autre façon l'achèvement ne peut être punie en vertu du présent article pour tentative si elle a complètement et volontairement renoncé au dessein criminel. »

Avant de passer à l'examen des modes légaux de la complicité, il est utile de faire observer que la corréité dont nous venons de parler ne doit pas être confondue avec une catégorie spécifique d'infractions appelées *infractions plurales*. Les infractions plurales sont celles qui, par nature, exigent pour leur réalisation la collusion ou le concours matériel de deux ou plusieurs personnes. Ainsi en est-il, p. ex., de l'infraction d'adultère qui exige, pour sa consommation, le concours de deux personnes de sexe opposé. Ces deux personnes sont, chacune, à part entière, auteur de l'infraction. Elles peuvent bénéficier, pour l'accomplissement de leur activité commune, de la participation d'une tierce personne qui sera soit co-auteur, soit complice selon les modes d'intervention qu'elle aura choisi. C'est le cas également du crime de complot ou d'association des malfaiteurs qui, par leur nature, ne peuvent s'accomplir que par une action conjuguée d'au moins deux personnes. On peut aussi citer le délit de corruption qui suppose deux acteurs : le corrupteur et le corrompu. La personne qui corrompt ne pose pas un acte de participation criminelle mais réalise elle-même une infraction : la corruption active. Elle en est auteur à part entière et au même titre que la personne corrompue qui se rend coupable de la corruption passive.[989]

2°- Les modes légaux de la complicité

La loi pénale, précisément les art. 21ter, 22 du CPO et 6 du CPM, énumère 4 modes légaux de complicité : la fourniture des instructions, des moyens, d'une aide ou d'une assistance utile mais non indispensable, de logement. Cette énumération légale est limitative car, en application du principe de la légalité, la complicité ne peut se réaliser que par l'un de ces 4 modes cités par le législateur et qu'il importe d'expliquer.

[989] Art. 147 et s. du CPC.

1) La complicité par fourniture d'instructions

Le terme *instructions* s'entend ici des indications précises données en vue de rendre possible ou de faciliter l'exécution d'une infraction déterminée. Les instructions diffèrent donc des simples avis, des simples et vagues informations. Elles consistent dans des renseignements précis et celui qui les donne agit avec exactitude, en pleine connaissance de cause, en sachant que ses instructions vont servir à la réalisation d'une infraction déterminée. Est ainsi complice par instructions celui qui donne des indications sur le plan de la maison, sur les heures pendant lesquelles les occupants en sont absents, sur les voies secondaires de sortie de la parcelle… ; ce, pour faciliter le cambriolage de cette maison et en sachant pertinemment que ces renseignements serviront à cette fin.

Les instructions de ce type seront retenues comme acte de complicité même si, concrètement, elles n'ont pas été mises à contribution dans la réalisation de l'infraction commise. Cette solution est doublement justifiée. Elle repose d'abord sur l'application du principe de la légalité : dès que les instructions prévues par les art. 21ter, 22 du CPO et 6 du CPM ont été données, ceux-ci doivent s'appliquer. Elle se fonde ensuite sur un argument de bon sens : en effet, même si les instructions précises données n'ont pas effectivement servi, elles ont tout de même contribué à l'accomplissement de l'acte, en remontant le moral de l'agent, en l'aidant à se rendre avec beaucoup plus d'aisance sur le lieu de l'infraction et en le rassurant à la commettre.

Néanmoins, comme tout acte de participation criminelle, les instructions ne seront retenues que si elles ont été suivies d'effet, c'est-à-dire si l'infraction principale a été réalisée ou tentée. Il a été jugé « qu'un instigateur ne peut être condamné comme complice par instruction, si celui à qui il a donné mission de tuer une personne désignée s'abstient de commettre ce crime, mais, de sa propre volonté et sans une pression extérieure, donne la mort à une autre personne. »[990] L'expression « *de sa propre volonté et sans une pression extérieure* » laisse entendre qu'en l'espèce, on se trouve en dehors de l'hypothèse de l'erreur intellectuelle ou l'erreur sur la personne et de l'*aberratio ictus* ou l'erreur matérielle. L'agent a choisi une autre victime sciemment.

[990] Crim. 10 mars 1977, Inf. Rap. 237, Obs. Puech ; Obs. Larguier, 1979, p. 75.

2) La complicité par fourniture des moyens

Les art. 21ter-2, 22-2e tiret du CPO et 6-2e tiret du CPM portent que « sont considérés comme complices… ceux qui auront procuré des armes, des instruments ou tout autre moyen qui a servi à l'infraction sachant qu'ils devaient y servir… » En procurant le moyen, l'auteur doit avoir agi en pleine connaissance de cause, en sachant que ce moyen devait servir à la réalisation de l'infraction. L'énumération des moyens faite par le législateur n'est pas exhaustive ; elle n'est qu'indicative. Les termes « ou tout autre moyen » permettent des applications fort nombreuses. Peut ainsi être considéré comme complice d'un voleur celui qui fournit une échelle, des fausses clefs, une voiture automobile, en sachant que ces moyens allaient servir à la commission du vol ou la faciliter. De même sera retenu comme complice d'empoisonnement celui qui aura procuré du poison à l'agent en sachant qu'il devait servir à la perpétration de ce crime.

Une question divise la doctrine, celle de savoir s'il faut retenir la complicité même si les armes, les instruments ou tout autre moyen fourni n'ont pas effectivement servi à la réalisation de l'infraction. Certains auteurs répondent à cette question par la négative. Parmi eux figure notamment E. Garçon qui s'exprime clairement à ce sujet comme suit : « Un individu fournit une arme à un tiers, sachant qu'elle doit servir à un assassinat. L'auteur se rend coupable du crime mais se sert d'une autre arme. Nous pensons [c'est Garçon qui parle], bien que cette question soit délicate, que cette tentative de complicité ne serait pas punissable. »[991] Une autre partie de la doctrine soutient justement le point de vue contraire. Elle pense en effet que la complicité doit être retenue même si l'auteur principal n'a pas effectivement utilisé le moyen fourni par le complice. Ce moyen a en effet servi à l'action principale parce qu'il a permis de renforcer la détermination de l'auteur.[992] Cette solution s'apparente donc à celle retenue en matière des instructions. C'est cette seconde tendance qui rencontre notre assentiment. Il nous paraît en effet choquant de laisser impuni un individu qui a manifesté sa dangerosité, son antisocialité, sa délinquance par la fourniture des moyens destinés à la consommation d'une infraction. Même si ces derniers n'ont pas été matériellement déployés, ils ont en tout cas agi sur la psychologie de l'agent en le rassurant et en le mettant à l'aise dans l'accomplissement de sa basse besogne.

---

[991] E. Garçon, *Code pénal annoté*, nouvelle édition refondue et mise à jour par M. Rousselet, M. Patin et M. Ancel, trois tomes, Sirey, Paris, 1952 à 1959, Art. 60, n° 274.

[992] V. J. Larguier, Observations sous l'arrêt Crim., 3 nov. 1981, *Bull.*, n° 289 ; *Gaz. Pal.*, 1982.1. Somm. 66, note Doucet ; *RSC*, 1984, p. 489 ; J. Pradel, *Droit pénal général*, 21e éd., n° 482, p. 408, NBP 9 et 10.

3) La complicité par aide ou assistance

Aux termes des art. 21ter-3, 22-3e tiret du CPO, et 6-3e tiret du CPM, sont également considérés comme complices « ceux qui... auront, avec connaissance, aidé ou assisté l'auteur ou les auteurs de l'infraction dans les faits qui l'ont préparée ou facilitée ou dans ceux qui l'ont consommée... » Il s'agit ici d'une aide accessoire, non indispensable, néanmoins utile, apportée à l'agent au stade de préparation, de réalisation ou de consommation de l'infraction. Cette aide diffère donc, dans sa nature, de l'aide requise pour la coactivité. Rappelons qu'il y a coactivité lorsque l'aide apportée à l'auteur de l'infraction était indispensable, c'est-à-dire lorsque l'aide était telle que sans elle, l'infraction n'eût pu être commise.

Le législateur ne donne pas de critères de distinction entre l'aide indispensable, mode de coactivité, et l'aide accessoire, mode de complicité. Il s'agit là d'une question de fait laissée à la souveraine appréciation du juge qui doit donc décider selon le bon sens, au cas par cas. Il peut arriver que, pour réprimer plus sévèrement un délinquant dangereux, un multirécidiviste p. ex., le juge retienne la coactivité par aide là où on pourrait plutôt retenir la complicité, étant entendu qu'en droit congolais, le coauteur est plus sévèrement sanctionné que le complice. La Cour de cassation française refuse même de casser les décisions ayant commis une confusion entre un coauteur et un complice, lorsque la peine prononcée est justifiée. « En vue d'assurer une répression meilleure et plus complète, elle considère parfois comme coauteur celui qui, objectivement, n'est qu'un complice... C'est ainsi que, la complicité en matière de contravention n'étant pas en principe punissable [en France], la Cour de cassation [française], pour pouvoir punir ceux qui se sont associés à une contravention, n'a pas hésité à les déclarer coauteurs. »[993] Cela est d'autant plus pertinent qu'aujourd'hui, en droit français, le complice de l'infraction est puni comme l'auteur.[994] Nous le verrons.

Ce qu'il convient néanmoins de retenir comme principe, c'est qu'il y a complicité lorsque l'aide apportée dans les faits qui ont préparé, facilité ou consommé l'infraction n'a été qu'accessoire bien qu'utile. Ainsi, a été condamné comme complice le policier qui avait fourni à des malfaiteurs des renseignements sur la patrouille de la police afin de leur faciliter le vol.[995] De même, la CSJ a jugé qu'« est complice des infractions de faux en écritures et sera condamné de ce chef, le prévenu qui a demandé à l'auteur de ces faux d'antidater les actes et d'y mentionner le nom d'une personne autre que le

[993] V. G. Stefani, G. Levasseur, B. Bouloc, *op. cit.*, pp. 306-307.
[994] V. art. 121-6 du CPF cité *infra*, p. 400.
[995] Ière Inst. (Appel), Elis., 5-11-1929, *RJCB*, 1930, 30.

bénéficiaire de la vente d'une voiture, car il apporte ainsi, avec connaissance, à l'auteur desdits actes, une aide ou une assistance dans les faits qui ont préparé ou facilité les infractions de faux en écriture reprochées à l'auteur poursuivi. »[996] Elle a également considéré comme complice de coups et blessures volontaires ayant entraîné la mort de la victime sans intention de la donner, un individu qui avait fourni des menottes aux deux policiers ayant matériellement accompli cette infraction, et leur avait transmis les instructions reçues de ses supérieurs selon lesquelles ces agents devaient forcer par coups et tortures la victime afin de faire la lumière sur le vol dont elle était soupçonnée.[997] A aussi été reconnu coupable et condamné pour complicité d'avortement par aide ou assistance, un amant qui avait accompagné sa maîtresse dans un dispensaire où elle a reçu 2 injections pour évacuer la grossesse, qui l'avait ensuite amenée chez un docteur aux mêmes fins et en avait supporté les frais d'honoraires et le coût des médicaments.[998]

La jurisprudence française a la même compréhension de la complicité par aide et assistance. Aussi considère-t-elle comme complices : le garagiste qui avait aidé son client à commettre la fraude sur la marchandise en falsifiant le compteur, concrètement en réduisant le kilométrage affiché au tableau de bord pour permettre à ce client de vendre à un prix plus élevé sa voiture d'occasion[999] ; et l'individu qui jouait du clairon pour couvrir les cris de la victime pendant que l'auteur principal la violait.[1000]

4) La complicité par fourniture de logement

La loi considère enfin comme complice « ceux qui, connaissant la conduite criminelle des malfaiteurs exerçant des brigandages ou des violences contre la sûreté de l'État, la paix publique, les personnes ou les propriétés, leur auront fourni habituellement logement, lieu de retraite ou de réunion. »[1001] Ainsi, ce dernier mode de complicité se distingue des trois autres en ce qu'il vise non pas une infraction déterminée, mais une activité criminelle assez large

---

[996] CSJ, Arrêt du 15 novembre 1985 (RPA 111), *En cause Ministère public et Régie des voies aériennes (RVA) c/Mawete Konko Ntoya et consorts,*in *BACSJ*, Années 1985 à 1989, pp. 70-82, spéc. pp. 71, 80-81.

[997] CSJ, Arrêt du 30 janvier 1987 (RPA 123), *En cause Ministère public et parties civiles c/ Nkaba Nkassiokubikaba et consorts,*in *idem*, pp. 254-264, spéc. pp. 258 et 260.

[998] CSJ, Arrêt du 28 avril 1987 (RP 787), *En cause Kabuya Kalonji c/ Ministère public et Tshimanga Mbwebwe,*in *BACSJ*, Années 1985 à 1989, pp. 307-310.

[999] V. ce précédent jurisprudentiel en droit comparé, Laval, 5 mars 1965, *D.* 1965, 628.

[1000] J. Pradel, *op. cit.*, n° 482, p. 408.

[1001] Art. 21ter-4, 22-4e tiret du CPO, et 6-4e tiret du CPM.

consistant dans des actions de brigandage, c'est-à-dire des vols à main armée commis généralement par des bandes organisées, ou dans des actes de violence contre la sûreté de l'État, la paix publique, les personnes ou les propriétés. Seules les actions rentrant dans cette description légale sont concernées par ce mode de complicité. On ne peut donc pas, p. ex., considérer comme complices ceux qui fournissent un logement ou lieu de retraite aux faussaires ou aux escrocs qui utilisent non pas des moyens violents mais plutôt des manœuvres, des subterfuges, des voies subtiles, malignes, intellectuelles pour accomplir leurs activités infractionnelles. Ceux-là pourront néanmoins être rattrapés s'il est établi que leur comportement réalise une aide ou une assistance accessoire mais utile, ou consiste en une fourniture de « tout autre moyen » ayant contribué à la consommation de l'infraction. Ils pourront aussi encourir des sanctions pour recel s'il est établi que leur acte revenait, en réalité, à recevoir et à cacher des objets dont ils connaissaient l'origine délictueuse.[1002]

Il convient de relever qu'en plus de ces dispositions-cadres énumérant les complices et leurs moyens de participation à l'infraction, à savoir les art. 21ter, 22 du CPO et 6 du CPM, le législateur désigne, dans certains textes, des individus qu'il sanctionne comme complices. Il le fait, p. ex., dans l'art. 216 du CPO visant les atteintes à la sûreté intérieure et extérieure de l'État, et précisant qu'« outre les personnes désignées à l'article 22, sera puni comme complice quiconque, autre que l'auteur ou le complice : 1°. fournira sans contrainte et en connaissance de leurs intentions, subsides, moyens d'existence, logement, lieu de retraite ou de réunion aux auteurs d'infractions contre la sûreté de l'État ; 2°. portera sciemment la correspondance des auteurs de telles infractions, ou leur facilitera sciemment de quelque manière que ce soit, la recherche, le recel, le transport ou la transmission de l'objet de l'infraction. »

c) La sanction de la participation criminelle

Il faut souligner dès l'abord que pour sanctionner un individu comme participant à une infraction, le juge doit établir dans sa décision la preuve du mode de participation criminelle mis en œuvre en l'espèce. Il ne doit pas se contenter de retenir la participation criminelle sans exposer, dans la motivation du jugement, les éléments qui l'ont convaincu de l'existence de tel mode précis de participation. S'il faillit dans cette démonstration, sa décision encourt la cassation. C'est ce qui est advenu, p. ex., au jugement rendu par le tribunal de première instance de Kinshasa, au second degré, en date du 4 mars 1974, qui a été cassé par l'arrêt de la CSJ du 7 octobre 1980, motif pris du fait

[1002] Art. 101 du CP.

que le prévenu avait été « condamné en tant qu'auteur intellectuel ou instigateur de l'infraction sans que sa participation criminelle ait été démontrée ».[1003] En effet,

> « À la suite de la citation directe du citoyen Ntentula, deuxième défendeur en cassation, le citoyen Kayoka et son épouse, la citoyenne Kapinga, demandeurs en cassation, furent condamnés le 12 septembre 1973 par le Tribunal de sous-région de la Gombé respectivement à 8 mois de servitude pénale principale pour injures publiques, coups volontaires et imputations dommageables, et à 3 mois de servitude pénale principale avec sursis de 6 mois pour coups volontaires. Ils furent, en outre, condamnés à payer solidairement à titre de dommages-intérêts, en faveur du couple Ntetula, la somme de mille zaïres. Sur appel des époux Kayoka et Kapinga, interjeté le 17 septembre 1973, le Tribunal de première instance de Kinshasa, par jugement contradictoire du 4 mars 1974, réforma partiellement la décision entreprise. Il condamna Kayoka à une amende de dix (10) zaïres pour injures publiques et imputations dommageables et à trois mois de servitude pénale principale assortie d'un sursis de six mois pour coups volontaires. Par ailleurs, il confirma la décision concernant Kapinga. Par leur déclaration de pourvoi faite au greffe du Tribunal de première instance de Kinshasa le 12 avril 1974 et confirmé le 11 juin 1974, les époux Kayoka sollicitent la cassation de cette dernière décision…
>
> Le second moyen est tiré de la violation de l'article 87 du code de procédure pénale et de l'article 9 de la Constitution en ce que le jugement entrepris a déclaré établie dans le chef du premier demandeur en cassation l'infraction de coups volontaires simples en tant qu'instigateur et auteur intellectuel et l'a condamné de ce chef à une peine de trois mois de servitude pénale principale assortie du sursis de six mois, alors que les dispositions légales susmentionnées exigent que tout jugement soit motivé. Ce moyen est fondé. L'analyse du jugement entrepris, spécialement en ses septième et huitième feuillets où sont rapportés les différents témoignages, n'indique pas, en effet, en quoi le premier demandeur en cassation a été l'auteur intellectuel ou l'instigateur de l'infraction de coups volontaires simples. Le juge d'appel n'a pas démontré non plus la participation criminelle du citoyen Kayoka ; il s'est contenté de l'affirmer gratuitement en violant ainsi l'obligation de motiver le jugement prescrite par l'article 87 du code de procédure pénale. Il y a dès lors lieu de casser le jugement entrepris sur ce point.
>
> C'est pourquoi, La Cour suprême de justice, section judiciaire, siégeant en cassation en matière répressive ;… Casse le jugement attaqué en ce qu'il a condamné sans motivation le demandeur en cassation Kayoka ; Renvoie la cause devant le Tribunal de grande instance de Kinshasa, siège principal de la Gombe ; Dit pour droit que la juridiction de renvoi devra motiver sa décision en ce qui concerne la participation du prévenu Kayoka à l'infraction mise à sa charge… »[1004]

[1003] CSJ, Arrêt du 7 octobre 1980 (RP 212), *En cause Kayoka Ilunga c/ Ministère public, Ntentula Mwamba et son épouse*, in *BACSJ*, Années 1980 à 1984, p. 81.
[1004] CSJ, Arrêt du 7 octobre 1980 (RP 212), in *idem*, pp. 80 à 83.

Une fois qu'il aura démontré l'existence de la participation criminelle et précisé son mode d'accomplissement, le juge pourra alors prononcer la sanction en s'en tenant aux prescrits des art. 21quater et 23 du CP qui la font varier selon que la participation consiste en une coactivité ou en une complicité. Les coauteurs sont punis de la même peine que les auteurs. Tandis que les complices sont punis d'une peine qui ne peut pas dépasser la moitié de la peine qu'ils auraient encourue s'ils étaient eux-mêmes auteurs... Ainsi donc, en principe, le complice est moins sévèrement sanctionné que l'auteur. Il faut néanmoins souligner que cette sanction adoucie cesse de s'appliquer si un texte spécifique prévoit d'autres peines. L'art. 23 du CP le dit expressément :

> « *Sauf disposition particulière établissant d'autres peines*, les coauteurs et complices seront punis comme suit :
> - les coauteurs, de la peine établie par la loi à l'égard des auteurs ;
> - les complices, d'une peine qui ne dépassera pas la moitié de la peine qu'ils auraient encourue s'ils avaient été eux-mêmes auteurs ;
> - lorsque la peine prévue par la loi est la mort ou la servitude pénale à perpétuité, la peine applicable au complice sera la servitude pénale de dix à vingt ans. »

Plus expressif encore est l'art. 21quater, inséré dans le CP par la loi n° 15-022 du 31 décembre 2015, qui, par dérogation au droit commun, consacre la répression des auteurs et leurs complices par des peines identiques en ce qui concerne les crimes contre la paix et la sécurité de l'humanité, à savoir le génocide, les crimes de guerre et les crimes contre l'humanité.[1005] Ainsi donc, les complices de ces crimes, pouvant être jugés par la CPI, encourent la même peine que les auteurs. On peut sérieusement se demander pourquoi le législateur congolais n'a pas saisi l'occasion que lui offrait cette loi de décembre 2015 pour uniformiser le régime de la sanction à infliger aux complices. Il n'y a, nous semble-t-il, aucune raison sérieuse de consacrer, comme principe, la sanction du complice des infractions ordinaires de la moitié de la peine prévue pour l'auteur principal. Car, celui-là est autant délinquant que celui-ci ; il est aussi criminologiquement et socialement dangereux que l'auteur ou le co-auteur. Eu égard aux moyens utilisés, le complice peut se révéler être un malfaiteur

---

[1005] Loi n° 15-022 du 31 décembre 2015 modifiant et complétant le D. du 30 janvier 1940 portant CP, Exposé des motifs, in *J.O*, 1ère partie, n° spécial, 29 février 2016. Cet art. 21quater dispose : « *Sans préjudice des dispositions particulières établissant d'autres peines*, les coauteurs et complices seront punis comme suit :... 3. lorsque la peine prévue par la loi est la mort ou la peine d'emprisonnement à perpétuité, la peine applicable au complice sera la servitude pénale de dix à vingt ans. *Par dérogation aux dispositions de l'alinéa précédent*, les complices des crimes visés au titre IX relatif aux crimes contre la paix et la sécurité de l'humanité seront punis de la peine prévue par la loi à l'égard des auteurs de ces crimes. »

plus malin, plus astucieux et donc plus dangereux, puisqu'il accomplit son dessein criminel en se servant des autres, en les appuyant ou les incitant. Cela étant, l'auteur et le complice devraient être sanctionnés de la même manière, le juge conservant son pouvoir de moduler la peine en fonction de certaines circonstances spécifiques pouvant jouer en faveur de tel ou tel agent au titre de circonstances atténuantes, p. ex.. En tout cas, il ne nous semble pas de bonne politique criminelle de poser comme principe que le complice soit puni de la moitié de la peine prévue pour l'auteur, alors que dans certains cas, celui-là peut s'avérer plus dangereux que celui-ci.

Déjà convient-il, comme nous l'avons fait, de relever en italique l'expression « *Sauf disposition particulière établissant d'autres peines ...* » ou « *Sans préjudice des dispositions particulières établissant d'autres peines...* », laquelle ouvre la voie à l'existence des exceptions à ce principe, en plus de celle jouant en matière des crimes dits internationaux : génocide, crimes de guerre et crimes contre l'humanité. Parmi ces exceptions, on peut citer, p. ex., l'art. 34 de la loi n° 04-016 du 19 juillet 2004 qui punit le complice du blanchiment des capitaux de la même peine que l'auteur principal. Cet art. porte, en effet :

> « Seront punis de cinq à dix ans de servitude pénale et d'une amende dont le maximum est égal à six fois le montant de la somme blanchie, ceux qui auront commis un fait de blanchiment. Le complice du blanchiment est puni de la même peine que l'auteur principal. »[1006]

Aussi, l'art. 41 prévoit les mêmes sanctions à l'encontre de l'auteur, du coauteur et du complice de financement du terrorisme. Il dispose :

> « Est punie d'une servitude pénale de cinq à dix ans et d'une amende en francs congolais équivalente à 50.000 dollars américains, toute personne physique auteur, co-auteur ou complice de l'infraction de financement du terrorisme. »[1007]

La solution adoptée dans cette loi est comparable à celle que prévoyait l'ancien art. 59 du CP français. En effet, celui-ci punissait les complices d'un crime ou d'un délit de la même peine que les auteurs mêmes de ce crime ou de ce délit, sauf si la loi en disposait autrement. Il consacrait ainsi une application du principe de l'emprunt de criminalité et de l'emprunt de pénalité, signifiant que la criminalité de l'action accessoire (l'acte du complice) suppose et emprunte la criminalité de l'action principale (l'acte de l'auteur principal) : c'est cela le principe de l'emprunt de criminalité ; et que la répression du

---

[1006] Art. 34 de la loi n° 04-016 du 19 juillet 2004 portant lutte contre le blanchiment des capitaux et le financement du terrorisme.
[1007] Art. 41, *idem*.

complice est calquée sur celle de l'auteur principal : c'est cela le principe de l'emprunt de pénalité.[1008] Dans le nouvel art. 121-6, une subtilité a été introduite pour tenir compte de l'admission de la responsabilité pénale des personnes morales pouvant agir avec la complicité des personnes physiques, subtilité perçue comme un abandon de l'emprunt de pénalité, étant donné que certaines peines, comme la dissolution, applicables à l'encontre des personnes morales, ne peuvent pas l'être à l'endroit des complices, personnes physiques. Aussi, au lieu de reprendre les termes de l'ancien art. 59, le nouvel art. 121-6 est plus finement formulé comme suit : « Sera puni comme auteur le complice de l'infraction au sens de l'article 121-7 ». Dit autrement, le complice sera puni des peines qu'il aurait subies s'il avait été l'auteur de l'infraction. Le professeur Jean Pradel expose bien la genèse de cette évolution, tout en reconnaissant que « le plus souvent,... ce changement de fondement de la répression du complice ne modifiera rien ».[1009] Il rapporte :

> « C'est le Sénat qui a été l'auteur de cette modification au cours des travaux préparatoires et il l'a fait pour une raison tenant à l'admission de la responsabilité pénale des personnes morales : comme ces dernières n'encourent pas les mêmes peines que les individus et comme elles peuvent être auteur d'une infraction dont des individus peuvent être les complices, ces derniers ne pourraient pas être punis comme la personne morale (contre laquelle est prévue, par exemple, la dissolution). Aussi, le législateur a dû recourir à cette fiction selon laquelle le complice est assimilé à un auteur. »[1010]

Il convient de souligner que toute implication dans une infraction n'entraîne pas aveuglement l'intervention de la sanction pénale. Il importe, en effet, de voir si l'agent ne bénéficie pas d'une cause de non-imputabilité l'exonérant de sa responsabilité pénale.

PARAGRAPHE 3: ***LES CAUSES D'EXONÉRATION DE LA RESPONSABILITÉ PÉNALE***

Les développements de cette première section consacrée au délinquant montrent bien que l'étude de ce principal acteur du drame pénal se confond et consiste essentiellement en l'étude de la responsabilité pénale qu'il convient de préciser (A) avant d'examiner les différents éléments retenus par le législateur comme causes exonératoires de cette responsabilité (B).

[1008] V. J. Pradel, *Droit pénal général,* 7e éd., 1990, p. 411; G. Stefani, G. Levasseur, B. Bouloc, *op. cit.*, pp. 322-323.

[1009] J. Pradel, *Droit pénal général,* 21e éd., 2016, n° 499, p. 420.

[1010] *J.O.* Sénat, 12 mai 1989, pp. 647 et s., cité par J. Pradel, *Droit pénal général,* 21e éd., n° 499, p. 420.

A- LA NOTION DE RESPONSABILITÉ PÉNALE

Celle-ci suppose mais se distingue de la notion de culpabilité et d'imputabilité.

a) La culpabilité consiste dans la faute commise par l'auteur de l'acte, la faute entendue dans son acception large incluant la faute intentionnelle, la faute d'imprudence ou de négligence, la faute contraventionnelle, et constituant l'élément moral de l'infraction. Lorsqu'il n'y a pas faute, il n'y a pas culpabilité et il n'y a pas d'infraction au sens classique.[1011] Et s'il n'y a pas d'infraction, le problème de responsabilité pénale ne se pose pas.

b) L'imputabilité consiste dans la possibilité de mettre la faute au compte de la personne qui l'a commise ; autrement dit, d'attribuer à celle-ci la responsabilité de la faute commise. L'imputabilité suppose donc l'existence chez l'agent d'une conscience, d'une volonté libre. C'est avec justesse que l'art. 85 du CP italien de 1930 identifie l'imputabilité à la capacité de comprendre et de vouloir. En l'absence de cette capacité de comprendre et de vouloir (cas de démence ou de contrainte p. ex.), il n'y a pas d'imputabilité possible et en conséquence, il ne peut y avoir responsabilité pénale.

c) La responsabilité pénale consiste dans l'obligation incombant à l'agent de répondre de ses actes infractionnels et, en cas de condamnation, d'exécuter la peine prévue pour ces derniers. « Pour qu'il y ait responsabilité pénale, il faut que le délinquant ait commis une faute (culpabilité) et que cette faute puisse lui être imputée (imputabilité). »[1012] La responsabilité pénale suppose donc la réunion des deux précédents éléments : la culpabilité et l'imputabilité.

1°- En principe, on ne peut être pénalement responsable que de son propre fait, soit qu'on en ait été auteur, soit qu'on en ait été coauteur ou complice. C'est notamment ce principe de l'irresponsabilité pénale pour fait d'autrui qui distingue le droit pénal du droit civil.

En effet, en droit civil, les maîtres et les commettants sont tenus de réparer les dommages causés par leurs domestiques ou préposés. De même, le père et la mère sont légalement tenus de réparer les dommages causés par leurs enfants mineurs.

[1011] V. Jimenez de Asua, « Les problèmes modernes de la culpabilité », *Mélanges Constant*,1971, p. 147.
[1012] G. Stefani, G. Levasseur, B. Bouloc, *op. cit.*, n°s 303-304.

En droit pénal, le principe de la personnalité des peines interdit la condamnation d'une personne qui n'a été ni auteur, ni coauteur, ni complice d'une infraction. Car, « nul n'est punissable qu'à raison de son fait personnel ».[1013] Ce principe n'est cependant pas d'application absolue.

2°- Cas d'admission de la responsabilité pénale du fait d'autrui. Il existe, en effet, des situations où un individu répond pénalement d'une infraction commise par un autre. On parle alors de *la responsabilité pénale du fait d'autrui.* Ce qu'il importe de retenir, en gros, c'est qu'il y a responsabilité pénale du fait d'autrui dans deux cas de figure :

Le premier rassemble les hypothèses dans lesquelles « une personne est condamnée non comme auteur de l'infraction, mais simplement à payer l'amende infligée à l'auteur matériel qui est lui-même condamné ».[1014] Une excellente illustration est fournie par l'art. L.121-1 du code de la route français. Cet art. L.121-1dispose :

> « Le conducteur d'un véhicule est responsable pénalement des infractions commises par lui dans la conduite dudit véhicule. »[1015]
> « Toutefois, lorsque le conducteur a agi en qualité de préposé, le tribunal pourra, compte tenu des circonstances de fait et des conditions de travail de l'intéressé, décider que le paiement des amendes de police prononcées en vertu du présent code sera, en totalité ou en partie, à la charge du commettant si celui-ci a été cité à l'audience. »

Comme on le voit, dans cette hypothèse, il n'y a pas véritablement responsabilité pénale du fait d'autrui ; il n'y a pas à proprement parler responsabilité pénale du patron du fait du proposé. Seul le préposé est pénalement sanctionné et verra son casier judiciaire sali par une condamnation. Le patron n'est tenu qu'au paiement de l'amende. C'est en cela que réside l'exception au principe de la personnalité des peines. Pour rester dans l'exemple du code de la route français, son art. L.121-3 dit expressément que « la personne déclarée redevable… n'est pas responsable pénalement de l'infraction » ; elle n'est que « redevable pécuniairement » et peut se libérer de cette obligation pécuniaire en apportant la preuve que le véhicule mis en cause avait été volé ou qu'il existait un autre cas de force

---

[1013] Crim. 16 décembre 1948, *B.C.,* n° 291; 28 février 1956, *JCP,* 1956, II, 9304, note de Lestang; J. Pradel et A. Varinard, I, n° 37, cité par J. Pradel, *Droit pénal général,* 21e éd., n° 452, p. 388. V. aussi l'art. 121-1 du CPF qui porte que « nul n'est responsable pénalement que de son propre fait ».

[1014] J. Pradel, *op. cit.,* n° 452, p. 388.

[1015] V. aussi l'art. 124 du code de la route congolais.

majeure.[1016] Notons aussi, en passant, que le commettant, sur qui incombe l'obligation de payer l'amende, peut être une personne physique ou morale au nom de laquelle est établi le certificat d'immatriculation du véhicule. Lorsqu'il s'agit d'une personne morale, la responsabilité de s'acquitter de cette obligation pécuniaire reviendra à son représentant légal en application de l'art. L. 121-3 al. 3 du même code.

Le deuxième cas de figure regroupe les hypothèses dans lesquelles un individu est véritablement condamné comme auteur d'une infraction commise matériellement par un autre. Les applications les plus importantes de cette responsabilité pour fait d'autrui concernent les chefs d'entreprise qui sont responsables des infractions perpétrées matériellement par leurs préposés. Ainsi, p. ex. : « le propriétaire d'un débit de boissons peut se voir imputer la contravention consistant à servir un produit alcoolisé à un ivrogne, même si le fait émane d'un de ses garçons de café »;[1017] « les moniteurs d'auto-école sont personnellement responsables des accidents corporels causés par leurs élèves au cours de la leçon »[1018] pratique de conduite ; le président-directeur général de la société propriétaire d'un immeuble est personnellement responsable de l'exécution défectueuse des travaux de remise en état d'un conduit de fumée, bien que cette exécution ait été confiée à des professionnels qui avaient manqué à leur obligation de diligence.[1019] Ces patrons sont appelés en doctrine *auteurs médiats ou indirects*.[1020] Leur condamnation se fonde sur leur faute dans la surveillance. Plus exactement, la faute qui leur est reprochée consiste dans le défaut de surveillance ou de contrôle de leurs subordonnés ou employés.[1021] Longtemps dans le passé, cette responsabilité du chef d'entreprise était presqu'automatique dès l'instant où un accident corporel survenait dans le cadre de l'activité de son entreprise. Sa faute était présumée, car il ne pouvait pas se dégager en prouvant son absence de faute. Ainsi pesait sur lui une présomption quasi irréfragable de faute. Aujourd'hui, cette

---

[1016] Crim., 18 septembre 2012, n° 10-88.027, *Rev. pénit.*, 2012, p. 912, obs. Ph. Bonfils ; 29 mai 2013, n° 12-85-303, *AJ pénal*, novembre 2013, p. 610, obs. J.-P. Céré ; E. Fortis, « Attribution de la charge du paiement de l'amende en matière de circulation routière », *RSC*, 2011, pp. 89 et s. ; F. Ludwiczak, « Responsabilité pécuniaire de l'article L. 121-3 du Code de la route : de l'incertitude à l'imprécision », *Rev. pénit.*, 2013, p. 547 et s., cités par J. Pradel, *op. cit.*, n° 452, p. 389, NBP 2.

[1017] Crim. 7 novembre 1873, *D.*, 1874.I.92, cité par J. Pradel, *ibidem*, n° 454, p. 391, NBP 3.

[1018] Paris, 30 septembre 1955, *D.*, 1956.54, cité par J. Pradel, *ibidem,* n° 454, p. 391, NBP 6.

[1019] Crim. 11 juin 1970, BC n° 201.

[1020] J. Pradel, *idem.*, n° 452, p. 389.

[1021] *Idem*, n° 457, p. 393.

présomption est devenue réfragable ou renversable puisque le chef d'entreprise peut se dégager soit en prouvant qu'il avait opéré une délégation de ses pouvoirs au bénéfice d'un de ses collaborateurs, soit en démontrant son absence de faute.[1022] Lorsque le chef d'entreprise parvient à prouver qu'il n'a pas commis de faute, l'infraction ne peut alors être imputée qu'à son auteur matériel. On revient ainsi à l'ordre normal des choses, au principe qui veut que l'on ne peut être punissable qu'à raison de son propre fait.

Ce raisonnement s'applique également, *mutatis mutandis*, au sujet de la responsabilité du supérieur hiérarchique consacrée par l'art. 22bis du CP issu de la loi n° 15-022 du 31 décembre 2015[1023] ayant opéré l'harmonisation du droit pénal congolais avec les dispositions du Statut de Rome de la CPI. Cet art. dispose, en effet :

> « En ce qui concerne les relations entre supérieur hiérarchique et subordonnés non militaires, le supérieur hiérarchique est pénalement responsable de crimes visés par les articles 221 à 223 du présent Code pénal commis par des subordonnés placés sous son autorité et son contrôle effectifs, lorsqu'il n'a pas exercé le contrôle qui convenait sur ces subordonnés dans les cas où : 1. le supérieur hiérarchique savait que ces subordonnés commettaient ou allaient commettre ces crimes ou a délibérément négligé de tenir compte d'informations qui l'indiquaient clairement ; 2. ces crimes étaient liés à des activités relevant de sa responsabilité et de son contrôle effectif ; 3. le supérieur hiérarchique n'a pas pris toutes les mesures nécessaires et raisonnables en son pouvoir pour en empêcher ou en réprimer l'exécution ou pour en référer aux autorités compétentes aux fins d'enquêtes et de poursuites. »

S'agissant du supérieur hiérarchique militaire, sa responsabilité pénale peut être engagée dans les mêmes conditions en application des dispositions suivantes de l'art. 1er du CPM, tel que modifié par l'art. 1er de la loi n° 15-023 du 31 décembre 2015 modifiant la loi n° 024-2002 du 18 novembre 2002 portant CPM[1024] :

> « Sous réserve de la présente loi, les dispositions du Livre premier et du Titre IX du Livre II du Décret du 30 janvier 1940 portant Code pénal sont applicables devant les juridictions militaires.
>
> Outre les autres motifs de responsabilité pénale au regard du Décret du 30 janvier 1940 portant Code pénal et de la présente loi pour le crime de génocide, les crimes contre l'humanité et les crimes de guerre, un chef militaire ou une personne faisant effectivement fonction de chef militaire est pénalement responsable de ces crimes commis par des forces placées sous son

---

1022 *Idem*, n°s 458-465, pp. 394-400.
1023 In *J.O,* 1ère partie, n° spécial, 29 février 2016, pp 1-17.
1024 In *idem,* pp. 17-19.

commandement et son contrôle effectifs, ou son autorité et son contrôle effectifs, selon le cas, lorsqu'il ou elle n'a pas exercé le contrôle qui convenait sur ces forces dans les cas où : a. ce chef militaire ou cette personne savait ou, en raison des circonstances, aurait dû savoir, que ces forces commettaient ou allaient commettre ces crimes ; et b. ce chef militaire ou cette personne n'a pas pris toutes les mesures nécessaires et raisonnables qui étaient en son pouvoir pour en empêcher ou en réprimer l'exécution ou pour en référer aux autorités compétentes aux fins d'enquête et de poursuites ».

On voit bien que ces art. 1er du CPM et 22bis du CPO de la RDC reprennent respectivement les termes de l'art. 28-a) et b) du Statut de Rome de la CPI.

Il faut noter cependant que, quel que soit le cas de figure dans lequel on se trouve, certaines circonstances subjectives peuvent empêcher d'imputer la faute commise à son auteur. C'est ce qu'on appelle les causes de non-imputabilité à l'approfondissement desquelles se destine ce grand point B.

B- LES CIRCONSTANCES RETENUES PAR LE LÉGISLATEUR COMME CAUSES DE NON IMPUTABILITÉ OU D'EXONÉRATION DE LA RESPONSABILITÉ PÉNALE

Il s'agit des données qui suppriment la volonté libre, l'intelligence lucide[1025], « la capacité de comprendre et de vouloir »[1026], rendant ainsi impossible l'imputabilité et donc aussi la responsabilité pénale. Elles peuvent être regroupées en deux catégories : d'une part, la cause présumée de non-imputabilité à savoir la minorité (a), qui a toujours été légalement consacrée ; d'autre part, les causes non présumées de non-imputabilité (b) qui, pendant longtemps, étaient appliquées en RDC comme principes généraux du droit, et qui ont été formellement introduites dans le CP par la loi n° 15-022 du 31 décembre 2015 : telles sont la démence ou l'absence de discernement, la contrainte ou l'absence de liberté, l'erreur ou l'absence de connaissance.

a) La cause présumée : la minorité

Par la volonté du législateur, les mineurs d'âge sont présumés pénalement non responsables. Aussi est-il considéré que l'enfant est un être vulnérable, sa personnalité présentant une particularité complexe. « Lorsqu'on doit le juger, on ne cherche pas à le condamner, c'est-à-dire, on ne le juge pas en vue de l'établissement de la faute (culpabilité), car il n'y a pas de

---

[1025] J.M. Aussel, « La contrainte et la nécessité en droit pénal » , in *Quelques aspects de l'autonomie du droit pénal*, 1956, p. 256.
[1026] Art. 85 du CP italien de 1940.

responsabilité. Car il est présumé pénalement irresponsable. On vise à prendre à son égard des mesures de garde, d'éducation et de préservation. »[1027]

La question qui se pose est celle de savoir jusqu'à quel âge un individu est considéré légalement comme étant un enfant, un mineur et donc pénalement irresponsable. Plusieurs textes internes et instruments internationaux fixent cet âge.

1°- La minorité fixée par les textes internes

L'art. 1er du D. du 6 décembre 1950 considérait comme mineure, toute personne âgée de moins de 18 ans accomplis au moment de la commission des faits. L'O-L n° 78-016 du 4 juillet 1978[1028] est venue modifier cette disposition en baissant ce seuil à 16 ans. Depuis lors, étaient mineurs en droit pénal congolais, les enfants âgés de moins de 16 ans accomplis au moment de la perpétration de l'infraction. On peut légitimement se demander pourquoi, en 1978, le législateur a cru utile de baisser l'âge de la majorité pénale de 18 à 16 ans. Cette baisse était sans doute dictée par la nécessité de sanctionner pénalement des enfants âgés de 16 ans accomplis et plus. Le législateur avait ainsi considéré qu'un enfant de 16 ans accomplis avait la capacité de comprendre que l'acte qu'il posait était interdit par la loi pénale ; qu'il avait l'aptitude d'exercer sa liberté de poser ledit acte ou de respecter la loi en s'abstenant de l'accomplir. S'il optait pour la commission de l'infraction, il devait en répondre. Encore fallait-il que la société s'assurât que les enfants de 16 ans accomplis connaissaient les actes interdits par la loi pénale, et ne se complût pas dans la paresse de se réfugier derrière l'adage *nul n'est censé ignorer la loi*. Il lui fallut développer une politique positive destinée à ces enfants de 16 ans et consistant à leur apprendre les actes interdits par la loi pénale. L'enfant ayant commencé l'école primaire à l'âge de 6 ans et ayant poursuivi sa scolarité sans échec, est supposé être, à 16 ans, dans la classe de quatrième année secondaire. Il était donc souhaitable que fut mise sur pied une stratégie d'information destinée aux enfants de cette tranche d'âge. Celle-ci pouvait inclure, p. ex., l'introduction de quelques enseignements élémentaires de droit, en l'occurrence des actes interdits par la loi pénale, au niveau de la deuxième année secondaire au plus tard, quand l'enfant a atteint l'âge de 14 ans. À notre connaissance, pareille action d'information n'a pas été accomplie.

Ce D. du 6 décembre 1950, tel que modifié par l'O-L du 4 juillet 1978 prévoyait des règles spécifiques de procédure, de compétence et de sanction

---

[1027] R. Kienge Kienge Intudi, *Droit de la protection de l'enfant*, p. 42.
[1028] V. *J.O* n° 14 du 15 juillet 1978, p. 31.

pour réprimer ce qu'on appelle la délinquance juvénile. Ces règles sont étudiées dans le cadre de l'enseignement de Droit pénal des mineurs, plus pertinemment appelé « Droit de la protection de l'enfant », auquel on peut se référer pour d'amples développements. Pour ne donner que quelques indications essentielles, il y a lieu de relever que lorsqu'un mineur de moins de 16 ans accomplis avait commis une infraction, le seul juge compétent pour en connaître au premier degré, était le juge de paix siégeant avec le concours d'un officier du ministère public, magistrat de carrière.[1029] Ce juge ne pouvait pas prononcer contre lui une peine. Il devait la remplacer par une mesure de garde, d'éducation ou de préservation.[1030] Lorsque le fait commis par le mineur était connexe à un acte pouvant donner lieu à des poursuites contre un adulte, celles-ci devaient être disjointes et le mineur était jugé séparément.[1031] Si l'infraction était établie, en plus des mesures de garde, d'éducation ou de préservation, le juge pouvait condamner l'enfant aux frais et, s'il y avait lieu, aux restitutions et aux dommages-intérêts. Les personnes responsables en vertu de l'art. 260 du code civil livre III ou d'une disposition spéciale, étaient citées et tenues solidairement avec l'enfant de ces frais, restitutions et dommages-intérêts.[1032]

Il faut relever que le fait de dire l'infraction établie, veut dire simplement que l'acte posé par l'enfant mineur comporte tous les éléments constitutifs de cette infraction. Cela ne signifie pas qu'il faille conclure à la responsabilité pénale dudit enfant, ni inférer qu'il ait agi avec discernement. La loi présume que l'enfant mineur n'a pas agi avec discernement. Dès lors, il ne peut pas en répondre pénalement, même si, au plan civil, il est tenu, solidairement avec son civilement responsable, à la réparation du dommage subi par la victime. La CSJ, section judiciaire, assumant le rôle de Cour de cassation, veillait à la conformité des jugements à cet esprit de la loi. Aussi a-t-elle censuré, p. ex., le jugement rendu au degré d'appel par le TGI de Kinshasa/Ndjili en date du 11 septembre 1986 qui avait confirmé le jugement du tribunal de paix de Kinshasa/Ndjili du 16 juin 1986, notamment en ce que *celui-ci avait dit établie dans le chef du mineur Mukisi Kudingita*, premier demandeur en cassation, l'infraction de coups et blessures volontaires ayant entraîné la mort de l'enfant Badibanga Tshilombo sans intention de la donner, et l'avait condamné *in solidum* avec Mukisi Makalamalu, deuxième demandeur en cassation, à payer au citoyen Tshilombo la somme de 369.185 zaïres au titre de dommages-intérêts. Au soutien de leur pourvoi, les requérants avaient

[1029] Art. 5, al. 1er du D. du 6 décembre 1950 tel que modifié par l'O-L n° 82-020 du 31 mars 1982.

[1030] Art. 5 al. 2, 6, 7, 8, 10, *idem*.

[1031] Art. 9, *idem*.

[1032] Art. 12, *idem*. L'art. 260 du CCC, L. III, cité *supra,* p. 63, NBP 129.

argué, entre autres, que Mukisi Kudingita étant mineur au moment des faits, on ne saurait retenir à sa charge une quelconque responsabilité pénale dans la mesure où il était sensé avoir agi sans discernement.[1033] La CSJ déclara cet argument fondé, motivant ainsi sa conclusion :

> « En effet, la décision confirmée par le jugement entrepris dit qu'elle "ne saurait suivre la défense qui prétend que le mineur était sans esprit de discernement". Elle a donc considéré que le mineur avait agi avec discernement, contrairement à l'économie du décret du 06 décembre 1950 sur l'enfance délinquante ; cette motivation entraîne cassation partielle sans renvoi… »[1034]

La Cour a apporté cette clarification nécessaire qui souligne que l'enfant mineur, commettant un acte infractionnel, est censé n'avoir pas agi avec discernement. Elle a dit « fondée, la branche du moyen qui fait grief au juge d'appel d'avoir déclaré pénalement responsable un délinquant mineur car en prétendant que celui-ci avait agi avec discernement, il a violé l'esprit et la lettre du décret du 6 décembre 1950 sur l'enfance délinquante. »[1035] Elle n'a cependant pas renvoyé la cause pour un nouveau jugement, car elle a considéré qu'au fond, le montant des dommages-intérêts alloué par la décision entreprise était justifié.

Sous ce D. du 6 décembre 1950 tel que modifié par les O-L du 4 juillet 1978 et du 31 mars 1982, le droit congolais ne consacrait qu'un régime unique de traitement de la délinquance juvénile, basé sur la présomption irréfragable de non-responsabilité pénale des mineurs âgés de moins de 16 ans accomplis au moment des faits. Le 10 janvier 2009, la loi n° 09-001 portant protection de l'enfant est venue rétablir la majorité pénale à 18 ans. Elle définit, en effet, l'enfant comme étant « toute personne âgée de moins de dix-huit ans ».[1036] Mettant en œuvre l'art. 149 al. 5 de la Const.[1037], elle crée, dans chaque territoire et dans chaque ville, une juridiction spécialisée dénommée tribunal pour enfants[1038] qui n'est compétent qu'à l'égard des personnes âgées de moins de 18 ans.[1039] Elle a le mérite de mettre fin à l'amalgamation dans un même ensemble, nommé « délinquance juvénile », des enfants ayant posé des actes infractionnels et ceux se trouvant dans des situations socio-

---

[1033] CSJ, Arrêt du 25 juillet 1989 (RP 1.154), *En cause Mukisi Kudingita et Mukisi Makalamalu c/ Ministère public et Tshilombo Kalamba,* in *BACSJ*, Années 1985 à 1989, pp. 497-500, spéc. pp. 498-499.

[1034] *Idem*, p. 499.

[1035] *Idem*, p. 497.

[1036] Art. 2-1 de la loi n° 09-001 du 10 janvier 2009 portant protection de l'enfant.

[1037] Il dispose : « … La loi peut créer des juridictions spécialisées. »

[1038] Art. 84, *idem*.

[1039] Art. 94, *idem*.

économiques, ou politico-psychologiques problématiques. Elle distingue, en effet, comme le relève pertinemment Raoul Kienge-Kienge, « d'une part, les enfants en conflit avec la loi dans le cas de la délinquance juvénile et, d'autre part, les enfants en situation difficile dans le cas de situations sociales problématiques. Aussi prévoit-elle la procédure judiciaire (la protection judiciaire) uniquement dans le cas des actes de délinquance, c'est-à-dire de violation de la loi pénale, tandis que pour les situations problématiques non délinquantes, on appliquera la protection sociale. En cela, la loi de 2009 constitue une avancée par rapport au décret du 6 décembre 1950, qui appliquait la protection judiciaire sur toutes les formes d'actes des jeunes (délinquance juvénile et situations problématiques non délinquantes). »[1040]

Pour le traitement de la délinquance juvénile ainsi strictement entendue, elle institue deux catégories d'enfants qui, soulignons-le d'emblée, jouissent, toutes les deux, d'une présomption irréfragable d'irresponsabilité pénale, en ce sens que tout enfant, c'est-à-dire toute personne âgée de moins de 18 ans, ne peut pas se voir appliquer les peines prévues par le code pénal, quelque soit la nature infractionnelle de son acte :

- La première catégorie regroupe *les enfants âgés de moins de 14 ans.* Aux termes de l'art. 95 de la loi du 10 janvier 2009, « l'enfant âgé de moins de 14 ans bénéficie, en matière pénale, d'une présomption irréfragable d'irresponsabilité. » Cet art. répète ainsi le principe qui vaut non seulement pour les enfants de moins de 14 ans, mais aussi pour tous les enfants, c'est-à-dire pour toutes les personnes âgées de moins de 18 ans qui ne peuvent pas être pénalement sanctionnées pour un acte, réunissant des éléments constitutifs d'une infraction, qu'elles viendraient à commettre. Pour mieux comprendre la portée de cet art. 95 dont la formulation « est tout simplement malencontreuse »[1041], il convient de le relier à l'art. 96 qui le suit et qui parle d'absence de « discernement » en disposant :

> « Lorsque l'enfant déféré devant le juge a moins de 14 ans, celui-ci le relaxe comme *ayant agi sans discernement* et ce, sans préjudice de la réparation du dommage causé à la victime. Dans ce cas, le juge confie l'enfant à un assistant social et/ou un psychologue qui prend des mesures d'accompagnement visant la sauvegarde de l'ordre public et la sécurité de l'enfant et tenant compte de la réparation du préjudice causé. Ces mesures consistent notamment dans l'accompagnement psychosocial et le placement dans une famille d'accueil ou une institution privée agréée à caractère social autre que celle accueillant des enfants en situation difficile. »[1042]

[1040] R. Kienge Kienge Intudi, *Droit de la protection de l'enfant*, p. 73.
[1041] *Ibidem*, p. 85
[1042] Mots relevés en italique par nous.

Le lien entre ces deux dispositions permet d'inférer que le législateur aurait dû, dans l'art. 95, plutôt faire mention d'une présomption irréfragable d'absence de discernement dont jouit l'enfant âgé de moins de 14 ans, élément spécifique le distinguant des enfants de quatorze ans à moins de 18 ans, étant entendu que tous, de moins de 14 ans à moins de 18 ans, bénéficient d'une présomption irréfragable d'irresponsabilité pénale. Dit autrement, l'art. 95 aurait dû plus correctement être ainsi libellé : « L'enfant âgé de moins de 14 ans bénéficie, en matière pénale, d'une *présomption irréfragable d'absence de discernement.* » Aussi, ne peuvent-ils faire l'objet que de mesures d'accompagnement ayant comme objectifs leur sécurité et la sauvegarde de l'ordre public tout en garantissant néanmoins la réparation du dommage subi par la victime directe, tel que le prescrit l'art. 96. Cet enfant âgé de moins de 14 ans « ne peut être placé dans un établissement de garde provisoire, ni dans un établissement de garde, d'éducation ou de rééducation de l'État ».[1043] L'âge qui est pris en compte est celui qu'avait l'enfant au moment de la commission des faits.[1044]

- La seconde catégorie rassemble *les enfants en conflit avec la loi.* Par enfant en conflit avec la loi, il faut entendre « l'enfant âgé de quatorze à moins de dix huit ans, qui commet un manquement qualifié d'infraction à la loi pénale. »[1045] Pour juger des affaires dans lesquelles ceux-ci sont impliqués, seul le tribunal pour enfants est compétent.[1046] Si le fait commis par l'enfant est connexe à celui qui peut donner lieu à une poursuite contre un adulte, les poursuites sont disjointes et l'enfant est poursuivi devant le juge pour enfants.[1047] Celui-ci applique une procédure spécifique reconnaissant à l'enfant des droits dont ceux énumérés dans l'art. 104 selon lequel :

> « Tout enfant suspecté ou accusé d'un fait qualifié d'infraction par la loi pénale bénéficie, sous peine de nullité de la procédure, notamment des garanties ci-après : 1. le droit à la présomption d'innocence et à un procès équitable ; 2. la présence au procès ; 3. le droit d'être informé, dans le plus bref délai, dans une langue qu'il comprend et de manière détaillée, de la nature et des motifs de l'accusation portée contre lui; 4. le droit à l'assistance par un conseil de son

---

[1043] Art. 97, *idem.*

[1044] Art. 98, *idem.*

[1045] Art. 2-9, *idem.* R. Kienge-Kienge fait observer que cette définition « mérite d'être corrigée, car elle ne semble pas reconnaître le droit de l'enfant à la présomption d'innocence. On aurait dû le définir comme un enfant accusé ou reconnu d'avoir commis un manquement qualifié d'infraction à la loi pénale », *ibidem*, p. 112, NBP 179.

[1046] Art. 99, *idem.* V. aussi, les art. 84 à 90, 199, 200 de la même loi.

[1047] Art. 112, *idem.*

choix ou désigné d'office par le Juge ; 5. le droit de voir son affaire être jugée dans un délai raisonnable ; 6. le droit à un interprète ; 7. le droit au respect de sa vie privée à toutes les étapes de la procédure ; 8. le droit d'être entendu en présence des parents, du tuteur, de la personne qui en a la garde ou de l'assistant social ; 9. le droit de ne pas être contraint de plaider coupable ; 10. le droit d'interroger ou de faire interroger des témoins à charge et d'obtenir la comparution et l'interrogatoire des témoins à décharge dans les mêmes conditions. »[1048]

Pour protéger la réputation de l'enfant, celui-ci « a droit à la confidentialité du dossier judiciaire le concernant. Il ne peut être fait état des antécédents dans les poursuites ultérieures à sa charge l'impliquant comme adulte.»[1049] Autrement dit, les poursuites et mesures subies dans sa minorité ne rentreront pas dans le calcul de la récidive s'il en venait à commettre une infraction dans sa majorité.

À l'égard de l'enfant, la procédure par défaut est exclue. S'il y a doute sur son âge, la présomption de la minorité prévaut.[1050] Avant de statuer sur le fond, le juge pour enfants peut prendre, par voie d'ordonnance, des mesures provisoires privilégiant autant que possible le maintien de l'enfant dans un environnement familial. Son placement dans une institution publique ou privée agréée à caractère social ne peut être envisagé que comme une mesure de dernier recours. Ces mesures provisoires peuvent consister à placer l'enfant sous l'autorité de ses père et mère ou de ceux qui en ont la garde ; à l'assigner à résidence sous la surveillance de ses père et mère ou de ceux qui en ont la garde ; ou à le soustraire de son milieu et le confier provisoirement à un couple de bonne moralité ou à une institution publique ou privée agréée à caractère social, le couple étant défini comme « deux personnes de sexes opposés légalement mariées. »[1051] Le suivi de ces mesures provisoires est assuré par l'assistant social.[1052] Si celles-ci ne peuvent pas être prises parce que l'enfant est présumé dangereux et qu'aucun couple ou aucune institution n'est en mesure de l'accueillir, l'enfant peut être préventivement placé dans un établissement de garde et d'éducation de l'État, pour une durée ne dépassant pas deux mois.[1053]

Certaines dispositions spécifiques réglementent la procédure : celle-ci se déroule sans toge ; le ministère public donne son avis sur le banc ; le juge

[1048] Art. 104, *idem.*
[1049] Art. 105, *idem.*
[1050] Art. 110, *idem.*
[1051] Art. 106, *idem.*
[1052] *Idem.*
[1053] Art. 108, *idem.*

décrète le huis clos ; il procède à l'audition de l'enfant en présence des parents, du tuteur, de la personne qui en a la garde ou de l'assistant social ; il peut décider du déroulement des plaidoiries hors la présence de l'enfant, dans l'intérêt de ce dernier.[1054] « Dans les huit jours qui suivent la prise en délibéré de la cause, le juge prend l'une des décisions suivantes : 1.réprimander l'enfant et le rendre à ses parents ou aux personnes qui exerçaient sur lui l'autorité parentale en leur enjoignant de mieux le surveiller à l'avenir ; 2. le confier à un couple de bonne moralité ou à une institution privée agréée à caractère social pour une période ne dépassant pas sa dix-huitième année d'âge ; 3. le mettre dans une institution publique à caractère social pour une période ne dépassant pas sa dix-huitième année d'âge ; 4. le placer dans un centre médical ou médico-éducatif approprié ; 5.le mettre dans un établissement de garde et d'éducation de l'État pour une période ne dépassant pas sa dix-huitième année d'âge ; La mesure prévue au point 3 ne s'applique pas à l'enfant âgé de plus de seize ans… »[1055]

Si le manquement commis par l'enfant est qualifié d'infraction à la loi pénale punissable de plus de cinq ans de servitude pénale mais pas de la peine de mort ni de la servitude pénale à perpétuité, le juge peut, s'il le met dans un établissement de garde et d'éducation de l'État, prolonger cette mesure pour un terme qui ne peut dépasser sa vingt-deuxième année d'âge. Cependant, il devra, tout en le gardant au sein du même établissement, le séparer des autres enfants, à sa dix-huitième année, à la demande de l'autorité dudit établissement.[1056] Dans l'hypothèse où l'acte perpétré par l'enfant réalise une infraction que la loi pénale punit de la peine de mort ou de la servitude pénale à perpétuité, le juge peut, s'il le met dans un établissement de garde et d'éducation de l'État, prolonger cette mesure au-delà de la dix-huitième année de l'enfant pour un terme de dix ans au maximum, avec la même obligation de le séparer des autres enfants, à sa dix-huitième année, à la demande de l'autorité dudit établissement.[1057]

Si l'enfant a commis un manquement qualifié d'infraction punissable de plus d'un an de servitude pénale, et se trouve être d'une perversité caractérisée ou récidiviste, le juge le place dans un établissement de rééducation de l'État pendant une année au moins et cinq ans au plus. Cette mesure n'est cependant pas applicable aux enfants âgés de moins de quinze ans.[1058]

[1054] Art. 111, *idem.*
[1055] Art. 113, *idem.*
[1056] Art. 115, *idem.*
[1057] Art. 116, *idem.*
[1058] Art. 117, *idem.*

L'enfant qui ne rentre pas dans l'un ou l'autre cas de figure ci-dessus et qui n'a donc pas fait l'objet d'un placement ou dont le placement a été levé, est soumis, jusqu'à sa dix huitième année d'âge, au régime de la liberté surveillée.[1059]

Si l'acte perpétré par l'enfant est établi et caractérise une infraction pénale, le juge mettra les frais d'instance à la charge des personnes civilement responsables et les obligera à assurer les restitutions et à payer des dommages et intérêts à la victime.[1060]

D'autres droits consacrent également un régime de traitement de la délinquance juvénile différencié en fonction de la tranche d'âge des mineurs. Il en est ainsi, p. ex., du droit français où la matière de la responsabilité pénale du mineur est essentiellement régie par l'ord. du 2 février 1945, modifiée notamment par la loi du 24 mai 1951, par l'ord. du 23 décembre 1958, par les lois du 4 janvier 1993, du 24 août 1993, du 1er février 1994, du 9 septembre 2002 et du 18 novembre 2016. En France, l'âge de la majorité pénale est de 18 ans.[1061] Avec l'augmentation de la délinquance des mineurs qui devient de plus en plus grave et de plus en plus précoce, il s'est avéré nécessaire d'agir non seulement sur les causes de ce phénomène par la multiplication et l'amélioration des actions dirigées notamment vers les parents, les associations, les départements, l'éducation nationale..., mais aussi sur la législation, par un certain durcissement de la répression. Cette réaction a précisément été opérée par la loi n° 2002-1138 du 9 septembre 2002 dont l'art. 11 est devenu l'art. 122-8 du CPF qui dispose :

> « Les mineurs capables de discernement sont pénalement responsables des crimes, délits ou contraventions dont ils ont été reconnus coupables, dans des

---

[1059] Art. 118, *idem*.

[1060] Art. 119, *idem*.

[1061] La majorité pénale - Sénat : « L'âge de la majorité pénale, c'est-à-dire l'âge à partir duquel un délinquant est soumis au droit pénal commun et ne bénéficie plus de l'excuse de minorité, s'établit à dix-huit ans. ... Le juge a l'obligation de motiver sa décision, sauf lorsque la levée de l'excuse de minorité est motivée par la récidive. », in ***https://www.senat.fr/lc/lc173/lc1730.html***
Art. 1er de l'Ord. n° 45-174 du 2 février 1945 relative à l'enfance délinquante, tel que modifié par l'art. 29 de la loi n° 2016-1547 du 18 novembre 2016 : « Les mineurs auxquels est imputée une infraction qualifiée crime ou délit ne seront pas déférés aux juridictions pénales de droit commun, et ne seront justiciables que des tribunaux pour enfants ou des cours d'assises des mineurs. Ceux auxquels est imputée une contravention de police de cinquième classe sont déférés aux juridictions pour enfants dans les conditions prévues à l'article 20-1. »

conditions fixées par une loi particulière qui détermine les mesures de protection, d'assistance, de surveillance et d'éducation dont ils peuvent faire l'objet.

Cette loi détermine également les sanctions éducatives qui peuvent être prononcées à l'encontre des mineurs de dix à dix-huit ans ainsi que les peines auxquelles peuvent être condamnés les mineurs de treize à dix-huit ans, en tenant compte de l'atténuation de responsabilité dont ils bénéficient en raison de leur âge. »

Ainsi donc, le discernement constitue le fondement de la responsabilité pénale du mineur. Cependant, la sanction à infliger à ce dernier varie en fonction de certaines tranches d'âges. Les mineurs de 10 à 18 ans peuvent être soumis à une sanction éducative. Ne peuvent subir une condamnation pénale et une peine d'emprisonnement que ceux âgés de 13 à 18 ans, leur jeune âge pouvant atténuer leur responsabilité pénale. Précisément, en application de l'art. 20-2 de l'Ord. n° 45-174 du 2 février 1945, les tribunaux pour enfants et la Cour d'assises des mineurs ne peuvent prononcer à l'encontre des mineurs âgés de plus de treize ans une peine privative de liberté supérieure à la moitié de la peine encourue. Si la peine encourue est la réclusion ou la détention criminelle à perpétuité, ils ne peuvent prononcer à leur encontre une peine supérieure à vingt ans de réclusion ou de détention criminelle. Il faut noter, néanmoins, que si le mineur auteur de l'infraction est âgé de plus de seize ans, le tribunal pour enfant ou la Cour d'assises des mineurs peut, à titre exceptionnel, décider de ne pas lui faire bénéficier de l'atténuation de la peine, en prenant en compte les circonstances de l'espèce, la personnalité dudit mineur et sa situation. « Cette décision ne peut être prise par le tribunal pour enfants que par une disposition spécialement motivée. Lorsqu'il est décidé de ne pas faire application du premier alinéa et que la peine encourue est la réclusion ou la détention criminelle à perpétuité, la peine maximale pouvant être prononcée est la peine de trente ans de réclusion ou de détention criminelle… »[1062] En définitive, il faut donc retenir que le mineur n'est pénalement responsable que si son discernement est établi. C'est au ministère public, c'est-à-dire à l'accusation, que revient la charge de prouver, après des enquêtes sociales et sur la personnalité du mineur concerné, que celui-ci avait le discernement au moment de la commission de l'infraction. C'est en cela que repose la différence entre la responsabilité pénale du mineur

---

[1062] V. Ord. n° 45-174 du 2 février 1945 relative à l'enfance délinquante. Version consolidée au 12 mars 2019, art. 20-2 tel que modifié par l'art. 30 de la loi n° 2016-1547 du 18 novembre 2016,
in *https://www.legifrance.gouv.fr/affichTexte.do?cidTexte=LEGITEXT000006069158*, consulté le mardi 12.03.2019 à 19h38, heure de Paris ; v. aussi A-L. Teani, « Article 26 : Incompétence à l'égard des personnes de moins de 18 ans », in *Statut de Rome de la Cour pénale internationale, Commentaire article par article*, op. cit., p. 835.

et celle d'un individu majeur qui, on le verra, repose aussi sur le discernement. En effet, le discernement du mineur n'est pas présumé ; il doit être prouvé par l'accusation. Alors que, justement, le discernement d'un individu majeur est présumé. Un majeur qui commet une infraction est présumé doué de discernement, avoir agi avec discernement. S'il invoque l'absence de discernement, c'est à lui d'en apporter la preuve.[1063]

Il convient de retenir que l'âge du mineur s'apprécie au jour de la commission de l'infraction et non au jour du déclenchement des poursuites ni au jour du jugement. Il se démontre en principe par la présentation d'un acte de l'état civil, en l'occurrence un extrait d'acte de naissance. Cependant, si l'acte de l'état civil produit en guise de preuve est suspect, on peut recourir à une expertise médico-légale pour calculer l'âge probable de l'enfant en se basant notamment sur sa morphologie. Rappelons qu'en application de l'art. 110 de la loi congolaise n° 09-001 du10 janvier 2009 portant protection de l'enfant, s'il y a doute sur son âge, la présomption de la minorité prévaut.

Un autre texte pénal important fixe la majorité pénale à 18 ans. Il s'agit de la loi n° 023-2002 du 18 novembre 2002 portant CJM,[1064] laquelle fait échapper le mineur à la juridiction des forces armées.[1065] Aux termes de l'art. 114 de ce code, « les juridictions militaires sont incompétentes à l'égard des personnes âgées de moins de dix-huit ans. » L'art. 2-4 de la loi n° 08-011 du 14 juillet 2008 portant protection des droits des personnes vivant avec le VIH/SIDA et des personnes affectées[1066] définit aussi l'enfant comme étant toute personne âgée de moins de 18 ans. De même, l'art. 20ter introduit dans le CPC par la loi n° 15-022 du 31 décembre 2015 ayant harmonisé le droit pénal congolais avec les dispositions du Statut de Rome de la CPI[1067], fixe la majorité pénale à dix-huit ans révolus au moment des faits. Et l'art. 223-5-g du même code, issu de la même loi, punit de mort, au

---

[1063] V. notamment : J. Pradel, *Droit pénal général,* 21ᵉ éd., n°s 511-518, pp. 429-434 ; J-C Soyer, *Droit pénal et procédure pénale*, 12ᵉ éd., n°s 929 à 974 ; S. Jacopin, « Le droit pénal français des mineurs-Évolutions et transformations juridiques », in *Rev. pénit.*, n° 4, octobre-décembre 2015, pp. 789-826. Sur la situation au Canada, lire J. Trépanier, « Les transformations du régime canadien relatif aux mineurs délinquants : un regard sur le droit et les pratiques », in *RSC*, n° 4, 2012, pp. 819-855. Sur la situation en Grèce, lire K. Soulou, « La justice pénale des mineurs en Grèce contemporaine », in *Rev. pénit.*, n° 2, avril-juin 2016, pp. 351-363.

[1064] In *J.O,* n° spécial, 44ᵉ année, 20 mars 2003, pp. 5-70.

[1065] V. ladite loi, Exposé des motifs, in *idem*, p. 10.

[1066] *http://www.leganet.cd/Legislation/Droit%20Public/SANTE/L.08.011.14.07.2008.htm,* consulté le mardi 26.06.2018 à 10H25, heure de Paris.

[1067] Loi n° 15-022 du 31 décembre 2015 modifiant et complétant le D. du 30 janvier 1940 portant CP, in *J.O,* 1ère partie, n° spécial, 29 février 2016, pp 1-17.

titre de crime de guerre, « le fait de procéder à la conscription ou à l'enrôlement d'enfants de moins de 18 ans dans les forces armées ou dans des groupes armés ou de les faire participer activement à des hostilités ». Cette disposition doit être harmonisée avec celle de l'art. 223-2-z qui inclut dans les crimes de guerre, « le fait de procéder à la conscription ou à l'enrôlement d'enfants de moins de 15 ans dans les forces armées ou de les faire participer activement à des hostilités. » Cet art. 223-2-z reprend *verbatim* le texte de l'art. 8-2-b-xxvi du Statut de la CPI, en oubliant d'adapter l'âge minimum de l'enfant à la législation congolaise. Il importe que cette erreur soit corrigée pour préciser que cet art. 223-2-z punit bien, comme crime de guerre, « le fait de procéder à la conscription ou à l'enrôlement d'enfants de *moins de 18 ans* dans les forces armées ou de les faire participer activement à des hostilités. » Car, il faut qu'il y ait une harmonie entre, d'une part cette disposition, d'autre part les articles 20ter et 223-5-g introduits dans le CPC par une même loi, à savoir la loi n° 15-022 du 31 décembre 2015.

Pour terminer, il est utile de relever que la majorité politique et civile demeure fixée à 18 ans. En effet, l'art. 41 de la Const. fixe l'âge de la majorité à 18 ans. Il dispose :

> « L'enfant mineur est toute personne, sans distinction de sexe, qui n'a pas encore atteint 18 ans révolus. Tout enfant mineur a le droit de connaître les noms de son père et de sa mère. Il a également le droit de jouir de la protection de sa famille, de la société et des pouvoirs publics. L'abandon et la maltraitance des enfants, notamment la pédophilie, les abus sexuels ainsi que l'accusation de sorcellerie sont prohibés et punis par la loi. Les parents ont le devoir de prendre soin de leurs enfants et d'assurer leur protection contre tout acte de violence tant à l'intérieur qu'à l'extérieur du foyer. Les pouvoirs publics ont l'obligation d'assurer une protection aux enfants en situation difficile et de déférer, devant la justice, les auteurs et les complices des actes de violence à l'égard des enfants. Toutes les autres formes d'exploitation d'enfants mineurs sont punies par la loi. »

L'art. 219 du code de la famille fixe également à 18 ans, l'âge de la majorité. Il porte que « le mineur est l'individu de l'un ou de l'autre sexe qui n'a pas encore l'âge de dix-huit ans accomplis ». Celui-ci ne peut pas, p. ex., contracter un mariage.[1068] De même, la capacité d'une personne d'engager

---

[1068] Art. 352 tel que modifié par la loi n° 16-008 du 15 juillet 2016 modifiant et complétant la loi n° 87-010 du 1er août 1987 portant Code de la Famille : « L'homme et la femme avant dix-huit ans révolus ne peuvent contracter mariage. » Cette loi du 15 juillet 2016 a bien fait de supprimer la discrimination et le laxisme contenus dans l'ancienne formulation de cet art. 352 qui disait : « L'homme avant dix-huit ans révolus, la femme avant quinze ans révolus, ne peuvent contracter mariage.

ses services, c'est-à-dire de signer un contrat de travail, est fixée à dix-huit ans par l'art. 6 de la loi n° 16-010 du 15 juillet 2016 modifiant et complétant la loi n° 015-2002 portant code du travail. Cette loi du 15 juillet 2016 a donc fait passer la capacité de contracter de 16 à 18 ans.[1069]

C'est bien ce seuil de dix-huit ans qui est également retenu dans les textes internationaux.

2°- La minorité fixée par les instruments internationaux ratifiés par la RDC

Le Pacte international relatif aux droits civils et politiques considère comme mineure toute personne de moins de 18 ans qu'il soustrait à la peine de mort. Il prescrit, en effet, qu'« une sentence de mort ne peut être imposée pour des crimes commis par des personnes âgées de moins de 18 ans et ne peut être exécutée contre des femmes enceintes. »[1070]

La Convention relative aux droits de l'enfant est plus explicite encore. Dans son art. 1er, elle dispose : « Au sens de la présente Convention, un enfant s'entend de tout être humain âgé de moins de dix-huit ans, sauf si la majorité est atteinte plus tôt en vertu de la législation qui lui est applicable. » Elle laisse donc aux États la possibilité d'adopter un seuil plus bas, tout en les exhortant à adopter un traitement spécifique de la délinquance juvénile :

> « Les États parties s'efforcent de promouvoir l'adoption de lois, de procédures, la mise en place d'autorités et d'institutions spécialement conçues pour les enfants suspectés, accusés ou convaincus d'infraction à la loi pénale, et en particulier :
> a) D'établir un âge minimum au-dessous duquel les enfants seront présumés n'avoir pas la capacité d'enfreindre la loi pénale ; b) De prendre des mesures,

---

Néanmoins, il est loisible au tribunal de paix d'accorder des dispenses d'âge pour des motifs graves. Le tribunal statue à la requête de toute personne justifiant d'un intérêt. » L'art. 330, tel que modifié par la loi n° 16-008 du 15 juillet 2016, définit ainsi le mariage : « Le mariage est l'acte civil, public et solennel par lequel un homme et une femme, qui ne sont engagés ni l'un ni l'autre dans les liens d'un précédent mariage enregistré, établissent entre eux une union légale et durable dont les conditions de formation, les effets et la dissolution sont déterminés par la présente loi. »

[1069] V. l'art. 6, al. 2 de la loi n° 015-2002 du 16 octobre 2002 portant code du travail : « Au sens du présent Code, la capacité de contracter est fixée à seize ans sous réserve des dispositions suivantes… », in *J.O,* n° spécial, 25 octobre 2002, Code de Travail, pp. 1-81.

[1070] Art. 6-5 du Pacte international relatif aux droits civils et politiques.

chaque fois que cela est possible et souhaitable, pour traiter ces enfants sans recourir à la procédure judiciaire, étant cependant entendu que les droits de l'homme et les garanties légales doivent être pleinement respectés. »[1071]

Les art. 1 à 4 du Protocole facultatif à la Convention relative aux droits de l'enfant, concernant l'implication d'enfants dans les conflits armés, fixent aussi à 18 ans l'âge de l'enrôlement des enfants dans les forces armées et de leur participation directe dans des hostilités.[1072] De même, l'art. 2 de la Charte africaine des droits et du bien-être de l'enfant définit celui-ci comme « tout être humain âgé de moins de 18 ans ». De son côté, le Statut de la CPI exclut de sa compétence toute personne âgée de moins de 18 ans au moment de la commission du crime[1073], considérant ainsi comme mineur tout individu de moins de 18 ans.

Dans tous les cas spécifiques où ces textes internationaux entreraient en conflit avec les lois nationales fixant un autre âge de la minorité pénale, ce sont eux qui devront l'emporter, pour au moins deux raisons : la première, c'est qu'ils sont plus favorables aux personnes poursuivies, car ils augmentent le nombre de celles qui peuvent bénéficier de cette cause d'irresponsabilité pénale ; la seconde, c'est que l'art. 215 de la Const. leur accorde une place prééminente en disposant que « les traités et accords internationaux régulièrement conclus ont, dès leur publication, une autorité supérieure à celle des lois, sous réserve pour chaque traité ou accord, de son application par l'autre partie ».

Il faut néanmoins préciser que certains de ces textes parlent des enfants de moins de 18 ans sans entrer dans la complexité de la question de leur responsabilité pénale. L'art. 26 du Statut de la CPI suffit à illustrer cette observation. En effet, cet art. se limite à exclure les enfants âgés de moins de 18 ans de la compétence de la Cour, sans se prononcer sur la question de leur responsabilité ou irresponsabilité pénale. Dit autrement, cette disposition se cantonne à déclarer la Cour incompétente à l'égard de ceux-ci; elle ne pose pas comme principe leur irresponsabilité pénale. On peut comprendre que l'exclusion de ces derniers s'explique par le fait que les mineurs de moins de 18 ans ne sont normalement ou ordinairement pas les

---

[1071] Art. 40-3 de la Convention relative aux droits de l'enfant. V. aussi, K. Martin-Chenut, « L'internationalisation des droits de l'homme et le modèle d'intervention à l'égard de "l'enfance en conflit avec la loi" », in *RSC*, n° 4, octobre-décembre 2012, pp. 789-806.

[1072] V. *supra*, pp. 113-114.

[1073] Art. 26 *Incompétence à l'égard des personnes de moins de 18 ans* : « La Cour n'a pas compétence à l'égard d'une personne qui était âgée de moins de 18 ans au moment de la commission prétendue d'un crime. »

principaux responsables de génocides, crimes contre l'humanité, crimes de guerre ou crimes d'agression relevant de la compétence de la Cour. Plutôt que comme auteurs, les enfants soldats impliqués sont souvent regardés comme des victimes de conscription ou d'enrôlement forcé, en vertu des dispositions de l'art. 8-2-b-xxvi et 8-2-e-vii du Statut de la Cour.[1074] Il faut d'ailleurs, nous semble-t-il, faire évoluer ces dernières pour porter l'âge des enfants protégés de 15 à 18 ans. Ces dispositions devraient, à notre avis, qualifier et sanctionner comme crime de guerre, « le fait de procéder à la conscription ou à l'enrôlement d'**enfants de moins de 18 ans** dans les forces armées ou dans des groupes armés ou de les faire participer activement à des hostilités. » Cette modification, élargissant la catégorie des enfants protégés, réaliserait une heureuse harmonisation de cette incrimination (8-2-b-xxvi et 8-2-e-vii) avec les autres textes internationaux en la matière, évoqués ci-dessus, notamment avec le Protocole facultatif à la Convention relative aux droits de l'enfant concernant l'implication d'enfants dans les conflits armés et avec la Charte africaine des droits et du bien-être de l'enfant.

b) Les causes non présumées

Avant le 31 décembre 2015, nous l'avons dit, ces causes non présumées, n'étaient pas consacrées en termes exprès dans le CP congolais. Elles étaient mises en œuvre par la jurisprudence qui les appliquait comme principes généraux du droit, et qui s'inspirait du droit comparé, notamment français et belge, ainsi que de la doctrine en la matière. Cependant, avant cette date, certains textes légaux congolais ont fait des incursions dans ce domaine, comme, p. ex., l'art. 62 de la Const. qui consacre le principe « nul n'est sensé ignorer la loi », employé comme une des clés de solution de la question de l'erreur de droit ou de son ignorance ; et l'art. 297 de la loi n° 007-2002 du 11 juillet 2002 portant code minier qui définit le « cas de force majeur », renvoyant à la notion de contrainte. Nous y reviendrons *infra*. Il faut, bien évidemment, mentionner également les art. 31 et 32 du Statut de Rome de la CPI. Le premier prévoit expressément certaines causes de non-imputabilité qu'il regroupe dans ce qu'il nomme « motifs d'exonération de la responsabilité pénale », y incluant la déficience mentale, l'état d'intoxication involontaire, la légitime défense et la contrainte.[1075] Le second traite de l'erreur de droit et de l'erreur de fait. Ces deux dispositions consacrent des solutions intéressantes qui ont été justement reprises par le législateur congolais dans la loi du 31 décembre 2015 afin d'harmoniser le

---

[1074] V. A-L. Teani, *op. cit.*, pp. 839-841.

[1075] Rappelons que nous avons étudié la légitime défense *supra*, dans le point consacré aux faits justificatifs.

CPC avec le Statut de la CPI que la RDC a ratifié et s'est engagée à en exécuter fidèlement toutes les clauses.[1076]

Les causes non présumées d'irresponsabilité, retenues en droit congolais, sont : la maladie ou la déficience mentale, l'état d'intoxication, la contrainte et l'erreur.

1°- La maladie ou la déficience mentale : la démence

Nous venons de le voir, l'insuffisance des facultés intellectuelles peut découler de la minorité d'âge. Elle peut aussi être générée par des circonstances congénitales, par une maladie ou même un accident. Elle se nomme alors la démence. Il s'agit d'un « trouble mental grave, caractérisé par un affaiblissement progressif des fonctions intellectuelles, irréversible en l'absence de traitement »[1077] La prise en compte de la démence comme cause d'irresponsabilité est un apport des travaux scientifiques des aliénistes Pinel et Esquirol réalisés vers la fin du XVIIIème siècle et ayant conclu à l'assimilation de la folie à une maladie aliénante. Avant ces travaux, le droit pénal consacrait la responsabilité pénale des fous, qui étaient parfois sévèrement sanctionnés. L'apport de Pinel et d'Esquirol a eu une réelle influence sur certaines législations qui ont consacré formellement l'irresponsabilité pénale du dément. Il en est ainsi, p. ex., du CPF dont l'ancien art. 64 disposait : « Il n'y a ni crime ni délit lorsque le prévenu était en état de démence au temps de l'action… » On peut citer également le CP belge qui consacre ce même principe en son art. 71 : « Il n'y a pas d'infraction lorsque l'accusé ou le prévenu était en état de démence au moment du fait. » Le CPF actuel consacre le même principe dans son art. 122-1 qui dispose : « N'est pas pénalement responsable la personne qui était atteinte, au moment des faits, d'un trouble psychique ou neuro-psychique ayant aboli son discernement ou le contrôle de ses actes. » Cette formule est perçue comme « reflétant le vocabulaire moderne et l'évolution contemporaine de la psychiatrie ».[1078]

[1076] V. Instrument de ratification par le président de la RDC signé le 30 mars 2002, § 3 : … « Déclarons par la présente, conformément au décret-loi n° 013/2002 du 30 mars 2002, autorisant la ratification du Statut de Rome de la Cour pénale internationale, que le Gouvernement de la République Démocratique du Congo, après avoir examiné le Statut susmentionné, ratifie ledit Statut et s'engage à en exécuter fidèlement toutes les clauses… », in *J.O*, n° spécial, 5 décembre 2002, p. 6.

[1077] *Le Petit Larousse illustré*, 1999, p. 313.

[1078] V. J-C. Soyer, *op. cit.*, n° 214 ; G. Levasseur, A. Chavanne, J. Montreuil, B. Bouloc, *op. cit.*, n° 186.

Reprenant la substance de l'art. 31-a) du Statut de la CPI, l'art. 23bis du CPC, introduit par la loi n° 15-022 du 31 décembre 2015, porte que « nul n'est responsable pénalement si, au moment du comportement en cause :1. il souffrait d'une maladie ou d'une déficience qui le privait de la faculté de comprendre le caractère délictueux ou la nature de son comportement ou de maîtriser celui-ci pour le conformer aux exigences de la loi »... Il s'agit bien d'une déficience *mentale*, même si ce qualificatif n'a pas été repris, sans doute par inattention, dans cet art. 23bis, alors qu'il est bien mentionné dans l'art. 31-1-a) du Statut de la CPI qui l'a inspiré.[1079] Un individu souffrant d'une telle maladie ou déficience mentale est appelé dément. La consécration de l'irresponsabilité pénale du dément rencontre avec bonheur la conception classique de la responsabilité pénale fondée sur le libre arbitre. La démence ou la déficience mentale supprimant précisément le libre arbitre, la volonté ou le discernement, ceux qui en sont atteints ne peuvent pas logiquement être pénalement responsables. Une question mérite cependant d'être débattue, celle de savoir si par démence, on ne vise que l'insuffisance habituelle des facultés intellectuelles c'est-à-dire l'aliénation mentale ou la démence proprement dite, ou si au contraire ce terme englobe également les troubles passagers des facultés qu'on appelle les états voisins de la démence.

1) Voyons d'abord, pour commencer, ***la démence proprement dite***

L'examen de cette matière sera structuré en quatre points exposant tour à tour la notion de la démence, la détermination de la démence, ses effets et les conditions qu'elle doit réunir pour entraîner l'irresponsabilité pénale de l'agent.

1-1) La notion de la démence

Le vocable *démence* est par essence médical. En médecine, ce mot a une signification précise. Il désigne une déchéance progressive et irréversible de la vie psychique ;[1080] « une détérioration intellectuelle par déficit global des fonctions supérieures. »[1081] Le droit pénal n'est pas lié par cette définition

---

[1079] Art. 31-1-a) du Statut de la CPI : « Outre les autres motifs d'exonération de la responsabilité pénale prévus par le présent Statut, une personne n'est pas responsable pénalement si, au moment du comportement en cause : a) Elle souffrait d'une maladie ou d'une déficience *mentale* qui la privait de la faculté de comprendre le caractère délictueux ou la nature de son comportement, ou de maîtriser celui-ci pour le conformer aux exigences de la loi » (qualificatif « *mentale* » relevé en italique par nous).

[1080] M. Jorda, *Les délinquants aliénés et anormaux mentaux*, 1965, n° 145.

[1081] J. Quevauvilliers, *Dictionnaire médical de poche*, 2e éd., Masson, Paris, 2007, p.

médicale restrictive. Il exprime son autonomie en accordant à ce concept une acception plus large. Par démence, il faut entendre, au sens du droit pénal, « toutes les formes de l'aliénation mentale qui enlèvent à l'individu le contrôle de ses actes ».[1082] Il s'agit donc de « tout trouble mental exclusif de l'imputabilité » ;[1083] de toute maladie ou déficience qui a privé le délinquant « de la faculté de comprendre le caractère délictueux ou la nature de son comportement ou de maîtriser celui-ci pour le conformer aux exigences de la loi ».[1084] Dès lors que l'ensemble de la personnalité de l'agent est gravement altéré, la démence est retenue, peu importe sa nature ou sa forme. C'est qu'en effet, la démence peut revêtir plusieurs natures et se présenter sous plusieurs formes.

1-1-1) Au point de vue de sa nature, la démence peut se présenter comme une maladie de l'intelligence :
- congénitale, comme l'imbécilité, l'idiotie, le crétinisme ;[1085]
- ou acquise à la suite d'une autre maladie, comme la paralysie générale.

Il peut aussi s'agir des crises d'épilepsie ou d'une psychose qui dérègle l'être psychique et perturbe ses facultés de raisonnement, comme la schizophrénie ou la paranoïa.[1086]

1-1-2) Au point de vue de la forme :
- On peut distinguer la démence générale de la démence spécialisée ou localisée comme, p. ex., la folie de la persécution ou le délire de la persécution qui consiste pour l'agent à se croire persécuté par telle ou telle personne et qui peut le pousser au meurtre de cette dernière. La folie spécialisée n'est considérée comme cas de démence que pour les infractions réalisées sous son emprise.
- On peut également différencier la démence continue de la démence intermittente. La démence ou folie intermittente ne peut être retenue comme

---

147.

[1082] G. Stefani, G. Levasseur, B. Bouloc, *Droit pénal général,* 13e éd., n° 364.

[1083] J. Pradel, *Droit pénal général*, 8e éd., Cujas, Paris, 1992, n° 457; 21e éd, n° 522.

[1084] Art. 23bis du CPC et 31-a) du Statut de la CPI.

[1085] Crétinisme = Déficience intellectuelle due à une hypothyroïdie = Absence de la sécrétion thyroïdienne. Thyroïde = Glande située devant la trachée, sécrétant plusieurs hormones, dont la thyroxine et la calcitonine, et intervenant dans la croissance et le métabolisme général.

[1086] Schizophrénie = Psychose délirante chronique caractérisée par une discordance de la pensée, de la vie émotionnelle et du rapport au monde extérieur.

Paranoïa = 1)Psychose chronique caractérisée par l'organisation logique des thèmes délirants. 2) Comportement de quelqu'un, d'un groupe qui a tendance à se croire persécuté ou agressé. V., pour ces définitions, *le Petit Larousse illustré* 1999 ; J. Quevauvilliers, *op. cit.*

démence que s'il est prouvé que l'acte infractionnel a été accompli sous son influence ou son empire.

1-2) La détermination de la démence

Elle nous introduit dans une question importante, celle précisément de la preuve de la démence ou de l'insuffisance des facultés mentales. Contrairement à l'insuffisance des facultés du délinquant mineur qui est présumée, celle d'un agent atteint de folie doit être prouvée par la partie qui l'invoque et qui doit convaincre l'autorité de décision de son existence.

Dans la recherche ou l'établissement de la preuve, le juge recourt souvent à une expertise psychiatrique pour déterminer l'état mental du délinquant. Dans son rapport, l'expert donnera au juge tous les renseignements utiles sur la personne de l'auteur de l'infraction. Pour reprendre le modèle français, il précisera : « 1° si l'individu présente des anomalies mentales ou psychiques ; 2° si l'infraction qui lui est reprochée est ou non en relation avec de telles anomalies ; 3° s'il présente un état dangereux pour lui-même ou pour autrui ; 4° s'il est accessible à une sanction pénale ; 5° s'il est curable ou réadaptable ; 6° si son discernement ou le contrôle de ses actes était aboli ou altéré au sens de l'article 122-1, C.P. au moment des faits qui lui sont reprochés ; 7° donner un avis sur l'opportunité d'imposer au sujet une injonction de soins dans le cadre d'un suivi socio-judiciaire… »[1087]

Il faut cependant souligner que malgré son importance, le rapport de l'expert ne lie pas le juge. Il n'est qu'un avis consultatif. Le médecin psychiatre expert n'a pas à s'exprimer sur la responsabilité ou la non-responsabilité pénale de l'agent. Cette question relève de la seule compétence du juge. Dans cette recherche de la preuve, celui-ci peut aussi prendre en compte des indices sans néanmoins non plus être lié par ceux-ci. S'applique donc dans ce domaine, le principe de la liberté de la preuve.

1-3) Les effets de la démence

Parce qu'elle supprime le discernement et la volonté consciente, la démence détruit l'élément moral de l'infraction, fait obstacle à l'imputabilité et exclut par conséquent la responsabilité pénale. Étant liée à l'état mental de l'agent, elle est une cause subjective d'irresponsabilité et non une cause objective de justification. Elle n'exonère donc que le dément lui-même et n'a aucune incidence sur la responsabilité pénale des coauteurs ou complices qui reste intacte.

[1087] V. J. Pradel, *Droit pénal général,* 21e éd., n° 521, p. 436 ; art. 706-47 du CPPF.

La démence n'exclut que la responsabilité pénale du dément. Elle ne supprime pas sa responsabilité civile. « Celui qui a causé un dommage à autrui, alors qu'il était sous l'empire d'un trouble mental, n'en est pas moins obligé à réparation. »[1088]

Le principe de l'irresponsabilité pénale du dément se justifie parfaitement lorsqu'on se situe au plan juridique, car la démence, nous l'avons dit, supprime la faculté de discernement, la conscience, le libre arbitre sans lequel il ne peut y avoir responsabilité pénale. Cependant, au plan criminologique, ce principe de l'irresponsabilité est discutable puisque les aliénés mentaux constituent un réel danger pour l'ordre social. Il est vrai que prononcer contre eux des peines ne présenterait pas d'intérêt car, comme ils sont dépourvus de conscience, ces peines n'auraient aucune valeur intimidante ni curative. Cependant, au lieu de les acquitter purement et simplement, il est souhaitable que soient préconisées et organisées des mesures de sûreté non seulement pour les mettre hors d'état de nuire et les surveiller, mais aussi pour les soigner, les rééduquer et les réadapter. Tel est d'ailleurs le point de vue défendu par les positivistes (Lombroso et Ferri en l'occurrence) et par les adeptes de la défense sociale qui préconisent l'application aux aliénés mentaux notamment des mesures de traitement dans des établissements spécialisés.

1-4) Les conditions de l'irresponsabilité pénale du dément

Pour que la démence entraîne l'irresponsabilité pénale de l'agent, elle doit revêtir deux caractéristiques. Elle doit d'abord exister « au temps de l'action ». Elle doit ensuite être grave.

1-4-1) La démence doit exister « au temps de l'action »

Nous avons retenu cette expression, « au temps de l'action », parce qu'elle présente le double avantage d'être brève et complète, en ce qu'elle contient en son sein à la fois un sens temporel et causal. Elle est tirée de l'ancien art. 64 du CPF qui, rappelons-le, disposait : « Il n'y a ni crime ni délit lorsque le prévenu était en état de démence *au temps de l'action…* »

En effet, *au sens temporel*, cette formule signifie que la démence, pour entraîner l'irresponsabilité, doit être contemporaine de l'action. Elle doit exister au moment où l'agent commet l'infraction. Cette condition est clairement exprimée dans les différents textes auxquels nous avons fait référence *supra*. L'art. 71 du CP belge dit qu'« il n'y a pas d'infraction lorsque l'accusé ou le prévenu était atteint, *au moment des faits*, d'un

---

[1088] Art. 489-2 du C.civ. français (L. du 3 janvier 1968).

trouble mental qui a aboli ou gravement altéré sa capacité de discernement ou de contrôle de ses actes ou lorsqu'il a été contraint par une force à laquelle il n'a pu résister. » L'actuel art. 122-1 du CP français dispose que « n'est pas pénalement responsable la personne qui était atteinte, *au moment des faits*, d'un trouble psychique ou neuro-psychique ayant aboli son discernement ou le contrôle de ses actes. » Et l'art. 23bis du CP congolais, inspiré par l'art. 31-1-a) du Statut de la CPI, de prévoir que « nul n'est responsable pénalement si, *au moment du comportement en cause* : 1. il souffrait d'une maladie ou d'une déficience qui le privait de la faculté de comprendre le caractère délictueux ou la nature de son comportement, ou de maîtriser celui-ci pour le conformer aux exigences de la loi ».

Cela étant, si l'agent, souffrant d'une folie intermittente, se trouvait dans un intervalle de lucidité au moment de la commission de l'infraction, il est pénalement responsable. De même, lorsque la folie survient antérieurement ou postérieurement à l'infraction, l'agent est en principe pénalement responsable. Cependant, dans ces cas de figure, il convient que les juges fassent preuve de beaucoup de circonspection. En effet, lorsque la démence s'est manifestée avant la commission de l'infraction, ceux-ci peuvent légitimement avoir un doute sur la réalité de la guérison de l'auteur de l'acte. Aussi est-il compréhensible qu'ils consentent à ce dernier le bénéfice des circonstances atténuantes. Si la démence survient après l'infraction mais avant le jugement, l'exercice de l'action publique est logiquement suspendu, car l'interrogatoire de l'inculpé devient impossible. Toutefois, les actes procéduraux qui ne mettent pas en cause la personne de l'inculpé peuvent continuer à s'accomplir, tels les interrogatoires des coauteurs et complices, les auditions des témoins, les perquisitions, les expertises, etc. Enfin, si la démence survient après le jugement, elle n'a plus d'emprise sur l'issue de l'action publique exercée, mais elle empêche l'exécution de la peine capitale et des peines privatives de liberté. Par contraste, elle n'entrave pas l'exécution des peines privatives des droits et pécuniaires.[1089]

L'expression « au temps de l'action » contient aussi une dimension ou un *sens causal*. C'est qu'en effet, pour être exonératrice de la responsabilité pénale, la démence dont souffre l'agent doit avoir une relation avec l'acte infractionnel qu'il a perpétré. Autrement dit, il doit s'agir d'un trouble mental en rapport avec l'infraction commise.[1090]

[1089] G. Stefani et G. Levasseur, *op.cit.*, n° 292.

[1090] Crim. 28 février 1952, *D.*, 1952.341, cité par J. Pradel, *op. cit.*, n° 523, p. 438, NBP 6.

Ce sens causal revêt une importance particulière dans l'hypothèse des folies spécialisées conduisant à la commission d'une infraction précise. Il donne la clé de solution de la question de la répression ou pas de l'acte commis. En effet, si l'infraction reprochée à l'agent n'a aucun rapport avec la folie dont il souffre, celui-ci doit subir la sanction, car sa responsabilité pénale subsiste.[1091] Ainsi, p. ex., on ne peut pas admettre l'irresponsabilité d'un kleptomane (voleur par manie) qui a commis une infraction contre les mœurs.[1092] Ne peut pas non plus invoquer sa pyromanie pour échapper à la répression, un délinquant, reconnu pyromane, qui a été surpris en flagrant délit de viol sur une fille mineure.

1-4-2) La démence doit être grave

Certains auteurs affirment que pour être exonératoire, la démence doit être totale, c'est-à-dire qu'elle « doit entraîner l'annihilation complète de toutes les facultés de discernement et de volonté ».[1093] Cette exigence peut paraître excessive car, selon des analyses récentes, une démence totale est exceptionnelle, étant vérifié que, presque toujours, un certain sens de responsabilité subsiste chez le dément.[1094] Il est plus juste d'avancer que pour qu'il y ait exonération, la démence doit être grave. Mais même en retenant ce critère de la gravité, certaines situations peuvent être difficiles à démêler. Quel est le seuil de gravité qui doit être atteint pour que la démence soit exonératrice de la responsabilité pénale ? La réponse à cette question n'est pas aisée, car il existe certains états intermédiaires entre ce qu'on peut qualifier démence grave et la lucidité parfaite. Dans ces états intermédiaires se rangent des demi-fous, des psychopathes ou des anormaux mentaux qui, « par suite de troubles psychiques ou de déficiences mentales durables altérant leurs fonctions supérieures de contrôle... ne sont pas pleinement capables d'apprécier le caractère délictueux de leurs actes... »[1095] Si ces « demi-fous » commettent des infractions, peuvent-ils être pénalement sanctionnés ? À leur sujet, on en est venu à parler de demi-responsabilité, notion ignorée du droit

[1091] J. Pradel, *idem*, n° 523, p. 439.

[1092] V. Bouzat et Pinatel, *Traité de droit pénal et de criminologie*, T. I., Dalloz, Paris 1963 et 1970, n° 248.

[1093] Nyabirungu mwene Songa, *op. cit.*, p. 313.

[1094] V. notamment : Travaux de l'école de Lannemezan, R. Merle et A. Vitu ; add. L-M. Raymondis, « Quelques aperçus sur le problème de la subsistance de l'aptitude à la sanction chez le malade mental interné », in *RSC*, 1963, p. 331 ; J. Ayme, « La genèse de l'article 122-1 », in T. Albernhe (dir.), *Criminologie et psychiatrie*, Ellipses, 1997, p. 559 et s., not. p. 564, cité par J. Pradel, *op. cit.*, n° 524, p. 439, NBP 2.

[1095] Journées de défense sociale de Lille, Juin 1954, v. G. Levasseur (dir.), *Les délinquants anormaux mentaux*, Publication du Centre d'études de défense sociale nouvelle, T. 7, 1959, cité par J. Pradel, *idem.*, n° 424, p. 439, NBP 3.

pénal. Juridiquement, ces demi-fous ou psychopathes, sont responsables. Le législateur français a opté clairement pour cette solution. En effet, dans l'art. 122-1 du CP, il consacre une solution variant selon que le trouble psychique ou neuropsychique dont l'agent est atteint aboli ou simplement altère son discernement ou le contrôle de ses actes. Si, au moment où il a commis les faits infractionnels, l'agent souffrait d'un trouble psychique ou neuropsychique ayant aboli, c'est-à-dire annulé, supprimé, anéanti, détruit entièrement son discernement ou le contrôle de ses actes, alors il doit être déclaré pénalement irresponsable. Va dans le même sens, la position adoptée par le Statut de la CPI, et reprise dans l'art. 23bis du CPC, qui considère qu'une personne n'est pas responsable pénalement si, au moment du comportement en cause, « elle souffrait d'une maladie ou d'une déficience mentale qui la privait de la faculté de comprendre le caractère délictueux ou la nature de son comportement, ou de maîtriser celui-ci pour le conformer aux exigences de la loi… »[1096]

En revanche, si au moment de la perpétration des faits, l'agent était atteint d'un trouble psychique ou neuropsychique ayant altéré son discernement ou le contrôle de ses actes, c'est-à-dire l'ayant simplement dégradé ou modifié sans l'avoir anéanti, il demeure pénalement responsable. Le juge pourra cependant en tenir compte dans la détermination de la peine à lui infliger et dans la fixation de son régime d'exécution. C'est ce qui ressort de l'art. 122-1 al. 2 du CPF qui dispose : « La personne qui était atteinte, au moment des faits, d'un trouble psychique ou neuropsychique ayant altéré son discernement ou entravé le contrôle de ses actes demeure punissable ; toutefois, la juridiction tient compte de cette circonstance lorsqu'elle détermine la peine et en fixe le régime. » En application de cette disposition, les juges peuvent donc tenir compte de cette déficience mentale pour accorder à cette personne le bénéfice des circonstances atténuantes dont la conséquence est de réduire la peine.

Cependant, on a observé que dans la pratique, suite à une certaine réaction sécuritaire au regard de la montée d'une forme de la criminalité, l'anomalie mentale a parfois été regardée comme un indice de dangerosité de laquelle il fallait protéger la société. Aussi, certaines cours d'assises prononçaient-elles de lourdes peines à l'encontre des délinquants anormaux mentaux. Pour endiguer cette tendance répressive, le législateur français est intervenu à nouveau en août 2014[1097] pour ajouter ces dispositions dans l'al. 2 de l'art. 122-1 : « Si est encourue une peine privative de liberté, celle-ci est réduite du tiers ou, en cas de crime puni de la réclusion criminelle ou de la détention

[1096] Art. 31-1-a) du Statut de la CPI.
[1097] Loi n° 2014-896 du 15 août 2014, art. 17.

criminelle à perpétuité, est ramenée à trente ans. La juridiction peut toutefois, par une décision spécialement motivée en matière correctionnelle, décider de ne pas appliquer cette diminution de peine. Lorsque, après avis médical, la juridiction considère que la nature du trouble le justifie, elle s'assure que la peine prononcée permette que le condamné fasse l'objet de soins adaptés à son état. »[1098] Cette intervention du législateur est heureuse, car elle permet la concrétisation de la politique d'atténuation de la peine, tout en laissant au juge le pouvoir d'appréciation souveraine mais motivée des circonstances de chaque espèce, et en sauvegardant l'obligation des soins médicaux appropriés. Un équilibre est ainsi trouvé entre les trois préoccupations : 1) la modération de la sanction en fonction de l'anomalie dont souffre le délinquant ; 2) la liberté d'appréciation de la situation par le juge ; et 3) la nécessité d'administrer à l'agent les soins que requièrent son état.

Malgré cette évolution significative, un problème demeure difficile à régler, même avec l'apport d'un expert psychiatre : celui de la distinction entre la maladie mentale ayant effacé tout discernement et le trouble mental l'ayant simplement altéré, distinction à opérer en tenant compte de l'état de santé du délinquant au moment de la commission de l'infraction et en sachant que l'on peut passer, d'un moment à l'autre, d'une bonne santé mentale à une totale absence de discernement. Il y a donc toujours un risque d'infliger aux anormaux mentaux des courtes peines d'emprisonnement qui, on le sait, ne permettent pas une action thérapeutique efficace, et qui peuvent même s'avérer dangereuses car, plutôt que de guérir, elles peuvent corrompre davantage les condamnés.[1099] Pour éviter ce risque, on se demande s'il ne faut pas se tourner vers la solution proposée par les positivistes et les adeptes de la défense sociale qui préconisent la soumission des demi-fous, non pas à une peine, mais à une mesure de sûreté de nature mixte, médicale et répressive, exécutée dans des asiles spéciaux qui sont à la fois prisons et hôpitaux psychiatriques. C'est dans cette voie que s'est engagée, p. ex., la loi belge du 9 avril 1930, plusieurs fois réformée. Celle-ci donne au juge le pouvoir de prononcer une mesure médicale, thérapeutique et répressive d'une durée indéterminée et qui s'exécute dans un établissement spécial de défense

---

[1098] V. aussi A. Ponseille, « Prise en considération de l'état de santé de la personne suspectée ou condamnée par la loi n° 2014-896 du 15 août 2014 relative à l'individualisation des peines et renforçant l'efficacité des sanctions pénales », in *RSC*, n° 4, 2014, pp. 729-744 ; E. Louan, Th. Webanck et J-L Senon, « L'évaluation du malade mental auteur d'infraction dans le système judiciaire québécois », in *RSC*, n° 2, avril-juin 2013, pp. 271-293.

[1099] Voir G. Stefani et G. Levasseur, *op. cit.*, n° 292.

sociale.[1100] Elle a inspiré une recommandation formulée par le collègue Nyabirungu et retenue par la Conférence nationale souveraine (CNS).[1101] C'est également dans le même esprit que le centre français de défense sociale avait élaboré l'avant-projet de loi de 1954. Aux termes de cet avant-projet, un sujet atteint d'une anomalie mentale peut faire l'objet d'une « détention de défense sociale » qui consiste en un traitement « tendant à l'amélioration de son état mental, à sa rééducation morale et à sa réadaptation sociale. Cette mesure est prononcée par le juge répressif en suivant les règles procédurales du droit commun. Elle est d'une durée de six mois à deux ans ».[1102]

À côté de la démence proprement dite qui vient d'être étudiée, il existe ce qu'on a convenu d'appeler les états voisins de la démence.

2) Les états voisins de la démence ou les troubles occasionnels de la personnalité

Il s'agit des troubles passagers causés par certains événements pathologiques, accidentels ou provoqués. Parmi eux on peut citer les maladies de la volonté et le somnambulisme. La question qui se pose est celle de savoir si ces troubles de la personnalité entraînent aussi l'irresponsabilité pénale, comme la démence. Les réponses varient selon les cas.

2-1) L'hypothèse des maladies de la volonté

Les maladies de la volonté sont celles qui n'affectent pas l'intelligence ni le raisonnement mais qui affaiblissent la volonté et engendrent des obsessions, des impulsions fortes et irrésistibles pouvant conduire l'agent à perpétrer des infractions. Parmi elles, figurent notamment la neurasthénie, la psychasthénie et l'hystérie.[1103] Certaines peuvent être intermittentes alors que d'autres sont

---

[1100] P. Cornil, « Une réforme de la loi belge du 9 avril 1930 de défense sociale à l'égard des anormaux (loi du 1er juillet 1964), in *RSC*, 1968, 263, 273.

[1101] Lire Rapport juridique de la CNS, p. 104.

[1102] G. Stefani, G. Levasseur, B. Bouloc, *op. cit.*, n° 369 ; G. Levasseur (sous la direction de), *Les délinquants anormaux mentaux*, ouvrage collectif, Cujas, Paris1959.

[1103] Neurasthénie : Etat... physique et psychique comportant divers aspects somatiques tels que la fatigue, l'irritabilité, la céphalée, la difficulté de concentration intellectuelle, la pauvreté de la vie sexuelle, etc. Pour Freud, la neurasthénie est un état névrotique proche de la névrose d'angoisse et de l'hypocondrie. - Psychasthénie : Etat névrotique caractérisé par l'aboulie (incapacité pathologique à agir, à prendre une décision), l'asthénie (état de fatigue et d'épuisement), le doute, le scrupule et la méticulosité. Hystérie : Névrose caractérisée par la traduction dans le langage du corps de conflits psychiques et par un type particulier de personnalité marqué par le théâtralisme, la dépendance et la manipulation de l'entourage... Elle a été décrite par Hippocrate

spécialisées comme la kleptomanie ou la manie du vol et la pyromanie ou la manie du feu. Toutes ces maladies ne font pas disparaître la responsabilité pénale, car elles n'effacent pas l'intelligence, le raisonnement ou le discernement. La même solution est adoptée pour la folie morale qui n'affecte ni l'intelligence, ni la volonté, mais seulement le sens moral. Le fou moral distingue parfaitement le bien du mal mais n'éprouve aucune répulsion pour le mal qu'il prend plaisir à accomplir. Il correspond à ce que Lombroso a appelé le criminel-né. Il est responsable aussi bien moralement que pénalement. On peut parfaitement concevoir que dans sa liberté d'appréciation des faits et des circonstances de la commission de l'infraction, le juge prenne en compte une maladie de la volonté comme circonstance atténuante. En France, « aujourd'hui, on peut considérer que les maladies de la volonté entraînent, comme hier, un abaissement de peine. »[1104]

2-2) Le principe consacré en cas de somnambulisme

Jean Pradel le définit ainsi :

> « Le somnambulisme est un état pathologique permettant à certains individus d'accomplir, en état de sommeil, des actes qui ne peuvent normalement l'être qu'à l'état de veille. Plus précisément, le somnambulisme résulte d'un dédoublement de la personnalité : dans son état premier, le somnambule agit comme une personne normale, alors que, parvenu à son état second, il accomplit, par suite d'impulsions inconscientes et irrésistibles, des actes dont il serait normalement incapable, et notamment des infractions. »[1105]

Le somnambulisme peut être naturel ou provoqué par le sommeil hypnotique.[1106] Lorsqu'il est naturel, il exclut la responsabilité pénale du somnambule pour les infractions commises en état de sommeil sous l'effet d'impulsions inconscientes et irrésistibles. Cependant, une infraction d'imprudence peut lui être imputée s'il est établi qu'à l'état de veille, il avait commis un acte imprudent, une faute qui lui a permis de perpétrer l'infraction en sommeillant. Il en est ainsi d'une personne qui, alors qu'elle sait bien qu'elle souffre du somnambulisme, a commis l'imprudence d'aller au lit et de dormir en disposant à portée de sa main un revolver, et a perpétré un homicide au moyen de cette arme une fois arrivé à son état second. Il sera poursuivi et

---

comme maladie spécifique des femmes privées des relations sexuelles. Elle conduit parfois à des dénonciations calomnieuses. V., pour ces différentes définitions, *le Petit Larousse illustré* 1999.

[1104] J. Pradel, *op. cit.*, n° 526, p. 441.

[1105] J. Pradel, *idem*, n° 527, pp. 441-442.

[1106] V., notamment, Larguier, « Le sommeil naturel et les infractions commises dans cet état », in *RSC*, 1975, pp. 124 et S.

condamné pour homicide involontaire.[1107] Si le somnambulisme a été provoqué par le sommeil hypnotique, il est également admis que la responsabilité pénale de l'hypnotisé soit écartée. En revanche, celle de l'hypnotiseur doit être retenue, car, il peut être considéré comme complice au regard du CPF, ou comme coauteur au regard du CPC, ayant provoqué la réalisation de l'infraction par des machinations et artifices coupables.[1108]

2°- L'état d'intoxication

Elle est retenue comme cause d'exonération de la responsabilité pénale par l'art. 23bis-2 du CPC, issu de l'art. 31-1-b) du Statut de la CPI, qui porte que « nul n'est responsable pénalement si, au moment du comportement en cause :... 2. il était dans un état d'intoxication qui le privait de la faculté de comprendre le caractère délictueux ou la nature de son comportement ou de maîtriser celui-ci pour le conformer aux exigences de la loi, à moins qu'il [ne] se soit volontairement intoxiqué dans des circonstances telles qu'il savait que, du fait de son intoxication, il risquait d'adopter un comportement constituant une infraction, ou qu'il n'ait tenu aucun compte de ce risque ».

Le législateur distingue ainsi l'état d'intoxication exonérateur de l'intoxication volontaire.

1) L'état d'intoxication exonérateur

Seul exonère de la responsabilité pénale l'état d'intoxication qui est considéré comme un état voisin de la démence ou de la déficience mentale, car il annule le discernement de l'auteur de l'infraction, le privant « de la faculté de comprendre le caractère délictueux ou la nature de son comportement ou de maîtriser celui-ci pour le conformer aux exigences de la loi ». Ainsi, lorsqu'une infraction a été commise par un individu en état chronique d'intoxication, sa responsabilité pénale ne peut pas être engagée, car cet état est assimilable à une folie, à une démence. Tel est le cas d'un agent qui commet un meurtre durant une crise de *delirium tremens*.[1109] Il doit être déclaré pénalement irresponsable. Au regard de tels agents, les mesures à prendre doivent être essentiellement thérapeutiques comme celles prévues par

---

[1107] V. Bouzat et Pinatel, *op. cit.*, I, n° 248 ; J. Pradel, *idem*, n° 527, p. 442.

[1108] Dans ce sens, voir J. Pradel, *idem*, n° 527, p. 442 ; G. Stefani, G. Levasseur, B. Bouloc, *op. cit.*, n° 372.

[1109] *Delirium tremens* : « (Mots latins, délire tremblant). Etat d'agitation avec fièvre, tremblements, onirisme, provoqué par le sevrage dans certains alcoolismes chroniques », *Le Petit Larousse illustré* 1999, p. 312.

les lois françaises du 15 avril 1954 sur le traitement des alcooliques et du 31 décembre 1970 sur le traitement des toxicomanes.

2) L'inopérance de l'intoxication volontaire

En effet, contrairement au cas de figure précédent, n'est pas exonéré de sa responsabilité pénale, l'agent qui s'est « volontairement intoxiqué dans des circonstances telles qu'il savait que, du fait de son intoxication, il risquait d'adopter un comportement constituant une infraction », ou qui n'a « tenu aucun compte de ce risque ». Les intoxications volontaires sont généralement réalisées par l'absorption d'alcool ou de stupéfiants. Aussi, le législateur incrimine-t-il parfois directement l'usage des produits toxiques et sanctionne-t-il l'individu trouvé en état aigu d'intoxication. Il le fait, p. ex., dans l'art. 1er de l'ord. n° 57/APAJ du 10 juin 1939 qui punit « quiconque sera trouvé dans un état apparent d'ivresse dans les rues, places, chemins, débits de boissons, salles de spectacles et autres lieux publics ainsi que dans les lieux non clôturés sur lesquels le public peut avoir directement vue. »[1110] De même, l'art. 104 du code de la route sanctionne toute personne qui conduit un véhicule alors qu'elle se trouvait sous l'empire d'un état alcoolique.[1111]

Il y a un débat autour de la solution qui doit être adoptée lorsqu'une personne, sans forcément projeter intentionnellement la perpétration d'une telle infraction, consomme des produits dont elle connaît bien la dangerosité, et en vient, par l'effet de ces produits, à commettre cette infraction. Doit-elle en répondre pénalement ? Sur cette question, deux options s'affrontent. La première soutient que la responsabilité pénale d'un tel agent intoxiqué doit être atténuée, en ce sens que ne doit être retenue à son encontre que l'imprudence qu'il a commise en s'intoxiquant, se droguant ou s'enivrant. Il doit donc être exonéré pour les infractions intentionnelles, seules pouvant lui être imputées des infractions non intentionnelles. La seconde option, plus répressive et plus soucieuse de la défense de la société, pense au contraire que l'intoxiqué volontaire doit être déclaré pénalement responsable, puisqu'il a commis une faute. Il doit répondre de toutes les infractions, même intentionnelles, qu'il a perpétrées sous l'empire d'ivresse volontaire. Cette option s'appuie sur la théorie du dol éventuel. En effet, l'individu qui s'est enivré volontairement a dû prévoir les conséquences possibles de son comportement et doit en répondre dans l'hypothèse où celles-ci se produisaient.[1112] C'est cette seconde thèse qu'a épousée la jurisprudence

[1110] Ivresse publique.

[1111] Conduite en état alcoolique.

[1112] V., G. Stefani et G. Levasseur, *op. cit.*, n° 296 ; J. Pradel, *op. cit.*, n°s 528-530, pp. 442-443.

congolaise[1113] et retenue le législateur dans l'art. 23bis-2 du CP. Elle emporte également notre agrément. En effet, consacrer l'irresponsabilité pénale pour des infractions intentionnelles commises par des individus qui auraient consommé volontairement de l'alcool ou de la drogue, connaissant les effets néfastes de ces produits, serait une façon d'encourager la délinquance. Il suffirait alors, pour échapper à la répression, que les individus mal intentionnés s'enivrent ou se droguent avant de commettre des infractions.

Il faut donc saluer la solution inscrite dans l'art. 23bis-2 du CPC et reprise de l'art. 31-1-b) du Statut de la CPI. Elle est également d'application en droit français où, p. ex., la Cour de cassation a approuvé « la condamnation comme déserteur du marin qui, arrêté en état d'ivresse et détenu de ce fait dans un poste de police, n'avait pu rejoindre son bord en temps utile. »[1114] De même, l'art. L. 234-11 du code de la route retient l'ivresse comme une circonstance aggravante en cas d'homicide ou blessures involontaires commis par un automobiliste ivre.

Dès lors, en accord avec l'art. 23bis du CPC, l'agent qui s'enivre volontairement pour se donner le courage de commettre une infraction est pleinement responsable et son ivresse volontaire doit même être retenue comme une circonstance aggravante, en l'occurrence, comme un élément révélateur de la préméditation. L'art. 92 du CP italien consacre expressément cette solution en disposant : « Si l'ivresse a été provoquée à l'avance en vue de commettre un délit ou de se ménager une excuse, la peine est aggravée. »

La troisième cause non présumée de non imputabilité, c'est la contrainte.

3°- La contrainte ou le défaut de liberté

La contrainte s'entend d'une cause psychologique qui enlève à l'agent toute volonté libre. Elle diffère ainsi de la démence qui, nous l'avons vu, est une cause physiologique détruisant le discernement et abolissant la conscience. Elle produit néanmoins, au plan pénal, les mêmes effets que la démence car, comme celle-ci, elle est une circonstance subjective qui fait disparaître la responsabilité pénale de l'agent contraint, tout en laissant intact celle des auteurs ou coauteurs éventuels qui restent punissables s'ils n'ont pas

---

1113 V., notamment : Boma, 5 septembre 1905, *Jur. Et.* II, 51 ; 1ère Inst. Léo, 31 déc. 1901, *Jur. Et.* II, 302 et 341 ; Elis. 5 mai 1914, *Jur. Col.,* 1924 ; G. Mineur, *Commentaire du code pénal congolais*, Larcier, Bruxelles, 1953, p. 70 ; Nyabirungu mwene Songa, *op. cit.*, p. 318.

1114 Crim., 29 janvier 1921, *S.*, 1922.I.185, note J.A. Roux, cité par J. Pradel, *Idem,* p. 443, NBP. 2.

eux-mêmes agi sous l'empire de la contrainte. Elle a le même siège légal en droit comparé, en l'occurrence, l'art. 71 du CP belge et l'art. 64 de l'ancien CPF qui disposait : « Il n'y a ni crime ni délit lorsque le prévenu était en état de démence au temps de l'action, ou lorsqu'il a été contraint par une force à laquelle il n'a pu résister. » Le CPF actuel est également expressif lorsqu'il porte, en son art. 122-2, que « n'est pas pénalement responsable la personne qui a agi sous l'empire d'une force ou d'une contrainte à laquelle elle n'a pu résister. »

En droit congolais, elle est prévue par l'art. 23bis-3 du CP qui dispose : « Nul n'est responsable pénalement si, au moment du comportement en cause :... 3. le comportement dont il est allégué qu'il constitue une infraction a été adopté sous la contrainte résultant d'une menace de mort imminente ou d'une atteinte grave, continue ou imminente dirigée contre sa propre intégrité physique ou celle d'autrui, et s'il a agi par nécessité et de façon raisonnable pour écarter cette menace, à condition qu'il n'ait pas eu l'intention de causer un dommage plus grave que celui qu'il cherchait à éviter. »

C'est naturellement à l'agent qui l'invoque que revient la charge d'apporter la preuve qu'il a commis l'infraction sous l'effet de la contrainte. Pour que celle-ci soit retenue, elle doit réunir toutes les caractéristiques décrites dans cet art. 23bis-3 qui fixe d'une part l'origine de la contrainte, la victime de la menace (1) et les caractères de celle-ci (3) ; d'autre part, les conditions de l'action en réponse (4), ces trois séries d'éléments étant cumulatives. Apportant une clarification nécessaire à la question d'origine, la jurisprudence distingue plusieurs formes de contrainte (2).

1) L'origine de la contrainte et la victime de la menace ou de l'atteinte

La contrainte doit résulter d'une menace de mort imminente ou d'une atteinte grave, continue ou imminente dirigée contre l'intégrité physique de l'agent ou contre l'intégrité physique d'autrui. Ainsi, ce texte ne vise que la contrainte physique, étant donné qu'il reprend la substance de l'art. 31-1-d du Statut de la CPI conçu en considération des crimes relevant de la compétence de cette Cour, en l'occurrence, le crime de génocide, les crimes contre l'humanité, les crimes de guerre et le crime d'agression.[1115] Mais, le

---

[1115] Cet art. 31-1-d) dispose : « 1. Outre les autres motifs d'exonération de la responsabilité pénale prévus par le présent Statut, une personne n'est pas responsable pénalement si, au moment du comportement en cause :... d) Le comportement dont il est allégué qu'il constitue un crime relevant de la compétence de la Cour a été adopté sous la contrainte résultant d'une menace de mort imminente ou d'une atteinte grave,

législateur congolais omet de reprendre dans l'art. 23bis-3, les dispositions finales suivantes de l'art. 31-1-d du Statut de la CPI : « Cette menace peut être : i) soit exercée par d'autres personnes ; ii) soit constituée par d'autres circonstances indépendantes de sa volonté. »

En réalité, la contrainte peut agir comme cause d'exonération de la responsabilité pénale au regard de toutes les infractions, à condition que les critères légaux soient réunis. Aussi convient-il de souligner qu'avant l'introduction de cet art. 23bis dans le CPC le 31 décembre 2015, les juges appliquaient la contrainte, comme les autres causes d'exonération de la responsabilité pénale ou causes de non-imputabilité, au titre de principe général du droit, et en s'appuyant sur le droit comparé notamment français et belge.

2) Les différentes formes de la contrainte

Il ressort de la jurisprudence pertinente que la force ou la contrainte irrésistible peut s'exercer soit sur le corps de l'agent, c'est la contrainte physique ; soit sur sa volonté, c'est la contrainte morale.

2-1) La contrainte physique

Elle est aussi appelée *force majeure*, car elle exerce sur l'individu qui la subit une force le poussant irrésistiblement à commettre un acte prohibé ou l'empêchant inexorablement d'accomplir un acte commandé par la loi. Elle se manifeste, à son tour, sous plusieurs formes, procédant de ses origines qui peuvent être externes ou internes.

2-1-1) D'origine externe, la contrainte physique peut provenir :
- soit d'une force de la nature ; il en est ainsi, p.ex., d'un conducteur qui n'a pu, de nuit, maintenir allumée la lanterne de son véhicule à cause d'un ouragan[1116] ; du propriétaire d'une maison qui s'est écroulée sur la voie publique suite à des pluies torrentielles[1117] ; d'un militaire qui n'a pas pu regagner la caserne à l'issue du temps de la permission de sortie, en raison d'une tempête ayant paralysé les transports en commun ; de l'automobiliste

continue ou imminente à sa propre intégrité physique ou à celle d'autrui, et si elle a agi par nécessité et de façon raisonnable pour écarter cette menace, à condition qu'elle n'ait pas eu l'intention de causer un dommage plus grand que celui qu'elle cherchait à éviter. Cette menace peut être : i) soit exercée par d'autres personnes ; ii) soit constituée par d'autres circonstances indépendantes de sa volonté. »

[1116] Crim., 28 février 1861, *D.*, 1861.I.146.

[1117] Crim. 28 juillet 1881, *D.*, 1882.I.95.

qui a causé des blessures à un tiers consécutivement à un dérapage sur une plaque de verglas[1118] ou un amas de boue, s'il roulait à une vitesse raisonnable ;
- soit du fait du prince ; tel est le cas d'un témoin qui, séquestré par la gendarmerie, s'est trouvé dans l'impossibilité de répondre à la convocation du magistrat et de s'acquitter de son devoir de témoigner[1119] ;
- soit du fait d'un tiers ; tel est le sort d'un gardien de prison qui, séquestré par les détenus révoltés, n'a pu empêcher l'évasion des prisonniers ; ou encore d'un « coureur cycliste qui, enfermé dans un peloton, renverse et tue un policier de la route ».[1120]

2-1-2) D'origine interne, la contrainte physique est généralement provoquée par une maladie. L'exemple le plus cité est celui d'une « prostituée qui, pour cause de maladie, n'a pas pu se rendre à une visite médicale obligatoire ».[1121] La jurisprudence a cependant également retenu la contrainte physique en faveur d'un voyageur poursuivi pour avoir dépassé la station pour laquelle il avait pris son billet, alors qu'il s'était endormi sous l'effet d'une grande fatigue physique.[1122]

2-2) La contrainte morale

Contrairement à la contrainte physique qui s'exerce sur le corps de l'agent, la contrainte morale procède d'une pression exercée sur la volonté de celui-ci, supprimant « ses facultés de libre et complète détermination »,[1123] et le poussant irrésistiblement à commettre l'infraction. Comme la contrainte physique, la contrainte morale peut avoir deux origines : externe et interne.

2-2-1) La contrainte morale externe peut provenir soit des menaces exercées sur l'agent ou sur ses proches, soit d'une suggestion ou d'une provocation émanant d'un tiers.

S'agissant des menaces provenant d'un tiers, elles doivent être illégitimes. Ainsi, p. ex., une caissière d'un hypermarché qui, sous la menace d'une arme,

---

[1118] Crim. 11 avril 1970, *RSC*, 1971.927, obs.G.Levasseur. -18 décembre 1978, *B.C.*, n° 357, *RSC*, 1979.558, obs. G. Levasseur. Ces décisions jurisprudentielles sont citées par J. Pradel, in *Droit pénal général,* 21e éd., p. 445, NBP 1, 2 et 3.
[1119] Baudry, *La force majeure en droit pénal*, thèse, Lyon, 1938, p. 74.
[1120] Crim. 5 janvier 1957, *RSC*, 1958.95, obs. A. Légal.
[1121] Crim. 3 mars 1865, *D.*, 1866.394.
[1122] Crim. 19 octobre 1922, *D.*, 1922.I.233. Ces décisions jurisprudentielles sont citées par J. Pradel, *ibidem,* NBP 5 et 6.
[1123] J. Pradel, *idem,* n° 535, p. 445.

remet au voleur le contenu de sa caisse, ne pourra pas être condamnée pour complicité de ce vol, car cette menace est illégitime. En revanche, n'exclut pas la responsabilité pénale, la simple crainte révérencielle du domestique ou de l'employé vis-à-vis de son patron, de la femme à l'égard de son mari ou de l'enfant vis-à-vis de son père.

Pour être opérantes, ces menaces doivent aussi être pressantes, en ce sens qu'elles doivent faire craindre à l'agent un péril imminent pour lui-même ou pour un de ses proches. Tel est le cas « de l'encaisseur qui, lors d'une agression, se dessaisit de sa sacoche et dispose ainsi de sommes d'argent qui ne lui appartenaient pas ».[1124] Il ne peut pas être poursuivi pour abus de confiance ni pour détournement.

En ce qui concerne la suggestion ou la provocation, la jurisprudence ne la retient comme cause de contrainte et donc de non-imputabilité que si le tiers provocateur a eu recours à des manœuvres telles qu'elles ont supprimé la volonté de l'auteur de l'acte. Si les artifices ou machinations du provocateur n'ont pas annihilé complètement la volonté de l'agent, la jurisprudence ne retient pas la contrainte, étant entendu que la provocation, suivie d'effet, est un mode de réalisation de la coactivité qui ne supprime pas la responsabilité pénale de l'auteur principal.

C'est précisément dans ce sens que la CSJ s'est prononcée dans l'affaire Kashwantale et Nzunzumuna.[1125] Rappelons que suite à des machinations et artifices exercés sur lui par le « magicien » Nzunzumuna, Kashwantale, fonctionnaire de la Banque du Zaïre, a accompli un détournement des fonds au préjudice de celle-ci. Dans sa défense, Kashwantale argue notamment qu'il n'a pas commis l'infraction de détournement « parce que d'une part, l'appropriation privative des fonds ainsi que l'intention frauduleuse font défaut dans son chef et d'autre part, il rejette l'imputabilité de ces faits étant donné le caractère irrésistible des moyens et produits utilisés [par Nzunzumuna], lesquels produits ont eu, selon lui, pour effet, la contrainte morale, la corrosion totale de sa personnalité et la perte graduelle du contrôle de ses facultés mentales, bref l'envoûtement… »[1126]

La Cour a rejeté cette argumentation en soulignant que l'intention frauduleuse existe bien dans le chef de Kashwantale ; que celui-ci a agi dans

---

[1124] J-C. Soyer, *op. cit.*, n° 226.

[1125] Voir présentation de cette affaire *supra* pp 375-377.

[1126] CSJ, Arrêt du 31 août 1984 (RPA 94), *En cause Ministère public c/Kashwantale ka Ruhangamugabo Balemba et Nzunzumuna Dijiba Mbaki*, in *BACSJ*, Années 1980 à 1984, pp. 507-517, spéc. pp 512-513.

l'espoir d'une abondance matérielle à lui promise, un mobile lucratif ; qu'il s'est placé lui-même dans ses croyances mystiques et que la contrainte morale qu'il invoque ne saurait supprimer l'imputabilité des faits à lui reprochés, car elle n'est ni totale, ni déterminante ni annihilante. Ecoutons la Cour dans sa motivation :

> « La Cour suprême de justice considère que les faits reprochés au prévenu Kashwantale constituent dans son chef l'infraction de détournement. En effet, contrairement au soutènement du prévenu, son intention frauduleuse existe dès le moment où il a volontairement déplacé de la chambre forte au coffre de son bureau, cette masse d'argent sans signaler cette situation, ni dans le livre de mouvement de la caisse principale, ni dans celui de mouvement du trésor, situation qui ne fut découverte que le 12 septembre 1983, à l'occasion de la vérification des caisses du trésor, alors que tous ces livres renseignaient erronément les existences qui n'étaient pas réellement dans la chambre forte.
>
> Ce comportement du prévenu joint au caractère secret qui a entouré cette opération soit au bureau, soit lors du déplacement de la malle au sanctuaire, corrobore le comportement frauduleux qui l'habitait au moment des faits. Peu importe le fait que personnellement il n'en a pas tiré profit, l'instruction ayant démontré que c'est son co-prévenu qui a joui de la somme par lui sortie frauduleusement de la chambre forte. Il ne fait l'ombre d'aucun doute que la Banque du Zaïre a été privée de ce montant.
>
> C'est en vain que le prévenu, voulant justifier son acte, invoque la contrainte morale et irrésistible exercée sur lui au moment des faits ainsi que l'envoûtement dans lequel il se trouvait.
>
> La Cour suprême constate que le prévenu s'est placé lui-même dans ses croyances mystiques et que, espérant une abondance à lui promise, il a seul déplacé la somme de 1.400.000 Z de la chambre forte au coffre de son bureau sans pression extérieure aucune. Le prévenu ne prouve pas dans ce moment précis qu'il ne pouvait pas agir autrement. Cette prétendue contrainte n'était ni totale ni déterminante ni annihilante. Il se déduit donc que les conditions exigées pour que la contrainte morale supprime l'imputabilité des faits reprochés à Kashwantale ne sont pas réunies… »[1127]

2-2-2) La jurisprudence se montre encore plus exigeante au regard de *la contrainte morale interne.* En effet, la contrainte morale interne est celle qui prend source dans la personne même de l'agent et résulte des passions, de l'émotion, de ses convictions personnelles, etc. En principe, la contrainte morale interne n'entraîne pas l'impunité. C'est pourquoi, n'a pas bénéficié de l'exonération pour cause de contrainte, un individu qui, poussé par la passion du jeu, avait émis un chèque sans provision[1128] ; ni un appelé qui avait cru se dégager de ses obligations militaires en invoquant ses convictions

---

[1127] *Idem*, p. 513.

[1128] Crim. 27 novembre 1926, *JCP*, 1927, p. 76.

religieuses[1129] ; ni encore une « femme hyper-émotive et d'une impulsivité morbide qui adresse des lettres d'injures à un magistrat ».[1130]

Ce principe de l'indifférence de la contrainte morale interne au regard de la responsabilité pénale de l'agent est même consacré expressément dans le CP italien de 1930 qui dispose : « Les états émotifs ou passionnels n'excluent ni ne réduisent la responsabilité. » D'aucuns pensent néanmoins qu'il importe d'admettre une atténuation de ce principe. En effet, lorsque la colère, l'émotion ou la passion ont été d'une telle violence qu'elles ont annihilé le discernement ou altéré les facultés mentales, elles sont alors assimilables à la démence et, comme telle, peuvent entraîner l'irresponsabilité pénale.[1131] Ce point de vue est discutable.

Dans la pratique, même en dehors de cette hypothèse, les juges accordent souvent le bénéfice des circonstances atténuantes aux auteurs de crimes passionnels inspirés par la passion d'amour. Ainsi peut-on noter, p. ex., que les juges français se montrent indulgents à l'égard de « la fille séduite, puis abandonnée qui, pour venger son honneur, blesse ou tue son séducteur ».[1132] De même, les juges de la C.A de Kinshasa ont considéré que « l'amour passion voué par le prévenu à la victime, son épouse, le désespoir qui en est découlé par le divorce prononcé par des juges complaisants, la provocation de la belle-mère manifestant sa satisfaction au moment du prononcé du divorce, constituent un ensemble de circonstances qui, sans avoir totalement annihilé les facultés psychiques du prévenu, forment de très larges circonstances atténuantes ».[1133]

Pour être pénalement opérante, la contrainte doit être caractérisée.

[1129] Trib. mil. cass. Metz, 14 novembre 1957, *JCP*, 1958.II.10389, note M. Grendel et Ph. Lafarge ; *RSC*, 1958, p. 385, obs. A. Légal.
[1130] J-C. Soyer, *op. cit.*, n° 227.
[1131] V. notamment, G. Stefani et G. Levasseur, *op. cit.*, n° 301.
[1132] J. Pradel, *op. cit.*, n° 537, p. 447.
[1133] Kin, 4 février 1974, *RJZ*, 1979, 102, cité par Nyabirungu mwene Songa, *op. cit.*, pp. 321-322.

3) Les caractères de la contrainte

Ils découlent du texte légal et sont précisés par la jurisprudence.

3-1) L'imminence et la gravité

Aux termes de l'art. 23bis-3 du CPC, la contrainte doit résulter d'une menace de mort imminente ou d'une atteinte grave, continue ou imminente à sa propre intégrité physique ou à celle d'autrui. La menace redoutée doit donc être non seulement grave mais réelle, actuelle ou sur le point de se produire ; ce qui souligne la nécessité de la concomitance de la menace et de la réaction en réponse. Rappelons ici encore que cet art. procède de l'art. 31-1-d du Statut de la CPI envisageant la contrainte comme motif d'exonération de la responsabilité pénale au regard des crimes capitaux relevant de la compétence de cette Cour.

Traitant de cette cause de non-imputabilité vis-à-vis de tout type d'infraction, la jurisprudence souligne que la contrainte, qu'elle soit physique ou morale, externe ou interne, n'entraîne l'irresponsabilité pénale que si, en plus de son imminence ou actualité et de sa gravité, elle est irrésistible et imprévisible.

3-2) L'irrésistibilité

La contrainte doit être irrésistible, en ce sens qu'elle doit supprimer totalement la liberté de l'agent. Qu'elle soit physique ou morale, elle ne peut exonérer ce dernier de sa responsabilité que si elle a exercé sur celui-ci une pression telle qu'il était dans « l'impossibilité absolue de se conformer à la loi ».[1134] Il s'agit donc d'une force consistant dans un « événement indépendant de la volonté humaine et que cette volonté n'a pu prévenir ni conjurer »[1135] ; une force telle que l'agent n'avait d'autre possibilité que de commettre l'infraction. Comme le dit l'art. 122-2 du CPF, l'auteur de l'infraction doit avoir agi sous l'empire d'une force ou d'une contrainte à laquelle il n'a pu résister.

En ce qui concerne particulièrement la contrainte morale, il faut noter une forme de gradation de l'ampleur du caractère irrésistible, selon que cette contrainte morale est externe ou interne. En effet, la contrainte morale externe,

---

[1134] Crim., 28 décembre 1900, *D.*, 1901.I.81, note G. Le Poittevin, *S.*, 1903.I.254 ; 8 février 1936, *Rozoff, D.*, 1936.I.44, note H. Donnedieu de Vabres.

[1135] Crim. 29 janvier 1921, *Trémintin*, *S.*, 1922.I.185, note J.A. Roux. Ces décisions jurisprudentielles sont citées par J. Pradel, *op. cit*, n° 539, p. 447, NBP 2, 3 et 4.

qu'elle soit causée par des menaces ou par une suggestion ou une provocation, n'entraîne l'irresponsabilité de l'agent que si elle a été irrésistible, c'est-à-dire, si elle a exercé sur la volonté de l'agent une pression telle qu'elle a totalement annihilé sa liberté.[1136] C'est donc, en quelque sorte, la condition ordinaire d'irrésistibilité qui s'accomplie. En revanche, s'agissant de la contrainte morale interne, celle-ci ne peut être exonératrice de la responsabilité pénale que dans de rares cas où elle est tellement irrésistible qu'elle est assimilable à la démence.[1137] Dit autrement, la contrainte morale interne n'opère que si l'ampleur de l'irrésistibilité est telle qu'elle abolit pratiquement le discernement, s'apparentant ainsi à la démence.

L'appréciation du caractère irrésistible de la contrainte doit s'opérer non pas d'un point de vue objectif, *in abstracto*, mais d'un point de vue subjectif, *in concreto*, en prenant en considération les possibilités effectives ou les capacités personnelles de résistance de l'agent. Autrement dit, la notion de force majeure doit être individualisée et l'irrésistibilité de la contrainte doit s'apprécier en fonction de la personne du prévenu et non par référence à un être idéal et abstrait.[1138] L'analyse attentive de l'art. 122-2 du CPF vient à l'appui de cette thèse, car il déclare non responsable, non pas un être abstrait, mais bien « *la personne qui* a agi sous l'empire d'une force ou d'une contrainte à laquelle *elle n'a pu résister* ». Il faut donc tenir compte concrètement de la personne de l'auteur de l'acte et de la capacité de cette personne précise à résister on non à la force, à la contrainte à laquelle elle a été soumise.

3-3) L'imprévisibilité

Irrésistible, la contrainte doit en plus être imprévisible, c'est-à-dire qu'elle n'est exonératrice que si elle est extérieure à la volonté de l'auteur de l'infraction. En d'autres termes, celui-ci ne doit pas avoir commis antérieurement une faute ayant eu, d'une manière ou d'une autre, une incidence sur la production de l'infraction déplorée. Ainsi, p. ex., ne peut pas échapper aux poursuites pour abus de confiance, l'individu qui a négligé de prendre les précautions nécessaires pour éviter le vol du bien reçu pour

---

[1136] Crim. 15 juin 1965, *JCP*, 1965, IV, 106, Cité par G. Stefani, G. Levasseur, B. Bouloc, *op. cit.*, n° 377.

[1137] Dans ce sens, voir J. Pradel, *op. cit.*, n° 537, p. 446.

[1138] J.M. Aussel, « La contrainte et la nécessité en droit pénal », in *Quelques aspects de l'autonomie du droit pénal*, Dalloz, 1956, n° 19 ; M.E. Cartier, « Contrainte et nécessité », in *Annales de l'Université des sciences sociales de Toulouse*, 1982, pp. 27 et s.

usage.[1139] De même un marin a été déclaré déserteur et condamné pénalement parce qu'il n'était pas retourné dans son navire à l'heure prévue pour le départ, car il avait été mis en garde à vue par la police qui l'avait arrêté pour l'infraction d'ivresse.[1140] Le fait, pour ce marin, de s'être mis en état d'ivresse a constitué une faute antérieure rendant inopérant l'argument de contrainte. Peut également être cité, le cas de cette personne âgée qui, alors qu'elle se savait cardiaque, s'est installée au volant de son véhicule, après seulement trois heures de sommeil, s'est mise en route et en est venue à commettre un accident.[1141] Elle ne pouvait pas être exonérée de sa responsabilité pénale pour cause de contrainte, car celle-ci n'était pas imprévisible.

On aperçoit aisément la proximité entre la contrainte physique et la force majeure, notion relevant plus naturellement du droit civil. Aussi est-il intéressant de noter la définition que donne de celle-ci l'art. 297 de la loi n° 007-2002 du 11 juillet 2002 portant code minier congolais, qui porte ce qui suit, en son alinéa premier :

> « Constitue un cas de force majeure, tout événement imprévisible, irrésistible, insurmontable et indépendant de la volonté du titulaire l'empêchant, malgré ses meilleurs efforts, d'exécuter en tout ou en partie ses obligations ou occasionnant un retard important dans l'exécution de celles-ci. Sont notamment considérées comme cas de force majeure les événements suivants : grèves sauvages, émeutes, insurrection, trouble civil, conflits sociaux, fait du prince, sabotage, catastrophe naturelle, incendies, faits de guerre ou cas imputables à la guerre. »

Et l'alinéa 3 de préciser qu'« un acte, un agissement ou une omission imputable au titulaire n'est pas constitutif de cas de force majeure. »

Certains auteurs opèrent une distinction entre la contrainte proprement dite et le cas fortuit qui est une circonstance imprévisible et soudaine mais ne supprimant pas la liberté de l'agent. L'illustration classique du cas fortuit est celle du chasseur qui tire sur une cible, mais la balle ricoche et atteint un tiers dont la présence était insoupçonnable.[1142] On voit donc que dans l'hypothèse du cas fortuit, l'auteur pose librement son acte qui est tout à fait licite au moment de son accomplissement. Alors que dans l'hypothèse de la contrainte, l'agent a conscience qu'il pose un acte interdit par la loi mais il se trouve irrésistiblement forcé de le commettre. Le cas fortuit a le même effet

---

[1139] Crim. 13 juillet 1951, *B.C.,* n° 213.

[1140] Crim. 29 janvier 1921, *Trémintin, S.*, 1922.I.185, note J.A. Roux, cité *supra*.

[1141] Crim. 11 mai 2004, *B.C.*, n° 115 ; *AJ pénal*, 2004, 285, obs. Leblois-Happe ; *RSC*, 2004, 878, obs. Mayaud.

[1142] Lyon, 11 février 1954, *D*, 1945, 359, cité par J. Pradel, *Droit pénal général,* 7e éd., Cujas, Paris, 1990, n° 474.

exonérateur que la contrainte.[1143] Celle-ci doit également être soigneusement distinguée de l'état de nécessité que nous avons étudié comme un des faits justificatifs. En effet, « la contrainte supprime le libre arbitre alors que la nécessité laisse une certaine liberté à l'agent... Dans l'état de nécessité, l'agent a l'obligation de choisir alors que, dans la contrainte, il a l'obligation de subir. »[1144]

4) Les conditions de l'action en réponse à la menace

En plus des caractères de la menace qui viennent d'être expliqués, l'art. 23bis-3 requiert la réunion de trois conditions pour que la contrainte exonère l'agent de sa responsabilité pénale :
- celui-ci doit avoir agi par nécessité ; autrement dit, l'infraction commise doit avoir été nécessaire à la conjuration de la menace ;
- l'action nécessaire posée par l'agent doit l'avoir été de façon raisonnable ;
- l'agent ne doit pas avoir eu l'intention de causer un dommage plus grand que celui qu'elle cherchait à éviter.

4°- L'erreur ou l'absence de connaissance

Le juge ne demande compte d'une infraction commise qu'à l'homme normal, capable d'exprimer sa volonté et doué d'une activité psychique régulière. En principe, l'homme qui veut commettre un acte puni par la loi sait qu'il s'inscrit dans ce processus. Cependant, il arrive que l'homme normal qui agit volontairement, ignore que son action est infractionnelle et croit licite une action punissable, ou se trompe sur l'interprétation à donner à la loi pénale.[1145] Il y a dans la première hypothèse ignorance et, dans la seconde, erreur de droit. Ces deux notions, erreur et ignorance, ne doivent pas être confondues. Chacune exprime une réalité si aisément distincte qu'il n'y a pas lieu à prendre l'une pour l'autre. L'erreur se définit, en effet, comme étant une opinion, un jugement contraire à la vérité ; une fausse, une inexacte appréhension d'une question. L'ignorance, elle, c'est l'absence de connaissance.[1146] La doctrine constante, qui reconnaît la différence existant entre ces deux concepts, les

---

[1143] J. Pradel, *ibidem.*

[1144] J. Pradel, in *Droit pénal général,* 21e éd., 2016, n° 531, p. 444.

[1145] V., notamment, L. Wondon et J. Servais, *L'œuvre d'Adolphe Prins*, 1934, p. 440 ; M. Puech, « L'erreur en droit pénal », in *Annales de l'Université des sciences sociales de Toulouse*, 1982, p. 65 ; A. Francon, « L'erreur en droit pénal », in *Quelques aspects de l'autonomie du droit pénal*, Dalloz, 1956, p. 254.

[1146] V., notamment, *Les Novelles droit pénal*, T.I., Vol. 1, Bruxelles, 1956, p. 599 ; J. Constant, *Traité élémentaire de Droit pénal*, T.1., cité par Mokako Maya Madjo, *L'erreur en Droit pénal*, mémoire de licence, 1977, p. 4.

examine néanmoins simultanément, parce qu'ils soulèvent un problème identique dont la solution s'applique aussi bien à l'un qu'à l'autre.[1147] Elle opère une distinction entre, d'une part, l'erreur ou l'ignorance de droit et, d'autre part, l'erreur ou l'ignorance de fait.

1) L'erreur de droit[1148]

L'erreur de droit consiste soit dans l'ignorance de la loi, soit dans sa mauvaise interprétation. Se pose alors cette question : l'agent qui commet une infraction parce qu'il ignorait la loi ou qu'il s'est trompé sur son interprétation peut-il invoquer et bénéficier de cette erreur comme une cause d'irresponsabilité ? Certainement pas, car le droit congolais est régi par un grand principe selon lequel « nul n'est censé ignorer la loi ».[1149]

1-1) Nemo censetur ignorare legem

La Constitution mentionne ce principe au premier rang « des devoirs du citoyen » énumérés dans le chapitre 4 du titre II, précisément dans l'art. 62 qui dispose : « Nul n'est censé ignorer la loi. Toute personne est tenue de respecter la Constitution et de se conformer aux lois de la République. »

Ce principe est présenté comme un corollaire du principe de la légalité. En effet, les citoyens, présumés innocents, sont assurés par le législateur qu'ils ne seront pas sanctionnés sans être préalablement informés de ce qu'il prohibe et de ce qu'il autorise. Ce dernier prend des précautions pour faire connaître la loi pénale ; il dispose pour l'avenir et édicte des mesures pour que la loi promulguée soit publiée. En contrepartie, il impose à ceux-là l'obligation de se renseigner avant d'agir, de sorte que toute infraction au texte législatif ou réglementaire démontre par elle-même que l'auteur n'a pas apporté toute l'attention requise aux admonitions du parlement et de l'administration. C'est de cette sorte de contrat social que découle la comptabilité de l'erreur de droit avec la culpabilité, erreur (de droit) qui implique, dans le chef de l'agent, une faute dans l'accomplissement du devoir d'information juridique qui pèse sur

---

[1147] V., dans ce sens, *Les Novelles*, *op. cit* ; J. Haus, *Principes généraux du droit pénal belge*, Gand 1874, T.A., p. 508.

[1148] V., notamment, S. Plawski, « L'erreur de droit », in *RSC*, 1962, p. 445, et in *Annales de l'Université des sciences sociales de Toulouse*, 1982, p. 131.

[1149] *Nemo censetur ignorare legem*. Sur cet adage, lire : l'étude de R. Guillen, « Nul n'est censé ignorer la loi », in *Mélanges Roubier*, I., p. 253 ; l'article du doyen Bayona-ba-Meya , « La maxime "Nul n'est censé ignorer la loi" », in *BACSJ*, 1977, pp. 159-181.

tous les citoyens. Et cette négligence exclut la bonne foi.[1150] Contre ce principe « *nul n'est censé ignorer la loi* », ont été formulées plusieurs critiques dont les principales sont son caractère de pure fiction et son irréalisme. Car, en réalité tout le monde ne connaît pas toutes les lois. Même les juristes ne peuvent pas prétendre connaître toutes les lois qui, aujourd'hui, croissent et s'artificialisent de plus en plus. Aussi, stigmatisant le phénomène d'inflation pénale, Jean Pradel relève très justement que « la règle "Nul n'est censé ignorer la loi" devient artificiel dans un monde où les textes foisonnent ».[1151] « À une époque où la loi pénale coïncidait avec la règle morale, la règle se comprenait. Mais il n'en est plus ainsi. Certaines infractions en matière de législation sociale ne peuvent être poursuivies qu'après une mise en demeure restée sans effet… Parfois le ministre de la Justice rappelle, par voie de circulaire, la promulgation d'une loi à des magistrats professionnels ! »[1152]

Dans nos États d'Afrique, l'insuffisance de la publication et de la diffusion des lois ainsi que le bas niveau d'instruction des justiciables ne font qu'accentuer l'irréalisme de ce principe. Pour nous limiter à une illustration, un auteur, constatant la non-application de la nouvelle loi congolaise sur les violences sexuelles, écrit :

> « Il est inutile de se réfugier derrière l'adage "nul n'est censé ignorer la loi" quand on sait que le Journal officiel congolais publie à peine les lois promulguées et qu'il est seulement vendu dans la ville de Kinshasa. Par ailleurs, un adage bien connu en RDC raconte que si vous voulez cacher une chose à quelqu'un, la meilleure façon est de la mettre par écrit. En conséquence, nul magistrat ne peut appliquer une loi qu'il n'a jamais étudiée, ni lue. »[1153]

Compte tenu de ces facteurs de la réalité, les citoyens peuvent se croire en droit d'opposer à la société l'*exceptio non adimpleti contractus*. En effet, la Const. impose à la société, en l'occurrence à l'État, l'obligation d'assurer l'éducation et l'information des citoyens, de lutter contre l'analphabétisme et d'assurer la diffusion des dispositions relatives aux droits de l'Homme. Elle prescrit notamment :

1150 R. Merle et A. Vitu, *Traité de droit criminel*, Paris, Cujas, 1967, p. 430 ; J. Carbonnier, *Droit civil*, 6e éd., PUF, 1965, p. 96 ; Charles Huberlant, *Les présomptions et les fictions en droit*, éd. Bruyant, Bruxelles, 1974, p. 196.

1151 J. Pradel, *Droit pénal général*, 21e éd., n° 115, p. 98.

1152 J. Pradel, *idem*, n° 548, p. 453.

1153 J. Mango, « Nouvelle loi sur les violences sexuelles : deux ans après, une application encore inaperçue », in *Le Bulletin RCN Justice et Démocratie*, n° 25, Bruxelles, 2008, p. 21.

« Article 24 : Toute personne a droit à l'information… »
« Article 43 : Toute personne a droit à l'éducation scolaire. Il y est pourvu par l'enseignement national… L'enseignement primaire est obligatoire et gratuit dans les établissements publics. »
« Article 44 : L'éradication de l'analphabétisme est un devoir national pour la réalisation duquel le Gouvernement doit élaborer un programme spécifique. »
« Article 45 : … Les pouvoirs publics ont le devoir de promouvoir et d'assurer, par l'enseignement, l'éducation et la diffusion, le respect des droits de l'homme, des libertés fondamentales et des devoirs du citoyen énoncés dans la présente Constitution. Les pouvoirs publics ont le devoir d'assurer la diffusion et l'enseignement de la Constitution, de la Déclaration universelle des droits de l'homme, de la Charte africaine des droits de l'homme et des peuples, ainsi que de toutes les conventions régionales et internationales relatives aux droits de l'homme et au droit international humanitaire dûment ratifiées. L'État a l'obligation d'intégrer les droits de la personne humaine dans tous les programmes de formation des forces armées, de la police et des services de sécurité… »
« Article 60 : Le respect des droits de l'homme et des libertés fondamentales consacrés dans la Constitution s'impose aux pouvoirs publics et à toute personne. »

S'inscrivant dans le cadre de la mise en œuvre de ces prescriptions constitutionnelles, et pour atteindre précisément « l'éducation de base pour tous, tout au long de la vie », la loi-cadre n° 14-004 du 11 février 2014 relative à l'enseignement national, impose à l'État l'obligation de garantir « la scolarisation primaire obligatoire et gratuite pour tous dans les établissements publics d'enseignement national, en y consacrant des ressources humaines, matérielles et financières appropriées » ; d'assurer « la démocratisation de l'éducation par la garantie du droit à une éducation de qualité, l'égalité des chances d'accès et de réussite pour tous, y compris les personnes vivant avec handicaps » ; de promouvoir « … l'éducation non formelle … ainsi que l'utilisation des langues nationales et/ou des langues du milieu… »[1154]

Force est de constater que le mauvais accomplissement par la société de son devoir de renseigner pleinement les citoyens, de les instruire, de les alphabétiser, d'assurer une diffusion et une vulgarisation réelles, effectives et

---

[1154] Art. 12 de la loi-cadre n° 14-004 du 11 février 2014 de l'enseignement national. À ce sujet, v. l'information diffusée par RFI le 25.08. 2019 : « L'enseignement de base sera obligatoire et gratuit en République démocratique du Congo (RDC), dès cette année scolaire… Les interrogations demeurent sur le mécanisme de financement de cette gratuité », in *http://www.rfi.fr/afrique/20190825-rdc-enseignement-obligatoire-gratuit-promesse-felix-tshisekedi,* consulté le jeudi 29.08.2019 à 16h, heure de Paris.

efficaces des lois, a comme conséquence l'ignorance généralisée de celles-ci. Néanmoins, accepter l'invocation de l'exception d'inexécution du contrat social ou de son exécution défectueuse par l'État équivaudrait à compromettre la sécurité juridique et l'existence même de la société. Voilà pourquoi, malgré son irréalisme, ce principe trouve une application dans la jurisprudence congolaise. C'est ainsi qu'il a été jugé que l'« ignorance de la loi n'est pas une cause de justification »[1155] ; que l'erreur sur l'interprétation de la loi ne peut justifier une infraction ; que cette règle est applicable aussi bien aux infractions intentionnelles qu'aux infractions non intentionnelles, car en matière d'infractions intentionnelles, le vide que l'erreur de droit semble créer dans l'intention délictueuse se trouve comblé par l'intervention du *nemo censetur* et le lien psychologique entre l'auteur et l'infraction commise par suite de cette erreur existe pour la raison que l'agent veut la réalisation de l'acte incriminé, quoiqu'ignorant son caractère illicite[1156] ; « que l'insertion d'une loi au journal officiel lui imprime le caractère d'authenticité qui suffit pour que, dès ce moment, elle soit présumée connue de tous ; que cette présomption est irréfragable et qu'ainsi la force majeure tirée de sa méconnaissance ne peut plus être invoquée, la loi étant censée connue des citoyens, même si tel n'est pas le cas dans la réalité ».[1157]

Ce principe s'applique aussi bien en droit de fond que de procédure, tant en matière pénale que civile. Aussi a-t-il été jugé « que l'invocation de l'ignorance de la procédure devant la Cour suprême de justice ne peut être retenue comme cas de force majeure, puisque cette procédure est censée être connue de tous depuis sa publication au journal officiel ».[1158] En l'espèce, monsieur Pepe Bonilia Fernandes sollicitait, par son pourvoi du 28 août 1980, la cassation de l'arrêt rendu par défaut le 12 décembre 1978 par la C.A de Mbandaka et à lui signifié le 31 mai 1979. Cet arrêt avait infirmé le jugement entrepris en appel en toutes ses dispositions et l'avait déclaré seul responsable de l'accident de circulation survenu le 28 mars 1978 sur la route de Mbandaka-Bikoro et l'avait condamné à payer à Imbanda Ifondji, défendeur en cassation, une somme de 10.670 Z en guise de frais de réparation et dommages-intérêts, majorée de 6% l'an d'intérêts judiciaires depuis l'assignation jusqu'à parfait paiement. Ce pourvoi était manifestement hors délai. Pour être relevé de la déchéance encourue, Pepe invoqua l'ignorance par lui de la procédure devant la CSJ étant donné qu'il était, depuis son jeune âge, garagiste de profession. Cette ignorance équivalait pour lui à un cas de force

---

[1155] Boma, 13 janvier 1912, jur. Congo, 1913, p. 112 ; A. Sohier, *Répertoire de jurisprudence congolais*, p. 43.

[1156] 1ère Inst. Léo, 17 février 1947, *RCB,* 1947, p. 108.

[1157] CSJ, Arrêt du 8 janvier 1970, in *BACSJ,* Vol I, 1970 Fascicule n° 1, pp. 25-27.

[1158] CSJ, Arrêt du 30 mai 1984, in *BACSJ,* Années 1980 à 1984, Éd. 2001, p. 470.

majeure. La Cour déclara ce pourvoi irrecevable pour cause de tardiveté, soulignant que cette demande n'était pas fondée, car « la procédure devant la Cour suprême de justice est censée connue de tous depuis sa publication au journal officiel qui remonte à plus de dix ans à la date du pourvoi, indépendamment de la profession exercée par la partie intéressée ».[1159]

Ainsi donc, en principe, l'erreur de droit ne constitue pas une cause de non-imputabilité, encore moins une cause de justification. Cependant, ce principe ne s'applique pas de façon aveugle. Il est des cas où l'erreur de droit peut atténuer la sanction à infliger à l'auteur de l'infraction et même l'exonérer de toute responsabilité pénale.

1-2) L'erreur de droit justifiée : une circonstance atténuante

En effet, *une erreur de droit justifiée* peut valoir à l'agent le bénéfice d'une circonstance atténuante.[1160] Cette solution est reprise dans l'avant projet du CP congolais, livre 1er, qui accorde au tribunal le pouvoir d'atténuer la peine encourue par l'auteur d'une infraction qui, pour des raisons justifiées, ignorait le caractère illégal de son acte.[1161] La même solution était consacrée par l'art. 20 du CP suisse de 1937 qui disposait : « La peine pourra être atténuée librement par le juge à l'égard de celui qui a commis un crime ou un délit alors qu'il avait des raisons suffisantes de se croire en droit d'agir. Le juge pourra exempter le prévenu de toute peine. » L'art. 21 du CP suisse de 2012 dispose : « Quiconque ne sait ni ne peut savoir au moment d'agir que son comportement est illicite n'agit pas de manière coupable. Le juge atténue la peine si l'erreur était évitable. » Cette disposition suisse vise donc à la fois la possibilité d'atténuation et d'exemption de la peine.

1-3) L'erreur de droit invincible : une cause exonératoire

Il est admis que l'erreur de droit exonère l'agent de sa responsabilité pénale lorsqu'elle revêt un caractère invincible. C'est le principe consacré dans l'art. 23ter du CPC qui porte que l'erreur, de fait ou de droit, « exonère de la responsabilité pénale, du moment qu'elle est invincible. L'erreur est dite invincible lorsqu'elle aurait pu être également commise par une personne d'une diligence moyenne, compte tenu des intérêts en présence et des circonstances concrètes de l'espèce. » Elle est celle dont la nature est telle « que le prévenu s'était trouvé dans l'impossibilité absolue de la découvrir soit

---

[1159] CSJ, Arrêt du 30 mai 1984 (RC 522), *En cause Pepe Bonilia Fernandes c/Imbanda Ifondji*, in *BACSJ*, Années 1980 à 1984, pp. 470-471.

[1160] 1ère Inst. Elis. 13 janvier 1912, cité par Mokako Maya Madjo, *op. cit.*, p. 14.

[1161] Art. 48 al. 1er de l'avant-projet du CP.

en se renseignant par lui-même, soit en s'informant auprès des tiers »[1162] ; celle que, dans les mêmes circonstances, tout homme raisonnable et prudent eût commise.[1163] Tel est le cas, p. ex., d'un automobiliste étranger, en visite à Kinshasa, qui emprunte une avenue dans le sens interdit par le code de la route, car la nuit précédente, un « phaseur »[1164] a, par mauvaise plaisanterie, enlevé le panneau signalisateur de l'interdiction.

Le critère d'appréciation est donc celui de l'homme raisonnable qui est aussi consacré en Belgique.[1165] Est également considérée comme invincible, l'erreur provoquée par une loi, un règlement, une décision, une opinion ou une motivation judiciaire ou administrative, ou même une interprétation officielle de l'institution ou de l'organisme qui est à l'origine du texte considéré.[1166] On peut emprunter à Jean-Claude Soyer l'exemple d'un homme d'affaires qui procède à une exportation des capitaux en violant prétendument la réglementation financière alors que l'administration compétente avait fait savoir que, suivant sa propre interprétation, elle jugeait l'opération licite.[1167]

Ainsi, l'erreur invincible s'apparente à la *force majeure*. Elle est également expressément reconnue comme exonératrice par certains codes pénaux étrangers dont les dispositions suisses citées ci-dessus et l'art. 78, 2° du CP éthiopien qui prévoit que « dans les cas exceptionnels d'ignorance et de bonne foi absolues et justifiées, et lorsque la criminalité de l'acte n'était pas apparente, le juge pourra aller jusqu'à l'exemption de la peine. » L'art. 122-3 du CPF consacre une solution plus stricte en disposant : « N'est pas pénalement responsable, la personne qui justifie avoir cru, par une erreur sur le droit qu'elle n'était pas en mesure d'éviter, pouvoir légitimement accomplir l'acte. » Commentant cet article, Jean Pradel l'estime très strict, voire restrictif. En effet, d'une part l'erreur inévitable requis « recouvre en fait deux situations assez rares, l'information erronée fournie par l'administration avant accomplissement de l'acte, et le défaut de publicité du texte normatif...

[1162] Montpellier, *RSCDPC,* nouvelle série, T. XIV, année 1959, p. 366 ; A. Légal, « L'évolution de la jurisprudence en matière d'erreur de droit », *R.P.S.*, 1960, pp. 316 et s.

[1163] R. Legros, « L'élément moral dans les infractions », cité par Kalombo Mbanga, in *somme juridique* 1982-1983, n° 4, p. 21. V. aussi J-P. Couturier, « L'erreur de droit invincible en matière pénale », in *RSC*, 1968, p. 547.

[1164] Un enfant de rue.

[1165] La commission de réforme du CP belge recommandait cette disposition : « Le caractère invincible de l'erreur s'apprécie par rapport au comportement de l'homme normalement prudent et diligent placé dans les mêmes circonstances ; l'erreur de droit et l'erreur de fait sont indifféremment admises » ; cité par Nyabirungu, *op. cit,* p. 252.

[1166] J-P. Doucet, *Précis de droit pénal général*, Liège, 1976, pp. 126-127.

[1167] J-C. Soyer, *op. cit,* n° 234.

D'autre part, l'admission de l'erreur de droit est subordonnée au respect de trois conditions : - le prévenu, nourrissant un doute, fût-il léger, a dû interroger une personne ou autorité compétente pour connaître exactement l'état du droit, sans se fier à ses propres lumières ; - la personne ou autorité a donné une réponse qui n'est pas la bonne ; - le prévenu a cru que la réponse était bonne et n'a plus été saisi d'aucun doute raisonnable. »[1168]

Avant l'introduction de l'art. 23ter dans le CP par la loi n° 15-022 du 31 décembre 2015, la jurisprudence congolaise a, de manière constante, admis l'erreur de droit invincible comme cause d'exonération de la responsabilité pénale.[1169] C'est ainsi qu'il a été jugé « que la présomption légale de la connaissance de la loi pénale et partant de son effet obligatoire cesse lorsqu'il y a ignorance invincible d'une loi pénale érigeant en infraction un fait qui antérieurement ne l'était pas »[1170] ; « qu'au demeurant, il est de doctrine constante qu'une erreur, pour être élusive de responsabilité pénale, doit être invincible ; que dans le cas d'espèce, le prévenu ne démontre pas que l'erreur qu'il invoque a revêtu le caractère d'erreur invincible... »[1171] Il incombe donc à l'auteur de l'infraction de prouver qu'il avait perpétré l'acte prohibé par erreur et que celle-ci était invincible.

1-4) L'erreur grossière du droit : équipollente au dol

Certains auteurs de doctrine abordent la question de l'erreur commise par le juriste pour soutenir que « l'interprétation inexacte peut aussi exonérer le juriste ».[1172] Il convient de compléter cette phrase par la condition légale requise, à savoir, le caractère invincible de l'erreur d'interprétation commise. L'affirmation complète doit donc être celle-ci : « L'interprétation inexacte peut aussi exonérer le juriste », si l'erreur commise était invincible. En effet, l'interprétation inexacte d'une disposition légale, ayant conduit un juriste à commettre une infraction, est une erreur de droit. Elle n'exonère l'agent de sa responsabilité pénale que si elle est invincible. Ledit juriste peut évidemment invoquer cette erreur de droit dans sa défense pour échapper à la sanction. Pour que cette erreur de droit l'exonère de sa

---

[1168] J. Pradel, *Droit pénal général*, 21e éd., n° 551, p. 455.

[1169] V. notamment 1ère Inst. Elis. 23 octobre 1928, in *RJCB*, p. 56 ; 1ère Inst. Elis. 9 avril 1941, *RJCB*,1941, p. 151 ; C.A de Léopoldville 27-3-1943, *RJCB*,1943, p. 215 ; CSJ 21-11-1975, *BACSJ*, 1975, Éd. 1976, p. 225.

[1170] C.A Léopoldville 27-3-1943, *RJCB*, 1943, p. 215.

[1171] CSJ 21-11-1975, *BACSJ*, 1975, Ed. 1976, p. 225.

[1172] V. notamment Ngoto Ngoie Ngalingi, *op. cit.*, p. 67. L'auteur cite Nyabirungu mwene Songa, *Traité de droit pénal général congolais*, 2e édition, EUA, Kinshasa, 2007, p. 301.

responsabilité pénale, il doit être établi et les juges doivent être convaincus que cette erreur était invincible. Il faut souligner que lorsqu'une application de la loi peut avoir comme conséquence l'accomplissement d'un acte qui, en dehors de l'autorisation de la loi, serait infractionnel, le juriste chargé d'assurer cette application doit s'assurer de sa bonne compréhension et de son exacte interprétation, et ne pas agir à la légère avec espoir d'invoquer et de bénéficier de l'erreur d'interprétation au cas où celle-ci générerait une infraction au préjudice d'autrui. Aucune disposition légale ne consacre l'interprétation inexacte de la loi comme cause d'exonération spécifique pour le juriste. Pareille disposition serait absurde, car elle encouragerait la paresse intellectuelle de ce dernier, sa négligence, son caprice, voire son arbitraire. Si la mauvaise compréhension de la loi ne peut pas exonérer un citoyen ordinaire à qui s'applique l'adage *nul n'est censé ignorer la loi*, la mauvaise interprétation de celle-ci ne doit pas non plus exonérer le juriste au motif qu'il est chargé de son application. La mauvaise interprétation de la loi, autant que son ignorance, vaut erreur de droit qui n'exonère que si elle est invincible. Autrement dit, le principe de solution retenu en matière d'erreur de droit, comme d'ailleurs d'erreur de fait, s'applique à tous, y compris aux juristes.[1173]

En ce qui concerne l'erreur grossière du droit, le législateur lui-même l'assimile au dol dans l'art. 56 de la L.O n° 13-010 du 19 février 2013 relative à la procédure devant la Cour de cassation qui dispose : « Le dol est une violation volontaire du droit par le magistrat pour aboutir à une conclusion erronée dans le but d'accorder un avantage indu à une partie. Il se caractérise par la mauvaise foi, par des artifices et des manœuvres qui donnent à la décision une valeur juridique apparente. L'erreur grossière du droit est équipollente au dol. »

2) L'erreur de fait

Elle consiste dans la méprise de l'agent sur l'une des circonstances de l'infraction. Les faits ne sont pas tels que celui-ci se les représente. Il se trompe, p. ex., sur la personne ou sur l'âge de la victime ; il confond son manteau avec celui d'un autre, etc. Dès lors, peut-il avancer une telle méprise pour échapper à la répression ? Dit autrement, l'erreur de fait entraîne-t-elle l'irresponsabilité pénale de l'agent ? Pour répondre à cette question, il faut distinguer deux hypothèses : celle de l'erreur de fait invincible et celle de l'erreur de fait non invincible ou fautive.

[1173] Lire à ce sujet, Fofé Djofia Malewa, « De l'interprétation à la qualification des faits et la théorie de l'erreur de droit à travers l'arrêt de la CSJ du 13 juillet 1972 », in *Annales de la Faculté de Droit*, Vol. IV-VII, 1975-1978, pp. 105-146.

2-1) L'erreur de fait invincible

Elle est celle que l'agent ne pouvait pas éviter ; celle que tout homme raisonnable et prudent, placé dans les mêmes circonstances, aurait commise.

Que l'on se trouve devant une infraction intentionnelle ou devant une infraction non intentionnelle, lorsque l'erreur de fait est invincible, elle vaut cause de non-imputabilité, comme l'erreur de droit invincible. L'erreur de fait invincible est donc exclusive de la responsabilité pénale, car elle constitue un véritable cas de force majeure. L'art. 23ter du CPC le dit expressément : « L'erreur, qu'elle soit de fait ou de droit, exonère de la responsabilité pénale, du moment qu'elle est invincible… »

Antérieurement à l'insertion de cet art. 23ter, cette solution a toujours été de mise aussi bien en droit pénal de fond que de procédure. C'est ainsi que, p. ex., dans son arrêt du 28 avril 1987, la CSJ avait dit pour droit que « lorsque le juge d'appel n'a pas prononcé sa décision à la date prévue pour ce faire, il y a force majeure et la déclaration faite en dehors du délai légal à la suite de l'ignorance par le demandeur de la nouvelle date de prononcé est recevable. »[1174] En l'espèce, le demandeur en cassation, dans sa requête confirmative de son pourvoi déposée le 2 avril 1983, sollicitait de la Cour, conformément au prescrit de l'art. 13 al. 3 du code de procédure devant elle, d'être relevé de la déchéance encourue, motif pris du fait que le juge d'appel n'avait pas prononcé sa décision à la date du 22 juillet 1982 initialement prévue, mais plutôt le 23 septembre de la même année, soit plus de deux mois plus tard. Il soutint que ce fait l'avait empêché de connaître la date du prononcé et de se pourvoir à temps en cassation. La Cour lui donna raison et accueillit sa déclaration de pourvoi faite le 22 décembre 1982, soit trois mois après le prononcé du jugement entrepris, alors qu'aux termes de l'art. 47 du code de procédure devant la CSJ, le délai pour se pourvoir est de quarante jours francs à dater de l'arrêt ou du jugement rendu contradictoirement.[1175] Elle considérait, en effet, que la circonstance qu'il invoquait constituait

---

[1174] CSJ, Arrêt du 28 avril 1987 (RP 794), *En cause Ilunga Shambuyi Kama c/ Ministère public et Wembo Nyama Luta,*in *BACSJ*, Années 1985 à 1989, pp. 310-313, spéc. p. 310.

[1175] Art. 47 du code de procédure devant la CSJ : « Le délai pour se pourvoir est de quarante jours francs à dater du prononcé de l'arrêt ou du jugement rendu contradictoirement. Le procureur général près la Cour d'appel dispose toutefois d'un délai fixe de trois mois à partir du prononcé du jugement ou de l'arrêt. Lorsque l'arrêt ou le jugement a été rendu par défaut, le pourvoi n'est ouvert et le délai ne commence à courir à l'égard du condamné que du jour où l'opposition n'est plus recevable. Pour la partie civile et la partie civilement responsable, le délai prend cours le dixième jour qui suit la date de la signification de l'arrêt ou du jugement. »

effectivement un cas de force majeure l'ayant empêché de connaître la date exacte de la décision intervenue et d'exécuter son pourvoi dans le délai requis.[1176]

2-2) L'erreur de fait non invincible

Elle s'entend d'une *erreur fautive*, procédant, p. ex., d'une négligence, d'une imprudence, d'un manque de diligence de l'agent. Faisons une légère marche arrière pour souligner que la différence entre l'erreur de fait et l'erreur de droit est clairement établie lorsque précisément cette erreur n'est pas invincible, c'est-à-dire lorsqu'elle est fautive. L'erreur de droit fautive n'exonère pas l'agent de sa responsabilité pénale. En ce qui concerne l'erreur de fait fautive, il faut distinguer selon que l'infraction commise est intentionnelle ou non intentionnelle.

2-2-1) L'erreur de fait non invincible ou erreur fautive ayant entraîné la commission d'une infraction intentionnelle

Cette erreur peut-elle exonérer l'agent de sa responsabilité pénale ? La réponse à cette question varie selon que cette erreur porte sur un élément essentiel ou accessoire de l'infraction intentionnelle commise.

2-2-1-1. Si cette erreur porte sur un élément essentiel de l'infraction, elle exclut la responsabilité. Pour le souligner, en cas d'infraction intentionnelle, le principe est que l'erreur de fait même fautive exclut la responsabilité pénale si elle porte sur un élément essentiel de l'infraction. Par éléments essentiels de l'infraction, il faut entendre les conditions préalables et les éléments constitutifs de celle-ci. On considère, en effet, qu'une erreur de fait, même

---

[1176] CSJ, Arrêt du 28 avril 1987 (RP 794), in *idem*, p. 312. V. aussi, Arrêt du 31 janvier 1989 (RP 1214/1232), *En cause Bimansha Mbuyi et Matezo Mavakala c/ Ministère public et Boma wa Boma,* in *idem*, pp. 461-470, spéc. pp. 462 et 465 ; Arrêt du 03 novembre 1989 (RP 1340), *En cause Tumbula Tuakalawo c/ Ministère public et Kumuini Ndolumingu,* in *idem*, pp. 519-521 ; CSJ, Arrêt du 19 février 2003 (RP 1.910), *En cause Samba Mbombo c/ Ministère public et Zynga Mahi*, in *BACSJ*, Années 2000 à 2003, pp. 221-223 ; CSJ, Arrêt du 5 avril 2000 (RP 1895), *En cause Nduenga Thomas c/ Ministère public et Mabungu Nkondi*, in *idem*, pp. 18-23, spéc. p. 18 : « Le demandeur est relevé de la déchéance encourue et son pourvoi déclaré recevable étant donné que les cas de force majeure invoqués sont fondés, lorsqu'il a été constaté d'une part, que la décision entreprise a été prononcée à une date non fixée par le juge et sans que les parties en aient été préalablement avisées et d'autre part, que le greffier de la juridiction d'appel a transmis le dossier à la Cour suprême de justice tardivement à la suite de la seconde lettre comminatoire du Greffier en chef. »

fautive, c'est-à-dire non invincible, portant sur une des conditions préalables ou un des éléments constitutifs de l'infraction, supprime l'élément moral caractéristique des infractions intentionnelles, en l'occurrence l'intention, la volonté de commettre l'acte infractionnel et d'en obtenir le résultat en connaissant son caractère illicite. Ainsi, ne peut pas être poursuivi pour vol, un sportif qui, par erreur, emporte du vestiaire commun le manteau d'un coéquipier qu'il a pris pour le sien. N'est pas non plus voleur « celui qui, par erreur, s'empare, dans le filet à bagages d'un wagon, d'une valise absolument identique à la sienne (On examinera toutefois la réalité de la bonne foi, car il peut s'agir d'un vol "à la substitution") ».[1177] Dans les deux cas, il reviendra donc à l'auteur de l'acte de prouver qu'il avait agi par erreur, par défaut de précaution de vérification, et non point par esprit de soustraire un bien appartenant à autrui pour se l'approprier. De même, ne peut pas être poursuivie pour empoisonnement une infirmière qui, par erreur prouvée, a administré à un patient un poison qu'elle avait pris pour un médicament. Si celui-ci est mort, l'infirmière, ayant établi sa bonne foi, pourra cependant être condamnée pour homicide par imprudence.

Telle est donc la solution consacrée lorsque l'erreur de fait porte sur un élément essentiel de l'infraction.

2-2-1-2. En revanche, si cette erreur de fait fautive porte sur un élément accessoire de l'infraction intentionnelle, elle est indifférente, inopérante, car elle laisse subsister la responsabilité pénale. Ainsi en est-il d'un individu qui vole un tableau qu'il croit être un tableau de maître alors qu'en réalité celui-ci est une copie. Il reste coupable de vol et sera sanctionné comme voleur. Il ne pourra pas invoquer cette erreur sur la qualité du tableau volé pour échapper à la répression. De même, un agent qui tue Pierre qu'il prend pour Jean (*error personae* ou erreur sur la personne) reste coupable d'homicide volontaire, car il l'a accompli par dol spécial caractéristique de ce crime, à savoir l'*animus necandi* : l'intention de tuer. L'erreur sur la personne est inopérante, dès lors que l'intention de tuer est établie dans le chef de l'agent.

Est également indifférente, l'erreur découlant d'une maladresse du délinquant ou de son manque de maîtrise dans le maniement de l'instrument du crime utilisé. Ainsi répondra pénalement d'homicide volontaire un individu qui tire un coup de fusil pour tuer Marc, mais qui, par maladresse, atteint mortellement Luc. Nous sommes là dans le cas de figure de l'*aberratio ictus*.

[1177] Levasseur, Chavanne, Montreuil, Bouloc, *op. cit*, n° 188.

2-2-2) L'erreur de fait non invincible ou erreur fautive ayant entraîné la commission d'une infraction non intentionnelle

En cas d'infractions non intentionnelles, le principe est que l'erreur de fait fautive est indifférente. En effet, l'erreur de fait fautive ne supprime pas l'élément moral des infractions non intentionnelles, lequel consiste précisément en une simple faute d'imprudence, de négligence ou d'inobservation des règlements. Ainsi, p. ex., un chasseur qui tue par erreur un de ses compagnons de chasse qu'il a pris pour un sanglier, reste coupable d'homicide par imprudence. Pour paraphraser Jean Pradel, l'erreur qu'il a commise, loin d'être disculpante, souligne sa faute d'inadvertance.[1178] La seule erreur de fait exonératrice en matière d'infractions non intentionnelles, c'est l'erreur de fait invincible.

Avant de clore ce paragraphe, il est utile de rappeler les deux séries de circonstances qui, lorsqu'elles sont prouvées, peuvent faire échapper l'auteur de l'acte matériellement infractionnel à la sanction pénale :
- Il y a d'un côté les faits justificatifs que nous avons étudiés *supra* dans la section consacrée à l'examen du préalable légal de l'infraction. Nous les avons définis comme étant des circonstances objectives faisant obstacle à l'établissement même de la qualification. Il s'agit de l'ordre de la loi ou du commandement de l'autorité légitime ; de la légitime défense ; et de l'état de nécessité.
- De l'autre côté, se trouvent les causes d'exonération de la responsabilité pénale ou de non-imputabilité définies, elles, comme étant des circonstances subjectives qui empêchent d'imputer la faute commise à son auteur. Il s'agit de la minorité, de la démence et de certains de ses états voisins, dont l'état d'intoxication involontaire, de la contrainte et de l'erreur.

Le Statut de Rome de la CPI retient également ces circonstances en les regroupant tous, sauf l'erreur, dans ce qu'il qualifie de « motifs d'exonération de la responsabilité pénale » décrits dans l'art. 31, dont la substance a été reprise dans l'art. 23bis du CPC. S'agissant de l'erreur de fait et de l'erreur de droit, il les régit ainsi distinctement dans son art. 32 :

> « 1. Une erreur de fait n'est un motif d'exonération de la responsabilité pénale que si elle fait disparaître l'élément psychologique du crime.
> 2. Une erreur de droit portant sur la question de savoir si un comportement donné constitue un crime relevant de la compétence de la Cour n'est pas un motif d'exonération de la responsabilité pénale. Toutefois, une erreur de droit peut être

---

[1178] Sur l'erreur de fait, v., notamment, J. Pradel, *op. cit.*, n°s 542-546, pp. 450-452 ; G. Stefani, G. Levasseur, B. Bouloc, *op. cit*, n°s 379 à 384.

un motif d'exonération de la responsabilité pénale si elle fait disparaître l'élément psychologique du crime ou si elle relève de l'article 33. »[1179]

L'examen des causes de non-imputabilité vient de clore les développements consacrés au délinquant. La position d'acteur principal occupé par celui-ci et justifiant l'importance de l'exposé qui lui est consacré ne doit pas occulter la présence sur scène d'un autre protagoniste : la victime.

SECTION 2 : **LA VICTIME**

Pour bien appréhender la place de celle-ci dans le drame pénal, il convient d'abord d'élucider la notion de victime qui peut recouvrir des réalités fort complexes (§ 1er). Il importera ensuite de voir l'implication de cette dernière dans certaines qualifications et poursuites (§ 2).

*PARAGRAPHE 1er : **LA NOTION DE VICTIME***

Il existe deux conceptions du terme victime : juridique et criminologique. La première est simple ; la seconde, plus dynamique et complexe.

A- LA CONCEPTION JURIDIQUE DE LA VICTIME

Selon cette conception, la victime désigne la personne lésée par l'infraction ; celle qui a subi le dommage causé par la réalisation de l'infraction. Cette vision ne met donc principalement en relief que les faits matériels, en négligeant les facteurs psychologiques et d'autres traits subjectifs des partenaires impliqués dans l'acte infractionnel.

B- LA CONCEPTION CRIMINOLOGIQUE DE LA VICTIME

Ce qui, précisément, caractérise la conception criminologique, c'est qu'elle prend en considération, à côté des données objectives et des faits matériels, plusieurs critères subjectifs permettant d'établir, d'une manière réaliste, des éléments causals attribuables au délinquant et à la victime[1180]qui forment ce qu'on appelle le couple pénal. La conception criminologique rejette la vision qui oppose nécessairement un criminel coupable et une victime innocente. Elle reconnaît, en effet, que « dans beaucoup de cas, la victime consent tacitement,

---

[1179] Art. 32 du Statut de la CPI. Rappelons que l'élément psychologique est défini par l'art. 30 du même Statut, cité *supra* p. 344. Tandis que l'art. 33, cité plus haut à la p. 269, vise l'ordre hiérarchique et l'ordre de la loi.

[1180] E.A. Fattah, *La victime est-elle coupable ? Le rôle de la victime dans le meurtre en vue du vol*, Presses Universitaires de Montréal, 1971, p. 18.

coopère, conspire ou provoque. Une connaissance plus complète et plus approfondie du phénomène criminel passe par la mise en balance des actes et des mérites respectifs de l'agent criminel et de sa victime qui, ensemble, forment une chaîne causale fermée dont le dernier anneau est le comportement délinquant qu'on déplore… »[1181]

Les criminologues ont donc de la victime une vue autant réaliste que complexe qui écarte les images en noir et blanc, le stéréotype de la victime, et qui réalise que la culpabilité est souvent partagée à l'intérieur du « couple pénal », que les mêmes individus peuvent être successivement ou parfois concomitamment victimes et délinquants. L'exemple le plus éloquent est celui de l'agent comptable de l'État qui « emprunte » de son propre gré à la caisse publique dont il a la garde, une certaine somme d'argent qu'il confie pour multiplication par des formules magiques à un marabout qui ne remplit pas son engagement mais disparaît pour toujours avec son butin, abandonnant sa « victime » dans la méditation. Kaswantale, ce cadre de la Banque du Zaïre, victime des machinations de Nzunzumuna, rentre dans cette catégorie.[1182]

Se basant sur cette conception dynamique, les victimologues ont tenté d'élaborer des typologies des victimes dont le premier essai revient au criminologue germano-américain Hans Von Hentig.[1183] Cependant, pour illustrer ces typologies victimelles[1184] nous avons retenu celle proposée par Ezzat Abdel Fattah qui met en lumière cinq types de victimes : la victime non participante, la victime latente ou prédisposée, la victime provocatrice, la victime participante et la fausse victime.

[1181] Akele Adau, *La criminalité militaire au Zaïre*, Thèse, Aix-Marseille III, 1983, p. 14.

[1182] V. CSJ, Arrêt du 31 août 1984 (RPA 94), *En cause Ministère public c/Kashwantale ka Ruhangamugabo Balemba et Nzunzumuna Dijiba Mbaki*, in *BACSJ*, Années 1980 à 1984, pp. 507-517, cité *supra*, pp. 244-245, 375-377.

[1183] Hans Von Hentig, *The criminal and his victim*, Yale University Press 1948, cité par H. Ellenberger, « Relations psychologiques entre le criminel et la victime », in *RICPT* vol. VIII, n° 2, avril-juin 1954, p. 104.

[1184] D'autres typologies ont été élaborées par : Benjamin Mendelsohn, « Une nouvelle branche de la science bio-psycho-sociale : La victimologie », in *RICPT*, vol. X, n° 2, avril-juin 1956, pp. 105-107 ; Luis Jimenez de Asua, *La llamada, Victimologie*, Estudios de Derecho penal y criminologia, Buenos Aires, Bibliotéca Omda, 1962, cité par E.A. Fattah, « Vers une typologie criminologique des victimes », in *RIPC*, juin-juillet 1967, p. 164.

a) La victime non participante se singularise par son attitude négative ou répulsive envers l'acte et le délinquant, et l'absence de toute contribution de sa part à la genèse du crime. Il existe deux types particuliers de victime non participante : le type passif et le type actif.

1°- Le type passif comprend :
1) la victime inconsciente qui ne se rend pas compte de l'attaque qui va se commettre contre elle et se trouve ainsi dans l'impossibilité de résister ou de se défendre ;
2) la victime impuissante qui est bien consciente de l'acte mais qui est surprise par l'attaque contre laquelle elle ne peut opposer aucune résistance fructueuse;
3)la victime simultanément inconsciente et impuissante qui, non seulement ne se rend pas compte de l'acte mais aussi est incapable de se défendre. Tel est le cas d'un enfant nouveau-né, victime de l'infanticide, ou d'une femme violée en état de sommeil ou sous l'effet de l'anesthésie générale.

2°- Le type actif vise *la victime résistante*, c'est-à-dire celle qui essaye d'empêcher la réalisation du crime.

b) La victime latente ou prédisposée désigne l'individu qui, en raison de certaines qualités ou prédispositions particulières, est plus exposé que d'autres à devenir victime et présente plus de risque de redevenir victime. Ces prédispositions ont pour effet soit d'affaiblir la force de résistance de la victime, la rendant plus exposée ou moins protégée et faisant d'elle un sujet propice à un certain type de criminalité ; soit de rendre la victime aveugle au danger, moins prudente, moins vigilante ; soit d'attirer le criminel vers elle ou d'inspirer à celui-là l'idée du crime ; soit enfin d'exciter les pulsions criminelles chez les délinquants ou d'éveiller ses tendances criminelles latentes.

En fonction de la nature de ces prédispositions, on distingue plusieurs types de victimes latentes :

1°- la victime à prédispositions bio-physiologiques, en fonction de l'âge, du sexe, de l'état physique[1185], mental ou d'ivresse… ;

2°- la victime socialement prédisposée, en raison de son métier, sa situation sociale, son isolement spatial, sa conduite asociale, ses conditions économiques, etc. ;

[1185] Les aveugles, les sourds, les muets, les infirmes…, p. ex., sont considérés comme des victimes faciles.

3°- la victime moralement ou psychologiquement prédisposée accusant certains traits psychologiques anormaux comme la cupidité, l'âpreté au gain, la vénalité, l'immoralité, la lubricité, la vanité, la naïveté, la crédulité, la stupidité, la superstition, le syndrome d'Abel, le spleen… ; ou certains états psycho-pathologiques comme l'alcoolisme, la dépression, la paranoïa, les perversions sexuelles, etc.

c) La victime provocatrice est celle qui incite le délinquant à commettre l'infraction ou qui crée la situation propice au déclenchement de l'acte. Il existe deux types principaux des victimes provocatrices :

1°- Le type passif (ou provocation indirecte) désigne l'individu qui, par sa négligence ou son imprudence, crée ou favorise la situation propice au crime incitant ainsi, d'une manière indirecte, le délinquant à agir.

2°- Le type actif (ou provocation directe) se présente sous deux variétés : *la victime consentante* incitant à l'action (agent promoteur) ; et *la victime non consentante* provoquant l'action (agent provocateur).

d) La victime participante dont le rôle se situe à la phase d'exécution de l'infraction et consiste :
- soit en une attitude passive favorable à l'accomplissement de l'acte (désir, consentement, soumission, résignation, connivence, indifférence, indolence, apathie, léthargie) : c'est le type passif ;
- soit en une participation active à l'infraction (victime contributrice, coopératrice, collaboratrice, coadjuvante) : c'est le type actif.

e) La fausse victime. Elle comporte deux types particuliers :

1°- La victime imaginaire ou l'individu qui prétend être victime d'un acte, mais qui ne l'est pas en fait. Elle peut être de bonne foi (soit par suggestion, soit par obsession morbide) ; ou de mauvaise foi (le simulateur).

2°- La victime d'elle-même, de ses propres agissements, laquelle peut également être de bonne foi (victime de sa propre négligence ou imprudence) ; ou de mauvaise foi (victime de son propre acte intentionnel : tentative de suicide, automutilation, incendie volontaire, etc.)[1186]

Voilà donc une illustration de la vision criminologique ou victimologique de la notion de victime. On aura perçu son dynamisme, son réalisme et aussi

[1186] Pour cette typologie, voir E. A. Fattah, « Vers une typologie criminologique des victimes », *op. cit.*, pp. 164-169.

sa complexité. L'analyse approfondie de la norme pénale permet de constater l'implication de ce deuxième acteur du drame pénal dans certaines qualifications et poursuites.

*PARAGRAPHE 2 : **L'IMPLICATION DE LA VICTIME DANS CERTAINES QUALIFICATIONS ET POURSUITES***

Lorsqu'on soumet à l'examen les dispositions du livre II du CPC qui définissent les infractions et prévoient des sanctions, on observe que dans certaines incriminations, le législateur prend en compte la qualité de la victime soit comme élément constitutif, soit comme circonstance aggravante (A). Parfois, le consentement de la victime qui, en principe, est inopérant, fait disparaître l'infraction (B), à telle enseigne que certaines poursuites sont subordonnées à la plainte préalable de la victime (C).

A- LA QUALITÉ DE LA VICTIME : ÉLÉMENT CONSTITUTIF OU CIRCONSTANCE AGGRAVANTE DE CERTAINES INFRACTIONS

a) La qualité de la victime : élément constitutif de certaines infractions

1°- Il est des faits qui ne sont infractionnels que s'ils sont commis sur certaines personnes revêtant une qualité bien déterminée. Ainsi en est-il, p. ex., de l'acte d'excitation de mineurs à la débauche, sanctionné par l'art. 172 du CP.[1187] Cette infraction exige non seulement un acte matériel d'excitation ou de facilitation de la débauche ; non seulement l'intention coupable de l'agent qui poursuit comme but la satisfaction des passions d'autrui ; mais aussi une victime ayant une qualité bien déterminée. Celle-ci doit être, en effet, une personne, garçon ou fille, âgée de moins de dix-huit ans. Si la personne poussée à la débauche est âgée de plus de 18 ans, on ne retiendra pas l'infraction de l'art. 172, mais plutôt l'une des infractions prévues et punies par l'art. 174b, si leurs éléments constitutifs sont réunis.[1188]

[1187] Art. 172 tel que modifié par l'art. 3 de la loi n° 06-018 du 20 juillet 2006 : «Quiconque aura attenté aux mœurs en excitant, facilitant ou favorisant pour satisfaire les passions d'autrui, la débauche ou la corruption des personnes de l'un ou l'autre sexe, âgées de moins de dix-huit ans, sera puni d'une servitude pénale de trois mois à cinq ans et d'une amende de cinquante mille à cent mille Francs congolais constants. » V. aussi l'art. 173 de la loi n° 09-001 du 10 janvier 2009 portant protection de l'enfant, cité *infra*.

[1188] Art. 174 b : « Sera puni d'une servitude pénale de trois mois à cinq ans et d'une amende de cinquante mille à cent mille Francs congolais constants. : 1° Quiconque, pour satisfaire les passions d'autrui, aura embauché, entraîné ou détourné, en vue de

2°- On peut citer également, en guise d'illustrations :
- les art. 136 et s. du CP qui punissent les outrages et violences envers les membres du parlement, du gouvernement, les dépositaires de l'autorité et de la force publique ;
- les art. 193 et s. du même code qui sanctionnent les attentats et complots contre le chef de l'État ;
- l'art.155 du même code qui punit la supposition d'enfant, définie comme le remplacement de l'enfant qu'une femme vient de mettre au monde par l'enfant d'une autre femme ;
- les art. 420 et 423 du code de la famille, tels que modifiés par la loi n° 16-008 du 15 juillet 2016, qui interdisent et punissent la remise en mariage ou en vue du mariage de toute personne âgée de moins de 18 ans.[1189]

b) La qualité de la victime : circonstance aggravante

1°- Il en est ainsi, p. ex., dans l'art. 168 du CP (tel que modifié par la loi n° 06-018 du 20 juillet 2006) où la qualité de la victime, à savoir un enfant respectivement âgé de moins de 18 ans et de moins de 10 ans, aggrave les peines encourues par l'agent. L'esprit de cette disposition est repris dans l'art. 172 de la loi n° 09-001 du 10 janvier 2009 portant protection de l'enfant qui protège tout enfant, c'est-à-dire toute personne âgée de moins de 18 ans, et aggrave les peines si les victimes sont âgées de moins de 10 ans. Il dispose, en effet :

> « L'attentat à la pudeur sans violence, ruse, ou menace commis sur un enfant est puni de six mois à cinq ans de servitude pénale principale. L'attentat à la pudeur avec violence, ruse, ou menace commis sur un enfant est puni de cinq à quinze ans de servitude pénale principale.
>
> Si l'attentat est commis sur un enfant, à l'aide d'un ou de plusieurs enfants âgés

---

la débauche ou de la prostitution, même de son consentement, une personne âgée de moins de dix-huit ans ; l'âge de la personne pourra être déterminé notamment par examen médical, à défaut d'état civil. 2° Quiconque aura tenu une maison de débauche ou de prostitution. 3° Le souteneur. Est souteneur, celui qui vit, en tout ou en partie, aux dépens d'une personne dont il exploite la prostitution. 4° Quiconque aura habituellement exploité de quelque autre façon, la débauche ou la prostitution d'autrui… »

[1189] Art. 420 : « Il est interdit à toute personne qui, en vertu de la loi ou de la coutume, a le droit de garde sur une personne âgée de moins de dix-huit ans ou à toute celle exerçant en droit l'autorité sur elle, de la remettre en mariage ou en vue du mariage. » Art. 423 : « Sont punies de deux mois de servitude pénale principale au maximum et d'une amende qui ne dépasse pas 250.000 francs congolais ou de l'une de ces peines seulement, les personnes visées à l'article 420 de la présente loi. »

de moins de dix ans, l'auteur est passible de cinq à vingt ans de servitude pénale principale.

Les peines encourues sont portées de cinq à quinze ans de servitude pénale principale et à une amende de quatre cents mille francs congolais si l'attentat à la pudeur a été commis par des personnes ou dans les circonstances prévues à l'alinéa 2 de l'article 170.

L'attentat à la pudeur est tout acte contraire aux mœurs exercé intentionnellement sur un enfant. »

2°- L'âge de la victime est également retenu dans l'art. 173 du CP[1190] et dans l'art. 173 de la loi n° 09-001 du 10 janvier 2009 portant protection de l'enfant[1191] comme circonstance aggravante de l'infraction d'excitation à la débauche. Il faut souligner que si dans la pratique, on décèle une contradiction entre certaines dispositions pénales antérieures relatives à la protection de l'enfant et les prescriptions de la loi n° 09-001 du 10 janvier 2009, seules ces dernières s'appliquent. En effet, le législateur a prévu dans cette loi un art. 201 qui abroge toutes les dispositions antérieures qui lui sont contraires.

B- L'INCIDENCE DU CONSENTEMENT DE LA VICTIME DANS L'EXISTENCE DE CERTAINES INFRACTIONS

Cette matière est régie par un principe qui, comme beaucoup d'autres principes juridiques, admet quelques exceptions.

[1190] Art. 173 du CP : « Le fait énoncé à l'article précédent sera puni d'une servitude pénale de dix à vingt ans et d'une amende de cent mille à deux cent mille Francs congolais constants, s'il a été commis envers un enfant âgé de moins de dix ans accomplis. »

[1191] Art. 173 de la loi n° 09-001 du 10 janvier 2009 portant protection de l'enfant :
« Quiconque attente aux mœurs en incitant, facilitant ou favorisant pour satisfaire les passions d'autrui, la débauche ou la corruption des enfants est puni d'une servitude pénale principale de trois à cinq ans et d'une amende de cinq cents mille à un million de francs congolais. Le fait énoncé à l'alinéa précédent est puni d'une servitude pénale principale de dix à vingt ans et d'une amende de deux cents mille à quatre cents mille francs congolais, s'il est commis envers un enfant âgé de moins dix ans accomplis. Si l'infraction a été commise par le père, la mère, le parâtre, la marâtre, le tuteur ou toute personne exerçant en droit ou en fait l'autorité sur l'enfant, l'auteur est en outre déchu de l'autorité parentale ou tutélaire. Les peines encourues sont portées à une servitude pénale principale de cinq à dix ans et à une amende de un million à deux millions de francs congolais si l'incitation à la débauche est le fait du père, de la mère, du parâtre, de la marâtre, du tuteur ou de toute personne exerçant en droit ou en fait l'autorité sur l'enfant. L'incitation à la débauche est le fait de faciliter, exciter ou favoriser la débauche d'un enfant. »

a) Le principe : L'indifférence du consentement de la victime

Le consentement de la victime n'est pas un fait justificatif ; il n'efface pas le caractère infractionnel d'un acte légalement incriminé : tel est le principe. En effet la répression, tout en assurant la protection des intérêts particuliers, a aussi et même essentiellement pour but de pourvoir à la satisfaction ou de sauvegarder l'intérêt général. Le législateur lui-même consacre, dans certaines dispositions pénales, ce principe de l'indifférence du consentement de la victime. Il le fait, p. ex., dans l'art. 174bis du CP qui définit et punit comme proxénète quiconque qui, pour satisfaire les passions d'autrui, aura embauché, entraîné ou détourné, en vue de la débauche ou de la prostitution, une personne âgée ou apparemment âgé de plus de vingt et un ans, même avec le consentement de celle-ci.

C'est également en application du principe de l'indifférence du consentement de la victime que l'euthanasie est punie. Par euthanasie, il faut entendre « l'acte homicide commis en vue d'abréger les souffrances d'un individu menacé d'une mort inévitable et prochaine, et sur la demande pressante et répétée de celui-ci ou de sa famille. »[1192] Ainsi, sera poursuivi et puni pour homicide volontaire, un médecin qui, à la demande pressante d'un malade, lui injecte une solution plus dosée de morphine pour hâter sa mort et le délivrer des douleurs atroces.[1193]

On a pu soutenir que les homicides et coups et blessures volontaires commis par les chirurgiens et les sportifs (boxeurs, catcheurs, judokas, rugbymen…) n'étaient pas poursuivables parce qu'ils étaient justifiés par le consentement de la victime. Erreur, car en réalité ce qui fonde la justification dans ces cas de figure, ce n'est pas le consentement de la victime, mais l'autorisation de la loi ou de la coutume.

En effet, l'action du chirurgien, qui parfois peut intervenir sans l'accord préalable du patient - en cas d'urgence consécutive à un accident de circulation p. ex. -, ne trouve sa justification que dans la loi qui accorde au titulaire du diplôme de docteur en médecine ou en chirurgie l'autorisation d'exercer l'art de guérir, de poser sur le corps humain des actes médicaux ou chirurgicaux en vue de le guérir des maladies. Dès lors, si le praticien (médecin ou chirurgien) agit à des fins autres que thérapeutiques, pour assouvir des curiosités expérimentales ou des visées esthétiques, p. ex., même avec l'accord du prétendu patient, la justification, fondée sur l'autorisation de

---

[1192] J. Pradel, *Droit pénal général,* 21e éd., n° 603, p. 503.
[1193] Likulia Bolongo, *Droit pénal spécial zaïrois*, p. 60.

la loi, sera exclue.[1194] Cette explication vaut également, *mutatis mutandis*, pour les coups administrés dans le cadre des combats sportifs dont la pratique est autorisée et organisée par les pouvoirs publics. Les faits commis dans ce cadre ne sont justifiés que s'ils ont été posés en respect des règles de l'art. Dans le cas contraire, ils sont punissables, le consentement de la victime étant inopérant.

Ce principe de l'indifférence du consentement de la victime admet cependant quelques exceptions.

b) Les exceptions

Le consentement de la victime est parfois pris en compte parce que son existence soit exclut l'infraction, soit atténue la sanction.

1°- Le consentement de la victime excluant l'infraction

Certaines infractions supposent, parmi leurs éléments constitutifs, l'absence du consentement de la victime. Autrement dit, ces infractions disparaissent lorsque les faits ont été commis avec le consentement de la victime. Il convient cependant de ne pas se méprendre en considérant le consentement de la victime comme un fait justificatif. Le consentement de la victime n'est pas un fait justificatif. En effet, nous l'avons vu, le fait justificatif suppose que l'acte posé est en lui-même infractionnel mais que seule la survenance d'une circonstance objective, indépendante de la volonté de l'agent, enlève à cet acte son caractère infractionnel. Dans l'hypothèse ici visée, l'impunité ne s'explique pas par la survenance d'une circonstance objective valant cause de justification. Elle s'explique et découle plutôt du fait qu'un élément constitutif de l'infraction n'existe pas, à savoir l'absence du consentement de la victime. Une telle conséquence ne se produit qu'à l'égard de certaines infractions qu'il convient d'identifier. De plus, le consentement de la victime ne peut effacer l'infraction que s'il réunit un certain nombre de conditions.

1) L'identification des infractions pouvant être exclues par le consentement de la victime

Les infractions susceptibles d'être effacées par le consentement de la victime sont celles qui portent atteinte aux biens ou aux droits dont peut disposer la personne humaine et qui, pour être caractérisées, requièrent l'existence de la fraude ou de la violence parmi leurs éléments constitutifs. Au

[1194] J. Pradel, *idem,* n° 602, p. 502.

rang de ces infractions figurent les infractions contre les personnes comme, p. ex., la détention ou la violation du domicile ; les infractions contre la propriété comme le vol, l'escroquerie, la grivèlerie et l'abus de confiance ; les infractions contre les mœurs comme l'attentat à la pudeur et le viol. On ne peut, en effet, pas parler de violation du domicile lorsqu'une personne ouvre volontiers sa porte et reçoit un distributeur des affiches publicitaires ; ni de vol lorsqu'un étudiant remet, librement, son syllabus à un condisciple ; ni de viol lorsqu'une fille majeure accepte, sans contrainte ni supercherie ni abus de pouvoir, d'avoir des relations sexuelles avec un ami de son âge, etc.

Il est également admis que le délit de violation du secret professionnel peut disparaître si le dépositaire du secret est autorisé par la victime à le dévoiler. Tel est le cas lorsqu'un malade autorise son médecin à révéler le secret de son état de santé et de sa maladie à un autre médecin, en vue de son traitement.[1195]

Cependant, le consentement de la victime ne produit cet effet d'effacement de l'infraction que s'il remplit certaines conditions.

2) Les conditions requises pour que le consentement de la victime efface l'infraction

Ces conditions sont au nombre de trois :

- 1ère condition : *Le consentement de la victime doit être antérieur ou au moins concomitant à l'infraction.* En effet, en vertu du principe de la cristallisation ou de l'intangibilité de la qualification, celle-ci s'apprécie et se cristallise au temps de l'action. Elle demeure valable et indifférente aux modifications qui peuvent intervenir ultérieurement en faveur du prévenu.[1196] Ainsi, si le consentement de la victime intervient après la réalisation de l'infraction, il est tardif. Il ne pourra éventuellement être considéré que comme un pardon qui n'a aucune valeur au plan pénal, sauf en matière d'adultère.

- 2è condition : *Le consentement de la victime doit être libre.* S'il a été extorqué, forcé ou surpris par le dol, il ne peut pas effacer l'infraction. C'est ainsi que l'infraction d'escroquerie est caractérisée lors même que l'agent obtient de la victime remise volontaire de la chose convoitée. Mais cette volonté ou ce consentement de la victime n'est pas retenu, car il est vicié par le dol commis par l'agent et consistant en l'usage des moyens ou procédés

---

[1195] V. Likulia Bolongo, *op.cit.*, p. 226. Sur « l'admission du consentement de la victime à un titre autre que celui des faits justificatifs », v. J. Pradel, *op. cit.*, n°s 606-610, pp. 507-508.

[1196] Likulia Bolongo, *idem*, p. 22.

frauduleux ; en l'utilisation des machinations, manipulations, manœuvres ou artifices coupables. Le consentement de la victime a été extorqué ou surpris. De même, en matière de violences sexuelles, le consentement de la victime ne saurait être inféré de ses paroles ou de sa conduite, dès lors que sa faculté à donner librement son consentement valable a été viciée par l'usage de la force, de la ruse, du stupéfiant, de la menace ou de la contrainte, ou altérée par la présence d'un environnement coercitif. Ce consentement ne saurait, non plus, être déduit du silence qu'elle aurait gardé ni de son manque de résistance. Bien plus, sa crédibilité, son honorabilité ou sa disponibilité sexuelle ne peut aucunement être inférée de son comportement sexuel antérieur, lequel ne saurait nullement exonérer l'accusé de sa responsabilité pénale.[1197]

- 3è condition : *Le consentement doit être donné par une personne valide, apte à appréhender la portée de son acceptation.* Est dès lors considéré comme inopérant, le consentement émanant d'un dément. Il en est de même du consentement donné par un mineur. Dans certaines incriminations, l'absence du consentement de la victime est irréfragablement présumée par le législateur lui-même. C'est ainsi qu'il sanctionne tout attentat à la pudeur commis sans violence, ruse ou menaces sur la personne ou à l'aide de la personne d'un enfant.[1198] De même, le législateur considère et sanctionne comme un viol à l'aide de violences, le seul fait du rapprochement charnel des sexes commis sur un enfant âgé de moins de dix-huit ans. C'est ce qui ressort de l'art. 170 al. 2 du CP combiné avec l'art. 167 du même CP tels que modifiés par la loi 06-018 du 20 juillet 2006.[1199] Cette disposition repose donc

---

[1197] V. les art. 14ter-1, 14ter-2, 14ter-3, 14ter-4 du CPP introduits par la loi n° 06-019 du 20 juillet 2006 modifiant et complétant le D. du 06 août 1959 portant CPP congolais, in *J.O*, 47e année, n° 15 du 1er août 2006.

[1198] Art. 172 de la loi n° 09-001 du 10 janvier 2009, cité *supra*.

[1199] Art. 170 du CP : [al. 1er] « Aura commis un viol, soit à l'aide de violences ou menaces graves ou par contrainte à l'encontre d'une personne, directement ou par l'intermédiaire d'un tiers, soit par surprise, par pression psychologique, soit à l'occasion d'un environnement coercitif, soit en abusant d'une personne qui, par le fait d'une maladie, par l'altération de ses facultés ou par toute autre cause accidentelle aurait perdu l'usage de ses sens ou en aurait été privé par quelques artifices : a) Tout homme, quel que soit son âge, qui aura introduit son organe sexuel, même superficiellement dans celui d'une femme, ou toute femme, quel que soit son âge, qui aura obligé un homme à introduire, même superficiellement son organe sexuel dans le sien ; b) Tout homme qui aura pénétré, même superficiellement, l'anus, la bouche ou tout autre orifice du corps d'une femme ou d'un homme par un organe sexuel, par toute autre partie du corps ou par un objet quelconque ; c) Toute personne qui aura introduit, même superficiellement, toute autre partie du corps ou un objet quelconque dans le vagin ; d) Toute personne qui aura obligé un homme ou une femme à « pénétrer, même superficiellement son anus,

sur une présomption irréfragable d'absence de consentement d'une victime de cet âge. En d'autres termes, le législateur estime qu'un enfant âgé de moins de dix-huit ans n'est pas capable de donner un consentement libre et volontaire.[1200] L'exposé des motifs de l'O-L n° 78-015 du 4 juillet 1978 soulignait, à l'époque, que ce qui importe est d'« assurer la protection des enfants, même au-delà de la puberté. Lorsqu'il l'atteint, l'enfant n'acquiert pas du même coup le discernement libre et volontaire. Autrement dit, en-dessous de cet âge, le consentement ne peut exister. »[1201] La loi n° 09-001 du 10 janvier 2009 portant protection de l'enfant est venue étendre cette présomption irréfragable d'absence de consentement à tous les enfants, c'est-à-dire à toutes les personnes de sexe féminin et masculin âgées de moins de 18 ans. Elle dispose ainsi en son article 171 :

> « Commet un viol d'enfant, soit à l'aide de violences ou menaces graves ou par contrainte à l'encontre d'un enfant, directement ou par l'intermédiaire d'un tiers, soit par surprise, pression psychologique, soit à l'occasion d'un environnement coercitif, soit en abusant d'un enfant qui, par le fait d'une maladie, par l'altération de ses facultés ou par toute autre cause accidentelle a perdu l'usage de ses sens ou en a été privé par quelques artifices : a) tout homme qui introduit son organe sexuel, même superficiellement dans celui d'une enfant ou toute femme qui oblige un enfant à introduire même superficiellement son organe sexuel dans le sien ; b) tout homme qui pénètre, même superficiellement l'anus, la bouche ou tout autre orifice du corps d'un enfant par un organe sexuel, par toute autre partie du corps ou par un objet quelconque ou toute femme qui oblige un enfant à exposer son organe sexuel à des attouchements par une partie de son corps ou par un objet quelconque ; c) toute personne qui introduit, même superficiellement, toute autre partie du corps ou un objet quelconque dans le vagin d'une enfant ; d) toute personne qui oblige un enfant à pénétrer, même

---

sa bouche ou tout orifice de son corps par un organe sexuel, pour toute autre partie du corps ou par un objet quelconque.
[al. 2] Quiconque sera connu coupable de viol sera puni d'une peine de servitude pénale de cinq à vingt ans et d'une amende ne pouvant être inférieure à cent mille francs congolais constants. Est réputé viol à l'aide de violences, le seul fait du rapprochement charnel de sexes commis sur les personnes désignées à l'article 167, alinéa 2. » Art. 167 du CP :
« Tout acte contraire aux mœurs exercé intentionnellement et directement sur une personne sans le consentement valable de celle-ci constitue un attentat à la pudeur.
Tout attentat à la pudeur commis sans violences, ruse ou menaces sur la personne ou à l'aide de la personne d'un enfant âgé de moins de dix-huit ans sera puni d'une servitude pénale de six mois à cinq ans. L'âge de l'enfant pourrait être déterminé par un examen médical à défaut d'état-civil. »

[1200] Likulia Bolongo, *Droit pénal spécial zaïrois*, p. 335.

[1201] In *J.O,* n° 14 du 15 juillet 1978, p. 31.

superficiellement son anus, sa bouche ou tout orifice de son corps par un organe sexuel, par toute autre partie du corps ou par un objet quelconque. »

2°- Le consentement de la victime atténuant la sanction

Cette hypothèse est perçue par la doctrine dans l'interprétation de l'art. 66 du CP qui aggrave la sanction à infliger à un duelliste qui a donné la mort à son adversaire. Par duel il faut entendre un combat singulier entre deux personnes qui se déroule suivant les conditions déterminées à l'avance et qui a pour but de vider un différend.[1202] Il suppose donc l'existence d'un différend entre deux personnes qui, en l'absence d'un règlement pacifique, et par un consentement mutuel libre et volontaire, décident de le régler par cette voie musculaire de coups et blessures. La raison reviendra au plus fort, c'est-à-dire au gagnant.

Si un des duellistes tue l'autre, il sera puni d'une servitude pénale de trois mois à cinq ans et d'une amende de mille à deux mille zaïres, ou d'une de ces peines seulement.[1203] Ce qu'il importe de noter, c'est précisément cette modération dont fait ici preuve le législateur qui laisse au juge la liberté de n'infliger qu'une peine d'amende à un duelliste ayant tué son adversaire. La doctrine trouve la justification de cette modération dans le fait que le législateur a pris en considération le consentement de la victime qui a aussi délinqué en prenant part au combat. C'est d'ailleurs pour la même raison que les duellistes sont punis quelle que soit la conséquence qui en résulte pour l'un ou l'autre, qu'il soit blessé ou fracturé.[1204]

C- LA PLAINTE PRÉALABLE DE LA VICTIME : CONDITION DES POURSUITES DE CERTAINES INFRACTIONS SPÉCIFIQUES

Il est des infractions qui sont considérées par le législateur comme ne troublant que légèrement l'ordre social et dont les auteurs sont sanctionnés essentiellement dans l'intérêt de la partie lésée. La répression n'intéressant qu'indirectement la collectivité, le législateur laisse à la victime la maîtrise de l'action publique. Ainsi, pour que celle-ci soit engagée, la victime doit

---

[1202] Boma 26 octobre 1913, *Jur. Col.* 1924, p. 189 ; 1ère Inst. Appel, Coq., 1er décembre 1950, *JTOM*, 1951, p. 21.

[1203] Art. 66 : « Celui qui, dans un duel, aura donné la mort à son adversaire sera puni d'une servitude pénale de trois mois à cinq ans et d'une amende de mille à deux mille zaïres, ou d'une de ces peines seulement. »

[1204] Art. 65 : « Celui qui se sera battu en duel sera puni d'une servitude pénale d'un mois à trois ans et d'une amende de cinquante à mille zaïres, ou d'une de ces peines seulement. » V. aussi, Likulia Bolongo, *op. cit.*, p. 102.

l'actionner en déposant plainte. De même, par son désistement, elle peut faire arrêter les poursuites. Rentrent dans cette catégorie les infractions d'adultère, de grivèlerie, d'outrages envers les membres du gouvernement, du parlement et les dépositaires de l'autorité et de la force publique, de harcèlement sexuel, et des infractions à la réglementation du change.

a) De l'adultère

En effet, lorsqu'un adultère est commis, l'action publique ne peut être mise en mouvement que sur plainte de l'époux offensé, même en cas de flagrant délit.[1205] Le ministère public ne peut pas poursuivre d'office, sauf si les faits consomment une autre infraction, comme p. ex. l'outrage public à la pudeur. Il est évident que la plainte déposée contre l'époux coupable permet également la poursuite du partenaire, même si celui-ci n'est pas nommément cité dans l'acte de plainte. Mais l'époux offensé ne peut pas se limiter à porter plainte contre le partenaire en épargnant son conjoint.

Etant maître de l'action publique, l'époux offensé peut mettre fin aux poursuites par son désistement[1206] qui peut être exprès ou tacite, issu p. ex. de la réconciliation et de la reprise de la vie commune. Ce désistement, qui éteint l'action publique et efface le caractère délictueux de l'acte, n'est évidemment possible que s'il intervient avant le jugement. Lorsque le jugement est intervenu et lors même qu'il est devenu définitif, l'époux offensé peut empêcher son exécution en accordant son pardon à son conjoint.[1207] Il s'agit-là d'un droit exceptionnel, comparable au droit de grâce qui ne produit cependant son effet qu'à la condition que l'époux outragé consente à

[1205] Likulia Bolongo, *op. cit.*, p. 284 ; Art. 468 de la loi n° 87-010 du 1er août 1987 portant code de la famille.

[1206] Art. 468 al. 2 du code de la famille.

[1207] Art. 468 al. 3 du code de la famille. Voici l'intégralité de cet art. 468 : « La poursuite des infractions prévues à l'article précédent ne pourra avoir lieu que sur plainte de l'époux qui se prétendra offensé. Le plaignant pourra, en tout état de cause, demander par le retrait de sa plainte, l'abandon de la procédure. À la condition de consentir à reprendre la vie commune, le plaignant pourra aussi demander l'abandon des effets de la condamnation à la servitude pénale. » L'art. précédent, à savoir l'art. 467, tel que modifié par la loi n° 16-008 du 15 juillet 2016, dispose : « Est puni, du chef d'adultère, d'une servitude pénale principale de six mois à un an et d'une amende de 60.000 à 250.000 francs congolais : 1. quiconque, sauf si sa bonne foi a été surprise, aura eu des rapports sexuels avec une personne mariée ; 2. le conjoint qui aura eu des rapports sexuels avec une personne autre que son conjoint. La peine est portée au double si l'adultère a été entouré de circonstances de nature à lui imprimer le caractère injurieux, notamment lorsque l'adultère a eu lieu dans la maison conjugale. »

reprendre la vie commune. Comme la grâce présidentielle, le pardon de l'époux offensé dispense l'époux coupable de l'exécution de la peine d'emprisonnement mais n'efface pas la condamnation qui continue à figurer au casier judiciaire. De même, ce pardon n'empêche pas l'exécution par l'époux coupable des condamnations civiles et des amendes prononcées. Ce droit de pardon ne peut jouer qu'en faveur de l'époux coupable. Le partenaire et le complice éventuel ne peuvent donc pas en profiter. S'ils sont condamnés, ils devront purger leurs peines.

Enfin, il convient de noter que si l'adultère a été perpétré avec le consentement ou la connivence du plaignant, son action sera déclarée irrecevable et les frais de l'instance mis à sa charge.[1208]

b) De la grivèlerie

Les mêmes règles jouent, *mutatis mutandis*, en matière de grivèlerie. Comme on le sait, la grivèlerie est le fait de se faire servir des aliments ou des boissons, de se faire loger dans un hôtel où on se présente comme un voyageur, de prendre en location une voiture de louage, en sachant bien qu'on est dans l'impossibilité absolue de les payer.[1209] Cette infraction, considérée par le législateur comme ne troublant que légèrement l'ordre public, ne peut être poursuivie que sur la plainte de la partie lésée. Si, avant le jugement, l'agent griveleur paye à la victime les sommes qu'il lui doit et lui rembourse les frais de justice qu'elle a avancées, l'action publique s'éteint. De même, si avant le jugement, la victime se désiste en retirant sa plainte, ce désistement éteint l'action publique.[1210]

[1208] Art. 469, *idem* : « Dans les cas prévus à l'article 467 ci-dessus, l'action du plaignant sera déclarée irrecevable si l'infraction a été commise avec son consentement ou avec sa connivence. Les frais de l'instance seront mis à la charge d'un tel plaignant. »

[1209] Art. 102bis al. 1er du CP : « Sera puni d'une servitude pénale de huit jours à six mois et d'une amende de deux cents à trois mille zaïres, ou d'une de ces peines seulement, celui qui, sachant qu'il est dans l'impossibilité de payer, se sera fait servir, dans un établissement à ce destiné, des boissons ou des aliments qu'il y aura consommés en tout ou en partie, se sera fait donner un logement dans un hôtel où il s'est présenté comme voyageur, ou aura pris en location une voiture de louage. »

[1210] Art. 102bis al. 2 : « *Les infractions prévues à l'alinéa précédent ne pourront être poursuivies que sur la plainte de la partie lésée*. Le paiement du prix et des frais de justice avancés par la partie plaignante ou *le désistement de celle-ci éteindra l'action publique.* » (Passages relevés en italique par l'auteur).

c) Des outrages et violences envers les membres du parlement, du gouvernement et les autres dépositaires de l'autorité ou de la force publique

Ces outrages ne peuvent être poursuivis que sur plainte de la partie lésée ou du corps dont elle relève. Cette règle ne joue pas en cas de flagrant délit.[1211] Si l'infraction est flagrante, l'OMP peut donc se saisir d'office des faits commis et requérir l'intervention de la sanction pénale.

d) Du harcèlement sexuel

Les poursuites pour harcèlement sexuel sont également subordonnées à la plainte de la victime. C'est ce que prévoit l'art. 3 de la loi n° 06-018 du 20 juillet 2006 introduisant dans le CP un art. 174d qui dispose :

> « Quiconque aura adopté un comportement persistant envers autrui, se traduisant par des paroles, des gestes soit en lui donnant des ordres ou en proférant des menaces, ou en imposant des contraintes, soit en exerçant des pressions graves, soit en abusant de l'autorité que lui confèrent ses fonctions en vue d'obtenir de lui des faveurs de nature sexuelle, sera puni de servitude pénale de un à douze ans et d'une amende de cinquante mille à cent mille Francs congolais constants ou d'une de ces peines seulement.
> Les poursuites seront subordonnées à la plainte de la victime. »[1212]

e) Des infractions à la réglementation du change

En effet, aux termes de l'art. 15 al. 1er de l'O-L n° 67-272 du 23 juin 1967, la poursuite des infractions à la réglementation du change est exercée à la demande de la Banque nationale. En application de cette réglementation, la CSJ a dit pour droit qu'« est entachée de nullité absolue et entraîne l'annulation de l'arrêt entrepris sans évocation, l'action publique exercée sans plainte préalable de la Banque centrale contre le prévenu poursuivi pour infraction en matière de change en violation des articles 12 al. 1, 2 et 5, 15 al. 1 et 2 et 16 de l'ordonnance- loi du 23 juin 1967 et de l'article 53 du code de procédure pénale qui font obligation au Ministère public qui constate pareille infraction à en transmettre obligatoirement les procès-verbaux à la Banque centrale en vue d'une transaction éventuelle et qui subordonne la mise en mouvement de l'action publique à la demande préalable de cette même

---

[1211] Art. 136 et 138ter du CP.

[1212] Art. 174d du CP introduit par l'art. 3 de la loi n° 06-018 du 20 juillet 2006 modifiant et complétant le D. du 30 janvier 1940 portant CPC.

institution. »[1213] En l'espèce, les prévenus Bourmanne Guy, Delat Jean-Claude et la Société d'Organisation de Service (S.O.S) étaient poursuivis pour avoir coopéré à l'exécution d'infractions à la réglementation du change, en l'occurrence : l'importation d'appareils climatiseurs, de tapis en caoutchouc, et d'autres équipements et produits non couverts par une licence d'importation et sans achat de devises comme l'exigeait la circulaire VI/1-28 du gouverneur de la Banque centrale ; autant des faits prévus et punis par les articles 21 al. 1, 23 al. 2 du CP, 10 al. 2, 11 et 13 de l'O-L n° 67-272 du 23 juin 1967. Dans leur défense, les prévenus soutinrent que l'action publique devait être déclarée irrecevable au motif que les poursuites judiciaires avaient été exercées à leur encontre sans la plainte de la Banque centrale qui n'avait été transmise à la juridiction du jugement que postérieurement à la requête aux fins de fixation. En réponse, le premier juge et le ministère public arguèrent que cette plainte, bien que postérieure à l'instruction préparatoire et à la requête aux fins de fixation, avait eu pour effet de régulariser toute la procédure antérieure et de rendre bonne et valable la saisine du premier juge par le fait qu'elle avait précédé la citation des prévenus.[1214] La Cour suprême n'a pas été convaincue par cette argumentation du premier juge et du ministère public qu'elle a jugée de nature à ruiner l'économie même des dispositions légales précitées. Elle a considéré que l'action publique telle qu'initiée était entachée de nullité absolue, et pour cause :

> « En effet, l'article 12 de l'ordonnance-loi précitée dispose en ses alinéas 1, 2 et 5 que "les fonctionnaires de la Banque nationale et des services de la douane sont chargés de constater les infractions à la réglementation du change". "Ils sont revêtus de la qualité d'officiers de la police judiciaire et leur compétence s'étend sur tout le territoire de la République". "Les services administratifs de l'État, des régions et des zones, y compris les parquets et greffes des cours et tribunaux, doivent d'office transmettre à la banque nationale tout renseignement et document de nature à faciliter la recherche et le constat des infractions". Par ailleurs, l'article 15 de la même loi stipule en ses alinéas 1 et 2 que : "La poursuite des infractions à la réglementation du change est exercée à la demande de la banque nationale ". "La banque nationale requiert d'office auprès de la juridiction compétente lorsque l'infraction est accompagnée de corruption ou de concussion de fonctionnaire ou de détournement de fonds publics". De même, il se déduit de l'article 53 du code de procédure pénale[[1215]] que la décision du Ministère public d'exercer l'action publique résulte de la communication des pièces au juge compétent pour en connaître. Or, en l'espèce, le Ministère public a décidé d'exercer l'action publique

[1213] CSJ, Arrêt du 5 décembre 1980 (RPA 66), *En cause Ministère public et Partie civile c/Molongya Mayikusa Moi Bongenye et consorts*, in *BACSJ*, Années 1980 à 1984, pp. 123-159, spéc. p. 125.

[1214] *Idem*, pp. 143-144.

[1215] Art. 53 du CPP : « Lorsque le Ministère public décide d'exercer l'action publique, il communique les pièces au juge compétent pour en connaître. Celui-ci fixe le jour où l'affaire sera appelée. »

en dehors d'une plainte de la Banque du Zaïre. Il résulte des dispositions légales précitées : 1- que lorsque le Ministère public constate une infraction à la réglementation du change, il doit obligatoirement en transmettre le procès-verbal de constat à la Banque du Zaïre en vue d'une transaction éventuelle, conformément au prescrit de l'article 16 de l'ordonnance-loi du 23 juin 1967 ; 2- que la mise en mouvement de l'action publique est subordonnée à la demande préalable de la Banque du Zaïre. En effet, il est de doctrine et de jurisprudence qu'en ce domaine, les poursuites engagées en l'absence de plainte devraient être frappées d'une nullité d'ordre public et ne sauraient être régularisées a posteriori. En conséquence, l'arrêt entrepris devra être annulé sans évocation en ce qu'il a reçu l'action publique exercée contre les trois prévenus poursuivis du chef d'infraction à la réglementation du change. »[1216]

Ainsi, la sanction d'absence de plainte préalable est la nullité absolue de la procédure engagée. Cette législation accorde donc à l'institution-victime, en l'occurrence la Banque nationale, une position centrale dans le traitement de cette criminalité spécifique. Non seulement sa plainte préalable est requise pour la mise en œuvre de l'action publique comme nous venons de le voir, mais aussi a-t-elle le pouvoir de transiger avec le délinquant en application de l'art. 16 de ladite O-L qui dispose :

« Hormis le cas des infractions accompagnées de corruption, de concussion de fonctionnaires ou de détournement de fonds publics, la Banque nationale est habilitée à transiger avec le délinquant et à fixer elle-même les conditions de transaction, aussi longtemps que la juridiction compétente en premier ressort n'aura pas été saisie par le ministère public. L'absence de règlement définitif de la transaction dans les conditions fixées par la Banque nationale entraîne, d'office, la transmission du dossier au parquet. La transaction éteint l'action publique, même en ce qui concerne les peines d'emprisonnement. La transaction comprend la restitution des devises transférées illégalement ou frauduleusement soustraites à l'encaissement et le paiement d'une amende de cent zaïres à cent mille zaïres par infraction. Les personnes physiques et morales désignées à l'article 11[[1217]] sont solidairement responsables du règlement de la transaction. »

Cette législation réserve également une place de choix à la réparation du dommage subi par la victime. En effet, la restitution des devises illégalement transférées ou frauduleusement soustraites à l'encaissement est obligatoire indépendamment du jugement définitif.[1218] Cette obligation de restitution « existe dès le constat de l'infraction ; en cas de décès de l'auteur, avant que la proposition transactionnelle n'ait été faite ou avant que la juridiction compétente n'ait été saisie, cette obligation grève la succession. »[1219]

[1216] CSJ, Arrêt du 5 décembre 1980 (RPA 66), *idem*, p. 145.

[1217] V. cet art. 11, *supra* p. 335.

[1218] Art. 15, al. 3 de l'O-L du 23 juin 1967.

[1219] Art. 18, al. 2, *idem*.

f) Des infractions aux droits d'auteurs

Prévues par les art. 96 et s. de l'O-L n° 86-033 du 5 avril 1986, ces infractions englobent toutes les contrefaçons portant une atteinte méchante ou frauduleuse aux droits d'auteurs et aux droits voisins.[1220] Sont assimilées à la contrefaçon et punies de mêmes peines que celle-ci, la vente, la location, la détention, l'exposition, l'importation et l'exportation des ouvrages ou objets contrefaits si ces actes ont été accomplis en connaissance de cause et dans un but commercial. [1221] Tandis que sont plus sévèrement sanctionnés, l'application méchante ou frauduleuse sur un objet d'art, un ouvrage de littérature ou de musique, du nom d'un auteur ou de tout signe distinctif par lui adopté pour désigner son œuvre, de même que le fait, avec connaissance, de vendre, d'exposer en vente, de donner en location, de détenir ou d'introduire sur le territoire de la République dans un but commercial, ces objets et ouvrages.[1222] Ces infractions, à l'exception de celles visées dans l'art. 98, ne peuvent être poursuivies que sur la plainte préalable de la victime.[1223]

g) De certaines infractions commises à l'étranger

En effet, en application de l'al. 3 de l'art. 3 du CP, lorsque l'infraction commise à l'étranger l'a été contre un particulier et que la peine maximum prévue par la loi congolaise est de cinq ans de servitude pénale ou moins, la requête du ministère public intentant la poursuite *doit être précédée d'une plainte de la partie offensée* ou d'une dénonciation officielle de l'autorité du pays où l'infraction a été commise.[1224]

[1220] Art. 96 : « Toute atteinte méchante ou frauduleuse portée en connaissance de cause aux droits d'auteurs constitue l'infraction de contrefaçon. » V. cette O-L in *J.O*, n° spécial, avril 1986, p. 33 ; et in *Les Codes Larcier*, T. 1, pp. 193 à 201.

[1221] Art. 98, *idem*.

[1222] Art. 99, *idem*.

[1223] Art. 102 : « Les infractions à la présente ordonnance-loi, sauf celles prévues à l'article 98, ne peuvent être poursuivies que sur la plainte de la personne qui se prétend lésée. » Art. 103 : « Le tribunal peut, à la demande de la partie lésée, ordonner la publication du jugement, avec ou sans les motifs, dans un journal qu'il désignera et aux frais du contrefacteur. »

[1224] Voici cet art. 3 du CP dans son intégralité : « Toute personne qui, hors du territoire de la République démocratique du Congo, s'est rendue coupable d'une infraction pour laquelle la loi congolaise prévoit une peine de servitude pénale de plus de deux mois, peut être poursuivie et jugée en République démocratique du Congo, sauf application des dispositions légales sur l'extradition. La poursuite ne peut être intentée qu'à la requête du ministère public. Quand l'infraction est commise contre un particulier et que la peine maximum prévue par la loi congolaise est de

En dehors de ces cas spécifiques qui viennent d'être exposés, lorsqu'un acte prohibé et qualifié d'infraction par la loi a été perpétré, le magistrat du parquet a le pouvoir de mettre en mouvement *proprio motu* l'action publique pour aboutir à la sanction.

---

cinq ans de servitude pénale ou moins, cette requête doit être précédée d'une plainte de la partie offensée ou d'une dénonciation officielle de l'autorité du pays où l'infraction a été commise. Toutefois, pour les infractions, autres que celles du titre VIII, et des deux premières sections du titre III du deuxième livre du Code pénal, aucune poursuite n'a lieu si l'inculpé justifie qu'il a été jugé définitivement à l'étranger et, en cas de condamnation, qu'il a subi ou prescrit sa peine ou obtenu sa grâce. »

DEUXIÈME PARTIE

LA RÉACTION SOCIALE CONTRE L'INFRACTION : LA SANCTION

Le droit est un ensemble des règles qui sont l'émanation de la volonté commune autant que l'expression d'un pouvoir reconnu. Ces règles, conçues pour organiser la vie en société, pour y assurer la paix, l'ordre, la sécurité, la tranquillité, l'harmonie, la justice…, doivent invariablement être respectées de tous. D'où leur caractère obligatoire garanti par la menace de la sanction, menace qui s'adresse à tous ceux qui ont enfreint ou seraient tentés d'enfreindre la volonté commune, de refuser d'obéir aux commandements de la société, de transgresser les règles établies, bref de commettre l'infraction. La notion d'obligation, fondamentale au droit, est donc concrétisée par la sanction. Celle-ci se trouve être la réaction de la société contre la violation des règles qu'elle impose à ses membres pour l'intérêt de tous. Cette réaction poursuit des buts bien déterminés profitables non seulement à la société mais aussi au délinquant lui-même et à la victime directe de l'infraction. En vertu du principe de la légalité, elle est préalablement fixée dans la loi pénale. Sa mise en œuvre par l'autorité judiciaire est soumise à certaines règles ayant pour finalité essentielle de la déterminer en fonction de la situation particulière de chaque délinquant. D'autres règles sont destinées à régir son existence, car elles organisent les conditions de sa suspension et de son extinction.

On voit ainsi combien diversifiées sont les questions qui se rapportent à cette importante matière et qui méritent d'être érigées en têtes de chapitre pour leur examen approfondi. De là la structure quadripolaire adoptée, permettant d'étudier : dans le chapitre premier, la notion de la sanction pénale ; dans le chapitre 2, les sanctions en droit pénal congolais ; dans le chapitre 3, la mesure de la sanction ; et dans le chapitre 4, sa suspension et son extinction.

CHAPITRE PREMIER

LA NOTION DE LA SANCTION PÉNALE

L'élément caractéristique de la loi pénale est la sanction. Elle est la réaction de la société contre la faute pénale commise par le délinquant : elle revêt alors la forme de la peine. Elle peut également être la réaction de la société contre l'état dangereux d'un individu qui, quoique n'ayant pas encore commis de faute pénale, présente cependant un risque certain de troubler l'ordre social : elle revêt alors la forme de mesure de sûreté. Peine et mesure de sûreté constituent ainsi les deux manifestations de la réaction sociale, autrement dit les deux formes de la sanction pénale auxquelles seront consacrées les deux premières sections de ce chapitre. Elles se distinguent naturellement l'une de l'autre, tout en ayant néanmoins comme dénominateur commun des garanties fondamentales qui seront étudiées dans la section 3.

SECTION 1ère : **LA PEINE**

EN LIMINAIRE, ***DÉFINITION*** *:*

La peine est un mal infligé au délinquant en rétribution de l'infraction qu'il a commise. La notion de peine inclut donc l'idée de souffrance qui permet de distinguer celle-là d'autres sanctions coercitives comme, p. ex., la mesure administrative de police ou la réparation civile procédant de la condamnation à des dommages-intérêts. La peine n'est cependant pas une souffrance gratuite. Elle poursuit un certain nombre de buts (§ 1er) d'où découlent quelques caractères qui la spécifient (§ 2).

PARAGRAPHE 1er : ***LES BUTS DE LA PEINE***

La peine poursuit essentiellement trois buts : de rétribution, d'intimidation et de réadaptation. L'art. 130-1 du CPF, introduit par la loi n° 2014-896 du 15 août 2014, les vise clairement en disposant :

> « Afin d'assurer la protection de la société, de prévenir la commission de nouvelles infractions et de restaurer l'équilibre social, dans le respect des intérêts de la victime, la peine a pour fonctions : 1° De sanctionner l'auteur de l'infraction ; 2° De favoriser son amendement, son insertion ou sa réinsertion. »

À ces trois buts, s'ajoute, du moins pour certaines peines, celui d'élimination.

A- LE BUT DE RÉTRIBUTION

Jetant un regard vers le passé et prenant comme fondement la faute commise par l'auteur de l'acte prohibé, la peine poursuit une finalité rétributive. Parce que l'infraction a causé du tort à la société, celle-ci se doit de réagir, de faire justice, de rétablir l'équilibre rompu en infligeant également un mal au délinquant.[1225] En subissant sa peine, ce dernier paie ainsi sa dette à la collectivité dont il a enfreint les lois, expression des valeurs essentielles qu'aucun individu ne peut violer impunément. L'expiation du crime vaut donc réparation de la faute commise contre la société en même temps qu'elle constitue une garantie de sécurité pour les autres citoyens. Car, ceux-ci réalisent, à partir de la peine infligée, que justice est faite et que la vengeance privée n'a plus de raison d'être.

De cette fonction rétributive découlent les caractères afflictif et infamant de la peine qui seront expliqués dans le second paragraphe. D'elle procède aussi son caractère proportionné. En effet, la peine étant une réparation du mal causé à la société, elle doit être proportionnée à celui-ci, c'est-à-dire à la faute commise.

Cependant, la peine ne regarde pas seulement vers le passé. Elle est aussi tournée vers l'avenir puisqu'elle poursuit également un but d'intimidation.

B- LE BUT D'INTIMIDATION

Il a deux facettes, car la peine a pour finalité l'intimidation collective ou la prévention générale tout en remplissant aussi une fonction d'intimidation individuelle ou de prévention spéciale.

a) L'intimidation collective ou la prévention générale

En infligeant la peine au délinquant, le législateur ne cherche pas seulement à faire payer à celui-ci le prix de sa faute mais encore adresse-t-il un avertissement aux autres individus pour les dissuader de suivre la même voie du crime. « On ne corrige pas celui qu'on pend, disait Montaigne, on corrige les autres par lui. »[1226] Ainsi, lorsqu'il fixe les peines les plus sévères pour sanctionner les actes qui causent un préjudice ou un trouble social plus important, le législateur pense que « la crainte d'un châtiment exemplaire est

---

[1225] Dans ce sens, voir J. Pradel, *Droit pénal général,* 21e éd., n° 619, p. 521.

[1226] Montaigne, *Essais*, Livre II, Chap. VII, cité par J. Pradel, *Idem,* n° 620, p. 522, NBP 5.

de nature à faire hésiter les délinquants éventuels ».[1227] La publicité de la justice est érigée en principe constitutionnel[1228] entre autres pour atteindre ce but d'intimidation collective.

b) L'intimidation individuelle ou la prévention spéciale

La peine poursuit également une fonction d'intimidation individuelle en ce sens qu'elle veut prévenir et décourager la récidive d'un délinquant qui a déjà été condamné. En effet, ayant déjà pris la mesure de la peine, en ayant déjà subi les désagréments, ce dernier se gardera de répéter cette malheureuse expérience. C'est cela l'intimidation à laquelle s'ajoute aussi la fonction d'amendement ou de réadaptation.

C- LE BUT D'AMENDEMENT OU DE RÉADAPTATION

La peine prévient et combat la récidive non seulement en intimidant, mais aussi en amendant le délinquant, en le rendant meilleur, en lui inspirant des comportements et des sentiments respectueux des valeurs sociales essentielles. Voilà pourquoi certaines peines, en l'occurrence les peines privatives de liberté, s'accompagnent, dans leur exécution, d'un programme de relèvement, de resocialisation ou de réinsertion. Aujourd'hui, on insiste de plus en plus sur cette fonction de réadaptation, car « une répression qui ne se préoccupe pas de réadapter les délinquants fait une œuvre vaine ou inhumaine ».[1229]

D- LE BUT D'ÉLIMINATION

Certaines peines, tout spécialement la peine de mort, mais aussi la privation perpétuelle de liberté, poursuivent comme but l'élimination du délinquant. Cette fonction est critiquée car considérée comme inhumaine et barbare. Le courant moderne, alimenté notamment par la doctrine de la défense sociale nouvelle, insiste plutôt sur la nécessité de réaliser la protection sociale par la réadaptation du condamné, réadaptation qui constitue un véritable devoir pour la société.

[1227] G. Stefani, G. Levasseur, B. Bouloc, *op. cit*, n° 408 et s.

[1228] Art. 20 de la Const. : « Les audiences des cours et tribunaux sont publiques, à moins que cette publicité ne soit jugée dangereuse pour l'ordre public ou les bonnes mœurs. Dans ce cas, le tribunal ordonne le huis clos. » Art. 21 : « Tout jugement est écrit et motivé. Il est prononcé en audience publique… »

[1229] G. Stefani, G. Levasseur, B. Bouloc, *op. cit*, n° 413 et s ; v. aussi, B. Bouloc, *Pénologie*, 3e éd., Dalloz, Paris, 2005, pp 5-10.

Ces différents buts qui viennent d'être expliqués ne sont pas poursuivis de façon égale par toutes les peines. Le législateur, en fixant chacune d'elles, accorde une prépondérance à l'un ou l'autre. Des buts qu'elle poursuit dérivent les caractères fondamentaux de la peine.

PARAGRAPHE 2 : ***LES CARACTÈRES DE LA PEINE***

De manière générale, la peine revêt, par nature, quatre caractères : afflictif, infamant, préfixe ou déterminé, et définitif.

A- LE CARACTÈRE AFFLICTIF

Il procède du but de rétribution. La peine est, en effet, un châtiment qui atteint le délinquant aux points estimés sensibles de l'individu, en l'occurrence sa liberté, ses droits, son patrimoine, sa réputation et parfois même sa vie.[1230] Elle se présente ainsi comme une souffrance, une affliction infligée au délinquant en rétribution du mal qu'il a causé à la société en commettant l'infraction.

Ce caractère afflictif varie en fonction de l'objectif que le législateur entend assigner à chaque peine. Celui-ci renforcera ce caractère s'il assigne à la peine un but essentiellement d'intimidation. En revanche, il l'adoucira s'il attribue à la peine une finalité essentiellement de réadaptation.

B- LE CARACTÈRE INFAMANT

Il découle aussi de la fonction rétributive de la peine. Étant un mal attestant que l'agent a transgressé les règles fondamentales de la société, la peine désigne le délinquant à la réprobation collective et suscite parfois la honte.[1231] On peut dire que le caractère infamant est proportionné au caractère afflictif. Autrement dit, plus la peine est afflictive, plus elle est infamante, plus elle jette l'opprobre sur le délinquant. Le caractère infamant établit donc un lien entre l'opinion ou la réprobation publique et l'opinion ou le point de vue du législateur exprimé dans la loi d'incrimination et de sanction. Ce lien doit être entretenu comme élément d'une politique criminelle rationnelle. Ainsi, entre les deux opinions (publique et du législateur) il y a comme une interaction, car l'une agit sur l'autre et inversement. Lorsque la peine prévue par le législateur est sévère, donc très afflictive, elle entraîne ou devrait entraîner aussi une sévérité accrue du jugement public ou de la réprobation publique. Inversement, le jugement public plus sévère, la réprobation publique plus

---

[1230] Voir J. Pradel, *op. cit.*, n° 619, p. 522.
[1231] *Idem.*

sévère contre un acte peut amener le législateur à en aggraver la peine. Celui-ci prendra toutefois des précautions pour que le caractère afflictif et infamant de la peine n'empêche pas cette dernière de remplir aussi sa fonction de réadaptation. L'infamie doit être dosée de manière à ce qu'elle ne reste pas indéfiniment collée à l'individu après l'exécution de sa peine. Après avoir payé sa dette à la société par l'exécution de la sentence, l'agent doit être quitte comme un débiteur libéré de sa dette et doit retrouver sa place dans la société.

C- LE CARACTÈRE PRÉFIXE OU DÉTERMINÉ

Pour remplir son but de rétribution et d'intimidation, la peine doit être déterminée. Cette détermination s'opère à deux niveaux : au niveau du législateur et au niveau du juge. Le législateur intervient en amont, avant la commission de l'infraction, de façon objective et impersonnelle, assurant ainsi l'égalité de tous devant la loi, comme le prescrivent les art. 11 et 12 de la Const.[1232] Il fixe la fourchette de la sanction, c'est-à-dire le minimum et le maximum de la peine à infliger à tout individu pour sanctionner telle ou telle infraction préalablement définie. La peine répond donc au principe de la légalité, conformément aux art. 17, 61 et 122 de la Const.[1233] : *Nulla poena sine lege.*

Intervenant en aval, après la commission de l'acte interdit, le juge opère dans ces limites fixées d'avance par le législateur. Il mesure, dans chaque cas d'espèce, la faute commise par l'agent et le trouble social causé. En fonction de cette mesure, il dose la peine et prononce une sentence déterminée. Il fixe ainsi l'opinion publique et le condamné qui savent désormais à quoi s'en tenir. Il met *ipso facto* ce dernier à l'abri de l'arbitraire des services pénitentiaires, car dès le jour du prononcé du jugement, chacun sait à quelle date prendra fin

---

[1232] Art. 11 : « Tous les êtres humains naissent libres et égaux en dignité et en droits... » Art. 12 : « Tous les Congolais sont égaux devant la loi et ont droit à une égale protection des lois. »

[1233] Art. 17 : « ... Il ne peut être infligé de peine plus forte que celle applicable au moment où l'infraction est commise. La peine cesse d'être exécutée lorsqu'en vertu d'une loi postérieure au jugement : 1. elle est supprimée; 2. le fait pour lequel elle était prononcée, n'a plus le caractère infractionnel. En cas de réduction de la peine en vertu d'une loi postérieure au jugement, la peine est exécutée conformément à la nouvelle loi.... » Art. 61 : « En aucun cas, et même lorsque l'état de siège ou l'état d'urgence aura été proclamé conformément aux articles 85 et 86 de la présente Constitution, il ne peut être dérogé aux droits et principes fondamentaux énumérés ci-après : ... 4. le principe de la légalité des infractions et des peines... » Art. 122 : « Sans préjudice des autres dispositions de la présente Constitution, la loi fixe les règles concernant : ... 6. la détermination des infractions et des peines qui leur sont applicables... »

la sanction. Le caractère déterminé ou préfixe de la peine permet aussi à celle-ci de remplir sa fonction de réadaptation. La durée fixée sera mise à profit pour organiser et exécuter un programme de réadaptation approprié. Le juge doit d'ailleurs faire un effort d'appréciation pour prendre en compte cet aspect des choses dans la fixation ou la détermination de la peine.

D- LE CARACTÈRE DÉFINITIF

Lorsque les délais de recours sont forclos, le jugement rendu devient définitif et acquiert l'autorité de la chose jugée. La peine prononcée par ce jugement devient également, par le fait même, définitive, insusceptible de modification judiciaire. C'est cette peine qui sera inscrite au casier judiciaire de la personne condamnée. Elle ne pourra éventuellement être modifiée que par un pourvoi en révision qui peut être ouvert en cas d'erreur judiciaire. De même, le caractère définitif de la peine est atténué par certaines techniques prévues par le législateur pour assurer une exécution de la sentence plus individualisée et orientée vers l'amendement, la réadaptation ou la resocialisation du délinquant. Il en est ainsi, p. ex., des institutions de la libération conditionnelle et de la réhabilitation qui seront étudiées ultérieurement.

À travers l'exposé des caractères de la peine, on aperçoit que de plus en plus le but de réadaptation rivalise avec celui de rétribution. « À l'idée que la peine était un mal pour le mal, on substitue l'idée que la peine est un moyen pour le bien, un instrument soit de relèvement individuel, soit de préservation sociale. »[1234] La peine moderne reste sans doute encore rétributive et intimidante, mais elle acquiert également une valeur thérapeutique en ce qu'elle recherche l'amendement et le reclassement social du condamné. C'est en cela précisément qu'elle se rapproche de la mesure de sûreté.[1235]

SECTION 2 : **LA MESURE DE SÛRETÉ**

QUE RECOUVRE CE CONCEPT ?

La mesure de sûreté est une mesure individuelle coercitive, sans coloration morale, imposée à des individus dangereux pour l'ordre social dans le but de prévenir les infractions que leur état rend probables.[1236] Elle diffère de la peine aussi bien par son but (§ 1er) que par ses caractères (§ 2).

[1234] R. Saleilles, *L'individualisation de la peine*, 1898, p. 11.

[1235] V. notamment J. Pradel, *Droit pénal général,* 7e éd., n° 516 ; 21e éd., n° 622, pp. 524-525.

[1236] G. Stefani, G. Levasseur, B. Bouloc, *op. cit*, n° 425.

*PARAGRAPHE 1er : **LE BUT DE LA MESURE DE SÛRETÉ : LA PRÉVENTION***

La mesure de sûreté se fonde sur l'état dangereux que présente un individu, autrement dit sur la forte probabilité de voir celui-ci violer la loi pénale. Elle intervient pour empêcher la commission des infractions redoutées. Ainsi, son but essentiel est la prévention. Fondamentalement tournée vers l'avenir, la mesure de sûreté ne poursuit pas un but de rétribution. Elle ne tient compte que de l'état dangereux présent de l'individu et des risques futurs de commission d'une infraction.

Même si, dans le concret, elle produit un effet intimidant chez certains individus, la mesure de sûreté ne poursuit pas un but d'intimidation. Son seul but est celui de prévention qui peut se réaliser soit par le traitement et la réadaptation, soit par la neutralisation et la surveillance.

A- LA PRÉVENTION PAR LE TRAITEMENT ET LA RÉADAPTATION

Elle se réalise par des mesures qui tendent à remédier aux causes sociales, physiques ou psychologiques de l'inadaptation du délinquant. Il en est ainsi, p. ex., des mesures de rééducation appliquées aux mineurs délinquants ; du traitement de désintoxication des personnes adonnées aux stupéfiants ; du traitement des alcooliques dangereux, etc. Toutes ces mesures ont pour finalité de prévenir la délinquance par la réadaptation des sujets soignés.

B- LA PRÉVENTION PAR LA NEUTRALISATION ET LA SURVEILLANCE

Dans l'esprit des positivistes et des premiers partisans des mesures de sûreté, celles-ci doivent poursuivre comme but principal la défense de la société. Faisant bon marché de la liberté individuelle, ces mesures doivent empêcher l'individu en état dangereux de nuire à la société. Parmi ces mesures qui réalisent la prévention par la neutralisation et la surveillance figurent notamment : l'internement à vie des délinquants d'habitude et des criminels nés ; la castration des délinquants sexuels ; la maison de travail pour les vagabonds ; la relégation ; l'enfermement des aliénés délinquants (non pour les soigner mais pour les empêcher de troubler l'ordre) ; l'expulsion des étrangers ; le retrait définitif du permis de conduire.

Aujourd'hui, avec le développement des idées humanistes et de défense des droits de l'homme, les mesures barbares de neutralisation sont, dans la plupart des législations, abandonnées. La majorité des mesures de sûreté retenues réalisent à la fois la neutralisation et la réadaptation. L'internement des mineurs délinquants, l'internement des aliénés délinquants en vue de leur traitement, p. ex., permettent à la fois la neutralisation et le traitement ou la réadaptation de ces derniers. Les caractères spécifiques de la mesure de sûreté facilitent la réalisation de ces deux modalités de prévention.

PARAGRAPHE 2 : ***LES CARACTÈRES DE LA MESURE DE SÛRETÉ***

La mesure de sûreté se distingue de la peine par ses trois traits caractéristiques : elle n'a pas de coloration morale ; sa durée est en principe indéterminée ; elle est révisible en fonction de l'évolution de l'état dangereux.

A- L'ABSENCE DE COLORATION MORALE

Contrairement à la peine, la mesure de sûreté ne revêt pas de caractère afflictif ni infamant. Elle intervient dans le but de protéger la société sans qu'il soit nécessaire de rechercher au préalable si l'état dangereux constaté dans le chef d'un individu constitue ou non une faute. Elle est détachée de toute idée de faute.

Afin qu'elle ne soit pas perçue comme un châtiment, la mesure de sûreté doit être conçue de manière à ne pas imposer une souffrance qui risque d'entraver la réadaptation du délinquant ou plus exactement du prédélinquant. Voilà pourquoi elle recourt, de préférence, à des moyens éducatifs, en l'occurrence pour les mineurs ; à des moyens curatifs comme le traitement des aliénés mentaux, la désintoxication et le traitement des alcooliques ; à des moyens disjonctifs qui tendent à empêcher la conjonction de facteurs criminogènes, comme, p. ex., le retrait du permis de conduire, l'interdiction d'exercer certaines professions, l'interdiction de séjour, etc. ; et à des moyens d'assistance tutélaire, comme la probation[1237] et la liberté surveillée.

Certes, toute mesure de sûreté entraîne une certaine gêne qui est pénible. Le juge et le personnel pénitentiaire doivent s'efforcer de « compenser… cet effet afflictif non recherché mais difficilement évitable »[1238] par des actions et des explications qui fassent comprendre à la personne concernée que la gêne qu'elle subit n'est pas visée pour la faire souffrir mais qu'elle intervient essentiellement pour son bien. De même, afin d'éviter que l'opinion publique n'attache un caractère infamant aux mesures de sûreté, les établissements dans lesquels elles sont exécutées doivent être différents des établissements où sont purgées les peines. Bref, le régime des mesures de sûreté doit être organisé de telle sorte que la personne intéressée ne se croie pas punie pour une faute

---

[1237] Suspension provisoire et conditionnelle de la peine infligée à un condamné.
[1238] G. Stefani, G. Levasseur, B. Bouloc, *op. cit*, n° 429.

qu'elle aurait commise, et que le public ne considère pas comme infamant ou déshonorant la soumission de cette personne à ces mesures de protection sociale.

B- L'INDÉTERMINATION DE LA DURÉE

Étant donné qu'il est difficile au législateur et au juge de fixer à l'avance le temps qui sera nécessaire au traitement ou à la resocialisation d'un individu en état dangereux, il est de sage politique de laisser indéterminée la durée des mesures de sûreté. Cette durée dépendra, en effet, de plusieurs facteurs, entre autres de la gravité de l'état dangereux constaté et de la manière dont évolue cet état au fur et à mesure de l'administration du traitement. Néanmoins, dans le souci de sauvegarder la liberté individuelle, certaines législations fixent, pour des mesures à pénibilité assez accrue, quelques limites de durée qui restent cependant plus souples que les fourchettes des peines. C'est ainsi que, p. ex., l'art. 22 de la loi belge du 9 avril 1930 (réformée en 1964) adopte un système de maximum indicatif et reportable pour le traitement des anormaux mentaux. Ce système veut que la mesure de sûreté prononcée ne prenne pas fin irrémédiablement lorsque s'accomplit la durée maximum fixée. À cette date, l'état dangereux de la personne traitée doit subir un nouvel examen. Le juge ne pourra décider et prononcer la prolongation de la mesure de traitement que si des raisons impérieuses issues de cet examen le justifient. Ce même système de maximum indicatif et reportable est adopté par la loi française du 15 avril 1954 sur les alcooliques dangereux dont le placement en établissement est ordonné pour 6 mois mais peut être prolongé pour de nouvelles périodes inférieures ou égales à 6 mois.[1239]

Somme toute, il convient de trouver un équilibre entre d'une part la nécessité du respect de la liberté individuelle et de sa protection contre l'arbitraire ; d'autre part le souci d'assurer la pleine efficacité de la mesure de sûreté au regard de l'état dangereux à traiter. C'est pour réaliser cet équilibre pertinent que le droit positif français, d'un côté, rejette l'option de l'indétermination absolue, à l'exception de certaines incapacités et déchéances professionnelles, comme l'interdiction d'exercer une profession commerciale qui est applicable de plein droit, sans limitation de durée, en cas de silence du jugement ;[1240] de l'autre, admet « le système de l'indétermination relative qui consiste pour la juridiction de jugement à fixer un minimum et surtout un maximum entre lesquels oscillera la durée d'exécution de la sanction, cette

---

[1239] G. Stefani, G. Levasseur, B. Bouloc, *op. cit*, n° 432 ; J. Pradel, *Droit pénal général,* 7e éd., 1990, n° 519 ; Art. L. 355-6, CSP (Code français de la santé publique).

[1240] V. Loi du 30 août 1947 et Crim. 29 février 1956, D., 1956.321, cité par J. Pradel, *Droit pénal général,* 21e éd., n° 626, p. 530, NBP 2.

durée étant fixée par l'autorité chargée de l'exécution ou par un événement : ainsi, les mesures applicables aux mineurs cessent à leur majorité civile (art. 17, al. 1. de l'Ord. du 2 février 1945).[1241]

C- LA RÉVISIBILITÉ CONSTANTE

Ce caractère se situe dans le prolongement du précédent. En effet, à la différence de la peine qui est fixée une bonne fois pour toutes et jouit de l'autorité de la chose jugée, la mesure de sûreté prise pour faire face à un état dangereux reste toujours susceptible de modification. Étant prononcée pour remédier à l'état dangereux constaté, la mesure de sûreté doit se modeler sur l'évolution de celui-ci. La sentence rendue ne dessaisit pas le juge qui doit en surveiller l'exécution et au besoin lui substituer une autre mesure en tenant compte des résultats de la première. Cette révision peut aller dans le sens de l'atténuation de la première mesure, - réduction de sa durée p. ex. -, si les résultats positifs sont rapides ; ou dans le sens de l'aggravation, dans l'hypothèse inverse, le tout en respectant les prévisions légales.

En vérité, la révisibilité constante et nécessaire de la mesure de sûreté ne l'oppose pas de manière tranchée à la peine qui aujourd'hui, « n'est plus aussi immuable que par le passé ».[1242] Des institutions comme la grâce et la libération conditionnelle interviennent pour modifier considérablement la substance de la sentence prononcée. « Quoi qu'en dise la dogmatique, la séparation [peine/mesure de sûreté] n'est ni claire ni incontestable. Non seulement parce que toute peine comporte un objectif de prévention et parce que toute mesure de sûreté prononcée par le juge pénal est ressentie par celui qui la subit comme une rétribution/punition, mais encore parce que le droit comparé montre que les mêmes mesures peuvent indifféremment, selon les pays, être qualifiées de peine ou de mesure de sûreté. »[1243] Le rapprochement entre ces deux formes de la réaction sociale est davantage renforcé par la communauté des garanties fondamentales qu'elles partagent.

[1241] J. Pradel, *idem*, n° 626, p. 530.

[1242] J. Pradel, *idem*, n° 627, p. 531.

[1243] G. Giudicelli-Delage, « Droit pénal de la dangerosité : Droit pénal de l'ennemi », in *RSC*, n° 1, janvier-mars 2010, pp. 69-80, spéc. p. 73.

SECTION 3 : LES GARANTIES FONDAMENTALES COMMUNES AUX DEUX FORMES DE LA SANCTION PÉNALE

L'organisation, l'ordonnancement et l'exécution des peines et des mesures de sûreté obéissent à certaines règles fondamentales qui constituent des garanties pour la liberté des individus. Parmi ces règles figurent : le principe de la légalité, le principe de la proportionnalité, le principe de l'égalité, le principe de la personnalité et de l'individualité de la sanction, et celui du respect de la dignité humaine.

PARAGRAPHE 1er : LE PRINCIPE DE LA LÉGALITÉ

Nullum crimen, nulla poena sine lege. Ce principe qui s'applique, nous l'avons vu, aux incriminations, s'applique aussi rigoureusement aux peines et aux mesures de sûreté. Il est nécessaire, en effet, que l'individu sache non seulement que tel agissement est incriminé, mais encore quelle sanction il encourt.

Ce principe de la légalité des sanctions agit sur le législateur qui doit fixer les peines et les mesures de sûreté avec une précision suffisante ; sur le juge qui ne doit prononcer que les sanctions prévues par la loi contre tel fait déterminé ; et sur l'administration qui ne doit faire exécuter que les sanctions régulièrement prononcées par le juge, conformément à la loi, et ne peut les modifier que dans les conditions prévues par celle-ci.

L'illustration de la soumission des mesures de sûreté au principe de la légalité nous est donnée par les art. 131-36-1 à 131-36-8 du CPF régissant une mesure de sûreté applicable notamment à certains délinquants sexuels, à savoir le suivi socio-judiciaire. Dans ces dispositions, le législateur prend soin de préciser les cas où cette mesure de sûreté peut être mise en œuvre, les modalités de son application et son régime procédural. Citons-en deux :

- Art. 131-36-1 : « Dans les cas prévus par la loi, la juridiction de jugement peut ordonner un suivi socio-judiciaire. Le suivi socio-judiciaire emporte, pour le condamné, l'obligation de se soumettre, sous le contrôle du juge de l'application des peines et pendant une durée déterminée par la juridiction de jugement, à des mesures de surveillance et d'assistance destinées à prévenir la récidive. La durée du suivi socio-judiciaire ne peut excéder dix ans en cas de condamnation pour délit ou vingt ans en cas de condamnation pour crime. Toutefois, en matière correctionnelle, cette durée peut être portée à vingt ans par décision spécialement motivée de la juridiction de jugement ; lorsqu'il s'agit d'un crime puni de trente ans de réclusion criminelle, cette durée est de trente ans ; lorsqu'il s'agit d'un crime puni de la réclusion criminelle à perpétuité, la cour d'assises peut décider que le suivi socio judiciaire s'appliquera sans limitation de durée, sous réserve de la possibilité pour le tribunal de l'application des peines de mettre fin à la mesure à l'issue d'un délai de trente ans, selon les modalités prévues par l'article 712-7 du code de procédure pénale. La décision de condamnation fixe également la durée maximum de l'emprisonnement encouru par le condamné en cas d'inobservation des obligations qui lui sont imposées. Cet emprisonnement ne peut excéder trois ans en cas de condamnation pour délit et sept ans en cas de condamnation pour crime. Les conditions dans lesquelles le juge de l'application des peines peut ordonner, en tout ou partie, l'exécution de l'emprisonnement sont fixées par le code de procédure pénale. Le président de la juridiction, après le prononcé de la décision, avertit le condamné des obligations qui en résultent et des conséquences qu'entraînerait leur inobservation. »

- Art. 131-36-4 : « Sauf décision contraire de la juridiction, la personne condamnée à un suivi socio-judiciaire est soumise à une injonction de soins dans les conditions prévues aux articles L. 3711-1 et suivants du code de la santé publique, s'il est établi qu'elle est susceptible de faire l'objet d'un traitement, après une expertise médicale ordonnée conformément aux dispositions du code de procédure pénale. Le président avertit alors le condamné qu'aucun traitement ne pourra être entrepris sans son consentement, mais que, s'il refuse les soins qui lui seront proposés, l'emprisonnement prononcé en application du troisième alinéa de l'article 131-36-1 pourra être mis à exécution. Lorsque la juridiction de jugement prononce une injonction de soins et que la personne a été également condamnée à une peine privative de liberté non assortie du sursis, le président informe le condamné qu'il aura la possibilité de commencer un traitement pendant l'exécution de cette peine. »

PARAGRAPHE 2 : ***LE PRINCIPE DE LA PROPORTIONNALITÉ***

La peine et la mesure de sûreté, en ce qu'elles sont respectivement une réponse de la société à l'atteinte commise par le délinquant ou une prévention contre l'état de dangerosité qu'il représente, doivent être proportionnées, la première à l'offense perpétrée, la seconde au danger redouté. Pour que justice passe, cet équilibre doit être respecté dans les prévisions légales et dans leur mise en œuvre judiciaire. Comme le dit Jean Pradel, « toute sanction, dans la loi et dans son prononcé, doit tenir compte de l'intérêt général et de l'intérêt du délinquant. Cette balance entre ces deux intérêts postule que la sanction soit juste et modérée, non excessive. »[1244] Et Geneviève Giudicelli-Delage de rappeler cette formule célèbre : « pas plus qu'il n'est juste, pas plus qu'il n'est utile » ; formule qui résume la teneur du droit pénal moderne, « les principes du juste et de l'utile constituant les deux éléments sur lesquels repose la légitimité de la peine et se combinant pour en tracer les conditions et limites… »[1245]

[1244] J. Pradel, *op. cit.*, n° 624, p. 528.

[1245] G. Giudicelli-Delage, « Droit pénal de la dangerosité : Droit pénal de l'ennemi », in *idem*, p. 69 ; v. aussi, F. Rousseau, « Le principe de nécessité. Aux frontières du droit

PARAGRAPHE 3 : ***LE PRINCIPE DE L'ÉGALITÉ***

La sanction pénale doit être la même pour tous. Elle ne doit pas varier en fonction de classes sociales, d'opinions politiques, d'appartenances religieuses, ethniques ou tribales, de nationalité ou de sexe, etc. Cependant, ce principe de l'égalité ne s'oppose pas à l'individualisation des sanctions au niveau de la sentence rendue par le juge et au niveau de leur exécution par l'administration pénitentiaire. Le juge, au moment du prononcé du jugement, peut prendre en compte certaines circonstances pour atténuer ou aggraver la peine à infliger au délinquant. Ainsi, en mettant en jeu les circonstances atténuantes, deux auteurs d'une même infraction peuvent être sanctionnés différemment : l'un au maximum, l'autre au minimum de la peine. De même au niveau de l'exécution de la sanction, le mécanisme de la libération conditionnelle, p. ex., peut profiter à l'un qui ne restera en prison que pour le quart de la durée de la peine, alors que l'autre devra aller jusqu'à son terme, en raison de sa méconduite.

PARAGRAPHE 4: ***LE PRINCIPE DE LA PERSONNALITÉ ET DE L'INDIVIDUALITÉ DE LA SANCTION***

La peine, comme la mesure de sûreté, ne peut ou ne doit frapper que la personne qui a commis l'infraction. Le droit pénal congolais moderne se distingue ainsi du droit pénal traditionnel où la responsabilité était plutôt collective, vu le rôle central joué par la réparation, sous sa forme de restitution ou d'indemnisation. Comme nous le verrons, dans le droit traditionnel, la sanction essentielle est la réparation qui a pour fonction le rétablissement de la paix sociale par le dédommagement de la victime et par la réinsertion sociale du délinquant. Cette réparation n'est pas seulement une sanction civile comme elle l'est en droit écrit d'origine européenne. Elle est une sanction à la fois pénale et civile. L'indemnisation de la personne lésée par une infraction consiste en effet « à créer, au préjudice du condamné, l'obligation de verser, à titre de peine, une somme d'argent à la victime ».[1246] La réparation est la sanction principale, les autres peines n'étant infligées, la plupart du temps, que dans les cas où la nature même du crime interdit moralement toute réparation (en cas, p. ex., de la souillure des biens du criminel, conséquence de la souillure de la terre par le sang versé), ou lorsque l'auteur et sa famille ne sont pas en mesure de payer la réparation. C'est précisément au niveau du paiement de la réparation, c'est-à-dire au niveau de l'exécution de la sanction,

---

de punir », in « Autour de la pensée de Cesare Beccaria », *RSC*, n° 2, avril-juin 2015, pp 257-271 ; J. Walther, « À justice équitable, peine juste? Vues croisées sur les fondements théoriques de la peine » , in *RSC,* n° 1, 2007, pp. 23-37.

[1246] A. Delmas, *Droit pénal coutumier africain*, Thèse, Droit, Paris II, 1976, p. 257.

qu'intervient la collectivisation de la responsabilité. Car, la réparation-sanction peut être exécutée soit par le coupable lui-même, soit par sa parenté qui a l'obligation coutumière de se solidariser avec lui.

En droit moderne, toute mesure revêtant le caractère d'une peine doit être personnelle, en ce sens qu'elle ne doit être infligée qu'à l'auteur de l'acte infractionnel. La responsabilité pénale étant individuelle, « nul ne peut être poursuivi, arrêté, détenu ou condamné pour fait d'autrui. » Tel est le prescrit de la Const.[1247] Et l'art. 3 du CPM de réaffirmer : « Nul n'est pénalement responsable que de son propre fait. » Ceci veut dire que nul ne peut se voir infliger une peine pour une infraction commise par autrui. Ainsi, un père de famille ne doit pas subir une peine pour un viol commis par son fils. Certes, certaines personnes physiques ou morales peuvent être tenues par la loi de répondre civilement des amendes prononcées contre leurs préposés ou employés. Dans ce cas de figure, il ne s'agit pas d'une peine, mais simplement d'une garantie de recouvrement. Nous avons également, à l'occasion de l'étude du délinquant, parlé de la responsabilité pénale du fait d'autrui, notamment pour sanctionner pénalement les chefs d'entreprise pour certaines infractions matériellement commises par leurs préposés. Il faut préciser que dans cette hypothèse, ce qui est sanctionné ce sont les manquements personnels du chef d'entreprise, en l'occurrence sa négligence, son imprévoyance, son manque de diligence dans la surveillance de l'exécution correcte des travaux par ses préposés.

Personnelle, la peine, comme la mesure de sûreté, doit, en plus, être individuelle. En effet, lorsque plusieurs personnes ont commis une infraction, le juge doit déterminer et prononcer une peine pour chacune d'elles distinctement. Le législateur consacre ce caractère individuel de la peine dans l'art. 11 du CP en disposant que « l'amende est prononcée individuellement contre chacun des condamnés à raison d'une même infraction. » La même formule devrait être adoptée, *mutatis mutandis*, pour les autres peines et mesures de sûreté. En cas de participation criminelle ou de pluralité d'auteurs, la peine doit être individuelle ; le juge doit prononcer une peine pour chacun des participants.

[1247] Art. 17 de la Const. V. aussi l'art. 121-1 du CPF : « Nul n'est responsable pénalement que de son propre fait. »

*PARAGRAPHE 5 : **LE PRINCIPE DU RESPECT DE LA DIGNITÉ HUMAINE***

Ce principe est consacré dans les traités, déclarations et accords internationaux auxquels la RDC a adhéré. Il s'agit, entre autres, de la Déclaration universelle des droits de l'Homme dont l'art. 5 proclame que « personne ne peut être soumise à la torture ou au traitement cruel, inhumain ou dégradant » ; du Pacte international relatif aux droits civils et politiques du 16 décembre 1966 dont l'art. 7 reprend la même règle ; de la Convention des Nations-Unies contre la torture et autres peines ou traitements cruels, inhumains ou dégradants, signée à New-York le 10 décembre 1984 et à laquelle le Congo, alors Zaïre, a adhéré le 17 févier 1989.[1248] Ce principe a été intégré notamment dans l'art. 16 de la Const. qui proclame le caractère sacré de la personne humaine, et dans l'art. 61 du même texte qui interdit formellement l'usage de la torture et des peines ou traitements cruels, inhumains ou dégradants ; interdiction restant de rigueur même lorsque le pays se trouve en état de siège ou d'urgence.[1249] La force constitutionnelle de cette prohibition vient ainsi s'ajouter à sa dimension internationale consacrée notamment par la Convention des Nations Unies contre la torture et autres peines ou traitements cruels, inhumains ou dégradants, dont l'art. 16 dispose :

> « 1. Tout État partie s'engage à interdire dans tout territoire sous sa juridiction d'autres actes constitutifs de peines ou traitements cruels, inhumains ou dégradants qui ne sont pas des actes de torture telle qu'elle est définie à l'article premier lorsque de tels actes sont commis par un agent de la fonction publique ou toute autre personne agissant à titre officiel, ou à son instigation ou avec son consentement exprès ou tacite. En particulier, les obligations énoncées aux articles 10, 11, 12 et 13 sont applicables moyennant le remplacement de la mention de la torture par la mention d'autres formes de peines ou traitements cruels, inhumains ou dégradants.
> 2. Les dispositions de la présente Convention sont sans préjudice des dispositions de tout autre instrument international ou de la loi nationale qui interdisent les peines ou traitements cruels, inhumains ou dégradants, ou qui ont trait à l'extradition ou à l'expulsion. »[1250]

[1248] V. O-L n° 89-014 du 17 février 1989 autorisant l'adhésion du Zaïre (actuel RDC) à la Convention des Nations Unies contre la torture et autres peines ou traitements cruels, inhumains ou dégradants, in *J.O,* n° 5 du 1er mars 1989, p. 8. Cette Convention a été publiée au *J.O*, n° spécial, 5 décembre 2002, pp. 72-84. V. *supra*, pp. 107-108.

[1249] Art. 61-2 de la Const.

[1250] L'art. 10 est cité plus haut à la p. 108. Voici les libellés des art. 11 à 13 : Art. 11 : « Tout État partie exerce une surveillance systématique sur les règles,

La loi pénale, dans la fixation des sanctions, doit respecter ce principe internationalement et constitutionnellement consacré. Voilà pourquoi elle doit bannir, parce que contraires à la dignité humaine, des châtiments corporels, avilissants et barbares comme les coups de fouet, la stérilisation et la castration. La peine de mort est également mise en cause comme la première des peines cruelles et inhumaines. Mais jusqu'à ce jour, cette peine continue à figurer dans l'arsenal répressif congolais.

---

instructions, méthodes et pratiques d'interrogatoire et sur les dispositions concernant la garde et le traitement des personnes arrêtées, détenues ou emprisonnées de quelque façon que ce soit sur tout territoire sous sa juridiction, en vue d'éviter tout cas de torture. » Art. 12 : « Tout État partie veille à ce que les autorités compétentes procèdent immédiatement à une enquête impartiale chaque fois qu'il y a des motifs raisonnables de croire qu'un acte de torture a été commis sur tout territoire sous sa juridiction. » Art. 13 : « Tout État partie assure à toute personne qui prétend avoir été soumise à la torture sur tout territoire sous sa juridiction le droit de porter plainte devant les autorités compétentes dudit État qui procéderont immédiatement et impartialement à l'examen de sa cause. Des mesures seront prises pour assurer la protection du plaignant et des témoins contre tout mauvais traitement ou toute intimidation en raison de la plainte déposée ou de toute déposition faite. »

CHAPITRE DEUX

LES SANCTIONS EN DROIT PÉNAL CONGOLAIS

L'infraction en tant qu'elle enfreint une norme sociale, intéresse autant la société que la personne physique matériellement, corporellement ou moralement atteinte, car elle victimise aussi bien celle-là que celle-ci. Elle engendre en conséquence un double conflit : conflit délinquant-société ; et conflit délinquant-victime directe. Pour régler concomitamment les deux incidents, il est fait appel aux cours et tribunaux qui sont saisis par l'OMP exerçant l'action publique et requérant la sanction pénale au nom de la société (section 1ère) ; et qui peuvent aussi l'être par la personne directement touchée par l'infraction sollicitant l'intervention de la sanction civile en guise de réparation (section 2). L'examen de celle-ci nous a conduit à l'analyse de la loi n° 87-010 du 1er août 1987 qui a apporté une innovation majeure dans le domaine de la sanction (section 3).

SECTION 1ère : LES SANCTIONS PÉNALES

L'analyse de la loi pénale congolaise permet deux constatations : la première, c'est qu'au plan théorique, la réaction sociale contre l'infraction est variée, car le législateur a voulu accorder au juge une marge de manœuvre, une liberté de choix entre plusieurs possibilités d'intervention afin que la sanction à prononcer soit à la mesure de la faute commise ; la seconde, c'est qu'au plan pratique, ce pluralisme cède la place à une espèce de monisme d'une sanction passe-partout, appelée la peine de servitude pénale ou d'emprisonnement, les autres sanctions n'ayant qu'une portion congrue aussi bien dans la loi que dans la pratique des cours et tribunaux. Nous allons donc, dans le paragraphe premier, présenter la diversité théorique des sanctions pénales, avant de démontrer, dans le second, la prédominance pratique de la peine d'emprisonnement.

PARAGRAPHE 1er : ***LA DIVERSITÉ THÉORIQUE DES SANCTIONS PÉNALES***

La loi pénale congolaise prévoit un certain nombre de sanctions qu'elle met à la disposition du juge répressif à qui revient la responsabilité de déterminer, dans chaque cas d'espèce, la forme et l'ampleur de la réaction sociale. Celle-ci peut être soit une peine, soit une mesure de sûreté, soit l'une et l'autre à la fois.

Cette distinction entre d'une part les peines, d'autre part les mesures de sûreté, n'est pas toujours aisée à opérer, car le législateur les énumère parfois les unes et les autres dans une même disposition et utilise souvent certaines mesures de sûreté sous l'appellation de peines.[1251] L'art. 5 du livre premier du CPC[1252] offre précisément une illustration de cette confusion ou plutôt de cette simplification terminologique puisqu'il porte que « les peines applicables aux infractions sont : 1° la mort ; 2° les travaux forcés ; 3° la servitude pénale ; 4° l'amende ; 5° la confiscation spéciale ; 6° l'obligation de s'éloigner de certains lieux ou d'une certaine région ; 7° la résidence imposée dans un lieu déterminé ; 8° la mise à la disposition de la surveillance du gouvernement. » On s'aperçoit que cette énumération, qui n'est d'ailleurs pas exhaustive, regroupe des sanctions ayant deux natures différentes, car les unes sont des peines *stricto sensu* (A), tandis que les autres sont des mesures de sûreté (B).

A- LES PEINES STRICTO SENSU

Lorsqu'on envisage les rapports existant entre elles, les peines prévues par la loi peuvent être catégorisées en peines principales (a), complémentaires (b) et accessoires (c).

a) Les peines principales

Ce sont celles imposées par le législateur et que le juge ne peut pas se dispenser de prononcer s'il déclare le prévenu coupable, à moins qu'il ne retienne en sa faveur une excuse absolutoire. Dans la prévision de l'art. 5 ci-dessus, on peut discerner quatre peines principales : la mort, les travaux forcés, la servitude pénale et l'amende.

1°- La peine de mort

Le droit pénal congolais continue à maintenir la peine de mort, également appelée peine capitale, malgré le mouvement de pensée développé à son encontre, lequel lui reproche notamment d'être : illogique, puisqu'elle fait accomplir de sang froid par la société, le geste homicide que celle-ci condamne chez le criminel ; cruelle, quel que soit le mode d'exécution employé ; irréversible, car elle rend irrémédiable l'erreur judiciaire tout en empêchant le jeu de l'amnistie ; inutile, car la criminalité n'a pas plus augmenté dans les pays qui l'ont abolie que dans ceux qui l'ont maintenue.[1253]

[1251] G. Stefani, G. Levasseur, B. Bouloc, *Droit pénal général*, 13e éd., 1987, p. 496, n° 444.

[1252] Tel que modifié et complété par la loi n° 73-017 du 5 janvier 1973.

[1253] V. notamment : M. Ancel, « Le problème de la peine de mort », in *RDPC*, 1963-

Ces arguments, succinctement rappelés, n'ont pas encore sorti leurs pleins effets dans la législation pénale congolaise qui conserve sa confiance en la capacité dissuasive, en la force intimidante du châtiment suprême. Il importe néanmoins de signaler qu'au cours des travaux de la Conférence nationale souveraine, la question de la peine de mort avait été soumise à l'examen de la sous-commission de législation et réformes juridiques, car certaines délégations en réclamaient l'abolition. Les débats en plénière du travail soumis par cette sous-commission conduisirent à l'adoption d'un acte comportant trois volets :

- il posait le principe de l'abolition de la peine de mort dans un délai de cinq ans ;
- il consacrait le principe intermédiaire selon lequel, en attendant cette abolition ainsi programmée, la peine de mort ne devrait être retenue que pour sanctionner les assassinats et les meurtres, mais qu'en revanche, conformément aux recommandations de l'Organisation des Nations Unies, elle devrait être exclue à l'égard des personnes âgées de moins de dix huit ans au moment de la commission des faits, des femmes enceintes, des mères d'un jeune enfant et des personnes souffrant d'une aliénation mentale ;
- il stipulait que le délai de cinq ans fixé devait être mis à profit pour améliorer le fonctionnement des services pénitentiaires, et pour informer et préparer l'opinion publique à cette voie humaniste.[1254]

Ayant conservé la peine capitale, le législateur fait soumettre les condamnés à mort à un régime particulier, dès le prononcé de leur condamnation. En effet, jusqu'au jour de leur exécution, qui s'opère suivant le mode déterminé par le président de la République[1255], ceux-ci sont gardés dans une cellule spéciale et individuelle, et soumis à une haute surveillance, tant le jour que la nuit, dans le but de prévenir toute tentative de suicide ou d'évasion.[1256] Ce régime de sécurité renforcé ne permet pas de les astreindre au travail pénitentiaire obligatoire[1257]qu'il convient de ne pas confondre avec la peine de travaux forcés.

1964, p. 373 ; Charpentier et Naud, *Pour et contre la peine de mort*, Paris, 1967 ; Lambert, « L'abolir sauf pour... », *Gaz.Pal.*, 1972-1, doctr. 142 ; Richard, « L'abolir dans tous les cas », *Gaz.Pal.*, 1972-2, doctr. 530 ; Thorsten Sellin, « La peine capitale et le procès pénal », *Mélanges Hugueney*, p. 287 ; Plawski, « La peine de mort », *Rév. pén.*, 1973, p. 357 ; G. Stefani, G. Levasseur, B. Bouloc, *op. cit.*, pp. 498-499.

[1254] Conférence Nationale Souveraine (CNS), Rapport de la Commission juridique.

[1255] Art. 6 du CP.

[1256] Likulia Bolongo, *Droit et science pénitentiaires. Vers un traitement scientifique de la délinquance au Zaïre*, PUZ, Kinshasa, 1981, p. 21.

[1257] Prévu par l'art. 64 de l'Ord. n° 344 du 17/09/1965 portant régime pénitentiaire.

L'arrêté du gouverneur général du 9 avril 1898 fixe les modalités des exécutions capitales[1258] qui doivent se faire par la pendaison pour les civils, par les armes pour les militaires.[1259] Elles ont lieu dans la localité déterminée par l'OMP, et à l'endroit choisi par l'autorité administrative du lieu de l'exécution. C'est aussi l'OMP qui détermine la date et l'heure de l'exécution. Celle-ci n'a pas lieu publiquement, sauf si le gouverneur de la province en décide autrement. Néanmoins, l'autorité administrative invite à y assister les autorités coutumières du lieu de l'exécution et, s'il échet, celle du lieu où l'infraction a été commise.[1260] De même, le condamné peut, sur le lieu du supplice, se faire assister du ministre du culte, présent dans la localité où s'opère l'exécution, dont il aura réclamé ou admis le ministère.[1261] S'il est vérifié qu'une femme condamnée à mort est enceinte, il ne sera procédé à son exécution qu'après sa délivrance.[1262]

Le CJM fixe le même mode d'exécution. En effet, lorsque toute condamnation à la peine capitale prononcée par une instance judiciaire militaire devient définitive, l'auditeur général des Forces armées en avise le ministre de la Défense. Les justiciables des juridictions militaires condamnés à la peine de mort sont passés par les armes dans un lieu désigné par l'autorité militaire.[1263] Sauf dérogation accordée par l'auditeur général, sont seuls admis à assister à l'exécution des jugements prononçant la peine capitale : 1. le président ou un juge militaire, magistrat de carrière, un représentant du ministère public, le magistrat instructeur et le greffier de la juridiction militaire du lieu d'exécution ; 2. le conseil du condamné ; 3. un ministre du culte ; 4. un médecin désigné par l'autorité militaire ; 5. les militaires du service d'ordre requis à cet effet par le ministère public. Sauf en temps de guerre ou lorsque l'intérêt supérieur de la Nation l'exige, aucune condamnation à mort ne peut être exécutée le jour de fêtes nationales ou les dimanches.[1264]

L'ordonnance 86/Cont. du 3 août 1936 interdit de procéder, au moyen d'appareils photographiques quelconques, à la prise de vues d'une exécution capitale. Elle interdit également, dans un rayon de 150 mètres autour du lieu de l'exécution et jusqu'au moment où toute trace de celle-ci aura été

[1258] Arrêté du 9 avril 1898 relatif aux exécutions capitales, in *R.M.*, 1898, p. 59 ; *Rec. Us.*, III, p. 46 ; *Les Codes Larcier*, T. I, p. 385 ; *Le Code judiciaire zaïrois*, p. 189.

[1259] Art. 1er dudit arrêté.

[1260] Art. 2 dudit arrêté tel que modifié par l'ord. du 24 janvier 1948.

[1261] Art. 4 dudit arrêté.

[1262] Art. 3 *idem*.

[1263] Art. 352 du CJM.

[1264] Art. 353, *idem*.

enlevée, le port de ces appareils sur la voie publique et dans tous les endroits d'où une prise de vue de ce lieu est possible.[1265] Elle sanctionne toute violation de ces prescriptions d'une servitude pénale de sept jours et d'une amende de 200 francs ou de l'une de ces peines seulement.[1266]

À suivre l'évolution de la législation, on observe une tendance vers la suppression de la peine de mort. Ainsi, p. ex., l'ancien art. 171 du CP punissait de la peine de mort ou de la servitude pénale à perpétuité, le viol ou l'attentat à la pudeur ayant causé la mort de la victime. La loi n° 06-018 du 20 juillet 2006 a modifié cette disposition en ne conservant que la servitude pénale à perpétuité pour sanctionner cette forme de criminalité. Le nouvel art. 171 porte, en effet, que « si le viol ou l'attentat à la pudeur a causé la mort de la personne sur laquelle il a été commis, le coupable sera puni de la servitude pénale à perpétuité. »[1267]

De même, en vertu de l'art. 9 de la loi n° 09-001 du 10 janvier 2009 portant protection de l'enfant, la peine de mort ne peut pas être prononcée à l'encontre d'un enfant, ni d'ailleurs la servitude pénale à perpétuité, ni toute autre peine ou traitement cruels, inhumains ou dégradants. Cet article commande qu'« aucun enfant ne peut être soumis à la torture ni à des peines ou traitements cruels, inhumains ou dégradants. La peine de mort et la servitude pénale à perpétuité ne peuvent être prononcées pour les infractions commises par un enfant ».

Même dans le CPM, le législateur laisse au juge la possibilité de remplacer la peine de mort par la servitude pénale à perpétuité ou à temps. Il le fait, p. ex., dans l'art. 27 de ce code qui dispose :

> « Dans tous les cas punissables de mort, la juridiction militaire pourra prononcer la peine de servitude pénale à perpétuité ou une peine de servitude pénale principale, en précisant une durée minimale de sûreté incompressible, c'est-à-dire la période de temps pendant laquelle le condamné ne peut prétendre à aucune remise de peine. »

Cette tendance vers la suppression de la peine de mort est encouragée par des instruments internationaux, parmi lesquels l'art. 6 du Pacte international

---

[1265] Art. 1er et 2 de l'ord. 86/Cont. du 3 août 1936 relative aux prises de vues des exécutions capitales, in *B.A*, 1936, p. 329; *Les Codes Larcier*, T. I, p. 385 ; *Le Code judiciaire zaïrois*, p. 189.

[1266] Art. 3, *idem.*

[1267] Art. 171 du CP tel que modifié par l'art. 2 de la loi n° 06-018 du 20 juillet 2006 modifiant et complétant le D. du 30 janvier 1940 portant CPC.

relatif aux droits civils et politiques[1268], le protocole n° 13 à la Convention européenne de sauvegarde des droits de l'Homme adopté à Vilnius le 3 mai 2002, l'art. 77 du Statut de Rome de la CPI[1269], la Déclaration de Cotonou du 4 juillet 2014, la Résolution des Nations Unies A/RES/69/186 de 2014 intitulée « Moratoire sur l'application de la peine de mort ». Il faut néanmoins constaté que la dernière loi portant modification du code pénal punit de mort le génocide, les crimes contre l'humanité et les crimes de guerre,[1270] alors que la CPI sanctionne ces crimes capitaux, soit d'une peine d'emprisonnement à temps de 30 ans au plus, soit d'une peine d'emprisonnement à perpétuité, si l'extrême gravité du crime et la situation personnelle du condamné le justifient[1271], étant entendu que le Statut de Rome n'applique pas la peine de mort.

Au plan international, notons que certains pays ont expressément aboli la peine de mort. Il en est ainsi, p. ex., de la France où l'abolition de cette peine est absolue et définitive[1272], de l'Allemagne, du Danemark, Sénégal,

---

[1268] Art. 6 : « 1. Le droit à la vie est inhérent à la personne humaine. Ce droit doit être protégé par la loi. Nul ne peut être arbitrairement privé de la vie. 2. Dans les pays où la peine de mort n'a pas été abolie, une sentence de mort ne peut être prononcée que pour les crimes les plus graves, conformément à la législation en vigueur au moment où le crime a été commis et qui ne doit pas être en contradiction avec les dispositions du présent Pacte ni avec la Convention pour la prévention et la répression du crime de génocide. Cette peine ne peut être appliquée qu'en vertu d'un jugement définitif rendu par un tribunal compétent. 3. Lorsque la privation de la vie constitue le crime de génocide, il est entendu qu'aucune disposition du présent article n'autorise un État partie au présent Pacte à déroger d'aucune manière à une obligation quelconque assumée en vertu des dispositions de la Convention pour la prévention et la répression du crime de génocide. 4. Tout condamné à mort a le droit de solliciter la grâce ou la commutation de la peine. L'amnistie, la grâce ou la commutation de la peine de mort peuvent dans tous les cas être accordées. 5. Une sentence de mort ne peut être imposée pour des crimes commis par des personnes âgées de moins de 18 ans et ne peut être exécutée contre des femmes enceintes. 6.Aucune disposition du présent article ne peut être invoquée pour retarder ou empêcher l'abolition de la peine capitale par un État partie au présent Pacte. »

[1269] La CPI n'applique pas la peine de mort. Aux termes de l'art. 77-1 de son statut, elle ne peut prononcer contre une personne déclarée coupable d'un crime relevant de sa compétence que l'une des peines suivantes : a) une peine d'emprisonnement à temps de 30 ans au plus ; ou b) une peine d'emprisonnement à perpétuité, si l'extrême gravité du crime et la situation personnelle du condamné le justifient.

[1270] V. Art. 221, 222 et 223 du CP introduits par la loi n° 15-022 du 31 décembre 2015 modifiant et complétant le D. du 30 janvier 1940 portant CP, in *J.O*, n° spécial, 57e année, 29 février 2016, pp. 1-17, spéc. pp. 8-16.

[1271] V. les art. 5 et 77 du Statut de Rome de la CPI.

[1272] V. J. Pradel, *Droit pénal général,* 21e éd., n° 648, pp. 541-543.

Côte d'Ivoire, Benin, Afrique du Sud, Angola, etc. Selon Wikipedia, « 104 pays l'ont supprimée pour tous les crimes, 9 seulement pour les crimes de droit commun et 28 n'y ont pas eu recours depuis au moins dix ans et semblent avoir pour pratique officielle ou officieuse de s'abstenir de procéder à une exécution, même si elle reste en vigueur… »[1273] S'appuyant sur « les statistiques globales à la majorité des pays du monde », Mireille Delmas-Marty rapporte qu'« à la date du 1er janvier 2007, 128 pays avaient aboli, en droit et en fait, la peine de mort, contre 69 non abolitionnistes. Certes il y a quelques "poids lourds", comme la Chine mais aussi les États-Unis et le Japon, parmi les pays non abolitionnistes. Et pourtant, même dans ces pays qui résistent à l'abolition, les limitations progressent en droit et en fait, notamment en ce qui concerne la peine de mort des mineurs ou des handicapés mentaux. »[1274] Elle conclut que « même sans définition vraiment universelle, l'interdit de l'inhumain est déjà universalisable et que l'abolition de la peine de mort le devient elle aussi. Il reste à savoir si, et à quelles conditions, elle peut devenir effective. »[1275]

2°- La peine de travaux forcés

Si l'on tient compte de la gravité intrinsèque des sanctions, la peine de travaux forcés s'inscrit en deuxième position après la peine de mort. C'est d'ailleurs exactement la position qu'elle occupe dans l'énumération légale.[1276] Elle est d'un passé assez récent, car elle a été introduite dans l'arsenal répressif congolais le 5 janvier 1973 par la loi n° 73-017 réprimant le

---

[1273] Wikipedia, « Application de la peine de mort dans le monde », disponible sur *https://fr.wikipedia.org/wiki/Application_de_la_peine_de_mort_dans_le_monde,* consulté le mardi 20.11.2018 à 15H40, heure de Paris.

V. aussi, La Documentation française, « La peine de mort dans le monde », in *https://www.ladocumentationfrancaise.fr/dossiers/abolition-peine-mort/peine-mort.shtml,* consulté le mardi 20.11.2018 à 16H, heure de Paris.

[1274] M. Delmas-Marty, « Peine de mort et suicide : passé, présent, comparaisons. Conclusion », in *RSC*, n° 3, juillet-septembre 2008, p. 584.

[1275] M. Delmas-Marty, *idem*, p. 586. Sur ce mouvement abolitionniste, lire toutes les contributions : G. Giudicelli-Delage (« Approches de la vie et de la mort en Europe »), Quinglan Li (« La peine de mort dans la Chine contemporaine : étude de cas »), Lu Jianping (« Regards croisés sur la réforme de la peine de mort en Chine »), E. Seizelet (« L'abolition de la peine capitale et la notion de peine de substitution : le cas japonais »), Stefano Manacorda (« L'abolition de la peine capitale en Europe : le cercle vertueux de la politique criminelle et les risques de rupture »), Naomi Norberg (« La peine de mort aux États-Unis : évolutions jurisprudentielles et sociales »), M. Delmas-Marty (« … Conclusion ») , « Peine de mort et suicide : », in *RSC*, n° 3, 2008, pp. 511-586.

[1276] Art. 5 du CP.

détournement.[1277] Il s'agit d'une peine afflictive et infamante, emportant privation de liberté. Sa fourchette est d'un an au minimum et de vingt ans au maximum. Son exécution ne peut être assimilée ni confondue avec la peine de servitude pénale, car les condamnés aux travaux forcés subissent leur peine conformément au règlement fixé par l'ord. du président de la République. Cependant, toute détention subie avant la condamnation définitive par suite de l'infraction qui donne lieu à cette condamnation, doit être imputée, pour la totalité, sur la durée de la peine de travaux forcés prononcée.[1278]

On pourrait se demander quelle est l'opportunité de l'institution de cette peine au Congo alors qu'elle est abandonnée dans d'autres pays pour cause notamment de son caractère archaïque. En France, p. ex., depuis 1960, la peine de travaux forcés à perpétuité a été remplacée par celle de réclusion criminelle à perpétuité parce que, précisément, celle-là apparaissait trop archaïque et que son régime d'application était devenu, depuis 1938, très voisin de celui de la réclusion.[1279] Aussi, faut-il noter avec bonheur que l'art. 2 de la loi n° 015-2002 du 16 octobre 2002 portant code du travail proscrit le travail forcé. Il porte, en effet :

> « Le travail est pour chacun un droit et un devoir. Il constitue une obligation morale pour tous ceux qui n'en sont pas empêchés par l'âge ou l'inaptitude au travail constatée par un médecin.
> *Le travail forcé ou obligatoire est interdit.*
> Tombe également sous le coup de l'interdiction, tout travail ou service exigé d'un individu sous menace d'une peine quelconque et pour lequel ledit individu ne s'est pas offert de plein gré. »[1280]

Cette disposition respectueuse de la dignité humaine devrait entraîner la suppression de la peine des travaux forcés de l'arsenal répressif de la RDC. Ce qui permettrait à ce pays de rejoindre la liste des États ayant aboli cette peine. Signalons, p. ex., que l'art. 4 de la Convention européenne de sauvegarde des droits de l'Homme, liant les pays européens, dispose que « nul ne peut être astreint à accomplir un travail forcé ou obligatoire. »

La loi pénale congolaise ignorant la division tripartite des infractions en crimes, délits et contraventions, ne consacre pas non plus les distinctions subtiles entre réclusion criminelle, emprisonnement correctionnel et emprisonnement de police. Elle qualifie indifféremment de servitude pénale,

---

[1277] V. l'art. 145 [du CP] [Loi n° 73-017 du 5 janvier 1973, art. 2], cité *infra*, p. 560 NBP 1501.
[1278] Art. 6bis du CP, issu de la loi n° 73-017 du 5 janvier 1973.
[1279] G. Stefani, G. Levasseur, B. Bouloc, *op. cit.*, p. 500.
[1280] Al. 2 relevé en italique par l'auteur.

toute peine d'emprisonnement quelle qu'en soit la durée, sauf à distinguer la servitude pénale à perpétuité de la servitude pénale à temps.

3°- La peine de servitude pénale

La servitude pénale est une peine privative de liberté consistant dans un enfermement de l'individu incarcéré, séparé des siens, de son milieu familial et professionnel, et dépourvu de toute possibilité d'organiser sa vie à sa guise. La servitude pénale est donc synonyme d'emprisonnement. Il faut d'ailleurs relever, à ce sujet, qu'au cours des travaux de la Conférence nationale souveraine, le professeur Bayona-ba-Meya, épinglant la connotation coloniale de l'expression « servitude pénale », avait proposé sa suppression des textes légaux du pays et son remplacement par le terme « emprisonnement », proposition retenue[1281], mais malheureusement non mise en œuvre à ce jour, car les textes légaux récents continuent à utiliser l'appellation « servitude pénale ».

Pour la petite histoire, l'emprisonnement est devenu une peine dans la seconde moitié du 18è siècle. Cependant, déjà dans l'antiquité, l'idée de considérer la prison comme une peine n'était pas entièrement absente, car Aristote et Platon y avaient pensé, et au moyen-âge les juridictions ecclésiastiques étaient d'avis que la pénitence était le meilleur châtiment. Mais c'est à l'œuvre de l'Italien Beccaria[1282] qu'on doit la naissance du mouvement abolitionniste des peines corporelles qui avaient plus cours au 16è siècle, et la renaissance de l'emprisonnement comme peine, considérée alors moins inhumaine et plus utile que les peines corporelles.[1283] Cette peine de servitude pénale peut revêtir deux formes : perpétuelle ou temporaire. Perpétuelle, elle est éliminatrice et frappe des délinquants dangereux, multirécidivistes chevronnés, incorrigibles, têtus, affirmant leur asociabilité par la fréquence et la gravité de leurs entreprises criminelles. Temporaire, elle peut également l'être pour des faits plus ou moins graves et des délinquants amendables. Dans ce cas, elle est au minimum d'un jour d'une durée de 24 heures, et au maximum de 20 ans.[1284] De plus, toute détention subie avant que la condamnation ne soit devenue irrévocable, par suite de l'infraction donnant lieu à cette condamnation, doit être imputée, pour la totalité, sur la durée de la servitude pénale prononcée.[1285]

[1281] Voir CNS, Rapport de la Commission juridique, p. 106.

[1282] « *Dei deliti e delle peine* ».

[1283] V. notamment, Robert Schmelck et Georges Picca, *Pénologie et droit pénitentiaire*, Cujas, Paris, 1967, p. 17.

[1284] Art. 7 et 20 al. 4 du CP ; Likulia Bolongo, *Droit et science pénitentiaires...*, p. 21.

[1285] Art. 9 du CP.

À l'image de ce qui prévaut dans d'autres pays du monde, en RDC les condamnés à la servitude pénale subissent leur peine dans les diverses prisons étatiques, conformément au régime fixé par l'ord. n° 344 du 17 septembre 1965.[1286] Selon cette ord., telle qu'adaptée à l'organisation judiciaire actuelle, il est établi une prison centrale dans chaque localité où une C.A a son siège habituel ; une prison de région [province] dans chaque localité où un TGI a son siège habituel, à l'exclusion des localités où est établie une prison centrale ; une prison de police dans chaque localité où un tribunal de paix a son siège habituel, à l'exclusion des localités où est établie une prison centrale ou une prison de district, ancienne sous-région.[1287] En outre, le ministre de la Justice peut créer des camps de détention dans toutes les localités, soit pour affecter les détenus à des travaux d'ordre général, soit pour éviter un encombrement des prisons centrales.[1288]

Les individus pouvant être reçus dans les prisons pour y purger leur peine sont : 1) ceux qui ont été condamnés par un jugement ou arrêt coulé en force de chose jugée à la peine de mort, à une peine de servitude pénale principale, ou à une peine de servitude pénale subsidiaire ; 2) ceux qui ont été mis à la disposition du gouvernement par une décision devenue définitive ; 3) ceux mis à la contrainte par corps.[1289]

Chaque prison est gardée et administrée par un gardien désigné par le ministre de la Justice, responsable de la stricte observation des dispositions et instructions concernant le régime pénitentiaire.[1290] Il est chargé, notamment, de régler les détails de service de la prison, d'assurer la garde des détenus et le maintien de l'ordre et de la discipline, de tenir les archives

[1286] V. art. 8 du CP ; ord. n° 344 du 17 septembre 1965 portant régime pénitentiaire, in *Les Codes Larcier*, T. I, pp. 453-464 ; *Le Code judiciaire zaïrois*, pp. 233-260.
[1287] Art. 5 de cette ord.
[1288] Art. 7, *idem*.
[1289] V. l'art. 9, *idem* : « Les prisons sont destinées à recevoir : 1°-Les individus condamnés par un jugement ou arrêt coulé en force de chose jugée : a) à la peine de mort ; b) à une peine de servitude pénale principale ; c) à une peine de servitude pénale subsidiaire. 2°- Les individus mis à la disposition du gouvernement par une décision devenue définitive prise : a) en application du § 6 de la section II du livre Ier du Code pénal ; b) en application des articles 3 et 4 du décret du 23 mai 1896 modifié par les décrets du 11 juillet 1923 et du 6 juin 1958 sur le vagabondage et la mendicité. 3°- Les personnes mises à la contrainte par corps : a) en application de l'article 17 du livre Ier du Code pénal; b) en application des articles 195 et suivants de l'annexe I à la loi du 10 juillet 1963 portant les dispositions relatives à l'impôt sur les revenus. »
[1290] Art. 11 et 12, *idem*.

de la prison…[1291] Il tient le registre d'écrou dans lequel sont consignés les noms des détenus ; un mémento mentionnant à la page portant la date de l'expiration de la peine, de l'internement ou de la contrainte par corps, les noms des détenus à relaxer ce jour-là ; un dossier pour chaque détenu, comprenant, outre les mentions relatives à l'écrou, toutes les pièces concernant le détenu et, le cas échéant, le double de la proposition de libération conditionnelle et la fiche individuelle relative au pécule.[1292]

Le gardien ne peut procéder à l'incarcération d'un détenu dans une prison ou dans un camp de détention que sur présentation d'un des titres suivants : 1) une réquisition en exécution des jugements ou arrêts émanant soit du ministère public, soit du juge lorsque celui-ci a siégé sans l'assistance du ministère public, et contenant la mention que ledit jugement ou l'arrêt a acquis force de chose jugée ; 2) une réquisition en exécution d'un jugement rendu par un tribunal coutumier ou un extrait d'un tel jugement, contenant la mention que ledit jugement a acquis force de chose jugée ; 3) une décision du tribunal ordonnant l'internement d'un vagabond ou d'un mendiant mis à la disposition du gouvernement, avec mention que cette décision est devenue définitive ; 4) une décision ordonnant l'internement d'un délinquant d'habitude, mis à la disposition du gouvernement ; 5) un arrêté ministériel de révocation de libération conditionnelle ; 6) un procès-verbal d'arrestation d'un condamné ou d'un interné évadé, lorsque le jugement ou l'arrêt de condamnation est coulé en force de chose jugée ou que la décision d'internement est devenue définitive ; 7) une contrainte délivrée par l'autorité compétente en exécution des dispositions relatives à l'impôt sur les revenus ; 8) une décision de transfert prise par le gardien d'une maison d'arrêt. Au vu d'un de ces titres, le gardien envoie sur-le-champ à l'autorité qui a ordonné l'incarcération, une attestation de remise de détenu.[1293]

Il procède à la répartition des détenus en séparant les femmes des hommes, les mineurs âgés de moins de 18 ans n'étant incarcérés dans les prisons que s'il n'existe pas dans le ressort du tribunal de première instance, un établissement de garde et d'éducation de l'État. Dans ce cas de figure, ceux-ci seront détenus dans un quartier spécial.[1294] Bien plus, dans la mesure où les installations le permettent, le gardien répartit les détenus dans les différents locaux en quatre catégories, regroupant séparément : 1) les détenus condamnés à une peine de servitude pénale ne dépassant pas deux

---

[1291] Art. 13, *idem.*
[1292] Art. 14, *idem.*
[1293] Art. 30, *idem.*
[1294] Art. 39, *idem.*

mois ; 2) les détenus condamnés à une peine de servitude pénale supérieure à deux mois ; 3) les délinquants d'habitude mis à la disposition du gouvernement ; 4) les personnes mises à la contrainte par corps.[1295] De leur côté, les vagabonds et les mendiants d'habitude mis à la disposition du gouvernement sont internés dans un quartier spécial où ils sont répartis en deux catégories, regroupant, d'une part ceux pour lesquels la durée de l'internement ne peut être inférieure à un an ; d'autre part ceux pour lesquels la durée de l'internement ne peut être supérieure à un an.[1296]

Le gardien a le pouvoir de décider que tel détenu sera enfermé dans un des locaux affectés à l'emprisonnement individuel, ou de placer plusieurs détenus dans un même local, en cas d'encombrement.[1297] Il peut, par mesure de précaution, mettre à l'isolement dans un quartier spécial appelé quartier de sécurité, les détenus entrant à la prison et les détenus indisciplinés.[1298]

Le gardien veille au respect des droits reconnus aux détenus, en l'occurrence :
- le droit à l'éducation, assurée par des instructeurs, ou par des surveillants qui y sont aptes, désignés par le gardien[1299] ;
- le droit aux soins médicaux, à une nourriture saine et suffisante et à de bonnes conditions d'hygiène[1300] ;
- le droit à l'aération, à la promenade et aux exercices physiques dans l'enceinte de la prison[1301] ;
- le droit de recevoir des visites aux jours et heures fixés par le règlement d'ordre intérieur[1302] ;

[1295] Art. 40, *idem.*
[1296] Art. 41, *idem.*
[1297] Art. 42, *idem.*
[1298]Art. 43, *idem.*
[1299] Art. 23, *idem.*
[1300] Art. 27, idem : « Le médecin désigné par le ministre ayant la santé publique dans ses attributions visite au moins une fois par mois les prisons centrales, les maisons d'arrêt y annexées et les camps de détention établis sur le territoire de la ville de Kinshasa. Le médecin désigné par le gouverneur de province visite au moins une fois par mois les prisons centrales, les prisons de district, les maisons d'arrêt y annexées et les camps de détention établis sur le territoire de la province. Le même médecin visite aussi fréquemment que possible et au moins une fois par trimestre, les prisons de police et les maisons d'arrêt y annexées établies sur le territoire de la province. Le visiteur vérifie si les détenus reçoivent une nourriture saine et suffisante et si les conditions d'hygiène dans lesquelles ils vivent sont satisfaisantes. » V. aussi les art. 33, 54, 55, 58, 60, *idem.*
[1301] Art. 53, *idem.*
[1302] Art. 74, *idem.*

- le droit de communiquer librement avec son conseil et de recevoir ses visites[1303] ;
- le droit à la correspondance sous le contrôle du gardien qui a le pouvoir de la censurer, à l'exception de ses échanges avec son conseil[1304] ;
- le droit à l'exercice de son culte dans les conditions déterminées par le règlement d'ordre intérieur.[1305]

Lorsqu'un détenu est frappé d'un deuil suite au décès de son conjoint, de son père, de sa mère ou de son enfant, le gardien peut, à titre exceptionnel, l'autoriser à s'absenter de la prison pendant deux jours au maximum, en prenant toutes mesures de surveillance utiles pour que le condamné réintègre la prison ou le camp à l'expiration de sa permission.[1306]

Le gardien veille à la bonne exécution des travaux que doivent exécuter les détenus des prisons, lesquels travaux sont déterminés par le règlement d'ordre intérieur, ou par le président de la République, à moins que, dans des cas exceptionnels, ils n'en soient dispensés par ce dernier.[1307] Le gardien répartit ces travaux en tenant compte des capacités et des aptitudes physiques d'un chacun et des exigences de la discipline. Il peut affecter les détenus par groupes à des travaux d'intérêt général en dehors de l'enceinte de la prison ou du camp de détention, pour autant qu'il soit possible de les entourer d'une surveillance efficace.[1308]

Les vagabonds et mendiants valides internés dans les prisons ou les camps de détention seront astreints à des travaux de voirie, de culture, d'entretien, de nettoyage, de débroussement, les femmes et les mineurs âgés de moins de 18 ans ne pouvant être employés qu'à des travaux légers. Ces vagabonds et mendiants pourront également être astreints à des travaux de construction de bâtiments et de routes ou autres travaux d'utilité générale. Pour ce faire, ils pourront être détachés provisoirement dans une station de l'État ou de la province, autre que celle où ils seront internés, tout en restant soumis au même régime que dans la prison.[1309]

Certains travaux peuvent être effectués dans l'enceinte même de la prison, notamment dans des ateliers que peut créer le ministre de la

---

[1303] Art. 74, *idem.*
[1304] Art. 75, *idem.*
[1305]Art. 76, *idem.*
[1306] Art. 82, *idem.*
[1307] Art. 8 al. 2 du CP ; Likulia Bolongo, *Droit et science pénitentiaires…*, p. 14.
[1308] Art. 64 et 65 de l'ord. n° 344 du 17 septembre 1965 portant régime pénitentiaire.
[1309] Art. 66, *idem.*

Justice.[1310] Il convient de souligner qu'il est interdit d'affecter les détenus au service personnel du gardien ou de toute autre personne.[1311]

Ces travaux peuvent procurer une certaine rémunération aux détenus. En effet, le ministre de la Justice peut arrêter que ceux-ci bénéficient pour chaque journée de travail, d'une allocation dont sept dixièmes sont affectés à la constitution d'un pécule disponible et trois dixièmes restent affectés à la constitution d'un pécule de réserve destiné à leur être remis à leur libération.[1312] Sur le pécule disponible, le gardien prélève d'office les sommes nécessaires au paiement des amendes et des frais de justice.[1313]

Celui-ci assure la discipline au sein de la prison et a le pouvoir d'infliger aux détenus certaines sanctions disciplinaires[1314], comme, p. ex. :
- la privation du droit à l'aération, à la promenade et aux exercices physiques dans l'enceinte de la prison[1315] ;
- la suppression de l'allocation due pour la journée au cours de laquelle une infraction à la discipline du travail a été commise et le versement du montant de cette allocation à la cantine de la prison[1316] ;
- la privation de visite pendant deux mois au maximum, sous réserve du droit pour le prévenu de communiquer avec son conseil [1317] ;
- la privation de correspondance pendant deux mois au maximum, sous réserve du droit pour le détenu, de correspondre avec son conseil et d'écrire aux autorités administratives et judiciaires[1318] ;
- les travaux ou corvées supplémentaires pendant quinze jours au maximum à raison d'une heure par jour[1319] ;
- les menottes pendant sept jours au maximum[1320] ;
- le cachot pendant 45 jours au maximum[1321].

S'agissant des mineurs âgés de moins de 18 ans, exceptionnellement incarcérés dans les prisons en l'absence de tout établissement de garde et d'éducation de l'État dans le ressort du tribunal de première instance du

[1310] Art. 67, *idem.*
[1311] Art. 68, *idem.*
[1312] Art. 69, *idem.*
[1313] Art. 72, *idem.*
[1314] Art. 77, *idem.*
[1315] Art. 53, *idem.*
[1316] Art. 70, *idem.*
[1317] Art. 78, *idem.*
[1318] *Idem.*
[1319] *Idem.*
[1320] *Idem.*
[1321] *Idem.*

lieu, seules les peines disciplinaires prévues par l'ord. relative aux établissements de garde et d'éducation de l'État leur sont applicables.[1322]

Ce régime disciplinaire ne prévoit pas que des sanctions, mais aussi des récompenses destinées à encourager la bonne conduite. En effet, le gardien peut, à titre de récompense et de faveur, atténuer les rigueurs du régime pénitentiaire en faveur des détenus faisant preuve de bonne conduite et d'amendement. Dans ce cadre, il peut les autoriser à recevoir des livres de lecture, après s'être assuré que ceux-ci n'ont aucun caractère immoral ou subversif. Il peut aussi les autoriser à organiser des séances récréatives ou à y participer ; des activités sportives ou culturelles, ou à y participer. Il peut encore les autoriser à effectuer une fois par semaine, en cantine, des achats atteignant le double de ceux qui sont normalement autorisés.[1323]

Si un détenu décède en prison, le gardien en fait mention en marge de l'acte qui a provoqué l'incarcération ou l'hébergement et en donne avis au premier bourgmestre ou au chef de la circonscription administrative territoriale du lieu de la prison ou de la maison d'arrêt, ou du camp de détention. En outre, il en avise l'autorité judiciaire, si le défunt était un prévenu. Il remet à l'autorité territoriale compétente, contre décharge, tous les biens du défunt dont il avait la garde (argent, effets, papiers, etc.)[1324]

De même, en cas d'évasion d'un détenu, le gardien doit prévenir immédiatement et en même temps le premier bourgmestre ou le chef de la circonscription administrative territoriale du lieu de la prison, ou de la maison d'arrêt ou du camp de détention, ainsi que le commandant local de la gendarmerie, en leur fournissant tous renseignements utiles pour faciliter les recherches. Ces autorités prescrivent toutes mesures utiles pour reprendre l'évadé. En outre, le gardien envoie un avis d'évasion au bureau central de signalement et à l'autorité judiciaire qui a prescrit l'incarcération s'il s'agit d'un prévenu.[1325]

Arrivé au terme de son incarcération, le détenu doit recouvrer sa liberté. C'est au gardien que revient la charge d'accomplir les formalités de sortie. Il constate l'expiration de la validité du titre justifiant l'inscription dudit détenu au registre d'écrou ou au registre d'hébergement et procède à sa relaxation.[1326] Il lui délivre une feuille de route et le renvoie à son lieu de

---

[1322] Art. 39 al. 3, et 80 de la même ord.
[1323] Art. 81, *idem.*
[1324] Art. 89, *idem.*
[1325] Art. 90, *idem.*
[1326] Art. 106, *idem.*

résidence légale, sauf si ce détenu avait été condamné à subir, après son emprisonnement, une peine d'éloignement, de résidence forcée ou de mise à la disposition du gouvernement.[1327]

Ainsi s'exécute la peine de servitude pénale qui précède, selon l'échelle de gravité des sanctions, la peine d'amende.

4°- La peine d'amende

Alors que dans la peine de mort, l'effet afflictif porte sur l'intégrité corporelle ou plus exactement sur la vie du condamné ; alors que dans les peines des travaux forcés et de servitude pénale, cet effet porte sur la liberté d'aller et venir ; par l'amende, le législateur choisit plutôt de frapper l'individu dans son avoir, dans son patrimoine. L'amende constitue, en effet, la forme essentielle des peines pécuniaires.[1328] Elle consiste en l'imposition au condamné, au titre de châtiment, de l'obligation de payer, au profit du trésor public, une certaine somme d'argent. Elle peut intervenir soit comme peine principale, soit comme peine complémentaire. Dans tous les cas, en respect du principe de la légalité des délits et des peines, elle ne peut être prononcée qu'en cas de commission d'une infraction contre laquelle le législateur prévoit cette peine, et par une juridiction répressive compétente. Elle est prononcée individuellement contre chacun des condamnés à raison d'une même infraction.[1329] Elle est de un zaïre au moins et perçue au profit de la République.[1330]

Il convient de noter que le taux des amendes pénales a été multiplié par cent par l'O-L n° 79-007 du 6 juillet 1979, et par dix à la suite de la Loi n° 85-010 du 31 décembre 1985, puis par 100 à nouveau en 1987. Dans le but de préserver la fonction dissuasive de l'amende, la Conférence nationale souveraine avait décidé, sur proposition du professeur Bayona-ba-Meya, que le taux de l'amende devra être ajusté à la fluctuation monétaire telle qu'arrêtée officiellement par la Banque centrale.[1331] Il est, par ailleurs, surprenant de constater que dans le CPC mis à jour au 30 novembre 2004 et publié au *J.O,* 45ième année, n° spécial du 30 novembre 2004, l'art. 10 reste inchangé et

[1327] Art. 107, *idem.*

[1328] Lernell, « Certains aspects philosophiques et sociologiques du problème des peines pécuniaires », in *RSC,* 1979, p. 487.

[1329] Art. 11 du CP.

[1330] Art. 10 du même code. L'art. 108 de l'avant-projet du CP porte ce minimum à 10 zaïres.

[1331] V. Rapport Juridique de la CNS, p. 106.

continue à fixer l'amende en Zaïre[1332], alors que depuis le D-L n° 080 du 17 juin 1998, l'unité monétaire en vigueur en RDC est le Franc congolais.[1333] Celle-ci est réaffirmée dans l'art. 170 de la Const. du 18 février 2006 qui dispose : « Le Franc congolais est l'unité monétaire de la République Démocratique du Congo. Il a le pouvoir libératoire sur tout le territoire national. » Le D-L n° 080 du 17 juin 1998 a fixé la parité interne, pour 1 franc congolais, respectivement à 100.000 NZ et 14.000.000 Z.[1334]

Ceci étant, on peut se demander comment les autorités judiciaires fixent les amendes dans la pratique ; en fonction de quel taux. Les montants exprimés en zaïres dans les dispositions pénales antérieures paraissent dérisoires au regard de la parité fixée par ce D-L. Il est, en tout cas, urgent que l'art. 10 du CP soit mis à jour par une loi pour respecter le principe de la légalité.

Aussi est-ce curieux de constater que dans la loi n° 05-006 du 29 mars 2005 modifiant et complétant le D. du 30 janvier 1940 portant CPC[1335], le législateur libelle l'amende en francs congolais dans certains articles, et la maintient en zaïres dans d'autres, sept ans après l'institution de la nouvelle monnaie ! L'amende est fixée en francs congolais dans les art. 149 ter, 149 quinquies, 150 f, 150 g ; en zaïres dans les art. 150 a, 150 b, 150 c, 150 h. Pour plus de clarté, citons-en deux, un de chaque rubrique, en relevant en italique les passages pertinents :
- L'art. 149ter, modifié par cette loi et sanctionnant la corruption, dispose :

[1332] Art. 10 : « L'amende est de un zaïre au moins. Les amendes sont perçues au profit de la République. » Ce même libellé est repris dans le CP congolais publié par Larcier en 2003, avec, en-dessous, cette mention : « L'unité monétaire en vigueur actuellement est le franc congolais. » V. *Les Codes Larcier,* T II, Droit pénal, p. 2.

[1333] D-L n° 080 du 17 juin 1998 instituant une nouvelle unité monétaire en RDC, in *J.O*, n° spécial, 30 juin 1998, p. 7 ; aussi in *Les Codes Larcier,* Tome III, Droit commercial et économique, Vol- 2 Droit économique, p. 708 : « Art. 1er - Le présent décret-loi institue en République démocratique du Congo, une nouvelle unité monétaire dénommée "franc congolais". Son symbole est constitué par les lettres "FC" majuscules. »

[1334] V. Ledit D-L, « Art. 3. - Les parités internes et externes du franc congolais sont fixées comme suit : 1. la parité interne est fixée, pour 1 franc congolais, respectivement à 100.000 NZ et 14.000.000 Z ; 2. la [parité] externe du franc congolais est déterminée en fonction des forces du marché, conformément au régime de changes flottants, en vigueur. » « Art. 4. -Les anciens signes monétaires en zaïres et en nouveaux zaïres conservent leur cours légal, avec pouvoir libératoire illimité jusqu'au 30 juin 1999. Pendant cette période, de douze mois, ils circulent simultanément avec le franc congolais. » NZ = Nouveau Zaïre ; Z = Zaïre.

[1335] In *J.O*, n° spécial 05 octobre 2006, pp. 40-46.

> « Tout agent public ou toute personne qui aura, directement ou par personne interposée, sollicité des sommes d'argent, tout bien ayant une valeur pécuniaire ou tout autre avantage, pour faire un acte de sa fonction, de son emploi ou de sa mission même juste, mais non sujet à salaire, sera puni d'une servitude pénale de six mois à deux ans et *d'une amende de vingt mille à cent mille francs congolais constants* ou d'une de ces peines seulement. »

- De son côté, l'art. 150 a, réprimant les rémunérations illicites, porte :

> « Toute personne au service d'un tiers qui aura sollicité directement ou par personne interposée, des offres, promesses, dons ou présents, comme condition ou récompense, soit pour faire un acte même juste, soit pour s'abstenir de faire un acte qui rentrait dans l'exercice de son emploi, sera punie d'une servitude pénale d'un à trois mois et *d'une amende de un à cinq zaïres* ou d'une de ces peines seulement. »

Étant donné que 1 franc congolais équivaut à 100.000 NZ et à 14.000.000 Z, que représente aujourd'hui une amende de 1 zaïre ou de 5 zaïres prévue dans cet article 150 a ? Comme nous l'avons dit *supra*, le taux des amendes pénales a été multiplié par cent par l'O-L n° 79-007 du 6 juillet 1979, et par dix à la suite de la loi n° 85-010 du 31 décembre 1985, puis par 100 à nouveau en 1987. Si on applique ces différentes majorations, on obtient la fourchette suivante :
1 zaïre x 100 [1979] x 10 [1985] = 1000 x 100 [1987] = 100 000 Z
5 zaïres x 100 [1979] x 10 [1985] = 5000 x 100 [1987] = 500 000 Z
Il est à noter qu'en 1987, c'est bien le Zaïre (Z) qui avait court légal, le Nouveau Zaïre (NZ) ayant été créé en 1993. À son lancement, la parité interne était de 1NZ = 3.000.000 Z.[1336] 1 FC étant égal à 14.000.000 Z, que représente, en FC une amende de 100 000 à 500 000 Z ? Pourquoi le législateur n'a-t-il pas saisi l'occasion de l'élaboration de cette loi de 2005 pour harmoniser la peine d'amende à l'encontre de cette criminalité spécifique constituée notamment de la corruption, des rémunérations illicites, du trafic d'influence, des abstentions coupables, de la publication et de la distribution des écrits ? Même dans les arrêts rendus par la CSJ après 2006, référence continue à être faite aux textes des amendes libellées en zaïres,[1337] le juge étant tenus au respect du principe de la légalité.

[1336] V. notamment, F. Kabuya Kalala et Tshiunza Mbiye, « L'économie congolaise et la réforme monétaire de 1998 », in *L'Afrique des Grands Lacs*, Annuaire 1999-2000, 20/12/2002, pp. 1-22, spéc. p. 8.

[1337] CSJ, Arrêt du 7 octobre 2009 (RPA 373), *En cause Ministère public et partie civile Mokako Nzeke Jacques c/ Bumba Monga Ngoy Antoine Roger*, in *BACSJ*, Années 2004 à 2009, T. II (2007-2009), pp. 242-252, spéc. p. 246.

L'importance des montants des amendes dans les textes récents met en lumière la nécessité d'un travail d'harmonisation législative dans ce domaine. Pour n'épingler qu'un cas parmi tant d'autres, aux termes de l'art. 20 du CP, la somme des amendes cumulées, en cas de concours matériel d'infractions, ne doit pas dépasser 20.000 zaïres[1338] (francs) alors qu'en cas de transmission délibérée d'une infection sexuellement transmissible incurable, p. ex., l'amende à payer s'élève à 200.000 francs congolais constants, conformément à l'article 174i, introduit dans le CP par l'art. 3 de la loi n° 06-018 du 20 juillet 2006. Comment assurer l'application harmonieuse de ces deux dispositions ?

Cette problématique a longtemps duré. Plusieurs autres textes l'attestent, comme, p. ex., le nouvel art. 408 du code de la famille qui prévoit, en plus de la servitude pénale, une peine d'amende de 125.000 à 500.000 francs congolais pour sanctionner l'auteur de la bigamie, alors que l'ancien art. ne prévoyait qu'une amende de 100 à 300 zaïres.[1339] Ce nouvel art. 408 porte, en effet :

> « Quiconque, étant engagé dans les liens d'un mariage enregistré ou célébré devant l'officier de l'état civil, en aura fait enregistrer ou célébrer un autre avant la dissolution ou l'annulation du précédent, sera puni, du chef de bigamie, d'une servitude pénale de un à trois mois et d'une amende de 125.000 à 500.000 francs congolais ou de l'une de ces peines seulement.
> L'action publique et l'action civile peuvent être intentées tout le temps que subsiste l'état de bigamie. »

La trop grande fluctuation de la monnaie nationale a amené le législateur à libeller, dans certains textes, le montant de l'amende en équivalence du franc congolais au dollar américain. Le taux de l'amende est donc, en réalité, fixé en dollar américain. L'illustre, l'art. 300 de la loi n° 007-2002 du 11 juillet 2002 portant code minier, tel que modifié par la loi n°18-001 du 09 mars 2018[1340], qui punit le vol et le recel des substances minérales

---

[1338] Art. 20 al. 2, 2° du CP mis à jour au 30 novembre 2004, in *J.0*, 45e année, n° spécial 30 novembre 2004, p. 20.

[1339] V. cet ancien art. 408 du code de la famille : Loi n° 87-010 du 1er août 1987 portant Code de la famille, in *J.O*, n° spécial, 1er août 1987 ; in *Les Codes Larcier,* Tome I, Droit civil et judiciaire, p. 33 : « Quiconque, étant engagé dans les liens d'un mariage enregistré ou célébré devant l'officier de l'état civil, en aura fait enregistrer ou célébrer un autre avant la dissolution ou l'annulation du précédent, sera puni du chef de bigamie d'une peine de servitude pénale de un à trois mois et d'une amende de 100 à 300 zaïres ou de l'une de ces peines seulement... »

[1340] In *J.O*, 59e année, n° spécial, 28 mars 2018. Cet art. dispose : « Sans préjudice des dispositions particulières en matière des substances précieuses et de celles

« d'une amende dont le montant en francs congolais est l'équivalent de 5.000 USD à 20.000 USD ». De même l'art. 301 de la même loi, réprimant le détournement des substances minérales, retient la même expression quand il dit :

> « Quiconque aura détourné les substances minérales est puni de cinq à dix ans de servitude pénale et d'une amende dont le montant en francs congolais est l'équivalent de 5.000 USD à 20.000 USD.
> Quiconque aura facilité le détournement des substances minérales est puni de servitude pénale de deux à cinq ans et d'une amende dont le montant en francs congolais est l'équivalent de 5.000 USD à 10.000 USD. »

Dans la pratique, d'autres curiosités s'observent, suscitant des critiques. Ainsi, p. ex., Tasoki Manzele relève que depuis un certain temps, « le Ministre de la Justice et son homologue des Finances ont pris l'habitude de réglementer la matière de procédure pénale par des arrêtés interministériels, le plus souvent dans le domaine de droits, taxes et redevances à percevoir à l'initiative du Ministère de la Justice. C'est ainsi que les frais de justice, la caution de mise en liberté provisoire, les amendes judiciaires et amendes transactionnelles sont désormais fixés par les arrêtés interministériels. Ces différents arrêtés interministériels violent non seulement le principe de la légalité, mais aussi celui posé par l'article 170 de la constitution qui fait du franc congolais la seule unité monétaire à pouvoir libératoire sur le territoire national. »[1341] Se situant au stade d'exécution, Ngoto Ngoie Ngalingi rappelle que «pour atteindre son efficacité, la peine d'amende doit s'adapter à la fortune du condamné et son recouvrement doit être certain. En droit congolais, l'ordonnance-loi n° 71-089 du 20 septembre 1971 prévoit que l'État dispose du privilège général sur les biens meubles et d'une hypothèque légale sur les biens immeubles du condamné pour le recouvrement des amendes et des frais de justice. En vertu de ces sûretés légales, l'État peut prendre des mesures d'exécution sur les biens meubles ou immeubles du condamné, les saisir, les vendre et se faire indemniser. »[1342]

---

prévues par le Code pénal, est puni d'une peine de servitude pénale d'un mois à deux ans et d'une amende de l'équivalent en francs congolais de 5.000 USD à 20.000 USD ou de l'une de ces peines seulement, quiconque se rend coupable de vol ou de recel des substances minérales. »

[1341] J-M. Tasoki Manzele, *Procédure pénale congolaise*, L'Harmattan, Paris, 2016, p. 78. En NBP 213, l'auteur cite l'arrêté interministériel n° 243/CAB/MIN/J&DH/2010 et n° 043/ CAB/MIN/FINANCES/10 du 04 mai 2010 portant fixation des taux des droits, taxes et redevances à percevoir à l'initiative du Ministère de la Justice et Droits Humains, *J.O*, 51e année, n° spécial, 29 mai 2010.

[1342] Ngoto Ngoie Ngalingi, *L'essentiel du Droit pénal congolais*, pp. 76-77.

Peine principale ou complémentaire selon les cas, l'amende peut également intervenir en amont de la phase juridictionnelle proprement dite, puisqu'elle peut être proposée à l'auteur présumé d'une infraction soit par l'OPJ au stade de l'enquête préliminaire, soit par un magistrat du parquet au stade de l'instruction préparatoire. Dans cette hypothèse, elle est qualifiée d'« amende transactionnelle ».[1343] Ce pouvoir n'est pas reconnu aux OPJ militaires qui ne peuvent, en aucun cas, proposer une amende transactionnelle aux justiciables des juridictions militaires pour les affaires de la compétence de ces juridictions.[1344] De même, l'art. 9bis du D. du 6 août 1959 portant CPP tel que modifié par l'art. 1er de la loi n° 15-024 du 31 décembre 2015[1345] dispose que l'amende transactionnelle ne s'applique pas aux violences sexuelles, au crime de génocide, aux crimes contre l'humanité et aux crimes de guerre.[1346]

L'amende comme peine présente des avantages mais aussi des inconvénients.[1347] Au rang d'avantages sont retenues les qualités suivantes :
1° à l'inverse de l'emprisonnement, l'amende n'est ni corruptrice, ni flétrissante ;
2° alors que la valeur afflictive et intimidante de la prison s'émousse assez rapidement, l'amende a la capacité de conserver son effet afflictif malgré sa réitération ;
3° l'amende peut être proportionnée à la gravité de la faute ; aussi, certaines

---

[1343] Art. 9 du CPP : « Pour toute infraction de sa compétence, l'officier de police judiciaire peut, s'il estime qu'à raison des circonstances la juridiction de jugement se bornerait à prononcer une amende et éventuellement la confiscation, inviter l'auteur de l'infraction à verser au Trésor une somme dont il détermine le montant sans qu'elle puisse dépasser le maximum de l'amende encourue augmentée éventuellement des décimes légaux… » V. aussi l'art. 11 du même code.

[1344] Art. 138 du CJM : « Contrairement aux dispositions de l'article 9 du Code de Procédure Pénale ordinaire, les officiers de police judiciaire militaire ne peuvent, en aucun cas, proposer une amende transactionnelle aux justiciables des juridictions militaires pour les affaires de la compétence de ces juridictions. »

[1345] Loi n° 15-024 du 31 décembre 2015 modifiant et complétant le D. du 06 août 1959 portant CPP, in *J.O,* 1ère partie, n° spécial, 29 février 2016, pp. 19-31.

[1346] Cet art. 1er de la loi n° 15-024 du 31 décembre 2015 est ainsi libellé : « L'article 9 bis du Décret du 6 août 1959 portant Code de procédure pénale tel que modifié et complété par la Loi n° 06-19 du 20 juillet 2006 est modifié comme suit : "Article 9 bis : L'amende transactionnelle prévue à l'article 9 ci-dessus ne s'applique pas aux violences sexuelles, au crime de génocide, aux crimes contre l'humanité et aux crimes de guerre. " »

[1347] V. notamment : Kohl, « Remèdes à l'efficacité réduite des amendes pénales par suite de l'érosion », in *Rev. Crim.* 1976-1977, p. 647 ; Van Honste, « Politique criminelle et sanctions patrimoniales », in *idem*, p. 407.

amendes sont-elles précisément dites proportionnelles ;
4° l'amende se trouve être la peine la mieux adaptée à la répression des infractions inspirées par un mobile lucratif ;
5° alors que l'exécution des peines privatives de liberté coûte très cher à l'État, l'amende est plutôt avantageuse pour le trésor public ; c'est ce qui expliquerait pourquoi certains pays dont l'Allemagne accordent, dans leur CP, une place importante aux peines d'amende.

Mais ces avantages sont contrebalancés par les inconvénients ci-après :
1° la peine d'amende respecte assez mal la règle de la personnalité des peines car, amputant le patrimoine, elle frappe indirectement tous ceux qui avaient des droits sur lui ou qui en vivaient ;
2° la peine d'amende peut, en outre, se révéler inégale parce qu'elle frappe davantage le pauvre que le riche ;
3° la peine d'amende peut, enfin, se buter à un obstacle pratique difficilement franchissable, celui d'insolvabilité absolue du condamné.

Cependant, certaines législations ont essayé de corriger ces inconvénients. Il en est ainsi de la législation française dont l'ancien art. 41 du CP[1348] précisait que le montant de l'amende devait être fixé « en tenant compte des circonstances de l'infraction ainsi que des ressources et des charges des prévenus ».[1349] Une formule similaire est utilisée dans le nouvel art. 131-5 qui traite de jours-amende.[1350] C'est aussi la solution suggérée par le professeur Likulia Bolongo et retenue dans l'art. 109 de l'avant-projet du CP livre 1er, lequel porte que « dans les limites fixées par la loi, le juge détermine le montant de l'amende en fonction de la gravité et des circonstances de l'infraction ainsi que des ressources et des charges du prévenu ». Les art. 110 et 112 du même avant-projet proposent respectivement l'application du système de fractionnement de l'amende et son remplacement par une prestation pénale en cas de non-paiement dans le délai fixé par le juge.[1351] Ce

[1348] Tel que modifié par la loi du 11 juillet 1975.
[1349] G. Stefani, G. Levasseur, B. Bouloc, *op. cit.*, p. 531.
[1350] Art. 131-5 de l'actuel CPF : « Lorsqu'un délit est puni d'une peine d'emprisonnement, la juridiction peut prononcer une peine de jours-amende consistant pour le condamné à verser au Trésor une somme dont le montant global résulte de la fixation par le juge d'une contribution quotidienne pendant un certain nombre de jours. *Le montant de chaque jour-amende est déterminé en tenant compte des ressources et des charges du prévenu* ; il ne peut excéder 1000 euros. Le nombre de jours-amende est déterminé en tenant compte des circonstances de l'infraction ; il ne peut excéder trois cent soixante. » Passage relevé en italique par l'auteur.
[1351] V. : « Avant-projet du code pénal, livre premier, Dispositions générales », présenté par le professeur Likulia Bolongo, Membre de la Commission permanente de réforme du droit zaïrois, Document n° 05/CMS/003/81, p. 30 ; Likulia Bolongo, *Droit et*

qu'il convient de souligner, c'est que l'amende ne doit pas ôter à la personne condamnée tout moyen de substance. Elle ne doit pas être désocialisante.

La mort, les travaux forcés, la servitude pénale, l'amende, voilà les quatre peines principales prévues par le CPC, peines auxquelles s'en joignent d'autres dont les unes sont complémentaires alors que d'autres sont, semble-t-il, accessoires.

b) Les peines complémentaires

Comme l'indique leur appellation, les peines complémentaires sont celles qui sont prononcées en sus des peines principales, s'ajoutant ainsi à ces dernières. Elles peuvent revêtir deux caractères : obligatoire ou facultatif. Elles sont obligatoires lorsque la loi impose au juge le devoir de les prononcer ; elles sont facultatives quand le législateur se limite à en offrir la possibilité au juge. Une même peine peut fonctionner dans telle disposition comme peine complémentaire obligatoire et dans telle autre comme peine complémentaire facultative. Cette distinction s'opère donc au niveau de la mise en œuvre de chaque peine, en considération des termes utilisés par le législateur dans les différents textes.

Parmi les peines complémentaires prévues par la loi pénale congolaise figurent : la confiscation spéciale à laquelle est venue s'ajouter, un moment donné, la confiscation générale des biens ; l'interdiction du droit de vote et d'éligibilité, l'interdiction d'accès aux fonctions publiques et para-étatiques, la privation du droit à la condamnation conditionnelle et à la réhabilitation, les interdictions d'exercice de certaines activités, l'expulsion définitive du territoire de la République, l'obligation de s'éloigner de certains lieux ou d'une certaine région ou d'habiter dans un lieu déterminé ; la mise à la disposition du gouvernement ; la privation de grade, la rétrogradation, la dégradation et la destitution ; la déchéance du président de la République et du premier ministre, la déchéance de l'exercice de l'autorité parentale ou tutélaire.

1°- La confiscation spéciale

Elle est définie comme étant « la mainmise de l'État, décidée par une juridiction pénale de jugement, sur un ou des biens appartenant à une personne condamnée. »[1352] Elle est réglementée par l'art. 14 du CP. Elle « s'applique uniquement : 1° aux choses formant l'objet de l'infraction et à celles qui ont

---

science pénitentiaires, p. 28.

[1352] J. Pradel, *Droit pénal général,* 21e éd., n° 680, p. 569.

servi ou qui ont été destinées à la commettre quand la propriété en appartient au condamné ; 2° aux choses qui ont été produites par l'infraction. »[1353] Dans l'art. 1er de la loi n° 05-006 du 29 mars 2005 modifiant l'art. 147 du CP[1354], le législateur, précisant le sens des termes utilisés dans l'incrimination de la corruption, définit la confiscation comme étant « toute sanction ou mesure ordonnée par une juridiction à la suite d'une procédure judiciaire pour une ou plusieurs infractions relevant de la corruption et donnant lieu à une privation des biens, gains ou produits provenant de la corruption ».

La confiscation spéciale est obligatoire lorsque le législateur impose au juge le devoir de la prononcer ; facultative lorsque celui-là laisse à celui-ci la possibilité de la prononcer ou pas.

1)- La confiscation spéciale : peine complémentaire obligatoire

Aux termes de l'al. 2 de l'art. 14 du CP, « la confiscation spéciale est prononcée pour toute infraction dont l'existence est subordonnée à l'intention délictueuse. Elle n'est prononcée, pour les autres infractions, que dans les cas déterminés par le législateur. » De cette expression, il découle que lorsque le juge condamne un individu pour une infraction dont l'existence est subordonnée à l'intention délictueuse, il doit, en plus de la peine principale, prononcer la confiscation spéciale qui peut porter soit sur l'instrument ayant servi à la commission de l'infraction, soit sur le bénéfice qui en a été tiré. Dans ce cas de figure, la confiscation spéciale est donc mise en œuvre comme peine complémentaire obligatoire. Pour les autres infractions, elle n'est prononcée que dans les cas fixés par le législateur.

Ainsi, p. ex., dans les art. 146 et 149bis al. 1er du CP décrivant et sanctionnant respectivement la concussion et la corruption,[1355] et dans l'art.

[1353] Art. 14, al. 1er du CP.

[1354] Loi n° 05-006 du 29 mars 2005 modifiant et complétant le D. du 30 janvier 1940 portant CPC, in *J.O*, n° spécial, 05 octobre 2006.

[1355] Art. 146 du CP : « Seront punis d'une servitude pénale de six mois à cinq ans tous fonctionnaires ou officiers publics, toutes personnes chargées d'un service public ou parastatal, toutes personnes représentant les intérêts de l'Etat ou d'une société étatique au sein d'une société privée, parastatale ou d'économie mixte en qualité d'administrateurs, de gérants, de commissaires aux comptes ou à tout autre titre, tous mandataires ou préposés des personnes énumérées ci-dessus qui se sont rendus coupables de concussion en ordonnant de percevoir, en exigeant ou en recevant ce qu'ils savaient n'être pas dû ou excéder ce qui était dû pour droits, taxes, contributions, revenus ou intérêts, pour salaires ou traitements, pour indemnités, primes ou tout autre avantage.

150 d du même code, le législateur oblige le juge à prononcer, en plus de la servitude pénale et/ou de l'amende, la confiscation des choses livrées au coupable en guise de rémunérations illicites, ou du montant de leur valeur.[1356] Peuvent également être cités :
- l'art. 219 du même code qui enjoint au juge de prononcer la confiscation de l'objet de l'infraction d'atteinte à la sûreté intérieure ou extérieure de l'État et des objets ayant servi à la commettre, et décide que la rétribution reçue par le coupable, ou le montant de sa valeur lorsque cette rétribution n'a pu être saisie, seront déclarés acquis au Trésor ;
- l'art. 231 du CJM qui ordonne aux juridictions militaires de procéder à la confiscation au profit de l'État du matériel utilisé par un individu condamné pour avoir enregistré, filmé ou photographié clandestinement leurs audiences. [1357]

En condamnant à la peine prévue à l'alinéa précédent, le juge prononcera en outre : 1°. la confiscation de la rétribution perçue par le coupable ou du montant de sa valeur lorsqu'elle n'a pu être saisie si la concussion résulte de la perception illicite, pour le compte du concussionnaire ou d'un tiers autre que l'État, des avantages inclus cités à l'alinéa précédent... » Art. 149bis al. 1er du CP tel que modifié par la loi n° 05-006 du 29 mars 2005 : « Outre les peines prévues à l'article 149, la juridiction compétente, saisie d'une infraction de corruption, prononcera au profit de l'État la confiscation du produit ou moyen de la corruption de la personne condamnée ainsi que la rétribution perçue. »

[1356] Art. 150 d : « Dans les cas prévus aux articles 150 b et 150 c, la confiscation des choses livrées au coupable ou du montant de leur valeur sera toujours prononcée. L'État peut réclamer les sommes, biens ou valeurs provenant des infractions visées aux mêmes articles à tous ceux qui les recueilleraient à cause de mort. La preuve de l'origine et du montant des gains illicites peut être faite par toutes voies de droit. L'action est prescrite cinq ans après le décès de l'auteur des ayants-droit à la succession. » Les dispositions de référence disposent : Art. 150 b : « Si une personne au service d'un tiers a, directement ou par personne interposée, agréé des offres ou des promesses, reçu des dons ou des présents, soit pour faire un acte même juste de son emploi, soit pour faire dans l'exercice de son emploi un acte injuste, soit pour s'abstenir de faire un acte qui rentrait dans l'exercice de son emploi, elle sera punie d'une servitude pénale de deux mois à six mois et d'une amende double de la valeur des promesses agréées ou des choses reçues, sans que ladite amende puisse être inférieure à cinq zaïres, ou d'une de ces peines seulement. » Art. 150 c : « Si à la suite d'offres ou de promesses agréées, de dons ou de présents reçus, directement ou par personne interposée, une personne au service d'un tiers a fait, dans l'exercice de son emploi, un acte injuste ou s'est abstenue de faire un acte qui rentrait dans l'exercice de son emploi, elle sera punie d'une servitude pénale de quatre mois à deux ans et d'une amende double de la valeur des promesses agréées ou des choses reçues, sans que ladite amende puisse être inférieure à dix zaïres, ou d'une de ces peines seulement. »

[1357] Art. 231 du CJM : « Sauf autorisation expresse du président, sur réquisition du

La confiscation spéciale obligatoire est également prévue dans plusieurs textes particuliers, notamment dans :
- l'art. 20 du D. du 19 mars 1952, modifié par les décrets du 2 juin 1954 et du 21 janvier 1957, réglementant l'exercice de l'art de guérir[1358] ;
- les art. 3 et 4 de l'O-L n° 11-130 du 25 mars 1960 interdisant et sanctionnant notamment la création des milices privées ou de toute autre organisation de particuliers dont l'objet est de recourir à la force, ou de suppléer l'armée ou la police, de s'immiscer dans leur action ou de se substituer à elles[1359] ;
- l'art. 16 de l'O-L n° 72-046 du 14 septembre 1972 sur l'exercice de la pharmacie.[1360]

De même, dans la loi n° 04-016 du 19 juillet 2004, la confiscation spéciale est prévue comme peine complémentaire obligatoire car, aux termes de son

---

Ministère Public, il est interdit, dès l'ouverture de l'audience, l'emploi de tout appareil d'enregistrement ou de diffusion sonore, de caméra de télévision ou de cinéma, d'appareils photographiques. Le contrevenant est puni d'une amende de 5.000 à 10.000 Francs Congolais constants qui peut être prononcée séance tenante. En cas de condamnation, le matériel utilisé est confisqué au profit de l'État. »

[1358] Cet art. 20 est ainsi libellé : « Les tribunaux prononcent la confiscation des substances saisies en vertu des dispositions des ordonnances et règlements pris en exécution du présent décret. » In *Le Code pénal zaïrois*, mis à jour au 31 mai 1982, pp. 81-83, spéc. p. 83.

[1359] Ces art. disposent : Art. 3 : « Sont punis d'une servitude pénale de quinze jours à six mois et d'une amende de 100 à 2.000 francs ou d'une de ces peines seulement, ceux qui créent une milice ou une organisation en violation de l'article 1er, ceux qui organisent une exhibition en violation de l'article 2, ceux qui leur prêtent un concours quelconque et ceux qui en font partie. Les uniformes et insignes distinctifs de ceux qui font partie de groupements illicites ou de ceux qui s'exhibent en public, sont saisis ainsi que leurs armes, leurs véhicules, leur matériel et tous objets leur servant ou destinés à leur servir. Le tribunal ordonne la confiscation des objets visés par le présent article, même s'ils n'appartiennent pas au condamné. » Art. 4 : « Sont punis d'une servitude pénale de huit jours à six mois et d'une amende qui peut être portée à cinq cents francs, ou d'une de ces peines seulement, ceux qui, au cours d'une manifestation ou à l'occasion d'une manifestation, au cours d'une réunion ou à l'occasion d'une réunion sont trouvés porteurs d'un objet dangereux pour la sécurité publique. Si l'objet est une arme, la servitude pénale sera de deux mois à un an et l'amende de deux cents à trois mille francs. L'objet est saisi et la confiscation en est prononcée, même s'il n'appartient pas au condamné. » In *MC*, 1960, p. 944 ; *Les Codes Larcier,* T. II, pp.157-158.

[1360] « Les tribunaux prononcent la confiscation des substances saisies en vertu des dispositions des ordonnances et règlements pris par le président de la République, en exécution de la présente ordonnance-loi. » In *J.O* 1973, p. 27 ; *Le Code pénal zaïrois*, mis à jour au 31 mai 1982, pp. 85-87, spéc. p. 87.

art. 44, « la personne coupable de financement du terrorisme subit, en outre, la confiscation des biens qui sont l'instrument ou le produit de l'infraction au sens de la présente loi. » Et l'art. 47 de préciser :

> « Dans le cas de condamnation pour infraction de blanchiment consommée ou tentée, sera ordonnée la confiscation : 1°. des biens objets de l'infraction, y compris les revenus et autres avantages qui en ont été tirés, à quelque personne qu'ils appartiennent, à moins que leur propriétaire n'établisse qu'il les a acquis en versant effectivement le juste prix ou en échange des prestations correspondant à leur valeur ou à tout autre titre licite et qu'il en ignorait l'origine illicite ; 2°. des biens appartenant, directement ou indirectement, à une personne condamnée pour fait de blanchiment. »[1361]

Elle revêt également la même nature dans l'art. 302 du code minier qui sanctionne l'achat et la vente illicite des substances minérales. S'il est établi que celles-ci ont été illégalement achetées ou vendues, elles sont saisies et confisquées au profit de l'État.[1362]

2)- La confiscation spéciale : peine complémentaire facultative

En effet, dans certains textes, le législateur met en œuvre la confiscation spéciale plutôt comme peine complémentaire facultative. Il le fait dans l'art. 149bis. Nous venons de voir que cette peine fonctionne comme peine complémentaire obligatoire dans l'al. 1er de cet art. Mais dans son al. 2, elle est prévue plutôt comme peine complémentaire facultative. Cet al. 2 laisse, en effet, à la juridiction compétente, saisie d'une infraction de corruption, la possibilité d'« ordonner le gel, la saisie, la confiscation et le rapatriement du produit de la corruption, conformément à la législation sur l'entraide judiciaire et l'extradition ou aux accords bilatéraux existants en la matière. »

La confiscation spéciale est également encourue comme peine complémentaire facultative :
- dans l'art. 15 de l'O-L n° 68-194 du 3 mai 1968 portant prohibition du port

---

[1361] Art. 47 al. 1er de la loi n° 04-016 du 19 juillet 2004 portant lutte contre le blanchiment des capitaux et le financement du terrorisme.

[1362] Art. 302 de la loi n° 007-2002 du 11 juillet 2002 portant code minier : De l'achat et de la vente illicite des substances minérales : « Est puni d'une amende dont le montant en francs congolais est l'équivalent de 10.000 USD à 30.000 USD, quiconque aura acheté ou vendu des substances minérales en violation des dispositions légales et réglementaires en vigueur. Les substances minérales faisant l'objet desdites transactions sont saisies et leur confiscation est prononcée par le tribunal compétent au profit de l'État. »

d'armes de guerre[1363] ;
- dans l'art. 74 du CPM dont l'al. 1er punit d'un à dix ans de servitude pénale, quiconque dissipe, vole ou détourne des armes, munitions, véhicules, deniers, effets et autres objets à lui remis pour le service ou à l'occasion de service ou appartenant à des militaires ou à l'État ; et l'al. 2 d'ajouter : « *Le tribunal peut* en outre prononcer la confiscation de tous les biens produits du vol, du détournement ou de la dissipation. »
Dans ces dispositions, le législateur laisse donc au juge le pouvoir d'appréciation : il peut ou ne pas prononcer cette peine complémentaire.

Le même pouvoir est accordé au juge pour la sanction du délit de contrefaçon, avec cette spécificité à relever : c'est que la confiscation spéciale est ici prononcée au profit de la victime. L'art. 95 de la loi n° 82-001 du 7 janvier 1982 régissant la propriété industrielle dispose en effet :

> « Lorsque l'action en contrefaçon aboutit, le tribunal compétent ordonnera la cessation, par le contrefacteur, de toute activité portant atteinte aux droits de la partie lésée. À la demande de celle-ci et sous réserve des dispositions de l'article 114 de l'ordonnance-loi n° 68-248 du 10 juillet 1968 portant code de l'organisation et de la compétence judiciaires, telle que modifiée à ce jour, le même tribunal pourra lui allouer pour le préjudice subi et/ou ordonner, à son profit, la confiscation des objets reconnus contrefaits et, le cas échéant, celle des instruments ou ustensiles destinés spécialement à leur fabrication. »[1364]

[1363] In *MC* n° 14 du 15 juillet 1968, p. 1325 ; *Le Code pénal zaïrois*, mis à jour au 31 mai 1982, pp. 79-81, spéc. p. 81. Cet art. dispose notamment : « … Quiconque détient une arme de guerre sans autorisation constatée par une attestation du permis de port d'armes délivré par le commissaire d'État à l'Administration du territoire [ministre chargé de l'administration du territoire] sera puni d'une servitude pénale de dix à vingt ans. La confiscation spéciale des armes et munitions pourra être prononcée. »

[1364] In *Le Code pénal zaïrois*, pp. 189-193, spéc. p. 191 où est mentionnée cette note pertinente : « N.B : Au moment de la promulgation de ce texte, l'ordonnance-loi n° 68-248 du 10 juillet 1968 précitée était abrogée. C'est l'article 104 de l'ordonnance [O-L] n° 78-005 du 29 mars 1978 portant code de l'organisation et de la compétence judiciaires - *J.O.* n° 13 du 1er juillet 1978, p. 16 - qui aurait dû être cité. À la date de cette mise à jour, ces dispositions ont été reprises par l'article 108 de l'O-L n° 82-020 du 31 mars 1982 portant code de l'organisation et de la compétence judiciaires… » Elles ont été reprises dans l'art. 108 de la L.O n° 13/011-B du 11 avril 2013 portant organisation, fonctionnement et compétences des juridictions de l'ordre judiciaire. En voici le libellé : « Sans préjudice du droit des parties de se réserver et d'assurer elles-mêmes la défense de leurs intérêts et de suivre la voie de leur choix, les tribunaux répressifs saisis de l'action publique prononcent d'office les dommages-intérêts et réparations, qui peuvent être dus en vertu de la loi, de la coutume ou des usages locaux. »

3)- La confiscation spéciale : peine suffisante en elle-même

En effet, pour réprimer une certaine forme de criminalité, le législateur peut estimer que la confiscation spéciale suffit à sanctionner le délinquant, en l'absence de toute peine de servitude pénale ou d'amende, s'il est établi que ce dernier n'a commis aucune faute dans la survenance des faits prohibés. Ainsi en est-il, p. ex., dans l'incrimination de la vente et de la détention pour le débit ou la vente des denrées alimentaires falsifiées. Car, aux termes de l'art. 3 du D. du 26 juillet 1910, « seront punis d'une servitude pénale de sept jours au maximum et d'une amende de deux cents francs, ou d'une de ces peines seulement, ceux qui, sans l'intention frauduleuse exigée par l'article 1er, 2°, auront vendu, débité, exposé en vente, détenu pour le débit ou la vente des comestibles, boissons, denrées ou substances alimentaires quelconques falsifiées. *Le juge compétent pourra, en déclarant qu'aucune faute n'est imputable au prévenu, ne prononcer que la confiscation prévue à l'article 4 ci-dessous* ».[1365]

4)- La confiscation spéciale au plan international

Sur le plan international, la confiscation spéciale est de plus en plus perçue et adoptée comme un instrument efficace de lutte contre la criminalité organisée. Elle est, p. ex., visée dans la décision-cadre du 24 février 2005 du Conseil de l'Union européenne n° 2005/212/J.A.I., relative à la confiscation des produits, des instruments et des biens en rapport avec le crime. En effet, considérant que « la criminalité organisée transfrontalière poursuit essentiellement des fins lucratives », cette décision-cadre souligne la nécessité de « concentrer les efforts sur le dépistage, le gel, la saisie et la confiscation des produits du crime. »[1366] En droit français, la confiscation spéciale est prévue par l'art. 131-21 du CP qui dispose :

[1365] Art. 3 du D. du 26 juillet 1910 relatif à la fabrication et au commerce de denrées alimentaires, in *B.O*, p. 657 ; *Le Code pénal zaïrois*, pp. 165-167. Dernière phrase relevée en italique par l'auteur. L'art. 4 dispose : « Dans tous les cas prévus aux articles 1, 2 et 3, les comestibles, boissons, denrées, substances alimentaires quelconques falsifiés, nuisibles, gâtés ou corrompus et trouvés en possession du coupable seront saisis et confisqués. » Sur l'exécution de la confiscation spéciale, v. l'Ord. du 24 août 1916 relative à la destination à donner aux objets frappés de confiscation judiciaire, in *BAC*, 1916, p. 1118.

[1366] Décision-cadre n° 2005/212/J.A.I du Conseil [de l'Union européenne] du 24 février 2005 relative à la confiscation des produits, des instruments et des biens en rapport avec le crime, in *Journal officiel de l'Union Européenne*, L 68/49, 15.3.2005. citée par J. Pradel, in *Droit pénal général,* 21e éd., n° 680, p. 569.

« La peine complémentaire de confiscation est encourue dans les cas prévus par la loi ou le règlement. Elle est également encourue de plein droit pour les crimes et pour les délits punis d'une peine d'emprisonnement d'une durée supérieure à un an, à l'exception des délits de presse.

La confiscation porte sur tous les biens meubles ou immeubles, quelle qu'en soit la nature, divis ou indivis, ayant servi à commettre l'infraction ou qui étaient destinés à la commettre, et dont le condamné est propriétaire ou, sous réserve des droits du propriétaire de bonne foi, dont il a la libre disposition.

Elle porte également sur tous les biens qui sont l'objet ou le produit direct ou indirect de l'infraction, à l'exception des biens susceptibles de restitution à la victime. Si le produit de l'infraction a été mêlé à des fonds d'origine licite pour l'acquisition d'un ou plusieurs biens, la confiscation peut ne porter sur ces biens qu'à concurrence de la valeur estimée de ce produit.

La confiscation peut en outre porter sur tout bien meuble ou immeuble défini par la loi ou le règlement qui réprime l'infraction.

S'il s'agit d'un crime ou d'un délit puni d'au moins cinq ans d'emprisonnement et ayant procuré un profit direct ou indirect, la confiscation porte également sur les biens meubles ou immeubles, quelle qu'en soit la nature, divis ou indivis, appartenant au condamné ou, sous réserve des droits du propriétaire de bonne foi, dont il a la libre disposition, lorsque ni le condamné, ni le propriétaire, mis en mesure de s'expliquer sur les biens dont la confiscation est envisagée, n'ont pu en justifier l'origine.

Lorsque la loi qui réprime le crime ou le délit le prévoit, la confiscation peut aussi porter sur tout ou partie des biens appartenant au condamné ou, sous réserve des droits du propriétaire de bonne foi, dont il a la libre disposition, quelle qu'en soit la nature, meubles ou immeubles, divis ou indivis.

La confiscation est obligatoire pour les objets qualifiés de dangereux ou nuisibles par la loi ou le règlement, ou dont la détention est illicite, que ces biens soient ou non la propriété du condamné.

La peine complémentaire de confiscation s'applique dans les mêmes conditions à tous les droits incorporels, quelle qu'en soit la nature, divis ou indivis.

La confiscation peut être ordonnée en valeur. La confiscation en valeur peut être exécutée sur tous biens, quelle qu'en soit la nature, appartenant au condamné ou, sous réserve des droits du propriétaire de bonne foi, dont il a la libre disposition. Pour le recouvrement de la somme représentative de la valeur de la chose confisquée, les dispositions relatives à la contrainte judiciaire sont applicables.

La chose confisquée est, sauf disposition particulière prévoyant sa destruction ou son attribution, dévolue à l'État, mais elle demeure grevée, à concurrence de sa valeur, des droits réels licitement constitués au profit de tiers.

Lorsque la chose confisquée est un véhicule qui n'a pas été saisi ou mis en fourrière au cours de la procédure, le condamné doit, sur l'injonction qui lui en est faite par le ministère public, remettre ce véhicule au service ou à l'organisme chargé de sa destruction ou de son aliénation. »[1367]

[1367] Cette disposition-cadre est complétée par les art. 131-21-1 et 131-21-2 qui prévoient et organisent respectivement la confiscation des animaux et l'interdiction

Cette disposition montre bien que la confiscation spéciale peut porter sur le corps du délit, sur le produit de l'infraction et sur l'instrument ayant servi ou étant destiné à la commettre. Elle peut porter sur un meuble ou un immeuble ; sur des droits incorporels, sur tous les biens qui sont l'objet ou le produit direct ou indirect de l'infraction, comme, p. ex., le « réinvestissement ou la transformation ultérieure des produits directs de l'infraction »[1368], sous réserve des droits des tiers, notamment de la victime qui peut obtenir restitution de ses biens ; sur les biens dont le condamné et le propriétaire, mis en mesure de s'expliquer, n'ont pu en justifier l'origine[1369].

Comme le prévoit l'al. 6 de cet art., la confiscation spéciale peut aussi porter « sur tout ou partie des biens appartenant au condamné ou, sous réserve des droits du propriétaire de bonne foi, dont il a la libre disposition, quelle qu'en soit la nature, meubles ou immeubles, divis ou indivis. » Commentant cette disposition, Jean Pradel souligne, entre autres, que le but poursuivi par le législateur « est de faire échec à la pratique des prêtes-noms et autres montages juridiques, le cas échéant entre individus et personnes morales destinés à faire échec à la saisie et à la confiscation. »[1370] Il est donc question de frapper de façon appropriée et proportionnée la criminalité organisée pour être en concordance avec l'art. 5-1 de la directive n) 2014/42 UE du 3 avril 2014 qui dispose :

> « Les États membres adoptent les mesures nécessaires pour permettre la confiscation de tout ou partie des biens appartenant à une personne reconnue coupable d'une infraction pénale susceptible de donner lieu, directement ou indirectement, à un avantage économique, lorsqu'une juridiction, sur la base des circonstances de l'affaire, y compris les éléments factuels concrets et les éléments de preuve disponibles, tels que le fait que la valeur des biens est disproportionnée par rapport aux revenus légaux de la personne condamnée, est convaincue que les biens en question proviennent d'activités criminelles. » [1371]

---

de détenir un animal.

[1368] Art. 2 de la directive n) 2014/42 UE du 3 avril 2014 sur le gel et la confiscation des instruments et des produits du crime, cité par J. Pradel, in *idem,* n° 682, p. 570.

[1369] Notons, au passage, que pour cette application, le ministère public n'a pas la charge de prouver le lien entre ces biens et l'infraction commise. Il appartient au propriétaire du bien visé ou à la personne condamnée d'en prouver l'origine licite. Il y a donc un renversement de la charge de la preuve.

[1370] J. Pradel, *idem,* n° 682, p. 571.

[1371] Directive 2014/42/UE du Parlement européen et du Conseil du 3 avril 2014, concernant le gel et la confiscation des instruments et des produits du crime dans l'Union européenne, in *Journal officiel de l'Union Européenne*, L 127/39, 29.4.2014.

Il ressort de l'al. 9 de l'art. 131-21 du CPF que la confiscation spéciale peut aussi être ordonnée en valeur « sur tous biens, quelle qu'en soit la nature, appartenant au condamné ou, sous réserve des droits du propriétaire de bonne foi, dont il a la libre disposition. » Sans que le bien saisi ne soit le produit direct ou indirect de l'infraction, sa valeur est estimée équivalente à celui-ci. Ce bien saisi peut consister en une somme d'argent équivalente à la valeur du produit de l'infraction. C'est aussi ce que prévoit l'art. 706-141-1 du CPP français aux termes du quel « la saisie peut également être ordonnée en valeur... » ; ainsi que l'art. 13 de la Convention du Conseil de l'Europe de 1990 relative au blanchiment, au dépistage, à la saisie et à la confiscation des produits du crime qui dispose :

> « Article 13 - Obligation de confiscation
> 1. Une Partie qui a reçu d'une autre Partie une demande de confiscation concernant des instruments ou des produits, situés sur son territoire, doit : a) exécuter une décision de confiscation émanant d'un tribunal de la Partie requérante en ce qui concerne ces instruments ou ces produits; ou b) présenter cette demande à ses autorités compétentes pour obtenir une décision de confiscation et, si celle-ci est accordée, l'exécuter.
> 2. Aux fins de l'application du paragraphe 1.b du présent article, toute Partie a, si besoin est, compétence pour engager une procédure de confiscation en vertu de son droit interne.
> 3. Les dispositions du paragraphe 1 du présent article s'appliquent également à la confiscation consistant en l'obligation de payer une somme d'argent correspondant à la valeur du produit, si des biens sur lesquels peut porter la confiscation se trouvent sur le territoire de la Partie requise. En pareil cas, en procédant à la confiscation conformément au paragraphe 1, la Partie requise, à défaut de paiement, fait recouvrer sa créance sur tout bien disponible à cette fin.
> 4. Si une demande de confiscation vise un bien déterminé, les Parties peuvent convenir que la Partie requise peut procéder à la confiscation sous forme d'une obligation de payer une somme d'argent correspondant à la valeur du bien. »[1372]

2°- La confiscation générale des biens

La peine de confiscation générale des biens avait été introduite dans l'arsenal répressif congolais par l'O-L n° 66-112 du 15 mars 1966. Elle était reprise par l'O-L du 4 avril 1967 qui portait qu'en cas de commission de l'infraction définie dans l'art. 145-1° du CP livre II, dans l'hypothèse du détournement des deniers publics ou des effets en tenant lieu, les tribunaux de droit commun prononceraient la confiscation, au bénéfice du trésor, de tous les biens présents du coupable, quelle qu'en fût la nature, meubles, immeubles,

---

[1372] Art. 13 de la Convention relative au blanchiment, au dépistage, à la saisie et à la confiscation des produits du crime, Conseil de l'Europe, Strasbourg, 8.XI.1990, *Série des traités européens - n° 141.*

corporels ou incorporels, divis ou indivis. Elle était prévue également par l'O-L n° 71-081 du 2 septembre 1971 relative à la confiscation des biens des personnes condamnées pour vols des substances précieuses. L'art. 1er de cette O-L disposait, en effet, qu'« en cas d'infractions au décret du 20 avril 1928 tel que modifié et complété par les ordonnances-lois n°s 22 et 56 respectivement du 12 et 31 décembre 1965 tendant à renforcer la protection contre les vols des substances précieuses, les juridictions compétentes prononceront la confiscation générale, au profit de l'État zaïrois, de tous les biens présents du condamné à l'exception de ses biens futurs, de quelque nature qu'ils soient, meubles ou immeubles, corporels ou incorporels, divis ou indivis, sans préjudice de la confiscation spéciale portant sur le même produit de l'infraction. » Et l'art. 2 d'ajouter : « Les biens dévolus à l'État par l'effet de la confiscation générale demeurent grevés jusqu'à concurrence de leur valeur, des dettes légitimes antérieures à la décision de confiscation. »[1373] Toute décision prononçant la confiscation générale devait être publiée au journal officiel.[1374]

Pour atteindre tous les biens du condamné, le législateur avait institué une obligation de déclaration, en précisant les personnes soumises à celle-ci et tous les biens qui devaient être déclarés. Il y consacrait l'art. 4 qui disposait :

> « Doivent être déclarés à l'organe chargé de l'exécution de la décision judiciaire prononçant la confiscation générale, par les tiers visés au deuxième alinéa du présent article : 1. les biens meubles ou immeubles appartenant à la personne dont les biens sont confisqués ; 2. les sommes, valeurs ou objets de toute nature dus à la même personne pour quelconque cause que ce soit ; 3. les actions, parts sociales, parts de fondateurs, obligations, participations et intérêts appartenant à la même personne dans les sociétés ou associations commerciales.
>
> Sont soumis à l'obligation de déclarer : 1. tous les détenteurs à un titre quelconque des biens énumérés ci-dessus ; 2. tous les débiteurs ; 3. tous les associés en nom, gérants, directeurs ou administrateurs dans les sociétés ; 4. tous les associés dans les associations commerciales.
>
> Si plusieurs personnes ont qualité à quelque titre que ce soit, pour faire une même déclaration, elles y sont tenues conjointement, sauf à se concerter pour n'effectuer qu'une seule et même déclaration.
>
> La déclaration doit être faite par lettre recommandée, dans le délai de trois mois à compter de la publication prévue à l'article trois. »

En sus, il avait créé une incrimination d'omission volontaire de déclaration dans le délai prescrit ou de déclaration volontairement fausse,

---

[1373] In *J.O* 1973, p. 102 ; *Le Code pénal zaïrois*, pp. 184-185.
[1374] Art. 3 de cette O-L.

incomplète ou inexacte qu'il punissait d'une servitude pénale de cinq à dix ans et d'une amende de dix mille zaïres au maximum ou de l'une de ces peines seulement : sanction sévère ![1375]

La confiscation générale frappait même des biens indivis dont le régime d'exécution était prévue dans l'art. 6 qui disposait : « Lorsque la confiscation générale porte sur un bien indivis, la juridiction du jugement peut, à la requête de l'officier du ministère public, fixer en argent le montant des droits de l'État sur le bien, sans qu'il soit nécessaire de recourir au partage. Cette décision est immédiatement exécutoire. Elle ne peut être attaquée par les intéressés que par voie de la tierce opposition. »

Cette peine redoutable avait été reprise dans l'O-L n° 72-005 du 14 janvier 1972 tendant à renforcer la protection contre les vols de certaines substances[1376], à savoir l'uranium, le mercure, le cadmium, la cassitérite, le cuivre, l'étain, le sodium, le cobalt, le zinc, le plomb, le soufre, la cocaïne, dont le trafic et la détention sans titre légal sont punis de dix à vingt ans de servitude pénale.[1377] Ces mêmes peines frappent les auteurs de vol, détournement, trafic et détention sans titre légal des mitrailles de bronze et du cuivre.[1378] À ces sanctions s'ajoutait « la confiscation générale de tous les biens présents du condamné, de quelque nature qu'ils soient, meubles ou immeubles, corporels ou incorporels, divis ou indivis » qui devait être « obligatoirement prononcée par le juge dans les formes et conditions prévues par l'ordonnance-loi n° 71-081 du 02 septembre 1971 relative à la confiscation des biens des personnes condamnées pour vols des substances précieuses ».[1379]

On se rend aisément compte des effets néfastes de cette sanction, dépouillant totalement le condamné et jetant dans le dénuement tous ses proches, enfants ou conjoint. Elle était également prévue par d'autres textes comme l'O-L n° 74-025 du 9 février 1974 sanctionnant les manœuvres tendant à faire échec aux mesures économiques du 30 novembre 1973 ; la loi n° 73 du 5 janvier 1973 abrogeant les O-L n° 68-112 du 15 mars et 68-193 du 3 mai 1968 en tant qu'elles portaient modification des art. 145 et 146 bis du CP.[1380]

[1375] Art. 5 de ladite O-L.

[1376] In *J.O* 1972, p. 71 ; *Le Code pénal zaïrois*, p. 185.

[1377] Art. 1er de l'O-L n° 72-005 du 14 janvier 1972, in *J.O* 1972, p. 71 ; *Le Code pénal zaïrois*, p. 185.

[1378] Art. 2, *idem*.

[1379] Art. 3, *idem*.

[1380] Likulia Bolongo, *Droit pénal spécial zaïrois*, p. 36.

Cette loi du 5 janvier 1973 ainsi que l'O-L du 2 septembre 1971 ont elles-mêmes été modifiées successivement par les O-L n° 86-029 et n° 86-030 du 5 avril 1986, lesquelles ont supprimé la peine de confiscation générale des biens.[1381] Cette suppression est heureuse car il est malsain qu'une peine octroie à l'État la totalité ou l'intégralité du patrimoine du délinquant, frappant, ce faisant, non seulement ce dernier, mais aussi tous les membres de sa famille qui en vivaient. Ce qui est contraire au principe de la personnalité des peines.

3°- L'interdiction du droit de vote et d'éligibilité

C'est une dégradation civique qui prive le condamné, pendant la période fixée par le juge, du droit d'être électeur ou éligible. Elle est prévue notamment par les art. 145, 146 et 149bis du CP,[1382] en cas de condamnation pour détournement, concussion ou corruption commis par des personnes revêtues de mandat public ou chargées d'un service ou d'une mission de l'État ou d'une société étatique. Dans ces dispositions, elle s'applique comme peine complémentaire obligatoire.

En revanche, dans d'autres dispositions légales, elle est prévue comme peine complémentaire facultative. Il en est ainsi, p. ex., dans l'art. 220 du même code aux termes duquel, « tout coupable de trahison, d'attentat ou de

---

[1381] V. l'art. 1er de l'O-L n° 86-030 du 05 avril 1986 ; *Les Codes Larcier,* T. II Droit pénal, p. 14 ; Art. 145 du CP congolais, mis à jour au 30 novembre 2004, in *J.O* 45e Année, n° spécial 30 novembre 2004, pp. 35-36 ; Nyabirungu mwene Songa, *Droit pénal général zaïrois*, p. 312 ; 2e éd., p. 286. Le 1° abrogé par l'art. 1er de l'O-L n° 86-030 du 05 avril 1986 était ainsi rédigé : « 1°. la confiscation de tous les biens du coupable en dérogation du 5° de l'article 5, section II du livre premier du présent code ».

[1382] Citons ici, en exemple, l'art. 149bis al. 3 du CP tel que modifié par la loi n° 05-006 du 29 mars 2005, qui énumère les différentes peines complémentaires obligatoires prévues pour sanctionner la corruption active ou passive : « En outre, la personne reconnue coupable de corruption active ou passive sera condamnée à : 1.l'interdiction, pour une période de cinq ans au moins et de 10 ans au plus, après l'exécution de la peine, du droit de vote et du droit d'éligibilité ; 2. l'interdiction, pour la même période [de cinq ans au moins et de 10 ans au plus], du droit d'accès aux fonctions publiques et paraétatiques quel qu'en soit l'échelon et du droit d'exercer, directement ou indirectement, certaines activités, notamment la profession de banquier, d'agent de change, d'agent comptable, d'importateur ou d'exportateur ; 3. l'interdiction de soumissionner dans tous les marchés publics pour une période de cinq ans; 4. la privation du droit à la condamnation ou à la libération conditionnelle ; 5. l'expulsion définitive du territoire de la République Démocratique du Congo, après l'exécution de la peine, si le condamné est étranger. »

complot contre la sûreté intérieure de l'État *pourra* être frappé, pour cinq ans au moins et dix ans au plus, de l'interdiction du droit de vote et du droit d'éligibilité ». Elle figure également dans l'énumération des peines complémentaires facultatives contenue dans l'art. 33 du CPM dont nous parlerons *infra.*

4°- L'interdiction d'accès aux fonctions publiques et paraétatiques

Elle est prescrite, comme peine complémentaire obligatoire, par les mêmes dispositions du CP, à savoir les art. 145, 146 et 149bis [1383], et pour réprimer les mêmes faits que dessus (détournement, concussion, corruption). Elle est aussi reprise, cette fois comme peine complémentaire facultative et temporaire, dans l'énumération de l'article 33 du CPM cité plus bas.

5°- La privation du droit à la condamnation conditionnelle et à la réhabilitation

Elle est prévue, comme peine complémentaire obligatoire, notamment par les mêmes art. 145, 146 et 149bis. Elle est ainsi impérativement prononcée à la suite d'une condamnation pour détournement (art.145), pour concussion (art. 146), pour corruption active ou passive (art.149bis), dont se rendent coupables les personnes revêtues d'un mandat public, les agents chargés d'un service, d'une mission ou d'une société étatique.

Comme son nom l'indique, la privation du droit à la condamnation conditionnelle refuse au condamné le bénéfice de l'octroi du sursis, quelles que soient les circonstances et lors même que celui-là remplit les conditions légales pour son octroi. Tandis que la privation du droit à la réhabilitation prive le condamné de la possibilité d'introduire auprès de l'autorité judiciaire, une demande dont l'objet consiste à faire cesser les effets de la condamnation pour l'avenir, sans néanmoins porter préjudice aux droits des tiers. Cette dernière sanction empêche donc au condamné de bénéficier du D. du 21 juin 1937,[1384] lequel prévoit précisément la réhabilitation comme un moyen favorisant l'amendement et le reclassement social du condamné.

[1383] Art. 145, 146 et 149 bis.

[1384] *B.O*, p. 629, *Codes et lois du Congo-Belge*, T. II, p. 165, texte modifié par les décrets du 29 novembre 1946 (*B.A.* 1947, p. 3), du 17 mai 1952 (*B.O.* p. 1228), du 22 août 1959 (*B.A.* p. 2186) et par l'O-L n° II/436 du 28 août 1959 (*B.A.* p. 2130) ; Likulia Bolongo, *Droit et science pénitentiaires*, p. 34.

6°- Les interdictions d'exercice de certaines activités

Dans la série des peines complémentaires obligatoires énumérées dans l'art. 149bis sanctionnant la corruption active ou passive, figurent :
- l'interdiction, pour une période de cinq ans au moins et de 10 ans au plus, du droit d'exercer, directement ou indirectement, certaines activités, notamment la profession de banquier, d'agent de change, d'agent comptable, d'importateur ou d'exportateur ;
- et l'interdiction de soumissionner dans tous les marchés publics pour une période de cinq ans.

7°- L'expulsion définitive des étrangers du territoire de la République

Elle est utilisée comme peine complémentaire obligatoire par l'O-L n° 66-342 du 7 juin 1966 réprimant le racisme et le tribalisme.[1385] En effet, cette O-L sanctionne pénalement toute personne qui, soit par paroles, gestes, écrits, images ou emblèmes, soit par tout autre moyen, aura manifesté de l'aversion ou de la haine raciale, ethnique, tribale ou régionale, ou aura commis un acte de nature à provoquer cette aversion ou cette haine.[1386] Si l'individu condamné pour cette infraction est un étranger, le parquet de la juridiction qui a statué sur l'affaire doit notifier, en forme d'expédition régulière, au ministre ayant la sûreté nationale dans ses attributions, le jugement ou l'arrêt ayant prononcé cette condamnation dès qu'il aura acquis le caractère définitif. Dans les quarante-huit heures suivant la réception de l'expédition du jugement ou de l'arrêt, l'expulsion du condamné sera prononcée par l'autorité compétente en vertu de la législation sur la police des étrangers.[1387]

[1385] In *MC*, 1966, p. 559 ; *Les Codes Larcier*, T. II, pp. 38-39.

[1386] Son art. 1er dispose : « Quiconque, soit par paroles, gestes, écrits, images ou emblèmes, soit par tout autre moyen, aura manifesté de l'aversion ou de la haine raciale, ethnique, tribale ou régionale, ou aura commis un acte de nature à provoquer cette aversion ou cette haine, sera puni d'une servitude pénale d'un mois à deux ans et d'une amende de cinq cents à cent mille francs, ou d'une de ces peines seulement. Si l'infraction a été commise par un dépositaire de l'autorité publique dans l'exercice de ses fonctions, la servitude pénale sera de six mois au moins et l'amende de cinq mille francs au moins. Si l'infraction a causé une désorganisation des pouvoirs publics, des troubles graves, un mouvement sécessionniste ou une rébellion, le coupable sera puni de la servitude pénale à perpétuité. »

[1387] Art. 2 de cette O-L.

Cette sanction est également prévue par la loi n° 73-017 du 5 janvier 1973 modifiant et complétant la section II du livre 1er ainsi que les sections VI et VII du titre IV du livre II du CP. Elle y fonctionne aussi comme peine complémentaire obligatoire en cas de condamnation pour détournement, concussion ou corruption commis par des personnes revêtues de mandat public ou chargées d'un service ou d'une mission de l'État ou d'une société étatique. Elle est exécutée après que le condamné ait purgé sa peine principale et si celui-ci est un étranger.[1388]

8°- La déchéance du président de la République et du premier ministre

Elle est contenue dans la L.O n° 13-026 du 15 octobre 2013 portant organisation et fonctionnement de la Cour constitutionnelle devant laquelle peuvent être poursuivis le président de la République et le premier ministre pour les infractions définies et sanctionnées par les art. 72 à 79 de cette loi, à savoir : la haute trahison punie de la servitude pénale à perpétuité ; les atteintes à l'honneur et à la probité sanctionnées des peines privatives de liberté et d'une amende de dix à cinquante millions de francs congolais ; le délit d'initié puni d'une servitude pénale principale de dix à vingt ans et d'une amende de dix à cinquante millions de francs congolais ; et l'outrage au parlement puni de cinq à dix ans de servitude pénale principale.[1389]

[1388] In *J.O* n° 5 du 1er mars 1973, p. 323 ; art. 145, 146 et 149bis du CP.

[1389] Ils disposent : Art. 72 : « La Cour est la juridiction pénale du Président de la République et du Premier Ministre pour les infractions politiques de haute trahison, d'outrage au Parlement, d'atteinte à l'honneur ou à la probité ainsi que pour délit d'initié. Elle connaît aussi des infractions de droit commun commises par l'un ou l'autre dans l'exercice ou à l'occasion de l'exercice de ses fonctions. Elle est également compétente pour juger leurs coauteurs et complices. » Art. 73 : « Il y a haute trahison lorsque le Président de la République a violé intentionnellement la Constitution ou lorsque lui ou le Premier Ministre est reconnu auteur, coauteur ou complice des violations graves et caractérisées des droits de l'homme ou de cession d'une partie du territoire national. » Art. 74 : « Le Président de la République ou le Premier Ministre se rend également coupable de l'infraction de haute trahison lorsque l'un ou l'autre : 1. institue ou tente d'instituer un parti unique sous quelque forme que ce soit ; 2. manque à son devoir de sauvegarder l'unité de la République et l'intégrité de son territoire ; 3. détourne les forces armées de la République à ses fins propres ; 4. organise des formations militaires, paramilitaires ou des milices privées ou entretient une jeunesse armée. » Art. 75 : « La haute trahison est punie de la servitude pénale à perpétuité. » Art. 76 : « Il y a atteinte à l'honneur lorsque le comportement personnel du Président de la République ou du Premier Ministre est contraire aux bonnes mœurs. L'atteinte à l'honneur est constituée des faits définis dans les sections III et IV du titre VI du Code Pénal, Livre II, et est punie des peines

En plus de ces peines principales, la Cour prononce également la déchéance de l'auteur de ces crimes, conformément à l'art. 105 de cette loi qui dispose : « En cas de condamnation du président de la République ou du premier ministre, la Cour prononce sa déchéance. Cette sanction s'applique, mutatis mutandis, aux coauteurs ou complices revêtus de la puissance publique. »

9°- La déchéance de l'exercice de l'autorité parentale ou tutélaire

Nous l'avons dit, une même peine peut fonctionner tantôt comme peine complémentaire obligatoire, tantôt comme peine complémentaire facultative. Il en est ainsi, justement, de la déchéance de l'exercice de l'autorité parentale ou tutélaire. En effet, cette peine a été introduite par la loi n° 06-018 du 20 juillet 2006 comme peine complémentaire obligatoire dans les dispositions du CPC réprimant le viol[1390], l'excitation des mineurs à la débauche[1391], et la

---

privatives de liberté qui y sont prévues, ainsi que d'une amende de dix à cinquante millions de Francs congolais. » Art. 77 : « Il y a atteinte à la probité lorsque le Président de la République ou le Premier Ministre est reconnu auteur, coauteur ou complice de détournement de deniers publics, de corruption ou d'enrichissement illicite. L'atteinte à la probité est constituée des faits prévus dans la section VII du titre IV du Code Pénal Livre II et est punie des mêmes peines. » Art. 78 : « Il y a délit d'initié dans le chef du Président de la République ou du Premier Ministre lorsque l'un ou l'autre effectue des opérations sur valeurs immobilières ou sur marchandises à l'égard desquelles il possède, en raison de ses fonctions, des informations privilégiées et dont il tire profit avant que celles-ci ne soient connues du public. Il englobe l'achat ou la vente d'actions fondées sur des renseignements qui ne seraient jamais divulgués aux actionnaires. Le délit d'initié est puni d'une servitude pénale principale de dix à vingt ans et d'une amende de dix à cinquante millions de Francs congolais. » Art. 79 : « Il y a outrage au Parlement, lorsque, sur des questions posées par l'une ou l'autre Chambre du Parlement sur l'activité gouvernementale, le Premier Ministre ne fournit aucune réponse dans un délai de trente jours à dater de la réception de la question. L'outrage au Parlement est puni de cinq à dix ans de servitude pénale principale. » Art. 80 : « La décision de poursuites et la mise en accusation du Président de la République ou du Premier Ministre sont votées à la majorité de deux tiers des membres du Parlement réunis en Congrès. »

[1390] Art. 171bis, dernier al. : « En cas de viol tel qu'aggravé au sens du point 1 et 2 de l'alinéa 1er, le juge prononcera en outre la déchéance de l'autorité parentale ou tutélaire si l'infraction a été commise par une personne exerçant cette autorité conformément à l'article 319 du Code de la famille. » Le point 1 vise les ascendants ou descendants de la victime ; le point 2, ceux qui ont autorité sur elle.

[1391] Art. 174 : « Si l'infraction prévue à l'article 172 ci-dessus [l'excitation des mineurs à la débauche] a été commise par le père, la mère ou le tuteur, le coupable sera en outre déchu de l'autorité parentale ou tutélaire conformément à l'article 319 du Code de la famille. »

prostitution d'enfants[1392] ; alors qu'elle fonctionne comme peine complémentaire facultative, p.ex., dans l'art. 319 du code de la famille[1393] et dans l'art. 184 de la loi n° 09-001 du 10 janvier 2009 portant protection de l'enfant, s'agissant de la répression des agressions sexuelles.[1394]

10°- L'obligation de s'éloigner de certains lieux ou d'une certaine région ou d'habiter dans un lieu déterminé

Ces peines sont régies par les art. 14-a, b et c du CP. Elles fonctionnent tantôt comme peines de substitution à la servitude pénale, tantôt comme peines complémentaires facultatives pouvant s'ajouter à celle-ci.

En effet, aux termes de l'art. 14-a, « lorsque l'infraction est punissable d'une peine de servitude pénale principale de six mois au maximum ou lorsque la peine méritée ne doit pas dépasser six mois en raison des circonstances, les cours et tribunaux *peuvent substituer à la servitude pénale, l'obligation de s'éloigner de certains lieux ou d'une certaine région ou celle de résider dans un lieu déterminé pendant une durée maximum d'un an.* » Le passage que nous relevons en italique montre bien que ces peines

---

[1392] Art. 174 n : [al. 1er] « Sera puni de servitude pénale de cinq à vingt ans et d'une amende de deux cent mille Francs congolais constants, quiconque aura utilisé un enfant de moins de 18 ans aux fins des activités sexuelles contre rémunération ou toute autre forme d'avantage. » [al. 2] « Si l'infraction a été commise par une personne exerçant l'autorité parentale ou tutélaire, le coupable sera en outre déchu de l'exercice de l'autorité parentale ou tutélaire conformément à l'article 319 du Code de la famille. » V. Loi n° 06-018 du 20 juillet 2006 modifiant et complétant le D. du 30 janvier 1940 portant CPC, spéc. les articles 2 et 3.

[1393] Art. 319 tel que modifié par la loi n° 16-008 du 15 juillet 2016 modifiant et complétant la loi n° 87-010 du 1er août 1987 portant code de la famille: « Le père, la mère ou toute autre personne exerçant l'autorité parentale peut être déchu de celle-ci, en tout ou en partie, à l'égard de tous ses enfants, de l'un ou de plusieurs d'entre eux: 1. lorsqu'il est condamné pour incitation à la débauche de ses propres enfants, de ses descendants et de tout autre mineur ; 2. lorsqu'il est condamné du chef de tous faits commis sur la personne d'un de ses enfants ou de ses descendants ; 3. lorsque, par mauvais traitement, abus d'autorité, inconduite notoire ou négligence grave, il met en péril la santé, la sécurité ou la moralité de son enfant ; 4. lorsqu'il a été condamné pour abandon de famille. La déchéance est prononcée par le Tribunal pour enfants sur réquisition du Ministère public. Le Tribunal pour enfants peut, dans les mêmes conditions, relever de la déchéance en tout ou en partie. »

[1394] Cet art. 184 dispose : « La condamnation du père, de la mère, du parâtre, de la marâtre ou de toute personne exerçant l'autorité parentale sur l'enfant, pour une infraction prévue à la présente section, peut être accompagnée de la déchéance de l'autorité parentale, en application des dispositions de la loi. » Par « la présente section », il faut entendre la section 4 traitant des agressions sexuelles.

revêtent ici la nature de peines de substitution facultatives, le législateur ayant laissé aux juges le pouvoir de les appliquer ou pas, si les conditions fixées se trouvent réunies. Lorsqu'ils décident de les mettre en œuvre, ces derniers les prononcent et fixent dans le jugement la date à laquelle ces peines prennent cours ainsi que leur durée qui ne saurait dépasser une année.[1395]

En revanche, dans l'art. 14-b, ces mêmes peines sont prévues comme peines complémentaires facultatives, pouvant être prononcées par les juges en sus de la servitude pénale. Celui-ci dispose, en effet : « *Outre la peine de servitude pénale, les mêmes peines peuvent être prononcées*, à charge de quiconque a commis, depuis dix ans, au moins deux infractions qui ont entraîné chacune une servitude pénale d'au moins six mois. » Le législateur laisse donc aux juges la faculté d'ajouter ces peines à la servitude pénale pour prévenir la récidive. C'est en cela que ces peines sont considérées également comme des mesures de sûreté disjonctives. Lorsqu'elles sont prononcées en application de cet article, ces peines prennent cours à la date à laquelle le condamné est libéré, soit définitivement, par expiration ou remise de la peine de servitude pénale, soit conditionnellement.[1396]

L'obligation de résider dans un lieu déterminé est également prévu par l'O-L n° 67-302 du 2 août 1967 relative à la police des étrangers[1397] modifiée par l'O-L n° 67-479 du 29 novembre 1967.[1398] Aux termes de l'art. 21 de cette O-L, l'étranger qui fait l'objet d'une ordonnance d'expulsion et qui justifie être dans l'impossibilité de quitter le territoire congolais peut, jusqu'à ce qu'il soit en mesure de le faire, être astreint, par arrêté du ministre chargé de l'administration du territoire, à résider dans un endroit déterminé et à se présenter périodiquement aux services de police. Si cet étranger n'a pas rejoint dans les délais prescrits la résidence qui lui a été assignée ou s'il a quitté cette résidence sans autorisation du ministre chargé de l'administration du territoire, il est passible d'une servitude pénale de six mois au maximum.[1399]

C'est l'ord. n° 11-542 du 26 octobre 1959, fixant les mesures d'exécution du D. du 26 octobre 1959 complétant le CP,[1400] qui organise de façon claire et concrète la mise en application de cette peine. Elle prescrit, en effet, que la personne qui a été condamnée, par application des art. 14-a et 14-b du CP,

---

[1395] Art. 14-c al. 1er du CP.
[1396] Art. 14-c al. 2 du CP.
[1397] In *MC* 1967, p. 891.
[1398] In *MC* 1967, p. 928.
[1399] Art. 21, al. 3 et 4 de cette O-L, in *Le Code pénal zaïrois*, p. 108.
[1400] In *B.A*, 1959, p. 2826 ; *Les Codes Larcier*, T. II, Droit pénal, p. 23.

à s'éloigner de certains lieux ou d'une certaine région ou à habiter dans un lieu déterminé, reçoit une feuille de route indiquant l'itinéraire qu'elle doit suivre, la durée de son séjour dans chaque lieu de passage et le délai dans lequel elle est tenue, à son arrivée, de remettre ce document à l'administrateur de territoire ou au premier bourgmestre du lieu de sa résidence.[1401] Cette feuille de route lui est délivrée, selon le cas, par le ministère public près la juridiction ayant prononcé la condamnation ou par le juge lui-même, si ce dernier avait siégé sans l'assistance d'un OMP. L'un comme l'autre, après avoir délivré la feuille de route, doit immédiatement en aviser l'administrateur de territoire ou le premier bourgmestre du lieu de départ et celui du lieu de destination. Sur réquisition de ce ministère public ou de ce juge, le condamné peut être gardé à vue à la prison ou dans un local de la police, jusqu'au moment de son départ.[1402] Arrivé au lieu où il doit résider, le condamné peut se voir imposer par l'administrateur de territoire ou le premier bourgmestre du lieu de cette résidence, l'obligation de se présenter, selon les modalités que cette autorité détermine, au contrôle spécial du commissaire de police ou de l'agent du service territorial qu'elle désigne.[1403] Tandis que le condamné à l'obligation de s'éloigner de certains lieux ou d'une certaine région ne peut pas changer sa résidence sans en informer, huit jours au moins à l'avance, l'administrateur de territoire ou le premier bourgmestre. En cas d'accord, ce dernier vise la feuille de route pour départ et la restitue au condamné. Immédiatement, il avise de ce départ l'autorité administrative du lieu de la nouvelle résidence à qui le condamné est tenu de remettre sa feuille de route dès son arrivée.[1404] La violation de ces prescriptions fait encourir au condamné au maximum un mois de servitude pénale et 1.000 francs d'amende ou l'une de ces peines seulement.[1405]

11°- La mise à la disposition du gouvernement

Réglementée par les art. 14-d à k du CP, cette peine peut être prononcée, en sus de la servitude pénale, à l'encontre d'une personne versant de façon habituelle dans la délinquance. Les conditions requises pour sa mise en œuvre possible sont déterminées dans l'art. 14-d qui dispose :

> « Quiconque ayant commis depuis dix ans, au moins trois infractions qui ont entraîné chacune une servitude pénale d'au moins six mois, présente en outre une

---

[1401] Art. 1er de ladite ord.
[1402] Art. 2, *idem.*
[1403] Art. 3, *idem.*
[1404] Art. 4, *idem.*
[1405] Art. 10, *idem.*

tendance persistante à la délinquance peut, par l'arrêt ou le jugement de condamnation, être mis à la disposition du gouvernement pour un terme de cinq à dix ans après l'expiration de la peine de servitude pénale.

Les procédures relatives aux condamnations servant de base à la mise à la disposition du gouvernement sont jointes au dossier de la poursuite et les motifs de la décision sont spécifiés dans celle-ci par l'indication des circonstances qui établissent la tendance persistante à la délinquance. »

Le législateur laisse donc aux juges la possibilité de prononcer cette peine en complément de la servitude pénale lorsque sont réunies les conditions qu'il détermine. Comme on le voit, cette peine vise à neutraliser pendant le temps fixé par l'arrêt ou le jugement de condamnation un individu identifié comme multirécidiviste ou délinquant d'habitude. En cela, elle peut être regardée plutôt comme une mesure de sûreté. Dans le cadre de son exécution, « le délinquant d'habitude mis à la disposition du gouvernement est interné s'il y a lieu dans un établissement désigné par le président de la République. »[1406]

Il peut arriver qu'un condamné soit mis à la disposition du gouvernement successivement par deux décisions distinctes pour des infractions non concurrentes. Dans ce cas, si la mise à la disposition du gouvernement prononcée par la première décision en date n'a pas atteint son terme à l'expiration de la peine de servitude pénale prononcée par la seconde décision, la seconde mise à la disposition du gouvernement ne prend cours qu'à l'expiration de la première.[1407] Autrement dit, les deux mises à la disposition du gouvernement s'additionnent, la seconde ne commençant à courir qu'à la fin de la première.

Si le condamné est libéré conditionnellement, la peine de mise à la disposition du gouvernement prend cours à la date de la libération conditionnelle. Celle-ci n'agit que sur la peine principale, en l'occurrence la servitude pénale ou l'emprisonnement. En cas de révocation de la libération conditionnelle, l'exécution de la mise à la disposition du gouvernement est suspendue, dès l'arrestation du condamné.[1408] En effet, lorsque la libération conditionnelle est révoquée, celui-ci rentre en prison pour purger le restant de sa peine de servitude pénale. Automatiquement, la mise à la disposition du gouvernement est suspendue jusqu'à la fin de l'emprisonnement. Elle ne reprendra son cours qu'après l'expiration de la peine de servitude pénale, comme le requiert l'art. 14-d du CP. Dans la même logique, si, pendant l'exécution de la mise à la disposition du gouvernement, le condamné est

---

[1406] Art. 14-h al. 1er du CP.
[1407] Art. 14-e du CP.
[1408] V. l'art. 14-f, *idem*.

arrêté, même préventivement, en application d'une décision judiciaire, l'exécution de la peine de la mise à la disposition du gouvernement est suspendue pendant toute la durée de la détention.[1409]

La loi accorde au délinquant d'habitude mis à la disposition du gouvernement la possibilité de demander à être relevé des effets de cette décision. Pour l'exercice de cette prérogative, il doit adresser sa demande au procureur général près la C.A dans le ressort de laquelle siège la juridiction qui a prononcé cette peine. Celui-ci rassemble toutes informations qu'il estime nécessaires, les joint au dossier qu'il soumet à la cour, avec ses réquisitions. Cette dernière statue par arrêt motivé, l'intéressé entendu ou dûment cité. Il est à noter qu'une telle demande ne peut être introduite que trois ans après l'expiration de la peine principale. Elle peut ensuite être renouvelée de trois en trois ans.[1410]

Cette peine de mise à la disposition du gouvernement est utilisée depuis 1896 dans le cadre de la lutte contre le vagabondage et la mendicité organisée par le D. du 23 mai 1896,[1411] tel que modifié par le D. du 6 juin 1958.[1412] Ce D. prescrit l'arrestation et la traduction devant le tribunal de toute personne trouvée en état de vagabondage ou de mendicité.[1413] Celui-ci vérifie autant que possible, l'identité, l'âge, l'état physique, l'état mental et le genre de vie de cette personne.[1414] Il met à la disposition du gouvernement pendant sept ans au plus, les individus valides qui exploitent la charité comme mendiants de profession, et ceux qui, par fainéantise, ivrognerie ou dérèglement de mœurs, vivent en état habituel de vagabondage.[1415] En l'absence de ces circonstances, il peut fixer à un an maximum la durée de la mise à la disposition du gouvernement des individus trouvés en état de vagabondage ou de mendicité.[1416]

Ces vagabonds mis à la disposition du gouvernement peuvent, soit être internés dans des « maisons ou ateliers de travail » créés pour les accueillir, soit être remis en liberté aux conditions de résidence et autres conditions éventuelles fixées par l'autorité administrative.[1417] Les individus valides

---

[1409] Art. 14-g, *idem*.
[1410] Art. 14-j, *idem*.
[1411] In *B.O*, 1896, p. 160.
[1412] In *Les Codes Larcier*, T. I, Droit civil et judiciaire, p. 473.
[1413] Art. 1er dudit décret.
[1414] Art. 2, *idem*.
[1415] Art. 3, *idem*.
[1416] Art. 4, *idem*.
[1417] Art. 5 et 6, *idem*.

internés seront astreints aux travaux prescrits dans l'établissement. Le gouverneur général de l'époque, aujourd'hui le ministre chargé de l'administration du territoire, arrête le régime intérieur et la discipline des ateliers de travail et fixe les diverses catégories dans lesquelles les reclus seront rangés selon leur âge, leurs aptitudes, leurs antécédents et leur degré de moralité, les jeunes vagabonds devant rester, pendant la durée de leur internement, séparés des individus d'un âge plus avancé.[1418] Il a le pouvoir, en tout temps, de faire reconduire à la frontière les individus non congolais mis à la disposition du gouvernement.[1419]

Cette peine est également prévue par l'art. 375 de l'O-L n° 66-98 du 14 mars 1966 portant code de la navigation maritime.[1420] Aux termes de cette disposition, le capitaine de tout navire congolais est tenu de dénoncer sans délai au commissaire maritime, dans le premier port du Congo où il aborde, la présence à son bord de toute personne qui s'y trouve irrégulièrement. Celle-ci ne peut être débarquée au Congo sans l'autorisation du commissaire maritime. Elle peut être mise à la disposition du gouvernement.[1421]

L'ord. n° 11-542 du 26 octobre 1959, fixant les mesures d'exécution du D. du 26 octobre 1959 complétant le CP,[1422] détermine les modalités pratiques de mise en œuvre de cette peine. Elle prévoit que les délinquants d'habitude mis à la disposition du gouvernement et dont l'internement a été décidé par les autorités visées à l'art. 14-i du CP, sont internés dans les prisons désignées par le gouverneur de province.[1423] Rappelons ce que dit cet art. 14-i :

> « À l'expiration de la peine principale, le gouverneur de la province dans le ressort de laquelle le condamné est détenu, décide s'il est mis en liberté ou interné.
>
> S'il est mis en liberté, il peut pour cause d'inconduite, être interné par décision du commissaire de district du ressort où a eu lieu l'inconduite. Le commissaire de district prend avis du ministère public. L'intéressé peut introduire un recours contre cette décision devant le gouverneur de province. Les formes de ce recours sont déterminées par le président de la République. »

[1418] Art. 6, *idem*.

[1419] Art. 5, *idem*.

[1420] In *MC* 1968, p. 762. Cette O-L a été modifiée par les O-L n° 67-471 du 30 novembre 1967 et n° 68-485 du 20 décembre 1968, in *Le Code pénal zaïrois*, pp. 168-177.

[1421] Art. 375 al. 1 et 2 de l'O-L n° 66-98 du 14 mars 1966 portant code de la navigation maritime.

[1422] In *B.A*, 1959, p. 2826 ; *Les Codes Larcier*, Tome II, p. 23.

[1423] Art. 7 de l'ord. n° 11-542 du 26 octobre 1959.

Ce recours peut être formé soit par lettre missive dans un délai de huit jours francs à compter de la signification de la décision d'internement ; soit par une déclaration faite à l'agent qui signifie la décision, auquel cas mention en est faite par ledit agent au bas de l'original de l'acte de signification et avis en est immédiatement donné par lui au gouverneur de province. Celui-ci statue dans les trente jours qui suivent la réception du recours.[1424]

S'il décide, en application de l'art.14-i du CP, de mettre en liberté un délinquant d'habitude mis à la disposition du gouvernement, il peut subordonner cette mise en liberté à des mesures de surveillance dont la nature et l'objet dépendront des circonstances particulières dans lesquelles le condamné se trouvera et des causes de la condamnation, mesures dont la violation est punie au maximum de un mois de servitude pénale et d'une amende de 1.000 francs ou d'une de ces peines seulement.[1425] Entre autres, il peut interdire au condamné de paraître dans telle ou telle localité[1426]. Il avise l'administrateur de territoire ou le premier bourgmestre du lieu de la résidence du condamné des mesures de surveillance prises à son égard et charge un auxiliaire du service social ou un agent du service territorial de l'exécution de la surveillance. La personne à laquelle est confiée cette mission reste en contact avec le délinquant d'habitude, dont elle observe le milieu, les tendances et la conduite. Toutes les fois qu'elle le croit utile et au moins une fois tous les trois mois, elle fait rapport au gouverneur de province sur la situation morale et matérielle du délinquant d'habitude. Elle propose au gouverneur de province toutes les mesures qu'elle estime avantageuses pour le condamné. Une copie de ce rapport est adressée au procureur général près la C.A dans le ressort de laquelle siège la juridiction qui a prononcé la mise à la disposition du gouvernement, ainsi qu'au commissaire de district ou au premier bourgmestre du lieu de la résidence de l'intéressé.[1427]

Il arrive que le délinquant condamné à s'éloigner de certains lieux ou d'une certaine région ou à habiter dans un lieu déterminé, ou le délinquant d'habitude mis à la disposition du gouvernement purge entièrement sa peine. À l'expiration de celle-ci, il est convoqué par l'administrateur de territoire ou le premier bourgmestre, qui lui remet une feuille de route à destination du lieu où il devait être légalement fixé au moment de son arrestation. Cette autorité avise du départ de tout individu considéré comme dangereux, le

---

[1424] Art. 8, *idem.*
[1425] Art. 10, *idem.*
[1426] Art. 5, *idem.*
[1427] Art. 6, *idem.*

responsable des localités qu'il traversera et celui du lieu de sa destination.[1428]

Notons que l'évasion des personnes mises à la disposition du gouvernement ou soumises à l'obligation de s'éloigner de certains lieux ou d'une certaine région ou d'habiter dans un lieu déterminé est pénalement sanctionnée comme toute autre évasion. En effet, l'art. 161 du CP punit d'une peine de servitude pénale d'un an au maximum tout détenu qui se sera évadé ou qui aura tenté de s'évader :
- de toute maison de détention légale ;
- de tout établissement hospitalier ou sanitaire où il avait été transféré pour des soins médicaux ;
- en profitant du moment où il était employé à l'extérieur d'un établissement pénitentiaire ;
- en profitant du moment où il bénéficiait d'une permission de sortie.

Cette même peine est encourue par tout détenu mis à la disposition de la surveillance du gouvernement avec internement en application de l'art. 14-d du CP ou du D. du 23 mai 1896, ainsi que par toute personne qui contreviendrait à l'obligation de s'éloigner de certains lieux ou d'une certaine région ou d'habiter dans un lieu déterminé, prévue aux art. 14-a et 14-b du même code.[1429]

12°- La dégradation, la destitution, la privation de grade et la rétrogradation

Quoique regroupé dans un seul sous-ensemble, ces sanctions sont juridiquement distinctes. Elles ont, entre autres dénominateurs communs, le fait qu'elles ne s'appliquent qu'aux membres des forces armées. Elles rentrent dans l'énumération de l'article 26 du CPM qui dispose : « Les peines applicables par les juridictions militaires et les mesures de sûreté sont : 1. la mort par les armes ; 2. les travaux forcés ; 3. la servitude pénale ; 4. l'amende ; 5. la confiscation spéciale ; 6. la dégradation ; 7. la destitution ; 8. la privation de grade ou la rétrogradation ; 9. l'interdiction temporaire de l'exercice des droits politiques et civiques. » De par leur nature, les quatre premières peines sont des peines principales que nous avons déjà étudiées; les peines numéros 5, 6, 7, 8 et 9 sont des peines complémentaires, dont deux, les n°s 5 et 9, ont déjà été examinées. Limitons-nous donc à l'explication de celles qui suivent :

[1428] Art. 9, *idem*.
[1429] V. l'art. 161 du CP.

1) La dégradation est une peine complémentaire pouvant être prononcée contre les sous-officiers, ou assimilés, condamnés à plus de cinq ans de servitude pénale.[1430]

2) La destitution, est une peine complémentaire pouvant être prononcée contre les officiers.[1431] Ainsi, les deux sanctions ne se distinguent que par la qualité de la personne du condamné : alors que la dégradation ne frappe que les sous-officiers ou assimilés, la destitution ne peut être infligée qu'aux membres des forces armées revêtus de rang d'officiers.

La dégradation et la destitution produisent les mêmes effets, à savoir :
- la privation du grade et du droit d'en porter les insignes et l'uniforme ;
- l'incapacité de servir dans l'armée à quelque titre que ce soit ;
- l'interdiction du droit de porter des décorations ou autres insignes de distinction honorifique militaire.[1432]

La dégradation et la destitution sont, p. ex., visées dans l'art. 41 du CPM. Celui-ci punit de deux mois à cinq ans de servitude pénale, en temps de paix, ou de vingt ans au maximum de servitude pénale, en temps de guerre, tout citoyen coupable d'insoumission aux termes des lois sur le recrutement des Forces Armées. En sus de cette peine de servitude pénale, le tribunal peut prononcer la dégradation si le condamné est un sous-officier ou assimilé, ou la destitution s'il s'agit d'un officier. En harmonie avec les art. 30 et 31 du même code, l'une ou l'autre de ces peines ne pourra être prononcée que si ledit sous-officier ou assimilé, ou ledit officier a été condamné à plus de cinq ans de servitude pénale principale.

Ces deux peines sont aussi prévues dans l'art. 56 du CPM réprimant les médecins, pharmaciens, assistants médicaux, infirmiers, guérisseurs, tradi-praticiens ou autres professionnels de santé complices des infractions de mutilation volontaire ou de lâcheté.[1433]

Pour qu'elles trouvent application, ces peines doivent avoir été prononcées par le juge. Autrement dit, un militaire condamné à la peine de mort ou à la peine de servitude pénale, contre lequel le tribunal n'a pas prononcé la dégradation ou la destitution, a droit au port de son grade durant

---

[1430] Art. 30 : « La dégradation pourra aussi être prononcée contre les sous-officiers, ou assimilés, condamnés à plus de cinq ans de servitude pénale. »
[1431] Art. 31 : « Les juridictions militaires pourront prononcer la peine de destitution contre tout officier condamné à plus de cinq ans de servitude pénale. »
[1432] V. l'art. 32 du CPM.
[1433] Cet art. 56 est cité *infra*, p. 549, NBP 1453.

l'exécution de sa peine. Le législateur en dispose ainsi expressément dans l'art. 28 du CPM : « Tout condamné à mort en vertu du présent Code sera passé par les armes. Si la dégradation ou la destitution n'a pas été prononcée contre lui, il pourra porter, lors de l'exécution, les insignes et uniforme de son grade. »

Soulignons que dans sa mise en œuvre, la destitution fonctionne tantôt comme peine complémentaire facultative, tantôt comme peine complémentaire obligatoire, tout dépendant de la formule utilisée par le législateur qui peut s'entendre d'une possibilité ou d'une injonction donnée au juge. Elle fonctionne comme *peine complémentaire facultative*, p. ex., dans les articles 45, 90, 97 et 106 du CPM. En effet, La destitution peut être prononcée, en sus de la servitude pénale principale ou de la peine capitale, à l'encontre d'un officier condamné pour désertion simple en temps de paix ou pour désertion en temps de guerre ou dans une région où l'état de siège ou d'urgence est proclamé ou à l'occasion d'une opération tendant au maintien ou au rétablissement de l'ordre public.[1434] Elle peut aussi l'être à l'encontre de tout officier, embarqué, auteur d'outrage par paroles, écrits, gestes ou menaces à l'égard de son supérieur ou d'un supérieur[1435]. Elle peut également être prononcée, alternativement avec la privation de grade, à l'encontre de tout officier coupable de révolte militaire[1436], ou de tout militaire ou assimilé qui refuse de se rendre aux audiences d'une juridiction militaire alors qu'il était désigné pour la présider.[1437]

[1434] Ce, conformément à l'art. 45 du CPM qui dispose : « Tout militaire ou assimilé, coupable de désertion simple en temps de paix est puni de deux mois à cinq ans de servitude pénale. Si la désertion a lieu en temps de guerre ou dans une région où l'état de siège ou d'urgence est proclamé ou à l'occasion d'une opération tendant au maintien ou au rétablissement de l'ordre public, la peine de servitude pénale prévue en temps de paix peut être portée à la servitude pénale à perpétuité et même à la peine de mort. Dans tous les cas, si le coupable est officier, la destitution peut en outre être prononcée. »

[1435] Art. 97 du CPM : « Quiconque, embarqué ou au service des Forces Armées, outrage son supérieur ou un supérieur, par paroles, écrits, gestes ou menaces, est puni de six mois à cinq ans de servitude pénale. Si le coupable est officier, il peut en outre encourir la destitution. »

[1436] Art. 90 : « Tout militaire ou assimilé, coupable de révolte militaire est puni de cinq ans au maximum de servitude pénale. Si la révolte a eu lieu avec complot, la peine encourue est de dix ans au maximum de servitude pénale. La peine prévue par le présent article peut être portée à la servitude pénale à perpétuité et même à la peine de mort, si la révolte a été commise en temps de guerre ou pendant les circonstances exceptionnelles. Si les coupables sont des officiers, la peine de destitution ou de privation de grade pourra être prononcée… »

[1437] Art. 106 : « Tout militaire ou assimilé, qui refuse ou qui, sans excuse légitime,

En revanche, la destitution est mise en œuvre comme *peine complémentaire obligatoire*, notamment dans les art. 59, 72, 87, 115 et 118 du CPM ; car, elle doit être prononcée à l'encontre de :

- tout officier qui, pendant la guerre ou immédiatement avant celle-ci ou pendant les circonstances exceptionnelles, désarme ou démoralise la troupe en répandant la peur ou en causant la panique, le désordre et la confusion[1438] ;
- tout officier qui a commis un faux sur un rapport de commandement ou d'état-major, tendant à altérer ou à travestir la situation de l'outil ou des moyens de défense ou sur les données de renseignements opérationnels[1439] ;
- tout officier qui a manqué sa mission par négligence, s'est laissé surprendre par l'ennemi, ou, du fait de sa négligence, s'est séparé de son chef en présence de l'ennemi ou a été la cause de la prise par l'ennemi d'un navire ou aéronef militaire placé sous ses ordres ou à bord duquel il se trouvait[1440] ;
- tout officier qui, embarqué dans un navire ou aéronef militaire ou assimilé l'abandonne, lorsque celui-ci est en danger, sans ordre ou en violation des consignes reçues[1441] ;

---

s'abstient de se rendre aux audiences des juridictions militaires où il est appelé à siéger, est puni de deux mois à un an de servitude pénale. En cas de refus, si le coupable est désigné pour présider la juridiction, il peut en outre être puni de la destitution ou privation de grade. »

1438 Art. 59 du CPM : « Tout militaire ou assimilé qui, pendant la guerre ou immédiatement avant celle-ci ou pendant les circonstances exceptionnelles, désarme ou démoralise la troupe en répandant la peur ou en causant la panique, le désordre et la confusion, est puni de cinq à vingt ans de servitude pénale. Si l'infraction et ses effets sont particulièrement graves, le tribunal peut prononcer la servitude pénale à perpétuité ou la peine de mort. Dans tous les cas, si le coupable est un officier, le juge prononce en outre la destitution. »

1439 Art. 72 : « Lorsque le faux commis porte sur un rapport de commandement ou d'état-major et tend à altérer ou à travestir la situation de l'outil ou des moyens de défense ou sur les données de renseignements opérationnels, le coupable est puni de quinze à vingt ans de servitude pénale. La destitution sera en outre prononcée s'il est officier… »

1440 Art. 115 : « Si la mission a été manquée par négligence, ou si le coupable s'est laissé surprendre par l'ennemi, ou, du fait de sa négligence, s'est séparé de son chef en présence de l'ennemi ou a été la cause de la prise par l'ennemi d'un navire ou aéronef militaire placé sous ses ordres ou à bord duquel il se trouvait, il est puni de cinq à dix ans de servitude pénale. Si le coupable est officier, il est en outre puni de la destitution. »

1441 Art. 118 : « Quiconque embarqué dans un navire ou aéronef militaire ou assimilé l'abandonne, lorsque celui-ci est en danger, sans ordre ou en violation des consignes reçues, est puni d'un à cinq ans de servitude pénale. S'il est membre de l'équipage, la peine est de cinq ans de servitude pénale. Si le coupable est officier, il est en outre

- tout officier qui commet un outrage au drapeau national ou à l'armée [1442].
Dans ces art., le législateur ne laisse pas au juge la liberté de prononcer ou de ne pas prononcer la destitution. Il l'oblige à le faire. Cela ressort du style impératif utilisé dans ces textes : « Dans tous les cas, si le coupable est un officier, le juge prononce en outre la destitution » (art. 59) ; « La destitution sera en outre prononcée s'il est officier » (art. 72) ; « Si le coupable est officier, il est en outre puni de la destitution » (art. 115 et 118). Par ces formules, le législateur ordonne au juge de prononcer cette peine complémentaire. Cette obligation est également présente dans l'art. 87, avec cette particularité qu'ici le juge a le choix de prononcer soit la destitution, soit la privation de grade. Mais il doit prononcer l'une ou l'autre, conformément à l'ordre donné par le législateur : « Si le coupable est officier, il est en outre puni de la destitution ou de la privation de grade » (art. 87).

3) Comme son nom l'indique, ***la privation de grade*** est une peine militaire complémentaire consistant à ôter au condamné la jouissance de l'échelon hiérarchique auquel il appartient. Elle peut être prononcée à la place de la destitution ou de la dégradation lorsque les juges ont retenu des circonstances atténuantes au bénéfice du condamné, conformément à l'art. 35 du CPM.[1443] Elle n'exclut pas le condamné de l'armée, celui-ci pouvant d'ailleurs, en cas d'amendement, solliciter et obtenir une nouvelle nomination, c'est-à-dire un rétablissement à son grade. Elle est donc de nature temporelle.

La privation de grade fonctionne aussi tantôt comme peine complémentaire facultative, tantôt comme peine complémentaire obligatoire, alternativement avec la destitution. Elle peut, p. ex., être infligée, en plus de la servitude pénale principale, à tout militaire, professionnel de santé, qui, dans l'exercice de ses fonctions et pour favoriser un membre des Forces armées, aura certifié faussement ou dissimulé l'existence de maladies ou infirmités ou un état de grossesse, ou aura fourni des indications mensongères sur l'origine d'une maladie ou d'une infirmité

---

puni de la destitution. »

[1442] Art. 87 du CPM : « … Est puni de six mois à cinq ans, tout militaire ou assimilé qui commet un outrage au drapeau national. Est puni de la même peine, quiconque commet un outrage à l'armée… Si le coupable est officier, il est en outre puni de la destitution ou de la privation de grade. Le juge pourra également prononcer la déchéance civique prévue par le présent Code. »

[1443] Art. 35 : « Quand la peine prévue est la destitution ou la dégradation et si les circonstances atténuantes ont été admises, la juridiction applique la peine de privation de grade. »

ou la cause d'un décès. C'est ce que prévoit l'art. 84 du CPM.[1444] Dans cette disposition, cette peine fonctionne comme *peine complémentaire facultative*, le législateur ayant simplement ouvert à l'instance de jugement la possibilité de la prononcer, en disant : « Si le coupable est militaire, il pourra en outre être privé de son grade. »

Cette possibilité est ouverte également, alternativement avec la destitution, à l'encontre de tout officier coupable de révolte militaire[1445] ; ou de tout militaire ou assimilé ayant refusé de se rendre aux audiences d'une juridiction militaire alors qu'il était désigné pour la présider.[1446]

Il en va autrement dans l'art. 87 où le législateur ne laisse pas toute la liberté au juge. Celui-ci doit prononcer la destitution ou la privation de grade à l'encontre de tout officier qui commet un outrage au drapeau national ou à l'armée. « Si le coupable est officier, il est en outre puni de la destitution ou de la privation de grade »[1447], ordonne le législateur. La seule possibilité ouverte au juge, nous l'avons dit, c'est de choisir entre la destitution ou la privation de grade. Il doit prononcer l'une ou l'autre.

4) La rétrogradation, elle, consiste à placer le condamné militaire dans une position hiérarchique inférieure à celle dans laquelle il se trouvait avant le jugement prononçant sa condamnation. Comme en matière de privation de grade, le condamné à la *rétrogradation* peut reconquérir sa position s'il se conduit correctement pendant un certain laps de temps. Il s'agit donc aussi d'une peine complémentaire temporaire.

Comme dit plus haut, les peines de destitution, dégradation, privation de grade ou rétrogradation ne s'appliquent qu'aux délinquants militaires. Si les condamnés sont des prisonniers de guerre ou des personnes étrangères à l'armée, ces peines sont remplacées par une peine de servitude pénale subsidiaire d'un à six mois, conformément à l'art. 36 du CPM qui dispose :

[1444]Art. 84 du CPM : « Hors le cas de corruption prévu par la loi, tout médecin, chirurgien, dentiste, sage-femme ou autre professionnel de santé qui, dans l'exercice de ses fonctions et pour favoriser un membre des Forces Armées, certifiera faussement ou dissimulera l'existence de maladies ou infirmités ou un état de grossesse, ou fournira des indications mensongères sur l'origine d'une maladie ou d'une infirmité ou la cause d'un décès, sera puni d'une servitude pénale d'une année au moins et de cinq ans au plus. Si le coupable est militaire, il pourra en outre être privé de son grade. »

[1445] V. art. 90 cité *supra* : «*… Si les coupables sont des officiers, la peine de destitution ou de privation de grade pourra être prononcée…* »

[1446] V. art. 106 cité *supra*.

[1447] Art. 87 du CPM, cité *supra*.

« Pour les prisonniers de guerre et les personnes étrangères à l'armée, la destitution, la dégradation et la privation de grade, prévues à titre principal ou complémentaire, sont remplacées par une peine de servitude pénale subsidiaire d'un à six mois. » De cette disposition ressort un autre point commun à ces sanctions, c'est que, complémentaires par essence, elles peuvent également intervenir comme peines principales,[1448] illustrant ainsi le caractère imparfait de la typologie peines principales, peines complémentaires et peines accessoires.

13°- Les interdictions d'exercice des droits civiques, politiques et civils

En effet, parmi les peines complémentaires facultatives figurent les interdictions d'exercice des droits civiques, politiques et civils suivants, prévues dans le CPM : l'interdiction de droit de voter ; l'interdiction de droit d'être éligible ; l'interdiction d'être nommé aux fonctions publiques ou aux emplois de l'administration ou d'exercer ces fonctions ou emplois ; l'interdiction du port d'armes ; l'interdiction d'être tuteur, curateur, si ce n'est de ses enfants et sur l'avis seulement de la famille ; l'interdiction d'être expert ou employé comme expert dans les actes ; l'interdiction de témoigner en justice, autrement que pour y faire des simples déclarations.[1449]

Nous avons déjà expliqué *supra* les trois premières peines. Soulignons simplement que dans le CPM, elles revêtent le caractère de peines complémentaires facultatives et temporaires. Son art. 33 le dit ainsi expressément :

> « Les juridictions militaires *peuvent, dans certains cas prévus par la loi*, interdire, *pour un temps déterminé*, en tout ou en partie, l'exercice des droits civiques, politiques ou civils : 1. de vote et d'élection ; 2. d'éligibilité ; 3. d'être nommé aux fonctions publiques ou aux emplois de l'administration ou d'exercer ces fonctions ou emplois ; 4. du port d'armes ; 5. d'être tuteur, curateur, si ce n'est de ses enfants et sur l'avis seulement de la famille ; 6. d'être expert ou

---

[1448] Cela était également perceptible à la lecture des art. 401 et 402 de l'ancien Code de justice militaire (O-L n° 72-060 du 25 septembre 1972).

[1449] V. l'art. 33 du CPM : « Les juridictions militaires *peuvent, dans certains cas prévus par la loi*, interdire, *pour un temps déterminé*, en tout ou en partie, l'exercice des droits civiques, politiques ou civils : 1. de vote et d'élection ; 2. d'éligibilité ; 3. d'être nommé aux fonctions publiques ou aux emplois de l'administration ou d'exercer ces fonctions ou emplois ; 4. du port d'armes ; 5. d'être tuteur, curateur, si ce n'est de ses enfants et sur l'avis seulement de la famille ; 6. d'être expert ou employé comme expert dans les actes ; 7. de témoigner en justice, autrement que pour y faire des simples déclarations. » Passages relevés en italique par nous.

employé comme expert dans les actes ; 7. de témoigner en justice, autrement que pour y faire des simples déclarations. »[1450]

Le législateur prévoit, p. ex., l'interdiction de l'exercice des droits civiques et politiques comme peine complémentaire facultative et temporaire, pouvant s'ajouter à la servitude pénale, pour réprimer tout citoyen coupable d'insoumission. Il le fait dans l'art. 41 du CPM qui dispose :

> « Tout citoyen coupable d'insoumission aux termes des lois sur le recrutement des Forces Armées est puni, en temps de paix, de deux mois à cinq ans de servitude pénale.
>
> En temps de guerre, la peine est de vingt ans au maximum de servitude pénale.
>
> Le coupable peut en outre être frappé, pour cinq ans au moins et pour vingt ans au plus, de l'interdiction de l'exercice des droits civiques et politiques… »

De même, toute personne condamnée à une peine de servitude pénale pour désertion, en temps de guerre ou dans une région où l'état de siège ou d'urgence est proclamé ou à l'occasion d'une opération tendant au maintien ou au rétablissement de l'ordre public, peut être frappée pour cinq ans au moins et vingt ans au plus de l'interdiction de l'exercice des droits civiques et politiques.[1451] Encourt également cette peine, pour une durée de cinq à dix ans, tout militaire ou assimilé, convaincu de s'être, en temps de paix, volontairement rendu impropre ou inapte au service, soit d'une manière temporaire, soit d'une manière permanente, dans le but de se soustraire à ses obligations militaires. C'est ce que prévoit l'art. 55-1. du CPM.[1452]

L'art. 56 présente une certaine particularité, en ce sens qu'il laisse au juge la possibilité de prononcer à l'encontre des médecins, pharmaciens, assistants médicaux, infirmiers, guérisseurs, tradi-praticiens ou autres professionnels de santé complices des infractions de mutilation volontaire

---

[1450] Passages relevés en italique par nous.

[1451] Ce, conformément à l'art. 52 du CPM qui dispose : « En temps de guerre ou dans une région où l'état de siège ou d'urgence est proclamé ou à l'occasion d'une opération tendant au maintien ou au rétablissement de l'ordre public, toute personne condamnée à une peine de servitude pénale pour désertion peut être frappée pour cinq ans au moins et vingt ans au plus de l'interdiction de l'exercice des droits civiques et politiques. »

[1452] Art. 55 : « Tout militaire ou assimilé, convaincu de s'être volontairement rendu impropre ou inapte au service, soit d'une manière temporaire, soit d'une manière permanente, dans le but de se soustraire à ses obligations militaires, est puni : 1. en temps de paix, de dix à vingt ans de servitude pénale et de l'interdiction pour une durée de cinq à dix ans de l'exercice de ses droits civiques et politiques… »

ou de lâcheté, en sus de la servitude pénale, l'interdiction de l'exercice des droits civiques et politiques, sans en fixer la fourchette temporaire.[1453] Est-ce à dire que cette peine complémentaire facultative, si elle est prononcée, revêt ici un caractère perpétuel ?

On peut être tenté de répondre à cette question par l'affirmative. En effet, la peine d'interdiction de l'exercice des droits civiques et politiques est soumise au principe de la légalité. Elle ne peut s'appliquer que lorsqu'elle est prévue par le législateur. Celui-ci en fixe la durée lorsqu'elle est temporaire, comme il le fait, justement, dans les art. 41 et 55. Or, dans l'art. 56, il ne détermine ni le minimum, ni le maximum de la durée de cette peine. Sur quelle base le juge pourra-t-il se permettre de délimiter le temps, là où le législateur est resté silencieux ? Cette inquiétude peut être entendue. Cependant, conférer à cette peine le caractère perpétuel entrerait en contradiction avec la disposition-cadre du CPM énumérant les peines et mesures de sûreté applicables par les cours et tribunaux militaires, à savoir l'art. 26 qui ne prévoit, en son point 9, que *l'interdiction temporaire de l'exercice des droits civiques et politiques*.[1454] L'interdiction perpétuelle de l'exercice des droits civiques et politiques n'y figure pas. Par conséquent, appliquant l'art. 56, le juge, s'il décide d'infliger au délinquant cette peine complémentaire facultative, doit en déterminer la durée. Il peut raisonnablement prendre comme fourchette temporaire, celui que le législateur fixe dans l'art. précédent (55) qui sanctionne l'auteur même de la mutilation volontaire et de la lâcheté : cinq à dix ans. Le juge peut aussi prononcer cette déchéance civique à l'encontre de quiconque commet un outrage à l'armée.[1455]

S'agissant de quatre dernières peines énumérées dans l'art. 33 du CPM, les précisions suivantes suffisent à les circonscrire :

[1453] Art. 56 : « Si les complices sont médecins, pharmaciens, assistants médicaux, infirmiers, guérisseurs, tradi-praticiens ou autres professionnels de santé, la peine encourue peut être la servitude pénale à perpétuité, en temps de paix, et la peine de mort, en temps de guerre ou dans une région où l'état de siège ou d'urgence est proclamé ou à l'occasion d'une opération de police tendant au maintien ou au rétablissement de l'ordre public. Pour les individus non militaires ou non assimilés aux militaires, la peine d'amende de 50.000 à 100.000 Francs Congolais constants est obligatoirement prononcée. Le tribunal peut en outre prononcer la destitution ou la dégradation et l'interdiction de l'exercice des droits civiques et politiques. »

[1454] V. le libellé de cet art. 26 du CPM *supra* p. 541.

[1455] Art. 87 du CPM.

- *L'interdiction du port d'armes* vise à protéger des intérêts publics de sécurité et à neutraliser le délinquant en mettant obstacle à l'accomplissement de ses projets criminels. Elle est généralement prononcée à la suite d'une condamnation pour homicide ou pour des lésions corporelles.
- *L'incapacité d'être tuteur* est une déchéance d'origine paternelle privant le condamné du pouvoir de surveiller les intérêts d'un mineur non émancipé ou d'un interdit. Elle s'ajoute souvent à une condamnation pour affaires des mœurs.
- *L'incapacité d'être curateur* a pour effet de priver une personne de la charge de l'administration des biens d'un mineur émancipé, d'un failli, d'un aliéné, ou bien de la liquidation ou de la gestion d'une succession vacante.
- *L'incapacité d'être expert ou témoin* frappe les personnes révélées indignes d'accomplir des actes nécessitant probité et honorabilité. Elle a donc pour effet de priver celles-ci de la possibilité d'être employées comme expert ou témoin dans ces actes, ou de témoigner en justice autrement que pour y faire de simples déclarations.[1456]

Toutes ces peines complémentaires sont facultatives dans ce sens que le législateur laisse aux juges le pouvoir de les prononcer dans certains cas prévus par la loi. Ils peuvent donc ne pas les prononcer. Le principe de la légalité s'applique à leur sujet, car les juges ne peuvent les prononcer que dans des cas prévus par la loi. Cela étant, ces peines ne s'appliquent pas automatiquement. Elles ne sont donc pas des peines accessoires, au sens technique précisé ci-dessous. Elles doivent avoir été prononcées par le juge, dans les cas prévus par la loi, et pour un temps déterminé par ce dernier. Ces peines sont, en effet, des peines complémentaires temporelles.

En prenant en compte leur essence, certaines de ces peines sont en réalité des mesures de sûreté. Il en est ainsi de l'interdiction du port d'armes ; d'être tuteur, curateur, si ce n'est de ses enfants et sur l'avis seulement de la famille ; d'être expert ou employé comme expert dans les actes ; de témoigner en justice, autrement que pour y faire des simples déclarations.

c) Les peines accessoires

Sont désignées « peines accessoires », celles qui sont automatiquement attachées à la peine principale, puisque, même si elles ne sont pas expressément prononcées par le juge, elles sont supposées l'être, sont retenues et s'appliquent dès lors que la peine principale a été prononcée.[1457] Elles sont

[1456] V. Likulia Bolongo, *Droit et science pénitentiaires*, p. 36.
[1457] V., notamment, G. Stefani, G. Levasseur, B. Bouloc, *Droit pénal général*, pp. 516 et 522.

qualifiées de « peines clandestines car elles s'appliquent même si elles ne sont pas prononcées. »[1458] Elles sont par ailleurs perçues comme étant plutôt des mesures de sûreté qui ont pour finalité moins la punition du délinquant que l'assainissement de certains secteurs des affaires ou de la vie publique.[1459]

Peuvent figurer parmi les peines accessoires : la révocation prévue par le CPM et les interdictions professionnelles.

1°- La révocation

Elle est une peine accessoire obligatoire qui est infligée à tout militaire ou assimilé condamné pour vol ou détournement d'effets militaires. Elle est prévue par l'art. 34 du CPM qui porte que « tout militaire, ou assimilé, est d'office renvoyé de l'armée ou de son service en cas de condamnation pour vol ou détournement d'effets militaires. » L'expression « *d'office* » signifie « par voie d'autorité »[1460], sans requête ou demande préalable. Cette révocation est directement commandée par le législateur en cas de condamnation du délinquant pour vol ou détournement d'effets militaires. On peut donc comprendre qu'en pareille occurrence, l'OMP chargé de l'application de la condamnation, mettra en œuvre la révocation du condamné même si celle-ci n'avait pas été expressément prononcée par le juge. Cette dernière revêt ainsi, dans cette disposition, la nature d'une peine accessoire obligatoire.

2°- Les interdictions professionnelles

Comme leur nom l'indique, les interdictions professionnelles consistent à déclarer le condamné incapable d'exercer une profession. Elles sont d'une grande variété. Les principales sont : l'interdiction de la profession médicale ; l'interdiction de la profession d'avocat ou d'expert ; le retrait de la licence d'exploitation de débit de boisson ; la fermeture d'établissement ou l'interdiction de poursuivre son exploitation, infligée à une entreprise dans laquelle ou grâce à laquelle certaines infractions ont été perpétrées.[1461]

[1458] J. Pradel, *Droit pénal général,* 21e éd., n° 641, p. 539.
[1459] J. Pradel, *ibidem.*
[1460] Le Petit Larousse illustré, 1999, p. 712.
[1461] Likulia Bolongo, *Droit et science pénitentiaires*, pp. 39-40.

1) L'interdiction d'exercice de la profession médicale

Cette peine est prévue, notamment, par le D. du 19 mars 1952[1462] tel que modifié par les D. du 2 juin 1954[1463] et du 21 janvier 1957[1464]. Ce texte fixe les conditions que doit réunir toute personne pour exercer une des branches de l'art de guérir, à savoir, la profession de médecin, de dentiste, d'infirmier ou d'infirmière, d'assistante infirmière, d'agent sanitaire, d'accoucheuse, ou d'assistante accoucheuse. Il le fait respectivement dans ses art. 1er à 6bis.[1465] Les infractions à ces dispositions sont punies d'une servitude pénale de trois mois à deux ans et d'une amende de mille à dix mille francs ou d'une de ces peines seulement.[1466] Le juge peut infliger au délinquant l'interdiction temporaire ou définitif de l'exercice de l'art de guérir.[1467] Ainsi, dans ce D., l'interdiction d'exercice de la profession est infligée, en réalité, comme peine complémentaire facultative. Le juge *peut* la prononcer. Autrement dit, pour qu'elle s'applique, il faut que le juge l'ait prononcée. Elle ne s'applique donc pas automatiquement.

En revanche, dans l'O-L n° 68-070 du 1er mars 1968 créant l'ordre des médecins[1468], l'interdiction temporaire ou permanente d'exercer est prévue comme peine disciplinaire. Cette O-L prescrit que nul ne peut exercer la profession de médecin s'il n'est inscrit au tableau de l'ordre.[1469] Elle énumère, dans son art. 11, les peines disciplinaires, applicables aux membres de l'ordre des médecins, que sont : l'avertissement ; le blâme ; l'interdiction temporaire ou permanente d'exercer une, plusieurs ou la totalité des fonctions médicales conférées ou attribuées par les personnes morales de droit public ou des fonctions médicales accomplies en application des lois sociales ; l'interdiction temporaire d'exercer la médecine, cette interdiction ne pouvant excéder 6 mois ; la radiation du tableau de l'ordre.

[1462] In *B.O*, p. 882.
[1463] In *B.O*, p. 1325.
[1464] In *B.O*, p. 396. V. aussi, *Le Code pénal zaïrois*, pp. 81-83.
[1465] Pour montrer comment le législateur libelle ces conditions, limitons-nous à citer le §1er de l'art. 1er : « Nul ne peut exercer la profession de médecin s'il ne possède : 1. le diplôme de docteur en médecine, chirurgie et accouchement lui permettant de pratiquer son art au Congo ; 2. le diplôme spécial de médecine tropicale délivré par une université ou par une école de médecine tropicale agréée ; 3. un certificat d'un stage dont les modalités et la durée sont déterminées par ordonnance présidentielle… »
[1466] Art. 17 de ce D.
[1467] Art. 18 al. 3 de ce D.
[1468] In *MC*, p. 1305 ; *Le Code pénal zaïrois*, p. 83.
[1469] Art. 7 de cette O-L.

Il va sans dire qu'en tant que peine disciplinaire, l'interdiction d'exercice de la profession ne s'applique que si elle a été prononcée par l'instance disciplinaire compétente, en l'occurrence le conseil de l'ordre, à l'issue d'une procédure disciplinaire légale, ayant permis à la personne mise en cause de s'expliquer et de présenter ses moyens de défense.

Conformément à l'art. 53 de cette O-L, « tout docteur en médecine, chirurgie et accouchement qui aura exercé la médecine sans être inscrit au tableau de l'ordre des médecins ou qui l'aura exercée pendant la durée de la peine d'interdiction temporaire prévue à l'article 11, sera puni des peines prévues aux articles 17 à 20 du décret du 19 mars 1952 sur l'exercice de l'art de guérir ».[1470]

2) L'interdiction d'exercice de la profession d'avocat

Elle est prévue, comme peine disciplinaire, par l'O-L n° 79-028 du 28 septembre 1979 portant organisation du barreau, du corps des défenseurs judiciaires et du corps des mandataires de l'État.[1471] Cette O-L prescrit, en son art. 3, que « nul ne peut porter le titre d'avocat ni en exercer la profession s'il n'est inscrit sur un tableau de l'Ordre ou sur une liste de stage. » Elle fixe le régime disciplinaire des avocats qui sont tenus non seulement au respect des lois et règlements, mais aussi à l'observance des règles professionnelles, aux exigences de la probité, de l'honneur et de la délicatesse. Toute violation des lois, règlements, règles professionnelles, et tout manquement à la probité, à l'honneur ou à la délicatesse, même se

[1470] Ces art. 17 à 20 du D. du 19 mars 1952 sur l'exercice de l'art de guérir disposent : Art. 17 : « Les infractions aux articles 1, 2, 3, 4, 5, 6, 6bis, de même que les infractions prévues à l'article 16 du présent décret, sont punies d'une servitude pénale de trois mois à deux ans et d'une amende de mille à dix mille francs ou d'une de ces peines seulement. » Art. 18 : « Le tribunal saisi d'une infraction peut ordonner la fermeture temporaire ou définitive de l'établissement dans lequel l'infraction a été commise. La durée de la fermeture n'est pas inférieure à celle de la servitude pénale prononcée. Si l'auteur de l'infraction exerce une des branches de l'art de guérir, le juge peut le lui interdire temporairement ou définitivement. Celui qui, en violation de l'interdiction, tient son établissement ouvert ou exerce l'art de guérir, encourt une peine de servitude pénale de un à six mois et d'une amende de mille à cinq mille francs, ou une de ces peines seulement. » Art. 19 : « En cas de récidive dans le délai de deux ans, après une condamnation du chef d'une infraction aux dispositions qui précèdent ou aux ordonnances et règlements prévus par le présent décret, les peines peuvent être portées au double. » Art. 20 : « Les tribunaux prononcent la confiscation des substances saisies en vertu des dispositions des ordonnances et règlements pris en exécution du présent décret. »

[1471] In *J.O*, n° 19 du 1er octobre 1979, p. 4 ; *Les Codes Larcier,* T. I, p. 308.

rapportant à des faits extraprofessionnels, les exposent à des sanctions disciplinaires qui sont : 1) l'avertissement ; 2) la réprimande ; 3) la suspension pour un temps qui ne peut excéder une année ; 4) la radiation du tableau ou de la liste de stage. Chacune de ces sanctions emporte la privation du droit d'être élu bâtonnier ou membre du conseil de l'ordre durant un temps qui ne peut excéder cinq ans. Lorsqu'elle est prononcée contre le bâtonnier ou un membre du conseil de l'ordre, elle emporte la perte de son mandat.[1472]

Ces sanctions sont prononcées par le conseil de l'ordre siégeant comme conseil de discipline soit sur plainte ou dénonciation d'un magistrat, d'un avocat, d'un stagiaire ou de toute personne intéressée, soit d'office.[1473] Lorsqu'un avocat fait l'objet d'une poursuite pénale ou disciplinaire, le conseil de l'ordre peut, d'office ou sur les réquisitions du procureur général, lui interdire provisoirement l'exercice de ses fonctions. Cette sanction est exécutoire nonobstant appel.[1474] Elle cesse de plein droit dès l'extinction des actions pénales ou disciplinaires.[1475]

Il est bien évident que tout avocat mis en cause a le droit de se défendre. Aucune peine disciplinaire, aucune mesure d'interdiction provisoire ne peut être prononcée à son encontre sans qu'il n'ait été entendu ou appelé.[1476] Lorsqu'une juridiction condamne un avocat pour des agissements contraires à l'honneur, à la probité et aux bonnes mœurs, elle transmet aussitôt une copie de sa décision au procureur général qui saisit le conseil de l'ordre aux fins de radiation de l'avocat concerné du tableau de l'ordre,[1477] assure et surveille l'exécution de toutes les peines disciplinaires ainsi que de l'interdiction provisoire d'exercice de la profession.[1478]

L'avocat interdit d'exercice ou suspendu ne peut en aucune circonstance faire état de sa qualité d'avocat. Il ne doit pas revêtir le costume de la profession, ni poser aucun acte professionnel comme : recevoir la clientèle, donner des consultations, assister ou représenter les parties devant les juridictions.[1479] S'il est radié, il ne peut être à nouveau inscrit à un tableau de l'ordre ou porté sur une liste des stagiaires qu'après l'expiration d'un

---

[1472] V. les art. 86 et 87 de cette O-L.
[1473] Art. 88 de cette O-L.
[1474] Art. 98, *idem.*
[1475] V. l'art. 90 de cette O-L.
[1476] Art. 91, *idem.*
[1477] Art. 99, *idem.*
[1478] Art. 100, *idem.*
[1479] Art. 101, *idem.*

délai de dix ans depuis la date où la décision de radiation est passée en force de chose jugée et si des circonstances exceptionnelles le justifient. Cette inscription n'est permise que sur décision du conseil national de l'ordre, après avis motivé et conforme du conseil de l'ordre du barreau auquel l'avocat désire appartenir et du procureur général. Le refus d'inscription n'est susceptible d'aucun recours.[1480]

3) Le retrait de la licence d'exploitation

Cette sanction est prévue, p. ex., dans l'ord. n° 75-153 du 31 mai 1975, réglementant les heures d'ouverture des débits de boissons et portant interdiction des night-clubs sur toute l'étendue de la République.[1481] L'art. 8 de cette ordonnance dispose, en effet :

> « Les gérants ou débitants qui contreviennent aux dispositions de la présente ordonnance ou de ses mesures d'exécution sont punis d'une peine de servitude pénale de 6 mois à 5 ans et d'une amende de 100 à 500 zaïres ou d'une de ces peines seulement.
>
> Indépendamment de la peine, l'autorité territoriale peut procéder au retrait de la licence d'exploitation. »

4) La fermeture d'établissement

Plusieurs textes légaux prévoient la fermeture de l'établissement où ont été commis les actes prohibés par le législateur, ou transgressées les interdictions qu'il a prescrites. Il en est ainsi, entre autres, du D. du 6 mars 1951 relatif au registre de commerce[1482] qui punit de 1000 à 10.000 francs d'amende, toute personne qui, tenue de se faire immatriculée au registre de commerce, exerce une activité commerciale sans avoir obtenu son immatriculation, ou qui, ayant un siège d'exploitation, une succursale ou une agence, ne l'a pas mentionné dans sa demande d'immatriculation ou n'en a pas demandé l'inscription dans le délai prévu. Il aggrave la sanction à infliger au délinquant lorsque ces infractions ont été commises par une personne à laquelle l'immatriculation avait été refusée ou qui avait été radiée du registre du commerce, laquelle encourt une servitude pénale d'un à six mois et une amende de 1.000 à 10.000 francs ou une de ces peines seulement. En plus de ces peines, le tribunal saisi ordonne la fermeture de l'établissement principal, siège d'exploitation, succursale ou agence. Le législateur impose au juge l'obligation de prononcer la fermeture

[1480] Art. 102, *idem*.

[1481] In *J.O*, n°16 du 15 août 1975, p. 927 ; *Les Codes Larcier*, T. II, pp 159-160 ; *Le Code pénal zaïrois*, pp. 97-98.

[1482] In *B.O* p. 291 ; *Le Code pénal zaïrois*, pp. 193-194.

d'établissement qui revêt donc, dans cette disposition, le caractère d'une peine complémentaire obligatoire. Cette décision de fermeture produit ses effets le troisième jour après celui de l'avertissement que le ministère public aura donné au condamné. En cas de violation de cette mesure, celui-ci fait apposer les scellés sur le local et prend toute mesure appropriée. L'auteur de cette violation est puni d'une servitude pénale d'un à six mois et d'une amende de 1.000 à 10.000 francs ou d'une de ces peines seulement. La décision de fermeture cesse de produire ses effets dès que l'agent aura obtenu l'immatriculation ou l'inscription au registre de commerce.[1483]

La fermeture d'établissement est également prévue par l'ord. n° 23-216 du 4 mai 1959 portant protection de l'enfance en matière de projections cinématographiques publiques.[1484] Cette ord. impose, en effet, aux exploitants ou gérants des établissements cinématographiques et à leurs préposés l'obligation de prendre toutes les dispositions nécessaires pour l'exécution de ses prescriptions et l'observation des décisions des commissions de contrôle dans leur établissement. Elle les enjoint de n'admettre aux spectacles qui y sont représentés que les personnes autorisées à y assister. S'ils n'exécutent pas leurs obligations, ils encourent une peine de servitude pénale d'un mois au maximum et une amende qui ne pourra dépasser deux mille francs, ou l'une de ces peines seulement. De plus, la fermeture de l'établissement où l'infraction a été commise pourra être prononcée par le tribunal pour un terme de trois mois au maximum.[1485] On voit ainsi que dans cette ord., la fermeture de l'établissement intervient plutôt comme peine complémentaire facultative.

C'est cette même nature qu'elle revêt dans la répression de la discrimination dans les magasins et autres lieux publics, organisée par le D. du 13 juin 1960.[1486] Celui-ci interdit, en effet, de maintenir, d'aménager ou de faire maintenir ou aménager, dans les magasins et lieux publics, toutes installations distinctes, telles que guichets, entrées, comptoirs, etc., réservées à une race ou une ethnie déterminée.[1487] Il interdit également de maintenir, de placer ou de faire maintenir ou placer des inscriptions, dessins

---

[1483] V. l'art. 31 du D. du 6 mars 1951 relatif au registre de commerce, in *Le Code pénal zaïrois*, p. 193.

[1484] In *B.A*, 1959, p. 1157 ; *Les Codes Larcier*, T. II, p. 156.

[1485] Art. 19 et 20 de cette ord.

[1486] D. du 13 juin 1960 prohibant la discrimination dans les magasins et autres lieux publics et approuvant l'O-L 25-491 du 1er octobre 1959, in *MC*, n° 26*ter*, 1960, p. 101 et n° 30, 1960, p. 2219 ; *Les Codes Larcier*, T. II, p. 38.

[1487] Art. 1er de ce D.

ou signes quelconques indiquant de telles installations distinctes.[1488] Toute violation de ces dispositions est punie d'une servitude pénale de deux mois au maximum et d'une amende qui ne peut dépasser cinq mille francs ou d'une de ces peines seulement. En cas de récidive, le juge peut ordonner la fermeture de l'établissement pour une durée déterminée, qui n'excédera pas deux mois.[1489]

Cette peine est également mise en œuvre pour réprimer les infractions à la réglementation de l'exercice de l'art de guérir fixée par le D. du 19 mars 1952 [1490], et de la pharmacie portée par l'O-L n° 72-046 du 14 septembre 1972.[1491] En effet, aux termes des articles 18 de ce D. et 14 de cette O-L, « le tribunal saisi d'une infraction peut ordonner la fermeture temporaire ou définitive de l'établissement dans lequel l'infraction a été commise. La durée de la fermeture n'est pas inférieure à celle de la servitude pénale prononcée… » Ainsi, la fermeture temporaire ou définitive de l'établissement est mise en œuvre ici aussi comme peine complémentaire facultative, venant s'ajouter à la servitude pénale. Si le tribunal décide d'en limiter les effets dans le temps, il en fixe la durée qui ne doit pas être inférieure à celle de la servitude pénale prononcée.

Celui qui tient son établissement ouvert ou exerce l'art de guérir, en violation de l'interdiction, encourt les sanctions suivantes pour ce fait :
- une peine de servitude pénale de un à six mois et une amende de mille à cinq mille francs, ou une de ces peines seulement, en cas de violation du D. du 19 mars 1952[1492] ;
- une peine de servitude pénale de un à six mois et une amende de dix à cinquante zaïres, ou une de ces peines seulement, en cas de violation de l'O-L n° 72-046 du 14 septembre 1972.[1493]

Il est reproché aux interdictions professionnelles d'énerver le principe de la personnalité des peines et d'obliger le condamné, éloigné de sa profession habituelle, de trouver refuge dans la clandestinité. Et les criminologues d'ajouter que « la profession est tout au plus une occasion, jamais une cause

---

[1488] Art. 2, *idem.*

[1489] Art. 3 et 4, *idem.*

[1490] D. du 19 mars 1952 (*B.O.* p. 882) modifié par les D. du 2 juin 1954 (*B.O.* p. 1325) et du 21 janvier 1957 (*B.O.* p. 396) réglementant l'exercice de l'art de guérir ; aussi in *Le Code pénal zaïrois*, pp. 81-83.

[1491] O-L n° 72-046 du 14 septembre 1972 sur l'exercice de la pharmacie, in *J.O*, 1973, p. 27 ; *Le Code pénal zaïrois*, pp. 85-87.

[1492] V. l'art. 18 al. 4 de ce D.

[1493] V. l'art. 14 al. 4 de cette O-L.

de délinquance. Ainsi, cette nouvelle "mort professionnelle" est pire que l'ancienne mort civile. »[1494] Cependant, certaines de ces sanctions sont justifiées, car elles s'inscrivent dans le cadre de la mise en œuvre d'une politique criminelle efficace, celle qui met justement à la disposition du juge une variété des sanctions lui permettant d'adapter celles-ci à la spécificité de chaque espèce. Il convient simplement de prendre la précaution de les proportionner à la gravité des faits commis et d'éviter, le plus possible, des interdictions professionnelles perpétuelles afin de laisser une ouverture à l'amendement et à la resocialisation, en évitant précisément la mort professionnelle.[1495]

À bien les analyser, on s'aperçoit que ces interdictions professionnelles revêtent beaucoup plus la nature de mesures de sûreté. Elles ont, en effet, pour finalité, de prévenir la récidive de certains individus en les mettant à l'écart de l'exercice d'une profession qui constitue pour eux une occasion de commettre des infractions. C'est d'ailleurs en ce sens que se prononce la jurisprudence française. Ainsi, p. ex., la Cour de cassation, dans son arrêt du 29 janvier 1965, a regardé comme une « mesure de police et de sécurité publique », l'interdiction d'exploiter un hôtel, prévue par l'ord. du 23 décembre 1958 (art. 335-7 du CP de 1810).[1496] Dans un autre arrêt du 26 novembre 1997, elle a qualifié de « mesure de sûreté » l'interdiction professionnelle.[1497]

Soulignons que les peines dites accessoires, comme toutes les autres peines et mesures de sûreté, obéissent aux principes de la légalité et de l'individualisation. Pour les infractions que le législateur punit de peines principales, complémentaires et prétendument accessoires, le juge doit, si la culpabilité de l'agent est prouvée, prononcer toutes les peines prévues pour l'infraction commise en en précisant notamment la durée. Il peut ne pas les prononcer uniquement dans l'hypothèse où le législateur ne l'y oblige pas, c'est-à-dire lorsqu'elles sont facultatives. Dans ce cas de figure, si le juge ne les prononce pas, elles ne s'appliquent pas.

Dans la pratique, on confond souvent peines complémentaires et peines accessoires. Même la CSJ tombe dans cette amalgamation. Ainsi p. ex., visant les peines prévues contre les auteurs des détournements, elle parle, de façon erronée, de peines accessoires, alors qu'il s'agit, en réalité, de peines complémentaires obligatoires que nous avons examinées plus haut. L'arrêt

---

[1494] J. Pradel, *Droit pénal général,* 21e éd., n° 696, p. 580.

[1495] Dans ce sens, voir J. Pradel, *ibidem.*

[1496] Crim. 29 janvier 1965, *B.C.*, n° 29.

[1497] Crim. 26 novembre 1997, *B.C.*, n° 404 ; *D.*, 1998.495, note D. Rebut. Ces deux arrêts sont cités par J. Pradel, *ibidem,* NBP 3 et 4.

qu'elle a rendu le 7 octobre 1980 peut servir d'illustration éclairante. Elle y a jugé, à raison, que « viole les articles 13 de la Constitution, 1 du code pénal livre I et 2 de la loi n° 73/017 du 5 janvier 1973 sur le principe de la légalité des peines, le juge qui, après avoir condamné aux travaux forcés, a décidé que le demandeur subira d'autres sanctions édictées par la disposition pénale violée sans préciser la durée de ces sanctions. »[1498]

En l'espèce, la Cour se prononçait dans l'affaire opposant le citoyen Kabamba Mupemba au ministère public et à la société BOUKIN[1499]. En effet, Kabamba Mupemba, comptable à la BOUKIN au moment des faits, avait été poursuivi devant le tribunal de sous-région de la Gombe pour avoir, étant chargé d'un service public, détourné des sommes respectives de 1.784,14 Z et 30,14 Z au préjudice de cette « société radicalisée ». Il fut acquitté par jugement contradictoire rendu le 18 juin 1976 contre lequel le ministère public interjeta appel le même jour. Saisi de ce recours et l'ayant instruit, le tribunal de première instance de Kinshasa, par son jugement du 26 mai 1977, infirma la décision attaquée et, statuant à nouveau, *déclara les deux infractions de détournement établies et en condamna Kabamba à une peine cumulée de 12 mois de travaux forcés et à « d'autres sanctions édictées par la disposition pénale »*. Ce dernier se pourvut en cassation contre ce jugement qui prononçait également son arrestation immédiate. Entre autres moyens développés au soutien de son pourvoi, il reprochait au juge « d'avoir violé les articles 13 de la Constitution, 1 du code pénal livre I et 2 de la loi n° 73/017 du 5 janvier 1973 sur le principe de la légalité des peines en ce que, après avoir prononcé les peines de travaux forcés, ce juge a décidé que le demandeur subira « d'autres sanctions édictées par la disposition pénale » sans autre précision. Répondant à cet argument,

> « La Cour relève que s'agissant d'une condamnation pour détournement des deniers publics, *les peines accessoires, qui accompagnent obligatoirement les travaux forcés*, sont connues. Cependant, le législateur a fixé un minimum et un maximum pour l'interdiction, après l'exécution de la peine, du droit de vote et d'éligibilité. Pour avoir condamné à "d'autres sanctions édictées par la loi pénale", le juge d'appel n'a pas déterminé la durée de l'interdiction. Ce moyen est donc fondé et emporte cassation partielle avec renvoi…
>
> Pour ces motifs : La Cour suprême de justice, section judiciaire, siégeant en cassation en matière répressive ; Le Ministère public entendu ; Casse le jugement entrepris en ce qu'il a condamné le demandeur "à d'autres sanctions édictées par la disposition pénale" sans les préciser ; Renvoie la cause devant le Tribunal de

---

[1498] CSJ, Arrêt du 7 octobre 1980 (RP 324), *En cause Kabamba Mupemba c/Ministère public et société BOUKIN*, in *BACSJ*, Années 1980 à 1984, pp. 83-87, spéc. p. 84.

[1499] BOUKIN = Bouteillerie de Kinshasa.

grande instance de Kinshasa, siège principal de la Gombe, autrement composé et siégeant en appel. Dit pour droit que *la juridiction de renvoi devra préciser les peines accessoires aux travaux forcés à prononcer à charge du demandeur en cassation…* »[1500]

Nous avons relevé en italique les passages pertinents sur lesquels il convient de revenir. On voit bien que la CSJ nomme *peines accessoires*, les peines complémentaires obligatoires prévues par la loi du 5 janvier 1973 modifiant l'art. 145 du CP livre II, définissant et sanctionnant le détournement des deniers publics ou privés. On peut se demander si les juges du tribunal de première instance de Kinshasa, siégeant au degré d'appel, ne sont pas tombés dans le piège de croire que les peines prévues dans cet art. sont des peines accessoires s'appliquant, par définition, automatiquement, même si elles ne sont pas expressément prononcées. Erreur grave, redressée par la CSJ. Celle-ci a donc eu raison d'ordonner à la juridiction de renvoi de bien préciser les peines prononcées à l'encontre du prévenu en sus des travaux forcés. Malheureusement, elle a, elle-même, commis l'erreur de qualifier ces peines de peines accessoires, alors qu'il s'agit bien de peines complémentaires obligatoires. En l'espèce, si la juridiction de renvoi condamne le prévenu à la peine de travaux forcés du chef de détournement, elle doit prononcer les peines complémentaires obligatoires énumérées dans l'art. 145 du CP, en les désignant nommément et en précisant la durée de l'interdiction du droit de vote et du droit d'éligibilité qui est légalement de cinq ans au moins et dix ans au plus, après l'exécution de la peine principale.[1501]

[1500] CSJ, Arrêt du 7 octobre 1980 (RP 324), in *idem*, pp. 86-87.

[1501] Cet art. 145 du CP livre II tel que modifié par l'art. 2 de la loi n° 73-017 du 5 janvier 1973, dispose, en effet : « Tout fonctionnaire ou officier public, toute personne chargée d'un service public ou parastatal, toute personne représentant les intérêts de l'État ou d'une société étatique au sein d'une société privée, parastatale ou d'économie mixte en qualité d'administrateur, de gérant, de commissaire aux comptes ou à tout autre titre, tout mandataire ou préposé des personnes énumérées ci-dessus, qui aura détourné des deniers publics ou privés, des effets en tenant lieu, des pièces, titres, actes, effets mobiliers qui étaient entre ses mains, soit en vertu, soit à raison de sa charge, sera puni d'un à vingt ans de travaux forcés.

En condamnant à la peine prévue à l'alinéa précédent, *le juge prononcera en outre* : 1° [Abrogé par la loi n° 86-030 du 5 avril 1986] ; 2° l'interdiction pour cinq ans au moins et dix ans au plus, après l'exécution de la peine, du droit de vote et du droit d'éligibilité ; 3° l'interdiction d'accès aux fonctions publiques et paraétatiques quel qu'en soit l'échelon ; 4° la privation du droit à la condamnation ou à la libération conditionnelles et à la réhabilitation dont le but est de faire bénéficier le coupable des avantages prohibés au présent article ; 5° l'expulsion définitive du territoire de la République après l'exécution de la peine, si le condamné est un étranger.

Sera puni des peines portées aux alinéas 1 et 2 ci-dessus, celui qui, sciemment,

Cet emploi du terme « peines accessoires » en lieu et place de peines complémentaires obligatoires s'observe également dans d'autres décisions judiciaires rendues en matière de détournement.[1502] La CSJ, dans ses arrêts du 5 décembre 1980, du 20 janvier 1984 et du 3 février 1984, p. ex., fixe bien les peines infligées aux condamnés en énumérant les différentes peines complémentaires obligatoires et en déterminant la durée de l'interdiction du droit de vote et d'éligibilité.[1503]

En approfondissant la réflexion sur la définition des peines accessoires, qualifiées ironiquement de peines clandestines, on peut douter de la pertinence de cette catégorie. En effet, les principes de la légalité, de la personnalité et de l'individualisation des peines, ainsi que celui du respect de la liberté individuelle imposent que dans chaque espèce judiciaire, la personne poursuivie sache avec précision pour quelle infraction elle est condamnée et quelles sont les peines qui lui sont infligées. C'est le juge qui doit donner ces précisions dans la décision qu'il rend. Celle-ci, qui doit être motivée, doit démontrer que tous les éléments constitutifs de l'infraction retenue sont réunis dans le chef de l'accusé et prononcer, en les justifiant, toutes les peines infligées à ce dernier. Certaines d'entre celles-ci ne doivent pas être sous-entendues ni devinées. Ainsi, l'administration pénitentiaire sera fixée et exécutera les peines prononcées par le juge et n'exécutera que les peines prononcées par le juge.

Le législateur va dans ce sens dans le CJM où ils prévoient des dispositions qui obligent les juges de délibérer aussi bien sur la peine principale que sur les peines dites accessoires et complémentaires. En effet, en cas de réponse affirmative sur la culpabilité, la juridiction délibère sans désemparer sur l'application de la peine[1504], non seulement sur la peine principale, mais

---

aura, de quelque manière que ce soit, dissimulé ou caché soit les deniers ou les biens détournés, soit certains biens du coupable dans le but de les faire échapper à la confiscation. »

[1502] V. notamment, CSJ, Arrêt du 20 janvier 1984 (RPA 89), *En cause Ministère public c/ Kapembe Nkorin et consorts,* in *idem*, pp. 436-442, spéc. p. 437.

[1503] V. CSJ, Arrêt du 5 décembre 1980 (RPA 66), *En cause Ministère public et Partie civile c/Molongya Mayikusa Moi Bongenye et consorts*, in *idem*, p.158 ; Arrêt du 20 janvier 1984 (RPA 89), *En cause Ministère public c/ Kapembe Nkorin et consorts,* in *idem*, pp. 436-442, spéc. p. 442 ; Arrêt du 3 février 1984 (RPA 83, 84, 86, 87, 88), *En cause Ministère public c/ Malingwendo Monga Ayoka et consorts,* in *idem*, pp. 442-456, spéc. p. 455.

[1504] Art. 262 du CJM : « En cas de réponse affirmative sur la culpabilité, la juridiction délibère sans désemparer sur l'application de la peine. Le vote a lieu séparément pour chaque prévenu au scrutin secret. Si, après deux tours de scrutin, aucune peine n'a réuni la majorité des suffrages, il est procédé à un troisième tour au

aussi sur les peines accessoires ou complémentaires.[1505] Ceci veut dire donc que toutes les peines sont prononcées par les juges, comme le confirme l'art. 269 qui dispose :

> « Si le prévenu est reconnu coupable, le jugement prononce la condamnation en énonçant la peine principale et, s'il y a lieu, les peines accessoires et complémentaires.
> Si la juridiction prononce une peine infamante et si le condamné est membre des ordres nationaux ou décoré de la médaille militaire, le jugement déclare que le condamné cesse de faire partie de ces ordres ou d'être décoré de la médaille militaire.
> Dans ces cas, sur les réquisitions du ministère public, le président prononce, immédiatement après la lecture du jugement, la formule entraînant la déchéance de l'ordre ou le retrait de la décoration. »

Ces dispositions du CJM sont heureuses, car on ne peut pas concevoir que des peines soient mises en œuvre et exécutées sans qu'elles aient été prononcées par le juge. La jurisprudence française nous conforte dans cette conviction. Ainsi, p. ex., dans deux décisions importantes, le Conseil constitutionnel français s'est prononcé contre la mise en œuvre de certaines peines accessoires. D'abord, le 15 mars 1999, il a invalidé « l'application de plein droit de l'incapacité d'exercer une fonction publique élective après prononcé de la faillite personnelle ».[1506] Ensuite, le 11 juin 2010, il a décidé que, « après condamnation pour certains délits comme celui de corruption, l'interdiction de figurer sur une liste électorale inscrite à l'article L. 7 du Code électoral n'est pas conforme à l'article 8 DDHC d'où est tiré le principe d'individualisation ».[1507] Ce qui a conduit J-H Robert à parler de « naufrage

---

cours duquel la peine la plus forte proposée au tour précédent est écartée. Si, à ce troisième tour, aucune peine n'a encore obtenu la majorité des votes, il est procédé à un quatrième tour au cours duquel la peine la plus forte proposée au tour précédent est écartée et ainsi de suite jusqu'à ce qu'une peine soit prononcée à la majorité des votants. »

[1505] Art. 263, *idem* : « La juridiction délibère également sur les peines accessoires ou complémentaires. »

[1506] Cons. const., 15 mars 1999, n° 99-410 DC, *D.*, 2000, 116, obs. G. Roujou de Boubée.

[1507] Cons. const., 11 juin 2010, n° 2010-617 QPC, *Dr. pénal*, juillet 2010, comm. 84, obs. J.-H. Robert ; *RSC*, 2011, 182, obs. B. de Lamy. Cette décision du Conseil est la suite du Crim., 7 mai 2010 (2 arrêts), *Rev. pénit.*, 2010, p. 429 et s., obs. X. Pin. Ces deux décisions du Cons. const. sont citées par J. Pradel, *op. cit.*, n° 641, p. 539, NBP 4 et 5. Voici ce que dit l'art. 8 de la Déclaration des Droits de l'Homme et du Citoyen de 1789 (DDHC) : « La Loi ne doit établir que des peines strictement et évidemment nécessaires, et nul ne peut être puni qu'en vertu d'une Loi établie et promulguée antérieurement au délit, et légalement appliquée. »

des peines accessoires »[1508], et donné à Jean Pradel l'impression « que les peines accessoires soient devenues une pièce de musée juridique ». Aussi, ajoute ce dernier, « le moyen pour le législateur de les sauver et donc de conserver leur finalité d'utiles mesures de sûreté serait de les transformer en peines complémentaires obligatoires avec le maintien d'une zone de liberté pour le juge. »[1509]

Soulignons, à nouveau, que certaines des peines complémentaires et accessoires énumérées *supra*, comme p. ex. l'interdiction du port d'armes et les interdictions professionnelles, revêtent à la fois et même plus le caractère de mesures de sûreté. Mais, en examinant celles-ci, nous ne reviendrons plus sur les sanctions déjà étudiées.

B- LES MESURES DE SÛRETÉ

À côté des peines qui viennent d'être analysées, la loi pénale congolaise prévoit une multitude de mesures de sûreté ayant pour finalité d'assurer, par la prévention spéciale, la défense de la société. Il s'agit, pour la plupart, de mesures restrictives de liberté opérant d'une manière doublement caractérisée: soit par la neutralisation ou l'élimination, soit par la réadaptation. Cependant, rares sont les mesures de sûreté qui s'inspirent exclusivement d'un seul de ces buts. Chez certaines, le but de réadaptation prédomine (a), tandis que dans d'autres, c'est plutôt le but de neutralisation ou d'élimination qui est prépondérant (b).

a) Les mesures de sûreté à prédominance réadaptative

Peuvent être classées dans cette catégorie : les mesures éducatives, thérapeutiques, d'assistance tutélaire, disjonctives, et de surveillance.

1°- Les mesures éducatives

Les mesures éducatives sont celles qui poursuivent essentiellement comme but, l'éducation ou la rééducation du délinquant, sur le plan intellectuel ou moral, social ou professionnel. Elles peuvent être exécutées soit en milieu fermé, soit en milieu ouvert. Elles sont spécialement prévues, pour le traitement des mineurs délinquants, par le D. du 6 décembre 1950 tel que modifié par l'O-L n° 78-016 du 4 juillet 1978 et par l'O-L n° 82-020 du 31

[1508] J.-H. Robert, *Dr. pénal*, 2010, 1037, cité par J. Pradel, *op. cit.*, n° 641, p. 539, NBP 6.
[1509] J. Pradel, *idem,* n° 641, pp. 539-540.

mars 1982[1510], et par la loi n° 09-001 du 10 janvier 2009 portant protection de l'enfant. On peut envisager, comme le propose le professeur Likulia Bolongo, que ces mesures soient étendues aux délinquants adultes, aux vagabonds, aux mendiants et même aux proxénètes.[1511]

La loi n° 09-001 du 10 janvier 2009 ayant rétabli la majorité pénale à 18 ans, crée, dans chaque territoire et dans chaque ville, une juridiction spécialisée dénommée tribunal pour enfants[1512] qui n'est compétent qu'à l'égard des personnes âgées de moins de 18 ans.[1513] Nous l'avons analysée plus haut, à l'occasion de l'étude de la minorité comme cause de non-imputabilité.[1514] Cette loi va au-delà du seul traitement de la délinquance juvénile, car elle tend à assurer, de façon globale, la protection de l'enfant, en poursuivant, entre autres, les objectifs suivants :

> « - garantir à l'enfant le droit de bénéficier des différentes mesures à caractère administratif, social, judiciaire, éducatif, sanitaire et autres visant à le protéger de toutes formes d'abandon, de négligence, d'exploitation et d'atteinte physique, morale, psychique et sexuelle ;
> - diffuser et promouvoir la culture des droits et devoirs de l'enfant et en faire connaître à celui-ci les particularités intrinsèques en vue de garantir l'épanouissement intégral de sa personnalité et de le préparer à ses responsabilités citoyennes ;
> - faire participer l'enfant à tout ce qui le concerne par des moyens appropriés susceptibles de l'aider à acquérir les vertus du travail, de l'initiative et de l'effort personnel ;
> - cultiver en lui les valeurs de solidarité, de tolérance, de paix et de respect mutuel afin de l'amener à prendre conscience de l'indissociabilité de ses droits et devoirs par rapport à ceux du reste de la communauté ;
> - renforcer la responsabilité des parents, de la famille et de l'ensemble de la communauté à l'égard de l'enfant. »[1515]

[1510] D. du 6 décembre 1950 sur l'enfance délinquante, in *B.O* 1951, p. 91 ; O-L n° 78-016 du 4 juillet 1978, in *J.O* n° 14, 1978, p. 31 ; O-L n° 82-020 du 31 mars 1982, in *J.O* n° 7, 1982, p. 47 ; *Le Code judiciaire zaïrois*, pp. 192-197 ; *Les Codes Larcier*, T.I, pp. 379-381.

[1511] Likulia Bolongo, *Droit et science pénitentiaires*, p. 42.

[1512] Art. 84 de la loi n° 09-001 du 10 janvier 2009 portant protection de l'enfant. V. aussi l'art. 99 : « Le tribunal pour enfants est seul compétent pour connaître des matières dans lesquelles se trouve impliquer l'enfant en conflit avec la loi. Il connaît également des matières se rapportant à l'identité, la capacité, la filiation, l'adoption et la parenté… »

[1513] Art. 94, *idem*.

[1514] V. *supra*, pp. 408-413.

[1515] Loi n° 09-001 du 10 janvier 2009, Exposé des motifs, in *J.O*, 50e année, 1ère partie, n° spécial 12 janvier 2009, pp. 13 à 48, spéc. p. 14.

Cette loi prévoit qu'à côté de la procédure judiciaire normale, des mécanismes de résolution à l'amiable des questions concernant l'enfant en conflit avec la loi[1516] peuvent être mis en œuvre, comme, p. ex., le recours à l'accompagnement psychosocial et à la médiation.[1517] Elle interdit de prononcer la peine de mort et la servitude pénale à perpétuité pour les infractions commises par un enfant.[1518] Elle commande que tout enfant privé de liberté soit séparé des adultes, à moins que l'on estime préférable, dans son meilleur intérêt, de ne pas le faire.[1519] Elle prévoit une protection spéciale à accorder à tout enfant en situation difficile, en l'occurrence : 1. l'enfant rejeté, abandonné, exposé à la négligence, au vagabondage et à la mendicité ou trouvé mendiant, vagabond ou qui se livre habituellement au vagabondage ou à la mendicité ; 2. l'enfant qui, par sa mauvaise conduite ou son indiscipline, donne de graves sujets de mécontentement à ses parents ou tuteur ou à son entourage ; 3. l'enfant qui se livre à la débauche ou cherche ses ressources dans le jeu ou dans les trafics ou occupations l'exposant à la prostitution, à la mendicité, au vagabondage ou à la criminalité ; 4. l'enfant qui manque, de façon notoire et continue, de protection ou ne fréquente aucun établissement scolaire ou n'exerce aucune activité professionnelle ; 5. l'enfant habituellement maltraité ; 6. l'enfant exploité économiquement ou sexuellement ; 7. l'enfant accusé de sorcellerie ; 8. l'enfant mère ou porteuse d'une grossesse, objet de maltraitance de la part de ses parents ou tuteur ; 9. l'enfant sans soutien familial ou autre à la suite de la perte de ses parents ; 10. l'enfant vivant avec handicap ; 11. l'enfant toxicomane ; 12. l'enfant orphelin ; et aussi l'enfant surdoué.[1520]

Cette protection spéciale se réalise à travers des mécanismes de tutelle de l'État, le placement social et autres mécanismes de prise en charge appropriés. Le placement social s'opère par l'assistant social qui prend en compte l'opinion de l'enfant selon son degré de maturité et son âge, et qui fait immédiatement rapport au juge pour enfants qui homologue ce placement social.[1521] En matière pénale, l'enfant âgé de moins de 14 ans au moment de la commission des faits bénéficie d'une présomption irréfragable d'irresponsabilité, étant par ailleurs entendu qu'en cas de doute sur l'âge, la

---

[1516] Par enfant en conflit avec la loi, il faut entendre l'enfant âgé de quatorze à moins de dix huit ans, qui commet un manquement qualifié d'infraction à la loi pénale. V. l'art. 2, point 9 de cette loi.

[1517] Art. 8 de ladite loi.

[1518] Art. 9, *idem*.

[1519] Art. 11, *idem*.

[1520] Art. 62, *idem*.

[1521] Art. 63, *idem*.

présomption de la minorité prévaut.[1522] Si un tel enfant est déféré devant le juge, celui-ci le relaxe comme ayant agi sans discernement et ce, sans préjudice de la réparation du dommage causé à la victime ; il le confie à un assistant social et/ou un psychologue qui prend des mesures d'accompagnement visant la sauvegarde de l'ordre public et la sécurité de l'enfant et tenant compte de la réparation du préjudice causé. Ces mesures consistent notamment dans l'accompagnement psychosocial et le placement de l'enfant dans une famille d'accueil ou une institution privée agréée à caractère social autre que celle accueillant des enfants en situation difficile.[1523] Il faut souligner qu'aux termes de cette loi de 2009, un enfant de moins de 14 ans ne peut pas être placé dans un établissement de garde provisoire, ni dans un établissement de garde, d'éducation ou de rééducation de l'État.[1524]

À l'issue de la procédure engagée contre un enfant en conflit avec la loi, le juge prend l'une des décisions suivantes : 1. réprimander l'enfant et le rendre à ses parents ou aux personnes qui exerçaient sur lui l'autorité parentale en leur enjoignant de mieux le surveiller à l'avenir ; 2. le confier à un couple de bonne moralité ou à une institution privée agréée à caractère social pour une période ne dépassant pas sa dix-huitième année d'âge ; 3. le mettre dans une institution publique à caractère social pour une période ne dépassant pas sa dix-huitième année d'âge, avec cette précision que cette mesure ne s'applique pas à l'enfant âgé de plus de seize ans ; 4. le placer dans un centre médical ou médicoéducatif approprié ; 5. le mettre dans un établissement de garde et d'éducation de l'État pour une période ne dépassant pas sa dix-huitième année d'âge, établissement dont l'organisation et le fonctionnement doivent être fixés par un décret du premier ministre, délibéré en conseil des ministres.[1525] Lorsque le juge ordonne le placement de l'enfant dans un établissement de garde et d'éducation de l'État, il peut prononcer le placement avec sursis pour une période n'excédant pas sa majorité et pour une infraction punissable au maximum de cinq ans de servitude pénale principale.[1526] Si l'enfant a commis un manquement qualifié d'infraction à la loi pénale punissable de plus de cinq ans de servitude pénale mais non punissable de la peine de mort ou de la servitude pénale à perpétuité, le juge peut, s'il le met dans un établissement de garde et d'éducation de l'État, prolonger cette mesure pour un terme qui ne peut dépasser sa vingt deuxième année d'âge. À sa dix-huitième année d'âge, à la

[1522] Art. 95, 98 et 110, *idem.*
[1523] Art. 96, *idem.*
[1524] Art. 97, *idem.*
[1525] Art. 113, *idem.*
[1526] Art. 114, *idem.*

demande de l'autorité de l'établissement de garde et sur décision du juge, cet enfant devra être séparé des autres enfants, au sein du même établissement.[1527] Si l'enfant a commis un manquement qualifié d'infraction à la loi pénale punissable de la peine de mort ou de la servitude pénale à perpétuité, le juge peut, s'il le met dans un établissement de garde et d'éducation de l'État, prolonger cette mesure au-delà de la dix-huitième année de l'enfant pour un terme de dix ans au maximum.[1528]

S'il est établi que l'enfant qui a commis un manquement qualifié d'infraction punissable de plus d'un an de servitude pénale est d'une perversité caractérisée ou récidiviste, le juge prononcera son placement dans un établissement de rééducation de l'État pendant une année au moins et cinq ans au plus, cette mesure n'étant cependant pas applicable aux enfants âgés de moins de quinze ans.[1529]

Dans le cas où le juge conclut à l'existence dans le chef de l'enfant d'un manquement qualifié d'infraction, il met les frais de la procédure à la charge des personnes civilement responsables et les oblige, s'il échet, aux restitutions et aux dommages et intérêts.[1530] S'il n'a pas décidé du placement de l'enfant dans un établissement de garde et d'éducation ou de rééducation de l'État, ou si cette mesure a été levée, cet enfant est soumis, jusqu'à sa dix-huitième année d'âge, au régime de la liberté surveillée.[1531]

Pour raison de perversité constatée dans le chef de l'enfant en placement dans l'établissement de garde et d'éducation de l'État ayant atteint l'âge de dix-huit ans, le juge peut, soit d'office, soit à la demande du ministère public, des parents, tuteur ou personnes ayant la garde de cet enfant, soit encore sur rapport de l'assistant social, et après avoir préalablement entendu l'enfant concerné, prendre, en la motivant, la décision de transférer ce dernier dans un établissement de rééducation de l'État pour une durée qui ne peut excéder sa vingt deuxième année d'âge.[1532] Il est utile de souligner que dans ses dispositions transitoires, cette loi n° 09/001 du 10 janvier 2009 portant protection de l'enfant dispose qu'en attendant l'organisation des structures appropriées de la protection de l'enfant, celle-ci est assurée

---

[1527] Art. 115, *idem.*
[1528] Art. 116, *idem.*
[1529] Art. 117, *idem.* L'al. 3 de cet art. dispose qu'« un décret du premier ministre délibéré en conseil des ministres fixe l'organisation et le fonctionnement de l'établissement de rééducation de l'État. »
[1530] Art. 119, *idem.*
[1531] Art. 118, *idem.*
[1532] Art. 130, *idem.*

conformément aux mécanismes en vigueur non contraires à cette loi[1533] ; que les tribunaux de paix et les tribunaux de grande instance restent compétents pour connaître, respectivement en premier et second ressort, des affaires qui relèvent de la compétence des tribunaux pour enfants qui seront installés et fonctionneront au plus tard dans les deux ans qui suivent la promulgation de cette loi.[1534]

2°- Les mesures thérapeutiques

Les mesures thérapeutiques ou curatives, sont celles qui visent à assurer le traitement de certaines maladies, de certaines déficiences physiques ou anormalités psychiques. Elles englobent, notamment, le placement dans un centre hospitalier, le traitement des aliénés, la cure de désintoxication pour les alcooliques et les intoxiqués, le traitement des maladies vénériennes comme la syphilis, la blennorragie, etc.

3°- Les mesures d'assistance tutélaire

Elles sont destinées à offrir aux délinquants multirécidivistes la possibilité de se reclasser au sein de la communauté des gens honnêtes. *De lege lata*, elles ne s'appliquent qu'aux mineurs délinquants et consistent à les remettre soit à leurs parents, soit à une tierce personne digne de confiance.[1535] *De lege ferenda*, on peut proposer que ces mesures soient également appliquées aux multirécidivistes adultes.

4°- Les mesures disjonctives

1) Finalité

Les mesures disjonctives ont pour finalité d'éviter la conjonction des facteurs criminogènes tenant aux traits de personnalité (facteurs endogènes) et aux caractéristiques de certains lieux (facteurs exogènes).[1536]

2) Multiplicité et variété

Les mesures disjonctives sont nombreuses et variées. Parmi elles peuvent être incluses : l'obligation de s'éloigner de certains lieux ou d'une certaine

---

[1533] Art. 199, *idem*.
[1534] Art. 200, *idem*.
[1535] V. les art. 106 et 113 de la loi n° 09-001 du 10 janvier 2009 portant protection de l'enfant.
[1536] V. notamment G. Stefani, G. Levasseur, B. Bouloc, *Droit pénal général*, p. 567.

région ; l'imposition de résidence ou l'obligation d'habiter dans un lieu déterminé[1537] ; les interdictions professionnelles, énumérées plus haut[1538] ; la suspension du permis de conduire[1539] qui pourrait aussi être considérée plutôt comme une mesure neutralisatrice ; ce qui ne fait que confirmer la relativité de cette classification.

Cette relativité ressort également, comme nous l'avons vu, des art. 14-a et b du CP livre 1er qui prévoient la possibilité d'utiliser l'éloignement de certains lieux et l'imposition de résidence, successivement comme peines de substitution à l'emprisonnement, c'est-à-dire comme peines alternatives, et comme peines complémentaires facultatives pouvant être prononcées en sus de l'emprisonnement.[1540] Ce qui montre que les différentes classifications retenues ne sont pas des cloisons étanches. Une même sanction peut être mise en œuvre tantôt comme peine principale, tantôt comme peine complémentaire, tantôt comme mesure de sûreté.

L'obligation de s'éloigner de certains lieux ou d'une certaine région, l'imposition de résidence ou l'obligation d'habiter dans un lieu déterminé, et les interdictions professionnelles ayant déjà été étudiées *supra*, limitons-nous à examiner ici les mesures mises en œuvre dans le cadre de la réglementation de la circulation routière.

3) Mesures disjonctives mises en œuvre dans le code de la route

La loi n° 78-022 du 30 août 1978 portant nouveau code de la route[1541] prévoit comme mesures disjonctives le retrait, la suspension et l'annulation du permis de conduire.

3-1) Le retrait du permis de conduire

Comme le dit si bien Jean Pradel, « ... le retrait du permis de conduire revêt la nature d'une mesure de sûreté - ou "de police et de sécurité publique" selon la jurisprudence - puisqu'il vise à éliminer pendant un certain temps des conducteurs dangereux, l'usage d'un véhicule leur ayant permis, dans la pensée du législateur, la commission d'une infraction. »[1542] Il est prévu dans

---

[1537] Art. 5, points 6 et 7 du CP.
[1538] V. *supra*, pp. 551-558.
[1539] Art. 120, 121, 104, 105, 123 du nouveau code de la route.
[1540] V. pp. 534-536, 579.
[1541] In *J.O*, n° 1 du 1er janvier 1979, p. 5 ; *Les Codes Larcier*, T. II, pp. 161 à 246 ; *Le Code pénal zaïrois*, pp. 224-389.
[1542] J. Pradel, *Droit pénal général,* 21e éd., n° 698, p. 582.

l'art. 72 du code de la route qui dispose :

> « 72.1. Il sera retiré, après jugement, à un conducteur qui commet une infraction grave susceptible d'entraîner le retrait du permis de conduire, le droit de faire usage sur le territoire national du permis de conduire, national ou international, dont il est titulaire. En pareil cas, la juridiction compétente qui a retiré le droit de faire usage du permis, pourra : a) se faire remettre le permis et le conserver jusqu'à l'expiration du délai pendant lequel le droit de faire usage du permis est retiré ou jusqu'à ce que le conducteur quitte le territoire national, si ce départ intervient avant l'expiration de ce délai ; b) aviser du retrait du droit de faire usage du permis la commission de délivrance des permis de conduire ; c) s'il s'agit d'un permis international, porter à l'emplacement prévu à cet effet la mention que le permis n'est plus valable sur le territoire zaïrois ; d) dans le cas où elle n'a pas fait application de la procédure visée à l'alinéa a) du présent paragraphe, compléter la communication mentionnée à l'alinéa b) en demandant à la commission de délivrance des permis de conduire, d'aviser l'intéressé de la décision prise à son encontre… »

Ainsi, le retrait du permis de conduire ne peut se faire qu'après un jugement. Il est décidé par la juridiction compétente pour connaître de l'infraction commise par le délinquant. Il est temporaire, car cette juridiction fixe le délai pendant lequel le conducteur condamné n'a pas le droit de faire usage de son permis de conduire. Et le législateur de prescrire qu'« il sera empêché à tout conducteur titulaire d'un permis de conduire, national ou international, de conduire s'il est évident ou prouvé que son état ne lui permet pas de conduire en sécurité ou si le droit de conduire lui a été retiré dans l'État où il a sa résidence normale. »[1543]

3-2) La suspension et l'annulation du permis de conduire

Selon les prévisions légales, « la suspension et l'annulation du permis de conduire, ainsi que l'interdiction de délivrance d'un permis de conduire, peuvent constituer des peines complémentaires qui pourront être prononcées par les tribunaux. »[1544] Le législateur lui-même qualifie donc ces mesures de « peines complémentaires » qui sont ici facultatives, car laissées à l'appréciation des juges. Ceux-ci *pourront* les prononcer ou ne pas les prononcer. Ils pourront, dans le jugement, ordonner la suspension du permis de conduire pendant trois ans au plus en cas de condamnation prononcée à l'occasion de la conduite d'un véhicule pour l'une des infractions suivantes[1545] : conduite d'un véhicule en état alcoolique caractérisé par la

---

[1543] Art. 72-2. de la loi n° 78-022 du 30 août 1978 portant nouveau code de la route.
[1544] Art. 120, *idem*.
[1545] Art. 121, *idem*.

présence dans le sang d'un certain taux d'alcool[1546], conduite d'un véhicule en état d'ivresse manifeste[1547], délit de fuite après un accident[1548], conduite d'un véhicule en violation de la décision prononçant à son encontre la suspension ou l'annulation du permis de conduire ou l'interdiction d'obtenir la délivrance d'un permis de conduire[1549], homicide ou blessures involontaires.[1550]

Le tribunal compétent prononce l'annulation du permis de conduire lorsque le conducteur d'un véhicule fait l'objet d'une condamnation à la suite d'une infraction au code de la route, et qu'il résulte des éléments ayant motivé cette condamnation qu'il ne possède plus les aptitudes physiques ou les connaissances nécessaires pour la conduite du véhicule considéré.[1551] Devant ce constat, le tribunal doit prononcer l'annulation du permis de conduire. Celle-ci n'est cependant pas définitive, car le jugement doit fixer un délai n'excédant pas trois ans, après lequel la personne condamnée pourra solliciter un nouveau permis, dans les conditions prévues par la loi.[1552]

Toute violation de la mesure de suspension, d'annulation ou d'interdiction d'obtention de la délivrance du permis de conduire est pénalement sanctionnée.[1553]

[1546] Art. 104-1. et 104-2., *idem*.
[1547] Art. 104-6., *idem*.
[1548] Art. 105, *idem*.
[1549] Art. 123, *idem*.
[1550] Art. 52 à 54 du CP.
[1551] Art. 122 de la loi n° 78-022 du 30 août 1978 portant nouveau code de la route.
[1552] Art. 122 *in fine*, *idem*. Les conditions minimales de délivrance et de validité des permis de conduire sont fixées par l'art. 70 du même code.
[1553] L'art. 123 du code de la route porte, en effet : « Toute personne qui, malgré la notification qui lui aura été faite d'une décision prononçant à son encontre la suspension ou l'annulation du permis de conduire ou l'interdiction d'obtenir la délivrance d'un permis de conduire, continuera à conduire un véhicule à moteur pour la conduite duquel une telle pièce est nécessaire ou qui, par une fausse déclaration, obtiendra ou tentera d'obtenir un permis de conduire, sera punie d'une amende de 100 Z. à 500 Z. Sera punie des mêmes peines toute personne qui, ayant reçu la notification d'une décision prononçant à son égard la suspension ou l'annulation du permis de conduire, refusera de restituer le permis suspendu ou annulé à l'agent chargé de l'exécution de cette décision. »

5°- Les mesures de surveillance

Les mesures de surveillance sont celles qui imposent au délinquant quelques obligations de faire ou obligations positives, comme p. ex., l'obligation de répondre aux convocations de l'autorité, ou l'obligation de signaler ses déplacements. Il s'agit de mesures de traitement en milieu ouvert qui sont souvent prises à l'encontre des sursitaires, des probationnaires ou des libérés conditionnels.[1554]

À ces mesures de réadaptation s'en ajoutent d'autres dont le but est plus marqué par l'idée de neutralisation.

b) Les mesures de sûreté à prédominance neutralisatrice ou éliminatrice

1°- Les mesures neutralisatrices

Afin d'assurer la protection de l'ordre social, la neutralisation de certains délinquants jugés dangereux est apparue au législateur comme étant la solution la plus efficace. Celui-ci y a surtout recours en matière de répression de la délinquance routière où sont prévues les mesures neutralisatrices suivantes : la suspension ou l'annulation du permis de conduire, qui revêtent aussi une nature disjonctive, comme nous venons de le voir[1555] ; l'immobilisation du véhicule[1556] ; le retrait du véhicule de la circulation.[1557] Peut également figurer dans la catégorie de mesures neutralisatrices, l'internement des aliénés délinquants dans un centre spécialisé. Tandis que l'expulsion définitive des étrangers du territoire national peut à la fois être qualifiée de neutralisatrice et d'éliminatrice. C'est dire combien les mesures neutralisatrices et éliminatrices sont voisines. Car logiquement, tout ce qui élimine neutralise immanquablement ; mais tout ce qui neutralise, n'élimine pas forcément.

[1554] V. Likulia Bolongo, *Droit et science pénitentiaires*, p. 43 ; art. 96, 97, 100 de l'Ord. n° 344 du 17 septembre 1965 sur le régime pénitentiaire et la libération conditionnelle.

[1555] Art. 120 de la loi n° 78-022 du 30 août 1978 portant nouveau code de la route : « La suspension et l'annulation du permis de conduire, ainsi que l'interdiction de délivrance d'un permis de conduire peuvent constituer des peines complémentaires qui pourront être prononcées par les tribunaux. » On voit ici encore que ces mesures de sûreté neutralisatrices sont prévues comme peines complémentaires facultatives. Art. 121, 122, 123, 130 et 131 du même code.

[1556] Art. 132-1 et s., 134-1 et s. du même code.

[1557] Art. 132-1, 156-1 et s. du même code.

2°- Les mesures éliminatrices

Sont dites éliminatrices, ainsi que l'indique ce terme, les mesures destinées à assurer la prévention de la criminalité en mettant hors d'état de nuire le délinquant ou en faisant disparaître le matériel auquel il peut recourir. Dans cette catégorie peuvent être rangées :
1) l'expulsion définitive des étrangers qui, on l'a vu, est prévue comme peine complémentaire obligatoire en cas de condamnation pour détournement, concussion ou corruption commis par des personnes revêtues de mandat public ou chargées d'un service ou d'une mission de l'État ou d'une société étatique[1558] ;
2) la relégation, applicable pendant la colonisation mais actuellement remplacée par l'interdiction de séjour ;
3) la confiscation spéciale, mieux appelée confiscation d'objets illicites ou jugés dangereux pour la distinguer de la confiscation spéciale, peine complémentaire, ou de la confiscation prononcée au titre de réparation civile.

Voilà donc autant de sanctions qui sont prévues par le législateur pour réprimer les actions ou inactions qualifiées d'infractions. Mais cette riche pluralité est plus théorique que pratique, car dans leur déploiement se décèle une forte prédominance de l'une d'elles : la servitude pénale.

PARAGRAPHE 2 : ***LA MISE EN ŒUVRE PRÉÉMINENTE DE LA SERVITUDE PÉNALE***

Lorsqu'on analyse attentivement les lois d'incrimination et de procédure, on remarque que la peine de servitude pénale tient une position clé dans le système répressif. Ce travail d'analyse permet, en effet, trois observations significatives : la première, c'est que la servitude pénale est, de toutes les sanctions, celle qui est la plus encourue ; la deuxième, c'est que la plupart d'autres sanctions prévues par le législateur, se réduisent souvent, dans la pratique, à la servitude pénale ; la troisième, c'est que la servitude pénale est, de toutes les peines, celle qui, le plus, sert de point de repère à l'organisation de nombreuses institutions pénales. C'est à la démonstration de ces trois observations que se consacrera, en trois grands points successifs, le présent paragraphe.

[1558] Art. 145, 146 et 149bis du CP.

A- LA SERVITUDE PÉNALE : SANCTION LA PLUS ENCOURUE

L'exercice le mieux en mesure d'asseoir cette affirmation est celui qui consiste à analyser les différentes lois pénales qui définissent les infractions et prévoient les sanctions, et à compter le nombre de fois que chacune des peines énumérées dans la première section se trouve utilisée par le législateur. C'est précisément cet exercice rigoureux qui a été effectué. Nous en livrons le résultat dans un tableau synthétique (a) qui sera suivi de quelques commentaires explicatifs (b).

a) La fréquence d'utilisation de différentes sanctions dans les diverses dispositions pénales examinées

Les textes légaux retenus sont : 1°- le code pénal ordinaire, livre II (CPO ou CP) ; 2°- les dispositions pénales complémentaires[1559] qui définissent et sanctionnent respectivement les infractions contre les familles et les personnes[1560], les infractions à la législation sur la défense sociale et à la législation sociale[1561], les infractions à la législation relative à la conservation de la nature[1562], les infractions à la législation économique et fiscale[1563] ; 3°- le code pénal militaire (CPM) ; et 4°- le code de la route. La fréquence de prévision des différentes sanctions pénales dans ces textes se présente ainsi qu'il suit :

[1559] V. *Le Code pénal zaïrois*, pp. 65-194.

[1560] Abandon de famille, adultère et bigamie, enfance délinquante, nationalité, nom, racisme et tribalisme.

[1561] Armes à feu, exercice de l'art de guérir et pharmacie, autopsie scientifique, chanvre à fumer, censure de la musique, cinéma, concours de pronostics, cultes, bonnes mœurs, infractions à l'égard desquelles la loi ne détermine pas de peines particulières, peines applicables en cas d'infractions à des mesures d'ordre général, ivresse publique, jeux de hasard et loteries, vagabondage et mendicité, police des cimetières, police des étrangers, presse, rétention illicite des documents, refus de constater une infraction par les officiers et agents de police judiciaire, défaut de témoignages, tapage nocturne.

[1562] Chasse, pêche, protection des crocodiles, protection des animaux, divagations des animaux.

[1563] Assurances, change, chèque sans provision, contributions, constructions anarchiques et empiétements, denrées alimentaires, monnaie, navigation maritime, navigation fluviale et lacustre, police des mines, prix, protection de la propriété industrielle, registre de commerce.

Compte général d'utilisation de différentes sanctions dans les diverses dispositions pénales étudiées

N° d'ordre	Sanction	Encourue dans le code pénal ordinaire L. II	Encourue dans les dispositions pénales complémentaires	Encourue dans le code pénal militaire	Encourue dans le code de la route	Fréquence totale d'utilisation
01	Mort	22 fois	4	74		100 fois
02	Travaux forcés	1 fois				1 fois
03	Servitude pénale	193 fois	206	171	1	570 fois
04	Amende	141 fois	189	15	20	365 fois
05	Confiscation spéciale	4 fois	14	1		19 fois
06	Interdiction du droit de vote et d'éligibilité ou Interdiction des droits civiques et politiques in CPM	4 fois		5		9 fois
07	Interdiction d'accès aux fonctions publiques et paraétatiques	3 fois				3 fois
08	Privation du droit à la condamnation et à la libération conditionnelles, et à la réhabilitation	3 fois				3 fois
09	Expulsion du territoire de la République	3 fois	4			7 fois
10	Privation du droit et avantage de la puissance paternelle	1 fois				1 fois
11	Fermeture de l'établissement		8			8 fois
12	Réprimande ou remise à la disposition des parents		2			2 fois

13	Mise à la disposition d'une société, d'une institution de charité ou d'enseignement publique ou privée		3			3 fois
14	Mise à la disposition du gouvernement		6			6 fois
15	Mesures de garde, d'éducation ou de préservation		1			1 fois
16	Internement dans un établissement de rééducation		1			1 fois
17	Saisie		3			3 fois
18	Destruction		7			7 fois
19	Interdiction de l'exercice d'une profession		4			4 fois
20	Suspension de publication		2			2 fois
21	Dissolution	2				2 fois
22	Retrait de la licence d'exploitation		2			2 fois
23	Interdiction de l'obtention d'un permis de chasse		1			1 fois
24	Déchéance		3			3 fois
25	Interdiction de résider dans une ou plusieurs régions		1			1 fois
26	Obligation de résider dans un lieu déterminé		1			1 fois
27	Publication ou affichage d'un jugement		2			2 fois

28	Destitution			9		9 fois
29	Dégradation ou destitution			2		2 fois
30	Privation de grade			4		4 fois
31	Suspension du permis de conduire				2	2 fois
32	Annulation du permis de conduire				1	1 fois
33	Immobilisation du véhicule				4	4 fois
34	Mise en fourrière				2	2 fois
35	Retrait de la circulation				1	1 fois

b) Les commentaires du tableau synthétique

1°- Il ressort de la synthèse ci-dessus, que du point de vue de la fréquence de l'usage des peines par le législateur, la servitude pénale vient largement en tête, car elle est encourue 193 fois dans le CPO et 570 fois dans l'ensemble des textes répressifs analysés. Si on se limite à la situation du CPO, on observe que cette fréquence de 193 fois de prévision de la servitude pénale renferme plusieurs variantes :

- Dans 47 cas, la peine de servitude pénale est seule prévue, sans possibilité d'amende comme alternative ou comme complément.[1564]
- Mais la plupart du temps, le législateur laisse plutôt au juge la liberté soit de prononcer la servitude pénale seule, soit de prononcer et la servitude pénale et l'amende, soit de ne prononcer que l'amende.[1565]

[1564] On rencontre cette situation d'exclusivité de la servitude pénale dans les art. 67 al. 1er, 67 al. 2, 68, 81, 103, 104 al. 1er, 128 al. 1er, 129, 131, 138 sexto, 145 bis, 146, 155, 155 quater, 161, 161 bis, 162-1°, 162-2°, 162 bis, 163, 164, 165, 166, 167, 168 al. 1er, 168 al. 2, 170, 171 bis, 186, 187, 188, 189, 190, 191, 192, 194 al. 1er, 194 al. 2, 196 al. 1er, 197, 198, 199, 201 al. 1er, 201 al. 2, 203, 206, 207 du CP.

[1565] Cette liberté de choix est accordée dans les art. 46, 51, 54, 55, 57 al. 1er, 57 al. 2, 61, 62, 65, 66, 66 bis, 66 ter, 66 quinquies, 69, 70, 72, 73, 74, 75, 76, 77, 80, 83, 87, 88, 90, 91, 92, 94, 95, 96, 96 bis, 97, 98, 99, 100, 101, 102, 102 bis, 104 al. 2, 105, 106, 109, 110, 112, 113, 114, 115 al. 1er, 115 al. 2, 118 bis, 119, 120, 123 al. 1er, 123 al. 2, 123 bis, 124, 125, 126, 127, 130, 132, 134, 135 bis, 135 ter, 136-1, 136-2, 136-3, 137, 138-1, 138-2, 138-3, 138 bis-l, 138 bis-2, 138 bis-3, 139, 140, 141, 142, 143, 144, 149 ter al. 1er, 149 ter al. 2, 149 ter al. 3, 150-a, 150 b et d, 150

- Parfois, le législateur limite cette liberté de choix, en prévoyant la servitude pénale et l'amende comme pouvant intervenir alternativement mais jamais cumulativement. Ainsi le juge a le choix : soit de ne prononcer que la servitude pénale ; soit de ne prononcer que l'amende ; mais jamais les deux à la fois. Autrement dit, l'une ou l'autre de ces deux peines, retenue par le juge, n'intervient ici que comme peine principale, sans que l'autre ne puisse jouer le rôle de peine complémentaire. Il en est ainsi notamment dans l'art. 56.
- Dans certaines dispositions, cette liberté d'option est plus réduite encore. Car la peine de servitude pénale est prévue, l'amende aussi ; mais le juge, s'il choisit de prononcer une seule peine, ne peut prononcer que la servitude pénale. C'est ce que prévoit, p. ex., l'art. 82 du CP qui dispose : « Quiconque a commis un vol à l'aide de violences ou de menaces est puni d'une servitude pénale de cinq à vingt ans et d'une amende qui peut être portée à deux mille Zaïres, ou de la première de ces peines seulement. » Ainsi l'amende ne peut intervenir que comme peine complémentaire facultative à la servitude pénale, mais jamais comme peine principale.
- À plusieurs reprises cependant, très exactement dans 25 cas selon notre compte, le juge n'a pas de choix entre ces deux peines, car il est tenu de prononcer et la servitude pénale et l'amende.[1566] L'amende revêt donc ici le caractère de peine complémentaire obligatoire. La formule utilisée par le législateur se présente schématiquement de la façon suivante: « Est puni d'une servitude pénale de... *et* d'une amende de..., celui qui... » L'emploi de la conjonction « et » au lieu de « ou » exprime l'obligation imposée au juge de prononcer les deux peines impérativement.
- Il importe également de noter que par servitude pénale, il faut entendre la servitude pénale à temps et la servitude pénale à perpétuité, laquelle intervient tantôt seule, comme dans les art. 128 al. 2, 129, 193 al. 2 et 195 du CP ; tantôt alternativement avec la peine de mort, comme dans les art. 67 al. 2, 68, 108 al. 1er et 171 du même code.

2°- La sanction qui s'octroie la deuxième position, au point de vue de la fréquence de prévision, c'est bien l'amende. Le législateur la prévoit, en effet, 365 fois au total et 141 fois dans le seul CP, livre II. Cependant, pour nous limiter à cette situation spécifique du CP, alors que la servitude pénale est seule prévue dans 47 dispositions de celui-ci, l'amende n'est seule encourue que dans 7 dispositions, à savoir dans les art. 63, 64, 71 al. 1er,

---

c et d, 150 e, 150 f, 150 g, 150 h, 153, 154, 155 bis, 155 ter, 159, 160, 175, 176, 178, 179, 180, 199 bis, 199 ter, 209, 210, 211, 215 du C.P.

[1566] Il en est ainsi dans les art. 47, 48, 50, 53, 66 quater, 71, 82, 84, 86, 89, 93, 111, 116, 117, 118 al. 1er, 118 al. 2, 121, 135, 147 al. 1er, 147 al. 2, 148, 149, 172, 173, 174 bis du CP.

122, 150 h al. 2, 151, 152. Dans la majorité de prévisions, l'amende intervient plutôt comme alternative à la servitude pénale, le juge ayant le choix, comme nous l'avons dit, ou bien de prononcer la servitude pénale seule, ou bien de prononcer l'amende seule, ou bien de prononcer les deux peines, c'est-à-dire la servitude pénale en principal, et l'amende en complément. Dans ces dispositions, le législateur s'exprime de la manière suivante : « Sera puni d'une servitude pénale de… et d'une amende de…, ou d'une de ces peines seulement, celui qui… »

3°- Le taux de prévision de la peine capitale est également assez élevé : 100 fois. Tandis qu'à la fréquence de certaines peines complémentaires doit se greffer l'effet multiplicateur de quelques dispositions générales comme celles qui régissent la confiscation spéciale, l'obligation de s'éloigner de certains lieux ou d'une certaine région ou d'habiter dans un lieu déterminé, la mise à la disposition du gouvernement, la dégradation militaire, et la destitution. Cet effet multiplicateur est porté :

- s'agissant de la confiscation spéciale, par l'al. 2 de l'art. 14 du livre 1er du CP[1567] ;
- quant à l'obligation de s'éloigner de certains lieux et d'une certaine région ou d'habiter dans un lieu déterminé, par les art. 14-a et b du même code ;[1568]
- pour ce qui est de la mise à la disposition du gouvernement, par l'art. 14-d[1569] ;
- enfin, en ce qui concerne la dégradation et la destitution, par les art. 30 et 31 du CPM.[1570]

Sous réserve de cet effet multiplicateur qui concerne ces peines complémentaires, le tableau de la fréquence totale d'utilisation de différentes peines dans les divers textes d'incrimination et de sanction retenus montre clairement la position prépondérante qu'occupe la servitude pénale, et qui s'observe naturellement également dans la pratique des cours et tribunaux. En effet, tenus au respect du principe de la légalité des délits et des peines, les cours et tribunaux ne peuvent prononcer que les sanctions préalablement définies par la loi. La servitude pénale étant légalement la

---

[1567] Lequel dispose, rappelons-le : « La confiscation spéciale est prononcée pour toute infraction dont l'existence est subordonnée à l'intention délictueuse. Elle n'est prononcée, pour les autres infractions, que dans les cas déterminés par le législateur. »

[1568] V. ces art. 14-a et 14-b *supra* pp. 534-536. Notons que ces sanctions, qui sont des mesures de sûreté par essence, fonctionnent dans l'art. 14-a comme peines de substitution à la servitude pénale, et dans l'art. 14-b comme peines complémentaires facultatives (pouvant s'ajouter) à la servitude pénale.

[1569] Cet art. 14-d est cité plus haut, à la p. 537.

[1570] V. ces art. 30 et 31 du CPM *supra* p. 542, NBP 1430-1431.

plus encourue, elle est aussi la plus souvent prononcée par le juge. La fréquence de mise en œuvre de différentes peines par certaines juridictions de la ville de Kinshasa le démontre.[1571] Ce leadership de la servitude pénale se trouve encore davantage conforté par certains procédés ou institutions qui font ramener, dans le concret, d'autres sanctions à cette peine.

B- LA RÉDUCTIBILITÉ, DANS LA PRATIQUE, D'AUTRES SANCTIONS À LA SERVITUDE PÉNALE

La deuxième leçon importante dégagée de l'analyse des textes légaux, c'est que la plupart d'autres sanctions pénales se ramènent, au niveau de leur mise en œuvre, à la servitude pénale, soit parce que le condamné a bénéficié de la clémence de l'autorité (a), soit parce que la peine encourue n'a pas de régime propre d'exécution (b), soit encore parce que le condamné est économiquement incapable de s'acquitter de la sanction qui lui est infligée (c), soit enfin parce que la peine prévue ne présente pas sociologiquement d'intérêt (d).

a) La réductibilité par l'effet de la clémence de l'autorité

Le cas qui illustre éloquemment ce premier schéma est celui de la peine de mort qui peut être réduite à la servitude pénale par l'effet de la clémence de l'autorité, celle-ci étant tantôt le juge, tantôt le président de la République.

1°- La clémence du juge

L'art. 27 du CPM, cité *supra*, accorde un large pouvoir au juge en matière d'application de la peine capitale. Il porte en effet, rappelons-le, que « dans tous les cas punissables de mort, la juridiction militaire pourra prononcer la peine de servitude pénale à perpétuité ou une peine de servitude pénale principale, en précisant une durée minimale de sûreté incompressible, c'est-à-dire la période de temps pendant laquelle le condamné ne peut prétendre à aucune remise de peine ».

Dans le cadre normatif défini par le CPO, la clémence du juge peut intervenir au stade du jugement par la mise en œuvre du mécanisme de circonstances atténuantes prévu par l'art. 18 al. 1er dudit code qui dispose : « S'il existe des circonstances atténuantes, la peine de mort pourra être

---

[1571] V. J-P. Fofé Djofia Malewa, *Justice pénale et réalités sociétales, De l'analyse du modèle R.D.Congo à la formulation d'une politique criminelle participative*, pp 163-166.

remplacée par la servitude pénale à perpétuité ou par une servitude pénale dont le juge déterminera la durée. » Ainsi, lorsque le juge retient des circonstances atténuantes en faveur du condamné, la peine de mort encourue se ramène à la servitude pénale soit perpétuelle, soit temporelle. Le juge n'a comme obligation légale que d'indiquer ou d'énumérer ces circonstances qu'il considère comme devant atténuer la sanction à infliger au condamné.[1572] Ce type d'obligation, qui forme une certaine limitation à la liberté d'action du juge, n'est pas imposé au président de la République pour l'exercice de son droit de grâce.

2°- La clémence du président de la République

Il faut bien remarquer dès l'abord que l'emprisonnement constitue une étape intermédiaire presqu'inescamotable entre l'instant de la condamnation à la peine de mort et celui d'exécution effective de cette peine. Ce moment passager fatal peut être long, et il l'est effectivement dans la majorité des cas, étant donné le temps souvent prolongé pendant lequel s'exerce la procédure gracieuse que déclenche quasi-automatiquement la prononciation de cette sanction suprême. En effet, selon l'art. 175 de l'arrêté d'organisation judiciaire n° 299-79 du 20 août 1979 portant règlement intérieur des cours, tribunaux et parquets, l'OMP doit impérativement exercer son recours à toutes fins utiles, toutes les fois que le prévenu est condamné à la peine de mort ou de servitude pénale à perpétuité ; la peine de mort prononcée en dernier ressort doit obligatoirement faire l'objet d'un recours en grâce[1573] auprès du chef de l'État. L'exécution du jugement ou arrêt ayant prononcé cette peine est suspendue jusqu'à intervention de la décision de cette autorité. Pour peu que l'on tienne compte de l'ampleur et de la multitude de responsabilités incombant à celle-ci, d'une part, et d'autre part, de la délicatesse du problème qui lui est soumis, lequel consiste finalement en un choix entre l'ordonnance « d'élimination » d'un être, fût-il délinquant, et celle de lui épargner la vie, au risque d'encourager le mal, de décevoir une partie de l'opinion et surtout les victimes du crime commis..., pour peu que l'on tienne compte de ces facteurs, disons-nous, on ne peut que parier que la réponse du président de la République au recours en grâce, intervient après un temps assez long. On comprend dès lors que l'ord. n° 344 du 17 septembre 1965[1574] relative au régime pénitentiaire et à la libération conditionnelle porte, en son art. 9, que « les prisons sont destinées

---

[1572] V. art. 19 du CP, cité *infra* p. 711, NBP 1927.

[1573] V. *Le Code judiciaire zaïrois* (mis à jour au 31 janvier 1986), p. 77 ; art. 87 de la Const. de la RDC : « Le Président de la République exerce le droit de grâce. Il peut remettre, commuer ou réduire les peines. »

[1574] In *MC* 1965, p. 813.

à recevoir : 1° les individus condamnés par un jugement ou arrêt coulé en force de chose jugée : a) *à la peine de mort ;* b) à une peine de servitude pénale principale ; c) à une peine de servitude pénale subsidiaire… »

On pourrait ainsi dire que la peine de mort emporte en quelque sorte momentanément celle d'emprisonnement. Il convient de rappeler, à ce propos, que pour des raisons de sécurité, et notamment pour empêcher toute tentative d'évasion ou de suicide, les condamnés à mort, intermédiairement emprisonnés, sont placés sous un régime de haute surveillance, dans des cellules spéciales et individuelles, sans possibilité d'être soumis au travail pénitentiaire obligatoire prévu par l'art. 64 de l'ord. n° 344 du 17 septembre 1965.[1575] Ce régime dure naturellement jusqu'au jour où le président de la République se prononcera. Si sa décision consiste en un rejet du recours, la peine de mort est alors à proprement parler exécutée. Si en revanche il accorde son pardon, le condamné à mort est soumis au régime de la peine prévue par la commutation intervenue. Et très souvent, cette peine de remplacement est la servitude pénale à perpétuité. Le chef de l'État respecte probablement la volonté du législateur qui transparaît aussi bien dans l'art. 27 du CPM que dans l'art. 18 al. 1er du CPO qui, rappelons-le, autorisent le remplacement de la peine de mort par la servitude pénale perpétuelle ou même temporelle.[1576] On pourrait également penser que le courant abolitionniste de la peine de mort qui a gagné du terrain dans le monde, ait quelqu'effet sur la multiplication des décisions d'accord de la grâce présidentielle. Les arguments avancés par ce courant semblent ne pas laisser insensibles les juristes congolais. En effet, si l'on analyse les art. 57 à 65 de l'avant-projet du CP livre 1er élaboré par la CPRDZ[1577], on en dégage deux idées forces : d'une part, la menace du châtiment suprême est maintenue et pend comme l'épée de Damoclès sur les criminels téméraires ; d'autre part, les chances de sa mise en œuvre complète sont fort réduites grâce à un recours subtil aux mécanismes de suspension comme le sursis, de substitution ou de commutation par voie d'amnistie ou de grâce. D'entrée de la section première du chapitre II du titre II de ce texte, on décèle cette double idée du maintien de la sanction et de la réduction de la fréquence de son déploiement. Car l'art. 57 porte que « la mort ne sera prononcée qu'exceptionnellement et seulement dans les conditions et les cas les plus graves et pour lesquels elle aura été prévue par la loi. » Tandis que l'art. 59 utilise la voie du sursis. Il dispose en effet :

[1575] V. dans ce sens Likulia Bolongo, *Droit et Science pénitentiaires...*, p. 21.
[1576] V. *supra* pp. 580-581.
[1577] Doc. n° 05/CMS/003/81 présenté par le professeur Likulia Bolongo, membre de la Commission.

> « La sanction capitale pourra être prononcée avec sursis à durée indéterminée lorsqu'il sera établi que le condamné ne présente plus un grave danger social pour l'avenir.
> Le sursis sera révoqué et la sanction exécutée si le condamné commet, pendant ce délai d'épreuve, une infraction punissable de travaux forcés ou d'emprisonnement de plus de cinq ans.
> Le mineur de moins de vingt et un ans bénéficiera toujours du sursis à l'exécution de la sanction capitale, sauf si la loi en dispose autrement.
> *En cas de sursis, le condamné subira l'emprisonnement à perpétuité ou les travaux forcés.* »[1578]

Une autre disposition fait appel à la notion de substitution. Il s'agit de l'art. 61 qui porte que « pour des raisons valables, le tribunal pourra substituer à la sanction capitale, les travaux forcés ou *l'emprisonnement* pour une durée qui ne pourra être inférieure à 20 ans. » La relativité du concept « raisons valables » laisse entrevoir l'étendue du pouvoir d'appréciation que les auteurs de l'avant-projet entendent accorder au juge, concrétisant ainsi leur volonté d'amenuiser davantage la fréquence de la mise en œuvre du châtiment suprême. Cette volonté se dégage également de l'art. 62 qui fait usage d'autres institutions que sont la grâce et l'amnistie. En voici les termes :

> « La sanction capitale pourra être commuée par voie d'amnistie ou de grâce en une sanction des travaux forcés ou *d'emprisonnement.* Aucune sanction ne pourra être exécutée sans que le chef de l'État ait statué sur le recours en grâce qui est obligatoirement formé en faveur du condamné.
> Le recours est instruit par une commission de sept membres comprenant un magistrat du siège, un représentant du ministère public, un défenseur du condamné, et quatre citoyens dont au moins une citoyenne jouissant d'honorabilité qui sont désignés par l'autorité administrative… »

De ce qui précède et de la tendance de plus en plus affirmée vers la suppression de la peine de mort[1579], il découle que par la mise en œuvre de plusieurs institutions pénales, le juge d'un côté, le président de la République de l'autre, font souvent ramener, dans la réalité, cette peine à la servitude pénale. D'autres sanctions subissent, pour d'autres raisons, un sort similaire.

[1578] Mots relevés en italique par l'auteur.

[1579] V. *supra*, pp. 496-497, 499-501.

b) La réductibilité par défaut de régime propre d'exécution

Le deuxième motif qui explique le rôle de peine-refuge joué par la servitude pénale est l'absence d'un régime propre d'exécution d'autres sanctions. Tel est précisément le sort que subit la peine de travaux forcés. Celle-ci, prévue par l'art. 6bis du CP, devrait être exécutée selon un règlement défini par ordonnance présidentielle.[1580] Jusqu'à ce jour cette ordonnance n'a pas été prise. Ainsi, aucun texte légal ou réglementaire ne détermine la nature des travaux auxquels doivent être astreints les condamnés aux travaux forcés, ni ne précise la différence entre le régime de la peine de travaux forcés et celui de la servitude pénale. Dans sa mercuriale prononcée lors de l'audience solennelle de la rentrée de la CSJ d'octobre 2009, le procureur général de la République a fustigé la banalisation des détournements des deniers publics due, notamment, au fait que la plupart d'auteurs de ces infractions sont couverts par des immunités et privilèges de juridictions, et à l'absence d'un texte organisant l'application de la peine de travaux forcés sanctionnant cette criminalité.[1581]

Que plus de 46 ans après l'adoption de cette peine[1582] le législateur n'en ait pas publié le mode d'exécution, peut conduire à penser que celui-ci a probablement réalisé l'inopportunité d'une telle adoption au moment même où cette sanction était abandonnée dans d'autres pays, notamment à cause de son archaïsme.[1583] En tout cas, l'absence de ce régime spécifique fait que dans la pratique, la peine de travaux forcés s'exécute exactement comme la peine de servitude pénale, en dépit de la précaution prise par le législateur de prévoir, dans l'art. 6bis du CP, que « l'exécution de la peine de travaux forcés ne peut être assimilée, ni confondue avec la peine de servitude pénale».[1584] D'ailleurs, en lisant attentivement cet art. 6bis, issu de l'art. 1er de la loi n° 73-017 du 5 janvier 1973, spéc. son al. 4, on remarque que le législateur n'éloigne pas trop la peine de travaux forcés de celle d'emprisonnement. Voici en effet le libellé de cet al. 4 : « Toutefois, toute détention subie avant la condamnation définitive par suite de l'infraction qui donne lieu à cette condamnation, sera imputée, pour la totalité, sur la durée

---

[1580] Art. 6bis al. 2 du CP : « Les condamnés aux travaux forcés subissent leur peine conformément au règlement fixé par l'ordonnance du président de la République. »

[1581] F. Kabange Numbi, « L'infraction de détournement des deniers publics et privés en droit positif congolais », in *BACSJ*, Années 2004 à 2009, T. II, pp. 319-348, spéc. p. 345.

[1582] Celle-ci a, en effet, été instituée par la loi n° 73-017 du 5.01.1973 (in *J.O* 1973, p. 323).

[1583] V. *supra* p. 502.

[1584] Art. 6bis, al. 3 du CP.

de la peine de travaux forcés prononcée. » Il s'agit là d'une opération semblable à celle requise pour l'exécution de la peine de servitude pénale. L'art. 9 du CP dit en effet : « Toute détention subie avant que la condamnation soit devenue irrévocable, par suite de l'infraction qui donne lieu à cette condamnation, sera imputée, pour la totalité, sur la durée de servitude pénale prononcée. » Ces opérations similaires d'imputation laissent voir que le législateur traite les deux sanctions comme des sœurs. Quoiqu'il en soit, *de lege lata*, la peine de travaux forcés se réduit, dans sa mise en œuvre concrète, à la servitude pénale.

La CPRDZ a tenté d'élaborer un régime particulier d'exécution de la peine de travaux forcés. Elle lui a d'abord consacré trois dispositions dans l'avant-projet du CP, livre 1er, à savoir les art. 66, 67, 68. Dans ces dispositions, il est dit notamment que « les condamnés aux travaux forcés seront employés aux travaux d'utilité publique et de développement du pays »[1585] et qu'ils « seront internés dans un établissement pénitentiaire approprié ou dans un lieu déterminé par l'autorité administrative. »[1586] Elle a ensuite proposé un projet d'ordonnance fixant et déterminant les modalités d'exécution de cette peine.[1587] Ce texte contient des règles qui peuvent être classées en deux séries : d'une part, celles qui régissent la vie carcérale des condamnés à la peine de travaux forcés ; d'autre part, celles qui organisent le travail obligatoire à prescrire à ces condamnés. Les premières commandent que ces derniers soient, compte tenu précisément de la nature de leur peine, séparés des autres condamnés. D'où la proposition de leur internement dans un quartier spécial appelé « quartier de sécurité renforcée » à aménager au sein de chaque établissement pénitentiaire existant.[1588] Les secondes fixent l'organisation du travail à imposer aux condamnés, organisation focalisée sur deux idées essentielles, à savoir que ce travail doit être pénologiquement utile et économiquement productif et rentable.[1589] Alors que l'utilité pénologique se réalise par l'affliction, l'humanité et le caractère rééducatif et réadaptateur de la peine, le souci de sa productivité et de sa rentabilité économique impose que les condamnés à la peine de travaux forcés soient employés aux travaux d'intérêt général tels que la construction des routes, des bâtiments, l'entretien de la voirie..., ainsi qu'à ceux qui concourent au développement économique du pays,

[1585] Art. 66.
[1586] Art. 68.
[1587] Doc. n° 08/C.P.R.D.Z./002/82 intitulé : « Projet d'ordonnance relatif à l'organisation des travaux forcés ».
[1588] Art. 3, 4 et 5 dudit projet.
[1589] V. Rapport au président de la République accompagnant ce projet, p. 2.

notamment les activités de production agricole, industrielle ou artisanale.[1590] En vue de la rentabilisation, est même envisagée la possibilité d'utilisation des condamnés aux travaux forcés par des entreprises étatiques, paraétatiques, ou privées, avec l'accord du gouvernement et moyennant une juste rémunération par ce dernier fixé.[1591]

Ce qui est intéressant à noter, c'est que même dans ces projets élaborés par la Commission de réforme, on remarque le voisinage étroit des peines de travaux forcés et d'emprisonnement. En réalité, la première emporte la seconde ou plutôt s'y ajoute. L'opinion de la Commission n'est pas différente, car elle affirme que « le travail obligatoire est à considérer d'abord et à juste titre, comme une sanction supplémentaire et complémentaire de la privation de liberté ».[1592] Ainsi comprise, cette peine serait mieux appelée *travail d'intérêt général* plutôt que travaux forcés, terme à connotation esclavagiste. La proximité serrée de cette sanction et de l'emprisonnement fait que dans le projet d'organisation des travaux forcés, les condamnés à cette peine sont soumis au régime pénitentiaire général prévu par l'ord. n° 344 du 17 septembre 1965.[1593] Enfin, observons que ce projet élaboré depuis 1982, est resté lettre morte jusqu'à ce jour. Cette absence de régime propre d'exécution explique la réductibilité, dans la pratique, de la peine de travaux forcés à la servitude pénale.

Il est d'autres motifs, aussi pertinents, qui attribuent à la servitude pénale cette fonction de peine-refuge. Parmi ces motifs s'inscrit l'incapacité économique du condamné.

c) La réductibilité par insolvabilité du condamné

Certaines sanctions se ramènent à la servitude pénale parce qu'elles butent sur l'incapacité matérielle ou économique du condamné. Il en est ainsi notamment de la peine d'amende et des condamnations aux frais, restitutions et dommages-intérêts.

1°- L'amende

Dans un passé récent, pendant qu'avait cours la monnaie Zaïre, les successives majorations du taux des amendes pénales qui avait été multiplié

1590 V. Rapport, p. 3 ; art. 7 du projet.

1591 Art. 10 du projet.

1592 V. Rapport au président de la République accompagnant le projet ci-dessus cité, Doc. n° 08/C.P.R.D.Z./002/82, p. 2.

1593 Art. 1er du projet.

par cent par l'O-L n° 79-007 du 6 juillet 1979, et par dix à la suite de la loi n° 85-010 du 31 décembre 1985 modifiant précisément cette O-L, soumettaient déjà à l'épreuve la capacité des justiciables moyens de s'en acquitter, vu leurs bas revenus. Au jour d'aujourd'hui, la situation de ces derniers ne s'est guère améliorée avec le franc congolais. Certes, lorsqu'on considère, dans leur valeur absolue, les montants de certaines amendes fixés dans les articles du CP, on peut, comme nous l'avons relevé plus haut[1594], les estimer dérisoires, à faible effet dissuasif. Mais vu le niveau élevé de la pauvreté de la population, le paiement de ces amendes reste problématique. Il l'est *a fortiori* au regard de celles qui sont libellées dans certains textes légaux récents en équivalents en dollars américains. « La capacité de paiement de la majorité de la clientèle pénale »[1595] ne peut y faire face. Cet état de chose fait conforter le constat opéré par Esika Makombo qui, déjà en 1977, écrivait : « L'amende n'atteint presque pas le riche tandis que le pauvre demeure insolvable ; on aboutit alors à l'emprisonnement subsidiaire, ou à la contrainte par corps... L'expérience nous apprend d'ailleurs que la plupart des condamnés à l'amende ne parviennent pas à s'en acquitter et sont alors emprisonnés... »[1596]

Le législateur, nous semble-t-il, est conscient de cette incapacité économique de la majeure partie des justiciables. C'est pourquoi, justement, il prévoit la possibilité de ramener l'amende à la servitude pénale. Il le fait aussi bien dans la loi pénale commune que dans celle régissant les membres des forces armées. C'est ainsi qu'on peut lire, dans l'art. 12 du CPO livre 1er, qu'« à défaut de paiement dans le délai de huitaine qui suit la condamnation devenue irrévocable et, dans le cas d'un jugement immédiatement exécutoire, dans la huitaine qui suit le prononcé du jugement, l'amende peut être remplacée par une servitude pénale dont la durée sera fixée par le jugement de condamnation, d'après les circonstances et le montant de l'amende infligée au condamné ».[1597] La durée de cette

---

[1594] V. *supra*, pp. 510-514.

[1595] Likulia Bolongo, *Droit pénal spécial zaïrois*, p. 34.

[1596] Esika Makombo Eso Bina, *Le code pénal annoté*, Lubumbashi, 1977, p. 140.

[1597] Les juges appliquent fréquemment cette disposition légale. V., p. ex., CSJ, Arrêt du 30 janvier 1987 (RPA 123), *En cause Ministère public et parties civiles c/ Nkaba Nkassiokubikaba et consorts,*in *BACSJ*, Années 1985 à 1989, pp. 254-264, spéc. p. 263 : « La Cour ... Réforme la décision entreprise en ce qu'elle a acquitté le prévenu Nkaba nkassiokubikaba ; Déclare celui-ci coupable de l'infraction mise à sa charge et le condamne de ce chef avec admission de larges circonstances atténuantes à 2 ans de servitude pénale principale et à une amende de 1.000,00 zaïres ; fixe à 15 jours la durée de la S.P.S. [servitude pénale subsidiaire] en cas de non paiement dans le délai légal ;... » V. aussi, CSJ, Arrêt du 5 décembre 1980 (RPA 66), *En cause Ministère public et Partie civile c/Molongya Mayikusa Moi Bongenye et consorts*, in *BACSJ*,

servitude pénale subsidiaire ne peut cependant excéder six mois, le condamné pouvant, dans tous les cas, se libérer de cette servitude en payant l'amende.[1598]

Cette possibilité de choix ainsi que ce maximum légal se retrouvent également dans l'art. 37 du CPM qui vise spécifiquement la situation du justiciable militaire moyen, et dispose : « Lorsque la peine d'amende est prononcée pour une infraction de droit commun contre des militaires ou assimilés n'ayant pas rang d'officier, le tribunal peut décider, par une disposition spéciale, de substituer à cette peine une peine de servitude pénale subsidiaire de deux jours à six mois, le condamné conservant la faculté de payer l'amende en lieu et place de l'emprisonnement… » Et l'art. 38 d'ajouter : « Lorsqu'il s'agit d'une infraction prévue par le présent Code, et quand les circonstances atténuantes ont été admises, en aucun cas une peine d'amende ne peut être substituée à une peine de servitude pénale. »

On voit ainsi que, confrontée à l'insolvabilité du condamné, l'amende se ramène souvent dans la pratique à la servitude pénale. D'autres condamnations pécuniaires subissent un sort semblable.

2°- Les condamnations aux restitutions, aux dommages-intérêts et aux frais

Également handicapées par l'obstacle de l'impuissance économique de la majorité des justiciables, ces condamnations entraînent, la plupart du temps, un emprisonnement. Il s'agit d'un emprisonnement spécifique, appelé contrainte par corps, qui n'est prononcé qu'en vue de forcer l'infracteur à

Années 1980 à 1984, pp. 123-159, spéc. p. 126.

[1598] Art. 13 du CP : « La durée de la servitude pénale subsidiaire n'excède jamais six mois. Dans tous les cas, le condamné peut se libérer de cette servitude en payant l'amende. Il ne peut se soustraire aux poursuites sur ses biens en offrant de subir la servitude pénale. » Notons également que dans l'avant-projet du code pénal, livre 1er, (Doc. n° 05/CMS/003/81), la Commission de réforme adopte les systèmes d'amendes proportionnelles (art. 109), d'amendes fractionnées (art. 110) et du remplacement de l'amende par une prestation pénale (art. 112). En voici les termes : Art. 109 : « Dans les limites fixées par la loi, le juge détermine le montant de l'amende en fonction de la gravité et des circonstances de l'infraction ainsi que des ressources et des charges du prévenu. » Art. 110 : « Le juge peut décider que le paiement de l'amende sera fractionné ou global. En cas de fractionnement de l'amende, le non paiement d'une fraction échue peut entraîner, après mise en demeure, la déchéance du fractionnement et l'exigibilité immédiate du reste de l'amende. » Art. 112 : « À défaut de paiement dans le délai fixé, l'amende peut être remplacée par une prestation pénale. »

payer à l'État ou à la personne lésée, les frais ou les dommages-intérêts auxquels il a été condamné. Juridiquement, il ne s'agit donc que d'une voie d'exécution forcée des condamnations aux restitutions, aux dommages-intérêts et aux frais[1599], voie qui, à l'inverse de la servitude pénale subsidiaire à l'amende, ne libère pas l'agent de l'obligation de payer ce qu'il doit. Cependant, dans la pratique, la contrainte par corps ressemble à la servitude pénale car, comme la servitude pénale subsidiaire, elle s'exécute dans les mêmes établissements pénitentiaires que la servitude pénale principale, avec des régimes sensiblement identiques.[1600] Cette réalité ne fait que répondre au vœu ou à l'ordre dicté par le législateur dans l'al. 2 de l'art. 17 du CP où il dit : « La contrainte par corps est assimilée, pour son exécution, à la servitude pénale. » Et l'Exécutif de mettre en œuvre ce commandement en ordonnant : « Les prisons sont destinées à recevoir : ... 3° Les personnes mises à la contrainte par corps : a) en application de l'article 17 du livre 1er du code pénal ; b) en application des articles 165 et suivants de l'annexe 1 à la loi du 10 juillet 1963 portant les dispositions relatives à l'impôt sur les revenus. »[1601]

d) La réductibilité par absence d'intérêt sociologique

L'illustration de ce dernier type de réductibilité est offerte par l'art. 36 du CPM dont voici les termes : « Pour les prisonniers de guerre et les personnes étrangères à l'armée, la destitution, la dégradation et la privation de grade, prévues à titre principal ou complémentaire, sont remplacées par une peine de servitude pénale subsidiaire d'un à six mois. » Cette substitution se fonde sur une raison majeure, c'est que les peines de destitution, de dégradation et de privation de grade ne peuvent produire aucun effet afflictif sur les prisonniers de guerre ; elles laisseraient ces derniers indifférents car, quoiqu'exerçant le métier des armes, ils n'appartiennent pas à la communauté militaire nationale. Ces peines, qui sont des dégradations civiques militaires, sont intrinsèquement sans objet au regard des personnes étrangères aux forces armées.

[1599] Art. 16 du CP : « L'exécution des condamnations aux restitutions, aux dommages-intérêts et aux frais peut être poursuivie par la voie de la contrainte par corps. » - Art. 17 al. 1er du CP : « La durée de la contrainte par corps est déterminée par le juge ; elle ne peut excéder six mois ... »

[1600] V. Likulia Bolongo, *Droit et Science pénitentiaires...*, p. 22 ; *Droit pénal spécial*, p. 78.

[1601] Art. 9 Ord. n° 344 du 17 septembre 1965 relative au régime pénitentiaire et à la libération conditionnelle (*MC*, 1965, p. 813).

Ainsi donc, la servitude pénale, en plus de sa caractéristique d'être la peine la plus encourue, exerce véritablement une fonction de peine-refuge puisque beaucoup d'autres sanctions se ramènent à elle dans la pratique. Elle joue également un autre rôle, non moins important, celui d'être une peine-repère.

C- LA SERVITUDE PÉNALE : POINT DE REPÈRE À L'ORGANISATION DE NOMBREUSES INSTITUTIONS PÉNALES

L'analyse des textes légaux permet enfin de constater que nombre d'actes du processus judiciaire sont réglementés en fonction de la peine de servitude pénale. Il en est ainsi de certains actes d'instruction préjuridictionnelle (a), de certains actes de saisine du tribunal et du jugement des infractions commises hors du pays (b), de certaines mesures d'extinction de l'action publique et de suspension d'exécution de la peine (c), et enfin de la mise en œuvre d'autres sanctions pénales (d).

a) Des actes d'instruction préjuridictionnelle

En effet, le législateur utilise la servitude pénale comme point de référence pour la réalisation, dans la phase préjuridictionnelle, de deux séries d'actes, à savoir : d'un côté, les constatations, par les officiers de police judiciaire, des infractions et plus exactement des infractions flagrantes ou réputées telles ; de l'autre, les arrestations et les détentions.

1°- À propos de la constatation des infractions flagrantes ou réputées telles, l'art. 5 du CPP porte en effet : « En cas d'infraction flagrante ou réputée flagrante *passible d'une peine de servitude pénale de six mois au moins,* l'officier de police judiciaire à compétence générale le plus proche se transporte sur les lieux sans aucun retard aux fins de constater l'infraction et de rechercher les circonstances dans lesquelles elle a été commise. À ces fins, l'officier de police judiciaire peut appeler à son procès-verbal toutes personnes présumées en état de donner des éclaircissements et les astreindre à déposer sous serment… Il peut aussi défendre à toute personne de s'éloigner des lieux qu'il détermine jusqu'à la clôture de son procès-verbal, et au besoin l'y contraindre… »[1602]

[1602] Passage relevé en italique par l'auteur. V. aussi l'art. 82 de l'Ord. n° 78-289 du 3 juillet 1978 relative à l'exercice des attributions d'officier et agent de police judiciaire près les juridictions de droit commun (*J.0*, n° 15 du 1.08.1978, p. 7) : « En cas d'infraction flagrante ou réputée telle *passible de 6 mois au moins de servitude pénale*, les officiers de police judiciaire incompétents et les agents de police judiciaire qui en sont les premiers informés préviennent aussitôt l'officier de police

2°- Quant aux arrestations et détentions, cette référence à la servitude pénale est perceptible aux art. 72 et s. de l'ord. n° 78-289 du 3 juillet 1978 relative à l'exercice des attributions d'officier et agent de police judiciaire près les juridictions de droit commun, ainsi qu'aux art. 4, 6, 15 al. 3, 27, 29 al. 2, 40 al. 2, et 85 du CPP.

1) Au sujet des arrestations, l'art. 4 du CPP dispose en effet : *« Lorsque l'infraction est punissable de six mois de servitude pénale au moins* ou lorsqu'il existe des raisons sérieuses de craindre la fuite de l'auteur présumé de l'infraction ou lorsque l'identité de ce dernier est inconnue ou douteuse, les officiers de police judiciaire peuvent, après avoir interpellé l'intéressé, se saisir de sa personne et le conduire immédiatement devant l'autorité judiciaire compétente, s'il existe des indices sérieux de culpabilité. » Cette disposition est reprise, explicitée et complétée par l'art. 72 de l'Ord. n° 78-289 du 3 juillet 1978.[1603] Même le pouvoir exceptionnel d'arrestation reconnu aux particuliers, est réglementé en considération du taux de la peine de servitude pénale qu'encourt le délinquant. C'est ce qui ressort de l'art. 6 du CPP.[1604] On remarquera également cette même référence en matière d'arrestation immédiate que peut prononcer le juge lors de la condamnation de l'auteur convaincu de l'infraction. Cette arrestation immédiate peut en effet être ordonnée « s'il y a lieu de craindre que le condamné ne tente de se soustraire à l'exécution de la peine *et que celle-ci soit de trois mois de servitude pénale au moins...* »[1605]

---

judiciaire à compétence générale le plus proche aux fins de procéder s'il y a lieu au constat dans les conditions et formes prévues à l'article 5 du code de procédure pénale. »

[1603] « Les officiers de police judiciaire peuvent procéder à l'arrestation de toute personne soupçonnée d'avoir commis une *infraction punissable de six mois au moins de servitude pénale*, à la condition qu'il existe contre elle des indices sérieux de culpabilité. « Ils peuvent aussi, *lorsque l'infraction est punissable de moins de six mois et de plus de 7 jours de servitude pénale*, se saisir de la personne du suspect contre lequel existent des indices sérieux de culpabilité à la condition qu'il y ait danger de fuite ou encore que son identité soit inconnue ou douteuse... »

[1604] « En cas d'infraction flagrante ou réputée flagrante et *passible d'une peine de servitude pénale de trois ans au moins*, toute personne peut, en l'absence de l'autorité judiciaire chargée de poursuivre ou de tout officier de police judiciaire, saisir l'auteur présumé et le conduire immédiatement devant celle de ces autorités qui est la plus proche. »

[1605] Art. 85 al. 1er du CPP. Passages mis en italique par l'auteur.

Au pouvoir d'arrestation dont on vient de parler peut être rapproché celui reconnu au magistrat du parquet de décerner un mandat d'amener contre l'auteur présumé d'une infraction. Pour la mise en œuvre de cette prérogative aussi, la servitude pénale sert de point de repère.[1606]

2) Comme celui des arrestations, le régime de la détention préventive est également déterminé en fonction de la peine de servitude pénale. Cela s'observe à la lecture des art. 27, 29 al. 2, et 40 al. 2 du CPP. Fixant les conditions de la mise en détention préventive, l'art. 27 du CPP porte en effet : « L'inculpé ne peut être mis en état de détention préventive que s'il existe contre lui des indices sérieux de culpabilité et qu'en outre le fait paraisse constituer une infraction que la loi *réprime d'une peine de six mois de servitude pénale au moins.* » Et l'al. 2 d'ajouter : « Néanmoins, l'inculpé contre qui il existe des indices sérieux de culpabilité peut être mis en état de détention préventive lorsque le fait paraît constituer une infraction que la loi punit *d'une peine inférieure à six mois de servitude pénale, mais supérieure à sept jours,* s'il y a lieu de craindre la fuite de l'inculpé, ou si son identité est inconnue ou douteuse ou si, eu égard à des circonstances graves et exceptionnelles, la détention préventive est impérieusement réclamée par l'intérêt de la sécurité publique. » Même la détermination de l'autorité compétente pour autoriser la mise en état de détention préventive, est fixée en référence à la peine de servitude pénale. C'est précisément l'objet de l'art. 29 qui porte : en son al. 1er, que « la mise en état de détention préventive est autorisée par le président du tribunal de grande instance » ; en son al. 2, que « toutefois, elle peut être autorisée par le juge du tribunal de paix si le fait paraît constituer *une infraction que la loi réprime d'une peine de servitude pénale de cinq ans au maximum.* »[1607]

Quant à l'art. 40, il envisage l'hypothèse où l'ordonnance rendue par le président du tribunal de grande instance ou du tribunal de paix est frappée d'un recours en appel. Il règle le sort de l'inculpé, lorsque ce cas de figure se présente, en prenant comme point de repère la peine de servitude pénale.[1608]

[1606] L'art. 15 du CPP qui la réglemente, dit en effet : « L'officier du ministère public peut décerner mandat de comparution contre les auteurs présumés des infractions ; À défaut par l'intéressé de satisfaire à ce mandat, l'officier du ministère public peut décerner contre lui un mandat d'amener. Indépendamment de tout mandat de comparution antérieur, l'officier du ministère public peut également décerner un mandat d'amener, lorsque l'auteur présumé d'une infraction n'est pas présent, ou lorsqu'il existe contre lui des indices graves de culpabilité et que *l'infraction est punissable de deux mois de servitude pénale au moins…* »

[1607] Passages relevés en italique par l'auteur.

[1608] « Pendant le délai d'appel, jusqu'à la décision, l'inculpé est maintenu en l'état où

Cette utilisation moniste de la peine de servitude pénale se décèle également dans l'organisation ou la réglementation de certains actes de saisine du tribunal et de jugement des personnes ayant délinqué hors du pays.

b) De la saisine du tribunal et du jugement des infractions commises à l'étranger

En fait de saisine, est visé plus exactement l'un de ses modes appelé « comparution volontaire ». Car sa mise en œuvre est en grande partie fonction de la peine de servitude pénale encourue. L'art. 55 du CPP qui la réglemente dispose en effet :
- que « la juridiction du jugement est également saisie par la comparution volontaire du prévenu et, le cas échéant, de la personne civilement responsable sur simple avertissement » (al. 1er) ;
- que « toutefois, *si la peine prévue par la loi est supérieure à cinq ans* de *servitude pénale,* la comparution volontaire du prévenu ne saisit le tribunal que si, avisé par le juge qu'il peut réclamer la formalité de la citation, le prévenu déclare y renoncer… » (al. 2).

Quant à la poursuite et au jugement des individus ayant délinqué hors du pays, l'art. 3 du CP règle leur sort en disposant : « Toute personne qui, hors du territoire de la République Démocratique du Congo, s'est rendue coupable d'une infraction pour laquelle la loi congolaise prévoit une *peine de servitude pénale de plus de deux mois,* peut être poursuivie et jugée en République Démocratique du Congo, sauf application des dispositions légales sur l'extradition… »

c) Des causes d'extinction de l'action publique et de suspension d'exécution de la condamnation

Il s'agit, d'une part, de la prescription de l'action publique dont l'acquisition est ordonnancée autour d'une idée centrale, à savoir l'échelle de la peine de servitude pénale encourue par l'auteur de l'infraction ;[1609]

---

l'ordonnance du juge l'a placé, aussi longtemps que le délai de validité de cette ordonnance n'est pas expiré. Toutefois, *lorsque l'infraction est de celles que la loi punit d'un an de servitude pénale au moins*, l'officier du ministère public peut dans le cas d'une ordonnance refusant d'autoriser la détention préventive, ordonner que l'inculpé sera replacé sous les liens du mandat d'arrêt provisoire et, dans le cas d'une ordonnance refusant de proroger la détention, ordonner que l'inculpé sera replacé sous les liens de l'ordonnance qui l'autorisait... »

[1609] L'action publique résultant d'une infraction est prescrite en effet, rappelons-le :

d'autre part, de la condamnation conditionnelle dont l'intervention est réglementée essentiellement en référence à la servitude pénale.[1610]

La position privilégiée qu'occupe la peine de servitude pénale dans le système répressif se manifeste également par le fait que le déploiement d'autres modes de réaction sociale est conçu en fonction d'elle.

d) De la mise en œuvre d'autres sanctions pénales

Nous avons vu, dans la section précédente, que le législateur a prévu un assez grand nombre de sanctions destinées à prévenir, par leur menace, la commission des infractions, et à réprimer les sujets ayant passé à l'acte. Mais l'utilisation de certaines de ces sanctions est subordonnée à la peine de servitude pénale ; d'où d'ailleurs leur appellation de peines de substitution ou de peines complémentaires. Parmi ces sanctions figurent : l'obligation de s'éloigner de certains lieux ou d'une certaine région ou d'habiter dans un lieu déterminé ; la mise à la disposition du gouvernement ; la dégradation militaire ; et la destitution. Les dispositions légales organisant l'application de ces peines ont déjà été citées aux pages 534 et s. Que le lecteur daigne s'y reporter.

Cette analyse montre donc qu'en fin de compte, la gravité d'un acte infractionnel est apprécié en fonction de la servitude pénale qu'encourt son

---

« 1. après un an révolu, si l'infraction n'est punie que d'une peine d'amende, ou *si le maximum de la servitude pénale applicable ne dépasse pas une année* ; 2. après trois ans révolus, *si le maximum de la servitude pénale applicable ne dépasse pas cinq années* ; 3. après dix ans révolus, si l'infraction peut entraîner plus de cinq années de servitude pénale ou la peine de mort. » (art. 24 du CP).

[1610] On le perçoit aisément dans l'art. 42 du CP dont voici les termes : « Les cours et tribunaux, en condamnant *à une ou plusieurs peines de servitude pénale principale ou subsidiaire*, pourront ordonner, par décision motivée, qu'il sera sursis à l'exécution de l'arrêt ou du jugement en ce qui concerne cette ou ces peines pendant un délai dont ils fixeront la durée à compter de la date du prononcé de l'arrêt ou du jugement, mais qui ne pourra excéder cinq années. L'octroi du sursis est subordonné aux conditions ci-après : 1. qu'il ne soit pas prononcé contre le condamné *une peine de servitude pénale supérieure à un an* ; 2. que le condamné n'ait antérieurement encouru *aucune condamnation à la servitude pénale principale*, du chef d'une infraction commise dans la République, punissable, indépendamment de l'amende, *d'une servitude pénale de plus de deux mois*. L'arrêt ou le jugement portant condamnation ne sera pas exécuté, *en ce qui regarde la ou les peines de servitude pénale*, si, pendant le délai fixé, le condamné n'encourt pas de condamnation nouvelle du chef d'infractions punissables, indépendamment de l'amende, *d'une servitude pénale de plus de deux mois…* »

auteur. Plus un acte est grave, plus longue est la durée de la servitude pénale prévue. De même, les pouvoirs accordés aux OPJ, aux magistrats du parquet et du siège, et exceptionnellement aux particuliers, sont fonction de cette gravité, c'est-à-dire finalement de la servitude pénale prévue. Ainsi, par sa triple qualité de peine la plus encourue, peine-refuge, et peine-repère, la servitude pénale constitue véritablement le pilier, la colonne de soutènement de l'arsenal répressif. Cette position-clé tenue par la peine de servitude pénale ne peut manquer de susciter quelques inquiétudes quant au sort de notre système pénal. En effet, à lire les travaux des hommes de doctrine et des praticiens, on observe que cette peine est dans une véritable situation de crise. Elle pose tellement de problèmes qu'on en est venu à envisager « une société sans prison »[1611], autrement dit la mort de la servitude pénale. Dès lors, le quasi-monopole de cette peine joue finalement en sa défaveur. À force de l'utiliser, le système pénal finit par la tuer.

La situation de crise dans laquelle se trouve cette peine se caractérise par deux séries de perversités :

- D'une part, la servitude pénale ne remplit pas toujours, avec égale efficacité, sa fonction intimidante à l'égard de tous les criminels. Nombre de ceux-ci, d'un niveau d'instruction fort bas, n'attachent que peu sinon aucun prix à l'honneur et à la liberté, leur préférant l'emprisonnement qui constitue pour eux un moyen non seulement gratuit mais aussi sûr de subsistance.[1612] Il a même été constaté que si les tribunaux ne parviennent pas à tenir des audiences judiciaires, c'est notamment parce que certains prévenus, s'estimant être mieux en prison où ils sont logés, vêtus, nourris et soignés, refusent de comparaître de manière à ce qu'ils y restent le plus longtemps possible encore.[1613] Ce qui, naturellement, ne fait que perpétuer les dépenses de l'État qui a en sa charge l'entretien des prisons et de leurs populations, tout en handicapant le fonctionnement de la justice. Ce choix délibérément intéressé pour le milieu carcéral n'est pas l'apanage de seuls Congolais. Il est remarqué aussi dans d'autres pays, même développés comme, p. ex., au Japon où beaucoup de retraités commettent sciemment des infractions pour être emprisonnés, car, précisément, en prison, ils sont au chaud, bénéficiant gratuitement du logement, de la nourriture, des soins médicaux. Ils estiment donc y vivre mieux que dehors, à telle enseigne que les prisons japonaises sont devenues des hospices pour les personnes âgées

---

[1611] V. notamment Kengo wa Dondo, *Vers une société sans prison*, Mercuriale prononcée à l'audience solennelle de rentrée de la CSJ du 4.10.1975, brochure de 87 pages.

[1612] V. Likulia Bolongo, « Options fondamentales du droit pénal général (suite) », Doc. de la CPRDZ, n° 05/CMS/021/1977/bis, p. 1.

[1613] V. Bayona ba Meya, « Les goulots d'étranglement... », p. 15.

ou des maisons de retraite qu'ils ne pourraient pas s'offrir, vu l'insuffisance de leurs pensions et leur état de pauvreté.[1614] « Ces détenus d'un certain âge "entendent mal et tardent à exécuter les ordres ; certains sont incontinents, d'autres ont des problèmes de mobilité et il faut parfois les aider à se nourrir et à se laver ". Une population carcérale vieillissante qui engendre de facto "de nouvelles charges pour l'administration pénitentiaire". »[1615]

- D'autre part, l'expérience montre que si l'incarcération est inopérante pour le criminel invétéré ou endurci, elle s'avère exagérément traumatisante pour l'individu qui n'a connu qu'une défaillance accidentelle, passagère, involontaire.[1616] Compte tenu du régime pénitentiaire actuel institué par l'Ord. n° 344 du 17 septembre 1965, consistant à garder ensemble les détenus, sous réserve d'une séparation des sexes et éventuellement des catégories pénales[1617], il y a un grand risque pour cet individu d'être corrompu en prison, de s'y empirer par l'effet de promiscuité. La prison se présente ainsi comme un foyer de criminalité, un établissement profondément criminogène. La fréquence de prévision et de prononciation

---

[1614] Information donnée au Journal télévisé de France 2, mardi 26.02.2019, 20h, heure de Paris. V. aussi, RTL, La Revue de Presse, par A. Begot et A. Bonte, « Au Japon, des retraités choisissent la prison faute de moyens », publié le 14-01-2019 à 10:47, in *https://www.rtl.fr/actu/international/japon-pour-briser-leur-isolement-les-retraites-choisissent-la-prison-7796221781,* consulté le mercredi 27.02.2019 à 13h30, heure de Paris : « Au Japon, de plus en plus de retraités n'hésitent plus à jouer les délinquants pour finir en prison. Le correspondant du journal *Le Monde* a rencontré un vieil homme, 78 ans, qui rend visite à son ami du même âge. "Ce n'est pas un vrai criminel", dit-il, "il a été arrêté pour vol à l'étalage dans une supérette mais il voulait se faire arrêter. En prison, il a chaud, il est nourri et quand il est malade, on s'occupe de lui". L'homme conclut qu'un jour, il faudra peut-être qu'il fasse comme lui. Le phénomène est apparu il y a une dizaine d'années au Japon et depuis, il ne cesse d'augmenter. En décembre dernier, 31% des personnes arrêtées au Japon avaient plus de 65 ans. Elles étaient moins de 6% en 2000. *Le Monde* explique ce phénomène par la crise que connaît le pays. Avec le vieillissement de la population, les retraités ont vu leurs pensions chuter. Certains sont obligés de travailler jusqu'à 70 ans et plus pour gagner... presque rien. La faute aussi à la solitude. Fini les familles où trois générations vivaient sous le même toit. Le divorce est aussi passé par là. »

[1615] Ouest-France, publié le 14 janvier 2019 à 18h05, « Au Japon, des retraités choisissent la prison plutôt que la misère », in *https://www.ouest-france.fr/monde/japon/au-japon-des-retraites-choisissent-la-prison-plutot-que-la-misere-6172065,* consulté le mercredi 27.02.2019 à 13h50, heure de Paris.

[1616] V. Likulia Bolongo, *Droit et Science pénitentiaires...*, p. 24.

[1617] Telles que la catégorie de mineurs (art. 39) et des autres délinquants suivant le taux de la peine infligée (art. 40).

de la servitude pénale étant très élevée, et les autres sanctions pénales se ramenant souvent dans la pratique à la servitude pénale, la capacité d'accueil des établissements pénitentiaires se trouve largement dépassée. L'entassement des populations carcérales qui s'ensuit inévitablement aggrave l'effet de contamination ou de corruption.

Il importe ici encore de souligner que la fréquence élevée d'intervention de la servitude pénale ainsi que la crise de cette peine ne sont pas des phénomènes particuliers à la RDC. On les observe également dans d'autres pays africains[1618] et même en France. Ainsi, p. ex., parlant de peines correctionnelles, Stefani, Levasseur et Bouloc relèvent que « le nombre des condamnations à l'emprisonnement correctionnel ne cesse de s'élever. Elles sont prononcées en principe par des juridictions correctionnelles (le nombre s'est élevé graduellement de 94.366 en 1960 à plus de 130.000 en 1977 et près de 230.000 en 1982). Elles peuvent l'être également par les cours d'assises faisant application des circonstances atténuantes (le nombre de ces condamnations s'est élevé progressivement de 458 en 1960 à 896 en 1975 ; depuis lors la moyenne annuelle est de 1.000 à 1.150...). »[1619] « Au 1er janvier 2001 les établissements pénitentiaires français, qui ne reçoivent que des condamnations à l'emprisonnement sans sursis, contenaient plus de 23.380 condamnés à l'emprisonnement correctionnel, dont 67 % pour une durée supérieure à un an, mais il faut tenir compte qu'entre le début et la fin d'une année, de nombreux condamnés à de courtes peines d'emprisonnement ont purgé leur peine sans figurer dans ces statistiques. »[1620] Jean-Louis Daumas, ancien directeur de la maison d'arrêt de Loos, rapporte également des chiffres révélateurs :

> « ... La prison de Loos, dit-il, dispose de 542 places théoriques et accueille en permanence 1.080 à 1.130 détenus... Avec un taux d'occupation de 200 à 215 %, et plus de 2.800 écrous par an, le décor est planté ! En France, sept grosses maisons d'arrêt urbaines, dont Paris-La Santé, Fleury-Mérogis, Fresnes, Lyon ou Marseille, connaissent de très graves problèmes de surpopulation, avec des taux oscillant entre 140 et 200 %. L'Hexagone ne fait d'ailleurs pas figure d'exception dans le paysage européen. D'autres nations, telles la Grande-Bretagne ou l'Espagne, sont confrontées à un semblable encombrement. Seules les démocraties scandinaves ont réglé le problème en adoptant largement le système du numerus clausus : une place, un détenu au maximum... Avec la surpopulation carcérale..., les conditions de détention deviennent criminogènes... La

---

[1618] V. Commission africaine des droits de l'homme et des peuples, *Les prisons au Malawi*, Rapport du Rapporteur spécial sur les prisons et les conditions de détention en Afrique, Banjul, série IV n° 9, octobre 2002.
[1619] G. Stefani, G. Levasseur, B. Bouloc, *Droit pénal général,* 13e éd., pp. 508-509.
[1620] B. Bouloc, *Droit pénal général*, 19e éd., Dalloz, Paris 2005, p. 438.

promiscuité, les rapports dominant-dominé poussent certains à commettre en prison de nouveaux délits ou crimes, tels le racket ou le viol. »[1621]

D'autres auteurs, dont Christine Lazerges, ont parlé plus directement de l'échec de l'emprisonnement : « L'entreprise d'orthopédie sociale par l'enfermement a échoué. La prison ne réconcilie, ni ne convertit, ni ne réinsère. Sur les 45.000 détenus (avril 1986), 80 % sont enfermés pour moins de six mois et auront plus de chance de récidiver qu'avant un séjour en établissement pénitentiaire. Les parlementaires le savent, l'admettent et avec un consensus rare, prônent une politique criminelle législative, depuis 1975, d'introduction puis d'élargissement des peines de substitution à l'emprisonnement... »[1622]

Sur la question de la valeur de la peine privative de liberté, la position de Jean Pradel est plus nuancée. Après un rappel de ses avantages permettant notamment l'amendement de l'homme par le travail, il écrit :

> « La doctrine contemporaine a tourné le dos à cette mystique pénitentiaire et ne croit plus guère aux bienfaits de la prison. Les ouvrages sont presque unanimes qu'il s'agisse des études scientifiques, ou d'essais de vulgarisation. Il est apparu, en effet, que l'emprisonnement, en dépit des efforts très louables pour en humaniser le régime et pour resocialiser le délinquant, manque souvent son but. La prison apparaît comme une école de la récidive. La réinsertion du délinquant ne peut se faire qu'en liberté, la prison ne resocialisant pas et parfois même désocialisant l'individu, c'est ce qui explique l'engouement pour ces techniques qui ne laissent subsister l'emprisonnement qu'en toile de fond (comme la semi-liberté, le sursis, la libération conditionnelle qui permettent à l'individu de vivre en société et qui ne lui font intégrer ou réintégrer la prison qu'en cas de faute) ou même qui suppriment l'emprisonnement en partie (réduction de peine) ou totalement, le remplaçant par d'autres sanctions (sanctions privatives ou restrictives de droits des articles 131-6 et 131-10, C.P.)
>
> Ces observations semblent parfaitement justifiées sauf à introduire une distinction car la désocialisation joue inégalement selon les individus et surtout selon la durée de l'emprisonnement. Les très courtes peines inférieures à quinze jours sont trop brèves pour désadapter l'individu et restent assez longues pour provoquer un choc psychologique salutaire (le fameux *sharp short shock*

[1621] « Des conditions de détention criminogènes. La loi du nombre met la prison hors la loi », Entretien avec J-L. Daumas, in « Prisons : quelles alternatives ? », *Panoramiques, politiques, cultures et sociétés*, 1er trim.-II 2000, n° 4, pp. 45-50, spéc. pp. 45-47.

[1622] Ch. Lazerges, *La politique criminelle*, PUF, « Que sais-je ? », Paris, 1987, p. 68. Sur le coût de la prison en France, lire B. Deffains et J-P. Jean, « Le coût des prisons (À qui profite le crime ?), in *APC*, n° 35, 2013, pp. 25-44.

anglais). D'un autre côté, les longues peines, supérieures à six mois, par exemple, peuvent permettre la mise en œuvre d'un traitement pénal en même temps qu'elles répondent aux impératifs de rétribution et de dissuasion ressentis par l'opinion à l'égard d'infractions graves. Comme il a été opportunément écrit, la prison paraît indispensable comme rempart ultime contre les crimes graves et les délinquants suractifs. Pouvons-nous sérieusement laisser en liberté les braqueurs, violeurs, meurtries et malfaiteurs invétérés ? On ne peut qu'approuver. C'est donc pour les courtes peines, comprises entre quinze jours et six mois que le débat est ouvert. »[1623]

Ayant inspiré au Zaïre le projet d'une société sans prison, la crise de l'emprisonnement avait suggéré en France l'idée de « prisons privées ».[1624] Celle-ci suscita, vers la fin de l'année 1986, un débat public fort nourri, lequel effleurait cependant « la crête des vagues sans aborder les problèmes de fond auxquels est confrontée la situation pénitentiaire en France depuis de nombreuses décennies ».[1625] Pour essayer d'aborder ces problèmes de fond, la Faculté de droit et de science politique ainsi que l'Institut de sciences pénales et de criminologie d'Aix-Marseille, avaient organisé du 23 au 24 janvier 1987, à Aix-en-Provence, un colloque réunissant magistrats, avocats, personnels de l'Administration pénitentiaire, universitaires, éducateurs, et les éventuels opérateurs privés. Dans son rapport introductif à cette rencontre scientifique, le doyen Boulan exprima une idée qui nous paraît fondamentale, c'est que l'on ne peut s'interroger sur la politique pénitentiaire sans soumettre à la réflexion toute la politique criminelle, celle-là n'étant qu'un volet de celle-ci.[1626]

[1623] J. Pradel, *Droit pénal général,* 21e éd., n° 655, pp. 547-548 : *Valeur des peines privatives de liberté*, spéc. p. 548. En NBP 3, l'auteur cite aussi M. Cusson, *La délinquance, une voie choisie*, Cahiers du Québec, Collection Droit et Criminologie, 2005, p. 210 ; Y. Lécuyer (dir.), *La perpétuité perpétuelle, Réflexions sur la réclusion criminelle à perpétuité*, PUR, 2012.

[1624] L'idée de l'abolition des prisons est également défendue par certaines personnes en France, comme l'écrit R. Gassin : « ...Emprisonnement : plus de 40 000 détenus au milieu du XIXe siècle pour une criminalité infiniment moindre que de nos jours, alors qu'aujourd'hui le nombre des détenus gravite autour de 50 000 et d'aucuns estiment que c'est beaucoup trop et militent même en faveur de l'abolition des prisons et à tout le moins pour le développement des peines de substitution à l'emprisonnement... » (*Criminologie*, 5e édition, Dalloz, Paris, 2003, p. 389)

[1625] F. Boulan, Avant-propos de l'ouvrage intitulé *Les prisons dites privées, une solution à la crise pénitentiaire ?*, Presses Universitaires d'Aix-Marseille, Economica, 1987.

[1626] Voici le raisonnement de l'auteur: « Existe-t-il une crise pénitentiaire? On serait tenté de répondre oui et non. Oui, parce que chacun le sait, maintenant il y a environ 51.000 détenus alors que la capacité d'accueil de nos établissements pénitentiaires environne 32.500 places. Mais on serait tenté de répondre par la négative, si l'on

La source de la crise pénitentiaire doit donc être recherchée dans la politique criminelle mise en œuvre au pays et dont nous avons essayé d'analyser l'aspect législatif. Celui-ci se caractérise notamment par la position-clé qu'occupe la peine de servitude pénale. Peine la plus encourue et peine-refuge, l'utilisation fréquente de la servitude pénale engendre et bute contre l'engorgement des prisons, lieux de son exécution. Ce qui, pour une large part, explique sa crise. Et si la peine d'emprisonnement est en crise, c'est tout le système répressif qui est menacé, car elle en forme le pilier, la colonne centrale. Il faut donc trouver des solutions pour l'en sortir. La CPRDZ s'est penchée sur la recherche de ces solutions. Elle a proposé en effet des substituts aux peines d'emprisonnement en donnant au juge la possibilité d'infliger à titre de peines principales, certaines peines généralement qualifiées d'accessoires ou de complémentaires. Parmi ces substituts figurent notamment : la suspension, pour une durée de cinq ans au plus, du permis de conduire ; le retrait du permis de chasser pour une durée de cinq ans au plus ; l'interdiction de détenir ou de porter une arme soumise à autorisation pour une durée de cinq ans au plus ; la prestation pénale ; le blâme public ; la réprimande…[1627] La Commission a proposé aussi d'autres sanctions comme, p. ex., la probation[1628], les travaux d'intérêt général[1629], et l'emprisonnement discontinu ou les arrêts de fin de semaine.[1630] Elle a

---

songe que cette situation n'est pas nouvelle. Si on n'en reparle que lorsqu'elle se manifeste épisodiquement par des émeutes dans les prisons, elle a connu des périodes pires que la période actuelle (70.000 détenus au lendemain de la libération), mais la situation pénitentiaire en France est en permanence préoccupante. Dès lors, on ne peut plus parler de crise mais d'état endémique grave qui conduit à s'interroger non seulement sur la politique pénitentiaire suivie ou à suivre, mais plus généralement sur la politique criminelle à adopter, tant il est évident qu'une politique pénitentiaire n'est qu'un volet d'une politique criminelle d'ensemble... » (F. Boulan, Rapport introductif, in *Les prisons dites privées...*, p. 11).

[1627] V. les art. 49 et 53 de l'avant-projet du CP livre 1er, Doc. n° 05/CMS/003/81, pp. 12-13.

[1628] Art. 52 de l'avant-projet du CP : « La probation est une sanction qui peut être prononcée pour une durée d'un à cinq ans contre tout individu reconnu coupable d'une infraction de droit commun. »

[1629] Art. 56 bis du même texte, al. 1er : « Lorsque la sanction à prononcer est une privation de liberté, le tribunal peut, après avoir établi la culpabilité du prévenu, le renvoyer dans son lieu d'origine pour être utilisé à des travaux de développement rural. » al. 2 : « L'autorité administrative détermine la nature des travaux auxquels il est soumis ainsi que le groupement, la personne morale ou physique chargée de son encadrement. »

[1630] Art. 72 al. 1er : « Le tribunal peut décider que l'emprisonnement prononcé pour une durée d'un mois au plus sera exécuté par fraction, durant les jours fériés, les dimanches et les congés hebdomadaires, de circonstance ou de reconstitution. » al. 2 : « Le bénéfice du fractionnement peut être retiré en cas de mauvaise conduite ou

également élaboré un projet d'ordonnance portant réforme du régime pénitentiaire. L'essentiel du projet consiste à diversifier le traitement pénitentiaire en fonction de la personnalité propre de chaque délinquant et de la durée de la privation de liberté. Pour y parvenir, la Commission a suggéré :

- d'une part, la création, dans chaque région administrative (actuelle province) et dans la ville de Kinshasa, d'un Centre d'orientation des condamnés[1631] ainsi que l'institution, au sein de chaque centre, d'une commission de classement chargée de statuer sur l'affectation du condamné[1632] ;
- d'autre part, en vue précisément de la mise en œuvre des régimes différenciés davantage en fonction des caractéristiques des condamnés que de la nature juridique de la peine, la création des établissements pénitentiaires spécialisés ci-dessous :

1° des prisons correctionnelles, une au siège de chaque tribunal de grande instance et dans chaque chef-lieu de zone isolée, destinées à recevoir des personnes condamnées à une peine privative de liberté inférieure à un an[1633] ;

2° des prisons centrales à régime progressif, une ou plusieurs dans chaque région administrative, destinées à recevoir les personnes âgées de plus de 25 ans condamnées à une peine privative de liberté supérieure à un an[1634] ;

3° des prisons-écoles, une ou plusieurs dans la République, appelées à accueillir les jeunes de moins de 25 ans condamnés à une peine privative de liberté supérieure à un an[1635] ;

4° des prisons de sûreté, une ou plusieurs dans la République, destinées à

---

de non respect des conditions imposées. »

[1631] Art. 1er du projet d'ordonnance portant institution d'un régime pénitentiaire: « Il est créé dans chaque région administrative et dans la ville de Kinshasa, un Centre d'orientation des condamnés. Le Centre d'orientation des condamnés est chargé :- de recevoir les personnes condamnées à une peine privative de liberté supérieure à un an ; - d'assurer l'observation des condamnés ; - d'étudier la personnalité de chaque détenu ; - d'assurer l'affectation des condamnés dans une prison convenant à leur cas. »

[1632] Art. 2 du même projet : « Une commission de classement chargée de statuer sur l'affectation du condamné, après un stage d'observation d'environ deux mois, est instituée au sein du Centre d'orientation. Elle est composée du directeur du centre, d'un juriste ou un criminologue, d'un médecin psychiatre, d'un psychologue, d'un pédagogue, et d'un éducateur. La présidence est assurée par un magistrat chargé de l'application des peines. Les membres de la commission de classement sont désignés par le président du Conseil judiciaire. »

[1633] Art. 6 à 11 du projet.

[1634] Art. 12 à 16, *idem*.

[1635] Art. 17 à 21, *idem*.

recevoir des délinquants dangereux et incorrigibles, des personnes condamnées à une peine de travaux forcés, des récidivistes et multirécidivistes, des condamnés non susceptibles d'amendement ou de traitement éducatif, et des condamnés à mort[1636] ;
5° des prisons-hospices, une ou plusieurs dans le pays, appelées à héberger des cas pathologiques, des condamnés séniles ou inaptes, des malades ou des psychopathes, des vieillards, des alcooliques et des toxicomanes[1637] ;
6° enfin, des maisons d'arrêt, une au siège de chaque tribunal de grande instance et dans chaque chef-lieu de zone isolée, destinées à recevoir les inculpés, les prévenus, les accusés, les individus mis à la disposition du Conseil Exécutif (Gouvernement) ainsi que ceux condamnés par un jugement ou arrêt non coulé en force de chose jugée.[1638]

L'examen de ces deux séries de mesures proposées, à savoir d'un côté les substituts pénaux, de l'autre la création des multiples établissements pénitentiaires spécialisés, suscite deux interrogations majeures :

1° Cette réforme paraît, en tout cas pour ce qui est de peines de substitution à l'emprisonnement, largement inspirée de la loi française du 11 juillet 1975.[1639] Dès lors, on peut se demander si la CPRDZ avait, avant de les adopter, cherché à savoir les résultats qu'avaient donnés ces mesures en

---

[1636] Art. 22 à 25, *idem*.
[1637] Art. 26 à 28, *idem*.
[1638] Art. 29 et 30 *idem*.
[1639] Il s'agit de la loi n° 75-624 du 11 juillet 1975 modifiant et complétant certaines dispositions du droit pénal et publiée dans le *J.O* du 13 juillet 1975, p. 7219. La deuxième et la troisième parties de cette loi prévoient des substituts aux courtes peines d'emprisonnement et des mesures en faveur du reclassement des condamnés. Ces substituts aux courtes peines d'emprisonnement consistent d'une part dans la possibilité d'infliger, à titre de peine principale, l'une des peines accessoires ou complémentaires prévues par le CP pour sanctionner l'acte infractionnel commis ; d'autre part, en dehors de tout lien avec les textes réprimant celui-ci, de prononcer l'une ou l'autre des sanctions ci-dessous prévues par l'art. 43-3 du CP : la suspension du permis de conduire pendant une durée de cinq ans au plus ; l'interdiction de conduire certains véhicules pendant une durée de cinq ans au plus ; la confiscation d'un ou plusieurs véhicules dont le prévenu est propriétaire ; l'interdiction de détenir ou de porter, pendant une durée de cinq ans au plus, une arme soumise à autorisation ; le retrait du permis de chasse avec interdiction de solliciter la délivrance d'un nouveau permis pendant une durée de cinq ans au plus ; la confiscation d'une ou plusieurs armes dont le prévenu est propriétaire ou dont il a la libre disposition. Notons que cette série des peines de substitution a été complétée par la loi du 10 juin 1983 qui a institué trois nouveaux substituts que sont : l'immobilisation du véhicule pendant une durée de six mois au plus ; les jours-amendes ; le travail d'intérêt général.

France. Il nous semble que non. Si on lit, en effet, quelques études menées à ce sujet dans ce pays, on note que ces résultats ne sont pas très encourageants. Il en est ainsi, p. ex., de la recherche empirique réalisée par Jean-Hervé Syr et Jean-Yves Lassalle. L'objet de cette étude consistait à déterminer si les dispositions de cette loi n° 75-624 du 11 juillet 1975 relative aux courtes peines d'emprisonnement (2e partie de la loi) et aux mesures en faveur du reclassement des condamnés (3e partie de la loi), entrée en vigueur le 1er janvier 1976, avaient effectivement reçu application, et dans quelle mesure. Les auteurs souhaitaient que la recherche portât sur l'ensemble du territoire français. Mais ce souhait n'était pas réalisable, d'une part à cause de la modicité des moyens dont ils disposaient, d'autre part à cause de la nécessité de réaliser rapidement leur travail afin de répondre à l'objectif pratique consistant à faire connaître à la commission de révision du code pénal (français) quelle avait été l'application réelle d'une loi élaborée par des bureaux du ministère de la Justice pour que celui-ci arrêtât définitivement sa position sur cet aspect du code pénal. Voilà pourquoi, ils limitèrent leur étude à l'application des dispositions de cette loi dans le ressort de la cour d'appel d'Aix-en-Provence dont la représentativité était certaine puisqu'elle est la deuxième cour d'appel de France par l'importance de sa population et par le volume des affaires traitées. Utilisant rigoureusement la technique documentaire du recensement des décisions judiciaires rendues dans cette juridiction durant les années 1975, 1976, 1977, ainsi que la technique vivante de l'interview-questionnaire des agents du système pénal, ils ont abouti, notamment, au constat que l'application de cette loi du 11 juillet 1975 n'était pas très importante car celle-ci n'a pu être mise en œuvre en 1976 que dans 2,06 % des cas et, en 1977, dans 3,45 % des cas seulement.[1640] Ce résultat se trouvait confirmé par une autre étude intéressante réalisée par Jacqueline Bernat de Celis, dans laquelle elle constatait, entre autres, l'échec de la loi de 1975 et le très faible pourcentage d'utilisation des substituts aux courtes peines d'emprisonnement par rapport au nombre total des condamnations pour délit prononcées par l'ensemble des tribunaux français pendant les années 1976, 1977, 1978, 1979, et 1980. Ces faibles pourcentages étaient respectivement de 1,04 %, 0,98 %, 1,06 %, 1,47 % et 1,36 %.[1641] De même le doyen Boulan, lors de la discussion sur « les prisons dites privées », affirmait :

[1640] V. J-H Syr et J-Y Lassalle, *L'application des dispositions de la loi n° 75-624 du 11 juillet 1975 sur les substituts aux courtes peines d'emprisonnement et les mesures en faveur du reclassement des condamnés dans le ressort de la cour d'appel d'Aix-en-Provence*, Université d'Aix-Marseille III, Laboratoire de recherche E.R.A., n° 582, travail de 75 p., voir spéc. pp. 44 à 46.

[1641] J. Bernat de Celis, « Pourquoi les tribunaux français appliquent-ils si peu les peines dites de substitution ? », in *APC*, n° 7, 1984, pp. 199-239.

« Toutes les mesures que l'on a pu imaginer, qu'il s'agisse de retraits de permis, quels que soient les permis (permis de conduire ou permis de chasse), qu'il s'agisse d'autres mesures de substitution, toutes ces mesures qui ont été initiées et développées numériquement, n'ont pas empêché globalement la surpopulation croissante. Le nombre de courtes peines d'emprisonnement augmente. Il y a aussi un autre moyen d'éviter l'emprisonnement, c'est le classement sans suite. Lors des audiences solennelles du début d'année auprès de notre cour d'appel et du tribunal correctionnel d'Aix-en-Provence, on a dit qu'on utilisait des taux de classement sans suite qui atteignent 70 % ou plus de 80 %. C'est-à-dire que le nombre d'affaires déclarées au parquet à concurrence de 70 % ou 80 % n'est pas poursuivi. Ces affaires-là sont écartées, et ce n'est que pour les 30 % ou 20 % restant que l'on poursuit et qu'éventuellement on prononce des mesures de substitution. Malgré cela, on assiste à une augmentation de la population pénale. Il y a augmentation de fait de la population pénale malgré la lutte menée sur tous les fronts contre la surpopulation. »[1642]

Même un magistrat, en l'occurrence Jean-Claude Bouvier, se demande pourquoi les juges ne recourent pas davantage aux peines alternatives. On vit, écrit-il, un

« paradoxe qui veut que l'on valorise officiellement, dans les milieux judiciaires et politiques, le recours aux alternatives à l'incarcération sans que, parallèlement, l'emprisonnement perde réellement de son omnipotence. Car, quel que soit le délit considéré, il peut toujours être sanctionné d'une peine de prison. À l'heure de la sanction, face à un délit, un magistrat conserve toujours le choix de décider ou non, de recourir à l'emprisonnement. Or, cette latitude repose sur un marché de dupes : depuis près de deux siècles, la prison s'inscrit, en effet, au cœur du système pénal français, comme la clef de voûte de notre arsenal répressif. Elle constitue, dans l'ordre du symbolique, la peine par excellence à ce point ancrée dans notre système de représentation qu'elle n'a plus besoin même, pour être légitimée, de satisfaire aux missions officielles qui lui ont été assignées. Elle peut bien alors être criminogène quand on lui demandait d'être exemplaire, excluante quand on s'efforçait de lui prêter des vertus de réinsertion : malgré son échec patent, fondamental et définitif, elle n'en demeure pas moins, de par la force symbolique qui lui est conférée, encore présente dans les esprits et dans les lois. Dans un tel cadre, le choix laissé aux magistrats dans les textes se révèle souvent inopérant sur le terrain : la prison s'impose alors comme une solution de facilité, d'autant plus aisément utilisée qu'elle offre instantanément aux yeux de tous l'image d'une réponse, sinon efficace, du moins contraignante, stigmatisante et clairement lisible sur l'extérieur. »[1643]

[1642] In *Les prisons dites privées*, pp. 67-68.

[1643] J-Cl. Bouvier (magistrat à Bobigny, membre du Syndicat de la magistrature), « Un constat désenchanté. Pourquoi les juges ne recourent-ils pas davantage aux peines alternatives ? », in « Prisons : quelles alternatives ? », *Panoramiques, politiques, cultures et sociétés*, 1er trimestre-II 2000, n° 4, pp. 94-98, spéc. pp. 95-96.

Serge Portelli dresse le même constat : « Les alternatives à la prison ont fait l'objet de réformes législatives très nombreuses dans les quinze dernières années. Elles répondent à une nécessité d'efficacité de la sanction, mais aussi d'humanisation de la justice pénale. Elles correspondent également à une crise profonde de la prison. Ces alternatives peinent à s'inscrire dans la réalité judiciaire et sociale compte tenu de l'incohérence globale de la politique pénale. Elles ne pourront vraiment jouer leur rôle qu'une fois cette politique réformée en profondeur. »[1644]

2° La seconde question que l'on peut se poser est celle de savoir si la RDC aura des moyens matériels, financiers et humains nécessaires pour mettre en œuvre l'organisation pénitentiaire proposée par la commission de réforme. Une simple opération d'addition établit en effet que ce projet consiste en la création de 193 établissements pénitentiaires ainsi ventilés :
1) Prisons correctionnelles : une ou plusieurs :
- au sein de chaque TGI ; la RDC comptant 38 TGI, il en faudra donc déjà à ce niveau, 38 au moins ;
- au chef-lieu de chaque zone isolée ; on peut entendre par zones isolées, les zones ou communes rurales dont le nombre s'élève à 142 ; il faudra donc au total créer au moins 180 (38 + 142) prisons correctionnelles dans tout le pays.
2) Prisons centrales à régime progressif : une ou plusieurs par région ; il en aurait fallu dès lors au minimum 11, à l'époque, car le pays se subdivisait alors en 10 régions (provinces) plus la ville de Kinshasa.[1645]
3) Prisons-écoles : une ou plusieurs dans la République ; il en faudra donc au moins une pour tout le pays ;
4) il en est de même des prisons de sûreté (une au moins) ;
5) ainsi que des prisons-hospices (une au moins).
La somme des établissements pénitentiaires projetés s'élève ainsi à 193 au

---

1644 S. Portelli, « Les alternatives à la peine », *Pouvoirs*, n° 135, 2010, pp. 15-28, Résumé, p. 28 ; aussi accessible sur *https://revue-pouvoirs.fr/IMG/pdf/135Pouvoirs_p15-28_alternatives_prisons.pdf*
Lire aussi, M. Giacopelli, « Les procédures alternatives aux poursuites. Essai de théorie générale », in *RSC*, n° 3, juillet-septembre 2012, pp. 505-521 ; P. Poncela, « Dehors… La prison dans la tête. Quelques réflexions à propos des peines en milieu ouvert », in *APC*, n° 35, 2013, pp. 9-23 ; P-V. Tournier, « La politique pénale du Conseil de l'Europe. De la prison en première ligne à la prison comme alternative de dernier recours aux sanctions et mesures appliquées dans la communauté », in *idem*, pp. 91-104 ; T. Travaglia Cicirello, « Punir "dehors" en Italie, in *idem*, pp. 201-219.

1645 Il convient de noter que l'art. 2 de la Const. actuelle de la RDC porte le nombre de provinces de 10 à 25, plus la ville de Kinshasa, Capitale du pays, qui a aussi rang de province.

moins.[1646] La commission de réforme a-t-elle chiffré la réalisation matérielle de ce projet ? Disposera-t-on des effectifs suffisants en personnels qualifiés (personnel éducatif, personnel technique, psychiatres, psychologues, etc.) pour réaliser ce programme ? Le professeur Likulia Bolongo, alors membre de cette commission et président de la sous-commission du droit pénal, avait formulé les mêmes interrogations à la fin d'une importante communication sur les « cent ans de droit pénal au Zaïre ». Parlant de l'avant-projet élaboré par la commission, il a eu ces mots : « Celui-ci introduit dans notre champ juridique des innovations parfois hardies dont la mise en œuvre ne manquera pas de poser un certain nombre de problèmes. Les moyens en hommes, en spécialistes, en établissements, en matériel seront-ils à la hauteur des solutions suggérées ? L'esprit nouveau que tendent à insuffler ces textes, atteindra-t-il efficacement les praticiens, les spécialistes, les étudiants, les justiciables ? On ne peut que l'espérer et le désirer sincèrement »,[1647] car « l'efficacité de ces innovations est à ce prix ».[1648]

On aura vu, en tout cas, que l'une des causes majeures du malaise dont souffre le système pénal réside dans l'usage trop fréquent de la peine de servitude pénale qui, outre qu'elle est la plus encourue, et donc aussi la plus prononcée par l'effet du principe de la légalité des délits et des peines, constitue à la fois une peine-refuge pour d'autres sanctions et une peine-repère pour l'organisation de nombreuses institutions pénales. Le déséquilibre qui en découle fait que le sort du système répressif est de beaucoup lié au sort de cette peine. Et la crise de celle-ci ne peut que susciter des inquiétudes pour tout le système. Les solutions tendant à briser cet état monopoliste voilé doivent donc être continuées, encouragées, multipliées et diversifiées, de manière à ce que la prison ne soit plus « qu'une peine parmi d'autres et non la peine de référence ou la peine première ».[1649] Aussi faut-il saluer l'apport du code de la famille en matière de sanction, apport que nous examinerons après avoir relevé les suites civiles consécutives à l'accomplissement de l'infraction.

[1646] 179 + 11 + 1 + 1 + 1 = 193.

[1647] Likulia Bolongo, « Cent ans de droit pénal au Zaïre », Communication faite aux premières journées juridiques organisées par la Faculté de Droit de l'Université de Kinshasa, le 16 mars 1985, sur le thème « Un siècle de vie juridique au Zaïre ».

[1648] G. Levasseur, Préface à l'ouvrage du Général Likulia Bolongo intitulé *Droit et Science pénitentiaires*..., p.7.

[1649] V. Rapport J-P. Michel, Sénat (français), n° 641, 18 juin 2014, T. II, p. 41, présenté dans le cadre de la proposition de loi du 15 août 2014 sur la contrainte pénale. V. aussi, « Penser la peine autrement : proposition pour mettre fin à la surpopulation carcérale », Rapport d'information n° 652, AN, Commission des lois, 2013, avec 25 propositions, pp. 160 et s. Cités par J. Pradel, in *Droit pénal général,* 21e éd., n° 724, p. 602, NBP 3 et 4.

SECTION 2 : **LES SANCTIONS CIVILES**

Elles interviennent comme réponses à l'action que peut intenter la victime directe de l'infraction suivant des voies que lui ouvre la loi (§ 1er). Elles consistent essentiellement en la réparation selon les modalités prévues par le législateur (§ 2).

*PARAGRAPHE 1er : **LES VOIES MENANT AUX SANCTIONS CIVILES***

EN LIMINAIRE : LES CONDITIONS PREALABLES

L'une des plus vieilles prérogatives légalement accordées à la victime est le droit à l'exercice d'une action civile, aux côtés de l'action publique engagée par le ministère public au nom de la société.[1650] Elle est consacrée dans l'art. 107 de la L.O n° 13/011-B du 11 avril 2013 portant organisation, fonctionnement et compétences des juridictions de l'ordre judiciaire qui dispose :

> « L'action en réparation du dommage causé par une infraction peut être poursuivie en même temps que l'action publique et devant le même juge.
> Il en est de même des demandes de dommages-intérêts formées par le prévenu contre la partie civile ou contre les co-prévenus. »

Cette action civile en réparation du dommage directement causé par l'infraction appartient à tous ceux qui en ont souffert personnellement.[1651] Elle est, depuis de longue date, mise en œuvre par la jurisprudence congolaise qui a notamment décidé que « tous ceux qui sont lésés par une infraction peuvent demander à la justice réparation du dommage qui leur a été causé ».[1652] Pour l'exercice de son droit, la victime jouit d'une liberté d'option : elle peut choisir de porter son action soit devant une juridiction

---

[1650] L'action publique est étudiée en profondeur dans le cadre des cours d'organisation et compétence judiciaires et de procédure pénale ; art. 11 et 12 du CPP. V. aussi l'art. 130 du CJM : « L'action publique devant les juridictions militaires est mise en mouvement par les magistrats du ministère public militaire, le commandement, le ministre de la Défense ou la partie lésée. » Il faut comprendre l'expression « mettre en mouvement » ici dans le sens d'être à l'origine. La partie lésée peut être à l'origine de la mise en mouvement de l'action publique en déposant une plainte au parquet militaire, appelé auditorat militaire.

[1651] V. aussi l'art. 2 al. 1er du CPP français : « L'action civile en réparation du dommage causé par un crime, un délit ou une contravention appartient à tous ceux qui ont personnellement souffert du dommage directement causé par l'infraction. »

[1652] Boma, 10 oct. 1911, Jur. col. 1913, p. 9.

civile, soit devant une juridiction répressive, sous réserve du respect du principe « *electa una via* ». Mais plusieurs avantages la conduisent généralement à préférer à la solution civile la voie pénale, entre autres le caractère relativement moins onéreux de celle-ci, sa relative célérité et son caractère plus énergique dans la recherche des preuves.[1653] Cependant, l'accès à la voie pénale est subordonné à certaines conditions :
- la victime doit au préalable posséder la capacité d'ester en justice ;
- l'action qu'elle exerce doit tirer son origine d'une infraction pénale, car elle ne peut être portée devant les juges répressifs que comme l'accessoire de l'action publique[1654] ;
- le dommage subi doit être personnel, certain et actuel, direct.

Personnel d'abord, dans ce sens qu'il doit être subi par la victime elle-même. Ainsi a-t-il toujours été jugé que « la juridiction répressive ne peut accorder des dommages-intérêts qu'à la partie au préjudice de laquelle l'infraction a été commise ».[1655] Cependant, un préjudice personnel peut être subi par une autre personne que celle qui a été directement touchée par l'infraction : il en est ainsi des ascendants, des descendants ou de l'époux de la personne décédée à la suite de l'infraction, qui ont souffert eux-mêmes du décès de cette dernière et peuvent en conséquence agir pour réclamer réparation. C'est pourquoi certains auteurs, respectant strictement les termes des art. 1er et 2 du CPP français, considèrent que la notion de « partie lésée » est plus appropriée que celle de « victime », car la partie lésée, ce n'est pas forcément la victime directe, de chair et de sang ; c'est toute personne qui a personnellement souffert du dommage directement causé par l'infraction.[1656]

Certain et actuel ensuite, car le préjudice invoqué doit exister au moment de la mise en mouvement de l'action. Aussi a-t-il été jugé que la citation directe « est nulle lorsque la partie citante ne peut établir, au moment de l'introduction de celle-ci, que le dommage résultant de l'infraction existe

---

[1653] V. : F. Boulan, « Les droits de la victime : un choix de politique criminelle », in *Problèmes actuels de Science criminelle*, Presses Universitaires d'Aix-Marseille, 1985, pp. 7-20, spéc. p. 11 ; A. D'Hauteville, « Le nouveau droit des victimes », in *RICPT*, vol. XXXVII, n° 4, oct.-déc. 1984, pp. 437 à 463.

[1654] Art. 3 al. 1er du CPP français : « L'action civile peut être exercée en même temps que l'action publique et devant la même juridiction… » ; B. Bouloc, *Procédure pénale*, 26e éd., Dalloz, Paris, 2017, pp. 225-243, n°s 261-276 ; Boma, *idem* ; Elis. 6/1/1912, Jur. congo 1913, p. 27.

[1655] V. notamment : C.G. Appel 1er juin 1899 Jur. Etat, I, p. 65 ; Boma 19/1/1909 Jur. Etat II, p. 297.

[1656] Dans ce sens, F. Fourment, *Procédure pénale*, 14e éd., Larcier, Bruxelles, 2013, p. 177, n° 345.

toujours à son préjudice, et partant, le tribunal n'est pas saisi. »[1657] Néanmoins, un dommage futur peut également servir de base à une action civile à la condition que sa réalisation à venir soit d'ores et déjà certaine. De même la perte d'une chance, perte actuelle et irrémédiable, peut aussi justifier l'exercice de l'action.

Personnel, certain et actuel, le dommage doit enfin être direct c'est-à-dire uni à l'infraction par un lien de cause à effet. Les dommages-intérêts sont considérés comme la conséquence directe de l'infraction lorsqu'aucun fait, aucune cause étrangère ne vient rompre la continuité de cause à effet entre l'infraction et le dommage.[1658] La juridiction répressive n'est par conséquent pas compétente pour statuer sur le préjudice subi par un tiers qui avait acheté au voleur un des objets volés et le lui avait payé partiellement : ce préjudice ne procède pas directement de l'infraction.[1659]

À ces trois caractéristiques s'ajoutent parfois les deux suivantes qui ne font l'unanimité ni de la jurisprudence, ni de la doctrine : c'est que le dommage doit être causé à un intérêt légitime juridiquement protégé et il ne doit pas naître d'une situation immorale. Il faut noter cependant qu'à l'heure actuelle, la tendance est plutôt vers la réduction de ces diverses conditions pour assurer la recevabilité de l'action civile de la victime même en cas d'indignité, même en cas d'infractions d'intérêt purement général comme, p.

[1657] Lub. 29/01/1970, *RJC* 1970, p. 151 avec note E. Lamy.

[1658] Elis. 10/02/1912 Jur. Congo, 1914-1919, p. 65. Voir R. Ollard, « La distinction du dommage et du préjudice en droit pénal », in *RSC*, n° 3, 2010, pp. 561- 586. Il écrit : « Alors que le langage juridique courant et la pratique judiciaire ont abouti à la confusion pure et simple du dommage et du préjudice, ces deux vocables désignaient, en droit romain, deux réalités distinctes. Au plus haut degré de son perfectionnement, la loi Aquilia distinguait en effet le *damnum*, l'atteinte matérielle à l'intégrité de la chose, et le *praejudicium*, les conséquences d'une telle atteinte pour la victime. Élargie au-delà de la seule atteinte à l'intégrité d'une chose, "le dommage désigne, à proprement parler, la lésion subie, qui s'apprécie au siège de cette lésion, tandis que le préjudice, qui est la conséquence de cette lésion, apparaît comme l'effet ou la suite du dommage". Selon cette conception, le dommage serait donc un fait brut - l'atteinte à l'intégrité d'une chose, d'une personne ou plus généralement l'atteinte à un droit - objectivement perceptible, "indépendamment de la représentation que peut en faire la victime", tandis que le préjudice, conçu comme les « conséquences découlant du dommage à l'égard de la victime », serait une notion subjective, appréciée en fonction d'une personne déterminée… » (pp. 560-561)

[1659] Inst. Coq. 26/8/1933, *RJCB* 1934, p. 111 ; CSJ, Arrêt du 31 août 1984 (RPA 94), *En cause Ministère public c/Kashwantale ka Ruhangamugabo Balemba et Nzunzumuna Dijiba Mbaki*, in *BACSJ*, Années 1980 à 1984, pp. 507-517, spéc. p. 517.

ex., le délit de « construction sans permis ».[1660] Lorsque ces préalables sont réunis, la victime dispose alors de deux possibilités pour suivre la voie pénale : la citation directe (A) ou la constitution de partie civile (B).

A- LA CITATION DIRECTE

Elle est prévue par l'art. 54 al. 1er du CPP qui porte que « la juridiction de jugement est saisie par la citation donnée au prévenu, et éventuellement à la personne civilement responsable, à la requête de l'officier du ministère public, ou de la partie lésée ». Son exercice est soumis à certaines conditions particulières (a). De même, le fait qu'elle produise des effets importants (b) n'exclue pas qu'elle connaisse quelques limites (c).

a) Les conditions d'exercice

Elles sont de deux ordres : d'une part les conditions de fond, d'autre part les conditions de forme. Pour faire un peu de comparaison et saluer la simplicité de la loi congolaise en la matière, les premières comme les secondes paraissent plus rigoureuses ou plus complexes en France qu'en RDC.

1°- Les conditions de fond

En France, l'utilisation de la citation directe est fonction de la gravité de l'infraction commise. Lorsque celle-ci est un crime, la citation directe n'est pas possible. Lorsqu'il s'agit d'une contravention, seule la citation directe est possible. S'il s'agit d'un délit correctionnel, la citation directe et la constitution devant le juge d'instruction, sont, en principe, concurremment « exerçables ».[1661] En principe, car il existe certaines hypothèses où ce choix n'est pas de mise. Il en est ainsi lorsque l'auteur du délit est un mineur de moins de dix-huit ans ou un inconnu, ou encore lorsqu'il s'agit de délits de spéculation illicite ou de délits prévus par le code disciplinaire et pénal de la marine marchande. Dans tous ces cas, la citation directe est impossible.[1662] Mises à part ces hypothèses particulières, la règle en matière de délits est donc que la victime a le choix entre la procédure de la citation directe et

---

[1660] R. Gassin, note sous Cass. crim. 17 janvier 1985, in *JCP* 1985-II, N° 20451.

[1661] Art. 85, 388 et 392 du CPP français. B. Bouloc, *Procédure pénale*, 26e éd. 2017, p. 310, n° 341.

[1662] R. Merle et A. Vitu, *Traité de droit criminel*, T. II, 4e éd., Cujas, Paris, 1989, p. 370, n° 316 ; v. aussi, F. Desportes, L. Lazerges-Cousquer, *Traité de procédure pénale*, 4e éd., Economica, Paris, 2015, pp. 1967-1970, n°s 2893-2902 ; pp. 2004-2006, n°s 2952-2956 ; B. Bouloc, *ibidem*.

celle de la constitution de partie civile. Ce choix est irrévocable dans ce sens qu'« elle ne peut, pour le même délit, se constituer devant le juge d'instruction après avoir saisi le tribunal correctionnel, ni non plus citer directement en correctionnelle sans attendre la fin de l'instruction déclenchée par sa plainte avec constitution de partie civile ».[1663]

En RDC, toutes ces distinctions ne sont pas opérées étant entendu que la législation de ce pays ne consacre pas la division tripartite des infractions en crimes, délits et contraventions. Ainsi, quelle que soit la gravité de l'acte dont elle est victime, la personne lésée conserve la liberté d'agir soit par la citation directe, soit en se constituant partie civile. Il est évident que dans la pratique, en cas de survenance d'infractions graves comme le meurtre, l'assassinat ou l'empoisonnement, bien souvent, le ministère public met d'office l'action publique en mouvement, la victime ne pouvant dès lors que se joindre à celle-ci en se constituant partie civile. Mais théoriquement, rien ne l'empêche d'agir par la voie de la citation directe, sauf à tenir compte des limites légales évoquées plus bas.

2°- Les conditions de forme

La deuxième série de conditions se rapporte aux règles de forme. En France, la citation directe doit consister en un acte d'huissier comportant des mentions relatives aux personnes intéressées,[1664] aux faits poursuivis, et à l'élection par la victime du domicile dans le ressort du tribunal saisi. En RDC, le formalisme n'est pas aussi rigoureux, la victime pouvant introduire la citation directe soit verbalement, soit par simple lettre-plainte. Il est

[1663] R. Merle et A. Vitu, *ibidem*. « Dès lors qu'elle s'est constituée partie civile auprès du juge d'instruction, la victime d'une infraction n'a plus la possibilité de saisir par voie de citation directe le tribunal correctionnel de poursuites contre des personnes qui n'ont pas été renvoyées devant cette juridiction par le magistrat instructeur bien qu'elles aient été visées par la plainte et mises en cause lors de l'information sans toutefois avoir été inculpées [mises en examen]. » (Crim. 17 janv. 1983 : *Bull. crim.* n° 1 ; *JCP* 1984. II. 20232, note Jeandidier). « La partie civile constituée devant le juge d'instruction ne peut abandonner la voie de l'instruction préparatoire en cours pour traduire quiconque, en raison des mêmes faits, par voie de citation directe, devant la juridiction correctionnelle. » (Crim. 4 janv. 1990 : *Bull. crim.* n° 7.)

[1664] Victime requérante, prévenu, personne civilement responsable. (Merle et Vitu, *idem*, n° 317). En ce qui concerne l'élection de domicile, v. l'art. 392 du CPP français : « La partie civile, qui cite directement un prévenu devant un tribunal répressif, fait, dans l'acte de citation, élection de domicile dans le ressort du tribunal saisi, à moins qu'elle n'y soit domiciliée. » V. aussi, J. Pradel, *Procédure pénale*, 19e éd., Cujas, Paris, 2017, pp. 655-657, n°s 696-698.

cependant une condition commune aux deux pays, c'est que l'exercice de ce droit est subordonné à la consignation préalable des frais du procès sous peine d'irrecevabilité de l'action.[1665]

b) Les effets

La citation directe a deux effets essentiels :
- elle tend à l'allocation des dommages-intérêts ;
- elle met en mouvement l'action publique et l'action civile. Aussi a-t-il été jugé que « la citation directe constitue une garantie que la loi donne aux citoyens contre les abus du refus de poursuivre »[1666] ; que « ce procédé a pour effet de mettre en mouvement l'action publique »[1667], forçant ainsi la main au ministère public qui devient partie poursuivante. La Chambre criminelle française a également dit pour droit que « l'exercice de l'action civile devant le tribunal de répression a pour conséquence nécessaire de mettre en mouvement l'action publique. »[1668]

La saisine du tribunal opérée est irrévocable, que la citation soit l'œuvre du parquet ou de la victime. Car le désistement de celle-ci ne dessaisit pas le tribunal qui doit statuer sur l'action publique. Il faut noter, au passage, que dans certains cas où les poursuites sont subordonnées à la plainte préalable de la victime, son désistement peut arrêter la procédure. Tel est le cas, p. ex., en matière d'adultère. Mais, en règle générale, le désistement de la partie civile qui a cité directement l'auteur de l'infraction n'a pas pour effet de dessaisir le tribunal de l'action publique et n'a d'effet que sur l'action civile.[1669]

Dans tous les cas, il n'y a pas lieu de déduire de l'importance de cette prérogative reconnue à la victime que celle-ci devient un second ministère public. Une fois qu'elle l'a déclenchée, c'est au parquet que revient le pouvoir et le devoir d'exercer l'action publique, c'est-à-dire de la conduire devant les juridictions criminelles. On réalise néanmoins la puissance des effets de ce droit, quoique, par ailleurs, il connaisse quelques limites.

[1665] Art. 88 et 392-1 du CPP français ; Art. 122 et suivants du CPP congolais ; Art. 31 du code (congolais) de procédure devant la CSJ.
[1666] Elis. 23 sept. 1958, *RJC* 1960-1961.
[1667] CSJ, 29 mai 1974 et 6 février 1974, *RJZ* 1975, pp. 24 et 108.
[1668] Crim. 8 mai 1903 : *DP* 1905. 1. 534 ; 15 nov. 1945 : *D.* 1946. 111 ; 22 janv. 1953 : *D.* 1953. 109, cités sous l'art. 388 du CPP français.
[1669] V. notamment Léo 15.06.1935, *RJCB* 1935, p. 169.

c) Les limites

La loi congolaise consacre un certain nombre de limites à l'exercice de la citation directe :
- La première, c'est que l'action civile, sous toute forme, est irrecevable devant la Cour de cassation. Elle ne peut être poursuivie qu'après l'arrêt définitif de cette cour et devant les juridictions ordinaires.[1670]
- La deuxième, c'est que la partie lésée ne peut pas exercer la voie de citation directe contre une personne jouissant du privilège de juridiction. Plus exactement, « lorsqu'il y a lieu de poursuivre une personne jouissant d'un privilège de juridiction, cette citation ne sera donnée qu'à la requête d'un officier du Ministère public. »[1671]
- De même, lorsque l'auteur de l'infraction est un agent de l'ANR, la citation directe n'est pas possible car les poursuites sont subordonnées à l'avis préalable de l'administrateur général de ce corps de l'État.[1672]
- Enfin, devant les juridictions militaires, la citation directe n'est pas non plus possible. La victime ne peut suivre qu'une voie, celle de se constituer partie civile en même temps et devant les mêmes juges que l'action

---

[1670] Art. 78 de la L.O n° 13-010 du 19 février 2013 relative à la procédure devant la Cour de cassation cité *infra* ; l'ancien art. 106 O-L n° 82-017 du 31 mars 1982 relative à la procédure devant la CSJ. V. aussi Bayona ba Meya, *Cours de procédure pénale*, Fac. Droit de L'Unikin, Année académique 1980-1981, pp. 101, 103, 105 et 108 ; Guy Bouchoms, « Commentaire de l'O-L du 8 janvier 1969 relative à la procédure devant la CSJ », in *Revue congolaise de Droit*, n° 1, 1971, p. 35.

[1671] Art. 54 al. 2 du CPP congolais. V. aussi l'art. 48 al. 4 de l'arrêté d'organisation judiciaire n° 299/79 du 20 août 1979 portant règlement intérieur des cours, tribunaux et parquets : « Lorsque le greffier constatera que la citation directe met en cause une personne jouissant du privilège de juridiction, il sera tenu d'aviser la partie citante que pareille citation ne peut être donnée qu'à la requête du Ministère public. » In *Le Code judiciaire zaïrois*, (Mis à jour 31 janvier 1986), pp. 41-82, spéc. p. 53 ; et in *Les Codes Larcier*, T. I, Droit civil et judiciaire, pp. 336-352, spéc. p. 340.

[1672] Bayona, « L'organisation de la justice zaïroise et les droits des citoyens », pp. 3-6. Le Centre national de recherches et d'investigations (CNRI) est l'ancienne appellation du service des renseignements, actuelle Agence Nationale de Renseignements (ANR). Voir D-L n° 003-2003 du 11 janvier 2003 portant création et organisation de l'Agence nationale de renseignements. « Art. 25. Les officiers de police judiciaire ou du ministère public, avant d'interpeller ou de poursuivre les agents et fonctionnaires de l'Agence nationale de renseignements pour les actes accomplis dans l'exercice de leurs fonctions, doivent demander l'avis préalable de l'administrateur général. Les officiers de police judiciaire ou du ministère public, avant d'interpeller ou de poursuivre les fonctionnaires de l'Agence nationale de renseignements pour les actes n'ayant pas trait à l'exercice de leurs fonctions, doivent en informer l'administrateur général. »

publique.[1673] La mise à l'écart de la citation directe est ici justifiée par des considérations de discipline militaire. C'est ce qui ressort du rapport de l'auditeur général accompagnant le projet du code de justice militaire, dans lequel il était précisé que le droit de citation directe n'existe pas en droit pénal militaire ; c'est toujours le ministère public qui poursuit, car il serait contraire à toute discipline et inadmissible que le premier soldat venu put citer directement à la barre du conseil de guerre ses subordonnés, ses camarades ou ses supérieurs.[1674] Cette justification n'envisage donc que l'hypothèse où la victime de l'infraction est un militaire alors que les victimes d'infractions relevant de la compétence des juridictions militaires - en l'occurrence des infractions de droit commun[1675] - peuvent être aussi des civils.[1676] Elle ne prend pas non plus en ligne de compte l'hypothèse où, en cas de survenance des circonstances exceptionnelles, les juridictions militaires se substituent à celles civiles exerçant ainsi toutes les attributions légales de ces dernières.

Les frais qu'entraîne l'exercice de la citation directe peuvent également être regardés comme un frein à la mise en œuvre de ce droit.[1677] Il en est de même du revers d'une action téméraire et vexatoire qui risque de coûter cher

---

[1673] Art. 77 de la loi n° 023-2002 du 18 novembre 2002 portant CJM : « L'action pour la réparation du dommage causé par une infraction relevant de la compétence de la juridiction militaire peut être poursuivie par la partie lésée en se constituant partie civile en même temps et devant le même juge que l'action publique. Il en est de même des demandes en dommages-intérêts formées par le prévenu contre la partie civile ou contre les co-prévenus. Les restitutions des objets s'opèrent suivant le droit commun. » Article 226, *idem* : « Lorsque la juridiction militaire est saisie, la partie lésée par le fait incriminé peut la saisir de l'action en réparation en se constituant partie civile. La constitution de la partie civile peut intervenir à tout moment de l'instance, depuis la saisine de la juridiction militaire jusqu'à la clôture des débats, par une déclaration reçue au greffe ou faite à l'audience, et dont il est donné acte au requérant. » En cas de déclaration au greffe, celui-ci en avise les parties intéressées. Article 227, *idem* : « La partie lésée, qui s'est constituée partie civile après la saisine de la juridiction militaire peut se désister à tout moment de l'instance par déclaration à l'audience ou au greffe. Dans ce dernier cas, le greffier en avise les parties intéressées. »

[1674] Likulia Bolongo, *Droit pénal militaire zaïrois*, T. I, LGDJ, Paris, 1977, p. 119.

[1675] V. Art. 76 du CJM : (al. 1er) « Les juridictions militaires connaissent, sur le territoire de la République, des infractions d'ordre militaire punies en application des dispositions du Code Pénal Militaire. » (al. 2) « Elles connaissent également des infractions de toute nature commises par des militaires et punies conformément aux dispositions du Code Pénal ordinaire »...

[1676] Les cas p. ex. d'un vol, d'une escroquerie, d'un viol... commis par un militaire sur une personne civile.

[1677] Art. 82, 108,122 et s. du CPP ; Art. 31 du Code de procédure devant la CSJ.

à celui qui prend la liberté de l'engager avec légèreté. À ce propos, il a notamment été jugé que :

- « La responsabilité de la partie civile est plus étendue et doit être appréciée plus sévèrement lorsqu'au lieu de s'adresser aux tribunaux civils, elle agit par voie de citation directe devant la juridiction répressive ou provoque la mise en mouvement de l'action publique. »[1678]
- « Peut être considérée comme téméraire et vexatoire et donner ouverture à une demande des dommages et intérêts, une citation directe qui constitue soit un acte de malice ou de mauvaise foi, soit une faute tellement grossière qu'elle est équipollente au dol. Tel est le cas de la partie prétendument lésée qui, au lieu de recourir aux tribunaux civils, alors qu'elle n'ignorait pas qu'elle pouvait le faire, met inconsidérément ou méchamment en mouvement l'action publique. »[1679]
- « Le désistement fait par la partie citante de la citation directe n'enlève pas à ce dernier son caractère téméraire et vexatoire ; mais la volonté du citant d'abandonner l'instance pourrait même constituer la preuve qu'il s'est rendu parfaitement compte de la légèreté de son attitude. »[1680]

B- LA CONSTITUTION DE PARTIE CIVILE

La possibilité de se constituer partie civile est prévue par l'art. 69 du CPP qui porte :

- dans son al. 1er, que « lorsque la juridiction de jugement est saisie de l'action publique, la partie lésée peut la saisir de l'action en réparation du dommage en se constituant partie civile » ;
- dans son al. 2, que « la partie civile peut se constituer à tout moment depuis la saisie du tribunal jusqu'à la clôture des débats, par une déclaration reçue au greffe ou faite à l'audience, et dont il lui est donné acte... »

La première question qui vient tout naturellement à l'esprit est celle de savoir si, comme la citation directe, la constitution de partie civile est également soumise à quelques conditions particulières (a). On peut aussi s'interroger sur les effets qu'elle produit (b) et sur les limites que connaît son emploi (c).

a) Les conditions d'exercice

En RDC, la constitution de partie civile n'est soumise à aucune condition particulière.[1681] Elle peut être utilisée quelle que soit la gravité de

---

[1678] Léo. 12.10.1926, Jur. col. 1929, p. 145.
[1679] CSJ, 22 juin 1972 - RPA 5 - en cause Tuluka c/Boekwa et Crts.
[1680] CSJ, 22 juin 1972, *idem*.
[1681] Hormis la consignation préalable des frais.

l'infraction commise. La situation est donc plus simple qu'en France, p. ex., où cette voie est :

- obligatoire si l'infraction perpétrée est un crime ou un délit commis par un mineur de moins de 18 ans ou un inconnu, ou encore s'il s'agit de délits de spéculation illicite ou de délits prévus par le code disciplinaire et pénal de la marine marchande ;
- facultative en cas d'autres délits, la victime pouvant choisir entre la citation directe et la constitution de partie civile ;
- impossible en cas de contraventions, la victime ne pouvant que suivre la procédure de la citation directe.[1682]

La comparaison des formes exigées par les deux législations est également intéressante. En RDC, aucune forme n'est requise. La victime peut se constituer partie civile soit verbalement, soit par simple lettre-plainte. Et l'absence de juridiction d'instruction dans l'organisation judiciaire congolaise fait qu'en déposant plainte au parquet qui poursuit et instruit, la victime peut déjà exprimer son désir de se constituer partie civile. Lorsque le tribunal est saisi, elle peut le faire soit hors des audiences par une déclaration au greffe, soit à l'audience d'instruction de la cause par voie de simples conclusions verbales ou écrites.[1683] En France aussi, la plainte avec constitution de partie civile n'est pas soumise à une grande rigueur de forme, car elle peut également être faite soit par écrit, soit oralement, entre les mains du juge d'instruction ou du doyen des juges d'instruction s'il y en a plusieurs. La victime doit cependant expressément déclarer qu'elle réclame des dommages-intérêts et faire élection de domicile par acte dressé au greffe au cas où elle n'est pas domiciliée dans le ressort du tribunal.[1684] Dans les deux pays, la consignation préalable des frais du procès est exigée sous peine d'irrecevabilité de l'action.[1685] Mais cette condition a été

[1682] Art. 85, 388 et 392 du CPP français ; R. Merle et A. Vitu, *Traité de droit criminel*, T. II, 4e éd., n° 316 ; C. Ambroise-Castérot, Ph. Bonfils, *Procédure pénale*, 2e éd. PUF, Paris, 2018, pp. 102-105, n°s 142-147 ; B. Bouloc, *Procédure pénale*, 26e éd., 2017, pp. 311-318, n°s 342-350.

[1683] Bayona ba Meya, *Cours de procédure pénale*, p. 105.

[1684] J. Pradel, *Procédure pénale*, 4e éd., Cujas, Paris, 1990, n° 382 ; V. plus de développements dans la 19e éd., 2017, pp. 682-699, n°s 723-747 ; R. Merle et A. Vitu, *Traité de droit criminel*, T. II, 4e éd., n° 317 ; B. Bouloc, *Procédure pénale*, 20e édition, Dalloz, Paris, 2006, pp 125-129, n°s 156-162 ; pp 191 et s ; 24e éd., 2014, pp. 298-306, n°s 335-343 ; Art. 420 et 420-1 du CPP français.

[1685] Art. 88 du CPP français. « La partie civile est dispensée de toute consignation lorsqu'elle a obtenu l'aide juridictionnelle, que celle-ci soit totale ou partielle. » (Crim. 30 novembre 1999 : *Bull. crim.* n° 277, cité sous art. 88 du CPP français) ; Art. 122 et s. du CPP congolais ; Art. 31 du code (congolais) de procédure devant la CSJ.

assouplie en France par la loi n° 83-608 du 8 juillet 1983 renforçant la protection des victimes d'infractions.[1686]

b) Les effets

La constitution de partie civile, comme la citation directe, permet à la victime d'obtenir du tribunal la réparation du dommage subi à la suite de l'infraction. Cependant, à la différence de la citation directe, en RDC, la constitution de partie civile ne met pas l'action publique en mouvement. Elle permet seulement à la victime de joindre son action civile à l'action publique déclenchée par le ministère public. Merle et Vitu nous précisent qu'en France, la constitution de partie civile a pour effet de saisir le juge d'instruction, quel que soit le sens des réquisitions prises par le procureur,[1687] de l'obliger à ouvrir une instruction et à la mener jusqu'à une ordonnance de clôture. En d'autres termes, l'acte de la victime oblige le juge à informer même si le réquisitoire intervenu sur communication faite au parquet, conclut à l'inopportunité de procéder à une information.[1688] Dès lors, en France, la plainte avec constitution de partie civile met bien l'action publique en mouvement. Cette solution a été consacrée par le célèbre arrêt de la chambre criminelle du 8 décembre 1906, dit arrêt Thirion ou plus souvent appelé arrêt Laurent-Atthalin du nom du conseiller rapporteur.[1689]

[1686] *J.O de la République Française* du 9 juillet 1983, p. 2122.

[1687] Par application de l'art. 86 al. 1er du CPP français, le juge d'instruction qui reçoit une plainte avec constitution de partie civile la communique au procureur par une ordonnance de soit-communiqué pour obtenir de lui ses réquisitions. En RDC, c'est le parquet qui instruit et poursuit.

[1688] Pour plus de détails sur ce droit et les responsabilités de la victime en cas de constitution abusive de partie civile, voir R. Merle et A. Vitu, *Traité de droit criminel*, T. II, 4e éd., n° 318-323.

[1689] Crim. 8 déc. 1906, D. 1907.1.207, rapport Laurent Atthalin, S., 1907.1.377, cité par R. Merle et A. Vitu, *idem*, n° 319. « La plainte déposée entre les mains d'un juge d'instruction par la personne qui se dit victime d'un crime ou d'un délit, lorsqu'elle est accompagnée d'une constitution de partie civile, produit, pour la mise en mouvement de l'action publique, les mêmes effets que le réquisitoire du procureur de la République. » (Crim. 8 déc. 1906 : *DP 1907. 1. 207*, rapp. Laurent-Athalin ; 17 janv. 1919 : *DP 1920. 1. 39* ; 8 juin 1923 : *DP 1923. 1. 201* ; 28 mai 1925 : *DP 1925. 1. 466* ; 9 janv. 1930 : *DH 1930. 84* ; 21 septembre 1999 : *Bull. crim.* n° 188, cités sous art. 1er du CPP français). Il est également intéressant de noter que « la constitution de partie civile devant le juge d'instruction, si elle a pour effet de mettre en mouvement l'action publique devant ce magistrat, n'opère pas la saisine de la juridiction de jugement, ladite saisine ne pouvant résulter que d'une ordonnance ou d'un arrêt de renvoi, après la clôture de l'instruction. » (Crim. 21 oct. 1932 : *DH 1932. 542.*)

Ainsi, la constitution de partie civile en procédure pénale congolaise ressemble plutôt à l'intervention en droit procédural français. La victime agit en effet par voie d'intervention lorsque, le ministère public ayant déjà mis en mouvement l'action publique, elle saisit la juridiction répressive de son action en dommages-intérêts, soit par des conclusions écrites, soit par des conclusions verbales prises à l'audience et dont acte lui est donné.[1690]

c) Les limites

La constitution de partie civile connaît quelques limites en RDC. Elle n'est pas recevable devant la Cour de cassation. Si celle-ci est saisie, la victime doit attendre l'intervention de son arrêt définitif pour exercer ce droit devant les juridictions inférieures, conformément à l'art. 78 de la L.O n° 13/010 du 19 février 2013 relative à la procédure devant la Cour de cassation qui dispose :

> « La constitution de partie civile n'est pas recevable devant la Cour de Cassation. De même, la Cour ne peut statuer d'office sur les dommages-intérêts et réparations qui peuvent être dus en vertu de la loi, de la coutume ou des usages locaux. L'action civile ne peut être poursuivie qu'après l'Arrêt définitif de la Cour et devant les juridictions ordinaires. »[1691]

Elle n'est pas non plus recevable devant la Cour constitutionnelle, en vertu de l'art. 106 de la L.O n° 13-026 du 15 octobre 2013 portant organisation et fonctionnement de cette instance qui, nous l'avons dit, non seulement connaît de la constitutionnalité des traités et accords internationaux, des lois, des actes ayant force de loi, des édits, des règlements intérieurs des chambres parlementaires, du congrès, des institutions d'appui à la démocratie et des actes règlementaires des autorités administratives[1692] ; mais se trouve être également la juridiction pénale du président de la République et du premier ministre.[1693] Le libellé de cet art. 106 est quasi le même que celui de l'art. 78 relatif à la Cour de cassation.[1694]

[1690] R. Merle et A. Vitu, *idem*, n° 312 ; J. Pradel, *Procédure pénale*, 5e éd., n° 380 ; S. Guinchard, J. Buisson Jacques, *Procédure pénale*, 10e éd., LexisNexis, Paris, 2014, pp 719-754, n°s 1133 et s.

[1691] À titre historique, voir l'art. 106 de l'O-L n° 82-017 du 31 mars 1982 relative à la procédure devant la CSJ, abrogé par l'art. 91 de cette L.O n° 13-010 du 19 février 2013.

[1692] Art. 43 de la L.O n° 13-026 du 15 octobre 2013 portant organisation et fonctionnement de la Cour constitutionnelle.

[1693] V. les art. 72 à 80 de la même L.O cités *supra*.

[1694] Art. 106 de la L.O n° 13-026 du 15 octobre 2013 : « La constitution de partie civile n'est pas recevable devant la Cour. De même, la Cour ne peut statuer d'office

Enfin, la constitution de partie civile pour la première fois en instance d'appel n'est pas recevable parce qu'elle enlèverait au prévenu le bénéfice du double degré de juridiction.[1695]

PARAGRAPHE 2 : ***LES MODALITÉS DES SANCTIONS CIVILES***

La réalisation de l'infraction entraîne deux conséquences majeures dans le chef de la victime :
- elle lui inflige, selon les cas, des pertes financières, des dégâts matériels ou corporels, des souffrances psychologiques plus ou moins graves ;
- en même temps, elle fait naître en elle un droit lui permettant d'obtenir réparation des dommages ainsi subis.

Ayant prévu la possibilité pour la victime de déclencher l'action publique ou de s'y joindre, le droit pénal réglemente également la finalité qu'elle poursuit : la réparation. Il en fixe les modes, en détermine l'étendue, et en définit la nature.

A- LES MODES DE RÉPARATION

La réparation par l'agent peut s'opérer de deux manières distinctes :
- soit en nature, c'est la restitution ;
- soit en espèce, ce sont les dommages-intérêts.

a) La restitution

La restitution est la remise au propriétaire légitime de l'objet sur lequel a porté l'infraction (voiture volée, argent extorqué ou détourné, etc.), ou qui a été saisi comme pièce à conviction.[1696] Pour sauvegarder ce droit, il a été proposé que, dans certains cas, la victime soit constituée gardienne des objets saisis qui lui appartiennent. Il est en effet fréquent que ceux-ci moisissent dans les caves du greffe du tribunal et ne soient plus réclamés par leur légitime propriétaire qui ignore généralement ce qu'il en est advenu.[1697]

Entendu dans ce sens, la restitution sanctionne un droit de propriété préexistant. Elle ne peut porter que sur les objets retrouvés en nature et non

---

sur les dommages-intérêts et réparations qui peuvent être dus aux victimes. L'action civile ne peut être poursuivie qu'après l'Arrêt définitif et devant les juridictions ordinaires. »

1695 1ère Inst. Stan., Appel 21.02.1928, *RJCB*, 1929, p. 113.

1696 R. Merle et A. Vitu, *Traité de droit criminel*, T.II, 4e éd., n° 113.

1697 Rapport de la Commission Milliez, p. 44.

sur ceux que le délinquant aurait acquis avec le prix des choses volées ou détournées, car la subrogation réelle n'est pas ici admise. Cependant, à côté de cette signification courante, la jurisprudence admet une autre acception de la restitution. Ainsi, est comprise en tant que telle, toute mesure tendant directement à faire cesser la situation de fait générée par l'infraction (fermeture d'un débit de boissons illégalement ouvert, destruction de travaux exécutés en contravention à une disposition légale ou réglementaire, suppression d'écrits déclarés faux, etc.).[1698] C'est également dans ce sens que l'ONU comprend le droit à la restitution. Elle proclame en effet que « dans tous les cas où des dommages graves sont causés à l'environnement, la restitution doit inclure autant que possible la remise en état de l'environnement, la restitution de l'infrastructure, le remplacement des équipements collectifs et le remboursement des dépenses de réinstallation lorsque ces dommages entraînent la dislocation d'une communauté ».[1699]

La restitution est en principe une obligation à charge de l'auteur de l'infraction. Néanmoins, « lorsque les fonctionnaires ou d'autres personnes agissant à titre officiel ou quasi officiel ont commis une infraction pénale, les victimes doivent recevoir restitution de l'État dont relèvent les fonctionnaires ou les agents responsables des préjudices subis. Dans le cas où le gouvernement sous l'autorité duquel s'est produit l'acte ou l'omission à l'origine de la victimisation n'existe plus, l'État ou le gouvernement successeur en titre doit assurer la restitution aux victimes ».[1700]

En droit congolais, en plus de la disposition-cadre qu'est l'art. 15 du CP,[1701] d'autres dispositions pénales visent expressément la restitution comme mode de réparation. Il en est ainsi notamment des art. 14, 15 al. 3, et 18 de l'O-L n° 67-272 du 23 juin 1967 sur la réglementation du change, et des art. 77 du CJM et 110 du CPM.[1702]

[1698] R. Merle et A. Vitu, *ibidem*.

[1699] Déclaration des principes fondamentaux de justice relatifs aux victimes de la criminalité et aux victimes d'abus de pouvoir, points 10 et 11.

[1700] *Idem*.

[1701] Art. 15 du CP : « Toute condamnation pénale est prononcée sans préjudice des restitutions et dommages-intérêts qui peuvent être dus aux parties. Le tribunal fixe le montant des dommages-intérêts. »

[1702] O-L n° 67-272 du 23 juin 1967 relative aux pouvoirs réglementaires de la Banque du Congo en matière de réglementation du change (*MC* 1967, p. 864) : Art. 14 : « Sans préjudice des dispositions de l'article précédent, les infractions à la réglementation du change entraînent toujours pour le délinquant l'obligation de restituer à la République Démocratique du Congo les devises transférées illégalement ou frauduleusement soustraites à l'encaissement. » Art. 15, al. 1er : « La poursuite des infractions à la réglementation du change est exercée à la demande de

Lorsque la restitution n'est pas possible, la personne lésée n'aura d'autre solution que de réclamer des dommages-intérêts.

b) Les dommages-intérêts

Ils sont destinés à compenser à la fois le profit manqué et la perte éprouvée par la victime. En France, ils ne peuvent être alloués qu'à la demande expresse de la victime ; autrement dit, le juge français ne peut pas prononcer d'office une condamnation aux dommages-intérêts. En cela, ceux-ci se distinguent des restitutions qui, elles, peuvent être ordonnées d'office par les tribunaux répressifs en dehors de toute demande de la victime.[1703] Cette distinction n'est pas de mise en droit congolais où les réparations, les dommages-intérêts autant que les restitutions, peuvent être prononcées d'office par les tribunaux répressifs saisis de l'action publique. C'est ce qui ressort des art. 108 et 109 de la L.O n° 13/011-B du 11 avril 2013 portant organisation, fonctionnement et compétences des juridictions de l'ordre judiciaire qui disposent :

> « Sans préjudice du droit des parties de se réserver et d'assurer elles-mêmes la défense de leurs intérêts et de suivre la voie de leur choix, les tribunaux répressifs saisis de l'action publique prononcent d'office les dommages-intérêts et réparations qui peuvent être dus en vertu de la loi, de la coutume et des usages

---

la banque nationale. » al. 3 : « La restitution des devises transférées illégalement ou frauduleusement soustraites à l'encaissement est obligatoire indépendamment du jugement définitif. » Art. 18 : « Lorsque l'auteur d'une infraction vient à décéder avant que la transaction n'ait été proposée, ou avant que la juridiction compétente n'ait été saisie, la banque nationale ne peut exercer contre la succession les mesures conservatoires dont question à l'article précédent. Toutefois, l'obligation de restituer les devises illégalement transférées ou frauduleusement soustraites à l'encaissement existe dès le constat de l'infraction ; en cas de décès de l'auteur, avant que la proposition transactionnelle n'ait été faite ou avant que la juridiction compétente n'ait été saisie, cette obligation grève la succession. » - Art. 77 du CJM : « … Les restitutions des objets s'opèrent suivant le droit commun. » Art. 110 al. 1er du CPM : « Quiconque, au service des Forces Armées, abuse des pouvoirs qui lui sont conférés en matière de réquisition ou refuse de donner reçu des quantités fournies, est puni de deux mois à deux ans de servitude pénale. » al. 3 : « .... Sans préjudice des peines prévues ci-dessus, le coupable est, en outre, condamné, à la restitution. »

[1703] R. Merle et A. Vitu, *Traité de droit criminel*, T. II, 4e éd., 1989, n° 113 ; Jean Pradel, *Procédure pénale*, 12e éd., Cujas, Paris 2004, pp. 231-232, n° 274 ; Art. 99 al. 3 du CPP français. « Les objets placés sous main de justice ne peuvent être restitués par le juge d'instruction que lorsque leur propriété n'est pas contestée. » (Crim. 27 sept. 2005 : *Bull. crim.* n° 239 ; *RSC* 2006. 104, obs. A. Giudicelli. V. aussi les art. 373 et 478 du CPP français.

locaux. »[1704]

« La restitution des objets sur lesquels a porté l'infraction est ordonnée d'office lorsqu'ils ont été retrouvés en nature et que la propriété n'en est pas contestée. »[1705]

La Cour suprême de justice, section judiciaire, actuelle Cour de cassation, met régulièrement en œuvre ces prescriptions. Ainsi, p. ex., dans son arrêt du 29 juillet 1980, elle a soulevé d'office le moyen d'ordre public pris de la violation de l'art. 15 du CP, en ce que l'arrêt attaqué avait ordonné indistinctement la restitution de tous les biens de la victime du vol déploré, alors qu'il aurait dû faire la distinction entre les biens retrouvés en nature et les autres, étant donné que la restitution ne peut être ordonnée que pour les biens saisis. Aussi a-t-elle cassé partiellement, avec renvoi, l'arrêt entrepris, au motif précis qu'il avait ordonné la restitution des biens non saisis au lieu de condamner l'auteur du vol au versement des dommages-intérêts de ce chef.[1706]

Il convient de rappeler que tout fait quelconque de l'homme, ayant causé un dommage à autrui, même par négligence ou imprudence, oblige son auteur à le réparer. La faute peut donc consister en une imprudence, une négligence ou une inattention. Il n'est pas requis que ladite faute soit empreinte de malice, de mauvaise foi ou d'erreur grossière. Aussi la Cour a-t-elle jugé qu'

« Est fondé, le moyen pris de la violation des articles 258, 259 et 260 du code civil livre III en ce que la décision querellée a prétendu qu'est susceptible de donner lieu à des dommages-intérêts un acte fautif seulement lorsque celui-ci est empreint de malice, de mauvaise foi ou d'une erreur grossière équipollente au dol, car les dispositions légales invoquées au moyen ne prévoient pas tels

[1704] Art. 108.

[1705] Art. 109. Ces textes reprennent exactement les anciens art. 108 et 109 de l'O-L n° 82-020 du 31 mars 1982 portant COCJ, abrogée par l'art. 156 de la L.O n° 13/011-B du 11 avril 2013 régissant cette matière.

[1706] CSJ, Arrêt du 29 juillet 1980 (RP 360/361), *En cause Ali Adjamayi et Vunza Kapenda c/ Ministère public, Lusakivana Lubaki et Kusitela Kimokendi,* in *BACSJ*, Années 1980 à 1984, pp. 70-76, spéc. p. 75 : « La Cour… casse partiellement l'arrêt entrepris… ; Renvoie la cause devant la Cour d'appel de Kinshasa ; Dit pour droit que le juge de renvoi ne devra ordonner la restitution que pour les biens retrouvés en nature et que, pour le préjudice résultat du vol des biens non retrouvés en nature, il devra allouer des dommages-intérêts… » V. aussi CSJ, Arrêt du 14 décembre 1984 (RPA 102), *En cause Ministère public c/ Mbelo Saula Likunde*, in *idem*, pp. 532-537, spéc. p. 537. Dans cette affaire, la Cour a condamné l'auteur du recel à la restitution à la victime de l'argent retrouvé en nature, au remboursement de la partie de la somme non retrouvée et au paiement des dommages-intérêts.

éléments, il suffit simplement, pour ce faire, que le fait ait causé à autrui un dommage même par négligence ou imprudence, et en décidant comme elle l'a fait, la décision attaquée a ajouté à la loi. »[1707]

La victime bénéficiaire des dommages-intérêts attribués d'office peut aussi être l'État. En donne une illustration, l'art. 131 du CPM qui oblige la juridiction militaire saisie de prononcer d'office des dommages-intérêts en faveur de l'État congolais pour le préjudice subi à la suite des infractions d'espionnage, de trahison, de désertion à l'étranger, d'insoumission, de détournement des deniers publics ou des effets appartenant à l'État.[1708]

La seconde question que pose la réparation supportée par l'agent est celle de son étendue.

B- L'ÉTENDUE DE LA RÉPARATION

La réparation doit compenser le dommage subi du fait de l'infraction. Ce dommage peut avoir atteint la victime dans sa personne. Il peut l'avoir atteinte dans l'un de ses biens qui a été soustrait, détourné ou détruit à la suite de l'infraction ; sans oublier les frais secondaires entraînés notamment par l'instance judiciaire. La réparation que l'auteur de ces dommages doit procurer à la victime doit être intégrale, c'est-à-dire qu'elle doit compenser ceux-ci d'une manière complète. Voilà pourquoi certaines législations ou certains projets soutiennent la constitution d'un dossier du préjudice subi par la victime. Tel est, p. ex., le cas du projet du Gouvernement fédéral américain « Omnibus Victim Projection Bill of 1982 » qui proposait « que le juge reçoive automatiquement, avant de prononcer sa sentence, un rapport sur les conséquences financières, sociales, psychologiques et médicales de l'acte pour la victime ».[1709] De même, lors de la discussion du projet de la loi française du 8 juillet 1983, un amendement avait été déposé, tendant à ajouter à l'art. 81 al. 1er du CPP, - selon lequel « le juge d'instruction procède à tous les actes d'information qu'il juge utiles à la manifestation de la vérité » -, le membre de la phrase suivant : « et, éventuellement, à l'établissement du préjudice subi par la victime de l'infraction ». Le motif

---

1707 CSJ, Arrêt du 27 août 2010 (RC 3437), *En cause Mwamba Ndumbi c/ La Compagnie Sucrière de Kwilu Ngongo et la République démocratique du Congo*, in *BACSJ*, Années 2010-2013, Éd. 2014, pp. 69-72, spéc. pp. 69-70.

1708 Art. 131 : « En cas de condamnation pour les infractions prévues aux articles 129 et 130 du présent Code, la juridiction militaire saisie est tenue de prononcer d'office les dommages-intérêts en faveur de l'État congolais pour le préjudice subi. Le montant des dommages-intérêts est récupéré au profit du Trésor Public par la Commission de gestion des biens séquestrés sur la valeur des biens du condamné. »

1709 Voir A. Normandeau, « Pour une charte des droits des victimes », p. 214.

avancé était que l'on gagnerait du temps en menant les expertises sur le préjudice en même temps ou parallèlement à la recherche des preuves, alors que ces expertises étaient requises par le juge après décision sur l'action publique. Cet amendement ne fut cependant pas retenu parce qu'il avait buté sur l'opposition du ministre de la justice d'alors, monsieur R. Badinter, qui fondait sa position sur la dénaturation du rôle du juge d'instruction qui aurait découlé d'une telle modification, sur la présomption d'innocence, ainsi que sur le ralentissement des procédures.[1710] Il faut cependant reconnaître que la proposition avancée n'était pas dépourvue d'intérêt surtout lorsqu'on sait que la loi du 8 juillet 1983 admet que même après relaxe, la juridiction de jugement peut statuer sur la demande en dommages-intérêts. Ce qui implique évidemment que le dossier soit complet.[1711] On gagnerait en temps si les expertises, au lieu d'être faites après relaxe, l'étaient au même moment que les autres investigations.

La position prise par le Conseil de l'Europe va dans ce sens. Celui-ci pense en effet que, les pertes ou préjudices subis par la victime étant un élément déterminant de toute décision de l'autorité judiciaire sur le cas, il est nécessaire de mettre à la disposition de cette autorité toute information y relative. L'enquête policière, et l'éventuel examen médical concomitant, fournit une première occasion de dresser l'inventaire de ces pertes et préjudices. Il est souhaitable que tout rapport de police, adressé à l'autorité chargée des poursuites, contienne une description aussi claire et complète que possible de la nature et de l'étendue de la victimisation. Ce premier constat des blessures et dommages subis par la victime sera, le cas échéant, complété par un examen plus approfondi au cours des étapes ultérieures du procès pénal, en l'occurrence au niveau du parquet et de la juridiction d'instruction.[1712]

[1710] Intervention de M. Badinter devant l'Assemblée Nationale, Séance du 5 mai 1983, *J.O.* Déb. Ass. Nat. 6 mai 1983, p. 910, col. 1 et 2.

[1711] Intervention de M. Michel, *ibidem*.

[1712] V. Rapport du Comité Européen pour les problèmes criminels sur la position de la victime dans le cadre du procès pénal et de la procédure pénale, Conseil de l'Europe, Affaires juridiques, Strasbourg 1985, p. 18, point 4, et p. 21, point 12. C'est pour ces raisons que le Comité des ministres recommande aux États membres ce qui suit : « 4. Dans tout rapport soumis aux organes de poursuite, la police devrait faire un constat aussi clair et complet que possible des blessures et des dommages subis par la victime... 12. Toutes informations utiles sur les blessures et dommages subis par la victime devraient être soumises à la juridiction pour qu'elle puisse, lors de la fixation de la nature et du quantum de la sanction, prendre en considération : le besoin de réparation du préjudice subi par la victime ; tout acte de réparation ou de restitution accompli par le délinquant ou tout effort sincère dans ce sens. » (Recommandation n° R (85) 11, points 4 et 12).

Le souci qui se dégage de ces recommandations est celui de fixer la réparation en fonction de l'étendue et de la gravité du préjudice subi par la victime, car la réparation consentie à celle-ci doit, répétons-le, compenser l'intégralité du préjudice subi.

En RDC, le juge fixe le montant des dommages-intérêts en tenant compte de ce préjudice tel qu'il peut être évalué à partir de l'analyse des éléments du dossier. Il observe ce précédent jurisprudentiel qui a posé que la fixation de l'indemnité à accorder en guise de réparation du préjudice causé par une infraction ne doit pas tenir compte des événements postérieurs, étrangers à celle-ci ou au dommage subi, qui auraient amélioré ou aggravé la situation de la victime.[1713] Il ne peut oublier qu'il lui est recommandé d'ordonner de préférence la réparation en nature, lorsque cette dernière est encore possible.[1714]

En l'absence d'éléments d'appréciation suffisants, le juge fixe le montant des dommages-intérêts *ex aequo et bono*, c'est-à-dire selon ce qui est équitable et bon. C'est ce qui ressort de l'arrêt de la CSJ du 20 novembre 1985 qui a dit pour droit que « lorsque les dommages-intérêts octroyés d'office par le premier juge s'avèrent insuffisants, le juge d'appel augmente *ex aequo et bono* le montant de ces dommages-intérêts en l'absence d'autres éléments d'appréciation. »[1715] Dans une autre espèce, elle a jugé non fondé le moyen « qui reproche à la décision entreprise d'avoir confirmé celle du premier degré qui, sans relever les critères et éléments de fait, a néanmoins alloué des dommages-intérêts, car le premier juge, dont la décision a été confirmée en appel, avait statué *ex aequo et bono* en l'absence d'éléments d'appréciation. »[1716]

Ce critère s'impose davantage encore s'agissant d'évaluation du dommage moral. En effet, comme l'a dit la Cour, en matière de réparation du préjudice moral, il n'existe aucun critère objectif permettant de proportionner la réparation du préjudice subi dont l'ampleur elle-même est indéterminable. C'est la raison pour laquelle les juges du fond fixent *ex*

[1713] V. Cass., 29 septembre 1948, in *RJCB*, 1949, p. 86.

[1714] V. Léo., 27 juin 1950, in *JTO*, 1952, p. 6.

[1715] CSJ, Arrêt du 20 novembre 1985 (RPA 112), *En cause Ministère public c/Iyeli Mpela Iseki et consorts,* in *BACSJ*, Années 1985 à 1989, pp. 84-100, spéc. pp. 86, 98 et 99 : « La Cour… À défaut d'éléments d'appréciation, condamne ex aequo et bono le prévenu Nzita à payer à Mayanganga Bamfumu, trois mille zaïres à titre de dommages-intérêts pour arrestation arbitraire dont ce dernier a été victime ; ... »

[1716] V. CSJ, Arrêt du 29 mars 1988 (RP 831), *En cause Munene Kabamba Nyama Tsiabo, Sanaa Hussein Abdel Halim et Abdel Aziz c/ Ministère public et Jean Stalakis,* in *idem*, pp. 423-426, spéc. p. 424.

aequo et bono le montant des dommages-intérêts pour la réparation du préjudice moral.[1717]

C- LA NATURE JURIDIQUE DE LA RÉPARATION

De lege lata, la réparation est une obligation imposée à l'agent qui, en plus de la sanction pénale, doit rétablir la victime dans ses droits. Elle trouve son fondement, nous l'avons dit, dans le code civil congolais livre III qui dispose que tout fait quelconque de l'homme causant à autrui un dommage, oblige celui par la faute duquel il est arrivé à le réparer [1718] ; et qui précise que « chacun est responsable du dommage qu'il a causé, non seulement par son fait, mais encore par sa négligence ou par son imprudence ».[1719] C'est donc sur cette base que le juge répressif condamne l'auteur de l'infraction à la fois à la peine prévue par la loi et à la réparation du préjudice subi par la victime. La charge de cette réparation incombe évidemment à l'auteur de l'acte, mais aussi à la personne qui en répond civilement, conformément à l'art. 260 du même code.[1720]

Cette disposition est régulièrement mise en œuvre par la jurisprudence. Ainsi, p. ex., dans l'affaire Ministère public, Buabo Shela et autres contre Nkaba Nkassiokubikaba et consorts, la CSJ a condamné les prévenus Nkaba, Lombiongo, Manyayi et Kilonda *in solidum* avec leur civilement responsable, en l'occurrence l'Office national des transports, ONATRA, à payer des dommages-intérêts aux parties civiles et aux enfants de Muamba, victime des coups et blessures volontaires ayant entraîné la mort de ce dernier.[1721] Rappelons que Nkaba, directeur chef du corps de police de l'ONATRA, ayant soupçonné Muamba d'avoir commis un vol la nuit dans sa résidence, avait donné l'ordre à l'OPJ chef de l'Unité de la police d'intervention de « serrer » Muamba jusqu'à ce qu'il avouât, ordre matériellement exécuté par deux policiers qui administrèrent des coups et

---

[1717] V. CSJ, Arrêt du 19 juin 1987 (RP 604), *En cause Lufuma Lubutu c/ Ministère public et Kumwini Ndolumingo,*in *idem*, pp. 344-351, spéc. pp. 346 et 351. V. aussi, CSJ, Arrêt du 12 avril 1991 (RPR/C. 003), *En cause Ministère public, Bimasha Mbuyi et Boma wa Boma c/ Matezo Mavakala,*in *BACSJ*, Années 1990 à 1999, pp. 47-51, spéc. p. 47 : « À défaut d'éléments précis d'appréciation du préjudice, la Cour estime ex aequo et bono le montant à allouer en considération du préjudice tant matériel que moral subi. »

[1718] Art. 258.

[1719] Art. 259.

[1720] V. cet art. 260, *supra* p. 63, NBP 129.

[1721] V. CSJ, Arrêt du 30 janvier 1987 (RPA 123), *En cause Ministère public et parties civiles c/ Nkaba Nkassiokubikaba et consorts,*in *BACSJ*, Années 1985 à 1989, pp. 254-264, spéc. pp. 254, 261-262.

tortures à ce dernier jusqu'à ce qu'il expirât, accomplissant ainsi l'infraction de coups et blessures volontaires ayant entraîné la mort sans intention de la donner.[1722] Pour obtenir de la Cour d'être mis hors cause, l'ONATRA soutint que les faits incriminés ne présentaient aucun lien de connexité ni aucun rapport avec les fonctions auxquelles il employait les prévenus et que, partant, il devait échapper à l'application de l'art. 260 du CC livre III. La Cour rejeta cette argumentation, motivant ainsi sa décision :

> « Quant à la responsabilité …
> Cette demande [de l'ONATRA] n'est pas fondée, les prévenus ayant agi sur les lieux, pendant et à l'occasion du service auquel ils étaient employés, faisant usage d'ailleurs des véhicules, matraques et menottes reçus du préposé de leur employeur "ONATRA". En effet, il est de règle que "n'est pas exigé pour que la responsabilité du commettant soit engagée, que l'acte fautif imputable au préposé rentre dans les fonctions dévolues à celui-ci ; il suffit qu'il ait été commis pendant la durée du service et qu'il soit en relation avec celui-ci même indirectement et occasionnellement". Il est donc irrelevant pour l'ONATRA qui ne prouve pas avoir suffisamment surveillé ses agents pour les empêcher de commettre les actes déplorés, de prétendre que les deux policiers n'étaient pas chargés de taper ou de torturer la victime.
> Quant à l'allocation des dommages-intérêts
> La mort donnée à la victime à l'âge de 33 ans, par les prévenus, a causé aux parties civiles et aux orphelins, un dommage matériel et moral certain. L'oncle maternel et le grand-frère ont perdu la contribution matérielle de leur proche parent sur qui ils ne pourront plus compter dans le cadre de la solidarité familiale. Au contraire, dorénavant, ils devront pourvoir aux charges de la veuve et des orphelins. Tous ont été affligés par la perte brutale de la victime, arrachée prématurément à leur affection outre l'intensité des liens de parenté unissant les intéressés à la victime. La Cour fixera forfaitairement les montants des dommages-intérêts payables à chacun…. »[1723]

De lege ferenda, d'aucuns proposent que la réparation du préjudice constitue une peine pour certaines infractions. C'est ce qui se dégage de la « Déclaration des principes fondamentaux de justice relatifs aux victimes de la criminalité et aux victimes d'abus de pouvoir » adoptée par la 96ème séance plénière des Nations Unies le 29 novembre 1985. Le point 9 de cette déclaration porte en effet que « les gouvernements doivent réexaminer leurs pratiques, règlements et lois pour faire de la restitution une sentence possible dans les affaires pénales, s'ajoutant aux autres sanctions pénales ». Cette déclaration rejoint la Recommandation N° R (85) 11 du Comité des ministres du Conseil de l'Europe qui donne cette directive aux États membres : « La réparation devrait pouvoir, dans la législation, soit

---

[1722] *Idem*, p. 260.
[1723] *Idem*, pp. 261-262.

constituer une peine, soit se substituer à une peine, soit être prononcée en même temps qu'une peine. »[1724]

Le législateur français a répondu favorablement à cette recommandation. En effet, par sa loi n° 2007-297 du 5 mars 2007, créant la *sanction-réparation*, il a introduit dans le CP un article 131-8-1 ainsi libellé :

> « Lorsqu'un délit est puni d'une peine d'emprisonnement, la juridiction peut prononcer, à la place ou en même temps que la peine d'emprisonnement, la peine de sanction-réparation. Il en est de même lorsqu'un délit est puni à titre de peine principale d'une seule peine d'amende.
> La sanction-réparation consiste dans l'obligation pour le condamné de procéder, dans le délai et selon les modalités fixés par la juridiction, à l'indemnisation du préjudice de la victime.
> Avec l'accord de la victime et du prévenu, la réparation peut être exécutée en nature. Elle peut alors consister dans la remise en état d'un bien endommagé à l'occasion de la commission de l'infraction ; cette remise en état est réalisée par le condamné lui-même ou par un professionnel qu'il choisit et dont il rémunère l'intervention.
> L'exécution de la réparation est constatée par le procureur de la République ou son délégué.
> Lorsqu'elle prononce la peine de sanction-réparation, la juridiction fixe la durée maximum de l'emprisonnement, qui ne peut excéder six mois, ou le montant maximum de l'amende, qui ne peut excéder 15 000 euros, dont le juge de l'application des peines pourra ordonner la mise à exécution en tout ou partie dans les conditions prévues par l'article 712-6 du code de procédure pénale si le condamné ne respecte pas l'obligation de réparation. Si le délit n'est puni que d'une peine d'amende, la juridiction ne fixe que le montant de l'amende, qui ne peut excéder 15 000 euros, qui pourra être mis à exécution. Le président de la juridiction en avertit le condamné après le prononcé de la décision. »

Cette disposition met bien en lumière la définition, la nature, les modalités et les conséquences de non-exécution de cette sanction :

[1724] Recommandation n° R (85) 11 du 28 juin 1985, point 11. Le Conseil de l'Europe réaffirme cette option dans la Recommandation n° R (87) 20 sur les réactions sociales à la délinquance juvénile. Il soutient en effet, avec raison nous semble-t-il, que parmi les mesures de substitution aux peines privatives de liberté, particulièrement prometteuses et moins coûteuses que l'enfermement, figure la réparation du dommage causé par l'activité délictueuse du mineur. « Cette réparation vise non seulement à satisfaire les besoins de la victime mais aussi à exercer une influence éducative auprès du mineur. En devenant pleinement conscient du tort qu'il a causé, celui-ci pourrait être dissuadé de tout comportement similaire à l'avenir. » (V. cette Recommandation, points 14 et 15, in Conseil de l'Europe, *Réactions sociales à la délinquance juvénile*..., Comité européen pour les problèmes criminels, Strasbourg 1989, pp. 10, 53-54).

- La sanction-réparation est, en effet, à la fois une peine et un procédé d'indemnisation de la victime de l'infraction. Elle consiste dans l'obligation faite au condamné de procéder à la réparation du préjudice subi par la victime à la suite de l'infraction qu'il a commise.
- Au point de vue de sa nature exacte, elle peut intervenir soit comme peine principale ; soit comme peine alternative à la peine principale d'emprisonnement ou d'amende.
- Quant à ses modalités, la sanction-réparation peut être exécutée soit en espèces, soit en nature avec l'accord des deux parties : la victime et le condamné ; la réparation en nature pouvant alors consister en la remise en état du bien endommagé par l'infraction.
- Cette sanction est assortie des garanties nécessaires. Au moment du prononcé, la juridiction fixe les peines que subira le condamné en cas de non-exécution de la réparation. Le président du tribunal en avertit ce dernier. La surveillance est assurée par le procureur ou son délégué qui doit constater l'exécution de la réparation.

On aura remarqué que cet art. 131-8-1 ne parle que de délit. En réalité, la sanction-réparation s'applique aussi en matière de contraventions de la cinquième classe[1725], conformément à l'art. 131-15-1.[1726] Elle existait déjà depuis 1993 pour les mineurs, soit avant la condamnation, soit à l'occasion de celle-ci.[1727]

[1725] Les contraventions de la cinquième classe sont les contraventions les plus graves, punies d'une amende de 1500 euros au plus, maximum pouvant s'élever à 3000 euros en cas de récidive, comme le prévoit l'article 131-13 du CP français qui dispose : « Constituent des contraventions les infractions que la loi punit d'une amende n'excédant pas 3 000 euros. Le montant de l'amende est le suivant : 1° 38 euros au plus pour les contraventions de la 1ère classe ; 2° 150 euros au plus pour les contraventions de la 2e classe ; 3° 450 euros au plus pour les contraventions de la 3e classe ; 4° 750 euros au plus pour les contraventions de la 4e classe ; 5° 1500 euros au plus pour les contraventions de la 5e classe, montant qui peut être porté à 3 000 euros en cas de récidive lorsque le règlement le prévoit, hors les cas où la loi prévoit que la récidive de la contravention constitue un délit. »

[1726] Art.131-15-1 du CP français : « Pour toutes les contraventions de la 5e classe, la juridiction peut prononcer à la place ou en même temps que la peine d'amende, la peine de sanction-réparation selon les modalités prévues par l'article 131-8-1. Dans ce cas, la juridiction fixe le montant maximum de l'amende, qui ne peut excéder 1500 euros, dont le juge de l'application des peines pourra ordonner la mise à exécution en tout ou partie dans les conditions prévues par l'article 712-6 du code de procédure pénale si le condamné ne respecte pas l'obligation de réparation. »

[1727] J. Pradel, *Droit pénal général,* 21e éd., n° 662, p. 455. V. aussi P. Hennion-Jacquet, « L'indemnisation du dommage causé par l'infraction : une forme atypique de réparation ? Dommages et intérêts, classement sous condition de réparation, sanction-

Une autre manière de donner de la force à la décision de réparation est de la considérer comme condition de certaines mesures d'atténuation ou d'exemption de la sanction pouvant être prises en faveur du délinquant. Ainsi, p. ex., tout effort sincère déployé par celui-ci en vue de la réparation, même partielle, du dommage infligé à la victime peut jouer en sa faveur lors de la fixation de la nature et du degré de la sanction, ou lors de l'appréciation de la mise en œuvre des mesures conditionnelles évitant les peines privatives de liberté comme : - l'ajournement du prononcé de la sanction frappant le délinquant reconnu coupable, pendant un certain délai, en attendant un changement dans sa situation ou une action de sa part ; - la suspension d'une peine (sursis simple ou avec mise à l'épreuve) ; - la probation, mesure impliquant la surveillance, l'assistance et l'orientation du délinquant par un agent de probation, et qui est souvent assortie de conditions diverses. Parmi les conditions d'ordre pécuniaire imposées au délinquant dans le cadre de ces mesures, le dédommagement de la victime devrait avoir une place importante. Telle est la recommandation que le Comité des ministres du Conseil de l'Europe fait aux gouvernements des États membres.[1728]

Cette politique, qui fait subordonner l'octroi au délinquant de certains allégements à la réparation du préjudice subi par la victime, est un moyen efficace d'assurer la concrétisation du dédommagement et de faciliter son recouvrement par la victime. En effet, le recouvrement des dommages-intérêts pose certains problèmes : il s'agit d'une opération techniquement complexe et coûteuse pour celle-ci, ayant un caractère souvent incertain en raison de moyens réduits du délinquant ou de sa mauvaise foi. C'est pourquoi il est recommandé : - que la réparation accordée à titre de sanction, soit recouvrée suivant les mêmes modalités que les amendes et ait priorité sur tout autre sanction pécuniaire imposée au délinquant ; - que dans les autres cas, la victime soit aidée autant que possible dans cette opération de recouvrement ; en guise d'aides sont suggérées la prise en charge par l'État des frais d'exécution au cas où la victime n'a pas de revenus suffisants, ou la communication par l'administration de l'adresse du débiteur et de données personnelles le concernant.[1729]

---

réparation », in *RSC*, n° 3, juillet-septembre 2013, pp. 517-525 ; J-B Thierry, « L'individualisation du droit criminel », in *RSC*, n° 1, janvier-mars 2008, pp. 59-68.

[1728] Recommandation n° R (85) 11 du 28 juin 1985, point 13 : « Lorsque la juridiction peut, entre autres modalités, ajouter des conditions d'ordre pécuniaire au prononcé d'un ajournement, d'une suspension de peine, d'une décision de probation, ou de toute autre mesure, une grande importance -parmi ces conditions- devrait être accordée à la réparation par le délinquant du préjudice subi par la victime. »

[1729] Recommandation n° R (85) 11, point 13 ; Rapport du Comité européen pour les

En RDC, l'aide apportée à la victime dans ce domaine est, à condition qu'elle soit effectivement mise en œuvre, l'une des plus efficaces, car les restitutions ainsi que les dommages-intérêts bénéficient du même moyen de recouvrement que les frais de justice. C'est ce que prévoit l'art. 16 du CP qui dispose que « l'exécution des condamnations aux restitutions, aux dommages-intérêts et aux frais peut être poursuivie par la voie de la contrainte par corps ».[1730] La jurisprudence a précisé que la condamnation à la contrainte par corps n'est pas automatique et ne peut être prononcée pour le recouvrement des dommages-intérêts que si la partie civile l'a expressément postulée.[1731] La durée de la contrainte par corps, qui ne peut excéder six mois, est déterminée par le jugement. Comme nous l'avons dit plus haut, pour son exécution, la contrainte par corps est assimilée à la servitude pénale.[1732] Aux termes de l'art. 121 du CPP, « la partie civile qui désire faire exécuter la contrainte par corps prononcée à son profit adresse sa demande au Ministère public. Elle est tenue préalablement de consigner, entre les mains du greffier, la somme nécessaire à la détention du débiteur. Le Ministère public ne fait saisir le débiteur que sur la production du reçu de cette somme. » Le condamné qui justifie de son insolvabilité est mis en liberté après avoir subi sept jours de contrainte.[1733]

L'apport du code de la famille en cette matière d'exécution des condamnations aux restitutions et aux dommages-intérêts mérite également d'être relevé.

SECTION 3 : L'INNOVATION APPORTÉE PAR LE CODE DE LA FAMILLE DANS LE DOMAINE DE LA SANCTION

Cette innovation consiste dans la consécration de la réparation comme sanction suffisante d'une infraction spécifique : l'adultère (§1er). Elle trouve son fondement dans la conception traditionnelle de la justice qui accordait une place centrale à la réparation du dommage subi par la victime (§ 2).

---

problèmes criminels, point E. 14.

1730 V. l'application de cette disposition p.ex. dans CSJ, Arrêt du 5 décembre 1980 (RPA 66), *En cause Ministère public et Partie civile c/Molongya Mayikusa Moi Bongenye et consorts*, in *BACSJ*, Années 1980 à 1984, pp. 123-159, spéc. pp. 126, 127, 155, 159.

1731 V. Ière Inst, Coq., 10 novembre 1943, in *RJCB*, 1944, p. 146.

1732 Art. 17 du CP.

1733 Art. 17 du CP.

*PARAGRAPHE 1er : **LA RÉPARATION-SANCTION : SUBSTANCE DE L'INNOVATION***

Ordinairement, la réparation est une sanction civile qui souvent s'ajoute à la sanction pénale en vue de rétablir la victime dans les droits corporels, patrimoniaux ou moraux violés par l'infraction. En matière de la répression de l'infraction d'adultère, le code de la famille a introduit une nouveauté significative car il « prévoit la possibilité pour l'époux offensé de réclamer uniquement des dommages-intérêts…, consacrant ainsi une coutume répandue dans les diverses régions du pays. »[1734] Il est en effet « incontestablement prouvé que bien des mariages coutumiers ne sont pas dissouts alors qu'il y a adultère, tout simplement parce que, par l'allocation des dommages-intérêts de nature coutumière, les conjoints offensés trouvent une satisfaction morale certaine. Le législateur espère, en introduisant cette pratique dans le code de la famille, inculquer la même mentalité à tous les Zaïrois, dans le souci de sauvegarder l'unité des foyers. »[1735] Ainsi a-t-il accordé à l'époux victime, n'ayant ni approuvé ni toléré l'adultère commis, le pouvoir de réclamer de son conjoint coupable et de son comparse une réparation, celui-ci pouvant s'en dédouaner en démontrant sa bonne foi.[1736]

Le tribunal de paix pourra prononcer cette condamnation à la réparation si la coutume des époux le prévoit, en privilégiant la réparation en nature sous forme d'objets désignés par la coutume, cette sanction pouvant également être infligée aux parents de l'époux coupable qui auraient incité ce dernier à violer les devoirs conjugaux.[1737] Comme nous le verrons *infra*,

---

[1734] V. l'exposé des motifs de la loi n° 87-010 du 1er août 1987 portant code de la famille, in *J.O*, n° spécial, 28e année, Août 1987, p.14.

[1735] *Idem*.

[1736] Art. 471 tel que modifié par la loi n° 16-008 du 15 juillet 2016 modifiant et complétant la loi n° 87-010 du 1er août 1987 portant code de la famille : « Le conjoint offensé peut réclamer une réparation au conjoint coupable et à toute personne avec qui son conjoint a commis l'adultère, pourvu que le conjoint lésé n'ait pas approuvé ou toléré l'adultère. La personne avec qui le conjoint a commis l'adultère ne sera pas tenue à la réparation si elle prouve que sa bonne foi a été surprise. En déterminant la réparation, le tribunal s'inspirera des dispositions de l'article 461 alinéa 2 de la présente loi. »

[1737] Art. 461, *idem* : (al. 1er) « Lorsque la coutume le prévoit, le tribunal de paix peut, en cas de violation de leurs devoirs par un des époux, le condamner à une réparation en faveur de l'autre époux. » (al. 2) « Dans la mesure du possible, le tribunal évitera d'accorder le dédommagement en argent et ordonnera la réparation en nature sous forme d'objets désignés particulièrement par la coutume à cet effet. » (al. 3) « Lorsque les parents d'un des époux ont incité directement celui-ci à violer les devoirs conjugaux, le tribunal de paix peut leur infliger les mêmes sanctions que

le même souci de s'inspirer de la coutume pour sauvegarder l'unité des foyers conjugaux a conduit le législateur à adopter également la conciliation comme préalable nécessaire à toute procédure en divorce.[1738]

*PARAGRAPHE 2 : **LA RÉPARATION-SANCTION : INNOVATION INSPIRÉE DE LA CONCEPTION TRADITIONNELLE DE LA JUSTICE***

L'examen du déroulement du procès pénal en droit traditionnel permet de percevoir que la victime d'infraction y occupait une position centrale. Cette situation privilégiée était la conséquence logique de la conception africaine de la justice. Selon cette conception, en effet, la justice est d'abord et avant tout une institution de paix qui vise à restaurer l'entente dans la société par l'adhésion de tous les membres à ses sentences.[1739] Certes les sanctions pénales n'étaient pas ignorées, mais le but poursuivi par la justice était surtout de régler le différend en restaurant l'harmonie des rapports sociaux.[1740] Dans cette recherche de règlement du conflit, la victime jouait un rôle actif, comme d'ailleurs aussi l'auteur de l'infraction. C'est que la paix qu'il fallait rétablir n'était pas seulement la paix sociale qui s'obtient par le rétablissement de l'équilibre dans la société, mais aussi la paix morale, celle qui tranquillise la conscience de l'infracteur tout en donnant entière satisfaction à la victime de l'infraction. D'où sa qualification de justice-conciliation (A) et de justice-réparation (B).

A- LA JUSTICE TRADITIONNELLE : UNE JUSTICE CONCILIATOIRE

Le droit traditionnel reconnaissait à la victime d'infraction le droit de régler à l'amiable son conflit avec l'auteur de celle-ci, sous l'œil du chef de la famille, du clan ou du village auquel tous les membres de la société vouaient obéissance et respect. La procédure traditionnelle était donc essentiellement une procédure de conciliation répondant à l'esprit africain de discussion ou de palabre (a). Elle se rencontre encore aujourd'hui aussi bien dans la pratique des justiciables que dans certains textes légaux (b).

---

celles prévues aux alinéas précédents. »

[1738] V. l'exposé des motifs de la loi n° 87-010 du 1er août 1987 portant code de la famille, in *J.O*, n° spécial, 28e année, Août 1987, p. 15 et l'art. 460 de ladite loi tel que modifié par la loi n° 16-008 du 15 juillet 2016.

[1739] Voir R. Dekkers, « Géométrie et conciliation », in *RJC*, n° 1, 1966, pp. 181-182.

[1740] V. notamment P. F. Gonidec, *Les droits africains. Evolution et sources*, 2e éd., LGDJ, Paris, 1976, p. 199.

a) Le fondement et les fonctions de la conciliation

Keba Mbaye a raison d'affirmer qu'« en Afrique, la justice c'est la conciliation ».[1741] En effet, la conciliation correspond à l'idée même de justice. La conception africaine de la justice « place la conciliation à un degré supérieur à toute autre technique juridique, pour régler ou prévenir les différends ».[1742]

1°- Le fondement

La justice traditionnelle de conciliation a une base sociologique ou ethnologique. Elle correspond à une manière de vivre ensemble : une société majoritairement patriarcale, collective ou communautaire où le titre de chef, avec la confiance et l'autorité qu'il inspire, emporte celui d'arbitre. Cette fonction arbitrale, inséparable de la coutume africaine, « répond aux besoins et aux tendances des Négro-africains si prompts aux discussions et aux joutes oratoires des "palabres". Souvent tout se passe -ou tout se passait- comme si la palabre portait en soi résolution du litige : chaque partie y trouvait l'occasion d'affirmer sa cause, soutenue par de nombreux témoins ; et l'abcès vidé, il est ou il était fréquent que la réconciliation servie par l'autorité ou l'habilité du chef, intervint rapidement ».[1743] Lorsque les parties aboutissaient à une « procédure publique », la décision n'était prise que par un collège de juges, généralement le chef de la communauté entouré des notables, qui dégageait une sentence, fruit de discussions et de compromis. Et cette sentence, publiquement prononcée, devait emporter l'assentiment de tous, adhésion qui consacrait l'entente, le consentement général des parties, lequel s'exprimait par un banquet ou une beuverie réunissant juges et plaideurs.[1744] L'histoire ci-après illustre significativement cet esprit. Il s'agissait de deux plaideurs dont l'un devait une chèvre à l'autre, et qui s'affrontaient devant les tribunaux pour savoir si le débiteur devait livrer une petite ou une grande chèvre. L'un et l'autre refusaient obstinément la

---

[1741] Keba Mbaye, « L'organisation judiciaire au Sénégal », in *Penant*, 1965, p. 194. V. aussi, Michel Alliot, « Les résistances traditionnelles au droit moderne dans les États d'Afrique francophone et à Madagascar », in *Études de droit africain et de droit malgache*, Cujas, Paris, 1964, pp. 235-256 ; *Le droit et le service public au miroir de l'anthropologie*, Karthala, Paris 2003, pp. 169-192, spéc. pp. 179-180.

[1742] E. Michelet, « La conciliation dans la procédure sénégalaise », in *Penant*, 1980, p. 135.

[1743] J. Poirier, « L'organisation judiciaire de l'Afrique Occidentale Française », in *L'avenir du droit coutumier en Afrique*, Symposium - Colloque Amsterdam, 1955, Afrika - Institut Leiden, p. 192.

[1744] V. notamment E. Lamy, *Le droit privé Zaïrois*, vol. 1er : *Introduction à l'étude du droit écrit et du droit coutumier Zaïrois*, PUZ, Kinshasa, 1975, p. 197.

solution médiane, celle de livrer une chèvre moyenne. Mais lorsque, enfin, le procès fut tranché selon le droit traditionnel, le perdant livra sans rechigner une grosse chèvre au vainqueur, et le soir venu, ce dernier l'abattit et invita cordialement son adversaire à partager le repas avec lui en signe de réconciliation.[1745]

Cet esprit de dialogue fait que le droit traditionnel ignore la procédure par défaut et naturellement également le recours en opposition. Car les deux parties (auteur et victime de l'infraction) doivent impérativement être présentes pour discuter et aboutir à un accord. On connaissait sans doute certains cas de fuite du prévenu. Mais cela n'empêchait pas le procès de rester contradictoire puisque les autres membres de la famille du prévenu, spécialement l'aîné de la famille, représentaient le défaillant dont ils étaient solidaires. Aussi l'affaire était-elle instruite le même jour et souvent jugée sans désemparer, séance tenante (mentalité photosynthétique). Et la sentence étant approuvée par tous, tout le monde contribuait à la faire exécuter. Au regard de cette conception, le fait de rendre une sentence en l'absence de l'une des parties est un véritable non-sens. C'est probablement dans le souci de tenir compte de cette vision que le législateur colonial a consacré le principe d'inexistence de défaut devant les tribunaux coutumiers.[1746] Ainsi a-t-il disposé que « quelle que soit la coutume, aucun jugement n'est rendu sans que les parties elles-mêmes ou leur mandataire n'aient été, au préalable, mises à même de contredire aux allégations et aux preuves de la partie adverse, de préparer et de faire valoir leurs moyens en toute liberté » ;[1747] que « le défendeur ou le prévenu qui ne comparaît pas personnellement, peut être l'objet d'un mandat d'amener délivré, sur l'ordre du tribunal, par un des juges ou par le greffier du tribunal ».[1748]

À travers l'exposé du fondement de la conciliation transparaît le rôle essentiel qu'elle exerce au sein de la société.

2°- Les fonctions

La conciliation n'est pas seulement un mode de résolution mais aussi un moyen de prévention des conflits.

[1745] A. Sohier, cité par : P. F. Gonidec, *op. cit.*, p. 199 ; Nimy Mayidika Ngimbi, *Essai critique de jurisprudence; Analyse d'arrêts de la CSJ 1969-1972*, Kinshasa, 1973, p. 31.

[1746] V. Compte-rendu de la séance de la CPRDZ du jeudi 30 novembre 1978 - Doc n° 36/CR/026/78, p. 3.

[1747] Art. 26 D. coordonnés sur les juridictions indigènes.

[1748] Art. 27 *idem*.

1) La conciliation : mode de règlement des conflits

C'est cette fonction qui s'aperçoit aisément à la lecture du fondement de la conciliation. Celle-ci vise, en effet, la résolution des différends civils ou pénaux, par un débat entre les parties en cause, auteur et victime de l'infraction, défendeur et demandeur de « l'instance », avec l'arbitrage du chef de la famille, du clan, de la tribu ou du village, généralement entouré des notables. Il s'agit donc d'une fonction de pacification *post delictum* qui se distingue de la fonction *ante delictum* de prévention, elle aussi pacificatrice.

2) La conciliation : moyen de prévention des conflits

Cette fonction est souvent passée sous silence. Pourtant elle est aussi importante que la première, sinon même plus : la prévention ne vaut-elle pas mieux que la guérison, le traitement ou la punition ? La conciliation *ante delictum* a pour rôle essentiel le désamorçage des conflits latents mais évidents par le déclenchement du processus de discussions entre adversaires plus ou moins déclarés mais certainement identifiables, processus destiné à apaiser la tension sociale et à étouffer dans l'œuf des projets criminels dangereux pour la paix collective. Cette mission préventive est courante et efficacement remplie par le chef du groupe. C'est d'elle que parle Mvogo quand, au sujet des Basa et des Béti du Cameroun, il écrit :

> « Il arrive souvent que… un responsable d'une communauté… se mette à convoquer certaines familles, certaines catégories de gens. Il les réunit en disant : "J'ai eu de mauvais rêves à propos de tel ou tel sujet vous concernant. Je ne veux pas qu'il arrive quelque chose de mal à quelqu'un. Le pays est chaud, il faut le refroidir. C'est vous qui provoquez cette chaleur. Dites-moi ce qui se passe pour que tout revienne à la normale. Est-ce que tout le monde est d'accord ?" Et l'assistance répond : oui ! On commence alors la réunion où le responsable prend la parole en désignant nommément chaque personne. "Un tel, pourquoi n'es-tu pas content depuis un certain moment ?" Le nommé prend alors la parole et s'explique sur les causes de son mécontentement. Tout le monde est ainsi consulté et chacun dit ce qu'il a à dire, tout ce qu'il avait intérieurement de mauvais ou susceptible d'engendrer le moindre mécontentement… Tout est réglé publiquement et amiablement… Le but de ces pratiques est de provoquer la transparence, la limpidité, en chassant les moindres nuages pouvant planer sur le cœur de tout un chacun, de telle sorte que tout le monde vit dans la concorde, l'entente, l'amour et la confiance mutuelle sans la moindre haine… »[1749]

[1749] D. C. Mvogo, *La politique criminelle au Cameroun : de la confrontation des modèles traditionnels et modernes à la recherche de solutions adaptées à un processus de développement,* Thèse, Droit, Paris 1, 1982, pp. 173-174. Au sujet de la

Désamorcer les conflits qui risqueraient de se traduire en violences ou en crimes et rétablir l'entente entre antagonistes par la réalisation d'un accord sur des termes acceptables par chacun de ceux-ci, voilà la fonction préventive exercée par la conciliation. Ainsi, par ses deux rôles de prévention et de résolution des conflits, la conciliation atteint la finalité même de la justice : celle de préserver, de maintenir la paix sociale menacée par l'infraction, ou de rétablir rapidement cette paix lorsque l'infraction a été commise. Malgré l'acculturation juridique opérée par la colonisation, cette conception de la justice-conciliation est toujours présente dans les sociétés africaines actuelles.

b) La conciliation : une tradition toujours présente

L'observation de nos réalités sociologiques et juridiques permet de se rendre compte de la survivance de la conciliation non seulement dans la mentalité et la pratique des justiciables (1°), mais aussi dans certaines dispositions légales ou projets de législation (2°).

1°- Dans la mentalité et la pratique des justiciables

1) Le constat

Plusieurs études ont pu établir qu'en Afrique, un grand nombre de différends sont résolus en dehors des tribunaux, les justiciables préférant à cette voie, celle de la conciliation. D'où il subsiste « une sorte de justice parallèle qui fait intervenir les notabilités désignées par la tradition ou par leur prestige social. Même le citadin hésite à se livrer à la justice moderne. Son adhésion n'est que de surface et chaque fois qu'il le peut, il revient à la vieille conception africaine de la justice ».[1750] L'ethnologue J. Binet a fait des observations similaires : « Les tribunaux officiels voient leur clientèle diminuer [note-t-il]. Il est à peu près évident que des tribunaux parallèles

---

conciliation, v. aussi E. Le Roy, *Les Africains et l'Institution de la Justice, Entre mimétismes et métissages*, Dalloz, Paris, 2004, pp. 9 et 57 (chez les Wolof du Sénégal), pp. 76-77 (chez les Peuls Bourkinabés), p. 188 (chez les Nigériens). Au sujet de la valeur de paix, Etienne Le Roy écrit : « La première idée, qui contredit l'image apparente des sociétés africaines, est celle d'une recherche constante de la paix ou de l'apaisement. Ces sociétés ne sont ni plus conflictuelles ni plus consensuelles que les sociétés occidentales ou orientales. Elles recherchent la paix non seulement comme condition de la sécurité des personnes et des biens mais, surtout, comme condition de la cohésion sociale… » (*Idem*, p. 82).

[1750] P. F. Gonidec, *op. cit.*, pp. 212-213.

fonctionnent. »[1751] Colin Turnbull est allé plus en profondeur dans son observation. Il écrit en effet : « Les juristes occidentaux semblent avoir rarement, sinon jamais compris que l'africain a un concept totalement différent de la loi, inséparable de la justice. Il considère que la fonction d'une cour n'est pas de condamner et de punir mais d'essayer de trouver une solution au problème qui lui est soumis. »[1752] Yves Brillon a pu aussi vérifier l'existence, en Côte d'Ivoire, d'une justice parallèle, en l'occurrence la justice coutumière à laquelle continuent à recourir les justiciables.[1753] Dans ce même pays, des infractions aussi graves que l'homicide ou l'adultère suivi de meurtre, sont « conciliées » par un chef du village avec l'assentiment des villageois.[1754]

L'enquête réalisée par Mutumba Kalala, membre de la Commission permanente de réforme du droit zaïrois (congolais), a permis de constater une forte tendance des Zaïrois à régler par la voie conciliatoire leurs différends, entre autres ceux issus de la délinquance ou de la déviance juvénile. Lorsqu'un enfant commet une infraction, rapporte-t-il, la personne qui en est victime va quelquefois se plaindre auprès des parents de cet enfant. Si ceux-ci se montrent compréhensifs, un compromis est trouvé et le litige clos. Dans d'autres cas, ce sont les parents ou l'auteur de l'infraction lui-même qui prennent l'initiative du dialogue avec la victime afin de régler le litige à l'amiable. Les affaires portées devant les juges se ramènent au fond à quelques cas concernant les enfants pratiquement sans soutien (orphelins, enfants vivant loin de leurs parents). Pour les enfants des familles unies, les parents interviennent à temps au niveau des familles des victimes ou même au niveau de la gendarmerie pour rechercher un arrangement à l'amiable.[1755]

[1751] J. Binet, *Afrique en question*, Mame, 1965, p. 156.

[1752] C. Turnbull, *L'Africain désemparé*, p. 165, cité par Gonidec, *op. cit.*, p. 213.

[1753] Y. Brillon, *Ethnocriminologie de l'Afrique Noire,* Vrin, Paris,1980, p. 169. Il en est de même au Togo, au Tchad, au Cameroun, en Afrique du Sud. V. notamment : sur le Togo, Apati Bassah, « Justice et authenticité », *Penant*, 1984, pp. 193-198 ; sur le Tchad, C. Durand, « L'ancien droit coutumier répressif au Tchad », *Penant*, 1977, pp. 170-191 ; sur le Cameroun, D. C. Mvogo, *op. cit.*, pp. 325-321 ; sur l'Afrique du Sud, J. Muller-Cazelles, « Histoire de l'Administration judiciaire bantoue en Afrique du Sud », *Penant*, 1985, p. 147.

[1754] Voir A. Delmas, *Droit pénal coutumier africain*, Thèse, Droit, Paris II, 1976, p. 248. L'auteur rapporte un cas d'homicide concilié à Wobey en 1970 : « Le frère du coupable prit la parole pour implorer le pardon de la famille de la victime et pour souhaiter que l'affaire ne soit pas portée devant la justice officielle mais reste dans le cadre de la communauté villageoise. Le chef du village et l'assistance abondèrent dans le même sens. »

[1755] Rapport de mission présenté par Mutumba Kalala, membre de la Commission,

Dans un article sur le contrôle policier de la délinquance des jeunes à Kinshasa, Raoul Kienge-Kienge Intudi, partant du « constat d'ineffectivité congénitale de la législation sur l'enfance délinquante au Congo », rend compte, notamment, de la manière dont il a mené une recherche empirique, dans le cadre de la construction de sa thèse de doctorat en criminologie, afin de s'interroger précisément sur les mécanismes effectifs de contrôle de cette « délinquance » des jeunes, particulièrement dans la ville de Kinshasa. Pour ce faire, il a réalisé une insertion personnelle pendant six mois dans un commissariat et un sous-commissariat de police situés dans la périphérie de cette ville afin d'y observer les interactions auxquelles donne lieu le contrôle de la délinquance des jeunes par la police et la population locale œuvrant au marché. Il a sélectionné trois cas impliquant des jeunes se trouvant dans des situations sociales différentes et judiciarisables sous la catégorie de la délinquance des jeunes afin d'articuler les données de nature juridique et anthropologique recueillies respectivement dans un poste pénal, en l'occurrence la police, et dans la communauté, à savoir le marché. Deux de ces cas montrent clairement comment l'OPJ joue le rôle de conciliateur :

> « Le premier cas est un cas de viol entre mineurs dont les familles habitent dans une même parcelle. Il a été finalement porté à la connaissance de la police, parce que les familles des jeunes impliqués ne sont pas parvenues à trouver un terrain d'entente à l'amiable au quartier. Agissant alors comme un intermédiaire entre les deux familles, l'officier de police judiciaire saisi les a amenées à trouver un terrain d'entente, de sorte que ce problème n'a pas été transféré au parquet ni au juge des enfants. Le deuxième cas est un cas de vol de marchandises dans un dépôt au marché commis la nuit par des jeunes vivant au marché éloignés de leurs familles, appelés "*schegués*". Porté à la connaissance de la police, ce cas n'a pas été non plus transféré au parquet ni au juge des enfants. En effet, grâce au concours du chef des jeunes au marché, qui a fait restituer à la vendeuse une grande partie de ses marchandises volées, l'officier de police judiciaire saisi a conseillé aux jeunes de demander pardon à la vendeuse avant de les remettre en liberté… »[1756]

On voit donc que même pour une infraction aussi grave que le viol, les familles essaient d'abord de trouver une solution à l'amiable. C'est seulement en cas d'échec qu'elles s'en réfèrent à la police pour qu'elle agisse en conciliateur. Cette dernière, vivant elle-même dans la précarité,

---

Kinshasa, le 9 novembre1978, Document n° 05/CMS/005/79, p. 5.

[1756] R. Kienge-Kienge Intudi, « Le contrôle de la "délinquance" des jeunes à Kinshasa (RD Congo) : Bricolage et capitalisation du pouvoir de l'État », Résumé de la Thèse de l'auteur, Université catholique de Louvain, 21 octobre 2005, intitulée : *Le contrôle policier de la délinquance des jeunes à Kinshasa. Une approche ethnographique en criminologie*, in *Revue de droit africain*, n° 37, janvier 2006, pp. 27-46, spéc. pp. 29-30.

tire profit de cette pratique en monnayant ses services. En effet, jouant le rôle d'« d'agents chargés de "polir" la vie en commun et d'apaiser les conflits (agents du vivre ensemble) », les policiers récupèrent « subtilement à leur profit notamment l'argent devant revenir à l'État sous la forme d'amendes transactionnelles qu'ils perçoivent. Ce faisant, les policiers font concurrence aussi bien aux magistrats du parquet sous le contrôle et la direction desquels ils sont légalement placés, et aux juges du tribunal de paix, établis comme instance légale de contrôle des situations des jeunes jugées problématiques du point de vue juridique (en vertu des dispositions du décret du 6 décembre 1950 relatif à l'enfance délinquante au Congo), qu'aux instances "traditionnelles ou coutumières" de règlement des conflits (les familles). »[1757]

À la suite de la crise qui frappe la RDC depuis une vingtaine d'années et qui n'a pas épargné le système judiciaire officiel, le recours aux mécanismes traditionnels de résolution de conflits n'a fait que s'accentuer. Ainsi, p. ex., a-t-il été également empiriquement constaté que cette justice dite informelle, « a gagné le terrain dans des milieux ruraux des territoires de Beni et de Lubero. Elle essaie de rétablir au beau fixe les relations déjà rompues. Cette forme de justice a produit la confiance au sein des populations rurales à telle enseigne que les paysans recourent de plus en plus à cette justice informelle qu'à celle rendue dans les cours et tribunaux »,[1758] attribuant ainsi à celle-là plus de légitimité qu'à celle-ci.

2) Les raisons essentielles de cette survivance

En plus de la conception traditionnelle de justice qui est restée présente dans la mentalité des justiciables, plusieurs autres facteurs pourraient expliquer cette survivance, notamment l'esprit humaniste et communautaire africain, la méfiance à l'égard de l'autorité judiciaire, l'éloignement géographique des tribunaux et le coût de la procédure.

[1757] R. Kienge-Kienge Intudi, *idem*, p. 38. Rappelons que l'art. 200 de la loi du 10 janvier 2009 portant protection de l'enfant dispose : « Les tribunaux de paix et les tribunaux de grande instance restent compétents pour connaître respectivement en premier et second ressort des affaires qui relèvent de la compétence des tribunaux pour enfants qui seront installés et fonctionneront au plus tard dans les deux ans qui suivent la promulgation de la présente loi. »

[1758] Dathy Thembo, « Le CEJA et la gestion traditionnelle des conflits », in *Racines*, Revue trimestrielle du Centre d'Études Juridiques Appliquées (CEJA) de l'Université Catholique du Graben, n° 7, octobre-décembre 2004, pp. 40 à 63, spéc. p. 56.

2-1) L'esprit humaniste et communautaire

Selon cet esprit en effet, traduire un individu devant la justice officielle est une méchanceté, un acte peu glorieux de nature à attiser la tension dans la société. « Il est nécessaire de préserver la bonne entente entre les clans, de maintenir la paix au village, de pardonner, de se réconcilier et de réinsérer dans le groupe la personne fautive. »[1759] On pourrait croire que le système de vie urbain, issu du processus de développement économico-social, ait fait éclater l'ancienne communauté traditionnelle et, avec elle, l'esprit communautaire. Ce serait une erreur, car ce processus de développement génère l'exode rural qui, loin de désagréger les coutumes, les transporte et les implante solidement dans les villes.

2-2) La méfiance à l'égard de l'autorité judiciaire

L'autorité judiciaire est en effet perçue comme un pouvoir étranger, appliquant des préceptes différents de ceux de la coutume et inconnus des justiciables. Cette ignorance du droit moderne s'accompagne de la peur qui déroute ou tout simplement immobilise ces derniers. Cette peur est même parfois mise à contribution pour garantir l'exécution des décisions de conciliation : « Si jamais vous ne faites pas ce qui est exigé, ajoute le chef du village, nous porterons l'affaire à la connaissance de la gendarmerie. » Ainsi, « la justice moderne joue le rôle d'auxiliaire de la justice coutumière par la crainte qu'elle inspire ».[1760] La méfiance à l'endroit de l'institution judiciaire officielle est accentuée par les pratiques illégales auxquelles s'adonnent certains cours et tribunaux qui, au lieu de rendre des jugements justes et équitables,

> « sont à la base de l'exacerbation des conflits qui parfois dégénèrent jusqu'à atteindre des proportions inimaginables tels que l'incendie des maisons, les meurtres, les coups et blessures… La guerre qui a sévi au Congo depuis 1996 a renforcé cette crise qui depuis longtemps frappait le système judiciaire. Le recours à la corruption, l'immixtion des groupes armés dans le domaine de justice, la paupérisation à grande échelle des masses… ont poussé les populations locales à recourir à une justice hors des cours et tribunaux. En effet, il existe au sein des familles et des groupes, des individus reconnus par tous comme capables de jouer le rôle d'arbitres ou de conciliateurs en cas de différents entre les personnes de ce groupe ou famille. Cette forme de justice que l'on qualifie souvent de justice informelle s'est développée en RDC depuis plus d'une vingtaine d'années. Par elle, les populations voudraient contourner les effets plus néfastes que bénéfiques de la justice formelle. »[1761]

[1759] A. Delmas, *op. cit.*, p. 252.

[1760] A. Delmas, *op. cit.*, p. 256.

[1761] D. Thembo, « Le CEJA et la gestion traditionnelle des conflits »,*idem*, pp. 55-56.

Evaluant la mise en œuvre de la « nouvelle loi sur les violences sexuelles » deux ans après sa promulgation, maître Joseph Mango a constaté que « beaucoup de victimes de violences sexuelles ne dénoncent pas leurs bourreaux chez l'OPJ ou l'OMP. Liées par la tradition, elles règlent ce "tabou" par le paiement, de la part de l'auteur, d'un présent (chèvre, poule...) à la victime. Par ailleurs, la peur des représailles, l'inexpérience et les mauvaises conditions de travail des OPJ et des OMP ne garantissent pas l'honorabilité et la discrétion qu'exige l'instruction d'une affaire relative aux violences sexuelles. Ce qui conduit les victimes plutôt à se méfier des OPJ et des OMP. »[1762] Pour illustrer ces mauvaises conditions travail, il décrit brièvement la situation prévalant dans le parquet de grande instance de Matete : « De manière générale, les OPJ et les OMP verbalisent et instruisent dans des salles communes sans aucune garantie de discrétion pour les justiciables. Cas du parquet de grande instance de Matete où plus de 20 OMP instruisent dans un hall commun dans une ambiance de foire. »[1763]

2-3) L'éloignement et le coût de la justice officielle

Ces deux raisons viennent s'ajouter aux précédentes pour conforter la population dans son attitude de délaissement des tribunaux et des parquets dont certains accueillent plutôt favorablement la pratique de la conciliation, considérée comme un réel facteur de stabilité sociale.

3) La réaction des organes officiels de justice

Cette réaction est globalement positive. Les agents de l'administration, de la police, du parquet, quoique représentants de l'autorité étatique, n'en restent pas moins des citoyens, également imprégnés, peut-être à des degrés différents des communs des mortels, des mentalités et conception africaines de la justice. Le même constat s'opère d'ailleurs dans d'autres pays africains, comme, p. ex., au Sénégal où un ancien chef de l'État soutenait le principe de la conciliation et ne manquait pas d'occasion pour réaffirmer sa confiance en elle. Dans ce pays, la police et la gendarmerie, constamment sollicitées par les justiciables qui légitiment ainsi cette procédure, concilient régulièrement, outrepassant ainsi leurs attributions légales. Face au développement de cette pratique, le parquet a d'abord feint l'ignorer, faisant semblant de fermer les yeux. Ensuite, reconnaissant les avantages de celle-ci, il a encouragé cette fonction de conciliation attribuée par la population à

[1762] J. Mango, « Nouvelle loi sur les violences sexuelles : deux ans après, une application encore inaperçue », *op. cit.*, p. 21.
[1763] *Idem*, p. 22, NBP (7).

la police en « renvoyant certaines affaires qui lui étaient déférées, devant un commissaire de police ou à la gendarmerie, à fin de conciliation ; ce qui lui permettait de canaliser un certain nombre de plaintes dont il était débordé, et de leur faire prendre un autre chemin ».[1764]

Ratione materiae, cette conciliation règle les litiges de toute nature : civile, commerciale ou pénale. Au plan pénal, les infractions conciliées sont aussi d'une grande variété, englobant :
- d'un côté, les délits contre les biens, parmi lesquels, en milieu rural, les vols de bétail, les destructions des champs de culture par le bétail ; en milieu urbain, les abus de confiance, les escroqueries… ; autant d'infractions figurant dans la catégorie des infractions les plus courantes ;
- de l'autre, les délits contre les personnes, comme, p. ex., les coups et blessures volontaires ou involontaires, les diffamations et même les viols.

Les conflits nés de ces agissements délinquants étant réglés par la conciliation, l'action publique n'est plus mise en mouvement par le parquet. « Pourquoi le ministère public s'acharnerait-il à poursuivre, puisque la paix sociale est maintenue et la victime dédommagée? »[1765]

On se rend ainsi compte de la force de la survivance de la conciliation dans la mentalité de la population. C'est probablement cette force qui a dicté le maintien de cette institution dans certaines lois ou projets de lois.

2°- Dans la législation

La législation est considérée ici dans toutes ses dimensions temporelles : passée ou coloniale, actuelle ou positive, future ou projetée.

1) En droit colonial

En effet, quels que soient certains aspects discriminatoires dont elles étaient revêtues, la plupart des législations coloniales ont reconnu les vertus de la conciliation et l'ont consacrée soit comme alternative, soit plus souvent comme préalable à la procédure juridictionnelle. Ainsi, un décret (français) de 1931 avait officiellement investi le chef (ou à défaut, tel notable choisi par les parties) de cette justice gracieuse. Mais toute conciliation réussie, pour être juridiquement valable, devait donner lieu à

[1764] E. Michelet, « La conciliation dans la procédure pénale sénégalaise », *Penant*, 1980, pp. 139, 148-149.
[1765] *Idem*, p. 150. Mme J. Bernat de Celis a opéré des constatations similaires en France dans son étude intitulée : « Police et victimisation : réflexion autour d'une main-courante », in *APC,* n° 6, 1986, pp. 147-168.

enregistrement de l'accord par l'administrateur chef du territoire. Cette formule avait permis d'apporter une solution rapide à de nombreux litiges. Par ailleurs, ce même décret prévoyait que les tribunaux devaient avant toute chose, préalablement à l'instruction du litige, essayer de concilier les parties en présence. Le procès-verbal de conciliation délivré par le tribunal était un contrat judiciaire. Les textes comme la jurisprudence attachaient une grande importance à ce préliminaire,[1766] tant et si bien qu'un nombre assez important de conflits étaient réglés par la voie conciliatoire comme le montre le tableau en regard.

[1766] V. : J. Poirier, *op. cit.*, pp. 192-193 ; E. Michelet, *op. cit.*, p. 137 ; M. Landraud, « Justice indigène et politique coloniale. L'exemple de la Côte d'Ivoire (1903-1940) », *Penant*, 1978, pp. 5-41.

A.O.F. – Togo Activité des tribunaux en 1954

Tribunaux		Sénégal	Mauritanie	Guinée	Soudan	Niger	Côte d'Iv.	Haute Volta	Dahomey	Togo	Total	Total en 1953
PREMIER DEGRE	AC	1412	1021	1121	491	2687	4128	1164	464	1131	13619	11345
	JNC	23687	3403	22909	12393	4240	35280	16065	10619	1049	129645	115656
	JNSA	703	67	473	813	734	3.937	173	185	90	7175	5356
	CSA	527	81	1341	1.152	208	1269	233	140	233	5184	4268
Total des juge-ments 1er degré		26329	4.572	25.844	14.849	7.869	44.614	17.635	21.408	2.403	166.760	136.634
SECOND DEGRE	JSA	81	11	43	148	4	98	60	23	21	489	468
	JPR	187	35	29	153	11	184	90	25	33	947	527
TS		51	17	6	42	2	74	3	79	14	288	238
CAn[1767]		23	3	10	17	1	10	0	9	7	80	67

[1767] Source de ce tableau : J. Poirier, *op. cit.* p. 197. AC : Affaires conciliées ;

Il ressort de ce tableau que sur un total de 166.760 affaires traitées en 1954 au premier degré par l'ensemble de ces juridictions, 13.619 (8,16 %) ont été résolues par la voie de la conciliation. Ce qui représente une portion non négligeable.

2) En droit positif

Presque toutes les législations africaines actuelles consacrent la conciliation dans certains domaines. Il en est ainsi, en RDC, en matière de conflit du travail, de divorce et de traitement des questions concernant l'enfant en conflit avec la loi.

2-1) En matière de conflit du travail

Si un citoyen se trouve sous le lien d'un contrat de travail et que ce dernier vient, p. ex., à être abusivement rompu par l'employeur, la première démarche qu'il doit accomplir consiste à saisir non pas directement le tribunal mais l'inspection du travail, en vue d'une tentative de conciliation. En effet, l'art. 298 de la loi n° 015-2002 du 16 octobre 2002 portant code du travail[1768] subordonne la recevabilité des litiges individuels devant le tribunal du travail à l'exercice d'une procédure préalable de conciliation. Il dispose :

> « Les litiges individuels ne sont pas recevables devant le Tribunal du Travail s'ils n'ont été préalablement soumis à la procédure de conciliation, à l'initiative de l'une des parties, devant l'Inspecteur du Travail du ressort. »

C'est donc à l'inspecteur du travail que revient la compétence de conduire cette conciliation. Lorsqu'il est saisi d'un litige individuel du travail, il adresse aux parties en conflit, avec accusé de réception ou par pli recommandé, une invitation à comparaître en séance de conciliation dans la quinzaine. Il procède à un échange de vues sur l'objet du litige et vérifie si les parties, qui peuvent se faire assister ou représenter, sont disposées à se

---

JNC :Jugements non contentieux ; JNSA : Jugements non susceptibles d'appel ; CSA : Contentieux susceptibles d'appel ; JSA : Jugements sur appel ; JPR : Jugements en premier ressort ; TS : Tribunaux supérieurs ; Can : Chambres d'annulation.

[1768] In *J.O*, n° spécial, 25 octobre 2002, Code de Travail, pp. 1 à 80. V. aussi l'art. 25 de la loi n° 016-2002 du 16 octobre 2002 portant création, organisation et fonctionnement des tribunaux du travail, qui dispose : « Les litiges individuels de travail ne sont recevables devant les tribunaux du travail que s'ils ont été préalablement soumis à la procédure de conciliation à l'initiative de l'une des parties devant l'inspecteur du travail du ressort. », in *idem*, pp. 81 à 94, spéc. p. 85.

concilier sur la base des normes fixées par la législation, la réglementation, les conventions collectives ou le contrat individuel de travail. À la fin de ces échanges de vues, il établit un procès-verbal constatant la conciliation ou la non-conciliation, lequel est signé par lui et les parties qui en reçoivent ampliation. Si à la troisième invitation dûment reçue, une partie ne comparaît pas ou ne se fait pas représenter, il établit un procès-verbal de carence valant constat de non-conciliation.[1769]

En cas d'accord, la partie la plus diligente fait apposer la formule exécutoire sur le procès-verbal de conciliation auprès du président du tribunal de travail compétent, à savoir celui dans le ressort duquel ledit procès-verbal a été signé. Son exécution est poursuivie comme un jugement du tribunal de travail.[1770] Dans l'hypothèse inverse, celle d'échec total ou partiel de la tentative de conciliation, les parties peuvent alors soumettre leur litige au tribunal du travail.[1771]

Les litiges collectifs du travail sont également soumis à cette condition d'essai de conciliation préalable avant la saisie du tribunal compétent. C'est ce que prévoient les articles 304 et s. du code du travail[1772] et les articles 27 et s. de la loi n° 016-2002 du 16 octobre 2002 portant création, organisation et fonctionnement des tribunaux du travail.[1773]

[1769] Art. 300 de la loi n° 015-2002 du 16 octobre 2002 portant code du travail.

[1770] Art. 301, *idem.*

[1771] Art. 302, *idem.* V. aussi : CSJ, Arrêt du 29 mars 1989 (RC 979), *En cause Olingambua c/ Ebele Masingo,*in *BACSJ*, Années 1985 à 1989, pp. 477-480. Cet arrêt faisait application de l'art. 203 de l'ancien code du travail tel que modifié par l'art. 6 de l'O-L n° 73-008 du 5 janvier 1973 : « En cas de conciliation, la formule exécutoire est apposée sur le procès-verbal par l'ordonnance du président de la juridiction dont relève la compétence en matière de conflit de travail ; en cas de non-conciliation, le litige est alors soumis au tribunal compétent » ; et 282 : « Un procès-verbal de l'inspecteur du travail constate l'accord ou la non-conciliation. »

[1772] Art. 304, *idem* : « Les conflits collectifs de travail ne sont recevables devant les Tribunaux de Travail que s'ils ont été préalablement soumis à la procédure de conciliation et de médiation, selon le cas, à l'initiative respectivement de l'une des parties devant l'inspecteur du Travail ou du Ministre ayant le Travail et la Prévoyance Sociale dans ses attributions ou du Gouverneur de province devant la commission de médiation. » Art. 305, *idem* : « En cas de non conciliation, de conciliation partielle ou de recommandation frappées d'opposition, la demande est formée devant le Tribunal de Travail par l'une des parties dans le délai de 10 jours ouvrables à compter de l'expiration de préavis de grève ou de lock-out notifié à l'autre partie. »

[1773] Art. 27 : « Les conflits collectifs de travail ne sont recevables devant les Tribunaux du Travail que s'ils ont été préalablement soumis à la procédure de conciliation prévue aux articles 303 à 308 du Code du Travail et à la procédure de

2-2) Dans la procédure de règlement des conflits entre époux

Le mariage entraîne des droits et devoirs entre les époux. Le code de la famille accorde une place importante à la conciliation pour le règlement de tout conflit né de la violation par l'un ou l'autre de ses obligations. Il dispose ainsi, en son art. 460 :

> « Lorsque l'un des époux prétend que l'autre a manqué à ses devoirs, il peut, après plusieurs tentatives d'harmonisation, exercer un recours devant le Tribunal de paix. Le Président du Tribunal de paix saisi par une requête, tentera, en chambre de conseil, de concilier les époux. Il peut notamment faire comparaître les époux en personne ainsi que leurs parents respectifs, appeler en chambre de conseil les personnes susceptibles de promouvoir la conciliation, envoyer les époux, l'un d'eux ou leurs parents devant une réunion familiale ou, à défaut, convoquer un conseil de famille qu'il préside. Si la conciliation aboutit, le président acte, par voie d'ordonnance, l'accord des parties. Si la conciliation n'aboutit pas, le Président rend une ordonnance constatant l'échec et autorisant la partie requérante à saisir le tribunal. »[1774]

La saisine du président du tribunal de paix a donc lieu après des tentatives infructueuses d'harmonisation entre les époux. Celles-ci se poursuivent au niveau de cette autorité judicaire, agissant en chambre du conseil et ayant compétence pour signer une ordonnance actant l'accord ou, *a contrario*, constatant l'échec de la conciliation et autorisant l'époux plaignant à saisir le tribunal. Devant cette juridiction, l'effort de recherche de conciliation continue, en synergie avec les structures familiales, l'objectif poursuivi étant d'essayer de sauver le foyer conjugal. S'il aboutit en cours d'instance, l'action intentée est éteinte, en application de l'art. 567 qui dit :

> « Avant l'instruction de la cause, le tribunal peut encore, à la demande des parties ou même d'office, ordonner que celles-ci se présentent devant des réunions de famille selon des modalités qu'il précise. La conciliation intervenue en cours d'instance est constatée par le tribunal ; elle éteint l'action. En cas de non-conciliation, les conseils des parties étant éventuellement entendus, le tribunal statue et peut, soit retenir l'affaire immédiatement et se prononcer sur l'action en divorce, soit la renvoyer à une audience ultérieure dont il indique la date.

---

médiation prévue aux articles 309 à 313 du même code. » Art. 28 : « En cas de non-conciliation, de conciliation partielle ou de recommandations frappées d'opposition, le Tribunal du Travail est saisi par l'une des parties dans le délai de dix jours à dater de l'expiration de préavis de grève ou de lock-out notifié à l'autre partie. Dépassé ce délai, l'inspecteur du ressort saisit le tribunal. La saisine du Tribunal du Travail suspend la grève ou le lock-out. »

[1774] Art. 460 de la loi n° 16-008 du 15 juillet 2016 modifiant et complétant la loi n° 87-010 du 1er août 1987 portant Code de la Famille.

Lorsque le demandeur n'a pas assisté au prononcé de l'ordonnance de non-conciliation, le tribunal le fait convoquer pour la première audience utile. »[1775]

On pourrait faire observer que la conciliation est maintenue dans ces deux domaines parce qu'il s'agit de conflits touchant plus à la vie privée des citoyens qu'à l'ordre public. Un tel argument ne saurait convaincre, car le conflit de travail intéresse aussi l'ordre public de l'État. Il peut notamment compromettre l'économie du pays ou encore dégénérer dans des soulèvements dangereux pour l'ordre public (manifestations, incendies spectaculaires, homicides, coups et blessures, etc.). L'équilibre des foyers conjugaux ne désintéresse pas non plus l'ordre public. Ceci est d'autant vrai en RDC où la famille est qualifiée, à juste titre, de cellule de base de la communauté.[1776]

2-3) Dans le domaine du traitement des questions concernant l'enfant en conflit avec la loi

La loi n° 09-001 du 10 janvier 2009 portant protection de l'enfant inscrit la médiation parmi les mécanismes de résolution des conflits mêmes pénaux engageant les enfants. Elle le fait dans l'art. 8 qui dispose : « Outre la procédure judiciaire, il est prévu le recours à l'accompagnement psychosocial et à la médiation en tant que mécanismes de résolution à l'amiable des questions concernant l'enfant en conflit avec la loi. » Son titre III, consacré précisément à la protection judiciaire de l'enfant, comporte quatre chapitres traitant respectivement de l'institution et de l'organisation du tribunal pour enfants, de sa compétence, de la procédure suivie et de la médiation. Celle-ci est définie comme étant « ce mécanisme qui vise à trouver un compromis entre l'enfant en conflit avec la loi ou son

---

[1775] Art. 567, *idem*. Lire aussi l'art. 573 : « Outre les cas prévus aux articles 558 alinéa 1er et 561 alinéa 6 de la présente loi, l'action en divorce ne peut être introduite après le décès de l'un des époux ou après la réconciliation des époux survenue en cours des instances de conciliation ou après le désistement exprès de l'époux requérant. Outre le cas prévu à l'article 565 alinéa 1er de la présente loi, l'action en divorce s'éteint soit par le décès de l'un des époux survenu avant que le jugement prononçant le divorce soit devenu définitif, soit par la réconciliation des époux survenue au cours de la procédure en divorce ou après le désistement exprès de l'époux demandeur. Toutefois, en cas de désistement, s'il y a eu demande reconventionnelle, celle-ci demeure. »

[1776] V. notamment : Art. 40 de la Const. : « Tout individu a le droit de se marier avec la personne de son choix, de sexe opposé, et de fonder une famille. La famille, cellule de base de la communauté humaine, est organisée de manière à assurer son unité, sa stabilité et sa protection. Elle est placée sous la protection des pouvoirs publics… »

représentant légal, et la victime ou son représentant légal ou ses ayants droits sous réserve de l'opinion de l'enfant intéressé dûment entendu ».[1777] Cette définition est complétée et améliorée ainsi par l'art. 2 du projet de l'arrêté interministériel modifiant et complétant l'arrêté interministériel du 29 décembre 2010 portant composition, organisation et fonctionnement du comité de médiation en matière de justice pour mineurs :

> « Sans préjudice des articles 132 et 133 de la loi portant protection de l'enfant, la médiation est entendue comme un mécanisme visant à trouver un compromis entre l'enfant suspecté ou accusé d'un fait qualifié d'infraction par la loi pénale, ou son représentant légal ou toute personne exerçant sur lui l'autorité en droit ou en fait, et la victime ou son représentant légal ou toute personne exerçant sur elle l'autorité en droit ou en fait ou ses ayant droits, sous réserve de l'opinion de l'enfant intéressé dûment entendu, pour autant qu'il reconnaisse volontairement les faits mis à sa charge ou sur base des indices sérieux relevés par le juge, sauf s'il s'agit des faits bénins. »

Ainsi reformulée, cette définition prend en compte la nécessité du respect du principe de la présomption d'innocence dont jouit l'enfant mis en cause[1778] qui ne doit pas être d'emblée considéré comme étant en conflit avec la loi, comme le donnerait à penser l'art. 2-9 de cette loi. C'est seulement au moment où le juge, après avoir vérifié les faits et apprécié les éléments de preuve présentés, déclare établi le manquement commis par l'enfant, qualifié d'infraction par la loi pénale, que celui-ci est dit et traité comme étant en conflit avec la loi. Dès lors, en vertu du principe de la présomption d'innocence, lorsque le juge, saisi des faits, décide de déférer au comité de médiation le dossier d'un enfant, celui-ci n'est encore que suspecté ou accusé d'être en conflit avec la loi. « Une des raisons pour lesquelles l'enfant accusé d'être en conflit avec la loi pourrait préférer la médiation, c'est justement de pouvoir éviter que son affaire soit judiciarisée et qu'au bout de la procédure judiciaire, il soit qualifié d'enfant en conflit avec la loi. »[1779]

Cette médiation poursuit, en effet, quatre objectifs essentiels, à savoir : épargner à l'enfant les inconvénients d'une procédure judiciaire ; assurer la réparation du dommage causé à la victime ; mettre fin au trouble résultant du fait qualifié d'infraction à la loi pénale ; et contribuer à la réinsertion de

---

[1777] Art. 132 de la loi n° 09-001 du 10 janvier 2009 portant protection de l'enfant. Sur la médiation pénale, v. aussi Gh. Kasongo Lukoji, *Essai sur la construction d'un droit pénal des mineurs en R.D.Congo à la lumière du droit comparé, approches lege lata et lege ferenda*, Thèse, Université d'Aix-Marseille, 2017, pp. 181-197.
[1778] Art. 104-1, *idem*.
[1779] R. Kienge-Kienge Intudi, *Droit de la protection de l'enfant*, *op. cit*, p. 158.

l'enfant en conflit avec la loi.[1780] Ce traitement assure ainsi la sauvegarde harmonieuse des intérêts des trois protagonistes en présence : l'enfant lui-même, la victime de son acte, et la société. Une place de choix est accordée à la réparation du dommage subi par la victime directe de l'infraction conformément au prescrit de l'art. 134 qui précise :

> « La médiation est notamment conclue sur la base d'une ou plusieurs des mesures ci-après : 1. l'indemnisation de la victime ; 2. la réparation matérielle du dommage ; 3. la restitution des biens à la victime ; 4. la compensation ; 5. les excuses expresses présentées de façon verbale ou écrite à la victime ; 6. la réconciliation ; 7. l'assistance à la victime ; 8. le travail d'intérêt général ou prestation communautaire… »

Cette dernière mesure peut être perçue comme une réparation au profit de la société, car « le travail d'intérêt général consiste en une prestation utile à la collectivité ne dépassant pas quatre heures par jour, pour une durée d'un mois au plus. » Il « doit être effectué dans le respect de la dignité humaine, avec le consentement éclairé de l'enfant et sous la supervision de l'assistant social. »[1781]

Au plan procédural, la médiation est lancée par le président du tribunal pour enfants, agissant en considération de l'importance des actes commis et de la nécessité d'un règlement rapide de l'affaire. Si les faits en cause sont bénins et que l'enfant en conflit avec la loi n'est pas récidiviste, le président du tribunal pour enfants défère d'office le dossier au comité de médiation dans les quarante-huit heures de sa saisine.[1782] Si le manquement commis par l'enfant est qualifié d'infraction à la loi pénale punissable de moins de dix ans de servitude pénale, le président du tribunal pour enfants peut soit transmettre l'affaire au comité de médiation, soit engager directement la procédure judiciaire.[1783] En revanche, la médiation n'est pas permise pour des manquements qualifiés d'infractions à la loi pénale punissables de plus de dix ans de servitude pénale.[1784] Dans cette dernière hypothèse, la procédure judiciaire doit donc être engagée. Il peut arriver que la bénignité du cas soit constaté non pas *ab initio* mais en pleine procédure en cours. Cela n'empêche pas le déclenchement de la médiation, car celle-ci peut être

---

[1780] Art. 133, *idem*. À propos du modèle réparateur et conciliateur dans le domaine de la protection de l'enfance en Belgique, voir M. Van De Kerchove, « Les mineurs ayant commis un fait qualifié infraction en Belgique : à la croisée de quatre modèles principaux d'intervention », in *RSC*, n° 4, octobre-décembre 2012, pp. 807-817.

[1781] Art. 134, dernier al., *idem*.

[1782] Art. 136, *idem*.

[1783] Art. 137, *idem*.

[1784] Art. 138, *idem*.

ouverte à toutes les étapes de la procédure judiciaire. Dès qu'elle est ouverte, elle suspend la procédure devant le juge saisi, exception faite des mesures provisoires qui continuent à s'appliquer si elles ont été prises.[1785]

Dans l'exécution de sa mission, le comité de médiation statue en toute indépendance et fait rapport au président du tribunal pour enfants sur les conclusions de la médiation dans les trente jours à dater de la réception du dossier. Passé ce délai, il est dessaisi d'office.[1786] Si la médiation aboutit, elle met fin à la procédure engagée devant le juge. Le compromis signé par les différentes parties est revêtu, sans délai, de la formule exécutoire par le président du tribunal pour enfants, l'acte de médiation étant exonéré de tous frais. Si malheureusement elle échoue, la procédure judiciaire reprend son cours.[1787]

Ce qu'il faut souligner avec insistance, c'est que la conciliation est une technique qui a fait ses preuves en droit traditionnel, qui répond à la mentalité congolaise ou africaine de discussion, de palabre, de juxtaposition, et que le législateur fait bien de récupérer pour l'amélioration de la justice pénale. La conciliation ramène la paix vraie qui est ou doit être l'objectif premier de la justice. Un conflit en apparence réglé au moyen des fictions incomprises des justiciables demeure, et la justice, dans ces conditions, faillit à sa mission qui est, soulignons-le, de rétablir la paix troublée par l'agissement antisocial. Il est donc heureux que le législateur accorde plus de place au mécanisme de conciliation qui présente des avantages incontestables :

- elle permet l'allègement de la charge de l'appareil judiciaire et l'adoucissement des méfaits du phénomène de submersion ou d'engorgement ;
- elle permet de procurer à la victime une réparation rapide et équitable du préjudice subi ;
- elle permet d'écarter du procès une publicité nuisible aux deux parties ;
- elle permet enfin la réconciliation entre la victime et le délinquant pouvant entraîner, dans certains cas, la contribution de celle-là à la resocialisation de celui-ci.

La Commission permanente de réforme du droit zaïrois (congolais) a perçu la nécessité de consacrer et de généraliser dans le droit congolais à venir, le mécanisme de conciliation.

[1785] Art. 139, *idem*.
[1786] Art. 140, *idem*.
[1787] Art. 141 et 142, *idem*.

3° - En droit pénal commun projeté

L'avant-projet du code pénal livre 1er[1788] porte ce qui suit en son art. 120 :

> « Le tribunal peut, dans les cas d'une infraction non intentionnelle ou punissable de moins de six mois de servitude pénale ou d'une simple amende, dirigée contre un particulier, ordonner la conciliation.
> La conciliation est un arbitrage consistant à obtenir un accord des personnes en conflit.
> Le tribunal peut lui-même remplir le rôle de conciliateur ou désigner une tierce personne.
> La solution préconisée doit comprendre l'engagement de ne plus commettre l'infraction, la réparation soit morale soit matérielle du préjudice subi par la victime. »

Au regard de la justice de paix, la conciliation est envisagée comme un préliminaire obligatoire à tout procès ayant pour but d'éviter la phase contentieuse et d'ériger en principe la mission du juge comme amiable compositeur. C'est ce qui résulte de l'art. 9 du projet du code de procédure privée devant les tribunaux de paix qui dispose : « Le tribunal de paix recherchera au préalable à concilier les parties si celles-ci sont capables de transiger et si l'objet est susceptible d'être réglé par transaction. Il demandera également aux parties si elles veulent que le tribunal statue en dernier ressort. Les parties signeront, en ce dernier cas, cet accord ou mention sera faite qu'elles ne peuvent signer. »[1789] Cette disposition reprend donc à son compte l'esprit conciliateur du droit traditionnel qui tend plus à obtenir un arrangement entre parties qu'à trancher d'autorité le différend opposant celles-ci. Elle entend également tenir compte de la mentalité « photosynthétique » des justiciables qui répugnent la lenteur judiciaire. Voilà pourquoi elle donne aux parties la possibilité de décider que le tribunal de paix vide en une seule instance leur différend. Cette option actée établira que la décision du tribunal est de dernier ressort et comme telle, susceptible de cassation.[1790]

Si le tribunal de paix ne joue pas lui-même le rôle de conciliateur, il peut désigner un consultant qui sera chargé de tenter de concilier les deux parties. En cas de succès, la conciliation sera constatée et précisée par un procès-verbal signé par lui et les deux parties, et qui sera déposé au greffe du

---

[1788] Doc. n° 05/CMS/003/81.

[1789] Art. 9 du Code de procédure privée devant les tribunaux de paix. Doc. n° 05/CMS/001/81 de la CPRDZ, p.12.

[1790] V. Commentaire de l'art. 9 du Code de procédure privée - Même doc. que dessus, p. 13.

tribunal de paix.[1791] Un soin particulier doit être apporté à la désignation de cet amiable compositeur. Aussi, dans de nombreux cas, les juges assesseurs seront-ils les mieux à même de mener la conciliation, étant donné qu'ils ont une solide expérience du milieu, des pratiques coutumières à utiliser, et parleront dans la langue dialectale des parties. Ceci revêt une importance capitale, car il est indispensable que le compositeur soit accepté par les parties en cause. Il faut donc pour cela qu'il soit du milieu et non un élément d'extranéité, parachuté, dont l'une ou l'autre partie peut se méfier. Le fait qu'il connaisse le milieu, ses habitudes, son langage, facilitera d'autant son œuvre de conciliation. Pour garantir l'impartialité et éviter des erreurs, un organe collégial local sera préférable.

La Commission permanente de réforme du droit zaïrois (congolais) propose de conférer à la fonction de conciliateur le caractère d'une dignité que ne peuvent exercer que des personnalités irréprochables. Elle le fait d'une manière subtile à travers l'art. 53 de l'avant-projet du code pénal dans lequel elle prévoit comme sanction possible l'interdiction du droit d'être désigné arbitre ou conciliateur pour une durée de cinq ans ou à titre définitif.[1792]

Voilà, nous semble-t-il, le modèle de conciliation à généraliser et le modèle de relation à établir entre l'organe de conciliation de base et la base de la pyramide judiciaire, le tribunal de paix. Cette organisation réalise avec bonheur une symbiose entre la tradition et la modernité, car autant elle est conforme à la conception traditionnelle de la justice, autant elle répond aux principes proclamés dans la Déclaration des Nations Unies du 29 novembre 1985, spécialement le cinquième et surtout le septième principes :
- « Il faut [- dit le cinquième principe -] établir et renforcer, si nécessaire, des mécanismes judiciaires et administratifs permettant aux victimes d'obtenir réparation au moyen de procédures officielles ou non qui soient rapides, équitables, peu coûteuses et accessibles. »
- Et le septième principe d'ajouter : « Les moyens non judiciaires de règlement des différends, y compris la médiation, l'arbitrage et les pratiques de droit coutumier ou les pratiques autochtones de justice, doivent être utilisées, s'il y a lieu, pour faciliter la conciliation et obtenir réparation pour les victimes. »

[1791] Art. 27 du Code de procédure privée. Même doc., p. 25.

[1792] Art. 53 Avant-projet du CP : « La loi détermine les conditions et les cas dans lesquels sont prononcées les sanctions suivantes : ... 15° L'interdiction du droit de vote dans les délibérations de famille ou de clan ; 16° L'interdiction du droit d'être patriarche ou de trancher de palabres ; 17° L'interdiction du droit d'être désigné arbitre ou conciliateur pour une durée de cinq ans ou à titre définitif. »

On aura immanquablement observé que traitant de la médiation et de la conciliation, nous évoquions aussi indirectement, voire concomitamment la réparation. C'est que la médiation n'est qu'une voie, une procédure, conduisant à la conciliation incluant la réparation qui est un des objectifs principaux de cette procédure.

B- LA RÉPARATION : CENTRE DE PRÉOCCUPATION DE LA JUSTICE PÉNALE TRADITIONNELLE

Le droit traditionnel était d'une grande richesse en matière de répression. Il connaissait des peines sévères dont, p. ex. :
- la peine de mort sanctionnant des crimes graves comme l'assassinat, le meurtre, la sorcellerie, la trahison, l'incendie volontaire ; elle était mise en œuvre selon des modalités variant d'une région à l'autre : par décapitation, pendaison, enfouissement, noyade ou empoisonnement ;
- le bannissement, peine éliminatrice aussi utilisée comme mesure de sûreté ; elle s'exécutait, à une certaine époque et dans certaines contrées, sous forme de vente du condamné comme esclavage ;
- les mutilations, appliquées surtout dans des régions ayant subi l'influence de l'islam ; elles consistaient en essorillement du voleur, en castration du fils ou frère du chef ayant commis un adultère avec une des femmes de ce dernier, en mutilation des yeux d'un voleur étranger surpris en flagrant délit, en mutilation de la langue d'un menteur récidiviste ou de l'auteur d'un faux serment.[1793]

Cependant, pour les infractions de moindre gravité, les plus fréquentes, constituées notamment d'escroqueries, abus de confiance, vols simples, - trois incriminations qui n'étaient d'ailleurs pas franchement distinguées -, diffamations, injures simples etc., la sanction la plus fréquente consistait en la réparation du dommage subi par la victime. C'est qu'en effet, le principe de la composition volontaire contrôlée et de la compensation obligatoire est venu mettre un terme à la tendance de justice privée empreinte de la logique du talion. Même pour des cas graves comme les homicides, les incestes ou les adultères, ce principe a fini par triompher des sanctions anciennes trop énergiques. Car, le droit traditionnel, souple de nature, a tôt perçu la nécessité :
- d'adoucir ses peines et de privilégier le dédommagement de la victime ;
- d'adoucir son caractère religieux, exprimé notamment en matière de crimes de sang ou d'inceste, en substituant l'indemnité à la répression.

[1793] Voir A. Delmas, *op. cit.*, pp. 219 à 238 ; C. Durand, *op. cit.*, p. 185 à 188 ; M. Landraud, *op. cit.*, p. 36.

Cette évolution a été favorisée notamment par l'action des chefs des communautés qui voulaient mettre fin aux vendettas, lesquelles affaiblissaient la puissance démographique et la capacité communautaire de résistance.[1794] D'où l'importance prise par la réparation devenue incontestablement la principale sanction du système répressif traditionnel, les autres peines n'exerçant souvent que le rôle de substituts à la réparation ou de moyens de contrainte pour son versement. Cette réparation joue une fonction juridico-sociale essentielle, celle de régler les conflits nés des infractions en rétablissant l'équilibre dans la société. Sa force contraignante est grande, car elle revêt la nature d'une sanction à la fois civile et pénale. Elle n'est point arbitraire puisqu'elle respecte certaines règles établies de « tarification » et de modulation. Elle ne brime pas le délinquant. Au contraire rend-elle service à celui-ci en attisant la solidarité communautaire. Pour bien comprendre ce pilier de la justice pénale traditionnelle, il importe donc d'examiner successivement sa fonction (a), sa nature juridique (b) et les personnes responsables de son versement (c).

a) La fonction de la réparation

L'importance de la réparation se mesure en effet aussi bien par l'utilité ou le rôle qu'elle joue dans l'ensemble répressif traditionnel, que par la force des épithètes que lui attribue cet ensemble. Tandis que ce deuxième volet de la question se rapporte à la nature juridique qui sera examinée ultérieurement, le premier aspect a trait, on le voit, à la fonction de la réparation. L'analyse effectuée a permis de repérer que cette fonction consiste essentiellement au rétablissement de la paix sociale, d'une part par le dédommagement de la victime, d'autre part par la réinsertion sociale du délinquant.

1°- Le rétablissement de la paix sociale par le dédommagement de la victime

La réparation forme l'objectif primordial du procès pénal traditionnel. Elle l'emporte sur la pénalité,[1795] ou même, comme on le verra, se confond

---

[1794] V. notamment C. Durand, *op. cit.*, pp. 172 et 190 ; A. Delmas, *op. cit.*, pp. 155 à 180.

[1795] V. notamment : Possoz, *Elément du droit coutumier nègre*, Elis. 1942, p. 29 ; Ruytinx : « La justice africaine est essentiellement réparatrice... La réparation l'emporte donc sur la pénalité, l'action de dédommagement sur le sentiment de culpabilité. » Cité par Mbaya-Ngang Kumabuenga, « Le problème de la prescription en droit moderne et traditionnel », in *RJZ*, n° spécial 50e anniversaire, p. 263 ; et par Mpase Nselenge Mpeti, *L'évolution de la solidarité traditionnelle en milieu rural et*

avec celle-ci. Ce qui fait que les affaires civiles et pénales, qui ne sont pas rigoureusement discriminées (vision monolithique), aboutissent à des solutions fort rapprochées.[1796] Car au cœur du droit pénal se trouve l'idée de compensation plutôt que celle de sanction. Certes l'idée de châtiment n'est pas absente, mais elle est plus lointaine, du moins s'agissant des affaires courantes. Le système pénal vise essentiellement à préserver l'équilibre social de la communauté, lequel passe nécessairement par la réparation du dommage subi par la victime. Pour ces affaires courantes (rixes, bagarres, blessures corporelles, adultères, vols, escroqueries, abus de confiance, etc.), la procédure judiciaire débouche sur le versement d'une compensation à la victime ou à sa famille, par le coupable ou sa parentèle, de manière à empêcher le conflit de s'étendre.[1797]

Ainsi, le fait de chercher à compenser la perte subie par la victime directe de l'infraction (restitution, dommages-intérêts) et le souci de maintenir, de sauvegarder ou de rétablir l'ordre social troublé par l'acte délictueux, ne sont pas deux intérêts antinomiques ou deux objectifs opposés. On pourrait plutôt dire que la paix communautaire étant la finalité suprême de toute œuvre de justice, la satisfaction de la victime est un moyen efficace pour l'atteindre. Ceci est d'autant vrai que dans nombreux cas de figure, dans nombre de manifestations criminelles (vol, escroquerie, abus de confiance, extorsion, stellionat, coups et blessures, violation de domicile, viol, etc.), l'ordre social touché apparaît davantage comme une fiction au regard des intérêts concrets de la victime violés par l'infraction. Le droit africain traditionnel a bien compris cette réalité. C'est ainsi que, recherchant la paix sociale, il se préoccupait de la réparation du tort infligé à la victime de manière à apaiser les esprits des membres de la communauté atteints par l'activité déviante ou infractionnelle. Aussi, par le désintéressement de la victime, la paix sociale était quasi automatiquement rétablie. La sanction pénale (amendes en nature dans la plupart des cas, ou en espèce) ne venait que s'ajouter et même plutôt servir à l'obligation de réparer. On décèle aisément cet esprit caractéristique de la conception africaine « civiliste » de

---

urbain du Zaïre. Le cas des Ntomba et des Basengele du Lac Mai-Ndombe, PUZ, Kinshasa, 1974, p. 260, note 5. V. aussi Y. Brillon, *Ethnocriminologie de l'Afrique Noire,* Vrin, Paris,1980, pp. 13-15 ; N. Rouland, *Anthropologie juridique*, PUF, Collection « Droit fondamental », Paris, 1989, p. 522 : « Coutumes, compétence du chef politique en matière pénale, restitution et compensation, peu de sanctions exemplaires. »

[1796] V. : - Kisaka Kia Ngoy, *Cours d'organisation et de compétence judiciaires*, T. III, 1985-1986, pp. 304-305 : Le droit coutumier « comporte des sanctions pénales qui, selon le droit écrit, ne sont que celles d'ordre privé et inversement. »
- C. Durand, *op. cit.*, p. 179. - J. Muller-Cazelles, *op. cit.*, p. 143.

[1797] Voir Y. Brillon, *op. cit.*, pp. 41-48, 82, 133.

la justice pénale à travers les décisions des juridictions coutumières qui ont jugé notamment :
- que l'ivresse publique constitue une infraction coutumière… ; celui qui, étant ivre, cause un accident, doit réparer le dommage qu'il cause[1798] ;
- que celui qui accuse sans preuve un tiers d'adultère doit indemniser ce tiers, victime d'une imputation calomnieuse[1799] ;
- que commet une injure, sévèrement sanctionnée pénalement, le diffamateur qui dépose une lettre ouverte à un carrefour accusant sa maîtresse de lui avoir communiqué la gale ; le diffamateur doit indemniser la personne diffamée[1800] ;
- que commet une infraction pénale coutumière et doit indemniser sa victime, la prévenue qui a incorporé un charme, devant porter chance à son amie, dans la bière qu'elle venait de brasser, sans avoir demandé au préalable son autorisation[1801] ;
- que le responsable des décès successifs dans un foyer commet une infraction pénale coutumière de sorcellerie et doit dédommager la victime[1802] ;
- que le fait, sans raison grave, de déranger, la nuit, un tiers qui dormait dans sa demeure, constitue une infraction coutumière entraînant « débition » des dommages-intérêts[1803] ;
- que la méconnaissance de l'autorité paternelle et le manque de respect envers elle, notamment le fait de porter des coups à son père, constituent une infraction coutumière ; elle entraîne une obligation de réparation coutumière[1804] ;
- que quiconque fait perdre à une fille sa virginité doit payer aux parents de celle-ci une chèvre, appelée Mbuji wa nyima, et si cette perte de virginité a lieu en dehors des liens matrimoniaux réguliers, son auteur doit payer une chèvre qui, dans la coutume évoluée, est uniquement évaluée en argent[1805] ;
- qu'en cas d'adultère, l'épouse et son complice sont condamnés chacun au paiement d'une amende et de dommages-intérêts en faveur de l'époux

---

[1798] Kinshasa: Terr. Léopoldville, n° 16.208/11.23 octobre 1961, *R. Jud. C.*, 1963, 25 note J.P.
[1799] Likasi: Terr. Jadotville (section centre), 20 juin 1955, *JTO* 1955, 152, rés. note A.S.
[1800] Secteur de la Lufira, Jadotville, n° 11, 24 avril 1945, *BJI*, 1951, 146.
[1801] Sec. Tenke (secteur Lufira, terr. Kambove), n° 16, 20 juin 1958, *BJI*, 1960, 111.
[1802] Likasi : ville Likasi, n° 14/66, 29 janvier 1966, *RJC*, 1967, 358, note Kapeta-Nzovu.
[1803] Chefferie Pweto (Terr. Kasenga), n° 555, 12 avril 1950, *BJI*, 1954, 180, note J. Sohier.
[1804] Bukavu : Centre Costermansville, n° 29, 8 janvier 1951 ; Terr. Costermansville, n° 13, 1er février 1951, *BJI* 1954, 253, notes R. Debatty et J. Sohier.
[1805] Ville Mbuji-Mayi, n° 80, 11 mai 1967, *RJC*, 1967, 339, note G. Kalambay.

lésé[1806] ;
- que le mari qui favorise la prostitution de sa femme n'est pas admis à demander condamnation pour un adultère qu'il a lui-même provoqué[1807] ;
- que le fait de pénétrer dans la maison d'une femme pendant son sommeil est une infraction coutumière grave ; elle entraîne « débition » des dommages-intérêts[1808] ;
- que le fait de se dénuder devant son beau-père constitue une infraction pénale coutumière entraînant « débition » des dommages-intérêts[1809] ;
- que commet une infraction pénale coutumière, l'homme qui a entretenu des relations sexuelles avec une femme dans une maison, sans avoir obtenu l'autorisation de l'occupant qui est un tiers non parent d'un des amants ; cette infraction entraîne la « débition » des dommages-intérêts à l'occupant de la demeure[1810] ;
- que le père qui a des relations sexuelles avec sa fille commet un inceste, infraction coutumière grave ; il est condamné à organiser une cérémonie propitiatoire et à verser des dommages-intérêts[1811] ;
- que ne constitue pas la violation d'une forme substantielle, le fait que le jugement ne fixe pas le délai dans lequel les dommages-intérêts doivent être payés ; en effet, les jugements des tribunaux coutumiers sont, en vertu de l'art. 39 des décrets sur les juridictions coutumières, exécutoires dès le jour où ils sont rendus ; en ne fixant pas de délai, le tribunal décide implicitement que le paiement des dommages et intérêts doit avoir lieu le jour même du prononcé.[1812] Ce qui répond à la mentalité « photosynthétique » de la population.

Ces décisions jurisprudentielles illustrent avec éloquence la fonction du rétablissement de la paix sociale par le dédommagement de la victime. Mais le système judiciaire traditionnel n'oublie pas le délinquant.

[1806] Mbandaka: Centre Coquilhatville, n° 16.368, S.D., de Thier, 100, rés., note F. de Thier ; Kolwezi: Terr. Kolwezi, n° 207, 20 oct. 1952, *BJI*, 1960, 144.

[1807] Terr. Costermansville, n° 49, 27 mars 1951, *BJI* 1954, 283, note J. Sohier.

[1808] Chefferie Tondo (Terr. Kasenga) n° 11, 2 avril 1949, *BTC*, 1960, 345, note J. Sohier.

[1809] Lubumbashi: ville Lubumbashi, n° 6, 206, 4 mars 1963, *RJC* 1967, 189, note Kapeta-Nzovu.

[1810] Luba Katanga/Songye : Centre Jadotville, n° 1306, 11 septembre 1950, *BJI* 1954, 182.

[1811] Luba Kasaï : Centre Jadotville, n° 1.410, 30 nov. 1954, *BTC* 1960, 341, note J. Sohier.

[1812] PQ. Lualaba, 1er mars 1958, *JTO* 1959, 45. V. aussi ces décisions dans Johan M. Pauwels, *Répertoire de droit coutumier congolais-jurisprudence et Doctrine 1954-1967*, ONRD, Kinshasa, 1970.

2°- Le rétablissement de la paix sociale par la réinsertion du délinquant

La réparation ne réalise pas seulement la satisfaction de la victime, mais aussi « l'affranchissement » ou la réinsertion sociale de l'auteur de l'infraction. C'est par ce double effet qu'elle assure l'équilibre du système pénal tout en générant une paix véritable dans la société. Toute la communauté est partie prenante dans la recherche de cette paix. Plusieurs proverbes consacrent des droits qui doivent être reconnus au délinquant. Il en est ainsi, p. ex., de cette maxime qui est une reconnaissance du droit de la défense et de la présomption d'innocence : « On ne doit pas tuer quelqu'un qui n'a pas encore parlé, ni le tuer parce que la bouche de l'accusateur s'est ouverte. »[1813] Certes, la réparation du tort subi par la victime est la préoccupation centrale de cette justice, mais il ne s'agit point d'écraser l'individu qui se trouve aujourd'hui poursuivi pour un acte infractionnel. Il est question de rechercher la juste mesure qui rétablisse la paix sociale. C'est pour atteindre cet équilibre que le système fixe avec assez de précision mais aussi de souplesse inhérente à sa nature, le quantum ainsi qu'une certaine modulation de la réparation.

1) Le quantum de la réparation

La mentalité africaine, mue par un profond sentiment de justice sociale, répugne à condamner une personne à des dommages-intérêts qu'elle ne sera jamais en mesure de payer. L'équilibre doit procéder de la comptabilisation à la fois de l'ampleur du préjudice subi par la victime que des possibilités matérielles du délinquant : ce sont précisément ces deux critères qui étaient pris en considération par le système traditionnel pour fixer le montant de la réparation.

1-1) La fixation de la réparation en fonction du dommage subi par la victime

La réparation attribuée à la victime devait compenser l'intégralité du dommage subi. En cas de blessures, d'incapacité temporelle ou de maladie, le quantum de la réparation n'était généralement définitivement fixé qu'après complète guérison et appréciation exacte du préjudice causé par l'infraction. Quelques exemples concrets permettront de mieux comprendre le système :

[1813] Y. Brillon, *op. cit.*, p. 235.

1-1-1) Dans les régions islamisées d'Afrique, au nord du Tchad en l'occurrence, le « prix du sang », la « dia », était plus ou moins formellement tarifée. Elle était en effet théoriquement de 100 chameaux dans le Borkou-Ennedi-Tibesti. Elle était due en cas d'homicide volontaire ou de coups et blessures graves. Cependant, la tarification suivante était communément admise :
- La dia n'était totale qu'en cas : de mort de la victime ; de perte de la raison, de la vue, de l'ouïe, de l'odorat, de l'usage de la parole, du goût, et en cas de stérilité ou d'impuissance virile ; d'incapacité pour la victime de se lever ou de s'asseoir ; d'ablation des deux yeux, des deux oreilles, de la peau du crâne ; d'amputation des deux pieds, des deux mains, des deux seins d'une femme, ou des deux testicules.
- La dia était réduite de moitié dans les hypothèses suivantes : perte d'un œil, d'une oreille, d'une main, d'un pied.
- En cas de blessures faisant apparaître l'os, seulement le dixième de la dia était versé.
- Pour le reste, celle-ci dépendait du bon vouloir du chef.

1-1-2) Dans les régions dites animistes, chez les Ngambayes du Sud du Tchad notamment, pour rester dans ce pays, les indemnités étaient versées en boules ou barres de fer. La tarification était également fonction de la gravité de l'infraction. En cas d'homicide involontaire, p. ex., le montant de la réparation pouvait atteindre 150 à 1.500 boules de fer accompagnées d'un bœuf ou d'un cheval.

Un fait important mérite d'être mentionné, c'est que les parties pouvaient, de commun accord, modifier « le barème coutumier » et déterminer librement le quantum de la réparation avec l'arbitrage de l'organe conciliateur.

1-2) La fixation de la réparation en fonction de la condition matérielle et sociale du délinquant

Le quantum de la réparation variait aussi selon que le délinquant avait ou pas suffisamment de ressources, selon qu'il était ou non de « hautes souches », ou qu'il avait ou non des liens avec la victime. Chez les Toroms, population pauvre du nord du Tchad, le taux de la dia tombait à 3 bœufs en moyenne. Tandis que « dans le Salamat, il était fréquent de ne faire payer qu'une dia de 10 bovidés quand victime et meurtrier étaient du même cachimbet (clan) alors qu'on faisait payer 30 à 33 bœufs s'ils n'étaient que de la même tribu, le chiffre pouvant monter jusqu'à 70 s'ils étaient de tribus différentes ».[1814] La situation du délinquant était davantage prise en compte pour moduler la réparation.

2) La modulation de la réparation

D'aucuns seraient tentés de croire que les arrangements à l'amiable, la conciliation en vue de la compensation, traduisent le caractère peu élaboré du droit traditionnel. Ce serait une erreur, car ce droit renferme des notions bien pensées quoique souvent non écrites, proches de celles du droit moderne. Il en est ainsi de notions d'intention coupable, de démence, de circonstances atténuantes, qui permettent de moduler les taux de la réparation.

2-1) La réparation proportionnée au degré de la volonté criminelle

La plupart des coutumes qui réprimaient, au moyen de « réparations-sanctions », les infractions comme l'assassinat, le meurtre, l'homicide préterintentionnel ou l'homicide involontaire, proportionnaient ces réparations au degré de la volonté criminelle de l'agent. À Am Dam p. ex., le meurtre entraînait une « dia » de cent bœufs, tandis que l'assassinat, infraction dénotant un plus fort *animus necandi*, justifiait, en plus du versement de la dia, l'application du talion avec la même arme et sur le même lieu du crime. Quant à l'homicide involontaire, il n'était puni, chez les Dagana et les Beni Ouails, que de paiement d'un bœuf ou d'un linceul. Lorsque cet homicide involontaire a été dû à un accident de pêche collective du type du pêcheur qui reçoit malencontreusement un trident, la réparation consistait, à Lagone, en l'abandon de la prise à la famille de la victime. Tandis que les blessures involontaires n'étaient sanctionnées, chez les Sokoros du Baguirmi, que si elles étaient causées par un étranger au clan ; à Lagone, le propriétaire des animaux tués à la suite d'un accident de chasse à l'arc ou à la sagaie ne recevait, au titre d'indemnité, que les dépouilles de ces animaux.

Bref, l'importance de la réparation variait en fonction du degré de l'intention coupable. Cette modulation était aussi de mise en matière de tentative. C'est ainsi qu'au Tibesti la tentative d'assassinat était punie d'une « dia » d'un chameau de quatre ans ; un coup de feu manqué, d'une dia de 8 chèvres ; le jet d'une sagaie qui manque son but, d'une dia de 7 chèvres ; et le jet d'une pierre qui manque son but, d'une dia de 2 chèvres. Le degré de l'intention coupable était également pris en compte dans le domaine de la complicité. De manière générale, n'étaient sanctionnés que les complices

[1814] C. Durand, *op. cit.*, p. 187 à 189, spéc. p. 188.

d'assassinat, de meurtre, de coups et blessures, de vol et d'adultère, dans la mesure où ceux-ci avaient apporté à l'agent une aide matérielle déterminante ayant débouché sur le résultat recherché. Ainsi, dans certaines coutumes, le guetteur et celui qui a seulement préparé le guet-apens n'étaient pas sanctionnés. Dans d'autres, la sanction infligée était proportionnelle à la force physique du complice, le plus fort étant supposé avoir eu une part cruciale dans la réalisation du crime. Dans tous les cas, le complice était moins sévèrement sanctionné que l'auteur ou les coauteurs. À Ennedi, p. ex., celui qui avait seulement « lancé la sagaie » était condamné à payer une légère indemnité à la famille de la victime, en l'occurrence un chameau, alors que tous ceux qui ont réellement atteint la victime par leurs sagaies étaient responsables de la réparation intégrale par parts égales.

Enfin, la notion de légitime défense était aussi appliquée. En règle générale, même lorsqu'on se trouvait devant un cas de légitime défense, les réparations étaient souvent accordées afin de faire obstacle à la vengeance. De telles réparations étaient néanmoins généralement inférieures au quantum normal. Ainsi, au Tibesti, la dia était réduite de moitié en cas de mort, limitée à une légère indemnité en cas de blessures graves, et carrément supprimée en cas de blessures bénignes. Presque partout, les conditions dans lesquelles est intervenue la légitime défense faisaient l'objet d'un examen approfondi. Si de cet examen, il ressortait que l'agressé, après avoir maîtrisé ou blessé son agresseur, l'avait achevé d'un coup de trop, il était tenu de payer l'indemnité entière à la famille de l'agresseur, devenu victime. Il appartenait au défenseur légitime d'apporter la preuve qu'il avait agi pour protéger sa vie, ses biens, la vie ou les biens des siens. Cette preuve était facile à présenter dans certains cas comme, p. ex., lorsqu'il s'agissait de repousser une tentative de vol de nuit après violation de domicile, ou de faire échec à une tentative faite, même de jour, par un voleur notoire. Elle était plus difficile à apporter dans d'autres cas comme précisément pour justifier une riposte à un vol tenté de jour par un délinquant primaire. Si la preuve de la légitime défense n'est pas convaincante, la réparation est servie à la victime pour épargner à la communauté les méfaits de la tension sociale, et les risques d'entrer dans la spirale infernale de la vengeance privée.

2-2) La réparation par l'agent exclue par sa démence

En droit traditionnel, la folie caractérisée et connue de tous les membres de la société constituait une cause de non responsabilité. Le fou n'était dès lors pas punissable. Cependant, à sa responsabilité se substituait, dans certaines coutumes, celle de sa famille lorsqu'il s'avérait que celle-ci avait commis des fautes graves et répétées dans la surveillance du sien. Cette famille était, dans ce cas, condamnée à la réparation.

2-3) La réparation adoucie par des circonstances atténuantes

Certaines coutumes abaissaient le taux de la réparation en tenant compte de circonstances particulières ayant entouré la réalisation du crime. Ainsi :
- à Ouaddai, le jeune âge et l'aveu du coupable diminuaient sensiblement sa responsabilité ;
- chez les Massalits, les vols commis par suite de famine n'entraînaient que restitution de biens volés, à l'exclusion de toute autre indemnité ;
- au Sila, la provocation de la victime entraînait une réduction des peines à infliger au meurtrier ;
- chez les Saras, l'adultère flagrant excusait la mort infligée à l'amant et éventuellement à la femme coupable, par le frère du mari ou par le mari en personne.[1815]

On voit donc que le sort de l'auteur de l'infraction rentrait également dans les préoccupations de la justice pénale traditionnelle. Une fois que celui-ci a versé la réparation due, l'affaire est close. Dire d'un homme qui a volé, p. ex., et réparé sa faute, qu'il est un voleur, constitue un acte répréhensible.[1816] De même, en cas de meurtre, lorsqu'après pourparlers entre la famille de l'auteur, caché ou en fuite légitime (par peur de la vengeance), et la famille de la victime, la première tranche de la dia - généralement le quart de la dia totale - était versée par celle-là à celle-ci, le meurtrier pouvait réapparaître et revenir chez lui. La vengeance ne pouvait plus s'exercer à son encontre et le règlement de l'indemnité se poursuivait, selon les modalités convenues, jusqu'à son paiement intégral.[1817] La réparation servie à la victime entraînait donc en même temps la réadmission du délinquant dans la société. Ce qui permet déjà, tant soit peu, de se faire une idée sur la nature qu'elle revêtait en droit traditionnel.

b) La nature juridique de la réparation

En droit traditionnel, la réparation n'est pas seulement une sanction civile comme elle l'est en droit écrit d'origine européenne. Elle est une sanction tout court, à la fois pénale et civile. L'indemnisation de la personne lésée par une infraction consiste en effet « à créer, au préjudice du condamné, l'obligation de verser, à titre de peine, une somme d'argent à la

---

[1815] Pour ces facteurs de modulation, v. notamment C. Durand, *op. cit.*, pp. 173-177.
[1816] Voir Mujynya Nimisi, *L'homme dans l'univers des Bantu*, PUZ, Kinshasa, 1978, p. 123.
[1817] C. Durand, *op. cit.*, p. 190 ; E.T. Olawale, *La nature du droit coutumier africain*, 1961, p. 286.

victime ».[1818] La réparation, nous l'avons dit, est la sanction principale, les autres peines n'étant infligées, la plupart du temps, que dans les cas où la nature même du crime interdisait moralement toute réparation - en cas, p. ex., de la souillure des biens du criminel conséquence de la souillure de la terre par le sang versé -, ou lorsque l'auteur et sa famille ne sont absolument pas en mesure de payer la réparation.[1819] Cette conception de la réparation-sanction peut soulever deux questions fondamentales : celle de son efficacité répressive et celle de son exécution.

1°- L'efficacité répressive de la réparation

La réparation-sanction revêt une réelle efficacité au point de vue de la répression. Elle est une sanction économique au même titre que l'amende en droit moderne. Sanction économique frappant un groupe entier dans ses biens, la réparation est durement ressentie, plus durement qu'une peine corporelle infligée exclusivement à un membre de la communauté. Un proverbe Massa l'exprime éloquemment en ces termes : « Que ma case brûle, que j'attrape la maladie, mais que je ne perde pas mes vaches ! »[1820] On comprendrait ainsi pourquoi, aujourd'hui, les gens se moquent éperdument de la peine d'emprisonnement qui ne les privera pas de la jouissance, après la sortie de la prison, des biens volés, des espèces escroquées ou détournées ; et pourquoi la peine de confiscation générale des biens était fort redoutée.

2°- L'exécution de la réparation

L'organe conciliateur ou le juge ne se contente pas seulement de prononcer la sentence ou la décision de compromis, encore veille-t-il personnellement à ce que les indemnités arrêtées soient effectivement versées aux victimes ou à leurs familles. Les autres peines servent de moyens de contrainte pour obtenir l'exécution de la réparation.[1821]

Cette conception de la réparation-sanction mérite d'être récupérée par le législateur compte tenu de ses multiples avantages :
- Elle évite à la victime de devoir se débrouiller toute seule pour obtenir versement des dommages-intérêts, en mettant en mouvement des moyens dits civils de saisie-arrêt, saisie-exécution, saisie-conservatoire, encore qu'il faille qu'elle soit au courant de leur existence, de leur mode de maniement,

---

[1818] A. Delmas, *op. cit.*, p. 257.
[1819] Voir C. Durand, *op. cit.*, p. 187.
[1820] C. Durand, *op. cit.*, p. 190.
[1821] A. Delmas, *op. cit.*, pp. 238-242.

et qu'elle soit en mesure d'en supporter les frais : autant de facteurs désagréables caractéristiques de ce qu'on appelle significativement une « victimisation secondaire ». Il apparaît plus juste que le dommage subi par la victime-personne physique, étant issu de l'infraction, bénéficie du même traitement que celui subi par la société. Autant il est acrobatique de chercher à détacher du pénal les conséquences dites civiles de l'infraction, autant il est naturel et réaliste de traiter en même temps et de résoudre au même moment, par les mêmes moyens pénaux, les deux séries des conséquences.
- Cette conception traditionnelle de la réparation-sanction entre en parfaite harmonie avec le neuvième principe de la Déclaration des Nations Unies du 29 novembre 1985 qui, rappelons-le, commande aux gouvernements membres de « réexaminer leurs pratiques, règlements et lois pour faire de la restitution une sentence possible dans les affaires pénales, s'ajoutant aux autres sanctions pénales ».

Le droit congolais à venir devrait donc utilement s'en inspirer. On voit déjà dans l'avant-projet du code pénal élaboré par la Commission permanente de réforme du droit zaïrois (congolais), qu'une place de plus en plus importante est accordée à la réparation du préjudice subi par la victime. Ainsi, l'art. 71 de cet avant-projet[1822] prévoit : « Pour toute infraction jugée moins grave ou punissable de moins de cinq ans d'emprisonnement, le tribunal peut, après avoir établi la culpabilité de l'agent, le dispenser de la sanction lorsque sa resocialisation est acquise, que le dommage causé est réparé et que le trouble résultant de l'infraction a cessé. »[1823] Cette condition de réparation aurait dû également être de mise pour la libération conditionnelle, la condamnation conditionnelle ou le sursis.[1824] La Commission permanente de réforme ne l'a pas cru nécessaire. Ce qui nous semble une omission regrettable maintenant la législation congolaise en retard par rapport à la législation française en la matière. Cette attitude relèverait plutôt probablement de l'oubli si l'on considère que plus loin dans le texte de l'avant-projet, la réparation est exigée lorsque la peine d'emprisonnement ou d'amende est remplacée par le blâme public ou la réprimande, et lorsque le condamné bénéficie d'une mesure de grâce, d'amnistie ou de réhabilitation.[1825]

[1822] Doc. n° 05/CMS/003/81.

[1823] À rapprocher avec l'art. 469-2 du CPP français issu de la loi n° 75-624 du 11 juillet 1975 : « Le tribunal peut dispenser de peine lorsqu'il apparaît que le reclassement du prévenu est acquis, que le dommage causé est réparé et que le trouble résultant de l'infraction a cessé. »

[1824] V. les art. 87 à 96 et 104 à 107 de l'avant-projet.

[1825] V. les art. : - 118 : « Après avoir établi la culpabilité de l'agent, le tribunal peut, pour des infractions non intentionnelles ou punissables de moins de six mois ou

On pourrait donc dire que l'avant-projet du code pénal, livre premier, élaboré par la CPRDZ et inspiré de la conception traditionnelle de réparation-sanction, marque une certaine évolution pour la législation future congolaise. Mais cette évolution n'est pas suffisante, notamment parce qu'elle n'apporte pas de solution à l'épineux et fréquent problème d'insolvabilité absolue du délinquant. Le droit traditionnel transcende cette difficulté par l'institution de la solidarité familiale.

c) Les débiteurs de la réparation

La matière de versement de la réparation est régie par un principe moteur, celui de la responsabilité collective, qui présente des avantages aussi bien pour la victime que pour le délinquant et la société.

1°- La responsabilité collective en matière de réparation : application de la solidarité familiale

La réparation peut en effet provenir soit du coupable lui-même, soit de sa parenté, celle-ci ayant l'obligation de se solidariser avec lui, même et surtout à cet instant critique. C'est là une traduction de ce trait caractéristique de la culture traditionnelle, savoir l'humanisme communautaire. Celui-ci fixe le

---

d'une simple amende, adresser un blâme public au condamné. Le blâme consiste à désapprouver, réprouver publiquement la conduite du condamné. Celui-ci est tenu de réparer le préjudice causé... » - 119 : « Le tribunal peut, après avoir établi la culpabilité de l'agent, remplacer la sanction privative de liberté ou l'amende, par la réprimande lorsque l'infraction est non intentionnelle ou punissable de moins de six mois ou d'une simple amende. La réprimande consiste en un sévère reproche valant avertissement que toute récidive entraînera l'application des sanctions pénales plus sévères. Le condamné est tenu de réparer le préjudice causé et la confiscation du corps ou du produit de l'infraction est prononcée conformément à la loi. » - 163 : « La grâce empêche ou arrête l'exécution de la ou des sanctions visées par la décision gracieuse. Toutefois, elle laisse intacte la condamnation prononcée et ne met pas obstacle au droit pour la victime d'obtenir réparation du préjudice lui causé par l'infraction. » - 168 : « L'amnistie ne peut en aucun cas préjudicier aux droits des tiers. Elle n'empêche pas l'exécution de la publication ordonnée à titre de réparation. » À notre avis, cet art. devrait être aussi express que l'article 163 au sujet de la réparation du préjudice causé à la victime. Il pourrait mieux être ainsi rédigé : « L'amnistie ne peut en aucun cas préjudicier aux droits des tiers. Elle ne met pas obstacle au droit pour la victime d'obtenir réparation du préjudice subi... » Il en est de même de l'art. 171 relatif à la réhabilitation dans lequel il conviendrait d'insérer la même disposition : « La réhabilitation ne préjudicie pas aux droits des tiers. Elle ne met pas obstacle au droit pour la victime d'obtenir réparation du préjudice issu de l'infraction... »

groupe comme une réalité devant dominer dans la société. L'individu dont se préoccupe le système traditionnel s'exprime et vit dans la communauté. L'individu est à la fois l'agent créateur et la finalité de la communauté. Il met son intelligence, son savoir-faire au service de la communauté, pour la survie et le développement de celle-ci. En retour, cette dernière lui fixe sa place dans la société et devient le moyen qui lui permet de réaliser son destin. La dialectique entre l'individu, pierre angulaire du groupe, et la communauté, cadre adéquat pour l'épanouissement harmonieux et complet de l'individu, entraîne la solidarité du groupe et la cohésion sociale. L'individu est l'objet des soins attentifs de tous les membres du groupe. Il est soudé, intégré au groupe. Individu et groupe sont complémentaires l'un de l'autre.[1826] Un des éléments qui renforce ce sentiment d'appartenance à la communauté est la participation effective à tout événement qui provoque une prise de conscience collective. Sur le plan judiciaire, cela se traduit par une collectivisation de la responsabilité en matière de réparation. D'où le concept de « personne coutumièrement responsable »[1827] qui est plus large que celui de « personne civilement responsable », et qui est plus heureux car il inclue la notion de solidarité comme valeur en matière de règlement des dommages-intérêts. Cette solidarité est spontanée, en ce sens qu'elle n'a besoin d'aucun appareil coercitif pour la produire, la déclencher ou la maintenir. On pourrait même la qualifier d'automatique vu la rapidité d'intervention qu'elle provoque.[1828] En effet, dès qu'un problème surgit à un membre de la famille, aussitôt les autres se mobilisent, se réunissent et s'organisent de manière à tirer le leur de l'embarras. Le problème avec la justice se range parmi les problèmes sociaux qui, comme le deuil, une forte maladie, un accident, un chômage prolongé, une grande victimisation (vol de tous ses biens…), mobilisent la solidarité des siens.

> « Chaque membre de la famille intervient comme si sa propre responsabilité était engagée, en cas d'amende ou des dommages-intérêts dus à un adultère, au remboursement des fonds détournés, à un vol quelconque, à la perte ou à la destruction d'une pirogue d'autrui. La première réaction est de nier la culpabilité, d'innocenter le parent concerné, voire de menacer de quitter la localité et d'aller vivre loin de toute injustice. Mais une fois que les membres de la famille ont découvert l'évidence du délit, ils se réunissent dans une maison. Il s'en suit une

---

[1826] R. Verdier, « Féodalités et collectivisme africain », *PAF*, 4e trim. 1961, pp. 79-100 ; J. Lombard, « Le collectivisme africain », *PAF*, juin-juillet 1959, cité par P. F. Gonidec, *op. cit.*, p. 11.

[1827] Art. 36, § 2, 1°, b) des D. coordonnés sur les juridictions coutumières ; Kisaka Kia Ngoy, *Cours d'organisation et de compétence judiciaires*, T. III, 1985-1986, pp. 317-318.

[1828] Mpase Nselenge Mpeti, *L'évolution de la solidarité traditionnelle en milieu rural et urbain du Zaïre…*, p. 244.

scène d'intimidation au cours de laquelle le chef de famille menace son fils de malédiction ou de tout autre châtiment, pendant que la mère et les sœurs pleurent. Puis, prenant ses responsabilités, le père dit : "Mpalo e womele ekokete mpabakeloke [Ntomba et Basengele-Province de Bandundu, RDC] : Même si votre propre machette vous a blessé, vous ne l'abandonnez pas". De même un père ne peut nier sa paternité lorsque son fils est reconnu coupable d'un crime. Il arrive aussi qu'un frère par exemple exprime son indignation ou sa révolte en déclarant qu'il ne cotisera point pour un voleur, un bandit. C'est alors que le père dit : "Eyene ekutu mpoke ayene lobi : Ce qui arrive aujourd'hui à une calebasse, le pot le verra demain". Le malheur qui frappe l'un, atteint également l'autre… »[1829]

Plusieurs histoires vécues, rapportées par un auteur, démontrent l'application, dans la société congolaise, de cette solidarité en matière pénale :
- Ainsi, le cas de ce jeune Ntomba qui, après avoir causé un accident mortel, reçut immédiatement le concours familial et même celui d'un beau frère ; il échappa à l'emprisonnement et paya une amende de 1.000 zaïres. Ses propres frères supportèrent la moitié de cette somme tandis que l'autre moitié fut cotisée par les membres du clan habitant Kinshasa et Inongo.
- De même l'histoire de cette femme surprise en train de couper du bois dans le champ d'une autre femme. La victime déposa plainte auprès du « capita »[1830] de la localité qui exigea la restitution de tout le bois qui avait été coupé. Mécontent, le mari de la femme, auteur du « vol », se querella avec la propriétaire du bois, reprochant à celle-ci le fait d'avoir prévenu le capita et d'avoir par cette plainte voulu porter atteinte à l'honneur de son épouse. Il s'échauffa de plus en plus et donna des coups à la victime ainsi qu'à son mari. Cette dernière perdit deux dents et l'affaire fut portée devant le parquet d'Inongo où l'agresseur fut condamné à un mois de prison et à dix zaïres d'amende. Celle-ci fut payée le jour même par son père, sa mère et ses frères.
- À Kinshasa, un père avait été amené à payer une somme de 90 zaïres au tribunal de zone parce que son fils avait rendu enceinte une fille dont les parents ne voulaient pas qu'ils se marient. De même un frère accepta de payer une amende de 52 zaïres infligée à son aîné pour adultère. Tandis qu'un autre père de famille avait dû se résoudre à rembourser 100 zaïres que son fils avait détournés de la caisse d'une société.
- L'auteur a pu assister un jour à une réunion où les membres du clan payèrent 6 zaïres d'amende parce qu'une fille du clan avait provoqué un incendie qui brûla la maison d'une voisine. Cette intervention devait servir à la reconstruction de la maison ; certains membres qui n'avaient pas pu

[1829] Mpase Nselenge Mpeti, *op. cit.*, p. 127.
[1830] Capita = Chef.

cotiser de l'argent, prirent part aux travaux.[1831]
On voit donc que les occasions d'amendes, de dommages-intérêts, de rixes, y compris la moindre atteinte portée contre quelqu'un qui a encore sa famille, cimentent la solidarité des membres. La solidarité est dès lors réellement vécue et non simplement un idéal à atteindre. Elle génère une sorte d'assimilation de tout membre avec un autre de la famille : « celui qui l'attaque, m'attaque. » Ainsi, les liens de structure sont renforcés par la solidarité.[1832] La jurisprudence coloniale a dû tenir compte de cette caractéristique spécifique de la société congolaise. Aussi décida-t-elle que « n'est pas contraire à l'ordre public universel la prohibition des rapports sexuels pendant la période de lactation ni la responsabilité collective de la famille à l'égard des fautes commises par un de ses membres ».[1833] Cette responsabilité collective est très étendue, car elle ne se limite pas à la famille restreinte ou nucléaire, mais s'étend à la famille élargie incluant les oncles, tantes, beaux-frères, neveux, cousins, etc. Même dans les sociétés islamisées où une des règles organisant le versement de la « dia » voulait que le meurtrier eût la charge d'au moins le tiers de celle-ci sur ses biens personnels (influence de l'islam), dans la pratique, la solidarité familiale (trait caractéristique des sociétés africaines) intervenait toujours dans une large mesure.[1834] Personne ne pouvait d'ailleurs sérieusement s'y opposer, étant donné les avantages indiscutables du principe de la responsabilité collective.

2°- Les avantages de la responsabilité collective en matière de réparation

La responsabilité collective, basée sur la solidarité familiale ou clanique, joue à la fois pour la victime, pour l'auteur de l'infraction et pour la société.

1) Pour la victime

La responsabilité collective constitue une réelle garantie de paiement de la réparation. Lorsque le délinquant est insolvable, sa famille, solidaire du paiement, est tenue de verser la réparation. Le principe de la solidarité permet aussi l'accélération de l'indemnisation, car une charge supportée par plusieurs personnes est plus vite acquittée que si elle pesait sur un seul individu.

[1831] Voir Mpase Nselenge Mpeti, *op. cit.*, pp. 121, 142, 146, 167.
[1832] Mpase Nselenge Mpeti, *op. cit.*, p. 121.
[1833] Terr. Albertville, 14 septembre 1955, *BJI*, 1958, p. 275.
[1834] C. Durand, *op. cit.*, p. 190.

2) *Pour l'auteur de l'infraction*

Le partage du fardeau bénéficie incontestablement au délinquant puisque, matériellement et financièrement, il allège sa charge. En outre, il permet un versement rapide de la réparation. Or, plus vite celle-ci est versée, plus vite le délinquant retrouve sa place dans la société. La collectivisation de la responsabilité permet ainsi d'éviter l'exclusion de ce dernier de la société en accélérant sa réinsertion. « La rencontre négriste est une recherche d'équilibre individuel et social. Un membre qui souffre fait souffrir tout le corps. »[1835] Aussi, Georges Levasseur a-t-il raison d'écrire : « Dans un pays où les institutions familiales, villageoises, voire tribales, ont conservé une importance solide, on peut penser que la réinsertion du délinquant pourra se faire de façon plus naturelle et plus facile que dans les grandes mégapoles où l'individu déraciné, étranger à ses compagnons de travail comme aux habitants de son quartier, ne ressortissant plus d'aucune communauté vivante, ne peut espérer être pris en charge efficacement par son milieu. »[1836]

3) *Pour la société*

Celle-ci tire profit de la paix promptement rétablie ou sauvée par une indemnisation rapide de la victime entraînant une réconciliation du « couple pénal » et des familles en présence. De plus, la responsabilité collective en matière de réparation entraîne l'implication de toute la communauté dans la prévention de la criminalité. Chacun veille à ce qu'aucune infraction ne soit perpétrée par les siens, afin de ne pas porter préjudice au groupe, de ne pas appauvrir son patrimoine par des obligations de versements d'indemnités.

Il est de bonne politique que le législateur congolais tire parti de cette réalité vivante qu'est, même de nos jours, la solidarité africaine, en consacrant dans certains cas, et surtout en matière de réparation, la responsabilité collective, mais tout en prenant soin de ne pas verser dans l'irresponsabilité individuelle. Cette formule contribuerait à faire jouer indirectement aux membres de la communauté un rôle de contrôle social les uns sur les autres. Elle paraît d'autant plus soutenable en matière d'infractions acquisitives qui sont les plus fréquentes (vols, escroqueries, abus de confiance, extorsions, détournements etc.), car, par le biais de cette même solidarité africaine, tous les membres de la famille élargie peuvent profiter de la délinquance d'un des leurs. Si donc tous peuvent jouir des fruits des activités d'un membre, tous doivent également partager le lourd

---

[1835] J. Smet, *Philosophie africaine*, p. 53.

[1836] G. Levasseur, Préface de l'ouvrage de Likulia Bolongo, *Droit et science pénitentiaires*, p. 6.

fardeau de la réparation au cas où l'un d'eux victimisait autrui. Le problème résidera dans la fixation de l'échelle de responsabilité. Quelle part de responsabilité incombera au père, à la mère, à l'oncle, à la tante, au frère, à la sœur, au cousin ou au neveu de l'auteur de l'acte ? On pourrait suggérer de considérer le degré de parenté mais aussi les possibilités matérielles de chaque parent. La solution sera d'autant plus facile à trouver si le juge connaît les parties en cause. D'où l'utilité de faire départager les petits litiges par des personnalités locales. Le problème soulevé ne se pose que rarement en pratique, dans la mesure où, nous l'avons vu, cette solidarité africaine est spontanée, automatique : chacun donne, de lui-même, spontanément, ce qu'il peut.

Cette solidarité permettrait également d'atténuer l'ampleur sinon de résoudre le fréquent problème d'insolvabilité du délinquant. Il arrive en effet souvent que malgré le prononcé d'un jugement de condamnation aux dommages-intérêts, la victime ne les perçoive pas effectivement, tout simplement parce que l'auteur de l'infraction est incapable de s'en acquitter. C'est d'ailleurs là l'une des causes majeures du discrédit dont est frappée la justice pénale auprès de l'opinion publique. En effet, « si on considère la fonction pénale comme une fonction protectrice à caractère social et individuel, cette protection ne s'épuise pas avec l'imposition de la peine, mais elle comprend aussi l'indemnité de la victime ».[1837]

En rendant toute la famille solidaire du paiement des dommages-intérêts, cette difficulté peut être facilement transcendée. Cette solidarité peut d'ailleurs s'élever au niveau de la nation entière. C'est précisément la solution consacrée en France et contenue dans la Déclaration des Nations-Unies du 29 novembre 1985, en son point 12, à savoir l'indemnisation des victimes par l'État ou le fonds public. On pourrait, à cet effet, penser à la création d'une caisse nationale d'indemnisation qui serait alimentée notamment par les recettes judiciaires, entre autres par les recettes provenant des amendes pénales. C'est l'avis émis par le professeur Likulia Bolongo qui écrit : « La peine d'amende est le substitut par excellence des courtes peines. Mais l'organisation actuelle de cette peine comporte, du point de vue criminologique, un certain nombre d'inconvénients. Le plus important et le plus choquant est celui qui permet à l'État de tirer profit de la délinquance ou de la criminalité de ses sujets. Il importe de supprimer cet inconvénient ou mieux cette inélégance en faisant remplir à cette sanction une fonction sociale, en plus de la fonction répressive qu'elle ne remplit pas toujours, par la constitution d'un fonds social destiné à garantir certains droits des

[1837] M. Lopez-Rey, « Les exigences pénales d'aujourd'hui et la politique criminelle contemporaine », in *RDPC* 1968, p. 868.

victimes. »[1838] Cette idée de créer une caisse d'indemnisation des victimes d'infractions à partir des recettes provenant des amendes pénales concorde avec la vision traditionnelle de l'amende qui était essentiellement destinée à la réparation du dommage éprouvé par la victime. C'est ce qu'a notamment observé Malembe dans son étude portant sur la société Yansi où il écrit : « La peine d'amende était la plus courante et prononcée pour assurer la réparation du tort subi par la victime. »[1839] Il y avait même une confusion entre les termes amende et dommages-intérêts, car dans l'un ou l'autre cas, le paiement revenait à la victime. Même aujourd'hui, cette confusion s'observe dans le langage courant du congolais moyen. On l'entend souvent s'écrier : « Okofuta ngai amende » (vous me payerez une amende), pour dire: « Vous me payerez des dommages-intérêts. » Le mot « amende » est donc utilisé en lieu et place du vocable « dommages-intérêts ». Et il n'est pas rare de voir une victime se réjouir de la condamnation du délinquant au paiement d'une amende, espérant que celle-ci lui sera versée tout naturellement.

Il semble que le législateur colonial ait tenu compte de cette conception traditionnelle de l'amende. Il a prévu en effet dans les décrets coordonnés sur les juridictions indigènes, un art. 20 ainsi libellé : « Le tribunal en condamnant à l'amende ou à la confiscation pourra, si la coutume le prévoit, attribuer tout ou partie de celle-ci à la victime ou à ses ayants droit et en déduction des dommages-intérêts qui pourraient être dus par application de la coutume. » Cette disposition constitue donc une dérogation au principe de la perception des amendes au profit de l'État, principe posé dans l'art. 10 du CP : « L'amende est de un zaïre au moins. Les amendes sont perçues au profit de la République. »

On aura ainsi remarqué, à travers cette section, que le système de justice pénale traditionnelle était essentiellement victimocentré et que ses caractéristiques ont inspiré quelques unes des innovations apportées par le code de la famille. La procédure conciliatoire était la règle et la réparation du dommage subi par la victime, le centre des préoccupations du système judiciaire dont elle assurait l'équilibre, car elle était régie par des normes fixant son quantum et sa modulation. C'est qu'en effet, comme toute sanction, la réparation était mesurée.

1838 Likulia Bolongo, membre de la CPRDZ et président de la sous-commission Droit pénal, « Les options fondamentales du Droit pénal général », Doc./ CPRDZ, p. 8.

1839 P. Malembe, « La société politique Yansi », in *CES*, vol. V, n° 2,1967, p. 231.

CHAPITRE TROIS

LA MESURE DE LA SANCTION PÉNALE

Mesurer la sanction à infliger au délinquant et qui corresponde à la fois à la gravité de l'infraction et aux circonstances objectives et subjectives de sa commission, telle est une des fonctions essentielles du juge. Cependant, celui-ci ne fait intervenir cette sanction pénale que s'il est convaincu de l'existence de l'infraction et de son imputabilité à la personne poursuivie. Ainsi, la preuve de l'infraction est le préalable sans lequel il ne peut y avoir sanction. D'où le plan interne de ce chapitre qui examinera, dans la première section, la preuve de l'existence de l'infraction comme préalable à l'intervention de la sanction ; et dans la seconde, le principe et les circonstances permettant au juge de moduler la sanction.

SECTION 1ère : LA PREUVE DE L'EXISTENCE DE L'INFRACTION : CONDITION DE LA MISE EN ŒUVRE DE LA SANCTION PÉNALE

Le procès pénal est un duel qui se déroule entre deux protagonistes : d'une part la société, représentée par l'organe de la loi, autrement appelé officier du ministère public, et appuyée, le cas échéant, par la victime directe de l'infraction ; d'autre part la défense, assurée par le délinquant lui-même ou par son avocat ou défenseur judiciaire. Dans ce duel qui doit être guidé par le souci de la manifestation de la vérité, et qui tourne principalement autour de la discussion des éléments de preuve produits, le juge intervient comme l'arbitre suprême. Son travail consiste essentiellement à apprécier de façon équitable et impartiale si ces derniers établissent indubitablement l'existence de l'infraction et son imputabilité à l'accusé, en étant guidé par des principes directeurs que sont, notamment, les principes de la présomption d'innocence de la personne poursuivie, de l'attribution à l'accusation de la charge de la preuve de la culpabilité de celle-là, du respect des droits de la défense, du contradictoire et de la loyauté dans les débats, de l'intime conviction du juge, de la liberté de la preuve, du doute raisonnable, de la publicité de la justice et de l'obligation de motivation de tout jugement, etc. ; autant de règles fondamentales dont il convient d'indiquer succinctement le contenu, leur étude détaillée relevant de la procédure pénale.

PARAGRAPHE 1er : ***LE PRINCIPE DE LA PRÉSOMPTION D'INNOCENCE***

Il est consacré dans l'art. 17 de la Const. qui proclame : « Toute personne accusée d'une infraction est présumée innocente jusqu'à ce que sa culpabilité ait été établie par un jugement définitif. »[1840] Il est réaffirmé dans l'art. 26bis-1-a) du CPP introduit par la loi n° 15-024 du 31 décembre 2015 modifiant et complétant le D. du 06 août 1959 portant CPP.[1841] Il est également consacré par plusieurs instruments internationaux ratifiés par la RDC, dont la Déclaration universelle des droits de l'Homme qui ponctue : « Toute personne accusée d'un acte délictueux est présumée innocente jusqu'à ce que sa culpabilité ait été légalement établie au cours d'un procès public où toutes les garanties nécessaires à sa défense lui auront été assurées. »[1842]

Ce principe est cardinal. Il « constitue une option philosophique fondamentale pour les nations civilisées qui ont préféré laisser libres mille coupables que de prendre le risque de condamner un seul innocent ».[1843] Il

---

[1840] Art. 17, dernier alinéa de la Const.

[1841] Loi n° 15-024 du 31 décembre 2015 modifiant et complétant le D. du 06 août 1959 portant CPP : Art. 26bis : « Lors de l'examen des charges portées contre lui, l'accusé a droit à ce que sa cause soit entendue publiquement, équitablement et de façon impartiale. Il a droit au moins aux garanties suivantes : 1. Toute personne accusée d'une infraction et faisant l'objet des poursuites : a) est présumée innocente jusqu'à ce que sa culpabilité ait été établie par un jugement définitif… » ; in *J.O*, 1ère partie, n° spécial, 29 février 2016, pp. 19-31.

[1842] Art. 11-1 de la Déclaration universelle des droits de l'Homme. V. également l'art. 66-1 du Statut de la CPI cité *infra*, p. 698 ; l'art. 17 de la Charte africaine des droits et du bien-être de l'enfant qui fixe les règles devant régir l'administration de la justice pour mineurs, cité *supra*, pp. 128-129 ; la disposition N-6-e des Directives et principes sur le droit à un procès équitable et à l'assistance judiciaire en Afrique : « e.Toute personne accusée d'une infraction pénale est présumée innocente jusqu'à ce que sa culpabilité ait été légalement établie. 1. Dans toute procédure de jugement en matière pénale, la présomption d'innocence impose la charge de la preuve au Parquet. 2. Les fonctionnaires doivent respecter le principe de la présomption d'innocence. Les fonctionnaires, y compris les magistrats du parquet, peuvent informer le public de l'état d'avancement des enquêtes pénales et des chefs d'accusation retenus, mais ne peuvent donner leur avis sur la culpabilité du suspect. 3. Les présomptions légales, de fait ou de droit, ne sont admises que si elles sont réfragables, pour permettre à l'accusé de prouver son innocence. »

[1843] Nyabirungu mwene Songa, « Le droit pénal dans la tourmente », in *Revue pénale congolaise*, n°1, janvier-juin 2004, Éd. Droit et Société « DES », Kinshasa, pp. 4-19, spéc. p. 13. V. aussi, S. Guinchard, J. Buisson, *Procédure pénale*, 10e éd., LexisNexis, Paris, 2014, pp. 352-362 ; J. Larguier, Ph. Conte, *Procédure pénale*, 24e

régit le procès pénal depuis l'enquête préliminaire jusqu'au jugement en passant par l'instruction préparatoire et l'instruction juridictionnelle. Il est assis sur le souci de protection de la liberté de la personne poursuivie contre les dérives éventuelles des autorités judiciaires. Il induit une règle fondamentale gouvernant les étapes antérieures à l'intervention de la sentence : la liberté de cette personne est la règle ; sa détention, l'exception.[1844]

Il faut reconnaître que ce principe de la présomption d'innocence est souvent malmené dans la pratique. S'engouffrant dans la brèche laissée par les art. 27 et s. du CPP[1845], certains magistrats du parquet procèdent à des arrestations et détentions des « inculpés » en prétendant, avec légèreté et caprice, à l'existence des « indices sérieux de culpabilité » à leur encontre, l'objectif poursuivi étant de monnayer, par la suite, leur liberté provisoire. Le caractère imprécis du critère « indices sérieux de culpabilité » leur ouvre ainsi la porte à des abus au point d'inverser le principe de la présomption

---

éd., Dalloz, Paris, 2016, pp. 406-409.

[1844] V. ci-dessous, l'art. 28 du CPP : « La détention préventive est une mesure exceptionnelle... »

[1845] Art. 27. L'inculpé ne peut être mis en état de détention préventive que s'il existe contre lui des indices sérieux de culpabilité et qu'en outre le fait paraisse constituer une infraction que la loi réprime d'une peine de six mois de servitude pénale au moins.

Néanmoins, l'inculpé contre qui il existe des indices sérieux de culpabilité peut être mis en état de détention préventive lorsque le fait paraît constituer une infraction que la loi punit d'une peine inférieure à six mois de servitude pénale, mais supérieure à sept jours, *s'il y a lieu de craindre la fuite de l'inculpé, ou si son identité est inconnue ou douteuse ou si, eu égard à des circonstances graves et exceptionnelles, la détention préventive est impérieusement réclamée par l'intérêt de la sécurité publique*.[Conditions relevées en italique par l'auteur.]

Art. 28. [*O.-L. 82-016 du 31 mars 1982, art. 1er* .] « La détention préventive est une mesure exceptionnelle. Lorsqu'elle est appliquée, les règles ci-après doivent être respectées. Lorsque les conditions de la mise en état de détention préventive sont réunies, l'officier du Ministère public peut, après avoir interrogé l'inculpé, le placer sous mandat d'arrêt provisoire, à charge de le faire conduire devant le juge le plus proche compétent pour statuer sur la détention préventive. Si le juge se trouve dans la même localité que l'officier du Ministère public, la comparution devant le juge doit avoir lieu, au plus tard, dans les cinq jours de la délivrance du mandat d'arrêt provisoire. Dans le cas contraire, ce délai est augmenté du temps strictement nécessaire pour effectuer le voyage, sauf le cas de force majeure ou celui de retards rendus nécessaires par les devoirs de l'instruction. À l'expiration de ces délais, l'inculpé peut demander au juge compétent sa mise en liberté ou sa mise en liberté provisoire. Dans les cas prévus à l'article 27, alinéa 2, le mandat d'arrêt provisoire spécifie les circonstances qui le justifient. »

d'innocence en présomption de culpabilité. Aussi convient-il de revoir l'écriture de l'art. 27 du CPP en remplaçant le terme « inculpé » par « la personne mise en examen », en s'inspirant de la réforme intervenue dans la procédure pénale française qui a précisément substitué « la mise en examen » à « l'inculpation ». En effet, le mot « inculpé » est formé de la racine latine « *culpa* » qui veut dire « faute ». Il sous-entend donc fortement que la personne inculpée a commis une faute. En quelque sorte, il emporte la présomption de culpabilité, alors que cette personne jouit de la présomption d'innocence jusqu'au prononcé de la sentence. L'appellation « personne mise en examen » permet de mettre fin à cette contradiction génératrice d'abus déplorables. Elle est plus appropriée, plus neutre, plus respectueuse de la présomption d'innocence qui doit être de rigueur tant que le procès n'a pas pris fin.

Par ailleurs, le critère d'« indices sérieux de culpabilité » doit être plus encadré par l'exigence des conditions plus précises. On peut proposer que les conditions énumérées dans le §2 de l'art. 27 du CPP soient requises dans tous les cas, même dans l'hypothèse, visée au §1er, où le fait commis paraît constituer une infraction que la loi réprime d'une peine de six mois de servitude pénale au moins. Ainsi, dans les deux cas de figure, la personne mise en examen ne peut être placée en état de détention préventive que s'il existe contre elle des indices sérieux de culpabilité, s'il y a lieu de craindre sa fuite, si son identité est inconnue ou douteuse ou si, eu égard à des circonstances graves et exceptionnelles, la détention préventive est impérieusement réclamée par l'intérêt de la sécurité publique. À ces conditions déjà contenues dans la formulation actuelle de l'art. 27, on peut ajouter les trois suivantes : la mise en détention préventive ne peut être décidée que : « - lorsqu'elle est l'unique moyen de conserver les preuves ou les indices matériels, ou d'empêcher des pressions sur des témoins ou des victimes ou d'empêcher des concertations frauduleuses entre complices ;
- lorsqu'elle sert à protéger la personne poursuivie contre la clameur publique ; - lorsqu'elle est l'unique moyen de mettre fin à une infraction continue. »[1846]

Le principe de la présomption d'innocence fait logiquement incomber la charge de la preuve au procureur.

[1846] P. Kambale, « Pour une rationalisation des enquêtes et de l'instruction préjuridictionnelle au Congo : essai d'analyse et propositions », in *Horizons*, Revue de Droit et de Science politique de l'Université catholique de Graben, CEJA, n° 2, Butembo (RDC), juin 2006, pp. 7-24, spéc. p. 21.

PARAGRAPHE 2 : ***LE PRINCIPE ACTORI INCUMBIT PROBATIO***

Dans le procès pénal, la charge de la preuve de l'existence de l'infraction incombe à l'accusateur, c'est-à-dire au ministère public. C'est lui qui doit démontrer au juge :
- que les faits rapportés ont été réellement perpétrés ;
- que ces faits ont été commis par la personne poursuivie ;
- que ces faits réalisent les éléments constitutifs de telle infraction déterminée prévue par telle loi ;
- que la personne poursuivie a agi comme auteur, co-auteur, ou complice, répondant ainsi à l'obligation de préciser le mode de responsabilité ;
- qu'en l'espèce, les causes de justification ou de non-imputabilité sont inexistantes, etc.

Lorsqu'il mène l'instruction pour réunir les éléments de preuve, le ministère public doit faire preuve d'objectivité. Il doit instruire à charge et à décharge. L'art. 54 du Statut de la CPI fait bien ressortir cette obligation en imposant au procureur des « devoirs » et en lui reconnaissant des « pouvoirs » en vue de la découverte de la vérité. Dans son §1er a), il porte, en effet, que « le procureur, pour établir la vérité, étend l'enquête à tous les faits et éléments de preuve qui peuvent être utiles pour déterminer s'il y a responsabilité pénale au regard du présent Statut et, ce faisant, enquête tant à charge qu'à décharge. » Cette conduite des enquêtes à la fois à charge et à décharge suppose que le procureur agisse avec une réelle neutralité et soumette chaque élément de preuve qu'il récolte à un examen critique pour vérifier s'il est fiable, s'il est pertinent, s'il tend à la manifestation de la vérité ou si, au contraire, il est de nature à l'occulter, à la masquer ou à la travestir.

Si, dans une affaire pénale, le ministère public n'a pas apporté la preuve de l'existence de tous les éléments constitutifs de l'infraction retenue contre l'accusé, celui-ci sera acquitté. Aussi faut-il souligner que pour l'accusé, se défendre est un droit et non une charge. L'accusé n'a pas la charge de prouver son innocence ; il n'a pas légalement l'obligation d'apporter la preuve de son innocence. La CSJ l'a rappelé dans son arrêt du 26 septembre 2012 où elle dit pour droit qu'

> « Est fondé, le moyen tiré de la violation des articles 124 CPLII relatif à l'infraction de faux en écritures et 1er de l'ordonnance du 14 mai 1886 prescrivant les principes généraux du droit dont celui de la charge de la preuve, en ce que le juge a déclaré cette infraction établie faute pour le prévenu d'avoir

apporté la preuve contraire des faits mis à sa charge, alors qu'en matière pénale, la charge de la preuve incombe à la partie poursuivante. »[1847]

En l'espèce, Mme Tumba Kabwangola avait été condamnée au premier degré pour usage de faux à 12 mois de servitude pénale principale assortis d'un sursis de 24 mois, à 100.000 FC d'amendes et au paiement de l'équivalent en francs congolais de la somme de 1500 usd de dommages-intérêts au profit de M. Francis Kalombo Tambwa. L'instance d'appel saisie confirma cette condamnation par son jugement RPA 4241. Non satisfaite, Mme Tumba interjeta un pourvoi en cassation contre ce jugement. Dans sa motivation, la CSJ estima fondé le premier moyen de cassation invoqué par la demanderesse, tiré de la violation de l'art. 124 du CP, livre II et de l'art. 1er de l'ord. du 14 mai 1886 prescrivant les principes généraux du droit dont celui relatif à la charge de la preuve. En effet, argua-t-elle, en déclarant établie l'infraction d'usage de faux dans le chef de la demanderesse au motif que celle-ci, alors prévenue, n'avait pas apporté la preuve de ses allégations suivant lesquelles la zone de Likasi recourait toujours aux imprimés portant les mentions « République Démocratique du Congo-Province du Katanga » pour les extraits du registre des déclarations de mariage en 1974 plusieurs années après la « débaptisation », le juge d'appel a violé les dispositions légales visées au moyen pour avoir renversé le principe qui veut que la charge de la preuve incombe à la partie poursuivante.[1848]

En d'autres termes, le juge devait baser sa décision de condamnation sur les preuves apportées par le ministère public établissant que la prévenue avait commis des faits réunissant les éléments constitutifs de l'infraction de faux et usage de faux, et non point se limiter à fonder son jugement de condamnation sur le défaut du prévenu d'avoir apporté la preuve contraire des faits mis à sa charge. De même, viole le principe faisant peser la charge de la preuve à l'accusateur, le juge qui assoit sa conviction sur la circonstance que le prévenu n'a pas présenté la preuve de ses dénégations des faits qui lui sont imputés. Une décision rendue sur cette base encourt l'annulation.[1849]

[1847] CSJ, Arrêt du 26 septembre 2012 (RP 3483), *En cause Madame Tumba Kabwangola c/ Ministère public et Monsieur Kalombo Tambwa*, in *BACSJ*, Années 2010-2013, pp. 209-211, spéc. p. 209.

[1848] *Idem*, pp. 210-211. Le dispositif de cet arrêt nous paraît assez curieux. En effet, après avoir jugé fondé le moyen de cassation présenté par la demanderesse, la CSJ déclare le pourvoi non fondé. Puis, elle casse quand même la décision attaquée, sans renvoi, mais condamne la demanderesse aux frais taxés à 15.000 FC.

[1849] V. Kis., App., matière répressive, Arrêt du 2 août 1973, in *RJZ*, n° 1, 1974, p. 56.

Il convient donc de faire très attention en cette matière. La charge de la preuve de la culpabilité de l'accusé incombe au ministère public, et à lui seul. C'est ce qu'exprime l'adage *actori incumbit pobatio* qui est repris dans l'art. 66-2 du Statut de Rome de la CPI qui dispose : « Il incombe au Procureur de prouver la culpabilité de l'accusé. » La prérogative qu'a la personne poursuivie de controverser les moyens de preuve à charge ou de présenter les moyens de preuve de disculpation est bien un droit et non une charge. Cette personne a intérêt à démontrer son innocence et à apporter la preuve de la véracité des faits ou des allégations établissant son innocence. Mais il n'y a pas renversement de la charge de la preuve. Si le ministère public n'a pas apporté la preuve convainquant les juges de la culpabilité de cette personne au-delà de tout doute raisonnable, ceux-ci ne peuvent pas condamner cette personne au motif que cette dernière n'a pas prouvé son innocence. Bref, la personne poursuivie a le droit de se défendre, mais il n'a pas la charge de prouver son innocence. Ceci est d'autant vrai qu'il lui est même reconnu le droit de garder le silence. L'art. 67 du Statut de la CPI explicite bien cette nuance en garantissant à l'accusé, entre autres droits, d'une part celui d'« interroger ou faire interroger les témoins à charge et obtenir la comparution et l'interrogatoire des témoins à décharge dans les mêmes conditions que les témoins à charge…, de faire valoir des moyens de défense et de présenter d'autres éléments de preuve admissibles… »[1850] ; d'autre part, celui de « ne pas se voir imposer le renversement du fardeau de la preuve ni la charge de la réfutation »[1851]. Ainsi, le droit de se défendre n'implique pas le renversement du fardeau de la preuve ni la charge de la réfutation.

Il est bien évident que dans la pratique, l'accusé s'emploie à convaincre les juges de son innocence. S'il invoque un alibi, un fait justificatif ou une cause de non-imputabilité, p. ex., il devra en démontrer l'existence par des preuves convaincantes. Cela tient de la pure logique, car, en excipant de ce moyen, il demande aux juges d'en tenir compte, et a, par conséquent, tout intérêt à en démontrer l'existence, la réalité, l'authenticité. On peut comprendre qu'en pareille occurrence, le principe « *reus in excipiendo fit actor* » trouve application. Il appartiendra au ministère public, - sur qui demeure la charge de la preuve de l'existence des faits, de leur qualification légale, de la réunion de tous les éléments constitutifs des infractions retenues, de leur mode de réalisation et de leur imputabilité à l'accusé -, de réfuter les moyens avancés par ce dernier en en établissant l'irréalité ou la fausseté. De même lorsqu'au cours des débats, le ministère public repose l'accusation sur des procès-verbaux faisant légalement foi jusqu'à ce que

[1850] Art. 67-1-e du Statut de la CPI.
[1851] Art. 67-1-i, *idem*.

leur fausseté soit prouvée, comme, p. ex., les procès-verbaux des agents de douane relatant des opérations ou des constatations opérées par les verbalisateurs[1852], l'accusé a intérêt à se défendre en démontrant la fausseté de ces procès-verbaux. Ici aussi, comme en toute situation similaire, « lorsque le prévenu allègue une circonstance qui exclut sa culpabilité, et que cette allégation n'est pas démunie de tout élément permettant de lui accorder crédit, il incombe au procureur d'en établir l'inexactitude. »[1853]

PARAGRAPHE 3 : ***LE PRINCIPE DU RESPECT DES DROITS DE LA DÉFENSE***

L'impératif du respect du caractère sacré de la personne humaine constitue le fondement des prescriptions relatives à l'arrestation et détention et aux droits de la défense. La peine étant une souffrance infligée à l'auteur de l'infraction, la loi reconnaît à celui-ci un certain nombre de droits, dont ceux qui suivent, lui permettant de se défendre et d'argumenter pour y échapper.

A- LE DROIT À L'INFORMATION

L'art. 18 de la Const. attribue à toute personne arrêtée le droit à l'information auquel il ajoute le droit d'entrer en contact avec sa famille et son conseil, le droit à un traitement préservant sa vie, sa santé physique et mentale, et sa dignité.[1854] Ces droits sont réaffirmés dans l'art. 26bis du CPP, introduit par la loi n° 15-024 du 31 décembre 2015[1855], qui porte, notamment :

[1852] V. Art. 361 de l'O-L n° 10-002 du 20 août 2010 portant Code des douanes, in *J.O*, n° spécial, 51e année, 26 décembre 2010. Cet art 361 est ainsi libellé : « 1. Les procès-verbaux d'infraction en matière douanière font foi jusqu'à ce que fausseté en soit prouvée, en tant qu'ils relatent des opérations ou des constatations faites par les verbalisateurs. 2. Ils valent titre pour prendre toutes mesures conservatoires utiles à l'encontre des personnes pénalement ou civilement responsables, à l'effet de garantir les créances douanières de toute nature résultant desdits procès-verbaux. » V. aussi l'art. 7 al. 2 du D. du 26 juillet 1910 relatif à la fabrication et aux commerces des denrées alimentaires aux termes duquel les agents de l'Office congolais de contrôle, agissant dans le domaine de la vérification de la nocuité des aliments, ont compétence pour établir des procès-verbaux qui lient les juges jusqu'à preuve littérale contraire.

[1853] V. Léo., 14 août 1952, in *RJCB*, 1952, p. 292, cité par J-M. Tasoki Manzele, *op. cit.*, p. 276.

[1854] V. cet art. 18, *supra* p. 93 NBP 236.

[1855] Loi n° 15-024 du 31 décembre 2015 modifiant et complétant le D. du 06 août 1959 portant CPP.

« …1. Toute personne accusée d'une infraction et faisant l'objet des poursuites:… d) ne peut être soumise à aucune forme de coercition, de contrainte ou de menace, ni à la torture ni à aucune autre forme de peine ou traitement cruel, inhumain ou dégradant ; e) bénéficie gratuitement, si elle n'est pas interrogée dans une langue qu'elle comprend et parle parfaitement, de l'aide d'un interprète compétent et de toutes traductions que rendent nécessaires les exigences de l'équité ; f) et ne peut être arrêtée ou détenue arbitrairement.
2. Toute personne accusée d'une infraction et faisant l'objet des poursuites bénéficie des droits suivants, dont elle est informée avant d'être interrogée : a) être informée immédiatement des motifs de son arrestation et de toute accusation portée contre elle, et ce dans une langue qu'elle comprend ; b) être immédiatement informée de ses droits.
3. Toute personne gardée à vue : a) est relâchée à l'expiration d'un délai de quarante-huit heures si elle n'est pas mise à la disposition de l'autorité judiciaire compétente ; b) a le droit d'être immédiatement en contact avec sa famille et son conseil.
4. Toute personne privée de sa liberté par arrestation ou détention a le droit : a) d'introduire un recours devant la chambre du conseil qui statue à bref délai sur la légalité de sa détention et ordonne sa libération si la détention n'est pas conforme aux motifs et selon la procédure déterminés par le présent code ; b) de bénéficier d'un traitement qui préserve sa vie, sa santé physique et mentale ainsi que sa dignité ; c) à une juste et équitable réparation du préjudice causé par une arrestation ou une détention illégale. »

B- LE DROIT D'ÊTRE JUGÉ DANS UN DÉLAI RAISONNABLE, DE SE DÉFENDRE ET D'ÊTRE ASSISTÉ PAR UN AVOCAT

La Constitution reconnaît également à la personne poursuivie le droit d'être jugé par son juge légal dans un délai raisonnable, et de se défendre soi-même ou par un défenseur de son choix à tous les niveaux de la procédure, y compris au stade de l'enquête policière, de l'instruction préjuridictionnelle, et devant les services de sécurité.[1856] En application de ce principe, le CPP attribue à toute personne accusée d'une infraction et faisant l'objet des poursuites, le droit d'« être assistée, dès l'arrestation et à tous les stades de la procédure, par un avocat ou un conseil de son choix, ou à défaut par un avocat ou un conseil commis d'office conformément au droit commun à moins qu'elle ait renoncé volontairement à son droit d'être assistée d'un conseil ».[1857] Rappelons que le Statut de la CPI énumère ces droits reconnus à l'accusé dans son art. 67 déjà cité.[1858]

[1856] Art. 19 de la Const., cité *supra,* p. 93 NBP 236.
[1857] Art. 26bis-1-b) du CPP.
[1858] V. plus haut, p. 119, NBP 315.

C- LE DROIT AU SILENCE

L'accusé n'a pas l'obligation d'assumer la charge de la preuve de sa disculpation, nous l'avons dit. Il peut garder le silence. Présenter des éléments de preuve établissant son innocence est pour lui un droit et non une obligation ; cela ressort clairement de l'art. 67-1-e) et i) du Statut de la CPI évoqué plus haut.[1859] Il a, en outre, le droit de « ne pas être forcé de témoigner contre lui-même ou de s'avouer coupable, et [de] garder le silence sans que ce silence soit pris en considération pour déterminer sa culpabilité ou son innocence. »[1860] Le Pacte international relatif aux droits civils et politiques définit également le droit au silence comme étant le droit reconnu à toute personne accusée d'une infraction de « ne pas être forcée de témoigner contre elle-même ou de s'avouer coupable ».[1861] De même, la Commission africaine des droits de l'homme et des peuples a formellement reconnu ce droit qu'elle a inscrit parmi les principes fondamentaux devant caractériser un procès équitable en Afrique. Précisément, la disposition N-6-d des Directives et Principes sur le droit à un procès équitable et à l'assistance judiciaire en Afrique énonce ainsi cette prérogative :

> « d. L'accusé a le droit de ne pas être forcé de témoigner contre lui-même ou de s'avouer coupable.
> 1. Tout aveu ou tout autre témoignage obtenu par une forme quelconque de contrainte ou de force ne peut être admis comme élément de preuve ou être considéré comme prouvant un fait lors de la procédure orale ou du délibéré sur la sentence. Tout aveu ou reconnaissance d'une allégation obtenu pendant une détention au secret sera considéré comme ayant été obtenu par la contrainte.
> 2. Le silence de l'accusé ne peut être considéré comme preuve de sa culpabilité et aucune conclusion défavorable ne peut être tirée de l'exercice du droit de garder le silence. »[1862]

Le législateur congolais a consacré ce droit dans la loi n° 15-024 du 31 décembre 2015[1863] dont l'art. 2 a inséré dans le chapitre II du D. du 6 août 1959 portant CPP tel que modifié et complété par la loi n° 06-19 du 20

[1859] V. p. 119 NBP 315 et p. 679.
[1860] Art. 67-1-g), *idem*.
[1861] Art. 14-3-g). Rappelons que ce Pacte, adopté le 16 décembre 1966 par l'Assemblée générale des Nations Unies, entré en vigueur le 23 mars 1976, a été ratifié par la RDC le 1er novembre 1976.
[1862] CADHP, Directives et principes sur le droit à un procès équitable et à l'assistance judiciaire en Afrique, 2003, consulté le mardi 4 octobre 2016 à 11h45, heure de Paris, in *http://www.achpr.org/fr/instruments/principles-guidelines-right-fair-trial/*.
[1863] Loi n° 15-024 du 31 décembre 2015, in *idem*, pp. 19-31.

juillet 2006, la Section III bis intitulée « De la coopération avec la Cour pénale internationale » et la Section VI intitulée « Des droits et de la protection de l'accusé, des victimes, des témoins et des intermédiaires ». Parmi les droits reconnus à l'accusé figure précisément le droit de ne pas être forcé de témoigner contre lui-même, ni de s'avouer coupable ; de garder le silence sans que ce silence ne soit pris en considération pour déterminer sa culpabilité ou son innocence ; de n'être soumis à aucune forme de coercition, de contrainte ou de menace, ni à la torture ni à aucune autre forme de peine ou traitement cruel, inhumain ou dégradant.[1864] Avant la promulgation de cette loi, le droit au silence était appliqué en RDC comme principe général du droit et considéré comme corollaire de la présomption d'innocence. Il « signifie que les magistrats instructeurs et les juges ne peuvent en principe retenir le manque ou le refus d'explication des inculpés et des prévenus pour entraîner une conviction de culpabilité, même si au plan psychologique, cela acquiert une valeur d'aveu, de non-contestation des charges retenues ou à tout le moins de volonté de cacher une vérité que l'on ose révéler. »[1865] Dans la pratique, ce volet psychologique tend à prendre le dessus. On observe, en effet, que « très souvent, les magistrats instructeurs retournent contre elle le silence de la personne poursuivie en considérant que la non-contestation, de sa part, des charges retenues contre elle établit la preuve de leur reconnaissance. Dans les cabinets des magistrats instructeurs, non-contestation est souvent synonyme d'aveu. Si l'expression "le juge pénal est actif" doit signifier quelque chose, les juges en audience de jugement devraient activement rechercher et écarter, parmi les conclusions du ministère public, celles inférées du silence de la personne poursuivie ou de sa non-contestation des charges retenues contre elles. »[1866]

À cet égard, il est intéressant de noter la position de la CEDH qui, tout en considérant le droit au silence et le droit de ne pas s'auto-incriminer comme éléments d'accomplissement de l'équité du procès,[1867] relève cependant l'effet relatif du droit au silence qui ne peut pas empêcher les juges de prendre en compte le silence de l'accusé « dans des situations qui appellent assurément une explication de sa part pour apprécier la force de persuasion

---

[1864] Art. 26bis-1-c) et d) du CPP.

[1865] Bayona ba Meya, « Lacunes à combler en procédure pénale en vue d'améliorer la sauvegarde de la liberté humaine et des droits de la défense », in *Revue Interdisciplinaire des Droits de l'Homme* (AZADHO), Vol. I, n° 2, mai-août 1995, p. 10.

[1866] P. Kambale, « Pour une rationalisation des enquêtes et de l'instruction préjuridictionnelle au Congo... », in *Horizons*, n° 2, p. 17.

[1867] V. notamment, CEDH, Arrêt Funke c/France, 25 février 1993, § 44 ; Arrêt Saunders c/Royaume-Uni, 17 décembre 1996.

des éléments à charge. »[1868] Il faut reconnaître, en effet, que dans la réalité, l'accusé qui choisit de garder le silence devant les preuves présentées par le procureur encourt le risque de donner une mauvaise impression aux juges et de faire pencher leur intime conviction dans le sens de la culpabilité. L'adage « qui ne dit mot consent » risque vite de jouer dans la balance, même si l'art. 67-1-g du Statut de la CPI, exprimant le principe universellement reconnu, le proscrit formellement. Il arrive que dans la motivation du verdict, les juges retiennent des éléments présentés par l'accusation en les considérant fiables et probants et en précisant que la défense n'a rien dit en réponse. Voilà pourquoi, dans la pratique, la personne poursuivie a plus intérêt à être actif, à controverser les preuves produites par l'accusation et à exercer positivement son droit de présenter ses propres preuves établissant son innocence. Même si l'accusé n'a pas la charge de la preuve de la non-culpabilité, il a intérêt à exercer son droit d'établir son innocence.

PARAGRAPHE 4 : ***LE PRINCIPE DU CONTRADICTOIRE ET DE LA LOYAUTÉ DANS LES DÉBATS***

Aussi bien la production des éléments de preuve de culpabilité que leur contestation, et la soumission des éléments à décharge se déroulent selon des règles procédurales basées sur le respect du principe du contradictoire et garantissant la loyauté, la transparence et l'équité du procès. Les procédés utilisés pour la collecte de la preuve doivent être respectueux de ces règles. Ne peuvent, p. ex., nullement fonder une condamnation les preuves issues des constatations faites au cours d'une visite domiciliaire illégale.[1869]

Tous les éléments présentés par une partie sont préalablement communiqués à la partie adverse et débattus contradictoirement devant le juge, pour en établir l'authenticité, la pertinence, la fiabilité, la force probante. Ce débat ne s'accommode pas de ruses, de surprises, de tricheries ni de supercheries. Aucun élément de preuve ne sera pris en compte, ni versé au dossier s'il n'a pas été soumis à cette épreuve du débat contradictoire, loyal et transparent.

Ce principe est mis en œuvre par le législateur dans des textes légaux, comme, p. ex., dans la loi n° 023-2002 du 18 novembre 2002 portant CJM et dans la L.O n° 13-010 du 19 février 2013 relative à la procédure devant la Cour de cassation. En effet, l'art. 259 du CJM prescrit aux juges de délibérer et de voter hors la présence du ministère public, de la défense et du

---

[1868] CEDH, Arrêt John Murray c/Royaume-Uni, 8 février 1996.
[1869] Dans ce sens, v. Elis., 19 avril 1952, *JTO*, 1953, p. 85.

greffier, en ayant exclusivement sous les yeux les seules pièces de la procédure. *Ils ne peuvent prendre en compte aucune autre pièce qui n'aurait pas été communiquée au ministère public et à la défense et soumise aux débats.*[1870] De même, aux termes de l'art. 16 de la L.O n° 13-010 du 19 février 2013 relative à la procédure devant la Cour de cassation, celle-ci se prononce sur les moyens présentés par les parties et par le ministère public. Elle ne reçoit et n'examine que les moyens repris aux requêtes et mémoires déposés dans les délais prescrits, c'est-à-dire ceux qui ont été contradictoirement débattus par les parties en cause. Lorsqu'elle soulève tout moyen d'ordre public comme le lui reconnaît la loi, elle doit inviter les parties à conclure sur celui-ci, autrement dit à en débattre.[1871] La Cour veille au strict respect de ce principe. Ainsi a-t-elle jugé, lorsqu'elle était encore structurée en Cour suprême de justice, que

> « le caractère accusatoire de l'instruction à l'audience veut que le tribunal répressif ne puisse recevoir et rechercher les preuves que des seuls faits libellés à la citation, et que tous les éléments à charge du prévenu doivent lui être communiqués pour lui permettre de les contredire et d'en apporter la preuve contraire. Dès lors, interpeller le prévenu sur d'autres faits que ceux dont il a reçu notification et dont il aura à répondre serait le surprendre sans défense, encore que le juge ne saurait être saisi de pareils faits. »[1872]

En application de ce principe du contradictoire, lorsque des moyens nouveaux sont soulevés de façon incidente ou d'office par les juges, ces derniers doivent accorder aux parties le droit d'en débattre avant la prise de l'affaire en délibéré. Si cela se produit après la clôture des débats, la Cour

---

[1870] Art. 259 du CJM : « Le président fait retirer le prévenu de la salle d'audience. Les membres de la juridiction se rendent dans la salle des délibérations ou, si la disposition des locaux ne le permet pas, le président fait retirer l'auditoire. Les membres de la juridiction ne peuvent plus communiquer avec personne ni se séparer avant que le jugement ait été rendu. Ils délibèrent et votent hors la présence du ministère public, de la défense et du greffier, en ayant exclusivement sous les yeux les seules pièces de la procédure. Ils ne peuvent prendre en compte aucune autre pièce qui n'aurait pas été communiquée au ministère public et à la défense et soumise aux débats. »

[1871] Art. 16 de la L.O n° 13-010 du 19 février 2013 relative à la procédure devant la Cour de cassation : « La Cour se prononce sur les moyens présentés par les parties et par le Ministère public. Aucun moyen autre que ceux repris aux requêtes et mémoires déposés dans les délais prescrits ne peut être reçu. Toutefois, la Cour peut soulever tout moyen d'ordre public. En ce cas, elle invite les parties à conclure sur ce moyen. »

[1872] CSJ, Arrêt du 10 avril 2009 (RPA 352), *En cause Ministère public et Maurice Michaux c/ Lukumbe Ngenda*, in *BACSJ*, Années 2004 à 2009, T. II (2007-2009), pp. 153-162, spéc. p. 159.

ordonne leur réouverture afin que les parties concluent sur l'incident ou sur les moyens d'ordre public soulevés d'office.[1873] Ces échanges contradictoires se poursuivent tant que la Cour n'a pas rendu son jugement. La procédure se déroule alors conformément à l'art. 25.[1874]

Il convient de souligner que les droits reconnus à toutes les parties au procès, le sont pour permettre le déploiement du principe du contradictoire et de la loyauté dans le débat judiciaire, lequel doit être entièrement tourné vers l'établissement de la vérité.

PARAGRAPHE 5 : ***LE PRINCIPE DE L'INTIME CONVICTION DU JUGE***

Au moment où le juge examine l'affaire après l'avoir prise en délibéré, il analyse et évalue les différentes preuves discutées au cours du procès et arrête souverainement son intime conviction sur la valeur probante à accorder à chacune d'elles, sur la vérité des faits, et sur la culpabilité ou l'innocence de l'accusé. Comme le dit si bien la CSJ, « en matière répressive, le juge doit tirer son intime conviction sur la responsabilité pénale du prévenu de l'ensemble des éléments du dossier, cela de manière libre, et il n'est donc pas obligé de tenir compte uniquement des éléments de défense présentés par le prévenu ».[1875] Il n'est pas non plus tenu de ne prendre en considération que des

---

[1873] Art. 17 de la L.O n° 13-010 du 19 février 2013 : « Avant la clôture des débats, la Cour invite les parties à conclure sur un incident ou sur les moyens d'ordre public soulevés d'office. De même, après la clôture des débats, la Cour ordonne leur réouverture pour permettre aux parties de conclure sur un incident ou sur les moyens d'ordre public soulevés d'office. »

[1874] Art. 25, *idem* : « Les pièces produites par une partie peuvent être contestées par la partie adverse en faisant une déclaration au Greffe de la Cour. Dès le dépôt de la déclaration, le Greffier fait sommation à la partie qui a produit la pièce incriminée de déclarer si elle persiste à en faire état. Si la partie qui a produit la pièce contestée renonce à en faire état par une déclaration au greffe ou si elle n'a pas fait de déclaration dans la huitaine, la pièce est écartée. Le délai de huitaine pourra être prorogé par la Cour. Si elle déclare persister à faire état de la pièce contestée, le Greffier le notifie à la partie qui a soulevé l'incident. Celle-ci ou le Ministère public peut, dans les huit jours, saisir la juridiction compétente. Dans ce cas, la Cour sursoit à statuer jusqu'après le jugement sur le faux, à moins qu'elle estime que la pièce contestée est sans influence sur sa décision. Si le Ministère public ou la partie qui a soulevé l'incident n'a pas introduit d'action dans le délai précité, la pièce est maintenue au dossier et soumise à l'appréciation de la Cour. »

[1875] CSJ, Arrêt du 18 juillet 1980 (RP 277), *En cause Ndefu Sanga c/Ministère public et Yavunguko-Ti-Lindimbia*, in *BACSJ*, Années 1980 à 1984, pp. 63-66, précisément p. 64. V. aussi, CSJ, Arrêt du 22 février 1983 (RP 279), *En cause Opese*

éléments de l'accusation. Il fonde son intime conviction sur l'ensemble des éléments de preuve contradictoirement débattus durant le procès et versés au dossier.

Même si l'espèce dont il est saisi a des ramifications civiles, le juge pénal n'est pas tenu d'attendre l'intervention d'une décision au civil pour statuer sur les faits infractionnels rentrant dans la saisine. Aussi a-t-il été jugé que « n'est pas fondé, le moyen qui reproche au juge d'appel d'avoir dit établie l'infraction de destruction méchante en l'absence de la preuve de la propriété des biens détruits dans le chef de la victime, car le juge répressif saisi d'une infraction de destruction méchante n'a pas l'obligation d'attendre le jugement civil réglant le problème de propriété pour statuer sur ladite infraction, son intime conviction pouvant résulter d'autres éléments du dossier. »[1876] Le civil ne tient donc pas le criminel en l'état.

En l'espèce, le citoyen Makitu Makanda sollicitait la cassation du jugement contradictoirement rendu le 26 mars 1986, au stade d'appel, par le TGI de Kalamu. Celui-ci avait, en effet, infirmé en toutes ses dispositions une décision du tribunal de paix d'Assossa l'ayant acquitté notamment des préventions de violation de domicile, d'arrestation arbitraire et de destruction méchante. Statuant à nouveau, l'instance d'appel avait dit établies ces infractions et avait condamné Makitu Makanda à payer à la partie citante Paluku Tshongo la somme de 5.000 zaïres à titre de dommages-intérêts. Au soutien de son pourvoi en cassation, Makitu Makanda invoqua, entre autres moyens, la violation de l'art. 112 du CP par le jugement entrepris, en ce que celui-ci avait déclaré établie l'infraction de destruction méchante dans son chef alors qu'il se posait, entre les parties au procès, la question de la propriété de la parcelle querellée. Il soutint que le juge d'appel avait statué sans avoir préalablement fait déterminer le véritable propriétaire de ladite parcelle au moment des faits. Or, selon lui, le conflit portait sur une parcelle sur laquelle son oncle détenait un certificat d'enregistrement, et partant, tout ce qui s'y

---

Kamango c/Ministère public et Mayenge Yashima, in *idem*, pp. 360-364 ; CSJ, Arrêt du 14 janvier 1986 (RP 479), *En cause Bitumasala père, Bitumasala fils et Muzinga Mba c/Ministère public et Mambu Ngwete*, in *BACSJ*, Années 1985 à 1989, pp. 114-118, précisément p. 115 : « N'est pas fondé, le moyen reprochant au juge d'appel la violation des articles 16 alinéa 2 de la Constitution et 87 du code de procédure pénale pour avoir fondé son intime conviction sur des témoignages non dignes de foi et pour avoir ignoré ceux à décharge, car en matière pénale, hormis les cas où la loi impose un mode de preuve privilégié, les juges du fond apprécient souverainement les éléments susceptibles d'emporter leur intime conviction. »

[1876] CSJ, Arrêt du 31 janvier 1989 (RP 1.109), *En cause Makitu Makanda c/Ministère public et Paluku Tshongo*, in *BACSJ*, Années 1985 à 1989, pp. 457-461, précisément p. 457.

trouvait était censé lui appartenir. De son point de vue, le juge d'appel ne pouvait retenir l'infraction de destruction méchante et se convaincre de la réunion des éléments constitutifs de cette infraction qu'après un jugement civil ayant déterminé au préalable le véritable propriétaire de ladite parcelle.[1877] Après analyse de l'argumentation du requérant, la Cour déclara ce moyen non fondé pour ce motif :

> « En effet, contrairement à la prétention du demandeur en cassation, la Cour suprême de justice considère que le juge répressif saisi d'une infraction de destruction méchante n'a pas l'obligation d'attendre un jugement civil réglant le problème de la propriété pour statuer sur ladite infraction. Son intime conviction peut résulter d'autres éléments du dossier. Dans le cas d'espèce, il a retenu que le demandeur "reconnaît avoir érigé une bâtisse de 7 m x 3 m et ce après avoir détruit celle de 4,05 m x 3 m laissée par l'ancien occupant, et que cette bâtisse appartenait au citant qui l'a acquise après remboursement des impenses"... »[1878]

Ce principe de l'intime conviction est également appliqué par la CPI, conformément à l'art. 74-2 de son Statut.[1879] Il régit la matière pénale et induit comme corollaire la liberté de la preuve.

PARAGRAPHE 6 : ***LE PRINCIPE DE LA LIBERTÉ DE LA PREUVE***

En droit pénal, le principe consacré est celui de la liberté de la preuve. Celle-ci peut être fournie soit par des constatations directes qui donnent une vue sur l'objet ou l'instrument ayant servi à la commission de l'infraction, les empreintes de l'auteur sur le lieu de la perpétration de l'infraction, le plan d'exécution de celle-ci, etc. ; soit par l'expertise génétique permettant l'utilisation de l'ADN au cours de la procédure pénale[1880] ; soit par l'aveu du

---

[1877] *Idem*, pp. 458-459.

[1878] *Idem*, p. 459.

[1879] Cité *infra,* pp. 694-695.

[1880] V. à ce sujet C. Riccardi et L. Richefeu, « Les nouvelles utilisations de la génétique dans le cadre de la procédure pénale », in *RSC,* n° 2, avril-juin 2018, pp. 331-342. Dans leur résumé, à la p. 331, elles écrivent : « Les progrès scientifiques relatifs à l'expertise génétique ont mis en lumière de nouvelles possibilités d'utilisation de l'ADN au cours de la procédure pénale. Ces nouvelles utilisations ont notamment donné naissance à des techniques telles que le portrait-robot génétique ou la recherche en parentèle qui, après avoir été développées par la pratique en dehors du cadre légal, ont finalement bénéficié d'une certaine normalisation juridique, prétorienne ou législative. Ces techniques novatrices ont surtout modifié le rôle de l'ADN dans le cadre de la procédure pénale. Alors qu'il était jusqu'à présent conçu comme une "preuve parfaite", permettant de verrouiller les résultats de l'enquête, l'ADN devient aujourd'hui un véritable acteur de la procédure en offrant aux enquêteurs de nouvelles pistes d'investigation... L'ADN "parle", et il est utilisé non seulement pour prouver la

prévenu, en sachant que certains aveux peuvent être mensongers, fantaisistes, ou extorqués par la violence, et qu'il importe donc de les contrôler ; soit par des témoignages ; soit par des indices qui sont des faits ou des circonstances susceptibles de conduire à la manifestation de la vérité ; soit par des écrits, films, enregistrements audio ou vidéo, etc. Le CPP français pose expressément ce principe en prescrivant que « hors les cas où la loi en dispose autrement, les infractions peuvent être établies par tout mode de preuve et le juge décide d'après son intime conviction. »[1881]

La CSJ l'a rappelé de façon constante. Ainsi, a-t-elle jugé que n'est pas fondé « le moyen pris de la violation des articles 205 et 217 du code civil livre III[[1882]] en ce que le jugement entrepris a violé la foi due aux actes, alors que le juge pénal, contrairement au juge civil, est régi par le principe de la liberté des preuves. »[1883] Dans un autre arrêt, elle a déclaré non fondé le pourvoi interjeté par Vangu Mampatu Kianda contre le jugement du tribunal de première instance de Matadi qui l'avait condamné, au degré d'appel, à une peine unique de 10 mois de servitude pénale principale pour imputation dommageable et dénonciation calomnieuse. Dans sa motivation, elle a

culpabilité d'une personne, mais pour trouver l'auteur d'une infraction… » V. aussi E. Supiot, « Empreintes génétiques et droit pénal. Quelques aspects éthiques et juridiques », in *RSC*, n° 4, octobre-décembre 2015, pp. 827-835. Cet auteur rappelle que l'expertise génétique, qui n'est qu'un élément de preuve parmi d'autres, est une application du principe suivant : « Tout individu, à l'occasion de ses actions criminelles en un lieu donné, dépose et emporte à son insu des traces et des indices : sueur, sang, poussière […] une fois passés au crible d'examens de plus en plus sophistiqués, [ils] parlent et livrent le récit du crime avant de permettre au lecteur-enquêteur de déchiffrer la signature de l'auteur-coupable. » (pp. 827-828)

[1881] Art. 427 al. 1er du CPP français. Lire aussi, entre autres études sur la matière, F. Desprez, « Preuve et conviction du juge en matière d'agressions sexuelles », in *APC*, n° 34, 2012, pp. 45-69.

[1882] Art. 205 du CC livre III : « Celui auquel on oppose un acte sous seing privé est obligé d'avouer ou de désavouer formellement son écriture ou sa signature. Ses héritiers ou ayants cause peuvent se contenter de déclarer qu'ils ne connaissent point l'écriture ou la signature de leur auteur. » In *Les codes Larcier*, T. I, p. 159.
Art. 217 du même code : « Il doit être passé acte authentique ou sous signature privée, de toutes choses excédant la somme ou valeur de [deux mille] francs, même pour dépôts volontaires; et il n'est reçu aucune preuve par témoins contre et outre le contenu aux actes, ni sur ce qui serait allégué avoir été dit avant, lors ou depuis les actes, encore qu'il s'agisse d'une somme ou valeur moindre de [deux mille] francs.
- Ainsi modifié par le décret du 16 juin 1947. Néanmoins, les engagements commerciaux pourront être constatés par la preuve testimoniale dans tous les cas où le tribunal croira devoir l'admettre. » In *idem*, p. 160.

[1883] CSJ, Arrêt du 5 août 1981 (RP 324), *En cause Kabamba Mupemba c/ Ministère public et Société BOUKIN*, in *BACSJ*, Années 1980 à 1984, pp. 83-87, spéc. p. 83.

examiné et jugé non fondés les trois moyens présentés par le requérant, dont le premier était précisément tiré de la violation, selon ce dernier, de l'art. 87 du CPP en ce que le jugement entrepris l'avait condamné sur la base de la photocopie d'une lettre anonyme contestée par lui alors que l'article précité impose l'obligation de motivation de tout jugement. Et la Cour de répondre :

> « Ce moyen n'est pas fondé. En effet, le jugement attaqué a, certes, retenu la photocopie incriminée ; mais sa motivation ne repose pas sur ce seul élément, puisqu'il a été tenu compte des témoignages recueillis au cours de l'instruction de cette affaire devant le juge d'appel… »[1884]

Ainsi donc, la Cour reconnaît au juge le pouvoir de retenir comme preuve une photocopie corroborée par des témoignages recueillis au cours du procès. Elle a également dit pour droit que « les photocopies libres produites au cours d'une procédure de fond devant la Cour suprême de justice, ont, lorsqu'elles n'ont pas été contestées par la partie adverse, une force probante qu'elles méritent. »[1885] Elle a aussi jugé que les moyens de preuve du droit civil ne l'emportent pas forcément sur les moyens de preuve propres au droit pénal. Elle s'est prononcée dans ce sens lors de l'examen d'un pourvoi en cassation introduit par le citoyen Opese Kamango contre un jugement rendu contradictoirement, au degré d'appel, par le tribunal de première instance de Kinshasa en date du 9 octobre 1975, en matières de stellionat et de faux en écritures. Le requérant invoquait comme moyen, notamment, la violation de l'art. 17 de la Const. et 87 du CPP, ainsi que de l'art. 208 du code civil livre III[1886], en ce que, selon lui, ce jugement, tout en reconnaissant la portée des preuves en matière d'obligations, a prétendu que les preuves en matière civile ne l'emportent pas d'office sur les autres modes de preuve propres à la

---

[1884] CSJ, Arrêt du 7 octobre 1980 (RP 299), *En cause Vangu Mampatu Kianda c/ Ministère public et Mani Kanto Efena*, in *idem*, pp. 239-242, spéc. p. 241.

[1885] CSJ, Arrêt du 11 mars 1998 (RPR 005/C), *En cause Ministère public c/ Kabeya Kashadi et Kabeya Mupula*, in *BACSJ*, Années 1990 à 1999, pp. 348-354, spéc. p. 348. V. précision en l'espèce dans la motivation, p. 351 : « La Cour suprême de justice relève d'emblée que bien que produits en photocopies libres, les actes "conventions" de vente passée entre le prévenu Kabeya Kashadi et le sieur Tshimpangila Mutobola n'ont pas été contestés par les parties au procès et, étant produits dans une procédure de fond, la Cour de céans aura égard à ces documents et leur accordera la force probante qu'ils méritent. »

[1886] Art. 208 du CC livre III : « Le billet ou la promesse sous seing privé par lequel une seule partie s'engage envers l'autre à lui payer une somme d'argent ou une chose appréciable, doit être écrit en entier de la main de celui qui le souscrit ; ou du moins il faut qu'outre sa signature, il ait écrit de sa main un *bon* ou un *approuvé,* portant en toutes lettres la somme ou la quantité de la chose. Excepté dans le cas où l'acte émane de marchands, artisans, laboureurs, vignerons, gens de journée et de service. »

procédure pénale, alors que, soutenait-il, la doctrine et la jurisprudence font obligation de faire recours au régime des preuves du droit civil chaque fois que l'infraction se rattache à l'exécution d'un contrat. La CSJ a déclaré ce moyen non fondé et rejeté le pourvoi, en argumentant :

> « Au sujet de l'article 208 du code civil, le jugement entrepris est motivé de la sorte :
>
> > "Attendu que les premiers jüges ont essentiellement basé leur conviction sur les règles du droit civil du fait de la non-existence sur le document contesté des mentions exigées par l'article 208 du code civil, pour déclarer le prévenu coupable de l'infraction de faux en écritures ;
> >
> > Attendu que si ce qui est affirmé est exact, cela ne peut l'emporter d'office sur les autres modes de preuve propres à la procédure pénale, notamment les expertises comme il y en a eu une assez concluante en l'espèce et en faveur du prévenu".
>
> Il résulte de cette motivation que les juges d'appel n'ont pas reconnu l'application de l'article 208 du code civil livre III à l'espèce qui leur a été soumise et qu'ils ont bien justifié la non-application de cette disposition légale par l'existence des modes de preuve de l'infraction propres à la procédure pénale.
>
> Ce deuxième moyen n'est donc pas non plus fondé…
>
> La Cour… rejette le pourvoi… »[1887]

Cet arrêt est une belle illustration de l'expression de l'autonomie du droit pénal vis-à-vis du droit civil, en matière de preuve.

Il faut cependant souligner que ce principe de la liberté de la preuve n'est pas absolu. Il est soumis à quatre limitations au moins :

- La première, c'est que le juge est tenu de respecter la force probante que la loi accorde à certains actes ; ainsi en est-il des procès-verbaux qui font foi jusqu'à preuve du contraire et des procès-verbaux qui valent jusqu'à inscription en faux.
- La deuxième, c'est que les moyens de preuve présentés doivent être rationnels ; sont écartés, p. ex., les ordalies, les pratiques divinatoires, l'hypnotisme.
- La troisième, c'est que les moyens de preuve utilisés doivent répondre à l'exigence du respect de la dignité humaine ; ne sont pas admis ceux qui sont obtenus à la suite des procédés inhumains comme les passages à tabac, la ruse, la torture, expressément visée dans l'art. 15 de la Convention contre la torture et autres peines ou traitements cruels, inhumains ou dégradants qui dispose : « Tout État partie veille à ce que toute déclaration dont il est établi qu'elle a

---

[1887] CSJ, Arrêt du 22 février 1983 (RP 279), *En cause Opese Kamango c/ Ministère public et Mayenge Yashima*, in *BACSJ*, Années 1980 à 1984, pp. 360-364, spéc. pp. 362-363.

été obtenue par la torture ne puisse être invoquée comme un élément de preuve dans une procédure, si ce n'est contre la personne accusée de torture pour établir qu'une déclaration a été faite. »[1888]

- La quatrième, c'est que les moyens de preuve doivent être apportées en respect des droits de la défense, des principes du contradictoire, de l'équité et de la loyauté de la procédure. Une preuve obtenue de façon illicite n'est pas valable. Il en est ainsi, p. ex., d'une lettre saisie en l'absence du prévenu alors que celui-ci se trouvait en état d'arrestation et donc à la disposition du magistrat instructeur. C'est dans ce sens que s'est prononcée la CSJ dans l'affaire *Ministère public contre Kasongo Muidinge Maluilo et N'kombe Monkundato*.[1889] Pour établir la culpabilité du premier cité du chef de l'infraction de non-assistance à personne en danger, le ministère public s'est appuyé sur la lettre n° 3072/1095/CAT/B.Z/82 que le commissaire sous-régional de Mbanza-Ngungu aurait adressée au prévenu Kasongo en sa qualité de Secrétaire général du Département [ministère] de la justice, ayant pour objet la carence de vivres à la prison de cette sous-région et soulignant le risque de décès des prisonniers suite à une sous-alimentation, en cas de non-intervention immédiate dudit Département. Malheureusement pour l'accusation, cette lettre aurait été découverte non traitée sur le bureau du prévenu lors de son ouverture forcée effectuée en l'absence de ce dernier. La Cour a rejeté cette preuve en argumentant :

> « Quant à l'original prétendument découvert dans le bureau du prévenu Kasongo et saisi ensuite par le parquet, il échet de relever, outre les protestations véhémentes du prévenu qui n'y voit autre chose qu'un scénario monté contre lui de toutes pièces par ses adversaires, que l'ouverture forcée du bureau du prévenu aux fins d'inventaire des documents et effets s'y trouvant ainsi que la saisie elle-même de cette pièce ont été opérées en son absence alors que, mis en état d'arrestation depuis le 14 septembre 1982, il se trouvait entièrement à la disposition du parquet. »[1890]

En vertu des principes du contradictoire, de l'équité et de la loyauté dans la procédure, le juge ne peut pas non plus prendre en considération les moyens qui lui ont été transmis en dehors du prétoire et qui n'ont pas été débattus par la partie adverse. L'art. 74-2 du Statut de la CPI le prescrit formellement :

> « La Chambre de première instance fonde sa décision sur son appréciation des preuves et sur l'ensemble des procédures. Sa décision ne peut aller au-delà des faits et des circonstances décrits dans les charges et les modifications apportées à

[1888] In *J.O*, 43e Année, n° spécial, 5 décembre 2002, pp 72-84, spéc. p. 76.

[1889] CSJ, Arrêt du 25 mars 1983 (RPA 77), *En cause Ministère public c/ Kasongo Muidinge Maluilo et N'kombe Monkundato*, in *BACSJ*, Années 1980 à 1984, pp. 367-376. V. présentation de cette affaire *supra*, pp. 363-364.

[1890] *Idem*, p. 372.

celles-ci. Elle est fondée exclusivement sur les preuves produites et examinées au procès. »[1891]

Serge Guinchard et Jacques Buisson mettent bien l'accent sur le fait que la liberté de la preuve doit s'opérer dans la légalité. Ils écrivent :

« Il est souvent affirmé que la preuve est libre en droit pénal. Une telle assertion ne peut être que partiellement vraie. Nul ne concevrait, en effet, que dans un État de droit, la preuve puisse ne pas être régie par la loi. À la vérité, ce principe de la liberté de la preuve doit forcément se concilier avec un autre principe, aussi fondamental, celui de la légalité à laquelle se trouve nécessairement soumise la preuve. La liberté érigée en principe tend à rendre plus aisée la démonstration de l'existence d'une infraction et de son imputation à une personne en laissant à celui qui a la charge de la preuve la possibilité de la rapporter par tous moyens, et au juge la faculté d'accepter ou de rejeter une telle démonstration. Mais dans un État de droit, cette liberté ne peut aller jusqu'à méconnaître la loi. En d'autres termes, si aucun mode de preuve n'est imposé, encore faut-il que celui qui a été choisi ait été mis en œuvre conformément à la loi. Ainsi les moyens de la preuve sont-ils régis par deux principes apparemment, mais faussement, antinomiques, celui de la liberté dans la production de la preuve [...] et celui de la légalité dans l'administration de cette preuve [...] »[1892]

PARAGRAPHE 7 : ***LE PRINCIPE DE L'APPRÉCIATION SOUVERAINE DES FAITS ET DES ÉLÉMENTS DE PREUVE PAR LE JUGE DU FOND***

La preuve étant libre en droit pénal, il appartient au juge d'apprécier souverainement tous les éléments qui lui sont présentés pour établir la réalité et la véracité des faits qui lui sont soumis. Le juge, saisi des faits, les vérifie, dirige de façon équitable et impartiale et suit attentivement les débats qui se déroulent devant lui, en veillant au respect des droits de toutes les parties en présence. Il statue sur la recevabilité et la pertinence des éléments de preuve présentés par celles-ci : témoignages, documents écrits, filmés etc. qui ne peuvent être admis que s'ils constituent des pas vers la découverte de la vérité. Il a le pouvoir de demander la présentation de tous autres éléments qu'il estime nécessaires à la manifestation de la vérité.

L'instance de cassation juge le droit et non les faits qui relèvent de la souveraine appréciation du juge du fond. Elle se limite à vérifier si le

---

[1891] V. aussi l'art. 427 al. 2 du CPP français qui dispose : « Le juge ne peut fonder sa décision que sur des preuves qui lui sont apportées au cours des débats et contradictoirement discutées devant lui. »

[1892] S. Guinchard, J. Buisson, *op. cit.*, p. 485.

jugement attaqué a violé ou pas une disposition légale. Elle rejette tout pourvoi reposant sur un moyen mélangé de fait et de droit dont l'examen l'amènerait à mener des investigations sur des faits ne rentrant pas dans son champ de compétence. C'est ainsi que, p. ex., la CSJ a rejeté le pourvoi interjeté par le citoyen Kabasele Mutambayi contre l'arrêt rendu contradictoirement par la C.A de Mbuji-Mayi le 12 avril 1979. En effet, pour avoir administré des coups à l'œil gauche du citoyen Nkuta Mutshinayi, ce demandeur avait été poursuivi devant le TGI de Mbuji-Mayi qui, par jugement contradictoire du 10 octobre 1978, déclara non établie l'infraction et l'en acquitta, ainsi que son co-prévenu Mukuna Tshimanga. Sur appel interjeté par la partie civile Nkuta, la C. A de Mbuji-Mayi, par son arrêt du 12 avril 1979, infirma ce jugement, reconnut Kabasele seul responsable des coups et blessures et le condamna à payer à la victime 1.500 Z en guise de dommages-intérêts. Non content, ce dernier forma un pourvoi pour solliciter la cassation de cette décision. Se prononçant sur celui-ci, la CSJ dit :

> « Le moyen unique est basé sur la violation de l'article 258 du code civil livre III, en ce "qu'il ressort du certificat médical au dossier que l'œil gauche de la victime avait, avant les faits, subi deux opérations chirurgicales en 1974 et 1975, ce même certificat renseigne que les coups et blessures faits sur elle ont causé un traumatisme entraînant un prolapsus d'iris par le fistule et une inflammation forte de l'œil gauche…", le dit arrêt se prononce sur le taux de dommages-intérêts sans réserve, dès lors que le rapport médical versé au dossier ne fait état d'aucun dommage et que le médecin se réserve sur la portée du dommage corporel.
>
> Tel que libellé, le moyen n'est pas fondé, étant mélangé de fait et de droit, car son examen entraînerait la Cour à des investigations de fait qui échappent à son contrôle. Le pourvoi du demandeur doit donc être rejeté. »[1893]

Il faut aussi rappeler que les pourvois pour violation de la loi ou de la coutume dont connaît la Cour de cassation ne peuvent être interjetés que contre les arrêts et jugements rendus en dernier ressort par les cours et tribunaux. Ils ne peuvent pas être formés contre les décisions judiciaires ne

---

[1893] CSJ, Arrêt du 21 juillet 1981 (RP 439), *En cause Kabasele Mutambayi c/Ministère public et Nkuta Mutshinayi*, in *BACSJ*, Années 1980 à 1984, pp. 232-234, spéc. p. 233. V. aussi, CSJ, Arrêt du 24 février 1987 (RP 269), *En cause Tshibangu Kalala c/Ministère public, Israel Victor et Société PIAF/KIVU*, in *BACSJ*, Années 1985 à 1989, pp. 277-281, spéc. p. 277 : « Est irrecevable, parce que tendant à faire revenir devant la Cour suprême de justice l'examen des faits relevant de l'appréciation souveraine du juge de fond, le moyen qui fait grief au juge d'appel d'avoir violé les articles 31 et 30 du décret du 6 mars 1951 sur le registre du commerce, 38 du décret du 23 juin 1960, 48 et 65 du décret-loi du 14 septembre 1965 portant code de commerce en ce qu'il a reçu l'action mue par une personne morale représentée en justice par une personne non qualifiée. »

rentrant pas dans cette catégorie. Ils ne peuvent pas, p. ex., être exercés à l'encontre des ordonnances de mise en liberté provisoire prises en chambre de conseil, ni à l'encontre des jugements préparatoires, ce, précisément, pour deux raisons : 1° parce que ces décisions ne sont pas revêtues de l'autorité de la chose jugée ; 2° parce que la censure de telles décisions par la Cour de cassation risquerait d'amener cette dernière à examiner des questions de fait alors que celles-ci relèvent de l'appréciation souveraine du juge du fond. Aussi la Cour a-t-elle jugé qu'

> « Est irrecevable, en application des articles 155 du code de l'organisation et de la compétence judiciaires, 7 et 35 de la procédure devant la Cour suprême de justice rendant celle-ci compétente aux fins de connaître des pourvois en cassation pour violation de la loi et de la coutume, le pourvoi formé contre les décisions de justice autres que les arrêts et les jugements rendus en dernier ressort par les Cours et tribunaux dont le pourvoi est ouvert à toute partie au procès et au Procureur général de la République, notamment les ordonnances de mise en liberté provisoire prise en chambre de conseil et les jugements préparatoires dont la censure par la Cour risque d'entraîner celle-ci sur des questions de fait dont l'appréciation relève du juge du fond, lesquelles décisions sont dépourvues de l'autorité de la chose jugée. »[1894]

Il convient également de souligner que dans son appréciation souveraine des faits, le juge du fond n'est pas lié par les analyses faites par les parties dans leurs mémoires. Tout protagoniste à la procédure qui demanderait l'intervention de l'instance de cassation en prétendant substituer sa propre analyse des faits à la souveraine appréciation du juge ferait œuvre vaine. Tel est le sort subi par Mulamba Mudijike Matumbi qui avait sollicité la cassation du jugement n° R.P.A.1.159 rendu contradictoirement, au second degré, par le TGI de Kinshasa-Matete. Celui-ci avait, en effet, infirmé la décision du premier juge et avait dit non établie l'infraction de dénonciation calomnieuse reprochée à Kabasele Ngindu Yobo et l'en avait acquitté. Pour obtenir la cassation du jugement attaqué, Mulamba invoqua, entre autres moyens, « la violation de l'article 76 du code pénal livre II[1895], pour application fausse ou erronée de la loi, en indiquant que les éléments

---

[1894] CSJ, Arrêt du 27 juillet 2005 (RP 2630), *En cause Kasango Kakala c/ Ministère public et Mateke Bazeya Makola*, in *BACSJ*, Années 2004 à 2009, T. I, pp. 133-135, spéc. p. 133.

[1895] Art. 76 du CP livre II : « Sera puni d'une servitude pénale de cinq ans au maximum et d'une amende de vingt-cinq à mille francs ou d'une de ces peines seulement : - celui qui aura fait par écrit ou verbalement à une autorité judiciaire ou à un fonctionnaire public, qui a le devoir d'en saisir ladite autorité, une dénonciation calomnieuse ; - celui qui aura fait par écrit ou verbalement à une personne des imputations calomnieuses contre son subordonné. »

constitutifs de l'infraction de dénonciation calomnieuse ne sont pas établis dans son chef, notamment la fausseté des faits dénoncés et l'innocence de la personne dénoncée, alors que non seulement la disposition légale visée au moyen requiert, pour l'établissement de cette infraction, plus d'éléments que ceux cités par la décision déférée, mais encore ces éléments étaient en fait comme en droit établis à l'endroit du deuxième défendeur en cassation »[1896], Kabasele Ngindu Yobo. Et la Cour saisie de trancher :

> « Ce moyen est irrecevable, puisqu'en acquittant le deuxième défendeur, le juge d'appel a souverainement apprécié les faits infractionnels qui lui étaient soumis et les a dit non fondés. Une telle appréciation échappe au contrôle du juge de cassation. »[1897]

PARAGRAPHE 8 : ***LE PRINCIPE IN DUBIO PRO REO***

Si le ministère public n'a pas réussi à faire dissiper le doute sur le fait commis et sur la culpabilité de l'agent, ce doute profitera au prévenu. Ce principe est le corollaire du principe constitutionnel de la présomption d'innocence. Le Statut de la CPI, dont la RDC est État-partie, fait bien ressortir ce lien en les visant dans une même disposition, en l'occurrence l'art. 66 ainsi libellé :

> « 1. Toute personne est présumée innocente jusqu'à ce que sa culpabilité ait été établie devant la Cour conformément au droit applicable.
> 2. Il incombe au Procureur de prouver la culpabilité de l'accusé.
> 3. Pour condamner l'accusé, la Cour doit être convaincue de sa culpabilité au-delà de tout doute raisonnable. »

A contrario, la persistance d'un doute raisonnable entraîne et motive l'acquittement de l'accusé. Par *doute raisonnable,* il faut entendre un doute sensé, réfléchi, judicieux, conforme à la raison, basé sur des éléments produits durant le procès, sur des incertitudes, des contradictions, des incohérences, des zones d'ombre persistant dans le dossier de l'accusation.[1898] « Un doute raisonnable n'est pas un doute imaginaire ou frivole. Il ne doit pas être fondé sur la sympathie ou sur un préjugé. Il repose plutôt sur la raison et le bon sens. Il peut être fondé non seulement sur la

---

[1896] CSJ, Arrêt du 28 mars 1989 (RP 1.178), *En cause Mulamba Mudijike Matumbi c/Ministère public et Kabasele Ngindu Yobo*, in *BACSJ*, Années 1985 à 1989, pp. 473-476, précisément pp. 474-475.

[1897] *Idem*, p. 475.

[1898] J-P. Fofé Djofia Malewa, « La preuve des faits similaires devant la Cour pénale internationale : mécanisme sous surveillance », in *RSC*, n° 2, avril-juin 2011, pp.343-369, spéc. p. 345.

preuve mais aussi sur l'absence de preuve. »[1899] Ainsi, p. ex., dans l'examen de l'affaire Molongya, la Cour suprême devait se prononcer sur la 15ème prévention aux termes de laquelle il était reproché à ce dernier « d'avoir à Bruxelles, capitale du Royaume de Belgique, le 25 septembre 1978, étant délégué général d'Air Zaïre, au moyen du reçu n° 643299, détourné une somme de 1.100 FF au préjudice de cette compagnie. Fait prévu et puni par l'article 145 du code pénal livre II, tel que modifié par la loi n° 73/017 du 5 janvier 1973. »[1900] Pour arrêter son intime conviction sur ce chef d'accusation, la Cour a analysé attentivement les arguments présentés par les parties. Elle a noté que dans ses moyens de défense, le prévenu contestait avoir prélevé ces fonds à Bruxelles, mais plutôt à Kinshasa. Elle a constaté qu'en effet, c'est à la caisse centrale de Kinshasa que celui-ci avait touché une somme de 3.000 FF suivant reçu n° 643299 établi le 25 septembre 1978 et évoqué dans le libellé de la prévention. Elle a également constaté que le montant de 1.100 FF, objet de la prévention, était la différence entre ces 3.000 FF et une somme de 1.900 FF que le ministère public disait avoir été remboursée par le prévenu suivant un reçu n° 64195, non produit durant les débats et donc non versé au dossier. Dans sa motivation, la Cour a relevé, s'agissant précisément de ce dernier reçu, que le prévenu en avait, en vain, exigé la production, soutenant que le montant que lui attribuait l'accusation, qui n'a pas pu produire cette pièce, pouvait bien être inférieur à celui réellement remboursé par lui. La Cour a pris en compte la pertinence de la thèse du prévenu et a dit l'infraction visée dans cette 15ème prévention non établie en raison du doute créé par l'absence de ce reçu.[1901]

*PARAGRAPHE 9 : **L'OBLIGATION DE MOTIVATION DE TOUT JUGEMENT***

Pour garantir l'État de droit et éviter l'arbitraire, la justice doit être rendue par des cours et tribunaux en respect des principes de la publicité des audiences, de l'obligation de motivation de leurs décisions, et du double degré de juridictions assurant le droit d'exercice des voies de recours. Ces principes, consacrés par les art. 20, 21 de la Const.[1902], n'acceptent aucune dérogation,

---

[1899] Principes généraux du Conseil canadien de la magistrature, point 9.3[2] Source : *http://www.cjcccm.gc.ca/french/lawyers_fr.asp?selMenu=lawyers_pmf_generalprinciples_fr.asp.*

[1900] CSJ, Arrêt du 5 décembre 1980 (RPA 66), *En cause Ministère public et Partie civile c/Molongya Mayikusa Moi Bongenye et consorts*, in *BACSJ*, Années 1980 à 1984, pp. 123-159, spéc. p. 135.

[1901] *Idem*, p. 136.

[1902] V. ces art. 20 et 21 à la p. 93, NBP 235 et 237.

conformément aux prescriptions de l'art. 61 du même texte.[1903] S'inscrivant dans ce cadre constitutionnel qui concorde heureusement avec des dispositions universellement consacrées,[1904] le travail du juge consiste essentiellement à établir la preuve de l'existence de l'infraction et de son imputabilité à la personne poursuivie, en étant guidé par des principes directeurs ci-dessus brièvement rappelés. Il agit en toute indépendance et impartialité. Il apprécie souverainement les faits et les éléments de preuve débattus au cours du procès et versés au dossier. Il analyse objectivement les conclusions qu'en font les parties (le ministère public, la défense, la partie civile) ; les rencontre dans son argumentation mais n'est pas lié par elles. Il arrête sa décision selon son intime conviction. Pour éviter qu'il ne tombe dans l'arbitraire, la loi, en l'occurrence la Const. et le CPP[1905], lui impose l'obligation de motiver sa décision, c'est-à-dire d'expliquer, d'exposer les arguments qui fondent sa décision. Si celle-ci n'est pas suffisamment motivée, elle encourt la cassation. C'est ce qui est advenu, p. ex., au jugement rendu au second degré par le TGI de Kinshasa le 4 juin 1982 qui avait infirmé le premier jugement et décidé de

---

[1903] Art. 61 de la Const. : « En aucun cas, et même lorsque l'état de siège ou l'état d'urgence aura été proclamé conformément aux articles 85 et 86 de la présente Constitution, il ne peut être dérogé aux droits et principes fondamentaux énumérés ci-après : 1. le droit à la vie ; 2. l'interdiction de la torture et des peines ou traitements cruels, inhumains ou dégradants ; 3. l'interdiction de l'esclavage et de la servitude ; 4. le principe de la légalité des infractions et des peines ; 5. les droits de la défense et le droit de recours ; 6. l'interdiction de l'emprisonnement pour dettes ; 7. la liberté de pensée, de conscience et de religion. »

[1904] V. notamment : Sur la publicité du procès, l'art. 64-7 du Statut de la CPI : « Le procès est public. Toutefois, la Chambre de première instance peut, en raison de circonstances particulières, prononcer le huis clos pour certaines audiences aux fins énoncées à l'article 68 ou en vue de protéger des renseignements confidentiels ou sensibles donnés dans les dépositions. » Sur la motivation, l'art. 74-5 du même Statut : « La décision est présentée par écrit. Elle contient l'exposé complet et motivé des constatations de la Chambre de première instance sur les preuves et les conclusions. Il n'est prononcé qu'une seule décision. S'il n'y a pas unanimité, la décision contient les vues de la majorité et de la minorité. Il est donné lecture de la décision ou de son résumé en audience publique. » À propos de la publicité, v. aussi l'art. 14 de la L.O n° 13-010 du 19 février 2013 relative à la procédure devant la Cour de cassation : « Les audiences de la Cour sont publiques, à moins que cette publicité ne soit dangereuse pour l'ordre public ou les bonnes mœurs. Dans ce cas, la Cour ordonne le huis clos par un Arrêt motivé. »

[1905] L'art. 87 du CPP porte, en effet : « Les jugements indiquent le nom des juges qui les ont rendus et, s'ils ont siégé dans l'affaire, celui de l'officier du Ministère public, du greffier et des assesseurs, l'identité du prévenu, de la partie civile et de la partie civilement responsable. Ils contiennent l'indication des faits mis à charge du prévenu, un exposé sommaire des actes de poursuite et de procédure à l'audience, les conclusions éventuelles des parties, les motifs et le dispositif… »

l'acquittement d'un prévenu en se fondant « sur les réquisitions du ministère public, elles-mêmes fondées sur le fait que ledit prévenu avait antérieurement dénoncé les faits à la gendarmerie, alors que, n'étant pas lié par les réquisitions du M.P., le juge aurait dû relever l'absence dans le chef du prévenu d'au moins un des éléments constitutifs de chacune des infractions mises à sa charge. »[1906] Ne l'ayant pas fait, sa décision a été cassée pour motivation manifestement insuffisante. La CSJ, saisi du pourvoi interjeté par le citoyen Muduila, a ainsi argumenté :

> « Sans qu'il soit besoin d'examiner tous les moyens de cassation proposés par le demandeur, la Cour statue sur le premier grief du premier moyen, ainsi que sur un moyen d'office tirés respectivement de la violation de l'article 16 alinéa 3 de la Constitution et de l'article 87 alinéa 2 du code de procédure pénale, en ce que le jugement attaqué a prononcé l'acquittement du prévenu Simba pour le seul motif que le Ministère public a requis l'acquittement en considération du fait que le prévenu avait déjà porté le litige à la connaissance de la Gendarmerie alors qu'une telle motivation est manifestement insuffisante pour savoir si le prévenu s'est ou non rendu coupable des infractions à sa charge… Le premier grief susdit est fondé car le Ministère public n'étant plus maître de l'action publique à partir du moment où le Tribunal en est saisi et que ce dernier n'étant pas lié par les réquisitions du Ministère public, pour acquitter le deuxième défendeur en cassation, le jugement dont pourvoi aurait dû relever l'absence dans son chef d'au moins un des éléments constitutifs de chacune des infractions mises à sa charge, ce qui n'a pas été le cas en l'espèce…
> C'est pourquoi ; La Cour suprême de justice… casse le jugement entrepris… »[1907]

La même Cour a également jugé que « viole l'article 87 du code de procédure pénale sur la motivation et sera cassée totalement avec renvoi, la décision d'appel qui retient l'infraction d'arrestation arbitraire sans avoir relevé la réunion de tous les éléments constitutifs de cette infraction, notamment l'élément moral »[1908] ; qu' « est fondé et entraîne cassation totale avec renvoi de la décision entreprise pour défaut de motivation et

---

[1906] CSJ, Arrêt du 14 août 1984 (RP 742), *En cause Muduila c/Ministère public et Simba Panzu*, in *BACSJ*, Années 1980 à 1984, pp. 504-507, spéc. p. 504.
[1907] *Idem*, pp. 506-507.
[1908] CSJ, Arrêt du 7 octobre 1980 (RP 396), *En cause Mangumbe Elonga c/Ministère public et Mokina Bonkobo*, in *idem*, pp. 91-94, spéc. p. 92. V. aussi, Arrêt du 11 décembre 1985 (RP 628), *En cause Bibi Kabong-a-Ling c/ Ministère public, Biayi wa Muamba et consorts,* in *BACSJ*, Années 1985 à 1989, pp. 108-113, spéc. p. 108 ; Arrêt du 31 janvier 1989 (RP 1214/1232), *En cause Bimansha Mbuyi et Matezo Mavakala c/ Ministère public et Boma wa Boma,* in *idem*, pp. 461-470, spéc. p. 463 ; CSJ, Arrêt du 5 avril 2000 (RP 1895), *En cause Nduenga Thomas c/ Ministère public et Mabungu Nkondi*, in *BACSJ*, Années 2000 à 2003, pp. 18-23, spéc. p. 19.

indivisibilité du litige, le moyen faisant grief au juge d'appel d'avoir violé les articles 14 de l'Acte constitutionnel de la transition et 87 du code de procédure pénale, en ce qu'après avoir acquitté le 5ème défendeur au bénéfice du doute, il a également, sans motivation aucune, acquitté le 2ème défendeur. »[1909]

Il importe de noter que l'ambiguïté dans la motivation et la contradiction entre les motifs et le dispositif valent absences de motivation. C'est ainsi que la Cour a jugé qu'

> « Est fondé et la décision entreprise encourt cassation totale avec renvoi, pour violation des articles 87, 96 du code de procédure pénale et 1er de l'ordonnance du 14 mai 1886, le moyen pris de l'ambiguïté dans la motivation et de la contradiction de celle-ci avec le dispositif, équivalant à l'absence totale de motivation, dès lors que le jugement attaqué déclare au même moment dans sa motivation l'appel de la partie civile recevable, car formé dans les délais légaux, et irrecevable puisque formé hors délais légaux. »[1910]

L'obligation de motivation s'impose naturellement aux juges militaires qui doivent se conformer au prescrit de l'art. 274 du CJM[1911], ainsi qu'aux juges des enfants, tenus d'appliquer l'art. 122 de loi n° 09-001 du 10 janvier 2009 portant que « la décision du juge est motivée. Elle est prononcée en audience publique. » La L.O n° 13-010 du 19 février 2013 relative à la procédure devant la Cour de cassation oblige également celle-ci à motiver ses arrêts. Son art. 27 énumère les données devant obligatoirement être mentionnées dans tout arrêt, parmi lesquelles, la motivation.[1912] Doivent

---

[1909] CSJ, Arrêt du 23 août 2000 (RP 1746), *En cause Ehetshe Mpala Pikabel c/ Ministère public, Shako Ehadi et consorts*, in *BACSJ*, Années 2000 à 2003, pp. 37-40, spéc. p. 37.

[1910] CSJ, Arrêt du 14 avril 2004 (RP 2029), *En cause Mangalibi Nkolo Mbongo Catherine et Loteka François c/ Ministère public, Mayembo Mbongo et Malimbasa Monga Moindo*, in *BACSJ*, Années 2004 à 2009, T. I, pp. 5-12, spéc. pp. 6-7.

[1911] Art. 274 : « Les arrêts et jugements sont rédigés par le magistrat de carrière, membre de la juridiction et indiquent les noms des juges et assesseurs qui les ont rendus. Ils indiquent également les noms de l'officier du ministère public et du greffier qui ont siégé dans l'affaire ainsi que les identités complètes du prévenu, de son conseil, de la partie civile et de la partie civilement responsable. *Ils sont motivés* et contiennent l'indication des faits mis à charge du prévenu, un exposé sommaire des actes de poursuite et de procédure à l'audience et les dépositions des parties. » Mots relevés en italique par l'auteur.

[1912] Art. 27 de la L.O n° 13-010 du 19 février 2013 relative à la procédure devant la Cour de cassation : « Les Arrêts de la Cour mentionnent : 1. la chambre qui a siégé en la cause ; 2. les noms des magistrats ayant composé le siège ; 3. le nom du Greffier audiencier ; 4. les noms des magistrats du Parquet qui ont rédigé les

également être motivés, les arrêts rendus par la Cour constitutionnelle, conformément aux prescriptions de la L.O n° 13-026 du 15 octobre 2013 portant organisation et fonctionnement de cette cour.[1913]

Lorsque les faits ont été prouvés et juridiquement qualifiés, et que la preuve de la culpabilité de l'agent a été apportée conformément à la loi, alors le juge fait intervenir la sanction pénale, en la mesurant.

SECTION 2 : LE PRINCIPE DE L'INDIVIDUALISATION ET LES ÉLÉMENTS DE MESURE DE LA SANCTION

Le juge n'applique pas la sanction de façon aveugle. Ayant le pouvoir de vérifier la véracité ou l'authenticité des faits, d'apprécier leur gravité et le degré de l'implication de chaque agent à leur commission, il lui incombe de mesurer la réaction sociale sous l'égide du principe de l'individualisation et eu égard aux circonstances spécifiques de l'espèce en cause. Il rend son jugement.

*PARAGRAPHE 1er : **LE PRINCIPE DE L'INDIVIDUALISATION DE LA SANCTION***

Lorsque nous avons examiné les garanties fondamentales communes aux deux formes de la sanction pénale (peine et mesure de sûreté), nous avons évoqué les principes qui les gouvernent, dont celui de la personnalité et de l'individualité de la sanction. Dans ce contexte là, le principe de la personnalité veut dire que toute mesure revêtant le caractère d'une peine doit être personnelle, en ce sens qu'elle ne doit être infligée qu'à l'auteur de l'infraction, nul n'étant responsable pénalement que de son propre fait. Tandis que celui de l'individualité commande que la peine, autant que la

---

conclusions ou les réquisitions en la cause ou qui ont assisté aux audiences et au prononcé de l'Arrêt ; 5. les noms, le domicile, la résidence ou le siège des parties ainsi que leur qualité et, le cas échéant, le nom et la qualité de la personne qui les a représentées ; 6. l'énoncé des moyens produits par les parties, la référence aux requêtes et mémoires dans lesquels ils ont été formulés, l'indication de la date du dépôt ; 7. l'indication de la lecture du rapport présenté par le Conseiller rapporteur ; 8. la mention de la convocation et de l'audition des parties et les noms des avocats qui les ont représentées ; 9. la mention de l'audition du Ministère public ; 10. la date des audiences ; 11. les incidents de procédure et la solution que la Cour y a apportée; 12. la date et la mention du prononcé en audience publique ; 13. la motivation ; 14. le dispositif ; 15. le compte et l'imputation des frais et dépens. »

[1913] L'art. 53 de cette L.O dispose : « La Cour statue par un Arrêt motivé. Celui-ci est signifié à la juridiction concernée et s'impose à elle. L'acte déclaré non conforme à la Constitution ne peut être appliqué dans le procès en cours. »

mesure de sûreté, doive, en plus, être individuelle, car lorsque plusieurs personnes ont commis une infraction, le juge doit déterminer et prononcer une peine pour chacune d'elles distinctement.

Le principe de l'individualisation de la sanction intervient au stade de la fixation concrète de chaque peine et de son application à chaque délinquant pris individuellement. Il requiert que le juge adapte la sanction à chaque délinquant « en fonction de son acte, de son comportement, de ses chances de réinsertion, de son degré de professionnalisme criminel... »[1914] Saint Thomas a eu ces mots pour souligner cette nécessité d'individualisation : « C'est une chose de pécher dans la nécessité, une autre de pécher dans l'abondance. Un pauvre mendiant commet un vol, sa faute procède de sa maigreur. Un riche qui regorge de tant de biens, pourquoi pillerait-il le bien d'autrui ? »[1915] C'est dire que l'on ne peut pas punir de la même façon un pauvre qui vole par nécessité et un riche qui vole par gourmandise. Ce qui nous rappelle d'ailleurs cet autre instrument de politique pénale qu'est l'état de nécessité, considéré comme fait justificatif lorsque se trouvent réunies certaines conditions.

Le législateur français consacre *expressis verbis* le principe de l'individualisation dans l'art. 132-1, alinéas 2 et 3 du CP qui disposent :

> « Toute peine prononcée par la juridiction doit être individualisée.
> Dans les limites fixées par la loi, la juridiction détermine la nature, le quantum et le régime des peines prononcées en fonction des circonstances de l'infraction et de la personnalité de son auteur ainsi que de sa situation matérielle, familiale et sociale, conformément aux finalités et fonctions de la peine énoncées à l'article 130-1. »[1916]

L'individualisation de la sanction se révèle ainsi être une opération d'adaptation de la sanction à chaque agent infractionnel. Elle est aussi nommée « principe de personnalisation » pour prendre en compte l'avènement de la responsabilité pénale des personnes morales, le terme « personnalisation » visant à la fois des délinquants personnes physiques et morales. Mais l'individualisation reste le concept générique utilisé. Elle est fondée sur l'idée que le juge ne doit pas être assimilé à un automate se limitant

---

[1914] J. Pradel, *Droit pénal général,* 21e éd., n° 710, p. 593.

[1915] S. Lancel, *Saint-Augustin*, Farad, 1999, 368, cité par J. Pradel, *ibidem,* p. 593, NBP 2.

[1916] Cet art. 130-1 dispose : « Afin d'assurer la protection de la société, de prévenir la commission de nouvelles infractions et de restaurer l'équilibre social, dans le respect des intérêts de la victime, la peine a pour fonctions : 1° De sanctionner l'auteur de l'infraction ; 2° De favoriser son amendement, son insertion ou sa réinsertion. »

à consulter et à appliquer un barème légal. Comme le dit si bien Serge Portelli,

> « juger, c'est juger autant l'homme que l'acte. L'individualisation des peines n'est pas une lubie ou un rêve laxiste, c'est une exigence morale, juridique et politique. C'est la condition absolue de l'efficacité d'une peine et la règle première de la lutte contre la récidive… Le choix de la sanction est un art. Il s'apprend. Le débat sur la peine doit être un débat à part entière et non un appendice du procès. Il doit s'appuyer sur des informations récentes et détaillées sur la personnalité des prévenus et les capacités des structures susceptibles de prendre en charge les peines alternatives et les aménagements. »[1917]

Pour rendre aisée la mise en œuvre de l'individualisation, le législateur a accordé au juge de larges pouvoirs et prévu des éléments permettant justement à ce dernier de moduler ou de mesurer la sanction en fonction des spécificités de chaque délinquant.

PARAGRAPHE 2 : ***LES ÉLÉMENTS DE MESURE DE LA SANCTION***

Ces éléments peuvent être regroupés en deux catégories : d'une part, ceux qui commandent l'atténuation ou l'exemption de la peine ; d'autre part, ceux qui appellent plutôt l'aggravation de celle-ci.

A- LES ÉLÉMENTS D'ATTÉNUATION OU D'EXEMPTION DE LA PEINE

Ils sont de deux ordres : d'un côté les excuses légales, de l'autre les circonstances atténuantes.

a) Les excuses légales

Les excuses légales sont des circonstances prévues par la loi et s'imposant au juge, qui ont pour effet soit d'exempter de la peine, soit de l'atténuer.

1°- Lorsqu'elles exemptent de la peine, **les excuses légales** sont dites **absolutoires.** Il en est ainsi, p. ex., de l'excuse de dénonciation et de celle de soumission. S'y ajoutent également, les excuses de rétractation, de provocation et de parenté.

1)L'excuse de dénonciation ou de révélation est prévue, notamment, dans l'art. 150i du CP accolé à l'art. 150h. En effet, ce dernier punit d'une servitude pénale de deux mois au maximum et d'une amende de deux mille zaïres au maximum ou de l'une de ces peines seulement, toute personne qui

[1917] S. Portelli, « Les alternatives à la peine », *Pouvoirs*, n° 135, 2010, pp. 26-27.

aura sciemment contribué à la publication ou à la distribution de tout écrit dans lequel ne se trouve pas l'indication vraie du nom et du domicile de l'auteur ou de l'imprimeur. L'art. 150i vient précisément exempter de ces peines « ceux qui auront fait connaître l'auteur ou l'imprimeur ; les crieurs, afficheurs, vendeurs ou distributeurs qui auront fait connaître la personne de laquelle ils tiennent l'écrit incriminé. »

L'art. 218 utilise le même mécanisme en matière d'atteinte à la sûreté intérieure de l'État. Il exempte, en effet, de la peine encourue le délinquant qui, avant toute exécution ou tentative d'une infraction contre la sûreté de l'État, en donnera le premier connaissance aux autorités administratives ou judiciaires. Cette exemption ne sera que facultative si la dénonciation intervient après la consommation ou la tentative de l'infraction, mais avant l'ouverture des poursuites. Elle sera également facultative à l'égard du coupable qui, après l'ouverture des poursuites, procurera l'arrestation des auteurs et complices de la même infraction, ou d'autres infractions de même nature ou de même gravité.

L'excuse absolutoire de dénonciation ou d'avertissement est aussi aménagée dans l'art. 159, al. 1er du CPM qui exempte de peine toute personne qui, ayant tenté de commettre un acte de terrorisme, a averti l'autorité administrative ou judiciaire et a permis d'éviter la réalisation de l'infraction et d'identifier, le cas échéant, les autres coupables. Elle est également mise en œuvre dans l'art. 184 du même code qui prescrit qu'« aucune poursuite n'aura lieu contre ceux qui auront tenté de provoquer ou faciliter une évasion [d'un détenu ou du prisonnier de guerre] si, avant que celle-ci ait été réalisée, ils ont donné connaissance du projet aux autorités administratives ou judiciaires, et leur en ont révélé les auteurs. »

2) L'excuse de soumission est prévue notamment dans l'art. 205 du CP qui fait partie des dispositions réprimant la participation à des bandes armées. Cet art. décide :

> « Il ne sera prononcé aucune peine, pour le fait de la sédition, contre ceux qui, ayant fait partie d'une bande armée sans aucun commandement et sans y remplir aucun emploi ni fonction, se seront retirés au premier avertissement des autorités civiles ou militaires, ou même depuis, lorsqu'ils n'auront été saisis que hors les lieux de la réunion séditieuse, sans opposer de résistance et sans armes... »

Ces excuses légales sont fondées sur des considérations de politique criminelle. Par la prime accordée au dénonciateur, le législateur entend épargner à la société des infractions graves pour la paix publique, ou en faciliter la poursuite et la répression dans l'hypothèse où elles ont été commises. Par la prime de la soumission, le législateur vise à apaiser les troubles et les émeutes sans qu'il ne soit nécessaire de recourir aux moyens rigoureux prévus en cas de résistance. Notons cependant que certains auteurs désapprouvent cette stratégie.[1918]

3) L'excuse de rétractation est organisée notamment par l'art. 128 du CP tel que modifié par l'art. 3 de la loi n° 15-022 du 31 décembre 2015 modifiant et complétant le D. du 30 janvier 1940 portant CP.[1919] En effet, aux termes de ce nouvel art. 128,

> « Le faux témoignage fait sous serment devant les cours et tribunaux, un officier du Ministère public ou devant un officier de Police judiciaire agissant en exécution d'une commission rogatoire est puni de deux à cinq ans de servitude pénale principale et de cent mille francs congolais d'amende.
> Si l'accusé a été condamné soit à la servitude pénale à perpétuité, soit à la peine de mort, le faux témoin qui a déposé contre lui peut être condamné à la peine de servitude pénale à perpétuité.
> Toutefois, le faux témoin n'encourt pas de peine s'il s'est spontanément rétracté de son témoignage avant la décision mettant fin à la procédure d'instruction ou celle de la juridiction de jugement. »

De même, l'art. 128bis punit quiconque, connaissant la preuve de l'innocence d'une personne poursuivie ou condamnée du chef des crimes contre la paix et la sécurité de l'humanité, s'abstient volontairement d'en apporter aussitôt le témoignage aux autorités judiciaires ou administratives. Cependant, il exonère de la peine celui qui apporte son témoignage tardivement, mais spontanément. Il va sans dire que ce témoignage tardif, mais spontané n'exonérera de la sanction prévue dans cette disposition que s'il intervient avant le prononcé du jugement de la personne innocente poursuivie pour crimes contre la paix et la sécurité de l'humanité, à savoir le génocide, les crimes contre l'humanité et les crimes de guerre.

4) L'excuse de provocation agit, p. ex., dans l'art. 138quinquies dernier alinéa du CP. Aux termes de cette disposition, les outrages prévus aux art. 136 et 138quater envers, notamment, les membres de l'Assemblée nationale, les membres du Gouvernement, les dépositaires de l'autorité ou de la Force publique, ne donneront lieu à aucune action s'il est établi qu'ils ont été précédés de provocations de la part des personnes protégées.[1920]

[1918] V. notamment J. Verhaegen, *Cours de droit pénal*, syllabus, Lovanium,1969, p. 81, cité par Nyabirungu mwene Songa, *op. cit*, p. 424.
[1919] in *J.O*, 1ère partie, n° spécial, 29 février 2016, pp. 1-17.
[1920] V. ces outrages dans l'art. 136 qui dispose : « 1°. Sera puni d'une servitude pénale de six à douze mois et d'une amende de cinquante zaïres au maximum, ou de

5) L'excuse de parenté est consacrée dans l'art. 164 du CP qui dispose :

> « Seront punis d'une peine de six mois à deux ans de servitude pénale, ceux qui auront recélé ou fait receler des personnes qu'ils savaient être poursuivies ou condamnées du chef d'une infraction que la loi punit de mort, de travaux forcés ou de cinq ans au moins de servitude pénale.
>
> Sont exemptés de la présente disposition, les ascendants ou descendants, époux ou épouse même divorcés, frères ou sœurs des détenus évadés ou leurs alliés aux mêmes degrés. »

Elle est également utilisée dans l'art. 217 qui laisse au juge le pouvoir d'exempter les parents ou alliés du coupable jusqu'au quatrième degré inclusivement, de la peine encourue pour recel des objets ou instruments ayant servi ou devant servir à commettre l'infraction ou les objets, matériels ou documents obtenus par l'infraction ; ou pour destruction, soustraction, recel, dissimulation ou altération d'un document, public ou privé, de nature à faciliter la recherche de l'infraction, la découverte des preuves ou le châtiment de ses auteurs.[1921] De façon similaire, elle est mise en œuvre dans

---

l'une de ces peines seulement, celui qui, par paroles, faits, gestes ou menaces, aura outragé soit un membre du Bureau Politique, soit un membre de l'Assemblée Nationale, soit un membre du Gouvernement, soit un membre de la Cour constitutionnelle, dans l'exercice ou à l'occasion de l'exercice de son mandat ou de ses fonctions. 2°. Sera puni d'une servitude pénale de trois à neuf mois et d'une amende de trente zaïres au plus ou de l'une de ces peines seulement, celui qui, par paroles, faits, gestes ou menaces, aura outragé soit un membre des cours et tribunaux, soit un officier du ministère public, soit un officier supérieur des Forces armées et de la gendarmerie, soit un gouverneur dans l'exercice ou à l'occasion de l'exercice de ses fonctions. 3°. Sera puni d'une servitude pénale de sept à quinze jours et d'une amende de cinquante makuta à cinq zaïres, ou de l'une de ces peines seulement, celui qui, par paroles, faits, gestes ou menaces, aura outragé les autres dépositaires de l'autorité ou de la force publique dans l'exercice ou à l'occasion de l'exercice de leurs fonctions. » Il est à noter que le bureau politique visé au 1° est celui du MPR (Mouvement populaire de la révolution), alors parti-État. L'art. 138quater dit : « Les peines prévues par les articles 136, 138 et 138bis seront applicables dans le cas où l'on aura outragé ou frappé des témoins en raison de leurs dépositions, selon qu'ils peuvent être rangés, dans l'une des trois catégories de personnes protégées par la présente loi. »

[1921] Art. 217 du CP : « Outre les personnes désignées à l'article 101, sera puni comme receleur quiconque, autre que l'auteur ou le complice : 1°. recèlera sciemment les objets ou instruments ayant servi ou devant servir à commettre l'infraction ou les objets, matériels ou documents obtenus par l'infraction ; 2°.détruira, soustraira, recèlera, dissimulera ou altérera sciemment un document, public ou privé de nature à faciliter la recherche de l'infraction, la découverte des preuves ou le châtiment de ses auteurs. Dans les cas prévus au présent article, le

l'art. 54 du CPM qui punit tout individu convaincu d'avoir sciemment soit recelé un déserteur, soit soustrait ou tenté de soustraire, d'une manière quelconque, un déserteur aux poursuites ordonnées contre lui par la loi. Le délinquant encourt deux mois à cinq ans de servitude pénale si les faits ont été commis en temps de paix ; cinq à vingt ans de servitude pénale s'ils l'ont été en temps de guerre ou pendant des circonstances exceptionnelles. Cependant, cette disposition ne s'applique pas aux parents suivants du déserteur : ses ascendants ou descendants, son époux ou épouse même divorcés, ses frères et sœurs ou ses alliés aux mêmes degrés.[1922] Ceux-ci peuvent donc receler, soustraire ou tenter de soustraire leur enfant, époux ou épouse, frère ou sœur, beau-frère ou belle sœur militaire déserteur, sans risquer des poursuites pénales.

L'excuse absolutoire de parenté opère aussi dans l'art. 45 al. 3 de la loi n° 04-016 du 19 juillet 2004 qui accorde à la juridiction saisie le pouvoir d'exempter de la peine à encourir les parents ou alliés jusqu'au quatrième degré inclusivement, de l'auteur, du co-auteur ou du complice du financement d'un acte terroriste lorsqu'ils ont seulement fourni à ce dernier logement ou moyens de subsistance personnels. Le juge peut, comme il peut ne pas accorder cette exemption. La loi ne lui donne donc pas une injonction de le faire ; elle lui laisse le pouvoir d'appréciation.[1923]

2°- Lorsque **les excuses légales** adoucissent la peine, elles sont dites **atténuantes**. Elles répondent aussi aux préoccupations de politique criminelle, car elles interviennent lorsque le trouble causé par l'infraction est moindre. Ainsi, p. ex., l'art. 3 de l'O-L n° 68-195 du 3 mai 1968 sur les chèques sans

---

tribunal pourra exempter de la peine encourue les parents ou alliés du coupable jusqu'au quatrième degré inclusivement. »

[1922] Art. 54 du CPM : « Tout individu convaincu d'avoir sciemment soit recelé un déserteur, soit soustrait ou tenté de soustraire, d'une manière quelconque, un déserteur aux poursuites ordonnées contre lui par la loi, est puni, en temps de paix, de deux mois à cinq ans et, en temps de guerre ou pendant les circonstances exceptionnelles, de cinq à vingt ans de servitude pénale et peut, en outre, s'il n'est ni militaire ni assimilé, être puni d'une amende de 5.000 à 10.000 Francs Congolais constants. Sont exemptés de la présente disposition, les ascendants ou descendants, époux ou épouse même divorcés, frères et sœurs des déserteurs ou leurs alliés aux mêmes degrés. »

[1923] Elle utilise, en effet, le verbe pouvoir : « Toutefois, la juridiction *peut* exempter de la peine à encourir les parents ou alliés jusqu'au quatrième degré inclusivement, de l'auteur, du co-auteur ou du complice du financement d'un acte terroriste lorsqu'ils ont seulement fourni à ce dernier logement ou moyens de subsistance personnels. » Art. 45 al. 3 de la loi n° 04-016 du 19 juillet 2004 portant lutte contre le blanchiment des capitaux et le financement du terrorisme.

provision prévoit une excuse atténuante au profit du tireur d'un chèque sans provision qui, avant la saisine du tribunal, aura agi pour désintéresser le porteur.[1924] De même, est regardée comme une excuse atténuante du crime d'attentat contre la vie ou la personne du chef de l'État, la circonstance que cet attentat n'a pas produit des conséquences graves. C'est ce que prévoit l'art. 193 du CP. [1925] Peut également être évoqué l'art. 45 al. 2 de la loi n° 04-016 du 19 juillet 2004 qui diminue de moitié la peine encourue par l'auteur, le co-auteur ou le complice des faits constitutifs du financement du terrorisme qui se présente d'office aux autorités compétentes ou qui dénonce ses co-auteurs ou complices, lorsque cette dénonciation a lieu après la commission de l'infraction. Pour bien montrer comment est mis en œuvre ce mécanisme, citons les deux premiers alinéas de cet article :

> « Est punie d'une servitude pénale de cinq à dix ans, toute personne qui, ayant connaissance des projets ou d'actes tendant à la perpétration des faits constitutifs du financement du terrorisme, n'en fait pas, dès le moment où elle les a connus, la déclaration aux autorités compétentes.
>
> Lorsque la dénonciation a eu lieu après l'infraction, la peine est diminuée de moitié pour l'auteur, le co-auteur ou le complice qui se présente d'office

---

[1924] Voici les dispositions pertinentes de cette O-L n° 68-195 du 3 mai 1968 portant modification du D. du 12 mars 1923 sur les chèques non provisionnés et autres effets tirés sans droit : Art. 1er : « Sera puni d'une servitude pénale de 5 à 20 ans et d'une amende de 6 à 30 zaïres, celui qui se sera frauduleusement procuré des fonds, valeurs ou décharges, au moyen d'un effet tiré sur une personne qui n'existe pas ou qu'il savait ne pas être sa débitrice ou ne pas devoir l'être à l'échéance et qui ne l'avait pas autorisé à tirer sur ceci. » Art. 2 : « Sera puni d'une peine de 5 à 10 ans de servitude pénale et d'une amende de 6 à 30 zaïres : 1) celui qui émet un chèque pour lequel le tiré n'est pas ou est insuffisamment provisionné au moment de la présentation dans les délais légaux ; 2) le tireur qui, sauf opposition régulière en cas de perte ou de soustraction frauduleuse du titre, de faillite du porteur ou de son incapacité de recevoir, rend indisponible tout ou partie de la provision ; 3) celui qui cède un chèque sachant qu'il n'y a pas de provision ou que la provision est insuffisante ou qu'elle n'est pas disponible. » Art. 3 : « Dans les cas visés aux articles 1er et 2,1° et 2°, la peine applicable ne dépassera pas le quart du maximum de la servitude pénale et de l'amende prévue par ces articles, si le tireur a désintéressé le porteur avant que le tribunal ait été saisi. » In *MC* n° 4 du 15 juillet 1958, p. 1326 ; *Le Code pénal zaïrois* (mis à jour au 31 mai 1982), p. 152 ; *Les Codes Larcier*, T. III Droit commercial et économique, Vol. 1-Droit commercial p. 10.

[1925] Art. 193 : « L'attentat contre la vie ou contre la personne du Chef de l'État sera puni de mort. S'il n'a pas eu pour résultat de porter atteinte à la liberté du Chef de l'État, et s'il ne lui a causé ni effusion de sang, ni blessure, ni maladie, l'attentat contre sa personne sera puni de la servitude pénale à perpétuité. »

aux autorités compétentes ou qui dénonce les co-auteurs ou les complices de l'infraction. »[1926]

L'excuse atténuante de dénonciation ou d'avertissement est aussi présente dans l'art. 159 al. 2 du CPM qui réduit de moitié la peine encourue par l'auteur ou le complice d'un acte de terrorisme qui, « ayant averti les autorités administratives ou judiciaires, a permis de faire cesser les agissements incriminés ou d'éviter que l'infraction n'entraîne mort d'homme ou infirmité permanente et d'identifier, le cas échéant, les autres coupables. Lorsque la peine encourue est la servitude pénale à perpétuité, celle-ci est ramenée à vingt ans de servitude pénale. » Dans l'art. 156 du même code, le législateur donne expressément au juge la possibilité d'atténuer les peines prévues pour des atteintes au secret de la défense nationale, « lorsque le fait se révèle de peu d'importance, soit par la nature, le genre, les moyens, les modalités ou les circonstances de l'acte, soit par le caractère particulièrement insignifiant du dommage ou du danger. »

b) Les circonstances atténuantes

Les circonstances atténuantes sont des facteurs particuliers qui accompagnent la commission d'une infraction et dont le juge peut tenir compte pour adoucir la peine et même la ramener en dessous du minimum légal, sans néanmoins aller en deçà d'un jour de servitude pénale ou d'un zaïre d'amende. Ces circonstances atténuantes sont régies par les art. 18 et 19 du CP[1927], régulièrement mis en application comme, p. ex., dans l'arrêt de la CSJ du 5 décembre 1980 où celle-ci a ainsi argumenté :

> « Dans son réquisitoire pris devant cette Cour, l'organe de la loi a soutenu notamment que le premier juge, en condamnant le prévenu Molongya pour détournement de 160 Z à 10 mois des travaux forcés, a violé l'article 5 bis du code pénal livre I. Contrairement à cette opinion, la Cour considère qu'en descendant en dessous du minimum légal de un an des travaux forcés, la Cour d'appel n'a pas

---

[1926] Art. 45 al. 1 et 2 de la loi n° 04-016 du 19 juillet 2004 portant lutte contre le blanchiment des capitaux et le financement du terrorisme. L'al. 3, prévoyant une excuse absolutoire facultative, est cité *supra*, p. 709 NBP 1923. L'al. 1er a également déjà été cité aux pages 292-293 en guise d'illustration d'infraction d'omission.

[1927] Art. 18 : « S'il existe des circonstances atténuantes, la peine de mort pourra être remplacée par la servitude pénale à perpétuité ou par une servitude pénale dont le juge déterminera la durée. Les peines de servitude pénale et d'amende pourront être réduite dans la mesure déterminée par le juge. Il ne sera pas prononcé, toutefois, de peine de servitude pénale de moins d'un jour, ni de peine d'amende de moins d'un Zaïre. » Art. 19 : « Tout jugement admettant des circonstances atténuantes les indiquera et les énumérera. »

violé la disposition légale invoquée. Sans doute, l'exposé des motifs de la loi n° 73/017 du 5 janvier 1973 modifiant et complétant la section II du livre I ainsi que les sections VI et VII du titre IV du livre II du code pénal indique-t-il que "alors que le minimum de la peine de servitude pénale est d'un jour, celui arrêté pour les travaux forcés est d'une année", incluant de ce fait pour le prévenu le bénéfice des circonstances atténuantes. Mais la Cour relève que, si telle est la volonté du législateur, celle-ci, dès lors qu'elle n'est pas expressément traduite par une disposition légale, ne peut faire échec au prescrit de l'article 18 du code pénal qui, bien qu'antérieur à la loi sous examen, est de portée générale et dont le but a sans doute été inspiré par des considérations évidentes d'équité et de justice.

En conséquence, la Cour fera profiter à ceux des prévenus qui le méritent les effets des circonstances atténuantes. Ainsi, le prévenu Molongya profitera des circonstances atténuantes résultant de l'absence d'antécédents judiciaires connus dans son chef ainsi que de bons et loyaux services qu'il a rendus à la Nation. Le prévenu Bongo bénéficiera également des circonstances atténuantes résidant dans l'absence d'antécédents judiciaires connus à sa charge... »[1928]

N'étant pas énumérées par la loi, les circonstances atténuantes sont indéfinies. Le juge les apprécie souverainement, au cas par cas. La seule obligation qui lui incombe est de motiver sa décision, d'indiquer et d'énumérer les circonstances qu'il a retenues comme atténuantes. Ceci permettra au juge d'appel ou de cassation d'exercer son contrôle pour voir si les circonstances retenues sont rationnellement admissibles. Dès lors, plusieurs faits peuvent être considérés par le juge comme des circonstances atténuantes. Il en est ainsi, p. ex., du caractère bénin de l'infraction, du jeune âge du délinquant, de l'âge avancé de ce dernier, du consentement de la victime, du comportement provocateur et injurieux de la victime, du repentir actif mais tardif, de la réparation du préjudice causé, de la modicité de l'argent détourné, etc. Dans plusieurs de ses arrêts, la CSJ a tenu compte, dans l'application de la peine, des circonstances atténuantes résultant de l'absence d'antécédents judiciaires ou de la qualité de délinquant primaire du prévenu, de loyaux services rendus à la Nation ou d'appréciables services rendus à la République, de la qualité de père d'une famille nombreuse,[1929] des aveux du

---

[1928] CSJ, Arrêt du 5 décembre 1980 (RPA 66), *En cause Ministère public et Partie civile c/Molongya Mayikusa et consorts*, in *BACSJ*, Années 1980 à 1984, pp. 123-159, spéc. pp. 154-155.

[1929] V. notamment, CSJ, Arrêt du 20 janvier 1984 (RPA 89), *En cause Ministère public c/Kapembe Nkorin et consorts*, in *idem,* pp. 436-442, spéc. p. 441 ; Arrêt du 23 mars 1984 (RPA 81), *En cause Ministère public c/Bienga Kolo*, in *idem*, pp. 457-460, spéc. p. 459 ; Arrêt du 31 août 1984 (RPA 94), *En cause Ministère public c/Kashwantale ka Ruhangamugabo et Nzunzumuna Dijiba*, in *idem*, pp. 507-517, spéc. p. 517 ; Arrêt du 30 juillet 1985 (RP 27/CR), *En cause Ministère public c/Buunda Birere,*in *BACSJ*, Années 1985 à 1989, pp. 39-44, spéc. p. 43 ; CSJ, Arrêt du 20 novembre 1985 (RPA 112), *En cause Ministère public c/Iyeli Mpela et*

prévenu et de son repentir[1930], du lien de subordination par rapport au co-prévenu dont il exécutait les ordres[1931], etc. Ces circonstances atténuantes ne s'imposent pas au juge. Celui-ci les apprécie souverainement. Il peut ou ne pas les retenir. La CSJ l'a si bien dit dans son arrêt du 8 août 1974 : « Ne viole pas l'article 18 du code pénal, livre 1er, le refus du juge de retenir des circonstances atténuantes ; celles-ci sont facultatives et laissées à l'appréciation souveraine du juge. »[1932]

Elle a réaffirmé ce principe notamment dans ses arrêts du 29 juillet 1980 et du 24 février 1981. Dans cette dernière décision, la Cour s'est prononcée sur un pourvoi interjeté entre autres par Ngunza Kianza contre l'arrêt contradictoire rendu par la C.A de Kinshasa le 17 avril 1980 le condamnant à la peine de mort pour association de malfaiteurs et vol à main armée. Au soutien de son pourvoi, Ngunza invoqua la violation des art. 87 du CPP et 1er de l'Ord. du 14 mai 1886, reprochant au juge d'appel de n'avoir pas répondu à ses conclusions et d'avoir fait une interprétation erronée ou une fausse application de la loi. Dans son argumentation, il soutint que le juge d'appel n'avait pas répondu ou avait mal répondu à ses conclusions tendant à déclarer que les infractions d'association de malfaiteurs et de tentative de meurtre n'étaient pas établies dans son chef. Pour l'infraction de vol à main armée, il soutint « avoir invoqué des circonstances atténuantes tirées de son jeune âge, de son casier judiciaire vierge, de son état d'ébriété au moment des faits et de l'absence des conséquences irrémédiables des faits » qui lui étaient reprochés.[1933] Il ajouta qu'il n'avait jamais nié cette infraction mais qu'il discutait toujours le bien fondé de la peine de mort eu égard aux éléments qu'il invoquait comme constituant des circonstances atténuantes.[1934] La CSJ, en sa qualité de juge du droit et non des faits, a déclaré ce moyen non fondé et a dit pour droit que « le juge du fond est libre de retenir ou non des circonstances atténuantes en faveur du prévenu. »[1935] Le juge du fond conserve cette liberté d'appréciation même au regard des circonstances atténuantes requises par le ministère public. C'est ce qu'affirme l'arrêt du 29 juillet 1980 qui a jugé que

---

*consorts,*in *idem*, pp. 84-100, spéc. p. 97.

[1930] CSJ, Arrêt du 30 janvier 1987 (RPA 123), *En cause Ministère public et parties civiles c/Nkaba Nkassiokubikaba et consorts,*in *idem*, pp. 254-264, spéc. p. 260.

[1931] *Idem*, p. 261.

[1932] CSJ, 8 août 1974, *BACSJ*, 1975, p. 199.

[1933] CSJ, Arrêt du 24 février 1981 (RP 543), *En cause Ngunza Kianza alias Alidja et Ngampoko Ngamo alias Djento c/Ministère public et parties civiles*, in *BACSJ*, Années 1980 à 1984, pp. 171-177, spéc. p. 174.

[1934] *Idem*, p. 175.

[1935] *Idem*, p. 175.

« N'est pas fondé, le moyen pris de la violation des articles 17 de la Constitution et 87 du code de procédure pénale, en ce que l'arrêt entrepris n'a pas répondu aux moyens de la défense présentés et a prononcé la peine de mort en dépit des circonstances atténuantes requises par le Ministère public, lorsque d'une part, *l'invocation des circonstances atténuantes n'est pas obligatoire en matière répressive* et d'autre part, de l'examen dudit arrêt, il résulte que le juge, pour avoir constaté que les témoins n'ont pas été identifiés et déclaré les infractions mises à la charge des prévenus établies, a implicitement répondu aux griefs articulés. »[1936]

Facultatives, les circonstances atténuantes sont aussi personnelles. Ainsi, dans l'hypothèse où ils ont agi en participation criminelle, certains auteurs peuvent en bénéficier alors que d'autres n'en bénéficient pas. De plus, ces circonstances ne s'appliquent qu'aux peines principales conformément notamment aux modalités prévues dans l'art. 18 du CP. Elles ne s'appliquent pas aux peines complémentaires.

B- **LES ÉLÉMENTS D'AGGRAVATION DE LA SANCTION**

Les éléments d'aggravation, plus couramment appelés circonstances aggravantes, sont des données prévues par la loi et qui, une fois constatées, obligent le juge à prononcer une peine supérieure au maximum de la peine prévue pour l'infraction en l'état simple, conformément aux prévisions du législateur. Car les circonstances aggravantes sont soumises au principe de la légalité. Elles sont donc légales. Néanmoins, le juge peut retenir certains faits, non prévus par la loi, comme devant aggraver la peine à infliger au délinquant. On parle alors des circonstances aggravantes judiciaires. Dans cette hypothèse, le juge peut porter la peine jusqu'au maximum légal, sans aller au-delà.

Les circonstances aggravantes légales sont multiples. Pour leur exploration plus ou moins exhaustive, nous avons élaboré deux typologies dont l'une prend en compte la cause qui sous-tend l'aggravation (a), tandis que l'autre prend comme instrument de sériation la nature des faits aggravants types (b). Quelques développements seront consacrés à cette circonstance liée à la commission répétitive d'infractions dans des conditions légalement déterminées : la récidive (c).

[1936] CSJ, Arrêt du 29 juillet 1980 (RP 360/361), *En cause Ali Adjamayi et Vunza Kapenda c/Ministère public, Lusakivana Lubaki et Kusitela Kimokendi*, in *BACSJ*, Années 1980 à 1984, pp. 70-76, spéc. p. 70.

a) Typologie basée sur les causes d'aggravation

En effet, la démarche étiologique permet la catégorisation des circonstances aggravantes en 7 sous-ensembles.

1°- Le premier sous-ensemble regroupe des **circonstances aggravantes tenant à la qualité de l'auteur de l'infraction**. Ainsi, p. ex. :

- La qualité de père ou de mère aggrave, dans l'art. 174, les infractions d'attentat aux mœurs prévues par les art. 172 et 173 du CP.[1937] De même, la qualité de père, mère, parâtre, marâtre, tuteur ou de personne exerçant l'autorité parentale, aggrave la sanction de proxénétisme à l'égard d'un enfant.[1938]
- La qualité d'ascendants de la victime, la qualité de personnes exerçant sur elle une autorité[1939], la qualité d'instituteur ou de serviteurs à gages[1940], la qualité de fonctionnaire public, ministre d'un culte, médecin, chirurgien, accoucheur..., aggravent les peines prévues pour l'attentat à la pudeur et le viol, conformément aux prescriptions des art. 167, 170 et 171bis du CP.[1941]

1937 V. art. 172, *supra* p. 460, NBP 1187 ; art. 173, *supra* p. 462, NBP 1190; art. 174, *idem*, cité *supra*, p. 534 NBP 1391.

1938 Art. 182 de la loi n° 09-001 du 10 janvier 2009 portant protection de l'enfant : « Le proxénétisme à l'égard d'un enfant est puni de cinq à vingt ans de servitude pénale principale. La peine encourue est portée de dix à vingt-cinq ans si le proxénétisme à l'égard d'un enfant est le fait du père, de la mère, du parâtre, de la marâtre, du tuteur ou de toute personne exerçant l'autorité parentale... »

1939 Exemples : Le tuteur de l'enfant, le concubin de sa mère, les parents adoptifs, le second mari de la mère, les maîtres sur leurs domestiques, les patrons, chefs d'entreprises, contremaîtres, le caporal du détachement qui a autorité sur les détenus... Voir Likulia Bolongo, *Droit pénal spécial zaïrois*, p. 338.

1940 Serviteurs à gages : p.ex., le domestique, le cuisinier, le chauffeur... qui aurait des relations avec la fille de son patron.

1941 Art. 167 et 170 tels que modifiés par l'art. 2 de la loi n° 06-018 du 20 juillet 2006, v. supra p. 466, NBP1198. Art. 171bis : « Le minimum des peines portées par les articles 167 alinéa 2, 168 et 170 alinéa 2 du présent code sera doublé : 1. si les coupables sont les ascendants ou descendants de la personne sur laquelle ou à l'aide de laquelle l'attentat a été commis ; 2. s'ils sont de la catégorie de ceux qui ont autorité sur elle ; 3. s'ils sont ses enseignants ou ses serviteurs à gage ou les serviteurs des personnes ci-dessus indiquées ; 4. si l'attentat a été commis soit par les agents publics ou par des ministres du culte qui ont abusé de leur position pour le commettre, soit par le personnel médical, paramédical ou assistants sociaux, soit par des tradi-praticiens, envers les personnes confiées à leurs soins ; 5. si le coupable a été aidé dans l'exécution de l'infraction par une ou plusieurs personnes ; 6. s'il est commis sur des personnes captives par leurs gardiens ; 7. s'il est commis en public ; 8. s'il a causé à la victime une altération grave de sa santé et/ou laissé de séquelles physiques et/ou psychologiques graves ; 9. s'il est commis sur une personne vivant

- La qualité de fonctionnaire aggrave la sanction prévue pour l'infraction de vol, comme le prévoit l'art. 81-3° du CP : « La peine pourra être portée à dix années de servitude pénale : … 3°. si le vol a été commis par un fonctionnaire public à l'aide de ses fonctions »[1942] Le juge peut également considérer la qualité de fonctionnaire ou d'agent de service public comme circonstance aggravante des infractions de faux en écriture et détournement.[1943]

- La qualité d'agent des postes aggrave les peines prévues pour l'infraction d'ouverture ou de suppression des lettres, en application de l'art. 71 al. 2 du CP.[1944]

- De même, l'art. 170 de la loi n° 09-001 du 10 janvier 2009 portant protection de l'enfant aggrave la sanction du viol d'enfant s'il est perpétré par certains agents déterminés. Il dispose, en effet :

> « Le viol d'enfant est puni de sept à vingt ans de servitude pénale principale et d'une amende de huit cent mille à un million de francs congolais.
>
> Le minimum de la peine est doublé si le viol est le fait : 1. des ascendants de l'enfant sur lequel ou avec l'aide duquel le viol a été commis ; 2. des personnes qui ont autorité sur l'enfant ; 3. de ses enseignants ou de ses serviteurs à gage ou les serviteurs des personnes ci-dessus ; 4. des agents publics, des ministres de culte qui ont abusé de leur position pour le commettre, du personnel médical, para médical ou des assistants sociaux, des tradipraticiens envers les enfants

---

avec handicap ; 10. si le viol a été commis avec usage ou menace d'une arme. En cas de viol tel qu'aggravé au sens du point 1 et 2 de l'alinéa 1er, le juge prononcera en outre la déchéance de l'autorité parentale ou tutélaire si l'infraction a été commise par une personne exerçant cette autorité conformément à l'article 319 du Code de la famille. »

[1942] Pour replacer cette aggravation dans son contexte, rappelons les deux précédents articles définissant et sanctionnant l'infraction de vol : Art. 79 : « Quiconque a soustrait frauduleusement une chose qui ne lui appartient pas est coupable de vol. » Art. 80 : « Les vols commis sans violences ni menaces sont punis d'une servitude pénale de cinq ans au maximum et d'une amende de vingt-cinq à mille zaïres, ou d'une de ces peines seulement. »

[1943] V., p. ex., CSJ, Arrêt du 15 novembre 1985 (RPA 111), *En cause Ministère public et Régie des voies aériennes (RVA) c/Mawete Konko Ntoya et consorts,*in *BACSJ*, Années 1985 à 1989, pp. 70-82, spéc. p. 76.

[1944] Art. 71 : [al. 1er] « Toute personne qui, hors les cas prévus par la loi, aura ouvert ou supprimé des lettres, des cartes postales ou autres objets confiés à la poste, ou ordonné ou facilité l'ouverture ou la suppression de ces lettres, cartes et objets sera punie d'une amende qui ne dépassera pas deux mille zaïres pour chaque cas. L'amende pourra être portée à cinq mille zaïres si la lettre ou l'envoi était recommandé ou assuré ou s'il renfermait des valeurs réalisables. » [al. 2] « Indépendamment de l'amende, le délinquant pourra être puni d'une servitude pénale de trois mois au plus s'il est agent des postes ou officiellement commissionné comme tel. »

confiés à leurs soins ; 5. des gardiens sur les enfants placés sous leur surveillance… »

2°- Le deuxième sous-ensemble regroupe des **circonstances aggravantes tenant à l'élément moral de l'infraction**. Ainsi :
- l'élément « préméditation » visé dans l'al. 2 de l'art. 46 du CP aggrave les sanctions prévues pour l'infraction de coups et blessures volontaires ;[1945]
- l'élément « concert préalable » retenu dans l'art. 135 du même code aggrave les pénalités de l'infraction de rébellion. En effet, lorsque celle-ci est commise par plusieurs personnes et par suite d'un concert préalable, les auteurs encourent jusqu'à cinq ans de servitude pénale et une amende de deux cents à mille zaïres, alors que la rébellion perpétrée par une seule personne est punie au maximum d'une servitude pénale d'un an et d'une amende de cent à cinq cents zaïres ou d'une de ces peines seulement.[1946]

3°- Le troisième sous-ensemble réunit les **circonstances aggravantes résultant de la qualité de la victime**. Quelques illustrations sont fournies par les art. 168 et 173 du CP :
- L'art. 168 punit plus sévèrement l'attentat à la pudeur lorsqu'il a été commis sur la personne ou à l'aide de la personne d'un enfant âgé de moins de 10 ans accomplis.[1947]

[1945] Art. 46 : [al. 1er] « Quiconque a volontairement fait des blessures ou porté des coups est puni d'une servitude pénale de huit jours à six mois et d'une amende de vingt-cinq à deux cent zaïres ou d'une de ces peines seulement. » [al. 2] « En cas de préméditation, le coupable sera condamné à une servitude pénale d'un mois à deux ans et à une amende de cinquante à cinq cents zaïres. » V. aussi l'art. 147 de la loi n° 09-001 du 10 janvier 2009 portant protection de l'enfant : « Les coups et blessures volontaires portés sur l'enfant sont punis de trois à six mois de servitude pénale principale et d'une amende de cent mille à deux cent cinquante mille francs congolais. En cas de préméditation, l'auteur est passible de six à douze mois de servitude pénale principale et d'une amende de cent cinquante mille à trois cent mille francs congolais. » Sur le guet-apens, v. C. De Jacobet De Nombel, « L'originalité de la circonstance aggravante de guet-apens », in *RSC*, n° 3, juillet-septembre 2010, pp. 545-560.

[1946] Art. 133 du CP : « Est qualifiée rébellion toute attaque, toute résistance avec violences ou menaces envers les dépositaires ou agents de l'autorité ou de la force publique, agissant pour l'exécution des lois, des ordres ou ordonnances de l'autorité publique, jugements ou autres actes exécutoires. » Art. 134 : « La rébellion commise par une seule personne est punie au maximum d'une servitude pénale d'un an et d'une amende de cent à cinq cents zaïres ou d'une de ces peines seulement. » Art. 135 : « Si la rébellion a été commise par plusieurs personnes et par suite d'un concert préalable, la servitude pénale peut être portée à cinq ans et l'amende est de deux cents à mille zaïres. »

[1947] Art. 168 tel que modifié par l'art. 2 de la loi n° 06-018 du 20 juillet 2006 :

- De même, l'art. 173 sanctionne plus sévèrement l'excitation à la débauche si la victime est un enfant âgé de moins de dix ans accomplis.[1948]
On peut évoquer également l'art. 170 de la loi n° 09-001 du 10 janvier 2009 portant protection de l'enfant qui double le minimum de la peine prévue pour le viol d'enfant si ce crime a été commis sur un enfant vivant avec handicap.

4°- Le quatrième sous-ensemble comporte des **circonstances découlant de la valeur des objets violés par l'infraction**. Un modèle de ce type est contenu dans l'art. 71 al. 1er du CP qui aggrave la peine à infliger au délinquant :
- si la lettre ou l'envoi violé était recommandé ou assuré ;
- ou si cet envoi renfermait des valeurs réalisables comme les chèques ou les mandats…[1949]

5°- Le cinquième sous-ensemble regroupe les **circonstances aggravantes tenant au modus operandi**, c'est-à-dire aux modalités de perpétration de l'infraction. Ainsi, p. ex. :
1) Le vol est aggravé :
- s'il est commis à l'aide d'effraction, d'escalade ou de fausses clés ;
- si ses auteurs ou l'un d'eux ont pris le titre ou les insignes d'un fonctionnaire public ou ont allégué un faux ordre de l'autorité publique ;[1950]
- s'il a été commis à mains armées ; [1951]
- s'il a été commis à l'aide de violences ou de menaces ;[1952]

«L'attentat à la pudeur commis avec violences, ruse, ou menaces sur des personnes de l'un ou de l'autre sexe sera puni d'une servitude pénale de six mois à cinq ans. L'attentat à la pudeur commis avec violences, ruse, ou menaces sur la personne ou à l'aide de la personne d'un enfant âgé de moins de 18 ans sera puni d'une servitude pénale de cinq à quinze ans. Si l'attentat a été commis sur les personnes ou à l'aide des personnes âgées de moins de dix ans, la peine sera de cinq à vingt ans. » V. art. 167, *supra*, pp. 466-467, NBP 1199.

[1948] V. art. 172 et 173, cités *supra*, respectivement p. 460 NBP 1187, p. 462 NBP 1190.

[1949] V. art. 71, cité *supra*, p. 716 NBP 1944.

[1950] Art. 81 : « La peine pourra être portée à dix années de servitude pénale : 1°. si le vol a été commis à l'aide d'effraction, d'escalade ou de fausses clefs;… 4°. si les coupables ou l'un d'eux ont pris le titre ou les insignes d'un fonctionnaire public ou ont allégué un faux ordre de l'autorité publique. »

[1951] Art. 81bis : « Le vol à mains armées est puni de mort. »

[1952] Art. 82 : « Quiconque a commis un vol à l'aide de violences ou de menaces est puni d'une servitude pénale de cinq à vingt ans et d'une amende qui peut être portée à deux mille zaïres, ou de la première de ces peines seulement. » V. *supra*, p. 716 NBP 1942, les art. 79 définissant le vol et 80 fixant la sanction de cette infraction en l'état simple.

- s'il a été facilité par le meurtre de la victime.[1953]

2) Le minimum de la peine prévue pour le viol d'enfant est doublé s'il est commis avec l'aide d'une ou plusieurs personnes ; ou s'il a été commis avec usage ou menace d'une arme.[1954]

3) La sanction de blanchiment des capitaux est aggravée lorsque cette infraction est perpétrée dans le cadre d'une organisation criminelle.[1955]

6°- Le sixième sous-ensemble réunit les **circonstances aggravantes tenant au lieu ou au temps de la commission de l'infraction.**

- En guise d'illustration, peut-être citée l'ordonnance législative n° 276/A.P.A.J. du 18 septembre 1942 du gouverneur général Ryclimans. L'art. 1er de cette ordonnance législative avait, en effet, décidé que pendant la guerre de 1940-1945, le maximum des peines de servitude pénale prévues par les art. 104, 105, 106 et 177 du CP était porté à quinze ans. Ainsi, cette ordonnance législative avait tenu compte de la circonstance du temps de guerre pour aggraver les peines prévues par les art. 104 punissant notamment l'incendie des édifices construits en matériaux non durables (al. 2) ; 105 réprimant l'incendie des forêts, bois, récoltes sur pied, bois abattus ou récoltes coupées ; 106 punissant l'incendie de sa propre chose.[1956]
- Un deuxième exemple est fourni par l'art. 81-2° du CP qui aggrave la peine prévue pour le vol si celui-ci a été commis la nuit dans une maison habitée ou ses dépendances.[1957] La nuit est une circonstance de temps, alors qu'une maison habitée ou ses dépendances sont des circonstances de lieu.
- Un troisième exemple est tiré de l'art. 170 de la loi n° 09-001 du 10 janvier 2009 portant protection de l'enfant qui double le minimum de la peine prévue pour le viol d'enfant si cet acte est commis en public.

[1953] Art. 85 : « Le meurtre commis, soit pour faciliter le vol ou l'extorsion, soit pour en assurer l'impunité, est puni de mort. »

[1954] Art. 170 de la loi n° 09-001 du 10 janvier 2009 portant protection de l'enfant.

[1955] Art. 39 de la loi n° 04-016 du 19 juillet 2004 portant lutte contre le blanchiment des capitaux et le financement du terrorisme : « La peine encourue aux articles 34 et 35 peut être portée à 20 ans de servitude pénale et à une amende dont le montant maximum est égal à douze fois le montant de la somme blanchie, lorsque l'infraction est perpétrée dans le cadre d'une organisation criminelle. » Rappelons les contenus des art. 34 et 35 de cette loi : Art. 34 : « Seront punis de cinq à dix ans de servitude pénale et d'une amende dont le maximum est égal à six fois le montant de la somme blanchie, ceux qui auront commis un fait de blanchiment. Le complice du blanchiment est puni de la même peine que l'auteur principal. » Art. 35 : « Sera punie des mêmes peines la participation à une association ou entente en vue de la commission des faits visés à l'article 34. »

[1956] Voir Likulia Bolongo, *Droit pénal spécial zaïrois*, p. 526.

[1957] Art. 81 : « La peine pourra être portée à dix années de servitude pénale :... 2°. s'il a été commis la nuit dans une maison habitée ou ses dépendances;... »

7°- Enfin, le septième sous-ensemble regroupe les **circonstances aggravantes tenant aux conséquences de l'infraction.** Ainsi :

- l'altération grave de la santé de la victime est une circonstance aggravante du viol[1958] ;
- la mort de la victime est une circonstance aggravante des infractions de viol, d'attentat à la pudeur[1959], d'arrestation arbitraire suivie de tortures mortelles[1960], de duel[1961], de coups et blessures volontaires[1962], et d'incendie volontaire[1963] ;
- l'infirmité permanente est une circonstance aggravante de l'administration volontaire à un enfant des substances nuisibles[1964] ; de même, la maladie,

---

[1958] Art. 171bis du CP : « Le minimum des peines portées par les articles 167 alinéa 2, 168 et 170 alinéa 2 du présent code sera doublé : … 8. s'il a causé à la victime une altération grave de sa santé et/ou laissé de séquelles physiques et/ou psychologiques graves… » V. aussi, l'art. 170 de la loi n° 09-001 du 10 janvier 2009 portant protection de l'enfant : « … Le minimum de la peine est également doublé :… 3. s'il a causé à la victime une altération grave de sa santé et/ou laissé de séquelles physiques et/ou psychologiques graves… »

[1959] Art. 171 : « Si le viol ou l'attentat à la pudeur a causé la mort de la personne sur laquelle il a été commis, le coupable sera puni de la servitude pénale à perpétuité. »

[1960] Art. 67 : « Est puni d'une servitude pénale d'un à cinq ans celui qui, par violences, ruses ou menaces, a enlevé ou fait enlever, arrêté ou fait arrêter arbitrairement, détenu ou fait détenir une personne quelconque. Lorsque la personne enlevée, arrêtée ou détenue aura été soumise à des tortures corporelles, le coupable est puni d'une servitude pénale de cinq à vingt ans. Si les tortures ont causé la mort, le coupable est condamné à la servitude pénale à perpétuité ou à mort. »

[1961]Art. 66 : « Celui qui, dans un duel, aura donné la mort à son adversaire sera puni d'une servitude pénale de trois mois à cinq ans et d'une amende de mille à deux mille zaïres, ou d'une de ces peines seulement. »

[1962] Art. 48 : « Lorsque les coups portés ou les blessures faites volontairement mais sans intention de donner la mort l'ont pourtant causée, le coupable sera puni d'une servitude pénale de cinq ans à vingt ans et d'une amende qui ne pourra excéder deux mille zaïres. »

[1963] Art. 108 : « Lorsque l'incendie a causé la mort d'une ou de plusieurs personnes qui, à la connaissance de l'auteur, se trouvaient dans les lieux incendiés au moment de l'infraction et si la mort devait être considérée comme une conséquence nécessaire ou probable de celle-ci, le coupable sera puni de la peine de mort ou de la servitude pénale à perpétuité. Si l'incendie a causé une blessure, la peine de la servitude pénale sera toujours prononcée. »

[1964] Loi n° 09-001 du 10 janvier 2009 portant protection de l'enfant : Art.155 : « L'administration volontaire à un enfant des substances nuisibles, notamment des stupéfiants et des psychotropes, qui peuvent donner la mort ou des substances qui, sans être de nature à donner la mort, peuvent altérer gravement la santé d'un enfant de quelque manière que ces substances aient été employées ou administrées, est punie de trois à vingt ans de servitude pénale principale. » Art. 156 : « Lorsque l'administration volontaire à un enfant des substances nuisibles cause une infirmité

l'incapacité, la perte de l'usage absolu d'un organe ou la mutilation grave constituent des circonstances aggravantes des épreuves superstitieuses commises sur un enfant.[1965]

Mentionnons, de façon spécifique, la loi n° 11-008 du 09 juillet 2011 portant criminalisation de la torture, laquelle aggrave les sanctions encourues par l'auteur de ce crime en fonction des conséquences générées ou de la qualité de la victime. La claire vision de cette aggravation découle de la lecture successive des art. 48bis et 48ter introduits dans le CP par l'art. 1er de cette loi:

> « Article 48bis : Tout fonctionnaire ou officier public, toute personne chargée d'un service public ou toute personne agissant sur son ordre ou son instigation, ou avec son consentement exprès ou tacite, qui aura intentionnellement infligé à une personne une douleur ou des souffrances aiguës, physiques ou mentales, aux fins d'obtenir d'elle ou d'une tierce personne des renseignements ou des aveux, de la punir d'un acte qu'elle ou une tierce personne a commis ou est soupçonnée d'avoir commis, de l'intimider ou de faire pression sur elle ou d'intimider ou de faire pression sur une tierce personne ou pour tout autre motif fondé sur une forme de discrimination quelle qu'elle soit, sera puni de cinq à dix ans de servitude pénale principale et d'une amende de cinquante mille francs congolais à cent mille francs congolais.
> Article 48ter : Le coupable sera puni de dix à vingt ans de servitude pénale principale et d'une amende de cent mille francs congolais à deux cent mille francs congolais lorsque les faits prévus à l'article 48bis ci-dessus auront causé à la victime un traumatisme grave, une maladie, une incapacité permanente de travail, une déficience physique ou psychologique, ou lorsque la victime est une femme enceinte, un mineur d'âge ou une personne de troisième âge ou vivant avec handicap. Il sera puni de servitude pénale à perpétuité lorsque les mêmes faits auront causé la mort de la victime. »[1966]

---

permanente, l'auteur est passible de cinq à vingt ans de servitude pénale principale. »
[1965] Art. 157 : « Est puni de un à deux ans de servitude pénale principale et d'une amende de deux cents mille à six cent mille francs congolais, l'auteur d'épreuves superstitieuses commises sur un enfant. Si les épreuves superstitieuses causent une maladie ou une incapacité, ou s'il en résulte la perte de l'usage absolu d'un organe ou une mutilation grave, l'auteur est puni de cinq à vingt ans de servitude pénale principale et d'une amende de deux cents mille à un million de francs congolais. Par épreuve superstitieuse, il faut entendre tout acte consistant à soumettre un enfant, de gré ou de force, à un mal physique réel ou supposé, en vue de déduire des effets produits, l'imputabilité d'un acte ou d'un événement ou toute autre conclusion. »
[1966] Il est à noter que l'action publique résultant de faits prévus par ces deux articles est imprescriptible. V. l' art. 48quater introduit dans le CP par cette loi n° 11-008 du 09 juillet 2011 : « Sans préjudices des dispositions de l'article 24 du code pénal, l'action publique résultant de faits prévus par les articles 48bis el 48ter ci-dessus est imprescriptible. »

b) Typologie basée sur l'essence des circonstances aggravantes

Le critère de l'essence ou de la nature des circonstances aggravantes répertoriées permet de réduire le nombre de sous-ensembles identifiés au plan étiologique. En effet, au point de vue de leur essence, les circonstances aggravantes ne se regroupent qu'en deux catégories : d'un côté les circonstances aggravantes personnelles, de l'autre les circonstances aggravantes réelles.

1°- Les circonstances aggravantes personnelles ou subjectives sont celles qui s'attachent à la nocivité, à la psychologie ou à la personnalité du délinquant. Elles regroupent ainsi :
- les circonstances aggravantes tenant à l'élément moral de l'infraction (la préméditation de l'art. 46 al. 2 du CP p. ex.) ;
- et les circonstances aggravantes tenant à la qualité de l'auteur de l'infraction.

2°- Les circonstances aggravantes réelles ou objectives sont celles qui s'attachent à la structure matérielle de l'infraction, à l'ampleur des conséquences de l'acte ou aux modes opératoires mis en œuvre par le délinquant. À faire un rapprochement avec la première typologie, on établit que les circonstances aggravantes réelles regroupent :
- les circonstances aggravantes découlant de la qualité de la victime ;
- les circonstances aggravantes résultant de la valeur des objets violés ;
- les circonstances aggravantes tenant au modus operandi ;
- les circonstances aggravantes tenant au lieu ou au temps de la commission de l'infraction ;
- et les circonstances aggravantes découlant des conséquences de celle-ci.

On voit ainsi que la typologie basée sur l'essence des circonstances aggravantes opère une redistribution des catégories arrêtées sur la base étiologique. Cette distinction entre circonstances aggravantes réelles et personnelles présente un intérêt pratique majeur en matière de participation criminelle. En effet, alors que les circonstances aggravantes réelles s'appliquent indifféremment à tous les coauteurs ou complices, les circonstances aggravantes personnelles ne s'appliquent qu'aux délinquants chez qui elles sont constatées. Dans cette dernière catégorie rentre la récidive à laquelle nous consacrons quelques lignes.

c) La récidive

Elle peut être définie comme « la rechute dans l'infraction selon les conditions légalement déterminées, et après une ou plusieurs condamnations coulées en force de chose jugée ».[1967] Dit autrement, « un délinquant est en état de récidive lorsqu'après avoir été condamné définitivement pour une première infraction, il en commet une ou plusieurs autres dans des conditions prévues par la loi. »[1968] La condamnation pénale antérieure doit avoir été définitive, c'est-à-dire que toutes les voies de recours doivent avoir été épuisées. Si le délinquant commet une nouvelle infraction alors que sa condamnation pour une infraction antérieure n'est pas encore définitive, on se trouvera dans un cas non pas de récidive mais bien de concours matériel ou réel d'infractions.

Les auteurs de l'école classique retenaient la récidive comme une circonstance pouvant justifier l'aggravation de la sanction. Cette théorie a été combattue par les positivistes italiens qui ont soutenu qu'au lieu de sanctionner plus sévèrement le récidiviste, il convenait plutôt de le traiter autrement, car la première peine a démontré ses limites par la réitération de l'infraction. Sensible à cette critique, la commission juridique de la Conférence Nationale Souveraine (CNS) a retenu cette recommandation dans son rapport : « La criminologie moderne voulant que le récidiviste soit soumis plutôt au traitement et non au châtiment, il importe que la législation congolaise réponde à cette exigence, en privilégiant le traitement par les mesures les plus appropriées, compte tenu d'une part, de la nature et de la gravité des faits et, d'autre part, de la personnalité du délinquant. »[1969]

En attendant l'accomplissement de ce vœu, l'analyse du droit pénal congolais permet de constater que, aussi bien dans le CP que dans certaines dispositions légales particulières, le législateur retient la récidive comme une circonstance pouvant entraîner l'aggravation de la peine à infliger au délinquant.

1°- La récidive prévue dans les articles 14 b) et d) du CP

Ceux-ci décrivent, le premier, la récidive simple ; le second, le multirécidivisme ou la délinquance d'habitude.

[1967] E. Lamy, *Cours de droit pénal général*, UNAZA, 1971-1972, p. 466.

[1968] J. Pradel, *Droit pénal général,* 21e éd., n° 753, p. 624 ; sur la récidive, v. aussi, B. Bouloc, *Droit pénal général*, 25e éd., Dalloz, Paris 2017, pp. 580-596, n°s 735-763.

[1969] CNS, Rapport de la Commission juridique, p. 106.

1) La récidive simple

Elle est visée dans l'art. 14 b) du CP. Dans cette disposition, le législateur laisse aux juges la latitude de prononcer, en plus de la peine de servitude pénale, l'obligation de s'éloigner de certains lieux ou d'une certaine région ou de résider dans un lieu déterminé pendant une durée maximum d'un an, à l'encontre de « quiconque a commis, depuis dix ans au moins deux infractions qui ont entraîné chacune une servitude pénale d'au moins six mois. »[1970] Un tel individu se trouve dans la situation de récidive. Dans ce cas de figure, les juges peuvent ajouter à la peine de servitude pénale, celles d'obligation de s'éloigner de certains lieux ou d'une certaine région ou de résider dans un lieu déterminé pendant une durée maximum d'un an. Ces obligations « prennent cours à la date à laquelle le condamné est libéré, soit définitivement, par expiration ou remise de la peine de servitude pénale, soit conditionnellement ».[1971] Ces peines complémentaires facultatives, si elles sont prononcées, aggravent la situation du délinquant récidiviste en limitant sa liberté de mouvement après l'exécution ou la remise de sa peine principale d'emprisonnement.

Il est intéressant de noter que le CPM utilise plus expressément le terme « récidive ». Son art. 23 porte, en effet, que « les condamnations prononcées pour infraction militaire ne peuvent pas constituer le condamné en état de récidive. » Cet art. réaffirme la distinction que le législateur fait, dans les art. 21 et 22 relatifs au sursis, entre les infractions de droit commun et les infractions militaires qui ne sont pas de même nature et ne doivent donc pas s'additionner. Ainsi, un militaire ayant été condamné pour absence irrégulière, p. ex., -infraction purement militaire-[1972], et qui en viendrait à commettre un vol simple, infraction de droit commun[1973], ne pourra pas être considéré en état de récidive.

2) Le multirécidivisme ou la délinquance d'habitude.

Il est régi par l'art. 14 d) du CP qui organise précisément la mise à la disposition du gouvernement d'un individu avéré multirécidiviste. En effet, dans cette prévision, le législateur donne aux juges le pouvoir de prononcer et d'infliger cette mesure, pour un terme de cinq à dix ans après l'expiration de la peine de servitude pénale, à tout individu « ayant commis depuis dix

---

[1970] Art. 14b du CP combiné avec l'art. 14a. Les deux dispositions sont intégralement citées *supra*, p. 535.
[1971] Art. 14c, al. 2 du CP.
[1972] Art. 43 du CPM.
[1973] Art. 79 et 80 du CP.

ans, au moins trois infractions qui ont entraîné chacune une servitude pénale d'au moins six mois, présente en outre une tendance persistante à la délinquance ».[1974]

Comme les peines précédentes, la mise à la disposition du gouvernement durcit le sort du délinquant d'habitude en restreignant sa liberté d'aller et venir après l'expiration de sa peine d'emprisonnement, ce, pour une durée de cinq à dix ans. S'il y a lieu, ce délinquant d'habitude, mis à la disposition du gouvernement, est interné dans un établissement désigné par le président de la République.[1975]

Il convient de souligner que les art. 14b et 14d du CP consacre un système de récidive et de la délinquance d'habitude *générale*, car l'une comme l'autre est caractérisée même si la nouvelle infraction n'est pas ou les nouvelles infractions ne sont pas les mêmes ni similaires aux infractions antérieurement commises, pourvu qu'elles soient punies des peines déterminées dans ces dispositions. Ces deux états d'aggravation ont, en plus, une dimension *temporaire*, car la deuxième infraction (en cas de récidive simple) ou les nouvelles infractions (en cas de délinquance d'habitude) doivent avoir été perpétrées dans un laps de temps déterminé (10 ans) et les peines complémentaires facultativement prononcées par le juge, qui sont en réalité des mesures de sûreté de par leur nature[1976], le sont pour un terme bien fixé : un an maximum en cas de récidive simple ; 5 à 10 ans en cas de délinquance d'habitude.

Précisons que la *récidive générale* se distingue de la *récidive spéciale* qui, elle, n'existe qu'en cas de réitération de la même infraction ou d'une infraction qui lui est assimilée par la loi : par exemple, la première infraction était le meurtre, la nouvelle est aussi le meurtre ; l'illustration d'infractions assimilées est donnée par l'art. 132-16 du CP français qui dispose que « le vol, l'extorsion, le chantage, l'escroquerie et l'abus de confiance sont considérés, au regard de la récidive, comme une même infraction ». Tandis que la *récidive temporaire* s'oppose à la *récidive perpétuelle* qui se caractérise par le fait que l'aggravation est appliquée quel que soit le délai séparant la nouvelle infraction de la première.

[1974] Art. 14d du CP, intégralement cité *supra*, p. 537.

[1975] Art. 14h, *idem*.

[1976] L'obligation de s'éloigner de certains lieux ou d'une certaine région ou de résider dans un lieu déterminé (pour la récidive) ; la mise à la disposition du gouvernement (pour la délinquance d'habitude).

La doctrine a pu relever que ces mesures d'obligation de s'éloigner de certains lieux ou d'une certaine région ou de résider dans un lieu déterminé prévues pour la récidive n'ont pas été effectivement mises en œuvre, eu égard, sans doute, aux exigences de moyens, de rigueur et du personnel qualifié qu'elles requièrent des autorités judiciaires et pénitentiaires.[1977] De même, la mise à la disposition du gouvernement applicable aux délinquants d'habitude n'a pas été réellement déployée, son exécution étant simplement opérée dans les mêmes conditions que la servitude pénale.[1978] Ce qui peut poser un problème de légalité, car une mise à la disposition du gouvernement ne doit pas se transformer en un emprisonnement !

2°- La récidive prévue dans certaines dispositions légales particulières

En effet, dans certains textes, le législateur aggrave directement la peine principale, elle-même, en cas de récidive. On peut citer, en guise d'exemplification, la loi n° 04-016 du 19 juillet 2004 portant lutte contre le blanchiment des capitaux et le financement du terrorisme dont l'art. 43 dispose :

> « Les peines prévues aux articles 34 et 35 sont portées respectivement à un maximum de vingt ans de servitude pénale et à une amende en francs congolais équivalente à 100 000 dollars américains : 1°. lorsque l'infraction est commise en utilisant les facilités que procure l'exercice d'activités professionnelles ; 2°. lorsque l'infraction est commise dans le cadre d'une organisation criminelle ; 3°. en cas de récidive. »[1979]

Cette disposition suscite quelques interrogations : quel type de récidive le législateur y a-t-il instauré ? S'agit-il d'une récidive générale ou spéciale ? temporaire ou perpétuelle ? À bien réfléchir, nous pensons qu'il s'agit ici d'une *récidive spéciale*. En effet, le 1° et le 2° de cet art. 43 disent : « lorsque l'infraction est commise… » L'infraction visée est bien le blanchiment des capitaux, sanctionné dans les art. 34 et 35 auxquels renvoie la première phrase.[1980] Logiquement, le 3° ne peut concerner que la même infraction : les peines sont aggravées lorsque le criminel, après avoir été définitivement condamné pour un premier blanchiment des capitaux, commet à nouveau le même crime. Reste maintenant la question de savoir si cette récidive est temporaire ou perpétuelle. Le législateur est resté muet là-dessus. Devant ce silence, on pourrait penser se rabattre sur le droit commun qu'est l'art. 14b du

---

[1977] Voir E. Lamy, *Cours de droit pénal général*, pp. 415-416.

[1978] Voir Esika, *Code pénal congolais annoté*, Lubumbashi, 1977, n° 155, cité par Nyabirungu mwene Songa, *op. cit*, p. 434.

[1979] In *J.O*, 45e année, n° spécial, 5 août 2004.

[1980] V. ces articles 34 et 35, *supra*, p. 719, NBP 1955.

CP et soutenir que pour que s'applique l'aggravation prévue au titre de récidive, le deuxième crime doit s'accomplir dans un délai de 10 ans après le premier. Cette solution ne nous semble pas appropriée. Nous sommes plutôt d'avis que la loi du 19 juillet 2004 étant spéciale par rapport à la loi générale qu'est le code pénal, en l'occurrence son art. 14b, le fait que le législateur, qui a expressément utilisé le terme « récidive » dans l'art. 43-3° de cette loi de 2004 (- chose qu'il ne fait pas dans l'art. 14b du CP -), n'a pas fixé un laps de temps durant lequel doit être perpétré le deuxième crime de blanchiment des capitaux, signifie que ce laps de temps n'existe pas pour ce type de criminalité qui est grave ; et donc, la récidive est ici *perpétuelle*. Le législateur ayant légiféré de façon spécifique sur cette criminalité, vu sa gravité, aurait dû fixer ce laps de temps s'il avait voulu instituer une récidive temporaire. Il n'appartient pas au juge d'ajouter à cette loi spécifique un élément de limitation temporaire qui n'y est pas mentionné. Les spécificités de celle-ci sont perceptibles au plan des pénalités. En effet, son art. 43 porte à un maximum de vingt ans de servitude pénale et à une amende en francs congolais équivalente à 100 000 dollars américains, les peines encourues par un blanchisseur des capitaux récidiviste, doublant ainsi le maximum de la peine de servitude pénale prévue par l'art. 34 pour le blanchiment, assorti d'une forte amende ; tandis que l'art. 14b du CP n'aggrave pas la peine de servitude pénale mais se limite à donner au juge la possibilité d'y ajouter, comme peines complémentaires facultatives, l'obligation de s'éloigner de certains lieux ou d'une certaine région ou de résider dans un lieu déterminé qui sont, par essence, des mesures de sûreté. De plus, cet art. 34 sanctionne le complice du blanchiment de la même peine que l'auteur principal, alors que, selon la disposition pénale générale qu'est l'art. 23 du CP, le complice est puni d'une peine qui ne dépassera pas la moitié de la peine qu'il aurait encourue s'il était lui-même auteur. Nous avons relevé cette particularité plus haut, à l'occasion de l'examen de la sanction de la participation criminelle, en soulignant qu'elle était prévue par le législateur lui-même dans le libellé de cet art. 23.

Somme toute, de notre analyse, il ressort que la récidive instituée par la loi n° 04-016 du 19 juillet 2004 portant lutte contre le blanchiment des capitaux et le financement du terrorisme est une *récidive spéciale* et *perpétuelle*. Ce qui constitue une originalité par rapport au constat de Jean Pradel, en droit français, selon lequel « un grand principe veut que la récidive soit générale et perpétuelle pour les infractions les plus graves, spéciale et temporaire pour les autres. »[1981] La loi du 19 juillet 2004 consacre une combinaison croisée : récidive spéciale et perpétuelle. L'exposé des motifs de cette loi souligne

---

[1981] J. Pradel, *op. cit.*, n° 759, p. 628.

ainsi, dans son premier paragraphe, la gravité des crimes régis :

> « Le blanchiment de capitaux et le terrorisme sont considérés, à l'échelle planétaire, comme les pires fléaux hérités du vingtième siècle, le premier mettant en péril les systèmes économiques et financiers des États, le second menaçant la paix et la sécurité internationales par la multiplication, dans diverses régions du monde, des actes terroristes motivés notamment par l'intolérance et l'extrémisme. »

Pour clore ces lignes sur la récidive, rappelons que l'art. 105 de la loi n° 09-001 du 10 janvier 2009 portant protection de l'enfant accorde à celui-ci le « droit à la confidentialité du dossier judiciaire le concernant. Il ne peut être fait état des antécédents dans les poursuites ultérieures à sa charge l'impliquant comme adulte. » Dit autrement, les faits infractionnels dont un enfant s'est rendu auteur et pour lesquels il a été jugé par un tribunal pour enfants, ne peuvent pas être comptabilisés comme antécédents judiciaires ni être pris en compte pour le calcul de la récidive s'il en venait à en commettre un autre à sa majorité, c'est-à-dire après qu'il ait atteint l'âge de 18 ans.

La sanction ainsi mesurée et prononcée recevra exécution pendant le temps fixé par le juge. Cependant, cette exécution peut être suspendue et même éteinte par l'intervention de certaines institutions légalement prévues.

CHAPITRE QUATRE

LES CAUSES DE SUSPENSION OU D'EXTINCTION DE LA PEINE

Pour assurer une exécution individualisée des peines et une récupération possible de certains membres de la société accidentellement tombés dans la délinquance, le législateur a prévu des mécanismes dont certains peuvent justifier la suspension et d'autres l'extinction de la sanction.

SECTION 1ère : LES MÉCANISMES DE SUSPENSION DE LA SANCTION

Ceux-ci sont des instruments de politique criminelle qui poursuivent comme but d'orienter la sanction beaucoup plus vers l'amendement et la resocialisation du délinquant. L'analyse de la loi pénale congolaise en fait déceler les deux principaux que sont le sursis ou la condamnation conditionnelle et la libération conditionnelle.

PARAGRAPHE 1er : ***LE SURSIS OU LA CONDAMNATION CONDITIONNELLE***

Le concept « condamnation conditionnelle » est malheureux car, en vérité, ce qui est ici conditionnel ce n'est pas la condamnation qui est prononcée, mais plutôt l'exécution de la peine. À ce concept, il faut donc préférer le terme « sursis », puisque, soulignons-le, il s'agit bien d'un sursis à l'exécution de la sanction et non point d'un sursis au prononcé de la condamnation. Aussi, est-il heureux de constater que dans le CPM, le législateur utilise bien le terme « sursis »[1982] qu'il importe de définir.

A- DÉFINITION

« Le sursis est une mesure de dispense de l'exécution de la servitude pénale que le juge a la faculté d'accorder pour réduire les inconvénients inhérents aux courtes peines de prison et stimuler l'amendement du délinquant par la dispense d'exécution de la peine pendant une durée d'épreuve qui ne dépassera pas cinq ans. »[1983] Pour paraphraser l'inventeur de ce mécanisme, le sénateur Béranger, « l'esprit de l'institution est de créer un traitement spécial pour l'homme que la justice n'a pas encore atteint et dont la moralité est restée

[1982] Art. 20, 21 et 22 du CPM.
[1983] Nyabirungu mwene Songa, *op. cit*, p. 435.

assez intacte pour que la société n'ait rien à redouter de sa liberté ».[1984] Le droit positif congolais ne prévoit que le sursis simple. Il le fait dans l'art. 42 du CP qui dispose :

> « Le cours et tribunaux, en condamnant à une ou plusieurs peines de servitude pénale principale ou subsidiaire, pourront ordonner, par décision motivée, qu'il sera sursis à l'exécution de l'arrêt ou du jugement en ce qui concerne cette ou ces peines pendant un délai dont ils fixeront la durée à compter de la date du prononcé de l'arrêt ou du jugement, mais qui ne pourra excéder cinq années.
>
> L'octroi du sursis est subordonné aux conditions ci-après : 1°. qu'il ne soit pas prononcé contre le condamné une peine de servitude pénale principale supérieure à un an ; 2°. que le condamné n'ait antérieurement encouru aucune condamnation à la servitude pénale principale, du chef d'une infraction, commise dans la République, punissable, indépendamment de l'amende, d'une servitude pénale de plus de deux mois.
>
> L'arrêt ou le jugement portant condamnation ne sera pas exécuté, en ce qui regarde la ou les peines de servitude pénale, si, pendant le délai fixé, le condamné n'encourt pas de condamnation nouvelle du chef d'infractions punissables, indépendamment de l'amende, d'une servitude pénale de plus de deux mois.
>
> Dans le cas contraire, les peines pour lesquelles le sursis aura été accordé et celles qui auront fait l'objet de la condamnation nouvelle seront cumulées.
>
> En cas de sursis applicable à la servitude pénale subsidiaire, la suspension de la prescription s'étend à l'amende. »

On le voit, cette disposition fixe d'une part les conditions d'octroi du sursis, d'autre part les effets de cette mesure.

B- LES CONDITIONS D'OCTROI DU SURSIS

Deux conditions méritent d'être notées :

a) ***La peine de servitude pénale prononcée doit être égale ou inférieure à un an.*** En cas de concours matériel d'infractions, cette condition est réunie si chacune des peines prononcées pour chaque infraction consommée est inférieure ou égale à un an de servitude pénale, peu importe que leur cumul dépasse un an. Le sursis ne s'applique qu'à la peine de servitude pénale et non à l'amende, ni aux peines complémentaires, ni encore aux mesures de sûreté. Il convient d'indiquer que le CPM, tout en renvoyant aux conditions fixées dans le CPO, prévoit la possibilité d'octroi du sursis même en cas de condamnation à une peine d'amende. Il le fait dans l'art. 20 qui porte qu'« en cas de

---

[1984] Rapport du 6 mars 1890, *D.*, 1891, Leg. 25, 2e colonne en haut, cité par J. Pradel, *op. cit.*, n° 742, p. 617, NBP 1.

condamnation à l'emprisonnement ou à l'amende, la juridiction militaire peut décider qu'il sera sursis à l'exécution dans les conditions prévues par l'article 42 du code pénal ordinaire, sous réserve des dispositions du présent Code. »

b) ***Le condamné ne doit pas avoir subi dans le passé une peine de servitude pénale même d'un jour, pour une infraction punissable de plus de deux mois de servitude pénale.***

Même si ces deux conditions sont réunies, le sursis reste une mesure facultative que le juge peut ou ne pas accorder discrétionnairement. Le législateur lui-même a, d'autorité, exclu du bénéfice du sursis les auteurs de détournement, concussion et corruption.[1985]

C- LES EFFETS DU SURSIS

S'agissant de ses effets, une alternative se pose :
- Si, pendant la durée de l'épreuve qui est de cinq ans, au maximum, le condamné sursitaire n'a pas subi une nouvelle condamnation assez grave - s'il n'est pas condamné pour une infraction punissable de plus de deux mois de servitude pénale -, la dispense de l'exécution de la sanction devient définitive. Néanmoins, la condamnation n'est pas effacée. Elle reste figurée dans le casier judiciaire et peut être prise en compte pour la récidive ou pour l'octroi d'un nouveau sursis dans le futur.
- Dans l'hypothèse inverse, - c'est-à-dire si dans le délai fixé par le juge, le condamné sursitaire commet une autre infraction de cette gravité -, le sursis est révoqué de plein droit et le condamné exécute la peine en cumul avec la sanction prononcée pour la nouvelle infraction.

L'art. 21 du CPM contient une disposition adoucissant le sort d'un militaire condamné pour une infraction militaire. Il dispose, en effet, que « la condamnation à une infraction militaire : 1. ne fait pas perdre au condamné le bénéfice du sursis qui lui a été antérieurement accordé pour une infraction de droit commun ; 2. ne met pas obstacle à l'octroi ultérieur du sursis pour une infraction de droit commun. » Le législateur fait ainsi une nette distinction entre infraction militaire et infraction de droit commun qui ne peuvent pas s'additionner, n'ayant pas la même nature.

Signalons que l'art. 272 du CJM impose au président de la juridiction, lorsque le bénéfice du sursis a été accordé au condamné, l'obligation d'avertir ce dernier qu'en cas de nouvelle condamnation dans les conditions

[1985] V. Loi n° 73-017 du 5 janvier 1973.

prévues par cet art. 21, la première peine sera susceptible d'être exécutée sans confusion possible avec la seconde, et, qu'éventuellement, les peines de la récidive pourront être encourues.[1986] Comme il en est du condamné de droit commun, la révocation du sursis accordé à un condamné militaire s'opère de plein droit, sans que le tribunal ait à la prononcer.[1987]

Ainsi se présente le régime du sursis simple, tel que prévu par l'art. 42 du CP. Il a pour effet de dispenser provisoirement le condamné d'exécuter sa peine et de l'en dispenser définitivement si, pendant le délai d'épreuve, sa conduite a été irréprochable. Il présente l'avantage d'épargner au condamné les influences néfastes de la prison et de réduire les risques de la récidive en faisant planer sur lui la menace de la révocation. Il souffre cependant d'un inconvénient majeur, celui de laisser ce dernier livré à lui-même, durant le délai d'épreuve, sans aucune mesure d'accompagnement, d'assistance ou de surveillance. Aussi est-il souhaité qu'à l'instar de l'évolution opérée dans d'autres pays, comme en France,[1988] le législateur congolais consacre également *le sursis avec mise à l'épreuve ou la probation*, en remplacement de l'emprisonnement de courte durée.

En effet, à la différence du sursis simple, le sursis avec mise à l'épreuve est assorti d'une série de mesures tendant à la surveillance et à l'assistance du condamné, et auxquelles ce dernier doit se soumettre pour prouver son amendement. Ces mesures peuvent consister, p. ex., en une obligation de se présenter régulièrement devant le magistrat, en une assignation à résidence, en une obligation de s'éloigner d'un certain lieu, ou en une interdiction de séjour. En cas de non observation de celles-ci, le sursis avec mise à l'épreuve peut être révoqué. Ce mécanisme pénologique est une méthode de traitement des

---

[1986] Art. 272 du CJM : « Après avoir prononcé le jugement, le président avertit, s'il y a lieu, le condamné qu'il a le droit de former un recours. Il en précise le délai. Lorsque le bénéfice du sursis a été accordé au condamné, le président doit également l'avertir qu'en cas de nouvelle condamnation dans les conditions prévues par l'article 21 du Code Pénal Militaire, la première peine sera susceptible d'être exécutée sans confusion possible avec la seconde, et, éventuellement, que les peines de la récidive pourront être encourues sous les réserves prévues à l'article 355 du présent Code. Le greffier dresse du tout un procès-verbal signé par lui et le président. Ce procès-verbal est joint à la minute du jugement. » L'art. 355 du même code dit : « Pour l'exécution des peines prononcées contre les militaires ou assimilés tant par les juridictions militaires que par ceux de droit commun, est réputée détention provisoire le temps pendant lequel l'individu a été privé de sa liberté, même par mesure disciplinaire si celle-ci a été prise pour le même fait. »

[1987] Art. 22 du CPM.

[1988] Sur le sursis avec mise à l'épreuve, voir p. ex., B. Bouloc, *Pénologie*, 3e éd., pp 260-274.

délinquants permettant dans certains cas au juge d'éviter l'incarcération du condamné s'il l'estime préjudiciable à la resocialisation de ce dernier. Cette méthode se veut pragmatique, car elle réagit contre le phénomène criminel par l'assistance matérielle, sociale et psychologique apportée au délinquant offrant des chances de reclassement.

Il y a lieu d'espérer que le souhait exprimé soit exaucé dans l'avenir puisque l'avant-projet du CP élaboré par la CPRDZ consacre plusieurs dispositions à ces institutions, en l'occurrence les art. 93 à 96 qui parlent de la condamnation conditionnelle ou du sursis, et les art. 104 à 107 qui définissent et fixent les conditions d'octroi de la probation.

On aura observé que la mesure du sursis est prise au moment du prononcé de la sentence. C'est en cela notamment qu'elle se distingue de la libération conditionnelle qui, elle, intervient après le prononcé du jugement, pendant l'exécution de la sanction.

PARAGRAPHE 2 : ***LA LIBÉRATION CONDITIONNELLE***

La compréhension de cette institution passe naturellement par sa définition, l'examen de ses conditions d'octroi, la fixation des effets qu'elle produit et l'identification des autorités ayant compétence pour l'octroyer.

A- DÉFINITION

La libération conditionnelle est « une mesure de faveur, inspirée par des considérations de politique criminelle et d'opportunité, accordée à un condamné qui se comporte bien et qui a exécuté une partie de sa peine ».[1989] Elle est considérée comme un des moyens sûrs du traitement de la délinquance, car elle incite le condamné à consentir un effort pour s'améliorer moralement et pour se réadapter socialement. Elle est prévue et réglementée, en droit congolais, par les art. 35 à 41 du CPO, par les art. 91 à 105 de l'Ord. n° 344 du 17 septembre 1965 sur le régime pénitentiaire et la libération conditionnelle, et par les art. 12 à 19 du CPM.

[1989] Likulia Bolongo, *Droit et science pénitentiaires*, p. 96. V. aussi, X. Pin, *Droit pénal général*, 10e éd., Dalloz, Paris, 2018, p. 519, n° 581 : « Introduite par une loi [française] du 4 août 1885, la libération conditionnelle tend à la réinsertion des condamnés et à la prévention de la récidive, en favorisant une mise en liberté anticipée (C. pr. pén., art. 729 s.). Il s'agit d'une autorisation donnée au condamné de terminer de purger sa peine hors de l'enceinte pénitentiaire, moyennant l'observation de strictes règles de conduite. » V. également, J. Leroy, *Droit pénal général*, 7e éd., LGDJ, Paris, 2018, p. 495, n° 834.

B- LES CONDITIONS D'OCTROI

a) La première série de conditions est fixée par l'art. 35 du CP qui dispose :

> « Les condamnés qui ont à subir une ou plusieurs peines comportant privation de liberté, peuvent être mis en liberté conditionnellement, lorsqu'ils ont accompli le quart de ces peines pourvu que la durée de l'incarcération déjà subie dépasse trois mois.
> Les condamnés à perpétuité pourront être mis en liberté conditionnellement lorsque la durée de l'incarcération déjà subie par eux dépassera cinq ans.
> La durée de l'incarcération prescrite aux deux alinéas précédents pourra être réduite lorsqu'il sera justifié qu'une incarcération prolongée pourrait mettre en péril la vie du condamné. »

L'art. 12 du CPM reprend les mêmes termes que cet art. 35. Ainsi, ne peut bénéficier de la libération conditionnelle que le condamné à une peine privative de liberté ayant déjà exécuté un quart de la peine et si ce quart de la peine dépasse trois mois. Si la peine subie est la servitude pénale à perpétuité, le condamné ne pourra bénéficier de la libération conditionnelle que s'il a accompli 5 ans en prison, soit le quart du maximum de la servitude pénale à temps qui est de 20 ans.[1990] Mais ces différents délais (un quart de peine, trois mois, cinq ans) peuvent être réduits si la vie du détenu est en danger. Il faut noter que la peine devant servir de calcul est celle qui doit être effectivement exécutée par le condamné, après la prise en compte de toutes les mesures éventuelles de grâce ou d'individualisation dont celui-ci bénéficie.

b) En plus de cette première série de conditions alternatives, le condamné doit avoir fait preuve de bonne conduite et présenter des chances sérieuses de réadaptation sociale. C'est ce qui découle de l'art. 91 de l'Ord. n° 344 du 17 septembre 1965 ainsi libellé :

> « La libération conditionnelle n'est accordée qu'aux condamnés qui ont fait preuve d'amendement.
> L'administration, pour apprécier si un condamné qui a fait preuve d'amendement peut être libéré conditionnellement, tient compte de ses antécédents, des causes de la condamnation qu'il a encourue, de ses dispositions morales et des moyens d'existence dont il dispose à la sortie de prison. »

L'art. 94 de la même Ord. détermine comment concrètement le responsable de l'établissement pénitentiaire procède pour donner son appréciation sur un dossier de demande de libération conditionnelle. Il dispose :

[1990] V. l'art. 20, al. 4 du CP.

« Dans les dix premiers jours de chaque mois, le gardien réunit sous sa présidence, une commission composée de son adjoint, des surveillants, des instructeurs et du médecin ou infirmier de l'établissement, en vue d'examiner les titres à la libération conditionnelle des détenus se trouvant dans les conditions requises pour l'obtenir. La commission formule, sur des états individuels, les propositions de libération conditionnelle en faveur des détenus qu'elle en juge dignes par leurs dispositions morales et la situation dans laquelle ils se trouveront à leur libération. En dehors des conditions légales imposées quant à la durée de l'incarcération, la commission n'a à tenir compte que du degré d'amendement et des chances de reclassement du détenu. La gravité ou la nature des faits qui ont motivé la condamnation ne doivent être envisagées par elle qu'au seul point de vue des probabilités d'amendement. Le gardien adresse immédiatement à l'inspecteur territorialement compétent chargé de la direction de la section d'inspection des services pénitentiaires, les propositions formulées par la commission. Il y annexe la feuille de renseignements relatifs à chacun des condamnés. Sauf si la prison ou le camp de détention est situé sur le territoire de la ville de Kinshasa, l'inspecteur transmet dans le plus bref délai, les propositions au gouverneur de province en y joignant ses avis motivés. Le gouverneur de province ou son délégué retransmet à l'inspecteur, dans le plus bref délai, les propositions accompagnées de ses avis motivés. L'inspecteur transmet immédiatement le dossier à l'officier du ministère public près le tribunal ou la cour qui a prononcé la condamnation. L'officier du ministère public transmet, dans le plus bref délai, les propositions au ministre de la Justice en y joignant ses observations. »

c) Le candidat à la libération conditionnelle doit accepter les conditions posées par l'Administration pénitentiaire conformément aux prévisions des art. 97 et 98 de cette Ord. du 17 septembre 1965.

d) S'agissant des condamnés des juridictions ordinaires, c'est au président de la République que revient la compétence de déterminer la forme des permis de leur libération, les conditions auxquelles la libération pourra être soumise et le mode de surveillance des libérés conditionnels.[1991] Ces conditions sont fixées par le ministre de la défense pour ce qui est des condamnés des juridictions militaires, conformément à l'art. 14 du CPM.[1992] Le rôle de surveillance de ces derniers est dévolu à l'autorité militaire comme le prévoit l'art. 15 du même code.[1993]

[1991] Art. 41 du CP.

[1992] Art. 14 du CPM : « Le ministre de la défense détermine la forme des permis de libération, les conditions auxquelles la libération pourra être soumise et le mode de surveillance des libérés conditionnels. »

[1993] Art. 15 du CPM : « Dès que la libération conditionnelle est accordée à un condamné ayant conservé la qualité de militaire, l'intéressé est mis à la disposition effective de l'autorité militaire pour l'exécution de ses obligations militaires. Tant que le bénéficiaire de la libération conditionnelle est lié à l'armée, il est

C- LES AUTORITÉS COMPÉTENTES POUR OCTROYER ET RÉVOQUER LA LIBÉRATION CONDITIONNELLE

Plusieurs autorités interviennent dans le processus de décision de la libération conditionnelle, les unes pour donner un avis consultatif, les autres pour réellement décider de l'octroi ou non de cette faveur. Figurent parmi les autorités de consultation, l'OMP, le directeur de la prison, le gouverneur de province ou son délégué et le chef de division provinciale chargé de l'inspection des services pénitentiaires. Deux ministres se partagent l'autorité de décision d'octroi et de révocation de la libération conditionnelle. Il s'agit du ministre de la justice et garde des sceaux en ce qui concerne les condamnés par les juridictions de droit commun ; et du ministre de la défense nationale pour ce qui est des condamnés par les juridictions militaires.

a) S'agissant des condamnés par les juridictions de droit commun

L'art. 38 du CP porte que « la mise en liberté est, pour les condamnés par les juridictions civiles quelle que soit leur qualité, accordée par le ministre de la justice après avis du parquet et du directeur de l'établissement pénitentiaire. Elle est révoquée par la même autorité après avis du parquet. » La révocation peut être prononcée en cas d'inconduite ou d'infraction aux conditions énoncées dans le permis de libération.[1994] En effet, si le bénéficiaire de la libération conditionnelle se conduit mal ou transgresse une des conditions qui lui étaient imposées, le procureur de la République ou l'un de ses substituts peut ordonner l'arrestation provisoire du libéré conditionnel et en donner immédiatement avis au ministre de la justice.[1995] Celui-ci prend alors un arrêté de révocation qui fait réintégrer l'intéressé dans l'établissement pénitentiaire aux fins d'achèvement du terme d'incarcération que l'exécution de la peine comportait encore à la date de la libération.[1996]

---

exclusivement soumis à la surveillance de l'autorité militaire. »

[1994] Art. 36 du CP : « La mise en liberté peut toujours être révoquée pour cause d'inconduite ou d'infraction aux conditions énoncées dans le permis de libération. » Art. 102 de l'Ord. n° 344 du 17 septembre 1965 : « La mise en liberté peut toujours être révoquée pour cause d'inconduite ou pour infraction aux conditions énoncées dans l'arrêté de libération. La révocation est prononcée par le ministre de la Justice du gouvernement central après avis du procureur d'État près le tribunal de première instance dans le ressort duquel se trouve le condamné. »

[1995] Art. 39 du CP.

[1996] Art. 38, al. 3 du CP.

b) Pour ce qui est des condamnés par les juridictions militaires

L'autorité compétente pour leur accorder la libération conditionnelle est le ministre de la défense, agissant par arrêté, après avis de l'auditeur général.[1997] C'est le même ministre qui a le pouvoir de révoquer cette libération conditionnelle. Il prononce cette révocation en cas de punition grave, d'inconduite notoire, de nouvelles condamnations encourues avant la libération définitive ou en cas d'inexécution des obligations imposées au bénéficiaire. En pareilles occurrences, l'arrestation provisoire du libéré conditionnel peut être ordonnée par l'OMP militaire à charge pour lui d'en informer immédiatement l'auditeur général. Celui-ci adresse une requête motivée au ministre de la défense qui, par voie d'arrêté, prononce la révocation de la libération conditionnelle. Il reviendra alors au ministère public d'exécuter cet arrêté de révocation et d'ordonner la réincarcération du libéré conditionnel pour l'achèvement du terme de l'incarcération non encore exécutée par le fait de la mise en liberté conditionnelle.[1998]

Tasoki Manzele critique cette option prise par le législateur d'attribuer à un membre de l'exécutif, en l'occurrence le ministre de la justice ou de la défense, le pouvoir de décider de l'octroi de la libération conditionnelle. Il se demande s'il n'y a pas là une violation du principe de la séparation des pouvoirs de l'État. « Comment comprendre [s'interroge-t-il,] qu'une décision prise par un organe judiciaire, le juge, soit anéantie par un organe non judiciaire ? » À son avis, qui nous paraît pertinent, il serait « judicieux et logique de reconnaître plutôt au juge la compétence d'accorder la libération conditionnelle. »[1999]

Il est intéressant de noter qu'en droit français, si un condamné, libéré conditionnellement, en venait à commettre une infraction durant la période d'épreuve où il se trouve en liberté, la responsabilité de l'État serait engagée vis-à-vis de la victime de cette infraction.[2000] Cette solution est de bon sens et pourrait trouver application en RDC, en la fondant sur la responsabilité incombant à l'État d'assurer l'exécution des condamnations pénales et de garantir à ses habitants la protection contre la criminalité.

[1997] Art. 13 : « Le bénéfice de la libération conditionnelle est accordé par arrêté du Ministre de la Défense après avis de l'Auditeur Général. »

[1998] V. l'art. 16 du CPM.

[1999] J-M. Tasoki Manzele, *op. cit.*, p. 377.

[2000] V. J. Pradel, *op. cit.*, n° 851, p. 699 ; en NBP 4, il cite CE, 29 avril 1987, *J.C.P.*, 1988.II.20920, note B. Pacteau.

D- LES EFFETS DE LA LIBÉRATION CONDITIONNELLE ABOUTIE

L'effet immédiat de la libération conditionnelle est de suspendre l'exécution de la peine infligée au condamné. Celui-ci est remis en liberté, et se trouve, en contrepartie, astreint à une épreuve de bonne conduite, car cette mesure est un traitement pénal qui soumet le bénéficiaire à certaines mesures, notamment de contrôle et de surveillance comme l'interdiction de paraître dans telle ou telle localité, l'obligation d'habiter dans une résidence qui lui est assignée,[2001] l'obligation de faire connaître le lieu où il compte résider,[2002] l'obligation de faire viser son permis de libération par le commissaire urbain ou le chef de la circonscription administrative territoriale du lieu de sa résidence[2003], etc.

Cette suspension débouche sur la libération définitive après l'expiration du délai d'épreuve si évidemment tout au long de l'épreuve, le condamné s'est comporté correctement, en respectant les conditions reprises dans l'arrêté de sa mise en liberté conditionnelle. Tel est le prescrit de l'art. 37 du CP qui dispose : « La libération définitive est acquise au condamné si la révocation n'est pas intervenue avant l'expiration d'un délai égal au double du terme d'incarcération que celui-ci avait encore à subir à la date à laquelle la mise en liberté a été ordonnée en sa faveur. » Les mêmes termes sont repris dans

---

[2001] Art. 96 de l'Ord. n° 344 du 17 septembre 1965 : « L'arrêté ministériel qui ordonne la mise en liberté énonce les conditions spéciales que le libéré aura à observer, indépendamment de la condition générale que l'article 36 du Code pénal établit en disposant que la mise en liberté peut toujours être révoquée pour cause d'inconduite. La nature et l'objet de ces conditions spéciales dépendront des circonstances particulières dans lesquelles le condamné se trouve et des causes de la condamnation. Il pourra être interdit au condamné de paraître dans telle ou telle localité et une résidence fixe pourra même lui être assignée. »

[2002] Art. 97 *idem* : « Dès qu'il aura reçu une ampliation de l'arrêté de libération, le gardien donnera lecture de celui-ci à l'intéressé. Le gardien attirera spécialement l'attention de l'intéressé sur les conditions qu'il aura à observer; il l'invitera à déclarer qu'il accepte ces conditions et, si une résidence ne lui est pas assignée, à faire connaître le lieu où il compte résider. Le tout fera l'objet d'un procès-verbal signé par le gardien et par l'intéressé; au cas où ce dernier ne pourrait signer, il en sera fait mention au procès-verbal. »

[2003] Art. 100 *idem* : « Dans les vingt-quatre heures de son arrivée au lieu de sa résidence, le libéré fera viser son permis par le bourgmestre ou le chef de la circonscription administrative territoriale, selon le cas. En cas de changement de résidence, le libéré fera viser son permis par le bourgmestre ou le chef de la circonscription administrative territoriale du lieu qu'il quittera et, dans les vingt-quatre heures, par le bourgmestre ou le chef de la circonscription administrative territoriale du lieu où il ira habiter. »

l'art. 17 du CPM. Dans cette hypothèse de succès, la peine est sensée avoir été exécutée intégralement depuis la date de l'élargissement. Et c'est à partir de cette date que courent les délais pour la récidive et la réhabilitation.[2004] Dans le cas contraire, la libération conditionnelle est révoquée et le délinquant regagne la prison pour exécuter le reste de sa peine, conformément aux dispositions des articles 36 du CPO, 16 du CPM et 102 de l'Ord. du 17 septembre 1965 cités *supra*.

Soulignons que la libération conditionnelle, comme le sursis, est une mesure facultative que l'autorité compétente peut accorder ou ne pas accorder discrétionnairement, même si les conditions requises par la loi sont réunies. Comme le sursis, elle ne peut pas bénéficier aux auteurs de détournement, concussion et corruption qui en sont exclus de par la volonté du législateur exprimée dans la loi n° 73-017 du 5 janvier 1973.

La doctrine reconnaît à la libération conditionnelle trois avantages évidents. « D'un côté, elle évite la prolongation d'une détention devenue inutile pour des condamnés déjà en partie amendés. En outre, elle facilite le reclassement du condamné par la mise en œuvre des mesures d'assistance et de surveillance qu'elle comporte. Enfin, par la menace d'une révocation, la libération conditionnelle incite le condamné à bien se conduire car "elle met entre les mains du détenu les clés de sa cellule… c'est la menace de la réintégration dans la prison qui le maintient dans la droite ligne". »[2005] Aussi le législateur a-t-il disposé que « la prescription des peines ne court pas pendant que le condamné se trouve en liberté, en vertu d'un ordre de libération qui n'a pas été révoqué. »[2006]

PARAGRAPHE 3 : ***LA SUSPENSION DE L'EXÉCUTION DES ARRÊTS OU JUGEMENTS***

Ce mécanisme est prévu dans l'art. 356 du CJM. Aux termes de cet article, l'auditeur général des Forces armées peut, en temps de guerre et si les impératifs de la défense l'exigent, suspendre l'exécution de tout arrêt ou jugement portant condamnation à une peine autre que celle de mort, pendant les trois mois qui suivent le jour où l'arrêt ou le jugement est devenu définitif. S'il prend cette mesure, il doit en aviser le ministre de la défense. Celui-ci dispose du même pouvoir qu'il peut exercer dès que l'arrêt ou le

---

[2004] Dans ce sens, voir J. Pradel, *op. cit.*, n° 851, p. 699.

[2005] Voir J. Pradel, *idem,* n° 848, p. 695 ; en NBP 4, il cite R. Garraud, [*Traité théorique et pratique de droit pénal*, 3e éd., Sirey, 6 volumes, 1913 à 1935], T. II, n° 360.

[2006] V. les art. 40 du CPO et 18 du CPM.

jugement devient définitif, et ce, en tous temps, de paix ou de guerre, sans limitation de délai et quelle que soit la peine prononcée, sauf pour la peine de mort et en cas de condamnations pour crimes contre la sûreté de l'État. En effet, seul le président de la République a qualité pour suspendre l'exécution des arrêts ou jugements de condamnation prononcée pour infractions contre la sûreté de l'État.

Lorsque la suspension est ordonnée, elle peut s'étendre à tout ou partie des dispositions de l'arrêt ou du jugement visé. Elle sort ses effets à la date à laquelle elle intervient. Ceux-ci sont ainsi délimités :
- La suspension ordonnée n'a pas d'incidence sur le caractère définitif de l'arrêt ou jugement dont l'exécution est suspendue. Celui-ci conserve donc son caractère définitif.
- La condamnation prononcée demeure inscrite au casier judiciaire de la personne concernée mais avec mention de la suspension accordée.
- Les déchéances et le paiement des frais de justice ne peuvent faire l'objet d'une mesure de suspension.

La décision de suspension de l'exécution de l'arrêt ou du jugement est inscrite en marge de la minute de l'arrêt ou du jugement et doit figurer sur toute expédition ou extrait de cet arrêt ou de ce jugement.[2007] Conformément à l'art. 358 du CJM, « tout bénéficiaire d'une décision de suspension à l'exécution de l'arrêt ou du jugement est réputé subir sa peine pendant tout le temps où il reste présent sous les drapeaux postérieurement à sa condamnation pour satisfaire à ses obligations militaires légales ou contractuelles dans l'armée active ou à celles que lui impose son rappel par suite de la mobilisation. »

Si, après la suspension, tenant compte éventuellement de la détention subie, la personne condamnée a accompli une durée de service militaire au moins égale au temps de détention qui lui restait à accomplir, la peine prononcée contre elle est réputée définitivement exécutée et la suspension de l'exécution de l'arrêt ou du jugement non susceptible de révocation.[2008] Si dans un délai de dix ans à compter de la suspension, la personne condamnée n'a encouru aucune peine de servitude pénale, les condamnations pour infractions à propos desquelles l'exécution de l'arrêt ou du jugement a été suspendue, même partiellement, seront considérées comme non avenues.[2009]

[2007] V. l'art. 357 du CJM.
[2008] Art. 361, *idem*.
[2009] Art. 359, *idem*.

En cas d'inconduite du bénéficiaire, la décision de suspension peut être révoquée avec cette conséquence que ce dernier devra subir intégralement la peine qui était prononcée contre lui. Ce pouvoir de révocation appartient à l'autorité qui avait décidé de la suspension ou, si cette autorité n'est plus en fonction, au ministre de la défense. Cette décision de révocation de la suspension de l'exécution de l'arrêt ou du jugement est portée en marge de la minute dudit arrêt ou jugement et doit figurer sur tout extrait ou expédition de celui-ci. Elle doit être mentionnée au casier judiciaire. [2010]

SECTION 2 : **LES CAUSES D'EXTINCTION DE LA SANCTION**

Il est des circonstances dont la survenance entraîne tout naturellement l'extinction de la sanction (§ 1er). Elles se distinguent des mécanismes juridiques qui, alors que la peine n'est pas encore réellement exécutée, l'anéantissent ou l'éteignent. Certains d'entre eux reposent sur une fiction d'exécution (§ 2), d'autres découlent de sa suppression ou de la disparition de la condamnation qui servait de support à la sanction (§ 3). Une dernière occurrence tire sa spécificité du fait qu'elle peut intervenir à tout moment, que la peine ait été ou pas totalement ou partiellement exécutée, pourvu que la condamnation ait coulé en force de chose jugée : c'est la révision (§ 4).

PARAGRAPHE 1er : ***LES CAUSES ÉVIDENTES D'EXTINCTION DE LA SANCTION***

Nous en retenons deux : l'exécution effective de la sanction et la mort de la personne condamnée.

A- L'EXÉCUTION EFFECTIVE DE LA PEINE

Lorsque la peine a été effectivement et complètement exécutée, on peut dire qu'elle a vécu sa vie normale. Elle cesse d'être, car elle a été exécutée. L'individu qui a été convaincu d'avoir transgressé les prescriptions de la société, a assumé ses responsabilités en répondant de ses actes infractionnels et en payant sa dette vis-à-vis de cette dernière. Après avoir purgé sa peine, il doit être réadmis dans la collectivité, sans plus être inquiété pour les mêmes faits. Le principe *non bis in idem* s'y oppose.

B- LA MORT DE LA PERSONNE CONDAMNÉE

La peine devient sans objet et cesse donc aussi d'être, lorsque le condamné vient à décéder. S'il était condamné à la servitude pénale à perpétuité, sa mort

---

[2010] Art. 362, *idem*.

constitue le terme logique de sa peine, la perpétuité étant la prison à vie et cessant tout logiquement avec la mort. S'il était condamné à la servitude pénale à temps, celle-ci s'éteint automatiquement, suite à son décès, même s'il lui restait encore des années à purger. Ceci, en application du principe de la personnalité des peines qui interdit leur transmission aux héritiers. En revanche, peuvent être appliquées à l'encontre de ces derniers, des condamnations civiles, en l'occurrence des restitutions, dommages-intérêts et frais, qui ne sont pas des sanctions pénales et ne sont donc pas soumises au principe de la personnalité des peines. De même, la peine de confiscation spéciale, - qui, bien que fonctionnant comme une peine complémentaire régie notamment par l'art. 14 du CP, est en réalité une mesure de sûreté -, reste exécutable même après la mort du condamné, si bien sûr elle avait été prononcée avant son décès par un jugement coulé en force de chose jugée.

PARAGRAPHE 2 : ***LES MÉCANISMES D'EXTINCTION PAR EXÉCUTION FICTIVE***

Deux institutions éteignent la sanction en la réputant, par fiction juridique, exécutée : il s'agit de la prescription et de la grâce.

A- LA PRESCRIPTION DE LA PEINE

a) Définition

La prescription de la peine est un procédé technique qui veut que lorsque la peine prononcée contre l'auteur convaincu d'une infraction n'a pas été exécutée au bout d'un certain temps, ou que le condamné a vu son exécution interrompue pendant ce même délai, cette peine ne peut plus être exécutée.[2011]

b) Délais

Ces laps de temps diffèrent selon la gravité de la peine prononcée. Ils sont fixés par les art. 27, 28 et 29 du CP :
- il est de deux ans révolus si la peine prononcée est une amende de moins de cinq cents zaïres ;
- il est de quatre ans révolus si la peine prononcée est une amende de cinq cents zaïres et plus[2012] ;

[2011] V. notamment G. Stefani, G. Levasseur, B. Bouloc, *Droit pénal général*, pp. 722-726 ; J. Leroy, *Droit pénal général*, 7e éd., 2018, pp. 515-516, n° 856 ; E. Dreyer, *Droit pénal général*, 3e éd., LexisNexis, Paris, 2014, p. 1125, n° 1660.

[2012] Art. 27 du CP. Comme mentionné en bas de cet art. dans *Les Codes Larcier*, T. II, « Il appartient au législateur de fixer les montants en francs congolais. »

- il est le double de la durée de la servitude pénale, sans être inférieure à deux ans, si la condamnation a consisté en une servitude être pénale de dix ans ou moins[2013] ;
- tandis que les peines de servitude pénale de plus de dix ans se prescrivent par vingt ans ;
- et les peines perpétuelles, par vingt-cinq ans.[2014]

La peine de confiscation spéciale se prescrit dans le même délai que la peine dont elle est l'accessoire.[2015] Tandis que les condamnations civiles prononcées par les juridictions répressives se prescrivent selon les règles du droit civil.[2016] Celles-ci sont fixées par le D. du 30 juillet 1888 sur les contrats et les obligations.[2017] Aux termes de l'art. 647 de ce décret, « toutes les actions, tant réelles que personnelles, sont prescrites par trente ans sans que celui qui allègue cette prescription soit obligé d'en rapporter un titre, ou qu'on puisse lui opposer l'exception déduite de la mauvaise foi. » C'est cette prescription trentenaire qui s'applique aux condamnations civiles prononcées par les juridictions répressives. Notons cependant qu'à côté de celle-ci, ce décret prévoit la prescription par quinze ans pour certaines actions.[2018] Aussi dispose-t-il que « celui qui acquiert de bonne foi et par juste titre un immeuble, en prescrit la propriété par quinze ans. »[2019] Il fixe également quelques prescriptions particulières.[2020] Ainsi, p. ex., « les arrérages des pensions alimentaires ; les loyers des maisons et le prix de ferme des biens ruraux ; les intérêts des sommes prêtées, et généralement tout ce qui est payable par année, ou à des termes périodiquement plus courts ; se prescrivent par cinq ans »[2021] ; alors que le délai pour revendiquer un bien meuble perdu ou volé est limité à trois ans dans l'art. 658 qui dispose : « En fait de meubles, la possession vaut titre. Néanmoins, celui qui a perdu ou auquel il a été volé une chose peut la revendiquer pendant trois ans, à compter de la perte ou du vol, contre celui dans les mains duquel il la trouve ; sauf à celui-ci son recours contre celui duquel il la tient. »[2022]

[2013] Art. 28 du CP.
[2014] Art. 29, *idem*.
[2015] Art. 31, *idem*.
[2016] Art. 34, *idem*.
[2017] In *B.O*, 1888, p. 109 ; *Les Codes Larcier*, T. I, pp. 149-179, spéc. pp. 177-179.
[2018] V. les art. 648 à 651 dudit D.
[2019] Art. 648, *idem*.
[2020] V. les art. 652 à 659, *idem*.
[2021] Art. 657, *idem*.
[2022] Et l'art. 659 de poursuivre : « Si le possesseur actuel de la chose volée ou perdue l'a achetée dans une foire ou dans un marché, ou dans une vente publique, ou d'un marchand vendant des choses pareilles, le propriétaire originaire ne peut se la faire rendre qu'en remboursant au possesseur le prix qu'elle lui a coûté. »

Il convient de signaler que la loi est silencieuse en ce qui concerne la prescription de la peine des travaux forcés et de la peine de mort. La doctrine pense que la première doit se prescrire selon les modalités prévues pour la servitude pénale à temps, et qu'il faut tirer du silence de la loi que la seconde est imprescriptible.[2023] La meilleure solution réside dans la suppression de la peine de mort. Il faut noter également que la mise à la disposition du gouvernement, de même que toutes les peines privatives ou restrictives de droit ne se prescrivent pas car elles revêtent la nature de mesures réelles visant à faire cesser une situation illicite, et partant, ne peuvent être effacées que par la réhabilitation. La prescription, elle, ne concerne que des peines susceptibles d'une exécution forcée sur la personne du condamnée (peines privatives de liberté) ou sur ses biens (amende, confiscation…)[2024]

Rappelons que l'action publique est imprescriptible en cas de crimes de génocide, crimes contre l'humanité et crimes de guerre[2025], désertion à bande armée ; désertion à l'ennemi ou en présence de l'ennemi ; lorsque le déserteur ou l'insoumis s'est réfugié ou est resté à l'étranger pour se soustraire à ses obligations militaires.[2026] Par principe, les peines prononcées en cas de condamnations pour ces infractions ne se prescrivent pas non plus. L'art. 11 du CPM le dit expressément :

> « La prescription des peines prononcées pour insoumission ou désertion ne commencera à courir qu'à partir du jour où l'insoumis ou le déserteur aura atteint l'âge de cinquante ans. Toutefois, les peines ne se prescrivent pas lorsque la condamnation par défaut est prononcée pour les cas de désertion à bande armée, de désertion à l'ennemi ou en présence de l'ennemi ou lorsqu'un insoumis ou un déserteur s'est réfugié ou est resté à l'étranger, en temps de guerre, pour se soustraire à ses obligations militaires. Il en est de même des crimes de génocide, des crimes contre l'humanité et des crimes de guerre. »

La loi n° 15-022 du 31 décembre 2015 modifiant et complétant le D. du 30 janvier 1940 portant CP[2027], et ayant opéré l'harmonisation du droit pénal congolais avec les dispositions du Statut de Rome de la CPI, consacre également l'imprescriptibilité de ces derniers crimes et des peines y attachées. Son art. 1er insère, en effet, dans le livre 1er du CP, entre autres, un art. 34bis ainsi libellé : « Les crimes et les peines prévus par le titre IX relatif aux crimes contre la paix et la sécurité de l'humanité sont imprescriptibles… ». Ces crimes contre la paix et la sécurité de l'humanité

[2023] V. notamment Nyabirungu, *op. cit*, p. 451.
[2024] Dans ce sens, voir J. Pradel, *op. cit.*, n° 891, p. 730.
[2025] V. les art. 10 du CPM et 204 du CJM.
[2026] V. l'art. 204 du CJM.
[2027] in *J.O*, 1ère partie, n° spécial, 29 février 2016, pp 1-17.

sont : le génocide, les crimes contre l'humanité, les crimes de guerre, définis et punis de mort respectivement par les art. 221, 222 et 223 du CP.

c) Dies a quo

Les différents délais prévus par la loi commencent à courir de la date du jugement rendu en dernier ressort ou à compter du jour où le jugement rendu en première instance ne pourra plus être attaqué par la voie de l'appel.[2028] Dit autrement, le *dies a quo* est le jour où la condamnation est devenue définitive, c'est-à-dire non susceptible de recours. Si la décision, ayant fait l'objet d'appel, a été entreprise en cassation, la prescription de la peine commencera à courir du jour de l'arrêt de rejet. Dans l'hypothèse d'une condamnation avec sursis, la peine ne se prescrit pas tant que court le sursis. La prescription commencera à courir à partir du jour où la condamnation entraînant la révocation du sursis deviendra définitive.[2029] Si le condamné qui subissait sa peine parvient à s'évader, la prescription commence à courir le jour de l'évasion.[2030]

d) Caractère

La prescription est d'ordre public, en ce sens qu'elle s'impose *erga omnes*, aussi bien aux juridictions de jugement qu'aux OMP à qui incombe la charge d'exécuter les peines, de même qu'au condamné lui-même qui ne peut pas y renoncer, aussi généreux soit-il !

e) Effets

Une peine prescrite ne sera plus exécutée. La prescription a précisément pour effet d'éteindre cette peine. Cependant, elle ne l'efface pas pour l'avenir ; elle n'annule pas la condamnation du délinquant. Celle-ci restera inscrite dans le casier judiciaire du condamné, sera prise en compte comme un des termes de la récidive ou de la délinquance d'habitude et pourra faire obstacle à l'avenir à l'octroi du sursis au délinquant. Le condamné ayant prescrit sa peine ne doit pas, en effet, être mieux traité que celui qui l'a exécutée.

f)Finalité

À la différence de la grâce, de l'amnistie et de la réhabilitation, la prescription de la peine n'est pas utilisée à des fins pénologiques ; elle ne

[2028] Art. 30 du CP.
[2029] Voir J. Pradel, *op. cit.*, n° 889, p. 729.
[2030] Art. 32 du CP.

poursuit aucun but de traitement de la délinquance, d'amendement ou de réinsertion sociale. Elle est simplement fondée sur l'idée que « quelle que soit la personnalité du condamné, le trouble social causé par son acte - et par le fait qu'il a échappé à la peine prononcée - est maintenant apaisé, et qu'il est préférable de ne pas attirer l'attention sur la défaillance des services qui auraient dû veiller à l'exécution de la sanction. »[2031] Est également avancé, en sa faveur, l'argument selon lequel la prescription serait un équivalent à l'exécution en raison du remords qui poursuit le condamné. Enfin, sur le plan de politique criminelle, on pense que le condamné, en s'employant à échapper à l'exécution de la sanction, a intérêt à bien se comporter. Ces arguments assis sur le prétendu remords et sur l'espoir d'une bonne conduite de la part du délinquant astucieux ne convainquent pas.[2032]

En réalité, cette institution fait le jeu du délinquant en réputant exécutée la peine prononcée en son encontre, en renonçant définitivement à la lui faire subir, même s'il s'en est soustrait irrégulièrement par l'évasion. Telle est la volonté du législateur exprimée d'ailleurs clairement dans l'art. 32 du CP, qui porte que « si le condamné qui subissait sa peine est parvenu à s'évader, la prescription commence à courir le jour de l'évasion ». Une façon de primer le délinquant courageux ! E. Dreyer fait observer, à juste titre, que « la prescription est un mécanisme paradoxal que certains contestent : "le spectacle d'un criminel jouissant en paix du fruit de son crime, protégé par les lois qu'il a violées, est un appât pour les malfaiteurs, un objet de douleur pour les gens de bien, une insulte publique à la justice et à la morale". Ses fondements sont, en toute hypothèse, débattus. »[2033]

g) Interruption

La prescription de la peine peut être interrompue par l'arrestation du condamné qui, jusque-là, échappait à l'exécution de la sanction[2034] ; ou par un commandement de payer, une saisie ou une soumission à la contrainte par

---

[2031] G. Stefani, G. Levasseur, B. Bouloc, *Droit pénal général*, p. 722 ; v. aussi J. Leroy, *Droit pénal général*, 7e éd., 2018, pp. 515-516, n° 856.

[2032] Voir J. Pradel, *op. cit.*, n° 887, p. 728.

[2033] V. E. Dreyer, *op. cit*, p. 1125, n° 1660. Il cite en NBP 33 et 34 : J. Bentham, *Traités de législation civile et pénale*, Rey et Gravier, 3e éd. 1830, T. 2, p. 163 ; H. Donnedieu de Vabres, *Traité élémentaire de droit criminel et de législation pénale comparée*, Sirey, 3e éd. 1947, p. 551, n° 932 où, parlant de la prescription, il dénonce une atteinte à l'autorité de la chose jugée ; J. Danet, *La justice pénale entre rituel et management*, PUR, coll. « L'univers des normes », 2010, p. 78 ; L. Griffon, *Prescription de la peine, de la prescription sans fin à la fin de la prescription : AJP* 2012, p. 462.

[2034] Art. 33 du CP.

corps en recouvrement d'une amende. Elle l'est également par l'introduction d'un recours en opposition contre un jugement rendu par défaut. Ces actes interruptifs ont pour effet de faire recourir un nouveau délai de prescription. Ils tendent à éviter que le délinquant n'échappe trop facilement à l'exécution de la peine qui lui est infligée. L'art. 707-1, al. 5 du CPP français peut servir de modèle normatif à cet effet. Il dispose, en effet :

> « La prescription de la peine est interrompue par les actes ou décisions du ministère public, des juridictions de l'application des peines et, pour les peines d'amende ou de confiscation relevant de leur compétence, du Trésor ou de l'Agence de gestion et de recouvrement des avoirs saisis et confisqués, qui tendent à son exécution. »

h) Suspension

La prescription est non seulement susceptible d'interruption mais aussi de suspension. En effet, *elle peut être suspendue* lorsque le condamné se trouve en liberté dans le cadre d'une libération conditionnelle. L'art. 40 du CP le commande en ces termes : « La prescription des peines ne court pas pendant que le condamné se trouve en liberté, en vertu d'un ordre de libération qui n'a pas été révoqué. » Et l'art. 42 d'étendre la suspension à l'amende en disposant, dans son dernier alinéa qu'« en cas de sursis applicable à la servitude pénale subsidiaire, la suspension de la prescription s'étend à l'amende. »

La suspension consiste ainsi en un « obstacle arrêtant seulement le cours d'une prescription qui reprend dès sa disparition. » Elle « est réalisée par des circonstances de droit (sursis, remise conditionnelle d'une peine, pourvoi en cassation) ou de fait (inondation, guerre). »[2035] Lorsqu'elle advient, le délai qui a couru avant la survenance de la cause qui la génère est pris en compte pour le calcul du délai total de la prescription.

B- LA GRÂCE

a) Définition et siège légal

« La grâce est une faveur par laquelle le chef de l'État dispense un condamné frappé d'une condamnation irrévocable et exécutoire de subir tout ou partie de sa peine ou par laquelle il substitue une peine plus douce à celle normalement encourue. »[2036] Elle est prévue par les textes constitutionnels du

---

[2035] J. Pradel, *op. cit.*, n° 890, p. 730.
[2036] J. Pradel, *idem,* n° 892, p. 731.

Zaïre et de la RDC, précisément par l'art. 46 de l'Acte constitutionnel de la transition[2037]; l'art. 78 de la Constitution de la transition[2038] ; et l'art. 87 de la Constitution de la RDC du 18 février 2006, actuellement en vigueur.[2039]

b) Autorité compétente pour accorder la grâce

Comme cela ressort clairement de la définition, l'autorité compétente pour accorder la grâce est le chef de l'État. L'art. 87 de la Const., qui consacre cette institution, fixe ainsi cette compétence : « Le Président de la République exerce le droit de grâce. Il peut remettre, commuer ou réduire les peines. » Il s'agit d'une prérogative souveraine qui ne souffre d'aucune limitation. Elle est mise en œuvre soit à l'initiative du président de la République en personne, soit, plus souvent, à la suite d'un recours introduit par le condamné ou par un tiers au bénéfice de ce dernier, et instruit par le parquet à qui incombe la charge de soumettre au chef de l'État, par le biais de son autorité hiérarchique qu'est le ministre de la justice, deux projets d'ordonnance dont l'un exauce tandis que l'autre rejette le recours. Le Conseil supérieur de la magistrature « donne ses avis en matière de recours en grâce », conformément à l'art. 152 de la Const.

Pour les justiciables des juridictions militaires, cet avis est formulé par l'auditeur général, en application de l'art. 162 du CJM qui dispose qu'« en temps de paix comme en temps de guerre, l'auditeur général des Forces armées donne son avis sur toutes les questions concernant la mise en mouvement de l'action publique décidée par le ministre de la Justice ou par le ministre de la Défense, sur les conséquences des poursuites ainsi que sur les mesures de grâce. » L'auditeur général est, en effet, le chef du ministère public militaire[2040], lequel est chargé de l'exécution des décisions rendues par les juridictions militaires et a le devoir d'introduire immédiatement un recours en grâce auprès du président de la République, conformément au droit commun, pour toute condamnation à la peine capitale dont le jugement est devenu définitif.[2041]

[2037] In *J.O*, 35e année, n° spécial, avril 1994.

[2038] In *J.O*, 44e année, n° spécial, 5 avril 2003.

[2039] République Démocratique du Congo, Assemblée Nationale, *Constitution de la République Démocratique du Congo*, Kinshasa février 2006.

[2040] Art. 42 du CJM, al. 2 : « L'exercice de l'action publique, dans toute sa plénitude et devant toutes les juridictions militaires appartient à l'Auditeur Général des Forces Armées » ; … al. 4 : « Il est le chef hiérarchique des magistrats du ministère public militaire »…

[2041] Art. 345 du CJM : « Le Ministère Public est chargé de l'exécution des décisions rendues par les juridictions militaires dans les conditions prévues par le présent Code. Pour tous les cas de condamnation à la peine capitale dont le jugement est

c) Décisions graciables

Seules sont susceptibles d'être graciées :

1°- Les condamnations devenues irrévocables, autrement dit non susceptibles de recours, et exécutoires. Dès lors, la grâce ne peut pas intervenir, p. ex., en cas de condamnation avec sursis, ni en faveur d'un prévenu maintenu en détention par la cour dont l'arrêt est frappé d'un pourvoi, celui-ci étant doté d'un effet suspensif.

2°- Les condamnations prononçant une vraie peine, à l'exclusion des dommages-intérêts, des sanctions administratives ou fiscales, etc.[2042]

Ces deux conditions sont évidemment cumulatives. Lorsqu'elles se trouvent réunies, le président de la République, en tant que seul juge de son opportunité, peut discrétionnairement accorder la grâce, en prenant en considération tous les arguments de fait qu'il estime appropriés, comme les remords exprimés par le condamné, son mauvais état de santé, son honorabilité, etc. Peu importe que ce condamné soit mineur ou majeur, délinquant primaire ou récidiviste.

Il faut souligner qu'en vertu de l'art. 34bis du CP, les crimes et les peines prévus par le titre IX relatif aux crimes contre la paix et la sécurité de l'humanité, à savoir le génocide, les crimes contre l'humanité et les crimes de guerre, qui sont imprescriptibles et punis de mort, ne sont susceptibles ni d'amnistie, ni de grâce.

d) Formes de grâce

La grâce peut revêtir deux formes : elle est *individuelle* lorsqu'elle ne vise qu'une personne, nommément ; elle est *collective* lorsqu'elle concerne un groupe d'individus. Sous cette seconde forme, elle est souvent prise soit pour réduire la population carcérale et désengorger les prisons, soit pour célébrer une fête nationale, comme l'anniversaire de l'indépendance du pays le 30 juin, ou de prise de pouvoir par le régime en place, ou encore à l'occasion des festivités de nouvel an.

---

devenu définitif, le Ministère Public introduit immédiatement un recours en grâce auprès du Président de la République, conformément au droit commun. Il en informe le Ministre de la Défense. »

[2042] Voir J. Pradel, *op. cit.*, n° 893, p. 732.

e) Modalités

La grâce peut être *totale* lorsqu'elle accorde la remise de l'entièreté de la peine. Elle peut être *partielle* lorsqu'elle réduit la peine ou lui substitue une peine plus légère, opérant ainsi une commutation de peine.

Elle peut être *sans condition* ou, au contraire, *conditionnelle* lorsque son bénéfice est subordonné à l'accomplissement de certaines conditions, comme, p. ex., la réparation du dommage causé à la victime (restitution ou paiement des dommages-intérêts), l'engagement de bien se conduire pendant un certain temps, la soumission à une cure de désintoxication, etc. Il va de soi que si la condition exigée n'est pas respectée, la grâce est révoquée et le condamné purge sa peine en totalité.[2043]

f) Effets

La grâce présidentielle est considérée comme une mesure de faveur pour le condamné puisqu'elle consiste précisément à *remettre*, *commuer*, *réduire* ou *adoucir* la peine prononcée contre ce dernier par un jugement définitif. C'est *l'effet positif de la grâce* qui consiste donc à dispenser le condamné d'exécuter sa peine soit en totalité, soit en partie, soit en lui permettant d'exécuter une peine plus douce. Elle peut porter sur les peines principales et complémentaires. En revanche, elle ne peut pas viser les mesures de sûreté qui, par nature, sont prononcées pour contrecarrer la dangerosité du délinquant et agissent souvent autant en leur faveur qu'aux fins de protection de la société.

En cas de remise complète de la peine, la grâce apparaît plus avantageuse que la libération conditionnelle et la suspension de l'exécution du jugement, puisqu'elle permet le retour du condamné à la vie libre avant l'expiration normale de sa peine, ce, généralement sans condition, sans mesure de surveillance, et sans possibilité de révocation, sauf, naturellement, si elle est conditionnelle, auquel cas elle est révocable si la condition imposée n'a pas été respectée.

Mais la grâce ordinaire, ici examinée et se distinguant de la grâce amnistiante,[2044] n'efface pas la condamnation qui continue à figurer dans le

---

[2043] Voir J. Leroy, *op. cit.*, pp. 520-521, n°s 866-869 ; J. Pradel, *op. cit.*, p. 734, n° 900 ; Nyabirungu mwene Songa, *op. cit*, p. 453 ; F. Desportes et F. Le Gunehec, *Droit pénal général*, 16ᵉ éd., Economica, Paris 2009, pp. 1060-1066, n°s 1111-1116 ; H. Renout, *Droit pénal général*, 18ᵉ éd., pp. 388-389.

[2044] Définie à l'occasion de l'examen des entraves à la qualification, v. *supra*, pp.

casier judiciaire de l'intéressé, compte pour la récidive, la délinquance d'habitude, et fait obstacle au sursis. Elle n'empêche pas l'exercice d'un pourvoi en révision de la condamnation, ni la réparation du préjudice causé à la victime de l'infraction. C'est cette survie de la condamnation qui différencie la grâce de l'amnistie qui, elle, efface la condamnation.[2045]

g) Caractère

La grâce est une *mesure d'ordre public*, en ce sens qu'elle est opposable à tous, même aux bénéficiaires. Ceux-ci ne peuvent ni la rejeter, ni intenter un recours contre elle. Il s'agit d'une mesure essentiellement discrétionnaire, non susceptible de recours, pouvant être accordée pour n'importe quel motif, social, médical, voire politique. Cela a été rappelé lors des débats suscités par les ordonnances présidentielles du 22 juillet 2016. Celles-ci accordaient des mesures de grâce générales au profit notamment des personnes de moins de 30 ans, de plus de 65 ans, des femmes, des personnes handicapées, toutes condamnées de manière définitive pour des infractions autres que des crimes de violences sexuelles, d'atteintes à la sûreté de l'État ou contre l'autorité de l'État, des crimes de guerre et des crimes contre l'humanité. L'une des trois ordonnances signées comportait cependant une mesure particulière, en ce qu'elle concernait six militants de la Lucha (Lutte pour le changement), mouvement des jeunes indignés opposés à toute prolongation du mandat du chef de l'État. Ceux-ci avaient, en effet, été condamnés à Goma, en mars 2016, à six mois de prison pour « tentative d'incitation à la révolte » pour avoir préparé des pancartes à la veille d'une journée « ville morte » décrétée par l'opposition. L'ordonnance de grâce leur accordait une « remise de la peine » après cinq mois de détention.[2046] Mais, le samedi 23 juillet 2016, ils ont déclaré qu'ils refusaient cette offre de liberté, annoncée quelques heures après le départ du haut commissaire des Nations unies aux droits de l'homme, et qu'ils préféraient purger leur peine par « *solidarité* » avec d'autres prisonniers d'opinion dont quatre autres membres du mouvement qui, à leur avis, étaient « éligibles à l'ordonnance de grâce générale. »[2047] Ils ont écrit une lettre au chef de l'État, rendue publique, dans laquelle ils refusaient précisément d'être remis en liberté anticipée par solidarité avec

---

288-289.

[2045] Dans ce sens, voir J. Pradel, *idem,* n° 899, p. 734

[2046]Source :*http://www.rfi.fr/afrique/20160723-rdc-joseph-kabila-droits-homme-lucha-grace-presidentielle-prison-incitation-revolte*, consulté le mardi 26 juillet 2016 à 14h40, heure de Paris.

[2047]Source :*http://www.rfi.fr/afrique/20160724-rdc-lucha-grace-presidentielle-refus-soritr-prison-purger-peine-solidarite*, consulté le mardi, 26 juillet 2016, à 14h15, heure de Paris.

leurs camarades, notamment des mouvements citoyens, toujours détenus.[2048] Selon leur avocat, Me Mugisho, le chef de l'État aurait « pris cette mesure pour qu'ils aient une sorte de dette morale envers lui ». Il s'agirait, selon lui, d'« une mesure politique » visant « à attirer la sympathie des jeunes »...[2049] Interrogé par la journaliste Sonia Rolley de RFI sur ce refus, le ministre de la justice de la RDC, Alexis Thambwe Mwamba, a eu ces mots :

> « Ils ne peuvent pas refuser la grâce du président. La grâce présidentielle est une mesure d'ordre public, donc elle est opposable à tous. Elle est opposable aux autorités judiciaires qui pourraient vouloir empêcher une personne graciée de sortir ; elle est opposable aux graciés qui refusent de sortir. Donc, une fois que le procureur de Goma recevra la lettre, que j'ai déjà faite, lui notifiant les ordonnances présidentielles, il doit les faire sortir, il doit les faire sortir de force, donc il n'aura plus de raison juridique pour pouvoir les maintenir. Donc, la grâce présidentielle est une mesure d'ordre public qui est opposable à tous. RFI : Comment vous expliquez leur geste, comment vous expliquez qu'ils refusent une telle mesure ? [Réponse du ministre :] Je pense qu'ils sont manipulés. Je pense qu'ils sont manipulés et puis cela leur fait un peu de publicité. Mais ils ne vont pas rester en prison, parce qu'il n'y a plus aujourd'hui une justification pour pouvoir les garder en prison. La grâce est opposable à tous, on va les sortir de force, cela c'est clair. Dès que le procureur recevra ma lettre, il va les sortir de force. »[2050]

h) Critiques

Certaines critiques ont été adressées à la grâce :

- Il lui a été reproché de porter atteinte à la séparation des pouvoirs, en accordant au chef de l'État, chef de l'exécutif, la prérogative d'anéantir une sentence judiciaire définitive, et de s'immiscer ainsi, par une décision souveraine, dans le champ du pouvoir judiciaire.
- On lui a également fait grief de favoriser la criminalité en s'attaquant au caractère inéluctable de la peine, pourtant conçue pour freiner le développement de la criminalité.

[2048] Source :*http://www.rfi.fr/afrique/20160724-rdc-autorites-vont-faire-sortir-force-militants-lucha-gracies-kabila*, consulté le mardi 26 juillet 2016 à 15h, heure de Paris .

[2049]Source :*http://www.rfi.fr/afrique/20160724-rdc-lucha-grace-presidentielle-refus-soritr-prison-purger-peine-solidarite*, consulté le mardi, 26 juillet 2016, à 14h15, heure de Paris.

[2050] Source *:http://www.rfi.fr/afrique/20160724-rdc-autorites-vont-faire-sortir-force-militants-lucha-gracies-kabila*, consulté le mardi 26 juillet 2016 à 15h, heure de Paris .

En réponse à ces critiques, il a été relevé que la séparation des pouvoirs n'est plus aujourd'hui aussi absolue, car elle est tempérée par plusieurs institutions comme la libération conditionnelle et le sursis avec mise à l'épreuve. Et surtout, il faut souligner que l'exécution des peines relève juridiquement du pouvoir exécutif. De plus, les criminologues ne sont pas convaincus par l'argument fondé sur la nécessité d'une exécution inéluctable de la peine prononcée par une condamnation définitive. Aussi, les avantages ci-après sont-ils inscrits au crédit de l'institution de la grâce :
- elle rend possible la réalisation d'une ultime individualisation de la peine, en prenant en compte la bonne conduite du condamné et sa situation personnelle postérieure à sa condamnation ;
- dans certains cas, elle permet de tempérer la sévérité excessive de la loi au regard des circonstances de chaque espèce ;
- par l'espoir qu'elle suscite chez certains condamnés, elle encourage leur bonne conduite et leur amendement ;
- elle peut être une solution en cas d'erreur judiciaire, dispensant de la nécessité d'enclencher une procédure en révision ou permettant de combler un vide procédural.[2051]

Ce sont, sans doute, ces avantages évidents qui ont déterminé beaucoup de législations nationales à consacrer l'institution de la grâce. Le Pacte international relatif aux droits civils et politiques la retient également. Proclamant le caractère sacré de la vie, il dispose, en effet, en son art. 6-4, que « tout condamné à mort a le droit de solliciter la grâce ou la commutation de la peine. L'amnistie, la grâce ou la commutation de la peine de mort peuvent dans tous les cas être accordées. »

S'agissant précisément de la peine de mort, le pouvoir discrétionnaire reconnu au président de la République d'accorder ou de refuser une mesure de grâce suscite réflexion et critique. À ce sujet, il est écrit que « le droit de grâce dans les seules mains du Chef de l'État, constitue une compétence exorbitante, d'un autre âge et d'un autre régime, incompatible avec une société démocratique, où aucun individu, quel que soit son rang, ne saurait disposer du droit de vie ou de mort sur autrui. »[2052]

[2051] Voir J. Pradel, *op. cit.*, n° 892, p. 731.
[2052] Nyabirungu mwene Songa, *op. cit*, p. 455, citant Robert Badinter.

PARAGRAPHE 3 : ***LES MÉCANISMES D'EXTINCTION PAR SUPPRESSION OU DISPARITION DE LA CONDAMNATION SERVANT DE SUPPORT À LA PEINE***

A- L'EXTINCTION PAR SUPPRESSION

Aux termes de l'art. 17 al. 6 de la Const., « la peine cesse d'être exécutée lorsqu'en vertu d'une loi postérieure au jugement : 1. elle est supprimée ; 2. le fait pour lequel elle était prononcée, n'a plus le caractère infractionnel. En cas de réduction de la peine en vertu d'une loi postérieure au jugement, la peine est exécutée conformément à la nouvelle loi. »[2053] Dans cette disposition, le constituant met en œuvre le principe de la rétroactivité *in mitius*. Une loi nouvelle, intervenue après jugement, supprimant ou réduisant la peine prononcée par celui-ci en application d'une loi ancienne, ou supprimant le caractère infractionnel de l'acte ayant donné lieu à cette peine, s'applique au bénéfice du condamné. Le législateur reprend une partie de cette prescription dans l'art. 2 du CPM où il dispose : «... [L]'application de la loi nouvelle est sans effet sur la validité des actes accomplis conformément à la loi ancienne. La peine cesse néanmoins de recevoir exécution quand elle a été prononcée pour un fait qui, en vertu d'une loi postérieure au jugement, n'a plus le caractère d'une infraction.»[2054]

B- L'EXTINCTION PAR DISPARITION DE LA CONDAMNATION SERVANT DE SUPPORT À LA PEINE

Deux institutions font disparaître la condamnation éteignant ainsi, *ipso facto*, la peine. Il s'agit de l'amnistie et de la réhabilitation.

a) L'amnistie

L'amnistie a été étudiée en détail dans la première partie de l'ouvrage, à l'occasion de l'examen des entraves à la qualification, étant entendu qu'elle peut aussi être mise en œuvre avant le déclenchement des poursuites, c'est-à-dire donc bien avant toute condamnation. Que le lecteur veuille donc s'y référer.[2055] Néanmoins, la répétition étant la mère de science, rappelons-en les données explicatives essentielles.

[2053] V. aussi l'art. 112-4 du CPF : « La peine cesse de recevoir exécution quand elle a été prononcée pour un fait qui, en vertu d'une loi postérieure au jugement, n'a plus le caractère d'une infraction pénale. »

[2054] Art. 2, dernier al. du CPM.

[2055] *Supra*, pp. 285-290.

Constituée de la racine grecque « *amnestia* » qui signifie « pardon », l'amnistie est « une institution qui permet à la société de reléguer dans l'oubli les mesures de caractère pénal dont elle ne veut plus se souvenir »[2056], autrement dit « d'enlever pour l'avenir tout caractère infractionnel à certains faits, en empêchant l'exercice de toute poursuite pénale contre leurs auteurs ou en effaçant les condamnations déjà prononcées ».[2057] Elle est perçue comme un acte d'apaisement social et de clémence générale reposant sur une fiction qui consiste à considérer certains faits infractionnels comme oubliés, mais aussi comme un acte de souveraineté nationale relevant de la compétence du parlement.[2058]

Les effets de l'amnistie se révèlent ainsi très avantageux pour le délinquant, en tout cas plus avantageux encore que ceux de la grâce. Car, alors que la grâce ne fait que remettre, commuer ou réduire la peine sans effacer la condamnation pénale qui reste acquise, continue à figurer au casier judiciaire du condamné, et fait obstacle à l'octroi du suris ; l'amnistie, elle, supprime rétroactivement le caractère infractionnel du fait commis par le délinquant, et éteint aussi bien l'action publique que la peine qui était en cours d'exécution.

Plus clairement, répétons-le, l'amnistie peut intervenir avant toute condamnation ; elle efface alors le caractère infractionnel des faits poursuivis et éteint l'action publique. Elle peut aussi intervenir après le prononcé de la condamnation, à tout moment, que celle-ci soit déjà définitive ou pas ; elle efface alors la condamnation prononcée, qui n'empêchera plus l'octroi d'un sursis ultérieur, et ne sera plus prise en considération pour la récidive ni la délinquance d'habitude. Elle éteint la peine et interdit même de rappeler ou de laisser subsister dans un document quelconque, les condamnations ainsi complètement effacées. L'art. 133-11 du CP français formule expressément cette interdiction en disposant qu'« il est interdit à toute personne qui, dans l'exercice de ses fonctions, a connaissance de condamnations pénales, de sanctions disciplinaires ou professionnelles ou d'interdictions, déchéances et incapacités effacées par l'amnistie, d'en rappeler l'existence sous quelque forme que ce soit ou d'en laisser subsister la mention dans un document quelconque. » La jurisprudence française admet, cependant, que l'exercice

---

[2056] Bouzat et Pinatel, *Traité de droit pénal et de criminologie*, T. I, 2e éd., Dalloz, Paris, 1970, p. 847, n° 895 ; J. Leroy, *Droit pénal général*, 7e éd., 2018, pp. 521-523, n°s 871-873.

[2057] Likulia Bolongo, *Droit et science pénitentiaires*, p. 108.

[2058] Art. 122 de la Const. : « Sans préjudice des autres dispositions de la présente Constitution, la loi fixe les règles concernant :… 9. l'amnistie et l'extradition … » V. aussi l'art. 17 al. 6, *idem*.

des droits de la défense peut justifier le rappel d'une sanction amnistiée.[2059] Il faut, par ailleurs, souligner que l'amnistie ne fait pas obstacle aux réparations civiles. Confirmant cette règle, l'art. 133-10 du CP français précise que « l'amnistie ne préjudicie pas aux tiers. » Et la dernière phrase de l'art.133-11 du même code d'ajouter que « l'amnistie ne met pas obstacle à l'exécution de la publication ordonnée à titre de réparation. »

De même, l'amnistie étant une mesure de faveur, ne peut pas fonder le condamné qui en est bénéficiaire de réclamer une indemnisation pour le temps passé en prison en exécution de sa peine, ni le remboursement de l'amende acquittée conformément à sa condamnation. Elle n'empêche pas le bénéficiaire qui tient à établir son innocence, d'exercer un recours en révision. L'art. 316 du CJM le dit clairement : « L'amnistie ne peut faire obstacle à une action en révision tendant à faire établir l'innocence du condamné. » En revanche, dès que la loi d'amnistie est publiée, le recours en appel et le pourvoi en cassation ne sont plus recevables, car l'amnistie est revêtue du caractère d'ordre public. Elle s'impose *erga omnes*. Le bénéficiaire ne peut pas y renoncer. L'autorité judiciaire la met en œuvre d'office, même si ce dernier n'en réclame pas l'application.

L'amnistie ne s'applique qu'aux peines et non aux mesures de sûreté. Comme dit ci-dessus, conformément à l'art. 34bis du CP, les crimes et les peines prévus pour le génocide, les crimes contre l'humanité et les crimes de guerre, ne sont pas amnistiables.

b) La réhabilitation

1°- Définition

La réhabilitation est un acte de l'autorité judiciaire[2060] qui consiste à faire cesser, pour l'avenir, les effets d'une condamnation. En d'autres termes, elle a pour objet de rendre à un individu la situation légale, et même, dans la mesure

---

[2059] Crim., 19 juin 2007, 2 arrêts, *B.C.*, n° 163 et 164 ; *Rev. pénit.*, 2007, p. 880, obs. Ph. Bonfils, cité par J. Pradel, *op. cit.*, n° 910, p. 742, NBP 6.

[2060] En France, à côté de la réhabilitation judiciaire, il existe aussi une réhabilitation légale, mais celle-ci est vivement critiquée car étant automatique, il arrive qu'elle profite à des anciens condamnés dont la conduite est immorale, qui vivent en marge du code, et qui peut-être même ont commis de nouvelles infractions ignorées. Du fait qu'elle est trop largement accordée, elle fait perdre à l'institution son caractère traditionnel d'être une récompense d'un long effort de relèvement. Voir Bouzat et Pinatel, *Traité de droit pénal et de criminologie*, T. I, 2e éd., pp. 877 à 880 ; Art. 133-12 et s. du CPF.

du possible, la situation sociale qu'il a perdue par l'effet d'une juste condamnation. C'est une mesure d'indulgence qui constate et récompense la bonne conduite du condamné ayant exécuté sa peine.[2061] Elle est prévue et réglementée par le D. du 21 juin 1937 tel que modifié par les décrets du 29 novembre 1946, du 17 mai 1952, du 22 août 1959, et par l'ordonnance-législative du 28 août 1959.[2062] Elle s'applique également à l'égard des condamnés militaires conformément à l'art. 24 du CPM aux termes duquel « les dispositions du décret du 21 juin 1937 relatives à la réhabilitation sont applicables aux justiciables des juridictions militaires. »

2°- Conditions

Étant une mesure de faveur qui accorde au condamné le privilège d'être traité comme un honnête homme, son octroi est subordonné à certaines conditions clairement posées par ce décret en son art. 1er que voici :

> « Toute personne condamnée du chef d'une infraction commise au Congo peut être réhabilitée[2063] moyennant les conditions suivantes :
> 1) La peine pécuniaire ou privative de liberté doit avoir été subie ou remise en vertu du droit de grâce ou être comme non avenue par suite de condamnation conditionnelle ;
> 2) Le condamné doit être libéré des restitutions, des dommages-intérêts et des frais auxquels il a été condamné et, s'il est banqueroutier au sens de l'article 86 du code pénal, livre II, il doit être libéré du passif de la faillite, en principal, intérêts et frais. La cour d'appel peut, toutefois, affranchir de cette condition le condamné qui justifie s'être trouvé dans l'impossibilité de se libérer, soit en raison de son indigence, soit en raison de toute autre cause qui ne lui serait pas imputable. Elle peut aussi dans ce cas et sans préjudice aux droits des créanciers, fixer la partie des restitutions, des dommages-intérêts, des frais de justice et du passif dont le condamné doit être libéré avant qu'il puisse être admis à la réhabilitation ;
> 3) Cinq ans doivent s'être écoulés, soit depuis la condamnation conditionnelle, si celle-ci est comme non avenue, soit dans les autres cas, depuis l'extinction de la peine, conformément au 1) ;
> 4) Pendant ce délai ou durant les cinq années qui ont précédé la demande, le condamné doit avoir été de bonne conduite et avoir eu une résidence certaine ;
> 5) Le condamné doit n'avoir pas déjà joui du bénéfice de la réhabilitation. »

[2061] Bouzat et Pinatel, *op. cit,* p. 869, n° 913 ; J. Leroy, *op. cit*, pp. 524-528, n°s 874-885 ; B. Bouloc, *Droit pénal général*, 25e éd., 2017, pp. 714-722, n°s 925-936.
[2062] V. respectivement les *B.O* 1937, p. 629 ; *B.A* 1947, p. 3; *B.O* 1952, p. 1228 ; et le *B.A* 1959, p. 2186 ; *Le Code judiciaire zaïrois*, pp. 261-263.
[2063] À l'exception des personnes condamnées pour détournement des deniers publics, concussion et corruption, qui sont privées du droit d'être réhabilitées, conformément aux art. 145, 146 et 149bis du CP.

Au regard de la première condition exigeant l'exécution effective ou la remise de la peine pécuniaire (amende, en l'occurrence) ou privative de liberté (emprisonnement), deux questions d'éclaircissement se posent :

La première : Quid du condamné à la peine d'emprisonnement avec sursis ? Celui-ci peut-il solliciter sa réhabilitation pendant le délai d'épreuve ? La réponse est négative, car durant ce temps d'épreuve, le condamné n'exécute pas sa peine. Comme nous l'avons dit plus haut et comme son nom l'indique, le mécanisme du sursis consiste précisément à surseoir à l'exécution de la peine pendant ce délai d'épreuve. Si, durant ce délai, le condamné ne commet aucune infraction, sa condamnation disparaît, ou plus exactement, pour reprendre les termes du législateur, la peine pécuniaire ou privative de liberté qui avait été prononcée contre lui est « comme non avenue par suite de condamnation conditionnelle ». Dit autrement, si pendant la durée de l'épreuve qui est de cinq ans, au maximum, le condamné sursitaire n'a pas subi une nouvelle condamnation assez grave - s'il n'est pas condamné pour une infraction punissable de plus de deux mois de servitude pénale -, la dispense de l'exécution de la sanction devient définitive. Celle-ci est donc non avenue. À partir de cet instant, commence à courir le délai de cinq ans fixé dans le point 3 de cet art. 1er. C'est seulement après l'écoulement de ce délai de cinq ans que l'intéressé pourra solliciter sa réhabilitation, si durant ce délai ou durant les cinq années qui ont précédé la demande, il a été de bonne conduite et a eu une résidence certaine (art. 1er point 4). Ainsi, en matière de la demande de réhabilitation, le législateur considère que la peine pécuniaire ou privative de liberté non avenue par suite de condamnation conditionnelle ou de sursis est similaire à une peine subie.

La seconde : Quid du condamné qui a bénéficié d'une mesure de grâce ? Peut-il demander sa réhabilitation ? La réponse est affirmative, car la grâce obtenue est assimilée à l'exécution effective de la peine. Le législateur le dit : « La peine pécuniaire ou privative de liberté doit avoir été subie ou remise en vertu du droit de grâce. » La même solution est retenue en cas de prescription, également assimilée à l'exécution de la peine.[2064] En termes clairs, un condamné ayant bénéficié de la prescription de sa peine peut demander sa réhabilitation, si, évidemment, comme en cas de grâce, les quatre autres conditions requises par la loi sont réunies (art. 1er , points 2 à 5). Le délai de cinq ans fixé dans la troisième condition ne commencera à courir qu'à partir du jour où le délai de prescription requis par la loi a été accompli. Il importe, en effet, d'éviter que le délinquant malin ne s'organise pour se soustraire à l'exécution de sa peine, faire courir le délai de prescription et espérer solliciter sa réhabilitation aussitôt la prescription acquise. Il ne pourra demander la

[2064] Dans ce sens, voir. J. Pradel, *op. cit.*, n° 913, p. 745.

réhabilitation que cinq ans après le jour où sa peine a été prescrite et si pendant ces cinq ans ou durant les cinq années qui ont précédé la demande, il a été de bonne conduite et a eu une résidence certaine (art. 1er point 4).

3°- Autorité compétente et procédure

C'est à l'autorité judiciaire, en l'occurrence la cour d'appel, que revient la compétence d'accorder ou de refuser la réhabilitation sollicitée par un condamné. La procédure se déroule conformément aux prévisions des art. 2 à 7 du D. du 21 juin 1937 tel que successivement modifié. Tout part de la demande en réhabilitation adressée par le condamné au procureur général près la C.A qui, à l'époque de la requête, a dans son ressort la localité où la condamnation a été prononcée. Si le requérant a été condamné par plusieurs juridictions, le lieu de la dernière condamnation détermine la cour à laquelle la demande doit être adressée. Si la condamnation a été prononcée par une juridiction étrangère, cette demande sera adressée au procureur général près la C.A de Kinshasa, capitale du Pays.

Dans sa demande, le requérant doit mentionner la date de la ou des condamnations subies ainsi que les lieux où il a résidé depuis lors. Il doit y joindre : 1) un extrait de son casier judiciaire ; 2) les attestations des autorités faisant connaître l'époque et la durée de sa résidence dans chaque lieu, sa conduite et ses moyens d'existence pendant le même temps. Ces attestations doivent contenir la mention expresse qu'elles ont été rédigées aux fins de la demande de réhabilitation.[2065]

En sa qualité d'officier du ministère public, le procureur général instruit alors le dossier en vue de sa soumission à la cour. Il y joint, en même temps que les données de toutes informations qu'il aura jugées nécessaires, les pièces suivantes : 1) une expédition de l'arrêt ou du jugement de condamnation ; 2) éventuellement, une copie de la fiche pénitentiaire du condamné, certifiée conforme par le gardien de la prison et, si le condamné a subi sa peine en tout ou en partie à l'étranger, un extrait du registre de la comptabilité morale tenue pendant son incarcération.[2066]

Dans les six mois de la réception de la demande, le procureur général soumet la procédure, avec ses réquisitions, à la cour d'appel. Celle-ci fixe le jour pour entendre le procureur général et le condamné. Sur citation qui lui est donnée à la requête du procureur général, le condamné comparaît en personne ou par un fondé de procuration spéciale dans les délais prévus par

---

[2065] Art. 2 du D. du 21 juin 1937 tel que modifié par le D. du 29 novembre 1946.
[2066] Art. 3, *idem*.

le code de procédure pénale. La cour peut néanmoins ordonner la comparution personnelle du condamné requérant qui peut toujours être assisté d'un conseil.[2067] Ayant entendu le procureur général et le requérant, la cour peut juger nécessaire la réalisation d'une enquête, désigner les témoins et fixer un jour pour leur audition. S'il s'agit d'informations ne requérant pas la déposition de témoins, elle renvoie l'affaire à une date ultérieure, en chargeant le procureur général de compléter le dossier. Les témoins sont appelés à la diligence du procureur général. Leur comparution, leur audition et leurs indemnités sont réglées comme en matière pénale.[2068]

Au jour fixé pour l'audience, si le condamné fait défaut sans justifier d'une excuse légitime, la cour rejette sa demande de réhabilitation. S'il justifie d'une pareille excuse, la cour passe outre après, le cas échéant, l'audition du conseil, ou remet la cause.[2069] Durant l'instruction, la cour peut, en raison des circonstances particulières de l'espèce et quant au temps passé à l'étranger, décharger le requérant de produire les pièces prévues à l'article 2, 2° et exiger de lui tout élément de preuve en tenant lieu.[2070]

À l'issue de cette procédure, la cour peut soit rejeter la demande, soit accorder la réhabilitation sollicitée. On peut aisément comprendre que, pour arrêter sa décision, elle s'attachera non seulement à la gravité objective des faits ayant été commis par le demandeur, mais aussi à sa conduite ultérieurement à sa condamnation, car la réhabilitation est conçue comme un mécanisme devant stimuler l'amendement du condamné et permettre son reclassement. Si elle rejette la demande, celle-ci ne peut être renouvelée avant l'expiration de deux années depuis la date de l'arrêt. Si elle prononce la réhabilitation, elle ordonne qu'un extrait de l'arrêt soit, à la diligence du procureur général, transcrit en marge des arrêts ou jugements définitifs prononcés à charge du condamné. L'heureux requérant, réhabilité, peut, sans frais, se faire délivrer une expédition de cet arrêt de réhabilitation.[2071] La Cour fixe également les frais de la procédure en réhabilitation qui sont à la charge de l'État et sont réglés comme en matière pénale. Cependant, en cas de rejet de la demande, la cour pourra mettre ces frais, en tout ou en partie, à la charge du condamné.[2072]

[2067] Art. 4, *idem*.
[2068] Art. 5, *idem*.
[2069] Art. 6, *idem*.
[2070] Article 4bis, *idem*. Rappelons que les pièces prévues à l'art. 2, 2° sont : les attestations des autorités faisant connaître l'époque et la durée de sa résidence dans chaque lieu, sa conduite et ses moyens d'existence pendant le même temps.
[2071] Art. 7, *idem*.
[2072] Art. 8, *idem*.

Le D. du 21 juin 1937 est muet sur la question de savoir si une demande de réhabilitation peut être introduite, après le décès du condamné, par sa famille. Cela est possible en France, p. ex., où, en cas de décès, la demande de réhabilitation « peut être formée dans l'année, par le conjoint, les ascendants ou les descendants »[2073] de l'intéressé.

Ce texte ne parle pas non plus, de façon spécifique, de la réhabilitation des personnes morales. On peut aisément comprendre qu'avec la consécration de leur responsabilité pénale, celles-ci aient aussi la possibilité de solliciter leur réhabilitation après l'exécution de leurs condamnations. Le législateur français, pour rester dans cet exemple, institue quelques règles spécifiques aux personnes morales, les autres règles, notamment celles relatives à la procédure et à l'instruction du dossier, au paiement de l'amende et des dommages-intérêts, étant les mêmes que celles applicables aux personnes physiques. Parmi les règles spécifiques figurent naturellement celles réglementant l'introduction de la demande en réhabilitation. En effet, cette demande est formée, au nom de la personne morale, par son représentant. Elle ne peut être introduite qu'après un délai de deux ans à compter de l'expiration de la durée de la sanction subie. La requête aux fins de réhabilitation doit mentionner la date de la condamnation pour laquelle est sollicitée la réhabilitation, ainsi que, le cas échéant, tout transfert du siège de la personne morale opéré depuis la condamnation.[2074]

4°- Finalité et effets

On peut aisément déceler, à travers la série de conditions légales et la procédure suivie, que par l'institution de réhabilitation, le législateur poursuit un but louable : celui d'obtenir non seulement l'amendement du délinquant, mais également sa réinsertion dans la communauté, son reclassement. Il s'agit donc d'une faveur accordée à la personne condamnée qui profite directement, matériellement et moralement de ses effets que sont notamment :
- l'effacement de la condamnation pour l'avenir ;
- l'empêchement de la mention de la condamnation dans le casier judiciaire ;
- l'écartement de la condamnation comme obstacle à l'octroi du sursis.

On pourrait ainsi comparer ces effets avec ceux de l'amnistie, les comparer mais sans cependant les confondre puisque même si les deux institutions effacent la condamnation, elles se distinguent nettement :
- d'abord du point de vue de leurs finalités qui ne sont pas identiques, puisque l'amnistie poursuit un but d'apaisement social, tandis que la réhabilitation tend

---

[2073] J. Pradel, *op. cit.*, p. 746, n° 917 ; J. Leroy, *op. cit.*, p. 526, n° 882.
[2074] V. l'art. 799 du CPP français.

à obtenir l'amendement du condamné et son reclassement dans la société ;
- ensuite du point de vue du moment de leur intervention, car si l'amnistie peut intervenir même avant toute condamnation et éteindre ainsi l'action publique *ab ovo*, la réhabilitation suppose absolument une condamnation définitive et n'intervient qu'après elle ;
- enfin du point de vue de la portée de leur effet d'effacement car, alors que l'amnistie efface la condamnation aussi bien dans le passé que pour l'avenir et la fait oublier, la réhabilitation se borne à en faire cesser les conséquences juridiques pour l'avenir.[2075] Ce qui n'est pas négligeable.

Il faut souligner que la réhabilitation ne porte pas atteinte aux droits des tiers. L'art. 9 du D. du 21 juin 1937 qui en fixe les effets le dit expressément : « La réhabilitation fait cesser pour l'avenir, dans la personne du condamné, tous les effets de la condamnation, sans préjudice des droits acquis aux tiers. » Cette disposition est importante, car elle montre l'étendue de la réhabilitation : tout en ne portant pas préjudice aux droits des tiers, notamment le droit à la réparation (restitutions ou dommages-intérêts), « la réhabilitation fait cesser pour l'avenir, dans la personne du condamné, *tous les effets de la condamnation* ». En effet, nous l'avons dit, contrairement à la grâce et à l'amnistie qui sont des mesures de faveur visant, entre autres, l'apaisement social, la réhabilitation est le fruit de l'effort d'amendement dont a fait preuve le condamné pour obtenir sa réinsertion sociale. Dès lors, si cet amendement est reconnu et sa réinsertion sociale acquise, il n'y a pas de raison de laisser subsister certains effets de la condamnation. La réhabilitation du condamné, étant le couronnement de son amendement, doit faire cesser tous les effets de la condamnation, en ce compris des peines complémentaires ou des mesures de sûreté, comme, p. ex., l'éloignement de certains lieux, la suspension du permis de conduire, etc. Cependant, certaines mesures protectrices d'une catégorie particulière des victimes, en l'occurrence des mineurs, peuvent justifier un traitement particulier. L'art. 133-16 du CP français est une illustration d'une disposition équilibrée quant aux effets attribués à la réhabilitation. Il dispose, en effet :

> « La réhabilitation produit les mêmes effets que ceux qui sont prévus par les articles 133-10 et 133-11. *Elle efface toutes les incapacités et déchéances qui résultent de la condamnation.*
>
> Toutefois, lorsque la personne a été condamnée au suivi socio-judiciaire prévu à l'article 131-36-1 ou à la peine d'interdiction d'exercer une activité professionnelle ou bénévole *impliquant un contact habituel avec des mineurs*, la

---

[2075] V. notamment Bouzat et Pinatel, *op. cit*, p. 869, n° 913 ; B. Bouloc, *Droit pénal général*, 25e éd., pp. 719-720, n° 932 ; J. Leroy, *op. cit.*, pp. 527-528, n°s 884-885.

réhabilitation ne produit ses effets qu'à la fin de la mesure. Par ailleurs, la réhabilitation ne produit ses effets qu'à l'issue d'un délai de quarante ans lorsqu'a été prononcée, comme peine complémentaire, une interdiction, incapacité ou déchéance à titre définitif.

La réhabilitation n'interdit pas la prise en compte de la condamnation, par les seules autorités judiciaires, en cas de nouvelles poursuites, pour l'application des règles sur la récidive légale. »[2076]

L'art. 25 du CPM fait également subsister certains effets de la condamnation, malgré la réhabilitation, tout en ouvrant au bénéficiaire la possibilité de reconquérir des droits nouveaux. Il porte qu'« en cas de réhabilitation, la perte de grade, des décorations nationales et des droits à la pension pour services antérieurs, qui résultait de la condamnation, subsiste pour les militaires ou assimilés de tout grade ; mais ceux-ci peuvent, s'ils sont réintégrés dans l'armée, acquérir de nouveaux grades, de nouvelles décorations et de nouveaux droits à la pension. »

PARAGRAPHE 4 : ***L'EXTINCTION PAR LA RÉVISION DE LA CONDAMNATION COULÉE EN FORCE DE CHOSE JUGÉE***

La révision est une voie de recours conçue pour corriger des erreurs entachant certaines décisions judiciaires. Elle est prévue et réglementée par les art. 67 à 72 de la L.O n° 13-010 du 19 février 2013 relative à la procédure devant la Cour de cassation, pour les justiciables du droit commun, et par les art. 310 à 316 du CJM pour les justiciables des juridictions militaires. Elle ne peut être demandée que par certaines personnes légalement déterminées (B), lorsque certaines conditions sont réunies (A), et produit des effets en cas d'accord (C).

A- CONDITIONS REQUISES POUR DEMANDER LA RÉVISION D'UNE CONDAMNATION

Le recours en révision vise les condamnations passées en force de chose jugée prononcées pour des actes infractionnels punissables d'une servitude

[2076] Passages relevés en italique par nous. Rappelons ci-après les dispositions aux quels renvoie le législateur : Art. 133-10 : « L'amnistie ne préjudicie pas aux tiers. » Art. 133-11 : « Il est interdit à toute personne qui, dans l'exercice de ses fonctions, a connaissance de condamnations pénales, de sanctions disciplinaires ou professionnelles ou d'interdictions, déchéances et incapacités effacées par l'amnistie, d'en rappeler l'existence sous quelque forme que ce soit ou d'en laisser subsister la mention dans un document quelconque. Toutefois, les minutes des jugements, arrêts et décisions échappent à cette interdiction. En outre, l'amnistie ne met pas obstacle à l'exécution de la publication ordonnée à titre de réparation. »

pénale supérieure à deux mois, lorsque les conditions fixées par l'art. 67 de la L.O n° 13-010 du 19 février 2013 sont réunies. Celui-ci est, en effet, ainsi articulé :

> « La révision des condamnations passées en force de chose jugée peut être demandée pour toute infraction punissable d'une servitude pénale supérieure à deux mois, quelles que soient la juridiction qui ait statué et la peine qui ait été prononcée, lorsque :
> 1. après une condamnation, un nouvel arrêt ou jugement condamne, pour les mêmes faits, un autre prévenu, et que, les deux condamnations ne pouvant se concilier, leur contradiction est la preuve de l'innocence de l'un ou de l'autre condamné ;
> 2. postérieurement à la condamnation, un des témoins entendus a été poursuivi et condamné pour faux témoignage contre le prévenu ; le témoin ainsi condamné ne peut plus être entendu lors de nouveaux débats ;
> 3. après une condamnation pour homicide, il existe des indices suffisants propres à faire croire à l'existence de la prétendue victime de l'homicide ;
> 4. après une condamnation, un fait vient à se révéler ou des pièces inconnues lors des débats sont présentées et que ce fait ou ces pièces sont de nature à établir l'innocence du condamné. »[2077]

[2077] Art. 67 de la L.O n° 13-010 du 19 février 2013 relative à la procédure devant la Cour de cassation. V. aussi l'art. 98 de la L.O n° 13-011-B du 11 avril 2013 portant organisation, fonctionnement et compétences des juridictions de l'ordre judiciaire : « La Cour de cassation connaît, en outre, des prises à partie, des demandes en révision, des règlements de juges, des demandes en renvoi d'une Cour d'appel à une autre Cour d'appel ou d'une juridiction du ressort d'une Cour d'appel à une juridiction du même rang du ressort d'une autre Cour d'appel, des renvois ordonnés après une deuxième cassation par la Cour de cassation et du renvoi ordonné après cassation sur injonction du Ministre ayant la Justice dans ses attributions. » V. également, l'art. 84 du Statut de Rome de la CPI : « Révision d'une décision sur la culpabilité ou la peine. 1. La personne déclarée coupable ou, si elle est décédée, son conjoint, ses enfants, ses parents ou toute personne vivant au moment de son décès qu'elle a mandatée par écrit expressément à cette fin, ou le Procureur agissant au nom de cette personne, peuvent saisir la Chambre d'appel d'une requête en révision de la décision définitive sur la culpabilité ou la peine pour les motifs suivants : a) Il a été découvert un fait nouveau qui : i) n'était pas connu au moment du procès sans que cette circonstance puisse être imputée, en totalité ou en partie, au requérant ; et ii) s'il avait été établi lors du procès, aurait vraisemblablement entraîné un verdict différent ; b) Il a été découvert qu'un élément de preuve décisif, retenu lors du procès et sur la base duquel la culpabilité a été établie, était faux, contrefait ou falsifié ; c) Un ou plusieurs des juges qui ont participé à la décision sur la culpabilité ou qui ont confirmé les charges ont commis dans cette affaire un acte constituant une faute lourde ou un manquement à leurs devoirs d'une gravité suffisante pour justifier qu'ils soient relevés de leurs fonctions en application de l'article 46. 2. La Chambre d'appel rejette la requête si elle la juge

Pour ce qui est des justiciables des juridictions militaires, ces conditions sont fixées par l'art. 310 du CJM. Elles sont fondamentalement les mêmes sauf à noter que celui-ci ne fixe pas de limitation en ce qui concerne la peine de servitude pénale.[2078]

B- PERSONNES HABILITÉES À DEMANDER LA RÉVISION

Le droit de demander la révision appartient au ministre de la justice et au condamné. Si celui-ci est un incapable, ce droit revient à son représentant. S'il est décédé ou déclaré absent, ce droit est exercé par son conjoint, ses descendants, ses ascendants, ses ayants droit et ses légataires universels.[2079]

S'agissant des condamnés par les juridictions militaires, ce droit est reconnu, selon les cas, à l'auditeur général, au ministre de la Justice, au ministre de la Défense, au condamné ou à ses représentants.[2080]

---

infondée. Si elle estime que la requête est fondée sur des motifs valables, elle peut, selon ce qui convient : a) Réunir à nouveau la Chambre de première instance qui a rendu le jugement initial ; b) Constituer une nouvelle chambre de première instance ; ou c) Rester saisie de l'affaire, afin de déterminer, après avoir entendu les parties selon les modalités prévues dans le Règlement de procédure et de preuve, si le jugement doit être révisé. » V. également l'art. 51 al. 4 de la L.O n° 15-003 du 3 juin 2015 portant création, organisation et fonctionnement de la Cour pénale spéciale pour la République Centrafricaine (RCA).

[2078] Art. 310 du CJM : « La révision peut être demandée, quelle que soit la juridiction militaire qui a statué, par toute personne reconnue auteur d'une infraction relevant de la compétence des juridictions militaires lorsque : 1. après une condamnation, intervient un fait nouveau susceptible d'établir l'innocence du condamné ; 2. après une condamnation, une nouvelle décision judiciaire pour le même fait incriminé, ne pouvant se concilier entre elles, constitue pour l'un ou l'autre condamné la preuve de son innocence ; 3. après condamnation pour homicide, des preuves nouvelles présentées sont de nature à établir que la prétendue victime d'homicide est en vie ; 4. un des témoins entendus a été, postérieurement à la condamnation, poursuivi et condamné pour faux témoignage contre l'accusé ou le prévenu. »

[2079] Art. 68 de la L.O n° 13-010 du 19 février 2013 relative à la procédure devant la Cour de cassation.

[2080] Art. 311du CJM : « Le droit de demander la révision appartient : - dans le premier cas, à l'Auditeur Général des Forces Armées, d'office ou sur injonction du Ministre de la Justice ou du Ministre de la Défense ; - dans les trois derniers cas : 1. au Ministre de la Justice ou au Ministre de la Défense, d'office, après avoir pris l'avis de l'Auditeur Général des Forces Armées ou à la requête du condamné ou, en cas d'incapacité, à son représentant légal, à son conjoint en cas d'absence déclarée ou de mort ; 2. à l'Auditeur Général des Forces Armées ; 3. au condamné ou à ses représentants visés ci-dessus. La Haute Cour Militaire est saisie par l'Auditeur

C- EFFETS DE LA RÉVISION

Si elle est recevable et fondée, la révision emporte l'annulation de la décision entachée d'erreur et donc de la peine prononcée par erreur. Si celle-ci a été exécutée, totalement ou partiellement, elle est effacée rétroactivement.[2081] Si elle n'a pas encore été exécutée, elle est annulée. Ces effets sont parfaitement fixés dans l'art. 70 de la L.O n° 13-010 du 19 février 2013 ainsi libellé :

> « En cas de recevabilité, si l'affaire n'est pas en état, la Cour procède directement, ou par commission, à toutes enquêtes sur les faits, confrontations, reconnaissance d'identité et devoirs propres à la manifestation de la vérité.
>
> La Cour rejette la demande si elle l'estime non fondée. Si, au contraire, elle la juge fondée, elle annule la condamnation prononcée. Elle apprécie, dans ce cas, s'il est possible de procéder à des nouveaux débats contradictoires. Dans l'affirmative, elle renvoie le prévenu devant une autre juridiction de même ordre et de même degré que celle dont émane l'Arrêt ou le jugement annulé, ou devant la même juridiction autrement composée.
>
> Si l'annulation de l'Arrêt ou du jugement à l'égard d'un condamné vivant ne laisse rien subsister qui ne puisse être qualifié d'infraction, aucun renvoi n'est prononcé. Dans ce cas, le condamné en détention est libéré.
>
> Si la Cour constate qu'il y a impossibilité de procéder à de nouveaux débats, notamment en raison du décès, de l'absence, de la démence, du défaut d'un ou plusieurs condamnés, d'irresponsabilité pénale, de la prescription de l'action publique ou de la peine, elle statue au fond. S'il y en a au procès, les parties civiles sont entendues.
>
> Lorsqu'elle statue au fond, la Cour n'annule que les condamnations qui ont été injustement prononcées. Elle décharge, s'il y a lieu, la mémoire des morts. »

La victime d'une erreur judiciaire avérée a le droit de réclamer réparation pour le préjudice subi. Cette réparation peut consister en versement des dommages-intérêts conformément à l'art. 71. Si la victime, dont l'innocence a été reconnue, est décédée, le droit de demander des dommages-intérêts appartient, dans les mêmes conditions, à son conjoint, ses descendants, ses ascendants, et ses ayants-droit. D'autres personnes peuvent également les réclamer à condition qu'elles justifient d'un préjudice matériel résultant pour elles de la condamnation erronée. Ces dommages-intérêts sont versés par l'État qui, pour obtenir remboursement, peut se retourner contre la partie

---

Général des Forces Armées sur injonction du Ministre de la Justice ou du Ministre de la Défense, d'office ou à la requête des parties. »

[2081] V. Haute Cour Militaire, Arrêt du 22 juillet 2011, Révision, matière répressive, l'auditeur général c/ le jugement ayant condamné Simon Kimbangu et consorts, in *Bulletin des arrêts de la Haute Cour Militaire*, n° spécial, Kin, 2011.

civile, les dénonciateurs ou les faux témoins par la faute desquels la condamnation a été prononcée.[2082] Cette réparation vise aussi à restaurer la réputation de la personne condamnée par erreur en assurant la publicité du jugement prononçant son innocence, à la fois par affichage et par publication, par extrait, au journal officiel et dans deux journaux.[2083]

En ce qui concerne les justiciables des juridictions militaires, la procédure de révision est pilotée par l'auditeur général qui en saisit la Haute cour militaire. Les effets produits sont sensiblement les mêmes qu'en droit commun. En effet, si l'arrêt ou le jugement de condamnation mis en cause n'était pas encore effectivement exécuté, cette exécution est suspendue de plein droit dès l'instant où l'auditeur général introduit la demande en révision devant la Haute cour militaire. Si le condamné se trouve en

[2082] Art. 71 de la L.O n° 13-010 du 19 février 2013 : « L'Arrêt d'où résulte l'innocence d'un condamné peut, sur sa demande, lui allouer des dommages-intérêts en raison du préjudice que lui a causé sa condamnation. Si la victime de l'erreur judiciaire est décédée, le droit de demander des dommages-intérêts appartient, dans les mêmes conditions, à son conjoint, ses descendants ainsi qu'à ses ascendants, et ses ayants-droit. Il appartient aux autres personnes pour autant qu'elles justifient d'un préjudice matériel résultant pour elles de la condamnation. La demande en dommage-intérêt est recevable en tout état de cause de la procédure en révision. Les dommages-intérêts sont à la charge de l'État, sauf son recours contre la partie civile, les dénonciateurs ou les faux témoins par la faute desquels la condamnation a été prononcée. » Au sujet du droit à l'indemnisation, lire aussi avec intérêt l'art. 85 du Statut de la CPI : « Indemnisation des personnes arrêtées ou condamnées 1. Quiconque a été victime d'une arrestation ou mise en détention illégales a droit à réparation. 2. Lorsqu'une condamnation définitive est ultérieurement annulée parce qu'un fait nouveau ou nouvellement révélé prouve qu'il s'est produit une erreur judiciaire, la personne qui a subi une peine en raison de cette condamnation est indemnisée conformément à la loi, à moins qu'il ne soit prouvé que la non-révélation en temps utile du fait inconnu lui est imputable en tout ou partie. 3. Dans des circonstances exceptionnelles, si la Cour constate, au vu de faits probants, qu'une erreur judiciaire grave et manifeste a été commise, elle peut, à sa discrétion, accorder une indemnité conforme aux critères énoncés dans le Règlement de procédure et de preuve à une personne qui avait été placée en détention et a été libérée à la suite d'un acquittement définitif ou parce qu'il a été mis fin aux poursuites pour ce motif. »

[2083] L'art. 72 de la L.O n° 13-010 du 19 février 2013 le prescrit ainsi : «… L'Arrêt de la Cour de Cassation, ou le jugement intervenu après révision d'où a résulté l'innocence d'un condamné est, à la diligence du Greffier, affiché dans la localité : 1. où a été prononcé la condamnation ; 2. où siège la juridiction de révision ; 3. où l'action publique a été ouverte ; 4. du domicile des demandeurs en révision ; 5. de son dernier domicile lorsque la victime est décédée. En outre, ils sont, à la requête du demandeur en révision, publiés par extrait au Journal Officiel et dans deux journaux. Les frais de publicité sont à charge du Trésor. »

détention, cette suspension peut être ordonnée par l'auditeur général avant la transmission du recours, ou prononcée par arrêt de la Haute cour à partir de la transmission à elle de la demande en révision.[2084] Si la Haute cour militaire, après examen de la requête en révision, annule la décision de condamnation entreprise, tous les effets de celle-ci sont anéantis rétroactivement. De même s'efface de plein droit toute condamnation à des dommages-intérêts.[2085] Rappelons, enfin, que l'amnistie ne fait pas obstacle à une action en révision tendant à faire établir l'innocence du condamné.[2086]

[2084] Art. 312 du CJM : « Si l'arrêt ou le jugement de condamnation n'est pas encore exécuté, l'exécution en est suspendue de plein droit à partir de la demande de l'Auditeur Général des Forces Armées à la Haute Cour Militaire. Si le condamné est en détention avant la transmission du recours, l'exécution de l'arrêt ou du jugement peut être suspendue sur l'ordre de l'Auditeur Général des Forces Armées. Dans la même hypothèse et à partir de la transmission de la demande à la Haute Cour Militaire, la suspension de l'exécution de l'arrêt ou du jugement attaqué peut être prononcée par arrêt de cette juridiction. »

[2085] Art. 314 du CJM.

[2086] Art. 316 du CJM.

PROPOS FINAL

Pour clore cet ouvrage, deux constats et une exhortation :

I- LES CONSTATS

1°- Nécessité d'un travail de codification et d'harmonisation des textes

L'analyse accomplie révèle l'existence de nombreux textes pénaux épars dans la législation congolaise. Il est nécessaire de les regrouper dans un ensemble cohérent et actualisé, devant former le nouveau code pénal congolais, pour en faciliter la connaissance et la mise en application efficiente.

Ce travail de regroupement doit se doubler de celui d'harmonisation et de modernisation des sanctions. La peine de mort doit enfin être supprimée. Le terme *servitude pénale* doit être remplacé par *emprisonnement,* comme l'avait pertinemment suggéré le Doyen Bayona ba Meya. Les amendes doivent être harmonisées dans leurs taux et uniformément exprimées en francs congolais, monnaie ayant actuellement cours légal en RDC. Des sanctions nouvelles, dont la réparation et le travail d'intérêt général, doivent être promues et plus souvent mises en œuvre comme substituts à l'emprisonnement.

2°- Pertinence intrinsèque des principes et règles formant le droit pénal général de la RDC

Celui-ci appartient à la famille juridique romano-germanique. Il est constitué d'un ensemble de principes et règles qui se retrouvent dans nombreux autres pays, notamment en France, en Belgique, en Suisse, au Sénégal, en Côte d'Ivoire, ainsi que dans plusieurs instruments internationaux ratifiés par la RDC parmi lesquels la Déclaration universelle des Droits de l'Homme, le Pacte international relatif aux droits civils et politiques, la Convention contre la torture et autres peines ou traitements cruels, inhumains ou dégradants, la Convention relative aux droits de l'enfant, la Charte africaine des droits de l'homme et des peuples, la Charte africaine des droits et du bien-être de l'enfant, le Statut de Rome de la Cour pénale internationale, etc.

De manière générale, ces principes et règles s'imposent de par leur logique, étant fondés sur le souci de lutter contre la criminalité en assurant le respect des droits et obligations de tous les protagonistes en présence : la société, victime directe ou indirecte de l'infraction ; l'auteur de celle-ci, et sa victime directe. Considérées en leur quintessence, ces règles fondamentales, si elles sont rigoureusement mises en œuvre, permettent de faire rentrer le droit pénal, construit sur leur base, dans la définition de droit au sens propre. En effet, selon son sens premier qu'il faut rappeler et faire triompher, le terme *droit* descend du latin *directum*, qui signifie *ce qui est juste.* Le droit est ce qui est juste. Concise, cette définition nous paraît opérante. Elle s'applique aussi bien au droit de fond que de procédure, dans tous les domaines de son déploiement .

Partant de ce sens premier du droit réhabilité, nous soutenons que ne peuvent faire partie du droit que les règles justes, c'est-à-dire les règles qui sont conçues pour assurer la vie humaine et sociale, le bien-être de l'Homme dans la société et dans toutes ses dimensions. Aucune règle ne peut être considérée comme règle de droit si elle ne s'inscrit pas dans cet objectif. C'est ainsi que toute loi, n'est pas forcément du droit. Les lois injustes, les règles scélérates ne font pas partie du droit au sens propre. Elles s'inscrivent soit dans une logique gangstériste ou tyrannique, soit dans une démarche revancharde, instrumentalisée, personnalisée. Ne pouvant pas entrer dans le droit, vu leur iniquité, elles sont forcément éphémères, car elles ne durent que le temps que dure leur force génitrice délinquante.

Ubi non jus, ibi non societas : Là où il n'y a pas de droit, il n'y a pas de société ; c'est la jungle qui peut se nommer également tyrannie, dictature, oppression. Lorsqu'à un moment donné, par un concours des circonstances malheureuses, des Humains se retrouvent regroupés dans un espace non régi par le droit, par des règles justes, l'ensemble forme un véritable cocktail Molotov qui finit toujours par exploser. Les lois injustes, les règles scélérates, répétons-le, ne font pas partie du droit. C'est de l'illusoire, le non droit ou le faux droit qui génère méfiance voire révolte, discrédite les juristes complaisants ou complices, et fragilise la société. Mais que faire pour que triomphe le droit ? C'est de loin la question la plus importante.

II- L'EXHORTATION : PLUS DE RÉSOLUTION DANS LA MISE EN ŒUVRE EFFECTIVE DES PRINCIPES ET RÈGLES CONSACRÉS

Il faut souligner que les règles justes formant le droit entendu dans son sens premier, ne sont pas forcément sophistiquées et n'ont nullement besoin de complexification pour être opérantes. Les plus essentielles d'entre elles sont simples et évidentes, ne demandant qu'à être respectées et appliquées : tels, le caractère sacré de la vie humaine prohibant les assassinats, meurtres, infanticides, génocides, exterminations, et fondant leur sanction ; le caractère sacré de la personne humaine honnissant les tortures, enlèvements, persécutions, viols, esclavages sexuels, séquestrations, arrestations arbitraires, détentions illégales, actes dégradants de tout genre, et justifiant leur répression ; le caractère sacré de la propriété individuelle ou collective prohibant les vols, destructions méchantes, extorsions, pillages, détournements, et légitimant leur sanction. Ces règles simples, évidentes, fondamentales ne demandent qu'à être appliquées.

Restant perfectibles comme toute œuvre humaine, les principes et règles étudiées dans cet ouvrage et constituant le droit pénal général de la RDC sont intrinsèquement pertinents. Leur application efficiente permet de maintenir l'ordre, la justice et la paix dans le pays. Les autorités de l'État doivent donc tous s'engager à respecter, à faire respecter, à assurer la mise en œuvre effective de ces principes et règles afin que règne la justice, sans laquelle il n'y a pas de paix, il n'y a pas de mobilisation d'énergie dans le travail pour le développement du pays. Il importe d'avancer résolument vers la justice, issue de la mise en œuvre du droit. Il faut que pouvoir soit synonyme de justice.

Les Congolais officiant en qualité de magistrats, avocats, juristes d'entreprises…, ont été formés dans les différentes facultés de droit du pays, avec, pour certains, des compléments de connaissances acquises dans des prestigieuses universités étrangères. Ils ont appris ces principes et règles. Il faut qu'ils mettent un point d'honneur à les appliquer sans relâche. C'est en assurant leur traduction dans les faits qu'ils apporteront leur contribution à la consolidation de la RDC comme État de droit, comme République démocratique, et qu'ils serviront à sa population la justice et la paix qu'elle mérite. Les différents textes fixant les règles déontologiques leur prescrivent des devoirs dont ils doivent s'acquitter pour que dans le règlement de tout type de litige auquel ils sont impliqués, triomphe le droit.

Personne ne peut contester la validité profonde de tous les principes fondamentaux régissant le droit pénal et consacrés, notamment, dans la Constitution et dans le code pénal. Cependant, leur proclamation formelle ne suffit pas à elle seule ; encore faut-il qu'ils soient réellement appliqués. Cela demande beaucoup de volonté et de détermination. Car, il n'y a de droit au sens propre, que d'Hommes, au sens neutre : humains, hommes et femmes. Le droit est posé, c'est-à-dire conçu, élaboré, fixé dans des textes par les humains, et pour le bien de ces derniers et de la société, c'est-à-dire de l'humanité. Il n'est et ne peut être mis en œuvre que par des humains. Dans l'accomplissement de cette dernière tâche, ceux qui sont à l'ouvrage doivent être à l'écoute des autres qui formulent des critiques auxquelles il faut prêter attention pour éviter de demeurer pris dans des pièges de nature à affaiblir le droit. Précisément, beaucoup de témoignages des praticiens établissent des défaillances au niveau de la concrétisation des principes pourtant solennellement consacrés. Le Procureur général de la République en a épinglé dans sa mercuriale prononcée lors de l'audience solennelle de la rentrée judiciaire de la CSJ du 26 novembre 2005. Après avoir rappelé, en introduction, la forte phrase de Gladstonf : « tant que dans une nation, le judiciaire est intact rien n'est compromis, mais s'il perd son indépendance tout est perdu » ; ayant dressé l'état des lieux des textes internes et internationaux sous-tendant l'indépendance de la justice en RDC ; il s'est posé la question de savoir si cette indépendance était effective sur le terrain. En réponse, il a constaté que beaucoup de facteurs devant accompagner les principes définis par les textes étaient encore à réaliser. Parmi les principaux, il a relevé, à titre indicatif : 1. « la détermination de bien vouloir traduire en actes tout ce que la Constitution et les lois ont prévu pour la bonne administration du Corps judiciaire et le bien être du Magistrat » ; 2. la nécessité d'améliorer les « conditions de travail des animateurs de la justice » : équipement des juridictions et offices des parquets en matériels du travail au quotidien ; versement d'une rémunération conséquente qui garantisse la dignité des fonctions des magistrats et qui les place « à l'abri de toutes les pressions financières et autres sollicitations susceptibles de mettre en cause leur moralité » ; octroi effectif aux magistrats de « tous les avantages sociaux que leur accorde le Statut, mais dont ils ne bénéficient pas »[[2087]] ; 3. le respect des attributions du Conseil supérieur de la magistrature réaffirmant le principe de la séparation de trois pouvoirs traditionnels de l'État ; 4. la nécessité de mettre « fin à la prolifération des immunités judiciaires dans la mesure où elles affaiblissent le pouvoir judiciaire en donnant l'impression d'assurer l'impunité à l'égard de certains justiciables... L'édification de l'État de droit que le peuple congolais souhaite tant est à ce prix. »[2088]

[2087] Rappelons qu'aux termes de l'art. 25 de la L.O n° 06-020 du 10 octobre 2006 portant statut des magistrats, ceux-ci « bénéficient d'une rémunération suffisante à même de conforter leur indépendance. Les avantages sociaux suivants sont accordés aux magistrats : 1. les allocations familiales pour le conjoint du magistrat et les enfants à charge ; 2. les soins de santé pour lui-même, son conjoint et les enfants à charge ; 3. l'indemnité de logement, à défaut d'être logé par l'État ; 4. les allocations d'invalidité ; 5. les frais funéraires pour lui-même, son conjoint et ses enfants à charge ; 6. les frais de transport, à défaut d'un moyen de transport de l'État ; 7. les frais de rapatriement ; 8. le pécule des vacances... »

[2088] Tshimanga Mukeba, « L'indépendance du pouvoir judiciaire », Mercuriale..., in *BACSJ*, Années 2004 à 2009, T. I, pp. 359-390, spéc. pp. 362, 386-390. V. aussi J. Kinwani et J. Mango, « La problématique de la garantie de l'indépendance du pouvoir judiciaire par le Conseil supérieur de la magistrature en République démocratique du Congo », in *Le Bulletin RCN Justice et Démocratie*, n° 28,

Certes, il serait utopique d'espérer une société pure, sans délinquance. Mais ce qui est suicidaire pour la collectivité et donc inacceptable, c'est que la violation des règles essentielles reste impunie et soit banalisée au point de les évincer et d'entraîner une inversion des valeurs. La situation ne peut qu'être pire s'il s'avère que ce mouvement est mené par ceux-là mêmes qui doivent normalement assurer la mise en œuvre du droit. Car, dans un tel tableau, criminalité et exercice du pouvoir s'entremêlent rendant plus qu'urgente la mobilisation pour aller au secours du droit. Aussi est-il nécessaire que les juristes, magistrats, avocats, conseils juridiques, demeurent débout, prêts à entreprendre des actions autorisées voire dictées par la loi afin d'assurer la vie dans la société. Pour prendre l'exemple des crimes de détournements des deniers publics, ce sont ces moyens détournés qui devraient servir à assurer la formation de la jeunesse du pays, à construire ou réfectionner des écoles, à construire ou réfectionner des hôpitaux, à aménager et entretenir des voies de communication routières, ferroviaires, aériennes, fluviales et lacustres pour encourager la production locale et l'émergence d'un marché intérieur intégré ; à renforcer les moyens régaliens de l'État, à renforcer ses forces de défense et de sécurité, à doter les institutions judiciaires et pénitentiaires des infrastructures et ressources

---

Bruxelles, 2009, pp. 17-18. Ces deux avocats aboutissent à la conclusion que l'engagement énoncé dans l'exposé des motifs de la L.O n° 06-020 du 10 octobre 2006 portant statut des magistrats reste encore lettre morte. De même, parlant de la nouvelle loi sur les violences sexuelles, Me J. Mango constate l'absence de son application deux ans après sa promulgation ; v. son article « Nouvelle loi sur les violences sexuelles : deux ans après, une application encore inaperçue », *op. cit.*, p. 21. Un constat similaire est dressé par Raoul Kienge Kienge Intudi au sujet de la loi n° 01-009 du 10 janvier 2009 portant protection de l'enfant. Face à l'écart observé entre la consécration littérale et la concrétisation dans les faits, cet auteur conclut, avec tact et pertinence, que cette loi de 2009 « semble être programmatique et exprime la politique de l'État congolais dans le domaine de la protection de l'enfant. Les structures prévues ainsi que les textes réglementaires d'application sont à mettre en place ou à élaborer. Il y a donc d'énormes défis à relever pour la mise en œuvre effective de la loi portant protection de l'enfant sur le plan pratique et sur le plan des textes réglementaires. » (R. Kienge-Kienge Intudi, *Droit de la protection de l'enfant*, *op. cit.*, pp. 17, 103-104, 118-119 ; « La législation sur l'enfance délinquante au Congo (1950). Un cas d'ineffectivité congénitale », in *RDPC*, 5, 2003, pp. 687-716). À propos de ce « droit pénal du mineur » issu de la loi du 10.1.2009, Gh. Kasongo Lukoji souligne également que « cette composante du droit pénal congolais n'est pas toujours pleinement opérationnelle sept [ans] après son entrée en vigueur : seule une huitaine des mesures d'application ont vu jour sur une douzaine prévue… » (Gh. Kasongo Lukoji, *Essai sur la construction d'un droit pénal des mineurs en R.D.Congo…*, *op. cit.*, pp. 30-31).

nécessaires à leur fonctionnement efficient, etc. La lutte contre cette forme de criminalité, dans le cadre prévu par la loi pénale, est donc cruciale pour la sauvegarde de l'intérêt général.

En définitive, ne rentrent véritablement dans le droit que des règles justes. Tout le reste n'est qu'illusion. Les Humains ne peuvent bien vivre que là où règne le droit, au sens propre. Ils ne peuvent s'épanouir que dans un ensemble où règne le droit et qui, seul, est digne d'appellation « société ». Seul le respect du droit stabilise véritablement la société et garantit sa sécurité, son développement, sa pérennité. Une tranquillité basée sur la terreur, la tyrannie, l'injustice, la résignation… est trompeuse et forcément éphémère, l'Humain aspirant, par essence, au bien-être.

Travailler pour le triomphe du droit au sens propre, c'est œuvrer pour la vie. Il ne suffit pas d'écrire des règles. Il faut les mettre en œuvre, les appliquer. La solidité du fondement social réside dans la réalité du droit. Il y a un temps pour tout : un temps pour poser les règles, de façon neutre, impersonnelle, égale pour tous, aussi bien dans leur dimension protectrice que punitive, dans l'intérêt de tous ; un temps pour appliquer les règles ainsi préalablement posées, de façon égale pour tous. Le temps de l'application est celui de l'accomplissement et non des compromissions, ni de la rétractation.

INDICATIONS BIBLIOGRAPHIQUES

I- TEXTES LÉGAUX NATIONAUX

- Constitution de la RDC adoptée par le Parlement le 13 mai 2005, approuvée par référendum du 18 au 19 décembre 2005 et promulguée le 18 février 2006.
- D. du 12 avril 1886 portant dispositions organiques sur l'extradition.
- D. du 30 juillet 1888, Des contrats ou des obligations conventionnelles.
- Décrets du 15 avril 1926, du 22 février 1932, du 14 décembre 1933, du 17 mars 1938, coordonnés par l'arrêté royal du 13 mai 1938 sur les juridictions indigènes.
- D. du 30 janvier 1940 portant code pénal congolais.
- D. du 6 décembre 1950 sur l'enfance délinquante.
- D. du 6 août 1959 portant code de procédure pénale.
- D. du 7 mars 1960 portant Code de procédure civile.
- D-L n° 080 du 17 juin 1998 instituant une nouvelle unité monétaire en République démocratique du Congo.
- *Le Code judiciaire zaïrois*, (Mis à jour au 31 janvier 1986), Département de la Justice, Service de documentation et d'études, Kinshasa 1986, 478 p.
- *Les Codes Larcier, République démocratique du Congo,* Afrique Éditions, De Boeck & Larcier s.a, Bruxelles, 2003, Tome I, *Droit civil et judiciaire* ; Tome II, *Droit pénal* ; Tome III, *Droit commercial et économique,* Vol. 1- Droit commercial , Vol. 2- Droit économique ;
- *Le Code pénal zaïrois* (Mis à jour au 31 mai 1982), Département de la Justice, Service de documentation et d'études, Kinshasa 1983, 398 p.
- Loi n° 73-021 du 20 juillet 1973 portant régime général des biens, régime foncier et immobilier et régime des sûretés, telle que modifiée et complétée par la loi n° 80-008 du 18 juillet 1980, dite Loi Foncière.
- Loi n° 74-009 du 10 juillet 1974 portant délimitation de la mer territoriale de la République Démocratique du Congo.
- Loi n° 78-022 du 30 août 1978 portant Nouveau Code de la route.
- Loi n° 87-010 du 1er août 1987 portant code de la famille, telle que modifiée par la loi n° 16-008 du 15 juillet 2016.
- Loi 007-2002 du 11 juillet 2002 portant code minier.
- Loi n° 015-2002 du 16 octobre 2002 portant code du travail.
- Loi n° 016-2002 du 16 octobre 2002 portant création, organisation et fonctionnement des tribunaux du travail.
- Loi n° 023-2002 du 18 novembre 2002 portant code judiciaire militaire.
- Loi n° 024-2002 du 18 novembre 2002 portant code pénal militaire.

- Loi n° 04-016 du 19 juillet 2004 portant lutte contre le blanchiment des capitaux et le financement du terrorisme.
- Loi n° 05-006 du 29 mars 2005 modifiant et complétant le D. du 30 janvier 1940 portant CPC. (Répression de la corruption)
- Loi n° 06-018 du 20 juillet 2006 modifiant et complétant le D. du 30 janvier 1940 portant CPC. (Violences sexuelles)
- Loi n° 06-019 du 20 juillet 2006 modifiant et complétant le D. du 06 août 1959 portant CPP congolais.
- L.O n° 06-020 du 10 octobre 2006 portant statut des magistrats.
- Loi n° 08-011 du 14 juillet 2008 portant protection des droits des personnes vivant avec le VIH/SIDA et des personnes affectées.
- L.O n° 08-013 du 05 août 2008 portant organisation et fonctionnement du conseil supérieur de la magistrature.
- L.O n° 08-016 du 07 octobre 2008 portant composition, organisation et fonctionnement des Entités territoriales décentralisées et leurs rapports avec l'État et les provinces.
- Loi n° 09-001 du 10 janvier 2009 portant protection de l'enfant.
- Loi organique n° 11-001 du 10 janvier 2011 portant composition, attribution et fonctionnement du Conseil supérieur de l'audiovisuel et de la communication.
- Loi n° 11-002 du 20 janvier 2011 portant révision de certains articles de la Constitution de la République Démocratique du Congo du 18 février 2006.
- Loi n° 11-008 du 9 juillet 2011 portant criminalisation de la torture.
- Loi n° 11-009 du 9 juillet 2011 portant principes fondamentaux relatifs à la protection de l'environnement.
- L.O n° 13-010 du 19 février 2013 relative à la procédure devant la Cour de cassation.
- L.O n° 13/011-B du 11 avril 2013 portant organisation, fonctionnement et compétence des juridictions de l'ordre judiciaire.
- L.O n° 13-026 du 15 octobre 2013 portant organisation et fonctionnement de la Cour Constitutionnelle.
- Loi-cadre n° 14-004 du 11 février 2014 de l'enseignement national.
- Loi n° 014-006 du 11 février 2014 portant amnistie pour faits insurrectionnels, faits de guerre et infractions politiques.
- Loi n° 15-001 du 12 février 2015 modifiant et complétant la loi n ° 06-006 du 09 mars 2006 portant organisation des élections présidentielle, législatives, provinciales, urbaines, municipales et locales telle que modifiée par la loi n ° 11-003 du 25 juin 2011
- Loi n° 15-022 du 31 décembre 2015 modifiant et complétant le D. du 30 janvier 1940 portant Code pénal.
- Loi n° 15-023 du 31 décembre 2015 modifiant la loi n° 024-2002 du 18 novembre 2002 portant Code pénal militaire.

- Loi n° 15-024 du 31 décembre 2015 modifiant et complétant le D. du 06 août 1959 portant Code de procédure pénale.
- Loi n° 16-008 du 15 juillet 2016 modifiant et complétant la loi n° 87-010 du 1er août 1987 portant code de la Famille.
- Loi n° 16-010 du 15 juillet 2016 modifiant et complétant la loi n° 015-2002 portant code du travail.
- Ord. de l'administrateur général du 14 mai 1886.
- Ord. n° 78-289 du 3 juillet 1978 relative à l'exercice des attributions d'officier et agent de police judiciaire près les juridictions de droit commun.
- Ord. n° 344 du 17 septembre 1965 portant régime pénitentiaire.
- O-L n° 66-98 du 14 mars 1966 portant code de la navigation maritime.
- O-L n° 78-001 du 24 février 1978 relative à la répression des infractions flagrantes.
- O-L n° 78-003 du 7 mars 1978 relative à l'installation, à titre expérimental, des tribunaux de paix dans la ville de Kinshasa et déterminant leur compétence et leur procédure.

II- TEXTES INTERNATIONAUX

- Acte général de la conférence africaine signé à Berlin le 26 février 1885.
- Charte africaine des droits de l'homme et des peuples.
- Charte africaine des droits et du bien-être de l'enfant.
- Convention européenne de sauvegarde des droits de l'homme de 1950.
- Convention contre la torture et autres peines ou traitements cruels, inhumains ou dégradants du 10 décembre 1984.
- Convention générale de coopération en matière de justice signée le 12 avril 1978 entre la République du Zaïre [RDC] et la République populaire du Congo [Congo-Brazzaville]
- Convention internationale sur l'élimination de toutes les formes de discrimination raciale.
- Convention internationale sur l'élimination et la répression du crime *d'apartheid.*
- Convention pour la prévention et la répression du crime de génocide.
- Convention relative aux droits de l'enfant.
- Convention sur l'élimination de toutes les formes de discrimination à l'égard des femmes.
- Déclaration des droits de l'homme et du citoyen de 1789.
- Déclaration universelle des droits de l'homme de 1948.
- Pacte international relatif aux droits civils et politiques.
- Protocole facultatif à la Convention relative aux droits de l'enfant, concernant la vente d'enfants, la prostitution des enfants et la pornographie mettant en scène des enfants.

- Protocole facultatif à la Convention relative aux droits de l'enfant, concernant l'implication d'enfants dans les conflits armés.
- Statut de Rome de la Cour pénale internationale.
-Traité type d'extradition, adopté par l'Assemblée générale dans sa résolution A/RES/45/116, puis modifié par elle dans sa résolution 52/88, 68e séance plénière 14 décembre 1990.

III- JURISPRUDENCE

A- PRINCIPALES DÉCISIONS CITÉES

- CSJ, Arrêt du 18 juillet 1980 (R.P. 277), *En cause Ndefu Sanga c/Ministère public et Yavunguko-Ti-Lindimbia*, in *BACSJ*, Années 1980 à 1984, Kinshasa, Éditions du Service de Documentation et d'Études du Ministère de la Justice et des Affaires Parlementaires 2001, pp. 63-66.
- CSJ, Arrêt du 29 juillet 1980 (R.P.360/361), *En cause Ali Adjamayi et Vunza Kapenda c/Ministère public, Lusakivana Lubaki et Kusitela Kimokendi,* in *idem*, pp. 70-76.
- CSJ, Arrêt du 7 octobre 1980 (R.P.212), *En cause Kayoka Ilunga c/Ministère public, Ntentula Mwamba et son épouse*, in *idem*, pp. 80-83.
- CSJ, Arrêt du 7 octobre 1980 (R.P. 324), *En cause Kabamba Mupemba c/Ministère public et société BOUKIN*, in *idem*, pp. 83-87.
- CSJ, Arrêt du 7 octobre 1980 (R.P. 338), *En cause Bibi Kabong-A-Aling c/Ministère public et Kivuvu Makabi*, in *idem,* pp. 87-91.
- CSJ, Arrêt du 7 octobre 1980 (R.P. 396), *En cause Mangumbe Elonga c/Ministère public et Mokina Bonkobo*, in *idem*, pp. 91-94.
- CSJ, Arrêt du 7 octobre 1980 (R.P. 299), *En cause Vangu Mampatu Kianda c/Ministère public et Mani Kanto Efena*, in *idem*, pp. 239-242.
- CSJ, Arrêt du 5 décembre 1980 (R.P.A. 66), *En cause Ministère public et Partie civile c/Molongya Mayikusa Moi Bongenye et consorts*, in *idem*, pp. 123-159.
- CSJ, Arrêt du 24 février 1981 (R.P. 543), *En cause* Ngunza Kianza alias Alidja et Ngampoko Ngamo alias Djento *c/Ministère public et Parties civiles*, in *idem,*pp. 171-177.
- CSJ, Arrêt du 28 avril 1981 (R.P. 382), *En cause Baku Yanga c/Ministère public et Kanda Mukebayi,* in *idem,* pp. 198-205.
- CSJ, Arrêt du 29 avril 1981 (R.C. 298), *En cause L.A. Franco c/Selehe Baruani*, in *idem,* pp. 208-214.
- CSJ, Arrêt du 21 juillet 1981 (R.P. 439), *En cause Kabasele Mutambayi c/Ministère public et Nkuta Mutshinayi*, in *idem,* pp. 232-234.
- CSJ, Arrêt du 4 septembre 1981 (R.P.A. 65), *En cause Ministère public c/Radjabu Ngondo, Bolonda Wolonda, Bofambu Ilakankoy et Garet Alain Maurice*, in *idem*, pp. 253-256.

- CSJ, Arrêt du 23 février 1982 (R.P. 210), *En cause Kayoya Ilunga et Tshibangu (ex-Pierre) c/Ministère public et N'Zazi Mulenda Nkuba*, in *idem*, pp. 280-282.
- CSJ, Arrêt du 8 juin 1982 (R.P. 395), *En cause Nyengele Kamunga Kantudi Ntudi c/Ministère public*, in *idem*, pp. 295-299.
- CSJ, Arrêt du 15 février 1983 (R.P. 501), *En cause Luwawu Pembele c/Ministère public et Mavakala Ndandilu a Mambu*, in *idem*, pp. 357-359.
- CSJ, Arrêt du 22 février 1983 (R.P. 279), *En cause Opese Kamango c/Ministère public et Mayenge Yashima*, in *idem*, pp. 360-364.
- CSJ, Arrêt du 25 mars 1983 (R.P.A. 77), *En cause Ministère public c/ Kasongo Muidinge Maluilo et N'kombe Monkundato*, in *idem*, pp. 367-376.
- CSJ, Arrêt du 25 mai 1983 (R.C. 402), *En cause Kayembe Ngandu c/Binene Kamudia Mulenga Mulanda*, in *idem*, pp. 382-386.
- CSJ, Arrêt du 26 juillet 1983 (R.P. 369), *En cause Kambanza Nguayila c/Ministère public et Yanga Looka,* in *idem*, pp. 406-409.
- CSJ, Arrêt du 6 octobre 1983 (R.C. 582), *En cause Madeleine Humblet c/Pierre Jonniaux*, in *idem,* pp. 420-422.
- CSJ, Arrêt du 20 janvier 1984 (R.P.A. 89), *En cause Ministère public c/Kapembe Nkorin et consorts*, in *idem,* pp. 436-442.
- CSJ, Arrêt du 3 février 1984 (R.P.A. 83, 84, 86, 87, 88), *En cause Ministère public c/Malingwendo Monga Ayoka et consorts,* in *idem*, pp. 442-456.
- CSJ, Arrêt du 23 mars 1984 (R.P.A. 81), *En cause Ministère public c/Bienga Kolo*, in *idem*, pp. 457-460.
- CSJ, Arrêt du 30 mai 1984 (R.C. 522), *En cause Pepe Bonilia Fernandes c/Imbanda Ifondji*, in *idem,* pp. 470-471.
- CSJ, Arrêt du 30 mai 1984 (R.C. 364), *En cause Odiatshi Kadiata Nzemba c/ Lola Di Olua*, in *idem,* pp. 471-474.
- CSJ, Arrêt du 14 août 1984 (R.P. 742), *En cause Muduila c/Ministère public et Simba Panzu*, in *idem*, pp. 504-507.
- CSJ, Arrêt du 31 août 1984 (R.P.A. 94), *En cause Ministère public c/Kashwantale ka Ruhangamugabo Balemba et Nzunzumuna Dijiba Mbaki*, in *idem*, pp. 507-517.
- CSJ, Arrêt du 5 septembre 1984 (R.P.A. 99), *En cause Ministère public c/Trevi Bruno Giuseppe*, in *idem*, pp. 518-519.
- CSJ, Arrêt du 14 décembre 1984 (R.P.A. 102), *En cause Ministère public c/ Mbelo Saula Likunde*, in *idem*, pp. 532-537.
- CSJ, Arrêt du 8 janvier 1985 (R.P. 381), *En cause Mpanda Zandu c/Ministère public, Kieselo Meso et Société nationale d'assurances (SONAS)*, in *BACSJ*, Années 1985 à 1989, Kinshasa, Éditions du Service de Documentation et d'Études du Ministère de la Justice et Garde des Sceaux 2002, pp. 7-11.

- CSJ, Arrêt du 30 juillet 1985 (R.P. 27/CR), *En cause Ministère public c/Buunda Birere Shamwami,* in *idem*, pp. 39-44.
- CSJ, Arrêt du 15 novembre 1985 (R.P.A. 111), *En cause Ministère public et Régie des voies aériennes (RVA) c/Mawete Konko Ntoya et consorts*, in *idem*, pp. 70-82.
- CSJ, Arrêt du 20 novembre 1985 (R.P.A. 112), *En cause Ministère public c/Iyeli Mpela Iseki et consorts,*in *idem*, pp. 84-100.
- CSJ, Arrêt du 11 décembre 1985 (R.P. 628), *En cause Bibi Kabong-a-Ling c/Ministère public, Biayi wa Muamba et consorts,* in *idem*, pp. 108-113.
- CSJ, Arrêt du 14 janvier 1986 (R.P. 479), *En cause Bitumasala père, Bitumasala fils et Muzinga Mba c/Ministère public et Mambu Ngwete,* in *idem*, pp. 114-118.
- CSJ, Arrêt du 12 mars 1986 (R.C. 420), *En cause La Société Europe-Afrique « EURAFRIMEX » c/Frans Houthoufd et Joseph Houthoufd,* in *idem*, pp. 142-145.
- CSJ, Arrêt du 25 novembre 1986 (R.P. 593), *En cause Kiniunga Nlandu c/Ministère public et Pongi Mbumba,* in *idem*, pp. 182-185.
- CSJ, Arrêt du 25 novembre 1986 (R.P. 614), *En cause Imad Toufic Azzam c/Ministère public, Lokula Iyombola et Kabulo Nyongolo,* in *idem*, pp. 185-190.
- CSJ, Arrêt du 23 décembre 1986 (R.P.A. 121), *En cause Kitaba wa Lukinga et Edungu Osembe c/Ministère public et La succession Mwiny,* in *idem*, pp. 238-246.
- CSJ, Arrêt du 24 décembre 1986 (R.C. 636), *En cause Bekombe Nkole c/Kemba Wenga,* in *idem*, pp. 249-253.
- CSJ, Arrêt du 30 janvier 1987 (R.P.A. 123), *En cause Ministère public et parties civiles c/Nkaba Nkassiokubikaba et consorts,* in *idem*, pp. 254-264.
- CSJ, Arrêt du 24 février 1987 (R.P. 244), *En cause Baye Mukendi c/ Ministère public et Kabamba Tshintu,* in *idem*, pp. 274-276.
- CSJ, Arrêt du 24 février 1987 (R.P. 269), *En cause Tshibangu Kalala c/Ministère public, Israel Victor et Société PIAF/KIVU*, in *idem*, pp. 277-281.
- CSJ, Arrêt du 28 avril 1987 (R.P. 787), *En cause Kabuya Kalonji c/Ministère public et Tshimanga Mbwebwe,* in *idem*, pp. 307-310.
- CSJ, Arrêt du 28 avril 1987 (R.P. 794), *En cause Ilunga Shambuyi Kama c/Ministère public et Wembo Nyama Luta,* in *idem*, pp. 310-313.
- CSJ, Arrêt du 28 avril 1987 (R.P. 843), *En cause Mbula Mosi c/Ministère public et Lunkoka Lwa Mambu,* in *idem*, pp. 313-317.
- CSJ, Arrêt du 19 juin 1987 (R.P. 604), *En cause Lufuma Lubutu c/Ministère public et Kumwini Ndolumingo,* in *idem*, pp. 344-351.
- CSJ, Arrêt du 25 août 1987 (R.P. 769), *En cause Mutelo Izanswe c/Ministère public et Lunga Okenge*, in *idem*, pp 362-365.

- CSJ, Arrêt du 25 août 1987 (R.P. 813), *En cause Shindani Moyo c/Ministère public et FONAMES (Fonds national pour l'assurance sociale au Zaïre),* in *idem*, pp. 365-368.
- CSJ, Arrêt du 29 mars 1988 (R.P. 831), *En cause Munene Kabamba Nyama Tsiabo, Sanaa Hussein Abdel Halim et Abdel Aziz c/Ministère public et Jean Stalakis,*in *idem*, pp. 423-426.
- CSJ, Arrêt du 30 août 1988 (R.P.A. 140/142), *En cause Ministère public, Nsiku Makaya ne Mpanzu et Baku Kinkela c/Lutete Tunga Mpezo,*in *idem*, pp. 440-447.
- CSJ, Arrêt du 31 janvier 1989 (R.P. 1.109), *En cause Makitu Makanda c/Ministère public et Paluku Tshongo*, in *idem*, pp. 457-461.
- CSJ, Arrêt du 31 janvier 1989 (R.P. 1214/1232), *En cause Bimansha Mbuyi et Matezo Mavakala c/Ministère public et Boma wa Boma,* in *idem*, pp. 461-470.
- CSJ, Arrêt du 28 mars 1989 (R.P. 1.178), *En cause Mulamba Mudijike Matumbi c/Ministère public et Kabasele Ngindu Yobo,* in *idem*, pp. 473-476.
- CSJ, Arrêt du 29 mars 1989 (R.C. 979), *En cause Olingambua c/Ebele Masingo,* in *idem*, pp. 477-480.
- CSJ, Arrêt du 25 juillet 1989 (R.P. 1.154), *En cause Mukisi Kudingita et Mukisi Makalamalu c/Ministère public et Tshilombo Kalamba,* in *idem*, pp. 497-500.
- CSJ, Arrêt du 25 juillet 1989 (R.P. 1.211), *En cause Kaniki Mudimba c/ Ministère public et Société industrielle de biscuiterie, patisserie et panification au Zaïre, en abrégé « ZAÏRE HELLAS »,*in *idem*, pp. 501-502.
- CSJ, Arrêt du 03 novembre 1989 (R.P. 1340), *En cause Tumbula Tuakalawo c/Ministère public et Kumuini Ndolumingu,* in *idem*, pp. 519-521.
- CSJ, Arrêt du 28 février 1990 (RC 1258), *En cause Baeba Nkali Lualaba c/*Jean Demoulin, in *BACSJ*, Années 1990 à 1999, Kinshasa, Éditions du Service de Documentation et d'Études du Ministère de la Justice 2003, pp. 9-11.
- CSJ, Arrêt du 30 octobre 1990 (R.P. 1.121), *En cause Mwanza Mande c/Ministère public et Succession Bossekota Likala Ntangea*, in *idem*, pp. 37-40.
- CSJ, Arrêt du 12 avril 1991 (RPR/C. 003), *En cause Ministère public, Bimasha Mbuyi et Boma wa Boma c/Matezo Mavakala,* in *idem*, pp. 47-51.
- CSJ, Arrêt du 26 mai 1993 (RC 01/TSR), *En cause Kingu Mikanda c/ Société des Brasseries, Limonaderie et Malteries, en sigle « BRALIMA »*, in *idem*, pp. 88-91.
- CSJ, Arrêt du 29 décembre 1993 (RC 014/TSR), *En cause Ntumba Kabeya Mulumba c/*Putela Bashingo, in *idem*, pp. 97-100.
- CSJ, Arrêt du 18 mai 1995 (RC 1377), *En cause Mbaya Kayibabo c/ Kasita Kaneni*, in *idem*, pp. 115-118.

- CSJ, Arrêt du 28 décembre 1995 (R.C. 1594), *En cause Satuga Shita c/Ndala Mukeba et Misengabo*, in *idem*, pp. 143-145.
- CSJ, Arrêt du 8 août 1997 (R.P. 1502), *En cause Jean Stalakis et Karine Stalakis c/Tumba Matamba et Société générale de marketing S.P.R.L.*, in *idem*, pp. 229-232.
- CSJ, Arrêt du 31 octobre 1997 (RC. 020/TSR), *En cause Ministère public c/Lutonto Diakuluka et Minambua* Mutala, in *idem*, pp. 263-265.
- CSJ, Arrêt du 30 décembre 1997 (RP 26/TSR), *En cause Ministère public c/Mboyo Mpela, Kasilembo Wa Nduma et Yeya Mbwa Boili*, in *idem*, pp. 297-300.
- CSJ, Arrêt du 30 décembre 1997 (R.P. 1390), *En cause Misakabo Tshintu et Mwamba Misakabo c/Ministère public,Ilunga Kadila et Ngoie Kiayila*, in *idem*, pp. 301-304.
- CSJ, Arrêt du 11 mars 1998 (RPR 005/C), *En cause Ministère public c/Kabeya Kashadi et Kabeya Mupula*, in *idem*, pp. 348-354.
- CSJ, Arrêt du 26 juin 1998 (RC. 1944), *En cause Wawa André Junior et Wawa Alphonse c/Wawa Mbo, Wawa Mpia Jean-Pierre, Wawa Bernard et Wawa Léonard*, in *idem*, pp. 419-421.
- CSJ, Arrêt du 24 juillet 1998 (R.C. 1681), *En cause Ministère public c/Kialanda Kiakana et Dizenza Vodiluaki*, in *idem*, pp. 422-425.
- CSJ, Arrêt du 11 septembre 1998 (RC. 1733), *En cause Bembo Kapitau c/Mushiya Omoya, Konzo Dontoni et Conservateurs des titres immobiliers*, in *idem*, pp. 433- 436.
- CSJ, Arrêt du 23 février 2000 (RP 2060), *En cause Eglise évangélique libre d'Afrique « EELDA » A.S.B.L c/Ministère public et Senga Bululu*, in *BACSJ*, Années 2000 à 2003, Kinshasa, Éditions du Service de Documentation et d'Études du Ministère de la Justice 2004, pp. 7-13.
- CSJ, Arrêt du 5 avril 2000 (RP 1895), *En cause Nduenga Thomas c/Ministère public et Mabungu Nkondi*, in *idem*, pp. 18-23.
- CSJ, Arrêt du 23 août 2000 (R.P. 1746), *En cause Ehetshe Mpala Pikabel c/Ministère public, Shako Ehadi et consorts*, in *idem*, pp. 37-40.
- CSJ, Arrêt du 13 juin 2001 (RP 36/TSR), *En cause Jean Stalakis et Nelly Stalakis c/Ministère public, Tumba Matamba et Société SOGEMA*, in *idem*, pp. 77-81.
- CSJ, Arrêt du 19 février 2003 (R.P. 1.910), *En cause Samba Mbombo c/Ministère public et Zynga Mahi*, in *idem*, pp. 221-223.
- CSJ, Arrêt du 14 avril 2004 (R.P. 2029), *En cause Mangalibi Nkolo Mbongo Catherine et Loteka François c/Ministère public, Mayembo Mbongo et Malimbasa Monga Moindo*, in *BACSJ*, Années 2004 à 2009, Tome I, Kinshasa, Éditions du Service de Documentation et d'Études du Ministère de la Justice et Droits humains 2010, pp. 5-12.
- CSJ, Arrêt du 15 septembre 2004 (R.P. 2297), *En cause Tshiyombo Jean-Pierre c/Ministère public et Vueza Ngindu Joseph*, in *idem*, pp. 46-49.

- CSJ, Arrêt du 20 octobre 2004 (R.P. 2076), *En cause Alain Kamba, Paul Kabamba et Tshibantu Mukendi c/Ministère public, Mundadi Kalala, Roger Mulumba Bantu et Société TABACONGO*, in *idem*, pp. 49-54.
- CSJ, Arrêt du 27 juillet 2005 (R.P. 2630), *En cause Kasango Kakala c/Ministère public et Mateke Bazeya Makola*, in *idem*, pp. 133-135.
- CSJ, Arrêt du 21 juillet 2006 (R.C. 2244), *En cause Monge Nkele c/Mbaka Mabaki*, in *idem*, pp. 281-284.
- CSJ, Arrêt du 18 août 2006 (R.C. 1965), *En cause Kiamfu Diasisua c/Mankembi Diamona Beni et Mukoko Mue*, in *idem*, pp. 304-307.
- CSJ, Arrêt du 28 novembre 2008 (R.P. 2966), *En cause Paluku Wa Muthethi c/La Banque internationale de crédit « B.I.C »*, in *BACSJ*, Années 2004 à 2009, Tome II (2007-2009), Éd. 2010, pp. 103-108.
- CSJ, Arrêt du 13 mars 2009 (RPP. 434), *En cause Tuluka Nlambi Kongo c/ Nganda Fumabo, Kishima Muzinga, Ndaye Makenga*, in *idem*, pp. 143-147.
- CSJ, Arrêt du 10 avril 2009 (R.P.A. 352), *En cause Ministère public et Maurice Michaux c/Lukombe Ngenda*, in *idem*, pp. 153-162.
- CSJ, Arrêt du 29 juillet 2009 (R.P. 2434), *En cause Andreas Phasoulis c/Ministère public, André Argyrou, La Société Le Délice SPRL et La Société Alimpex*, in *idem*, pp. 222-228.
- CSJ, Arrêt du 7 octobre 2009 (R.P.A. 373), *En cause Ministère public et partie civile Mokako Nzeke Jacques c/Bumba Monga Ngoy Antoine Roger*, in *idem*, pp. 242-252.
- CSJ, Arrêt du 11 novembre 2009 (R.P. 2783), *En cause Devos Joseph c/Ministère public et Mbambali Gbosagbo*, in *idem*, pp. 270-273.
- CSJ, Arrêt du 11 novembre 2009 (R.P. 2484), *En cause Jean Mulop et Charlotte Mbamba c/Ministère public et Kapanga Ndaka*, in *idem*, pp. 276-281.
- CSJ, Arrêt du 27 août 2010 (R.C. 3437), *En cause Mwamba Ndumbi c/La Compagnie Sucrière de Kwilu Ngongo et la République démocratique du Congo*, in *BACSJ*, Années 2010-2013, Éditions 2014, pp. 69-72.
- CSJ, Arrêt du 26 septembre 2012 (R.P. 3483), *En cause Madame Tumba Kabwangola c/Ministère public et Monsieur Kalombo Tambwa*, in *idem*, pp. 209-211.
- CSJ, Arrêt du 12 novembre 2012 (R.P.A. 437), *En cause Monsieur Nkieri Kite Léonard c/Ministère public et la partie civile Monsieur N'sa Mputu Elima*, in *idem*, pp. 215-222.
- TGI du Nord-Kivu, SS de Butembo, Jugement du 26 octobre 2005, RP 741/742/743, *En cause Ministère public et parties citantes madame Kavugho Sikuyote (RP 741), monsieur Balitenge Wangahemuka (RP 742) et monsieur Sikuyote Ngovi (RP 743) C/Ntabashwa Ghislain, Kakule Sikuliwahali Clautienne et Kambale Raïs Sikuliwahali*, in *Horizons*, Revue de Droit et de Science politique de l'Université Catholique de Graben, CEJA (Centre d'études juridiques appliquées), N° 1, Butembo, décembre 2005, pp. 86-100.

B- AUTRES RECUEILS DE JURISPRUDENCE

- Journal des Tribunaux d'Outre-mer (*JTO*)
- Jurisprudence de l'État indépendant du Congo
- Jurisprudence et droit du Congo (Jur. Congo)
- Répertoire de la jurisprudence congolaise
- Répertoire général de la jurisprudence et de la doctrine coutumières du Congo et du Ruanda-Urundi
- Répertoire de droit coutumier congolais - jurisprudence et doctrine 1954-1967
- Revue congolaise de droit
- Revue de jurisprudence coloniale
- Revue juridique de l'Afrique centrale
- Revue juridique du Congo-Belge
- Revue juridique du Congo
- Revue juridique du Zaïre

IV- TRAVAUX DE LA COMMISSION PERMANENTE DE RÉFORME DU DROIT ZAIROIS (CPRDZ)-CONGOLAIS

- Note sur les réformes qu'il serait nécessaire d'introduire dans la justice répressive, 13 septembre 1968.
- Document n° 05/CMS/003/76 : Avant-projet de loi relatif aux sources du droit et conflits internes.
- Document n° 05/CMS/003/76 Rev. : Avant-projet de loi relatif aux sources du droit et conflits internes - Texte revu.
- Document n° 05/CMS/007/76 : « Commentaires de l'avant-projet de loi relatif aux sources du droit et aux conflits internes ».
- Document n° 05/CMS/006/77 : « Avant-projet de loi relatif aux sources du droit et conflits internes (Exposé des motifs - options - amendements) », par le citoyen Mulomba Muangatayi wa Luboya, membre de la sous-commission spéciale chargée des sources du droit et conflits internes.
- Document n° 07/SC/0012/77 : « Compte rendu de la séance du mardi 6 décembre 1977 ayant pour objet : 1° - L'examen et l'adoption des options fondamentales en matière de sources du droit et conflits internes; 2° - L'examen de la structure de l'avant-projet de loi relative aux sources du droit et conflits internes », par le citoyen Mulomba Muangatayi wa Luboya, membre de la sous-commission spéciale chargée des sources du droit et conflits internes.
- Document n° 05/CMS/0012/77 : « Observations sur le décret du 7 mars 1960 portant code de procédure civile », par le citoyen Ntita Dipumba, membre de la Commission.

- Document n° 05/CMS/0015/1977 : « Considérations sur la réforme du droit judiciaire zaïrois », par le professeur Balanda Mikuin Leliel, membre de la Commission.
- Document n° 05/CMS/017/77 : « De la réforme du droit judiciaire », par le professeur Bayona Ba Meya Muna Kimvimba, président de la CPRDZ.
- « Les options fondamentales du droit pénal général », par le professeur Likulia Bolongo, membre de la Commission, président de la sous-commission Droit pénal.
- Document n° 05/CMS/021/1977/bis, « Les options fondamentales du droit pénal général (suite) », présenté par le professeur Likulia Bolongo.
- Document n° 05/CMS/023/77 : « Avant-projet du canevas général de la réforme du droit judiciaire », par le professeur Balanda Mikuin Leliel, membre de la Commission.
- Document n° 05/CMS/001/78 : « Considérations sur le régime pénitentiaire », par le professeur Likulia Bolongo, membre de la Commission.
- Document n° 05/CMS/002/78 : « Note complémentaire aux options fondamentales en matière de réforme du droit pénal », par le professeur Bayona Ba Meya, président de la Commission.
- Document n° 05/CMS/004/78 : « Note aux membres de la sous-commission *ad hoc* chargée du projet du statut des magistrats », par le professeur Kalongo Mbikayi, membre de la Commission.
- Document n° 07/SC/008/78 : Exposé des motifs relatif au projet de loi portant répression des infractions flagrantes.
- Document n° 08/CPRDZ/002/78 Rev. : Ordonnance-Loi n° 78/001/du 24 février 1978 relative à la répression des infractions flagrantes.
- Document n° 05/CMS/017/78 : Idées fondamentales proposées en matière de réforme du droit judiciaire.
- Document n° 05/CMS/005/79, Rapport de mission présenté par Mutumba Kalala, membre de la Commission, Kinshasa, le 9 novembre1978.
- Document n° 05/CMS/006/79 : Rapport au Commissaire d'État à la Justice : « La protection de la jeunesse et la formation du personnel », Août 1973, UNAZA/C.C.P.S., 1475/72-73 GH-K KIMF.
- Document n° 05/CMS/00l/8l, Code de procédure privée devant les tribunaux de paix.
- Document n° 05/CMS/003/81 : « Avant-projet du code pénal, livre premier, Dispositions générales », présenté par le professeur Likulia Bolongo.
- Documents n° 07/S.C./007/80 ter et 08/C.P.R.D.Z/001/82 : Avant-projet de loi portant protection de la jeunesse.
- Document n° 08/C.P.R.D.Z./002/82 intitulé : « Projet d'ordonnance relatif à l'organisation des travaux forcés ».

V- DOCTRINE

A- OUVRAGES ET BROCHURES

- Ambroise-Castérot Coralie, Bonfils Philippe, *Procédure pénale*, 2e éd. PUF, Paris, 2018, 432 p.
- Ancel Marc, *La défense sociale nouvelle*, 3e éd., Cujas, Paris, 1981, 381 p. ; *La défense sociale*, PUF, Coll. « Que sais-je ? », Paris, 1985, 127 p. ; 2e éd. 1989, 127 p.
- Badinter Robert, *L'abolition*, Hachette, Paris, 2002, 285 p.
- Beaussonie Guillaume, *Le rôle de la doctrine en droit pénal*, L'Harmattan, Paris, 2006, 174 p.
- Beccaria Cesare, *Traité des délits et des peines,* Cujas, Paris 1966, XVII et 148 p.
- Bergson Henri, *Essai sur les données immédiates de la conscience*, 1888, 144e éd, PUF, Paris, 1970, 182 p.
- Bernat de Celis Jacqueline et Hulsman Louk, *Peines perdues. Le système pénal en question*, Le Centurion, Paris, 1982, 182 p.
- Binet Jacques, *Afrique en question. De la tribu à la Nation*, Mame, Paris, 1965, 252 p.
- Borricand Jacques et Simon Anne-Marie, *Droit pénal, Procédure pénale*, 9e éd., Sirey, Paris, 2016, 538 p.
- Bouloc Bernard, *Pénologie*, 3e éd., Dalloz, Paris, 2005, 508 p. ; *Droit pénal général*, 19e éd., Dalloz, Paris 2005, 720 p. ; 25e éd. 2017, 780 p. ; *Procédure pénale*, 20e éd., Dalloz, Paris, 2006, 1044 p ; 24e éd, 2014, 1126p ; 26e éd. 2017, 1178 p.
- Bouzat Pierre et Pinatel Jean, *Traité de droit pénal et de criminologie,* T. 1, *Droit pénal général,* 2e éd., Dalloz, Paris, 1970, 882 p. ; T. II, *Procédure pénale, idem*, 1822 p. ; T. III, *Criminologie, idem*, 660 p.
- Brillon Yves, *Ethnocriminologie de l'Afrique Noire,* Vrin, Paris,1980, 368p.
- Carbonnier Jean, *Flexible droit,* 5e éd., LGDJ, Paris, 1983, 368 p.
- Cario Robert (dir.), Mbanzoulou Paul (dir.), *La Justice restaurative : une utopie qui marche ?*, L'Harmattan, Coll. Sciences criminelles, Paris, 2010, 102 p.
- Cario Robert, Ruiz-Vera Sylvie, *Droit(s) des victimes : de l'oubli à la reconnaissance*, L'Harmattan, Coll. Sciences criminelles, Paris, 2015, 332p.
- Céré Jean-Paul (dir.), *Procédures pénales d'exception et droits de l'homme*, L'harmattan, Paris, 2011, 254 p.
- Charles Raymond, *Histoire du droit pénal*, PUF, Coll. « Que sais-je ? », n°690, Paris 1955, 127 p. ; 4e éd. 1976, 127 p.
- Charpentier Jacques et Naud Albert, *Pour ou contre la peine de mort*, Berger-Levrault, Paris, 1967, 78 et 78 p.

- Cornevin Robert, *Histoire du Congo Léopoldville-Kinshasa, Des origines préhistoriques à la République Démocratique du Congo,* 2e éd., Berger-Levrault, Paris, 1966, 348 p. ; *Le Zaïre,* PUF, Coll. « Que sais-je ? », n°1489, 1977, 128 p.
- Cusson Maurice, *La délinquance, une voie choisie,* Cahiers du Québec, Collection Droit et Criminologie, 2005, 232 p. ; *La Criminologie*, 6e éd., Hachette, Coll. Les fondamentaux, Paris, 2014, 164 p.
- David Eric, *Éléments de droit pénal international et européen*, Bruylant, Bruxelles, 2009, 1566 p.
- Debove Frédéric et Falletti François, en collaboration avec Iris Pons, *Précis de droit pénal et de procédure pénale*, PUF, Paris, 2018, 1042 p.
- Decima Olivier, Detraz Stephane et Verny Edouard, *Droit pénal général*, 3e éd., LGDJ, Paris, 2018, 456 p.
- Delannoy Isabelle, *L'économie symbiotique*, Actes Sud, 2017, 352 p.
- Delmas-Marty Mireille, *Modèles et mouvements de la politique criminelle*, éd. Economica, Paris, 1983, 321 p. ; *Les grands systèmes de politique criminelle*, PUF, Paris, 1992, 448 p.
- Delnoy Paul, *Éléments de méthodologie juridique. 1. Méthodologie de l'interprétation juridique. 2. Méthodologie de l'application du droit*, 3e éd., Larcier, Bruxelles, 2008, 448 p.
- Deneault Alain, *Le totalitarisme pervers*, Éd. Ecosociété, Montréal, 2018, 152 p.
- Desportes Frédéric et Le Gunehec Francis, *Droit pénal général*, 10e éd., Corpus Droit privé dirigé par Nicolas Molfessis ; 16e éd., Economica, Paris 2009, 1248 p.
- Desportes Frédéric, Lazerges-Cousquer Laurence, *Traité de procédure pénale*, 4e éd., Economica, Paris, 2015, 2416 p.
- Dibunda Kabuinji, *Procédure devant la section administrative de la Cour suprême de justice,* Éditions Connaissance et pratique du droit zaïrois (CPDZ), Kinshasa 1987, 50 p. ; *Répertoire général de jurisprudence de la Cour suprême de justice*, 1969-1985, Éd. CPDZ, Kinshasa, 1990.
- Donnedieu de Vabres Henri, *Traité élémentaire de droit criminel et de législation pénale comparée*, 3e éd., Sirey, Paris, 1947, 1059 p.
- Doucet Jean-Paul, *Précis de droit pénal général*, Liège, 1976, 303 p.
- Dreyer Emmanuel, *Droit pénal général*, 3e éd., LexisNexis, Paris, 2014, 1325 p.
- Durkheim Emile, *De la division du travail social*, 1893 ; 8e éd. PUF, Paris, 1967, 416 p.
- Esika Makombo Eso Bina, *Le code pénal congolais annoté*, Lubumbashi, 1977.
- Fattah Ezzat Abdel, *La victime est-elle coupable ? Le rôle de la victime dans le meurtre en vue du vol*, Presses Universitaires de Montréal, 1971, 259 p.

- Ferri Enrico, *La sociologie criminelle*, 1893 ; traduit de l'italien par Léon Terrier, Félix Alcan, Éditeur, Paris, 1905, 640 p.
- Flour Jacques et Aubert Jean-Luc, *Droit civil. Les obligations*, vol. II, *Sources : le fait juridique*, Éd. A. Colin, Paris, 1981, 384 p.
- Fofé Djofia Malewa Jean-Pierre, *Justice pénale et réalités sociétales. De l'analyse du modèle R.D.Congo à la formulation d'une politique criminelle participative*, L'Harmattan, Paris, 2007, 500 p.
- Fourment François, *Procédure pénale*, 14e éd., Larcier, Bruxelles, 2013, 366 p.
- Garçon Emile Auguste, *Le droit pénal : origines, évolution, état actuel,* Coll. Payot, Paris, 1922, 160 p. ; *Code pénal annoté*, nouvelle édition réfondue et mise à jour par M. Rousselet, M. Patin et M. Ancel, Sirey, Paris, T. 1 (art. 1 à 294), 1952, 964 p.
- Garé Thierry et Ginestet Catherine, *Droit pénal, Procédure pénale*, 10e éd., Dalloz, Paris 2018, 500 p.
- Gassin Raymond, *Criminologie*, 5e éd., Dalloz, Paris, 2003, 752 p ; 6e éd., Dalloz, Paris, 2007, 823 p.
- Gassin Raymond, Cimamonti Sylvie, Bonfils Philippe, *Criminologie*, 7è éd., Dalloz, Paris, 2011, 926 p.
- Giudicelli-Delage Geneviève, *Droit pénal des affaires*, 6e éd., Dalloz, Paris, 2006, 248 p.
- Glaser Stefan, *Droit international pénal conventionnel*, Vol. II, Éd. Bruylant, Bruxelles, 1978, 494 p.
- Gonidec Pierre-François, *Les droits africains. Évolution et sources*, 2e éd., LGDJ, Paris, 1976, 290 p.
- Guinchard Serge, Buisson Jacques, *Procédure pénale*, 10e éd., LexisNexis, Paris, 2014, 1510 p ; 11e éd., 2018, 1457 p.
- Hans Von Hentig, *The criminal and his victim*, New Have: Yale University Press, 1948, 461 p.
- Idzumbuir Assop Joséphine, *La justice pour mineurs au Zaïre, Réalités et perspectives*, Kinshasa, EUA (Éd. universitaires africaines), 1994 ; *La loi de protection de l'enfant en RD Congo. Analyse critique et perspectives*, Kinshasa, CEDESURK, 2013.
- Jeanclos Yves, *Les sept principes du droit pénal*, Hachette Supérieur, Paris, 2017, 166 p.
- Jorda M., *Les délinquants aliénés et anormaux mentaux*, Montchrestien, Paris, 1966, 511 p.
- Kellens Georges, *Éléments de criminologie*, Bruylant, Coll. Espaces droit, Bruxelles, 1998, 272 p.
- Kilenda Kakengi Basila Jean-Pierre, *Le contrôle de la légalité des actes du magistrat dans l'administration de la justice criminelle en R.D.Congo,* Académia Bruylant, Louvain-La-Neuve, 2005, 882 p.

- Kotz Hein et Ottenhof Reynald (sous la direction de), *Les conciliateurs, la conciliation : une étude comparative,* colloque de l'Association Internationale des sciences juridiques, Pau, juillet 1981, Economica, Paris, 1983, 191 p.
- Kuty Franklin, *Principes généraux du droit pénal belge*, Éd. Larcier, Bruxelles, T. 1 : La loi pénale, 2e éd., 2009, 501 p. ; T. 2 : L'infraction pénale, 2010 ; T. 3 : L'auteur de l'infraction pénale, 2012 ; T. 4 : La peine, 1ère éd., 2017, 1352 p.
- Lamy Emile, *Le droit privé Zaïrois*, vol. 1er : *Introduction à l'étude du droit écrit et du droit coutumier Zaïrois*, PUZ, Kinshasa, 1975, 285 p.
- Larguier Jean, *Criminologie et science pénitentiaire*, 10e éd., Dalloz, Paris, 2005, 261 p. ; *Droit pénal général*, 20e éd., Dalloz, Paris, 2005, 300 p.
- Larguier Jean, Conte Philippe, *Procédure pénale*, 24e éd., Dalloz, Paris, 2016, 436 p.
- Larguier Jean, Conte Philippe, Fournier Stéphanie, *Droit pénal spécial*, 15e éd., Dalloz, Paris, 2013, 405 p.
- Larguier Jean, Conte Philippe, Maistre du Chambon Patrick, *Droit pénal général*, 23e éd., Dalloz, Paris, 2018, 302 p.
- Lazerges Christine, *La politique criminelle*, PUF, « Que sais-je ? », Paris, 1987, 123 p. ; *Introduction à la politique criminelle*, L'harmattan, Paris, 2000, 141 p.
- Léauté Jacques (Préface), *Une nouvelle école de science criminelle : L'école d'Utrecht*, Cujas, Paris, 1959, 115 p.
- Lécuyer Yannick (dir.), *La perpétuité perpétuelle, Réflexions sur la réclusion criminelle à perpétuité*, PUR (Presses universitaires de Rennes), 2012, 202 p.
- *Les Novelles, Droit pénal*, Éd. Larcier, Bruxelles : T.I., vol. I, 1956, 545 p. ; vol. II, 1962, 545 p. ; T.II, 1967, 686 p.
- *Les prisons dites privées, Une solution à la crise pénitentiaire* ?, Actes du Colloque organisé à Aix-en-Provence les 23 et 24 janvier 1987 par la Faculté de Droit et de Science Politique et l'Institut de Sciences Pénales et de Criminologie d'Aix-Marseille, Presses Universitaires d'Aix-Marseille, Economica, 1987, 228 p.
- Le Roy Etienne, *Les Africains et l'Institution de la Justice, Entre mimétismes et métissages*, Dalloz, Paris, 2004, 284 p.
- Leroy Jacques, *Droit pénal général*, 7e éd., LGDJ, Paris, 2018, 556 p. ; *Procédure pénale*, 5e éd., LGDJ, Paris, 2017, 623 p.
- Levasseur Georges, Chavanne Albert, Montreuil Jean, Bouloc Bernard, Haritini Matsopoulu, *Droit pénal général et procédure pénale*, 14e éd., Sirey, Paris, 2002, 456 p.
- Likulia Bolongo, *Droit pénal militaire Zaïrois*, LGDJ, Paris, 1977, 282 p. ; *La protection pénale des personnes en péril,* PUZ, Kinshasa 1980, 51 p. ; *Droit et science pénitentiaires. Vers un traitement scientifique de la délinquance au Zaïre*, PUZ, Kinshasa, 1981, 168 p. ; *Méthodes d'approche*

de la qualification des faits en droit pénal, PUZ, Kinshasa, 1982, 42 p. ; *Droit pénal spécial zaïrois*, T. I, 2e éd., LGDJ, Paris, 1985, 600 p.
- Lombroso Cesare, *L'homme criminel. Étude anthropologique et psychiatrique*, Félix Alcan, Éditeur, Paris, 1887, 682 p.
- Lopez Gérard, Portelli Serge, Clément Sophie, *Les droits des victimes. Victimologie et psychotraumatologie*, Dalloz, Paris, 2003, 392 p.
- Mayaud Yves, *Violences involontaires et responsabilité pénale*, Dalloz, Paris 2003, 400 p.
- Merle Roger et Vitu André, *Traité de droit criminel* : T. I, *Problèmes généraux de la science criminelle, Droit pénal général,* 6e éd., Cujas, Paris, 1988, 1048 p. ; 7e édition, Cujas, Paris, 1997 ; T. II, *Procédure pénale,* 4e éd., Cujas, Paris 1989, 1008 p.
- Mineur Georges, *Commentaire du code pénal congolais*, Larcier, Bruxelles, 1953, 423 p.
- Mpase Nselenge Mpeti, *L'évolution de la solidarité traditionnelle en milieu rural et urbain du Zaïre. Le cas des Ntomba et des Basengele du Lac Mai-Ndombe*, PUZ, Kinshasa, 1974, 287 p.
- Mujynya Nimisi, *L'homme dans l'univers des Bantu*, PUZ, Kinshasa, 1978, 205 p.
- Ndaywel-è-Nziem Isidore, *Histoire générale du Congo. De l'héritage ancien à la République démocratique*, Éditeur Duculot Louvain, 1998, 955p. ; *Nouvelle Histoire du Congo. Des origines à la République démocratique,* Bruxelles : Le Cri ; Kinshasa : Buku édition, coll. Histoire, 2012, 744 p.
- Ngoto Ngoie Ngalingi, *L'essentiel du Droit pénal congolais*, Presses Universitaires du Congo, 2018, 406 p.
- Nimy Mayidika Ngimbi, *Essai critique de jurisprudence. Analyse d'arrêts de la CSJ 1969-1972*, Kinshasa, 1973, 359 p.
- Nyabirungu mwene Songa, *Traité de droit pénal général congolais*, éd. DES, Kinshasa, 2001, 542 p ; 2e édition, EUA, Kinshasa, 2007.
- Olawale Elias Taslim, *La nature du droit coutumier africain*, Éd. Présence africaine, Paris, 1961, 325 p.
- Oppetit Bruno, *Philosophie du droit*, Dalloz, Paris, 1999, 168 p.
- Ortolan Joseph-Louis-Elzéar, *Éléments de droit pénal. Pénalité, juridiction, procédure*, Paris, Plon, 1855, 909 p. ; 5e éd., Plon, Nourrit et Cie, 1886, 2 vol.
- Pauwels Johan M., *Répertoire de droit coutumier congolais. Jurisprudence et Doctrine 1954-1967*, ONRD, Kinshasa, 1970, 443 p.
- Pin Xavier, *Droit pénal général*, 10e éd., Dalloz, Paris, 2018, 567 p.
- Pinatel Jean, *La Criminologie*, L'Harmattan, Paris, 1995, 128 p.
- Possoz Emile, *Éléments de droit coutumier nègre*, Éd. s.n.e, Elisabethville (Lubumbashi), 1942, 238 p.

- Pradel Jean, *Histoire des doctrines pénales*, PUF, « Que sais-je ? », Paris, 1989, 2e éd. 1991, 127 p. ; *Droit pénal général*, 7e éd., Cujas, Paris, 1990, 743 p ; 8e édition, Cujas, Paris,1992 ; 21e édition, Cujas, Paris, 2016, 781 p. ; *Procédure pénale*, 12e éd., Cujas, Paris, 2004, 947 p. ; 19e éd., Cujas, Paris, 2017, 1087 p.
- Pradel Jean et Danti-Juan Michel, *Droit pénal spécial*, 2e édition, Cujas, Paris, 2001, 792 p.
- Quevauvilliers Jacques, *Dictionnaire médical de poche*, 2e éd., Masson, Paris, 2007, 524 p.
- Rassat Michèle-Laure, *Pour une politique anti-criminelle du bon sens,* La Table Ronde, Paris, 1983, 204 p. ; *Droit pénal spécial. Infractions des et contre les particuliers*, Dalloz, Paris, 2006, 720 p. ; *Droit pénal spécial. Infractions du code pénal*, 7e éd., Dalloz, Paris, 2014, 1300 p. ; 8e éd, 2018, 1381 p.
- Raynal Maryse, *Justice traditionnelle, Justice moderne. Le devin, le juge, le sorcier*, L'Harmattan, Paris, 2000, 338 p.
- Renout Harald, *Droit pénal général*, 18e éd., Larcier, Brux., 2013, 416 p.
- Ripert Georges, *Les forces créatrices du droit,* LGDJ, Paris, 1955, 432 p.
- Robert Philippe et Faugeron Claude, *Les forces cachées de la justice, La crise de la justice pénale,* Le Centurion, Paris, 1980, 204 p.
- Roubier Paul, *Théorie générale du droit. Histoire des doctrines juridiques et philosophie des valeurs sociales,* Dalloz, Paris 2005, 334 p.
- Roujou de Boubée Marie-Eve, *Essai sur la notion de réparation,* LGDJ, Paris, 1974, 493 p.
- Rouland Norbert, *Anthropologie juridique*, PUF, Collection « Droit fondamental », Paris, 1988, 496 p.
- Rubbens Antoine, *Le droit judiciaire congolais*, T. 1 : Le pouvoir, l'organisation et la compétence judiciaires, Kinshasa et Bruxelles, Université Lovanium et Maison Ferdinand Larcier, 1970, 340 p.
- Saleilles Raymond-Sébastien-Félix, *L'individualisation de la peine, étude de criminalité sociale*, Paris, F. Alcan, 1898, VI-283 p ; 3e éd.,1927, 288 p. ; Hachette, Paris, 2018, 314 p.
- Sarassoro Hyacinthe, *La corruption des fonctionnaires en Afrique, Étude de droit comparé,* Economica, Paris, 1979, 230 p.
- Schmelck Robert et Picca Georges, *Pénologie et droit pénitentiaire*, Cujas, Paris, 1967, 369 p.
- Schur Edwin M., *Radical non intervention, Rethinking the delinquency problem,*Prentice-Hall, Inc., Englewood, New-Jersey, 18 p.
- Sohier Antoine, *Traité élémentaire de droit coutumier du Congo belge,* 1ère éd., 1949, 2e éd., Larcier, Bruxelles, 1954, 206 p.
- Soyer Jean-Claude, *Justice en perdition*, Plon, Paris, 1989, 216 p. ; *Droit pénal et procédure pénale*, 21e éd., LGDJ, Paris, 2012, 496 p.

- Stefani Gaston, Levasseur Georges, Bouloc Bernard, *Droit pénal général*, 13e éd., Dalloz, Paris, 1987, 799 p. ; 16e éd., 1997, 637 p.
- Stefani Gaston, Levasseur Georges, Jambu-Merlin Roger, *Criminologie et science pénitentiaire*, Dalloz, Paris, 1968, 640 p.
- Syr Jean-Hervé et Lassalle Jean-Yves, *L'application des dispositions de la loi n° 75-624 du 11 juillet 1975 sur les substituts aux courtes peines d'emprisonnement et les mesures en faveur du reclassement des condamnés dans le ressort de la cour d'appel d'Aix-en-Provence*, Université d'Aix-Marseille III, UER ISPEC, Laboratoire de recherche ERA, n° 582, Ronéot., 83 p.
- Szabo Denis , *Criminologie et politique criminelle*, éd. Vrin et PUM, Paris, 1978, 318 p.
- Tasoki Manzele José-Marie, *Procédure pénale congolaise*, L'Harmattan, Paris, 2016, 427 p.
- Thellier de Poncheville Blandine, *La condition préalable de l'infraction*, Presses universitaires d'Aix-Marseille-PUAM, Coll. ISPEC, 2010, 604 p.
- Vanderlinden Jacques, *Introduction aux sources des droits africains contemporains,* Beograd, Institut de droit comparé, 1975, 137 p. ; *La République du Zaïre,* Berger-Levrault, Paris, 1975, 79 p. ; *Les systèmes juridiques africains,* PUF, "Que sais-je ?", Paris, 1983, 128 p.
- Van Reybrouck David, *Congo, une histoire*, traduit du néerlandais par Rosselin Isabelle, Actes sud, Coll. Babel, 2012, 859 p.
- Verhaegen Jacques, *La protection pénale contre les excès de pouvoir et la résistance légitime à l'autorité*, Bruylant, Bruxelles, 1969, 502 p.
- Versele Séverin Carlos, Goffin Pierre, Tsamadou Chrissa, Legros Pierre, Van Haecht Anne, *Justice pénale et opinion publique : Ce que l'on pense de la loi et des juges,* Centre de sociologie du droit et de la justice, Éditions de l'Université de Bruxelles, 206 p.
- Vouin Robert et Léauté Jacques, *Droit pénal et criminologie*, PUF, Paris, 1956, 629 p.
- Wondon Louis et Servais Jean, *L'œuvre d'Adolphe Prins*, Université Libre de Bruxelles, Bruxelles, 1934, 567 p.

B- ARTICLES

- Alliot Michel, « Les résistances traditionnelles au droit moderne dans les États d'Afrique francophone et à Madagascar », in *Études de droit africain et de droit malgache*, Cujas, Paris, 1964, pp. 235-256 ; et in *Le droit et le service public au miroir de l'anthropologie*, Karthala, Paris 2003, pp. 169-192.
- Alt-Maes Françoise, « L'autonomie du droit pénal, mythe ou réalité d'aujourd'hui ou de demain ? », in *RSC*, n° 2, 1987, pp. 347-378 ; « Le concept de victime en droit civil et en droit pénal », in *RSC*, n° 1, 1994, pp.

35-52.
- Ancel Marc, « Le problème de la peine de mort », in *RDPC*, 1963-1964, pp. 373-393 ; « Défendre la défense sociale », in *RSC,* 1964, pp. 188-204 ; « La contribution de la recherche à la définition d'une politique criminelle », in *RICPT,* n° 1, 1975, pp. 225-236 ; « Pour une étude systématique des problèmes de politique criminelle », in *APC,* n° 1, 1975, pp. 15-42.
- Apati Bassah, « Justice et authenticité », in *Penant*, 1984, pp. 193-198.
- Ayme Jean, « L'article 122-1 du Code pénal, ou comment ne fut pas résolu le paradoxe du fou criminel », in T. Albernhe (dir.), *Criminologie et psychiatrie,* Ellipses-Édition Marketing, Paris, 1997, pp. 559-567.
- Badinter Robert, « Beccaria, l'abolition de la peine de mort et la Révolution française », in *RSC*, n° 2, 1989, pp. 235-251.
- Bayona-ba-Meya, « La maxime "Nul n'est censé ignorer la loi" », in *BACSJ*, 1977, pp. 159-181 ; « Les pratiques judiciaires en marge de la loi. Enseignements à en tirer », in *RJZ,* n° spécial, 50e anniversaire, pp. 63-101.
- Beaussonie Guillaume, « Principe de légalité et/ou principe de sécurité juridique », in *Faut-il regénéraliser le droit pénal ?*, Colloque Tours, novembre 2014, LGDJ, Paris 2015, 261 p, pp. 99 et s. ; « Recherche sur la notion de personnalité en droit pénal », in *RSC*, n° 3, 2010, pp. 525-544.
- Beignier Bernard, « Portalis et le droit naturel dans le code civil », 25 p, accessible sur le site *https://univ-droit.fr/docs/recherche/rhfd/pdf/06-1988/06-1988-p077-101.pdf*
- Bemwizi Kienga, « La force majeure en droit constitutionnel », discours prononcé à l'audience solennelle de rentrée de la Cour suprême de justice 2009, in *BACSJ*, Années 2004 à 2009, T. II (2007-2009), Kinshasa, Éditions du Service de Documentation et d'Études du Ministère de la Justice et Droits humains 2010, pp. 305-318.
- Bernard Guillaume, « Morale, politique et droit, Des Classiques aux Modernes : remarques sur l'inversion des principes philosophiques du droit pénal », in *Anales de la Fundacion Francisco Elias de Tejeda (Madrid)*, 1999, V, pp. 87-128 ; « La sanction pénale des classiques aux modernes : de la distinction à la confusion du droit et de la morale », in *Entre droit et morale, La finalité de la peine*, sous la dir. d'A. Sousa Costa, Berne, Peter Lang, 2010, pp. 123-138 ; « Les doctrines de la dangerosité (XVIIIe-XXe siècle) », in *Rev.pénit.*, 2013, 1, pp. 63-71 ; « Un enjeu théologico-juridique de la peine de mort ? », in *Essais de philosophie pénale et de criminologie*, X, Paris, Dalloz, 2012, pp. 251-257 ; « Les critères de la présomption d'innocence au XVIIIe siècle : de l'objectivité des preuves à la subjectivité du juge », in *Essais de philosophie pénale et de criminologie*, IV, Paris, Eska, 2004, pp. 33-57 ; « Entre droit naturel et droit positif : crise de légitimité du lien social et de la justice pénale ? », in *Rev.pénit.*, n° 2, avril-juin 2007, pp. 261-276.

- Bernat de Celis Jacqueline, « La politique criminelle à la recherche d'elle-même », in *APC,* n° 2, 1977, pp. 3-60 ; « Les grandes options de la politique criminelle, la perspective de Louk Hulsman », in *APC,* n° 5, 1982, pp. 13-60 ; « Pourquoi les tribunaux français appliquent-ils si peu les peines dites de substitution ? », in *APC*, n° 7, 1984, pp. 199-239 ; « Police et victimisation : réflexion autour d'une main-courante », in *APC,* n° 6, 1986, pp. 147-168.
- Bokolombe Bompondo tara Apanda Godefroid, « La subornation de témoin et la corruption : identité concevable ou distinction absolue à l'épreuve du principe de la légalité du droit pénal ? », 2018, texte de 75 p.
- Bonichot Jean-Claude, « La responsabilité pénale des personnes morales de droit public », in *Gazette du Palais*, 10 juin 1999, pp. 768-773.
- Bouchoms Guy, « Commentaire de l'O-L du 8 janvier 1969 relative à la procédure devant la CSJ », in *Revue congolaise de Droit*, n° 1, 1971, pp. 9-38.
- Boulan Fernand, « Les droits de la victime : un choix de politique criminelle », in *Problèmes actuels de Science criminelle*, Presses Universitaires d'Aix-Marseille, 1985, pp. 7-20 ; Avant-propos de l'ouvrage intitulé : *Les prisons dites privées, une solution à la crise pénitentiaire ?* Presses Universitaires d'Aix-Marseille, Economica, 1987 ; « La provocation », in *Problèmes actuels de science criminelle,* II, Presses Universitaires d'Aix-Marseille, 1989, pp. 7-18.
- Bouloc Bernard, « Le récidivisme », in *RSC*, n° 2, 1983, pp.199-207 ; « La responsabilité pénale des entreprises en droit français », in *RIDC*, Vol. 46, n° 2, 1994, pp. 669-681 ; aussi in *https://www.persee.fr/doc/ridc_0035-3337_1994_num_46_2_4896*
- Bouvier Jean-Claude, « Un constat désenchanté. Pourquoi les juges ne recourent-ils pas davantage aux peines alternatives ? », in « Prisons : quelles alternatives ? », *Panoramiques, politiques, cultures et sociétés*, 1er trimestre-II 2000, n° 4, pp. 94-98.
- Breillat Dominique, « L'abolition mondiale de la peine de mort : À propos du 2e protocole facultatif se rapportant au Pacte international relatif aux droits civils et politiques, visant à abolir la peine de mort », in *RSC*, n° 2, 1991, pp. 261-278.
- Cartier Marie-Elisabeth, « Contrainte et nécessité », in *Annales de l'Université des sciences sociales de Toulouse*, T. XXX, 1982, pp. 27-64.
- Cazalbou Paul, « Retour critique sur le principe d'unicité de qualification des faits en droit pénal », in *RSC*, n° 2, 2018, pp. 387-407.
- Chiavario Mario, « Limites en matière de preuve dans la nouvelle procédure pénale italienne », in *RSC*, n° 1, 1992, pp. 30-41.
- Combaldieu Raoul, « À propos d'un conflit entre la raison et l'interprétation restrictive en droit pénal », in *RSC*, n° 4, 1965, p. 833et s.

- Consigli Jérôme, « La responsabilité pénale des personnes morales pour les infractions involontaires : critères d'imputation », in *RSC*, n° 2, 2014, pp. 297-310.
- Cornil Paul, « Une réforme de la loi belge du 9 avril 1930 de défense sociale à l'égard des anormaux (loi du 1er juillet 1964), in *RSC*, n° 2, 1968, pp. 263-273.
- Couturier Jean-Pierre, « L'erreur de droit invincible en matière pénale », in *RSC*, n° 3, 1968, pp. 547-563.
- Couvrat Pierre, « La protection des victimes d'infractions : essai d'un bilan », in *RSC*, n° 4, 1983, pp. 577-596 ; « La politique criminelle pénitentiaire à l'image de l'expérience française depuis 1945 », in *RSC*, n° 2, 1985, pp. 232-239.
- Cretin Thierry, « La preuve impossible ? : De la difficulté d'administrer la preuve des infractions dont sont victimes les mineurs : attentats à la pudeur, violences et mauvais traitements », in *RSC*, n° 1, 1992, pp. 53-58.
- Dathy Thembo, « Le CEJA et la gestion traditionnelle des conflits », in *Racines*, Revue trimestrielle du Centre d'Études Juridiques Appliquées (CEJA) de l'Université Catholique du Graben, n° 7, Butembo (RDC), octobre-décembre 2004, pp. 40-63.
- Décima Olivier, « Les "droits du genre humain" dans l'enquête pénale. De la vitalité du Traité des délits et des peines », in « Autour de la pensée de Cesare Beccaria », *RSC*, n° 2, 2015, pp. 287-296.
- Deffains Bruno et Jean Jean-Paul, « Le coût des prisons (À qui profite le crime ?), in *APC*, n° 35, 2013, pp. 25-44.
- De Jacobet De Nombel Camille, « L'originalité de la circonstance aggravante de guet-apens », in *RSC*, n° 3, 2010, pp. 545-560.
- Delmas-Marty Mireille, « Des victimes : repères pour une approche comparative », in *RSC*, n° 2, 1984, pp. 209-223 ; « L'analyse systémale et la politique criminelle », in *APC,* n° 8, 1985, pp 27-45 ; « Le rayonnement international de la pensée de Cesare Beccaria », in *Cesare Beccaria and modern criminal policy*, Milan 1989, p. 135 et s. ; et in *RSC*, n° 2, 1989, pp. 252-260 ; « Humanité, espèce humaine et droit pénal », in *RSC*, n° 3, 2012, pp. 495-503.
- Dekkers René, « Géométrie et conciliation », in *RJC*, n° 2, 1966, pp. 179-186.
- Desdevises Marie-Clet, « L'évaluation des expériences de médiation entre délinquants et victimes : l'exemple britannique », in *RSC*, n° 1, 1993, pp. 45-61.
- Desprez François, « Preuve et conviction du juge en matière d'agressions sexuelles », in *APC*, n° 34, 2012, pp. 45-69.
- D'Hauteville Anne, « Les nouveaux droits des victimes », in *RICPT*, vol. XXXVII, n° 4, oct.-déc. 1984, pp. 437-463.

- Diarra D. Fatoumata et D'Huart Pierre, « Article 25 : Responsabilité pénale individuelle », in *Statut de Rome de la Cour pénale internationale, Commentaire article par article*, sous la direction de J. Fernandez, X. Pacreau et la coordination éditoriale de Lola Maze, Éd. Pedone, Paris, 2012, pp. 809-833.
- Dibunda Kabuinji, « Le droit coutumier traditionnel face aux conflits de coutumes et conflits de lois en République du Zaïre », in *RJZ,* n° spécial 50e anniversaire, pp. 275-305.
- Durand Claude, « L'ancien droit coutumier répressif au Tchad », in *Penant*, 1977, pp. 170-191.
- Ellenberger Henri, « Relations psychologiques entre le criminel et la victime », in *RICPT,* vol. VIII, n° 2, avril-juin 1954, pp. 103-121.
- Fattah Ezzat Abdel, « Vers une typologie criminologique des victimes », in *RIPC*, n° 209, juin-juillet 1967, pp. 162-169.
- Fofé Djofia Malewa Jean-Pierre, « De l'interprétation à la qualification des faits et la théorie de l'erreur de droit à travers l'arrêt de la CSJ du 13 juillet 1972 », in *Annales de la Faculté de Droit* de l'Université de Kinshasa, Vol. IV-VII, 1984, pp. 105-146 ; « Le victimocentrisme : voie de démocratisation du système de justice pénale », in *Actes des Journées Juridiques de la Faculté de Droit de l'Université de Kinshasa* du 25 au 26 juin 1996, *Annales de la Faculté de Droit* de l'Université de Kinshasa, Vol. XXV, Août 1996, pp. 234-275 ; « Les caractéristiques victimocentriques du Droit pénal traditionnel », in *Revue de la Faculté de Droit de l'Université protestante au Congo*, n° Spécial, 1ère année, 1998, pp. 31-48 ; « La preuve des faits similaires devant la Cour pénale internationale : mécanisme sous surveillance », in *RSC*, n° 2, avril-juin 2011, pp. 343-369.
- Fournier Stéphanie, « Le nouveau code pénal et le droit de la complicité », in *RSC,* n° 3, 1995, pp. 475-504.
- Freij-Dalloz Isabelle, « Répression de la tentative de complicité : Commentaire de l'article 28 du code pénal ivoirien », in *RSC*, n° 1, 1993, pp.73-85.
- Galli Martina, « Une justice pénale propre aux personnes morales. Réflexions sur la convention judiciaire d'intérêt public », in *RSC*, n° 2, 2018, pp. 359-385.
- Gassin Raymond, « Les destinées du principe de l'autorité de la chose jugée au criminel sur le criminel dans le droit pénal contemporain, in *RSC*, n° 2, 1963, pp. 239-278 ; « La crise des politiques criminelles occidentales », in *Problèmes actuels de science criminelle*, Presses Universitaires d'Aix-Marseille, 1985, pp. 21-56 ; « Le droit pénal : droit public ou droit privé ? », in *Problèmes actuels de science criminelle*, Vol. IV, Presses Universitaires d'Aix-Marseille, 1991, pp. 51-64.

- Geeroms Sophie, « La responsabilité pénale de la personne morale : une étude comparative », in *RIDC*, Vol. 48, n° 3, 1996, pp. 533-579 ; aussi in *https://www.persee.fr/doc/ridc_0035-3337_1996_num_48_3_5257*
- Giacopelli Muriel, « Les procédures alternatives aux poursuites. Essai de théorie générale », in *RSC*, n° 3, 2012, pp. 505-521 ; « Victimes et applications des peines », in *Rev. pénit.*, n° 4, oct.-déc. 2007, pp. 789-801.
- Giudicelli André, « Le principe de la légalité en droit pénal français. Aspects légistiques et jurisprudentiels », in *RSC*, n° 3, 2007, pp. 509-525 ; « L'irresponsabilité pénale des malades mentaux face à l'hypothèse du droit pénal post-moderne », in *Rev. pénit.*, n° 4, oct.-déc. 2007, pp. 773-788.
- Giudicelli-Delage Geneviève, « Droit pénal de la dangerosité : Droit pénal de l'ennemi », in *RSC*, n° 1, 2010, pp. 69-80.
- Giudicelli-Delage Geneviève, Li Quinglan, Jianping Lu, Seizelet Eric, Manacorda Stefano, Norberg Naomi, Delmas-Marty Mireille, « Peine de mort et suicide », in *RSC*, n° 3, 2008, pp. 511-586.
- Hennion-Jacquet Patricia, « L'indemnisation du dommage causé par l'infraction : une forme atypique de réparation ? Dommages et intérêts, classement sous condition de réparation, sanction-réparation », in *RSC*, n° 3, 2013, pp. 517-525.
- Heuyer Georges, « À propos de la responsabilité pénale », in *RSC*, n° 1, 1971, pp. 15-25.
- Idzumbuir Assop Joséphine, « Vers une contextualisation du système de justice pour mineurs en RD Congo », in *Le droit congolais face à son avenir*, 25-27/05/2000, Actes des journées scientifiques de la Faculté de droit de l'UPC, *Revue de la Faculté de Droit de l'UPC*, n° 2, Kinshasa, 2001, pp.133-144.
- Jacopin Sylvain, « Le droit pénal français des mineurs-Évolutions et transformations juridiques », in *Rev. pénit.*, n° 4, oct.-déc. 2015, pp. 789-826.
- Jimenez de Asua Luis, « L'analogie en droit pénal », in *RSC*, n° 2, 1949, pp. 187-240.
- Kabange Numbi Flory, « L'infraction de détournement des deniers publics et privés en droit positif congolais », Mercuriale prononcée lors de l'audience solennelle de la rentrée judiciaire de la Cour suprême de justice 2009, in *BACSJ*, Années 2004 à 2009, T. II (2007-2009), pp. 319-348.
- Kabuya Kalala François et Tshiunza Mbiye, « L'économie congolaise et la réforme monétaire de 1998 », in *L'Afrique des Grands Lacs*, Annuaire 1999-2000, 20-12-2002, pp. 1-22.
- Kai Ambos, « Article 25 International Criminal Responsability », in Otto Triffterer (ed.). *Commentary on the Rome Statute of the International Criminal Court, Observer's notes Article by Article,* Munich, C.H. Beck, Hart, Nomos, 2nd ed., 2008, 1954, pp 743-770.

- Kambale Pascal, « Pour une rationalisation des enquêtes et de l'instruction préjuridictionnelle au Congo : essai d'analyse et propositions », in *Horizons*, Revue de Droit et de Science politique de l'Université catholique de Graben, CEJA, n° 2, Butembo (RDC), juin 2006, pp. 7-24.
- Kienge-Kienge Intudi Raoul, « Le contrôle de la "délinquance" des jeunes à Kinshasa (RD Congo) : Bricolage et capitalisation du pouvoir de l'État », in *Revue de droit africain*, n° 37, janvier 2006, pp. 27-46 ; « La législation sur l'enfance délinquante au Congo (1950). Un cas d'ineffectivité congénitale », in *RDPC*, 5, 2003, pp. 687-716.
- Kinwani Jean et Mango Joseph, « La problématique de la garantie de l'indépendance du pouvoir judiciaire par le Conseil supérieur de la magistrature en République démocratique du Congo », in *Le Bulletin RCN Justice et Démocratie*, n° 28, *Justice et séparation des pouvoirs*, Bruxelles, 2009, pp. 17-18.
- Lacaze Marion, « Proposition d'une action pénale autonome de la victime », in *Rev. pénit.*, n° 2, avril-juin 2018, pp. 279-299.
- Lamy Emile, « De l'autonomie du droit pénal », in *RJC,* n° 1, 1964, pp. 3-8.
- Landraud Micheline, « Justice indigène et politique coloniale. L'exemple de la Côte d'Ivoire (1903-1940) », in *Penant*, 1978, pp. 5-41.
- Lassalle Jean-Yves, « La responsabilité civile du fait pénal d'autrui », in *RSC*, n° 1, 1993, pp.19-32.
- Leblois-Happe Jocelyne, « La médiation pénale comme mode de réponse à la petite délinquance : état des lieux et perspectives », in *RSC*, n° 3, 1994, pp. 525-536.
- Leclerc Henri, « Les limites de la liberté de la preuve : Aspects actuels en France », in *RSC*, n° 1, 1992, pp.15-29.
- Legeaix Raymond, « Légitime défense et protection des biens. Aperçus de droit comparé », in *RSC*, n° 2, 1980, pp. 325-336 ; « L'état de nécessité ou le rôle créateur de la jurisprudence en droit français », in *À la recherche d'un nouveau droit fondamental à travers le droit civil, le droit pénal et le droit comparé*, Mélanges offerts à Raymond Legeaix, Paris, Cujas, 2003, pp. 39-46.
- Lemouland Jean-Jacques, « Les critères jurisprudentiels de l'infraction politique », in *RSC*, n° 1, 1988, pp. 16-32.
- Le Roy Etienne, « L'apport de l'anthropologie du droit à une recherche sur la justice des mineurs », Communication à l'Assemblée générale annuelle de l'Association française des éducateurs de la protection judiciaire de la jeunesse, Chambéry, 1993, Texte dactylographié de 15 pages.
- Lesclous Vincent, « Le cumul réel d'infractions », in *RSC*, n° 4, 1991, pp. 717-733.
- Levasseur Georges, « Un problème d'application de la loi pénale dans le temps », in *RSC*, n°1, 1966, pp. 1-14 ; « L'imputabilité en droit pénal », in *RSC*, n° 1, 1983, pp. 1-13.

- Likulia Bolongo, « Cent ans de droit pénal au Zaïre », Communication aux premières journées juridiques organisées par la Faculté de Droit de l'Université de Kinshasa, le 16 mars 1985, sur le thème « Un siècle de vie juridique au Zaïre », polycopié de 57 p.
- Lodge T. S., « La recherche scientifique et la politique criminelle », in *RSC*, n° 3, 1974, pp. 499-509.
- Louan Elliot, Webanck Therry et Senon Jean-Louis, « L'évaluation du malade mental auteur d'infraction dans le système judiciaire québécois », in *RSC*, n° 2, 2013, pp. 271-293.
- Ludwiczak Frank, « Responsabilité pécuniaire de l'article L. 121-3 du Code de la route : de l'incertitude à l'imprécision », in *Rev. pénit.*, n° 3, juillet-sept. 2013, pp. 547-554.
- Lwamba Bindu Benoît, « L'État de droit et l'exécution des décisions de justice », in *BACSJ*, Années 2004 à 2009, T. I, Kinshasa, Éditions du Service de Documentation et d'Études du Ministère de la Justice et Droits humains 2010, pp. 333-358.
- Malembe P., « La société politique Yansi », in *CES (Cahiers économiques et sociaux)*, vol. V, n° 2,1967, pp. 221-235.
- Manacorda Stefano, « Cesare Beccaria et la peine de la réclusion à perpétuité », in « Autour de la pensée de Cesare Beccaria », *RSC*, n° 2, 2015, pp. 313-327.
- Mango Joseph, « Nouvelle loi sur les violences sexuelles : deux ans après, une application encore inaperçue », in *Les violences sexuelles, RCN Justice et Démocratie*, Le Bulletin n° 25, Troisième trimestre, Bruxelles 2008, pp. 21-22.
- Marin Jean-Claude, « Le juge est-il toujours la bouche de la loi ? », conférence débat, Club de Châtelet, *JCP. éd. G.*, 11 décembre 2011, pp. 2533 et s., accessible également en ligne in *http://paris.notaires.fr/sites/default/files/club_du_chatelet_novembre_2011_discours_de_jean-claude_marin_le_juge_est-il_toujours_la_bouche_de_la_loi_discours.pdf*
- Martin-Chenut Kathia, « L'internationalisation des droits de l'homme et le modèle d'intervention à l'égard de "l'enfance en conflit avec la loi" », in *RSC*, n° 4, 2012, pp. 789-806.
- Mascala Corinne et Amauger-Lattes Marie-Cécile, « Les évolutions de la responsabilité pénale des personnes morales en droit de l'entreprise », Presse de l'Université Toulouse 1 Capitole, OpenEdition Books, in *https://books.openedition.org/putc/3052?lang=fr*
- Mathieu Gilles, « L'application de la loi pénale dans le temps (Dans la perspective du nouveau code pénal) », in *RSC*, n° 2, 1995, pp. 257-270.
- Matsopoulou Haritini, « La confiscation spéciale dans le nouveau code pénal », in *RSC*, n° 2, 1995, pp. 301-317.

- Mbaya-Ngang Kumabuenga, « Le problème de la prescription en droit moderne et traditionnel », in *RJZ,* numéro spécial 50e anniversaire, pp. 243-274.
- Mendelsohn Benjamin, « Une nouvelle branche de la science bio-psycho-sociale : La victimologie », in *RICPT*, vol. X, n° 2, avril-juin 1956, pp. 105-107.
- Merigeau M., « La victime et le système pénal allemand », in *RSC*, n° 1, 1994, pp. 53-66.
- Merle Roger, « Confrontation du droit pénal classique et de la défense sociale : le point de vue doctrinal », in *RSC*, n°4, 1964, pp. 725-736.
- Michelet Elizabeth, « La conciliation dans la procédure sénégalaise », in *Penant*, 1980, pp. 135-161.
- Monteiro Evelyne, « Les orientations de la politique criminelle actuelle en matière d'atteintes à l'environnement, in *RSC*, n° 1, 2014, pp. 49-57.
- Motulsky Henri, « Le droit naturel dans sa pratique jurisprudentielle : le respect des droits de la défense en procédure civile », in *Mélanges en l'honneur de Paul Roubier*, Dalloz et Sirey, Paris 1961, T. II, pp. 175-200.
- Muller-Cazelles J., « Histoire de l'Administration judiciaire bantoue en Afrique du Sud », in *Penant*, 1985, Vol. 95, pp. 142-163.
- Nieto Martin Adan, « Éléments pour un droit international pénal de l'environnement », in *RSC*, n° 1, 2012, pp. 69-88.
- Nicolopoulos Panayotis, « La procédure devant les juridictions répressives et le principe du contradictoire », in *RSC*, n° 1, 1989, pp.1-26.
- Normandeau André, « Pour une charte des droits des victimes d'actes criminels », in *RSC*, n° 2, 1983, pp. 209-222.
- Nyabirungu mwene Songa, « Le droit pénal dans la tourmente », in *Revue pénale congolaise*, n° 1, janvier-juin 2004, Éditions Droit et Société « DES », Kinshasa, pp. 4-19.
- Nyamabo Kabukala, « Le système sanctionnateur en droit répressif traditionnel africain », in *RJZ,* n° 1, 2 et 3, 1978, pp. 146-154.
- Ollard Romain, « La distinction du dommage et du préjudice en droit pénal », in *RSC*, n° 3, 2010, pp. 561- 586.
- Papa Michèle, Jakobs Günther, Munoz Conde Fransisco, Donini Massimo, Zaffaroni Eugenio Raoul, Delmas-Marty Mireille, « Droit pénal de l'ennemi-Droit pénal de l'inhumain », in *RSC*, n° 1, 2009, pp. 1-68.
- Partouche Brice, « Tentative et violences volontaires dans la jurisprudence contemporaine », in *RSC*, n° 4, 2013, pp. 759-775.
- Pellé Sébastien, « Le contrôle de la légalité criminelle par le Conseil constitutionnel », in *Rev. pénit.*, n° 2, avril-juin 2013, pp. 265-285.
- Pinatel Jean, « Confrontation du droit pénal classique et de la défense sociale : le point de vue criminologique et pénologique », in *RSC*, n° 4, 1964, pp. 757-773.

- Plawsk Stanislaw, « L'erreur de droit », in *RSC*, 1962, pp. 445-458 et in *Annales de l'Université des sciences sociales de Toulouse*, 1982, pp. 131 et s ; « La notion du droit international pénal », in *RSC*, n° 4, 1978, pp. 789-809.
- Poirier J., « L'organisation judiciaire de l'Afrique Occidentale Française », in *L'avenir du droit coutumier en Afrique*, Symposium-Colloque Amsterdam, 1955, Afrika - Institut Leiden, pp. 190-197.
- Poncela Pierrette, « Dehors… La prison dans la tête. Quelques réflexions à propos des peines en milieu ouvert », in *APC*, n° 35, 2013, pp. 9-23.
- Ponseille Anne, « Prise en considération de l'état de santé de la personne suspectée ou condamnée par la loi n° 2014-896 du 15 août 2014 relative à l'individualisation des peines et renforçant l'efficacité des sanctions pénales », in *RSC*, n° 4, 2014, pp. 729-744.
- Portelli Serge , « Les alternatives à la peine », *Pouvoirs*, n° 135, 2010, pp. 15-28 ; aussi in *https://revue-pouvoirs.fr/IMG/pdf/135Pouvoirs_p15-28_alternatives_prisons.pdf*
- Pralus-Dupuy Joëlle, « La répression disciplinaire de l'infraction pénale », in *RSC*, n° 2, 1992, pp. 229-258.
- Pralus Michel « Observations sur l'application de la règle "le criminel tient le civil en état" », in *RSC*, n° 1, 1972, pp. 32-69.
- Raymondis Louis-M., « Quelques aperçus sur le problème de la subsistance de l'aptitude à la sanction chez le malade mental interné », in *RSC*, n° 2, 1963, pp. 331-342.
- Riccardi Claudia et Richefeu Ludivine, « Les nouvelles utilisations de la génétique dans le cadre de la procédure pénale », in *RSC*, n° 2, 2018, pp. 331-342.
- Richard André, « L'abolir dans tous les cas », in *Gaz.Pal.*, 1972 (1er sem.), Tribune libre, pp. 142-144.
- Rouidi Hajer, « Une notion pénale à l'épreuve de la responsabilité civile : les faits justificatifs », in *RSC*, n° 1, 2016, pp. 17-36.
- Rousseau François, « Le principe de nécessité. Aux frontières du droit de punir », in « Autour de la pensée de Cesare Beccaria », *RSC*, n° 2, 2015, pp 257-271.
- Rubbens Antoine, « Conciliateurs, experts, arbitres rapporteurs, arbitres et amiables compositeurs », in *RJZ*, n° spécial, 50e anniversaire, pp. 173-180.
- Saint-Pau Jean-Christophe, « L'interprétation des lois. Beccaria et la jurisprudence moderne », in « Autour de la pensée de Cesare Beccaria », *RSC*, n° 2, 2015, pp 273-285.
- Salvage Philippe, « Le consentement en droit pénal », in *RSC*, n° 4, 1991, pp. 699-716.
- Savey-Casard Paul, « Le repentir actif en droit pénal français », in *RSC*, n°3, 1972, pp. 515-536.

- Sizaire Vincent, « Que reste-t-il de la défense sociale nouvelle ? », in *RSC*, n° 2, 2017, pp. 261-272.
- Sohier Antoine, « Le droit coutumier au Congo-Belge », in *L'avenir du droit coutumier en Afrique,* Symposium-Colloque Amsterdam 1955, Afrika, Institut, Leiden, pp. 1-15.
- Sohier Jean, « Un problème juridique fondamental : le souci de l'adhésion populaire à l'organisation judiciaire et au droit commun », in *RJC,* n° 3, 1969, pp. 333-345.
- Soulou Katerina, « La justice pénale des mineurs en Grèce contemporaine », in *Rev. pénit.*, n° 2 avril-juin 2016, pp. 351-363.
- Spencer J. R., « Les limites en matière de preuve. Aspects actuels », in *RSC*, n° 1, 1992, pp. 42-51.
- Supiot Elsa, « Empreintes génétiques et droit pénal. Quelques aspects éthiques et juridiques », in *RSC*, n° 4, 2015, pp. 827-835.
- Szabo Denis, « L'évaluation des politiques criminelles : quelques réflexions préliminaires : le système de justice criminelle et les recherches sur l'évaluation des politiques, in *RSC*, n° 1, 1981, pp. 1-23.
- Teani Anne-Lise, « Article 26 : Incompétence à l'égard des personnes de moins de 18 ans », in *Statut de Rome de la Cour pénale internationale, Commentaire article par article*, *op. cit.*, pp. 835-841.
- Thierry Jean-Baptiste, « L'individualisation du droit criminel », in *RSC*, n° 1, 2008, pp. 59-68.
- Tournier Pierre-Victor, « La politique pénale du Conseil de l'Europe. De la prison en première ligne à la prison comme alternative de dernier recours aux sanctions et mesures appliquées dans la communauté », in *APC*, n° 35, 2013, pp. 91-104.
- Travaglia Cicirello Teresa, « Punir "dehors" en Italie », in *APC*, n° 35, 2013, pp. 201-219.
- Trépanier Jean, « Les transformations du régime canadien relatif aux mineurs délinquants : un regard sur le droit et les pratiques », in *RSC*, n° 4, 2012, pp. 819-855.
- Tricot Juliette, « Le droit pénal à l'épreuve de la responsabilité des personnes morales : l'exemple français », in *RSC*, n° 1, 2012, pp. 19-46.
- Tshimanga Mukeba, « L'indépendance du pouvoir judiciaire », Mercuriale prononcée lors de l'audience solennelle de la rentrée judiciaire de la Cour suprême de justice, Kisangani, 26 novembre 2005, in *BACSJ*, Années 2004 à 2009, T. I, Éditions du Service de documentation et d'études de Ministère de la Justice et Droits Humains, Kinshasa, 2010, pp. 359-390.
- Tsimi Germain Ntono, « Le devenir de la responsabilité pénale des personnes morales en droit camerounais. Des dispositions spéciales vers un énoncé général ? », in *APC*, n° 33, 2011, pp. 223-244.

- Van Bemmelen M. Jacob, « Les rapports de la criminologie et de la politique criminelle », in *RSC,* n° 3, 1963, pp. 467-480.
- Van De Kerchove Michel, « La preuve en matière pénale dans la jurisprudence de la Cour et de la Commission européennes des droits de l'homme », in *RSC,* n° 1, 1992, pp. 1-14 ; « Les mineurs ayant commis un fait qualifié infraction en Belgique : à la croisée de quatre modèles principaux d'intervention », in *RSC,* n° 4, 2012, pp. 807-817.
- Verdier Raymond, « Féodalités et collectivismes africains », in *PAF,* 4e trim. 1961, pp. 79-99.
- Verhaegen Jacques, « La culpabilité des exécutants d'ordres illégaux », in *RJC,* n° 3, 1970, pp. 231-235 ; « *Aberratio ictus* ou le problème pénal du coup dévié », in *RJZ,* n° spécial 50e anniversaire, pp. 187-194.
- Verin Jacques, « Une politique criminelle de non-intervention », in *RSC,* 1974, pp. 398-406.
- Walther Julien, « À justice équitable, peine juste? Vues croisées sur les fondements théoriques de la peine », in *RSC,* n° 1, 2007, pp. 23-37.
- Younes Carole et Loteteka Jackie, « La place du tiers dans la médiation », in Christoph Eberhard et Geneviève Vernicos (éds), *La quête anthropologique du droit. Autour de la démarche d'Etienne Le Roy,* Karthala, Paris, 2006, pp. 333-348.

C- COURS, THÈSES, MÉMOIRES

- Akele Adau, *La criminalité militaire au Zaïre,* Thèse, Aix-Marseille III, 1983, 2 tomes, 646 p.
- Baudry, *La force majeure en droit pénal,* thèse, Lyon, 1938.
- Bayona ba Meya, *Cours de procédure pénale,* Faculté de Droit, Université de Kinshasa, Année académique 1980-1981.
- Bonfils Sébastien, *Fondements logiques de la responsabilité pénale des personnes morales,* Mémoire de DEA : Philosophie du droit, Paris 2, session de 1995, 88 p.
- Delmas Albert, *Droit pénal coutumier africain,* Thèse, Droit, Paris II, 1976.
- Fillion, *La responsabilité pénale de l'instigateur,* Thèse, Paris II, 1979.
- Fofé Djofia Malewa, *Étude des fondements criminologiques des droits des victimes,* Mémoire pour le DEA Droit pénal et science criminelle, Faculté de Droit et de Science Politique d'Aix-Marseille, 1986, 272 p ; *Contribution à la recherche d'un système de justice pénale plus efficient au Zaïre,* T. I - *Les déficiences de la justice pénale,* T. II - *Un remède aux déficiences de la justice pénale, la mise en œuvre d'une politique criminelle victimocentrique,* Thèse, Droit, Université d'Aix-Marseille III, 20 juin 1990, 613 p.
- Gautron Virginie, *Les politiques publiques de lutte contre la délinquance,* Thèse, Droit, Université de Nantes, 07 décembre 2006, 785 p.

- Kabengele Munanga Humberton, *L'action en réparation en droit pénal zaïrois*, Thèse, droit pénal, Université de Paris 2, 1996.
- Kasongo Lukoji Ghislain, *Essai sur la construction d'un droit pénal des mineurs en R.D.Congo à la lumière du droit comparé, approches lege lata et lege ferenda*, Thèse, Université d'Aix-Marseille, 2017, 502 p.
- Kienge-Kienge Intudi Raoul, *Le contrôle policier de la délinquance des jeunes à Kinshasa. Une approche ethnographique en criminologie*, Thèse, Université catholique de Louvain, 21 octobre 2005 ; *Droit de la protection de l'enfant*, Notes de cours à l'intention des étudiants de troisième graduat, option Droit privé et judiciaire, Faculté de Droit de l'Université de Kinshasa, Département de Droit pénal et de Criminologie, année académique 2016-2017, 183 p.
- Kisaka Kia Ngoy, *Cours d'organisation et de compétence judiciaires*, T. I : Les caractères généraux ; T. II : Les organes de justice ; T. III : Les attributions des organes de justice ; T. IV : Les auxiliaires de justice, Année académique 1985-1986, Faculté de Droit de l'Université de Kinshasa-Réalisation Intendance Générale ESU-RS.
- Lamy Emile, *Cours de Droit pénal général*, UNAZA, 1971-1972.
- Luzolo Bambi Lessa, *La détention préventive en procédure pénale zaïroise*, Thèse, Université d'Aix-Marseille III, 1996, 2 vol., 576 p.
- Mokako Maya Madjo, *L'erreur en Droit pénal*, mémoire de licence, Faculté de Droit, UNAZA, Campus de Kinshasa, 1977.
- Mvogo Dieudonné Célestin, *La politique criminelle au Cameroun : de la confrontation des modèles traditionnels et modernes à la recherche de solutions adaptées à un processus de développement,* Thèse, Droit, Paris 1, 1982.
- Okitasombo Otoko, *La preuve pénale en droit pénal Zaïrois*, Thèse, 3e cycle, Droit pénal, Paris 10, 1984.
- Otshudiema Tshota, *La responsabilité du chef d'entreprise en droit pénal zaïrois (hygiène et sécurité du travail),* Thèse, Droit pénal, Paris 1, 1994.

D- COLLOQUES, RAPPORTS, TRAVAUX

- CNS (Conférence nationale souveraine), *Rapport de la Commission juridique*.
- Commission africaine des droits de l'homme et des peuples, *Les prisons au Malawi*, Rapport du Rapporteur spécial sur les prisons et les conditions de détention en Afrique, Banjul, série IV n° 9, octobre 2002.
- Commission J.M. Coulon, *Rapport sur la dépénalisation de la vie des affaires*, La Documentation française, janvier 2008.
- Conseil de l'Europe, Rapport relatif à la recommandation n° R (83) 7 sur *la participation du public à la politique criminelle* ; Rapport du Comité Européen pour les problèmes criminels sur *la position de la victime dans le*

cadre du procès pénal et de la procédure pénale, Affaires juridiques, Strasbourg 1985 ; Recommandation n° R (85) 11 du 28 juin 1985 du Comité des ministres du Conseil de l'Europe et Recommandation n° R (87) 20 sur les réactions sociales à la délinquance juvénile, in Conseil de l'Europe, *Réactions sociales à la délinquance juvénile* ; et Recommandation n° R (6), *Réactions sociales au comportement délinquant des jeunes issus de familles migrantes,* Comité européen pour les problèmes criminels, Strasbourg 1989, 87 p ; Recommandation n° R (87)19 adoptée par le Comité des ministres du Conseil de l'Europe le 17 septembre 1987, *Organisation de la prévention de la criminalité* Strasbourg, 1988, 49 p.

- ONU, « Déclaration des principes fondamentaux de justice relatifs aux victimes de la criminalité et aux victimes d'abus de pouvoir » adoptée par la 96e séance plénière des Nations Unies le 29 novembre 1985 ; « Rapport du Projet Mapping concernant les violations les plus graves des droits de l'homme et du droit international humanitaire commises entre mars 1993 et juin 2003 sur le territoire de la République démocratique du Congo », août 2010, 581 p.

- « Politique criminelle et droit pénal », Colloque régional organisé par l'Ass. Int. Droit Pénal, Madrid et Plasencia, 1977, *RIDP,* 1978, T.I.

- Roux J.A., « Rapport au Congrès de l'Association Internationale de Droit Pénal » tenu à Bucarest en 1929, in *RIDP*, 1930.60.

- *The Carter Center*, « République Démocratique du Congo, Les laissés-pour-compte de l'exploitation minière industrielle, Rapport-synthèse des études d'impacts des activités minières sur les droits des communautés locales », Avril 2018, 46 p., in *http://congomines.org/system/attachments/assets/000/001/469/original/Rapport_Synth%C3%A8se_des_Etudes_HRIA_VF_201804184.pdf?1524238855*

- Travaux préparatoires du Statut de Rome, A/CONF.183/C.1/L.3, 16 juin 1998 ; A/CONF.183/C.1/WGGP/L.5, 19 juin 1998 ; in *http://moss.icc.int/iccSearch/legal Tools/Pages/Legal Tools.aspx*

INDEX ALPHABÉTIQUE DES MATIÈRES

(Les chiffres gras renvoient aux pages où la matière est amplement étudiée)

TABLE ANALYTIQUE DES MATIÈRES

Structures éditoriales du groupe L'Harmattan

L'Harmattan Italie
Via degli Artisti, 15
10124 Torino
harmattan.italia@gmail.com

L'Harmattan Hongrie
Kossuth l. u. 14-16.
1053 Budapest
harmattan@harmattan.hu

L'Harmattan Sénégal
10 VDN en face Mermoz
BP 45034 Dakar-Fann
senharmattan@gmail.com

L'Harmattan Cameroun
TSINGA/FECAFOOT
BP 11486 Yaoundé
inkoukam@gmail.com

L'Harmattan Burkina Faso
Achille Somé – tengnule@hotmail.fr

L'Harmattan Guinée
Almamya, rue KA 028 OKB Agency
BP 3470 Conakry
harmattanguinee@yahoo.fr

L'Harmattan RDC
185, avenue Nyangwe
Commune de Lingwala – Kinshasa
matangilamusadila@yahoo.fr

L'Harmattan Congo
67, boulevard Denis-Sassou-N'Guesso
BP 2874 Brazzaville
harmattan.congo@yahoo.fr

L'Harmattan Mali
Sirakoro-Meguetana V31
Bamako
syllaka@yahoo.fr

L'Harmattan Togo
Djidjole – Lomé
Maison Amela
face EPP BATOME
ddamela@aol.com

L'Harmattan Côte d'Ivoire
Résidence Karl – Cité des Arts
Abidjan-Cocody
03 BP 1588 Abidjan
espace_harmattan.ci@hotmail.fr

L'Harmattan Algérie
22, rue Moulay-Mohamed
31000 Oran
info2@harmattan-algerie.com

L'Harmattan Maroc
5, rue Ferrane-Kouicha, Talaâ-Elkbira
Chrableyine, Fès-Médine
30000 Fès
harmattan.maroc@gmail.com

Nos librairies en France

Librairie internationale
16, rue des Écoles – 75005 Paris
librairie.internationale@harmattan.fr
01 40 46 79 11
www.librairieharmattan.com

Librairie l'Espace Harmattan
21 bis, rue des Écoles – 75005 Paris
librairie.espace@harmattan.fr
01 43 29 49 42

Lib. sciences humaines & histoire
21, rue des Écoles – 75005 Paris
librairie.sh@harmattan.fr
01 46 34 13 71
www.librairieharmattansh.com

Lib. Méditerranée & Moyen-Orient
7, rue des Carmes – 75005 Paris
librairie.mediterranee@harmattan.fr
01 43 29 71 15

Librairie Le Lucernaire
53, rue Notre-Dame-des-Champs – 75006 Paris
librairie@lucernaire.fr
01 42 22 67 13

www.ingramcontent.com/pod-product-compliance
Lightning Source LLC
LaVergne TN
LVHW011212061026
849535LV00001BA/4
* 9 7 8 2 3 4 3 1 9 4 7 5 2 *